古文字研究

第三十五辑

中国古文字研究会
福建师范大学文学院 编

中华书局

图书在版编目(CIP)数据

古文字研究.第三十五辑/中国古文字研究会,福建师范大学文学院编. —北京:中华书局,2024.9. —ISBN 978-7-101-16785-6

Ⅰ.H121-53

中国国家版本馆 CIP 数据核字第 20249MZ765 号

书　　名	古文字研究(第三十五辑)
编　　者	中国古文字研究会
	福建师范大学文学院
封面题签	林志强
责任编辑	张　芃
封面设计	周　玉
责任印制	陈丽娜
出版发行	中华书局
	(北京市丰台区太平桥西里 38 号　100073)
	http://www.zhbc.com.cn
	E-mail:zhbc@zhbc.com.cn
印　　刷	北京盛通印刷股份有限公司
版　　次	2024 年 9 月第 1 版
	2024 年 9 月第 1 次印刷
规　　格	开本/787×1092 毫米　1/16
	印张 45½　插页 2　字数 935 千字
国际书号	ISBN 978-7-101-16785-6
定　　价	168.00 元

目　录

古文字研究（35）：1—7，2024

侯南类卜辞的性质和时代

黄天树

　　1934年，史语所第九次发掘殷墟时，听说安阳洹河北岸侯家庄南地有村民挖到甲骨，于是向村民收购并在此发掘，得到一批甲骨，共计48片，经初步缀合，合为42片，即董作宾《安阳侯家庄出土之甲骨文字》[①]（简称"《侯》"或"《侯》文"）一文中发表的拓本1—42号。其来源情况如下（见表一）：

表一　《侯》1—42号来源情况表[②]

出土单位	《侯》编号	获得方式
H.S.12A 大圆坑	1—8	掘获
H.S.57 小圆坑	9、18、31、34、39	捡出（扰土中）
	42	掘获
	10—17、19—22、24、26—30、32、33、35—38、40、41	购得
H.S.31A 井中	23、25	掘获

　　《侯》1—7是著名的"大龟七版"，《侯》8是H.S.12A大圆坑出土的残甲，这8片字体皆属何二，都是王卜辞。《侯》23、25是出土于H.S.31A井中的残片，字体类组待考。其余32片（9、18、31、34、39、42、10—17、19—22、24、26—30、32、33、35—38、40、41）都出土于H.S.57小圆坑，其字体风格单纯划一，蒋玉斌《殷墟子卜辞的整理与研究》（第135页）借用其出土地地名，称之为"侯南类"。侯南类特征字形是："余"作𠆢，横画一律作"一"（《史购》314摹作𠆢，把横画"一"摹作"∨"，非是），"自"作凹腰的𠂤，"贞"作尖耳凸腰的𠙴，"庚"作头部呈"屮"形的𦥑，可举《史购》329、330、331+333为标准片。侯南类卜辞的著录情况如下（见表二）：

表二　侯南类卜辞著录情况表[③]

《侯》号等	《甲编》号	《合集》号	《史购》号	《子合》号	《大系》号	缀合校补情况	备注
侯9	3936	15376		2001	64041		
侯10			313	1999	64013	＋侯21	蒋玉斌缀
侯11			314	2002	64014		
侯12			315	2000	64015		
侯13			316	2019	64016		

续表

《侯》号等	《甲编》号	《合集》号	《史购》号	《子合》号	《大系》号	缀合校补情况	备注
侯14			317	2004	64017		
侯15			318	2005	64018		
侯16			319	2018	64019		
侯17			320	2015	64020		
侯18	3935			2020	64038		
侯19			321	2026	64021		
侯20			322	2003	64022	＋侯31	李学勤缀
侯21			323	1999	64013	＋侯10	蒋玉斌缀
侯22			324	2028	64023		
侯24			325	2024	64024		
侯26			326	2025	64025		
侯27			327	2016	64026		
侯28			328	2021	64027		
侯29			329	2022	64028		
侯30			330	2023	64029		
侯31	3934	39444		2003	64022	＋侯20	李学勤缀
侯32			331	2010	64031	＋侯35	李学勤缀
侯33			332	2013	64032		
侯34	3933	35362		2011	64012		
侯35			333	2010	64031	＋侯32	李学勤缀
侯36			334	2014	64033		
侯37			335	2012	64034		
侯38			336	2007	64035		
侯39	3937	15797		2008	64039		
侯40			337	2029	64036		
侯41			338	2030	64037		
侯42	3938	39456		2006	64040		
京津2193		20247、31939		2017	64011		
村中57				2009	64030	＋村中69	李爱辉缀，拼三732

　　蒋玉斌《殷墟子卜辞的整理与研究》(第133页)说:"如上所述,这32片字骨(引者按:

《侯》26是字甲,其余皆字骨)获得方式虽然不同,实为一坑之物。明知如此,《甲编》却只收录捡出的9、18、31、34、39、42号,大概因为其他字骨并非纯正的科学发掘品而不予收录。这就是审慎过度了。《甲编》未选的26片字骨,《合集》《合补》也没有补收。这对于这批卜辞的研究是很不利的。"2009年,史语所出版《史购》一书,对《甲编》《合集》《合补》未收录的侯南类卜辞进行了著录,并以彩照、拓本、摹本三位一体的著录方式公布了这批甲骨。其后,《子合》《大系》也公布了侯南类卜辞的资料④,这些材料的刊布对侯南类卜辞的研究是大有裨益的。

甲骨文作为史料来运用的先决条件是要确定其性质和时代。由于学者对侯南类卜辞的性质尚有不同意见,因此,本文拟对此再作讨论。

首先,讨论侯南类卜辞的性质。

董作宾最早指出,侯南类不是王卜辞。他在1936年考释《侯》29和30时说:"此辞及上两辞之'余'疑是卜官自称,则辞亦卜官自记,非关时王了。"⑤2006年,蒋玉斌在《殷墟子卜辞的整理与研究》(第137页)中说:"侯南类卜辞也不是王的卜辞,而当是某位臣属的贞问。因此,侯南类卜辞也是子卜辞。"2019年,韩文博在《侯南卜辞性质新论》一文中提出异议,他明确表示,侯南卜辞仍属王卜辞系统⑥。因此,对侯南类卜辞的性质再作讨论是十分必要的。真正决定卜辞性质的,当是卜辞的内容。下面,让我们一起来细细品味下列侯南类卜辞,以了解其卜辞的性质。

(1A)余及兹月出自卜。

(1B)甲戌卜:又曰吉,余弗及之月出自卜。   《侯》29,侯南

侯南类最完整的著录是董作宾的《侯》文,下文引用这批材料就以《侯》文的著录号为准(如果想了解《侯》文著录号在《史购》《子合》《大系》中的著录情况,请参看"表二")。例(1)字体属侯南类。命辞中的"余"是否族长"子"的自称,请看下列这条准同文卜辞,内容也是卜问"余出自卜"。

(2A)其往卸(御)自庚,惠庚辰往。

(2B)[辛]子卜贞:余出自卜。   《侯》30,侯南

大家知道,在王卜辞中,前辞的贞人是"王",则命辞的第一人称代词"余"都是商王自称;在非王卜辞中,前辞的贞人是"子",则命辞的第一人称代词"余"都是族长"子"自称⑦。例如:

(3)戊子卜,子贞:余获。   《合》21657,子类

(4)辛子卜贞:梦亚雀肇余刀,若。   《合》21623,子类

例(3)是非王卜辞,前辞的贞人是"子",则命辞的第一人称代词"余"是族长"子"自称。例(4)也是非王卜辞,命辞中出现第一人称代词"余",则前辞的贞人也应该是"子",所以例(4)前辞"辛子卜贞"应该读为"辛子(巳)子卜贞","子"字两用⑧。据此,上引例(2B)"[辛]子卜贞"也应该读为"[辛]子(巳)子卜贞","子"字两用。因此,例(1)和(2)中的第一人称代词

"余"都是侯南类族长"子"自称。

（5）贞：若兹陟帝，余利，朕钔（御）史（事）不句。   《侯》11，侯南

甲骨文第一人称代词"朕"是能做主语的[9]。"钔 史"一语，韩文博解释说[10]：

> 蒋玉斌通过对《侯》9—12辞内容分析后认为，《侯》11辞"余利，朕御事不句"中的"御
> 史"是"御事"，即"迎接政事"，认为"御史"的施事者应当是臣属。我们认为这种说法是错
> 误的，……从其内容可知，这里的"余"和"朕"均是商王之自称。……因此，《侯》11辞之"御
> 史"绝不是"御事，迎接政事"，而当为王朝史官。

甲骨文"钔"字用法有四：1. 读为"禦"，是禳除灾殃的一种祭祀。2. 读为"禦"，抵禦。
3. 动词，表示进献。4. 治理，"御事"犹言"治事"，当"为王做事"讲。今将甲骨文有关"钔（御）
史（事）"的卜辞择要录之于下，然后再加以阐述。

（6）贞：呼发入钔（御）史（事）。   《合》5558，典宾
（7）贞：呼次入钔（御）史（事）。   《合》5559，典宾
（8）贞：勿[呼]火入钔（御）史（事）。   《合》5561，宾出
（9）辛巳卜贞：令众入钔（御）史（事）。   《合》25，宾出

例（6）至（9）中"入钔（御）史（事）"的施事者应当是商王的臣属。例（9）中的"众"，既可
以指族人（指除奴隶外的殷人），也可以指族长，如上引人名"发""次""火"都是族长。

（10）丁亥卜，疑贞：君曰："其呼鼓钔（御）史（事）。"入钔（御）史（事），若。

《殷遗》300，出一

鼓，人名。御事，犹"治事"，这里当"为王做事"讲。"钔（御）史（事）"的施事者应当是臣
属名字叫"鼓"的。

（11A）王于徫使人于髦，于之及伐望，王受有佑。
（11B）徫取髦钔（御）史（事），于之及伐望，王受有佑。获用。
（11C）师贾其呼取髦钔（御）史（事）☑。   《合》28089，无名
（12）☑取髦钔（御）史（事），于之及伐望，王受有佑。获用。   《合》28090，无名

"髦"是人名"危伯髦"之名。例（11C）"师贾其呼取髦御事☑"和（12）"☑取髦御事，于
之及伐望"是同文卜辞，可知当时商王为了征伐望，准备派"师贾"到危伯髦那里去，征召危伯
髦来为商王服务[11]。卜辞习见呼令某人"御事"之贞（参《类纂》第147—148页），而西周早期金
文叔趞父卣铭文（《集成》5428）说："余考（老），不克钔（御）事。"可以看出，"御"，动词，治理。
"御事"是动宾词组，犹言"治事"，当"为王做事"讲。

非王卜辞子类习见卜问"又（有）史（事）"的卜辞。魏慈德说："子组（引者按：即子类）卜
辞的占卜'有事'，就是要占问是否有王事，若有王事时，就必须派人去屮王事。而王事的内容
则主要包括了征战、力役、农作、祭祀之事等。"[12]请看下列这条子类卜辞：

（13）辛未侃卜：我入商，厸（选）我钘（御）史（事）。　　　　　　　　《合》21717，子类

厸，读为选择之"选"⑬。例（13）卜问"我"（"我"是子类家族或族长）入商而商王是否会选择我来"御事"。前引例（5）"朕御事不句"之"句"从口屮声，"句、苟"古音皆为见纽侯部，所以"不句"可以读为"不苟"，意为不苟且、不随便。《周礼·地官·大司徒》："以祀礼教敬，则民不苟。"例（5）是用族长口气写出来的。"朕御事不苟"意谓"朕"（族长"子"自称）为王做事不苟且，就是不随便马虎。

（14A）令敦。

（14B）其呼徣。

（14C）弗克。　　　　　　　　　　　　　　　　　　　　　　　《村中》57＋69，侯南

（15）其用鼋，弗每（悔），王侃。　　　　　　　　　　　　　　　《侯》33，侯南

（16A）要其用鼋，若，弗母（悔），王侃，克孚（俘）二人。

（16B）令敦。　　　　　　　　　　　　　　　　　　　　　　《侯》32＋35，侯南

（17A）要［其］用［鼋］，王侃。

（17B）要其入，呼从又（有）娴，我克孚（俘）二人。　　　　　　《侯》34，侯南

（18）［要其用］鼋，若，［弗每（悔），王］侃，余㭑。　　　　　《侯》36，侯南

甲骨文鼋字用法有三：1. 贡纳（《合》9187）。2. 读为"诛"，责备（《合》18845）。3. 读为"驲"或"趋"，驾车或奔走（《合》8359＋36417）。例（15）至（18）战争卜辞中的"鼋"应读为"驲"或"趋"，在此作名词用，指驾车之人或奔走服役之人。例（16）至（18）中的"要"是人名。"又娴"，卜辞中有女性称谓"司"，"司"字在侯南类卜辞中作"娴"。"娴"这个称谓既可用于生人也可用于死人，"又（有）娴"在此指生人，指贵族女性之尊者⑭。"王侃"之"侃"，意为喜乐，跟训为"忧虞"的"悔"意义相反，所以例（16A）战争卜辞"要其用鼋若弗悔王侃克俘二人"的大意是说，"要"（人名）用"驲"（驾车之人）或"趋"（奔走服兵役之人）是否好？所谓"好"即"若，弗悔，王侃，克俘二人"，意思是同向的，都是表示好的意思。董作宾最早将例（17）《侯》34"我王"连读。蒋玉斌在《殷墟子卜辞的整理与研究》（第136页）中说：

> 董氏在对《侯》34的解说中，说："曰'我王'，亦史官口吻。"（《侯》752页）这说明这批卜辞的占卜主体的确不是王。

例（17）《侯》34拓本只著录骨条的正面；《侯》34彩照见史语所"考古资料数位典藏资料库"R41013，十分清晰，既著录正面又著录反面。董作宾把"我"与"王"连读，我们认为是不对的，理由如下：其一，从彩照正面看，例（17A）和（17B）两辞之间是有一条界划线的；其二，从彩照反面看，骨条上有三个钻凿，上下的两个钻凿皆残缺，唯独中间的钻凿是完整的，与正面（17B）命辞"要其入呼从有娴我克俘二人"的部位相应。由此说明"我"与"王"不能连读。正确读法如例（17）释文所示。蒋玉斌《殷墟子卜辞的整理与研究》（第136页）又说："'克俘

二人'与《侯》36同样位置的'梏'是相应的(大概都是验辞),一曰'俘'(虏人),一曰'梏'(鞠人),是很洽切的。"我们认为,卜辞的助动词"克"只见于命辞,表未然;而验辞表已然,是不用助动词"克"的。因此,例(16A)"克俘二人"跟(17B)"我克俘二人"应该都是命辞,命辞的语气不像"天下之大宗"商王的口吻,却符合小宗"子"的身份,是一位臣属的口吻,表示"我能掳掠两人,使王高兴"。此外,著名小臣墙骨牒《合》36481记载"馘千五百七十"即歼敌1570人,可见商王指挥的战争规模很大。而侯南类卜辞说"我克俘二人",可见族长指挥的战争规模很小,正符合族长率领家族武装参战的规模。综合所述,我们认为,侯南类卜辞应该是非王卜辞。

其次,简要讨论一下侯南类卜辞的时代。

（19A）其用牛父己。

（19B）𡧊𠦪。　　　　　　　　　　　　　　　　　　　　　　《侯》10＋21,侯南

（20）其用豕父己。　　　　　　　　　　　　　　　　　　　　　《侯》12,侯南

（21A）丁亥卜：光取贝二朋,在正月。取。

（21B）其用牛于乙。

（21C）其往自庚,惠庚辰。　　　　　　　　　　　　　　　　　　《侯》27,侯南

例(19)"其用牛父己"和例(20)"其用豕父己"都是祭祀卜辞,皆有称谓"父己"。董作宾说:"故此父己仅祖己可以当之,即武丁之孙,廪辛康丁时,可以称祖己为父。"又说:"父己即祖己,可证在廪辛、康丁之世。此一批骨版,多与大龟七版同时。"[15]董说可从。例(21B)有卜辞"其用牛于乙",董作宾又说:"用牛于乙,乙即帝乙,可知此为纣时之卜辞。"我们认为,侯南类卜辞数量总共只有32片(见表一),字体风格单纯划一,其存在的时间应该不会太长,所以董氏认为侯南类卜辞中有属于第五期的卜辞,恐不可信。

总之,侯南类卜辞的时代,董作宾认为属第三期、第五期;李学勤认为是廪辛时代的卜辞[16]。李说可信。我们认为,侯南类卜辞暂定为廪辛之世,属于董作宾的第三期。

侯南类卜辞的材料很少,有关该类卜辞的性质和断代问题目前只能作些推测,希望今后能出土更多的侯南类卜辞材料,以验证我们对其性质和断代所作的推测是否正确。

附记:本文为"古文字与中华文明传承发展工程"项目"甲骨刻辞类纂新编"(YWZ－J001)、"甲骨文字新编"(YWZ－J005)的阶段性成果。

（作者单位:清华大学出土文献研究与保护中心、
"古文字与中华文明传承发展工程"协同攻关创新平台）

注：

① 董作宾《安阳侯家庄出土之甲骨文字》，《田野考古报告》第一集，史语所1936年，后收入《董作宾先生全集》甲编第2册，艺文印书馆1977年。

② 此表见蒋玉斌《殷墟子卜辞的整理与研究》第132页，吉林大学2006年博士学位论文；笔者补入《侯》41。

③ 本表是在蒋玉斌《殷墟子卜辞的整理与研究·侯南类子卜辞材料总表》（第219页）的基础上作了修订与增补。

④ 分见蒋玉斌《殷商子卜辞合集》第1999—2030号，学苑出版社2020年；黄天树主编《甲骨文摹本大系》第64011—64043号，北京大学出版社2022年。

⑤ 同注①第2册第751—752页。

⑥ 韩文博《侯南卜辞性质新论》，《中国文字研究》第29辑第13—22页，上海书店出版社2019年。

⑦ 黄天树《甲骨文第一人称代词综述》，《东海中文学报》2014年第28期，收入《黄天树甲骨学论集》第61—83页，中华书局2020年。

⑧ 参看《裘锡圭学术文集》第1卷第191页，复旦大学出版社2012年。

⑨ 同注⑦第62—63页。

⑩ 同注⑥第19—20页。

⑪ 参看《裘锡圭学术文集》第5卷第172页；谢明文《商代金文的整理与研究》上册第99页，复旦大学2012年博士学位论文。

⑫ 魏慈德《殷墟YH127坑甲骨卜辞研究（上）》第152页，花木兰文化出版社2011年。

⑬ 参看《裘锡圭学术文集》第1卷第258页。孙亚冰《从甲骨文看商代的世官制度——兼释甲骨文“工”字》认为，“我入商厚我御事”之“厚”应读作训为“继”的“纂”，这是子在卜问他入商继承他的（实际是他祖辈或父辈的）“御事”一职是否吉利（《甲骨文与殷商史》新4辑第27页，上海古籍出版社2014年）。彭裕商《非王卜辞研究》认为，子组称阳甲、盘庚、小辛、小乙为父甲、父庚、父辛、父乙，则子组的族长“子”是武丁的亲兄弟（《古文字研究》第13辑第62—63页，中华书局1986年）。因此，我们认为，孙说不可信。

⑭ 裘锡圭《说“㛸”（提纲）》，《裘锡圭学术文集》第1卷第523—526页。

⑮ 同注①第2册第716—717、747页。

⑯ 李学勤《谈安阳小屯以外出土的有字甲骨》，《文物参考资料》1956年第11期，收入《李学勤早期文集》第33—34页，河北教育出版社2008年。

古文字研究(35):8—13,2024

读殷墟卜辞札记三则

王蕴智

在我国古代文献中,曾有过不少关于先民自然崇拜及祭祀自然百神的记载,如《尚书·尧典》云:"肆类于上帝,禋于六宗,望于山川,遍于群神。"殷商时代大致也存在这样一种崇尚祭享自然百神的风习。考察殷墟卜辞资料,商王室占卜活动中所见到的自然神祇,略可归纳为帝廷诸神、日月神、山川诸神、宗祖化的地示神。上帝在天廷中的僚属,大致有四方、四方名和四方风、巫、帝臣、帝工、帝云、帝使等,皆应划归帝廷职辖之内。限于篇幅,兹谨就卜辞所见几种帝廷中的臣属名及其特定语词用字习惯,以札记的形式简略整理如下。

一 帝工害我、禘北巫

历组一类卜辞中见有帝工一名。其中"工"字上面作平行的四点状,四点紧接"工"字上端横笔,或可视为"小工"二字的合文。此合文形仍似用表"工"字,可径读为帝工。卜辞中今仅见下面两例:

(1)辛亥卜:帝工辇(害)我,又(侑)卅小牢?(三)/辛亥卜:禘北巫?

《合》34157,图一

(2)辛亥卜:帝工辇我☒/于雷炆?/于𝄞炆?/于兮炆?/□子卜:炆?

《合》34482,《续存》1.1831,图二

从干支时间和相同的书写风格上看,上揭两版占卜内容互补,具有共时关系。其在辛亥日的祭祀对象有帝工和北巫。有所不同的是,在《合》34482中,还提出了在当日及下一个"□子"(子前疑缺一"壬"字)日施以炆祭的计划,施祭的场所拟在雷、𝄞、兮等处做出选择。无独有偶,在《屯南》100相同骨条的位置,也出现有对𝄞、兮等处选择施以炆祭的计划,占卜事由出于祈雨。其辞为:

(3)辛巳卜:今日雨?/壬午卜:今日雨?允雨?/不雨?/癸未卜:今日雨?/不雨?/甲申卜:炆于𧮁姁?/于兮炆?/于罡炆?/于𝄞炆?/不雨?   《屯南》100,历一,图三

图一 《合》34157　　图二 《合》34482　　图三 《屯南》100　　图四 《合》34155　　图五 《合》32012

　　从上揭辞例中的卜事内容来看，帝工后面所跟的动宾关系是"羞（害）我"。在日常占卜的诸王事里，羞在卜辞中是一个危害程度很重的语词。作羞的主体常常是殷人所崇拜的一些大神，作羞者主要是殷人先王先妣及旧臣。若是在面对自然灾异现象时，作羞的主体则常见有上帝及其僚属、殷人高祖王亥、夒，还有宗祖化的自然神河、岳、土等。商王能够赋予帝工如此的权能，而且可以得到较高规格的祭享，可见他的形象和地位在殷人心目中也不一般。从上举两版有关的卜事中，似乎还可以得到一点启示。如第（1）辞第2问接着是贞卜禘祭北巫一事，北巫和帝工实际上是商王为同一事类而准备祭祷的两位神祇。巫乃神职之称，《说文》："巫，祝也。女能事无形，以舞降神者也。"此可见帝廷中也有巫职一类官员。卜辞中所见帝廷中的巫神有北巫、东巫、巫等称名。作为受祭的对象时，其称名前或与祭祀动词禘构成"禘＋巫"的动宾短语，或在禘字后面加介词于，写成"禘于巫"的短语结构。有时在其称名前径可省略动词"禘"。例如：

　　（4）癸亥贞：今日雨，禘于巫狃一、犬一？／☑岳宗？　　　　　　《合》34155，历二，图四
　　（5）☑禘东巫？　　　　　　　　　　　　　　　　　　　　　　　《合》5662，宾二

（6）癸巳卜：其禘于巫？／癸巳卜：御于土？　　　　　　　　《合》32012，历二，图五

（7）癸酉卜：巫宁风？　　　　　　　　　　　　　　　　　　《合》33077，历一

（8）辛酉卜：宁风，巫九豕？　　　　　　　　　　　　　　　《合》34138，历一

（9）戊子卜：宁风，北巫一豕？　　　　　　　　　　　　　　《合》34140，历一

　　由上辞可知，殷人效仿下界，在天廷中也设定了一个巫史班子，卜辞的东巫、北巫当是东、北方位之巫，巫则为其统称。巫作为上帝的僚属，大概类似于巫咸、学戊这样的宫廷巫师，是善于运筹预测的高级智囊人物，故殷人也需要经常向他们祷拜问事。第（1）辞中的帝工既然与北巫同日同事受拜，而且能够作害于下界，他的职能很可能与帝廷中的巫神是一个性质，即相当于帝的僚臣。在祀礼安排上，殷人习惯用禘祭的形式祈祷巫神。由第（2）、第（3）辞的选贞句中可知，殷人祈雨时可使用炊这种巫术活动，即通过在火中跳舞（或曰焚人）的特殊祭法来敬拜天廷中的求雨对象。

二　帝史（使）凤、禘凤、禘鸟

　　殷墟晚期乙辛卜辞中见有"帝使"之称，辞例见于《合》35931。在这之前，帝使或冠于"凤"字之前，称作"帝使凤"。当"凤"和"鸟"作为神名用字时，也可单独作为受祭的对象，字前多冠以祭祀动祠"禘"，此盖缘自殷人以凤鸟为帝之使臣的习惯。请参见下面第（1）—（4）辞：

（1）☑于帝史（使）凤，二犬？　　　　　　　　　　　　　　《合》14225，宾二，图六

（2）燎帝史凤一牛？　　　　　　　　　　　　　　　　　　　《合》14226，宾二

（3）贞：禘鸟三羊、三豭、三犬？／丁巳卜贞：禘鸟？

　　　　　　　　　　　　　　　　　　　　　　　　　　　　《合》14360，宾二，图七

（4）禘凤九豕？　　　　　　　　　　　　　　　　　　　　　《合》21080，师小字，图八

（5）庚午卜：壬申雨？允雨亦（夜）。／辛未卜，禘凤？不用。雨。《合》34150，历一

（6）庚午卜：壬申雨？允亦雨。／辛未卜，禘凤？不用。雨。《屯南》2161，历一，图九

（7）乙巳卜贞：王宾帝史，亡尤（忧）？　　　　　　　　　　　《合》35931，黄组

　　从占卜时间和卜事主题上看，上揭第（5）—（6）辞两版与《补编》10605内容互补，语序有别，具有共时关系。我们知道，甲骨文中的风雨之"风"，皆由表凤鸟之象形字为之，"凤"与"风"古音相同，可以通用。其实二字的通用条件还与内在的语源因素以及神鸟崇拜有关。《说文》："凤，神鸟也。天老曰：凤之象也，鸿前麐后，蛇颈鱼尾，鹳颡鸳思，龙文虎背，燕颔鸡喙，五色备举。出于东方君子之国，翱翔四海之外，过昆仑，饮砥柱，濯羽弱水，暮宿风穴，见则天下大安宁。……凤飞，群鸟从以万数。"如果说许慎所刻画的凤鸟已融合了周秦时代的塑造而超乎了殷人的想象，那么甲骨文中这个羽翼丰满、姿态飘然的凤字，倒是很近于《山海经》中的描述，如《南次三经》记云：丹穴之山"有鸟焉，其状如鸡，五采而文，名曰凤皇"，"是鸟

也,饮食自然,自歌自舞,见则天下安宁"。因凤凰鸟丰美硕大,古人曾将它誉为鸟王或禽之长。又《淮南子·时则训》云:"羽虫,凤之为长。"班固《白虎通义》云:"凤凰者,禽之长也。"关于这种"其状如鸡"的五彩凤,《山海经》又称之为"皇鸟、鸾鸟、凤鸟、凤后"。甲骨文中的"凤"很可能就是取象于凤凰鸟原形。这种鸟在商代还有迹可寻,如武丁卜辞中就有捕获凤鸟的记录。辞例如下:

　　(8)甲寅卜:乎(呼)鸣网雉,隻(获)?/丙辰,凤隻五。　　　　　　《合》10514,宾一
　　(9)□酉卜,王贞:☑卜巫纞三☑凤一☑。　　　　　　　　　　　　　《合》5659,宾一

　　于省吾在解释上揭第(8)辞时曾说:"商王令鸣用网捕鸟,丙辰这天捕获五只凤鸟。由于用网捕之,故所获自是生凤。""周初器中鼎的'中乎归(馈)生凤于王',郭沫若同志谓'生凤自是活物'(按见《两周金文辞大系图录考释》18),可以与甲骨文互相证明。"[①]上(8)、(9)辞说明殷商时代的自然界中确有称凤的珍贵鸟种。

　　凤鸟在古书中不但记载为神鸟,而且也是风神。如师旷《禽经》云:"凤禽,鸾类,越人谓之风伯。飞翔,则天大风。"风伯于荆楚又被称作"飞廉",如汉应邵《风俗通义·祀典》云:"飞廉,风伯也。"其实风伯也是先秦时期我国北方比较流行的风神尊名,古代南北各方的风神,大概有着共同的渊源。郭沫若早年在解释上引第(1)版卜辞时就曾经指出:"古人盖以凤为风神。""'于帝使凤三'者,盖视凤为天帝之使,而祀之以二犬。《荀子·解惑篇》引《诗》曰'有凤有凰,乐帝之心'。盖言凤凰在帝之左右。今得此片足知凤鸟传说自殷代来矣。"[②]从卜辞内容来看,于老、郭老之说可信。在卜辞时代,现实中的凤凰鸟经时人崇拜神化后,已信奉为帝之使臣,尊称之为帝使、帝凤或帝鸟。神化后的凤鸟以帝使的身份具有司掌风、雨气象的权能,长期受到殷人的祈拜。这正如第(7)辞所记的那样,在祭享帝使的时候,商王也要亲临现场参加祷拜,以表尊敬。

图六　《合》14225　　　图七　《合》14360　　　图八　《合》21080　　　图九　《屯南》2161(局部)

三　关于帝和禘字的区辨

卜辞中的帝又称作上帝，是后人心目中那个至高无上的天帝形象的前身。卜辞中所见上帝权能，可大体归纳为令雨、令风、令雷、降旱、降祸、降摧、降永、降若、帝诺、授佑、受年和害年、终邑和疾邑、佐王和咎王等13种施权能力^③。其神权大致包揽了以商王为主体的所有朝政要事。根据古书记载和传说，上帝的起源应该发生在商代以前。在商代，上帝的形象还在不断地塑造之中^④。殷人所崇拜的上帝，仅在殷墟文化时期的二百余年间，就不是一个模式化了的形象。他一直是个感觉不定、不断被下界为王者设计了而再设计的一位至上神。上帝的出现，形成了天上地下的众神格局。卜辞所见"帝工、帝使、帝云、帝臣"诸称，皆帝廷中的神祇名。《大戴礼记·诰志》云："天子崩，步于四川，代于四山，卒葬曰帝。"《礼记·曲礼下》："告丧，曰：'天王登假。'措之庙，立之主曰帝。"李学勤指出，卜辞中之帝某为子王尊其已故父王之号^⑤，自商王祖甲时期以后，卜辞中的帝名或用作已故先王之尊称。如出组卜辞之"帝丁"（《合》24982）系指武丁，何组之"帝甲"（《摭续》167）系指廪康王称呼其父王祖甲。四祀邲其卣铭"尊文武帝乙"，系指商王帝乙。

应当指出，作为上帝的帝字和用为祭祀动词的禘字，在以往的专业字典和甲骨文释读中常常不加区别，容易混淆。上引诸版卜辞中，通过本文的卜辞释文和图版示例所见用字习惯，我们已在释文中进行了区分。早期的帝字一般写作_{（字形）}或_{（字形）}形，后于上部追加短横为饰。其典型字例如下揭所示：

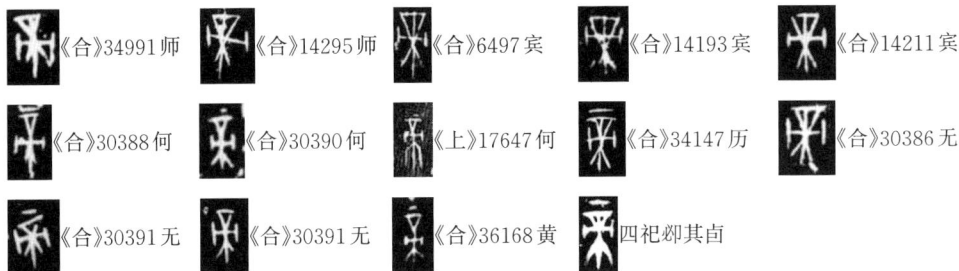

卜辞中的禘字通常是在帝字原形基础上略加变异，大致有如下两种典型写法：

第一种是将帝字中部的_{（字形）}形笔画改写成_{（字形）}形。这种书写习惯初见于师组小字类，其后多见于宾组，此为禘字的主流写法。其典型字例如：_{（字形）}（《合》21387师）、_{（字形）}（《合》14295师）、_{（字形）}（《合》10939宾）、_{（字形）}（《合》14302宾）、_{（字形）}（《英》1228宾）、_{（字形）}（《合》5662宾）。

禘字的第二种特征字形可再划分为三个亚类，主要见于历组：

一是习将帝字原形中间的_{（字形）}形简写作平直的一横画，状如_{（字形）}（_{（字形）}《屯》3664历、_{（字形）}《合》34145历）之形。

二是将帝字的上部写成 🌟(🌟《合》21080师历)形，或是在 🌟 形上部加上几个点状笔画写作 🌟 和 🌟 形，参见本文图一和图四所引《合》34157、34155的两例禘字。

三是在 🌟 形基础上省去中间的横笔，写作 🌟(🌟《合》32012历、🌟《合》34353历)之形。

禘字在卜辞中一般都用作祭祀动词，与表帝称的名词性用法迥别。禘祭之对象可以是自然神，如"禘于河"(《合》14531)、"禘于东方曰析，风曰劦"(《合》14295)、"其禘方一羌、一牛、九犬"(《合》32112)；禘祭对象也可以是祖先神，如"禘于王亥"(《合》14748)、"禘下乙"(《合》22088)、"禘伐自上甲"(《合》32063、34050)。卜辞习见之"禘东"(《合》34145)、"禘南"(《合》34153)、"禘西"(《合》34154)、"禘北"(《合》34154)，应是指禘祭四方之神[6]。

附记：本文为国家社科基金重点课题"殷墟甲骨刮削重刻现象及相关语料研究"和河南省社科兴文化工程规划项目"汉字与中华民族文化基因传承研究"阶段性成果。

（作者单位：河南大学甲骨学与汉字文明研究中心）

注：

[1] 于省吾《甲骨文字释林·释凤》第324页，中华书局1979年。

[2] 郭沫若《卜辞通纂》第376—378页第398片考释，科学出版社1982年。

[3] 参见拙著《商代宗教研究·第五章殷墟时期的上帝崇拜》，1996年国家社科基金结项成果。

[4] 参见拙文《试论殷墟时期上帝观念的发展》，《徐中舒先生百年诞辰纪念文集》第81—85页，巴蜀书社1998年。

[5] 李学勤《殷代地理简论》第32页，科学出版社1959年。

[6] 参见赵伟《殷墟甲骨语词研究》"帝"字条，河南大学2018年博士学位论文。

古文字研究（35）：14—18,2024

卜辞殷觌考

冯　时

《周礼·春官·大宗伯》云：

> 以宾礼亲邦国。春见曰朝，夏见曰宗，秋见曰觐，冬见曰遇，时见曰会，殷见曰同，时聘曰问，殷觌曰视。

郑玄注云：

> 亲，谓使之相亲附。宾礼之别有八。此六礼者，以诸侯见王为文。六服之内，四方以时分来，或朝春，或宗夏，或觐秋，或遇冬，名殊礼异，更递而遍。朝犹朝也，欲其来之早。宗，尊也，欲其尊王。觐之言勤也，欲其勤王之事。遇，偶也，欲其若不期而俱至。时见者，言无常期。诸侯有不顺服者，王将有征讨之事，则既朝觐，王为坛于国外，合诸侯而命事焉。《春秋传》曰"有事而会，不协而盟"是也。殷犹众也。十二岁王如不巡守，则六服尽朝，朝礼既毕，王亦为坛，合诸侯以命政焉。所命之政，如王巡守。殷见，四方四时分来，终岁则遍。时聘者，亦无常期，天子有事乃聘之焉。竟外之臣，既非朝岁，不敢渎为小礼。殷觌，谓一服朝之岁，以朝者少，诸侯乃使卿以大礼众聘焉。一服朝在元年、七年、十一年。

其述殷同、殷觌之礼是否符合商及西周制度，可据甲骨文、金文等直接史料研判是非。

商周金文及玉器铭文见载殷同之礼，俱录于下：

殷于逢。	二祀邲其卣
王命保及殷东国五侯。	保卣、保尊
命大保省南国，帅汉，诞殷南。	大保玉戈
在成周……王呼殷厥士。	叔矢方鼎
唯明保殷成周年。	作册䰠卣、作册䰠父乙尊
王在蒡京，命师田父殷成周年。	小臣传簋

诸辞之"殷"皆为殷同之礼。二祀邲其卣为商末帝辛世器，其铭"殷于逢"，是谓商王于逢地行殷同之礼①。保卣、尊为西周成王世器，其铭"王命保及殷东国五侯"，意即成王命召公参与殷同东方五种诸侯之礼②。叔矢即唐叔虞，故"王呼殷厥士"则系殷同王族子弟之有爵者。而作册䰠所造之器也属周成王世，其铭"唯明保殷成周年"，则以作为伯老的周公子君陈明保于成周殷同天下诸侯而纪年③。显然，"殷"于此为殷同之礼非常清楚。

商周之殷同礼，或行于王畿之内，或行于境外，制度严格。金鹗《求古录礼说》卷十三考会同之礼云：其礼有四，一是王将有征讨，会一方之诸侯，时见曰会是也。一是王不巡守，四方诸侯皆会京师，殷见曰同是也。此二者皆行于境内。一是王巡守，诸侯会于方岳，《古文尚书·周官》所谓"王乃时巡，诸侯各朝于方岳"也（禹会诸侯于涂山，亦是巡守会同）。一是王不巡守，而殷国诸侯毕会于近畿。此二者皆行于境外。时见时巡所会，皆止一方诸侯，是会同之小者。殷见殷同所会，则四方六服诸侯毕至，故曰殷，是会同之大者。准此制度，则知二祀邲其卣铭之殷于逢，大保玉戈铭之帅汉殷南，皆于境外所行之殷礼；而保卣、尊铭之大保与事殷同东国五侯，以及于成周所行之殷同，皆于境内所行之殷礼。

殷同制度明确之后，卜辞有关商代殷礼的占卜内容便容易理解了。武丁时期的宾组卜辞云：

戊申卜，宾贞：殷亡祸？

戊申卜，宾贞：卜（外）亡祸？

贞：兆（觎）以？

其以？

贞：用，弗亡祸？

贞：用，弗其有祸？ 七月。

贞：□□祸？

有祸？ 《合》590

此辞的"殷"字漫漶不清，或摹作"宼"④，或释为"殷"⑤。从字的体势分析，应以释"殷"为是。此缀合版原收于《殷虚文字缀合》218版（见图一），文字清晰。载有"殷"字的卜辞原属《殷虚文字乙编》4046版（见图二），字迹分明，也可助为判断。然论者以为"殷"与"外"构成对贞，故而以为"殷"当指内服王庭之地，也就是盘庚所迁之殷地（今河南安阳殷墟）⑥，学者或从之⑦，则有可商。

卜辞常以"亡祸"与"有祸"形成对贞，然此辞于同日所卜"殷""外"之事却同问"亡祸"，显然并不属于对贞，而是对不同之事的选择，故"外"应是对"殷"事的更进一步选贞，则"殷"与"外"并不具有空间对应的必然联系。此其一证。卜辞之中商是指王庭，或也称商，其只与四方四土构成内外对应的空间关系，如《屯南》1126版记商与东、北、西、南四方对应，《合》36975版记商与东、南、西、北四土对贞，却从未有与"外"互为对应的情况。此其二证。据商周时代的空间观念分析，其时仅以"外"与"内"或"外"与"中"构成相对的空间概念，如商王的庙号系统即以"外""入（内）"相对⑧，而《说文》以内训中，故地理之"中国"亦可称为"内国"⑨，见于录伯卣铭文，都准确地体现了其空间观念，故知"外"不可能与某个地名形成内外对应的空间联系。此其三证。商代王庭地理之殷于卜辞本作"衣"，如卜辞所卜之"天邑商公宫衣"是也⑩，至两周犹然，穆王世之剌鼎铭记"王在衣"，即其地，故卜辞之"殷"不可能作为商代王庭地名。此其四证。"殷"之本义为人罹重病而医治,于省吾已立此说[11],确切无疑,卜辞之"殷"也多指人患重病,可为明证[12],或由病势隆盛而引申出殷盛之义,商周金文以"殷"为殷同之礼的用法如此,故卜辞之"殷"未见有作为商代王庭地理的意义。此其五证。准此可知,上录卜辞与"外"相对之"殷"与地理无关。

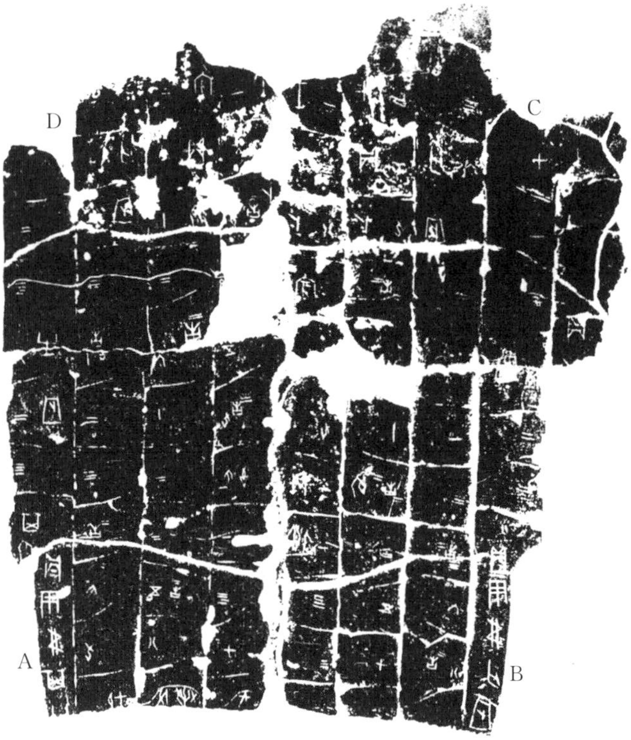

图一 《殷虚文字缀合》218 版 　　　　　　　　图二 《殷虚文字乙编》4046 版

综合分析整版卜辞的内容,可知其实际是在围绕殷同与殷觌之礼的占卜,意义重要。"殷"解为殷同之义,不仅可能系统建立起商周金文所反映的殷同之礼的完整脉络,而且证明这一制度在商代武丁时期即已相当完善。殷同之礼所行之地或在境内,或在境外,故知"殷"与"外"的选择恰是在选择是否行殷同之礼,或是否于境外行殷同之礼。时殷见诸侯于境外,而王无巡守。

事实上,如果"殷"与"外"的选择表达的是于境外举行殷同之礼的话,那么同版所见的"兆以"之卜就有理由读为"觌以","觌"指殷觌之礼甚明。

殷同与殷觌之礼的区别,久未釐析清楚。《说文》见部:"觌,诸侯三年大相聘曰觌。觌,视也。从见,兆声。"古贤或以殷、觌之分重在相见年次的频疏,未得其旨。《周礼》谓之为"殷觌",知其礼本也以聚众相见为义。《周礼·春官·典瑞》"以觌聘",郑玄注:"大夫众来曰觌。"

又《考工记·玉人》"以觐聘"，郑玄注："众来曰觐，特来曰聘。"此与觐礼谓之"殷觐"正合。而其有别于殷同者，本当具有两个基本特点。其一，殷同者皆为王朝的外服诸侯，而觐礼之对象则应为方蛮伯酋。其二，殷同重在诸侯聚众同见，而觐礼则别在方蛮依次轮流见王。此其要义也。

觐又作"眺"，义为远视。《尔雅·释诂下》"觐，视也"，郝懿行义疏："觐，又通作眺。"《大戴礼记·朝事》："殷眺以成邦国之贰。"是其证。《玉篇》目部："眺，眺望也。"《汉书·礼乐志》"眺瑶堂"，师古注引应劭曰："眺，望也。"《文选·卢谌赠崔温》"北眺沙漠垂"，刘良注："眺，远视也。"此即觐礼之本义，其取"眺"声而立义，是想建立王庭与较外服诸侯于地理更为遥远、其关系更为疏远的方蛮伯酋的联系。觐义为视。《说文》见部："视，瞻也。"亦见其本义。古文字"视"之初文不同于"见"，作人立而前瞻之形[13]，即有远眺、远视之义。故商以与外服之外的方蛮相见之礼为觐，正切其眺视之义。

周人以觐礼称"视"，见于金文所记，其视觐者皆为方蛮，可为明证。铭文云：

王命益公征眉敖，益公至告，二月眉敖至视，献贲。　　　　　　　　乖伯簋

眉敖者膚卓使视于王。　　　　　　　　　　　　　　　　　　　　　九年卫鼎

戓攣狔遣间来逆昭王，南夷、东夷具视，廿又六邦。　　　　　　　　　　歔钟

南仲邦父命驹父毁（即）南者侯，率高父视南淮夷，厥取厥服，堇夷俗，豸不敢不敬畏王命，逆视我。厥献厥服。　　　　　　　　　　　　　　　　　　　　　　驹父盨

很明显，视觐者皆为方蛮，而并无诸侯的参与。其既可与一方之伯酋觐视，也可与如廿又六邦之众方伯觐视，其谓殷觐可合。

殷觐的第二个意义当为众方伯轮流相见，而不同于殷同之礼会群诸侯而见。西周铭文有云：

方蛮无不虱视。　　　　　　　　　　　　　　　　　　　　　　　　　史墙盘

《说文》扎部："虱，击踝也。从飞，从戈。读若踝。"是知"虱"当读为"踝"。高明解"踝视"意即接踵而来相见[14]，所说甚确。是知殷觐本为方蛮相见之礼，且又具有轮流朝见的特点。而歔钟铭云南夷与东夷凡二十六邦俱见于王，恐也应有先后相次而见之仪注。

综上所论，则知卜辞之事当关乎殷同与殷觐之礼之选择，而殷同之礼亦有行于境内与境外之分别，故卜所行之地，或更卜不行殷同诸侯聚见之礼，而改行殷觐方伯之礼。故求诸卜辞，不仅商代之殷同、殷觐之礼甚明，而且以"殷"为殷同也正可与商周金文所记之殷同礼之传统互为印证。事实上，商代之宾礼虽或非如《大宗伯》之八礼那样完备，其时四季未成，四时之聘应该具有更朴素的分至四时的节令特点，但如殷同、殷觐一类合亲诸侯、合睦方伯的礼仪，则已应相当完备。

2023年2月9日写于尚朴堂

　　附记：本文为"古文字与中华文明传承发展工程"资助项目"小屯南地甲骨文资料的重新整理"（G1004）的阶段性研究成果。

（作者单位：中国社会科学院考古研究所）

注：

① 冯时《中国古文字学概论》第542页，中国社会科学出版社2016年。

② ⑥ 李学勤《青铜器与古代史》第169页，联经出版事业股份有限公司2005年。

③ 冯时《周初二伯考——兼论西周伯老制度》，《中原文化研究》2018年第2期。

④ 岛邦男《增订殷墟卜辞综类》第274页，汲古书院1977年；姚孝遂主编、肖丁副主编《殷墟甲骨刻辞摹释总集》上册第22页，中华书局1988年。

⑤ 黄天树主编《甲骨拼合集》第378页注2，学苑出版社2010年。

⑦ 张惟捷《从卜辞"亚"字的一种特殊用法看商代政治地理——兼谈"殷"的地域性问题》，《中国史研究》2019年第2期。

⑧ 陈梦家《殷虚卜辞综述》第441页，中华书局1956年。

⑨ 冯时《文明以止：上古的天文、思想与制度》第265页，中国社会科学出版社2018年。

⑩ 冯时《信史与伪史之间——周人改篡殷号考》，《中国文化研究》2023年第3期。

⑪ 于省吾《释殷》，《甲骨文字释林》，中华书局1979年。

⑫ 冯时《商周医学史料考证》，《半部学术史，一位李先生——李学勤先生学术成就与学术思想国际研讨会论文集》，清华大学出版社2021年。

⑬ 裘锡圭《甲骨文中的见与视》，见氏著《裘锡圭学术文集》第1卷，复旦大学出版社2012年。

⑭ 高明《中国古文字学通论》第459页，文物出版社1987年。

古文字研究(35):19—24,2024

说甲骨卜辞中"乎"的一种用法

张玉金

本文讨论殷墟甲骨文中"乎"的一种用法。

一　问题的提出

《合》20098(即《粹》425+《甲》264)上有如下二辞：

（1）丁未卜，扶：屮(侑)咸戊、学戊乎？

丁未，扶：屮(侑)咸戊牛？不。

郭沫若认为，此例中的"乎"是表示疑问之语词①。同时，郭沫若在"不"后不加标点，认为"不"也是表示疑问之语词，可训为"否"。司礼义不同意郭沫若的说法，他质问到：如果"乎"是句末疑问语气词，那么"为什么在大量的所谓问句里只有一个用'乎'的例子呢？"②裘锡圭指出，在自组卜辞中，跟上引例（1）同类型的以"乎"结尾的命辞是屡见的，裘先生补充列举了12个例子③。虽然如此，裘先生认为，郭沫若说也不一定能够成立。裘先生指出，所引各辞都是卜祭之辞，而且句式相当一致，"乎"字一般紧接在被祭者之名的后面，前边不出现牲名等词。这种"乎"会不会是指跟祭祀有关的某件事呢？

那么，这种"乎"到底应该如何解释呢？这种"乎"出现的句子是什么意思呢？如何进行句法分析呢？本文即探讨这个问题。

二　从《合补》100正说起

（2）贞：翌乙卯酢子汏？

翌乙卯子汏酢？

贞：乎子汏祝一牛，乎父甲？　　　　　　　　　《合补》100正，《大系》6285

对于此例第三条卜辞，有两种释法，一是释为"贞：乎子汏兄一牛，乎父甲"。《合补》整理者④、曹锦炎、沈建华⑤都采用这样的考释。二是释为"贞：乎子汏祝一牛[于]父甲"。张惟捷、蔡哲茂编著的《殷虚文字丙编摹释新编》⑥则采用这样的释法。

仔细审看原拓片，应知此例"父甲"前一个字作形，跟同一条卜辞中的"乎"字写法完全一样，《甲骨文摹本大系》第3册图版即摹作，而不是"于"⑦。很明显，上述第二种释法，是认为此条卜辞中的"乎"是"于"字之误，或者是读为"于"。

为什么要这样看呢？这是因为"乎父甲"是很少见的，所以把"乎"读为"于"，这样"于父甲"作补语，似乎就可以讲得通了。

但是，如果把"乎"读为"于"，这在卜辞中找不到其他的例证；如果认为"乎"是"于"字之误，也不太妥当，因为两者字形明显有别，不易相混。

我们认为，第一种释法是正确的，即例（2）第三条卜辞应该释为"贞：乎子汏祝一牛，乎父甲"。

那么，"乎父甲"中的"乎"应该如何解释呢？

我们认为，"乎父甲"中的"乎"，后作"呼"，就是大声叫喊的意思，"乎父甲"意思是大声呼叫父甲。这样解释，于文献有征。

《史记·屈原贾生列传》说："夫天者，人之始也；父母者，人之本也。人穷则反本，故劳苦倦极，未尝不呼天也；疾痛惨怛，未尝不呼父母也。""天"在这里指天神，而"父母"可以在世，也可以逝世。卜辞中"乎父甲"中的"乎"，意即同于"呼父母"的"呼"。

《左传·襄公三十年》："或叫于宋大庙，曰：'譆譆，出出。'鸟鸣于亳社，如曰'譆譆'。甲午，宋大灾。宋伯姬卒，待姆也。君子谓宋共姬：'女而不妇。女待人，妇义事也。'""叫"，杨伯峻训为"大呼"[⑧]。"大庙"，杨伯峻以为是"微子之庙，春秋列国皆为始封君立大庙也"。由此可见，"叫于大庙"是一种在大庙进行的行为，所叫者应该是逝去的先人，可能就是始封君。

跟"乎父甲"同类的例子还有："□乎妣己□用。"（《合》19887）

其实，在殷商时代，"事死如事生"，对逝去的先人说话是比较普遍的。在甲骨卜辞中，"言说动词＋先人名"的例子是常见的。

这种言说动词，可以是"告"。例如：

（3）甲辰卜，贞：重翌乙巳告上甲？　　　　　　　　　　　　　　　　《合》428

（4）弜巳告祖辛？

　　　弜巳告小乙？　　　　　　　　　　　　　　　　　　　　　　《屯》656

（5）王其田，其告妣辛，王受祐？　　　　　　　　　　　　　　　　《合》27558

（6）贞：勿告河？　　　　　　　　　　　　　　　　　　　　　　　《合》15521

这种言说动词，也可以是"祝"（意思是用言语向鬼神祈祷求福）。例如：

（7）贞：祝于祖辛？　　　　　　　　　　　　　　　　　　　　　　《合》787

（8）贞：王其入，勿祝于下乙？　　　　　　　　　　　　　　　　　《合》1666

（9）甲辰卜：祝于母庚？　　　　　　　　　　　　　　　　　　　　《合》2570

（10）贞：祝岳？　　　　　　　　　　　　　　　　　　　　　　　《合》14478

这种言说动词，也可以是"曰"。例如：

（11）曰南庚？

曰羌甲？

曰南庚？ 《合》1820

（12）丁酉卜，殻贞：王勿蔕曰父乙？ 《合》1778正

（13）贞：王其有曰父乙？ 《合》2281正

（14）辛酉卜，古贞：王其有曰妣庚？ 《合》2483

上引例（2）中的"乎父甲"跟例（3）中的"告上甲"、例（10）中的"祝岳"、例（11）中的"曰南庚"，都是"言说动词＋鬼神名"结构。

上引例（2）中的"乎子汏祝一牛，乎父甲"，是两个言说动词连用，是先"祝"而后"乎"。卜辞中还有其他言说动词连用的例子：

（15）丁巳卜，争贞：王其有曰祖丁，祝？ 《合》1869正

三 "祭祀动词＋鬼神名＋乎"的句法分析

裘先生列举了下列句末用"乎"的例子：

（16）乙巳卜，扶：屮（侑）卜丙乎？

☑，扶：☑兄☑乎？ 《合》19817

（17）丙午卜，王：莽（祷）卜丙乎？ 《合》19891

（18）丁酉卜，王：屮（侑）祖丁乎？ 《合》1843

（19）甲午卜☑又（侑）升岁大乙乎？ 《合》19815

（20）☐☐卜：☐大庚乎？ 《合》22168

（21）☐巳卜，王：屮（侑）兄戊乎？ 《合》2403

（22）[庚]辰卜，☐：毛（磔）兄戊乎？

[庚]辰卜，王：毛☐丁乎？ 辛巳。 《英》1803

（23）戊寅卜：又（侑）子族乎？ 不。 《合》21288

（24）戊子卜，自：☐母乎？ 《合》19890

（25）☐未卜，☐：屮（侑）母庚乎？ 《合》19963

（26）己未☑又（侑）妣☐乎？ 《合》15868

（27）壬午卜，燎土，延巫帝乎？ 《合》21075

对于这种句末的"乎"应该如何解释呢？对于这种"乎"所在的句子，该如何进行句法分析呢？这要先从卜辞中的一种语法现象说起。

在卜辞中存在这样一种语法现象，即一个祭祀动词可以出现在"祭祀动词＋（于）＋鬼神名"中"祭祀动词"的位置上，也可以出现在"鬼神名＋祭祀动词"中"祭祀动词"的位置上。例如：

（28）莫岁妣庚，王受［祐］?　　　　　　　　　　　　　　　　　　《合》27530

（29）乙丑岁祖乙黑牡一，子祝，肩御徵?　　　　　　　　　　　　　《合》22172

（30）辛丑卜：乙巳岁于天庚?　　　　　　　　　　　　　　　　　　《合》22094

（31）祖戊岁，重羊?　　　　　　　　　　　　　　　　　　　　　　《合》22853

（32）癸卯子卜，贞：酚叡祖乙二牛，卯?　　　　　　　　　　　　　《合》40875

（33）叡于祖辛?　　　　　　　　　　　　　　　　　　　　　　　　《合》1729

（34）壬申卜：其示于祖丁，重王鞫?　　　　　　　　　　　　　　　《合》27306

（35）戊戌卜：其延示于妣己?　　　　　　　　　　　　　　　　　　《合》27518

下引一例中的"乍宁"，则是一般的动宾短语：

（36）贞：勿乍（作）宁?

　　　贞：乍（作）宁于□?　　　　　　　　　　　　　　　　　　《乙》3157

由"岁"来看，它的后面可以直接出现鬼神名，如例（28）中的"岁妣庚"、例（29）中的"岁祖乙"，在"岁"和"鬼神名"之间还可以加"于"，如例（30）中的"岁于天庚"，"鬼神名"还可以出现在"岁"之前，如例（31）中的"祖戊岁"。

"叡"亦然，鬼神名可以出现在它的后面，如例（32）中的"叡祖乙"；在"叡"和鬼神名之间也可以加"于"，如例（33）中的"叡于祖辛"。"示"和鬼神名之间也可以加"于"，如例（34）中的"示于祖丁"、例（35）中的"示于妣己"等。

例（36）中的"作"是建造的意思，它的成事宾语"宁"可以直接出现在它的后面，如该例中的"乍（作）宁"⑨。

"祭祀动词＋（于）＋鬼神名"中的"祭祀动词"，还可以出现在"其他动词＋鬼神名＋祭祀动词"中"祭祀动词"的位置上。例如：

（37）丁巳卜，即贞：王宾父丁岁，亡尤?　　　　　　　　　　　　《合》22583

（38）□亥卜，即贞：翌壬子酚示壬岁?　　　　　　　　　　　　　《合》22709

（39）丁酉贞：其剢祖乙襆?　　　　　　　　　　　　　　　　　　《合》32547

（40）戊辰卜：其示于妣己，先敓妣己示?

　　　重父己示先敓?　　　　　　　　　　　　　　　　　　　　《合》27412

"其他动词＋鬼神名＋祭祀动词"是一种动宾结构，其中的"其他动词"是为动用法，"鬼神名＋祭祀动词"是"其他动词"的为动宾语。例（37）中的"宾父丁岁"，是说为"父丁岁"而"宾"，即为对父丁的岁祭而举行迎导神灵的仪式。例（38）中的"酚示壬岁"，是说为"示壬岁"而"酚"，即为对示壬的岁祭而举行酚祭。例（39）中的"剢祖乙襆"，是说为"祖乙襆"而"剢"，即为对祖乙的襆祭而举行剢祭。例（40）中的"敓妣己示"是说为"妣己示"而"敓"，即为对妣己的示祭而举行敓祭。"重父己示先敓"中的"父己示"仍是"敓"的宾语，前置于动词"敓"，并在前置的宾语之前加上一个"惠",这种例子在卜辞中十分常见。

下引一例,则是"其他动词＋宾语＋动词"结构。

（41）□□卜,殻贞:我其巳宁乍(作),帝降若?

　　□□[卜],殻贞:我勿巳宁乍(作),帝降不若?　　　　　　　　　《合》6497

例（41）中的"巳宁乍(作)"（其中的"巳"读为"祀"）,是说为"宁乍"而"巳",即是为住所的营建而举行祭祀。

有了上述认识,回过头来再看"屮（侑）卜丙乎"这类例子,就可以做出正确的分析和解释。

前面说过,"乎"后可以带鬼神名作宾语,如前引例（2）中的"乎父甲"。既然如此,"乎"也可以出现在"其他动词＋鬼神名＋乎"的句式中,这种句式也可以像对"酻示壬岁"一样进行句法分析,进行句意通释。

前引例（16）中的"屮（侑）卜丙乎","侑"是动词,是为动用法,"卜丙乎"是为动宾语。"侑卜丙乎"是为"卜丙乎"而"侑",即为对卜丙的呼叫而举行侑祭（在呼叫卜丙时举行侑祭）。例（17）中的"莽（祷）卜丙乎",是说为"卜丙乎"而"祷",即为对卜丙的呼叫而进行祈祷。例（18）中的"屮（侑）祖丁乎",是说为"祖丁乎"而"侑",即为对祖丁的呼叫而举行侑祭。例（19）中的"又（侑）升岁大乙乎"是说"大乙乎"而"侑升岁",即为对大乙的呼叫而举行侑祭、升祭、岁祭。例（20）中"大庚"前所残去的字,应该是祭祀动词。例（21）中的"屮（侑）兄戊乎"、例（22）中的"乇（磔）兄戊乎""乇□丁乎"、例（25）中的"屮（侑）母庚乎"、例（26）中的"又（侑）妣□乎",可与"屮（侑）卜丙乎"做一样的分析。例（24）中"母乎"前残去的一个字,应是祭祀动词。

例（23）中的"子族",在卜辞中用作军事单位名称,或用为商王朝宗族的军事单位。很明显,"子族"是指当时活着的一些人。"子族"可以被"乎（呼）",例如"乎子族先"（《合》14922）。既然如此,"乎"就叫以出现在"动词＋宾语＋乎"的句式中。例（23）中的"又（侑）子族乎"也可以理解作为"子族乎"而"侑",即指在呼令子族时而举行"侑"的仪式。在卜辞中"侑"这种仪式可以对"子族"举行。例如:"戊午卜,自:侑子族?"（《合》21290）

对于例（27）中的"巫帝",有两种分析。一种是把"巫"分析为"神祇名",而把"帝"分析为祭名,如孟世凯[⑩]。卜辞或曰:"癸亥贞:今日小帝于巫狃、一犬?"（《合》34155）为其佐证。另一种是把"巫帝"整体看成"神名",如郭旭东、张源心、张坚[⑪]。从语法学的角度来看,第二种观点可从。若按第一种观点,则"延巫帝乎",是说继续进行对"巫"的禘祭和呼叫。"鬼神名"后出现了两个动词,与通例不符。前引的各例,鬼神名之后都是一个动词。分析例（27）中的"延巫帝乎"可与"戊辰卜,即贞:翌己巳弜延祖乙岁"（《合》22921）一例相比较,"延"是继续进行的意思,"延祖乙岁"是说继续举行对祖乙的岁祭。"延巫帝乎"即是指继续进行对巫帝的呼叫,这样解释十分通顺,而且符合卜辞的一般语法规律。

四　结语

甲骨文中的"乎",有时是呼叫的意思,它的宾语有时是鬼神名,构成"乎＋鬼神名"这样的动宾短语。这种"乎"还可以出现在"祭祀动词＋鬼神名＋乎"的结构中,这种结构是动宾短语,"鬼神名＋乎"是祭祀动词的为动宾语,这种结构是为"鬼神名＋乎"而祭祀的意思。

这反映出殷商时代存在的一种祭祀仪式,即呼叫已逝去的先人或其他鬼神(如"巫帝"),在呼叫的仪式中还举行一些祭祀活动,这种祭祀活动有"侑""祷""侑升岁""屯"等。在殷商时代,存在"巫帝"这种鬼神,可以对其进行呼叫。裘先生推测"屯咸戊、学戊乎"中的"乎"可能指跟祭祀有关的某件事,大抵是正确的。

从例(23)中的"侑子族乎"来看,呼叫的对象也可以是"子族"这样的活人群体,在呼叫之时,也可以举行"侑"这种活动。

附记:本文为国家社会科学基金重大项目《殷墟甲骨文译注与语法分析及数据建设》(17ZDA299)的阶段性成果;系古文字与中华文明传承发展工程规划项目"甲骨文字词合编"(G3021)的阶段性成果。

(作者单位:辽宁师范大学文学院)

注:

① 郭沫若《殷契粹编》第66页下,科学出版社1965年。

② 司礼义《商代刻辞语言研究》,《通报》卷60.I—3,第23页,1974年。

③ 裘锡圭《关于殷墟卜辞的命辞是否问句的考察》,《中国语文》1988年第1期第1—20页。

④ 中国社科院历史研究所编《甲骨文合集补编》第5册第1474页,语文出版社1999年。

⑤ 曹锦炎、沈建华编著《甲骨文校释总集》卷14第4627页,上海辞书出版社2006年。

⑥ 张惟捷、蔡哲茂编著《殷虚文字丙编摹释新编》第491页,史语所2017年。

⑦ 黄天树主编《甲骨文摹本大系》第3册图版第642页第6285正,北京大学出版社2022年。

⑧ 杨伯峻《春秋左传注(修订本)》第3册第1174页,中华书局2009年。

⑨ 张玉金《古文字考释论集》第147—154页,广东高等教育出版社2018年。

⑩ 孟世凯《甲骨学辞典》第280页,上海人民出版社2009年。

⑪ 郭旭东、张源心、张坚主编《殷墟甲骨学大辞典》第737页,中国社会科学出版社2020年。

古文字研究（35）：25—28，2024

殷墟甲骨文贞卜人物钩沉

谭步云

旧出殷墟卜辞，自董彦堂作《大龟四版考释》并提出"贞人说"以来①，有关贞人的研究日渐成熟而以饶选堂所论最为系统而全面②。然而，随着地下甲骨的发现，新的贞人渐次浮出水面，贞人集团亦随之壮大。例如小屯南地甲骨出土后，学者就在所谓的"午组"中考定 ◊ 也是贞人③。笔者在阅读甲骨文的过程中，偶有新的发现，兹补前所未及，以就教于方家。

1. 衍（ 𣥂 ）

𣥂，后世文字亦见，在秦碣中为"行"的异体，但在楚简中却是"道"的异体。"行、道"作为同义词，恐怕都源自甲骨文的这个形体。"衍"通常署名于命辞甚至验辞之后。多与"王"同贞。"王"殆武乙文丁中之一位。衍所贞卜者见于以下文例：

（1）……卜，叀戊亡𢦏（灾）？衍、王。大吉。/不冓（遘）雨？吉。　　　　《屯南》786

（2）叀王往𦥑（曾）正（征），亡𢦏（灾）？衍。/王其田瀼，往射■兕，亡𢦏（灾）？衍。

　　　　　　　　　　　　　　　　　　　　　　　　　　　　　　　　《屯南》1098

（3）屯日亡𢦏（灾）？衍。　　　　　　　　　　　　　　　　　　　《屯南》2686

（4）叀壬眚田，亡𢦏（灾）？衍、王。/叀今日眚田，弗每？　　　　《屯南》4562

（5）王其寻各 𥄕 以［丏（宾）］？/弜以丏（宾）？/叀父庚莽？/叀且丁庚莽？王、衍。

　　　　　　　　　　　　　　　　　　　　　　　　　　　　　　　《合》27310

（6）甲戌田，湄日亡𢦏（灾）？衍、王。/王其田，叀乙湄日亡𢦏（灾）？衍、王。罕（擒）。/［甲］戌田，湄日亡𢦏（灾）？衍、王。罕（擒）。　　　　　　　　《合》28496

（7）王……亡𢦏（灾）？衍。　　　　　　　　　　　　　　　　　　《合》28800

（8）□戌卜：翌……亡𢦏（灾）？罕（擒）。衍、王。　　　　　　　《合》28496

（9）……■官……田……衍、王。　　　　　　　　　　　　　　　　《合》29264

（10）叀函录（麓）焚，罕（擒）？衍、王。/叀斿田，罕（擒）？衍、王。/叀大录（麓）焚，罕（擒）？［衍、王。］/壬辰卜，王其田，不遘雨？吉。　　　　《村中村南》237

（11）王兑族，不雨？衍、王。　　　　　　　　　　　　　　　　　《村中村南》240

（12）壬申贞：今丑（？）。衍。　　　　　　　　　　　　　　　　　《合》4910

例（12），《合》置诸武丁朝。今天结合前辞辞例观之，此版似应移入武乙文丁期。据以上文例可知，武乙文丁朝贞人多署名于命辞之后，即便王亲自贞卜也不例外。

2. 🔆

🔆字首见,其所贞卜辞凡三见:

（1）其🔆（微）? /不罕（擒）? /🔆。/🔆。　　　　　　　　　　　《屯南》2598

（2）🔆。　　　　　　　　　　　　　　　　　　　　　　　　　　《屯南》2611

　　　　王其田,不……/曰:/其之? /🔆。　　　　　　　　　　　《屯南》2608

（3）🔆:从不彿……　　　　　　　　　　　　　　　　　　　　　《屯南》2659

花东所出有整版仅署贞人名的用例,可知其物为该贞人所掌有,以待贞卜时用,而其所掌有的甲骨之上所镌卜辞,辞中贞人名或可省略④。例（2）有所残泐,例（3）形体略有简省,但也可视之为同一字。🔆,亦新见字,可能是"隻（获）"的异体。如非,那🔆可能也是贞人。则这二版均此二人所共贞。或以为例（1）例（2）均习刻⑤,不无可商。

例（1）（H85:31）、例（2）（H85:70正、反）同出一坑,例（3）（H91:3）则出另一坑,那么,🔆是否同🔆似有疑问。尽管如此,🔆仍可确定为贞人。

商金文似有此字,作:🔆（《集成》1759）,疑即《说文》"槩"之古体⑥。《说文》云:"槩,惊走也。一曰往来也。从夰、臦。《周书》:'伯槩。'古文臦,古文囧字。"那穆王时人"伯槩"或是其后。字也可能为同部的"槩"。不过,笔者以为二字殆同源,即都源自🔆。

3. 🔆

🔆,字不识。其人见于以下卜辞:

（1）己亥贞:来乙其酚,五牢? /己亥贞,🔆:弜歷酚,即? /甲寅卜,隹（唯）甲启? /不启?
　　　　　　　　　　　　　　　　　　　　　　　　　　　　　　《屯南》974

（2）贞:乙亥酚? /🔆。/庚午贞,🔆卜用九牛? /甲戌贞:弜其告? /🔆。/于父丁,九牛?
🔆。/癸酉贞:其囗🔆、酒伊? /乙亥贞:其萃生三牛?　　　　　《屯南》1089

（3）丙寅贞:皋尊? /🔆。/囗卯:三牢,囗父丁? /癸酉卜,𢓨（卿）:截至于父丁,尊其鬲?
　　　　　　　　　　　　　　　　　　　　　　　　　　　　　　《屯南》1090

小屯南地甲骨别见🔆字:"弜兽? /癸未贞:其🔆? /弜🔆? 于生月🔆?"（《屯南》1072）字近🔆。孙海波《甲骨文编》作"㪍"。细审之,知当为二字。

🔆或署名于前辞之后,或署名于命辞之后。武乙文丁期卜辞之不拘一格,于斯可见。又据例（1）,🔆殆与贞人"歷"同时,虽然没有同版共贞之关系,也可并为一组。

4. 爵（🔆）

"爵"字旧出甲骨文多见,同道可参看孙海波《甲骨文编》。🔆作"爵"可从。"爵"作为贞人,见于以下卜辞:

（1）辛未贞:匕壬小牢千豕四? 爵。　　　　　　　　　　　　《村中村南》335

（2）不? 爵。　　　　　　　　　　　　　　　　　　　　　　《村中村南》498

（3）贞：唐弗爵冄妾？　　　　《山东》187

例（1）（02H6上：97）、例（2）（02H57：112）及其所同出，考古学者确定为与午、宾诸组同期甲骨[⑦]。倘若结合花东所出来考察，也许可以确定为与花东所出同期。《花东》51整版止署“爵”一字，《花东》93则作“癸巳，爵：”，那以上诸辞的“爵”可能就是花东卜辞所见之贞人“爵凡”[⑧]，而旧出《合》1138所载的，也可据以确定为“爵凡”合文。

5. 龑（子）祝（）

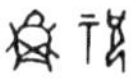亦见于花东卜辞，笔者以为即贞人名“子祝”者的另一种写法[⑨]。其实“龑（子）祝”早就见于以往所出甲骨：

（1）其又岁于伊尹？叀龑（子）祝，兹［用］。　　　　《山东》1301

（2）乙未卜，其又岁于高且乙？/叀龑（子）祝？/庚子卜，王往田于白？

《续存补》3.82.1

（3）……龑（子）祝……　　　　《续存补》5.59.4

（4）叀龑（子）祝？　　　　《屯南》16[⑩]

上引诸例，察其用辞用字，宜确定为武乙文丁期甲骨。辞中之龑（子）祝，殆花东所见之子祝。审其文意，似乎是其后嗣祭祀祖先，以祈求在祖先的帮助下确定贞卜取向。如果此说成立，则说明贞卜一职可代复一代继承。

（5）戊子……夒？/二牛又雨？/叀至，又雨？　　　　《村中村南》64

据例（5），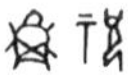或可省称为，如同上文“爵凡”之称“爵”。不过，称者仅此一见，也有可能只是漏刻而已。

6. 𠛱（）

“𠛱（𨚵）”用如贞人名，见选堂所考[⑪]，止《南北明》681（《合》30394）一例。

据迄今所见甲骨，“𠛱（𨚵）”署名于前辞或前辞之后。兹列选堂所考并补二例：

（1）辛卯卜，𠛱（𨚵）：彡（肜）酢其又（侑）于三方？　　　　《合》30394、《南北明》681

（2）贞，𠛱（𨚵）：至庚午亡……　　　　《合》29926

（3）丙寅贞：𠬝尊？。/☐卯：三牢，☐父丁？/癸酉卜，𠛱（𨚵）：戠至于父丁，尊其鬲？

《屯南》1090

在甲骨文中，“𠛱（𨚵）”或作地名（如《合》536等），或作人名（如《合》27281），字也见于商代金文，有名“𠛱（𨚵）其”者（𠛱其卣三器，《集成》5412—5414）。

又据例（3），𠛱（𨚵）与同版，如前述，殆可并入所谓“歷组”，那么，“歷组”算是名实相符了。所祀“父丁”，当康丁无疑。换言之，此组卜辞都是武乙之物。

7. 光

光，与贞人㝊（宾）、亘等同见一版，殆卜人。

甲辰卜,亘贞:今三月光乎来? 王固曰:其乎来,气至隹(唯)乙。旬虫二日乙卯允虫来自
光氏(致)苟乌。 《通》别2.3正,《合》94正

丙申王▨固:光卜曰不吉,虫祟,兹……/王固曰:帝隹兹邑龢不若。
《通》别2.3正、反,《合》94正、反

彦堂未及此。兹据鼎堂所释[12]。选堂有考[13],谓武丁时人,所引《侯家庄》27云:"丁亥卜,
光:取贝二朋? 在正月取?"仿佛也是贞人。不过,"光"在卜辞中可能为"取"的主语,那"光"
是否为贞人不无疑问。

本文所揭示的七位贞卜人物或未见考,都可补入业已考定的贞人集团之内:龏(子)祝、
爵、光,武丁早期;衍、▨、卬(卯),武乙文丁期。唯▨不能遽定。参考出土地、坑位等信息,恐
怕为廪辛康丁或武乙文丁之物。董彦堂尝言武乙文丁卜辞多不署贞人名[14],今天或可有所补
苴。这些贞人昔日不为学人所知,原因是多方面的:或不明贞人署名之习惯而一时失察,或
前所未见而偶尔忽略,或文字尚待考释词义句义有所不明而暂付阙疑。因此,随着新见甲骨
的出土以及研究的深入,相信仍将有新的发现。

(作者单位:中山大学中文系)

注:
① 原载《安阳发掘报告》第3期,1931年,后收入《董作宾先生全集甲编》第599—618页,艺文印书馆1977年。
② 参饶宗颐《殷代贞卜人物通考》,香港大学出版社1959年。
③ 选堂首发其端,参看饶宗颐《殷代贞卜人物通考》第810页;又参萧楠《略论"午组卜辞"》,原载《考古》1979年
第6期,后收入《甲骨学论文集》第40—47页,中华书局2010年。
④⑧⑨ 参谭步云《花东甲骨刻辞贞卜人物考》,载《华学》第12辑第112—129页,中山大学出版社2017年。
⑤ 参看姚孝遂、肖丁合著《小屯南地甲骨考释》第312—313页,中华书局1985年。
⑥ 甲骨文别见▨(《合》20281),刘钊等(《新甲骨文编》第584页,福建人民出版社2009年)、李宗焜(《甲骨文字
编》第106页,中华书局2012年)均以为"霁"。
⑦ 中国社会科学院考古研究所编著《殷墟小屯村中村南甲骨》第50页,云南人民出版社2012年。
⑩ 或释作"叀龟祝?"。参看姚孝遂、肖丁合著《小屯南地甲骨考释》第209页,案:▨作"龟"非是。
⑪ 同注②第1168页。
⑫ 参看郭沫若《卜辞通纂》第595—596页,科学出版社1983年。
⑬ 同注②第760页。
⑭ 参看氏著《甲骨文断代研究例》,原载《中研院集刊外编第一种》上册,1933年,后收入《董作宾先生全集甲编》
第389—390页。

古文字研究(35):29—33,2024

再论殷墟卜辞帝五臣是四方与社

刘　源

殷墟卜辞中的上帝,胡厚宣明确指出是具有人格的至上神①。所谓"具有人格"是现代学术概念,这个说法的主要依据是,殷人按照人间王廷结构,也设想出了一套上帝的朝廷和臣属,且殷先王能上升到天,陪伴帝之左右。目前,殷周史料中,有关"帝廷"、先王在帝左右的记载,只见于西周晚期金文,如周厉王所作的㝬簋记述"其各前文人,其濒在帝廷降陟"(《集成》4317),所谓前文人即前大人②,㝬簋铭文中的前文人指周先王;又如㖙狄钟记载"先王其严在帝左右"(《集成》49)。这些金文材料虽然晚出,但很有助于理解殷墟卜辞中所见的帝臣以及殷先王宾于帝等内容。殷代对帝廷及帝臣的记载,主要见于殷墟卜辞,其中的重要材料如帝五臣、帝使风、帝工等,充分说明上帝为天廷之君。然帝五臣之所指,学界目前尚未有定论,可进一步辨析,这对于认识商周帝天观念颇有裨益。

一　可据宁秋之祭重新考察帝五臣

殷墟卜辞没有直接提到帝廷,但有一些有关帝臣、帝五臣、帝五丯臣之记载(图一),说明殷人已虚构出上帝的臣属系统和朝廷。西周的帝廷观念也不是周人之独创,是从殷代继承发展下来的。帝五臣与帝五丯臣,所指称的是相同的神灵。帝五丯臣的丯,刻写为 ,和玉字完全相同,但读为帝五玉臣,非但字面上不通,也无法理解其义。姚萱提出玉、丯是一字异体,帝五丯臣应读为帝五介臣,指五位地位较低的次臣③,是目前较好的解释。

帝五臣,或帝五介臣,究竟指哪些神灵?这个问题对于认识殷代上帝崇拜思想非常重要,但殷墟卜辞并没有直接说明,导致学界一直没有共识。陈梦家顺着卜辞"帝使风"之线索,结合《淮南子·天文篇》"四时者天之吏也,日月者天之使也",及《史记·封禅书》记载秦雍祀日月风雨九臣十四臣之庙的材料,认

图一　帝五丯臣(《合》34148,历组二类)

为日月风雨为史、使、臣，都和卜辞的帝五臣正相对应④。
这一说法极大影响了此后学者相关研究的思路⑤，如蔡
哲茂认为帝五臣可能指风、云、雷、电、雨五种自然现象，
常玉芝认为帝五臣是四方神、风神、雨神、云神和日神⑥，
等等，都是在陈梦家意见的基础进行补充和调整。胡
厚宣也重视"帝使风""帝云"的线索，说帝五臣或即日
月星辰和风云雷雨一类神灵⑦；但他敏锐地注意到殷代
已有五方观念，认为卜辞以四方与中央社并祭，即五方
之神，因此推测帝五臣也许指五方之神，地有五方，五

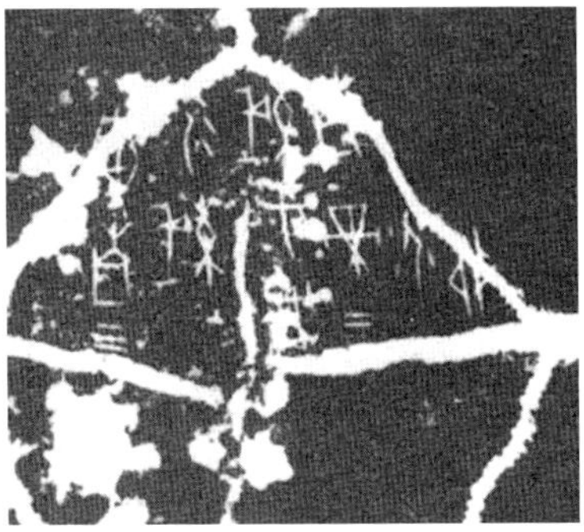

图二　西南帝介（《合》721局部，典宾类）

方各有神明，都是帝的臣使⑧。詹鄞鑫提到帝五臣分管四方与中土，即受到胡厚宣观点的影
响⑨。冯时也注意到胡先生此一意见，将帝五臣解释为主司五方之神，其中主司四方的是帝
使，也叫四巫，中央社神为帝工⑩。此外，上引姚萱论文指出卜辞中"西南帝介"（图二），是记
载西南等各方之神为帝之介臣，是一个重要发现。最近，陈彩虹、邓飞撰文指出帝五臣与帝
史、帝工、帝臣不同，并结合方帝卜辞与戴类卜辞，认为帝五丯臣是协助上帝的社神与东南
西北四方神，实际上也赞成胡厚宣的说法⑪。

　　我们探讨帝五臣是何种神灵的问题，最终还是要全面正确理解相关卜辞，深入发掘出商
王朝祭祀帝五臣、帝五介臣的动机、祭祀名目等信息，把类似史料联系起来，才能找到答案。卜
辞记录，殷人祭祀帝五丯（介）臣有一个十分明确的
愿望，即"宁秋"，也就是平息蝗灾，如下例：

　　　　贞：其宁秋于帝五丯臣，于日告。

　　　　……入商。左卜占曰：弜入商。戊申秋夕至，
　　宁用三大牢。　　　　《屯南》930，历组二类，图三

　　　　庚午贞：秋大隽，于帝五丯臣宁。在祖乙宗
　　卜。兹用。　　　　　《合》34148，历组二类

以上两例中，秋大隽是说蝗虫大规模聚集，秋夕至
是说蝗虫于傍晚飞来，而宁秋于帝五介臣就是祭
祀帝五臣来平息蝗灾。《屯南》930中还提到"于滴
宁"，滴是滴水之神，这说明帝五臣和滴水之神是不
同神灵。"宁"这个表示祭祀动机的词，是认识帝五
臣身份的关键线索。殷墟卜辞中，以宁为目的的这
一类祭祀，所供奉的神灵，除了帝五臣，就主要是四
方和土（社），反映出帝五臣与四方神和社神之间的

H24：139

图三　宁秋于帝五丯臣（《屯南》930，历组二类）

密切关系。也就是说，宁帝五介臣与宁四方神，二者的一致性可进一步印证胡厚宣意见的正确性，即帝五臣就是四方神加上中央社神这五方之神。以下列举一些宁类祭祀的材料，包括宁风、宁雨、宁疾等内容：

癸未卜，其宁风于方，有雨。　　　　　　　　　《合》30260，无名组

丙辰卜，于社宁风。　　　　　　　　　　　　《合》32301，历组一类

癸亥卜，于南宁风，豕一。

癸亥卜，于北宁风，豕一。　　　　　　　　　《合》34139，历组一类

丁丑贞：其宁雨于方。　　　　　　　　　　　《合》32992正，历组二类

己未卜，宁雨于社。　　　　　　　　　　　　《合补》10442，历组二类

庚戌卜，宁于四方，其五犬。　　　　　　　　《合》34144，历组二类

甲申贞：其宁疾于四方。　　　　　　　　　　《屯南》363，历组二类

壬辰卜，其宁疾于四方，三羌又九犬。　　　　《屯南》1059，历组二类

……宁风伊奭一小牢。　　　　　　　　　　　《合》30259，无名组

乙丑贞：宁风于伊奭。　　　　　　　　　　　《合》34151，历组二类

据这些记载，商王朝举行平息大风、大雨、疾疬的祭祀，所祈求的对象，除了东南西北四方神外，还有社，即中央的方神，加起来就是五方，正好可与帝五臣相对应。陈梦家指出，殷代的四方神崇拜，历经战国秦汉五行、星虚思想的渗透与杂糅，至《淮南子·天文篇》已演变为严密的五方帝系统⑫。也就是说，秦汉时期东方、南方、中央、西方、北方这五方帝，其渊源向上追溯，实为殷代上帝的五臣。

宁风类祭祀还提到一个神灵伊奭，张政烺认为即伊尹⑬，常玉芝、冯时认为是伊尹之配偶⑭。殷墟卜辞记载，宁风于伊奭，用犬为牺牲（《屯南》1007，历组二类），与宁于四方用犬祭祀，仪式内容很相似。此外，还有祷雨于伊奭的卜辞（《合》34214，历组二类）。可见，伊奭与四方神、社神的性质相同。四方神是各有其专名的，与四方神有别的伊奭，是社神之名还是另一种神灵，仍有待进一步研究。

二　帝五臣之外的帝使风、帝云

通过考察商王朝宁秋、宁风、宁雨、宁疾这一类希望平息灾祸的祭祀，我们进一步证实了胡厚宣的观点：帝五臣或帝五介臣应指四方神与社神。上帝对自然和人间的控制，实际上就是通过命令东南西北中五方来具体落实的。譬如帝令雨、帝令风，并不是上帝直接刮风降雨，而是指派帝五臣、帝使风来操作完成的。因此，商王朝无论是举行宁风、宁雨、宁疾，还是祷雨的仪式，都是祭祀四方和社，而非直接祭祀最高神灵上帝。卜辞记载的"帝使风"，是东南西北四方的风神，其地位低于四方，故只能算作上帝使者，而非帝臣。卜辞还记载有"帝云"，如：

"贞:燎于帝云。""贞:及十三月雨。"(《合》14227,典宾类)这个帝云,也属于帝廷,其地位近于帝使风。卜辞中的"帝工",有学者释为"帝小工",但所谓"小工"的 ,最上面四个小点很可能是装饰性笔画,其作用是强调字的分化和专用,而并非小字。帝工,亦即帝臣。前引历组卜辞有"帝工害我"之例(《合》34157),即占卜帝工为祸于商王朝之可能。此史料说明,上帝给下界降灾,是通过其臣属神灵的行动来具体实现。

　　需要说明的是,帝五臣、风、云等神灵,明确统属并听命于上帝,除此之外,雨、雷、日、月则不是上帝驱使的对象。卜辞中也没有祭祀雨、雷、月的记载,故尚不能说殷人将雨、雷、月视为神灵。卜辞也没有直接祭祀日的材料,但有于日出、日落之时举行祭祀的记载,如:

　　　　戊戌卜,丙:呼雀戠于出日、于入日宰。

　　　　戊戌卜,丙:呼雀戠一牛。

　　　　戊戌卜,丙:戠三牛。　　　　　　　　　　　　　　　《合》6572,宾组一类

　　　　祷禾于河,燎三口,沉三牛。……

　　　　癸未贞:甲申酚,出入日,岁三牛。兹用。

　　　　癸未贞:其卯,出入日,岁三牛。兹用。

　　　　出入日,岁卯……不用。三　　　　　　　　　　　　　《屯南》890,历组二类

　　　　癸……其卯,入日,岁上甲二牛。

　　　　出入日,岁卯四牛。不用。　　　　　　　　　　　　　《屯南》2615,历组二类

卜辞中这些记载,学界或认为是崇拜祭祀日神的证据[13]。这种思路有合理性,但我们如果换用另一种视角,将上述诸例中的出入日看成是举行祭祀的时刻,也能较好地理解卜辞。如为祈求年成而酚祭河神,选择于出入日之时进行,并宰杀三头牛;如"入日岁上甲二牛",即指于日落时祭祀先王上甲。而出入日相关材料中,记载的戠牛、戠宰一类祭祀,其供奉的多是能够影响雨水、年成的神灵,如东南西北四方神,及王亥、王夨等高祖神,还有先王大甲[16],戠于出日、入日,很可能是祭祀上述神灵以祈求风调雨顺、农业丰收。商王朝经常向四方、高祖祈雨,此外也多有向先王求雨之记载,如师组卜辞"祷雨自上甲、大乙、大丁、大甲、大庚、大戊、仲丁、祖乙、祖辛、祖丁"(《合补》10436)即为一典型材料。我们要理解,商王呼雀戠于出日、于入日这条材料,还应注意到,其中的雀是武丁时代的重臣,经常受王命执行求雨的大祭祀,如宾组卜辞"弜呼雀酚于河五十牛"(《合》1140正),即记述商王占卜,呼雀来祭祀河神求雨一事是否顺利。因此,商王呼雀戠于出日、于入日,可理解成:商王命其重臣雀,在出日、落日时刻举行祭祀,以祈求风雨时至,农业丰产。总之,甲骨文中基本没有直接祭祀日神或向日神祈福、祛祸的材料,故现有史料尚不能充分支持殷人有日神观念的看法。事实上,卜辞也没有提到过作为神灵形象出现的日神。上帝的朝廷中没有日神的身影,帝五臣也就与日、月无关了。

　　　附记:此文是"古文字与中华文明传承发展工程"规划项目"殷墟甲骨文史料解读"(G1603)阶段性成果。本文获中国社会科学院学科建设"登峰战略"资助计划资助(DF2023YS15)。

　　　　　　　　　　　　　　　　(作者单位:中国社会科学院甲骨学殷商史研究中心)

注:

① 胡厚宣《殷卜辞中的上帝与王帝(上)》,《历史研究》1959年第9期第25页。

② 刘源《从文邑到文神:甲骨、金文中"文"字内涵再探》,《甲骨文与殷商史》新6辑,上海古籍出版社2016年。

③ 姚萱《花东甲骨"多丯臣"与相关问题》,《史林》2010年第6期。

④ 陈梦家《殷虚卜辞综述》第572页,中华书局1988年。

⑤ 朱凤瀚等学者接受陈梦家意见。姚萱梳理和概括诸家对帝五臣的认识,也可以参看。朱凤瀚《商周时期的天神崇拜》,《中国社会科学》1993年第4期第195页;姚萱《花东甲骨"多丯臣"与相关问题》,《史林》2010年第6期。

⑥ 常玉芝《商代宗教祭祀》第68页,中国社会科学出版社2010年。

⑦ 晁福林等学者接受胡厚宣此看法。晁福林《说商代的"天"和"帝"》,《史学集刊》2016年第5期第132页。

⑧ 同注①第50页。

⑨ 詹鄞鑫《神灵与祭祀:中国传统宗教综论》第46页,江苏古籍出版社1992年。

⑩ 冯时《百年来甲骨文天文历法研究》第12—13页,中国社会科学出版社2011年。

⑪ 陈彩虹、邓飞《甲骨卜辞中的"帝五丯臣"》,《甲骨文与殷商史》新10辑,上海古籍出版社2020年。

⑫ 同注④第593页。

⑬ 张政烺《奭字说》,《历史语言研究所集刊》第13册第168页,中华书局1987年。

⑭ 常玉芝《商代宗教祭祀》第408页;冯时《中国天文考古学》第66页,社会科学文献出版社2000年。

⑮ 同注⑥第97—98页。

⑯ 朱歧祥《甲骨文词谱》第4册第239页,(台北)里仁书局2013年。

古文字研究（35）：34—43，2024

兆辞凶字构型与功能研究

陈光宇

一 前言

甲骨文兆辞的凶字共有四种释读：吉字说、告字说、箭头说以及蓍草说（见下文）。本文从版面部位、文字构型、占卜功能三方面综合比较这四种释读说法。版面部位：我们定义兆块与兆区，兆块是甲骨兆墨、序数、兆辞及背面钻凿的集合体，兆区是一组序数全部兆块的集合体。文字构型：我们比较凶与甲骨文"吉、告"及甲骨文从中字的部件相似程度。占卜功能：我们将兆辞视为针对兆块的术语，不涉及兆区的吉凶研判。比较四说，得如下结论：（1）"蓍草说"的释读针对兆块而非兆区，而其他三说没有清楚界定兆块与兆区的关系。（2）"蓍草说"认为凶字上部件象草，与甲骨文从中字部件形体相似。其他三说的部件释读，形体不类。（3）"蓍草说"认为凶类兆辞指的是蓍占，不涉及吉凶判断，其他三说均陷入"龟兆告吉"的窠臼；四说之中，只有"蓍草说"可以结合出土的数卦证据，成为研究殷商龟筮并用的新切入点。（4）将兆辞视为针对兆块的术语，有助于研究兆辞的意涵与功能。

二 四种解读说法

基于对凶字的不同释读，学界对凶类兆辞有四种说法，四说要点分别简述如下：

1. 吉字说。孙诒让1904年提出凶字为甲骨文"吉"字省文异体，首开"吉字说"先河[①]。张秉权1952年发表《说"吉"——"上吉""小吉"与"大吉""弘吉"的比较研究》[②]，为"吉字说"代表论著。张氏认为兆辞的二凶、小凶与卜辞的大吉、弘吉在部位、性质、用法、辞例相同，遂将二凶、小凶读为上吉、下吉，小吉。

2. 告字说。商承祚1933年提出凶字为甲骨文"告"字省文，上部件从牛省形，开"告字说"先河[③]。黄锡全1982年发表《告吉辨——甲骨文中一告、二告、三告、小告与吉、大吉、弘吉的比较研究》[④]，是"告字说"代表论著。黄氏详细比较甲骨文从牛的"告"与《乙编》所见兆辞的凶字，查找凶字出现卜辞的例子，论证兆辞的凶与卜辞的"告"实为一字。

3. 箭头说。冯少波在《"二告"字义证》一文[⑤]中指出，兆辞凶与卜辞"告"形体差异明显，认为凶与甲骨文"吉"的上部件均代表"箭头"指向，下部件均代表甲骨下半部的边缘。所以在甲骨背面的"吉"字表示兆枝上翘的吉象，是"阳面吉字"；在甲骨正面的凶字以箭头下指来表示吉象,是"阴面吉字"。

4. 蓍草说。笔者在《兆辞"二告"与龟蓍并用》一文⑥中提出凵字从屮的看法,理由是甲骨文𦫿(苞)、𦬇(芻)、𦫰(芳)、𦬊(莫)、𠬝(折)等字,其所从部件与凵上部件极为相似。《说文》:"屮,草木初生也。"所以凵的字源是植物。由屮联系到蓍草,凵字可能与筮占有关。

三　版面部位:兆块与兆区的界定

殷商占卜程序大致为:整治甲骨,凿钻凹穴,施以燋灼,产生兆璺。然后依燋灼顺序,刻记兆序,称为序数或序辞。兆璺由兆干、兆枝组成。兆枝上方刻记序数,下方刻记兆辞。卜兆指兆璺形象,包括兆干、兆枝的粗细、长短、走向、角度等参数。吉凶判断应该是依据卜兆,可能也考虑其他参数如钻凿型态、烧灼程度等。兆璺必有序数相随,但不一定有兆辞。为了方便展开讨论,笔者用"兆块"与"兆区"两个名词来区分单个兆璺与兆璺组。

(一) 兆块与兆区的定义

兆块指甲骨正面兆璺、序数、兆辞及背面钻凿、烧灼等的集合体,兆区指属于同一组序数的全部兆块集合体。兆辞是属于其所在兆块的甲骨参数,与兆区没有直接关系。换言之,兆辞针对的是兆块,卜辞针对的是兆区。我们再用下面的示意图来阐述兆块与兆区的定义。图一右是一个兆区,由6个兆块组成,其中第1与第5兆块各有一个兆辞"二凵"。图一左是第5兆块的放大图,表示兆块包括正面的兆璺、序数、兆辞与背面的钻凿、烧灼等。兆块一定有序数,但不一定兆辞。我们再以实例来说明兆块与兆区的界定,有利于兆辞功能的研究。图二的《合》9658为完整腹甲,由序数可知共有13个兆块,分属甲、乙两个兆区。甲区有7个兆块,写成:一 二［二凵］三 四[不綷黽]五 六[二凵]七。表示甲区兆辞分别出现在第2、4、6兆块。乙区有6个兆块,写成:一 二 三[不綷黽]四[不綷黽]五[二凵]六。表示乙区兆辞分别出现在第3、4、5兆块。甲区卜辞是:"辛巳卜贞祀岳祷来岁受年。""在庿。"乙区卜辞是:"贞来岁不其受年。"在甲骨版面清楚界定兆块与兆区,可以避免将兆辞放错兆块的问题。以《合》9658为例,《甲骨文合集释文》与《甲骨文校释总集释文》二书均有兆辞错置的失误,前者将甲区第2兆块的兆辞错置于乙区第2兆块;后者将乙区三个兆辞的位置错移至第2、3、4兆块。厘清兆块与兆区关系,确定兆

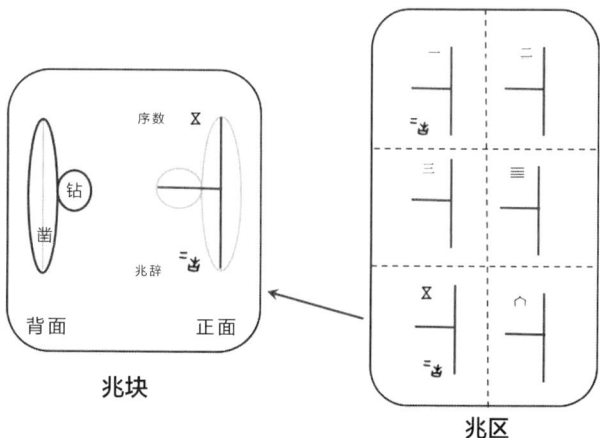

图一　兆块与兆区示意图

辞的版面位置,应该是研究兆辞功能的第一步。

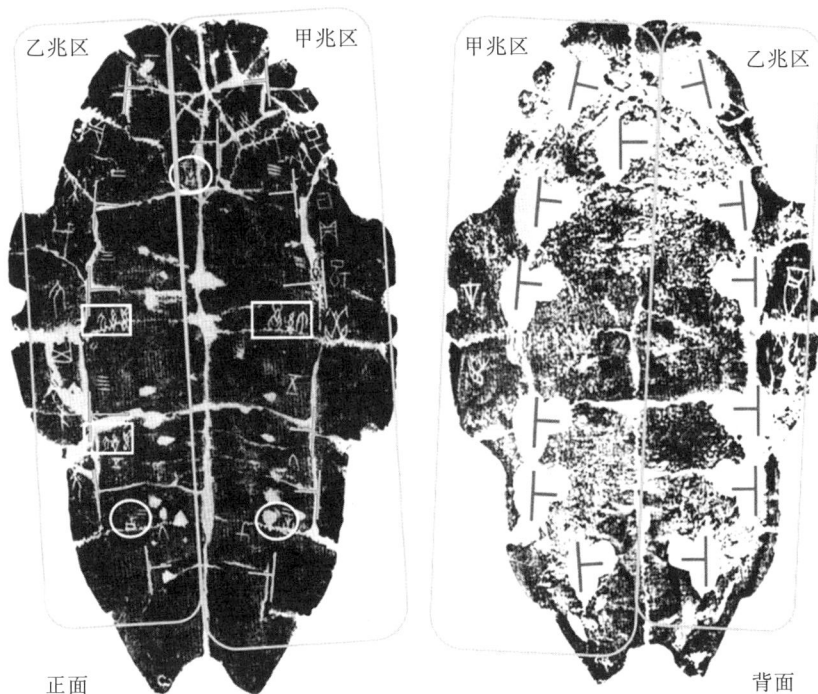

图二 《合》9658 的兆块与兆区

注:最外侧大框划分不同兆区;正面卜字形兆墨与背面钻凿表示兆块位置;兆辞以圆框或方框表明

(二) 兆辞与兆块

甲骨文有两种兆辞:屮类兆辞与不绰黾兆辞,内容单一,重复性高。屮类兆辞以屮字为核心,包括"一屮""二屮""三屮""四屮"与"小屮"。其中"二屮"与"小屮"的占比分别为84%与15%,其他屮类兆辞占比不过1%[⑦]。兆辞恒见于其所在兆块的兆枝下端,字体恒小于卜辞,明显要与卜辞作功能的区分。另外,兆辞的出现与序数没有特定的直接关系,兆辞出现于一个兆区的数目也不定。这些现象显示兆辞只与其所在兆块有关,是附属于其所在兆块的刻记,而与整个兆区无关。兆块与兆区的界定,有利于兆辞功能的研究。如果我们确定兆辞的兆块属性,未来研究可以将重心放在探索兆辞与兆块的各种参数(钻凿型态、兆墨形体、粗细、兆枝角度等)的可能关联,以便寻找兆辞出现的规律。

四　部件分析比较

(一)上部件比较

　　学界对于凶字的四种释读,完全基于对凶字上部件的不同理解。为了方便讨论,我们将四说所作部件分析以表一表示。我们也列入从中的甲骨文字以便与凶字的上部件比较。

表一　凶字四说部件分析表(附从中字形)

		释读	部件	甲骨文
凶字四说	吉字说	吉	⛊	⛊⛊
	告字说	告	⛊	⛊⛊
	箭头说	阴面"吉"	⛊	⛊
	蓍草说	蓍占	⛊	⛊
从中字形			⛊	⛊(獨)、⛊(芳)

　　"吉字说"以凶为"吉"。甲骨文"吉"的上部件⛊象坚实的勾兵,原意表示坚实[⑧]。表一清楚显示凶字的上部件与"坚实勾兵"相去实远,用异体、省文为说,终觉不洽。

　　"告字说"为学界普遍接受。卜辞"告"字上部件牛首⛊有三类写法:1.横笔类:牛角下有一横笔,又可区分为中笔出头或不出头,分别以凶与凶为代表。2.弯角类:牛角弯曲,或半圆形(如凶)或折角形(如凶)。3.斜笔类:牛角径以两笔斜画表示(如凶)。利用"甲骨文字形库"粗略统计821个"告"字字形[⑨],弯角类占比达78%,横笔类有19%,斜笔类只有3%。表二将这三类"告"字与兆辞凶作形体比较。横笔类或弯角类的卜辞"告"与兆辞凶的字形差别明显,所以兆辞凶字与95%以上的卜辞"告"字判然可别。斜笔类的"告"与凶字形体确实比较接近,成为学者论证凶为"告"字省文的主要依据。但是仔细观察,斜笔类的卜辞"告"中笔较长,与兆辞凶还是可以区分。例如《合》2389版面有一个兆辞凶,两个卜辞"告",一作横笔,一作斜笔凶,其中笔明显较长,还是可以与兆辞凶区分。虽然古文字会有讹混情况,但以占比不足3%的斜笔类型的卜辞"告"作为依据来释读上千的兆辞凶,不免以偏概全,证据薄弱。

表二　兆辞凷与卜辞“告”字形比较表

兆辞凷字								
		00224	14	83	224	676	19018	
卜辞“告”字	横笔类	出头 18%						
		8326	4380	19648	20058	27902	21116	
		不出头 1%						
		27168	37439	6476	15839	6250		
	弯角类 78%							
		3397	1799	4735	6142	10657	32649	20577
	斜笔类 3%							
		40833	1949	21498	20815	36345	84372	

“箭头说”将兆辞的凷与占辞的“吉”作意涵功能的联系,将“吉”与凷的上部件都视为“箭头”,认为甲骨背面的“吉”字箭头上指,为“阳面(背面)吉字”;正面的凷字箭头下指,为“阴面(正面)吉字”。此说所作部件分析,缺乏形、音、义的论证联系,也没有任何其他佐证,令人难以信服。

“蓍草说”认为凷字从屮,字源是植物“草”,不是动物“牛”。由表一可见凷字上部件与甲骨文芻、芳等字所从的屮部件确实几无二致。所以就部件相似程度而言,“蓍草说”无需倚赖省文、异形或阴面、阳面等曲折为说,要比其他三说合理。

(二)下部件凵的解读

兆辞凷字的下部件凵为口形部件,与凷字字义关系不大,学者较少讨论。甲骨文口形部件有宽口与窄口之分,均隶定为“口”。窄口部件用来表示言食之器,如𠰺(吹)、𤲃(次)、𩚅(饮)等字。但是甲骨文如屮、凷(叶、协),𡃭(唐),凷(嚚),𥃛(嵒)等字从宽口,多与礼仪或军国大事有关,是言食之器或另有他义,有待深究。甲骨文“吉、告”与兆辞凷均从宽口。“吉”字下部件或以为区别意符,或以为象置勾兵之笔卢盛器。“告”字下部件如果理解为言食之器,符合卜辞“告”字作为报告、告示的释读。“箭头说”将凷、“吉”下部件均视为象形的龟甲边缘,以便配合箭头指向。“蓍草说”认为凷字下部件可以理解为区别意符,在于指明凷字所从的“屮”是蓍草,也可以理解为言食之器,表示“蓍草宣示”,或者更可以理解为盛蓍草茎秆的容器,作为蓍草占筮之具。总之,凷字下部件的造字初义有待深究。

(三) 凶类兆辞的缀文

　　兆辞没有凶字单独出现的例子。兆辞"二凶"写作 凶 或 凶。"二"恒置于凶字上端，或偏左或偏右，有似缀符。兆辞"二凶"的"二"与兆枝走向一致，于左半甲出现在凶右上端，右半甲出现在左上端。学者行文均写成"二凶"，但几乎不见"二"与凶平行的契刻，令人怀疑 凶 是代表词语"二凶"，还是代表特殊的合文。"吉字说"将"二"误解为"上、下"。"箭头说"将"二"视为横，将"小"视为短的三直笔，认为"二""小"以横竖代表阴阳。"告字说"以"二""小"的字面意思来理解兆辞意涵。但是将"二凶"释读为"两次的凶"，那么"小凶"的"小"就颇令人费解。"蓍草说"如果成立，则"二""小"等缀文应该与蓍占方式的选择有关，可能表示蓍草放置的方位，或者表示龟筮的从逆组合关系。总之，"二""小"等缀文所代表的意涵也有待深究。

五　功能分析比较

(一) 吉字说

　　"吉字说"认为凶字兆辞的功能是依照兆璺的判定来纪录不同程度的"吉"象。为了调和凶与"吉"的形体不似，此派提出甲骨文有两种"吉"字的写法：一为占辞"王占曰吉"的卜辞"吉"，一为写作凶的兆辞"吉"。此说主要盲点为：1.以异体、省文作字形比附，殊为勉强。2.将"二凶"之"二"错误理解为"上、下"。3.将卜辞的"大吉""弘吉"等与兆辞的"二凶"等同，引起兆块与兆区以及兆辞与占辞的混淆。4.原来以为表示吉象的兆枝角度却与兆辞"二凶"出现的兆块毫无关联[⑩]。

(二) 告字说

　　除了字形不类，"告字说"的盲点在于对兆辞功能缺乏清楚的解释。卜辞"告"字可以释读为报告、相告或册告，也可以作为祭祀名。如果将兆辞凶理解为卜辞"告"的"相告"，却不知相告的对象为何？如果"二告"表示两次相告，却无法说明"小告"表示什么相告？如果将凶字理解为告祭，则更令人费解。黄锡全说："兆辞中的一告、二告、三告、小告似是纪录卜兆呈示的不同现象，或是对卜兆某方面吉凶的判断语。"[⑪]但没有说明是某个兆块出现的特别现象，还是整个兆区显示的现象。屈万里认为"三告"是"灼卜三次乃见坼璺而告以吉凶也"[⑫]。刘玉双也认为"二告、三告"是"指在同一卜兆中人与神沟通第几次有所告的次数行为"[⑬]。如果将"告"理解为与神灵沟通或神灵有所告，那么在《合》635的107个兆块中，只有13个兆块刻记兆辞，难道其他兆块不见神灵有所告吗？总之，"告字说"因为卜辞有"二告"一词，所以将兆辞"二凶"与卜辞"二告"等同起来。事实上，从兆块与兆区的界定以及兆辞与卜辞的区分来看，恰恰因为卜辞有"二告"，反而更能说明兆辞"二凶"不是卜辞"二告"。

(三) 箭头说

　　此说将兆辞"二凶"分为两类：1."区域二告"；2."裂痕二告"与"裂纹小告"[⑭]。"区域二告"

表示全区（即兆区）兆象为吉；"裂痕二告"与"裂纹小告"则是对呈凶相的卜兆进行补救的两种措施，将兆辞作为化凶为吉的标记。例如《合》656有一条贯通龟甲的裂纹凶兆，刻有"小告"，表示凶兆已被化解成为吉象。此说最大盲点是将甲骨经过三千年掩埋风干产生的裂痕错以为是凶兆。细查"箭头说"所举诸例，裂痕多出现在刻字之上，应该是久埋所致，不是施灼所致的兆象。《合》656的裂纹明显覆盖于"小告"刻字之上，可以确定契刻为先，裂痕后起，不能作为吉凶判定的论断。此外，"箭头说"将屮下部件"口"视为龟甲边缘，将刻辞"亡至口"一语解释为"裂痕不到龟甲边缘"，同样也忽视了裂痕与刻辞的先后关系。"箭头说"无视刻字与裂痕的先后关系，已经失去其论证的根本立足点，难以成立。

(四) 蓍草说

"蓍草说"立足于如下考量：1.兆辞屮字的上部件与甲骨文从中的部件相似，一根多茎，可以从字形联系到蓍草。2.兆辞的功能只限于所在兆块的兆辞，与吉凶研判无关。3.先秦有龟筮并用的传统，龟卜筮占的问事例子多见于传世先秦文献。4.出土的殷商文物发现刻有数字卦，类似筮数易卦，商代在用龟甲兽骨之外，可能用揲蓍或类似方法进行蓍占[15]。"蓍草说"将屮视为针对兆块的术语，用来标记所在兆块需要辅以蓍占数据。至于"二""小"等缀符，可能与采用蓍占需要的次数或方法有关。

兆辞与占辞可以从字体大小、契刻部位清楚地区别。兆辞是占卜仪式中的术语，占辞是卜辞的组成部分，与吉凶研判有关。"吉字说"与"告字说"以卜辞所见"吉""告"来理解兆辞屮，而"箭头说"也将屮的功能与占辞的"吉"来作比附，视屮为阴面的"吉"。三说均将兆辞与占辞的功能混淆。四说比较，只有"蓍草说"明确界定兆辞屮与兆块的关系，将其功能确定为技术层面，而不涉及占辞的吉凶判定。

六　兆辞总检讨

(一) 传世文献的"龟兆告吉"与"龟蓍并用"

传世文献《左传》《关尹子》都记载了"龟兆告吉"的故事。"吉字说"与"告字说"的"吉""告"明显有"龟兆告吉"的影子，"箭头说"也没有脱离"龟兆告吉"的框架。"龟兆"指的应该是龟甲所呈之兆，而不是兆块的兆象。将兆辞的功能联系到"龟兆告吉"，等于把兆辞的作用从兆块提升到兆区，必定会混淆兆辞与占辞的作用。所以兆辞功能不应该涉及"龟兆告吉"。

文献多有龟筮并用的记载，表示先秦有龟蓍并用的传统。《史记·龟策列传》："王者决诸疑，参以卜筮，断以蓍龟，不易之道也。"《周礼·春官·筮人》："凡国之大事，先筮而后卜。"张政烺1978年将张家坡西周卜甲所见数字刻画，按奇阳偶阴的原则与《周易》的卦画联系[16]，从此学界将见于先秦卜骨、器物上，由数字组成，兼具实占数字与卦画图形性质的符号称为数字卦。贾连翔《出土数字卦文献辑释》一书收集了88件刻画有数字卦的甲骨、铜器、陶器以及竹简,其中确定属于商代的有18件[17]。殷商甲骨作为龟卜工具,得以留存地下,但筮占所用蓍草茎秆不可能存留地下千年。出土的殷商数字卦材料证明当时已经用蓍草或类似占具进行筮占,而兆辞凶字,如果从蓍草得形,可以视为殷商蓍占存留的间接证据。四说比较,"蓍草说"对于凶字的理解符合"龟蓍并用"的占卜传统,而不涉及"龟兆告吉"的窠臼。

(二)"二凶"与"不綷黾"

甲骨文有两种兆辞,一为凶类兆辞,一为"不綷黾",二者常见于同版甲骨。其中"二凶"与"不綷黾"有时在同一兆块出现[18]。兆辞"不綷黾"的意涵学界尚无共识,笔者曾经论证"黾"字可以假借为朱砂颜料[19]。也曾利用拉曼光谱仪考察甲骨卜辞的填色现象[20],如果黾字确为朱砂,则兆辞"不綷黾"可能与填朱有关。张秉权在记述甲骨刻辞的填色现象时提到,占卜者"刻了卜兆、序数和兆语以后,往往再把朱、褐、墨等的颜色,填在刻痕之中"[21]。结合张氏的观察以及笔者对甲骨文"黾"字的解读,兆辞"不綷黾"或许与兆墨刻痕的涂色有关,未来研究可以用显微拉曼检视兆墨是否有朱砂痕迹。兆辞功能针对的就是其所在的兆块。甲骨版面的兆墨,钻凿,烧灼的形态、颜色、大小,等等,都是与兆块有关的物理参数。将兆辞的有无与兆块的参数作穷尽式的联系与比较,以便探索兆辞在兆块的出现规律,应该是未来研究兆辞功能的可行途径。

(三)四说比较总结

表三将四种关于凶类兆辞的解读作一简明对照,列出版面部位、部件构型、意涵功能以及传世文献的"龟兆告吉"与"龟筮并用"五种事项来作比较。

表三　四种解读比较

凶字四说 比较事项	吉字说	告字说	箭头说	蓍草说	(附:比较标准)
版面部位	兆区/兆块	兆区/兆块	兆区/兆块	兆块	(针对兆块)
部件构型	象勾兵利器	象牛首	象箭头	象植物草	(相似程度)
意涵功能	表示吉兆	神灵感应	补救吉兆	蓍占术语	(不涉及吉凶)
龟兆告吉	涉及	涉及	涉及	不涉及	(不涉及吉凶)
龟筮并用	不涉及	不涉及	不涉及	涉及	(涉及,符合传统)

四说之中,只有"蓍草说"认为兆辞针对兆块,从而避免兆块与兆区混淆的问题。"蓍草说"认为凶字从中,与中部件相似程度最高,无需以省文、异形来曲折为说。"蓍草说"将凶类兆辞视为蓍占术语,不涉及吉凶判定,从而避免兆辞与占辞混淆的问题。再从传世文献来考量,"蓍草说"不落"龟兆告吉"的窠臼,但符合先秦"龟筮并用"的占卜传统。综合表三所列事项与比较标准,笔者认为"蓍草说"要比其他三说合理。除此之外,将兆辞的功能确定在兆块范

围之内,可以提出具体的研究问题,例如:1.占卜者如何决定每次占卜的兆块数目? 2.占卜者在兆块刻记 凷 类兆辞的决定参数是什么? 3.在兆块刻记兆辞"不緯黿"的决定参数是什么? 4.兆辞"不緯黿"与兆壨填色的关系是什么? 5.凷 类兆辞与"不緯黿"的关系是什么? 这些问题的解决,有助于我们进一步了解商代的甲骨占卜。

附记:本文写作承夏含夷、李发两位教授提供意见,赵鹏、邘晓娜两位专家提供资料,谨致谢忱。

(作者单位:新泽西州罗格斯大学)

注:

① 孙诒让《契文举例·杂例弟十》,《甲骨文研究资料汇编》第19册(据民国六年影印孙诒让稿本影印)第187页,北京图书馆出版社2008年。

② 张秉权《说"吉"——"上吉""小吉"与"大吉""弘吉"的比较研究》,《史语所集刊》第23集下第621—637页,1952年。

③ 商承祚《福氏所藏甲骨文字考释》第三叶,金陵大学中国文化研究所丛刊甲种,1933年;《殷墟卜辞附释文及文编》"释文"第1页,北京哈佛燕京学社石印本,1933年(见《甲骨文献集成》第1册第281、314页,四川大学出版社2000年)。季旭升《清华壹〈尹至〉〈尹诰〉中的"吉"字》,《彰化师大国文学志》第32期第43—51页,2016年。

④ 黄锡全《告吉辨——甲骨文中一告、二告、三告、小告与吉、大吉、弘吉的比较研究》,《吉林大学研究生论文集刊》第1集第1—31页,1982年。

⑤ 冯少波《"二告"字义证》,《甲骨文与殷商史》新8辑第294—327页,上海古籍出版社2018年。

⑥ 陈光宇《兆辞"二告"与龟著并用》,《出土文献语言研究》第4辑第38—49页,暨南大学出版社2023年。

⑦ 刘玉双《甲骨文中"二告""三告""小告"小议》,《甲骨文与殷商史》新11辑第299—307页,上海古籍出版社2021年。

⑧ 季旭升《清华壹〈尹至〉〈尹诰〉中的"吉"字》,《彰化师大国文学志》第32期第43—51页。

⑨ 甲骨文字形库网站http://www.kaom.net/jgws.php。

⑩ 张秉权《殷墟卜龟之卜兆及其有关问题》,《中研院院刊》第1辑,1954年。

⑪ 同注④第27页。

⑫ 屈万里《殷虚文字甲编考释》第479页,台北联经出版事业公司1984年。

⑬ 同注⑦第305页。

⑭ 冯少波《吉字与"二告"考论》,"第二届古文字与出土文献语言研究学术研讨会"论文集上册第1—22页,西南大学汉语言文献研究所,2017年。

⑮ 张政烺《殷墟甲骨文中所见的一种筮卦》,《文史》第24辑第1—8页,中华书局1985年;张政烺《试释周初青铜器铭文中的易卦》,《考古学报》1980年第4期第403—415页。

⑯ 张政烺《试释周初青铜器铭文中的易卦》,《考古学报》1980年第4期第403—415页。

⑰ 贾连翔《出土数字卦文献辑释》,中西书局2020年。

⑱　黄沛荣《甲文"不綏黿"一辞的检讨》,《中国文字》第32册,台湾大学文学院中国文学系编印,1969年。

⑲　陈光宇《从"硃砂"到"不綏黿"》,《古文字研究》第29辑30—42页,中华书局2012年。

⑳　陈光宇等《甲骨刻辞的拉曼光谱分析》,《甲骨文与殷商史》新10辑第458—474页,上海古籍出版社2020年。

㉑　张秉权《甲骨文与甲骨学》第61—62页,台湾编译馆1988年。

古文字研究(35):44—50,2024

关于旧释为"乎"的"平"字的构形和用法

杨泽生

甲骨金文中旧释为"乎"的字主要作如下之形①:

P₁: 《合》22353 《合》20450 《合》20070

穆公簋盖,西周中,《集成》4191

P₂: 《合》19887 《合》20316 《合》10561

《合》37 《合》722正 《合》94正

叔矢方鼎,西周早,《新收》915 豆闭簋,西周中,《集成》4276

廿七年卫簋,西周中,《集成》4256.1

P₃: 《合》33208 《合》21479 《合》31981 《合》34075

P₄: 《合》33071 《合》33071 《合》33073

P₅: 即簋,西周中,《集成》4250 扬簋,西周晚,《集成》4295

颂簋,西周晚,《集成》4339

其中P₁、P₂、P₅一般释作"乎",而P₃、P₄多未释②,张俊成认为是甲骨文"乎"的常见写法P₂的异写,可从③。对于自宋以来释为"乎"的金文,吴闿生在其父吴汝纶有所质疑的基础上主张释为"平",并将"王平某册命某"与免簋"王俾册命"之语相对照而读"俾",训为使④。此后,赤塚忠、加藤道理、松丸道雄曾在1959年将甲骨文所谓"乎"直接释写作"俾"⑤。德国学者翁有理曾在1982年写作论文《呼使之王》,提出隶定为"乎"的铜器铭文"乎"应该释作"平",读作"俾",即"使"的意思⑥。王森在2021年发表《甲骨文、金文所谓"乎"字当释为"平"字》(后文简称"王文"),认为吴氏结论可靠并详加论证,从而将甲骨文旧释为"乎"之字改释为"平"⑦。笔者认为其基本结论可以信从,但王文说所从下部丁是杖,上部三点为强化击打效果的灰尘或血液之类,故"平"为"抨"的初文,字形象杖击之态,而抨击能驱使动物(如放牧牛羊),进一步引申为驱使下属臣民,从而发展为使令动词,这并不很合理;而甲骨金文作为使令动词的"平"有数千条材料,传世文献用作使令动词的"俾"却寥寥无几,这都难免增加该字能否释为"平"字的疑惑。

一 关于"平"字的构形

我们怀疑P所从2—6个竖点是"水"而非灰尘或血液,所从┦或┒不是杖而是鞭,故P可能从"水"、"鞭"声。理由如下:

(一)古文字"水"旁写法多样。比如甲骨文"益"字或作□、□、□、□⑧,"雨"字或作□、□、□、□⑨,所从"水"作5—7个竖点;大徐本《说文》"水"旁古文作6个竖点,如"梁"字作□、"沈"字作□等,出土秦汉文字也有不少这样写,如马王堆帛书作□、□等⑩;而甲骨文"易"字所从水旁作□等⑪,金文"益"字所从的"水"旁作□、□、□、□等⑫,所以P所从2—6个竖点表示"水"是毫不奇怪的。

(二)"水"旁适合充当"平"字的意符。这是由水的特性决定的。《说文》水部:"水,准也。"段注:"天下莫平于水,故匠人建国必水地。"又:"准,平也。"段注:"谓水之平也。天下莫平于水,水平谓之准。因之制平物之器亦谓之准。"《庄子·天道篇》:"水静则明烛须眉,平中准,大匠取法焉。"所以早在商代,人们已经以水测平⑬。"平"字《说文》古文作□,石经古文同,陈邦怀认为从"水"、从"二",并引书证说从"水"之由,如《周髀算经》"令其平矩以水正"赵注"如定水之平,故曰平矩以水"、《周礼·考工记·轮人》"水之以视其平"及《说文》"灋"字云"平之如水也"⑭。虽然他说古文"平"字从《说文》训为"地之数"的"二"并不可取,但说"平"字从"水"却颇有启发意义。《合》22048"壬寅合(晻?)卜:余平直于父丁及,以戈"中的"平"字原作□,应即从常见"水"旁之"平"⑮。

(三)P所从┦或┒可看作"鞭",在字中充当声符。王文曾指出:"李春桃将┒视作'易'、'觞'等字的声符,陈剑直言其为'杖'之初文,都是很正确的意见。"但不能推论甲骨文所有的┒形都表示杖,因为在古文字中同形偏旁是很常见的现象,比如甲骨文"泉"字作□、□、□⑯,"牢"字作□、□⑰,"娩"字作□、□、□⑱,开口框形□依次表示泉眼、牢栏、产道。《文编》第154页录《合》20842"鞭"字作□;甲骨文"牧"字或作□、□⑲,季旭升认为所从的□是"鞭之初文"⑳;"更"字或作□、□、□㉑,"般"字或作□、□、□㉒,所从的┦、□(鞭)大概也有表音作用,其上部的鞭形□、□与P₁至P₄大多字形所从的┦、□并无不同。有意思的是《合》774□(平)和□(牧)之间隔一"王"字,所从□可以说完全一样。至于P所从上面作平画的□和┒可看作┦、□的整齐化写法。"平""鞭"古音分属并母耕部和帮母元部,声韵母皆相近。裘锡圭、李家浩所撰《曾侯乙墓竹简释文与考释》将简文"瑗"释作"璎"时曾指出,"古代耕元二部字音关系密切,通用的例子很多"㉓,此不赘举;而"平"和"鞭"字所从声旁"便"相通的例子也很多㉔,所以前面所列P这些"平"字可用"鞭"为声符。这样,P可能就是从"水"、"鞭"声的形声字㉕。甲骨文"宁"字作□、□、□和□等形㉖,李春桃以阳部字与耕部字关系密切而"颇疑'宁'中的'丂'(易)可能也有表音作用"㉗,上引王文则把其中从┒者"视为变形音化现象"。"宁""雫"古音分属泥母耕部和滂母耕部,它们与"鞭"字音相近。我们怀疑"宁"字所从的⬛、⬛以及作⬛、⬛的"雫"字下部读音和"鞭"相同或相近[28],可能同时兼表"平"义[29]。至于李春桃说甲骨文"丂"字作⬛,"这种写法可能与'杖'的实物特征有关,现今出土先秦两汉时期的青铜杖首已较为丰富,其中很多作鸠鸟状,如⬛、⬛,其特点便是上部呈倾斜状。同时,从文字学角度看,也许便蕴含'扬'的音、义[30],不无道理。古书"宁"字多训为安、定[31],甲骨文"宁"字特别是有"宀"旁的"宁"字所从的⬛上面横画大多写得比较平,所以"宁"字所从的⬛、⬛不排除有"平"的音义;而在其上加水点形正是明确其音义为"平"的。推而广之,P₁所从的⬛、⬛整齐化作上面为平画的⬛和⬛可能也有音、义方面的考虑。

(四)P₅上部的平画应该表平之意。《说文》亏部:"平,语平舒也。从亏,从八;八,分也。爱礼说。"林义光认为:"'平'无平舒之义。古作⬛(平阳剑),二象平形,釆声。"林志强等指出:"从古文字的情况来看,林氏所谓'二'的上一横画当是饰笔。"[32]甚是。但元年师旋簋⬛(《集成》4282.1)字最上饰笔下面一横、P₅上面一横却应是表平意的。杨树达说:"八象气之分,不足示平舒之意,疑许君说非也。今按《五篇上·兮部》云:'乎,语之余也。从兮,象声上越扬之形。'寻乎上画上扬,故象声越扬,……今谓平之构造当与乎字相似,字盖从兮,上一平画,象气之平舒,此犹乎之上画象声上越扬也。亏下云:'从万,从一,一者,其气平也',正其义也。"[33]虽说从"兮"不一定对,但将"上一平画"跟"平"义联系起来可谓卓识。上面说金文"平"字所从的⬛上面的平画可能也表平之意,但由于它又可以是"杖"之类的同形偏旁,其表平之意大概也不强、不明显,所以P₅在P₂基础上增加一横,应该是加强表平之意的,后来的"平"字即由此演变而来。

二 关于"平"字的使令用法

"平"字表示使令义似可按前述吴闿生读为"伻",但"伻"字除了见于今文《尚书》周书部分的《洛诰》《立政》两篇,不见于其他文字材料,陈树认为是受使令动词"使""俾"的影响由"平"改写而来;此外,《酒诰》"勿辩乃司民湎于酒"中表示使令的"辩",由"平"讹作"釆"而通"辩"[34];《诗·大雅·桑柔》"民有肃心,荓云不逮",毛传:"荓,使也。"《释文》:"荓,本或作拼,同。"《汉书·杨雄传上》"抨雄鸠以作媒兮,何百离而曾不壹耦",颜师古注:"抨,使也。"《文选》张衡《思玄赋》"抨巫咸作占梦兮,乃贞吉之元符",李善注:"抨,使也。"此表使令之"荓、拼、抨",皆为"平"之通假[35]。

如果考虑甲骨金文"平"所从的"鞭"与驱赶、驱使义相关,"平"字似乎自可表示使令。但传世文献"平"表使令的用例实在太少,王文也仅举《尚书·尧典》"平秩东作"陆德明释文"平,使也"一例,而且关于《尧典》"平秩东作"和"平秩南讹""平秩西成""平在朔易"的"平"的用法,学者看法并不一致,比如伪孔传解作"平均"[36],或解作"辨别""测定"[37],可见其训"使"并不是大家熟知和普遍认可的。

　　也许正是因为传世文献中"平"和从"平"声的"伻、抨"表使令义的用例不多,吴闿生将旧释为"乎(呼)"的金文改释为"平(伻)"的意见发表了近百年而没有引起学术界的重视。

　　值得注意的是,古书常见的使令动词除了"使""令"还有"俾"。《说文》人部:"俾,益也。从人、卑声。一曰:俾,门侍人。"朱骏声引《尔雅·释诂》"俾,使也""从也"及《释言》"职也",说"俾为门侍人,故转注为使、为从、为职",意谓使、从、职诸义皆由"门侍人"引申。而段注说:"经传之俾皆训'使也',无异解,盖即益义之引伸。"并谓一曰义"未闻",引庄述祖说谓"门侍人当是'斗持人'之误"。段、朱皆言使为"俾"的引申义而非本义,恐不可信。《说文》ナ部:"卑,贱也。执事也。""俾"的使令义当源于声符"卑",然则"俾"的本义就是使。

　　"平"字古音属并母耕部,"伻、抨、拼"三字属帮母耕部,"俾"属帮母支部,它们声母相同,韵母有阴阳对转关系,故表使令义的"俾"与"拼""平"及从"平"声的"伻、抨",即使不是同一个词,也应该是同源词。《尔雅·释诂》"俾、拼、抨,使也",郭璞注:"皆谓使令,见《诗》。"古书中用作使令义的"俾"的确较常见,而"平、伻、抨、拼"则很少,以《故训汇纂》收录的使令义资料为例,"俾"字有近80条,而"平、伻、抨、拼"合共才14条[38];以专书为例,《尚书》训使的"俾"8次"伻"4次"平"1次,而《诗经》"俾"49例,"平、拼"等没有[39]。旧释"乎"的"平"字甲骨文多达3600例[40],几乎都用作使令义[41],而"卑"字仅2例,因辞残而性质不明[42]。据武振玉《两周金文动词词汇研究》,金文用作使令义的所谓"乎(呼)"、亦即我们改释为"平"的字67例,"卑(俾)"25例[43];而据张桂光主编的《商周金文辞类纂》,含"乎(呼)"亦即我们改释的"平"字209例,"卑(俾)"50例[44]。由此可知,表使令义的"俾、平"一系使令动词,最初用"平"字,后来"平、卑(俾)"混用,最后几乎全用"俾"字[45]。这应该是传世古书多用"俾"而少见"平"的缘故。《尚书·酒诰》"勿辩乃司民湎于酒"之"辩",王念孙主张通"俾"而训作使[46]。为体现出土材料和传世文献的互证以及理解文义的方便,甲骨金文中大量用作使令义的"平"字皆用作古文献常见的"俾"[47],列数例如下:

　　(1)癸卯卜,宾贞:叀甫平(俾)令沚害羌方。　　　　　　　　　　《合》6623,宾三
　　(2)贞:登人三千平(俾)伐舌方,受有祐。　　　　　　　　　　　《合》6168,典宾
　　(3)戊午卜,宾贞:平(俾)取牛百,以。王占曰:"吉。以,其至。"　《合》93反,典宾
　　(4)王平(俾)史墙册命师酉。　　　　　　　　　　　　师酉簋,《集成》4290、4291
　　(5)王平(俾)师朕赐师遽贝十朋。　　　　　　　　　　　　师遽簋盖,《集成》4214
　　(6)竈平(俾)作宝簋。……平(俾)其万人〈年〉永用。　竈簋,《集成》4157、4158

其中(1)之"平(俾)令"与秦王钟"秦王卑(俾)命竟(景)坪(平)王之定救秦戎"(《集成》37)之"卑(俾)命"实同,(6)之"平(俾)其万年"与师翻鼎"卑(俾)天子万年"(《集成》2830)、戜簋"卑(俾)乃子戜万年"(《集成》4322)亦同。

而据研究,表使令的"俾"和"使"曾出现盛衰交替的情况,即西周时代普遍用"俾"而少用"使"(在《诗经》《尚书》《逸周书》三书中,"俾"字使役句的用法有57例,而"使"字使役句的用法只有7例,"俾"字使役句的使用比"使"字使役句要广泛得多),春秋战国及两汉"俾"则呈现衰落的态势;而魏晋南北朝时期"俾"字使役句开始集中在公文中使用,并成为公文语体的句法特征,到了近代汉语时期,又扩展到史家的叙述文中。较早时期的使用形式和政治性文体中的使用传统,使得"俾"字句成为后代公文中使役句的主要表达形式⑭。我们将大量表使令义的"平"字与使令动词"俾"对应起来,正好和传世西周文献曾普遍使用"俾"字使役句的情况一致,否则很难解释西周时代怎么会突然冒出大量的"俾"字句。

附记:承蒙黄天树先生和莫伯峰先生邀请,笔者曾以本题在首都师范大学甲骨文研究中心作过一场讲座,得到在场师友同学的许多指教,十分感谢!

(作者单位:中山大学中文系、"古文字与中华文明传承发展工程"协同攻关创新平台)

注:

① 甲骨文摹写字形据李宗焜编著《甲骨文字编》(以下简称《字编》)第1356—1357页,中华书局2012年。

② 参《字编》第1357页;刘钊主编《新甲骨文编(增订本)》(以下简称《文编》)第1034页,福建人民出版社2014年。

③ 张俊成《甲骨文释读二则》,《甲骨文与殷商史》新11辑第259—260页,上海古籍出版社2021年。张文指出P₃第2、3形《文编》处理作 彳、彳 可信,甚是,但认为竖笔两边的点为饰笔则非,详后。

④ 吴闿生《吉金文录》第50页,万有图书公司1968年影印1932年刻本。

⑤ 甲骨学会赤塚、加藤、松丸《小屯乙编(上·中·下)释文》第2661、2689号,大安株式会社1959年。此承方稚松先生惠告,谨志谢忱。

⑥ 转引自〔美〕夏含夷《西观汉记:西方汉学出土文献研究概要》第253页,上海古籍出版社2018年。此承吴盛亚先生惠告蔡哲茂先生与其通讯意见,谨志谢忱。

⑦ 《语言科学》2021年第3期第318—326页。

⑧ 《合》18542、811正、12983,《合补》6291。参《字编》第1009—1010页,《文编》第309页。

⑨ 《合》20983、20975、19851反、33865、24156;参《字编》第423—429页,《文编》第650—651页。《说文》雨部:"雨,水从云下也。一象天,冂象云,水霝其间也。𩁼,古文。"说"冂象云"不可信,而"天""水"之说皆可从。

⑩ 参刘钊主编《马王堆汉墓简帛文字全编》第1141—1142页,中华书局2020年。

⑪ 参《文编》第559—560页;郭沫若认为"易字是益字的简化",可从(于省吾主编《甲骨文字诂林》第3384、3390页,中华书局1996年)。

⑫ 参董莲池《新金文编》第612—613页,作家出版社2011年。

⑬ 参王慎行《商代建筑技术考》,《殷都学刊》1986年第2期;《古文字与殷商文明》第168—169页,陕西人民出版社1992年。

⑭ 陈邦怀《一得集》第20页,齐鲁书社1989年。

⑮ 该字《甲骨文字诂林》第3307页摹作𛀁,释为"乎(呼)";吴丽婉《甲骨文"⊥"释"直"补说——兼论"直"字用法》释为"采"(《甲骨文与殷商史》新11辑第243—248页);黄天树主编《甲骨文摹本大系》第63214号释作"毛{祜}"(北京大学出版社2022年)。此条卜辞释文承陈天逸先生指正,谨志谢忱。

⑯ 《合》8375、8379,《合补》10642甲,《屯》1178。参《字编》第799页,《文编》第648—649页。

⑰ 《合补》10642甲,《屯》750,《合》321。参《字编》第801—803页,《文编》第49—51页。

⑱ 《合》7854正、181、7845。参《字编》798—799页,《文编》第409页。

⑲ 《合》4849、11400、774。参《字编》第353—354页,《文编》第199页。

⑳ 季旭升《说文新证》第246页,艺文印书馆2014年。

㉑ 《合》10951、10380、21371。参《字编》第793页,《文编》第196页。

㉒ 《合》4267、8838,《合补》1830、522。参《字编》第369—371页,《文编》第506页。

㉓ 湖北省博物馆编《曾侯乙墓》第517页,文物出版社1989年。

㉔ 参高亨纂著、董治安整理《古字通假会典》第70页,齐鲁书社1989年。

㉕ 有学者根据商代中期的建筑遗址情况推测"已使用了极原始简单的'水平仪'"(参闻人军《考工记(国学经典导读)》第59页,中国国际广播出版社2011年);而较早的水平仪"十字水平"与此也相近(参李浈《中国传统建筑木作工具》第222页,同济大学出版社2004年);又"槩(概)"字古训"枓斗斛""平斗斛也""平斗斛者""平斗斛木""平斗斛之器也""平量者也"(参宗福邦等主编《故训汇纂》第1132页,商务印书馆2003年),因此,P所从𠃌或丁为水平器或推平器、刮平器而P为会意字的可能性也不能完全排除。

㉖ 《合》21115、33348,《怀特》1910,《合》34152、32552。参《字编》第1019—1022页,《文编》第292—293页。

㉗ 参李春桃《从斗形爵的称谓谈到三足爵的命名》,《史语所集刊》第89本第1分第78—79页,2008年;《甲骨文中"𠀁"字新释》,《甲骨文与殷商史》新10辑第258页注4,上海古籍出版社2020年。

㉘ "粤"字见《合》18841、18842。参《字编》第387页,《文编》第292页。

㉙ 战国晋系文字"粤"字或作"𩇯"(参看黄德宽主编,徐在国、程燕、张振谦编著《战国文字字形表》第647页,上海古籍出版社2017年。

㉚ 李春桃《甲骨文中"𠀁"字新释》,《甲骨文与殷商史》新10辑第258页。

㉛ 参宗福邦等主编《故训汇纂》第590页。

㉜ 林志强等《〈文源〉评注》第108—109页,中国社会科学出版社2017年。

㉝ 杨树达《积微居小学述林》第90页,中华书局1983年。

㉞ 其实王引之早就指出无需通过"采"的环节,他说:"《广雅》曰:'辩,使也。'马融注《书序》'王辩荣伯'曰:'辩,使也。'《酒诰》'勿辩乃司民湎于酒',传训'辩'为使。'辩'即'平'之假借。平,使也。故《洛诰》'平来,来示予卜休恒吉',王应麟《艺文志考证》载汉儒引《书》异字作'辩来'。'平来'之'平'训为使,而他本作'辩',犹'平秩'之'平'训为使,而他本作'辩'也。《荀子·富国篇》'忠信调和均辩之至也',即'均平'字。此又'平'与'辩'通之证也。何必古文'𤰞'字而后通于'辩'、'便'乎?"(王引之撰,虞思徵等校点《经义述闻》第149页,上海古籍出版社2018年)。

㉟ 陈树《论今文〈尚书〉使令动词"俾"的来源及相关问题》,《语言研究》2018年第2期第65—70页。

㊱ 十三经注疏整理委员会整理《尚书正义》第34—35页,北京大学出版社2000年。

㊲ 周民编《尚书词典》第165页,四川人民出版社1993年;李民、王健《尚书译注》第4、6页,上海古籍出版社2000年。

㊳ 宗福邦等主编《故训汇纂》第135、683、101、872、887页。

㊴ 参周民编《尚书词典》第8、166页；向熹《诗经词典(修订本)》第23页,四川人民出版社1997年；陈树《论今文〈尚书〉使令动词"伻"的来源及相关问题》则列使令动词"伻"凡7例。

㊵ 参陈年福《殷墟甲骨文辞类编》第5873—5954、23—24、369、410—414、477、611—612、667—668、957、1128—1129、1135—1137、1266、1277、1312、1342—1343、1395—1402、2077、2101—2103、2208—2212、2255、2368、2912、2923—2924、2944—2945、3019、3055、3063、4490—4491、4529、4749、4759—4760、4773—4775、4945—4946、5719—5721、5734页,四川辞书出版社2021年。

㊶ 除了王文所列在辞末的3例"平"字,《合》4527正"贞:其克乎"之"乎"可能亦非使令义。

㊷ 参陈年福《殷墟甲骨文辞类编》第2860页。

㊸ 第35、41页,商务印书馆2017年。

㊹ 第1023—1026、619页,中华书局2014年。

㊺ 大概早期"平"字所从鞭形较显而与使令义联系密切,后来鞭形不显并有"俾"取代而不断彰显平正之形义。

㊻ 王引之引"家大人曰":"辩之言俾也,平也。《书序》'王俾荣伯作《贿肃慎之命》',马融本'俾'作'辩'。'辩'、'俾'声近而义同。俾,亦使也。"(《经义述闻》第95页)。

㊼ 王文曾论及《清华大学藏战国竹简(捌)》中《摄命》篇末"王乎作册任册命伯摄"之"乎"当改释为"平",可从,此 (平)字亦应读为"俾"。

㊽ 刘燕林《"俾"字使役句研究》,《现代语文》2022年第10期第11—15页。

古文字研究(35):51—56,2024

甲骨文"朝"字构形小议

何景成

甲骨文有一般释为"朝"的表一诸字(文中以 A 代替),在卜辞中用作时称:

表一 甲骨文"朝"字形体

A1《合》23148	A2《合》29092	A3《合》32727	A4《合》33130

相关卜辞文例作:

    (1)a.癸丑卜,行,贞:翼(翌)甲寅毓且(祖)乙岁,A1酉(酒)。兹用。

        b.贞:蕈(暮)酉(酒)。

        c.癸丑卜,行,贞:翼(翌)甲寅毓且(祖)乙岁,二牢。

        d.贞:三牢,兹用。   《合》23148,出二

    (2)a.丙寅卜,大,贞:盂田其迅散,A2又(有)雨。

        b.今昏。   《合》29092,何二

    (3)a.癸丑,贞:王步,乙卯。

        b.丙辰,贞:王步,丁巳于A3。

        c.丙辰,贞.王征(延),允丁巳A3。

        d.辛酉卜,刚于父乙。   《合》32727,历一

    (4)a.贞:旬亡忧,才(在)A4。

        b.贞:旬亡忧,才(在)虤。   《合》33130,历二

关于此字的释读,学界主要有两种意见。一种意见是释为"朝",如罗振玉在《殷虚书契考释》中提出:"此朝暮之朝字,日已出艸中,而月犹未没,是朝也。古金文省从芔,后世篆文从𣎴舟声,形失而义晦矣。古金文作𣐽、𣐽,从𣎴省。从𦥑、∬,象百川之接于海,乃潮汐之专字。引申为朝庙字。"另一种意见是释为"萌",王襄、商承祚、郭沫若等主张此说①。商承祚疑此字当释为"萌",认为该字象日照临而草木萌生,"朝"与"萌"的分别在屮与艸之间,而"朝"没有从艸之理,释为"萌"更合适。郭沫若在《卜辞通纂》(页170第七九七片)中反驳罗振玉的说法:"罗说'日已出艸中而月犹在天',乃下弦时现象,若在上弦则'月已出天而日犹在艸中',此字不将为莫(暮)耶?故罗说绝非,然商说亦未得要领。盖古金文朝字乃示日出艸间,其旁有露。

以盂鼎𣎴字为最显豁。……𣎴自萌之繁文从茻明声。"

对于这两种说法，唐兰赞同释"朝"的意见，其在《殷虚文字记》中阐述[②]：

> 诸家仅见作𣎴一形，故多改释为萌。然卜辞有𣎴（从𣎴者每变朿）、𣎴（从中多变木）二形，是𣎴得省为𣎴，而商氏谓"朝无从茻之理"为非矣。《佚》292片云"朝又雨"，同片另一残辞有"昏"字。《库》1025云"朝酉"，其另一辞云："贞暮酉"，暮当即莫，则朝字不当读为萌，亡疑矣。铜器有塱鼎，云："唯周公于伐东尸，丰伯尃古咸戋，公归，禦于周庙，戊辰，酓秦酓，公赏塱贝百朋，用乍尊鼎。"其庙字作𣎴，或者遂疑为伪，不知此正铭文书于殷周之际，犹承殷世风气之一铁证，若果赝鼎，则作伪者既能仿之如是其精，宁不知朝不从月，为周世金文之习惯哉。王国维云："卜辞有𣎴字，……今隶朝字，即从此出，但省二中耳。小篆𣎴字乃变为从倝舟声，倝者𣎴之讹，舟者月之讹也。殷周古文字从月之字，篆文辄改从舟，如互恒朝诸字，篆文皆从舟，古文皆从月，与今隶同也。"（《遗书》本《魏石经考》二六）此说最精核，郭氏谓"后人作朝，误从月"，失之。朝字象日月同在茻中，与莫象日在茻中相对。郭氏谓此下弦时现象，上弦时日月同见于暮，因谓罗说为绝非。然古人绘一图象以见意，但取彼时人所共喻，固不容胶固以说之也。……朝象月未落而日上，固无不可也。金文朝字作𣎴、𣎴、𣎴等形者，王国维以为本潮汐字，借为朝夕字（同上），是也。……萌字从茻明声，训为草芽，则后起之形声字，其字形与古𣎴者固相混，然朝之非萌，则其事至显也。

唐兰从文义和构形两方面，论证将A字释为"朝"更为合理。从卜辞文义看，唐兰认为该字和昏、暮相对，释为"朝"比较合适。从构形来看，其认为该字"象月未落而日上"，并引金文作𣎴形的"庙"为证。现在看来，以𣎴为证，是深具说服力的。"庙"字以"朝"为声符。塱鼎铭文"庙"字声符"朝"的写法与甲骨文一致，说明甲骨文A字确实当释为"朝"。虽然如此，由于文义的限定尚不能排除其他可能性，而将该字构形解释为"象月未落而日上"，其说服力亦嫌不足。因此，对于这个字是否应释为"朝"，唐说之后，研究者之间仍存争议。

《甲骨文字诂林》按语将此字释为"朝"，认为该字是在甲骨文𣎴的基础上繁化而成[③]。然而，𣎴即"明"字，将其释为"朝"并无依据。因而，《甲骨文字诂林》这一认识并不准确。

宋镇豪则赞同释"萌"的说法，其认为[④]：

> （A2）从日从月从二木，从木与从茻同，像日没入莽原而月始生之意，应释为萌的本字。《汉书·历律志上》云："蘖萌万物"，颜师古注："萌，始生也。"萌或指日落而月出之时。此版（引者按：指《合》29029）萌、昏同卜，萌与昏的时区应相邻近。……暮即莫的异构，即今之暮字。此版（按：《合》23148）萌、莫同卜，与前（45）（按：《合》29029）辞萌、昏同卜，足证萌为傍晚日落月始生时。

李宗焜认为唐兰的说法精当无比，A字释为"朝"无可疑。例（1）朝暮对文，例（2）朝昏对文。对于宋镇豪所提例（2）"萌、昏同卜，萌与昏的时区应相邻近"的说法，李宗焜引《合》11994"今日雨"与"今夕雨"同卜，《小屯南地甲骨》2666"食日酒"与"暮酒"同卜等资料，说明"同卜"之辞的时称，未必"时区应相邻近"⑤。

甲骨文另有字作 （《合》34306）、 （《合》34445），莫伯峰将之释为"朝"。莫先生认为该字右半部分是表示潮汐层层涌动之形，与金文作 （利簋）形的"朝"字右侧所从之形一致。甲骨文 形后来演变为了金文 形，增加了构件"中"，这是古文字演变中常见的"变形声化"现象，通过将 的一部分变形为"朝"的省形，使其由一个象形字变成一个兼有表声的字⑥。

可见，关于甲骨文A字的释读和构形分析，学界仍存在不同意见，有进一步讨论的必要。我们赞同释"朝"的意见。上引塱鼎铭文中"庙"声符的形体与甲骨文A字一致，《说文》谓庙字"从广朝声"，则将A释为"朝"是合理的。在构形方面，以往一般将该字视作表意字，我们认为该字应该是形声字，可分析为从月 声，这可从甲骨文"稾"字说起。

甲骨文"稾"字原篆作 （《合》30731）、 （《合》23209）、 （《合补》7035）、 （《合》25225）等形，主要见于出组二类卜辞中。另有作 者，一般认为是 字的异构。相关辞例作：

（5）丙辰卜，尹，贞：翼（翌）丁子（巳）父丁稾岁牢…   《合》23206，出二

（6）丙午卜，行，贞：翼（翌）丁未父丁稾岁牛。   《合》23207，出二

（7）a.［丙］午卜，旅，贞：翼（翌）丁未父丁稾岁，其勿（物）牛。

　　b.［丙午卜］，旅，［贞：翼（翌）］丁未父丁稾岁，其牡，才（在）十月。

　　　　　　　　　　　　　　　　　　　　　　　　　《英藏》1953，出二

（8）丁未卜，王曰贞：父丁稾岁，其引三牢，兹用。   《合补》7035，出二

（9）丙寅卜，行，贞：翼（翌）丁未父丁稾岁牢，才（在）三月，才（在）雇卜。

　　　　　　　　　　　　　　　　　　　　　　　　　《合》24348，出二

（10）a.己子（巳）卜，行，贞：翼（翌）庚午岁，其延于羌甲奭匕（妣）庚。

　　　b.贞：丁毓匕（妣）。

　　　c.贞：庚岁並酒。

　　　d.贞：弜並酒。

　　　e.贞：匕（妣）庚岁更（惠）稾酒，先日。   《合》23326，出二

（11）a.贞：弜並酒

　　　b.贞：匕（妣）庚更（惠）稾酒，先日。   《合》23360，出二

（12）更（惠） 酒。   《合》30837，无名类

金祥恒将之释为"莫（暮）"，认为"稾"字从日从二禾，象日在禾中，犹日在林中，与茻中同意。 则象日在茻中⑦。常玉芝认为"稾"是祀典名，而不是时称⑧。宋镇豪将之看作时称，释为"朝"，谓："三四期朝字作 ，疑稾即朝的异构，从禾与从中无别。"李宗焜指出卜辞"惠…酒"中间的

字往往是时称,作为祭名的"岁"前一字也往往是时称,当指举行岁祭的时间,赞同槀、🜲是表示时称的意见。关于该字的释读,李宗焜认为宋镇豪释"朝"的说法是可从的,谓甲骨文"莫"作🜲,"朝"作🜲,是"以屮之组合位置之异以别其字耳"⑨。李宗焜对🜲和🜲二字形体区别的分析,是令人信服的。将🜲及其异体槀释为"朝",是可信从的。我们所讨论的甲骨文中用来表示时间词"朝"的字,一个作A诸形,另一个作🜲、槀等形。将"朝"字的这两种字形相比照,有助于纠正关于甲骨文"朝"字构形分析的一些错误。

根据前引释A为"朝"字的意见,对于"朝"字的构形,研究者多赞同罗振玉所说该字象"日已出屮中而月犹未没"之形,将之视作表意字。裘锡圭《文字学概要》一书将之归入"利用偏旁间的位置关系的会意字",谓:"这类会意字其实大都也是按照以图形表示字义的原则造出来的,所以它们的偏旁之间的位置关系在表示字义上有重要的作用。"该书解说"朝"字为"表示下弦月时日方出月尚可见的清晨景象"⑩。然而,这样的解说很难对🜲、槀这类"朝"字的写法作出合理解释。如果将"朝"字看作是利用偏旁间的位置关系来表意,则不应该省去"月"形而作🜲、槀。因而作A形的"朝"字的构形当另寻别解。我们认为甲骨文中作A形的"朝"字,当分析作从🜲从月,是在🜲字的基础上添加义符"月"而成。这可从西周金文的"朝"字谈起。

西周金文中的"朝"字常见形体作𣍘、𣍘、𣍘等形,其所从之𣶃、𣶃、𣶃等形,即"潮"之象形初文⑪。可见,西周金文中这类形体的"朝"字,是个形声字,可分析为从🜲、潮声。所从之🜲,与甲骨文🜲字形体一致。裘锡圭指出⑫:

　　　　在古文字里,形声字一般由一个意符(形)和一个音符(声)组成,凡是形旁包含两个以上意符,可以当作会意字来看的形声字,其声旁绝大多数是追加的。也就是说,这种形声字的形旁通常是形声字的初文。

🜲字象日升于林莽之中,可视作会意字。结合甲骨文以"🜲、槀"为"朝"的情况,我们认为🜲当是"朝"的初文,金文的"朝"是累加作𣶃、𣶃、𣶃等形的"潮"为声符。

作A形的"朝"字不见于西周金文,但作为声符偏旁见于塑鼎铭文写作𣍘的"庙"字。这个"朝"的写法与甲骨文作A形的"朝"一致。上文指出🜲为"朝"之初文,则将甲骨文A分析作从🜲从月,更为合理。甲骨文从"屮"的"朝"(表一A4),应该是A1这类形体的繁化。甲骨文🜲和"朝"的关系,与甲骨文时间词"丧"与"朦"的关系,颇为类似。

宾组卜辞中有时间词"丧":

(13)a. 甲子卜,争。　　　　　　　　　　　　　　　　　　　　　　　　　《合》6037反

b. 贞:翌乙[丑]不其雨。　　　　　　　　　　　　　　　　　　　　　　《合》6037正

c. 王占曰:"其雨。乙丑夕雨,小;丙寅丧雨,多;丁…"　　　　　　　　　《合》6037反

宋镇豪指出,辞(13)c中的"丧"当读为昧丧之丧。昧丧即《尚书·牧誓》中的"昧爽",为时间词⑬。"丧"相当于日出前,在今四时前后。

宾组卜辞中又有时间词"腺"（"腺"字作表二B1—B3诸形）：

表二　腺与丧的甲骨文字形

B1《合》13751 正	B2《合》13752	B3《合》15738	C《合》6037 反

（14）王占曰：兹鬼。戊贞：五旬业一日庚申腺。　　　　《合》13751正，典宾A

（15）贞：弜其业（有）疒（疾）。王占曰：弜其业（有）疒（疾），叀（惠）丙不庚。二旬业一日庚申腺。　　　　　　　　　　　　　　　　　　　　　《合》13752，典宾A

（16）癸卯卜，殻：于翼（翌）腺酒寮（燎）。　　　　　　《合》15738，宾一

裘锡圭指出，"腺"大概是从月丧声的一个字，或可读为昧爽之"爽"[14]。这是很正确的意见。时间词"腺"是在"丧"字上加注义符"月"形而成，这与甲骨文"朝"是在上加注义符"月"而成是类似的[15]。

以"月"为义符的"朝"字在西周金文中较为罕见，西周金文的"朝"字多以"潮"之初文为声符，这一形体到春秋战国时期演变为读音与"潮"相近的"舟"形，这是因为"潮"字初文的形体已经不大为人所知悉。小篆的"朝"字不从"月"而从"舟"，隶、楷中的"朝"字则从"月"作。关于这一现象，裘锡圭分析说[16]：

从表面上看，隶、楷"朝"字的字形似乎不是出自秦系文字，而是通过其他途径从较早的文字里继承下来的。但是，秦简的"朝"都从"舟"，东汉碑刻上的"朝"字也有不少仍从"舟"。这说明隶、楷"朝"字的"月"旁，跟"朕""服"等字所从的本来作"舟"的"月"旁一样，也是由"舟"省变而成的。所以隶、楷"朝"字的字形也没有问题是出自秦系文字的，把它跟较早的古文字里"朝"字从"月"的写法联系起来是不妥当的。

综合上述，甲骨文中作A形的"朝"字构形，以往多采用罗振玉之说，谓字象"日方出月尚可见的清晨景象"，将之视作表意字。这一认识存在问题。甲骨文以及其异体"槑"为"朝"，"、槑当为"朝"之表意初文，字象日出于林莽之中。甲骨文作A形的"朝"当分析作从月声，是形声字，"月"为累加的义符。西周金文中的"朝"字则是在形的基础上添加"潮"之初文为声符。

附记：本文为教育部哲学社会科学研究重大课题攻关项目"周代文字的发展传播与文化意义研究"（23JZD034）的阶段性研究成果。

（作者单位：吉林大学考古学院、"古文字与中华文明传承发展工程"协同攻关创新平台）

注：

① 参看于省吾主编《甲骨文字诂林》第2册第1346—1348页，中华书局1996年。

② 唐兰《殷虚文字记》，此书最初成稿于1934年。此选自《唐兰全集》第6册第102—104页，上海古籍出版社2015年。

③ 同注①第2册第1348页。

④ 宋镇豪《试论殷代的纪时制度——兼谈中国古代分段纪时制》，《考古学研究（五）》第404、408页，科学出版社2003年。

⑤⑨ 李宗焜《卜辞所见一日内时称考》，《中国文字》新18期，艺文印书馆1994年。

⑥ 莫伯峰《释甲骨文中的"潮"字》，《古文字研究》第32辑第98—102页，中华书局2018年。

⑦ 金祥恒《释霋》，《中国文字》第11册，台大文学院古文字学研究室编印，1964年。

⑧ 常玉芝《殷代历法研究》第172—186页，吉林文史出版社1998年。

⑩ 裘锡圭《文字学概要（修订本）》第177页，商务印书馆2021年。

⑪ 参看蒋玉斌《释西周春秋金文中的"讨"》，《古文字研究》第29辑第286—287页，中华书局2012年。

⑫ 裘锡圭《裘锡圭学术文集》第1卷第170页，复旦大学出版社2012年。

⑬ 参注④宋镇豪文。

⑭ 裘锡圭《释"木月""林月"》，"中国古文字研究会第七届年会论文"，长春，1988年；收入《古文字论集》，中华书局1992年；后收入《裘锡圭学术文集》第1卷第338—343页。

⑮ 甲骨文的"瞷"字，一般认为字形表示月光照在窗上，将之视为会意字。裘锡圭曾认为"瞷"字可能不能看作会意字，而应该看作从"月""囧"声的形声字（《裘锡圭学术文集》第1卷第403页）。甲骨文"明"字作①）、①）、①e等形，在卜辞中亦用作时称。其中作①e者与《说文》所载"明"字古文同形。甲骨文此字所从之"日"形，应该是从"囧"形简省而成。如甲骨文"盟"字有写作①（《合》15338）、①（《合》22988）等形的，其所从之"囧"，与"日"形接近。将"瞷"字分析为从月囧声的形声字，可能比视其为会意字更有道理。甲骨文中表示时称的字常会添加"月"形或"日"形为义符。

⑯ 同注⑩第106页。

古文字研究（35）：57—61，2024

释甲骨文中用为"姄"的两种形体

王子杨

宾组卜辞有下揭字形（如有照片，一并罗列其后）：

A. 《合》10936正（《乙编》6274） 《凿破鸿蒙》[①]2 照片

B. 《合》1631（《中历藏》180） 《中历藏》180 照片

C. 《合》14775

D. 《合》14776

E. 《合》14777

　　学界一般把这个字隶作"峕"。从字形上看，此种隶写十分合适，需要解释的是 A 形和 E 形。A 从"止"从"司（司）"，"司（司）"中间竖笔是略带弧度的曲笔，与真正的"卜"字并不相同。这种写法的"司"又见于《合》20398、《合》21382＋22527＋19875＋19911（蒋玉斌缀）、《醉古集》110 等版，过去释为"卜""外"等，皆不可信[②]。因此，A 形与其余各形无疑为一字异体。E 隶定作"峕"也没有任何问题，只是"司"旁竖笔下部有歧出的两个笔画，跟"木"字下部笔画相同，这应该是类化的结果，不能作为释字的出发点。在甲骨文系统中，竖笔下部有时可以写作左右歧出的三笔（三歧笔画）。如师组卜辞"戊"可以写作Ꮖ，有时也写作Ꮦ；"君"一般写作Ꮪ，有时也写作Ꮫ，等等。金文"氏"一般写作Ꭲ、Ꮴ，但南姞鬲"氏"字写作Ꮿ，亦其证。因此，上述 E 形也是"峕"字无疑。A、B"司"字起笔跟"止"写在一起，颇有借笔的趋势。C、D、E 诸形则明显看出"止""司"上下相次。

　　关于"峕"字，于省吾曾经有个讲法，他以上举 E 形为依据，认为此字是"根司"二字合文，并把"根司"与《史记·殷本纪》《礼记·祭法》所引《世本》的"根国"沟通，指出古书中的"曹圉""粮圉"并为"根国"之讹，而"国"为"司"之伪[③]。于说以讹变之形立论，证据薄弱，现已无人相信。姚孝遂评价道："于先生以为'根司'之合文，于卜辞难以取证，姑存疑以待考。"[④]姚说是公允的。目前，关于甲骨文"峕"字，或仅作隶定，或摹录原形。可见，对于甲骨文"峕"仍有进一步讨论的必要。

上引"旹"的辞例如下：

（1）乎（呼）司旹。 　　　　　　　　　　　　　　《合》10936正，宾一

（2）贞：于黄尹。

于尽戉。

贞：屮（侑）于蔑。

贞：屮（侑）于旹。 　　　　　《契合集》337（《合》1631＋3518＋17302），典宾

（3）贞：屮（侑）于旹。

贞：屮（侑）于蔑。 　　　　　　　　　　　　　　　《合》14775，典宾

（4）［贞］：屮（侑）［于］旹。 　　　　　　　　　　　　《合》14776，典宾

（5）贞：旹☒ 　　　　　　　　　　　　　　　　　　　《合》14777，典宾

由（2）—（4）看，"旹"显然用为受祭对象。林宏明在《契合集》337组释文中说[5]：

"蔑"和"黄尹（伊尹）"一起被卜问，蔡哲茂先生认为"蔑"即文献上夏桀的宠妾妹喜。
"╳"字似从止从司，如果从黄尹和蔑相间卜问；而尽戉和╳也相同来看，尽戉、╳这两个人也
很可能在商的历史上，是同时期的人物。

林先生将受祭对象"旹"跟"尽戉""黄尹""蔑"一起考虑，无疑对"旹"的理解又深入了一
步。但"旹"字形体究竟该怎么分析，表示哪个词，仍然不是十分清楚。因此，前引（2）—（4）
的辞例对解决这些问题没有太大的帮助，真正能推进"旹"字释读的是前引（1）辞。其辞曰：
"呼司旹。""旹"前出现了"司"字，形成"司旹"组合，可以联系下引诸辞来考虑：

（6）丙寅卜：又伐于<u>司釲</u>三十羌，卯三十豴[6]。

《合》32050（《合》32048、32049同文），历二／历草

（7）至<u>司骉</u>，王受又。

至☒。 　　　　　　　　　　　　　　《合》32975（《京人》1855），历无名间

（8）其至<u>司嫡</u>，又正。 　　　　　　　　　　　　　　《合》27605，历无名间

（9）☒<u>司弓</u>伐羌☒。 　　　　　　　　　　　　　　　《合》32149，历二

（10）☒癸岁十宰，其兴<u>司弓</u>[7]☒。 　　　　　　　　　　《合》34426，历二

（11）乙丑贞：其☒［司］弓眔蔑☒。

☒<u>司弓</u>。 　　　　　　　《合》32548＋《合补》10903（周忠兵缀），历二

（6）—（11）辞皆为"司某"组合，裘锡圭对此有十分精彩的考证，他说[8]：

不但"以"、"司"音近，卜辞时代"弓"（㡱）字亦兼有"司"一类读音。与"嗣"相通之
"辞"，西周金文作"䚔"，殷墟卜辞中"司屮父工"亦作"㡱屮父工"（《合》5623、5625、9663
等），皆可证。前引"司釲"之"釲"当是从"幺"（系）"司"声之字，郭沫若先生《粹》430片

考释认为"嗣"字之省，应可信。则其字亦与"司""亏"等音近相通。故"亏"、"嫡"、"刁"、"㢆"、"釕"皆非"后"之名，而应为同表某一其音与"司"近同的女性称谓之字。饶宗颐先生《殷代贞卜人物通考》对卜辞"司"、"亏"等字意义的解释不可信，但饶先生认为卜辞"司"、"亏"二字相通，卜辞所见的祭祀对象"龚亏"与"龚司"是一事，则正确可从。然则上举各字所表示的女性称谓应即是"司"（姒）。（原文批注省略不录）

裘说可从。上引"司釕、司㢆、司嫡、司亏"显然是同一受祭对象的不同写法。（7）辞"司㢆"之"㢆"可以看成是存在通用关系的"司、亏"二字皆声的特殊双声字⑨，按照裘先生的看法，可以统一用"姒"来表示它们。从上引诸辞可以看到，"司姒"之"姒"写法比较多样，但基本上以"司"或"亏"为声符，或者如《合》32975那样，二者皆为声旁。本文要讨论的"司肯"之"肯"虽然造字本义尚不清楚，但显然也以"司"为声旁。如此，"司肯"就可以跟（6）—（11）辞之"司釕、司㢆、司嫡、司亏"联系起来考虑，当亦为"司釕"等以外的一种不同的写法。也就是说，"肯"当是从"止"、"司"声的形声字，用来表示{姒}。"肯"甚至还可能跟"㢆"一样，是个双声字，"止、司"都是声旁。"姒"（姒），上古属于邪母之部；"止"，上古属于章母之部；"司"，上古属于心母之部。声纽不出精系跟章系，常可相通⑩，韵部相同，中古皆为开口三等，"止"可以充当"姒"之声旁。

前引（11）辞"蔑"尚存头部笔画，"蔑"跟"司亏"关系密切，经常处于选贞地位，联系《契合集》337组以及《合》14775"肯"跟"蔑"同版选贞的事实，（11）辞"司亏（姒）罘蔑"当可以反证我们把"肯"看作{姒}的一种写法的正确性。关于"司姒（姒）"的解释，朱凤瀚在解释前引（7）辞"司㢆"说：𩇯"本已是'后亏'合文，但可能是书之已久，遂成为专有名字的写法，故后人称呼她时，为表敬意又在其名上加上表示身份的'后'，即是说𩇯前的后仍应读作上述表示王配之后。"⑪裘锡圭不同意释"后"的意见，并对"司姒"有更为详细的论述。裘先生说⑫：

> "姒"是上古女子之尊称，犹宗法社会中以宗子之"子"为男子之尊称。……商代王之配偶中，其尊者当可称"姒"，卜辞中之"姒"可能多为此种人。但其他贵族配偶之尊者应亦可称"姒"。甚至不能完全排斥卜辞中的某些"姒"，系称呼王或贵族之姊的可能。加于"姒"称之上的"司"，当取女子年长义。

我们同意裘先生这个讲法。（1）辞"呼司肯（姒）"之"司肯（姒）"从辞例上看，似为生人，与（2）—（4）用为受祭对象不同。"姒"这个称谓既可以指死去的受祭对象，也可以指活着的生人。如裘锡圭《说"姒"》一文提出的"姒子爵"，"姒子"显然是生人，但也可以称"姒"。《合》557有："癸丑卜，贞：勿呼令多司兴。""多司"似指多位活着的"司（姒）"。《合》21067有："乙丑卜，王贞：司娥子余子。"《合》21068有："丁酉卜，王：司娥娩，允其于壬。十一月。不。""司娥"之"司"似也应该读"姒（姒）"，指地位尊贵的娥族女性。因此，（1）辞"呼司肯（姒）"之"司肯（姒）"指称年长的地位尊宠的女性是可以接受的。

　　综上所述，宾组甲骨卜辞"耑"可能是以"止"为形旁、以"司"为声旁的一个形声字，本来当是一个行为动词，在卜辞中表示"姻（嗣）"。至于"耑"是为哪个词造的，有待进一步研究。此外，师组小字类卜辞中有过去一直被误释的字，可能也是用来表示"姻（嗣）"这个词。其字见于《合》20737（《乙编》9047清晰）：

拓本　照片

　　李宗焜编著的《甲骨文字编》把它跟甲骨文中的 、 字认同⑬。刘钊主编的《新甲骨文编》亦然⑭。笔者认为，此字上部并不从"中"或"木"，"心"上部的偏旁当即本文讨论的"耑"字，全字可以隶定作"愃"，是一个从"心"、"耑"声的形声字。辞例如下：

　　（12）辛巳卜：又（侑）于愃三 又 。　　　　　　　　　　《合》20737，师组小字

　　"愃"显然用作受祭对象，与前引（2）—（4）辞中的"耑"用法完全相同，很可能表示同一个词。宾组卜辞刻手使用"耑"而师组小字类刻手使用"愃"，此为类组差异现象之又一显例。

　　顺带一提，《合》18266有下揭之形：

　　《新甲骨文编》将之收入附录部分，编为0225号⑮。如果此版不是伪刻⑯，则这个字可以分析为从目、司声，可以隶定作"眮"。《说文》："伺，候望也。从人司声。"不知甲骨文此字是不是后世之"伺"。

2015年8月27日

　　附记：本文是国家社科基金重点项目"甲骨单字考释史研究"的阶段性成果。本文曾在第十一届"黄河学"高层论坛暨"古文字与出土文献语言研究"国际学术研讨会上宣读（开封，2019年）。今略作文字修改，排入《古文字研究》第35辑正式发表。

（作者单位：清华大学出土文献研究与保护中心、
"古文字与中华文明传承发展工程"协同攻关创新平台）

注：

① 李宗焜编著《凿破鸿蒙——纪念董作宾逝世五十周年》第20页，史语所2013年。

② 王子杨《甲骨文字形类组差异现象研究》第124—127页，中西书局2013年。

③ 于省吾《释朱司》，《于省吾著作集·双剑誃殷契骈枝 双剑誃殷契骈枝续编 双剑誃殷契骈枝三编》第157—159页，中华书局2009年。

④ 于省吾主编《甲骨文字诂林》第853页,中华书局1996年。

⑤ 林宏明《契合集》第223页,万卷楼2013年。

⑥ 陈剑《"竷"字补释》,《古文字研究》第27辑第128—134页,中华书局2008年。

⑦ 从《合》22044"兴司戊"连用看,"兴"跟"司弓"之间可能并不缺字。

⑧ 裘锡圭《说"姁"》,《裘锡圭学术文集》第1卷第524页,复旦大学出版社2012年。

⑨ 方稚松《谈谈汉字结构中一种特殊的双意符字》,第五届中国文字发展论坛论文,安阳,2015年10月21日。

⑩ 裘锡圭《复公仲簋盖铭补释——兼说珥生器铭"寝氏"》,《出土文献与古文字研究》第3辑第107页,复旦大学出版社2010年。

⑪ 朱凤瀚《论卜辞与商金文中的"后"》,《古文字研究》第19辑第426页,中华书局1992年。

⑫ 同注⑧第525—526页。

⑬ 李宗焜编著《甲骨文字编》第723页,中华书局2012年。

⑭ 刘钊主编《新甲骨文编(增订本)》第366页,福建人民出版社2014年。

⑮ 同上注第919页。

⑯ 裘锡圭指出此版为伪刻,说参蔡哲茂《〈甲骨文合集〉辨伪举例》,《汉学研究》第24卷第1期第418页注3,2005年。

古文字研究（35）：62—66，2024

释出二类卜辞中的"节"

孙亚冰

出二类卜辞中的"节"字作  形，见于下列卜辞：

（1a）乙巳卜：[中]贞：叀疾☒。

（1b）乙巳卜，中贞：卜若兹不节，其有大不若。

《拼五》①1038（《合》23651＋《英藏》2085），出二

（2）戊寅卜，□贞：王心[不]节，叀其[有②]来艰。三[月]。 《辑佚》398，出二

（3）☒[若]兹不节，[有③]来艰自方。 《合》24151，出二

（4a）甲辰[卜：兹云[叀]雨。□月。

（4b）[甲]辰卜，中贞：兹雨以灾。王占曰："不节，其以灾。"

《安阳散见殷虚甲骨》④25，出二，图一

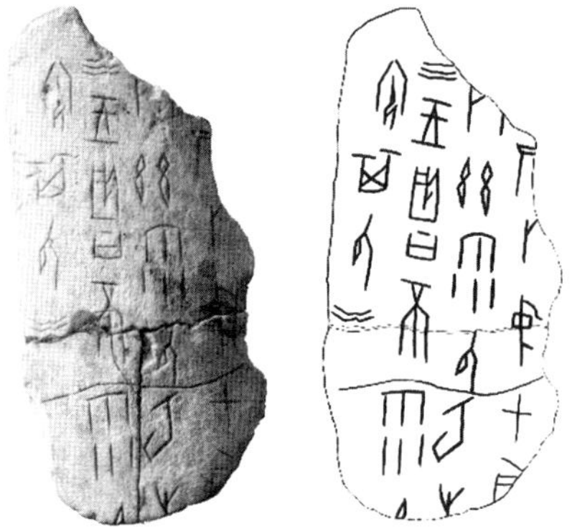

图一 《安阳散见殷虚甲骨》25照片、摹本

（1b）辞"卜若兹不节，其有大不若"与同样是出二类的《合》22592"卜有咎，在兹内有不若"，句型、内容类似，"不节"与"咎"的含义相当。（2）辞"王心[不]节，叀其[有]来艰"、（3）辞某"[若]兹不节，[有]来艰自方"则与宾三类的《甲骨缀合集》⑤350"王心悤，亡来艰自方"、《合》7182"王心[悤]，亡艰[在]内"⑥，句型、内容类似。"悤"字，裘锡圭认为是"心荡"之"荡"的专字或本字，"心荡"指心脏的一种不正常现象⑦。"心[不]节"与"心荡"含义相当。（4）辞问云会不会致雨，又问雨会不会带来灾祸，占卜结果是"不节，会带来灾祸"，"不节"可能是说卜兆"不节"，也可能是说雨"不节"，但都是不好的意思，故而"以灾"。总之，以上卜辞中的"不节"，均

有不好的意思,那么与其相反的"宁"则有好的意思。

上引诸辞中的"宁"都作 形,"宀"下的"卩"形左右没有小点。甲骨文中还有一个与此类似的字,但"卩"形左右有小点,小点多寡不一,两点到五点的都有(参《甲骨文字编》第770页[8]),为叙述方便,本文将带小点的字形统一隶作"宧",不再区分。过去学界认为"宁""宧"是一字异体,在讨论时一般不加区别。"宁"和"宧",现在大都从叶玉森[9]、张玉金[10]、雷焕章[11]、陈剑等释作"宾"。陈剑认为:"在宾组卜辞里,既有人名'子*安'[12],又有'子宁'(脚注云:'*安'和'宁'都或作'女'和'卩'旁边增加几小点为繁饰形,同类现象甲骨文习见)。""卩"和'女'都像跪坐人形,作为形符可以通用……'*安'跟'宁'为一字异体,从文字学的角度看实属正常。""跟'*安'为同字的'宁'字,应该就是'宾'字异体。这一点虽然从甲骨文中的用例看还难以确定,但殷代金文中有确证。殷代金文匚宾鼎铭(《商周金文录遗》六四、《集成》4.2132)云:'匚 。乍(作)父癸彝。''匚'下一字即我们所讨论的'宁'。'匚宾'辞例还见于殷代金文乃孙作祖己鼎铭(《集成》4.2431),字作 ,就是卜辞常见的'宁'字异体,于省吾先生据此释匚宾鼎' (宁)'字为'宾',正确可从。"[13]陈先生不仅将"宁""宧"视为同一个字(都隶定为"宁"),而且还认为它们都是"*安"的异体,应释作"宾"。

实际上,"宧"只出现在宾一和典宾类卜辞,用作人名或宗庙建筑名(《醉古集》[14]38"有报在宧",《合》15203残,内容应与此类似,此"宧"应指宗庙类建筑"宾"),"宁"则除出二类卜辞外,还见于师宾、子组、侯南类卜辞,在师宾、子组、侯南类卜辞中,"宁"用作地名(详下文)。可见,"宁""宧"虽然分布的组类不同,但它们的含义并没有必然的联系,二者恐不能视作同一个字。

陈剑同意于省吾将金文中的 、 释为"宾",于先生认为"报宾"不是作器者的名字,而是作器的原因,即为报祭宾敬某人而作器[15]。"报宁"二字分别位于铭文最上端(《集成》2132)和最末尾(《集成》2431),与常见的作器者族徽的位置相同,应该就是族徽。"报"在甲骨文中虽然多用作祭名或祖先名字区别字,但也有用作人名或族地名的,如记载龟甲来源的刻辞"自报气五"(《合补》4365)、"自报气"(《合》15625)[16]。"宁"也作地名,地名往往也是族名,"报宁"很可能就是复合族徽,而不是"报祭宾敬"的意思。因此, 、 与"宾",字形、字义之间都没有关系,也不是一个字。另,《集成》8277宁报爵的铭文" (宁)报",其中的" (宁)"是族名("宁"是卜辞中常见的贞人名,贞人名实为族名)," (宁)报"很可能亦属复合族徽,所以," (宁)报"并不能说明"报宁"之"宁"是"宁(宾)"的异体。又,《集成》6872、6873是两件铜瓿,铭文分别是" (宁)[17]女"和" (宁)女",其辞例类似"倗女"(《集成》1460、1461)、"宁女"(《集成》462、1851)、"彭女"(《集成》856、1907、5110、6352)、"冀女"(《集成》2146)、"龚女"(《集成》3083)、"息女"(《新收》619)等,都是"族名+女"的组合。

宾组有一组成套卜甲,即《合》9520—9524,卜辞中的"宾"字从宀、卩(或女)、止,作、形。其中《合》9520、9523右甲上的"宾"字,似作"宁",没有"止"旁,实际上这两个"宾"字应该有"止"旁,只是由于骨面残缺或磨泐,"止"旁现在看不到了。《合》9524左甲的"宾"似作"*安"形,也是由于同样的原因,看不到"止"旁了。另,《合》3172和《契合集》381+R059459(杨熠缀⑱)中也有一个看似从"宀"从"卩"的人名用字,但这两版刚好都有残缺,也不能作为宾组卜辞中有"宁"的确证。

就字形而言,用作"宾",又从宀、卩的字,要么在字中加点,如"宿";要么加"止",如(《合》9523),或加点、"止",如(《合》3169);要么加"口",如(《合》3165),或加点、"口",如(《合》709);要么加"口""止",如(《合》3151);要么加"女",如(《合》20278);要么加"万"("万"有时会省略上面一横)、"止",如(《契合集》⑲19)。到目前为止,还未发现"宁"用作"宾"的证据,上举出二类卜辞中的"宁",其用法在"宾"字的所有已讨论义项⑳中,也都未找到类似的用法(地名较特殊,不能作为通用的证据)。因此,将"宁"释为"宾"是很可疑的。

《甲骨文字诂林》引《合》23651[即(1b)],推测辞中的"'宁'似当读作'安'"㉑;袁伦强、李发亦认为"宁"是"安"的异体,但他们是把"宁""宿"当作同一个字论述的(都隶作"宁")㉒;肖威也怀疑"宁"是"安",不过他认为"宁"的踞坐人形下可能还有一笔㉓;谢明文不同意把("宁")释作"安",仍认为("宁")是"方/宖"的异体,("宁")与表示"好""若""吉""善"意的"分/兮"有可能表示同一个词㉔。将(2)辞"王心[不]宁,叀其[有]来艰"与宾三类的"王腹不安,亡延"(《合》5373)对照,笔者认为把"宁"释为"安",还是很有道理的。"王腹不安"之"安",作形,是标准的"安"字,其"女"形臀部下有一斜笔,代表藉垫,形象地表达了"安"的本义"安坐"㉕。"安"还有异体,作形(《花东》369"右驰弗"㉖)。"宁"作形,与、的最大区别是,其人形臀部下没有关键的斜笔("卩""女"形都表示跪坐的人,可通用),那么把它释读为"安",是否合适?

笔者认为,出二类卜辞中的"宾"不像宾组中的"宾"有多种写法,出二类所有的"宾"都从"万",作"方""宖"形(参《甲骨文字编》第770—782页)。"方"主要用作名词,为宗庙建筑名(《合》23520、《拼四》838㉗)和人名(《合》23534);"宖"则主要用作动词,常见于"王宾"卜辞。出二类用("宁")形表示"安",并不会引起歧义,所以将("宁")释读为"安"是合适的,"安"在上引出二类卜辞都含有平安的意思。

再看出二类卜辞以外的"宁":

(5a)壬辰卜,贞:今夕其屮忧。

（5b）壬［辰卜］，贞：今［夕］亡［忧］。癸［巳］雨。在宁，一月。

《合》13048＋16521（李爱辉缀）㉘，师宾

（6）□申卜，贞：□［自］宁。　　　　　　　　　《合》21826，子组

（7）其去宁。　　　　　　　　　　　　　　　《史购》325，侯南

除了（5b）中的"宁"作、"卩"形反书外，其他都作形，二形表同一个字，这跟上述金文复合族徽"报宁"之"宁"兼用、二形是一样的。（5）—（7）中的"宁"都用作地名。卜辞中的"安"字，只有四例：宾三类的《合》5373；无名类的《合》29378；黄类的《合》37568、《辑佚》685㉙。宾三类《合》5373的用法与出二类同（参上文），无名类、黄类用作地名和人名（《合》29378和37568用作地名，《辑佚》685用作妇女名，可能是"［妇］安"，此"安"也可以说是族地名）。"宁"和"安"在组类分布上刚好互补，似乎说明将"宁"释作"安"也是合适的，"宁"是"安"的异体的省写。

附记：本文为"古文字与中华文明传承发展工程"资助项目"明义士《殷虚卜辞》再整理"（G3031）的阶段性研究成果。

（作者单位：中国社会科学院古代史研究所）

注：

① 黄天树主编《甲骨拼合五集》，学苑出版社2019年。

② 此处也可能是"亡"字。

③ 此字还有残笔，似"有"字，非"亡"字，

④ 此书系安阳傅春喜编的甲骨著录书，未正式出版。本版甲骨照片参微信公众号"金石契"2017年2月7日发表的文章"神秘殷墟！沉睡了三千年的文明密码"。（4a）辞的拟补是依据《合》24872："辛丑卜，即贞：兹云惠雨。十月。""辛丑"在"甲辰"前三天，因此（4）的"甲辰"日有可能在"十月"或"十一月"。

⑤ 蔡哲茂《甲骨缀合集》，乐学书局1999年。350号即《合》13＋18384＋《山珍》632，本版与《合》12属成套卜辞。

⑥⑦《合》7182的拟补文字从裘锡圭，参《殷墟甲骨文考释四篇·释"惠"》，《裘锡圭学术文集》第1卷第437—438页，复旦大学出版社2012年。

⑧ 李宗焜编著《甲骨文字编》，中华书局2012年。"疒"字未见带一点的，《甲骨文字编》所举带一点的《合》20641（即《上博》17645.184）中的字实际从"宀"从"钔"。

⑨ 叶玉森《殷虚书契前编集释》，上海大东书局石印本1933年，收入宋镇豪、段志洪主编《甲骨文献集成》第7册，第249页，四川大学出版社2001年。

⑩ 张玉金《释甲骨文中的"介"》《论甲骨文金文中的宾字及相关问题》，收入氏著《古文字考释论集》，广东高等教育出版社2018年。

⑪ 雷焕章《说"哉"、"屮"、"宾"》，张永山主编《胡厚宣先生纪念文集》，科学出版社1998年。

⑫ "*安"指从宀从女的"宾"字，不是真正的"安"字。

⑬ 陈剑《说“安”字》,《甲骨金文考释论集》第109—111页,线装书局2007年。

⑭ 林宏明《醉古集》,万卷楼2011年。第38号即《合》7772+《乙补》2614。

⑮ 于省吾《商周金文录遗·序》,中华书局1993年。

⑯ 另《集成》8502中的族徽,有释为“报”的,恐不可信。关于这种类型的记事刻辞,可参方稚松《殷墟甲骨文五种记事刻辞研究》第346—348页,线装书局2009年。“自某气”或“气自某”中的“某”有建筑名、处所或机构名、人名或族地名,“自报气五”之“报”不是建筑名、处所或机构名,是人名或族地名的可能性最大。

⑰ 此字下部有一短横,不清楚是否为笔画。

⑱ 杨熠《甲骨拼合第212—220则》第218则,中国社会科学院古代史研究所先秦史研究室网2022年7月5日。

⑲ 林宏明《契合集》,万卷楼2013年。第19号即《合》3010+《合补》2043[《合》7504+7540(《合补》2019)]。

⑳ 可参于省吾主编《甲骨文字诂林》第2015—2030页,中华书局1996年;陈冠勋《殷卜辞宾字考辨》,《世新中文研究集刊》第16期,2020年;刘影《再论王宾卜辞中“宾”的含义》,《政大中文学报》第35期,2021年。

㉑ 于省吾主编《甲骨文字诂林》第2016页。

㉒ 袁伦强、李发《甲骨文考释三则·释安》,《殷都学刊》2017年第1期。

㉓ 肖威《殷墟甲骨文占辞的整理与研究》第81页,中国社会科学院大学2019年硕士学位论文。

㉔ 谢明文《释甲骨文中的“㝵”及相关诸字——兼论丏、亥系一形分化》,《出土文献与古文字研究》第10辑,上海古籍出版社2022年。

㉕ 参注⑬陈剑文。甲骨文中的(《花东》285、《合》20327)是“安”的异体。济南大辛庄甲骨文中的不是“安”,而是“女一”。

㉖《花东》369“右驳弗安”之“安”,摹本作形,“女”形臀部下未摹表藉垫斜笔,过去有认为此形是“安”的异体,但实际上,《花东》摹本有误,据清晰的照片,此字作形,不从“女”,从“卩”,且臀部位置有斜笔。

㉗ 黄天树主编《甲骨拼合四集》,学苑出版社2016年。第838号即《合》18217+ 23611+ 23432。也可参刘影《甲骨卜辞中的祭祀对象“保”》(《古文字研究》第34辑第84页,中华书局2022年)对此字的论述。

㉘ 李爱辉《甲骨拼合第481—490则》第484则,中国社会科学院古代史研究所先秦史研究室网2020年1月2日。

㉙ 午组卜辞《合》22094+22441(蒋玉斌缀)中的,陈剑释为“安”,不过此字“女”后的竖笔可能是拉长的点,所以这个字很可能是“宾”字,卜辞内容“御石于(宾)豕虫”,把解释为宗庙建筑“宾”,也是合适的。

古文字研究(35):67—74,2024

"方帝"之"方"非动词补说

李 发

　　"方帝"之"方"是否祭祀动词,学界存在争议。主要存在三种不同意见:一是认为祭祀卜辞的"方"为受祭对象,即方神,为自然神之一种①;二是认为"方"可作"祭祀之名",在"方帝"类卜辞中表示"于旁侧之地对上帝举行的祭祀之礼"②;三是认为"方"可作祭祀动词,"方帝"指"按'方'的方式进行帝祭"③。

　　我们曾在一篇小文中讨论过"方帝""帝方"的问题④,已经明确表达了我们赞同"方帝"即"帝方"之倒文,"方"为方神,非祭祀动词。但是,这个意见似乎并未引起重视,现在借重新整理甲骨文祭名的机会,补充一些材料,将相关理由作简要补论如下。

　　第一,"帝"是商人的天神,有着极广大的权能,但并非祭祀对象,这已经是甲骨文与殷商史研究者较为普遍的共识。董作宾谓:"卜辞中全不见祭祀上帝的记录。"⑤陈梦家指出⑥:

　　　　上帝和人世间的先公先王先祖先妣是不同的:(1)不享受生物或奴隶的牺牲(除了方帝与帝臣);(2)不是求雨祈年的对象;(3)是惟一令风雨(除了河)和保佑战争的主宰;(4)少有先公之"害雨""害年",也没有先王之"害王""希王"。殷人的上帝是自然的主宰,尚未赋以人格化的属性;而殷之先公先王先祖先妣宾天以后则天神化了,而原属自然诸神(如山、川、土地诸祇)则在祭祀上人格化了。

上述观点第一条就明确指出商王不受祭祀。胡厚宣也有类似的看法⑦:

　　　　殷人以为上帝至上,有着无限尊严。他虽然掌握着人间的雨水和年收,以及方国的侵犯和征伐,但如有所祷告,则只能向先祖为之,要先祖在帝左右转请上帝,而不能直接对上帝有所祈求。

胡先生认为殷人不能祭祀上帝,因为他至高无上,有着无限尊严,只有向先祖祷告,请求转达。晁福林并不赞同上帝为殷人的至上神,而认为祖先神、自然神、天神三者各自独立,互不统属。晁先生认为"殷人只是向帝提出问题,如会不会刮风下雨、会不会降旱降灾等,却并不奉献祭品"⑧,不奉献祭品,实际上就是并未体现对上帝的祭祀。朱凤瀚虽然不赞同殷人的上帝为至上神,但他也同意"商人可能不采用祭享祖先与自然神的形式祭上帝,这是据现有卜辞资料引出的看法,已为甲骨学家所论证"⑨。朱先生这里注引的"甲骨学家"即陈梦家。常玉芝基本继承了胡厚宣的观点,谓殷人不能直接祭祀上帝⑩。

殷人的"上帝"是否"至上神",由于标准不一致,诸家观点存在分歧,但都几乎一致认为,殷人是不对上帝进行祭祀的。因此,将"方帝"之"帝"理解为祭祀对象,显然是难以令人信从的。既然"帝"非祭祀对象,那将"方"解释为祭名或祭祀动词,从语法上讲就不能成立了。

第二,赞同"方帝"为"帝方"之倒文的学者[11],很自然就能理解读"帝"为"禘",并理解"方"为方神。沈培不赞同"方帝"为"帝方"之倒文的理由是:一、"帝方"之辞只一见,"帝于方"也只一见。"方帝"比"帝方"数量上多出几十倍。二、一般的"神名＋祭祀动词"句的否定式是"神名＋否定词＋祭祀动词",但"方帝"的否定式却是"勿方帝"[12]。

关于理由一,说"方帝"比"帝方"数量上多出很多,是几十倍,还是有些夸张,因为"帝方"之辞目前共有三见,除沈先生所举《合》32112外,另有两例:

(1)帝方……五十豕……于……　　　　　　　　　　　　　　《合》11221,宾类

(2)□申……帝方。　　　　　　　　　　　　　　　　　　　《合》14297,师宾间

"方帝"之例目前共见42条,是"帝(于)方"辞例(共4条)的10倍,可见"方帝"较之"帝方"数量上具有压倒性优势。这是事实,但也不能由此就否定"方帝"不是"帝方"之倒文。

关于理由二,沈先生文中未举辞例,我们试着去查找,但很难找到,倒是见到有辞例正好与"勿方帝"的情况相类,而不是"神名＋否定词＋祭祀动词"。如:

(3)贞:弜祖乙衶用,于之若。　　　　　　　　　　　　　　《合》27202,何二

另有于神名前加"于"的辞例也与"勿方帝"的情况相类。如:

(4)乙丑卜,争贞:于祖丁御。

　　　乙丑卜,争贞:弜(勿)于祖丁御。

　　　于祖丁御。

　　　弜(勿)于祖丁御。　　　　　　　　　　　　　　　　《合》1854,典宾

(5)贞:于高[妣]己御。

　　　贞:弜(勿)于高妣己御。　　　《醉古》342＋《合》4498正(杨熠75),典宾

由于"神名＋祭祀动词"的倒置现象本身就很少,最普遍的现象还是"否定词＋祭祀动词＋(于)＋神名"。所以"否定词＋神名＋祭祀动词"这种"勿方帝"本来就很罕见。但从"于＋否定词＋神名＋祭祀动词"来看,这类句型随意性很大,如:

(6)贞:御疒(疾)身于父乙。

　　　贞:弜(勿)御疒(疾)身于祖辛。

　　　贞:于祖辛御疒(疾)身。

　　　弜(勿)于祖辛御疒(疾)身。　　　《醉古》380＋《乙补》4321(杨熠73),典宾

从上揭辞例来看,"于＋神名"既可置于祭祀动词前,也可置于祭祀动词后,其中是否有"语用"因素的考虑,也是值得研究的。但从这些例子来看,至少可以说明,"勿方帝"这类"否定

词＋神名＋祭祀动词"的现象绝不是孤例。

此外,"否定词＋名＋动"的结构,即名词宾语置于谓语动词之前,卜辞中有不少例子,如"弜(勿)马令"(《爱博》162)、"弜牛杀。叀□"(《花东》446＝《摹系》63614)。这类结构显然与"勿方帝"的结构是相同的。

第三,与"方帝""帝方"同类型的辞例,还有"方燎""燎方",如:

(7)方燎叀庚酌,有大雨。大吉。 《合》28628,无名

(8)丁酉卜,何贞:今来辛丑方⑬燎其酌。 《合》30775,何一

(9)方燎,叀今夕酌。 《天理》510,无名,方

(10)□□卜,争贞:翼辛巳呼毕酌燎于方,[不]。 《合》4058,典宾

(11)🜊燎其方有大雨。 《合》30171,无名

上揭辞例可见"方燎"当为对方神进行燎牲以祭,且多与酌祭并行,而"燎方"则在神名"方"前加有"于"和"其",燎牲祭方神之意更为明显。另有"方兄(祝)"与"兄(祝)方",如:

(12)癸亥贞:旬。甲子方又(有)祝,才(在)邑南。乙丑闻杲雨,自北…丙寅大…。三月。

《契合》165,师小字

(13)乙未夕,丙申方祝曰,才(在)白。

《合》20918＋20437＋20952(《摹系》1538),师小字

(14)癸亥卜,王贞:旬。八日庚午又祝方曰,才(在)… 《合》20966,师小字

由上揭三辞可知,"方祝"亦可说成"祝方"。同理,"方帝"也应是"帝方"之倒文。但要说明的是,这里主要是从结构上说"方祝"可以说成"祝方",但上揭(12)至(14)的"方"是指方国,而"方帝"中的"方"是指方神。

另有"岳燎""燎(于)岳"亦然,如《合》34206:"岳燎五牛。"《合》34207:"岳燎卯二牛。"《英藏》1145:"壬寅卜:燎岳[牛(?)]。"《英藏》1144:"□□卜,宾贞:燎于岳…。""岳燎"有30余例,"于岳燎"有2例,"燎岳"有6例,"燎于岳"有60余例。更有意思的是,"燎于岳"与"于岳燎"有见于同版之例。如:

(15)己丑卜,㱿贞:燎于岳。

贞:于岳燎。 《合》14437,典宾

可见,"岳燎"与"燎岳"当有同样的意思。另有"巫帝"与"帝巫"的辞例,如:

(16)巫帝一犬。 《合》21074,师小字

(17)壬午卜:巫帝。

巫帝一犬一豕。 《合》21078,师历间

上揭三例"巫"在"帝"前,陈梦家曾举类似"巫帝"辞例后说⑭:

凡此巫字作🜨,唐兰释作巫,并引武丁卜辞"御羌于九巫"(《戬》25.11)为《大荒西经》

巫咸等十巫。以"巫帝一犬"为例，巫可能是动词，则帝与一犬为宾词；巫可能是主词，则帝
为禘（动词）而一犬是宾词；巫也可能是先置的间接宾词，因为卜辞有"帝东巫""帝北巫"
者。若以巫为动词，则是祭帝以犬；若以巫为主词，则他是一种人；若以巫为间接宾词，则
他是一种神。以下各例，之"巫"为宾词无疑：……

陈先生指出了"巫帝"之"巫"存在三种可能的解释：一、动词；二、主词；三、宾词。先看解释
一。如果"巫"为动词的话，则意为"祭帝以犬"，但是我们前文已经讨论过，卜辞未见祭祀上
帝的情况，所以这一种情况当排除。上文我们引述陈先生总结对"帝"的认识的时候，他的观
点其实是有矛盾的，一方面他认为上帝"不享受生物或奴隶的牺牲"，但另一方他又括注出"方
帝与帝臣"除外，其实帝臣并非帝本身，本就可排除，而只要认为"方帝"中存在帝要接受祭
牲，那就不能说帝不享受祭牲。因此，这个看法是自相矛盾的。再看解释二。如果"巫"为主
词的话，在这里"帝"就应读作"禘"，可是没有禘祭的对象，这类"巫帝"目前所见有15例，无一
例在"帝"后出现祭祀对象。因此，这类情况也是不合常理的。最后看解释三。"巫"为间接宾
词，也与陈先生自己后文列举"帝巫"类卜辞相合。陈先生说："如此可知巫为神名"，"所谓四
巫当指四方之巫如东巫北巫等"[15]。因此，陈先生所提的第三种解释当是可信的，在"巫帝"中，
"巫"为间接宾语前置，在"帝巫"中，则是标准的动宾结构，当然，也有作"帝于巫"的，用介词
"于"引出祭祀对象"巫"。"帝巫"类卜辞有如下四例：

（18）癸巳卜：其帝于巫。　　　　　　　　　　　　《合》32012+《合补》10298，历二

（19）癸亥贞：今日🩸于巫㞢一、犬一。　　　　　　　　　　　　《合》34155，历二

（20）辛亥卜：🩸北巫。　　　　　　　　　　　　　　　　　　《合》34157，历二

（21）帝东巫。　　　　　　　　　　　　　　　　　　　　　《合》5662，宾一

上揭第一、四例应该不会有人怀疑"帝"为动词、读作"禘"，巫为神名。从句型来看，第一、二
例相当，第三、四例相当，但是第二、三例的"帝"字写法特殊，"帝"形上方有三小点，因此，有
的释文就径作"小帝"，如《合集释文》《摹释总集》《校释总集》《摹释全编》《摹本大系》等；
《甲骨文字编》在"合文"处也收入了《合》34155的字形，并释为"小帝"。但是，释为"小帝"之
后，再代入卜辞中去看，于结构和辞意理解都会有障碍。"汉达文库"释为"帝"，蔡哲茂《〈甲
骨文字编〉指瑕》也指出此字"应为'帝'字的异体而非合文"[16]，我们觉得释为"帝"有其合理
性。一是符合第一、二例同类，第三、四例同类的情况；二是有小点写在"帝"字笔画内的情况
存在，如🩸、🩸（《怀特》1565），那么🩸这种小点写在笔画外的，就有可能是写在笔画内的"帝"
的异体。甲骨文等古文字中，一些笔画写在封闭性的笔画内或外往往构成异体关系，如：🔸与
🔸，🔸与🔸，等等。当然，我们的这一推想也还需要证实。

　　此节内容草成后，才注意翻检到吴丽婉博士论文中也指出🩸为"禘祭"之"禘"的异体[17]。吴
女士还引了另外三例，补充如下：

（22）壬□…其…🔲…　　　　　　　　　　　　　　　　《合》32012，历二

（23）弜🔲。　　　　　　　　　　　　　　　　　　　　《屯南》804，历一

（24）丙申其🔲。　　　　　　　　　　　　　　　　　　《辑佚》661，历二

对于《辑佚》661的真伪问题，学界有过争论。朱歧祥认为系据《屯南》804抄录而来的伪刻，吴丽婉则认为刻辞刀法娴熟、残存兆序"二"、有"帝"之异体等都体现出非伪刻的因素，故认为系真片。比较而言，我们更倾向于赞同该片非伪片，其所存"帝"之异体可纳入本研究。

此外，另有一字形🔲，有的释文类工具书如《校释总集》《摹释全编》将其视作"帝"字上加小点构成的异体倒刻，其余多部释文和字编类工具书并没注意这一形体，该字形出自《合》5430。不过，该字形下部与上举诸形"帝"之形体还是有些差异，姑存此待考。

总之，从上面的讨论可知，"方帝"与"帝（于）方"并存，"方（有）祝"与"祝方"并存，"岳燎"与"燎（于）岳"并存，"巫帝"与"帝巫"并存，因此，将"方"理解为神名当可行。

第四，赞同"方"为动词的学者，往往以"方"在否定词后为根据，如陈梦家谓："由于'方帝'与'勿方帝'的对贞，故知'方'是动词。"⑱沈培则举了一些认为"方"作动词的例句：

（25）丙子卜，□其方。　　　　　　　　　　　　　　《怀特》1629，历一

（26）丙寅卜，其乎…

　　　其方，有雨。

　　　其霏于弩，有雨。

　　　其霏于芑京，有雨。

　　　丁卯卜，惠今日方，有雨。　　　　　　　　　　《屯南》108，无名

（27）弜方。　　　　　　　　　　　　　　　　　　　《东大》1259，无名

（28）至来辛亡大雨。

　　　🔲燎，其方，有大雨。　　　　　　　　　　　　《合》30171，无名

（29）癸未贞：惠乙酉延方。

　　　癸未贞：于木月延方。　　　　　　　　　　　　《合》32243，历二

上揭沈先生所举五例，第一例"其方"前有残字，不能否定刚好残了动词的情况，如果前有动词，"方"为名词宾语的情况是不能排除的；第二、四例的"其方"，断句不同，理解"方"的词性就会不同，如果断句作"其方有雨""🔲燎其方，有大雨"，"方"就当作名词；第二例的"惠今日方有雨"，如此断句，理解"方"为名词也未尝不可；第五例的"延方"之"方"置于动词之后，理解为名词，更是没有问题，"延"后有接神名，如"…[邕]其[延]小乙"（《合》02171）、"延于祖甲○弜延"（《合》23097）等。因此，最需要讨论的可能还是第三例"弜方"。该辞见于《东大》1259，释文残存两条，分别是"寻升…又（有）雨"和"弜方"。"寻"有再的意思⑲，"升"为祭名⑳，"升"后可能残去的是祭祀对象，不排除还会有相伴祭名。同类辞例如《合》32323："甲

申,又(侑)升岁上甲,又(有)雨。"弜方"可能存在两种理解:一是省去了具体的祭祀动词,如在"勿方帝""勿方燎""勿方兄(祝)"之类的基础上省去了动词"帝""燎""祝"。"弜"作为否定词,其动词省去,是有先例的,如:"贞:翼(翌)辛丑祖辛岁勿牛。○贞:弜勿。"(《合》23002)此对贞卜辞的反贞即省去了核心动词"岁","勿"为"勿牛"之省,即"弜勿"当为"弜岁勿牛"之省。二是名词"方"活用为动词,古汉语中名词用为动词是极为常见的,甲骨文中的名动相因例子也是非常多的,如黄天树曾举过如下典型的例子[21]:

(30)庚□其皂(簋)于…。

　　　弜皂(簋)。　　　　　　　　　　　　　　　　　　　　　　　　《合》34602,历无

(31)□巳卜:其皂(簋)黍…。　　　　　　　　　　　　　　　　　　　《屯南》2040,历无

上揭三辞的"皂"本为名词,这里都用作动词。黄先生曾举出过方位名词用作动词之例,如《合》21605:"庚寅余卜:我东。"《合》5343:"辛丑卜贞:王西。七月。"《合》6928:"惠子效令西。惠王自往西。"《合》5369:"贞:王南。"因此,象"弜方"这类,"方"前加了否定词,即使不看作省略,也不应将其就释作祭祀动词,释其为名词动用是符合甲骨文等古代语言文字材料的事实的。且沈培也已指出,"方帝"句从不出现对象宾语,故沈先生解释"方帝"的意思是按"方"的方式进行帝祭[22],其实也就暗含了"方"为名词动用的意思,只不过没必要迂曲,径释"方"为神名即可,"方帝"即"帝方"之倒文。否则,将"方"在祭祀动词前看作动词,而在祭祀动词后又看作神名,显然不是理想的解释方式。大量辞例都可见"方"为神名,如:

(32)癸未,其宁风于方,有雨。　　　　　　　　　　　　　　　　　　《合》30260,无名

(33)辛卯卜:邲彡酚其侑于四方。　　　　　　　　　　　　　　　　　《合》30394,无名

(34)…侑于方,有大雨。　　　　　　　　　　　　　　　　　　　　　《合》30395,无名

(35)其侑方暨河、酚,有正。　　　　　　　　　　　　　　　　《合》30396＋30819[23],无名

(36)桒(祷)方叀癸酚,有雨。　　　　　　　　　　　　　　　　　　《合》30397,无名

显然,上揭卜辞都很清楚地表明,"方"为自然神名,与风雨有关。而如下一例,"其方""弜方"并见,则更像是省略句:

(37)癸未卜:其宁疾于𝄞(稷),其方。

　　　弜方。　　　　　　　　　　　　　　　　　　　　　　　　　　《合》30443,无名

上揭卜辞见于一无名组残存的骨条上,从无名组的常见文例可知,与"其方""弜方"有关的完整辞例应该是有的,只不过残去了。这里仅见的三条辞中的第二条较为完整,是一条向稷神[24]进行占卜的辞例,大意是癸未那天占卜向稷神进行燎牲之祭好不好,而第一条大意可以推知是占卜向稷神和方神进行某种祭祀,第三条则可推知不向方神进行祭祀好不好。因此,像这种蕴含有大量承前(大量卜辞实际上都是来自残片)省略的"弜方",实属不能简单据"方"前有否定词就判定其为动词。

第五，"方帝"理解为"方禘"，与文献中的"方祀"相类。《礼记·曲礼下》"诸侯方祀，祭山川，祭五祀，岁遍"，郑玄注："方祀者，各祭其方之官而已。"孔颖达疏："诸侯既不得祭天地，又不得总祭五方之神，唯祀当方，故云方祀。"既然"方祀"是"祀方"之倒文，"方帝"为"帝方"之倒文也不难理解。

综上所论，"方帝"之"帝"不是祭祀对象，当读为"禘"。"方"虽在"禘"前，但应理解为"禘方"之倒文，因为有大量同类例证，如"方燎—燎方""方祝—祝方""岳燎—燎岳""巫帝—帝巫"，且"方帝（禘）"与文献中的"方祀"相类。虽有"其方"类卜辞存在，但断句不同，也可以在这类辞例中将其理解为名词方神。至于"弜方"之"方"，则可以理解为名词动用，或者将其置于卜辞信息的大语境中去，它也可能是省去了祭祀行为动词。总之，祭祀卜辞中的"方"应该是方神，属于祭祀对象，而非祭祀动词，应该从"祭名"中去除。

附记：本文为教育部重大课题攻关项目"基于数据库技术的殷商甲骨刻辞排谱、整理与研究"（22JZD036）、"古文字与中华文明传承发展工程"资助项目"甲骨文字词全编"（G3021）的阶段性成果，论文完成后经友生喻戚、袁伦强帮助，谨致谢忱。

（作者单位：西南大学汉语言文献研究所、中希文明互鉴中心）

注：

① ④　李丹杨、李发《"方帝""帝方"再辨》，《殷都学刊》2018年第4期。

②　郭旭东《卜辞与殷礼研究》第184—185页，陕西师范大学2010年博士学位论文。

③　沈培《殷墟甲骨卜辞语序研究》第75页，文津出版社1992年。周忠兵认为"卜辞中的'方'似为求雨有关的祭祀动词"，参见周忠兵《释花东卜辞中的"卫"》，《文史》2019年第3辑第262页。

⑤　董作宾《中国古代文化的认识》，《董作宾先生全集》乙编第3册，艺文印书馆1977年；收入宋镇豪、段志洪主编《甲骨文献集成》第29册第255页，四川大学出版社2001年。

⑥　陈梦家《殷虚卜辞综述》第580页，中华书局1988年。

⑦　胡厚宣《殷卜辞中的上帝和王帝（下）》，《历史研究》1959年第10期。

⑧　晁福林《论殷代神权》，《中国社会科学》1990年第1期。

⑨　朱凤瀚《商周时期的天神崇拜》，《中国社会科学》1993年第4期。

⑩　常玉芝《商代宗教祭祀》第63页，中国社会科学出版社2010年。

⑪　〔日〕岛邦男著，温天河、李寿林译《殷墟卜辞研究（中译本）》第200页，鼎文书局1975年；收入宋镇豪、段志洪主编《甲骨文献集成》第35册第420页。于省吾《甲骨文字释林·释方、土》第207—210页，中华书局1979年。

⑫ ㉒　沈培《殷墟甲骨卜辞语序研究》第75页。

⑬　"方"字有缺刻。

⑭　同注⑥第577页。

⑮ ⑱ 同注⑥第578页。

⑯ 蔡哲茂《〈甲骨文字编〉指瑕》,《甲骨文与殷商史》新5辑第258页,上海古籍出版社2015年;后收入《蔡哲茂学术文集》第9册第421页,花木兰文化事业有限公司2021年。

⑰ 吴丽婉《〈甲骨文字编〉校补》第222—228页,首都师范大学2017年博士学位论文;后发表于《中国文字》新44期,艺文印书馆2019年。

⑲ 李学勤《续释"寻"字》,《故宫博物院院刊》2000年第6期。黄天树《甲骨文中的频率副词》,《首都师范大学学报(社会科学版)》2015年第1期;收入《黄天树甲骨学论集》,中华书局2020年。

⑳ 方稚松《殷墟甲骨文五种外记事刻辞研究》第39—44页,上海古籍出版社2021年。

㉑ 黄天树《殷墟甲骨文中所见的"名动相因"现象》,《首都师范大学学报(社会科学版)》2013年第3期;收入《黄天树甲骨金文论集》,学苑出版社2014年。

㉓《合》30396+30819,参见李爱辉《甲骨拼合第408—411则》,中国社会科学院古代史研究所先秦史研究室网2018年1月19日。

㉔ 对该字的释读,参见蔡哲茂《从战国简牍的"稷"字论殷卜辞的"兜"即是"稷"》,"2007中国简帛学国际论坛"论文集,台湾大学中国文学系,2011年12月;收入《蔡哲茂学术文集》第7册,花木兰文化事业有限公司2021年。

古文字研究(35):75—80,2024

甲骨卜辞中"弜"与"弓惟"同义申说

莫伯峰

裘锡圭认为,甲骨卜辞中"弓"与"弜"表示的是同一个否定词{勿}①。王子杨考察了"弓"与"弜"的类组分布,认为它们基本处于互补关系,是一种类组用字差异现象——自组、自宾间类和宾组用"弓",其他类组用"弜",只有何组、历无名间类二者共用②。这些观点都非常有见地,也已广为学界接受。但是,卜辞中的一些现象提示我们,在后接名词的情况下"弓惟"与"弜"才是等义的,"弜"由"弓惟"紧缩发展而来。二者本质上是一种语言演变现象,而不仅仅是一种类组用字差异现象。以下试做申论。

一 对立中的差异

使用"弓"的各组卜辞中,在对贞时常常是"弓惟"与"惠"相对立,这是十分常见的现象,这里只略举几例:

(1)辛亥卜㱿贞:王惠易白㱿比。

辛亥卜㱿贞:王弓惟易白㱿比。 《合》6460,宾一

(2)辛巳卜宾贞:惠翌甲申立人。

辛巳卜宾贞:弓惟翌甲申立人。 《合》3675+5516=《醉》151,典宾

(3)贞:惠王往伐工方。

贞:弓惟王往。 《合》615,典宾

而使用"弜"的各组卜辞中,对贞时与"惠"相对立的却通常只有"弜"一个字,例如:

(4)王惠虣兕先射,亡灾。

弜虣兕先射,其若。 《合》28407,无名

(5)惠㹜庸用。

弜㹜庸用。 《合》27352,无名

(6)惠鼏用祝,又正,王受祐。

弜鼏用祝。 《屯南》2345,无名

(7)弜蠹乎,王其每。

惠可白✦乎,斁絳方、戚方、鬱方。

弜✦乎。 《合》27990,无名

（8）惠万。

　　　弜万。兹用。　　　　　　　　　　　　　　　　　　　　《合》31708，无名

（9）壬戌卜贞：惠昌用。

　　　贞：弜昌。　　　　　　　　　　　　　　　　　　《合》27459，何二

（10）□酉卜何贞：惠勿鄉。

　　　□酉卜何［贞］：弜勿。　　　　　　　　　　　　　　　《合》29499，何一

（11）王惠辛往田，壬酒度，亡灾。

　　　弜辛往田，壬酒度。　　　　　　　《拾遗》444＋"金石契"甲骨③，无名

（12）惠乙未酒，有正。吉。

　　　弜乙未酒。　　　　　　　　　　　　　　　　　　　　《合》30812，无名

以上例（4）—（7）沈培在《殷墟甲骨卜辞语序研究》中曾经指出过，他已注意到"'弜'不像'叀'那样后跟虚词'惟'"④（原文使用"唯"，本文统一为"惟"。引者注）。例（9）（10）是我们新补充的例子，可见何组卜辞也存在这一现象。例（11）（12）"弜"后的成分并不是动词宾语，与之前例子的性质有所不同，可与例（2）做比较。由此可见，这不是一种仅限定于"弜OV"中才会出现的现象。在沈先生的论著中，主要是比较"叀OV"与"弜OV"的情况，所以没有列举这种性质的例子。除了以上这些完整的对贞卜辞外，还有很多零散卜辞也可见，"弜"后都是直接跟宾语，而没有插入"惟"，因此将这种情况视作一种规律性的现象应该是没有疑问的。

沈先生认为："'弜OV'的'弜'后面不加'惟'，主要是因为'弜'直接加在宾语前面，就可以表示宾语是句子的焦点；这时候，作为焦点标记的'惟'可以不出现。"⑤也就是说，因为"弜＝叀＋惟"，所以"惟"可以省略。沈先生这种解读具有一定的解释力，但产生了一个新问题：照此理解，"叀"与"弜"意义就存在一定的差异了。因为"叀"后面都要加"惟"，所以"叀"并不具有独立标注句子焦点的功能，"叀"与"弜"的语法意义存在差别。如果接受沈先生的解读，就得承认"叀"与"弜"的这种差异，这与通常所见到的类组用字差异现象就有所区别了。

那么，可以假设"惟"是因为可有可无所以直接被省略掉了吗？也不可以。我们曾在《从不对称否定看卜辞中"惠"和"惟"的词义差别》一文中提出："卜辞中'惠'的词义类似于'就是、必须是'，表示一种强烈的肯定语气和判断语气。而'惟'的词义可分为两类情况：……另一类只存在用'叀'来否定的'惟'，没有肯定形式，'叀惟'词义类似于'绝不是、绝非'，表示一种强烈的否定语气。只有肯定形式的'惠'与只有否定形式的第二类'惟'，从形式和内容上都形成了非常契合的对立关系。"⑥因为需要通过与"惠"的形式对立表达十分重要的对立语气，所以"惟"绝不是一个可以随意省略的词语。

由此可见，"叀"与"弜"在对贞中用法的差异已经被注意到了，但要给出合理的解释，还需要进一步研究。

二 从"弓惟"到"弜"

甲骨卜辞用字存在类组差异,这已经是我们非常熟悉的现象⑦。而各类组卜辞背后的语言也可能存在差异,这是语言发展演变规律所决定的。殷墟甲骨是晚商二三百年间的语料,在这么长的时间里,语言也会发生变化。"弜＝弓＋惟"这一现象,本质上反映的是一种历时的词语演变。

我们曾在《卜辞中"不惟"与"非"同义》一文中,讨论了甲骨卜辞中"不惟"与"非"的关系,认为"不惟"是"非"的来源,"非"是"不惟"的语音急读⑧。后来发现蒲立本、梅广也早有过相同的观点,并结合传世文献给予了论证⑨。对于卜辞中"不惟"和"非"的关系,我们主要从四个方面进行了论证:1.相同的形式对立;2.类组互补;3.语音关系;4.演变痕迹。而从"弓惟"到"弜",也展现了类似的演进现象,下面我们也从这四个方面来进行推论。

前两个方面,"相同的形式对立"和"类组互补"的情况,前文已论述。"弓惟"和"弜"都与"惠"对立,只是类组上存在差异,而且是一种互补性差异。至于类组的时间先后,裘锡圭按照当时的分期方法指出:"用作否定的'弓'绝大多数见于第一期和第二期的卜辞,第二期后期以后,大概只有廪辛卜辞里出现过一些,在其他各时期的卜辞里很难找到。用作否定词的'弜',情况正好相反。它从不见于作为第一期卜辞的主体的宾组卜辞以及第二期前期的卜辞,而大量见于第二期后期以后的卜辞。"⑩而基于类组的观念来看,"弓惟"所出现的类组主要是自组、自宾间类和宾组,总体上都要早于"弜"所出现的无名组和何组。因此可以说,"弓惟"是比"弜"更早的一种形式。

第三个方面,从语音上来看,裘锡圭已指出"'弓'和'弜'不但用法相似,字音也很接近。……如果按照通常的说法把'弓'读为'勿',那就跟'弼'(指'弜'的音读。引者注)一样,也是微部入声字了"⑪。而"惟"为喻母微部,将"弜"理解为"弓惟"的急读是非常合适的。

第四个方面,从演变痕迹来看,从"弓惟"到"弜"的演变后还存在一种残余形态——"弜惟",这与从"不惟"到"非"存在一种残余形态"非惟"是一样的。例如:

（13）惠此又祐。

  　弜惟此。 　　　　　　　　　　　　　　　　　　　　　　　《合》31189,何二

（14）癸亥卜景贞:翌史亚又□惠用。

  　弜惟。 　　　　　　　　　　　　　　　　　　　　　　　　《合》27932,何二

（15）贞:弜惟。 　　　　　　　　　　　　　　　　　　　　　　《合》31936,何一

（16）惠𢀖。

  　弜惟。 　　　　　　　　　　　　　　　　　　　　　　　　《合》27133,无名

（17）祷年上甲。惠兹祝用。

弜惟兹用。 《屯南》2666,无名

以上例子说明,与"惠"对立的还有"弜惟"这种形式。从类组上看,"弜惟"主要存在于何组与无名类中,正好是"弓、弜"还在共用时期,也就是处于"弓"向"弜"变化还未完全完成的时期,所以呈现出这种混合形态的残余现象。

从"弓惟"到"弜"的演变过程与从"不惟"到"非"的演变过程非常相似,可用下图表示:

不惟→非、非惟(残余形态)

弓惟→弜、弜惟(残余形态)

三 "弜"的两种词义

按照以上的认识,还能对相关问题有更好的解读。如果不认为"弜"是由"弜惟"紧缩而来,而是简单地认为"弜"本身就可以与"弓"对立,并不能很好地解释"弜"后跟动词的情况。"弜"后跟动词的情况与"弓"后跟名词的情况不同,并没有"惟"牵涉其中。这种卜辞十分常见,简单举例:

(18)贞:乎妇好择。

弓乎择。 《合》176,典宾

(19)以众。

弜以。 《合》26900,无名

从上述例子可以看到,"弜"和"弓"在后跟动词时用法并没有区别。如果依然认为"弜＝弓＋惟"(也即认为"弜"比"弓"多了"标记焦点"的功能),那么对贞就存在一定的不对称性。而按照我们的理解,"弓"只有在后跟"惟"的情况下,才紧缩为"弜"。而后面不跟"惟"的情况下,不存在紧缩现象。也就是说,存在两种词义的"弜":后跟动词时,沿袭下来只是用字差异的"弜";后跟名词时,通过紧缩形成了包含"弓＋惟"词义的"弜",这样就更好地解决不对称性的问题了。

此外,还有一种"弜"后跟"于"的情况需要讨论。在"弜"后跟"于"的对贞卜辞中,大多是"于"和"弜于"对立,例如:

(20)于示祷。

弜于示祷,亡[雨]。 《合补》9518,无名

(21)于多兄舌。

弜于兄。

于多妣舌。

弜于妣舌。 《屯南》2412,无名

这与"弓"的情况是相同的,例如:

（22）于父乙求有匄。

　　　弜于父乙求有匄。　　　　　　　　　　　　　《合》272正，典宾

（23）贞：于来乙巳祷。

　　　弜于来乙巳祷。　　　　　　　　　　　　　《合》376正，典宾

但也存在"弜"后不跟"于"而直接跟名词的情况，例如：

（24）于壬［射］。亡灾。

　　　弜壬射。弗擒。　　　　　　　　　　　　　《合》28817，无名

（25）于翌日壬迺饮庸。不菁大风。

　　　弜翌日壬。其风。　　　　　　　　　　　　《合》30270，无名

（26）于丧。弗悔。

　　　弜丧。其悔。　　　　　　　　　　　　　　《合》29075，无名

例（24）（25）是跟时间名词的情况，沈培已经指出过[12]，例（26）是我们补充的跟地点名词的情况。陈梦家曾指出："卜辞近称的纪时之前加虚字'惠'，远称者加虚字'于'。"[13]可见"惠"和"于"存在词义差别，二者所跟对象必须有区别。从例（11）—（17）都能够看到，"弜"是与"惠"相对而用的词，二者性质一致，因此"弜"与"于"也存在词义差别，不能直接相对而用。因此，在这种情况下，仍把"弜"理解为"弓＋惟"就存在问题了，只能把"弜"理解为"弓"，而"于"被省略了。

四　余论

在讨论了"不惟"与"非"的演进关系后，本文又论证了"弓惟"与"弜"的演进关系。更加丰富的演变例证给了我们一种启示：这种先否定后紧缩的模式，或与反义词的产生有较密切的联系，值得进　步探讨。同时，从"弓惟"到"弜"，从"不惟"到"非"，这种语言演变的深层动因也值得深入探究。

附记:本文为国家社科基金项目"利用神经网络进行甲骨卜辞字体分类的初步研究"（19BYY171）的阶段成果。

（作者单位:首都师范大学甲骨文研究中心、"古文字与中华文明传承发展工程"协同攻关创新平台）

注:

① 裘锡圭《说"弜"》，《古文字研究》第1辑，中华书局1979年；收入《裘锡圭学术文集》第1卷，复旦大学出版社2015。接受了裘锡圭此观点的学者，在论文中常以"勿"直接表示"弓"和"弜"，这不便于本文引用，本文行

文和引述中对"弓"和"弜"进行了区分。

② 王子杨《甲骨文字形类组差异现象研究》第110—111页,中西书局2013年。

③ 孙亚冰《〈拾遗〉缀合一则》,中国社会科学院古代史研究所先秦史研究室网2023年1月18日。

④ 沈培《殷墟甲骨卜辞语序研究》第41页,文津出版社1992年。

⑤ 同上注第42页。

⑥ 莫伯峰《从不对称否定看卜辞中"惠"和"惟"的词义差别》,《古文字研究》第34辑,中华书局2022年。

⑦ 这方面的系统论述可参陈剑《甲骨金文考释论集》,线装书局2007年;王子杨《甲骨文字形类组差异现象研究》。

⑧ 莫伯峰《卜辞中"不惟"与"非"同义》,"古文字与殷周文明"学术研讨会,北京,2022年7月6日。

⑨〔加〕蒲立本《古汉语语法纲要》第22页,语文出版社2006年;梅广《上古汉语语法纲要》第167—168页,上海教育出版社2018年。

⑩ 裘锡圭《说"弜"》,《古文字研究》第1辑;收入《裘锡圭学术文集》第1卷第17页。

⑪ 同上注第16页。

⑫ 同注④第42、172页。

⑬ 陈梦家《殷虚卜辞综述》第227页,中华书局1988年。

古文字研究（35）：81—86，2024

殷墟甲骨文试释五则

赵　伟

一　穴

历组卜辞《合》34069（《京津》4345）有字作[字形]（[字形]《京津》4345、[字形]《合》34069），《甲骨文合集释文》（以下简称《释文》）释为介；《殷墟甲骨刻辞摹释总集》（以下简称《摹释》）摹作[字形]，释帚；《新甲骨文编》（2014年版第439页，以下简称《新编》）摹作[字形]，释宀；其余工具书如《甲骨文校释总集》（以下简称《校释》）、《殷墟甲骨文摹释全编》（以下简称《全编》）、《甲骨文摹本大系》（以下简称《大系》）、《甲骨文字编》（第758页，以下简称《字编》）多摹作[字形]，不释。介字本从人，与此不类。释帚亦无据。此字从宀，于屋宇内两侧各添加一弯笔，应释穴。诸家之所以漏摹屋宇内右侧一弯笔，大概是受拓片残泐的干扰。该字所从宀的两竖笔，上端均呈外展之势。此种写法在历组卜辞中并不鲜见（如《合》33123[字形]、32681[字形]、34102[字形]"宗"字所从），亦见于无名组（如《合》26991[字形]"宗"字所从）。

《合》34069辞曰："于东穴？"同版另一辞曰："丙子卜，王▢其实自日▢于室？"穴与实、室皆建筑名。卜辞建筑名前常可冠以方位名词，如"东寝"（《合》13569）、"东室"（《合》13555正）、"北宗"（《合》38231）等。《说文》穴部："穴，土室也。从宀，八声。"土室之义与卜辞相合。

出组卜辞《合》22414有字作[字形]（[字形]），《摹释》《全编》《校释》等工具书一般都当作不可释字处理。其辞曰：

▢若[字形]▢。

因辞例残缺，意义不详。《释文》释该辞二字为"母丙"，不可从。"丙"字内侧的两斜笔确可写作弧形（如《合》24345[字形]），但只是连接上方的横笔与两侧的竖笔，弧形中间没有相对突出的部分。此亦当释"穴"。卜辞之宀一般写作尖顶状，也可以写作平顶或接近于平顶，如《合》21224之"突"[字形]、《合》36389之"实"[字形]、《合》20233之"宋"[字形]。

穴作为偏旁见于西周金文，亦有尖顶和平顶两种写法，如[字形]（《集成》2278"突"字所从）、[字形]（《集成》4439"宽"字所从）、[字形]（《集成》10218"宅"字所从）、[字形]（《集成》6418"窬"字所从），屋宇内侧的两弯笔逐步与宀之两竖笔分离，遂演变为《说文》所谓"八声"。战国文字中有单独成字的穴，如[字形]（《云梦·答问》152"仓鼠穴"）、[字形]（《清华·太伯甲》9"牢鼠不能同穴"），其义已引申为动物之巢穴。

殷墟甲骨文中还有两个与穴相关的字。

何组卜辞《合》31057有字作⚆（⚆），从宀，屋宇内仅左侧有一斜笔，可隶作宀，与穴有别。其辞曰：

　　贞：其㲆☒升于☒升宀☒。

升可用表宗庙类建筑名①。陈梦家曰："卜辞凡近世之祖与父，祭其祢曰升。"②宀附于"升"后，很可能指附属于"升"的建筑。

典宾类卜辞有字作⚆（⚆拓片，⚆照片，《旅博》274）、⚆（⚆，《安明》897），看似与穴相类，实则不同。《新编》第988页将《旅博》274之字处理为⚆，收入附录，与实际字形有所出入。此二字从宀，屋宇内右侧有与竖笔形成封闭状的折笔，左侧引出一尾端带钩的曲笔与之相连。两者应属同字，区别在于，前者钩在内，后者钩在外。其辞曰：

　　贞：于⚆？　　　　　　　　　　　　　　　　　　　　　《旅博》274

　　［贞］：弓（勿）于⚆？　　　　　　　　　　　　　　　《安明》897

孙亚冰将此二版遥缀，并指出上揭二辞属正反对贞③。这使⚆、⚆同字更为可信。综合考虑字形和辞例，该字表示的也应该是建筑名，只是尚不知为何字。疑宀内左侧引出的带钩曲笔（⚆）即钩字初文（⚆），其字或与西周金文中从穴、从丩的人名用字⚆（《集成》2755）相当。

二　麂

宾组卜辞《合》10389（《甲》3398）有字作⚆（⚆《合》10389、⚆《甲》3398拓片、⚆《甲》3398照片），从䖵，从火④，旧多漏摹漏释火旁，如《释文》释麋，《摹释》《校释》《全编》《字编》（第606页）释麂等。屈万里曾摹作⚆，已摹出火旁，然未作隶定⑤。《大系》释其字为麂，非常正确⑥。该字所从火旁为甲面裂纹所破，在拓片中未能得到很好的体现，但在史语所"考古资料数位典藏资料库"照片中清晰可见。

"麂"在殷墟甲骨文中仅此一见，辞曰："甲午卜，古贞：令戎执麂？十二月。"用作人名。商金文中有族氏名戠，从麂，从攴（⚆，《集成》1418）。西周早期金文中亦有人名用字麂，见于《集成》5348、5930（⚆、⚆、⚆）。此可与《合》10389之麂相印证。

大约在战国时期，受到偏旁类化的影响，"麂"字已由从䖵改为从鹿，如⚆（《云梦·语书》12），这一写法为后世篆隶字形所承袭。类似的现象如卜辞"麋"字本作⚆（《合》4601），从䖵，从禾，后世写作从鹿；又如"麋"字作⚆（《合》10990）、⚆（《合》28380），"麚"字作⚆（《合》10386正）、⚆（《合》10260），后世均写作从鹿而添加声符。

《说文》鹿部："⚆，麂属。从鹿，贾省声。"段注改"麂属"为"麚属"，云："铉本作'麂属'，锴本作'麋属'，今依《韵会》本。麂者，麚属也。麚者，麋属也。韦昭曰：'楚人谓麋为麂。'盖麂似麋而无角。"陈秉新谓麂"乃炮若焘之初文"⑦。受限于辞例，麂之造字本义尚有待进一步研究。

三　嬽

黄组卜辞《合》38244（《前》2.11.3）有字作 （ ），商承祚、李孝定、姚孝遂诸家释娍[8]，《大系》释娙，《释文》《摹释》《校释》《全编》以及《字编》（第147页）、《新编》（第913页）等工具书均摹而不释。卜辞戎字作 （《屯》1049）、 （《合》22043），从戈，从冊；或作 （《屯》2286），所从冊省作十字形；或作 （《合》20449）、 （《合》20417）、 （《合》6480），所从冊与戈发生借笔的关系[9]。《合》38244之字所从戈的左下方显然有一短竖。故释娍和释娙之说均不可信。此字应释为"嬽"，从女，从戠，为"戠"之女化字。

"戠"见于商代族氏铭文 （《集成》3239），从戈，从 。受书写载体的影响，"戠"所从 在卜辞中有三种写法：1.双笔勾勒，写作 、 、 形，如 （《合》4899）、 （《合》21242）、 （《合》3950）；2.省作丁或上粗下细的短竖形，如 （《合》21245）、 （《合》25735）、 （《合》22846）；3.径作一短竖，如 （《英》1777）。其中以第一种写法较为常见。细审《合》38244之嬽不难发现，其所从之"戠"属上述第二种。诸家于《合》21245、25735、22846之"戠"并无异议，只是对《合》38244"嬽"字所从似有所失察。

"嬽"又见于时代较早的自组（《合》20003 ）和妇女类卜辞（《合》22246＝《乙》8896 ）。前者亦作上下结构，辞例残作："戊□更□嬽□。"后者作左右结构，辞曰："匄芦嬽？"用作女名。《合》22246另有"匄芦妌""匄芦娍""匄何奻"之卜。殷墟甲骨文左右结构与上下结构每可无别，如"娥"字可作 （《合》14788），亦可作 （《合》14781）。

《合》38244辞曰：

□辰王卜，在兮［贞］：嬽毓，劝（嘉）？［王］占曰：吉。在三月。

此系商王为"嬽"之生育而占卜。此"嬽"与《合》22246之"嬽"同出于戠族。《合》20003之"嬽"很可能也是女名。商代有族氏铭文戠（《集成》3239），子组（《合》21782）、历组（《合》32883）及何组卜辞（《补》10357）均见有人名戠，可为参照。

四　合

出组卜辞《合》24366（《文录》702）有字作 （ ），孙海波《甲骨文录释文》释合，《释文》《摹释》从之，《校释》《全编》《大系》及《字编》（第253页）、《新编》（第921页）等均摹而不释。卜辞合字作 （《合》21963）、 （《合》1076甲正）、 （《补》6616），从二口上下相合，或作 （《合》22066），下部口省作凵。上部倒口或作圆顶形，或作尖顶形，或作平顶形，横笔平直。不仅是合字，古文字中的倒口形从不写作 。释合之说不可信。

卜辞有 字，冓、再、偁诸字从此，唐兰、郭沫若释再[10]，张亚初、刘雨释冉或冄[11]，今权且隶作冈。冈由⋀和∧两部分组成。⋀形尖顶,上宽,束腰,两侧下端外撇,又有⋂、⋒、∧诸多变体。其中⋀形主要见于宾组、何组卜辞;⋂、⋒主要见于历组、无名组;∧主要见于无名组、黄组。出组卜辞中兼有⋀(《合》22556 菁字☒所从)、⋂(《合》24502 菁字☒所从)、∧(《合》22644 遣字☒声符菁的下部)三种写法。∧形以透出⋀之两侧为常见,亦可置于⋀之内,如《合》6963 之冈(☒)、《乙》5296 之再(☒)、《乙》187 之菁(☒)、《合》27254 之壐(☒)等。

☒字所从之∧,即把∧写在∧形之内的冈字。∧形下端两侧外撇,左侧中部略微向外突出,可以看作由⋀向∧过渡的写法。☒可隶作臽,或仿再字之例隶作舂。

《合》24366 辞曰:“壬午卜,王在臽卜。”“臽”用作地名。古文字中的口旁有不少属于羡符,刘桓曾对“加口造字例”进行总结[12]。裘锡圭亦指出:“在古文字里,同一个字形往往有加‘口’和不加‘口’两种写法。”[13]此类情况在族地名用字中尤为突出,如林和梺、来和莽、向和啇、鱼和鲁(鲁)、屮和㞢等,又如地名“膏”可作☒(《合》18269),亦可作☒(《合》7926);地名“启”可作☒(《英》1555),亦可作☒(《合》17633正)[14]。卜辞中单独成字的“冈”见于《合》7434、8088 反、28078。其中《合》7434 辞曰“冈册”,似可读作“再册”,另两版因辞残,用法不明。在商末周初的族氏铭文中,“冈”则较为多见,凡 300 余例(如☒《集成》1180、☒《集成》9874、☒《集成》2247、☒《集成》774)。地名“臽”可与族氏铭文“冈”相对应。

五　甫

宾组卜辞有☒(☒、☒,《合》9504正)和☒(☒,《合》1248正),旧皆以为不可释。此二字并当释甫,从又在芈中,象手臂被缚形,又旁或音化为父。后一种写法又见于《合》7064、18231。古音父在并纽鱼部,甫在帮纽鱼部,韵部相同,并、帮均为唇音。

甫字见于西周金文(如☒《铭图》6119、☒《集成》5423、☒《集成》9052),诸家无异议。字形下部已类化为“用”,春秋金文及战国文字大体相同,并为小篆字形所承袭。《说文》用部:“甫,男子美称也。从用、父,父亦声。”段注曰:“可为人父也。”此释牵强,不足信,商周古文中的“用”与“可为”之义无涉。甫”在西周金文中主要有四种用法:1.人名,如“甫父”(《铭图》4336☒);2.读作父,如“甫庚”(《铭图》4420☒);3.读作“夫人”之夫,如“穌甫人”(《集成》10205☒);4.器物名,读作铺或簠,如“乍德人旅甫”(《集成》4669☒)。所谓“男子美称”,亦属假借。

卜辞另有☒(《合》900正)字,或繁作☒(《合》7894);商金文作☒(《集成》5395),或累增义符口作☒(《集成》9890);西周金文作☒(《集成》5619)、☒(《铭图》759)。罗振玉《殷虚书契考释》释“圃”,谓“象田中有蔬,乃圃之最初字,后又加口形”[15]。王襄、林义光则把☒释为圃和甫的共同初文[16],对☒所从之屮、田何以变为父、用并未给出解释。此后学者多信从王、林之说,或谓甫、圃同源,由☒到☒属于讹变[17],或径释☒为甫[18]。唐兰改释☒为苗,然又误释宾组、出组卜辞中的 ✦（叀）为甫⑲。

卜辞 ✦ 字当从罗说。西周金文圖或作 ▨（《集成》4403），从口，甫声。▨ 当为甫之变体，董莲池释为葡之省⑳。由商入周，甫和圖之演变自成序列，不容相混。甫和圖仅音同而已。古音圖亦属帮纽鱼部。《集成》4403之圖，即可看作声符由 ✦ 替换为甫。类似的情况又如"專"本从圖得声，西周金文作 ▨（《集成》2739），战国文字习作 ▨（《清华·金縢》4），声符圖所从中音化为父㉑。小篆專则写作从寸、甫声。

商代文字资料中，甫、圖均用作族地名或人名，其造字理据难以得到辞例上的证明。值得注意的是，《合》7064之"甫"（▨）下部写作"弗"，而弗字本象以绳索捆缚物品形㉒。卜辞縣（悬之本字，今简作县）字作 ▨（《合》18072）、▨（《合》18918）㉓，其中 廿、▨ 形均表系缚义。据此，甫应是缚的本字，形义均与圖无涉。缚字晚出，见于战国文字，如 ▨（《郭店·穷达》6，"束缚"），从糸，專声。

附记：本文是教育部青年基金项目"甲骨文所见音乐资料整理与研究"（21YJCZH238）及安徽省高校人文社科重点研究项目"基于认知语言学的甲骨文字分类整理与释读研究（2022AH050564）阶段性成果。

追记：第五则又见作者博士后出站报告《殷墟甲骨语词研究》（河南大学2022年6月）第302页，收入本文时有所补充。本文交稿后，作者方知谢明文先生在《商周金文研究》（中西书局2022年10月出版）第238页已释本文所论《合》1248正、7064、9504正、18231诸字为甫，且有《"✦""甫"关系新探——兼释甲骨文中的"甫"字》一文待刊。经请教谢先生，又知其"新探"一文创作于2017年。本文所言粗略，远不如谢文之既详且备。如此，甲骨文所谓"甫"字实为谢先生所释。不过，谢先生认为甲骨文"甫"字为"捕"之初文，而非"缚"之初文，与本文所见不尽相同。姑志于此，一示不敢掠美，二备读者察之。

（作者单位：河南大学黄河文明与可持续发展研究中心）

注：

① "升"字从杨树达释，参杨树达《积微居甲文说》第10—11页，上海古籍出版社2006年。

② 陈梦家《殷虚卜辞综述》第427页，中华书局1988年。

③ 孙亚冰《〈旅博〉274的缀合》，中国社会科学院历史研究所先秦史研究室网2015年5月16日。

④ 麀字从唐兰释，参唐兰《获白兕考》，《唐兰论文集》第277页，上海古籍出版社2018年。

⑤ 屈万里《殷虚文字甲编考释》第716页，联经出版事业股份有限公司1984年。

⑥ 笔者亦曾在2022年6月通过答辩的博士后出站报告《殷墟甲骨语词研究》中释该字为"麚"字初文。

⑦ 陈秉新《释毘及从毘之字》，《古文字研究》第24辑第62页，中华书局2002年。

⑧　于省吾主编《甲骨文字诂林》第467页,中华书局1996年。

⑨　丁山《甲骨文所见氏族及其制度》第98页,中华书局1988年;胡厚宣《甲骨文所见殷代奴隶的反压迫斗争》,《考古学报》1976年第1期。

⑩　参《甲骨文字诂林》第3134页。

⑪　张亚初、刘雨《商周族氏铭文考释举例》,《古文字研究》第7辑第32—33页,中华书局1982年。

⑫　刘桓《殷契存稿》第233页,黑龙江教育出版社1992年。

⑬　裘锡圭《说"彐凡有疾"》,《裘锡圭学术文集》第1卷第478页,复旦大学出版社2012年。

⑭　林宏明曾指出,《英》1555与《合》17633正为同文卜辞,参林著《宾组骨首刻辞与左右胛骨的关系》第258页,《出土文献研究视野与方法》第1辑,台北政治大学中国文学系2009年。

⑮　罗振玉《殷虚书契考释》第140页,中华书局2006年。

⑯　王襄《簠室殷契类纂·正编》第16页,天津博物院1920年;林义光《文源》第236页,上海古籍出版社2017年。

⑰　张亚初《商周古文字源流疏证》第1912页,中华书局2014年。

⑱　孙海波《甲骨文编》第3卷第25页,哈佛燕京社1934年。另参《新编》第212—213页、《字编》第826页。

⑲　唐兰《天壤阁甲骨文存并考释》第123页,上海古籍出版社2016年。陈梦家、李学勤从唐说释苗,参陈梦家《殷虚卜辞综述》第260页;李学勤《殷代地理简论》第1页,科学出版社1959年。

⑳　董莲池编著《新金文编》第795页,作家出版社2011年。

㉑　圃所从中在商周金文中习向一侧倾斜,疑欲与叀相别。

㉒　赵诚《甲骨文虚词探索》,《古文字研究》第15辑第282页,中华书局1986年。

㉓　张惟捷《论殷卜辞中的"县"字》,《出土文献综合研究集刊》第6辑第9—26页,巴蜀书社2017年。

古文字研究(35):87—90,2024

"妇妌娩"补说

李爱辉

妇妌是商王武丁的法定配偶,她与武丁同葬于洹河以北的侯家庄西北冈王室墓地,应为商王的第一夫人①。现已公布的甲骨材料中,与"妇妌"相关的大概有400版左右,内容涵盖军事、农业、祭祀、生育等多个方面。学界已有很多的专文对其进行了整理、研究。本文主要结合笔者新缀合的甲骨,对"妇妌娩"卜辞进行补论。

朱雪坷在《殷墟甲骨文妇妌史料系联》一文中指出:"妇妌至少有过两次生育,分别为武丁时期某年的戊寅日与某年殷历二月的辛丑日。"②这两次生育记录所涉及的卜辞如下:

(1)丁卯卜,殼贞:妇妌娩妫。王占曰:其唯戊娩不吉,其唯甲亦不吉。旬又二[日戊]寅妇[妌]☑。(以上为正面)王占曰:其唯戊娩不吉,其[唯]甲亦不吉。(以上为反面)

《合》13949+13967+14087(《合补》4031、《缀集》35),典宾

(2)[壬辰]卜,争贞:妇妌娩妫。王占曰:其唯庚娩妫。旬辛丑妇妌娩允妫。二月。(以上为正面)☑唯庚娩妫。(以上为反面)　　《合补》867+《史购》116+《合》14009③,典宾

林宏明在《契合集》第82则的考释中曾例举妇妌的三次生育记录,即在朱文所举的这两条外,还有《合》14010,后者验辞中"允不妫"亦可判定为一次完整的生育记录④。

(3)□□卜,☑娩☑。(以上为正面)☑妇☑寅允不妫。(以上为反面)

《合》14010,典宾

虽然朱文在引用林宏明的缀合时遗漏掉了林文的考释意见,但她与林先生对(1)验辞时间的拟补却是一致的,即分娩日为"戊寅"。《缀集》第35则释文中未补验辞日期,但在考释中将其拟补为"庚寅"。典宾类卜辞的计日具有较强的规律性,即以所卜之日为第一日始计为常例⑤。可用数学公式来简化验辞日期的查数:卜日+x(旬数)×10+{y(日数)-1}。如下举三例:

(4)[丙]子(13)卜,争[贞]:[师其有忧。]☑曰:艰鬼,昔我[旧臣]☑㞢☑石之齿,今☑齿,三旬又六日㓞[辛亥(48)]☑罘方允☑。

《合》2763+3524+4249⑥+14288⑦+18684+18799⑧[典宾]

(5)[丙子(13)卜],争贞:师[其]☑昔我旧臣☑石之齿,今之有由☑三旬又六日㓞辛[亥](48)☑。　　　　　　　　　《合》3723+39720(《缀汇》275),典宾

(6)甲辰(41)卜,亘贞:今三月光呼来。王占曰:其呼来,讫至,唯乙。旬又二日乙卯(52)允有来自光,以羌㠯五十。　　　　　　　　《合》94正,典宾

（4）（5）验辞日期＝13＋3×10＋（6－1）＝48，即辛亥；（6）验辞日期＝41＋1×10＋（2－1）＝52，即乙卯。《缀集》第35则考释中的"庚寅（27）"在"丁卯（4）"后的"二旬"，时间出入较大，此处或是编书时的笔误。根据典宾类验辞的计日规律，可以补足妇姘的第四个生育记录：

（7a）［丁丑卜，□贞：妇姘娩㚸］。☑旬又八［日］甲午☑允㚸。

（7b）丁丑［卜，□贞］：妇姘娩［不］其㚸。　　《合》13966＋14092＋《史购》63⑨，典宾

笔者最近新缀合了一组甲骨《合》14088＋北图192。缀合后的甲骨是一版右腹甲的甲桥。缀合图版正面的左侧均为齿纹，且纵向盾纹贯通，"娩"字笔画相合；反面"姘""娩"二字的残笔亦可以接合。综上可证，《合》14088＋北图192的缀合是成立的。缀合后的甲骨释文如下：

（8）☑［妇姘］娩㚸。三月（以上为正面）。妇姘允娩㚸。（以上为反面）。

《合》14088＋北图192，典宾，见图一

《合》14088正　《合》14088反　北图192正　北图192反

图一

从验辞来看，这应是一个完整的分娩记录，即在商王举行这次占卜后的不久，妇姘确实"娩㚸"。遗憾的是，这条卜辞的卜日和验辞中的日期依然残失。我们结合相关辞例对这次"妇姘娩"做如下推论。

第一，（8）的验辞是"允娩㚸"，（3）的验辞为"允不㚸"，故（3）和（8）应不是同一次的生育记录。

第二，（2）出现了"二月"。《契合集》第82则的考释中指出，（2）与《合》14314可能为一次怀孕的卜问。

（9a）壬午卜，殻贞：妇姘娩㚸。二月。

（9b）壬午卜，争贞：妇妌娩妫。　　　　　　　　　　　　　　　《合》14314，典宾

（2）的卜日为"壬辰（29）"，（9）的卜日为"壬午（19）"，分娩日为"辛丑（38）"，三个日期在相邻的三旬，故《契合集》第82则考释中将（2）和（9）视为同一次生育的记录是正确的。由此可知，在甲骨占卜中，一部分卜辞的验辞与命辞中的月份是同指，即命辞的月份＝验辞的月份。据现已公布的甲骨材料来看，与妇妌相关的生育（分娩）卜辞，其卜日与实际的分娩日期之间的时间差不超两旬；最大的时间差见于妇好卜辞，差值在六旬内。

（10）□□[卜]，㱿贞：[妇]好娩，[不]其妫。☑五旬又☑。　　　　《合》13998，典宾

（11）☑有五旬☑申妇好☑妫，唯女。　　《合》2688＋《京》2053＋《合》11646⑩，典宾

从（10）（11）验辞中出现的"五旬"来看，这两版甲骨应是为同一次"妇好娩"进行的占卜。《合》13998又见于《续》4.30.4（见图二），后者左侧的形态信息略为清晰，似为齿缝，甲骨应是沿这道齿缝发生的断裂，而非刻字的笔画。如此，（10）卜日的地支应是"亥"。由天干的残笔来看，可以排除"甲、丁、戊、己、辛、壬、癸"这七个天干。这样（10）卜日的范围则可限定在"乙亥"。结合（11）验辞中的"申"，"五旬"后或可补"八日壬申"。这一推论仅是依据拓本、同文、残字提出的一种可能，还待验证。以这个最大的时间差为定点，（8）妇妌的分娩月份可能是在3—5月，与（2）不是同一次的生育记录。

第三，（1）没有分娩月份，暂时无法判定它与（8）是否是为妇妌的同一次生育所进行的占卜，但根据典宾类生育卜辞（肥笔类）的契刻规律，至少可以判定（2）和（8）非同版上的一事多卜。

综上，甲骨卜辞中关于妇妌的"分娩"记录应在4—5次以上。现已公布的妇妌卜辞是以"百"为单位，涉及妇妌生育的则是以"十"为单位，但妇妌的分娩记录却已见五版，足可看出商王对妇妌生育问题的重视。这些生育记录也从一个侧面反应了生育卜辞的占卜焦点或也是"分期"的：在临近孕晚期时，商王关注的核心点应是妇某生育的具体日期，即精确到"日"；孕中后期的关注点则是妇某的分娩月份（如《合》116）。因为妇妌的材料有限，且多残断，所以论文中的部分内容还待新材料的公布。

图二　《续》4.30.4

附记：本文是国家社科基金项目"中国社会科学院藏明义士甲骨拓本的编纂与研究"（23BYY003）的阶段性成果。

（作者单位：首都师范大学甲骨文研究中心、
"古文字与中华文明传承发展工程"协同攻关创新平台）

注：

① 陈淳《安阳小屯考古研究的回顾与反思——纪念殷墟发掘八十周年》,《文史哲》2008年第3期第13页。

② 朱雪坷《殷墟甲骨文妇妌史料系联》,《殷都学刊》2018年第4期第14页。

③ 蔡哲茂《〈史语所购藏甲骨集〉缀合新一则》,中国社会科学院古代史研究所先秦史研究室网2010年5月31日。林宏明加缀《合》14009,文章最早发表于中国社会科学院古代史研究所先秦史研究室网2010年5月31日,后收入林宏明《契合集》第82则,台北万卷楼2013年;又见于蔡哲茂《甲骨缀合三集》第72则,台北万卷楼2022年。

④ 林宏明《契合集·释文及考释》第132页。

⑤ 黄天树《黄天树古文字论集》第426页,学苑出版社2006年。

⑥ 董作宾《殷历谱》下编卷九页23(图34),1945年。

⑦ 林宏明《醉古集》第231则,台北万卷楼2011年。

⑧ 《合》18684、18799为笔者加缀,收入黄天树主编《甲骨拼合续集》,学苑出版社2011年。《拼续》释文作"辛丑",今正之。

⑨ 蒋玉斌《蒋玉斌甲骨缀合总表(300组)》第285组,中国社会科学院古代史研究所先秦史研究室网2011年3月20日。

⑩ 赵鹏曾将《合》2688、《京》2053、《合》2701这三版甲骨缀合在一起,发表于中国社会科学院古代史研究所先秦史研究室网(2010年3月12日),后收入黄天树主编《甲骨拼合集》第75则,学苑出版社2010年。笔者将《合》2688+《京》2053与《合》11646缀合,《合》2701与《合》8251缀合,缀合后可知《合》2688+《京》2053与《合》2701不可遥缀。

古文字研究(35):91—98,2024

旅順博物馆所藏甲骨单音词研究

郭仕超

单音词是古汉语词汇主要构成部分。殷商时期主要把字刻在龟甲或兽骨上,受书写条件限制,要求文字越简单越好。因此古人在写文章时总是力求用最少的字来表达自己的思想,单音词正好适应了这种需要[①]。汉语词汇以单音节的方块汉字作为表意的书写符号,而汉字又是表意体系的文字,每一个字都是形、音、义的结合体,具有极大的独立性,这便于单音词的产生,也成就了单音词在古汉语中的主导地位。

2014年10月宋镇豪、郭富纯主编的《旅顺博物馆所藏甲骨(上、中、下)》(以下简称《旅藏》)是21世纪以来甲骨学领域最新著录成果之一。它是一部集甲骨拓本、摹本、照片"三位一体"的著录书,为甲骨学者深入、细致研究《旅藏》的每片甲骨、每条卜辞以至于每个词都提供了极大的便利。本文主要从单音词的表达内容、词频和特点三大方面对《旅藏》单音词进行整理与研究。

一　表达内容分类

关于甲骨文词汇的分类,徐朝华在《上古汉语词汇史》一书中将殷商时代的汉语基本词汇细分为11类[②];陈年福在《殷墟甲骨文词汇概述》一文中,根据词性义分为名词、动词、形容词、代词、数词、副词、介词、连词等几大类,并在词汇意义类属上继续划分[③]。我们借鉴前人的分类方法对《旅藏》卜辞中的单音词进行分类,对部分分类词目数量极少的,我们将其归并入相关的类别。至于残辞和部分未释词,由于无法考证其实际意义,暂时舍去。

需要说明的是,各义类只列出其代表字;词汇分类主要根据《旅藏》卜辞中的实际意义,部分没有用例的词语我们将其舍去,不采用文字表现出的意义;字形隶定从严,必要时以对应的今用字注明。

(一)天象、地理

1.天象:日、月、云、雨、鳳、雷、啟、易、阴、啟、晕

2.地理:土、岳、石、泉、麓、河、永、屯、丘

(二)方位、时间

1.方位:东、南、西、北、上、中、下、又(右)、方

2.时间:祀、昏、旬、莫、夕、翌、今、食、秋、酒(酒)

3.干支：十天干：甲、乙、丙、丁、戊、己、庚、辛、壬、癸；十二地支：子、丑、寅、卯、辰、巳、午、未、申、酉、戌、亥

（三）生产活动

1.农业：黍、年、禾、米、穋、榆、粬、龂、屮、虫、田、畴

2.畜牧业：牛、牢、牡、牝、物、牧、羊、豕、豖、剢、豢、豩、犬

3.渔猎：兕、麋、鹿、隹、隻（获）、田、燕、龟、兔、逐、獸（狩）、鲧、虡、射、网、罬、罿、狐（犰）、孚

（四）等级、职官、军事、刑法

1.等级与职官：王、史、司、宰、众、舞、丯、臣、尹、凸、宁、亚、马、辟、妾、奚

2.政治区域：方、邑、靣（禀）、墉、羌、黄、商、宋

3.军事：正、喪、伐、旅、旂

4.刑罚：执

（五）人体

人、目、口、又、厷（肱）、夫、自、止、疋、齿

（六）称谓

祖、匕（妣）、父、母、兄、子、帚（妇）

（七）物质生活

1.宫室：家、宫、宗

2.食品器物：邕、鼎、橐、舟

3.其他：缶、工、刀、刃、戈

（八）占卜祭祀

1.占卜：卜、贞、占

2.祭祀：帝、示、巫、鞤、咎、伐、祊、屮、又（侑）、用、卯、升、奠

（九）动作行为

1.行走活动：步、来、往、出、各、入、陟、降、涉、逐、归、即、逆、及、至、征（延）、先

2.视听言语：曰、见、告、乎、令、望、省

3.日常生活：梦、曑、疾、食、冥

4.人的一般动作：乍、立、用、保、葺、得、取、受、印、再、比、以、射、告、寻、爰

5.有关存在：又（有）、才（在）、亡、生、喪

(十) 状态、性质

1.颜色:白、戠、黑

2.状态:大、小、多、高、彭、庞、宁

3.性质:吉、若、每、囚、嘉、喜、永

(十一) 其他

1.表借代:我、朕、余、之、兹、此

2.表数量:一、二、三、四、五、六、七、八、九、十、廿、百、千、万

3.表否定:不、弗、勿、弜

4.表肯定:克

5.表情状:允、亦、既、自、匄

6.表语气:其、惠、隹

7.其他:及、罙、又、于

按照义类,我们对《旅藏》卜辞的单音词进行了分类。其单音词数量多、内容丰富,内容涉及殷商政治制度、王室结构、经济生产、社会生活、方国地理、军事战争、宗教祭祀、文化礼制等方方面面。

二　单音词词频统计

除了按照意义类属进行分类之外,还可以对《旅藏》卜辞的单音词进行量化分析。我们将采用词频分级研究的方法,统计《旅藏》卜辞中单音词的词频,分出高频词、次高频词、低频词三级。这里所说的高频词是指使用次数达到20次以上(包括20次)的单音,高频词下又可细分为超高频词(100次以上)和一般高频词(20—99次);次高频词是指使用次数在10—19次的单音词;低频词是指使用次数在1—9次的单音词。具体词目和词频如下:

(一) 高频词(20次以上)

1.超高频词(100次以上):15个

贞(1223)、卜(926)、王(542)、亡(512)、箕／其(287)、今(230)、旬(211)、卦／囚(204)、雨(199)、夕(196)、宾／宾(192)、亏(于)(161)、猷(152)、不(122)、出(110)

2.一般高频词(20—99次):53个

拇[尤](86)、叀(80)、翌[翼](80)、勿(77)、來／来(75)、日(75)、黿(75)、殷(74)、乡(74)、才／在(69)、往(59)、又(57)、牢(56)、争(56)、巛[灾](56)、乎(47)、旅(47)、隹(45)、岁(43)、受(43)、月(42)、田(42)、吉(41)、用(41)、曰(41)、方(40)、令(40)、出(39)、帚(36)、叔／觳(34)、彭(34)、占(33)、牛(32)、弗(32)、逆(31)、何(30)、伐(30)、

自（29）、大（28）、絲／兹（28）、允（26）、若（24）、獲／获［隻］（23）、且／祖（23）、示（22）、御／钔／禦（22）、弜（22）、告（21）、吾（21）、尹（21）、入（21）、我（21）、兄（20）

统计单音词频率的过程中，我们剔除了干支词、数量词和方位词，因为这几类词语大都因卜辞既定格式需要出现，去掉这几类词语更能真正反映出《旅藏》卜辞中单音词的真实状况。

(二) 次高频词 (10—19 次)：42 个

正（19）、羌（19）、尞（19）、㠯［以］（19）、古（18）、乡／肜（18）、九（18）、步（17）、史（17）、六（17）、祼（16）、父（16）、年／秊（15）、莽（15）、延／征（14）、商（14）、菁（14）、至（14）、亘（14）、艱［囏］／艰（14）、祊（13）、余（13）、从（13）、好（13）、屯（12）、弃／甶（12）、蛛［求／咎］（12）、啟（11）、雀（11）、糵（11）、之（11）、人（11）、母（11）、戈（11）、自（11）、七（11）、取（10）、肩（10）、疾（10）、比（10）、皋（10）

(三) 低频词 (1—9 次)：68 个

小（9）、八（9）、归／歸（9）、行（9）、盈（9）、即（9）、邑（9）、多（9）、宗（9）、河（9）、妫［嘉］（9）、戠（9）、禽／毕（9）、章（8）、蠢（8）、先（8）、岳／嶽（8）、昏（7）、堊（7）、埶／執（7）、蒿（7）、井（7）、射（7）、匕（7）、易（7）、马（7）、幸［羍］（7）、沚（7）、戉（7）、西（7）、祭（6）、蕭（6）、及（6）、省（6）、羊（6）、晋（6）、冥／娩（6）、卒／衣（6）、巂（6）、舄［兕］（6）、亦（6）、奏（6）、涉（6）、永（6）、妌（6）、戎（6）、貳（6）、升（6）、弱（5）、牝（5）、卅（5）、箙（5）、罘（5）、壴（5）、奠（5）、南（5）、黍（5）、众／眾（5）、望／朢（5）、卬／卯（5）、巾／孚（5）、鬼（5）、豕（5）、犬（5）、執（5）、矍／暥（5）、亞／亚（5）。

三　《旅藏》单音词的特点

《旅藏》单音词数量多、内容丰富，且具有鲜明的特点。

(一) 单义性

所谓单义，是指一个词只有一个意义。殷商甲骨文处于语言文字发展的早期，字形和词义的发展尚不成熟。那些专有词汇，如指称人名、地名、国族名等的专有名词所占比重大。由于受到材料和语言程序的制约，甲骨卜辞多采用一词一义的范式。

《旅藏》单音词的单义性集中体现在专有词汇上。如表示天象的"月、雨、雷"，表示地理的"土、麓、丘、泉"，表示方位时间的"东、南、上、下"，表示动植物的"羊、兔、豕、黍、禾、米"，表示阶级军事的"王、宰、臣、尹"，表示人体的"人、目、口、齿"，表示称谓的"祖、比（妣）、父、母"，表示物质生活的"家、宫、宗、邕、鼎、囊、舟"，表示动作的"冥、丧"，表示性质状态的"白、戠、多、高、吉、喜"，以及代词"我、朕、余"，数词一到十，副词"亦、不、弗、勿"等。

　1.纯单义词

　纯单义词是指在旅藏卜辞和其它甲骨文献中都只有一个义项的词。如：

固：

（1）王固曰吉。 　　　　　　　　　　　　　　　　　　《旅藏》698反

（2）王固曰：吉。 　　　　　　　　　　　　　　　　　　《合》235反

宗：

（1）于宗，王受又。 　　　　　　　　　　　　　　　　《旅藏》1566＋1843

（2）甲申卜，即鼎（贞）：其又于兄壬于母辛宗。 　　　　《合》23520

酻：

（1）丁亥卜，于乙巳酻衆。九月。四 　　　　　　　　　《旅藏》66

（2）鼎（贞）：于来乙酉酻。 　　　　　　　　　　　　　《合》313

有的词流传到后代产生了新的义项，变成了多义词；如"宗"，本义为祖庙，后来产生了"祖先"（列祖列宗）、"宗族"（光宗耀祖）、"尊崇"的义项；有的词在后代仍是单义词；有的单义词则随着时代的发展而渐趋消亡了，甲骨文中用作祭名的词属于这一类，如"肜、隹、戢"。

2.准单义词

准单义词是指在《旅藏》卜辞中只有一个义项，而在其他甲骨文献中还有其他义项的词。如：

既：

（1）……其雨，不……入云炑……□若兹戟□……星既饮牛……印大隹……上凸（瞢）鼎剢……云大叟……攸。三 　　　　　　　　　　　　《旅藏》573

"既"在《旅藏》卜辞中作"停止"讲，但在其他甲骨文献中还有"已经"的义项，如：

（2）庚寅雨，中日既。二 　　　　　　　　　　　　　　《合》21302

（3）丙申卜，贞，徇既入商工。 　　　　　　　　　　　《合》21607

类似的"准单义词"在《旅藏》卜辞中还有一些。另外，我们将辞例甚少的部分词汇也归入"准单义词"。

(二) 多义性

所谓多义，是指一个词包含几个意义。词的多义性是指词通过引申或别的方式而产生了既有区别又有联系的几个意义④。王力说："词义的演变不一定就是新旧的交替。也就是说，原始的意义不一定因为有了引申的意义而被消灭掉。有时候，新旧两种意义曾经同时存在过（如'诛'字），或至今仍然同时存在着（如'赏'）。因此，我们可以说，词义的转移共有两种情形：一种是蚕化蛾，一种是牛生犊。"⑤我们所说的一词多义就属于这种情况。

一个词的意义是对客观对象的概括反映，客观对象本身是复杂的，具有多种多样的特征，同时，一个概念所包含的特征里往往有若干特征跟其他概念的某些特征有着错综复杂的联系，这种联系就是一词多义的基础⑥。

《旅藏》单音词的多义性是通过《旅藏》卜辞具体的语言环境体现的。

如"克"字有战胜、攻克、能够几个含义：

　　（1）□戌子卜，贞：东克𝄃𝄃𝄃㘝。　　　　　　　　　　　　　　　　　《旅藏》8

　　（2）己未卜，㱿贞：𝌆克𝌆。一　　　　　　　　　　　　　　　　　　《旅藏》245

　　（3）［贞］：弗其克出，才（在）𝌆。一　　　　　　　　　　　　　　　《旅藏》571

以上三例中的"克"都是单音词，例（1）中的"克"当战胜讲，例（2）中的"克"当攻克讲，例（3）中的"克"当能够讲。

又如"疾"字，有疾病、生病几个含义：

　　（1）贞：王疾不隹囚（忧/忧）……（正）　　　　　　　　《旅藏》487＋《合补》4707

　　（2）乙卯卜，贞：𝌆其𝌆凡㞢疾。一　　　　　　　　　　　　　　　　《旅藏》485

以上两例中的"疾"都是单音词，例（1）中的"疾"当生病讲，用作动词，例（2）中的"疾"当疾病讲，用作名词。

"战胜、攻克、能够"和"生病、疾病"这些复音词，即使不举例证、不加解释也不容易产生误解，因为它们本身不会产生歧义；而单音词只用"克"和"疾"表示，只有分析它们在句子中的作用和地位才能加以确定。

(三) 灵活性

词是表达概念的，而概念是根据词在各种不同的句子中的具体含义概括而成的。当一个词处在句子中时，它的具体含义与概念之间所形成的关系一般为三种：1.可能与概念等同或基本等同；2.可能超出概念的界限；3.可能小于概念的内涵[⑦]。

《旅藏》卜辞关于祭祀活动的单音词数量多，词义丰富，灵活性强。《旅藏》单音词的具体含义与概念有以下三种关系：

1.具体含义等同或基本等同于概念

如"田"字有"田地""田野"这个概念义：

　　（1）叀戌省𝌆田，亡戋，不雨。

　　　　壬王弜𝌆田［于］之，［戋］。　　　　　　　　　　　　　　　　《旅藏》1827

　　（2）……盂田省，湄日［亡］戋，不雨。　　　　　　　　　　　　　　《旅藏》1830

例（1）（2）中的"省𝌆田""弜𝌆田""田省"之"田"，其具体含义与概念是等同的，都是农耕之田的意思。例（1）"省𝌆田"和"弜𝌆田"是同一条卜辞，"省"是视察、查看的意思，𝌆是地名。"弜"用作否定副词。"省𝌆田"是肯定句，意思是视察𝌆这个地方的农耕之田。"弜𝌆田"是否定句，该否定句中又省略了动词"省"，完整的句式应该是"弜省𝌆田"，意思是不视察𝌆这个地方的农耕之田。例（2）"盂田省"一句中"盂"是方国名，是名词；"田省"是动宾短语的倒装表达形式，正常语序应该是"省田"。"盂"前面的内容残缺，我们暂时无法补出缺少的内容，但从"盂田省"可以推断出该句是"省盂田"的倒装形式，与"省𝌆田"的结构相同，意思是视察盂国的农耕之田。由此可知,例(1)(2)中"田"的具体含义与概念之间是等同或基本等同的关系。

　　2.具体含义超出概念的界限

　　有些单音词处在特殊的语言环境中,产生了超出概念界限的特殊含义,从而表现出很大的灵活性。例如:

　　　　(1)辛未[卜],贞:翌(翼)[壬]申往田,屮(又/有)隻(禽)。　　　　　　　《旅藏》330

　　　　(2)弜往田,其悔。　　　　　　　　　　　　　　　　　　　　　　　　　　《旅藏》1825

　　例(1)(2)中"往田""弜往田"之"田",其具体含义已经超出其概念义"田地、田野",而表示田猎、打猎的意思。

　　如果说"往田"的词语结构易给人以动宾关系的错觉,那么"王其田""王田"的表达方式则使"田"的动词性更一目了然。如:

　　　　(1)戊申卜,旅贞:王其田,亡灾。　　　　　　　　　　　　　　　　　　　　《旅藏》1423

　　　　(2)壬申卜,贞:王田,往来亡灾。　　　　　　　　　　　　　　　　　　　　《旅藏》1949

　　　　(3)□□卜,贞:[王]田曹,[往]来[亡]灾。　　　　　　　　　　　　　　　　《旅藏》1959

　　"王其田""王田""[王]田曹"之"田",其打猎、田猎义明显。"王其田"中的"其"是副词,表示疑问语气,可译为"宜……吗"、"应该……吗"⑧。"[王]田曹"中的"曹"是地名。例(1)的意思是王打猎应该没有灾祸吗? 例(2)是贞问殷王打猎,往来没有灾祸吗? 例(3)是贞问殷王到曹地打猎,往来没有灾祸吗?

　　由上可知,"田"的具体含义已经远远超出了"田地""田野"这一概念的界限。这种情况使《旅藏》单音词在句子中的具体含义产生灵活性。

　　3.具体含义小于概念的内涵

　　由于概念是根据词在不同句子中的具体含义概括而成的,因而概念的内涵常常大于词的具体含义。例如:

　　　　(1)乙巳酚奉。　　　　　　　　　　　　　　　　　　　　　　　　　　　　《旅藏》217

　　　　(2)乙巳卜,㱿贞:于河奉年。二　　　　　　　　　　　　　　　　　　　　《旅藏》343

　　　　(3)庚午卜,其奉禾于兕其一罙雨。　　　　　　　　　　　　　　　　　　　《旅藏》1834

　　上举3条辞例中的"奉"同属一个概念,都是祈祷的意思。而"祈祷"的内涵却包含两种意思:一是向神祝告求福;一是向神请求、告白,或赞美神、感谢神的仪式。那么,上举3条卜辞里的"奉"是不是一样呢? 显然不一样。"奉"本身有祈祷的意思。例(1)"酚奉"的"酚"在卜辞中用作祭名、祭法,整句的意思是乙巳日用牲祭祀祈祷。"奉年"是祈祷年成,"奉禾"是祈祷谷物丰收。例(2)的意思是向河神祈祷年成。例(3)的情况则比较复杂,有两层意思:一是祈求兕(犀牛)不要来践踏谷物;二是祈求下雨进而达到谷物丰收的心愿。

　　由此可见,"莽"的祈祷这个概念具有多层意思,在上举3条卜辞中,各自含有其中的一种意思,具体含义小于概念的内涵。

　　综上,从《旅藏》单音词的表达内容和词频统计情况可以看出,《旅藏》单音词不仅数量多,而且内容丰富。《旅藏》单音词的多义性、灵活性和词义关系的复杂性,不仅是《旅藏》单音词的特色,同时也是甲骨文单音词特色的一个缩影。

　　附记:本文系国家社科一般项目"《旅顺博物馆所藏甲骨》语言文字研究"(17BYY126)、辽宁省经济社会发展研究课题"旅顺博物馆所藏甲骨文字编"(2018lslybkt－029)、辽宁省经济社会发展研究课题"旅顺博物馆所藏甲骨合文研究"(2022lslybkt－070)的阶段性成果。

(作者单位:大连民族大学文法学院)

注:

① 赵克勤《古代汉语词汇学》第20页,商务印书馆2017年。
② 徐朝华《上古汉语词汇史》第15页,商务印书馆2003年。
③ 陈年福《殷墟甲骨文词汇概述》,《浙江师范大学学报(社会科学版)》2006年第1期。
④ 同注①第22页。
⑤ 见《王力文集》第11卷第629页,山东教育出版社1990年。
⑥ 同注①第23页。
⑦ 同注①第26页。
⑧ 张玉金《甲骨文虚词词典》第155页,中华书局1994年。

古文字研究(35):99—109,2024

"䚅"字补说

门　艺

　　"䚅"在甲骨文中的使用频率颇高,据陈年福甲骨文数据库和香港汉达文库甲骨文库,均出现在200次以上,可以说是一个常见字。此字字形特征鲜明,有与羊字相似的主体,弯弯的大角和别具特色的目形,使此字的辨识度很高,再加上其与否定词的固定搭配,使得一些残断得非常严重的字形可以确定即是此字,如▨(《合》893)、▨(《历史所》826)、▨(《合补》1053)等。前人对此字多有讨论,然而众说纷纭,莫衷一是,各种解释均有未恰之处。我们在研读殷墟甲骨的过程中,发现带有"弓䚅"卜辞的一个占卜现象,也许有助于此字的释读。

一　带"弓䚅"卜辞与同版卜辞的占卜关系

　　有些研究者已经注意到了带"弓䚅"卜辞与同版卜辞的辞例关系,如张政烺《殷契肓字说》[①]就注意引证同版或异版的相似辞例,但未涉及占卜关系。占卜关系主要是依靠兆序反映出来的。最典型的例子为宾组龟腹甲《合》456正上的三条卜辞:

　　(1)甲午卜,争贞:翌乙未用羌。用。之日霍。一
　　(2)甲午卜,争贞:翌乙未弓䚅用羌。二
　　(3)贞:翌乙未用羌。三

　　如果只看卜辞,这三条与其他的同类卜辞无异,但其兆序却是相连续的。在以前的相关释文中这三条的兆序分别为(1)一二,(2)一二,(3)一二三,均为沿用张秉权《殷虚文字丙编考释》[②]中的兆序安排,胡云凤在《出正反面卜辞论兆序的正确读法——以〈殷虚文字丙编〉为例》[③]一文中纠正了(3)辞的兆序为"三",原来的"一二"兆序所对应的卜辞位于龟腹甲背面的相应位置,这个观察是很准确的,但殊为可惜的是对(1)(2)条卜辞的兆序依然沿袭了前人的意见。这两条卜辞位于龟腹甲的上部边缘[④],左右对称,行文跨越了首甲和前甲夹角,遵循宾组卜辞在这一位置的刻写规律,是沿腹甲外部轮廓自上而下、由内而外契刻[⑤]。本版上部钻凿分布为首甲两排左右各3个,中甲一排左右各1个,前甲夹角一排左右各2个,共12个,均有灼痕,正面呈兆。而除前甲夹角内侧左右两个和中甲左右两个卜兆之侧有兆序之外,其余卜兆均未刻写兆序,并被两条卜辞犯兆,说明在该腹甲上部仅有4个占卜被记录了下来。从该腹甲上部版面上卜辞的刻写情况来看,这4个占卜应分为两组,中甲两个"一"一组,对应中甲背面的"乙未卜,㱿",这里只有前辞,而无占卜内容;前甲夹角内侧左右对应的两个卜兆一

图一

图二

组，分别对应（1）（2）两条卜辞，是甲午日贞人争所卜。为了区别这两组卜辞，右前甲夹角钻凿上方又刻写了前辞"甲午卜，争"，因此这4个占卜分属两组应该是很明显的事实。以前将4个卜兆都归属于正面两条卜辞，将中甲与前甲夹角内侧卜兆联系起来，左右各占卜了两次的认识，是不正确的。况且右前甲夹角内侧卜兆的序数为"一"，并非"二"，这在比较清晰的史语所彩色照片上（见图一）非常明显，从拓本（见图二）上看兆序"一"也很清楚。根据以上观察，对（1）（2）辞所属兆序所做的修改，应该是符合甲骨实际的。

这两条处于龟腹甲上部的左右对称卜辞之间的占卜关系是连续的，右边第一卜，左边第二卜，然后就此问题继续在右后甲第二排卜兆外侧占卜了第三次。彭裕商曾总结宾组的占卜规律："正问和反问均各自为兆序，互不相袭，正问自第一卜始，反问也自第一卜始。"⑥这一组三条卜辞中（1）（3）很显然是正贞，就"翌乙未用羌"进行占卜，而与（1）处于对称位置的卜辞（2）多了一个"弜酺"，究竟是正贞还是反贞呢？就惯例来看，与正贞处于对称位置的多是反贞，这种例子举不胜举。而也有一些处于左右对称位置的卜辞并不是正反对贞的关系，有些是选贞，有些与同版其他组卜辞形成交叉对称正反对贞（这两种情况可参见《合》152正），有些可能是毫不相干的占卜内容（如《合》8987、17230）；还有一种是左右对称位置占卜内容相同，兆序接续（如《合》11274、787、1868、235等[⑦]）。这种兆序接续的相同占卜很有启发性，《合》456的第（2）辞很可能跟（1）（3）辞一样，都是正贞，即此辞中"㠯畐"并没有改变占卜的内容，依然是从"翌乙未用羌"这个角度的占卜，没有相反的占卜意味。

与《合》456一样，在龟腹甲中含有"㠯畐"的卜辞与其对称位置卜辞连续占卜的例子还有很多，如[⑧]：

（1）贞：甲用 ䷁ 来羌。一 / 㠯畐用 ䷁ 来羌。二　　　　　　　　　《合》235正

（2）㠯㞢于匕庚十㲋。一 / 贞：㞢于匕庚十㲋。一 // 㠯畐㞢十㲋。二二告 / 㠯㞢于匕庚。二　　　　　　　　　《合》768正

（3）癸亥卜，争贞：我黍受㞢年。一月。一 / 贞：㠯畐黍受㞢年。二 // 三 / 弗其受㞢年。一 // 贞：㞢于匕甲㲋㞢卯宰。一 / 贞：㠯畐用。二　　　　　　　　　《合》787

（4）【贞：钌女于赢甲。】一[二]/【㠯畐于赢甲。】三四五　　　　　　　　　《合》795正反

（5）贞：多屯率…三 / 㠯畐用。四　　　　　　　　　《合》811正

（6）庚寅 ䷀ 一牛匕庚，曶十㞢、十宰、十南。一 / 㠯畐…二　　　　　　　　　《合》893正

（7）乙卯卜，殻贞：来乙亥酚下乙十伐㞢五，卯十宰。二旬㞢一日乙亥不酚雨。五月。二 / 㠯畐隹乙亥酚下乙十伐㞢五，卯十宰。四　　　　　　　　　《合》903正

（8）壬戌卜，争贞：翌乙丑㞢伐于唐。用。二 / 贞：翌乙丑㠯畐㞢伐于唐。一二告　　　　　　　　　《合》952正

（9）…且丁。一 / 㠯畐于且丁。二二告　　　　　　　　　《合》1868正

（10）丁巳卜，宁（宾）贞：祼于且乙告王 ䷏ 。一 / 贞：㠯畐祼于且乙告 ䷏ 。二　　　　　　　　　《合》10613正

（11）戊子卜，争贞：翌辛卯[酚]河，宜…三牛卯…一 / 贞：翌辛卯㠯畐酚河。二　　　　　　　　　《醉》338正

（12）贞：㞢于父乙。一 / 㠯畐于父乙。二　　　　　　　　　《合》14755正

（13）贞：王曰之言。一二 / 㠯曰之。一二 // 叀幽牛㞢黄牛。一二告二 / 㠯畐曰之言，若。三四　　　　　　　　　《合》14951正

以上13版均是比较完整的龟腹甲，相关卜辞缺失不多，兆序大都清晰可辨，含有"㠯畐"的卜辞大多在左腹甲，仅第（2）版的位于右腹甲；其中兆序为"二"的有9条，兆序为"一"的有1条[第（8）版]，第（5）、（7）版中"㠯畐"条的兆序为"四"，第（4）、（13）版分别对应多个卜兆，这些都没有影响左右两半腹甲上兆序的接续。

第（3）版也很典型，这是一版中等偏小的龟腹甲，背面钻凿烧灼情况、正面呈兆与兆序情况如图三所示⑨。

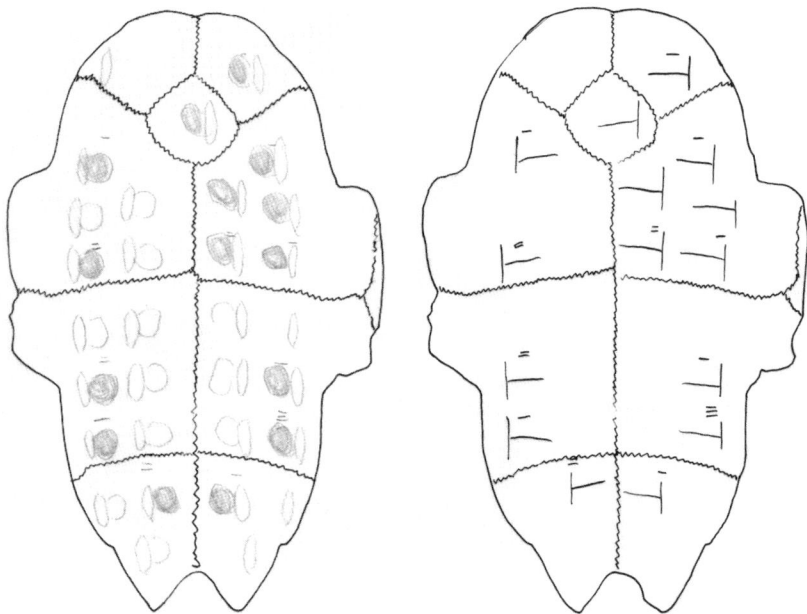

图三

该版共有钻凿31个，而烧灼使用的仅有15个，只有12个卜兆刻有兆序，有卜辞11条，从占卜内容上可分为5组，其中两组卜辞使用了"弓畐"，分别位于后甲和前甲最下一排。后甲的4个卜兆是一组占卜，内容是受年，从右至左，从上到下，兆序分别是"一、二、三、一"，"一三"是两卜共用一条卜辞，在引用此版卜辞时为了体现左右对称的关系，将兆序"三"单独列出。第一卜和第三卜显然都是从正面贞卜的"黍受屮年"，第二卜则是加了"弓畐"的"黍受屮年"，左后甲左下角兆序为"一"的卜辞是从反面贞卜的"弗其受屮年"，本版兆序显示的受年占卜，从正面贞卜了3次，从反面贞卜了1次，那么加了"弓畐"的第二卜很显然是与"一三"卜相同的正贞。前甲下排外侧的两条卜辞，一条为"贞：屮于匕甲叟叏卯宰"，另一条为"贞：弓畐用"。两条的兆序接续，表明第二卜依然是从正面卜问屮妣甲一事。本版除了这两组带有"弓畐"的接续占卜之外，还有两组卜辞兆序也是接续的，即位于尾甲上的两条对称卜辞"贞：祝于且辛。一／祝于且辛。二"，和位于右首甲和右前甲第二排内侧的卜辞"于女子。一／于女子。二"，这两组卜辞内容完全一致，兆序接续。有此佐证，就更加证明了"黍受屮年"的第二卜虽然加了"弓畐"仍是正面贞卜，并非第一卜的反贞。第（9）版同版的另一组卜辞"壬子卜，殻贞：屮于黄尹。一／贞：屮于黄尹。二"也起到了这样的证明作用。常处于第二卜的、带有"弜𢦏"的卜辞，并非第一卜的反贞。反贞占卜内容变化，兆序就要从"一"重新开始计起。而"弜𢦏"显然不是，"弜𢦏"没有改变占卜的内容，不含否定的意味。这对于对应多个卜兆的第(4)和(13)版的卜辞同样适用。

第(8)版带有"弜𢦏"的卜辞位于左腹甲，其兆序为"一"，与其对称的右腹甲卜辞兆序则为"二"，两条卜辞内容的区别也只是有无"弜𢦏"，与其他第一卜在右腹甲、第二卜在左腹甲的没有性质上的改变。至于第(5)、(7)版的兆序"四"，则证明从正贞的角度占卜了不止两次，或者由于同版残破，或者由于没有记录，或者可能位于其他版面上，而使相同占卜的内容之间失去了联系。

第(2)版后甲上4条卜辞的占卜排列与《合》152类似，均是交叉的。第(2)版相关卜辞位于后甲，也是4个有效卜兆，上排左正右反，对称位置正反对贞，兆序均是"一"；下排2条卜辞兆序均是"二"，右边带有"弜𢦏"的卜辞与左边明确的反贞卜辞"弜㞢于匕庚"处于对称位置。4条卜辞在内容关系上是连续正反对贞，而位置则是交叉对称。就也证明了带"弜𢦏"卜辞的正贞性质。

如第(2)版这样，与反贞处于对称位置、兆序相同的，还有如下一些例子：

(14)贞：弜𢦏自上甲至下乙。一/贞：翌甲弜彡羌自上甲。一 《合》419正

(15)【弜𢦏㞢于𠳋。】一/【弜于𠳋。】一 《合》938正反

(16)贞：弜𢦏告于且辛。一/贞：弜告于且辛。 《合》947正

(17)【贞：弜𢦏饮。】一二三/【弜饮同。】一二三 《合》16152正反

这些腹甲中，带"弜𢦏"的卜辞均位于右腹甲。第(14)版的2条卜辞对应位于中甲下排的两个卜兆，左右对称，而卜辞内容繁简稍有不同，这种互文的方式相互补充了一些占卜内容，使占卜内容更加完整，由"自上甲"这个中心词和卜辞位置将他们联系起来。第(16)版位置在前甲最下一排内侧，反贞兆序残，从残笔看可能也是"一"。此版有新缀合[⑩]，在左前甲近桥上方补左甲桥上段，有卜辞"贞：告于且辛"。围绕着这条卜辞的兆序从左前甲上数第二排开始，由内至外、由下至上分别是"一[二]三四五六七"，其中兆序"二"残，据规律拟补。这一连续占卜的内容与这一组对贞相关，由于位置不同，或其他原因，此对贞只各自占卜了一次，并没有与左前甲上的占卜连续。第(17)版是数卜一辞、左右正反对贞。由于卜辞刻写到了背面，其兆序是推衍而来。这是一版龟腹甲的后甲和尾甲部分，钻凿整齐，全部烧灼，正面呈兆，每个兆侧均有兆序，兆序可分为两组：后甲第一排左右各三卜，连续记数到"三"；后甲第二排到尾甲左右各十，由内而外、自上而下连续记数到"十"。正面左右边缘有正反对贞两条卜辞，反面靠近中缝位置有两条卜辞，这两组卜辞应该照应着这两组兆序。由于正面卜辞自上而下贯穿整个后甲和尾甲，所以将正面卜辞与记数到十的兆序相应，反面卜辞与后甲第一排兆序相应。这一对卜辞也同样是正反对贞的，即有"弜𢦏"的卜辞与明确的反贞卜辞对贞，

显示了正贞的性质。

以上较完整的龟腹甲显示了带"弓䶮"卜辞的正贞性质，但也有少数例外，与正贞的序数相同，位置对称，如下揭各例：

（18）□□卜，争贞：钐子狄于母丙，✿戠、酉小宰、屮歺女一。二／贞：弓䶮用✿戠、酉小宰、屮歺女一于母丙。二　　　　　　　　　　　　《合》728+《合》15101

（19）…贞：告于且丁。四／…弓䶮告于且丁。四　　　　　　　　　《合》1860

以上两例为"弓䶮"正贞说的反证，暂且存疑。还有数版兆序不是特别好判断，在此一并录下：

（20）贞：屮于南庚一伐，卯宰。／弓䶮用一伐于南庚卯宰。／／贞：弓䶮于南庚…

　　　　　　　　　　　　　　　　　　　　　　　　　　　　　《合》965正

（21）贞：屮于𠂤戊。／弓䶮屮于𠂤戊。　　　　　　　　　　　《合》10408正

第（20）版《合》965正的两条卜辞所守的兆位于前甲夹角，右左2个卜兆分别为"三"和"二"，《合集释文》对这两条的兆序安排分别是"一二"和"一"，显然是错误的。在这个龟腹甲上部共有5个卜兆，除前甲夹角两个之外，首甲左右各一，兆序分别为"一""二"；中甲一个，兆序为"一"。至于这些兆序与卜辞之间的关系如何，怎样安排，则是一件不太容易的事，因为此版缺少后甲和尾甲，其占卜顺序就有几种可能的安排。第一种，按一般从上到下占卜的顺序，可能是右半为中甲（一）—首甲（二）—前甲夹角（三），左半前甲（一）—前甲夹角（二），像这样右半以中甲为第一卜，转向首甲再向下排序的，在宾组卜甲中也有一些，如《合》8985、4264、17411等。那么第（20）版就可以归到反证例中，带"弓䶮"卜辞与正贞序数相同，位置对称。第二种，由于本版的卜辞集中到了上部，也可能与一贯而下的《合》4264等卜辞有所不同，可以将这5个卜兆归为两组，首甲一组，中甲与前甲夹角一组，这样的归属又支持了带"弓䶮"卜辞为正贞，与正贞卜辞连续占卜。第（21）版的情况与上例类似，都有两说。位于左尾甲的卜辞所守卜兆兆序残，又恰在齿缝之上，不好分辨是"一"还是"二"，如为"一"则是反证，如为"二"则是支撑。

以上21版龟腹甲，17版可证带"弓䶮"卜辞为正贞，2版反证，2版不确定。至于其他龟腹甲上的相关卜辞，以及牛胛骨上的相关刻辞，由于各种原因，都无法看到同版卜辞之间的占卜关系。从这17版来看，带"弓䶮"卜辞的正贞性质比较明显，我们将以此为起点，探索"䶮"字的含义。

二　"䶮"在甲骨文中的字形变化及意义

"䶮"在甲骨文中的字形比较繁杂多变，主要变化是羊形下的目形，有双目形、双目变形、单目形、单目变形为三角、单目变形等，羊头也有一些变化，但总体来说弯弯的羊头是其主要特征。学者们根据字形或辞例，不断将✲、✲、✲、✲、✲等形也视为同字，字形差异较

大，各工具书因释读意见不一，收录字形以及归部很不统一。例如孙海波《甲骨文编》在目部，从郭沫若释，仅收录有目形变形各字形；李宗焜《甲骨文字编》在目部，隶为“𦣞”，列出了8组不同的字形，除目形变形各字分为三组外，还收录了倒书的，从目羊头分叉的诸形，黄组的诸形、、两形，以及与“日”常用在一起的列入了目形变形第一形；刘钊《新甲骨文编（增订本）》收录在“莧”字头下，除莧的字形外，其余收字与李宗焜类似，加入了两个形；沈建华、曹锦炎《甲骨文字形表》在0658字头下只录了从羊从目的三种字形，而将其他相关字形分别编号；陈年福《甲骨文字新编》收录在言部，收字与李宗焜类似，加入了三个从又的字形；后来在《释“蕭”》一文中列出了6组字形，重点讨论了形，而将形排除在外；夏大兆《商代文字字形表》在目部，选择了16个代表字形，除从又的字未涉及外，其余跟李宗焜收字类别同[11]。综合以上诸家，将比较有特色的形体，以及后来各家视为同字的字形列表如下。

1	2	3	4	5	6	7	8	9
合20280	合15422	合17871	合1960	合6170	合808	合21400	合21512	合4918
10	11	12	13	14	15	16	17	18
合18302	合补2221	合32251	合1506	合1580	合550	合14810	合2153	合14
19	20	21	22	23	24	25	26	27
合2627	合15423	合20397	屯南994	合36529	合25020	合18147	合22187	合18303

“𦣞”字的字形演变在甲骨文中还是有迹可循的，由最初的双目形与羊形判然分明（字形1）[12]到双目形与羊形写在一起（字形4），目形缺笔犹如两手（字形5），羊形竖笔变短导致双目下连接（字形6），双目连接的变体致使单目形成（字形7—11）；双目平直的字形2也造成了单目平直的写法（字形13—14），书写越来越简化就成为了倒三角形（字形15—18），字形讹变又有正三角形的写法（字形19）。前20个“𦣞”字字形多出现在师组和宾组，字形差异主要是由于书写造成的，不同书写者的书写习惯和笔顺导致了字形的多变。双目形变三角，乍看之下不太可能，而其中间环节则显示了其演变的轨迹[13]。

至于字形21—27，有些是由于弯角的字形特征而将其列为同字，如字形26和字形27，卜辞不清或残断；字形22—25则多是因与否定词的搭配而聚合，与前20个字用法相同，且形成组类用字互补,字形24和25多用于出组,字形23多用于黄组,字形22多见于历二类;字形21,是张政烺在考察字的意义和用法时,将此从羊从目之字视为同字,而陈年福在考释时则摒弃了此字,暂将此据形隶定为"䍟"。此字形在甲骨文中出现了4次:

（22）壬戌卜:雨。今日小采允大雨。征伐䍟日隹改。　　　　　　《合》20397

（23）己丑卜:弜䍟立。　　　　　　　　　　　　　　　　　《合》20870

（24）…毋䍟日大改,昃亦雨自北,阐昃改。　　　　　　　　　《合》20957

（25）甲午卜:庚子十牢用。昃雨妹䍟日改。　　　　　　　　《村中南》340

其中第（23）例无疑与"䀠"用法相同,以否定词"弜"修饰。其余三例都与"日"相关,在师组卜辞中还有一条:

（26）癸亥卜,贞:旬。一月。昃雨自东。九日辛未大采各云自北,雷,大风自西,刜云率雨,毋䀠日…　　　　　　　　　　　　　　　　　　　　　《合》21021

此条卜辞中日前一字写为双目形,可见"䍟"与"䀠"的用法是相同的,因此不必将字形21排除在外。

林沄在《古文字学简论》中说,考释古文字"第一是要认出目前尚未识读的先秦文字是后代的什么字,第二是要在识字的基础上解释文句所表达的意义,也就是确定这些字在具体场合下的含义"⑭。关于"䀠"字的考释,第一步从字形出发,有如下几种意见:

（一）"羊"或"羊"的变体,罗振玉持此说。（二）"䀠"字,"从丫从目",孙诒让所释。（三）"盯"字,"瞿之古文,象鹰瞵鹗视之形",郭沫若提出此说。（四）"莧"字,裘锡圭、李宗焜、沈培、陈剑、谢明文、李聪等同意此说,谢明文引述陈剑观点以为与丫字为不同视角的象形字。（五）"㺏"字,陈年福将丫、丫、丫三字进行了辨别和区分,以为是三种羊的不同名称,分别代表绵羊或羊的通称;㺏羊,角大盘环,家绵羊始祖;山羊,角细长。

从字形看,孙诒让所释"䀠"最为合符,而《说文》对此字的解释却与甲骨文中的用法相差太远,也许是《说文》说解有误,然而此字只有字书记载,而无文献用例,证误也难。自从裘锡圭疑"即《说文》莧字,读为缓"之后⑮,在字形上,各家说解都朝羊属动物的方向考虑,出组出现的单独弯角羊形,证明了这个方向的正确。

考释的第二步即要确定此字在具体场合下的含义。根据"䀠"在甲骨文中的用法,无疑是一个假借字。在殷墟甲骨文中还没有发现"䀠"字用造字本义的,而具体假借为什么字,则是大家争论的焦点,随着对其所象之形的认识,大都朝元部字方向考虑。

沈培认为裘先生读为"缓""是非常正确的",并敏锐地体会到"'勿缓'所在的命辞跟正面贞问并不形成语义相反的对立,实际上是对正面贞问的一种确认,即正面贞问提出一种行动方案,反面贞问确认不要延缓实施这种行动",是一种"确认式的'不对称对贞'"⑯。沈培不对称对贞的提法跟我们用兆序所证明的结果相同,带"弜䀠"的卜辞都是从正面贞问,应该是符合卜辞语言实际的。但用"缓"去解释卜辞时,总觉有些粘滞不通,并且与其第二卜的地位不很相符,如第二卜确认不要延缓实施,第三卜为什么又回到了第一卜的卜问呢? 甚至有些还是第四卜。并且在解释"甶日"时又通"还",在同样的语言环境下通假为不同的字,于义也有不安。

陈年福以为"獂"本字,却读为"善",声母相差较大。训为"能","弜甶"在大多数情况下表达的是加强的可能性否定"[17]。论证时陈年福也注意到了卜辞在龟腹甲上的位置及与相对称位置卜辞的关系,但由于对"对贞卜辞"的刻板印象,使其结论并不可信。

李聪同意沈培"甶日"为"还日"的意见,义为满一日,认为《合》20953+20901的"日雨"和"日弗莫雨"是特殊的选贞卜辞。并从"不对称对贞"入手,将"弜甶"中的"甶"仍读为"还",在句中作副词使用,理解为"再一次"[18]。陈剑单就"甶日"问题进行了探讨,认为"甶日"即"还日","毋/妹还日"即"太阳没有运转变化位置",即"没过多一会",前引卜辞(1)(引按:即《合》30397)"还日唯啟",其前如果确实并无否定词,亦完全可通,"还日"即"过了一会儿"[19]。这些成果对"甶"的分析越来越精密,对其意义的理解也越来越接近事实。

李聪虽然同意沈培"不对称对贞"的提法,但他提出的副词说仍然因袭前人对"弜甶"用法的理解,即"甶"后跟动词。前此释"旹"的很多观点都是从其后跟动词角度出发,以为"甶"是副词,而卜辞中"弜甶"后并非全是动词。有些后跟名词,如:

(27)□□卜,宁贞:弜甶十伐。　　　　　　　　　　　　　　　《合》918正

(28)十牛。/弜甶十牛。　　　　　　　　　　　　　　　　　　《合》10125

(29)贞:弜甶三牛。　　　　　　　　　　　　　　　　　　　　《合》14735

张玉金《甲骨文虚词词典》曾引《合》10125,以为是省略谓语动词。如这种占卜的焦点就是牺牲的数量问题,不一定非得有谓语动词,如黄组所谓祊祭卜辞均没有谓语动词,另外从腹甲右侧占卜"十牛"也可以看出。语义卜是要有动词来支持的,只是在形式上并没有,因此不必非得解释为"甶"后省略了动词。

"弜甶"后还常跟介词短语,如前所引例(4)、例(9)、例(12)、例(19)等均是,此外还有《合》795反"弜甶于匕甲"、《合》965正"贞:弜甶于南庚"、《合》1673"弜甶于下乙"、《合》1905"贞:弜甶于且丁"等。这些也都是形式上没有谓语动词,全都以省略来理解似有不妥。

有时"弜甶"后是一个完整的句子,如:

(30)丁巳卜,殻贞:弜甶隹帚好乎比沚馘伐舌方,下上若,受我又。《合》7502+6481

(31)…弜甶隹王正方…下…　　　　　　　　　　　　　　　　　《合》6326

后面也有形容词:

(32)贞:弜甶隹吉。用。　　　　　　　　　　　　　　　　　　《合》15422

还有"否定词+甶"单独使用、其后什么也没有的:

(33)壬申卜,王贞:用一卜,弜甶。辛卯不至。　　　　　　　　　《合》21401

上举例（6）下残，不知"弓畾"下是否还有字，如果没有的话，很可能也是单独使用的。不对称对贞卜辞的小句，如"勿巳""弜巳""弜改""叙嫠""徂嫠""彶嫠""戠嫠"等均可以独立成句，"畾"后面的成分如此复杂，应该也可以与后面的部分分开来读，独立成句。

"畾"字之前总是有否定词，抛开其后的成分，只考虑否定词与其关系，"畾"为什么不能是动词呢？陈剑在讲"还日"的时候，将其理解为"运转变化"，已经在将"畾"当动词来理解了。代入带"弓畾"卜辞中，"变化"这一词义则是完全可以讲得通的，否定词加"畾"就是不变，与"弜巳"一样，是不改变占卜内容的意思。有"弓畾"的第二卜就是一个强调小句，张政烺、沈培以为是正问的强调的理解是完全正确的。

"畾"在现有的材料中前面基本都有否定词，没有否定词的排除残缺和不清晰的情况，除上举例（22）之外，还有以下两例：

（34）【贞：畾于乙日入。】一　　　　　　　　　　　　　　　　　《合》13555 正反

（35）囗戌卜，出贞：畾屮于且辛。二月。　　　　　　　　　　　　　《合》22962

另有《合》18910 整版为习刻，骨面正中有"畾配"二字，其上又有"王占"，还有一个单独的"配"字，不知如何去读。暂不讨论。

《合》13555 背面后甲上三排钻凿之侧有一组卜辞，均是与"王入"占卜有关。由于刻写位置及背面刻写不清楚等原因，卜辞与卜兆的对应关系不好判断。但例（34）这一条是位于左后甲第二排从内向外数第 2 个钻凿两边，"畾"字上不见有其他的文字，应该是单用，不排除漏刻的可能。因其他相关卜辞大多在占卜"于甲入"的问题，此条占卜于乙日入，则是换了一天，占卜内容也发生了改变，这里"畾"用"改变"义也可以理解。例（35）整片就这一条卜辞，"贞"下就是"畾"字，此条的占卜日期天干残缺，地支为"戌"，辛不能与戌搭配，肯定不是辛日的这一天占卜，因缺少其他卜辞可见其相互之间的关系，"畾"在这里如果不是漏刻了否定词，理解为动词"改变"也可以讲得通，就是要改变占卜的内容或祭祀的对象。

"改变"义应是"畾"的假借义，因此在字形上我们赞成陈年福观点，以为其为"㰠"的本字，可以读为"爰"，训为"易、换"，有变化、替换等意思。《左传·僖公十五年》"晋于是乎作爰田"、《史记·酷吏列传》"传爰书"等均注为"易"或"换"。甲骨文中也有"爰"字，大部分是国族名或人名，有一些也可以作变化讲，如《合》34133："丁酉卜：王族爰多子族立于昏。"且甲骨文中还有"爰日"（《合》40798），与"畾"出现的语境类似。可以说"畾"并非是本无其字的假借，而是一种用字习惯，也许在占卜中，用这样一个比较有气势的字，对占卜结果会有帮助吧。

2023 年 5 月 15 日初稿

（作者单位：河南大学黄河文明与可持续发展中心）

注：

① 张政烺《殷契苜字说》,《古文字研究》第 10 辑第 15—22 页,中华书局 1983 年。

② 张秉权《殷虚文字丙编考释》,《殷虚文字丙编》上辑(二)第 155 页,史语所 1997 年。

③ 载《古文字研究》第 33 辑第 29—30 页,中华书局 2020 年。

④ 对于龟腹甲的具体部位,我们采用了甲桥上端为界的上部概念,包括首甲、中甲、前甲夹角,前甲与中甲相邻在甲桥以上类似三角形的部分我们称为前甲夹角。

⑤ 参见何会《殷墟王卜辞龟腹甲文例研究》,中国社会科学出版社 2020 年。

⑥ 彭裕商《殷代卜法初探》,洛阳文物二队编《夏商文明研究》第 231 页,中州古籍出版社 1995 年。

⑦ 此种占卜形式的总结和举例见杨熠《YH127 坑宾组龟腹甲兆序的整理与研究》第 39 页,西南大学 2019 年硕士学位论文。

⑧ 本文引用龟腹甲上的对称卜辞,以正面平放于人前为准,人右手边的称右腹甲,人左手边的称左腹甲,先引用右腹甲的,再引用左腹甲的,相应兆序附于一条卜辞之末;背面的卜辞按其正面兆序的位置,也是先右后左。一个对称位置的卜辞为一组,一组内的两条卜辞以“/”隔开,同版中不同对称位置之间的卜辞用“//”隔开。

⑨ 为了方便与正面对照,此背面图是经过左右翻转处理的,形成从正面看向反面的透视效果。

⑩ 与《合》1726 缀合,见林宏明《醉古集:甲骨的缀合与研究》第 158 片,万卷楼 2011 年。史语所数位典藏资料库中照片也将两片放在了一起,但所放位置不对。后林宏明又加缀一小片,见林宏明《甲骨新缀第 776—785 例》第 779 例,中国社会科学院古代史研究所先秦史研究室网 2018 年 1 月 8 日。

⑪ 中国科学院考古研究所编《甲骨文编》第 161 页,中华书局 1965 年;李宗焜编著《甲骨文字编》第 196 页,中华书局 2012 年;刘钊主编《新甲骨文编(增订本)》第 575 页,福建人民出版社 2014 年;沈建华、曹锦炎编著《甲骨文字形表(增订版)》第 45 页,上海辞书出版社 2017 年;陈年福《甲骨文字新编》第 22 页,线装书局 2017 年;陈年福《释“蕭”》,《中国语文》2018 年第 2 期第 245 页;夏大兆编著《商代文字字形表》第 142 页,上海古籍出版社 2017 年。

⑫ 双目形的字体多出现在师组。陈剑、陈年福、彭邦炯均将双目形列在最前,见谢明文《商代金文研究》第 675 页,中西书局 2022 年;陈年福《释“蕭”》,《中国语文》2018 年第 2 期第 245 页;彭邦炯《甲骨文 ⚘、⚘、⚘、⚘、⚘ 等之形变与夷羊》,《契文释录》第 190 页,上海书店山版社 2017 年。但彭邦炯重点讨论的 ⚘ 形头与其他字形用法毫无关系,既使是不同种类的羊,但在用法上与其他普通羊字无别,而与 ⚘ 等字形完全不同。

⑬ 金赫《甲骨文形体的分类与分析——以类组之间形体差异较大的常用字为中心》(复旦大学 2016 年博士学位论文)也列出了此字的演变流程,与本文稍有不同。

⑭ 林沄《古文字学简论》第 5 页,中华书局 2012 年。

⑮ 转引自李宗焜《卜辞所见一日内时称考》,《中国文字》新 18 期第 188 页,艺文印书馆 1994 年。

⑯ 沈培《甲骨文“巳”、“改”用法补议》,《古文字与古代史》第 4 辑第 53 页,史语所 2015 年。

⑰ 陈年福《释“蕭”》,《中国语文》2018 年第 2 期第 251 页。

⑱ 李聪《殷墟卜辞“莧”词义补说》,《出土文献》2021 年第 3 期第 19 页。

⑲ 陈剑《殷墟卜辞“还日”补说》,北京师范大学文学院学术报告,2022 年 9 月。

古文字研究(35):110—114,2024

形态理论指导下的甲骨释文分析与勘误

刘　影

　　甲骨形态研究之所以重要,并逐渐被作为一个新的学科分支来对待,就是因为甲骨卜辞因其载体形态不同,文例不同,释读也就不同。前辈学者在形态理论研究方面做了许多重要的奠基工作①,随着形态理论研究的深入,许多以往未被发现的问题被揭示出来,指导我们重新审视卜辞载体研究与卜辞本身的释读。以下本文以几个特殊的载体部位为例,分别论述不同材质、不同部位的卜辞应当如何正确释读。

(一)龟腹甲中部齿纹与盾纹错位时卜辞的释读

　　在讨论这个问题之前,要先讲一下"中缝"与"千里路"这两个概念。李延彦对这两个概念作过非常详细的阐述,原文如下②:

　　　　"千里路"这一名称最早出现于清代胡煦的《吴中卜法》,他说:"龟板之部位,正中一线,自下而上直出者,名曰千里路。"

　　　　1929年,董作宾在《商代龟卜之推测》中第一次提到"中缝",尚未明确界定。

　　　　1954年,张秉权在《殷虚卜龟之卜兆及其有关问题》中说:"龟腹甲中间的一条纵的齿缝是划分左右两部的天然界线。"

　　　　1956年,陈梦家在《殷虚卜辞综述》中说:"(腹甲)其平分左右的直线为中缝。"

　　　　1978年,严一萍在《甲骨学》中说:"腹甲中间的有一条纹路,用占卜的术语来讲,称之为千里路……"

　　　　值得一提的是,腹甲中部盾纹与千里路(中缝)并不完全重合。遵照黄天树先生意见,本文将龟腹甲正中贯穿首尾的盾纹称为"中沟",腹甲中部的齿纹(在中甲处分为上内缝和内舌缝)称为"中缝",又称"千里路"。

　　从上面的论述可以得出以下结论:第一,千里路是纵贯上下的;第二,中甲处并没有纵直的齿缝,即中缝并不是纵贯上下的。李延彦文中也指出,腹甲中部的盾纹与中缝并不完全重合。赵鹏指出胡煦文中的"千里路"当指腹甲形态结构中的"中沟"③,本文认同这一观点——"千里路"是纵贯龟腹甲中央的一条盾沟,"中缝"虽也在龟腹甲正中央,是龟腹甲中央的齿缝,但却非"纵贯",因为中甲部位是没有齿缝的。从这一点来看,"千里路"与"中缝"绝不能等同。真正将龟腹甲分为左右两个部分的是纵贯上下的"盾纹"或"中沟",这个中沟才是"千里路"。

龟腹甲中部的"盾纹"与"齿纹"(中甲除外)不能等同,不完全重合,一般也不影响卜辞释读。不过,龟腹甲上的"盾纹"与"齿纹"偏差较大时,则会出现这样的现象(见图一)。这版甲骨著录于《合补》2321,又见于《东文研》130,《东文研》照片清晰,可见右侧齿纹。正常情况下,龟腹甲"千里路"两侧的卜辞,在左左行,在右右行。《合补》2321的两条卜辞全部位于齿纹的左侧,却在"盾纹"左右两侧。龟腹甲的部位是按齿纹为界划分的,所以这版甲骨是一版左腹甲残片,但卜辞却以盾纹为界,在左左行,在右右行,这是值得注意的现象。

盾纹　　　　齿纹

图一　《合补》2321(《东文研》130)

再如《合补》4239(见图二),这也是一版齿纹与盾纹错位、又恰好有文字契刻在"齿纹"与"盾纹"中间的例子。这版甲骨最右侧是齿纹,齿纹左侧有一条盾纹,盾纹与齿纹中间有个"辛"字。如果以齿缝为界进行划分的话,这是一版左腹甲残片,所有文字(包括兆序辞)都位于左腹甲。由于龟版上的卜辞残缺,"辛"可能是左侧残辞"勿☐屮☐"的干支,也可能是另一条卜辞的干支,全辞仅余一"辛"字。从"辛"字位置来看,其起刻位置略高于左侧的"勿"字,又位于盾纹的右侧,很可能与"勿☐屮☐"是不同的卜辞。"勿☐屮☐"是从反面贞问,"辛"字所属的卜辞或可能为正贞之辞。龟腹甲虽然以齿纹为界可以划分为左右腹甲,但左右腹甲正反对贞的卜辞却应当是以盾纹(千里路)为界的。

图二　《合补》4239

(二) 左、右前甲腋凹处残片卜辞的释读

左前甲或右前甲上,靠近原边的卜辞需要从外向里读,龟腹甲上的这一文例规律涉及腋凹处与胯凹处卜辞的释读。如果腋凹与胯凹部位完整,卜辞也就相对完整,大多数情况下都可以顺利释读。但是腋凹处或胯凹处残缺过甚以致卜辞残缺时,就需要先确定残片部位,再判断卜辞究竟如何释读。先来讨论左、右前甲腋凹处残片卜辞的释读,以《合》26199为

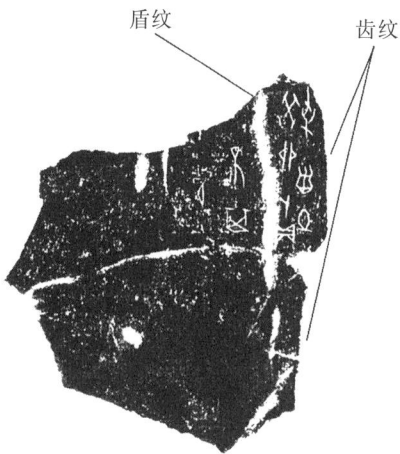

图三　《合》26199

例（见图三）。这版甲骨右上角有两条卜辞，下方一条是出组二类常见的卜辞"贞：无忧"，上方卜辞只残有"子""大"二字。《摹释总集》此条的释文作"…子…大…"[④]；《合集释文》作"□子［卜］，大，［贞］…"[⑤]；《摹释全编》作"□子［卜］，大［贞］…"[⑥]，这样的释读均误。从残片形态来看，尚可见左上角之腋凹，因此这是一版左前甲。贞人"大"所在的位置，其左侧即左前甲原边，卜辞应当由外向里读，因此，正确的释读应当为：□［亥卜］，大［贞：翌］□子□。

　　这种释读过程中经常会犯的错误大抵是由于释读卜辞时从干支起读的惯性，殊不知含有"翌日"的卜辞会出现时间上有接续关系的两个干支，一个干支出现在前辞中，另一个干支出现在命辞中，我们在残片上看到的干支很可能是出现在命辞中的干支，在卜辞释读的时候，是不能以命辞中的干支起读的。因此，在遇到左、右前甲腋凹处残片时，要格外小心，仔细辨别部位后再作释读。比较完整的辞例可参看《合》22658、22660、22671、22677等。

图四　《合》7522

　　释读残甲卜辞时，左、右前甲腋凹处的卜辞释读容易出错，不注意形态特征，腋凹下方的卜辞释读也容易出错。以《合》7522（《合补》2073、《合》39961重见）为例（见图四），其上缘是齿边，最上端一辞"贞：王勿比［沚］貳"右行，下端有兆序辞"四"，兆序辞"四"的左侧可见"乙"字。可以推知，以干支"乙"起始，有一条残辞，其右侧的兆序辞"四"属于这条残辞。从残片形态来看，可以判断出这是一版左前甲腋凹处的残片，除靠近原边的卜辞"贞：王勿比［沚］貳"右行外，其余卜辞当左行。"乙"所在的残辞也当左行，"乙"字左侧的边缘当非原边。同样的，右下角"勿"字所在之辞也应左行。但是从残片上来看，"勿"字左侧并无文字，或可推知"勿"字所在之辞不长，可能并未回行。

（三）左、右后甲腋凹处残片部位的确定与卜辞的释读

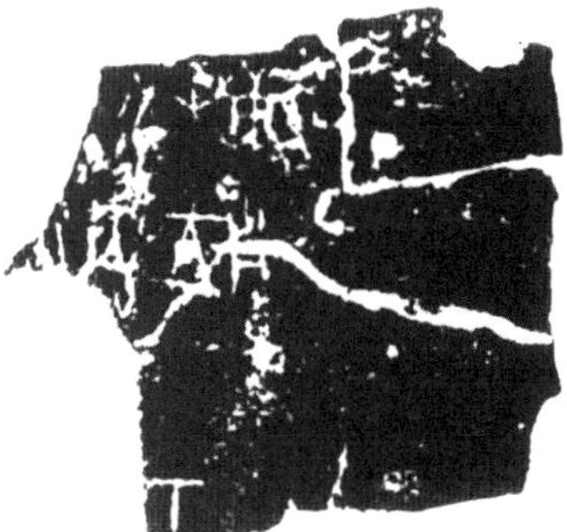

图五　《合补》1695

　　上文是关于左、右前甲腋凹处残片卜辞的释读，腋凹处残片卜辞的释读基本相同，只是腋凹处残片的部位判断需要仔细甄别。以《合补》1695为例（见图五），该版残缺过甚，仅可见"倒八字形盾纹"的一部分，左下部边缘为原边，此原边即腋凹处。据此可知此版为左后甲部位残甲。该版左上有一条卜辞"庚子卜：王勿自…"，卜辞左行。无论是在左后甲还是右后甲，位于"倒八字形盾纹"处的卜辞回行方向都是不确定的，卜辞或左行或右行没有一定的规律，要视具体情况而定。但是"倒八字形盾纹"下方的卜辞，如果靠近原边，一般要从原边处起刻，回行向内。在左后甲，卜辞从原边处起刻,回行向右;在右后甲,卜辞从原边处起刻,回行向左。因此该版左下角的一条残辞,仅余"壬"字,此"壬"字左侧紧邻原边,卜辞如果可以补全,当从左侧原边处起,向右回行。

(四) 对边骨条卜辞的释读与辨误

文例比较成熟的卜辞,对边骨条卜辞一般是朝向原边契刻的,如典宾类卜辞、历组卜辞、无名类卜辞、黄类卜辞等。对边骨条残片不难识别,部位确定了,即可以根据"对边骨条卜辞一般朝向原边契刻"的规律对卜辞进行释读。但即使是这样看起来非常简单的规律,实际操作起来依然会出现问题。如《合》840(见图六),很明显,这是一版右胛骨骨条,其左侧为断边,右侧为原边。基于这样的形态认知,释读卜辞的时候应当自左向右读,这也是对边骨条卜辞释读的一般规律。这版甲骨上有两条卜辞,下方卜辞"呼🔥取",卜辞自左向右读,朝向骨条原边。上方卜辞的释读,《合集释文》《摹释总集》《校摹总集》与《摹释全编》虽然对卜辞文字的释读略有差异,但均采取自右向左读的方式,按这样的释读方式,卜辞为"[呼]🔥取逸人"[⑦]。

这样的读法有三个问题:第一,《合》840下方卜辞自左向右读,为何上方卜辞自右向左读?两条卜辞释读方向为何不同?第二,上方卜辞如果自右向左读为"[呼]🔥取逸人",为何第一行卜辞"[呼]🔥取"较长,而回行后的卜辞却较短,尤其"逸"字下方明明尚有空间,为何不再继续向

图六 《合》840

下刻一字,而是回行向左?第三,第一行卜辞"[呼]🔥取"离骨条原边非常近,一般骨条卜辞起刻的位置都会有一定的距离。这些不合理之处,说明上方卜辞自右向左读的顺序不符合"对边骨条卜辞一般朝向原边契刻"的规律。

事实上,《合》840上方那条卜辞也应当遵循"对边骨条卜辞一般朝向原边契刻"的规律,自左向右读。因为卜辞残缺,所以容易造成误读。自左向右读,卜辞可拟补为:"□人[出(有)]逸,[勿呼]🔥取。"这样,既遵循"对边骨条卜辞一般朝向原边契刻"的规律,又可与其下方的卜辞形成对贞的关系,且"[勿呼]🔥取"位于最后一行,卜辞回行的长度大于前行,这在骨条卜辞中也是常见的现象,回行越来越短则是反常的现象。

综上可见,卜辞的误读常常是由于卜辞残缺,因为其载体就是残片的形态,残片与残辞在甲骨研究领域尤为常见。形态理论研究是从宏观上先对完整的刻辞载体进行研究,得出规律性的结论,再以规律性的结论指导残片的判断与研究。利用形态理论研究的成果,判断残片部位,继而释读残辞,可以避免主观臆断造成的错误,引领甲骨学研究向正确的方向发展。

　　附记：本文是国家社科基金项目"基于语义相似度的甲骨卜辞聚类研究"（23BYY004）的阶段
性成果。

（作者单位：首都师范大学甲骨文研究中心、
"古文字与中华文明传承发展工程"协同攻关创新平台）

注：

① 参董作宾《商代龟卜之推测》，《安阳发掘报告》第一期，1929年；收入《董作宾先生全集》甲编第813—884页，
艺文印书馆1977年。秉志《河南安阳之龟壳》，《安阳发掘报告》第三期，1931年。陈梦家《殷虚卜辞综述》第
1—54页，中华书局1988年。李学勤《关于甲骨的基础知识》，《历史教学》1959年第7期，收入《李学勤早期文
集》第294—300页，河北教育出版社2008年。严一萍《甲骨学》第1—76页，艺文印书馆1978年。黄天树《殷
墟龟腹甲形态研究》，《北方论丛》2009年第3期；收入黄天树主编《甲骨拼合集》第501—506页，学苑出版社
2010年。黄天树《关于卜骨的左右问题》，《纪念王懿荣发现甲骨文110周年国际学术研讨会论文集》，社会科
学文献出版社2009年；收入黄天树主编《甲骨拼合集》第507—513页。黄天树《甲骨形态学》，见黄天树主编
《甲骨拼合集》第514—538页。
② 李延彦《殷墟卜甲形态的初步研究》第34—35页，首都师范大学2015年博士学位论文。
③ 赵鹏《读契札记四则》，《出土文献研究》第20辑第3页，中西书局2022年。
④ 姚孝遂主编，肖丁副主编《殷墟甲骨刻辞摹释总集》第578页，中华书局1988年。本文简称《摹释总集》。
⑤ 胡厚宣主编《甲骨文合集释文》第1299页，中国社会科学出版社1999年。本文简称《合集释文》。
⑥ 陈年福《殷墟甲骨文摹释全编》第2340页，线装书局2010年。本文简称《摹释全编》。
⑦ "逸"字释读从王子杨的意见，见王子杨《说甲骨文中的"逸"字》，《故宫博物院院刊》2011年第1期第41—49
页。《摹释总集》将"逸人"释作"往见"是有问题的。

古文字研究（35）：115—125，2024

"受"和"㜅"类卜辞否定语的分组类研究

刘风华

本文 "'受'和'㜅'类卜辞否定语" 这一称呼，是受张桂光的启发[①]，指的是卜辞中含有 "受"和 "㜅"的否定语，如 "不受又" "不受年" "不我其受又" "弗㜅" "不㜅" "亡㜅"等。张先生已对这类卜辞中宾语对否定词 "不"和 "弗"的选择做了很好的研究：

> 甲骨刻辞中，"弗"所修饰的及物动词也不是笼统的 "以带宾语为主"，它的使用与 "不"既有混同亦有分工，而且起码在 "受" "岂"（按：即 "㜅"）类卜辞中，这一混同与分工的规律还是比较明确的：当谓语动词不带宾语或只带指物名词宾语时，对这个动词的否定可以在 "不" "弗"中自由选择；当谓语动词带指人名词宾语时，对这个动词的否定一般用 "弗"不用 "不"；当谓语动词带人称代词宾语时，对这个动词的否定一般用 "不"不用 "弗"。

张先生的考察是符合实际的。不过，因其研究目的是探索汉语否定词的发展演变史，故未及结合卜辞的分组分类情况考察卜辞中含 "受"和 "㜅"类否定语的历史演变。类似的探讨卜辞普遍规律的研究还有不少，如沈培《殷墟卜辞正反对贞的语用学考察》一文[②]，亦非着重于考察正反对贞现象的历时变化。本文尝试对 "受"和 "㜅"类卜辞否定语的组类分布情况进行考察，以附骥尾，并请师友教正。

一 "受"类否定语的分组类考察

卜辞中 "受又" "受年／禾"是最为常见的搭配[③]。"受又"的否定语主要有：不受又、不我其受又、弗其受岜又、弗其受又、弗受王又。"受年／禾"的否定语主要有：不受年／禾、不其受年、弗其受年、弗受又年、不受又年。下面依次对其进行考察。

(一) "受又"类否定语的分组类考察

"受又"类否定语的使用频率、组类分布是有一定差异的，下面是本文所作的统计：

"不受又" 8 例：宾组 1 例，历组 7 例[④]；"弗受又" 10 例：师组 2 例、历组 7 例、非王卜辞 1 例；"弗受又＿" 1 例：属何组（《合》28011）；"不我其受又" 33 例：皆属宾组；"弗其受岜又" 64 例：皆属宾组；"弗其受又" 6 例：皆属宾组；"弗其受王又" 3 例：宾组，皆出于同版（《合》1364 正＋）。

综上，"受又"类否定语见于师组、宾组、历组、何组，宾组最多，历组次之，其次是师组，非王卜辞和何组各仅见 1 例。

这些否定语还常见到正反对贞：

1.《屯南》4516(师组):(1)丁酉卜:今生十月王敦*通,受又。(2)弗受又。(3)己亥卜:王敦*通,今十月,受又。(4)弗受又。

2.《合》21896+(圆体类):(1)辛巳囗:雀受囗。(2)辛巳卜:弗受又。十三月。

3.《合补》10489/《合》33116(历组):(1)丁卯贞:毕*伐,受又。(2)不受又。

4.《合》32893(历组):(1)庚申贞:方奠于竝,受又。(2)弗受又。

5.《英藏》551(宾组):(1)我受工*方又。(2)贞:弗其受工*方又。

6.《合》1364正+(宾组):(1)贞:大甲受王又。(2)贞:大甲弗其受王又。

7.《合》9472正(宾组):(1)丁未卜,㱿贞:弃[各*]化受又。(2)丁未卜,㱿贞:[弃各*]化弗其受又。

8.《合》32正+(宾组):(1)乙卯卜,㱿贞:王比望乘伐下危*,受屮又。(2)乙卯卜,㱿贞:王勿*比望乘伐下危*,弗其受又。(3)贞:王比望乘。(4)贞:王勿*比望乘。

9.《合》6322(宾组):(1)己酉卜,囗贞:王正工*方,下上若,受我又。(2)贞:勿*正工*方,下上弗若,不我其受又。

上引例1—4,皆为两两正反对贞卜辞,其否定直接卜问"弗受又"或者"不受又",说明每组卜辞各自的占卜焦点正为是否"受又"。它们分属师组、非王卜辞、历组。

宾组则分两种情况:第一种情况围绕是否"受又",如例5—7,其否定问只有"弗其受工*方又""大甲弗其受王又"和"弃各*化弗其受又",即其占卜焦点特别着眼于能否获得或者神明是否授予福佑。第二种情况则否,其占卜焦点并非辞末的"受又",而是句子前段的做某事,如例9的"王正工*方"和"勿*正工*方"。类似的占卜甚至可以省略某一卜末尾的"受又"或其否定语,如例8的两组卜辞,一组辞末有"受屮又"和"弗其受又",另一组辞末皆无,可知其占卜焦点并非是否受佑,而是是否做某事,辞末的"下上若""下上弗若""受我又""不我其受又"皆可有可无,是一种赘语。

值得注意的是,师组、宾组、历组、非王卜辞中,"受又"之前,可以是王、某人、某事,大量的何组、无名组、黄组卜辞辞末则赘加"王受又/王受又_"[⑤],比前者多加一个"王"字,且极少见"王受又"和"王不受又/不受又"等成正反相对者,这是早晚期卜辞之间显著的差别。此外,值得注意的是,何组、无名组、黄组辞末的"王受又/王受又_"也是时加时不加的(如《合》37157之"其五牢正,王受又"和"其牢又一牛"),也正说明"王受又/王受又_"是一种赘语,并非占卜焦点。"受又/不受又"作为赘语出现,宾组即已露端倪。

(二)"受年/禾"类否定语的分组类考察

卜辞中"受年/禾"类否定语统计数据如下:

"不受年"13例:师组2例,宾组7例,何组1例(《合补》9014),无名组1例[⑥],黄组2例;"不其受年"135例:师组10例,宾组125例;"弗其受年"4例:皆属宾组;"弗受又年/不受又年"3例：属无名组（《合》28198、28199、29004）；"不受禾"38例：历组37例、无名组1例（《合》28231）⑦。

综上，"受年"和"受禾"类否定语，依次集中于宾组、历组、师组，无名组、何组中较少见。"受年"和"受禾"类否定语还常见正反对贞，如：

1.《合》9659（师组）：（1）甲子卜：来岁受年。八月。（2）来岁不受年。

2.《合》7330左（宾组）：（1）受年。（2）不受年。

3.《合》6460正（宾组）：（1）己巳卜，殻贞：我受年。（2）贞：我不其受年。

4.《合》9757＋（宾组）：（1）贞：帚妌不其受年。（2）受年。

5.《合》9741正（宾组）：（1）丁未卜，殻贞：萧受年。（2）贞：萧不其受年。三月。（3）贞：簸受年。（4）不其受。（5）贞：西土受年。（6）贞：西土不其受年。（7）姄受年。（8）姄不其受年。

6.《合》32778（历组）：（1）己巳卜：受禾。（2）己巳卜：不受。

7.《屯南》423（历组）：（1）辛酉卜，贞：今戍（歲）受禾。（2）不受禾。

8.《屯南》1063（历组）：（1）壬申卜：今来岁受禾。（2）不受禾。

9.《屯南》2282（历组）：（1）乙亥卜：取岳，受禾。兹用。（2）不受禾。

卜不受年的卜辞中，何组见1例，即《合补》9014：（1）辛卯卜，何贞：勿﹡鼒，今岁受年。（2）辛卯卜，何贞：不其受年。

卜不受年的卜辞中，无名组见4例，一指《合》28221，其为小残片，内容暂存疑。二指《合》28231，该片实属"历无类"，是处于历组、无名组之间的过渡类型。三、四指《合》28198、28199之"弜圣﹡，弗受又年"，其占卜焦点并不像前文师组、宾组、历组一样，在于是否"受年（或禾）"，而是是否"圣﹡"，即是否垦田、袤田或壅禾等⑧。无名组卜辞末尾经常附录不同的短语或词组，如"又正""弗每""侃﹡王""王受又"等，其实皆非其占卜焦点，而是一种"套话"或称"赘语""吉祥语""祝语"等。可能会有人提出《合》28272有所谓"弜受年"，这其实是断句失误带来的误解，"弜"单字成辞，与其下方第一辞为正反对贞。

卜不受年的卜辞中，黄组2例，一指《合》36976，上有5辞：（1）乙未卜，贞：今岁受年。（2）不受年。（3）南受年。（4）东受年。（5）口受年。二指《合》36979，其为残版，上有四字，可拟补为"今岁不[受]年"。黄组也有不卜问"不受年"者，如《合》36975：（1）己巳王卜，贞：[今]岁商受[年]。王占﹡曰："吉。"（2）东土受年。（3）南土受年。吉。（4）西土受年。吉。（5）北土受年。吉。此版是较为完整的骨条，未见"受年""不受年"的正反对贞。故可知，黄组部分占卜已经不做是否受年的正反对贞了，只卜"受年"而不卜"不受年"，同无名组（如《合》28218＋、28244）。

综上，何组、无名组、黄组中仍可见到卜"不受年"者，然已属罕见，有些卜"不受年"的卜辞,其占卜焦点并非受年,"受年"成为一种无实际意义的赘语。"不受年"与各种类型的"不受又"语辞一样,多见于早期卜辞,后者晚期发展为"王受又""王受又＿""余受又",结束了早期卜辞某王、某臣、做某事皆可"受又"的局面。

二　"𡆥"类否定语的分组类考察

《类纂》中"𡆥"下所收的词组或短语见有:𡆥王、𡆥云、𡆥雨、𡆥禾、𡆥年、父𡆥、母𡆥、且𡆥、匕𡆥、兄𡆥、扩𡆥⑨。涉"𡆥"否定语主要有:不𡆥、弗𡆥、亡𡆥。

卜辞中"不𡆥""弗𡆥"和"亡𡆥"的统计数据如下:

"不𡆥"25例:宾组23例,历组2例;"弗𡆥"63例:宾组61例,历组2例;"亡𡆥"220例:师组1例,宾组63例,出组90例,何组6例,黄组12例,历组40例,非王卜辞4例。

"𡆥"类否定语依次集中于宾组、出组、历组、黄组、何组、非王卜辞、师组,也常能见到其正反相对者:

1.《合》1231＋(宾组):(1)癸巳卜,殻鼎:上甲𡆥王。(2)贞:上甲弗𡆥王。

2.《合》974反(宾组):(1)贞:出𡆥。王占*曰:隹甲𡆥余。(2)亡𡆥。

3.《合》9741正(宾组):(1)贞:且乙其𡆥王。(2)贞:且乙弗𡆥王。反:(1)戊申卜,争贞:王目隹出𡆥。(2)贞:不隹出𡆥。

4.《合》10345反(宾组):(1)贞:亡𡆥。(2)王出𡆥。

5.《合》975正(宾组):(1)子宾*出𡆥。(2)子宾*亡𡆥。

6.《合》2936＋(宾组):(1)出扩𢦏,隹出𡆥。(2)出扩𢦏,不隹出𡆥。

7.《合》10137正(宾组):(1)贞:王歆出𡆥。(2)贞:王歆亡𡆥。

8.《合补》95(宾组):(1)乙亥卜,王贞:我取唐𢼸,大甲其𡆥我。(2)乙亥卜,王贞:我取唐𢼸,大甲不𡆥,保我。

9.《合》25961(出组):(1)庚子卜,□□贞:辛丑酒*祉,亡𡆥。(2)庚子卜,王曰贞:又𡆥。

10.《合》33107＋(历组):(1)辛卯贞:王亡𡆥。(2)又𡆥。

11.《屯南》2369(历组):(1)辛巳卜:才箕*。□又龔𡆥王。(2)弗𡆥王。(3)辛巳卜:才箕*。隹嬰𡆥王。(4)弗𡆥王。

12.《屯南》4335(历组):(1)甲□□:立*□𡆥我。(2)弗𡆥。(3)甲子卜:立中𡆥*我。(4)弗𡆥⑩。

13.《屯南》756(历组):(1)乙未卜:隹𣥦𡆥。(2)弗𡆥。(3)乙未卜:隹猫𡆥。(4)弗𡆥。

14.《合》33342(历组):(1)己亥卜:又𡆥禾。(2)亡𡆥禾。

上揭诸版或属宾组、出组或属历组，皆包含有"羍"类否定语的正反对贞。关于其词性和用法，已有好的讨论[⑪]，不赘述。

出组、历组、黄组还有一些包含"亡羍"的有关周祭的卜辞。出组中，有些涉周祭的卜辞，辞末附"亡羍"，王宾卜辞辞末习附相对举的"亡忧*"和"亡尤"，或者同版皆用"亡尤"：

1.《合》22837+（出组）：（1）戊寅卜，旅贞：王宾*大戊戠，亡忧*。（2）亡尤。（3）戊戌卜，贞：王宾*大戊戠，亡忧*。（4）亡尤。

2.《合》22816（出组）：（1）己丑卜，行贞：王宾*雠*己彡，亡尤。（2）己丑卜，行贞：王宾*叔，亡尤。（3）甲辰卜，行贞：王宾*戋甲彡，亡尤。（4）甲辰卜，行贞：王宾*叔，亡尤。才□□月。（5）甲寅卜，行贞：王宾*且辛奭匕甲，亡尤。（6）甲寅卜，行贞：王宾*叔，亡尤。才□月。

3.《合》23004+（出组）：（1）庚寅卜，□贞：翌辛卯劦于且辛，亡羍。才九□。（2）丙申卜，行贞：翌丁酉劦于且丁，亡羍。（3）甲寅卜，行贞：翌乙卯劦于小乙，亡羍。才十月。（4）丙辰卜，行贞：翌丁巳劦于父丁，亡羍。才十月。（5）己巳卜，行贞：王宾夙*裸*，亡忧*。（6）亡尤。

4.《合》22931+（出组）：（1）甲戌卜，行贞：翌乙亥祭于且乙，亡羍。才八月。（2）丙戌卜，行贞：翌丁亥祭于且丁，亡羍。才九月。（3）□□□，行贞：翌乙巳祭于小乙，亡羍。才九月。

上揭例1为王宾卜辞，辞末分别以"亡忧*"和"亡尤"相对举。例2亦为王宾卜辞，各辞末皆附"亡尤"。例3、4两版中，"劦""劦"和"祭"皆为周祭祭名，其辞末用"亡羍"（例3的王宾卜辞仍以"亡忧*"和"亡尤"相对），历组也存在涉周祭卜辞辞末缀"亡羍"的情况：

1.《合》34418（历组）：……[大]庚劦，亡羍。

2.《合》32499（历组）：（1）丙申贞：中丁彡，亡羍。（2）不菁雨。（3）其雨。

3.《合》32544+（历组）：（1）甲戌贞：小乙祭，亡羍。（2）不菁雨。

历组在卜周祭之后，常接着卜问是否"菁雨"，出组也有类似做法。与历组略有不同的是，出组是在同一辞末尾卜问是否"菁雨"：

《英藏》1933（出组）：（1）□□卜，行□：□乙亥□□大丁，不□□。□三月。（2）贞：其雨。才三月。（3）丙子卜，行贞：翌丁丑翌于大丁，不菁雨。才三月。

与出组、历组不同的是，黄组中"亡羍"多用于合祭卜辞，且其字形与词语搭配也发生了一定变化：

1.《合》37836（黄组）：癸未王卜，贞：酒*彡日，自上甲至于多毓，衣亡羍自畎。才四月。隹王二祀。

2.《合》37844（黄组）：癸卯王卜，贞：酒*翌日自上甲至多毓，衣亡羍自畎。才九月。隹王五□。

3.《合》36529（黄组）：□戌王卜，□：余其比望哭三封*方田于□，肩*……今……不曽弋，肩*告于大□□，亡𤉲才𪚢[⑫]。

4.《合》41028＋（黄组）：（1）癸未卜，王曰贞：翌甲申迄*自上甲卒至于□□，余一人□□。□。（2）癸未卜，王曰贞：翌甲申迄*酒*，毋*迄*自上甲，卒……余一人亡□。□。（3）□□□，□□贞：翌……迄*自上甲，卒至于……余一人亡𤉲。吉。

黄组的"𤉲"字，或出现在"亡𤉲才（自）𪚢"一语中，"𤉲"字偶尔追加"彳"旁（如《合》36507），其与"𤉲"的使用语境相同，大都用于合祭卜辞和战争祭祀卜辞[⑬]，门艺提出：这是黄组继承了宾组、历组的旧有做法。门说是符合事实的。此外，师组、宾组、出组、历组、花东类卜辞皆有"才入"，如：

1.《合》19801＋（师组）：癸酉卜，贞：旬。才入。三月。

2.《合》8307（宾组）：贞：不……才入。㞢不若。

3.《屯南》756（历组）：辛酉贞：王曰衛，亡忧*。才入。

4.《合》41228（出组）：癸酉卜，出贞：旬㞢……其……才入[⑭]。

5.《花东》502（花东类）：戊岁匕庚牡一。才入。

上揭5例中，前三例含有"旬"（未刻"亡忧*"二字）、"若"、"忧"，第四例"旬"字后残失的很有可能亦为灾咎之类字眼，它们同宾组、历组之"亡𤉲才𪚢"（《合》2940）、"又𤉲才𪚢"（《合》32778）、"亡𤉲才𪚢"（《英藏》2466），所卜皆为占卜者所不想见到的结果[⑮]。鉴于"才入"可读为"在外"，"才𪚢／才𪚢／自𪚢"是否可读为"在内"或者类似字眼？

综上，"𤉲"类否定语的正反对贞占卜，主要见于早期的宾组、历组、出组。出组王宾类卜辞辞末常以"亡忧*""尢尤"对举，涉周祭类卜辞辞末则用"亡𤉲"，历组也有类似做法，黄组写作"亡𤉲才（自）𪚢"，"亡𤉲"之前或另添加"余一人"。

三 相关否定语的分组类考察及本文的研究意义与价值

下面补充一些相关否定语的分组类考察情况，并简要谈一谈本研究的意义和价值。

(一) 相关否定语的分组类考察

限于篇幅，这里仅补充对四个卜辞否定语的分组类考察。

1. 不吉

据陈年福《殷墟甲骨文辞类编》，殷墟卜辞中，"不吉"这个短语见用85次[⑯]。

我们做了进一步的分析：85例中，80例属王卜辞，5例属非王卜辞；52例见于宾组卜辞的占辞中，2例见于无名组的命辞中，5例出现于非王卜辞的命辞中，余下28例为宾组残辞，不明是占辞还是命辞。

由此可知,“不吉”依次集中于宾组、非王卜辞、无名组。宾组卜辞(52例)中主要用在占辞中,如《合》14001正:壬寅卜,㱿贞:帚□娩*,妫。王占*曰:“其隹□申娩*吉,妫;其隹甲寅娩,不吉,亞,隹女。”非王卜辞和无名组中,它用在命辞中,如《合》28203之“吉桍”、《花东》149之“吉弓”。也就是说,作为占辞一部分的“不吉”,只出现在早期卜辞,晚期未见。作为命辞的构成,早晚期皆有。

2.屮/又忧*

卜辞中“屮/又忧*”的“忧*”字,宾组、历组、黄组有不同的写法。裘锡圭已多次论及[⑰]。卜辞中的“亡忧*”多到不可胜数,但“屮/又忧*”则否。

“屮忧*”见157例,其中师组19例,宾组132例,出组1例,历组2例,非王卜辞3例(午组、妇女类)[⑱]。用“屮”或“又(有)”,是不同组类卜辞书写习惯不同的表现。“又忧*”见124例,师组16例,宾组1例,出组21例,历组64例,非王卜辞22例(子组、午组、妇女类)[⑲]。

综上,“屮/又忧*”师组见35例,宾组133例,出组22例,历组66例,非王卜辞25例,主要集中在时代比较早的组类中。有些较大的甲骨上,能看到“亡忧*”与“屮/又忧*”正反对贞:

1.《合》21302(师组):(1)戊子卜,贞:今夕亡□。(2)戊子卜:今夕又忧*。(3)己丑卜:今夕亡忧*。才[圂]。(4)己丑卜:今夕又忧*。

2.《合》22317+(师组):(1)癸卯卜,贞:雀宓罢,亡忧*。(2)癸卯卜:雀其又忧*。

3.《合》32777(历组):(1)己卯贞:子俹*亡忧*。(2)又忧*。

4.《合》34867(历组):(1)癸未贞:旬亡忧*。(2)癸未又忧*。(3)癸巳贞:旬亡忧*。(4)癸巳又忧*。

上揭诸例中“屮/又忧*”和“亡忧*”对举,这样的现象在何组、无名组、黄组中已非常罕见,其早晚区别是非常显著的。

3.不正/弗其正

正,善也。卜辞中表示此义者并不多见,“不正”和“弗其正”尤其稀少。无名组、黄组中见“又正”“正”,不见“不正”和“弗其正”。“弗其正”见7例,“不正/不其正”见3例,皆属宾组。

宾组有些“正”和“弗其正”是相对出现的:

1.《合》8947正+(宾组):(1)□亥卜,㱿贞:王其乎收帥*白出牛,又正。(2)贞:勿*乎收帥*白出牛,不其正。

2.《合》5354(宾组):(1)辛未卜,賓*贞:王屮(有)不正。(2)贞:王亡不正。

宾组卜辞还有一些“正”“不其正/弗其正”相对者,鉴于同版或同辞有“方”“步”等字眼,此处的"正"表"征伐"的可能性很大,本文已排除。

宾组卜辞中已有些"正""不其正/弗其正"并非卜辞的占卜焦点,是一种可有可无的赘语,无名组、何组也有类似的用法:

　　1.《合》31141(无名组):(1)其射,又正。(2)弜射。兹用。

　　2.《合》30812(无名组):(1)乙亥其酒*,又正。(2)弜乙亥酒*。(3)叀乙未酒*,又正。吉。(4)弜乙未酒*。(5)叀乙未酒*,又正。吉。(6)弜乙未酒*。

　　3.《合》30815(无名组):(1)叀今辛卯酒*。(2)叀辛丑酒*,又正。(3)鬯五卣,又正。(4)十卣,又正。

上引前两版皆为两两成组之辞,其中肯定问句辞末附缀有"又正",否定问句则否。有时候,内容相近者也并非皆附缀"又正",如上揭例3第一辞末即未附缀"又正",其他三辞皆有,故可知"又正"也不过是一种可有可无的赘语罢了。

4.弗每/不每

徐中舒主编《甲骨文字典》中"每"有三个义项,一、同母,二、读为悔,三、读为晦[20],孟世凯《甲骨学辞典》有类似的表述[21]。于省吾主编《甲骨文字诂林》"每"字下按语:卜辞累见"其每""弗每",均用作悔[22]。屈万里云:每,读为悔。卜辞云:"王弗每",言王不至有灾悔也[23]。陈年福编著《殷墟甲骨文辞类编》读为悔[24]。黄天树主编《甲骨文摹本大系》释文也释为"悔"[25]。还有学者释为"敏"[26]、"丰美"[27]等。

卜辞中,"每"字构成的短语有"其每""弗每""不每"。何组、无名组用"其每""弗每",无名组偶尔也用"不每";黄组用"弗每""不每"。何组、无名组中,"其每""弗每"经常用在正反对贞句中,如:

"弗每"见151例,何组9例,无名组113例,黄组29例。"其每"见216例,何组15例,无名组200例,黄组1例。"不每"见7例,无名组2例,黄组4例,妇女类1例。

　　1.《合》28350(无名组):(1)王乎射,擒*,弗每。(2)弜乎射,其每。

　　2.《合》29075(无名组):(1)于丧,弗每。(2)弜丧,其每。

　　3.《屯南》728(无名组):(1)王其乎戍延*衛*,弗每。(2)弜乎衛*,其每。

　　4.《合》35345(黄组):(1)壬申卜,才攸*贞:又牧*畢*告啟,王其乎戍比斿伐,弗每,利。

　　5.《合》22292(妇女类):庚子卜:子狩*由祼,不每。

综上:一、"弗每/不每"用于肯定问句,"其每"用于否定问句,可知"每"含义消极。二、它们常见用于占卜来日做某事之辞,是尚未施行之事,涉及动词多属户外活动,如田(《合》

31260）、省田（《合补》13350）、逐（《合补》10402）、射（《屯南》2542）、用（《屯南》2445）、焚（《合》29808）、擒（《屯南》30）、宿（《合》31257）、取（《合》31265）、乎衛（《屯南》728）、令（《屯南》2311）、寻（《合》28749＋31059）、歸（《合》27795）、至（《合》29285）、从（《屯南》2355）、马其先（《屯南》8）、斧（《屯南》2119）等。三、"王"与"弗每"常常连用，构成"王弗每"（《合补》10995、《合》35356、《屯南》2311、《怀特》1907等），可知"每"是商王的一种感知或行动。从这三点来看，"每"应是一个着眼未来、意义消极的词，未来之事无从后悔，商王非天象、无从阴晦，所以，释为"悔""晦"恐未必是最终的答案。

从卜辞年代学、卜辞语法角度讲，"弗每""不每"和"其每"，仅见于何组、无名组、黄组，各组使用情况各有特点：何组中"弗每"和"其每"的使用量显著低于无名组。无名组中，"弗每"与"其每"相对，"其每"的使用频率显著高于"弗每"，"不每"较另二者为少。黄组中，"弗每"使用频率高于"不每"，"其每"则较少见，这一点正与无名组相反，且黄组未见到含"弗每/不每"与"其每"相对贞的卜辞。何组、无名组、黄组使用情况各异，有时代与地域分布不平衡、演变序列不同步、使用频率不均等的特点，反映了不同时代的殷人对词汇运用的不同习惯或喜好。

（二）本文的研究意义与价值

本文的研究尚是初步的，但还是揭示了些耐人寻味的现象，由此，我们有一些思考，视为本文的研究意义与价值亦未尝不可：

1. 对卜辞语辞进行分组类考察，是考古类型学在卜辞语言学中的应用，有助深化甲骨年代学研究。持续了273年的殷墟卜辞词语，处于或迟或速的变化中，不应仅对其进行静态考察。词汇具有很强的时代性，故发掘其时代特征可用来校正甲骨断代。陈剑曾系联花东甲骨与历一类同有的"伐召"之语，揭出前者亦属武丁晚期，最早不过武丁中期[28]。洪飏据花东卜辞最喜用否定词"不"和"弜"、未见"弓"，符合裘锡圭提出的"弓"字"2期"之后很难找到的规律，亦认为该类卜辞属武丁晚期[29]。从词语角度来校正甲骨组类研究是学界未及系统开启的工作。

2. 分组类考察卜辞语辞，有助于商代历时词汇学的早日建立。已有有识之士在分组类字词研究方面取得创见，如裘锡圭指出不同组类喜用特别字词：宾组既有"又"，又有"屮"，二者用途有别，历组只有"又"，凡宾组用"屮"的场合历组都用"又"。宾组"以"字作𠂤，而历组作𠂤（目）；宾组用否定词"弓"（勿），历组不用"弓"而用"弜"[30]。董珊指出含"周"卜辞属殷墟二期，时古公亶父尚未迁岐，其族尚未称"周"，故该"周"非姬姓之周，而与金文中妘姓之"周（琱）"为同一族属[31]。王子杨、沈林等亦有成功的尝试[32]。然而历时探讨商代词汇是未及系统开启的工作。

3.有助于深化、细化商代历史文化研究。昔日洹上王国不仅仅有早期的励精图治,中期的勤勉守成,晚期的暴虐恣肆,还有很多岁月烟尘中的历史线索未被揭示。笔者曾对殷墟村南系列的卜旬辞进行梳理:其早期文例不定、干支跨越、行款杂乱、内容混杂,晚期则高度程序化、甚至僵化;曾对其中的成套占卜进行梳理:其早期一事多卜,不厌其烦,晚期卜数则大为减少,其中蕴藏了什么样的社会心理? 本文通过对6个否定语进行分组类考察,得到了一些粗浅的认识:早期组类多见一些与休咎祥祲有关的语辞,在龟甲牛胛上被占卜者反复斟酌品读,晚期则"趋利避害",回避不喜不乐不吉利的字眼;早期组类卜问"受又""亡辈""亡忧*"等,尚能顾及臣属和廷事,晚期则固定为"王受又"和"王受又_",甚至"余一人亡辈",是否有"惟圣罔念作狂"的意味?

甲骨文研究已经成为一门世界性显学,卜辞分组分类研究已取得很大进展,大多数甲骨卜辞含义明晰,开展分组类的卜辞语辞研究,躬逢其盛、恰逢其时。

附记:本文是国家社科基金重大项目"甲骨学大辞典"(18ZDA303)、国家社科基金一般项目"殷墟卜辞词汇的分组类对比与甲骨分期断代校正研究"(22BYY102)、河南省社科规划年度项目"殷墟甲骨历组与无名组卜辞字、词、句对比研究"(2021BLS022)等的阶段性成果。

(作者单位:郑州大学汉字文明研究中心、
"古文字与中华文明传承发展工程"协同攻关创新平台

注:

① 张桂光《"受""毁"类卜辞否定句中宾语对"不"和"弗"选择的考察》,《华南师范大学学报(社会科学版)》2002年第4期第57—61页。

② 沈培《殷墟卜辞正反对贞的语用学考察》,丁邦新、余霭芹主编《纪念李方桂先生百年冥诞论文集》第191—234页,"中研院"语言研究所、美国华盛顿大学,2005年。

③ ⑨ 姚孝遂主编《殷墟甲骨刻辞类纂》第1215页"受"字、第683—686页"辈"字,中华书局1989年。

④ 黄天树主编《甲骨文摹本大系》(下文简为《摹系》)第37卷,《合》29004=《摹系》58543,属于无名组,其第一辞辞末为"不受又{佑}",第二辞辞末为"受又{有}年",应据后者将第一辞之语改为"不受又{有}[年]",即末尾拟补一"年"字。原因:一是无名组极少见"不受又"之语(早期稍多);二是二者皆卜"田"(耕田),与年成相关;三是第二辞末为"受又年",两辞相关相对。本文的数据统计可能与其他人略有不同,原因:一、对残文的判断有别;二、甲骨缀合不断增加,数据有动态变化;三、针对的著录书种类有别;四、对卜辞组类判断有别、归类不同。为便统计,本文将师小、师宾、师历类等归入师组,宾出类归入宾组等。

⑤ 黄组除了"王受又/王受又_"外,或用"余受又_"(如《合》36360),或用"受余又"(如《合》36359)。

⑥ 《合》28221为小残片,上有三字"不""受""年",然无名组罕见"不受年"三字连用者,此处且存疑。

⑦ 陈年福编著《殷墟甲骨文辞类编》(下文简为《类编》)第4678—4679页,四川辞书出版社2021年,该书此处

标无名组2例,其一为《怀特》1599(《合补》10532=《觱系》50686),《觱系》标为"历一"(《觱系》6039页),可从。其二为《合》28231=《觱系》57669,《觱系》标为"无名"(《觱系》7216页),可归入"历无类"。

⑧ "圣"字参考于省吾主编《甲骨文字诂林》第1192—1200页,中华书局1999年;何景成编撰《甲骨文字诂林补编》第331—336页,中华书局2017年。

⑩ 《屯南》4335第一、三辞中"立"误刻为"王",第二、三辞共享一个"觱"字。

⑪ ⑬ ⑮ 门艺《殷墟黄组甲骨刻辞的整理与研究》第202页,郑州大学2008年博士学位论文。

⑫ 《合》36529即《上博》54786·21,后者相对清晰。

⑭ 《合》41228释文据王宇信等《〈甲骨文合集〉第十三册拓本搜聚》释文第378页,文物出版社2019年。

⑯ 陈年福编著《殷墟甲骨文辞类编》第7337—7340页。

⑰ 裘锡圭《说"囧"》《说"勹凡有疾"》《从殷墟卜辞的"王占曰"说到上古汉语的宵谈对转》,《裘锡圭学术文集》第1卷第377、480、486页,复旦大学出版社2012年。

⑱ 陈年福编著《殷墟甲骨文辞类编》第6667—6672页。

⑲ 陈年福编著《殷墟甲骨文辞类编》第2498—2501页。此中《屯南》4242标为"无名(组)",即《觱系》50304,后者归为师历类(第5973页)。《类编》(第2502页)将《上博》46477(即《觱系》52738)标为"何二",《觱系》(第6424页)归为"历二",本文从后者。

⑳ 徐中舒主编《甲骨文字典》第47页,四川辞书出版社2014年。

㉑ 孟世凯《甲骨学辞典》第298页,上海人民出版社2009年。

㉒ 于省吾主编《甲骨文字诂林》第460页。

㉓ 屈万里之说,转引自李圃主编《古文字诂林》第1册第371页,上海教育出版社1999年。

㉔ 陈年福编著《殷墟甲骨文辞类编》第1089—1104页。

㉕ 黄天树主编《甲骨文摹本大系》第37册第3629—3909页。

㉖ 郭旭东、张源心、张坚主编《殷墟甲骨学大辞典》第122页,中国社会科学出版社2020年。

㉗ 许进雄《新编进阶甲骨文字典》第323页,台湾字宙文化2020年。

㉘ 陈剑《说花园庄东地甲骨卜辞的"丁"——附释"速"》,《故宫博物院院刊》2004年第4期第51—63页。

㉙ 洪飏《花园庄东地甲骨的否定副词》,《中国文字研究》2007年第2辑第261—268页。

㉚ 裘锡圭《论"歴*组卜辞"的时代》,《古文字研究》第6辑第270页,中华书局1981年。

㉛ 董珊《试论殷墟卜辞之"周"为金文中的妘姓之琱》,《中国国家博物馆馆刊》2013第7期第48—63页。

㉜ 王子杨《甲骨文字形类组差异现象研究》,中西书局2013年;沈林《甲骨文动词断代研究初探》,《重庆师专学报(社会科学版)》1998年第1期第88—94页。

古文字研究（35）：126—130，2024

谈楚简"娩"字的甲骨文来源及相关问题

连佳鹏

　　楚简中常用为"免"的"孚"字作♐、♐、♐等形①，为"娩"（《说文》作"挽"）字的古体，此说经过裘锡圭②、李零③、李家浩④、赵平安⑤、季旭升⑥等递相论证，已得到学界的普遍认同。然而关于其字形的解释以及更早的甲骨文来源问题，学界尚存争议，迄无定谳。一种比较有代表性的意见，认为"孚"字上部为"亓"（其），用作声符。陈伟、周凤五、刘信芳、白于蓝等持此说⑦。另一种有代表性的意见，是试图沟通"免"（♙）与"孚"的构形。这种意见又可以细分为两种：（一）认为♙与"孚"皆象分娩之形，下部从"人"与从"子"可能是意义相近的形旁的通用。颜世铉⑧、刘信芳⑨、李守奎⑩等持此说。（二）认为♙与"孚"上部皆象周冕之形，"冕"在整字中起声符的作用。王志平持此说⑪。赵平安指出"孚"来源于甲骨文中表分娩义的♐、♐字，他同意夏渌的意见，认为甲骨文字形象助产者以双手拨开产门协助产妇分娩之形。演变过程为字下两手省去一只，与○形粘连。裘锡圭认为"孚"字的字源可能是甲骨文中的♐⑫。

　　随着新材料的不断涌现和研究的逐步深入，"亓"（其）声之说已渐渐式微。李零、赵平安皆已指出古文字的"孚"和"免"是来源完全不同的两个字⑬。"免"从甲骨文一直传承至今，甲骨文作♐（《合》33069），金文作♐、♐、♙⑭，隶作"免"，为"冠冕"之"冕"的本字，所从的"大"和"卩"未见有用作被分娩的例子。而"孚"为"分娩"之"娩"的初文（详后），"孚"和"免"仅是音同相通的关系，因此，试图沟通两者构形的做法是不可取的。虽然楚文字中有"又"与"○"形粘连为"子"形者，但尚未见"孚"字下部有"又"与"○"形不粘连者，这是对将♐视为"孚"字来源之说的一个不利之处。

　　我们同意裘先生的意见，惜裘说未形成文章，故未能引起学界的足够重视。下面试为申述，不妥之处，尚祈方家赐正。

　　♐字所在的辞例为：

　　癸丑卜，☐♐子韦殟。　　　　　　　　　　　　　　《合》3270+《合》17156⑮，师宾间

该字一般被当作未识字处理⑯，王国维释为"育"，谓⑰：

　　♐字所从之♐，即《说文》训女阴之也字，其意当亦为育字也，故产子为此字之本谊。

李孝定亦释为"育"，他说⑱：

　　《说文》也训女阴，篆即象之，说实不误。治《说文》者以事近于亵，乃以也为匜之本字说之。实则匜从也声，与形无涉……契文育字或作♐，下所从♐，即也字象形，与篆文形近，

可为许说之证。

汉达文库和张俊成释为"孟",张先生认为其下部所从为🔣省去圈足之形[19]。陈絜认为是"子曾"合文[20]。

上述诸说中,以王国维和李孝定的字形分析最为近之,虽然我们不赞同将其释为"育"。🔣字下部的🔣与甲骨文"刿"字🔣左部所从之🔣造字理据相同,🔣和🔣皆象生殖器之形,只是有男女之分,圆圈象其所依附的身体部位,故🔣实象分娩之形。"也"字战国文字作🔣、🔣等形[21],有自己的演变谱系,《甲骨文字诂林》姚孝遂按语云:"'也'为'女阴'之说,古文字资料已充分证明纯属误解,无庸争辩。"[22]姚说是也。然许慎是据小篆字形立说,小篆"也"字作🔣,与甲骨文🔣形十分接近,可见"女阴"之说可能是口耳相传、渊源有自,并非完全是无稽之谈。只是到东汉时🔣形已经消亡,许慎遂将"女阴"之义误植到与之形近的🔣字上了。

众所周知,古文字经常正倒无别。如上面提到的"刿"字🔣又可以部分倒书作🔣(《合》525),生殖器正倒无别;又如甲骨文中同样象分娩之形的"毓"字既可写作🔣、🔣,亦可写作🔣、🔣[23],"子"旁正倒无别。试将🔣部分倒书作🔣,就与🔣形十分相近了。我们知道,古文字中的勾廓经常被简写为一个横画,横画上面往往又会加一个短横画作为饰笔,如甲骨文"天"字比较象形的写法作🔣,上部简化后作🔣。🔣与🔣的关系亦如是,而赵平安指出曾侯乙墓竹简中释为"娩"字的🔣、🔣,实际上应看作是两者之间的过渡字形,上部犹存有甲骨文写法的孑遗。🔣乃🔣省去上部两个横画的简写形式。为便于观览,上述字形演变可图示如下:

🔣—🔣—🔣—🔣—🔣

🔣虽为"娩"字初文,然其辞例较少,在卜辞中是否用其本义目前我们还不得而知[24]。熟悉甲骨文的人都知道,卜辞中经常用作"分娩"义的另有其字,作🔣、🔣等形,唐兰释作"冥",读为"娩"[25],学界一般多从之。夏渌、赵平安、季旭升、禤健聪等则更进一步将其直接释为"娩"的象形表意字,认为字形象分娩之形,其中部所从之块状符号,即代指顺产降生的婴儿头。季先生、禤先生遂将金文🔣纳入字形演变的环节[26]。不过,🔣这个部件在甲骨文中构字能力很强,除了表示头部以外,还可以表示星星、城邑、冰雹等。🔣在甲骨文中无虑千见,并无一例有从"子"者,因此,没有直接的证据能证明其与🔣存在必然的联系,将字形中部所从之块状符号看作婴儿头也就有了看图说话的嫌疑。我们不能由于它表分娩义的用法,就将其字形硬往分娩上靠,因为它还有假借用法的可能。这与"其"字本象簸箕之形,我们不必将它的用法往簸箕上靠是同样的道理。

现在能确认的"冥"字时代最早者不超过战国。《诅楚文·巫咸》作🔣,《里耶秦简(壹)》简8-1221"冪"字所从之"冥"作🔣,周波认为其除掉"冖"旁的部分象正面人形附带画出人的面部,应看作是一个整体表意字,这一形体与古文字"黑"密切相关[27]。由此可见,它与甲骨文中旧释为"冥"的▨造字理据相距甚远，因此，有必要重新审视▨字的释读。

　　▨字，陈邦怀首释为"弇"，叶玉森、丁山等从之[28]，甚确。《说文》："弇，盖也。"就字形而言，前辈学者如唐兰、陈邦怀、丁山、李孝定、屈万里、杨潜斋等多认为象两手以巾覆物之形[29]，此说得之，■在字形中表示一个抽象的物体。"弇"字《说文》古文作▨，楚文字作▨（《清华一·皇门》10）、▨（《清华六·子产》5）、▨（《上博二·从政》乙1），与▨、▨字形十分接近。"宀""穴"在战国文字中常相通用[30]，它们应系冂、冖逐步演变而来，演变途径与"牢"字本作▨，再变为▨，最后变为从"宀"相同。从"臦"与从"収"在古文字中常相通用，如甲骨文▨（《合》10759）又作▨（《合》10760）。

　　▨既释为"弇"，在卜辞中仍读为"婏"。"弇"上古音为见母谈部，"婏"为明母元部。见母与明母字多通转之例，如"囧"读与"皿"同；谈部与元部相通亦不乏其例，如楚简"绢"字有写作上部从"占"声的，绢属元部，占属谈部[31]。故"弇"读为"婏"不存在语音上的障碍。

　　甲骨文中有个用作人名或地名的字，作▨形，学界一般认为与▨为一字的繁简体，正确可从。卜辞中有两者互用的例子，如：

　　　　戊辰卜，王贞：妇鼠▨，余子。

　　　　贞：妇鼠▨，余弗其子。四月。　　　　《拼集》44（《合》14115＋《合》14116），师小字

加■与不加■的两种字形共见于一版。又如：

　　　　癸卯☑取▨☑［王］固曰☑。　　　　　　　　　　　　　　　　《合》13964，典宾

"取"后经常跟人名或族名，如"取刚于▨"（《合》6）、"令良取何"（《合》4954）、"令毕取黄丁人"（《合》22）、"呼取羞努"（《合》111）等。《合》13964中加■的▨用在"取"之后，亦应是用作人名或族名。

　　由两种形体互用之例，可见▨确为▨省去■形的简写形式，因此▨亦应释为"弇"。不过，▨在卜辞中多用作人名或地名，▨多用作表分婏义的动词，两者已经有了明显的异体分工的趋势。

　　甲骨文中的▨地为后世之何地，学界有不同的意见。叶玉森、丁山从释"弇"之说，认为"弇""奄"一字，"弇"为周公践奄之奄地。饶宗颐从旧释为"冥"之说，认为即鄍地，《说文》"鄍，晋邑也"[32]。彭邦炯认为"冥"与"鸣"通，"冥"可能就是文献中的"鸣条"[33]。钟柏生倾向于认为"冥"是文献中的"渑池"，地在今河南渑池一带[34]。刘桓释▨为"樊"，认为是阳樊，其地在今河南省济源县东南[35]。按，今知▨应释为"弇"，则叶玉森、丁山的意见值得格外重视。叶先生谓：

　　　　许书训弇为盖，奄为覆，实则弇、奄一字，捭、掩并为今文。《西山经》"崦嵫之山"，《穆天子传》《列子》并作"弇山"亦其证。他辞云"王入于弇"……是弇为国名。《书·多方》"王来自奄"，《注》"国在淮夷之旁"。

丁先生谓：

> 由《左传》的"弇中"，与《尚书大传》所传，周公践奄之后，作《揜诰》考之（见《困学纪闻》），武丁入弇，弇当即南庚的故都之奄了。

"奄"为商朝迁殷之前的故都，地位不可谓不重要，然其字在商代文字中并没有反映，现在我们知道它实际上是用"弇"来替代的。检索汉达文库甲骨文库中"王入＋地名"或"王入于＋地名"的辞例，该格式中的地名数量十分有限，可能和"入"这个动词有关。其中排第一位者为"商"，凡三十几见；排第二位者即为"弇"，约七见；剩下的 🔲、凫、良各仅一见。而且值得注意的是，在宾一类卜辞中，"彀"这个贞人曾反复贞问在来乙巳这一天，王究竟是入商（《合》7788、7789、7794、7796、7797、7799）还是入弇（《合》7843—7848），"弇"与"商"处于并列的位置，可能是贞问商王外出结束后是返回大邑商还是返回故都奄地，这也为"弇"是奄地提供了一个侧证。

附记：本文获中国社会科学院学科建设"登峰战略"资助计划资助（DF2023YS09）。

（作者单位：中国社会科学院语言研究所）

注：

① 参滕壬生编《楚系简帛文字编（增订本）》第1225—1226页，湖北教育出版社2008年。

② 荆门市博物馆编《郭店楚墓竹简》第189页注19裘锡圭按语，文物出版社1998年。

③ 李零《读〈楚系简帛文字编〉》，《出土文献研究》第5辑第146页，科学出版社1999年；《郭店楚简校读记》，《道家文化研究》第17辑第486页，生活·读书·新知三联书店1999年。

④ 湖北省文物考古研究所、北京大学中文系编《九店楚简》第146—147页，中华书局2000年。

⑤ 赵平安《从楚简"娩"的释读谈到甲骨文的"娩妫"——附释占义字中的"冥"》，《简帛研究二〇〇一》第55—59页，广西师范大学出版社2001年。下引赵先生意见，如无特别说明，皆出此文，不另出注。

⑥ 季旭升《从〈新蔡葛陵〉简谈战国楚简"娩"字——兼谈〈周易〉"女子贞不字"》，《2004年文字学学术研讨会论文集》第71—85页，里仁书局2005年。下引季先生意见，如无特别说明，皆出此文，不另出注。

⑦ 参刘传宾《郭店竹简研究综论（文本研究篇）》附录一"郭店楚简疑难文字分篇集释"第59页，吉林大学2010年博士学位论文。

⑧ 颜世铉《郭店楚简〈六德〉笺释》，《史语所集刊》第72本第2分第476页，2001年。

⑨ 刘信芳《楚简"免"与从"免"之字试释》，《古文字研究》第27辑第407页，中华书局2008年。

⑩ 李守奎、肖攀《清华简〈系年〉文字考释与构形研究》第110—112页，中西书局2015年。

⑪ 王志平《"免"字臆解》，"清华战国楚简国际学术研讨会"论文集，清华大学，2021年。

⑫ 转引自赵平安《郭店楚简与商周古文字考释》，《古籍整理研究学刊》2003年第1期。

⑬ 李零《郭店楚简校读记（增订本）》第137页，北京大学出版社2002年。

⑭ 董莲池编著《新金文编》第1048—1049页，作家出版社2011年。

⑮　李爱辉《甲骨卜辞中的"子韦"》,《古文字研究》第33辑第132—135页,中华书局2020年。

⑯　李宗焜编著《甲骨文字编》第184页646号,未隶定,中华书局2012年;刘钊主编《新甲骨文编(增订本)》第916页附录204号,福建人民出版社2014年;《甲骨文合集释文》《殷墟甲骨刻辞摹释总集》《甲骨文校释总集》《殷墟甲骨文摹释全编》等皆照摹原形。

⑰　罗振玉《殷虚书契考释三种》第487页,中华书局2006年。

⑱　㉒　于省吾主编《甲骨文字诂林》第550页,中华书局1996年。

⑲　张俊成《读契札记三则(释"孟"、释"魈"、释"隐")》,《甲骨文与殷商史》新12辑第238—240页,上海古籍出版社2022年。

⑳　陈絜《"伯或征卲"与晚商洍族——兼论卜辞地名地理研究在古文字考释中的辅助作用》,《故宫博物院院刊》2021年第4期。

㉑　徐在国等编著《战国文字字形表》第1695—1696页,上海古籍出版社2017年。

㉓　参李宗焜编著《甲骨文字编》第179—183页。

㉔　赵鹏认为⬚为人名,即人名组合中的"某＋子＋某",⬚为族名,韦为私名,子为韦的身份,即⬚族族长韦。李爱辉同意赵鹏的意见,同时指出不排除其用作动词的可能性。当"殟"前出现动词时,这个动词多是"致殟"的行为,即遭受不好的事情而致殟。如果⬚是动词,那子韦将是因⬚而殟。参李爱辉《甲骨卜辞中的"子韦"》,《古文字研究》第33辑第132—135页。

㉕　㉘　㉙　㉜　同注⑱第2067—2071页。

㉖　禤健聪《"字""娩"用字同形分化考》,《古汉语研究》2019年第4期。

㉗　周波《说上博简〈容成氏〉的"冥"及其相关诸字》,"古文字与出土文献青年学者论坛"论文集第199—213页,吉林大学,2019年;又载复旦大学出土文献与古文字研究中心网2020年6月23日。

㉚　参裘锡圭《战国玺印文字考释三篇》,《古文字研究》第10辑第82页,中华书局1983年。

㉛　刘钊《古文字构形学》第119页,福建人民出版社2006年。

㉝　彭邦炯《甲骨文农业资料考辨与研究》第68—69页,吉林文史出版社1997年。

㉞　钟柏生《冥地考》,《于省吾教授百年诞辰纪念文集》第12—16页,吉林大学出版社1996年。

㉟　参何景成编撰《甲骨文字诂林补编》第515—517页,中华书局2017年。

古文字研究（35）：131—134，2024

试释甲骨文"羍"字

吴丽婉

《说文》："羍，小羊也。从羊大声。读若达。⟨字⟩，羍或省。"此字在传世文献中极少见，与古文字相关的各种工具书亦未收录，似乎是一个"死文字"，找不到源头，所以有学者认为字形可疑，可能是许慎从"达"字硬拆出来的形体。如果仅就这些材料来看，这种怀疑似不无道理。但其实赵平安在2001年就指出，"羍"字亦见于战国玺印，作⟨字⟩（《玺汇》3650），与同时期"达"字所从相同，与《说文》"羍"字或体⟨字⟩相近，属于"羍"的古字①。在看过本文初稿后，赵先生告诉我，《集成》11284铭文旧释"幸"的⟨字⟩（摹作⟨字⟩）也是"羍"字。这为战国时代的"羍"字提供了又一例证。战国时代显然已有"羍"字，这一点已确切无疑。

甲骨文有一个字形从⟨字⟩从羊，见于《乙编》904（见图一），与赵先生所说战国"羍"字的写法基本一致，应是同字。由于《乙编》904这版龟甲上部断裂，《甲骨文字编》和《新甲骨文编（增订本）》都将此字摹作⟨字⟩②，当成残字处理。但是从笔画和结构看，这个字形看不出有残损的迹象，而且结构匀称，应该是一个完整的字形。即使真是残字，那大概也是一个以"羍"为偏旁的字。总之，甲骨文里应有"羍"的形体。

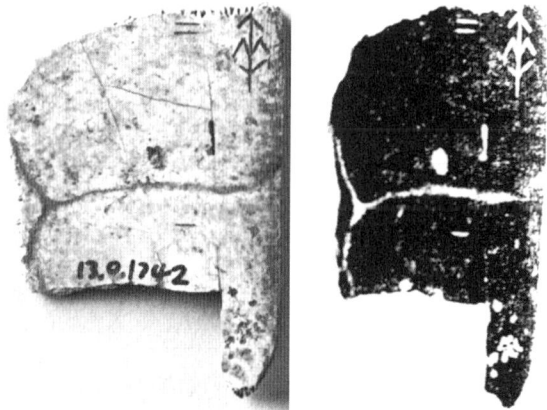

图一　《乙编》904照片和拓本

除了上述甲骨文字以及赵先生指出的战国时代的两个字形以外，其他先秦出土文献和传世文献再未见"羍"字，至东汉许慎《说文》才又见"羍"字踪迹，不得不承认"羍"字在时代上是有缺环的。《说文》除了收录独体的"羍"字以外，还收录了以之为偏旁的"达"字，许慎将字形结构分析为"从辵羍声"。"达"字的字形从西周金文开始一直到后世文字，是一脉相承的。要分析"羍"字的结构和字形演变，可根据"达"字所从"羍"的写法来考察。西周及春秋战国"达"字的写法如下：

西周：

史墙盘，《铭图》14541	保子达簋，《集成》7.3787	𫴆尊，《铭图》11818
达盨盖甲，《铭图》5661	㢣父鼎，《集成》5.2671	

春秋战国：

三晋	《温县》WT1 K17：131		
燕	《玺汇》3948	《玺汇》1340	《玺汇》3530
秦	睡虎地《日书》乙种 19　《香续》51		《珍秦》153　《秦风》219
楚	曾侯乙钟 A1，《铭续》1029	郭店简《语丛·一》60	上博简《用曰》6
	郭店简《穷达》15	清华简《皇门》11	清华简《邦政》9
	清华简《芮良夫毖》28	上博简《民之父母》2	清华简《四告》27
齐	叔夷钟，《集成》1.277.2	叔夷镈，《集成》1.285.8	
	齸镈，《集成》1.271.2	《陶录》3.352.1	《陶录》2.206.4

　　西周的"达"字以徝这种形体为主流写法。㢣父鼎的写法较特殊，孙诒让认为上部从舌，与"达"是改换声符的关系③，可从。春秋战国文字的字形中，三晋、燕、秦这三系的"达"字写法与西周徝的写法基本一致，楚系和齐系的写法则变化较大。赵平安对楚、齐二系"达"字的构形作了很好的梳理：楚系"达"字声符部分下部主体从两横和从口形，有时则省去两横或口形，有时则加上肉旁；齐系是在徝的基础上加口形，然后省简、省并，个别声符下半部分变成舌，勉强可以看作变形音化④。综合以上字形分析，西周及晋、燕、秦、齐"达"字所从"羍"的典

型写法是🔣，其他稍异的字形大致是在此基础上通过繁化、省并等变形而来；楚系“达”字所从“夆”的主体写法是🔣去掉羊旁以后的部分（再加两横或口旁、肉旁）。

甲骨文🔣等字形，赵平安分析为从止、🔣声，释作“达”⑤。🔣即战国楚系“达”字去掉辵旁、两横、口旁、肉旁以后剩下的部分。根据现在的研究，我们知道楚系文字有很多来源较古的字形，有一些是直接承继甲骨文而来，甚至在西周文字中都未曾出现过⑥。战国楚系“达”字的写法或许有“存古”的因素。

《说文》小篆的“达”字作🔣。与《说文》同是东汉时期的西岳华山庙碑“达和民事神之义”的“达”字隶书作🔣（《汉隶字源》入声十二曷），所从🔣（夆）显然即古文字所从的🔣等形，前者上部的一横笔乃从后者上部的两斜笔拉直而来。《说文》“夆”字正体作🔣，或体作🔣，🔣的写法与或体相同，据此也可以将古文字“达”所从的🔣与《说文》🔣沟通起来。赵先生将战国时代的🔣和🔣释作“夆”，正确无疑，甲骨文之字也应释“夆”。

当然，如果用“锱铢必较”的眼光来审视的话，古文字🔣与小篆🔣、战国时期的🔣与🔣，上旁在写法上还有极其细微的差别：🔣上部的竖笔下端超出两斜笔，而🔣上部的竖笔下端不超；🔣上部的竖笔上端不出头，作🔣形，而🔣上部的竖笔上端出头。但此类小异并不能对字形的认同产生影响。从西周和春秋战国“达”字所从“夆”来看，“夆”字的标准字形为🔣，上部竖笔的下端超出两斜笔。而小篆🔣上部的竖笔下端不超出两斜笔。许慎说：“🔣，夆（夆）或省。”🔣这种写法可能是许慎为了与🔣相呼应而稍作改造的，以便解释成🔣的省体。至于🔣与🔣竖笔上端是否出头，也不是字形的区别特征。比如前举叔夷钟和叔夷镈的“达”字分别写作🔣、🔣，“夆”上部竖笔就有出头与不出头的写法。所以，这些字形毫无疑问可以等同起来释为“夆”。

我们可以简单罗列出“夆”和“达”的字形发展演变序列：

“夆”字				
	殷商甲骨文	战国玺印和兵器	汉代小篆	楷书

“达”字				達（逢）
	西周金文	战国秦简	汉代隶书和小篆	楷书
	殷商甲骨文	战国楚简		

可以看出，“夆”和“达”的字形演变一脉相承，而且“达”字的构形很稳定，从夆（或夆的声符）的演变脉落非常清晰。邬可晶曾怀疑“达”字本不从“夆”，并将甲骨文🔣、🔣、🔣、🔣等字

形释为"达"⑦,现在看来恐怕是有问题的。

从甲骨文和战国文字来看,"羍"字确有其来源,这个"死文字"可以说得以"救活"了。这是出土古文字资料带给我们的新认识。根据甲骨文的字形,"羍"字原本从↑,《说文》"羍"字的或体𡴚是古文写法,本是正体,写作从羊大声的𡴚反而是后起写法,可能是讹变或者是为了起到表音的作用而把↑改为"大(大)"。许慎谓"羍"字"从羊大声",可见其音确与"大"相同。对于或体𡴚,段玉裁《说文解字注》:"此不当从入,当是从人。大,人也。故或从人。羊有仁义礼之德,故从人。"实是臆说。王筠《说文解字句读》:"言'省'者,以人为入,则声不谐;以人为人,则人字无此体,而声意又皆不合。故曰:𡆥省为人也。"相比之下,王筠对或体字形的认识要准确一些,但因受时代和材料限制,仍误把从大的字形看作正体,把或体看作省体。《说文》:"羍,小羊也。"段玉裁认为:"羊当作羔,字之误也。"从古文字字形看,此说亦失实,"羍"字从羊无误。许慎训"羍"为"小羊",想必还是有一定根据的。⑧可惜战国的"羍"字无法寻其义,甲骨文又是残辞,用法不明,望有新材料出现以探其究竟。

附记:本文为国家社科基金重大委托项目"清华大学藏甲骨的综合整理与研究"(16@ZH017A4)、国家社科基金青年项目"甲骨文对读材料的收集、整理与研究"(20CYY040)阶段性成果。初稿蒙赵平安师审阅,谨此致谢。

(作者单位:暨南大学中文系、"古文字与中华文明传承发展工程"协同攻关创新平台)

注:

① 赵平安《"逹"字两系说——兼释甲骨文所谓"途"和齐金文中所谓"造"字》,《中国文字》新27期第51—64页,艺文印书馆2001年;又载氏著《新出简帛与古文字古文献研究》第78页,商务印书馆2009年。

② 李宗焜编著《甲骨文字编》第551页,中华书局2012年;刘钊主编《新甲骨文编(增订本)》第964页,福建人民出版社2014年。

③ 孙诒让《古籀拾遗 古籀余论》第21页,中华书局1989年。

④ 赵平安《"逹"字新证》,《中国史研究》2023年第4期第61—72页。

⑤ 赵平安《"逹"字两系说——兼释甲骨文所谓"途"和齐金文所谓"造"字》,《中国文字》新27期;赵平安《"逹"字新证》,《中国史研究》2023年第4期第64页。

⑥ 李聪对战国楚文字的"存古"现象作过详细的分析和讨论,详参李聪《战国简帛资料与甲骨文字考释》第3章"论战国简帛文字资料中所见'存古'字形之成因",清华大学2021年博士学位论文。

⑦ 邬可晶《试释殷墟甲骨文的"达"字》,《出土文献与古文字研究》第8辑第64—83页,上海古籍出版社2019年。

⑧ 赵平安从许慎之说,认为"羍"的本义为小羊,并举文献为证。详参注④赵平安文第63页脚注5。

古文字研究（35）：135—140,2024

殷契小辭身份考

韓文博

　　小辭乃僅見于出組一類的一位重要人物，學者對其身份多有考辨，然均不足以采信。通過對其活動事迹的梳理考證，我們認為"小辭"很可能為殷高宗武丁之王妃"妣癸"，亦即出組二類所見之"母癸"。

一　"小辭"其名之辨

　　甲骨文中有一人名作"小䚷"，亦即本文所論之"小辭"。"小辭"組卜辭是研究商代喪葬制度，尤其是探討商王廟號來源的重要材料。長期以來，學者對其多有闡發，兹簡述如下。李學勤以本組卜辭為據，提出了商王廟號源于死後卜選而來之新說①。彭裕商在贊同李先生"死後卜選說"的基礎上，對這一組卜辭進行了初步系聯，并將其排入一年之内②。饒宗頤在《殷代貞卜人物通考》一書中將"䚷"釋為"辭"讀為"祠、祀"③，進而將"小辭"讀為《周禮·肆師》中"大祀、次祀、小祀"之"小祀"，饒先生釋字可從，然將其讀為"小祀"恐不可信。裘錫圭在釋"以"時進一步申論了余永梁將"䚷"釋為"辭"的觀點，認為"㠯"所從"以"與"䚷"皆為"䚷"字之聲符④，可信。1976年嚴一萍《釋小䚷》一文指出，"䚷"為"后、亏"之合文，"小后亏"即為孝己之妃⑤。90年代，朱鳳瀚在研究卜辭與商金文中的"后"時對"小䚷"組卜辭進行了梳理，支持嚴一萍釋"䚷"為"后、亏"合文的觀點，并作了更為詳細的論證⑥，嚴、朱二先生之說裘先生提出質疑，并著文將"䚷"讀為"姁"，卜辭中用作女性之稱謂⑦。此外，郭旭東在其博士論文《卜辭與殷禮研究》中據引"小䚷"組卜辭，對其所反映的喪葬禮儀、品立王后的婚姻制度等進行了研究，指出"小䚷"的身份為時王的王后，其族氏源于與商王室世代通婚之"龔"族⑧，此說具有一定參考價值。從卜辭文義及相關字形、字音等來看，將"小䚷"之"䚷"釋為"辭"之觀點可信，故本文暫名其曰"小辭"。

　　綜上，學者對"小辭"之身份進行了研究，不論是從"辭"字本身入手，還是從其他方面着眼，但都認為其身份為王后或王妃，足見其地位之尊崇。以嚴一萍為代表的學者認為"小辭"為孝己之妃；郭旭東等認為，"小辭"乃時王之妃。據筆者淺見，以上兩說均不可從。

　　首先，"䚷"并非"后、亏"合文。其一，《京人》1885（見附圖1）有 ，若為合文則勢必讀為"后后亏"，不辭。其二，《合補》7480（見附圖2）有"㞢于龔䚷"，其字從"以"，《合》24951（見附圖3）亦有"龔䚷"，其字從"䚷"，可知其所從之"䚷""以"均為聲符，則"䚷"應為"姁"而非

"后"。其三,据古书记载,孝己早丧,是否有妃尚不可知,故孝己之妃一说难征。

其次,"小辝"并非时王之后,应为先王之后,理由如下。其一,通过对相关卜辞的梳理可知,在"小孜"亡故后商王不仅亲自参与其丧葬仪式,而且进行了隆重祭祀,若为时王之妃,此种礼遇与甲骨文及古礼不合,在武丁诸妇中,妣戊(妇妌)、妣辛(妇好)亡故后均未见武丁对其举行过于隆重之祭祀,而且古代男尊女卑,丈夫对妻子的礼遇不可能如此隆盛。其二,《合》24951(=《前》1.30.5+2·25·6)等记载于"辝宗"(附图3)之中对母辛举行岁祭,此母辛即武丁之妃妇好,其与妇好(时王之母辈)一同在宗庙中祭祀,足见其地位之高贵,亦应属时王之母辈,而非其后妃。其三,由"小孜"组卜辞可知,在其亡故后所选定祭祀之日为"癸",且在出组二类卜辞中,常于"癸"日对其祭祀,因此,其庙号必为"癸",查周祭祀谱,祖庚、祖甲并无名"癸"之王后,而商王武丁有妣戊、妣辛、妣癸三位王后。总之,不论从甲骨卜辞本身的记载,还是"小辝"组卜辞所反映的相关信息,将"小辝"理解为先王之后妃(即时王之母辈)都要比视为时王之配偶更加合理可靠。

另外,尽管"小辝"为人名已为大多数学者之共识,但"小辝"是否与"辝"为一人尚有分歧。经笔者检索,在宾组卜辞中"小扫"可简称为"扫"⑨、"小邑"亦可简称为"邑"⑩等,此例甚多,不赘举,以此例之,"小辝"可简称"辝"。更为重要的是,在出组一类至出组二类中出现"辝"与"小辝"的卜辞具有十分紧密的联系,这足以说明"辝"与"小辝"为同一人。

二　小辝为武丁之妃妣癸

前文已指出,记载"小辝"亡故之辞(《合》4962、4963、23586、26804、17098)均为出组一类,而出一类的年代主要为祖庚时期,上限可及武丁晚末,故将其视为孝己或时王(祖庚)之妃均不合理,周祭中配享武丁者有妣戊、妣辛、妣癸,虽不能确定三妇亡故的先后次序,但值得注意的是,在出组一类中未发现有"母癸"称谓,而在此后的出组二类中出现了"母癸",这应非巧合,故"小辝"极有可能为祖庚、祖甲之生母或继母,殷高宗武丁之王后"妣癸",试证之如下。

其一,遍查甲骨卜辞,除河、岳、夔等自然神祇外,凡有宗庙者皆为一代商王或王后。《合》24951记载于"辝宗"(小辝之宗庙)之中对母辛举行祭祀,可见"小辝"亡故后商王为其修筑了宗庙。甲骨卜辞有"唐宗"(《合》1339)、"丁宗"(《合》13534)、"妣庚宗"(《合》23372)、"母辛宗"(《合》23448、23520)、"祖丁宗"(《合》30300、30301)、"父己宗"(《合》30302)、"祖乙宗"(《合》32360、33108、34050)、"父丁宗"(《合》32700)、"大乙宗"(《合》32868)、"康祖丁宗"(《合》35395)、"武乙宗"(《合》35931)等,此皆为商王或王后之宗庙,足见小辝地位之崇高。

其二,从我们对"小辝"组卜辞排谱系联的结果来看,小辝从亡故之始至居丧终了所用之时间竟长达一年之久,而且此间商王亲自参与了她的丧礼,并对其进行了隆重祭祀,足见其与商王关系之亲密。

其三,"小辝"之庙号为"癸",与武丁王后之庙号"妣癸"相合,而且占卜庙号之卜辞,仅有为小辝作日之《合》23712—23714(附图4—6)及卜选廪辛庙号之《合补》10388(附图7)。《合》23712—23714诸版皆卜问"作小辝日更癸",翻检相关卜辞,凡对小辝进行祭祀者几乎均在"癸"日,因此"小辝"之庙号为"癸"当无疑问。

其四,"小辝"与"丁"或"父丁"关系极其密切。《合》23715、23716、23708(附图8—10)诸辞记载对"小辝"进行"老"祭[11]是否要"丁"来作配享,出组卜辞中之"丁"即"父丁(武丁)",上揭诸版卜辞之意则为,八月丁酉日占卜小辝的宗庙初步落成对其进行祭祀是否要以父丁为宾配。无独有偶,《史语所购藏甲骨》(简称《史购》)第207版(附图11)为出组二B类卜辞,其上"父丁"与"母癸"对举,知此"母癸"当为武丁之妻。

其五,卜辞所见卜选日名者,仅"小辝"组卜辞和《合补》10388两组。前文已指出,属出一类的《合》23712—23714诸片不仅卜选"小辝"之日名,而且也有"品"祭之辞。《合补》10388为历无间类,李学勤指出"为卜选廪辛"日名之辞,同样本版中也有"品"祭之辞,足见两者具有许多共同之处。《合补》10388为一代商王"廪辛"卜选日名,此事于殷人之重要性不言而喻,那么同样记载为其占卜"日名"的"小辝"亦绝非泛泛之辈,此亦可佐证"小辝"极有可能为商王之王后。

其六,"子"对其进行祭祀,而这里的"子"应即"多子族"之"子",他们的身份"或是时王的亲兄弟、从父兄弟,或是时王的诸父诸祖"[12]。《合》22559(附图12)记载:"癸丑卜大贞:子屮于辝羌五?"此即"子"用五个羌人献祭"小辝",亦可见其地位之尊贵。

其七,《合》24951记载"屮于五毓至于龚辝",裘锡圭指出:"殷墟卜辞中指称祭祀对象的'毓',肯定包括时王的祖父以下的先王,肯定不包括高祖(曾祖之父)以上的先王,至于曾祖是否包括在内还有待研究。"[13]此说可信。尽管卜辞中"自…至于多毓"中之"毓"很有可能也包括了直系女性先祖在内(按:卜辞有"毓妣"),但是仍发现直系先祖与女性先祖一同受祭的例子,《屯南》3186(附图13)记载"甲申卜其□于毓祖(按:从拓本看当为'祖乙')、妣庚裸、二牢",此处之"毓祖乙"当为"小乙","妣庚"即小乙之配偶,那么以上"五毓"则应指"阳甲、盘庚、小辛、小乙、武丁"五位先王,而"龚辝"与以上五位直系先王一同受祭,足可证明其为商王之直系至亲无疑。

另外,"小辝"与"母辛"所用祭法、牺牲等可能相同。《合补》7042记载"[辛]卯屮于母辛三牢、荐一牛、羌十",《合》23719(附图14)记载"[壬]午卜大贞:翌癸未屮于小辝三牢、荐一牛…"[14]。由于《合》23719"牛"字之后是否有字尚不能肯定,因此本条仅作为辅证"小辝"身份地位之参考。

综上,本文从七个方面对见于出组卜辞中之重要人物——"小辝"之身份进行了详细考证，从对相关卜辞的梳理可知，"小辝/辝"不仅与商王武丁之配偶"妣癸"日名相同，而且从其亡故年代推测其活动之年代在武丁时期，对比其葬礼中时王（祖庚）对其进行的隆重祭祀以及与武丁（父丁）之间的紧密关系，我们认为"小辝"极有可能为武丁之王后"妣癸"，亦即见于出组二类之"母癸"。

附记：本文系国家社科基金项目"甲骨文商王行迹考辨与谱系研究"阶段性成果之一。

（作者单位：四川大学历史文化学院）

附图：

　　1　　　　　　2　　　　　　　3　　　　　　　4

5

6

7

8

9

10

11

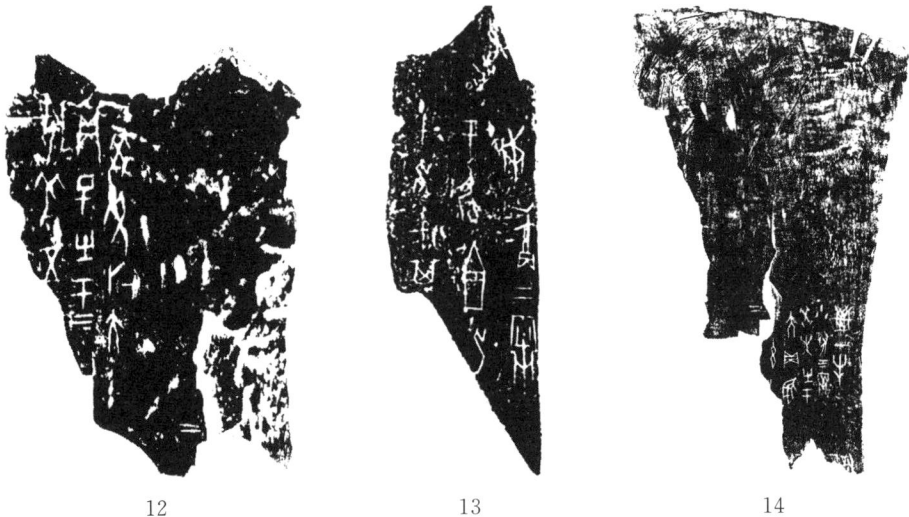

　　　　　　12　　　　　　　　　　13　　　　　　　　　　14

注：

① 李学勤《评陈梦家殷虚卜辞综述》，《考古学报》1957年第3期。

② 李学勤、彭裕商《殷墟甲骨分期研究》第131—132页，上海古籍出版社1996年。

③ 饶宗颐《殷代贞卜人物通考》第825—827页，香港中文大学出版社1959年。

④ 裘锡圭《甲骨文字考释(续)》，见《裘锡圭学术文集》第1卷第182—183页，复旦大学出版社2012年。

⑤ 严一萍《释小㝬》，《甲骨古文字研究》第1辑第191—196页，艺文印书馆1976年。

⑥ 朱凤瀚《论卜辞与商金文中的"后"》，《古文字研究》第19辑第422—444页，中华书局1992年。

⑦ 裘锡圭《说"妿"》，见《裘锡圭学术文集》第1卷第523—526页。

⑧ 郭旭东《卜辞与殷礼研究》第三章，陕西师范大学2010年博士学位论文。

⑨ 参见《合》17569、《合补》2150、《合》1534、1661、2225等。

⑩ 参见《合》17569—17574等。

⑪ 此处之"考"指宫庙初成之祭。《春秋·隐公五年》"考仲子之宫"，孔颖达疏引服虔云"宫庙初成祭之名为考"，
　　可从。

⑫ 彭裕商《非王卜辞研究》，《古文字研究》第13辑第57—81页，中华书局1986年。

⑬ 裘锡圭《论殷墟卜辞"多毓"之"毓"》，《中国商文化国际学术讨论会论文集》第450—458页，中国大百科全书
　　出版社1998年。

⑭ 《合》23719诸家释文皆认为"牛"后已无文字，放大图版观察，其后似有笔画，但拓本漫漶不清，故暂且存疑。

古文字研究(35): 141—145,2024

甲骨文"异体分工"字词举隅

丁军伟

甲骨文同一个字可有多种不同用法,同一个词亦可用多种不同字形表示。随着研究的深入,学者对同一文字用不同的书写形式来表示不同的意义(即异体分工)有了较为全面的认识。孙俊、张惟捷、王子杨等学者已对卜辞中的"异体分工"现象有所探讨,笔者在学习过程中亦有所发现,今不揣谫陋,略举数例,以期学者对"异体分工"有更加全面深入的认识。

一 宁

卜辞中"宁"字常见,作 (《合》14540)、(《合》11007正)、(《合》33234)、(《合》36450)等形,其在卜辞中主要有三种用法:一,用为"安宁"之"宁"(下文用{宁₁}表示);二,用为地名(下文用{宁₂}表示);三,用为"宁风""宁雨"之"宁"(下文用{宁₃}表示)。

{宁₁}出二A类卜辞[①]作 (《合》26161、26164)形,出二B类作 (《合》26159、26170、26162、26167、26168等)形;黄类卜辞则作 (《合》36450、36455、36460、36471、36454等)形。王子杨指出出组二类与黄类卜辞中用为"安宁"之"宁"存在类组差异现象,其言甚是[②]。

{宁₂}宾一A类卜辞作 (《合》11006正、11007正、11008、3061等)形,宾一B甲类卜辞作 (《合》8274)形;何二类卜辞作 (《合》28196)形;无二B类作 (《合》27991)形;黄类作 (《合》36949)形,此种用法在不同类组中形体差异不大,基本一致。

{宁₃}宾二类卜辞作 (《合》13372)形;师历间作 (《合》34138、33077);历类则基本作 (《合》32992、33234、32028、《屯南》744、2616等)、(《屯南》2772、《合》34151)等形;无名类作 (《合》30257、30259)形。

综上所述,宾组卜辞主要有{宁₂}、{宁₃}两种用法,且两种用法的字形基本一致;出组二类卜辞基本用为{宁₁};历类卜辞基本用为{宁₃};无名类卜辞主要有{宁₂}、{宁₃}两种用法,且两种用法的字形基本一致;黄类卜辞主要有{宁₁}、{宁₂}两种用法,但两种用法的形体则不一致,{宁₁}作 (《合》36450、36452、36455等)形,而{宁₂}则作 (《合》36949)形。据此,我们认为黄类卜辞中此字存在异体分工现象。

二 㝥

卜辞中有字作 (《合》28228、28230、《屯南》715等)、(《合》32028、《英藏》2428、《屯

南》750等)等形。于省吾主编的《甲骨文字诂林》将上述二形列为两个字头(2684号和3325号),显然其认为上述二形非一字。但目前多数字典,如《甲骨文字形表(增订版)》《新甲骨文编(增订本)》《甲骨文字编》均将上述二形视为一字。

⬛形主要见于何组(《合》28228)、无名类(《合》28230、《屯南》715)卜辞。《甲骨文字诂林》姚孝遂按语指出,此字在卜辞中用为地名[3]。裘锡圭怀疑此字当读为"耘",指出:"上引卜辞里的'𦥑'如果的确应该读为'耘'的话,有可能是指作物生长过程中耘除杂草的工作而言的。不过这个字也有可能应该读为'均'。《夏小正》正月'农率均田',传:'均田者,始除田也。'此外,也有可能上引卜辞里的'𦥑'根本不是指农业生产上的某种工作而言。总之,关于'𦥑'的意义还需要进一步研究。"[4]周忠兵则认为此字从"兮"得声,而非裘先生等学者所认为的从"旬"得声[5]。

⬛形主要见于师宾间(《合》10118)、历二类(《合》32028、32833、《屯南》750、1300、《英藏》2428)、无二类(《屯南》108)卜辞中,《甲骨文字诂林》姚孝遂按语指出,此字在卜辞中为祈雨之祭祀对象,非地名[6]。周忠兵亦有此种观点[7]。朱歧祥则认为此字在卜辞中为求丰年之祭地名[8]。

虽然目前多数学者认为⬛、⬛二形为一字,但亦指出二者用法有所差异。学者所言可信,我们认为其中的原因当与异体分工有关,无名类卜辞中二者用法区别明显可证。

三 盖

卜辞中盖字多见,主要见于宾组卜辞中,无名类卜辞偶有所见(如《屯南》4584)。其在卜辞中作⬛(《合》638)、⬛(《屯南》4584)等形,前一字形与卜辞中释为"陷"或"阱"的字形相似,张新俊对此有详细论述,其言可信[9]。此字在卜辞中主要有两种用法,一种是用为名词,作地名(下文用{盖$_1$}表示);一种是用为动词(下文用{盖$_2$}表示)。

其中{盖$_1$}主要作⬛形(如《合》10967、13515、18850、《屯南》4584)、⬛形(如《合》636—638、9476);而{盖$_2$}则均作⬛形(如《合》5770—5772),未见下部加"皿"作⬛形的。我们认为这种差异当与异体分工有关,只不过这种分工并不彻底。

四 卣

卜辞中有字作⬛(《合》12666)、⬛(《合》14468反)、⬛(《合》12659)等形,学者多隶定为"畕"或"畾";亦有字作⬛(《合》29691)、⬛(《屯南》110)等形,学者或隶为"卥"或"卣";另有⬛(《合》14128正)、⬛(《合》3927)等形,学者多释为"卣"。

对于上述字形是否为一字,学界有不同的观点,但多数学者认为上述诸形为一字,乃"卣"字[10]。我们认为上述诸形为一字之说的观点是可信的,"卣"字之所以有上述三种写法,我们怀疑当与"异体分工"有关。

🔥形主要见于师组(如《合》21306)、宾组卜辞(如《合》14128)中,用为人名或国族名。历类卜辞中此字亦有出现,如《合》33292,但其用为"卣雨",与宾组卜辞常见的"🔥雨"用法相同。

🔥形主要见于宾组(《合》15795、1069、《英藏》1293)、出组(《合》23227)、何组(《合》30917)、历类(《屯南》504)、无名类(《合》29691、30973、30918)、黄类(《合》35351、35355)等卜辞中,其在卜辞中主要用为酒器。

🔥形主要见于宾组(《合》12665、12660、12666、12658等)卜辞,在宾组卜辞中用为"盅雨"。"盅雨"之"盅"除作🔥形外,亦作🔥(《合》14468反)、🔥(《合》12659正)等形。值得注意的是,出组卜辞中此形亦有出现,作🔥形(《合》23257、26859、25979、22828),但出组卜辞中此形则用为酒器。

综上可知,学界认为上述诸形为一字的观点是可信的,之所以下部或从"凵"或"皿",乃是由于异体分工所致。

五 示(主)

卜辞中"示"主要作🔥(《屯南》4233)、🔥(《合》32400)、🔥(《合》27518)、🔥(《合》32392)、🔥(《合》28268)、🔥(《合》5623)、🔥(《合》22062反)、🔥(《合》1256)等形⑪。陈梦家、唐兰等学者指出示、主早期为一字,二者乃同源分化⑫,目前此说已为学者普遍接受。

较早关注此字形体差异的当是柳东春,其指出:"(示)卜辞里或作'🔥'或作'🔥',两字可通,但记事刻辞里皆作'🔥'。此有其一定的原因,盖记事刻辞里'🔥'字与卜辞里'🔥''🔥'字有不同意义在。"⑬其后孙俊指出:"宾组卜辞中用来指'神主'的'大示''五示''六示''九示''丁示'以及先公'示壬''示癸'的'示'或写作🔥,或写作🔥。记事刻辞中常见'某示多少屯'的'示',只作'🔥'。……🔥与修治龟骨一类的事件有关,跟用来指神主的'示'用法完全不同,可见示的两个异体🔥🔥存在异体分工。"⑭二位先生所言甚是。除宾组外,出组(《合》17517曰=《合》40684)、师历间(《合》21006反)卜辞中记事刻辞"某示若干"之"示"亦与宾组相同,作🔥形。不过花东类卜辞中的记事刻辞"某示若干"之"示"则作🔥(《花东》184)形,对此方稚松认为这只是异体字的偶尔混用,并不影响甲骨文中的🔥、🔥有别这一特点。方先生通过对卜辞中此字的梳理指出,卜辞中写作🔥的"示"多只表示"神主"义;而🔥除表示"神主"义外还有一些其他用法,这些用法很少用🔥表示⑮。

除此二形外,上述"示"字诸形中🔥、🔥、🔥、🔥、🔥则多用为"神主"或先公"示壬""示癸"之"示"。🔥主要见于历无名类卜辞中,主要用为祭名,与本类用为"神主"或先公"示壬""示癸"之"示"作🔥(《合》28269)、🔥(《合》30380)之形有别。

综上所述,我们认为卜辞中的 ⬛、⬛、⬛ 等形存在异体分工现象。

六　亩

卜辞中"亩"字多见,主要见于历类、宾组卜辞中,作 ⬛(《合》33236)、⬛(《合》584 反甲)、⬛(《合》583 反)、⬛(《合》6813)等形,在卜辞中主要用为"仓廪"之"廪"(下文用{亩₁}表示)和人名之"亩"(下文用{亩₂}表示)。

宾组卜辞中{亩₁}主要作 ⬛(如《合》584 反甲、8989、6943、5708、9636 等)形,偶作 ⬛形。{亩₂}主要作 ⬛(《合》6813、5452 等)、⬛(《合补》4153、《合》5451 等)形。宾组卜辞中{亩₁}与{亩₂}字形区别较为明显,目前所见,仅《合》583 反用 ⬛形表示{亩₁},与表示{亩₂}的《合补》4153 相似[16]。

历类卜辞中{亩₁}主要作 ⬛(《合》33236—33239、《屯南》204、539 等)形,{亩₂}主要作 ⬛(如《合》33082)、⬛(《合补》10516)形。{亩₁}与{亩₂}字形区别亦十分为明显。

综上可知,宾组、历类卜辞中"亩"字具有明显的异体分工现象。

附记:本文为江苏省社会科学基金一般项目"殷墟甲骨文异体分工现象研究"(22YYB011)、江苏理工学院人才研究项目"甲骨文异体分工字词的整理与研究"(KYY22519)、2022 年江苏理工学院校教改项目"传承传统文化视野下的汉字教学改革研究与实践"(11611112304)的阶段性成果。

(作者单位:江苏理工学院文化与旅游学院)

注:

① 本文甲骨文分组分类标准参李学勤、彭裕商《殷墟甲骨分期研究》,上海古籍出版社 1996 年。

② 王子杨《甲骨文字形类组差异现象研究》第 86 页,中西书局 2013 年。

③ 于省吾主编《甲骨文字诂林》第 2672 页,中华书局 1999 年。

④ 裘锡圭《甲骨文所见的商代农业》,《裘锡圭学术文集》第 1 卷第 266 页,复旦大学出版社 2012 年。

⑤⑦ 周忠兵《说甲骨文中"分"字的一种异体》,《古文字研究》第 28 辑第 59—65 页,中华书局 2010 年。

⑥ 同注③第 3371 页。

⑧ 朱歧祥编撰,余风等合编《甲骨文词谱》第 5 册第 425 页,里仁书局 2013 年。

⑨ 张新俊《殷墟甲骨文中的"盖"与相关之字》,《中国文字研究》第 26 辑第 1—14 页,上海书店出版社 2017 年。

⑩ 相关成果可参于省吾主编《甲骨文字诂林》第 1842 页;季旭升《说文新证》第 390—391 页,艺文印书馆 2014;田炜《西周金文词关系研究》第 187—188 页,上海古籍出版社 2016 年;孟世凯《甲骨学辞典》第 289 页,上海人民出版社 2009 年。

⑪ 卜辞中"示"的形体,可参王子杨《甲骨文字形类组差异现象研究》第 277—286 页,中西书局 2013 年。

⑫ 陈梦家《殷虚卜辞综述》第440页,中华书局1988年;唐兰《怀铅随录(续)·释示、宗及主》,《唐兰全集》第2卷第579—580页,上海古籍出版社2015年;方稚松《殷墟甲骨文五种记事刻辞研究》第40—42页,线装书局2009年。

⑬ 柳东春《殷墟甲骨文记事刻辞研究》第123页,台湾大学1989年硕士学位论文。

⑭ 孙俊《殷墟甲骨文宾组卜辞用字情况的初步考察》第17—18页,北京大学2005年硕士学位论文。

⑮ 方稚松《殷墟甲骨文五种记事刻辞研究》第33页。

⑯ 陈剑指出:"宾组普通用法的仓廪之'靣',一般其写法较繁(如《合集》9642 、《合集》9643),与人名用字作较简略之形(如《合集》5450 、、《合集》5451)不同,只有个别的如《合集》583反仓廪之廪作 。"陈先生所言甚是,由此可见,陈先生很早就已经注意到此字存在的异体分工现象。但陈先生在文中指出历组卜辞中仓廪之"靣"与人名之"靣"写法相同,我们则认为可商。见陈剑《释"屮"》,《出土文献与古文字研究》第3辑第27—28页,复旦大学出版社2010年。

古文字研究(35):146—149,2024

试论甲骨文砗字

张军涛

《甲骨文合集》(以下简称《合》)31830即《殷虚文字甲编》(以下简称《甲编》)2788,其上有字作 形,甲骨文仅此一见,弥足珍贵。现有甲骨文字书如李宗焜《甲骨文字编》、刘钊等《新甲骨文编(增订本)》、曹锦炎、沈建华《甲骨文字形总表(增订版)》等均未收录该字,学界讨论者鲜。笔者欲就此表达些许浅见,希望能引起大家的注意和讨论的兴趣。

《合》31830为残损骨条,有卜辞3条,释文如下:

(1)贞:☑

(2)贞:又 ?

(3)☑宰?

辞(2)完整,其他皆残缺。辞(3)宰字作 形,属何组一类特征字形①。甲骨学界对辞(2)所作释文不一,举例如下表:

表1 《合》31830辞(2)释文举要

出 处	释 文
《殷虚文字甲编考释》	贞:又 ?(字不识)②
《殷墟甲骨刻辞摹释总集》	贞有牛石(?)③
《甲骨文合集释文》	贞:又 。④
《甲骨文校释总集》	贞又卢石。⑤
《殷墟甲骨文摹释全编》	贞又卢石⑥
《甲骨文摹本大系》	贞又(有)砗⑦

由表1可知,《合》31830辞(2)"又"后的字,或摹其形,或释为两个字,或作了隶定。究竟如何? 我们看此处截图:

表2 《合》31830 𦥑形处截图

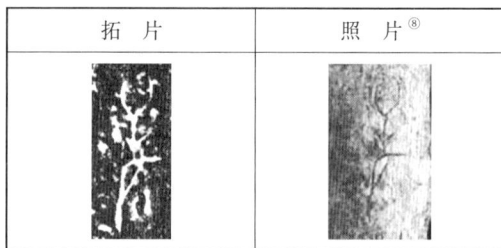

拓　片	照　片[⑧]

由表2截图可以看到,该处拓片漫漶不清,但照片较清晰。《甲释》《合集释文》均摹其形,然所摹有异。两者有无优劣之分呢?《甲编》2788为1929年第三次发掘所得,出土于大连坑[⑨]。殷墟第一至第十五次发掘所得甲骨实物于新中国成立前夕由大陆运往了台湾,此后50余年,台湾的学者易见到实物,而大陆的学者较难见其真容。2002年,台湾推出数位典藏计划,史语所的"考古资料数位典藏资料库"公布了一至十五次科学发掘出土甲骨的照片及相关信息,不但弥补了《甲编》《乙编》《丙编》《乙补》等仅以拓片形式著录的不足,且有诸著录书所失收的一至十五次科学发掘出土甲骨的图版及相关信息。至此,大陆学者才有了研究此批甲骨的更便利条件。《合集释文》出版于1999年,此时大陆学者不易见到《合》31830的实物或清晰照片,仅据漫漶的拓本,致摹写不准确。经上揭拓片、照片对比,可知《甲释》摹其作𦥑忠实字形原貌。这与《甲释》的作者屈万里身居台湾密切相关,可能屈先生就其拓本、照片进行了互校,甚或核验了《甲编》2788的实物。《甲释》所摹准确,《合集释文》所摹失真。新近出版的《摹本大系》承《甲释》所摹[⑩],可信。

正如表1所示,𦥑释作两字者,有"牛石""屵石"之别。可见,𦥑下部所从为石是共识,对其上部所从者有不同意见。一般而言,甲骨文屵字象倒写的大字形,中部竖笔不穿破上部笔画;牛字作抽象化的正面牛首之形,中部竖笔上穿上部笔画。因此,将𦥑形看作上部构件从屵,下部构件从石,是直观和忠实的处理。历组卜辞中有"逆"字所从之"屵"讹混为"牛"者[⑪],何组卜辞亦存在"屵""牛"讹混现象[⑫],如何组胛骨《合》32663+《甲编》2486[⑬]上"牛"字既讹作"屵"形。如此,𦥑看作两字合文,释作"牛石"或"屵石"似乎均说得通。

𦥑可看作一个字,上部构件从屵,下部构件从石,依据甲骨文构形上下、左右无别的通例,可将其隶作砱。《摹本大系》隶𦥑作砱,与我们的看法一致。2019年夏,在河南大学,笔者曾就此字请教涂白奎老师,涂老师告知砱字见于后世字书。查字书发现确有记载。《集韵》碨砱条:"礋碨,西方兽名,或省。"《集韵》礋字条引《神异经》:"西方有人,长短如人,羊头猴尾,名礋砱,健行。"《正字通》砱字条:"礋砱,兽名。"礋字条:"《神异经》:西方有人,长短如人,羊头猴尾,名礋蹄,健行。一作'砱'。按:六画'砱'注:'礋砱,西方兽名。'此云'人','兽'讹为'人'也。前云'礋砱',此又云'礋蹄','砱'讹为'蹄'也。"《神异经》是中国古代神话志怪小说集,最早见于《隋书·经籍志》史部地理类,题为汉东方朔撰、晋张华注,后世诸多古籍征引该书的内容,其价值不可小觑。虽然学界对《神异经》的作者有争议,鉴于东汉许慎《说文解字》及郭宪《汉武洞冥记》皆引有《神异经》的内容,可证其成书时代不晚于东汉。可见传世文献中有碎字,乃碰字的省写,用作名词,为传说中的西方兽名。

将碎字放在卜辞中去考察其用法和词义。李爱辉曾将《合》31830与《合》27576(《甲编》2455)缀合[14],实缀无误,此为考察碎字在甲骨文中的用法和词义创造了更好的条件。《合》31830+《合》27576释文如下:

(4)贞:于☑
(5)贞:于匕祼?
(6)贞:宰?
(7)贞:又碎?
(8)☑宰?

何组一类骨条上,常见成组卜辞,如《合》27265+《合》27223[15]、《甲编》2767+《合》29673[16]等。《合》31830+《合》27576上的5条卜辞可能属于同一组卜辞,惜该组卜辞的首辞缺失。辞(7)"又碎"为动宾结构,"又"作祭祀动词。甲骨文"又"作祭祀动词,义为侑祭,有三种用法:一、"又"通常接牺牲,作"又某牲";二、"又"后常接介词"于","于"为"又"介绍出祭祀对象,作"又于某神灵",也有"又"后省去介词"于"而接祭祀对象者,作"又某神灵";三、"又"的为动用法,即为当时的生人举行侑祭[17]。遵此,则碎作名词有三种可能:牺牲名、神灵名、生人名。

甲骨文中,既作牺牲名,又是中国古代神兽名者,以廌为代表。廌即獬豸,是古代传说中能明辨是非曲直的神兽。鉴于此,虽然传世文献记载碎为神兽名,犹不排除在甲骨文中其作牺牲名的可能。殷人尚神,且是多神崇拜,不排除碎是殷人神话体系中的神兽之一,可能碎作传世文献中的神兽就源于殷人神话体系。当然,碎作名词表生人名也是有可能的。究竟如何,有待更多材料的出现,以便进一步探讨。

要之,何组胛骨《合》31830上有字作 形,旧不识,现有甲骨文字书未收,可隶作碎。考之卜辞,碎字用作名词,有三种可能:一作牺牲名,二作神灵名,三作生人名。碎字仅一见,又限于其胛骨载体残缺,不能确知其义,寄希望于更多相关材料的出现。

附记:本文得到国家社科基金项目"甲骨文种植业资料的整理与研究"的资助、涂白奎师的诸多指导,谨致谢忱。

(作者单位:河南师范大学历史文化学院甲骨智能计算实验室)

注：

① 何组卜辞分类依据黄天树的意见，参黄天树《殷墟王卜辞的分类与断代》第227—236页，文津出版社1991年。

② 屈万里《殷虚文字甲编考释》（简称《甲释》）第357页，史语所1961年。

③ 姚孝遂主编《殷墟甲骨刻辞摹释总集》（简称《摹释总集》）第706页，中华书局1998年。

④ 胡厚宣主编《甲骨文合集释文》（简称《合集释文》）第1558页，中国社会科学出版社2009年。

⑤ 曹锦炎、沈建华编著《甲骨文校释总集》（简称《校释总集》）第3534页，上海辞书出版社2006年。

⑥ 陈年福《殷墟甲骨文摹释全编》（简称《摹释全编》）第2814页，线装书局2010年。

⑦ 黄天树主编《甲骨文摹本大系》（简称《摹本大系》）第34册第2575页，北京大学出版社2022年。

⑧ 《合》31830即《甲编》2788，照片来源于史语所"考古资料数位典藏资料库"。

⑨ 石璋如《遗址的发现与发掘：丁编　甲骨坑层之一附图（一次至九次出土甲骨）》第133页，史语所1986年。

⑩ 同注⑦第16册第5178页。

⑪ 刘钊《古文字构形学（修订本）》第89页，福建人民出版社2011年。

⑫ 王子杨《甲骨文字形类组差异现象研究》第181—182页，中西书局2013年。

⑬ 张军涛《殷墟甲骨新缀第143、144则》第144则，中国社会科学院历史研究所先秦史研究室网2020年9月7日。《合》27321由《甲编》2484、2502、2637、2486缀合而成，陈逸文在其博士学位论文中指出《甲编》2486+2637缀入《甲编》2484+2502为误缀。

⑭ 李爱辉《甲骨拼合第429—433则》第432则，中国社会科学院历史研究所先秦史研究室网2018年7月29日。

⑮ 张军涛《殷墟甲骨新缀第130、131则》第130则，中国社会科学院历史研究所先秦史研究室网2019年11月8日。

⑯ 张军涛《殷墟甲骨新缀第132则》，中国社会科学院历史研究所先秦史研究室网2019年11月17日。

⑰ 喻遂生《甲骨文动词和介词的为动用法》，《甲金语言文字研究论集》第85—97页，巴蜀书社2002年。

古文字研究(35):150—156,2024

甲骨文形近易混字举隅

吴盛亚

对于甲骨文字之间的形近易混现象,学界已作了较为充分的研究,在判断标准、字例解释、成因探索等方面都取得了丰富的成果。不过,由于对某些字形的认识不够准确,相关卜辞的释读还存在分歧,有必要作进一步辨析。本文选取三例,略加考订,并以此为基础探讨相关理论问题。不当之处,敬请方家指正。

一 至与侯

甲骨文中"至"字一般作 (《合》72),"矢"之箭头形笔画或拉直作一道短横,如 (《合》36317),整字有时倒书作 (《合》27686)、 (《合》31194)。"侯"字作 (《合》20069)、 (《合》13890),侧面的竖笔或长或短,整字也会倒书作 (《屯南》2293)、 (《合》32966)。二字因是否有侧面的竖笔而截然有别,但在如下两条卜辞中,出现了将"至"刻成"侯"的情况。

(1)……甲申酚祭自上甲汛侯于多……　　　　　　《合》32372(《甲编》841),历二

(2)癸丑贞:甲启侯……　　　　　　　　　　　　《合》33979(《掇二》406),历二

卜辞中习见对上甲到多毓各位祖先进行祭祀的贞卜,如:

(3)癸亥卜……甲子气酚曀自上甲卒至于多毓,亡囚。三月。　　《合》22655,出二

(4)辛亥卜,贞:王宾祐自上甲至于多毓卒,亡囚。　　　　《合》35438,黄类

受到辞例的影响,学界均直接将(1)的 释作"至"①。但就字形而言, 显然是"侯",只不过在这条卜辞中是"至"的讹字。若采用严式释文,(1)应为:"……甲申酚祭自上甲汛侯〈至〉于多……"

(2)中"启"后的 ,多数学者释作"侯"②,研究商代国族的学者更是将"启侯"视作与"犬侯"类似的结构,将其中的"启"当作国族名③。《甲骨文合集释文》、"汉达文库"则将其释作"至"。就字形而言, 确是"侯"字,但这里仍是"至"的讹字。可对比《合》33980的辞例:

(5)癸不启,至甲……　　　　　　　　　　　　　《合》33980,历二

二者辞例接近,(2)的 之后可能也是一个天干,"汉达文库"根据下方残留的一道小斜笔( ),拟补出"乙"字,正确可从。

此外,《合》33007+34442有辞作:

(6)丙辰贞:其延。贞:侯于……兹用。　　　　　　《合》33007+34442④,历二

其中◼字,诸家释文均释作"侯"⑤。但考虑到历二中有将"至"刻成"侯"的情况,再结合"其延"与"至于"辞义上也较为贯通,此版中的◼也可能是"至"之讹字。

二 伐与方

甲骨文中"伐"字或作直立人形脖颈处有一道短横的写法,如◼(《合》6834正)、◼(《合》33113);而"方"字有一类写法,作◼(《合》21479)。就字形而言,二者有一定差距,一般不会讹混或被误释。但若"伐"字下部的竖笔较短或并不显豁,就与"方"字十分接近,不易判断。如:

(7)丁酉卜:其呼以多◼屯小臣。 《合》28008(《粹编》1162),无名

"多"后一字,一般释作"方"⑥,也有学者释作"伐"⑦。本文认为释"伐"应是正确的。首先在字形上,若释为"方",即认为字形大概作◼⑧。但该字形左下还有向下的折笔,这在更为清晰的拓本《粹编》1162上十分明显,因此摹作◼更为准确。其次在辞例上,"多伐"还见于如下两条卜辞:

(8)贞:令鸣以多伐牟。 《英藏》528,宾出

(9)癸卯卜,出贞:令鸣[以多]伐……七…… 《合补》13326,出组

后者为摹本,且略有残缺,这里主要比对前者。(8)的"伐"字作◼形。"令鸣以多伐牟"与"呼以多伐屯小臣"的句式十分接近,这也有助于证明(7)的◼是"伐"而非"方"字。甲骨文中习见"某小臣"或"小某臣",学者多已指出"某"为小臣所担任的职务⑨。而"伐"与"屯"均可表示用于祭祀的人牲⑩,且二者的数量往往较多,如"五伐""十五伐""三十伐"或"多屯"。那么"多伐屯"可能表示众多人牲。结合"某小臣"的结构与"多伐屯"的含义,"多伐屯小臣"应该指的是管理众多人牲(即多伐屯)的小臣。类似的结构还有"小众人臣"(《合》5977)、"小百刈臣"(《合》9017+9566+16171+《乙编》6829⑪)、"小多马羌臣"(《合》5717),众、百、多均是众多之意。简言之,(7)命辞的大意是呼令某人率领管理众多人牲的小臣。史学界以往基于将◼释为"方",认为(7)是"呼某人将'多方屯小臣'送到王庭"或"命令多方聚集小臣"等看法⑫,可能都需要进一步思量。

《英藏》2283有辞作:

(10)……王其呼七尹◼卫于…… 《英藏》2283,无名

有学者释◼为"方"⑬,但就字形而言,该字也应是"伐"字。不过这条卜辞较为残缺,且未见相关辞例可以参照,究竟如何释读还有待新材料的发现。

三 毛与旬

"毛"字除了有◼(《合》32350)、◼(《合》22238)之类的写法,还有一类作竖弯钩形的写

法，如 （《合》5884 正）、（《合》11477），这种"乇"字有时会被误释作"旬"。方稚松曾对这类形体进行了较详细的考辨，指出："从卜辞的类组来看，这种竖笔作折弯钩写法的乇字主要出现在师组、宾组及出组中，而没有弯钩形的乇主要出现在历组、妇女卜辞中。"⑭ 本文准备从"乇"与"旬"易混的角度略作补充，请看表一⑮：

表一

	师小	师宾	宾三	出二	历二
乇					
旬					

不难看出，总体上"乇"与"旬"即使在同一类组内部字形也有一定差距。"旬"的写法有两个特点：一是上部的短斜笔往往比较靠上；二是下部除了作折笔外，还作弧笔，且笔画较长。若综合把握这两个特点，应能较好地区分二者。不过也存在例外，师小与师宾中部分"乇"（、、）字斜笔也比较靠上，这可能是师组部分刻手的刻写习惯，也可能是在具体刻写过程中偶然形成的。这类"乇"与师宾中个别的"旬"（）在字形上确实比较相似。如果研究者对类组与字形缺乏比较自觉且准确的把握，可能会混淆。

方稚松《说甲骨文中"乇"的一种异体》一文已对绝大多数被误释的"乇"字作了辨析，不过并未提及下面这版卜辞：

（11）庚寅卜，贞：祖□。　　　《合》4717（《续编》6.20.1、《上博》17647.751），师宾

此版卜辞的释文一般多作"旬亡……"⑯，可能有误。比对 与上文所提及师宾间类卜辞中"乇"字的写法， 显然是"乇"字。至于诸家释文中的"亡"字，仔细观察《合集》《续编》《上博》三种拓本，实在难以辨识。《上博》之释文将 释作"旬"，并在下方补出了一个"且"字。拓本上的确有"且"字的笔画，结合前一"乇"字则文从字顺。"乇祖某""乇于祖某"还见于《花东》226（"舌祖丁彡"）、《合》1076 正甲（"乇于祖乙四牛"）。最近出版的《甲骨文摹本大系》已经摹写并释出了"乇"字，但遗漏"且"字十分可惜⑰。

四　余论

以上三组形近易混字之辨析，可以给甲骨文字的考释和卜辞释文的撰写带来一些启发性的思考。

（一）"易混"的两个层面及其关系

理论上，"易混"有客观与主观两个层面。"客观上的易混"是指两个字本身相混，书写者

会将A字写成B字或将B字写作A字。本文的第一组字例("至"被刻成了"侯")以及学界讨论较多的"讹混""讹变"均属于这一层面。例(1)的 ![字] ，学者虽根据文例释成了"至"，但未重视客观上的讹字现象。这便导致例(2)的 ![字] 多被依形释作"侯"而忽视了它其实是"至"的讹字。又如《合》9185与《花东》28上有二形分别作 ![字]、![字] ，过去不少学者根据字形释为"六"字，沈培指出二者是"今"字的误刻[18]。对于"客观上的易混"，研究者的任务是在认清字形的基础上校订错误。

"主观上的易混"是指两个字本身不混，但由于形体接近，阅读者会将A误认作B或将B误认成A。本文的第二、三组字例属于这一层面。又如著名的"王曰侯豹"卜辞(《合》3297、3298＋《笏之》二393[19])中有一句"以乃史归"，所谓的"乃"字分别作 ![字]、![字] 。笔者曾在《释甲骨文中的"柯"》(下文简称《释"柯"》)中认为二形应是"柯"与从"柯"的"可"字。"柯"主要作 ![字] (《合》19608)形，"乃"作 ![字] (《合》367反)形，前者右侧曲笔顶端的笔势向内，后者右侧曲笔顶端的笔势向外，二者判然有别。更关键的是 ![字] 左下的"口"形十分显豁，整字应是"可"字，更无释"乃"的可能。![字] 与 ![字] 本身不混，误释"柯"或"可"为"乃"，是混淆了二者的区别[20]。因此，对于"主观上的易混"，研究者的主要任务则是辨别形近字形，不出现误释。

从学理的角度，两个层面的"易混"似乎泾渭分明。但若从学史的实际发展来看，"主观上的易混"有时又会被误认成"客观上的易混"，最典型的例子莫过于"比"与"从"的关系。曾经很多学者都认为"从"与"比"本是一字，二者相混不分。在这一阶段，"比"与"从"为"客观上的易混"是学界共识。后来随着屈万里、林沄两位学者的研究，尤其是林沄从分期分类的角度将甲骨文中的"比"与"从"区分开来，"比"与"从"变成了本身并不相混、而是阅读者误认的"主观上的易混"[21]。古文字学中很多字形相近易混，随着学术的推进，部分曾经被认为本身相混的字例今得到更精细、准确地辨别从而进一步被离析。那么从具体字例来看，"客观上的易混"与"主观上的易混"之间是动态发展的。之所以会如此，根本原因有两点，一是相混的形体客观上确实接近，正如陈剑在考察豳公盨中的"睼"时所说："由上述今人对'睨'与'睼'两形之不作区分或尚难以准确区分，亦可见其形确实是很接近的。"[22]二是研究者主观上的认识会随着学术的进步而改变。

(二)重视释文撰写与检视理所应当的"常识"

关于古文字考释，林沄认为[23]：

> 古文字学之所以产生，是因为要识读与小篆相异的先秦文字。或者说是把《说文》所收的小篆及其他字体(已知部分)的字作为基点，去识读目前尚未认知的其他先秦文字。这种识读研究的直接目的，第一是要认出目前尚未识读的先秦文字是后代的什么字，第二是要在识字的基础上解释文句所表达的意义，也就是确定这些字在具体使用场合下的特定含义。这两件事合在一起，通常称之为"考释"。

从这两个角度看,"至、侯""伐、方""乇、旬""柯、乃"八字都已经得到了较好的考释。正因如此,笔者对这四组字例的辨析在考证难度上都很简单。只要用好字形比较法与辞例分析法,得出正确的结论并非难事。但也需要看到,不少学者面对这些材料时会出现失误,有的还以误释为基础进行了历史学、语言学等方面的探讨。这体现了目前学界一种常见的现象,即某些常用字早已被成功考释且成为共识,但学者在引用辞例时,有时却很难准确地辨识该字、撰写释文。认识某个字,并不意味着在具体文本中总能识别出它。如何在单字已被认识的情况下,尽可能保证整体释文的正确性? 本文认为可以从两方面入手:首先要重视释文撰写这一工作。每引用一条例句,都应结合最优质的文献版本,针对原始文献逐字隶写,并参考其他学者的释文,反复斟酌。不宜直接采用他人的释文。其次对理所应当的"常识"应多加检视。美国学者宇文所安在探讨文献学时曾说:"对中国文献学、考证学和历史学最具有破坏性的力量,恐怕正是所有人都视为理所当然、未经检视的'知识'。"[24] 仍以"柯""乃"二字为例,笔者在《释"柯"》一文中,列举了□(《合》3297)、□(《合》3298+《笏之》二393)、□(《英藏》1256)、□(《合》1075反)、□(《合》4014+18997+《存补》5.266.1[25])、□(《合》19608)、□(《合》1824反)七个字形。除最后一形拓本不甚清晰外,第1、3—6形为"柯",第2形为"可"。前辈学者也已指出过其中个别字形为"柯"或"可",如《甲骨文字编》将第1、3、4、5形收入"柯"字,《新甲骨文编(增订本)》将第1形收入"可"字,黄天树与李春桃均指出第6形为"柯"象形初文或独体写法[26]。但包括《甲骨文摹本大系·释文》在内的释文类工具书,又几乎都将前六形释为"乃"。尤其是所谓的"以乃史归",更是常常被学者征引。"柯"与"乃"形本身并不难辨别,认识"柯"或"乃"形可谓"常识"。之所以会误释"柯"为"乃",正是源于缺乏对"常识"的检视。

附记:本文为中国博士后科学基金第73批面上资助(2023M732403)阶段性成果。

(作者单位:首都师范大学文学院、"古文字与中华文明传承发展工程"协同攻关创新平台)

注:

① 姚孝遂主编《殷墟甲骨刻辞摹释总集》第721页,中华书局1988年;胡厚宣主编《甲骨文合集释文》第32372号,中国社会科学出版社1999年;曹锦炎、沈建华编著《甲骨文校释总集》第3598页,上海辞书出版社2006年;陈年福《殷墟甲骨文摹释全编》第2869页,线装书局2010年;"汉达文库"《合》32372释文;陈剑《甲骨金文考释论集》第211页,线装书局2007年。
② 姚孝遂主编《殷墟甲骨刻辞摹释总集》第766页;曹锦炎、沈建华编著《甲骨文校释总集》第3792页;陈年福《殷墟甲骨文摹释全编》第3040页;齐乐园《〈甲骨文校释总集〉历组卜辞释文校订》,《中国文字研究》第31辑第39页,华东师范大学出版社2020年;黄天树主编《甲骨文摹本大系·释文》第3378页,北京大学出版社

2022年。

③ 李雪山《商代分封制度研究》第151页，中国社会科学出版社2004年；雒有仓《商周青铜器族徽文字综合研究》第154页，黄山书社2017年。

④ 参周忠兵《历组卜辞新缀》第21组，中国社会科学院历史研究所先秦史研究室网2007年3月26日。

⑤ 姚孝遂主编《殷墟甲骨刻辞摹释总集》第779页；胡厚宣主编《甲骨文合集释文》第34442号；曹锦炎、沈建华编著《甲骨文校释总集》第3845页；陈年福《殷墟甲骨文摹释全编》第2932页；"汉达文库"《合》34442释文；黄天树主编《甲骨文摹本大系·释文》第3302页。另外，这条卜辞中第二个"贞"或释作"鼎"，并与前后二字连读，本文不取此说。

⑥ 姚孝遂主编《殷墟甲骨刻辞摹释总集》第623页；胡厚宣主编《甲骨文合集释文》第28008号；曹锦炎、沈建华编著《甲骨文校释总集》第3143页；陈年福《殷墟甲骨文摹释全编》第2504页；黄天树主编《甲骨文摹本大系·释文》第3641页；马智忠《殷墟无名类卜辞的整理与研究》第327页，吉林大学2018年博士学位论文。

⑦ 赵鹏《谈谈殷墟甲骨文中的"左""中""右"》，《甲骨文与殷商史》新4辑第134页，上海古籍出版社2014年。

⑧ 如李宗焜编著《甲骨文字编》第1225页，中华书局2012年；黄天树主编《甲骨文摹本大系·图版》第7188页。

⑨ 参王进锋《臣、小臣与商周社会》第108—111页，上海人民出版社2018年。

⑩ 参姚孝遂《商代的俘虏》，《古文字研究》第1辑第353、359、360页，中华书局1979年；收入《姚孝遂古文字论集》第158、163页，中华书局2010年。

⑪ 此组缀合与"小百刈臣"均由杨熠最先指出。参杨熠《甲骨试缀第31—46则（附补缀二则）》第42则，中国社会科学院历史研究所先秦史研究室网2018年9月22日；杨熠《从新缀卜辞"小百刈臣"谈到商代农官的相关问题》，"三代考古与先秦史青年论坛"论文集第176—183页，北京，2022年9月4日。

⑫ 参罗琨《商代战争与军制》第264页，中国社会科学出版社2010年；王进锋《臣、小臣与商周社会》第97页。

⑬ 如李宗焜将此形摹作 ，收于"方"字头下，参李宗焜编著《甲骨文字编》第1225页。又见孟世凯《甲骨学辞典》第162页"尹方"词条下，上海人民出版社2009年。

⑭ 方稚松《说甲骨文中"乇"的一种异体》，《甲骨学暨高青陈庄西周城址重大发现国际学术研讨会论文集》第195—202页，齐鲁书社2014年。

⑮ 常见的"旬"作 （《合》20945）、 （《合》137）形，下部笔画弯曲回环。这类字形与"乇"差别很大，并不易混，故不再列出。"乇"字依次选自：《合》20055、21065、《英藏》1803、《合》6692、8280、《英藏》96、《合》1984、11062、22648、25776、《屯南》4295、《合》34363；"旬"字依次选自：《合》19779、20839、20922、12626、16870、16643、16649、16671、26499、26520、26663、34812、《屯南》115。

⑯ 姚孝遂主编《殷墟甲骨刻辞摹释总集》第121页；曹锦炎、沈建华编著《甲骨文校释总集》第600页；陈年福《殷墟甲骨文摹释全编》第496页；"汉达文库"《合》4717释文。《甲骨文字编》亦收录于"旬"字头下，参李宗焜编著《甲骨文字编》第421页。

⑰ 黄天树主编《甲骨文摹本大系·图版》第342页；《释文》第177页。

⑱ 沈培《谈殷墟甲骨文中"今"字的两例误刻》，《出土文献语言研究》第45—48页，广东高等教育出版社2006年。

⑲ 林宏明《甲骨新缀第727—729例》第729例，中国社会科学院历史研究所先秦史研究室网2017年1月3日。

⑳ ㉖ 吴盛亚《释甲骨文中的"柯"》，《第八届中国文字发展论坛论文集》第391—402页，中州古籍出版社2022年。

㉑ 屈万里《甲骨文从、比二字辨》，《史语所集刊》第13本第213—217页，史语所1948年；林沄《甲骨文中的商代

方国联盟》,原载《古文字研究》第6辑第69—73页,中华书局1981年,后收入《林沄文集·古史卷》第35—38页,上海古籍出版社2019年。

㉒ 陈剑《卜辞{凶}词觅踪》,《中国文字》2022年冬季号(总第8期)第142页,万卷楼图书股份有限公司2022年。

㉓ 林沄《古文字学简论》第5页,中华书局2012年。

㉔ 宇文所安《关于"文献学"》,《中国古典文献的阅读与理解——中美学者"黌门对话"集》第16页,北京大学出版社2017年。

㉕ 参李爱辉《甲骨拼合第417—420则》第420则,中国社会科学院历史研究所先秦史研究室网2018年4月23日。

古文字研究(35):157—161,2024

甲骨卜辞"大丁、大甲呼王"释疑

田国励

宾组卜辞见下揭贞问(释文用宽式):

（1）□申卜㲉贞：大丁乎王敦𣪊。　　　　　　　　　　　　　　《合》6887

（2）乙未卜㲉贞：大甲乎王敦𣪊。十月。　　　　　　　《英藏》613(《合》39925）

（3）乙未卜㲉贞：大甲乎王敦𣪊。　　　　　　　　　　　　　《合》39924

（1）初著录于《簠室殷契征文·帝系》33，后著录于《殷虚书契续编》5.31.1，王襄在《考释》中以"𣪊"从行，为步之繁文①。孙亚冰、林欢以甲骨文从"行"与从"彳"无别，"徙"与"𣪊"应是一字②。或可从。辞（2）（3）同文，（3）原著录于《甲骨卜辞七集》T2，根据白瑞华的《序》来看，标注"T"的这批甲骨原系王懿荣旧藏，1905年入藏天津新学书院，由时任天津总领事的金璋摹写，《七集》中的摹本是方法敛据金氏摹本而作的，据说金璋还对这批甲骨进行了释读并发表，具体情况不详③。"敦𣪊"相关的卜辞为数不少，应该是一次历时数月的征讨，黄天树、罗琨等学者都做了详尽的排谱系联，读者可参考④。

三条卜辞的释读没有什么困难，但其内容却有不少疑点，值得我们注意。其一是"𣪊"的身份问题。他与卜辞另见的"子𣪊"是何关系？此问题关涉到这场战争的性质。若二者无关，那么这不过是一次常见的对外征讨；若"𣪊"是"子𣪊"，那么这就是一次商王对统治集团内部叛乱的镇压，这类材料在卜辞中非常罕见。其二是大丁、大甲呼商王的问题。"呼"在卜辞中是一般作为上对下的常用语，甚至接近于"令"，因此卜辞中至高无上的"王"作为呼使命令的发布者是符合逻辑的，这也是普遍的情况，那么像上举卜辞中明确作为被先祖呼使的"王"该如何理解，这样仅见的例外中又蕴含了怎样信息？确实值得探究一番。就笔者所见，既有研究对上举两方面的问题多有涉及，但未有专门的论述，故拟围绕二者展开讨论，以求教于方家。

一　子𣪊诸例辨析

"𣪊"与"子𣪊"二者关系的问题，已有不少学者论及，或以为二者有别，或以为二者为一。持"有别"观点的如姚孝遂、肖丁，《甲骨文字诂林》按语中以"𣪊"为殷之敌国，而"子𣪊"为人名。孙亚冰、林欢则提出转封说，认为"𣪊"是商之劲敌，战败后其地被封给商王子，称"子𣪊"，二者是先后关系。持"为一"观点的如饶宗颐，他怀疑"𣪊"即"子𣪊"；张秉权将二者列为"复杂的人地同名"，应该是将"𣪊"视为"子𣪊"的封地，但二氏均未作具体讨论。杜正胜认为"子𣪊"为殷商王子，"𣪊"是其封国，并将商王与"𣪊"的战争作为殷商同姓后裔关系渐疏、甚至兵戎相见的例证。韩江苏、江林昌则明确提出"衒""子衒"为一人,"衒"与商王的敌对状态是"子衒"发动的叛乱⑤。以上诸说均有一定道理,但要厘清二者关系尚需深入讨论,我们先从最为直观的字形着眼。商王所征伐的"衒",字形从行从步,举例如下:

　　　　　　　《合》6887　　　　　　　《合》6892正

字形结构基本一致,余例甚多,不赘举,可参考李宗焜《甲骨文字编》2896号"衒"下诸形⑥。"子衒"之名见于自组、宾组卜辞,受商王命令,商王亦为之祈祷:

　　（4）令子衒（A）涉。

　　　　　勿令子衒（A）涉⑦。　　　　　　　　　　　　　　　　《合》6477反（《丙编》160）

　　（5）□未卜王:更□宋祼…[子]衒（B）。

　　　　　丁巳卜:于兄丁御子衒（C）。　　　　　　　　《合》3202（《甲编》3041+3072）

　　　两版上所见"衒"字形不同,暂以A、B、C标注,如下:

　　A:　　　　　　　B:　　　　　　　C:

A形与商王征伐的"衒"形完全一致,但《合》3202上的B、C两形略有小异。B形中间增加"攴"形构件。字形C位于右尾甲,底部有两道竖笔,由于齿纹和盾纹的影响从拓本上来看均不明显,但由摹本及图像可知确为刻画痕迹。B、C两形各著录材料一般视为"衒"字异体,《甲编考释》即认为B、C当为一字,同于《甲编》36（《合》19274）之衒字⑧;《甲骨文字编》单列B、C两形之外,又将二者收录于"衒"字目下;另《合集释文》《摹释总集》《校释总集》《摹释全编》等均将《合》3202片B、C二形隶定为"衒",并在B前补[子]字⑨。当然,同版人名异体的情况也是存在的,例如《合》905（《丙编》407）的子宓、子安,一从氵旁一从口旁,但从辞例上来看,二者显系一人。因此,我们可以说B、C两形是同版异体,但似乎并无充分证据能说明它们与A形"衒"的关系。从严格意义上来说《合》3202的"子衒"应该隶定为"子衒/衒",他们是否即是"子衒"是值得怀疑的。

　　　按照彭裕商的字体组类划分,《合》6477属宾组一B类,《合》3202属宾组一A类,伐"衒"诸辞大体属于宾组一A类。诸家划分意见大体接近,唯有《合》3202的归属略有分歧,黄天树、杨郁彦标注自宾间A,崎川隆以为典型宾一类,汉达文库标注自小字⑩。从整体风格和字形特征来看,归入宾组比较可信。不过字体组类的划分并不能为各版的时代提供明确的断限,上标诸类型之间在时代上有着较长的重合。如果"子衒"时代早于伐"衒"诸辞,二者为一的可能性似乎要大一些（也不能排除子衒失去封地后,该地为他族所占成为"衒"的可能）,但如果"子衒"时代晚于伐"衒",那么就无法否定孙亚冰、林欢提出的战败转封的可能性。由此来看,想要解决"衒"与"子衒"关系的问题还需另觅他途,大丁/大甲呼王敦"徇"的罕见辞例,或许能为我们提供线索。

二 "大丁、大甲呼王"辞义试解

如前文所述,至高无上的商王在以其为主体的占卜中成为被呼使者似乎是有乖常理的,那么我们不禁要问:大丁、大甲所呼的王就是商王本人吗? 张惟捷曾指出过卜辞中诸如"令王隹黄"(《合》563等)、"呼王牧羊"(《醉古集》54)、"更王令"(《合》32929)、"王其舞"(《合》11006)等辞例中的"王"作为集体称谓的"王族"的可能性[11]。可备一说。不过他在文末尾注[12]特别提到了本文所讨论的《合》39924、39925,却认为:"配合《合》39926、39927内容可知,被大甲命令去施行征伐的,不应是集体称谓,而以商王武丁个人'受命'为宜。"[12]这一看法是正确的。王族受商王或商王授命的大臣(《合》6946雀乎王族)指挥,大丁、大甲作为故去的先祖可以越过商王而授意于军队,无论如何是讲不通的,所以我们也认为大丁、大甲所呼的"王"就是商王武丁本人,卜辞中常见武丁占问某某先祖"害王"也说明商王与先祖魂灵之间有着直接的联系。那么在先祖崇拜的观念中,大丁、大甲能授命商王进行征伐也并非是不可理解的。

也有学者已注意到"大丁、大甲呼王"这一罕见辞例的特殊性[13],朱歧祥认为这是殷人祈求先祖赐福并"借词先王显灵,俾使殷民上下一心拒敌"的举动[14]。但这并不能解释为何在征讨其他方国的卜辞中从未见到类似的辞例,甚至有一些战争的烈度明显更强。基于这种特殊性,我们不得不怀疑商王所征讨的"徇"有着与其他敌国迥然有别的身份性质,他是商王必须打出先祖的旗号来进行征讨的对象,也就是说先祖—商王—"徇"之间存在着某种联系。这是怎样的一种联系呢? 传世文献或许能为我们提供一些线索。《盘庚》三篇是相对比较可靠的商代史料,我们不妨参照商王盘庚训诰臣下的话来看一看商王的惩戒逻辑。《盘庚》三篇的训诰对象不同,彭裕商在《非王卜辞研究》中有精辟的论述[15]:

> 《盘庚》上篇实应理解为盘庚对同姓宗族首领的讲话,以前学者由于没有看到甲骨卜辞,所以一般都把"众戚"理解为"众贵戚近臣",似乎没有注意到这些"贵戚近臣"实际上都只是同姓宗族的首领。现在结合卜辞来看,《盘庚》三篇的讲话对象都是可以搞清楚的。其上篇是对同姓宗族首领的讲话,他们相当于卜辞中的"多子族"首领;中篇是对庶民的讲话,他们相当于卜辞中的"众","众"在卜辞中是商王朝最主要的生产力量和武装力量;下篇的讲话对象是"百姓",下面我们将要谈到,他们是担任一般官职的异姓宗族首领。

彭先生的观点是正确的,也是学界普遍的认识。三篇的训诰对象与商王的关系由近及远,上篇的"众戚"不仅地位较高,他们与商王的血缘关系应该也是比较近的,盘庚对他们说的是[16]:

> 古我先王,暨乃祖乃父,胥及逸勤,予敢动用非罚? 世选尔劳,予不掩尔善。兹予大享于先王,尔祖其从与享之。作福作灾,予亦不敢动用非德。

"古我先王,暨乃祖乃父,胥及逸勤"不仅说明"众戚"与商王室的密切关系,更值得注意的是

"予敢动用非罚"和"予亦不敢动用非德"两句。这两句话固然可以说是盘庚念及宗亲关系而没有把话说得那么重,但它们接续于商先王与众戚先祖关系密切这层语境之下,似乎暗含着这样一层意思:不经过先王与众戚先祖,盘庚是不敢对众戚"动用非罚""动用非德"的。中篇里对于血缘关系较远的众与民,在没有了较密切的宗亲关系的顾虑下,盘庚又是如何"动用非罚""动用非德"的呢?试看他说的话[17]:

> 失于政,陈于兹,高后丕乃崇降罪疾,曰:"曷虐朕民?"汝万民乃不生生,暨予一人猷同心。先后丕降与汝罪疾,曰:"曷不暨朕幼孙有比?"故有爽德,自上其罚汝,汝罔能迪。古我先后,既劳乃祖乃父。汝共作我畜民,汝有戕,则在乃心。我先后绥乃祖乃父,乃祖乃父乃断弃汝,不救乃死。兹予有乱政同位,具乃贝玉。乃祖乃父丕乃告我高后曰:"作丕刑于朕孙。"迪高后丕乃崇降弗祥。

这段对众与民赤裸裸的威胁中其实包含了两种惩罚模式:第一种是由商先王直接降下惩罚,即文中的"先后丕降与汝罪疾""自上其罚汝";第二种由商先王报告众与民的先祖,他们的先祖同意后再由商先王降下罪罚。"众""民"与商王血缘关系疏远、政治地位悬隔,日知将《盘庚》中篇的民视为"和殷王及殷之贵族有遥远血缘关系的平民",裘锡圭赞成其说并进一步指出狭义的"众",即商族平民,应该已经被排斥在宗族组织之外了[18]。我们可以看到,商王即使要对这些与自己疏远、悬隔的同族平民进行惩罚时,仍然必须经过先王的同意,甚至还需要再经过他们先祖的同意才能得以实施。这提示我们,在殷商人的观念中,"先祖"有着极其崇高的地位,王权在同姓族属内不能越过他们直接行使惩罚。

在明了商族内部的惩罚逻辑之后,"大丁、大甲呼王敦衔"的辞义或许可以得到合理的解释。大丁、大甲是地位比较崇高的先王,商王武丁贞问他们是否授命于己征讨"衔",从某种意义上说也是向他们禀告,以征得他们对伐"衔"的同意。这套流程与《盘庚》上、中篇所显示的商族内部惩罚逻辑相契合。"大丁、大甲呼王敦衔"的特殊贞问辞例或许正是建立在这套逻辑之上的。由此来看,特别要由大丁、大甲两位商先王呼令商王武丁讨伐的"衔"很可能是商王的同族,他就是"子衔"的可能性非常大。

以上是本文对"衔""子衔"关系以及"大丁、大甲呼王敦衔"诸问题进行的探讨,辞例特殊值得探究,但目前材料尚少,未敢定论,笔者相信,随着日后相关材料的丰富及研究的深入,这些问题会得到完满的解释。

附记:本文为国家社科基金青年项目"商周之际西土政治地理结构变迁与民族关系研究"(22CZS002)阶段性成果。

（作者单位:四川大学历史文化学院）

注：

① 王襄《簠室殷契征文考释》第三编《帝系》第6b页，天津博物院1925年。商承祚亦以释步为是。商承祚《福氏所藏甲骨文字考释》第2a页，金陵大学中国文化研究所1933年。

② 孙亚冰、林欢《商代地理与方国》第96页，中国社会科学出版社2010年。

③〔美〕方法敛摹，白瑞华校《甲骨卜辞七集》，《方法敛摹甲骨卜辞三种》，艺文印书馆1966年。〔美〕白瑞华著，郅晓娜译《〈甲骨卜辞七集〉序言》，《殷都学刊》2019年第1期第121—124页。郅晓娜《金璋的甲骨学研究》，《甲骨文与殷商史》新4辑第345页，上海古籍出版社2014年。

④ 黄天树《殷墟王卜辞的分类与断代》第60—64页，科学出版社2007年。罗琨《商代战争与军制》第168—170页，中国社会科学出版社2010年。韩江苏、江林昌《殷本纪订补与商史人物征》第376—378页，中国社会科学出版社2010年。孙亚冰、林欢《商代地理与方国》第350—351页。李发《商代武丁时期甲骨军事刻辞的整理与研究》第25、27页，西南大学2011年博士学位论文。

⑤ 于省吾主编《甲骨文字诂林》第2239—2240页，中华书局1999年。孙亚冰、林欢《商代地理与方国》第350—352页。饶宗颐《殷代贞卜人物通考》第190—191页，中华书局2015年。杜正胜《略论殷遗民的遭遇与地位》，《史语所集刊》第53本第4分第689—690页，1982年。韩江苏、江林昌《殷本纪订补与商史人物征》第376—378页。

⑥ 李宗焜编著《甲骨文字编》第867页，中华书局2012年。

⑦ 各家释文颇有出入，本释文依据张惟捷、蔡哲茂《殷虚文字丙编摹释新编》释文第500—501页，史语所2017年。

⑧ 屈万里《殷虚文字甲编考释》第8、393页，史语所1961年。

⑨ 胡厚宣主编《甲骨文合集释文》第3202号，中国社会科学出版社1999年。姚孝遂、肖丁主编《殷墟甲骨刻辞摹释总集》第91页，中华书局1988年。曹锦炎、沈建华编著《甲骨文校释总集》卷2第433页，上海辞书出版社2006年。陈年福《殷墟甲骨文摹释全编》第376页，线装书局2010年。

⑩ 参见杨郁彦编著《甲骨文合集分组分类总表》第43页，艺文印书馆2005年。崎川隆《宾组甲骨文分类研究》第292、906页，人民出版社2011年。

⑪ 张惟捷《从"令王佳黄"辞例谈卜辞"王"字的指涉问题》，《古文字研究》第33辑第125—131页，中华书局2020年。

⑫ 同上注第131页。

⑬ 罗琨《商代战争与军制》第169页。

⑭ 朱歧祥《殷墟甲骨文字通释稿》第299页，文史哲出版社1989年。

⑮ 彭裕商《非王卜辞研究》，《述古集》第44—45页，巴蜀书社2016年。

⑯〔汉〕孔安国传，〔唐〕孔颖达正义，（清）阮元校刻，方向东点校《尚书注疏》卷九《盘庚》第375—376页，中华书局2021年。

⑰ 同上注第385—387页。

⑱ 日知《中国古代史分期问题的关键何在》，《历史研究》1957年第8期第91页。裘锡圭《关于商代的宗族组织与贵族和平民两个阶级的初步研究》，载《裘锡圭学术文集》第5卷第146页，复旦大学出版社2012年。

古文字研究(35):162—169,2024

甲骨文"癸"字象形本义新证

——兼说"规"之表意初文

程　薇

关于"癸"字古文的象形本义,以前有学者讨论过,但始终没有定论。由于新材料的发现以及我们对"癸"字形体发展的新认识,使这个问题的研究有了新的契机。

"癸",《说文解字》曰:"▨,冬时水土平,可揆度也。象水从四方流入地中之形。癸承壬,象人足。凡癸之属皆从癸。▨,籀文从癶,从矢。"董莲池《说文解字考正》:"春秋所见作▨,为篆文所本。取象不明,或说是'揆'字初文,或说是'戣'之初文。用为天干字是假借。许慎释义及析形均不可信。"①现在看,"癸"的取象可究,《说文》的释文可据。

黄德宽等《古汉字发展论》中有关于"癸"字形体发展的散见论述,我们可以看到癸的发展脉络如下②:

在黄组卜辞字中作▨;至春秋晚期,秦系文字与西周金文稍产生不同;楚系文字中,"癸"字形下边两笔发生改变;晋系文字中,癸字向下写得很长,字形不再上下对称:

楚:　▨《望山》1.08　　▨《玺汇》1929

　　　▨《包山》57　　　▨《新蔡》甲三22

晋:　▨《侯马》303:1　　▨《玺汇》1533

秦系文字中,"癸"的字形上下分离,上部讹变出"癶"旁:

▨秦风135　　　　▨《陶录》6.307.2　　　▨《里》[9]2正

以上癸的字形变化与赵平安所分析的情况基本一致:"癸的写法分为两支,都承甲骨文而来,到春秋时期开始分化。一支作▨(郜公鼎)、作▨(《包山楚简》2·131),与《说文》小篆写法一致。另一支作▨(石鼓文)、作▨(《睡虎地秦简》5·19),与《说文》籀文一致,代表着秦系文字的写法。《说文》小篆▨应是来源于古文。时间不会晚于战国晚期。"③赵先生的判断是正确的。

由于"癸"字的发展变化脉络清晰,其间没有中断,时间上具有高度的延续性,基于此,我们可以将小篆 🔆 的象形本义上推至甲骨文。

具体来说,"癸"字在字形来源上的唯一性(都承自甲骨文)及其在字形发展上的连续性,决定了其文义来源的单一性。我们以出土材料与《说文解字》相关内容合证,可以看到"冬时""揆度""四方""地中"等词语与"癸"的甲骨文构形本义是有关联的。

一 "X"与"癸"的甲骨文主体构件

《新甲骨文编》收录了33例典型的"癸"字甲骨文字形,依断代顺序,其早期字期(第一例)为"✗(合20583自组)",与"X"相类,若仔细观察,可发现其起笔、收笔处较肥,类似顿点;其余字例主体结构仍是"X"形,如"✗(合20794 自组)""✗(合7365正宾组)""✗(合36846黄组)"等④,不同之处在于多了四个短笔,位于线段的起笔、收尾处,当由顿点发展而成,分不出头和出头的两种。按照《文编》收录情况,其中,不出头的时间早于出头的,数量也多一些,如自组、宾组、历组、无名组、何组计18例,皆是不出头的;黄组有6例是出头的,有1例是不出头的;午组不出头的1例;子组不出头的有2例,出头的有3例;西周有1例"✗ H11:1 西周",其X形是出头的,短笔也发生变化,朝《说文》小篆字形发展。

《甲骨文字编》收录了46个"癸"字,该书将上面第一例"X"形看作是缺刻所致:"✗20583(A1)缺刻。"其余字例差别不大,需要留意的是几个特殊字例:"✗ 21445(A2)或是'癸'字刻后又圈去","✗ 22211(C4)","✗ 22296(C4)"。前者在两线相交处多了圆圈;后二者四个短笔不是环绕状,而是上、下与地平,不过两者主体构件仍是"X"形。据统计,在《字编》收录的字形中,不出头的有33例,出头的有12例;晚出的花东4例,如"✗ 花029(C5)"等,皆出头⑤。其不出头、出头的比例及时间先后与《文编》情况一致。

《字源》分析"癸"字古文曰:"✗ 似二物相交状,稍复杂的写法是在四角添加短划,有出头和不出头两种构形,分别作'✗'和'✗'。"⑥基本与我们的认识一致,"X"形是"癸"字构形的主体,至于四角的"短划",从时间上看,则是不出头 ✗ 应排在出头的 ✗ 之前。

综上,我们对"癸"的甲骨文字构形认识如下:

A、变化发展序列:1、✗ → 2、✗ → 3、✗ → 4、✗。

B、构形可分为两部分:"X"与四角四个 ✓。

其中,"X"由斜对角交叉线构成,为"癸"字甲骨文主体构件;四角四个短划 ✓ 由"X"对角的四个肥点 ◥、◤ 变成,位于环道上;四角四个短划前期不出头,后期出头,略向内偏移,与交叉线构成 ✗、✗ 形,至西周甲骨文中的短笔发生变化,朝着小篆字形发展。

二 "X"之象为规、癸

关于"癸"字的象形本义,过去陈书农认为:"✕乃古陶文 ⊗ 之省也。⊗ 为规之象形,周天四分,而契有度数,省之为 ⊗,再省则为 ✕ 矣。"⑦但这个意见未受到普遍重视,由于新材料的出现,现在看这个说法是值得肯定的。

受陈氏"⊗ 为规之象形"的启发,我们认为 ⊗ 即"晷"之象,晷为古人对日影的观测所得。《说文》曰:"晷,日景也。"《释名·释天》曰:"晷,规也,如规画也。"《补证》王先慎曰:"晷、规叠韵。《易·通卦验》:'冬至之日,树八尺之表。日中,视其晷之如度者,则岁美,人民和顺;晷不如度者,则其岁恶,人民为讹言,政令为之不平。是晷所以为度,规即象晷以成度。'义亦通。《周语》注:'规,规画而有之。'"⑧由日影得到日晷,据学者研究,日晷甚至早于圭表,郭盛炽曰:"太阳的周日视运动是十分显著的,阳光下物体影子的方向变化又是经常能看到的,在人们还未专门竖立表杆以进行观测之前就可能已经有了概念性的认识了。看来日晷的出现肯定要比圭表早很多。"⑨无论如何,说明殷商时古人已具备测度日影的原始天文仪器,这已为学术界所公认。

陈氏所言"周天四分"处,即太阳在周天运动中,当运行至日晷上的四个方位,即"✕"四角所在之处,标志着二分二至日的到来。换言之"✕"取象于日晷 ⊗ 上的四位,反之以日运行至四位以规范节气、指导农时,这就是观象授时,反映了古人长期观测日影所得到的古天文知识。简言之,"✕"之象取自日晷,为"癸"的初文,为观象授时的工具,具有可揆度性,是《说文》所言癸"冬时,水土平,可揆度也"的文义来源。

"✕"之象为癸,方位上代表四方与地中。

清华简《筮法》爻象曰:"✕(五)象为天,为……,为謑"(《筮法》简54—55),"✕"象为"謑",謑从言,癸声,此从爻象的角度证明"✕"为"癸"之象,换言之,"癸"就是"✕"形,这也表明我们将 ✕(癸)形析为"✕"与四个 ╱(短笔画)、以"✕"为"癸"的主体构形是恰当的。

"✕"代表了四方与中央,也是古文"五"字,《古文字谱系疏证》曰五"其初形当作✕,即《说文》之古文"⑩。五,《说文》曰:"五行也。"《释名》曰:"五行者,五气也,于其方各施行也。"五气即金、木、水、火、土,对应西、东、北、南、中五方。此义为《说文》"癸"下所言"象水从四方流入地中之形"的文义来源。

"✕"为规之象,见于汉画像石伏羲执规、女娲执矩图中。

汉画像石中的"规"作"✕"(见图一左上部)、"十"之形(见图二左上部),参李守奎《释楚简中的"规"——兼说"支"亦"规"之表意初文》(以下简称李文。"✕"非 ╱ 形,因其右下角被人耳人头像遮挡,详见注释)⑪:

　　　　　　　图一

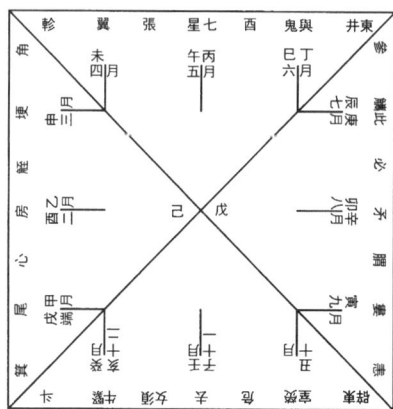
　　　　　　　　　　图二

　　李文指出"伏羲所执规多为'十'字形"（第81—82页）。在汉画像中，"十"与"X"是相通的，皆为规形。《说文》曰："十，数之具也。一为东西，丨为南北，则四方中央备矣。"所谓"则四方中央备矣"义为："一"代表东、西，"丨"代表南、北；二者合为"四方"，两线相交处则为"中央"。由此，"X"也是二线相交处为中央，我们推测"⚹21445（A2）"中间的圆圈表示"癸"的"揆中"规圆之义，而不是"'癸'字刻后又圈去"，此形与石经"癸"字古文⚹（《集录》37）的构形相通[12]，中间相交处也是圆圈，圆圈在下面提到汉代石日晷中则易为四方形，盖表示地中。

　　"X"形在长沙马王堆汉墓堪舆《式图》（见图三）[13]中表现为╳（见图四），"X"形四角的四短笔为短折线，与西周甲骨文的"癸"形⚹一脉相承，与《说文》小篆⚹（癸）极其相类，两线相交处表示中央，以"戊己"标记。"戊己"正是位于十个天干数的中间。

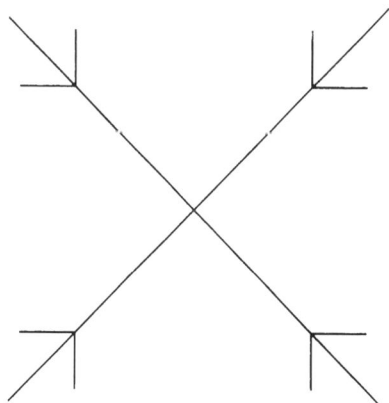

（程少轩绘制）

　　图三　　　　　　　　　　　　　　　图四

　　"X"在汉代石日晷（图五）中表现为（图六），其中央以四方形表示，象地之中（古人以为天圆地方）。石日晷的大圆圈上有刻度，各向中心小圆圈连线，李学勤指出："藉以根据表竿的日影标示时间。这很清楚地表明大圆圈象征日在其间运行的天空。在其Ｖ形间，有交叉的直线相连。"⑭此"在其Ｖ形间，有交叉的直线相连"，即指四角的短笔，其由折笔变为 ┐ 形，类似"矢"字古文，为《说文》籀文 𢎛 字所从的"矢"形来源，《说文通训定声》曰"癸"字从"矢声"。

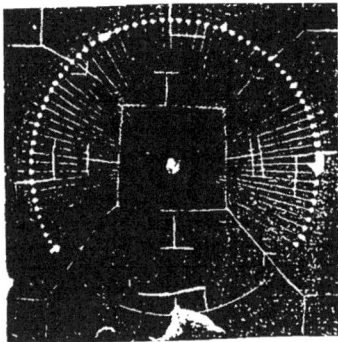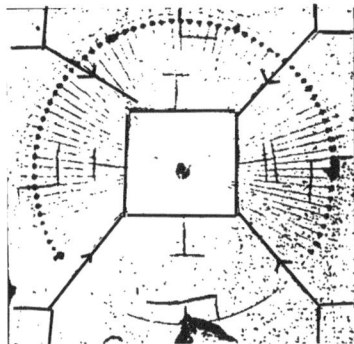

图五　　　　　　　　　　　　　　图六

"X"（癸）之象需要日晷上的四角之位具备，故为天干的末位（第十位）。

"X"在规矩图中与"十"同。"十"为数之终，《说文》"章"字下曰："章，乐竟为一章。从音，从十，十，数之终也。"这个为"癸"字作为天干第十位用字的文义来源，"早在甲骨文中就被假借作天干第十位的名称"⑮。天干有十位，自甲至癸，癸居末位。

三　甲骨文"癸"字声符

我们推测甲骨文"癸"字早期声符来源于短笔与"X"构成的 ⚡、⚡ 形，似土形或两土相重形（中间共用一横笔），重土即"圭"字，为"癸"字甲骨文声符。"圭"字古音为见母支部，"癸"字古音为见母脂部，二者音近可通。其后 ⚡、⚡ 讹作"矢"形，圭声淹没，"癸"以"矢"为声，《说文通训定声》曰"癸"字从"矢声"。

Ｘ（癸）从圭声，为"规"字表意初文。圭、规皆为见母支部字，"规"有异体字作"槻"，从见、圭声，文例见马王堆汉墓帛书《老子乙本·德经》甲本："不规（窥）于牖"，其中"规"字在乙本中作"槻"⑯。

"规"在楚简中的独体字形为 𢍰（清华简13《五纪》简5），作为右旁声符用字为 𤔪、𤔪（清华简6《郑武夫人规孺子》简1、12）⑰，也见于甲骨文中，作为 Ｘ（癸）的声旁，其字形为：

A、𢽳（《前》2.21.1《合》37637）　B、𢽳（《后》1.13.10）

A、B皆为"揆字初文"⑱，B为A的变形。其结构可分析为从 Ｘ（癸），从 𡗛（规）声，表示"癸"的动词属性规度之规，文献中作揆。《释名·释天》曰："癸，揆也，揆度而生，乃出土也。"癸用作揆，如揆日、揆天之中。督，从日，从癸，当为揆度日景的专造字，见于清华简："凡行，督（揆）日月之位，以定四维之极"（《四时》简1）。清华简《三不韦》曰："嬰（揆）天之中"（简3）。

癸有名词、动词两种属性：用作名词，为天干用字，表示规的形态；用作动词，表示规度"揆度"。

图七

X（癸）取象于日影，古人测日影的工具为土圭，我们推测 ➤（规）象手持土圭（度圭）以度。土圭之形可参1965年出土的东汉铜圭表（见图七），表是直立的标杆，圭是平卧的尺，通过杆影的长短确定夏至、冬至，这是我国古代测定一年长度的唯一方法，其历史至少可以追溯到春秋中期[19]。圭表实际与土圭相同，土圭即度圭，《周礼·考工记》"玉人"职曰："土圭尺有五寸，以致日，以土地。"郑玄注："土，犹度也。"《地官·大司徒》曰："凡建邦国，以土圭土其地，而制其域。"孙诒让《正义》引俞樾曰："土、度声近通用。"《地官·司徒》曰："以土圭之法测土深，正日景，以求地中。"郑注："土圭，所以致四时日月之景也。"贾公彦疏："周公摄政四年，欲求土中而营王城，故以土圭度日景之法。"[20]详参徐传武《"土圭"仪器非土制》、唐启翠《"土圭"命名编码的神话探源》[21]。

四　余论

综上，"癸"字甲骨文取象于冬至、夏至日的日景（日影）"X"形，发展为 X，音"规"，具有揆度之义，引申为规圆求（救）中，许慎的释义析形可据。

"癸"字甲骨文的四 ╱ 短笔本为周天四分的度圭标记，与"X"（规）形构成从重土，圭声，为"癸"字甲骨文声符来源，后来讹变作"矢"字古文形，为"癸"字籀文所从声符。

"癸"字甲骨文演变序列为1、X → 2、X → 3、X → 4、X，其古文形成示意图如下（见图八）：

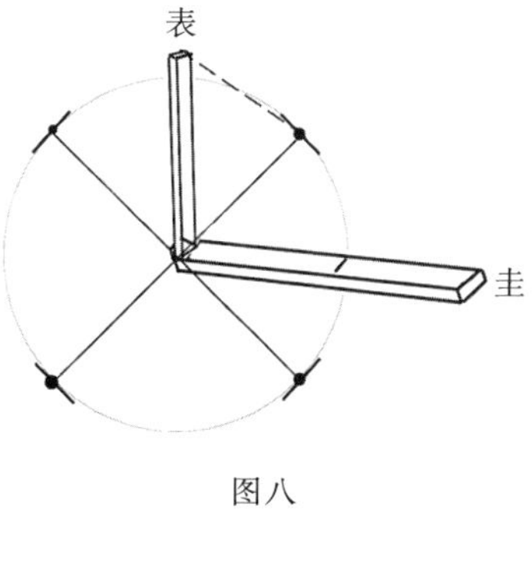

图八

　　楚简中的"规"字见于甲骨文"揆"字声旁,会手持土圭(度圭)以规。综上,规、癸、揆字际关系如下(见图九):"癸"源于"规"字表意初文;后加注声兼义符,表示规的动作"揆";其后左形、右旁分别发展为(《汗简》的"揆"),及(楚简的"规")。

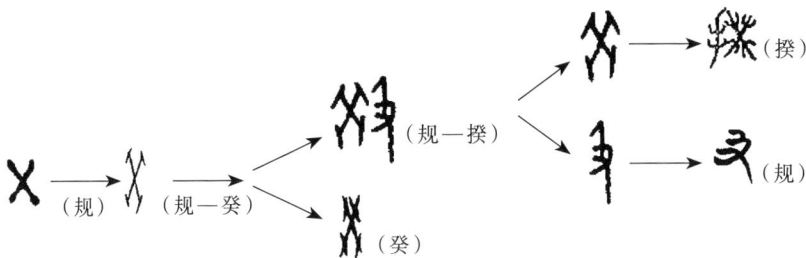

图九

　　附记:本文为国家社科基金重大项目"清华简与儒家经典的形成发展研究"(16ZDA114)、"清华大学藏战国竹简的价值挖掘与传承传播研究"(20&ZD309)的阶段性成果。

(作者单位:清华大学出土文献研究与保护中心、
"古文字与中华文明传承发展工程"协同攻关创新平台)

注:

① 董莲池《说文解字考正》第582—583页,作家出版社2005年。

② 黄德宽等《古汉字发展论》第69、451、412、416页,中华书局2014年。

③ 赵平安《〈说文〉小篆研究》第5页,广西教育出版社1999年。

④ 刘钊等编纂《新甲骨文编》第785—786页,福建人民出版社2009年。

⑤ 李宗焜编著《甲骨文字编》第1293—1294页,中华书局2012年。

⑥⑮ 李学勤主编《字源》第1278页,天津古籍出版社2012年。

⑦ 李圃主编《古文字诂林》第10册第1063页,上海教育出版社2004年。

⑧ 〔东汉〕刘熙撰、〔清〕毕沅疏证、王先谦补《释名疏证补》第4页,中华书局2008年标点本,标点略有变化。

⑨ 郭盛炽《中国古代的计时科学》,科学出版社1988年。

⑩ 黄德宽主编《古文字谱系疏证》第1418—1419页,商务印书馆2007年。

⑪ 图一、二见李守奎《释楚简中的"规"——兼说"支"亦"规"之表意初文》,《复旦学报(社会科学版)》2016年第3期第84、81页;又张从军、李为《汉画像石》第67页,山东美术出版社2013年;杨絮飞《中国汉画图像经典赏析》第119—120页,河南大学出版社2013年;王洪震《汉画像石》第117页,新世界出版社2011年。需要说明的是,李文把图一的"X"形视为 Y 形,曰:"把规截下来是 Y 形,倒过来即 人,是现代圆规的源头。"(第84页)我们则认为是"X"形,与图二的"十"形是一致的,之所以"X"形被视成"Y"形,主要是由于"X"形的右下角被人头像遮挡所致的误判。又"X"与"十"在画像石中的差别,如同图一的矩 Ⴈ 形在图二中作 Ⴈ 形一样,只是朝向角度之别。

⑫ 参赵立伟《魏三体石经古文辑证》第182页,社会科学文献出版社2007年。

⑬ 湖南省博物馆、复旦大学出土文献与古文字研究中心编,裘锡圭主编《长沙马王堆汉墓简帛集成》第1册第263页、第5册第93页,中华书局2014年。

⑭ 李学勤《走出疑古时代》第118、124页,辽宁大学出版社1997年;孙机《托克托日晷》,《中国历史博物馆馆刊》第3期第75页,1981年。

⑯ 参《长沙马王堆汉墓简帛集成》第4册第4页(20)、第16页注49、第194页(9/183)。

⑰ 李守奎《释楚简中的"规"——兼说"支"亦"规"之表意初文》,《复旦学报(社会科学版)》2016年第3期第80—86页;程燕《清华六〈郑武夫人规孺子〉"规"字补说》,《中国文字学报》第10辑第76—77页,商务印书馆2020年。

⑱ 黄锡全《汗简注释》第491页,武汉大学出版社1990年。

⑲ 南京博物院《东汉铜圭表》,《考古》1977年第6期第407—408页。

⑳ 〔汉〕郑玄注,〔唐〕贾公彦疏,彭林整理,十三经注疏《周礼注疏》第351页,上海古籍出版社2010年。

㉑ 徐传武《"土圭"仪器非土制》,《文献》1994年第4期第276—277;唐启翠《"土圭"命名编码的神话探源》,《民族艺术》2021年第1期第96页。

古文字研究（35）：170—176,2024

新见郳公钟铭文考释

曹锦炎

香港某藏家庋藏有一组铸铭青铜甬钟，共五件，通高最大者约50公分，最小者约30公分，形制、纹饰相同，大小依次相减。从铭文可以确认，这是春秋晚期的郳国（即小邾国）君主倪公觙父所作的青铜器。

五件青铜甬钟上均铸有铭文，其排列顺序起自正面右铣，至正面右鼓，转正面左鼓，正面左铣，再转至反面右铣，反面右鼓，反面左鼓，至反面左铣结束。需要指出的是，此组编钟的正反面钲部皆铸有蟠龙纹作为装饰，故无文字，这与当时通行的凡有铭文的青铜钟、镈皆在钲部铸铭文的情况有所不同。

钟铭为铸款，从拓本上尚可依稀看出用字模抑范的痕迹。由于器形的大小有差别，故铭文行款字数排列也有所不同。按文字内容五件甬钟可分作甲、乙两式，甲式为79字，乙式为80字（其中重文二）。虽然字数多少不同，但为同一器主，且内容大同小异。承藏家厚意，惠赠二式钟铭的拓本，允于发表。今作小考，以申谢意。

先按甲、乙两式写出释文（拓片见文后附图）：

[甲]：王正九月元日庚午，余有蠤（融）之孚（子）孙，郳（郳）公觙父，愓蠿大命，保朕邦家，正和朕身，乍（作）正朕寶（宝）。台（以）共（供）朝于王所，受貤（貤）吉金，刑（型）霉（铸）和钟。敬黪（祼）祀，乍（作）朕皇祖觏（葬）公、皇考惠公彝。再黪（祼）霝（瓒），用旂（祈）寿考，子之子、孙之孙，永耆（固）是保。

[乙]：王正九月元日庚午，余有蠤（融）之孚（子）孙，郳（郳）公觙父，愲（愓）蠿大命，保朕邦家，正穌朕身，乍（作）正朕寶（宝）。择厗（厥）吉金，刑（型）霉（铸）穌钟，乍（作）朕皇祖慂（葬）公、皇考惠公彝。再黪（祼）霝（瓒），用旂（祈）寿考，子＝（子子）孙＝（孙孙），永耆（固）是保，台（以）亯（享）台（以）襟（烝）。千岁之后，台（以）为余朕。

首先需要指出的是，2011年上海博物馆征集入藏一件郳公镈，其正反面的左、右铣和左、右鼓部铸有铭文，共80字，周亚作了很好的释文，并就相关问题已展开讨论[①]。2012年，董珊于复旦大学出土文献与古文字研究中心网站先后发文，介绍吴镇烽披露的四件流散的郳公镈，其铭文皆同于上博藏镈，同时他对铭文内容也作了深入探讨[②]。从周文、董文介绍的情况及公布的照片看，这五件青铜镈的形制、纹饰、铭文相同，大小相次，显然本属同一编组。而香港藏家收藏的五件青铜甬钟，除了形制为甬钟外，纹饰与这五件青铜镈相一致，尤其是铭文，甲式钟铭79字，除了少（或漏铸）"敬临黪（祼）祀"之"临"字外，与郳公镈铭完全相同。由此可见,这五件编钟与五件编镈也当属同堵编悬乐器,系同时同地铸造,皆为郳公缄父之物。下面结合周文、董文,就其中相关问题作讨论。

"王正九月元日庚午","王正"即"周正",铭文是用周历记铸器时间,但缺记"年"份。"元日"即"首日"指初一,也就是"朔日"。董文据张培瑜《中国先秦史历表·春秋朔闰表》指出,周正建子,铭文所记当为周敬王十一年(公元前509年)九月初一,庚午朔。前一年即鲁昭公三十二年,《春秋》经载:"冬,仲孙何忌会晋韩不信、齐高张、宋仲几、卫世叔申、郑国参、曹人、莒人、薛人、杞人、小邾人城成周。"据《左传》,此年晋召集诸侯,次年(定公元年)正月"庚寅栽","三旬而毕"。小邾国(即郳国)派人参与为周天子修筑成周城,工程达一个月,铭文下文所说"台(以)共(供)朝于王所",应即此事。周文据张培瑜《三千五百年历日天象》、徐锡祺《西周(共和)至西汉历朔》,认为铭文所记为周敬王四十二年(公元前478年)九月初一,庚午朔。两者相差31年,结合文献和铭文内容,似董文较优。

器主自称:"余有螎(融)之㝆(子)孙,郳(郳)公缄父。""融"字原篆作"螎",周文已指出这与金文中常见的"融"字写法差别较大,但多见于楚简帛文字。"子"字原篆作"㝆",见《说文》古文作🔱,但铭文上部已小讹。"郳"字原篆上部增"午",为繁饰,这种写法的"郳"字亦见一件青铜雁形器,器主也是郳公缄父③。

"有融",传世的邾公䢺钟铭文作"陆螎(融)",亦即典籍中的"祝融"。"郳公",郳国之君。"郳"为国名,即小邾国,旧地在今山东滕州东。邾国本为鲁之附庸国,介于鲁、滕之间,后别封出小邾国,即郳国,见《左传·庄公五年》正义引《世本》云:"邾颜居邾,肥徙郳。"宋衷注:"邾颜别封小子肥于郳,为小邾子。"王献唐曾就称谓问题指出:"其称郳者,沿郳国旧称也;称邾者,沿邾国旧称也,小邾一号未尝自用也。"④根据出土文物,其说甚确。2002年山东枣庄东江村春秋墓出土的青铜器,壶铭称"邾君庆",匜、鼎、鬲铭称"儿(郳)庆",不仅证实邾与郳的关系,亦证实当时的小邾国确实是或称"邾"或称"郳"⑤。邾国为曹姓,见《左传·襄公十一年》记同盟于亳时载书曰:"七姓十二国之祖,明神殛之。"杜预注:"邾、小邾,曹姓。"据《史记·楚世家》载:"帝乃以庚寅日诛重黎,而以其弟吴回为重黎后,复居火正,为祝融。吴回生陆终。陆终生子六人,坼剖而产焉。其长,一曰昆吾;二曰参胡;三曰彭祖;四曰会人;五曰曹姓;六曰季连,芈姓,楚其后也。"《集解》引《世本》曰:"曹姓者,邾是也。"《索隐》:"《系(世)本》云:'五曰安,是为曹姓。曹姓,邾是。'宋衷曰:'安,名也。曹姓者,诸曹所出。'"小邾"郳"国为邾国别封,故器主自称为"有融之后"即祝融之后。

"惕戁大命"之"惕",周文疑为"惕"字之误,乙式钟铭作"慁",从"心"、"汤"声,可证本为"惕"字不误。《说文》:"惕,放也。从心,易声。一曰:平也。""戁",《说文》谓"敬也"。"惕戁大命",周文以为当义同毛公鼎铭中的"勋勤大命"、蔡侯尊铭中的"虔恭大命",可从。

"保朕邦家,正和朕身",周文、董文已指出,是说修身齐家、保治邦国。"和"字,甲式钟铭作"咊",同于《说文》写法,镈铭也作"咊";乙式钟铭作"龢"(下文"和钟"之"和"亦如此)。《说文》口部:"咊(和),相譍也。从口,禾声。"指声音相应和。《说文》龠部:"龢,调也。从龠,禾声。读与和同。"指音调和谐。"和、龢"二字,本义各有所指,但在词义引申上相互交错,以致无别,《说文》也指出二字读音相同。从古文字看,"龢"字在春秋以前使用较频繁,"咊(和)"字以往始见于战国文字,郳公钟镈铭文将以"咊(和)"代"龢"的语言文字现象明确提早到春秋晚期。

"乍(作)正朕寳(宝)",周文、董文皆将此句与下句"台(以)共(供)于王所"联在一起解释。周文认为是说郳公做了宝物,以供觐见驻跸在外的周王所用;董文认为是郳公在其保护国那里做官正,所以跟随保护国去城成周。从乙式钟铭文可知,此句与"台(以)共(供)于王所"之事并不相联,只是说郳公做了自己的宝器而已。

甲式钟铭谓"受貤(貤)吉金,刑(型)鑄(铸)和钟",乙式钟铭谓"择乎(厥)吉金,刑(型)鑄(铸)龢钟",说的是同一件事。"受貤"即"受赐",前者强调其因为城成周有功劳而被周天子赐予"吉金"即坚实的好铜料,是说明铸钟铜料来源;后者是说选择了坚实的好铜料去铸钟,省略了铜料来源的说明。

"乍(作)朕皇祖覾(恭)公、皇考惠公彝",可联上读,省略(借用)上面"择乎(厥)吉金"一语。铭文此句记载了郳公敄父的父、祖谥号。"覾"字见魏三体石经,是古文"恭"字,金文或作"龏",或作"龔"。"恭"字从"心"、"共"声,是"龏"的后起形声字。甲式钟铭的"覾"字,乙式钟铭作"懇",增"心"旁,从文字演变发展看,正处于"龏""恭"二字的中间环节。

郳公敄父的祖父是"恭公",父亲是"惠公"。周文已指出,《左传·庄公五年》疏引杜预《世族谱》云:"小邾,……穆公之孙惠公以下,春秋后六世而楚灭之。"又《左传》襄公七年、昭公三年和十七年分别记载"小邾穆公来朝"。以襄公七年至昭公十七年计算,知穆公在位至少42年,其下限在公元前525年,若以20年为一代计算,则郳公敄父即位应该在公元前478年前后,镈的铸造年代应该是公元前478年。按照董文,钟镈铭文所记为周敬王十一年(公元前509年)铸器事,郳公敄父已即位,则恭公、惠公二代在位时间不会太长。虽然铸器的具体年份有不同看法,但郳公敄父钟及镈是一组春秋晚期年代明确的标准器,则可以认定。

乙式铭文最后云:"千岁之后,台(以)为余媵。"此段话语不见甲式铭文,也不见五件镈的铭文。所谓"千岁之后",实婉言人死,或作"千秋之后",见《战国策·燕策二》:"太后千秋之后,王弃国家,而太子即位,公子贱于布衣。"《史记·魏其武安侯列传》:"梁孝王朝,因昆弟燕饮。是时上未立太子,酒酣,从容言曰:'千秋之后传梁王。'太后驩。""媵"字未见《说文》,《尔雅·释言》谓:"媵,送也。""媵"字金文异体较多,或从"人"从"贝",大都用作出嫁陪送义。钟铭直言自己死后将这些青铜礼器用作陪葬,这在传世和出土的青铜器铭文中更是首见,加深了我们对春秋时代人们生死思想观念的理解。

(作者单位:中国美术学院汉字文化研究所)

附图：

甲正1   甲正2

甲反1　　　　　　　　　　　　　　　　　　　　　　甲反2

乙正1

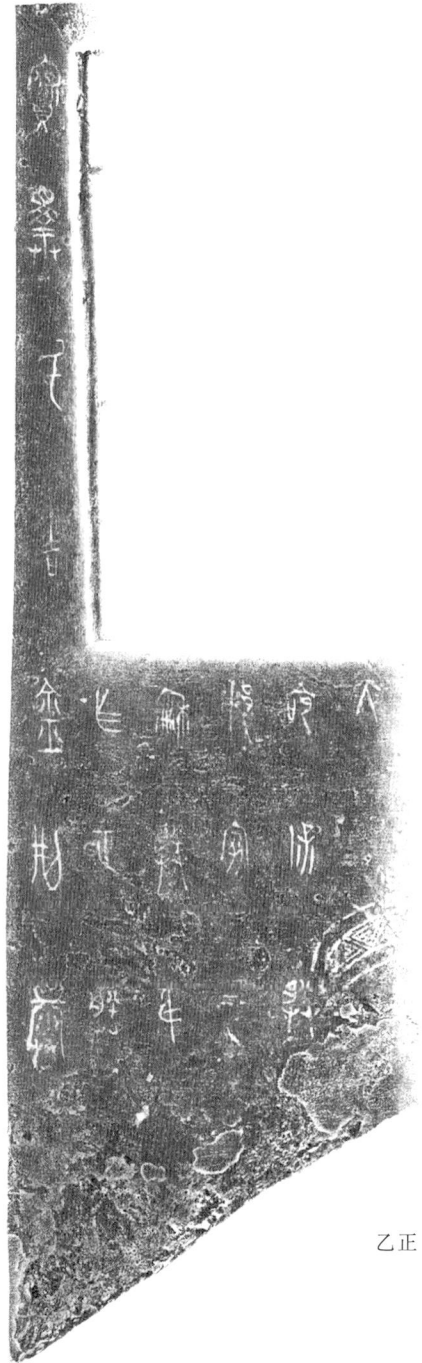

乙正2

乙反1　　　　　　　　　　　　　　　　　　　乙反2

注：

① ⑤　周亚《郘公鎛铭文及若干问题》，《古文字研究》第29辑，中华书局2014年。（以下简称"周文"）

②　董珊《郘公敤父二器简释》，4月10日；《郘公鎛"乍正朕保"补释》，5月12日。（以下简称"董文"）

③　董珊《郘公鎛"乍正朕保"补释》附图，原器铭文的姓名省略"父"字。

④　王献唐《春秋郑分三国考》，齐鲁书社1982年。

古文字研究(35):177—192,2024

青铜器自名文字试释数则

黄锡全

青铜器的冶炼与铸造是人类进入文明的重要标志之一。中华民族具有悠久的青铜铸造历史,有很多方面需要不断深入研究,理清有关问题。青铜器自名就是其中之一。

商周青铜器有自名的铭文,材料比较丰富,情况比较复杂,已有不少学者做过专门研究,如陈剑、赵平安、张懋镕、陈英杰、查飞能等;不少研究生作为论文选题;有的院校作为主攻方向,如北语罗卫东教授组织的课题等,都取得了不少成就或进展①。就铭文释读而言,疑难文字或未有定论者还有不少,需要进一步探讨。对此,笔者过去曾有所注意,零星想法未能成文。2022年5月,有幸审阅北京语言大学有关博士论文并主持答辩②,遂检出旧有记录整理了几条,不一定正确,供大家讨论、参考。

一　遣盅父盨铭文的

遣盅父盨,见于吴镇烽《商周金文资料通鉴》③30466(见图一):

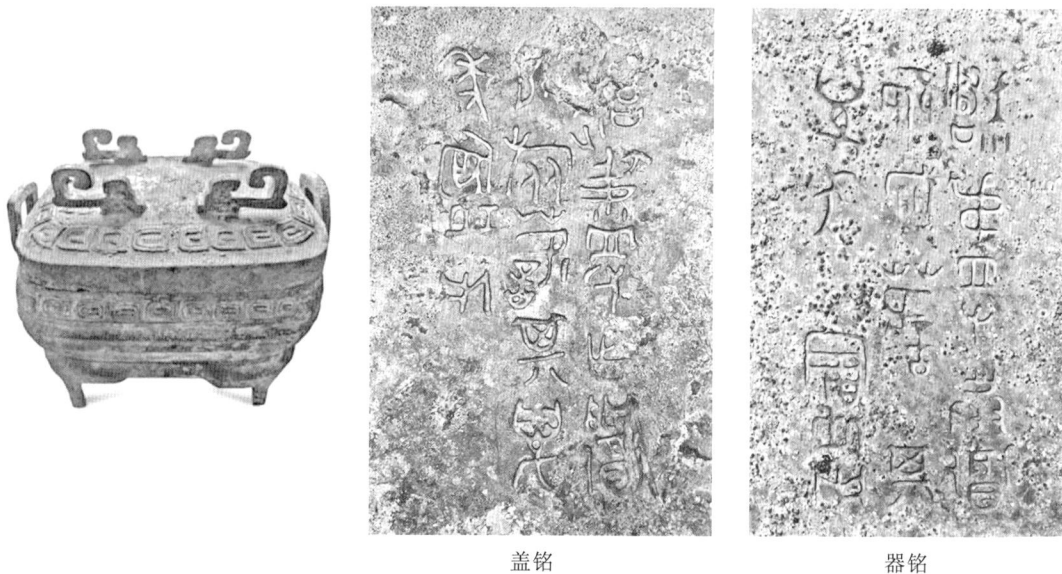

盖铭　　　　　　　　　器铭

图一　遣盅父盨

西周晚期器，某收藏家藏品，未著录。横截面呈椭方形，子口内敛，腹部微鼓，圈足下连铸四个小足，盖面隆起，沿下折，顶部有四个夔龙形捉手。盖面外圈和器口沿下均饰重环纹，无地纹。盖、器对铭，各13字。吴镇烽释文作："趞（䢦—遣）盄父乍（作）鼉（召）姬旅䛫（訡—盨），其万年寳（宝）用。"其中器名所谓的"䛫（訡—盨）"作下形：

器 盖

吴镇烽隶定作"䛫（訡—盨）"。此释可能采取了邬可晶的意见④。所从之"言"，夏宸溥开始以为从"否"，后在博士论文中改从陈英杰释从"言"。夏宸溥以为此字当是从"艹""言"，"各"声，即茖、落，与"栝落""豆筥"有关；用为铜盨自名，与铜盨称"栝"、铜瑚称"匡"略同（第128页）。

此字下从"言"是正确的。上部"艹"下所从为倒止形"夂"。细审铭文，器铭"夂"形左下清楚作形（盖铭省略或脱落作"1"，与此铭铸作不精有关，如"趞（䢦—遣）""宝"等字），当为"咎"字所从，可摹写作。"咎"本从夂从人，见于甲骨文，后增从"口"。西周早期金文毓祖丁卣就不从"口"（《金文通鉴》13305）。先秦货币方足布"咎奴"之"咎"不从"口"，其中反向者与此铭极相似（见下）。"䓘"字已见于古陶文，为《说文》所本。有关字形如下⑤：

《合》6095 《合》21366 西周甲骨 毓祖丁卣 臧之无咎戈

咎如戈 十一年咎茖戈 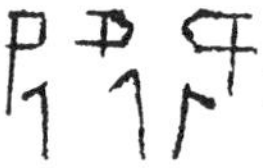方足布

《陶汇》5.350、5.351 《陶汇》9.87 《陶汇》9.91

此字从"言"从"䓘"，即䜈，不见于字书。考虑到言、口义近或可互作，如《说文》吟或作訡，詠或作咏，信古文从口；曶鼎"诺"从"口"作，金文"讯"从口作（五祀卫鼎）、（晋侯苏钟）等。此字有可能就是见于陶文的"䓘"字或体。

《玉篇》："䓘，草名。其实似瓜，食之治疟。又云白䓘草，食之不饥。"咎，群母幽部。簋，见母幽部。盨，心母侯部。盨也称"盨簋"，如《金文通鉴》05524—05527录盨（见图二）："录乍（作）鬻（铸）頖（盨）㿻（簋），其永保用。"

"簋"或称"料"，如白弘父盨（见图三，《金文通鉴》05638）："白（伯）弜（弘）父乍（作）宝料（簋）。"

图二　录盨　　　　　　　　　　　　　　　图三　白弘父盨

器名的"籵"多以为"簋"⑥。丩，见母幽部，与簋同音。如《说文》"嬲"读若《诗》"纠纠葛屦"。典籍从"九"的字与从"丩""簋"可通。如《说文》"屦"读若"轨"，"簋"古文作"匦"等⑦。因此，本铭的"䇮"当读如"簋"。

不过，幽部的"䇮"与侯部的"盨"读音也近。似乎"䇮"读为"盨"亦可。如"皋如"或作"句如"（《会典》337页），"皋陶"或作"䇮繇"（《会典》710页），"须留"或作"宿留"（《会典》343页）。皋，见母幽部。句，见母侯部。宿，心母觉部（幽部入声）。换言之，䇮可读为簋，也不排除可读盨。

自名"盨"者已多见于金文。簋为圆形，盨为椭圆形，学术界或主张盨由簋发展而来⑧。盨称"盨簋"或"簋"，说明当时二者称呼似乎还未完全分离。或者属于"自名代称"。如滕侯苏盨（见图四，金文通鉴05620器图，05621铭文），本为"盨"而自名为"簋"。铭文："滕（滕）侯（侯）穌（苏）乍（作）氒（厥）文考滕（滕）中（仲）旅段（簋）。"这一看法曾在2022年5月27日北语夏宸溥博士论文答辩会上提出，若此解成立，则可了结久存的分歧。

山东枣庄出土　　　　　　　　　　　　　传世品，现藏上博

图四　滕侯苏盨

　　近见谢明文论文,认为讨论的这个字从"刍"可疑,"最自然直接的分析应是从'艹'从'
得声"[9]。全按:若将盖铭理解为从"各"或"茖",器名理解为从"苔",亦可通。各,见母铎部。
落,来母铎部。咎,群母幽部。簋,见母幽部。诸字读音相近。不过,我们还是倾向盖铭因
范铸原因脱落一笔。

二　应侯盨铭文中的"籨"

　　应侯盨,见《金文通鉴》05503(见图五)、05504(见图六),西周晚期器。05503为河南平
顶山市新华区滍阳镇北滍村应国墓地出土,现为上海博物馆收藏。椭方形,直口微敛,腹稍
鼓,一对附耳,圈足的四角连铸半圆形矮柱足,盖面隆起,顶部近平,有四个矩尺形捉手,可以
却置;通体饰瓦纹。05504仅为器盖,美籍华人崔如琢收藏。

盖铭　　　　　　器铭

图五　05503应侯盨

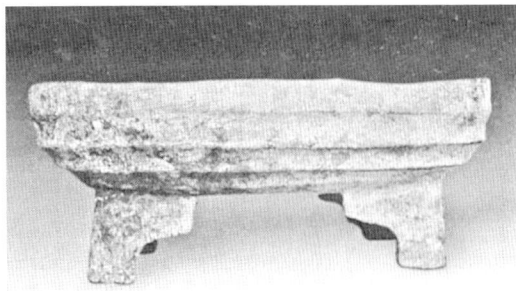

图六　05504应侯盨

05503盖、器同铭，各6字，吴镇烽释文作："雁（应）医（侯）乍（作）宝齍（馨）毁（簋）。"器名，盖铭作[图]，器铭作[图]。05504所存盖铭作[图]，与05503盖铭相同。

此字发掘报告以为是"寝"。张再兴以为是"皿"旁旋转方向所致。禤健聪认为所从的[图]是竖置的盨器，[图]是盨的异体。查飞能从之。何景成以为是"馨"。夏宸溥倾向从"米""升"的变体，是一种"盨"的特殊异写[⑩]。

伯狱簋甲盖铭（《金文通鉴》05275）的"醒（馨）香（香）"两见[⑪]，醒作[图]、[图]，与"盨"或从的斗、升有别。如眚伯子宽（[图]）父盨（頠）乙器铭从"斗"作[图]（《通鉴》05632），伯太师厘盨（頠）从"升"作[图]（《通鉴》05572），眚伯子宽父盨乙盖铭从"又"作[图]（"又"显然为"斗"或"升"讹误）。因此，[图]不大可能是"馨"字。

此字宀下从食、从[图]或[图]。[图]、[图]中似为"斗"中有"米"形。"斗"下一横又作分叉，与曽作[图]（员鼎）或[图]（散盘），钟作[图]（柞钟）、[图]（虢吊钟）或[图]（井人伭钟）、[图]（己侯钟）类似[⑫]，可隶定作齍。而不大可能是画一盨形。春秋晚期司料盆盖"料"作[图]（《通鉴》06254"嗣[司]料柬所寺[持]"）。

春秋时期有一卫量（见图七，《金文通鉴》18810），吴镇烽释文："卫自（师）辛巽夒。"

过去对铭文释读不一。如《殷周金文集成》释文释第四字为"铸"。北京语言大学博士生王英霄释为"卫自（师）辛登料"。认为其中"登"为人名，与甲骨文[图]（《合》2278）、[图]（《合》38689）类似；将最末一字[图]释为"料"，为器名，认为是"由称量物品名物化而表量器的自名或由所料之物引申指料物之器，当是根据器物功用而命名"[⑬]。2004年，山东青州出土的战国银器，有字从

图七　卫量

米从升，李家浩释读为"粰（升）"："受一粰（升）分（半）"（银盒）；瞿（邵）平，一粰（升）分（半）"（银盘）；瞿（邵）平，二粰（升）分（半）"（银匜）。其中的[图]（粰）即为"升"，字从"米"（连笔刻书），"大概是因为'升'是量粮食用的量器"[⑭]。

据此，卫量的"料"当释读为"料（斗）"[⑮]。

若将"齍"所从的食、米均理解为义符，"斗"则为声符。斗，端母侯部。盨，心母侯部。二字韵部相同。端母（舌音）、心母（齿音）或可通转。如裻，《玉篇》"先鹄切"，又"都梏切"。《类篇》"苏毒、都笃二切"。先，心母文部。都，端母鱼部。苏，心母鱼部。蹴，《类篇》"须兖切"，

又"都玩切",又"区愿切"。须,心母侯部。区,溪母侯部⑯。

若此字从"料",料属来母宵部,与心母侯部的"盨"读音虽有别,似乎也可通假。如:暴读为剥(《会典》355页),暴,并母药部(宵部入声);剥,帮母屋部(侯部入声)。《说文》橾读若薮,橾,从木喿声,喿属心母宵部;薮,心母侯部。"驹"或作"骄"(《会典》338页),驹,见母侯部;骄,见母宵部。钓或作钩(《会典》807页),钓,端母药部(宵部入声);钩,见母侯部。"齽簋"即"盨簋",如同前举录盨也称"盨簋"。

相互比较,还是以为将齽理解为修饰语较好。《说文》:"料,量也。从斗,米在其中。读若辽。"此字宀下右旁正像米在斗中之形。段玉裁注:"料,量也。量者,称轻重也。称其轻重曰量,称其多少曰料,其义一也……引申之,凡所量度豫备之物曰料。"

"齽(料)"作为修饰语,可能指盛装饮食之类的食物。如同饮料、作料、饲料、马料(特指牛马所吃的干草或杂粮)、原料、材料等。"齽簋"就是盛装饮食之器皿"盨"。

换言之,此字若从"斗",视为声符,似可读为器名"盨",即"盨簋";若从"料",当为修饰语,"料簋"即盛装饮食之器。

三　夹壶铭文中的"㠯"

夹壶,见《金文通鉴》12108(见图八),西周早期器,2019年3月出现在美国纽约佳士得春季拍卖会上,原为刘体智收藏,1980年归美国纽约戴润斋。通高26.6厘米。横截面呈椭方形,长子口,长颈,下腹向外倾垂,圈足外侈,颈部有一对贯耳,内插式盖,盖面隆起,上有圈状捉手。体饰宽带络纹。盖、器同铭,各4字,吴镇烽释文:"夹乍(作)彝,㠯(次)。"

另一夹壶(原称夹卣),见《金文通鉴》12216(见图九),西周早期器。美国华盛顿赛车尔氏收藏。通高38厘米。直口长颈,圆腹圈足,颈两侧有一对环钮,套接龙头扁提梁,盖上有圈状捉手。盖沿和器颈均饰云雷纹组成的兽面纹。盖、器同铭,各8字:吴镇烽释文:"夹乍(作)父辛隨(尊)彝,亚刚。"

两位"夹"可能为一人。

图八　夹壶　　　　　　　　　　　　　　图九　夹壶

![图标]，可能从𠂤，乚声，当隶定作𠂤。《说文》："乚，匿也。象迟（《说文》'曲行也'）曲隐蔽形。读若隐。"𠂤似为表示隐蔽的土堆或山丘。隐，影母文部。壶，匣母鱼部。声母同属喉音。韵部鱼、文也有相通之例。如：珉或作瑉（《会典》152页），珉，明母真部（《会典》以为文部）；瑉，明母鱼部。殷或作假（《会典》110页），殷，影母文部；假，见母鱼部（全按：殷、假也可能属于形讹）。

"彝"后带器名者，如商晚期作父辛尊铭文"乍（作）父辛彝尊（尊）"（见图十，《金文通鉴》11714），中山王壶铭文有"釖（铸）为彝壶"（见图十一，《金文通鉴》12455）。因此，本铭似可释读为"夹乍（作）彝𠂤（壶）"。

类似![图标]字字形者，还见于旦承卣（见图十二，《金文通鉴》13228），西周早期器，铭文8字："旦承乍（作）文父丁隣（尊）彝。"旦字作![图标]，人名，李孝定等认为"字不可识"[⑰]。

图十　作父辛尊　　　图十一　中山王壶（局部）　　　图十二　旦承卣

如果壶铭![图标]与卣铭![图标]为一字，作为人名或族氏居于铭末，![图标]就不一定能假借为"壶"。我们只是揳出一种可能。

四　寅伯壶盖铭文中的 ![图标]

寅伯壶盖（失掉器身，见图十三，《金文通鉴》12405），西周中期前段器。1984年陕西西安市长安区马王镇大原村西周墓葬（M304.2）出土，现藏中国社会科学院考古研究所。盖体作圆角长方形，顶隆鼓，缘宽直，中部有椭方形圈状捏手，两短侧各有一个长方穿孔。盖沿饰一周云雷纹为地的勾卷纹。内铸铭文29字。

图十三　寅伯壶盖

吴镇烽释文:"隹(唯)王正月初吉庚寅,辛公禼父宫,易(锡)夾(棠)白(伯)矢束、素丝束,对氒(扬)王休,用乍(作)𤔔壶。"器主"夾(棠)白(伯)"的"夾"作,可能为"寅",如长甶盉的(䗧)、无㠯簋盖的(寅)等[18]。其中所谓"𤔔壶"的,整理者以为从"壶"从"欠"作歖。《集成》释为"𤔔(𩜙)",《铭图》(22卷326页)以为"𤔔(饙)"。陈英杰以为从"先",读"洗",表示"洗涤""洁净"之义[19]。北语博士生赵谚丽以为右半与"桼"更为接近,与"先"上从"止"不类,倾向释读为"饙"字,认同张闻捷的意见,以为"饙器"含义逐渐扩大,所谓"𤔔(饙)壶"非"饭食之壶",而是"宴飨之壶"[20]。

字左旁从壶,没有疑问。右旁与下列、等形不同[21],不大可能是"饙"字:

壶铭 《合》22184 《合》3941 牢犬簋 匽侯盉

穆父鼎 冑簋 黾簋 彭子仲盆盖

右旁虽与下列"先"字有些近似[22],但也有区别:

小子𦤺卣 沈子它簋盖 大盂鼎 兴簋 伯先父鬲 兴簋 毛公鼎

经过比较,我们认为此字应是从"求"。如下列甲骨、金文"求"字[23]:

《合》19907 《合》137正 《合》7150 《合》28045 《合》12651

《花东》384 《花东》102 《花东》50 《花东》487

番生簋 铸侯求钟 楚公逆钟 石鼓文

壶为西周前期器,壶铭所从与甲骨、金文"求"类似,尤其酷似花东类甲骨(《花东》50)、(《花东》487)[24]。壶铭"求"上似"又"形,上部写的有点分开,与朕钟的"友"字写成之右形"又"类似[25],也可能是拓本的问题。

此字从壶从求,可隶定为"𡎸"。"𡎸"不见字书,我们以为"𡎸"相当于"醪"字。偏旁"壶"相当于器物"酉","求"相当于"翏"。二字有可能为同字异体。《说文》:"醪,汁滓酒也。从酉,翏声。"求,群母幽部;醪,来母幽部,韵部相同,声母牙、舌可转。《说文》"球"或作"璆",典籍"球"或作"璆"多见,如《书·禹贡》"厥贡惟球琳琅玕",《史记·夏本纪》"球"作"璆";《礼记·玉藻》"笏,天子以球玉",《仪礼·士丧礼》郑注引"球"作"璆"(《会典》738页)。上博简《诗论》

中的《栜木》即《椐木》㉖。因此,"敊壶"即"醪壶",义为装"汁渣酒"的壶。汁渣混合的酒,也叫"浊酒"。唐慧琳《一切经音义》卷九十:"醪,即白醪等一切诸酒者也。"如此解释,铭文"用乍(作)敊(醪)壶",则文从字顺。

若此说能够成立,这是金文难得一见自名为装酒之壶(酒壶)的佳例。

五　康伯簋铭文中的 、

康伯簋,两件。一件为盖,内铸铭文,见《金文通鉴》04589(图十四,又见《考古与文物》1984年第3期7页图二,《集成》3721),西周中期前段器,原藏上海文物管理委员会,现藏广东省博物馆。通高8.5、口径23.8厘米,盖面隆起,沿下折,中部有圈状捉手,上有对穿小圆孔。盖沿饰分尾长鸟纹,云雷纹填地。另一件见《金文通鉴》04590(图十五),内底铸铭文,新加坡某收藏家收藏。

　　　　　　　　

图十四　康伯簋盖　　　　　　　　图十五　康伯簋

两件器均铸有铭文10字,大同小异。吴镇烽释文:"康白(伯)乍(作)奠(登)用飤窥,禚(万)年宝。"

第七字,《金文通鉴》04589盖铭作,04590内底铭作,吴镇烽均隶定为"窥",以为内从又、米、元。查飞能认为"元"为声符,与"簋"辗转相通㉗。

夏宸溥指出此字之不是"米";所谓"元"据器铭当是"糸",恐非从"元",认为"此字存疑"。闫华、夏宸溥断句为"康伯作登用飤(簋),窥万年宝"㉘。

认为字所从的右旁是人形"元"应是正确的。金文"元"有下列诸形㉙:

（图）狈作父戊卣，商或西周　　（图）元卩鼎，西周早期　　（图）康伯簋（偏旁）

（图）师虎簋　　（图）郑公华钟　　（图）鲁大嗣土厚氏元簠

人之头部作尖状形者如下列"冕（免）"字[30]：

（图）竿免瓶　　（图）田免瓶　　（图）周免爵　　（图）周免旁尊　　（图）免簋

"冕"像人著冠冕之形。（图）与（图）只是"人"形正面、侧面之别。

（图）字所从的（图），中间为"十"字形，四点分布对称均匀，并作"横点"状，绝不是"米"[31]，不能以较晚变化了的"米"形视之。如下列较早金文从"米"之字（中间一笔不贯下相连）[32]：

（图）曾吊尗父盥　　（图）白公父簋　　（图）白公父簠　　（图）獣簋　　（图）史毁簋　　（图）宜桐盂

另一器字形作（图），与盖铭（图）有别。宀下左旁上部分离；（图）相当于（图）之"四点"（若连接近似圆圈），"十"形右移；右下从（图）（糸，即丝），如乃子克鼎（图）（"宜丝五十寽"）、尚尊（图）（"丝廿寽"）、沈子它簋（图）（纲，或以为从夗）；也可能从"玄"，如金文"玄"多作（图）、（图）等[33]。研究者多以为此字可能"错范"走形。从整篇铭文观察，这种可能性不是很大。

考虑到此字可能与"规"有关系，为便于讨论，先将学术界近年有关讨论"支（规）"的意见择要介绍如下：

清华简（陆）《郑武夫子规孺子》中的（图）（简1）、（图）（简12），李守奎据清华简（拾壹）《五纪》中的"规"作（图）（简5）、（图）（简17）、（图）（简18），认为（图）即"规谏"之"规"的专字。这个创见得到学术界的认同。同时，李文又据汉画像石中伏羲手执"十"字形"规"及秦简中手执"十"或手执"半竹"之形"支"，进一步推测（图）即"规"的初文。文中引述陈剑意见，认为（图）即"枝指"之"枝"的象形初文，（图）用为"规"出于假借[34]。

之后，程燕、罗小华、贾连翔等对（图）字的构形提出讨论[35]。诸位相同的意见就是，汉画像石中手持的"规"并非作"十"，而是作（图）、（图），有"拐弯"形。程燕认为"支"，是以手持树枝，会意，和"规"字之间可能没有什么联系；（图）就是"规"之初文。（图）乃规形，与"又"共享笔画。罗小华、贾连翔认为，又与秦简中的"支"，盖源自以手持规之状的支。前者是保留了规上之钩，后者是保留"十"字形规身。张振林曾对"规"的制作有专门研究，并附有"规"图（见图十六）[36]。

我们认为，簋铭（图）字所从的（图）可能就是"规"之初文。"十"为

图十六　十字规划图示意图

"规"身主体形；"十"周围"四点"当是表示"规"之运作，或者表示四个可以固定之"点"，抑或为可到达的范围。字形与山东嘉祥武氏祠伏羲手执"十（规）"形图酷似（见图十七、十八）[37]。

图十七　武氏祠左石室第四石第三层拓本及其局部放大图

图十八　武氏祠后石室第五石第二层拓本局部

图十九　沂南县古画像石墓墓门东侧支柱拓本局部

铭文规形作"十"，与画像石中的 ✚、⊞ 相较，只是"规"省去下面（或上面）部分。这种简省，如同金文"弓"字，本作 （作旅弓卣）、 （兽作父庚尊）等，像弓箭形，省作 （豆闭簋）、 （盠簋）、 （静卣），省去了"弓弦"。又如矩，汉画像石作 ▽、 ，金文作 （伯巨甗）、 （伯矩盘）、 （伯矩鼎），又作 （鄀侯少子簋）、 （巨蒍王鼎），实物图形与文字有别，矩中笔画有变[38]。"规"形不一，也可能因视角不同所致，类似图十九画像石中的"规"又作"丫"形[39]。

因此， 当是一个会意兼声字。即会人持"十（规）"运作，又以"支（规）"为声（"元"代表人形，也可能兼表读音，相当于"见"）[40]。如此， 则为"窥"之初文。"穴"从"宀"作者，如同"窀"字作 （秦公簋）、 （秦政伯丧戈），也作 （邵鬻钟）。《说文》"寮"字从"穴"，金文多从"宀"作 （矢令方彝）、 （毛公鼎）[41]。

另一形所从的 ，若不是错范，可能为"支（规）"之辅助用物。长距离画圆圈就得用丝绳。 当为 或体。若此，"支""规""元""玄""见"均可能为声。如同《说文》"鋯"从次、弟，或作"甋"，从齐。次、弟、齐皆声。古文字如"于"从"雨"作雩，于、雨皆声[42]。

因此，可隶定为窥，即"窥"。《说文》："窥，小视也。从穴，规声。"《说文》页部："頵（），小头頵頵也。从页，枝声。读若规。""颏（），举头也。从页，支声。"是支、枝可"读若规"之确证。《马王堆汉墓帛书》壹《十六经》之《姓争》《道原》中几见的"规"，即"蚑"㊸。

《古文四声韵》支韵录《道德经》"闚"作，"门"下所从相当于《说文》的"頵"。除去木（枝、支音同），就是"颏"，相当于簋铭的。显然，"页"相当于，"支"相当于。对应的，就相当于"支"。与战国文字"画"作（上官豆）、（《玺汇》1519）所从之、类似，下面的就是圆圈，变从"田"（由西周金文从"周"演变）。其形当与甲骨金文的画或妻作（《合》14549正）、（《合》32773）、（子麦尊商晚）、（三十三年逨鼎丙）、（三十三年逨鼎丁）等有关㊹。

王国维认为，"妻，疑古画字，像错画之形"㊺。

郭沫若认为，"金文画字何以从周，观其字形，殆谓以规划圆也"。两件再簋铭文相同："兑生穯（蔑）再历，用乍（作）季日乙妻（簋），子=（子子）孙=（孙孙）永宝用。"一件妻作（《通鉴》04869），一件作（《通鉴》04870）。郭沫若谓："依金文通例，妻字当是器名，二器为簋而铭之以妻，可知妻音必与簋音相近。参以字形，则为规字无疑。规簋同属见纽，故假妻为簋也。"㊻

陈剑认为㊼：

实际上，也早已有不少研究者指出，殷墟甲骨文中已多见的作等形之字，就是"规"与"画"共同的表意初文（"规""画"两字音义皆近）。形即"画"字上所从，其形为"画"所专之后，遂再造形声结构的"规"字。

黄德宽认为（李守奎文引）：

关于甲骨文"规"字，也即"画"所从部分，现在看来，正像手持规以画。该字以一个交叉曲文表示画出的痕迹（纹饰），因此这个字，我以为是表示动词"规"的；"画"则是画出的结果，是名词。由于规是画圆的工具，"规划"这个动词义一定是与名词"规"同时出现的，故造一个持"规"画纹饰的动词符号，进而派生出从"规"的"画"字。

李守奎因此认为："笔者释'支'为'规'的表意初文，很期望能够找到更古老的源头，也就很期望郭氏之说能够成立。"

现在，我们将隶定为窥，释读为"窥"，类似"闚"作；相当于画圆的"支（规）"，连接有关字形或方面，当可为此说添一佐证㊽。

规，见母支部；簋，见母幽部。规、簋双声，韵部支、幽可通。如《左传·宣公十七年》"庶有豸乎"，《释文》"豸"作"鸠"。豸，定母支部；鸠，见母幽部。《诗·邶风·静女》"搔首踟蹰"，《文选·思玄赋》李注引《韩诗》"踟蹰"作"跱踌"。踟，端母支部；跱，定母幽部㊾。如前所举，从"九"的字或与"轨、簋"相通。铭文借"窥"为"簋"，是说康伯制作了用于登祭的盛食之器簋，万年宝用。如此则文从字顺。

“规”何时由“支”变从“夫”，目前只见有战国中晚期秦文字“规”（见陈剑文所举），最早为秦惠文王后元十四年，即前311年（下图表截取自李守奎文）：

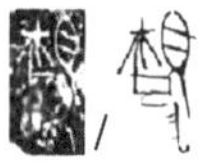	十四年上郡守匽氏戈“鬹”（《飞诺藏金》第8页）
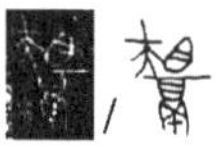	十五年上郡守寿戈“鬹”（《殷周金文集成》11405.1；“见”旁省作“目”形）
	秦印“嫢”（《十钟山房印举》）
	秦印“规”（《十钟山房印举》）

“规、矩”二字关系密切，陈剑认为“矩”从“夫”，“规”受其影响也变从“夫。也不排除“夫”就是“支（规）”讹变（罗小华、贾连翔）。考虑到“又、人”形近，我们考虑是否还存在这种可能，即“又”讹从“人”，再变为“大”，“大”与其上“十”合成为“夫”。如《说文》“奴”字（，从又）古文作“伖”（，从人）；金文“餈”从“又”（臆匜），或从“人”（ 师旂鼎）；“幾”从“人”（伯幾父簋），或从“大”（ 幾父壶）。目前还缺乏“支”与“夫”之间变化的直接例证[50]。

“规”变从“见”，除陈剑所举见于战国秦文字外，又见于楚简。如（《清华捌·邦家处位》3）、（《清华玖·廼命二》15）。、应该隶定为“䝪”或“䙷”，亦即“规”（估计楚字从“见”早于秦）。其演变关系似可推测如下：

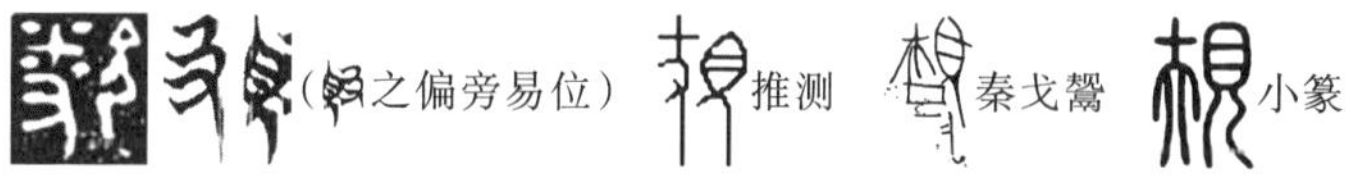

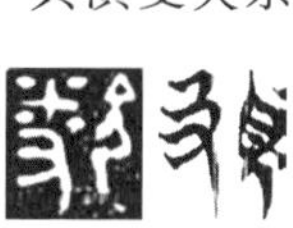（之偏旁易位） 推测 秦戈鬹 小篆

若本文之说能够成立，及所从的则是目前所见西周中期前段的窺、规，对于探讨“窺、规”的形义来源及演变有重要意义[51]。

附记：2022年5月审阅北语罗卫东教授指导的夏宸溥、赵谚丽博士论文并于在线主持答辩，曾对有关文字有所考虑，后据旧稿修改成数条，11月改订。2023年5月22日应邀在复旦大学出土文献与古文字研究中心以此稿作了一次报告，讨论中得知有关学者对涉及“规”字的有关问题有文讨论。此文即阅读有关文后的修订稿，但基本观点未变。感谢陈剑、刘钊教授提供有关信息，感谢张传官、谢明文教授及张昂博士发给我有关论文。

本文为国家社科基金重大项目"甲骨学大辞典"（18ZDA303）、"古文字与中华文明传承发展工程"项目"先秦货币文字新编"（G1428)阶段性成果之一。

（作者单位：郑州大学汉字文明研究中心、
"古文字与中华文明传承发展工程"协同攻关创新平台）

注：

① 如陈剑《青铜器自名代称、连称研究》，《中国文字研究》第 1 辑第 335—370 页，广西教育出版社 1999 年；赵平安《铭文中值得注意的几种用词现象》，《古汉语研究》1993 年第 2 期；张懋镕《试论青铜器自名现象的另类价值》，《庆祝何炳棣先生九十华诞论文集》第 443—451 页，三秦出版社 2008 年；查飞能《商周青铜器自名疏证》，西南大学 2019 年博士学位论文，等等。

② 夏宸溥《商周青铜食器自名、定名整理与研究》，赵谚丽《商周青铜酒器自名、定名整理与研究》，2022 年 5 月 27 日北京语言大学汉语言文字学博士论文答辩论文，罗卫东教授指导。文中所引二文一般不再详细加注。

③ 吴镇烽编著《商周青铜器铭文暨图像集成》，上海古籍出版社 2012 年；《商周青铜器铭文暨图像集成续编》，上海古籍出版社 2016 年；《商周青铜器铭文暨图像集成三编》，上海古籍出版社 2020 年。为方便引录，文中主要利用了吴镇烽编撰的《商周金文资料通鉴》（电子版），2013 年，简称《金文通鉴》（截取字形省称《通鉴》）；《商周金文资料通鉴续编》（电子版），2016 年，简称《通鉴续编》；《商周金文资料通鉴三编》（电子版），2020 年，简称《通鉴三编》；为方便查阅，编号前仍保留"3"（续编）、"4"（三编）。

④ 邬可晶《"刍、若"补释》，《古文字研究》第 32 辑第 275 页，中华书局 2018 年。

⑤ 刘钊主编《新甲骨文编（增订本）》第 481 页，福建人民出版社 2014 年；董莲池编著《新金文编》第 1106 页，作家出版社 2011 年；汤余惠主编《战国文字编（修订本）》第 561 页，福建人民出版社 2015 年；吴良宝编纂《先秦货币文字编》第 140 页，福建人民出版社 2006 年；何琳仪《战国古文字典》第 179 页，中华书局 1998 年；高明编著《古陶文汇编》5.350、5.351、9.87、9.91；中华书局 1990 年；高明、涂白奎编著《古陶字录》第 244 页，上海古籍出版社 2014 年；《金文通鉴》16706 臧之无咎戈、17194 咎如戈。

⑥ 参见夏宸溥论文 126 页引证；董莲池编著《新金文编》第 606 页"盨"。

⑦ 参见高亨纂著、董治安整理《古字通假会典》第 731 页，齐鲁书社 1989 年。文中简称《会典》，不再加注。

⑧ 近年有不同看法，或认为青铜盨来源于附耳圆角方鼎，可参见岳连建、王安坤《铜盨的渊源及演变》，《考古与文物》2014 年第 2 期；田率《内史盨与伯克父甘娄盨》，《青铜器与金文》第 1 辑第 419 页，上海古籍出版社 2017 年。

⑨ 谢明文《谈"咎"论"夗"——附说{匓}》第 74 页注 5，中国美术学院主办"第二届古文字与出土文献青年学者西湖论坛"论文，2023 年 5 月 26—27 日。

⑩ 诸说见夏宸溥论文第 125、433—434 页介绍。

⑪ 吴振武《试释西周獥簋铭文中的"馨"字》，《文物》2006 年第 11 期。

⑫ 容庚编著《金文编》第 959 页"斝"、916—917 页"钟"，中华书局 1985 年。

⑬ 2022 年 5 月 27 日，北京语言大学罗卫东教授指导的博士论文开题，王英霄的"东周青铜器自名地域特征研究"开题报告附录三"东周青铜器自名地域特征研究示例"中"卫量中的'登料'"，对"料"字有阐述。2023 年 5 月 26 日举行论文答辩。请读者留意。

⑭ 李家浩《西辛大墓银器铭文及其年代》,《中国文字学报》第8辑第30页,商务印书馆2017年。吴镇烽《金文通鉴》31391—31395。

⑮ 2023年5月26日上午王英霄论文答辩会上我已提出应定为"料(斗)"的意见。

⑯ 可参考黄焯《古今声类通转表》第217页"祭、躞",185页"畾、蘩、蟄",上海古籍出版社1983年。

⑰ 李孝定等编著《金文诂林附录》第2417页,香港中文大学出版社1977年。

⑱ 《新金文编》第1781页"彌"、2176页"寅";《金文通鉴》14796释长白盉"彌"为"弥"。

⑲ 陈英杰《西周金文作器用途铭辞研究》第193页注2,线装书局2008年。

⑳ 张闻捷《楚国青铜礼器制度研究》第284页,厦门大学出版社2015年。赵谚丽博士论文第201页注有诸家之说出处。

㉑ 《新甲骨文编(增订本)》第608页"奉";《新金文编》第643—645页"薜"。

㉒ 见《新金文编》第1232页。

㉓ 裘、求(蛷)是来源不同的两个字,说见裘锡圭《释"求"》,《裘锡圭学术文集》第1卷第274—284页,复旦大学出版社2012年。字形见《新甲骨文编(增订本)》第501页"裘"、751页"蛷";李宗焜编著《甲骨文字编》第537页"求"、731页"裘",中华书局2012年;《新金文编》第1147页"裘";汤余惠《战国文字编(修订本)》第583页"求"。

㉔ 中国社会科学院考古研究所编著《花园庄东地甲骨》,云南人民出版社2003年;左家纶《甲骨文𣏟字字形用法考辨》,台北教育大学语文与创作学系、中国文字学会"第三十二届中国文字学国际学术研讨会"论文集第287页,2021年5月21—22日,对𣏟、𣏟、𣏟诸字也有分辨,可参考。

㉕ 朕钟"朋友"之友,见《金文通鉴》15129号,《新金文编》第344页。

㉖ 参见白于蓝编著《简帛古书通假字大系》第183页,福建人民出版社2017年。

㉗ 查飞能《商周青铜器自名疏证》第87页。

㉘ 可参见夏宸溥《商周青铜食器自名、定名整理与研究》第120—121页。

㉙ 狈作父戊卣,见《金文通鉴》13145;元卩鼎,见《金文通鉴》01793。其他见《新金文编》第2页"元"。

㉚ 参见《新金文编》第1048—1049页"冕(免)"。徐桐柏曾释周免旁尊的𣏟为"文",李孝定认为"似可从",惟字象人上加冠,参李孝定等编著《金文诂林附录》2504(3544)。释"竿"可参周忠兵《从甲骨金文材料看商周时的墨刑》,《出土文献与古文字研究》第4辑第14—32页,上海古籍出版社2011年。

㉛ 近见邬可晶《释"奥"》文,将此字释为"奥",认为从"米";认为字中的尸坐人形代表受祭之"屋角神",在西南奥"憩息飨食";此神尸头部作三角形,参考食、歆、猷等字所从之△,可能像歆享所献之"米"。见"首届出土文献语言文字研究国际学术研讨会"论文集第207—222页,彰化师范大学国文学系、成功大学中国文学系、台湾出土文献研读会,2022年12月17—18日。

㉜ 参《新金文编》第975—977页。

㉝ 参《新金文编》第464—465页。

㉞ 李守奎《释楚简中的"规"——兼说"攴"亦"规"之表意初文》,《复旦大学学报》2016年第3期。陈剑《说"规"等字并论一些特别的形声字意符》,杨荣祥、胡敕瑞主编《源远流长:汉字国际学术研讨会暨AEARU第三届汉字文化研讨会论文集》第1—25页,北京大学出版社2017年;又见复旦大学出土文献与古文字研究中心网2021年12月14日。

㉟ 程燕《清华六〈郑武夫人规孺子〉"规"字补说》,《中国文字学报》第10辑第75—78页,商务印书馆2020年。罗小华、贾连翔《"规"字补说》,《简帛研究》二〇二一秋冬卷第53—58页,广西师范大学出版社2022年。

㊱ 张振林《释—兼说规、矩》,《中国文字学报》第2辑第8—16页,商务印书馆2008年。

㊲ 朱锡禄《武氏祠汉画像石》第50、52、41页,山东美术出版社1982年。

㊳《新金文编》第1769—1770页"弓"、536—537页"矩"。

㊴ 南京博物院、山东省文物管理处合编《沂南古画像石墓发掘报告》图版25,文化部文物管理局1956年。

㊵ "规"所从的"元"也可能为声,与后来变从的"见"类同,即"双声字"。元,疑母元部;见,见母元部;规,见母支部。声母同属牙音;韵部支、歌旁转,歌、元通转,支、元可通。陈剑《说"规"等字并论一些特别的形声字意符》文有较详论述。

㊶ 参见《新金文编》第1038页"竈"、1039页"寮"。

㊷ 可参见刘钊《古文字构形学》第89—90页,福建人民出版社2006年。

㊸ 见裘锡圭主编《长沙马王堆汉墓简帛集成》第4册第162页注2,中华书局2014年。参见白于蓝编著《简帛古书通假字大系》第437页,福建人民出版社2017年。

㊹《战国文字编(修订本)》第187页;《新金文编》第96页;《新甲骨文编(增订本)》第181页。

㊺ 王国维《戬考》第24页,见于省吾主编《甲骨文字诂林》第3122页,中华书局1996年。

㊻ 郭沫若意见,见于省吾主编《甲骨文字诂林》第3123页摘录。

㊼ 见陈剑《说"规"等字并论一些特别的形声字意符》第9页。

㊽  为"规划",可能类似"凤凰""范围",一字两读。裘锡圭考证周原所出西周师𠭰鼎铭文"白(伯)大(太)师武"的、二字,当释读为"范围",即"范围白太师武"来自勉。他根据张政烺认为"凤"字从"兄"当读为"皇"的意见,认为"凤"的象形字本来有"凤、皇"两音。"凤凰"是一个双音词,"范围"也是一个双音词。很可能商代的"朿"字就跟"凤"字一样,也有"范、围"两音。说见《裘锡圭学术文集》第3卷第18页,复旦大学出版社2012年。、与,"又(手)在上下有异曲同工"之妙。

㊾ 可参见高亨纂著、董治安整理《古字通假会典》第453页豸与鳩、457页踟与踌。

㊿ 陈剑认为"规"之从"夫"是受"矩"之从"夫"的影响,"夫"为意符。李守奎认为"支"为"规"之初形,从"言"从"支"之字读为"规"。说见上引陈剑、李守奎文。

(51) 至于甲骨文的(《合》18075宾组)、(《合》18076宾组)等,饶宗颐、于省吾均释为《说文》见部的"覓",不是"窥"。如于省吾认为:"甲骨文的冟,《说文》讹作覓,通作冢,典籍则均借蒙字为之。"姚孝遂按语:"字当释覓,于先生已详论之。"(见于省吾主编《甲骨文字诂林》第613页)《新甲骨文编(增订本)》第457页将其列入"窥"下,《甲骨文字编》第206页列入"冟"下。西周晚期伯寛父鼎的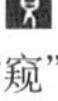(《新金文编》第1040页),人名,无文义联系。或据《古文四声韵》支韵录《王存乂切韵》"窥"作"寛"释"窥",见何琳仪《释寛》,考古与文物丛刊第二号《古文字论集》(一)第145页,1983年。然《古文四声韵》锡韵引崔希裕《纂古》释"寛"为"觅",其意当为人在"穴"下"寻觅"。"寛"与"窥"可能无关。

古文字研究(35):193—202,2024

凌伯盘铭文补释(外两篇)

周宝宏　　高　明

一　凌伯盘铭文补释

山西绛县横水西周墓地2022号墓出土的凌伯盘①,内底铸铭文九十字,拓片见图一。谢明文《梪伯盘铭文考释》、马超《绛县横水墓地金文中的"麦伯"及相关问题》、侯乃峰《新见凌伯盘铭束释》②,三篇文章对凌伯盘铭文作了很好的考释,都很有价值。拙文就是在上引三篇文章考释的基础上,作一些补充的解释。为了讨论方便,下面引用谢明文的释文如下:

　　柜(梪)白(伯)穢(蔑)休于王,易(锡)戈(载)币〈市(载)〉、緐(苘)酏(衡)、雝(翟)旟。或穢(蔑)休于王,易(锡)赤市(载)、⬡金束〈革(勒)〉、旂、𤰯。乍(作)殷(盘)。乒(?)鸗(怿)大事(吏),征(延)邦君,用觡朕(朕)。羡(对)易(扬)柜(梪)白(伯)受休于王,叴(其)永宝用。乒(厥)唯曰:我殷(殷),緊)王休姑(祐)不(福),于宗彝大鼎,肆(肆)乒(厥)名(铭)姑(祐)于殷(盘)。我⬜无金,昇我僊(万)年,叚(襄,尚)我酉(酒)叴(其)于宗彝大宝,叙(肆)乒(厥)名(铭)。

首先是⬛字,谢明文释"柜",即"梪"字,《发掘报告》释"麦",马超也释为"麦",侯乃峰释为"凌"。西周金文有陵叔鼎(西周中期器),"陵"字作⬛③。所从之"麦"与麦伯盘之"麦"形近,麦伯盘之"麦"当是陵叔鼎之"麦"旁进一步演变的形体。又,从战国、秦文字"麦"旁形体看,⬛释为"麦"可信。当然,准确一点应释为"凌"。横水墓地多见麦伯之"麦"作⬛,所从"木"旁都与"人"旁上下相连,从未见"木"旁与"人"旁左右而写者,释为"柜"(梪)缺乏证据。

⬛字,谢明文释为"旟",马超从之,侯乃峰释为"籚",但在括号内加了个问号,说明还不确定,当然也未证明。《发掘报告》第527页有青铜篲拓片如下(见图二),第一字《发掘报告》

图一　凌伯盘

释为"量",但其实此字是"童"字。凌伯盘![]字之![],与上引拓片第一个字极为相似,上为"辛"之讹,下为"東"字之讹,应是"童"字,因此![]应释为"鐘",距离金文"篓"字形体较远。

　　马超认为"或蔑休于王,赐赤巿、![]、金革(勒)、旂、肇作盘"之"或"不是副词"又",而是人名,是器主,其理由是:

　　　　我们认为这里的"或"才是器主,其人与麦伯一起被周王赏赐(受赏的原因可能是他佐助麦伯服从王事有功)。后文"朕对扬麦伯,受休于王",麦伯是作器"对扬"的对象,所以他不应是器主。……或赏赐物品与麦伯相比明显"逊色"一些,没有"戈"这类权力地位象征之物,这是其地位低于麦伯的反映。

　　马超将"或"字当作人名器主,主要理由是将"朕对扬麦伯受休于王"读为"朕对扬麦伯,受休于王",则"受休于王"的主语是"朕",也就是"或"。但这样理解此句,有硬生生强行将一句话分开读的感觉,本来"朕对扬麦伯受休于王"是对应上两句"麦伯蔑休于王"和"或蔑休于王"的,因此将"朕对扬麦伯受休于王"分开读是不合适的。如果器主"或"真的受休于王,并受赏赐,没有必要记录麦伯蔑休于王并受王赏赐,更没有必要纠缠在一起叙述。总之,"或"字通过上下语境分析,只能是一个副词,不像一个人名。

　　其实,证明麦伯不是器主的证据铭文中是有的,而且很有力。麦伯盘铭文"我亲无金畀我"一句,大家都是从字面上理解的,说明此人是不富有的,也没有什么高的职位。再看看所谓的麦伯的盘,也不那么精致,也就明白了盘的主人肯定不是贵为高官的麦伯,也不是所谓的"或"了。但是,在盘的铭文中确实也找不到制盘的主人。盘铭中有一处特别难懂,就是"![]![]大吏,征邦君,用鞁,朕对扬麦伯受休于王","鞁"为何意,"朕"字如果按谢明文属上句,认为不详何解,马超读为"朕对扬麦伯,受休于王"。可是,"朕"字西周金文中一般用为"我的",不用为"我"。关键问题是,所谓"对"字作![],与西周金文中所有的"对"字形体都有很大差别。侯乃峰读为:"用鞁(?登?)朕舂(粢)巳(祀)。凌白(伯)受休于王,其永宝用之(?)。"侯乃峰释为"巳"的字原铭作![],明显为"扬"字,与"巳"字的金文形体区别也很大。又所谓"舂"字,与西周金文中常见的"蒸"字区别也很大,无法认定它是"蒸"字。原铭中的![]字与金文中"对、蒸"的形体都有区别,因此读为"对扬"、"粢祀"应该是不可以的。但是西周金文"对扬"常见,读为"朕对扬麦伯受休于王,其永宝用",语句通畅,似可备一说。当然,如果"朕"在这里不用作代词,而用为别的意思,那么![]有可能是器主之名。因此,在这段铭文

图二　青铜簋(M2022:195)铭文拓本

中,"朕"及"斱、![字]"是疑难之字,关键不知具体何意。有可能用为人名的是"![字]作盘"之![字]字,但释为"肇作盘"无论从词义还是字形上看,都是可以的,所以只能释为"肇",但不能是人名——器主。这样看来,如果读"朕对扬"可信的话,那么这篇铭文很难再找出器主的名字。

铭文的后段为:

　　厥唯曰:我殿王休,姑不于宗彝大鼎肆厥铭,姑于盘。我亲无金畀我,万年襄我,迺其于宗彝大宝,肆厥铭。

这段铭文本来从字面上理解很明白,很通常,谢明文读"姑不"为"祜福",求之过深,没有必要。"我殿王休"之"殿"从文义上是动词,应该是歌颂、对扬之义,或是刻写、铸造之义,读为语气词"繄"不通。姑,理解为姑且、暂且,见《诗经·周南·卷耳》:"我姑酌彼金罍,维以不永怀。"毛传:"姑,且也。"襄,从文义上看,应该是"保佑"之义,或读为"禳",《说文》:"禳,磔禳祀,除疠殃也。"《诗经·小雅·出车》:"赫赫南仲,狁于襄。"毛传:"襄,除也。"襄、禳同源词,除灾求福,在本铭中用为动词,其实也是"保佑"之义。读"襄"为"享"破字解经,没有必要。这段铭文有一个关键虚词"迺",常用为"于是、就、才"等义,用在铭文中理解很合适,我亲(应指去世的双亲)无金给我,如万年保佑我,我就在宗彝大鼎上铸刻铭文。

下面在谢明文、马超、侯乃峰三篇释文基础上,参考己义,重新写定麦伯盘铭文释文如下:

　　凌伯蔑休于王,赐弋(或释"戈")市、緻歆、雝、璩。或蔑休于王,赐赤市、![字]、金勒、旂。

　　肇作盘,厥鬱大吏,延邦君,用斱,朕对扬凌伯受休于王,其永宝用。

　　厥唯曰:我殿王休,姑不于宗彝大鼎肆厥铭,姑于盘。我亲无金畀我,万年襄我,迺其于宗彝大宝肆厥铭。

释文中的"厥鬱",从常见的铸器目的习语看,应理解为"招待、宴饮"一类的意思。至于"延"训为"延请",已见于《尚书·顾命》。"姑于盘"是"姑肆于盘"的省略,承上文而省。

从凌伯盘铭文看,器主应该是凌伯下面的随从、仆人,职位不高,也不富有,但一再歌颂凌伯蔑励于王、受休于王,而器主作器,完全是为了阿谀奉承。凌伯受休于王,与器主没有多大关系。

二　"莽京"考辨

西周金文中的"莽京"究竟在何处,目前有两说最受学术界重视,一是在镐京附近说,一是在周原附近说。这两说都强调"附近、近旁、旁边",而唯一依据就是西周早期金文高卣铭文"莽"作"旁":

　　唯十又二月,王初饗旁(莽),唯还在周,辰才(在)庚申,王歆(饮)西宫④。

从"饗旁"与西周金文"饗莽京"对照来看,一般认为"旁"应通"莽",二字皆从"方"声。但是,这种认识也值得怀疑：（1）西周金文常见"饔莽京"，而未见"饔莽"。而"莽"字也皆从"夯"声，未见从"方"声的。也就是说"莽"是否从"方"声，不能确定。（2）高卤铭文是宋代的摹刻本，未见拓片，那么铭文中的"旁"是否摹刻有误，本来就是"莽"，而误摹误刻为"旁"。那么也就不存在"莽"有"依旁"之义了。（3）铭文中的"旁"也有可能是另外的一个地名，与"莽"字、"莽"地无关，二字没有通用关系。总之高卤铭文中的"旁"既是摹刻字体，又是孤证，根据孤证不能作为绝对证据的原则，最好不要用高卤"旁"字证明"莽"字从"方"声、通"旁"、有"依旁"之义。由此可知，凡是以"依旁"之义解释"莽"字，并认为"莽京"在丰京之旁、镐京之旁、周原之旁者，皆可认为证据不足，或无证据。

最直接的证据，最好是有出土实物。1994年12月，扶风县法门镇庄白村刘家组出土残存王盂底部，重17公斤，根据卢连成《西周金文所见莽京及相关都邑讨论》，"如复原全器，重量可达数百斤"⑤。底部有铭文："王乍（作）莽京中寝扫盂。"王盂出土窖藏中，只见一件铜器王盂，其余为陶器等碎片。卢连成《西周金文所见莽京及相关都邑讨论》、罗西章《西周王盂考——兼论莽京地望》、罗西章等《王盂风波》⑥，从王盂出土地有两种大型建筑基址和周边自然地理环境，及邻于凤雏大型建筑基址等，确定刘家村为莽京的中心。这是以出土实物为证据来证明莽京的地望。周王制作的作为莽京中寝使用的盂，在周原刘家村出土，就可证明此地为莽京所在地。但是也有人否认此说，认为青铜器是可以移动的，也有可能从镐京附近的莽京移过来的，在此出土并不能肯定莽京就在此地，此说也颇有道理。关键问题是此王盂在窖藏中仅一件，其余皆为碎陶片、碎瓦片。仅此一件，又是残器，也属于孤证，用来证明王盂出土地就是莽京所在地可信程度不高。周原出土的残破青铜器较多，很可能保存下来是为了作为铸造新器的原料。王盂在窖藏之前就已经残存成一个底部，很有可能是周王作为"赐金"赐给臣下的，而被带回刘家村的。

陈梦家《西周铜器断代》认为莽京就是镐京，因为金文有莽京大池，而《诗经·大雅·文王有声》有"镐京辟雍"，"辟雍"即"大池"⑦。因为"镐""莽"（认为从"方"声）二字声韵远隔，不能相通，因此学界都不相信。在陈梦家提出莽京即镐京说之后的1959年，郭沫若发表《由周初四德器的考释谈到殷代已在进行文字简化》⑧，释德方鼎铭文"蒿"字为"镐"，从此人们即知道了镐京之镐在西周早期金文中写作"蒿"。一般认为，既然西周金文和后来发现的西周甲骨文有镐写作"蒿"，那么"莽"就不可能是"镐"了。德方鼎铭文如下：

　　隹三月，王才（在）成周，征武王祼自蒿，咸，王易（锡）德贝廿朋，用作宝尊彝。

李学勤《释郊》释殷墟甲骨文、德方鼎铭文和周原甲骨文之"蒿"为"郊"，训为"郊祭"之"郊"⑨。如果李学勤释郊字说可信，那么西周金文就没有"镐"字了。但是，很多人相信释"蒿"为"镐"，并未相信李说。在此，为李说补充一个证据：洛邑，建成之后又称新邑，周成王改新邑为成周，改镐京为宗周，这是学界共识。那么，德方鼎铭文中既然有了"成周"一名，如果出现"镐"都邑时，就改称"宗周"，不能再称"镐"了。既然有"蒿"字，就不应释为"镐"，只能释为"郊"了。由此可知，不能用德方鼎之"蒿"字作为释"镐"的证据，从而证明西周早期有"镐"字，进而否认"莽"字为"镐京"之"镐"字，因为没有了直接的证据。总之，德方鼎铭文之"蒿"，不应释为"镐"，而应释为"郊"。

李学勤《王盂与镐京》《再说镐京》⑩赞同陈梦家"莽京"即"镐京"说，并根据敔簋铭文将"长榜载首百，执讯四十，夺俘人四百"之"榜"释为"橄"字。"敨"声可与"镐"相通，从而证明"莽"通"镐"，"莽京"就是"镐京"。李学勤将"莽"所从之"旁"释为"敨"通"高"可备一说。

臣辰盂铭文说："唯王大褅于宗周，徝饔于莽京年。"李学勤根据刘钊说读"饔"为"馆"，是居住的意思，认为"宗周"就是"莽京"，解释上句铭文为："王在宗周，接见诸侯，或举行祀典，随之住在镐京，这好像今天我们说从苏州去首都开会，于是住在北京。"

读西周金文"饔"为"馆"，训为居住，在下面三篇铭文中就解释不清：

麦方尊：雩若二月侯见于宗周，亡尤，迠（会）王饔莽京，酌祀。

"迠"字是正好遇到、恰好赶上之义。王在莽京居住是常事，怎么说恰巧赶上，好像王不常来莽京似的。

吕方鼎：唯五月既死霸，辰在壬戌，王饔〔莽〕大室，吕延于大室。

"大室"是举行祭祀和发布国王命令、会见群臣之地，不是周王居住的地方。

士上盂：唯王大褅于宗周，徝饔莽京年。在五月辛酉，王令士上……。

周王常到莽京去，常住在莽京，怎么能以王住在莽京作为纪年的标志。

总之，上引三篇铭文的"王饔莽京"之"饔"从铭文词义上绝不能读为"馆"训为"居住"。

其实，刘雨《金文饔祭的断代意义》、冯时《西周莽京与殷周饔祭——殷周苑囿与祭灶传统》对"饔"字作了很好的解释⑪，即使人们对他们的解释有不同的意见，但认为"饔"是祭祀典礼的命称，是否认不了的。用"饔"的祭祀典礼之义来解释上引三篇铭文辞句，就是十分顺畅了。那么十十卤（盉）铭文的"唯王大褅于宗周，徝饔莽京年"之"饔"就不能读为"馆"了，因此李学勤"宗周"与"莽京"为一地异名的观点也就不那么可信了。

通过上文对莽京诸说的辨析，拙文认为：莽京就是镐京，莽就是镐，但莽与莽京在西周金文中不完全是等同的，莽京是在镐范围内，但莽京不是宗周，西周传世文献中的"宗周"与镐或镐京可能完全等同，但西周金文的宗周与莽京（镐京）、莽（镐）不是完全等同的。莽京有宫殿区，包括宗庙（如大室），有湿宫、上宫等，也包括辟雍、学宫等建筑，还包括大池，此外还有郊鄙[如楚簋：唯正月初吉丁亥，王格于康宫……内史尹氏册命楚赤环市、銮旂，取赙五乎（锊），司莽啚（鄙），官内师、舟]，以上就是莽京的建筑及范围。这就是莽京，与西周金文中的"宗周"不是一处，因此也就不可能是一地两名。

"莽"与"莽京"等同的情况：

　　　弭叔簋：唯五月初吉，王在莽，格于大室，即立中廷，井叔入佑师察。王呼尹氏册命：师
　　察，赐汝赤舄、攸勒，用楚弭伯。

　　　六年琱生簋：唯六年四月甲子，王在莽……

　　　朕匜：唯三月既死霸甲申，王在莽上宫……

　　　宾盘：唯三月初吉丁亥，王在莽，格大室，赐宾……

上引铭文中"王在莽"之"莽"肯定指莽京而言，或莽京之省，在上引铭文中莽与莽京是等
同的。

　　　"莽"与"莽京"不等同的情况：

　　　吴虎鼎：隹（唯）十又八年十又三月，既生霸丙戌，王在周康宫夷宫，道入右吴虎，王令善
　　夫丰生、司工雍毅，醽（申）剌（厉）王命：付吴無旧疆，付吴虎：毕北疆涵人眔疆，毕东疆官人眔
　　疆，毕南疆毕人眔疆，毕西疆莽姜眔疆。

对上引铭文中的"莽姜"，朱凤瀚《西周初期王陵的探寻》有很好的解释⑫。"莽姜"应该是居住
莽地范围内但不在莽京郊鄙内的"宗氏"。

　　　乘盨：唯四年二月初吉己子（巳），仲大师在莽，令乘艵（总）官司走马、驭人，锡乘马乘
　　以车。

田率《乘盨小考》对乘盨铭文有很好的考释⑬。曹锦炎《乘盨铭文考释》明确说："铭文前记仲大
师在'莽'地任命'乘'为'总官司'一职，此记'乘'称颂'仲氏'之'丕显休'，可见仲大师并非是
代周王册命，当是仲氏宗族在'莽'地有采邑之故，……"⑭从"莽"的角度看，乘盨是非常重要
的，铭文很有价值。从乘盨铭文可知，仲大师居住在自己的采邑里面，仲大师的采邑就在莽
地里。这说明莽地不但有周王臣下仲大师的采邑，还应该有较多的其他臣属们的采邑，说明
"莽"地范围不小，不仅包括莽京宫殿、辟雍、学宫、大池及周围郊鄙，也包括很多臣僚们的封
邑。"莽"是大地名，而"莽京"是较小的地名，确切说是宫殿区和一个大池。乘盨铭文的价值
在于将"莽"与"莽京"区分开了。

　　　上引李学勤两篇文章主张"莽京"即"镐京"，"镐京"即"宗周"或"莽京"也就是"宗周"，主
要证据有三条：一是《诗经·大雅·文王有声》有"镐京辟雍"，"莽京"也有"辟雍"；二是典籍只
有镐和镐京，而金文只有"莽"和"莽京"；三是"莽"从"夯"声，即从"㐆"（敷）声，与高、镐音近
可通。李说莽京是镐京是对的，但说莽京就是宗周则不对。

　　　周宏伟《西周都城诸问题试解》力主莽京就是镐京⑮，并认为上古时代关中一带莽与蒿、镐
读音相近可通。周宏伟的文章论证莽京为镐京虽然详尽，但证据不出上引李学勤文章所说。
但不同的是，他认为宗周是丰邑、丰京，这如同陈梦家说宗周是周原的周一样，无法取信于人。

　　　宗周是周武王建都所在地，后来是西周时期周王宗庙所在地。宗周就在今天的西安市长
安区沣河东上泉村、普渡村、花园村、斗门镇一带，而莽京应在今昆明池至镐池一带⑯。按照传

世文献的说法，周武王建都于镐（又称镐京），周成王建完成周后称东都为成周，因为是成王功业有成，而武王为天下所宗，因此将武王都城改称为"宗周"。但是，按照上面所分析的资料看，武王所建都城称莽，后来成周建成后改称宗周，宗周是莽，而不是莽京。莽京是另一处。莽应包括宗周和莽京在内，也包括一些臣下的封邑⑰。

　　上引周宏伟的文章将莽京当作镐京，却认为"宗周"是丰京，这显然是不合适的。作册魃卣铭文：

　　　　唯公大史见服于宗周年，在二月既望乙亥，公大史咸见服于辟王，辨于多正。雪四月既生霸庚午，王遣公大史，公大史在丰，赏作册魃马，扬公休，用作日已旅尊彝。

铭文叙述"公大史见服于宗周"，"公大史在丰"，明明"宗周"与"丰"是两地，周宏伟却说"宗周"与"丰"为一地的不同称呼。其理由为推测，也十分牵强，不能取信于人。

　　此外，曹玮《也论金文中的"周"》《西周时期的"丰"》⑱，认为西周金文中的"周"就是西周文王所建立的"丰"，不是"丰京"，而是姬姓和姬姓外的封邑，但是从下面的资料看：

　　　　太保玉戈：王在丰，令保省南国。

这显然是周成王时器，铭文说周成王在丰京命令太保召公奭巡视南国，这是很正常的理解。

　　　　癫鼎：王在丰，王乎虢叔召癫，赐驹两。

　　　　裘卫盉：王再旂于丰。

　　　　元年师旋簋：王乎乍册尹册命师旋曰：备于大左，官司丰还左右师氏。

　　　　申簋：王在周康宫……王命尹册命申：更乃祖考胥大祝，官司丰人及九戏祝。

上引铭文说明，周王在丰赐癫、再旂，也只能理解为国王在丰京的活动，而王册命臣下官司丰还、丰人，更能说明丰还、丰人是丰京的丰还和丰人，不可能是姬姓外封邑的丰还、丰人。

　　曹玮面对这些金文资料，断然否认上引铭文中的"丰"为"丰京"，主要理由是金文中的"丰"没有宗庙。其实近在咫尺的宗周已有成系统的宗庙建筑，没有必要在丰京再建一套。有系统的宗庙建筑只在故都岐周，也就是金文中的"周"，"宗周"（也就是金文中的"宗周"，文献中的"镐"和"镐京"），成周三地。而金文中的"丰""莽京"虽然也举行一些册命、祀典的仪式，但没有大规模的宗庙建筑群，这也很正常。

　　综上所述，西周金文中的"莽"就是文献中的"镐"，而"莽京"就是文献中的"镐京"。而宗周、莽京都在莽（镐）的范围内。宗周是武王所建之镐。

三　金文"图室"考辨

　　西周晚期（一说周宣王时期）无叀鼎铭文"王格于周庙，灰于图室"，善夫山鼎铭文"王在周，格图室"，其中"图室"一般理解为收藏地图之屋室。刘卓异《金文"图室"考》认为"图室"就是西周金文习见的"大室"⑲。刘文首先否认了"图室"为"收藏地图之室"，理由有：（1）据无夷鼎铭文,"图室"在周庙中,但宗庙有地图之室,与周代宗庙制度不符,也没有这方面的记载。(2)存储地图的房间没有足够的空间举行册命。(3)无夷鼎和善夫山鼎铭文册命之事与地图毫无关联。

按:(1)宜侯矢簋铭文在册封宜侯矢之前先观察了武王、成王伐商图,接着又观察了东国图。这三张地图虽然没说是在宗庙中,但是周王处理朝政、册封,特别是发布征伐命令都在宗庙。宗庙既是祭祖的地方,也是处理朝政的地方,而地图是册封诸侯、发布征伐命令、征收四方税赋首先必看的,因此这些地图只能放在宗庙某一屋室之内,不可能放在其他地方。(2)宗庙中某一屋室收藏地图,当时只能绘在竹简上(多根竹简编排在一起)或绘在布匹上,更有可能在宗庙墙壁上,如王逸注《楚辞·天问》说是屈原面对楚之先王庙的壁画和卿大夫庙的壁画而发问的。看来"图室"之地图不会占多大空间。(3)无夷鼎和善夫山鼎铭文的册命内容与地图无关,不能证明"图室"不是地图之室。郹簋铭文中宣榭是宗庙中讲武射箭之处,与周王册命郹的内容也毫无关系,能反过来证明宣榭不是习武之处吗?

总之,刘卓异《金文"图室"考》否认"图室"为收藏地图之室的理由是站不住脚的。刘文为"图室"读"大室"举了三个证据:(1)"王在周(某宫)格于大室(或格大室)"在西周金文中习见,与"格图室"语词结构相同,因此"图室"极有可能是"大室"。按:这种相同词语结构的对比,用一个已知词义去确定未知词义,在有些情况下确实是可信的,但在有些情况下又容易造成误解,不能达到百分之百的正确。因此,还不能说"格图室"就是"格于大室"。(2)刘卓异《金文"图室"考》认为"图、大"二字音近可通。按:"图、大"音近可通,但不能肯定"图、大"在西周金文中必定相通,因为西周金文中没有这方面的证据。无征不信,这是清代人讲通假的原则。西周金文中有"格于大室""格于图室"的铭文,都是王臣记载王臣受册命的内容,也就是,王臣都是王畿内的人,用词用语应该都一致,没有理由放着"大"不用,而用"图"字表示"大"字。(3)在《尚书》中,如《大诰》有"图功""图事",王引之《经传释词》训"图"为"大","图功"即"大功",可作为"图室"读为"大室"的佐证。后来《尚书》大家杨筠茹、刘起釪也都采信王引之读"图"为"大"说。按:如果《尚书·大诰》中的"图功""图室"之"图"确实肯定用为"大"意,那么也确实是一条很硬的证据,但王引之《经传释词》也只是用相同词语结构来作对比而认定"图功"为"大功"的:《大诰》曰:'今蠢今翼日民献有十夫予翼,以于敉宁武图功''无毖于恤,不可不成乃宁考图功''天閟毖我成功所,予不敢不极卒宁王图事''予曷其不于前宁人图功攸终'。"按:《大诰》"图功""图事"之"图"在王引之读"图"为"大"之后,其实有很多《尚书》注释名家仍然训"图"为"谋"。因为王引之没有作过充分论证,无法使人放心相信。

训《大诰》之"图功"为"谋划(或图谋)之功烈",从周文王谋划推翻商纣王的统治、统一天下的谋略或战略来看,是可信的。

据王晖《周文王克商方略考》《周文王受命称王与商周战略形势遽变之因》[20],对周文王对"翦商"的战略和三分天下有其二的对商纣王形成包围的形势有详细的考证。周武王一朝而灭了商纣王,是在周文王战略谋划及不断实施的基础上而实现的,因此西周人把周文王、武王当作周人最辉煌的祖先,西周金文和《诗经》常见"文武"并称,对周文王、周武王进行歌颂。

《尚书·大诰》:"以于敉宁(文)、武图功""不可不成乃宁(文)考图功""予曷其不于前宁(文)人图功攸终""予不敢不极卒宁(文)王图事"指的是周公完成文王谋划的统一国家之功烈。这里的"图功""图事"二词,就是在周文王翦商战略和三分天下有其二的历史事实背景下使用的。"图功"当然是大功,因为是图谋一统天下之功。但是,"图"与"大"不是同义词、近义词,"图功"不等于"大功"。王引之《经传释词》据《大诰》上文用"大功"下文用"图功",而认为"图"通"大",不可信。

从字义上看,"图"字最早已见于西周康王时代的宜侯夨簋,用作地图之义,是非常明确的。地图之义引申为"谋划"之义,是很自然的。《尚书·金縢》"永修是图"之"图"明确用为"图谋"之义。从清华简《金縢》及其研究成果看,《金縢》篇最初应写成于西周,所叙故事当来源于西周早期。《诗经·大雅·蒸民》"我仪图之"、《崧高》"我图尔居"之"图"字皆训为"图谋",但时代在西周晚期宣王时代。目前虽然未见西周早期文献"图"字明确用为"图谋"之义者,但也无法证明西周早期"图"字不能用为"图谋"之义。

总之,《尚书·大诰》之"图功"训为"谋划之功",证据还是充分的,比读"图"为"大"可信得多。由此也可知金文"图室"不能训为"大室",而"图室"训为"收藏地图之室",有西周康王宜侯夨簋三张地图作为证据,就更可信了。

（作者单位: 天津师范大学文学院；湖州学院人文学院）

注：

① 杨及耘、谢尧亭、曹俊《山西绛县横水西周墓地2022号墓发掘报告》(下文简称《发掘报告》),《考古学报》2022年4期第533—535页；又见山西省考古研究院等《倗金集萃——山西绛县横水西周墓地出土青铜器》上册第188—192页,上海古籍出版社2021年。

② 谢明文《㮔伯盘铭文考释》,《出土文献与古文字研究》第10辑第68—76页,上海古籍出版社2022年；马超《绛县横水墓地金文中的"麦伯"及相关问题》,《出土文献与先秦秦汉史研究论丛》第214—224页,科学出版社2022年；侯乃峰《新见凌伯盘铭柬释》,复旦大学出土文献与古文字研究中心网2023年1月7日。

③ 张俊成《西周金文字编》下册第771页,上海古籍出版社2018年。

④ 唐兰《西周青铜器铭文分代史征》第132—134页,中华书局1986年。

⑤ 卢连成《西周金文所见莽京及相关都邑讨论》,《中国历史地理论丛》1995年第3期第122页。

⑥ 卢连成《西周金文所见莽京及相关都邑讨论》,《中国历史地理论丛》1995年第3期第97—127页；罗西章《西周王盂考——兼论莽京地望》,《考古与文物》1998年第1期第76—81页；罗西章等《王盂风波》,《周原寻宝

记》第 370—376 页,三秦出版社 2005 年。

⑦ 陈梦家《西周铜器断代》上册第 273 页,中华书局 2004 年。

⑧ 郭沫若《由周初四德器的考释谈到殷代已在进行文字简化》,《郭沫若全集·考古编》第 6 卷第 216—228 页,科学出版社 2002 年。

⑨ 李学勤《释郊》,《缀古集》第 189 页,上海古籍出版社 1998 年。

⑩ 李学勤《王盂与镐京》,《当代名家学术思想文库·李学勤卷》第 184—186 页,万卷出版公司 2010 年;李学勤《再说镐京》,《当代名家学术思想文库·李学勤卷》第 187—189 页。

⑪ 刘雨《金文禴祭的断代意义》,《金文论集》第 193—206 页,紫禁城出版社 2008 年;冯时《西周蒡京与殷周禴祭——殷周苑囿与祭灶传统》,《中原文化研究》2019 年第 6 期第 5—15 页。

⑫ 朱凤瀚《西周初期王陵的探寻》,《丰镐考古八十年·资料篇》第 596—606 页,科学出版社 2018 年。

⑬ 田率《乘盨小考》,《文物》2020 年第 4 期第 59—61 页。

⑭ 曹锦炎《乘盨铭文考释》,《出土文献与中国古代史》第 1 辑第 45—49 页,中西书局 2021 年。

⑮ 周宏伟《西周都城诸问题试解》,《中国历史地理论丛》2014 年第 1 期第 57—91 页。

⑯ 中国社会科学院考古研究所等编著《丰镐考古八十年》彩色图版 1—4、10、11,科学出版社 2016 年;陕西省考古研究所《镐京西周宫室》第 1—48 页,西北大学出版社 1995 年。

⑰ 卢连成《西周丰镐两京考》,《中国历史地理论丛》1988 年第 3 期第 115—152 页。

⑱ 曹玮《也论金文中的“周”》,《考古学研究(五):庆祝邹衡先生七十五寿辰暨从事考古研究五十年论文集》下册第 581—603 页,科学出版社 2003 年;曹玮《西周时期的“丰”》,《李下蹊华——庆祝李伯谦先生八十华诞论文集》第 552—558 页,科学出版社 2017 年。

⑲ 刘卓昇《金文“图室”考》,《青铜器与金文》第 6 辑第 24—29 页,上海古籍出版社 2021 年。

⑳ 王晖《周文王克商方略考》,《古文字与商周史新证》第 58—74 页,中华书局 2003 年;王晖《周文王受命称王与商周战略形势遽变之因》,《古文字与商周史新证》第 75—110 页。

古文字研究(35):203—207,2024

说㝬簋铭的"簧喾朕心"

董莲池

1978年5月出土于陕西扶风法门公社齐村陂塘西北的㝬簋铭,是研究周厉王胡的一篇极珍贵文献。铭在腹底,124字,拓片如下(见图一,采自《文物》1979年第4期):

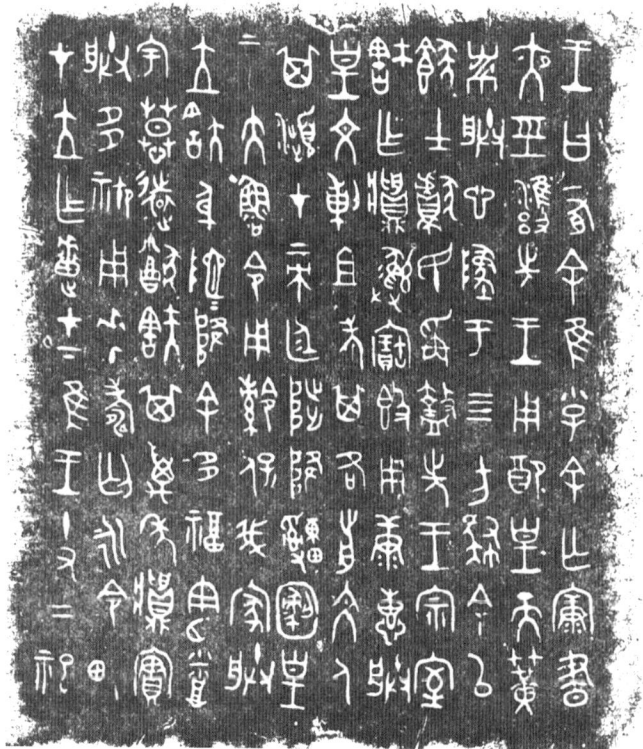

图一

第2行下3行上有"簧喾朕心"一语,至今没有定解,也没有正解。从上文看,出自"余"之口,据开头"王曰"可知"余"是周王自称,这位"王"就是后文谈到的"㝬","㝬",《说文》所无,也见于㝬钟,唐兰30年代作《周王㝬钟考》,由"器制、铭辞、文字、书体、铭辞中之史迹"五个方面,联系"㝬"在器类名"匜"中代替"古"作声符的现象,考证"㝬"可读为"胡",史称周厉王名胡,此"㝬"即厉王本名[①]。唐说后,学界进一步研究,至今,作为王名的"㝬"为周厉王已定论。"簧喾朕心"出自"㝬"口,其解必须着眼厉王身份。

梳理学界对这句话的解读,权威解家主要有以下四家:

1. 张政烺解。其说云[②]:

"簧",疑读为"横"。"鬋",疑读为"至"或"致"。《礼记·孔子闲居》:"夫民之父母乎,必达于礼乐之原,以致五至而行三无,以横于天下。四方有败,必先知之。"下言"志之所至"等等为五至。郑玄《注》:"横,充也。"又:"凡言至者,至于民也。志谓恩意也。言君恩意至于民。……善推其所有以与民共之。人耳不能闻,目不能见,行之在胸心也。"意与此近。

2. 张亚初解。其说云[③]:

"簧"字应为"黄"字的假借字。……"黄"字在文献上可作"美"和"光"解。《风俗通皇霸》引《尚书大传》:"黄者,光也。"《吕氏春秋功名》"缶醯黄蜊",注云"黄,美也。""光"和"美"可能都是从黄金(青铜)或玉璜演绎引申出来的。又,"黄"字在文献上与"皇"字也是音义并通的,"簧"假为"皇",义也可通。

"鬋"字在文献上训为刺绣,引申之,则有盛美之意。曾伯霥簠"元武孔鬋",此"鬋"字即训盛美。

"簧鬋朕心",就是光美我心,嘉美我心。

3. 王慎行解。其说云[④]:

"簧鬋朕心":《说文》:"簧,笙中簧也"《段注》:"按经有单言簧者,谓笙也";《诗·王风·君子阳阳》;"左执簧"《毛传》:"簧,笙也。"簧虽为笙竽管中的金属薄片,吹则鼓之而出声,但经传通训为管乐器笙。《周礼·春官·笙师》云:"凡祭祀飨射共(供)其钟笙之乐",可见古代在举行祭祀时,伴之以钟、鼓、丝、竹之乐以媚神,所以"簧"字在此则引伸为尊父配天之礼中吹奏的乐声。鬋、致古音相近。"鬋"殆应读为"致",《礼记·乐记》云:"致乐以治心",与此句文义近似,意谓用祭祀之音乐以陶冶我心。

4. 马承源等解。其说云[⑤]:

簧鬋读为广侈。簧读为广,鬋读为侈,声假。《国语·吴语》:"广侈吴王之心",韦昭《注》:"侈,大也。"此广侈即铭文之簧鬋,语亦相似,都是说王者之心的宽大与通达。

玩味四家之解,可见对"簧"或从本字角度去寻找答案,或从借字角度去寻找答案,说有不同,但对"鬋"的解读,意见则有比较一致处,就是都认定字音读"陟几切",把它作为探讨其义的一个大前提,去"因声求义",寻找答案。如张政烺说"鬋"疑读为"至"或"致";王慎行说"鬋、致古音相近。'鬋'殆应读为'致'";马承源等说"鬋读为侈,声假";张亚初虽然没明确说它读为"陟几切",但从他说"鬋"字在文献上训为刺绣的意见看,也是据"陟几切"来思考该字字义的,因为《尔雅·释言》释"鬋,紩也。"郭璞则注:"今人呼缝紩衣为鬋。"邢昺则疏:"谓缝刺也。……郑注《司服》云:'黼黻希绣。'希,读为鬋,谓刺绣也。"

本人认为四家之解虽具权威性,但深究下去,恐怕都不能成立,理由如下:

"斋"，后世字书首见《说文》，在《说文》里，许慎只说解为："篾缕所缄衣。从㒼，丱省。"并没有对其"读若"，慧琳《一切经音义》卷八十八《集沙门不拜俗议卷第五》"黼毂"引唐本《说文》黼"从斋甫声"，注"斋"音"丁雉反"。大徐等整理《说文》于"斋"下注其音"陟几切"，可见"陟几切"的音来自唐宋人，不是许慎的意见。考《说文》从"斋"的字，有六个："黼、黼、黻、黹、黺、襦"，前五个都在斋部，其从的"斋"是意符，与字音无关，最后一个在衣部，许慎说它既是意符也兼声符，解作"从㒼，斋亦声"，不过作为声符它读什么音，许慎没有透露，上述外，还曾给"㒼"注音，云"㒼，读为斋"，但"㒼"是部首，无法据"㒼"知道"斋"该读什么音。大徐当日凭据什么注为"陟几切"，他自己没说，我们今天也找不到他所凭据，从其初文的取象及其形体繁化以及所用，显然不会是"陟几切"。

下面就来探讨。

大家目前公认殷墟甲骨文的 ◻（《合》18836反）、◻（《合》8286）、◻（《花东》480）就是"斋"的初文，独体，商末金文写作◻（乃孙作祖己鼎），从字形上看，是一种花纹的象形。西周用作花纹意的"斋"见于中期和晚期，写作◻（师奎父鼎）、◻（颂壶盖）等形，形体一脉相承，从西周所用看，和"屯"成词，"屯"原形作◻（颂壶）、◻（庚季鼎），上带一圈儿，47见有40见如此，大家公认读为"纯"，"纯"是衣缘之意，上一圈儿大概就是为突显这一意义，它应该是衣纯之"纯"的专字，和屯鲁、屯右之"屯"写法有别，"斋纯"和《尚书·顾命》里的"黼纯"对读，孔疏："《考工记》云'白与黑谓之黼'。《释器》云'缘谓之纯'。"据孔疏，体味上下文意，其义表示篾席边儿镶的黼纹，用法完全合于金文，孙诒让最早注意到这一点，他在《古籀拾遗·宰辟父敦》中考释说："'斋屯'即《书·顾命》'黼纯'之省（古文多省形用声，然亦有省声用形者，如本书高克尊'既生霸'，霸省作'雨'，吴《录》周大鼎'甐'省作'歪'是也），谓以黼文为玄衣之缘也。"⑥其后强运开、屈万里都把"斋"视同"黼"。强氏提出"'斋'实为'黼'之省字"⑦。屈万里在孙、强大说基础上进一步研究，指出⑧：

《说文》用"篾缕所缄衣"解释斋字，徐铉注斋字的音是陟几切，当是从缄字来的。我觉得这个音和义都是后起的。斋字最初的声音，当和黼相同。这不但有《尚书·顾命篇》的"黼纯"和《诗·小雅·采菽》的"玄衮及黼"两个黼字，就是金文常见的"玄衣斋屯"的斋字，可为的证。从曾伯霥簠中斋字的押韵看来，更可以断定，唐兰说曾伯霥簠的斋字和尸字为韵，他因而认为应读作陟几切（说见前），其实是不然的。曾伯霥簠开头一段的原文是：

隹王九月初吉庚午，曾伯霥扆圣元武，元武孔斋，克狄淮尸（夷），印燮鐈汤，金衔鐊行，具既卑方。……

从文义来看，这段话的开头两句是记时日，以下二句是泛说曾伯霥的圣明与英武，"克狄淮夷"以下是叙述他的实在功业。由此看来，曾伯霥"扆圣元武，元武孔斋"二句，必须连读，文气才能贯串。从押韵的情形来看，这段话也显然地是开头的四句一韵（首句不押韵），以下汤、行、方……一韵（尸字也不押韵），所以尸字根本不是韵脚，自然不会和黹字为韵。

由此说来，这里的黹字，应该和午、武同韵，也是无可否认的。黹字既和午、武同韵，黹屯又和黼纯相同，那么黹字应该读为黼的声音，当可确定。

由孙、强、屈三位研究可知，所谓"陟几切"的"黹"，其在商周乃至春秋，正确的读音应该是"方榘切"，从文字形体演变的角度来检验三位学者的意见，应该是非常正确的意见，因为在汉字形体发展演变中，有一种现象，就是在象形的初文上为明确其读音追加声符繁化，如▢（小臣宅簋），象盾形，见西周早期，西周中期追加"豚"声写作▢（毁簋盖），据其"豚"声可推知▢就是盾的初文；再如甲骨文有▢（《合》27440），像人面的两旁有鬠须之形，西周金文追加"此"声写作▢（大盂鼎），据"此"声可推知▢就是鬠的初文；再如商代甲骨文有▢（《合》412），西周早期金文承之写作▢（大盂鼎），象倒首发下垂形，西周中期追加"或"声写作▢（毁簋器），据"或"声可推知▢、▢就是"馘"的初文；再如甲骨文有▢（《合》5533），又追加"今"声作▢（《合》7562），西周金文作▢（禽簋），下部又繁化作▢，据"今"声可推知▢就是"禽"的初文。"黹屯"之"黹"作象形的▢、▢、▢、▢，"黹屯"既然又作"黼纯"，"甫"应该就是在"黹"上加注的声旁，据追加之"甫"声，可推知"黹"就是"黼"初文。它和上举那些例子一样，出现在不同的历史层面，可以判定是历史发展演变形成的异体。

这里需要指出，近出有曾伯霥壶，铭作"初吉庚午，曾伯霥怨圣孔武，孔武元犀，克逊淮夷。余温恭且忌，余为民父母"。其中的"曾伯霥怨圣孔武，孔武元犀"不能为屈说提供反证，因为簠铭是"元武孔黹"，元、孔的含义不同，黹、犀的含义也不同，没有对读关系（退一步说，即使壶铭证明屈说不能成立，也不妨害本文把"黹"释读为"黼"初文）。

"黹"既然是"黼"的初文，则"簧黹朕心"实应读作"簧黼朕心"。

"簧黼朕心"怎么解呢？先说"簧"，《说文》"簧，笙中簧也。从竹黄声"，从"黄"得声，可以读为"廣"，廣亦从黄声。《说文》："廣，殿之大屋也。从广黄声。"再来说"黼"，其从"甫"声，陈剑此前曾主张应读为"敷"[9]，我觉得十分正确，"黼"上古鱼部帮母，"敷"鱼部滂母，二字同部，帮滂旁纽双声，上古音极近似。《诗·周颂·赍》"敷时绎思，我徂维求定"，郑玄笺："敷，犹遍也。"孔颖达疏："敷训为布，是广及之意。"本此，"簧黼"就是"广敷、广布"，也就是遍布、遍及之意。"朕心"就是我的心，"心"指的是什么呢？先秦的"心"是属于哲学范畴的一个概念，学界多有研究，认为它指德泽，如张立文主编的"中国哲学范畴精粹丛书"《心》云："心首见于甲骨文，其原始意义为人和动物的心脏。在甲骨卜辞和金石铭文中，开始用心表示人的思维器官和精神意识。在殷周古籍中，《易经》以心为人的心理，《尚书》、《诗经》则以善恶道德释心……《左传》、《国语》的心，不仅是'广人之心'，而且是'帝心'，即大帝的道德意识，成为具有普遍性内涵的哲学范畴。"[10]匡钊指出："周代金文中所见绝大部分德字，都是从心，旨在表明心性修养之重要。此变化过程亦如徐复观所言：'周初文献的德字，都指的是具体的行为……因好的行为多是与人以好处,乃引伸而为恩惠之德。好的行为系出于人之心,于是外在的行为,进而内在化为人的心的作用,遂由'德行'之德,发展成为'德性'之德。"⑪二先生之言甚是。"心"在西周已经发展为"德"的同义语,那么"广敷朕心"就是广布遍布恩德于天下万民。这样理解,与其前所言"余亡康昼夜,至拥先王,用配皇天"极其吻合,前面那几句话是说我作为王不空度昼夜,遵循抱持先王的德业,靠这样的作为来和伟大的天匹配。天有普降甘霖遍施雨露的德性,我作为王者与上天为匹,也要同上天一样广布德泽于万民。天子王侯"布德",典籍亦有载,如《礼记·月令》"天子布德行惠,命有司发仓廪,赐贫穷,振乏绝,开府库,出币帛,周天下,勉诸侯,聘名士,礼贤者"、《左传·哀公元年》"(少康)能布其德而兆其谋,以收夏众,抚其官职,使女艾谍浇,使季杼诱豷,遂灭过、戈,复禹之绩",都可为辅证,足可见"簧虫朕心"根本不是光美我的心,也不是用祭祀之音乐以陶冶我心,更不是王者之心的宽大与通达,诸说皆不可从。

　　侯外庐当年曾在他的《中国古代思想学说史》中指出,周厉王以"厉"为谥,这个"厉""同励,砥砺之厉,原为美名"⑫。就此铭看,相当正确,"簧虫朕心"所彰正是其美。

　　附记:本文是国家社科基金重大项目"基于公共数据库的古文字字符集标准研制"(21&ZD309)的成果。

(作者单位:山东大学文学院)

注:

① 唐兰《周王㝬钟考》,载《国立北平故宫博物院年刊》,1936年;又载《唐兰先生金文论集》第34页,紫禁城出版社1995年;《唐兰全集》(二)第470页,上海古籍出版社2015年。

② 张政烺《西周厉王胡簋释文》,《古文字研究》第3辑,中华书局1980年。

③ 张亚初《周厉王所作祭器㝬簋考——兼论与之相关的几个问题》,《古文字研究》第5辑,中华书局1981年。

④ 王慎行《㝬簋铭文考释》,《人文杂志》1980年第5期;又载王慎行《古文字与殷周文明》第209—210页,陕西人民教育出版社1992年。

⑤ 马承源主编《商周青铜器铭文选(三)》第278页,文物出版社1988年。

⑥ 孙诒让《古籀拾遗》第12页,中华书局1988年。

⑦ 强运开《说文古籀三补》斎字头按语,见刘庆柱、段志洪、冯时主编《金文文献集成》第17册第411页,线装书局2005年。

⑧ 屈万里《释斎屯》,载《史语所集刊》第37本,1967年。

⑨ 陈说见沈培《新出曾伯䴊壶铭的"元犀"与旧著录铜器铭文中相关词语考释》(《岭南学报》2018年第2期)附记。

⑩ 张立文主编"中国哲学范畴精粹丛书":张怀承等著《心》第24页,中国人民大学出版社1993年。

⑪ 匡钊《心由德生——早期中国"心"观念的起源及其地位》,《中国哲学史》2020年第6期。

⑫ 侯外庐《中国古代思想学说史》第44页,辽宁教育出版社1998年。

古文字研究(35):208—212,2024

班簋之"班"和"毛公"关系新考

陈英杰

班簋铭(《集成》4341)197字(含重文2),所记人物及历史事件有重要的史料价值,是西周重器。清宫旧藏,著录于《西清古鉴》13.12,称周毛伯彝①。

班簋时代主要有成王、昭王、穆王三说,多主穆王说②。其铭曰:

佳(唯)八月初吉,才(在)宗周③,甲戌,王令毛白(伯)更(赓)虢緎(城)公服④,粤(屏)王立(位)⑤,作三(四)方亟(极)⑥,秉緐、蜀、巢⑦令,易(赐)铃、鏽。咸,王令毛公以邦冢君、土(徒)驭、或人伐东或(国)痟⑧戎。咸,王令吴白(伯)曰:"以乃自(师)左比毛父。"王令吕白(伯)曰:"以乃自(师)右比毛父。"遣⑨令曰:"以乃族从父征,徝(造)⑩緎(城)卫⑪父身。"三年静东或(国),亡不成,敂(旻)天畏(威),否畀屯(纯)陟⑫。公告乓(厥)事于上:"佳(唯)民亡徝才(哉),彝昧(昧)天令(命),故亡。允才(哉)显,佳(唯)敬德,亡直(攸)违。"⑬班拜頴(稽)首曰:"乌(呜)虖(呼),不(丕)杯乩皇公受京宗懿釐⑭,毓文王、王姒圣孙⑮,隥(登)于大服,广成乓(厥)工(功),文王孙亡弗裹(怀)井(型),亡克竞乓(厥)剌(烈)。班非敢觅,佳(唯)作邵(昭)考爽,益(谥)曰大政,子=(子子)孙=(孙孙)多世其永宝。"

该铭迄今仍存在不少无法确释的难解之处,但理解该篇铭意的关键点在于其中的人物身份及其关系,主要症结点在于"遣令曰"一句以及毛公与班的关系。

"遣"有动词和人名二说,解作动词,而施事与受事认识不一;解作人名,有施命者和受命者之说,具体所指为谁,亦有异说。从语法角度,或以为"遣"为"令"的宾语;或以为是主语——发令者,但受命者为谁以及"遣"之身份如何分歧较多⑯。金文中趄、遣形义有别,动词说可以舍弃⑰。

铭中之"班"即《穆天子传》、清华简《祭公》中的"毛班"(《穆天子传》中亦称"毛公",《今本竹书纪年》称"毛公班"),这一点基本已成为共识。

毛伯接替虢城公之职事后改称"毛公",毛公受命伐东国,周王称之"毛父",《西清》编者认为"毛伯、毛公、毛父实一人也",基本已为学界公认。刘心源(《古文审》卷五)首倡毛伯、毛公、毛父与班为一人之说⑱,并联系《今本竹书纪年》"毛公班"而把器物定于穆王时期。另一说则是主张毛伯、毛公、毛父与班非一人,班为毛公子辈(或直接认为班为毛公之子)。此说实际上是把"城卫父身"之"父"理解为"父亲"而造成的,但此句中的"父"与上文"毛父"之"父"同意,均是尊称。周王于同姓诸侯称"父"。

《西清》编者认为铭中毛公即成王之末的司空毛公。其文云:"此篇为毛伯受命之词,厥功既成,其子孙铺陈始终,浉于彝器。"据此看,编者大概认为班为毛公子孙辈。该书没有解释"遗令曰"一句,但认为毛伯主东征之役而佐以吕伯、吴伯,即所谓"卫父身也"。据此,编者大概以"遗"为动词。但编者对整篇铭意理解比较混乱,既然认为此铭为毛伯子孙所作,又云"文王孙"是成王自谓,成王营东都而成武王之志,"故铭称'昭考'而终之曰'大政'也"。当是认为"昭考"是成王对武王之称,"大政"实指武王谋划营东都洛邑之事。

吴镇烽认为此铭的"毛伯"跟斯簋(《铭图》5295,册命铭文)中的"右者"毛伯是同一人[19],也即孟簋(《集成》4162)的"毛公",穆王时期人[20]。

体会铭意,跟随毛公出征的当有三支军事力量,有学者注意到了"乃师""乃族"之措辞的不同,所以"遗令曰"一句所说跟命吴伯、吕伯不是一回事。"遗令曰"所派出的是家族私人武装,即学界所称的"族军"。学者多把班簋与孟簋联系,孟簋铭云:"孟曰:朕文考罙毛公、遗仲征无需,毛公赐朕文考臣自厥工。"铭中"毛公、遗仲"多以为是二人,或以为是一人。邓飞曾撰文论证一人之说,认为"毛公遗仲"与后文"毛公"构成先全称、后简称的关系[21],但其所举"益公—公""尝公—公""默侯—侯""伯屖父—伯"等,从辞例上并不与孟簋相同,且诸侯入为天子卿士而称"公"者,似未见称以私名者。依从邓文,孟簋前称"毛公"后称"公"方合其所说,而该铭后文特意拈出"毛公","毛公、遗仲"为二人的可能性更大。"遗仲"是"氏 + 排行",而班簋之"遗令曰",我们同意杨树达的意见,"遗令"即"令遗","别命遗率其族从毛公出征"[22]。此"遗"为人名,非氏名。班簋与孟簋中的"毛公"应该是同一人。霎鼎(《集成》2731)云:"王令趞戬(捷)东反尸(夷),霎肇从趞征。"另参霎簋(《铭三》506)。昔须爯(《铭图》3349)云:"昔须爯趞东征。"把这些铭中的人物"趞"跟班簋之"遗"认同是可信的。

诸家在理解毛公与班的关系时,都是从文意揣摩,分歧较大,但没有人从铭辞篇章构成的角度去讨论这个问题。铭文结构三分法(以"作器句"为界,前后分成两个部分,"作器句"是一个独立部分)影响较大[23],近年有学者提出铭文结构析分的新看法:由器主称谓以及"王"和"天子"之称在铭文内部的变换看,铭文结构的划分,不应像过去那样以"作器句"为界,而应以"拜颔首对扬"为界,在这个分界处周王的称谓和器主的称谓往往发生变换(周王改称"天子",器主去掉官称用私名);作器句和对扬句是一体的,作器本身就是一种答谢[24]。班簋铭文二分,"班拜颔首曰"是界限。这篇铭文记录的主要内容是东征,周王对毛伯的册命服务于东征。该铭不是册命语境。第一部分内容又可以分为两个层次:受命东伐是第一层次,册命跟命以东征是一体的。三年静东国广成厥功是第二层次。这部分的内容应该摘自官方档案(毛氏家族应该留有副本),所以人物使用官方称谓。该铭应该是一篇祭祀使用的文本。

柯马丁在研究秦始皇石刻时曾指出周代铭文具有"复调性"(multivocal)特征。他的原意是认为,秦公铸(《集成》270)、簋(《集成》4315)、钟(《集成》262—263)铭文由不同的言说模式组成,存在不止一种声音。他认为铭文文本是要付诸口头表演的,有不少铭文是对话体或复调性文本,铭文中存在言语视角的转变和文本的语义转变㉕。根据我们对"王"和"天子"使用规律的考察,铭文在"某拜稽首"这个地方发生人称转变,也就是言语视角的转换。班簋铭第一部分是颂功——功绩陈述,第二部分是祷辞。第一部分铺陈功业之后,在第二部分发生文本转换,开始使用第一人称的叙述。如果认同"铜器铭文表达的是礼仪信息,记录了仪式中所使用的口述辞语,使用于特定的礼典活动"的说法㉖,这两部分内容在实际的使用情境中应该是由不同的人口述或站在不同的人物视角进行表达的。跟其相似的铭文结构见于猷簋(《集成》4317),文本也是复调性结构,第一部分是"王曰",第二部分是"猷作齽彝宝簋"之后的内容,"王"与"猷"是同一人。同例,班簋中的"班"跟前文"毛公"也是同一人。这样来理解,铭文内容就很清楚了,第二部分中的"皇公"是毛公班之父,"毓文王、王姒圣孙,陞(登)于大服,广成乎(厥)工(功)"指的就是毛公"更虢城公服"和"三年静东国"之事,"毓文王、王姒圣孙"是班自谓,"不坏乩皇公受京宗懿厘"一句既是对以周王为首的姬姓大宗的奉迎,也是说自己的成功来自皇公(昭考)之灵的护佑。"文王孙"指向的是班的后代,即文王的子子孙孙都要"怀型"毛公班。

附记:本文为"古文字与中华文明传承发展工程"项目"商周金文文字考释史"(G1206)的阶段性成果。

(作者单位:首都师范大学文学院、"古文字与中华文明传承发展工程"协同攻关创新平台)

注:

① 班簋流出清宫后的再发现以及修复、收藏的过程,参陈英杰《关于班簋发现、修复、收藏过程的考察》(未刊稿)。

② 参黄鹤《西周有铭铜器断代研究综览》第562—565页,上海古籍出版社2021年。另参彭裕商《西周铜簋年代研究》,《考古学报》2001年第1期第6页;梁彦民《西周时期的四耳青铜簋研究》,《江汉考古》2009年第2期第77页;阮明套《清华简与班簋铭文新证》,《陕西历史博物馆论丛》第26辑第114页,三秦出版社2019年。阮文从"毛伯、毛公、毛父"与"班"为一人说,"遣"为毛公下属,他命令其下属从毛父出征。

③ 严可均《全上古三代文》卷十三所著录"才"上有"王"字,郭沫若推测严氏所依据的"拓本"或许是盖铭。据《两周金文辞大系》(《郭沫若全集·考古编》第八卷第58页,科学出版社2017年),严可均资料为容庚所指出。

④ "虢城公",多认为是谥称。"更"或读"赓",赓续义;或训"代",代替义。当以前者为是。"服"即职事,参张利军《释西周金文中"服"字义——兼说周代存在"服"制》,《考古与文物》2010年第6期第95页。

⑤ "屏"即"藩屏"义。《诗经·大雅·板》:"价人维藩,大师维垣,大邦维屏,大宗维翰。"《左传·哀公十六年》:"屏予一人以在位。"

⑥ "哑"之释参孙稚雏《金文释读中一些问题的探讨》,《中山大学学报》1979年第3期;收入氏著《孙稚雏学术丛稿》第175—176页,中山大学出版社2018年。另参孙氏《班簋铭文释读的一些问题》,《古文字研究》第20辑,中华书局2000年;《孙稚雏学术丛稿》第188—195页。

⑦ "繁、蜀、巢"地望也颇多分歧。或跟东伐联系,主张这几个地方都在东土,参陈絜《宜侯夨簋与宜地地望》(与

刘洋合作),《中原文物》2018年第3期;《戍甬鼎铭中的地理问题及其意义》,《中国国家博物馆馆刊》2019年第9期;《两周金文中的繁地与西周早期的东土经略》,《中原文物》2020年第1期。

⑧ 《西清》编者释为"猒",云:"周初殷遗民弗靖,淮夷徐戎并兴,东征之役见于书传者不一。"唐兰与《西清》释字意见同,认为字从疒肙声(猒之左半),疑与偃通,偃戎即徐戎,"(徐)偃王"得名于"偃戎"之称。旧多隶为"瘖",当自此而来(《西周青铜器铭文分代史征》第351页,中华书局1986年)。另参王辉《逨盘铭文笺释》,《考古与文物》2003年第3期第85页。今从李学勤释,参《班簋续考》,《古文字研究》第13辑第183页,中华书局1986年。李先生认为东国之戎当在江淮之间。石小力释"瘖",参《利用楚简考释金文词两则》,《古文字研究》第30辑第273—275页,中华书局2014年。冯时认为"东国瘖戎"指徐戎,就是孟簋中的"无需",指徐偃王(该文认为班簋、孟簋为穆王世之标准器),参《"无需"考》,《中原文化研究》2017年第3期。冯说与其之前的《班簋铭文补释》(《出土文献》第3辑,中西书局2012年)所持意见有异:"班簋"文从李学勤读"猾"解为"乱"说;"无需"文虽仍依从李先生释字,但却是从"瘖"意义入手,寻求该字与徐偃王以"偃"为号的意义上的联系,进而推断"瘖戎"指徐偃王。另参于薇《淮汉政治区域的形成与淮河作为南北政治分界线的起源》,《古代文明》2010年第1期;赵燕姣《从班簋、孟簋铭文看典籍中的徐偃王——兼论两周时期徐之迁徙》,《中国历史地理论丛》2022年第1辑。

⑨ 字形可分析为从彳、趸,与趸是异体关系。

⑩ 此字用法及下文"隹民亡徖哉"的解释,参陈剑《释造》,《出土文献与古文字研究》第1辑,复旦大学出版社2006年;收入氏著《甲骨金文考释论集》第175页,线装书局2007年。

⑪ "城卫"是一个词,状语+中心词的结构形式。

⑫ "旻"字释读参陈剑《甲骨金文旧释"尤"之字及相关诸字新释》,《北京大学中国古文献研究中心集刊》第4辑,北京大学出版社2004年;收入氏著《甲骨金文考释论集》第69—71页。陈文指出,虽然此句意思比较清楚,但"陟"字还很难落实。董珊断句为"陟公,告厥事于上","是说器主升祀他的先公,在祭祀时向居于上位的先公报告靖东国之事,同时在祷告中谈到自己对'天命'与'德'的认识"。参《它簋盖铭文新释——西周凡国铜器的重新发现》,《出土文献与古文字研究》第6辑第167—168页,上海古籍出版社2015年。这样释读虽然落实了"陟",但总不如把此处之"公"看作"毛公"之简称来得直接简明。"陟"大概可以读为"噂",训"定"。

⑬ "上"有周王或天、先祖二说,从上下文体会,应该指周王。此为毛公向周王复命之辞,强调"天命"和"德"等观念(参王坤鹏《王家、周邦与王国:理解西周文明形成的一个线索》,《史学集刊》2021年第3期第47页),意在总结"东国瘖戎"覆灭的历史经验。

⑭ 周人称国都为"京","京宗"有学者认为指"都城中周王的宗庙","受京宗懿"意思就是在宗庙被周王授予宗室封号。(参笪浩波《"京宗"辨》,《荆楚学刊》2016年第6期第6页。该文认为,"西周穆王时期的班簋是毛班为纪念先祖的荣耀而制,铭文是一篇毛班记录毛氏族先人辉煌事迹的回忆录。")马承源主编《商周青铜器铭文选(三)》(第110页,文物出版社1988年)释"京宗"为"大宗"。另参周宏伟《〈楚居〉京宗新释》,《中国史研究》2019年第3期(该文以班簋为成王时器);尹夏清、尹盛平《西周的"京宫"与"康宫"问题》,《中国史研究》2020年第1期;等等。按:"京宗"就是周王室所代表的"大宗","受京宗懿厘",郭沫若解释为"受到王朝宗室的美好的福荫"是对的。《诗经·大雅·思齐》"京室之妇"之"京室"(王室)与此"京宗"同义。

⑮ "毓"是一个亲属称谓词。参裘锡圭《论殷墟卜辞"多毓"之"毓"》,《中国商文化国际学术讨论会论文集》,中国大百科全书出版社1998年;收入《裘锡圭学术文集》第1卷,复旦大学出版社2012年。常玉芝从王国维说解"毓"为"后",君后义,认为"毓(后)文王"与《诗经·大雅·下武》以"文王"为"三后"(太王、王季、文王)之一正同。参《是"司母戊鼎"还是"后母戊鼎"——论卜辞中的"司"、"毓"》,《中原文化研究》2013年第1期第48—

49 页。"王姒"即文献中文王后"大姒"(亦作太姒)。

⑯ 郭沫若认为"遣"为虢城公,其所命对象为其臣属班。彭裕商认为"遣"是班,是毛公族人;主穆王时器说。参
《班簋补论》,《追寻中华文明的踪迹——李学勤先生学术活动五十年纪念文集》,复旦大学出版社 2002 年。有
学者把"遣"解为动词,或以其义为派遣,"遣令"是说时王派人传达命令,让毛班随父出征,"出城卫父身"。参
杜勇、沈长云《金文断代方法探微》第 108 页,人民出版社 2002 年(该书主穆王世说)。或以其义为舍、施,"遣
令"是颁布命令的意思,是毛公命令其子班。参李义海《班簋考续》,《吉林广播电视大学学报》2004 年第 1 期。
李氏另有《班簋补释》,《南阳师范学院学报》2004 年第 1 期。兰和群《班簋铭文新释》(《郑州大学学报》2004
年第 6 期)含四节内容,其实就是李义海两篇文章的拼合版。朱继平《班簋铭文"遣令曰"句新研》(《文史》
2020 年第 4 辑)搜集文献较全,可参看。朱文主遣即毛公说,"遣令"是毛公遣令其子班。其引郭沫若《长安县
张家坡铜器群铭文汇释》(《考古学报》1962 年第 1 期),云郭氏在此文中认为遣指毛公(毛公遣)。郭文收入
《郭沫若全集·考古编》第 6 卷,持"虢城公遣"之说,并认为即孟簋之遣仲(第 281 页)。冯时《班簋铭文补释》
持"毛公遣"说。另参陈颖飞《清华简〈祭公〉毛班与西周毛氏》,收入杜勇主编《叩问三代文明——中国出土文
献与上古史国际学术研讨会论文集》第 280—285 页,中国社会科学出版社 2014 年。陈文引及李学勤金文课
对于班簋的新意见:遣即班,亦即孟簋之遣仲,是毛公(毛伯、毛父)的第二个儿子。

⑰ 李学勤《班簋续考》,《古文字研究》第 13 辑第 183 页,中华书局 1986 年;朱继平《班簋铭文"遣令曰"句新研》
第 8—10 页。李先生认为"遣"是孟簋的"遣仲",班簋仅称"遣",是单举氏名。参《谈单氏人名——金文释例
之二》,《传统文化研究》第 19 辑,群言出版社 2012 年。

⑱ 朱其智最近撰文重申"班"与"毛伯(毛公、毛父)"为同一人说,参《班簋铭文考略》,"中国文字学会第十一届学
术年会"论文集第 1138—1144 页,2022.11.19—20,南通。该文主"遣"为动词说,"王遣令吴伯、吕伯"。

⑲ 张懋镕意见同,参《新见金文与穆王铜器断代》,《文博》2013 年第 2 期第 21 页。

⑳ 吴镇烽、朱艳玲《斯簋考》,《考古与文物》2012 年第 3 期第 107 页。

㉑ 邓飞《系统体例、语义框架与古文献释读》,《西南大学学报》2016 年第 2 期。

㉒ 杨树达《积微居金文说(增订本)》第 104 页,中华书局 1997 年。

㉓ 参张振林《毛公鲞鼎考释》,《容庚先生百年诞辰纪念文集》,广东人民出版社 1998 年;张振林《金文"易"义商
兑》,《古文字研究》第 24 辑,中华书局 2002 年;罗泰《西周铜器铭文的性质》,《考古学研究(六)——庆祝高明
先生八十寿辰暨从事考古研究五十年论文集》,科学出版社 2006 年;陈英杰《西周金文作器用途铭辞研究》,
线装书局 2008 年。

㉔ 陈英杰《两周金文中"天子"之称使用情况的考察——兼论"对扬天子休"对铭文篇章结构析分的新启示》,《文
献语言学》第 15 辑,中华书局 2022 年。另参〔捷〕石安瑞《由铜器铭文的编纂角度看西周金文中"拜手稽首"的
性质》,《青铜器与金文》第 1 辑,上海古籍出版社 2017 年。石文指出:"从铭文的编纂角度来看,作为敬语的
'拜手稽首,对扬王休'一句可以视为铭文陈述部分到非陈述部分内容之间的界限标识,引介作器者关于作器
的意图和希望等内容。""'拜手稽首'一句在一定的意义上也可以视为铭文作者视角的转折点,引介铭文的
'自定义'部分。"(第 558 页)

㉕ 〔美〕柯马丁《秦始皇时刻——早期中国的文本与仪式》第 81—94 页,上海古籍出版社 2015 年。他所谓"存在
不同声音"主要指铭文结尾部分(作器句后面,他把作器句称为"目的陈述")有器主向祖先祈福的祷辞,和神
灵对祷辞的回应之词,言语视角发生转变(第 88 页)。他对铭文篇章结构的分析与我们不同,但他指出的铭文
"复调"特征还是有道理的。

㉖ 参注 ㉓ 罗泰文第 345、366、369 页。

古文字研究(35):213—216,2024

读铭札记(二)

吴良宝

一

山东淄博市临淄区商王村战国墓 M1 出土的两件铜耳杯,分别刻有铭文"丁之十,冢一益三十八展"(《铭像》19·10861。下文凡引自该书的均径给出编号)、"钚,大式益,冢三十展;少司马子卿①之敨"(19·10864)。学界普遍认为这两件耳杯是齐国铜器②,李学勤推定为楚器③。从"少司马子卿之敨"的铭文来看,铜耳杯的铭文刻写与铸造国别是一致的,不存在它国器物上加刻铭文的现象,其国别可从监造制度、容积单位、用字习惯等因素综合考察。

(1)监造制度

"少司马"是耳杯的监造者。传世文献中的"少司马"见于《左传》昭公二十一年、《国语·吴语》等,说明宋国、吴国都曾设置"少司马"职官。出土文献中,包山楚简(第129号简)、新蔡楚简(甲三233)中有"少司马"职官;少司马癸壶(《铭像三》1051—1052),花瓣似的纹饰与战国早期命瓜君乳子壶(22·12434)相一致,应是战国早期晚段中原式的铜器,晋国铜器里多见。齐系玺印、兵器等所见均为"司马、左/右司马"等,暂未见"少司马"。"职官＋人名＋之造"的格式见于晋、齐、楚等文字。

监造制度方面,楚国铜器由中央的"大攻尹、集尹"(34·19178—19182鄂君启节)、县级"莫敖、攻尹"(34·18816燕客铜量)等监造,齐系金文里则有"敨者"(34·18818子禾子釜)、"某库、冶"(32·17071、17073),耳杯铭文均与之不同。不过,也不能排除耳杯可供刻铭的空间狭小而有意省略了部分监造职官。

(2)容积单位

标明"大式益"的耳杯,实测容积400毫升,则一益(溢)为200毫升;"冢一益三十八展"的耳杯并未标明容积,实测容积是1000毫升,相当于五益④。目前所见以"益(溢)"为容积单位的六国铜器,还有赵国的五年春平相邦葛得鼎(5·2387)、韩国的萦阳上官皿、少府盉(25·14085、26·14788)等。齐国量制使用的是"豆、区、釜、钟",楚国的量制单位有"臣、赤、剞"等⑤,都未见以"益"为容积单位的情况。

贾振国推测,"战国晚期齐与三晋地区的容量单位都用'益'。齐'益'的量制为200毫升,与秦制'升'相同","益与升是同一级别的容量单位,只是使用的区域不同而已"⑥。徐龙国认为,铜耳杯所用的计量单位是齐国特有的"益"和"货(化)"(引按,指重量单位"展")[7]。研究度量衡的学者曾对耳杯"齐器"说提出怀疑,"据文献,齐国在春秋后期已有'升'这个单位,战国时'王粁'陶量也用'升',而此战国末年的铜耳杯容量单位不用'升',而用与重量单位相同的'益'",这一点尚需存疑[8]。

(3)纪重单位

铜耳杯使用的纪重单位是"展",根据其实测重量517.47克、116.71克,可推算出一展之值为3.89克[9]。李零认为齐国的"镒"是24两,"锱"(引按,即杯铭"展")是6铢[10]。楚国使用的纪重单位有"益、两、朱"(包山楚简、砝码等),楚国郪陵君豆(13·6161)、铜贝币(《货系》4153)的铭文中都有"夅朱(锤铢)",即三分之一铢[11]。

李学勤因将"敆"误释为"峙",而"峙"的用法是楚文字独有的,所以认为使用"展"的铜耳杯、长布与连布都是楚国之物[12]。周波认为,耳杯是齐国铜器、以"展"记录"锤",与楚文字用"夅"记录"锤"明显不同[13]。因燕尾布、连布已改定为宋国货币,楚国使用"展"这一纪重单位的说法随之动摇,那么以"展"纪重的商王村铜耳杯是楚国之物就需要重新考虑。

(4)用字习惯

铜耳杯上的"敆"字,曾被摹作A1形(《临淄商王墓地》第27、169页,《铭像》第19册第492页),学界多释为"敆",或释作"峙"(《临淄商王墓地》第24页、李学勤[14])。张振谦曾将该字的笔画复原为A2形,释为"敆(造)"[15]。从比较清晰的照片(A3形)来看,确是"敆"而非"峙(持)"字。

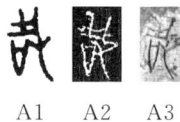

A1　A2　A3

铜耳杯用"敆"记录"造",也见于三晋、燕、齐文字;用"大"表示"容、盛"义,还见于三晋铜器少府盉、春成侯盉(26·14786)等[16];用"冢、塚"记录"重"习见于三晋文字,而楚文字则用"赾、𨟭、鋥"记录"重"[17]。

(5)编号方式

耳杯铭文"丁之十"的"丁"(《铭像》第19册第488页等),李学勤释为"厶"字,"当系职司饮食的'私官'的简称,'私之十'是器物编号"[18]。学界多采信此说。"干支+数字"的编号方式见于楚国的中阳王鼎(4·1984)"午之十七",战国晚期的几件楚王酓延簠(13·5842—5844,寿县朱家集出土)还分别刻有"戊寅、乙、辛"等干支字。此外,山东临淄齐故城出土的战国齐系石磬铭文有"下戌之十、下丁之八□"[19]等编号内容。今按,目前尚未发现楚国有"私官"这一机构,也暂无战国时期"私官"省称为"厶"的实例,且战国文字中"丁、厶"二字存在形体混同的情况,耳杯所谓"厶"改释作"丁"是可以成立的。

从上面的梳理可以看出,商王村出土的这两件铜耳杯,"造"字用法、编号方式均见于楚、齐文字资料,但以"冢"记录"重"、以"展"记录"锤",则与楚系文字的典型用字习惯不符;战国时期齐、楚暂未发现使用"益"这一容积单位,而"少司马"一职也暂不见于齐国。因此,这两件铜耳杯无论定为齐国或楚国之物,都有不能自圆其说之处。从宋国货币燕尾布使用"展"纪重单位、《左传》里有宋国"少司马"职官等因素推测,不排除商王村铜耳杯是宋器的可能。这个问题的解决还有待更多的材料。

<h1 style="text-align:center">二</h1>

安徽固镇县谷阳征集到一枚"吕"字铜贝(见图B),长19.1、宽14.5、厚4.2毫米,重4.6克[20]。贝文"吕"字的含义,资料发表者提出,"'吕'表示金属之名,表明钱币的材质是真材实料的铜"(第9页)。

楚国铜贝的面文"巽、朱"等,或纪货币名称,或纪币值。有的铜贝面文可能是地名,比如"壂"(见图C,《文物》2001年第9期第96页)可读为"唐",在今河南唐河县南境[21]。铜贝"吕"字也不排除是地名的可能。

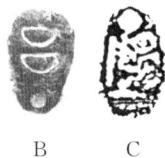

B　　C

春秋战国时期"吕"地不止一处。楚、宋、晋等国均有名"吕"之城邑。《左传》僖公二十四年(前636)"吕、郤畏偪,将焚公宫而弒晋侯"之"吕",在今山西省霍州市西南。此地与楚国铜贝"吕"无关,可不论。

《左传》成公七年(前584)云"楚围宋之役,师还,子重请取申、吕以为赏田,王许之"。东汉王符《潜夫论·志氏姓篇》云:"宛西三十里有吕城",《史记·齐太公世家》裴骃《集解》引徐广说"吕在南阳宛县西",即今河南南阳市西30里之董吕村[22]。《左传》襄公元年(前572)"秋,楚子辛救郑,侵宋吕、留",在今江苏省铜山县东南吕梁集,也见于"吕丞之印"秦封泥(《中国封泥大系》1924)。不过,今南阳市西的吕地不见于战国时期的文献记载,战国文字中也不见其踪影。相比之下,今铜山县的"吕"最有可能是贝文"吕"地。铜山县这一带位于"淮北之地"的范围,战国中期宋国从楚国手中夺占,齐灭宋之后楚国又夺回了淮北之地。黄歇上书秦昭王云:"秦、楚之兵构而不离,魏氏将出而攻留、方与、铚、湖陵、砀、萧、相,故宋必尽"(《史记·春申君列传》)[23],"吕"正处于这一边界线以东的楚国境内。其时约在前281年—前273年,这也是"吕"字铜贝的铸造时间上限。

附记:本文是"古文字与中华文明传承发展工程"资助项目"战国文字所见地理资料整理与研究"(G1926)的阶段性成果。写作过程中得到了徐在国、王震、杨烁先生的帮助,谨此致谢。

(作者单位:吉林大学考古学院古籍研究所)

注:

① "子卿"二字的部分笔画为锈所掩,旧多阙释,李零《论西辛战国墓裂瓣纹银豆——兼谈我国出土的类似器物》释出了"子"字(《文物》2014年第9期第61页)。从清晰照片看,学者疑少司马之名为"子卿"二字,应是。《荀

子·非相篇》《史记·赵世家》记有赵简子时的"姑布子卿"。

② 淄博市博物馆、齐故城博物馆《临淄商王墓地》第134、163—164页，齐鲁书社1997年。李家浩《谈春成侯盉与少府盉的铭文及其容量》，《华学》第5辑第157—158页，中山大学出版社2001年。陈剑《释展》，《追寻中华古代文明的踪迹——李学勤先生学术活动五十年纪念文集》第50—51页，复旦大学出版社2002年。李零《论西辛战国墓裂瓣纹银豆——兼谈我国出土的类似器物》，《文物》2014年第9期第61—62页。张振谦《齐铭误摹考辨四则》，《中山大学学报（社会科学版）》2014年第1期第71页。周波《战国时代各系文字间用字差异现象研究》第131—132页，线装书局2012年。孙刚《东周齐系题铭研究》第447—448页，上海古籍出版社2019年。

③⑫⑭ 李学勤《长布、连布的文字和国别》，《中国钱币论文集》第5辑第6—7页，中国金融出版社2010年。

④ 贾振国《试论战国时期齐国的量制与衡制》，淄博市博物馆、齐故城博物馆《临淄商王墓地》附录三第164页。

⑤ 董珊《楚简簿记与楚国量制研究》，《考古学报》2010年第2期第171—200页。

⑥ 同注 ④ 第165页。

⑦ 徐龙国《山东临淄战国西汉墓出土银器及相关问题》，《考古》2004年第4期第72页。

⑧ 丘光明、邱隆、杨平《中国科学技术史·度量衡卷》第125页，科学出版社2001年。丘光明《中国物理学史大系·计量史》第114页，湖南教育出版社2002年。

⑨ 陈剑《释"展"》，《追寻中华古代文明的踪迹——李学勤先生学术活动五十年纪念文集》第52—53页。

⑩ 李零《论西辛战国墓裂瓣纹银豆——兼谈我国出土的类似器物》，《文物》2014年第9期第62页。按，李文将"展"隶定为"扅"、可能是"息"字的另一种写法，读为"锱"（锱是庄母之部字，息是心母职部字，古音相近，可通假），锱是铢、两之间的衡制单位。

⑪ 刘刚《楚铜贝"坴朱"的释读及相关问题》，《出土文献与古文字研究》第5辑第446、449—450页，上海古籍出版社2013年。

⑬ 周波《说几件宋器铭文并论宋国文字的域别问题》，《出土文献与古文字研究》第7辑第141—142页，上海古籍出版社2018年。

⑮ 张振谦《齐系文字研究》第26页，安徽大学2008年博士学位论文；《齐铭误摹考辨四则》，《中山大学学报（社会科学版）》2014年第1期第71页。

⑯ 或以为少府盉、春成侯盉、三年垣上官鼎铭（4·2068）"大十六臾"中的"大"表示"大小"之"大"或者"多出"。本文不取此说。

⑰ 周波《战国时代各系文字间用字差异现象研究》第131—132页。

⑱ 同注 ③ 第5页。

⑲ 焦新帅编著《乾堂藏东周磬铭遗珍》第101、105页，西泠印社出版社2022年。

⑳ 邱建明《新发现的"吕"字蚁鼻钱初探》，《中国钱币》2023年第1期第8页。

㉑ 吴良宝《楚地"邡阳"新考》，张光裕、黄德宽主编《古文字学论稿》第433—436页，安徽大学出版社2008年。

㉒ 徐少华《吕国铜器及其历史地理探疑》，《中原文物》1996年第4期第69页。

㉓ 陈伟《楚"东国"地理研究》第152页，武汉大学出版社1992年。

古文字研究(35):217—223,2024

"鱼鼎匕"释读一则

萧　毅　　唐　佳

旧题"鱼鼎匕"①,凡三件。其中,第三件由网友"正月初吉"2016年在复旦大学出土文献与古文字研究中心网站公布局部照片,我们尚未见到,故不予讨论②。

一　罗振玉旧藏"鱼鼎匕"

传20世纪20年代山西浑源出土,罗振玉旧藏,现藏辽宁省博物馆。其摹刻本(图1.1)先后著录于《贞松堂集古遗文》《贞松堂吉金图》《三代吉金文存》《小校经阁金石文字》《谥斋金文拓本》《金文总集》等书。《殷周金文集成》(下文简称《集成》)980除摹刻本外,并附拓本(图1.2)、摹本(图1.3),《商周青铜器铭文暨图像集成》6319据《集成》980著录。

图1.1　　　　　　　　　　图1.2　　　　　　　　　图1.3

此外,西泠印社拍卖公司2013年秋拍古籍善本专场,披露赵叔孺旧藏"鱼鼎匕"摹刻本(图2),据赵氏跋文:

为上虞罗叔言参事新得自京师尊古斋。文字精美，俱黄金嵌背间，文画为青绿朱斑积没，不能毡拓。左为叔言世兄子期（畐颐）用青田石勾刻者。余乙丑初夏入都，闰四月初八日过津门，叔言出以见示，诚有生未睹之奇珍，宜叔言定为雪堂四宝之一也。

由此可知，罗振玉旧藏“鱼鼎匕”购自尊古斋，铭文错金不易拓，故罗福颐勾刻之。罗赠、赵跋“鱼鼎匕”摹刻本，应系初拓，是目前所见摹刻本最为清晰者。

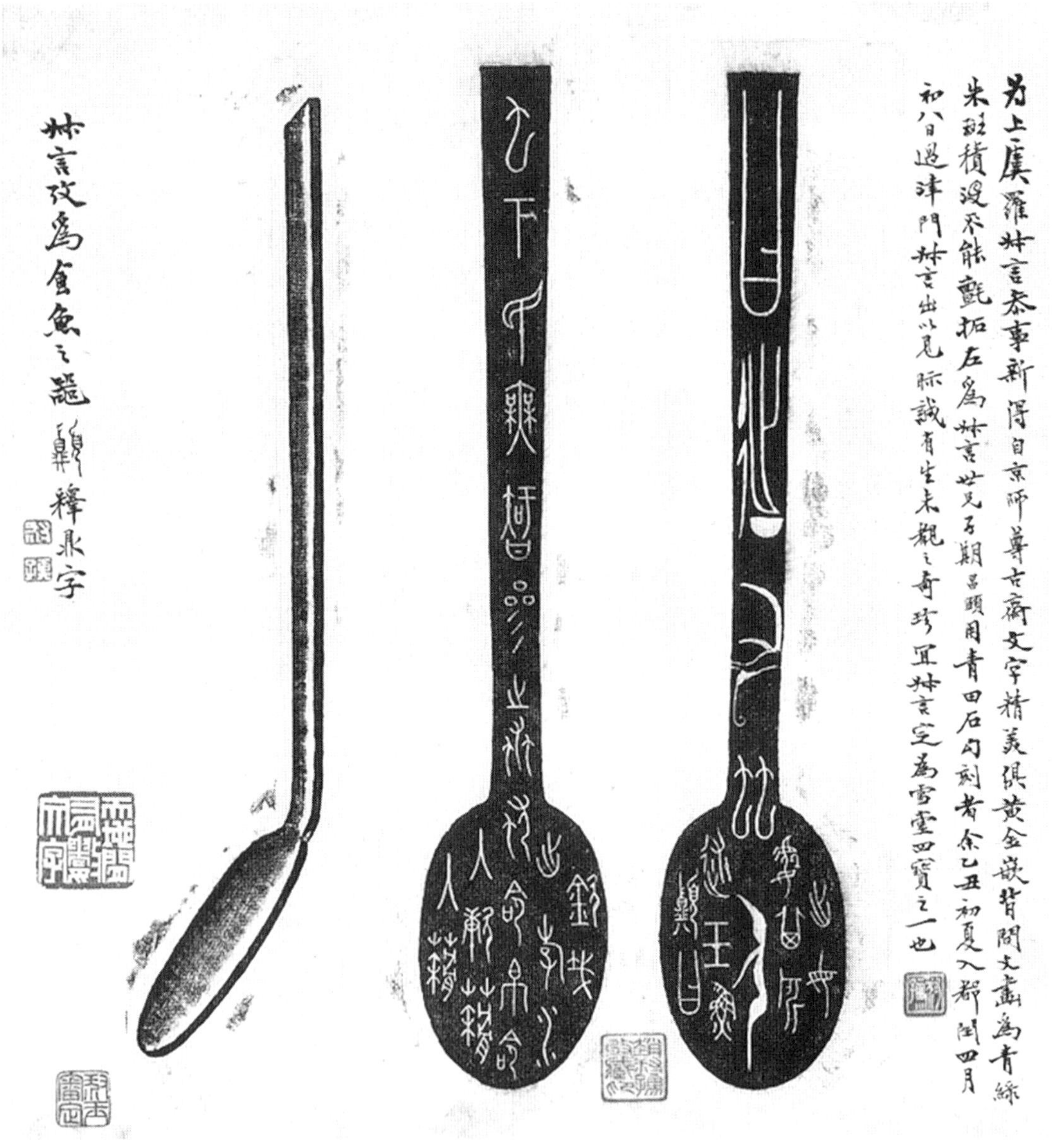

图2

　　另外,辽宁省博物馆官网展示"鱼鼎匕"照片一帧(图3.1),从放大图片可以较为清楚地看到柄断接部位的状况(图3.2):

图3.1

图3.2

　　上揭著录材料,其柄背小字看不出有明显问题,但正面断接部分大字却很奇怪。据图1.2、图3.2可知,原器拼接后在"又""蚰"之间有个清晰的"土"旁,而摹刻本漏摹。即便王国维很早就注意到这里有残缺(详后),注意的人还是不多。

二　新出"鱼鼎匕"

　　北京某藏家收藏。2010年盛世收藏网公布新出"鱼鼎匕"多幅局部照片,《商周青铜器铭文暨图像集成》6320据以著录(不全)。今选取其中部分照片并稍作裁截处理(图4.1、图4.2):

图 4.1　　　　　　　　图 4.2

其后,吴镇烽著文考释,文中刊出藏家照片和摹本(图 5.1、图 5.2):

图 5.1　　　　　　　　　　　　　图 5.2

吴文称:"该匕也断成两截,未修复,但茬口相合,不缺字,铭文没有错金,匕体锈色斑驳,有些地方已锈蚀得凹凸不平,个别字有所伤及,但无大碍。确属真品无疑。"③

三　"蚳(蚳)尸(夷)"考

目前所见"鱼鼎匕",其正面残断处释文,主要有以下几种:

罗福颐:"(上缺)曰徂又蚩匕"④;**李零**:"曰:诞又(有)蚩(昏)人"⑤;**王志平**:"曰:诞有昆屍"⑥;**詹鄞鑫**:"曰𣥂(彳+延)蚰(蚘)人"⑦;《殷周金文集成释文》:"曰徂有蚩匕"⑧;**臧克和**:"曰之司蚩匕"⑨;**黄人二**:"曰:诞有昏人"⑩;**吴镇烽**:"曰:祉(诞)又(有)氏(氏—是)蚩(昆)尸(夷)"⑪;**李家浩**:"曰:延(延)圣(铸)氏(是)蚩匕"⑫;**刘洪涛**:"曰:(造—肇)肘(铸)氏(是)蚩匕"⑬。

我们参照前贤的研究,结合新发表的图片,尝试作相关部分释文如下:

曰:𣥂(诞)圣(铸)蚳(蚳)尸(夷)。

铭文残断处,王国维在《观堂别集·鱼匕跋》中有说明⑭:

> 右鱼匕铭,柄端折去寸许。其铭自匕面中间一行读起,左行,转至匕阴,又转至匕阳弟二行止。……匕面柄上折处当阙一字,匕背当阙二字。匕背所阙,或是"中有"二字。其铭四字为句,唯一句五字。铭义虽不可知,约以匕形似虫,故以虫为喻。《尔雅·释鱼》:"蝮虺,博三寸,首大如擘。"《说文》"虫"字下即引以为解。案:"博三寸,首大如擘",则为细首大身之虫。然古虫字皆如此器作𧈧,或作𧒽,与郭璞所注大头细颈之反鼻形同,而与《尔雅》之"蝮虺"不合,恐《尔雅》有误字也。𧑓字从蚰从又,疑即许书"蚍"字。𧑓当是"蛾"字。蚍、蛾同类物,故《说文》此二字相次也。"参之蚍蛾",谓虫与二物性本不同,下民以此三者为相似也。

匕铭第四字,学者们多未注意到"蚰"上面还有"土"形。综合图4.2、图5.1,紧靠"土"旁左侧著一竖笔,下端右弯。又"土"下一横与"蚰"头两竖笔间距紧凑,当为一字无疑。我们认为,这个字很可能是上从氏、下从蚰的"蚳"字。旧释或以"蚰"为一字,则明显与其他几个大字不合。吴镇烽摹本(图5.2)当是受此影响,将"氏""蚰"二旁摹得距离稍远,略失原意。《说文》:"蚳,蝱子也。从虫氏声。《周礼》有'蚳醢'。读若祁。蚳,籀文蚳从蚰。"匕铭"蚳",与《说文》籀文合。

结合铭文第五字,我们认为,"蚳尸"当读为"鸱夷",是一种革囊。在出土文献与传世古书中,多见伍子胥"鸱夷"事:

> 王愠曰:"孤不使大夫得有见也。"乃使取申胥之尸,盛以鸱囗,而投之于江。
>
> 《国语·吴语》"申胥自杀章"

囗者(诸)鸱夷而投者(诸)江。　　　　　　　　慈利竹书《国语·吴语》135—36⑮

五(伍)子疋(胥)者,天下之圣人也,鸱尸(夷)而死。　　　上博简《鬼神之明》3

昔者五子胥说听乎阖闾,故吴王远迹至于郢。夫差弗是也,赐之鸱夷而浮之江。

《战国策·燕策二》"昌国君乐毅章"

臣闻比干剖心,子胥鸱夷。 《史记·邹阳传》

吴王闻之大怒,乃取子胥尸盛以鸱夷革,泛之江中。 《史记·伍子胥列传》

《史记·邹阳传》索隐:"韦昭云:'以皮作鸱鸟形,名曰鸱夷。鸱夷,皮榼。'服虔云:'用马革做囊以裹尸,投之于江。'"又《史记·伍子胥列传》集解引应劭曰:"取马革为鸱夷。鸱夷,榼形。"皆其证。

应当注意,与上引伍子胥"鸱夷"事不同,匕铭"鸱夷"或可与后文"蠚(蚩)蚘(尤)命帛(薄)命入欨(羹)"相呼应。

关于蚩尤"帛(薄)命入欨(羹)"的理解。李零指出:

> 黄帝于是出其锵钺,奋其戎兵,身提鼓鞄(枹),以禺(遇)之(蚩)尤,因而禽(擒)之。马王堆汉墓帛书《十六经·五正》

> 黄帝身禺(遇)之(蚩)尤,因而禽(擒)之。勑(剥)其□革以为干侯,使人射之,多中者赏。翦(翦)其发而建之天,名曰之(蚩)尤之旜(旌)。充其胃以为鞠(鞠),使人执之,多中者赏。腐其骨肉,投之苦酤(醢),使天下㘟(嗓)之。"马王堆汉墓帛书《十六经·正乱》

可知"铭文所述乃是出典于黄帝伐蚩尤,腐其骨肉为醢的故事"[16]。刘洪涛亦指出匕铭与《十六经·正乱》关系密切[17]。

王志平同意李零的观点,进一步指出[18]:

> 《焦氏易林·坤之临》:"白龙赤虎,战斗俱怒。蚩尤败走,死于鱼口。"……又《同人之比》:"白龙黑虎,起伏俱怒。战于阪泉,蚩尤败走,死于鱼首。"……一云"死于鱼口",一云"死于鱼首",则《鱼鼎匕》之铭文与"参蚩尤命"之关系已非常明确。

由此看来,匕铭文中记载的蚩尤的命运应该和伍子胥一样,"取其尸,盛以鸱夷"或"腐其骨肉,投之苦醢,使天下嗓之"。

附记:本文受到国家社科基金"古玺分域类编"(23BYY018)资助。

(作者单位:武汉大学文学院古籍整理研究所;华中科技大学人文学院)

注:

① 所谓"鼎"字,应释"颠",说详董莲池《说山西浑源所出鱼颠匕铭文中的"颠"字》、谢明文《释"颠"字》等文。

② 复旦网该帖已关闭,相关内容无法查阅。说详刘洪涛《蚘匕铭文新释》,《考古与文物》2020年第2期第99—104、128页。另外,李家浩《蚘匕铭文之我见》附记(《中国文字》2019年夏季号第11页):"前不久,友人在电话中告知,北京又出现一件蚘匕;还说这件蚘匕和2016年复旦网上公布的那件蚘匕,都是山西出土的。"可知

还有第四件"鱼鼎匕"。

③ 吴镇烽《"鱼鼎匕"新释》,《考古与文物》2015年第2期第54—57页。

④ 罗福颐《三代吉金文存释文》卷18·10B,问学社1983年。

⑤ 李零《考古发现与神话传说》,《学人》第5辑第115—150页,江苏文艺出版社1994年。

⑥ 王志平《一则蚩尤传说的新解释——兼论神话传说中的语源迷误》,《中国典籍与文化》1999年第4期第95—98页。

⑦ 詹鄞鑫《〈鱼鼎匕〉考释》,《中国文字研究》第2辑第175—179页,广西教育出版社2001年。

⑧ 中国社会科学院考古研究所编《殷周金文集成释文》第600页,香港中文大学中国文化研究所2001年。

⑨ 臧克和《〈鱼鼎匕〉铭文有关器名性质新释》,《考古与文物》2004年第5期第93—94页。

⑩ 黄人二《释〈庄子·外物〉"曾不如早索我于枯鱼之肆"——兼谈〈鱼鼎匕〉之性质》,《诸子学刊》第6辑第153—157页,上海古籍出版社2012年。

⑪ 同注③第54页。

⑫ 李家浩《蚳匕铭文之我见》,《中国文字》2019年夏季号第2页。

⑬ 刘洪涛《蚳匕铭文新释》,《考古与文物》2020年第2期第99—100页。

⑭ 王国维《观堂集林》第4册第1210—1211页,中华书局1959年。

⑮ 张春龙《慈利楚简概述》,《新出简帛研究》第4—11页,文物出版社2004年。

⑯ 同注⑤第141—142页。

⑰ 同注⑬第103页。

⑱ 同注⑥第95页。

古文字研究(35):224—228,2024

谈两周金文代词"乃"及其虚化过程

邓佩玲

一

"乃"是古汉语常用词之一,较常见的用法是作副词或连词,起联系上下文的顺承作用。上古汉语"乃"亦可作代词,表示第二人称,相当于"你",例子大多见于《尚书》及《逸周书》,其他文献如《诗经》《仪礼》《左传》《周礼》《礼记》等虽然亦有此类例子,但数量相对较少。语法学家曾经注意到《尚书》"乃"有语助词的特殊用法,清刘淇《助字辨略》指出《尚书》"乃武乃文""其乃贝玉"二句中"乃"是"语助词,不为义也"①,钱宗武亦认为今文《尚书》"乃"可作句中的语助词②。近代编纂的虚词词典多据《尚书》句例,提出古汉语"乃"的语助词用法,如社科院语言所编纂的《古代汉语虚词词典》指出:助词"乃"可"用于句首或句末,使语句和谐、对称。可随上下文义灵活译出"③。

在出土文献中,第二人称"乃"于殷墟卜辞已经出现,但用例甚少④。下逮两周金文,"乃"的使用情况变得截然不同,"乃"是经常出现的第二人称代词之一,学者认为"乃"与"汝"于语法上存在"格"的差异⑤。此外,两周金文"乃"经常作为表示承接关系的副词和连词,此类"乃"的产生大概是受"迺"的影响而出现混同的情况,与本文虚化的讨论关系不大。过去学者曾经指出金文"乃"没有语助词用法⑥,但根据我们的观察,"乃"的虚化在西周中期金文已经出现,春秋金文中更有可确定为语助词的例子。本文主要在中研院"殷周金文暨青铜器资料库"检索结果的基础上(本文援引铭文后的编号悉据此资料库),对两周金文"乃"的例句作全面整理分析,讨论金文"乃"的语法表现,并探索其从代词虚化为语助词的语法化过程,从而为传世文献语助词"乃"的出现提供溯源的资料。

二

"乃"于西周金文中共出现186次,大部分用法是作人称代词。根据本文的统计,金文里可确定为第二人称代词的"乃"超过150例,占金文"乃"总数的八成以上。绝大部分代词"乃"皆是用作定语,只有不足10例是用为主语。而且,金文"乃"的使用有高度套语化及形式化的特征,在130多例作定语的例子中,文例皆相当近似,其内容组合可归纳为五大类:

1. **"乃+祖考"类**:此类格式占数最多,共约50例,大致上只出现于西周时期,东周金文只有春秋晚期叔夷钟（00272）"余经乃先祖"1例。而且，"乃"后"祖考"的组合随时代发生变化。西周早期大抵只有"乃祖"与"乃祖考"两类，数量不多，约有5例，大盂鼎（02837）"易（赐）乃且（祖）南公旂"的"乃祖"后更提出先祖名字，西周早期睌簋（NB2635）铭文"乃祖考"出现3次，字面上包括先祖及先父。西周中期除了沿用"乃祖""乃祖考"两类组合之外，铭文更出现"乃先祖考""乃考""乃圣祖考"三种形式，西周晚期新见"乃圣祖""乃先圣考""乃先圣祖考"等，词语组合虽然多样，但基本上仍然沿袭"乃祖"及"乃祖考"发展而来。在内容上，"乃＋祖考"格式绝大部分出现于册命铭文，部分是讲述君王命令作器者继承先祖先父职事，如"更乃且（祖）考事"（宰兽簋，NA0663）、"易（赐）女（汝）乃且（祖）旂，用事"（善鼎，02820）、"吕，更乃考飌嗣奠师氏"（吕簋，NB1625），部分则是君王称扬作器者有功于邦国，如"乃且（祖）克奉先王"（乖伯簋，04331）、"繇自乃且（祖）考又（有）爵于周邦"（录伯威簋盖，04302）、"才（在）乃圣且（祖）周公繇又（有）共（功）于周邦"（柞伯鼎，NB1059）、"则乃且（祖）奠周邦"（訇簋，04321）、"今余隹（唯）至乃先且（祖）考有爵于周邦"（四十三年逨鼎，NA0747）等，只有少许例子不属于以上两类内容，如大簋（04165）"用啻（禘）于乃考"记录君王命"大"以其赏赐物祭祀先考。

2."乃＋生人"类：前一类"乃"后中心语是先人，此类"乃"后是生人。此类数量远较前一类为少，仅20余例，用例分布与前一类不同。此类例子在西周早期较多，约有10例，但西周中期开始递减，中期及晚期金文共约10例，东周只有春秋晚期吴王光鉴（10298）"虔敬乃后"及叔夷钟（00274）"罘乃敕寮"2例。在这一类中，除了"乃父"所言的对象较为明确之外，"乃"后的"生人"多是集体名词，没有明确对象，常见者有"辟""友""寮""族"等。

3."乃＋职事"类：此类格式约30例，多处于册命铭文中，出现的语境有两类，一是君王向受赐者册命职事，当中以"讎彙乃命"最为常见，是重申受赐者过去册命之辞[⑦]，二是君王叮嘱受赐命者不要怠懈于职事，例子有西周早期大盂鼎（02837）"若敬乃正"、西周中期肇尊（NB2468）"夙夕明乃事"、逆钟（00063）"母（毋）豖（弛）乃政"、虎簋盖（NA0633）"女（汝）女（毋）敢不善于乃政"、毛公鼎（02841）"女（汝）母（毋）敢豖（弛）在乃服"等。就时代而言，"乃＋职事"类在西周早期金文用例不多，只有大盂鼎（02837）"若敬乃正"及新见敼尊、卣（NB1351、NB1352）铭文"乃工日引"2例，西周中期增至7例，西周晚期更骤增至约18例，东周则只有春秋晚期叔夷铸（00285）"余用登屯（纯）厚乃命""余弗敢废乃命"2例。

4."乃＋身/心"类：此类格式数量不多，共约7例。"乃身"是"你的自身"的意思。西周早期叔趯父卣（05428）铭文云："唯女（汝）毚期敬辥乃身"，是叔趯父对毚的教诲，希望他敬慎自身。西周中期师訇鼎（02830）云："女（汝）克盍（盍）乃身"，是周王颂扬师訇之辞，称赞他曾经勉力臣事皇考。"乃心"之"心"是指"心思"，可理解为辅治之心。"乃心"涉及的内容，部分是君王于作器者的赞颂之辞，如西周早期克盉、克罍（NA1367、NA1368）"隹（唯）乃明乃心"、西周晚期量盨（04469）"敬明乃心"、春秋晚期叔夷钟（00272）"余既専乃心"；部分是见于君王对作器者的训诲，如西周晚期师訇簋（04342）"敬明乃心"、春秋晚期叔夷钟（00272）"余引厌乃心"。

5. "乃 + 子"类：此类例子不多，共约 10 例，可以分为"乃子"及"乃沈子"两类，西周中期彧鼎（02824）、彧簋（04322）铭文中"乃子彧"出现多次，而"乃沈子"于西周早期它簋盖（04330）出现共 3 例，壴卣（05401）亦有"乃沈子壴"1 例。旧说多以为"沈"是国名，董珊认为"沈子"即《尚书》《逸周书》的"冲子""冲人"，是一种谦称⑧，意见值得参考。

三

在两周金文中，代词"乃"主要用为定语，作主语的例子不多，出现较晚。作主语的"乃"的例子最早见于西周中期金文，但只有县改簋 1 例，至西周晚期例子开始增多。不过，金文中现今可肯定作主语的"乃"仍不足 10 例：

白（伯）犀父休于县改曰：㪅，乃任县白（伯）室。 县改簋，04269，西周早期

白（伯）扬父乃成赘，曰：牧牛，㪅，乃可（苛）湛（甚）。 㒼匜，10285，西周晚期

县改簋记伯犀父向其女儿县改的教诲，先以叹词"㪅"引起注意，"乃任县白（伯）室"是指"你嫁与任伯作为其妻室"，㒼匜同样以"㪅"引出话语，"乃可（苛）湛（甚）"的"乃"是主语，"可（苛）湛（甚）"是对"牧牛"的斥责。在县改簋及㒼匜两个例子中，代词"乃"作为主语的功能是相当明显的；然而，部分西周金文的"乃"虽然亦作主语，但在上下文语境中的称代作用较弱：

命女（汝）官嗣（司）历人，母（毋）敢妄（荒）宁，虔夙夕惠雝我邦小大猷，雩乃専政事，毋敢不妻不井，雩乃讯庶又粦，毋敢不中不井。 四十三年逨鼎，NA0747，西周晚期

女（汝）母（毋）敢弗帅先王乍（作）明井，用雩乃讯庶右粦，母（毋）敢不明不中不井，乃甫政事，母（毋）敢不尹其不中不井。 牧簋，04343，西周晚期

两段铭文皆是王的册命之辞，后半部分内容基本相同，可以对读。逨鼎记王任命逨担任历人之职，诰戒其处事需要谨慎，不要荒宁于政事，"雩乃専政事""雩乃讯庶又粦"二句中的"乃"是第二人称代词，作主语，分别指逨布政及审讯嫌犯两项职事⑨。至于牧簋先记王训诲牧不能不遵循先王法度，接续的内容与逨鼎基本相同，只是两段话语先后倒置。值得注意的是，由于两段铭文的开首已清晰记录了这是由王册命作器者的话语，前文中的第二人称代词"女（汝）"显示出铭文中动作行为的施事者是"你"——即作器者，故"乃"于语段中的作用与"汝"重复，倘若省去"乃"仍然无碍于意义的表达，故"乃"的称代作用处于可有可无的状态。然而，两个"乃"在语段中先后运用，反而有助于语气的联贯，使铭文读起来更加顺畅。

事实上，"乃"虚化的雏型在西周早期应该已经出现，克盉、克罍铭文云：

王曰：大保，隹（唯）乃明乃心亯（享）于乃辟。

克盉，NA1367；克罍，NA1368，西周早期

西周晚期师訇簋（04342）有"敬明乃心"，意义与"乃明乃心"大概相同。克盉、罍铭文先后出现三个"乃"，"乃心""乃辟"的"乃"是代词，但"乃明"之"乃"应该不起任何称代作用。此外，在西周晚期遅父钟铭文中，两个"乃"亦是先后出现，亦难以用"你"来解释，把"乃"理解为纯粹表达语气的语助词会比较合适：

> 遅父乍（作）姬齐姜龢瘖（林）钟，用邵乃穆＝（穆穆）不（丕）显龙（宠）光，乃用斱（祈）匄多福。　　　　　　　　　　　　　　　　　　　　　　　遅父钟，00103，西周晚期

"穆穆"是金文常见的叠词，"邵"有显彰的意思，"用邵乃穆穆丕显宠光"之"乃"既不可解释为"你"[⑩]，亦不表顺承的意思，故"乃"在句中应该是不具任何语义的语助词。至于"乃用祈匄多福"，"乃"位于句首，虽然勉强亦可解释为承接词，"用祈"格式在金文中常见，但却从未见有"乃用祈"的例子，加上"用邵乃穆穆丕显宠光"与"用祈匄多福"无论在时间或动作行为上均无承接关系，既然前一个"乃"不表顺承义，第二个"乃"亦不宜视为表承接的虚词。

类似的例子尚有"敬乃夙夜"，见于逆钟及师獸簋，研究者对于句中"乃"的理解意见较为分歧：

> 母（毋）有不闻智（知），敬乃夙夜，用屏朕身。　　　　逆钟，0062—0063，西周中期
> 易（赐）女（汝）戈琱戜、口必（柲）、彤景、田五、锡钟一肆、五金，敬乃夙夜用事。
> 　　　　　　　　　　　　　　　　　　　　　　　　师獸簋，04311，西周晚期

有学者提出"敬乃夙夜"之"乃"是连接状语与中心语的连词，潘玉坤认为两例的"乃"是"黏附于形容词的音节助词"[⑪]。事实上，金文中类似的例子尚有西周中期肇尊（NB2468）"夙夕明乃事"、亲簋（NB0821）"女（汝）乃苟（敬）夙夕"，可知上述两个例子的"敬乃夙夜"是其变式，肇尊"乃"与亲簋"汝"是第二人称代词，当"乃"于"敬乃夙夜"中使用位置发生变化，其称代功能已变得不再明显，反映出"乃"出现了虚化的现象。至春秋时期，"乃"应该已经彻底虚化为语助词：

> 上曾大子般殷，乃择吉金自乍（作）齎彝。　　　　上曾大子鼎，02750，春秋早期
> 孔宷（淑）赸（且）硕，乃龢赸（且）鸣。　　　　　子犯钟，NA1013，春秋中期

上曾大子鼎首句是作器者的名字，与"乃择吉金自作齎彝"明显没有顺承关系，子犯钟"乃龢且鸣"中"乃"有补充音节的作用，两个"乃"的例子基本上可确定为语助词。

四

两周金文为"乃"虚化的研究提供了可靠的语料。两周金文中的第二人称代词"乃"绝大部分均用为定语，相当于"汝之"。随着时代的变迁，部分"乃"于句子中位置出现移位，甚至充当句子的主语，反而弱化"乃"在上下语境中的称代功能，这应该是"乃"后来虚化为无实义的语助词的诱因。就时间而言，"乃"虚化的雏型在西周早期已经出现，西周中、晚期是其发展期，

当中不少"乃"具有半实半虚的性质,"乃"至春秋时期才彻底虚化,成为完全无实义的语助词。

第二人称代词"乃"常见于金文及"书"类文献,于其他传世文献较少出现。本文第二部分通过整理金文"乃"的用法,提出代词"乃"的使用呈现强烈的形式化倾向。"乃"相当于现代汉语的"你",凡是"乃"出现的位置应该是铭文里话语的载录。金文编纂的过程向来是研究者感兴趣的课题,究竟册命铭文反映的是当时"令册"的底本,抑或是仪式过后的实录?铭文编写者对于册命的话语——甚至是内容——有否作出润饰与重新编纂的工作[12]?口头话语稍纵即逝,说话者的话语难以达到高度一致。因此,金文代词"乃"在不同时代与地域的铭文中均呈现高度的套语化倾向,这或许为我们提供了思考金文与"书"类文献的编纂过程的材料。囿于篇幅所限,此问题将会另文讨论。

附记:本论文为香港特别行政区大学资助委员会优配研究金(General Research Fund)资助项目研究成果之一(RGC Ref No. 17600121)。

(作者单位:香港大学中文学院、"古文字与中华文明传承发展工程"协同攻关创新平台)

注:

① 〔清〕刘淇著,章锡琛校注《助字辨略》第149页,中华书局1954年。

②⑥ 钱宗武《今文〈尚书〉语法研究》第287页,商务印书馆2004年。

③ 中国社会科学院语言研究所古代汉语研究室编《古代汉语虚词词典》第382页,商务印书馆1999年。

④ 张玉金《甲骨文语法学》第26—27页,学林出版社2001年。

⑤ 学者普遍认为"乃"相当于"汝之"。(参容庚编著,张振林、马国权摹补《金文编》第317页,中华书局1985年)

⑦ 王人聪《古玺印与古文字论集》第253—255页,香港中文大学文物馆2000年。

⑧ 董珊《释西周金文的"沈子"和〈逸周书·皇门〉的"沈人"》,《出土文献》第2辑第29—34页,中西书局2011年。

⑨ 李学勤《眉县杨家村新出青铜器研究》,《文物》2003年第6期第69页;李学勤《四十三年逨鼎与牧簋》,《中国史研究》2003年第2期第53页。

⑩ 陈梦家认为"乃穆"即"乃子",是迟父的自称。(参陈梦家《西周铜器断代》第227页,中华书局2004年)但是,摹本中"穆"下明显有重文符号,释读为叠词似乎比较合适。

⑪ 潘玉坤《金文"严在上,异在下"与"敬乃夙夜"试解》,《西周金文语序研究》第274页,华东师范大学出版社2005年。

⑫ 有关铜器铭文的编纂问题,参石安瑞《由铜器铭文的编纂角度看西周金文中"拜手稽首"的性质》,《青铜器与金文》第1辑第541—559页,上海古籍出版社2017年。

鑐鼎小议

黄锦前

一

2005年5月,河南上蔡县郭庄王金鼎1号春秋楚墓出土一件春秋时期楚景氏鼎,盖内及器底均铸有铭文①。盖铭反书,左行,共3列18字(又合文1,见附图一:1),列6字,作:

唯王八月丁丑,竞(景)之渔自作鍴(齍)彝鬻霝,用共(供)盟祀。

其中"渔"字原篆作 ，与"渔"字下揭写法可以对照:

楚王孙渔戟② 楚王孙渔矛③ 石鼓文·汧沔④

其右下所从之"止"应系"又"旁讹变所致,释作"渔"应无问题⑤。"用"字原篆作 ，不知是误剔还是什么原因所致。

器铭3列18字(又合文1,见附图一:2),列6字,作:

唯王八月丁丑,竞(景)之宁⑥自作鍴(齍)彝鬻霝,用共(供)朋(盟)祀。

该鼎的自名,原篆分别作:

盖铭 器铭

可分别隶定为霝、霝,应是繁简不同的两种写法。

该字亦见于望山M2遣策第51号简,分别写作 、 等形⑦,其中第一形上部稍残。整理者释作"盎"⑧。刘国胜指出⑨:

原字残泐(引案:指上述第一形),下部从"皿"清楚。下文"一豕"下一字当与此字同。"一豕"下一字下部从"皿",上部似从"而"从"雨"省,为"需"的省写。此字似当读为"鑐"。

对照鼎铭之字来看,简文该字与之无疑应是一字,其上部从雨、从而,刘国胜的分析基本上是正确的。

又伯公父簠⑩"伯太师小子伯公父作簠……用盛糕稻需(糯)粱"及曑叔奂父盨⑪"曑叔奂父作孟姞旅盨,用䵼稻穛需(糯)粱,嘉宾用飨有飤"的"需(糯)"字原篆分别写作:

也可佐证鼎铭该字应隶定作霝、䨛。

　　鼎的形制为子母口，束颈，深腹圜底，双附耳，三兽面蹄足粗壮外撇。腹饰一道粗弦纹，两侧各有一对称的桥形钮，上下各有蟠螭纹带，附耳饰蟠螭纹，足上部饰浮雕兽面纹。盖近平，正中有一桥形钮，周围有三个螭形钮。盖面及侧沿均饰蟠螭纹（见附图二）。

　　该鼎的器身与寿县蔡侯墓出土的蔡侯申鬻鼎（见附图三）[12]近似，惟附耳及三足较粗壮，外撇亦较甚；与蔡侯申鬻鼎腹部两侧的桥形钮在粗弦纹下不同，其桥形钮则位于粗弦纹两侧。除与鬻鼎的形制近似外，该鼎还与邓子午鼎（见附图四：1）[13]、寿县楚幽王墓所出的楚王酓前鼎（见附图四：2）[14]、楚王酓忎鼎（见附图四：3、4）[15]等自名为"鐈"的鼎，器身亦颇近似，尤其是与后二者粗壮的附耳及蹄足更为接近。

　　蔡侯申鬻鼎盖近平，其上有轮状捉手，周围有三环钮，盖沿有边卡。该鼎的盖则与之不同，而与集厨鼎盖（见附图四：2）、楚王酓忎鼎盖等形制相似，与盅子嚀鼎盖（见附图四：1）也类似，惟后者盖面隆起。而这几件鼎都自名为"鐈"。

　　鼎盖器主名为"渔"，器身器主名却作"寍"，"渔"与"寍"应是同一人名的不同写法[16]。无论如何，这都不影响这种自名为"霝"或"䨛"的鼎与上述鬻鼎和鐈鼎在形制上的相互关联。

　　我们曾指出，东周时期，楚系青铜鼎中自名为"鬻"者与自名为"鐈"者在形制上有很密切的关系[17]。因此，结合以上对该鼎形制的有关讨论来看，我们认为，鼎铭的"霝"和"䨛"应读作"鬻"。

　　前文提到，该鼎与蔡侯申鬻鼎、邓子午鼎、楚王酓前鼎、楚王酓忎鼎、集厨鼎盖、盅子嚀鼎盖等在形制上关系密切，其年代应相距不远。蔡侯申鬻鼎的年代为春秋晚期前段，邓子午鼎、盅子嚀鼎盖的年代为春秋晚期后段[18]。楚王酓前鼎、酓忎鼎、集厨鼎盖的年代为战国晚期后段。结合上述有关情况来看，该鼎的年代，约在春秋晚期后段。

二

　　该字的正确释读及相关器形特征的落实，对于澄清过去学界关于鐈鼎的有关误解有重要作用。

　　李零曾指出，鐈鼎的特点是形体巨大，无盖，亦即无盖大鼎。他将下寺M1：18、曾侯乙墓C.96、C.97、包山M2：125、M2：146和寿县楚幽王墓出土的两件铸客鼎都归入鐈鼎[19]。现在看来，这些看法恐有不妥，应予以修正。首先，从上文的讨论来看，鐈鼎是有盖鼎；其次，李文所列举的这几件标本，无一有明确的证据表明是鐈鼎。为了更加具体地说明，下面我们便对最有代表性的所谓包山 M2∶125、M2∶146 二鼎系镬鼎的说法予以澄清。

包山第 265 号简：“大卯（庖）之金器：一牛鑐。一亥〈豕〉鑐。”[20] 其中“鑐”字原篆分别作：

整理者释作“鑐”，解释说[21]：

> 鑐，借作鼐。寿县蔡侯墓的大鼎自铭为鼐，意为大鼎。牛鼐，用作煮牛之大鼎，也称作
> 镬。椁室中有一件无盖大鼎。
>
> 升（引案：应即“豕”，下同）鑐即升鼐，用作盛牲体的大鼎。东室有一件无盖矮足圜底
> 大鼎，似为升鼐。

发掘报告认为，东室二件镬鼎，即 M2∶124、M2∶146，应是简文所记“一牛鑐”与“一豕鑐”[22]。李家浩将该字释作“鑐”，读为“镬”[23]。刘信芳释作“鑐”，读为“鼐”[24]，田河已指出，此释与字形不合[25]。还有学者同意将该字隶定为“鑐”，将其读作“臑”，或训“牲臂”，《说文》：“臑，臂。羊豕曰臑。”[26] 或云引申为煮食器，意与“镬”通[27]。田河指出，包山 274 号简“檽”字作 ，其右旁与该字右部所从相近[28]，虽不确，但可以看出，他也认为该字右边下部所从，应该是“而”。现在学界一般都认同镬鼎即鼐鼎亦即镬鼎的看法[29]。

我们认为，包山简整理者将简文该字释作“鑐”是正确的，其所从之“需”或“而”的写法与楚简中下揭之“需”和“而”的写法可资比较：

如包山简整理者所言，“鑐”在简文中可读作“鼐”，与寿县蔡侯墓出土的蔡侯申鼐鼎近似。但认为其所指分别即椁室和东室（报告认为皆系东室）中的无盖大鼎则非。这是因为：这两件鼎（见附图五∶1、2）[33] 从形制来看，即我们通常所谓的镬鼎，而与自名为“鼐”的蔡侯申鼐鼎有别。整理者云“牛鼐，用作煮牛之大鼎，也称作镬”，实际上是混淆了二者之间的关系。

那么，简文所记的“一牛鑐”“一豕鑐”究竟是指哪两件鼎呢？我们认为，应分别是指M2∶109、M2∶83（见附图六）[34] 这两件螭钮鼎。此二鼎的形制为弧盖较平，盖面中部有一套环钮，外圈有三螭钮。敛口，方形附耳，腹壁较直，平底，三兽面蹄足。盖上饰两周凸弦纹

间变形云纹,上腹部饰两周凸弦纹间浅变形云纹。与上述蔡侯申�鼎及本文所讨论的景氏鼎,在形制上皆密切相关。M2:109鼎内盛有水牛腰椎六节,亦与简文"一牛鑐"的记载相符合。

M2:109、M2:83这两件鼎,发掘报告等认为即遣策所记的"二鐈鼎"③⑤。胡雅丽则认为,"二鐈鼎"是指东室的二件铁足铜鼎③⑥。当以后者所言近是。

上述望山M2遣策第51号简,刘国胜指出③⑦:

　　"鑐"上缺字似可补"一牛"二字。头箱出土2件大口折沿圜底仿铜陶鼎("A型"陶鼎,"B型"陶鼎),一大一小,与包山M2出土2件铜"鑐"鼎形式类似,似即简文所谓"一牛鑐,一豕鑐"。"鑐"为煮牲之鼎,即文献所称"镬"鼎。包山《遣册》265号简记"一牛鑐,一豕鑐"。

从以上讨论来看,简文的"一牛鑐,一豕鑐"可能并非是指墓中出土的A型、B型陶鼎,而可能是指C型I式或II式陶鼎③⑧。

　　从现有的资料及上文有关讨论来看,鑐鼎应与substitute鼎、鐈鼎等在形制上关系密切,而与镬鼎是否有关联,目前尚未发现有明确的证据。目前所见,铜器铭文中能够确定的自名为"镬"的鼎,只有春秋晚期的哀成叔鼎(见附图七)铭曰"飤器黄镬"③⑨。"镬"字原篆作,与上述鑐鼎的"鑐"的各种写法在形体上并无任何关联。该器形制为弇口鼓腹,小平底,双附耳,三蹄足,腹中部有一道凸棱,盖面微鼓,正中有一环形钮,外有两道弦纹,弦纹之间有三个曲尺形扉。与通常所谓的镬鼎的形制有一些关联,但与鑐鼎的形制却有一定差别。该鼎通高34、口径28.5厘米,与通常所谓的镬鼎为大鼎的说法也不尽相符。传世有一件西周早期的獙鼎,铭作:"獙作祖丁盟獙。"④⓪有学者认为,"獙"应读作"镬",指镬鼎④①。但据《西清古鉴》记载,此鼎高5.2、耳高0.9、腹深3.3、口径5.4寸,重51两,器形也颇小。因此,传统对于镬鼎的一些看法,也有结合考古出土的实物而加以重新认识的必要。

　　附记:小文定稿于2012年6月7日,后收入拙作《楚系铜器铭文新研》第178—186页[吉林大学博士后出站报告(历史文献学,合作导师:林沄),2012年8月]。近见谢明文《竞之譲鼎考释》(《出土文献》第9辑第64—72页,中西书局2016年)及石小力《〈商周青铜器铭文暨图像集成续编〉释文校订》(清华大学出土文献研究与保护中心网2016年11月6日)对此铭皆有讨论,谢文释为"皿(罋)"、释作"用",石文释为"霝",认为应即包山简遣策"一牛鑐,一亥〈豕〉鑐"(简265)之"鑐"等看法与本文近同,余多有异。2016.11.12。

　　补记:李零《说楚系墓葬中的大鼎——兼谈楚系墓葬的用鼎制度》(《中国国家博物馆馆刊》2023年第1期第34—42页)对学界流行的"镬鼎、升鼎、羞鼎三分法"进行再讨论,将包山M2出土的铜鼎与同墓出土遣册中所载鼎名一一比对,对楚鼎进行重新分类,指出楚系墓葬出土自名为"鑐"

（也见于上蔡郭庄 M2 出土大鼎铭文）的烹牲大鼎即古书中的鼐，而非镬。其说与小文互有异同，同时也可补充小文的意见，可参看。2023.09.12。

本文为国家社科基金中国历史研究院重大历史问题研究专项重大招标项目"考古学视野下中华民族共同体意识的形成与发展研究"（22VLO02）阶段性成果。

（作者单位：新疆大学历史学院）

附图：

1. 盖铭

2. 器铭

图一　景氏鼎铭文

图二　景氏鼎

图三　蔡侯申鼎鼎

1.邓子午鼎　　　　　　　　　　　　　　　2.楚王酓前鼎

3.楚王酓忎鼎　　　　　　　　　　　　　　4.楚王酓忎鼎

图四　鐈鼎

1.包山 M2：124　　　　　　　　　　　　　2.包山 M2：146

图五

图六　包山M2：83

图七　哀成叔鼎

注：

① 马俊才《上蔡郭庄楚墓》，《河南文物考古年报》第25页，2005年；又氏著《流沙疑冢》第188—189页，中国国际广播出版社2010年。曹玮主编《南国楚宝 惊采绝艳：楚文物珍品展》第4—5页，三秦出版社2013年。河南博物院编《鼎盛中华：中国鼎文化》第122页，大象出版社2013年。吴镇烽编著《商周青铜器铭文暨图像集成续编》（以下简称《铭续》）178，第1卷第191—192页，上海古籍出版社2016年。《南国楚宝 惊采绝艳：楚文物珍品展》与《鼎盛中华：中国鼎文化》二书只公布了该器器形及盖铭照片，器铭至今未公布，《铭续》系据前者收录。"附记"所述谢文及石文分别据《南国楚宝 惊采绝艳：楚文物珍品展》及《铭续》所作。

② 《殷周金文集成》（中国社会科学院考古研究所编，中华书局1984—1994年。以下简称《集成》）17.11153。

③ 湖北省文物考古研究所等《荆门左冢楚墓》彩版四〇：2，文物出版社2006年。

④ 郭沫若《石鼓文研究 诅楚文考释》，《郭沫若全集·考古编》第9卷第91页，科学出版社1982年。

⑤ 赵世纲将该字隶定为"鱸"，读作"舟"，认为是国名，不确。参见赵世纲《竞器与伊雒之戎》，楚文化研究会第11次年会论文，安徽淮南，2009年9月14—16日。关于器主竞之渔与王孙渔的关系，详参拙文《竞之渔、王孙渔与公孙朝》，载《湖南省博物馆馆刊》第17辑，岳麓书社2022年。

⑥ 有关该字的释读详参拙文《竞之渔、王孙渔与公孙朝》，载《湖南省博物馆馆刊》第17辑；又《说"盏盂"——兼论楚系盏盂的形态与功能》，载《湖南考古辑刊》第11辑第260—279页，科学出版社2015年。

⑦ 湖北省文物考古研究所、北京大学中文系《望山楚简》第63页，中华书局1995年。

⑧ 同上注第129页。

⑨㉟ 刘国胜《楚丧葬简牍集释》第95页，武汉大学2003年博士学位论文。

⑩ 《集成》9.4628；中国青铜器全集编辑委员会编《中国青铜器全集》第5卷八三，文物出版社1996年。

⑪ 河南省文物考古研究所、三门峡市文物工作队《上村岭虢国墓地M2006的清理》，《文物》1995年第1期封面；李清丽《虢国博物馆收藏的一件铜盠》，《文物》2004年第4期第90页图一；吴镇烽编著《商周青铜器铭文暨图像集成》（以下简称《铭图》）5655，第12卷第411—412页，上海古籍出版社2012年。

⑫ 安徽省文物管理委员会、安徽省博物馆《寿县蔡侯墓出土遗物》图版三，科学出版社1956年。

⑬ 武汉市文物商店《武汉市收集的几件重要的东周青铜器》，《江汉考古》1983年第2期第36—37页，图版八：1。该鼎与盅子噂鼎盖同为收集而来，收藏时两者合为一器（参见前引论文），刘彬徽云由铭文知非为一人之器（刘彬徽《楚系青铜器研究》第328页，湖北教育出版社1995年）。案：铭文内容与书体风格皆与盖殊异，是分为二器无疑。

⑭ 王海文《故宫博物院所藏楚器》,《江汉考古》1986年第4期第29—30页;《铭图》2165,第4卷第360—362页。此鼎失盖,王海文所云此鼎之盖应系集厨鼎盖,唐兰、熊海平等早已指出,参见刘彬徽《楚系青铜器研究》第357、366页。

⑮ 刘节《寿县所出楚器考释》,载《古史考存》第108—140页,人民出版社1958年;楚文物展览会《楚文物展览图录》,1、2,中国历史博物馆1954年;《铭图》2359、2360,第5卷第133—138页。

⑯ 详拙文《竞之渔、王孙渔与公孙朝》,《湖南省博物馆馆刊》第17辑第200—205页。

⑰ 拙文《"磷鼒"新证——兼说其与"繁""鼾""鐈"的关系》,《海岱考古》第13辑第386—419页,科学出版社2020年。

⑱ 刘彬徽《楚系青铜器研究》第328页;徐少华《论近年来出土的几件春秋有铭邓器》,《古文字研究》第25辑第194—198页,中华书局2004年。

⑲ 李零《楚鼎图说》,《文物天地》1995年第6期;后辑入氏著《入山与出塞》第335—336、341页,文物出版社2004年。

⑳ 湖北省荆沙铁路考古队《包山楚简》图版一一四,释文第38页,文物出版社1991年。释文参考何琳仪《包山楚简选释》,《江汉考古》1993年第4期第63页;陈伟等《楚地出土战国简册[十四种]》第120页、第127—128页注释[111]—[113],经济科学出版社2009年。

㉑ 湖北省荆沙铁路考古队《包山楚简》第63页,注释[580]、[581]。类似的意见也见于胡雅丽《包山二号楚墓遣策初步研究》,载湖北省荆沙铁路考古队编《包山楚墓》附录一九第509页,文物出版社1991年。

㉒ 湖北省荆沙铁路考古队编《包山楚墓》第98页。

㉓ 李家浩《包山竹简所记楚先祖名及其相关的问题》,《文史》第42辑第9页,中华书局1997年。

㉔ 刘信芳《包山楚简解诂》第284页,艺文印书馆2003年。

㉕㉘ 田河《出土战国遣册所记名物分类汇释》第23页,吉林大学2007年博士学位论文。

㉖ 参见何琳仪《战国古文字典——战国文字声系》第390页,中华书局1998年;王辉《古文字通假字典》第141页,中华书局2008年。

㉗㊱ 胡雅丽《包山二号楚墓遣策初步研究》,载湖北省荆沙铁路考古队编《包山楚墓》附录一九第509页。

㉙ 李家浩《包山竹简所记楚先祖名及其相关的问题》,《文史》第42辑第9页;俞伟超、高明《周代用鼎制度研究》,载俞伟超《先秦两汉考古学论集》第65—66页,文物出版社1985年;刘国胜《楚丧葬简牍集释》第63页;田河《出土战国遣册所记名物分类汇释》第23—24页。

㉚ 李守奎等编著《上海博物馆藏战国楚竹书(一—五)文字编》第519页,作家出版社2007年。

㉛ 同上注第451—455页。

㉜ 李守奎编著《楚文字编》第561—562页,华东师范大学出版社2003年。

㉝ 同注㉒下册图版二七:2、3。

㉞ 同注㉒下册彩版五、图版二七:4。

㉟ 湖北省荆沙铁路考古队编《包山楚墓》第98页。李零《楚鼎图说》,《文物天地》1995年第6期;后辑入氏著《入山与出塞》第340页。

㊳ 湖北省文物考古研究所《江陵望山沙冢楚墓》第123页,文物出版社1996年。

㊴ 洛阳博物馆《洛阳哀成叔墓清理简报》,《文物》1981年第7期第67页图五;《集成》5.2782。

㊵ 《集成》4.2110。

㊶ 俞伟超、高明《周代用鼎制度研究》,载俞伟超《先秦两汉考古学论集》第65页。张亚初《殷周青铜鼎器名、用途研究》,《古文字研究》第18辑第286页,中华书局1992年;又《殷周金文集成引得》第34页,中华书局2001年。

古文字研究(35）：237—245,2024

介绍日本"川崎长春阁"旧藏一件
有铭商周青铜器

崎川隆

一　前言

　　1936年在日本刊行的《长春阁藏品展观图录》（以下简称《长春阁》）收录一件有铭青铜筒形提梁卣,通高约36.7厘米左右,盖已失(图1-1)①。器腹中部饰高浮雕特大牛角兽面纹,双角突出器表,颈部和圈足均饰相向龙纹,提梁两端分别饰有兽(或牛)首。其形制、纹饰相当接近于上海博物馆所藏的"亚古父已卣"（《集成》5215,图1-2)②。该卣内侧铸有4字铭文,可以初步隶定为："亚方父癸"（如图1-1,详见下文）。我们通过对金文材料著录情况的调查发现：此器铭文除了《长春阁》一书以外,在《殷周金文集成》、《商周青铜器铭文暨图像集成》（同《续编》《三编》）、中研院"殷周金文暨青铜器资料库"等以往的商周金文资料汇编、电子资料库以及相关拍卖图录、学术论著中也从未被著录、介绍过,似可将其视为一件新见的金文材料③。

器铭　　　　　　3cm

1.川崎氏旧藏卣

盖铭

器铭

2.上海博物馆藏卣

图1

关于此器的来源和流传,我们目前还没得到足够的线索。但由于"川崎美术馆"1890年9月编印的《川崎美术馆开馆式列品目录》中已收录此器(称"周代携奁花器")④,我们至少可以肯定:川崎氏购藏此器的时间不会晚于1890年。后来,川崎财团的事业受"昭和金融恐慌"的影响造成巨大损失,因而从1928年起前后三次举行了藏品拍卖会⑤,卖掉了馆藏的主要文物,不久后就结束了川崎美术馆约40年的历史。实际上,如上提到的《长春阁藏品展观图录》就是川崎氏在1936年举行的第三次(也是最后一次)拍卖会的预览目录。关于该器在拍卖结束后的去向,我们暂时没有找到任何线索。

二　铭文释读

如上所述,此器内底铸有4字铭文(图1—1),文字均为阴文,云:

亚方父癸。

从商末周初青铜器铭文的一般情况来看,此铭中的"亚"字可以解释为某种职官、职位或身份,其下单独出现的"方"字有可能是一种族氏、国族名,"父癸"则为祭祀对象。此铭文字布局、排字方式比较特殊,"父癸"二字框在大型"亚"字中,其下单独出现"方"字,可视为一种"族氏铭文"。由于商周金文中的"族氏铭文"是以视觉方式来表示族氏认同为目的的铭文,往往不适合线性阅读,也不一定有固定的阅读顺序。我们考虑到学术界的阅读习惯,暂时按如上顺序进行释读⑥。

铭文第二字应是"方"字。此字形基本不见于以往古文字材料中⑦,但从字形结构看,似可视为"方"字的繁文。在甲骨文和商周金文材料中,有些"旁"字的字形结构也比较接近于"方"字,如:𦥑(旁鼎,《集成》2071)、𦥑(旁尊,《集成》5922)、𦥑(典宾类)、𦥑(典宾类)、𦥑(黄类)等。但我们知道,在商代文字中,"方""旁"两字经常混用,甚至未见明显分化,其所从的𦥑和𦥑旁通常也可以互换⑧。由于该字在字形结构上更接近于商代文字中的"方"字,本文将其视为"方"字的一种异体。

在以往公布的商周青铜器铭文资料中,作为国族名使用的"方"字是相当少见的,其中也没有得到学界普遍认同例子。不过,我们在殷墟甲骨文材料中却可以看到为数不少的将"方"字作为国族名、族氏名使用的例子,如:

（1）壬申卜,方方其围,不……。　　　　　　　　　　　《乙》107,自小字类⑨

（2）癸亥卜,王:方其敦大邑。　　　　　　　　　　　　《合》6783,自小字类

（3）辛卯卜,贞:方其出于唐。　　　　　　　　　　　　《合》6715+6716,自宾间类

（4）庚寅卜,今生一月,方其亦有告。　　　　　　　　　《合》6673,宾一类

（5）……月戊申,方亦征㠱,俘人十有五人。　　　　　　《合》173反,典宾类

（6）癸酉,贞:方大出,立中于北土。　　　　　　　　　《合》33049+32724,历一类

（7）……贞：又来告方出从北土，弗𢫦北土……。　　《合》33050＋33095，历二类

（8）方其以来奠，勿以来。　　　　　　　　　　　《合》28011，何二类

（9）方其至于戍……。　　　　　　　　　　　　　《屯南》728，无名类

（10）……贞：方来入，邑，今夕弗震王𠂤。　　　《合》36443，黄类

其中辞例（1）中出现的"方方"，虽然不能完全排除误刻的可能，但若非误刻，那么我们就可以将其视为"方"字作为国族名使用的较可靠的证据。从辞例（2）至（10）则为单称"方"的例子，同样的例子多见于殷墟卜辞中。据学者统计，这种可视为专有名词的单称"方"字出现于200多片甲骨上，其中90％以上的材料属于武丁至祖庚、祖甲时期（𠂤类、𠂤宾间类、宾类、出类等），还有少数属于廪辛、康丁（何类）以及帝辛、帝乙（无名类、黄类等）时期[⑩]。

关于这些单称的"方"，曾经有一部分学者不认为是一种特定的国族名，而将其视为普遍名词或"方国"的统称或略称[⑪]。但陈梦家、罗琨、朱凤瀚、李发等学者分别通过对相关卜辞材料做较全面的整理研究，结合《诗经·小雅·出车》《六月》等相关文献所见"方"地的地理考证，认为：在殷墟战争卜辞中作为名词出现的这些"方"字应该都可以理解为表示特定族氏、方国名称的专有名词，而这些"方"方通常是商朝的敌对势力或征伐对象，相关记载主要出现于武丁时期宾组卜辞中[⑫]。至于"方"方的地望，多数学者主要以同版卜辞中出现的地名、方位以及其他方国名称为线索，将其活动地域推定为殷墟的西、北方（大致相当于渭河平原、晋南以及冀北太行山东麓一带）[⑬]。不过，无论在该地区出土的考古遗物中还是传世铜器铭文中，我们目前都没有找到任何与"方"方相关的材料。所以，我们相信："亚方"铭筒形卣的重新发现及其初步研究一定可以为商周时期"方"方的地望、历史以及文化认同等问题提供重要线索。

下面，本文将通过对该器物本身的器制、型式特征的观察、分析，对此类筒形卣的流行年代、地理分布及其文化、历史背景等问题进行思考。

三　筒形提梁卣的年代、演变序列以及地理分布

如前所述，该卣无论在形制、纹饰上还是铭文格式和字体特征上，都相当接近于上海博物馆所藏的"亚古父已卣"（图1—2）。因此，我们认为：这两件提梁卣的制作年代、制作技术及其文化背景应该是相当接近的。这种"筒形"提梁卣流行于晚商到西周早期，岳洪彬、苗霞、朱凤瀚、胡嘉麟等学者对其进行了较全面、系统的资料搜集和分类、编年研究，推测了这一类器物的演变序列[⑭]。其中岳洪彬、苗霞两位学者的研究最为精确，在2009年两位联名撰写的文章（以下简称"岳、苗2009"）中，对以往公布的"筒形卣"标本进行了较全面的搜集、分类工作。该文首先将所有的商周筒形卣划分为"商式"和"周式"，将"直筒形"标本全部划入"周式"类型中。然后，对搜集到的15件"周式"标本（其中7件为考古出土，8件为传世品）进行了再进一步的细致分类，从中归纳出了A型、B型、C型等如下三种不同的型式（见图2左侧）：

（1）A型。纹饰简单，提梁两端无兽首。共1件。代表性标本：举父丁卣（图2—1），山东滕州前掌大墓地M119出土，通高34.4厘米⑮。

（2）B型。提梁呈扁体，两端附有兽首，器盖、器腹饰有直棱纹或夔凤纹。共13件。代表性标本：漂伯卣（图2—2，大小双卣），甘肃灵台白草坡M1出土，通高29厘米（大卣）；陽伯卣（图2—3，大小双卣），甘肃灵台白草坡M2出土，通高32厘米（大卣）⑯；竞祖辛卣（图2—4），美国大都会美术馆藏，通高29.3厘米⑰；册冑盘父乙卣（图2—5），藏处不明，通高31厘米⑱；鱼母乙卣（图2—6），法国赛努奇美术馆藏，通高28.5厘米⑲；令某父乙卣（图2—7），北京故宫藏⑳；亚其疑卣一（图2—8），美国弗里尔美术馆藏，通高29.2厘米㉑；乍父戊卣一（图2—9），德国H. G. Oeder旧氏藏，通高24.7厘米㉒；乍父戊卣二（图2—10），日本白鹤美术馆藏，通高31.9厘米㉓；宝鸡竹园沟M13出土无铭大小双卣（图2—11、12），高29厘米（大卣）㉔。

（3）C型。器身满装高浮雕纹饰，提梁两端附有兽首。共1件。代表性标本：亚古作父己卣（图2—13），上海博物馆藏，高33.2厘米㉕。

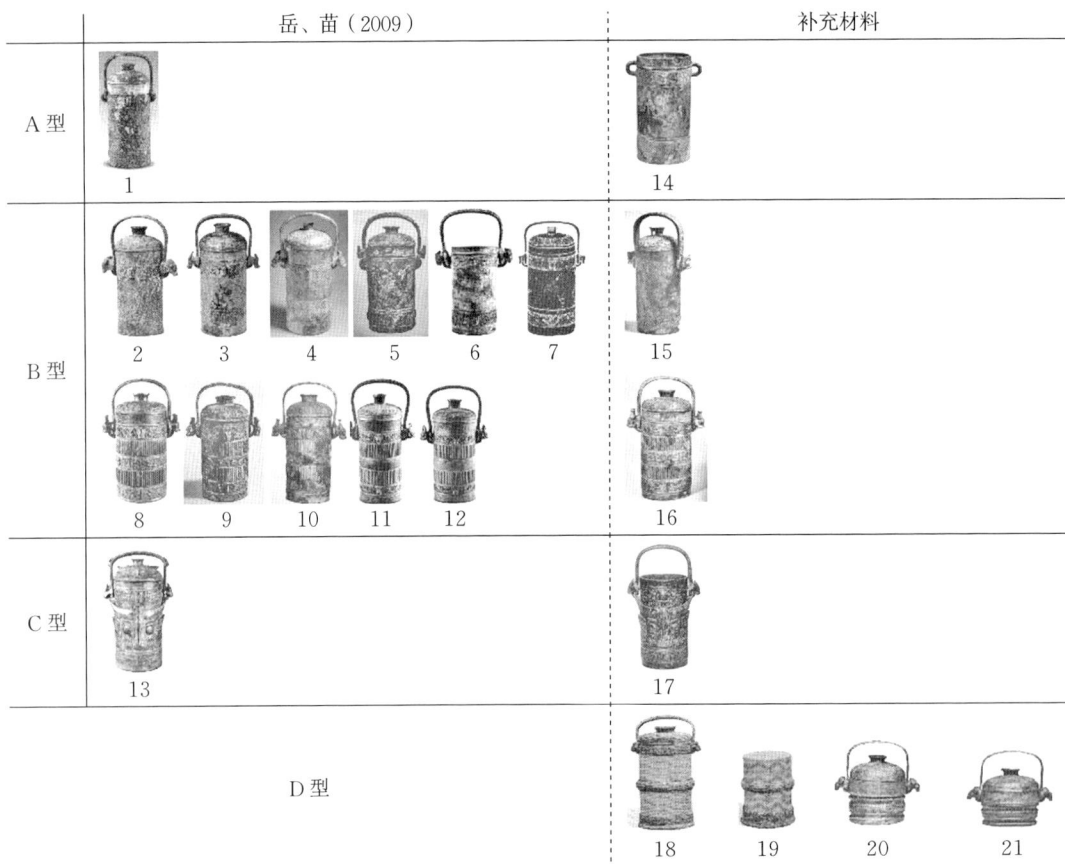

	岳、苗（2009）	补充材料
A型	1	14
B型	2 3 4 5 6 7 8 9 10 11 12	15 16
C型	13	17
D型		18 19 20 21

图2

在以上分类的基础上,该文从考古类型学角度对A、B、C三种类型之间的先后关系进行分析,推测:这三类型大概是按照A→B→C的顺序演变下去的(见该文图三)。如上所述,川崎美术馆旧藏"亚方卣"在形制、纹饰特征上与属于C型的上海博物馆藏"亚古卣"基本相同,所以,若该论文所提出的演变顺序无误,那么"亚方卣"的所属年代按理说也是最晚的,大致相当于西周早期晚段。我们认为,虽然该文所归纳出的三种类型是比较合理的,但就各个类型之间的演变顺序而言,似乎尚有讨论的余地。

我们通过对"周式筒形卣"材料的重新搜集、整理,发现除了岳、苗(2009)所列举的15件标本以外,可归入该类的材料至少还有如下8件(图2右侧"补充材料"):

(1)日本泉屋博古馆藏无铭卣(图2—14),失盖,通高27.6厘米[26]。

(2)美国辛格博士藏卣(图2—15),铭文未公布,失盖,通高24.8厘米[27]。

(3)亚其疑卣二(图2—16),日本出光美术馆藏,通高23.2厘米[28]。

(4)亚方卣(图2—17),川崎美术馆旧藏。

(5)叔卣一(图2—18),口径15.8厘米[29]。

(6)叔卣二(图2—19),缺口、缺盖,口径16厘米。

(7)盟狁卣一(图2—20)山西绛县横水墓地M3250出土,口径10.4厘米[30]。

(8)盟狁卣二(图2—21)山西绛县横水墓地M3250出土,口径10.4厘米。

其中前4件标本分别可归入岳、苗(2009)中的A、B、C三种类型,后4件标本虽然在器形特征上可以满足"周式筒形卣"的基本条件,但其组装方式和器物结构相当特殊,似乎需要另行划出一种新的类型。后4件标本分别由器盖、器口(附提梁)、腰箍、圈足等多数部件构成,看似在器口部件和腰箍部件之间本应接有竹木质的圆筒形配件,其下再接有铜质的圈足部件,原来应该是一种"铜木混合"形式的器物。由于木质配件已腐朽,现在能看到的只有铜质部件[31]。为讨论方便,我们将这　新的类型暂时称作"D型"(或称"组装型")。关于"D型"的年代,我们根据考古出土标本(7)、(8)及其铭文内容、行款格式、字体风格推断,其上限年代不会早于西周早期晚段,也有可能已进入西周中期。也就是说,D型可以算是目前已公布的"周式筒形卣"材料中年代最晚的一种型式。

若考虑到以上的补充材料,我们似乎有必要对岳、苗(2009)所提出的"周式筒形卣"演变序列及其相对年代重新进行思考。如上所述,岳、苗(2009)认为"周式筒形卣"起源于"商式B型",而其演变顺序应是A型→B型→C型,其年代跨度为商末周初至西周早期晚段。但我们通过对C型标本的仔细观察及对A、B、D型等其他类型之间的比较可知,在A、B型和C型之间似乎看不出任何"连续变化"的迹象来。因此,我们认为,C型恐怕不是岳、苗(2009)所说的那样从A、B型逐渐演变过来的,而有可能是从岳、苗(2009)所谓的"商式"(尤其是"A型1式"。其中有一件饰有"牛角兽面浮雕"的标本[32]。如图3左一)直接演变过来的[33]。而且,从铭文书写格式角度看,这两件C型标本铭文均以典型的族氏铭文形式书写,铭文的多数文字框在大型亚字形中。我们知道:这种书写形式主要流行于商末至西周早期偏早时段,而不大可能在西周早期较晚时段、甚至在西周中期经常出现。若考虑到以上现象,流行C型的时间不会晚于A、B两型,其年代大致相当于商末周初时期。也就是说,A型和C型有可能是在商末周初时期同时存在的两种不同风格,后来C型系列逐渐消失,只有A型系列流传下来,演变成B、D型了(如图3)。

商末周初	西周早期早段	西周早期晚段	西周中期

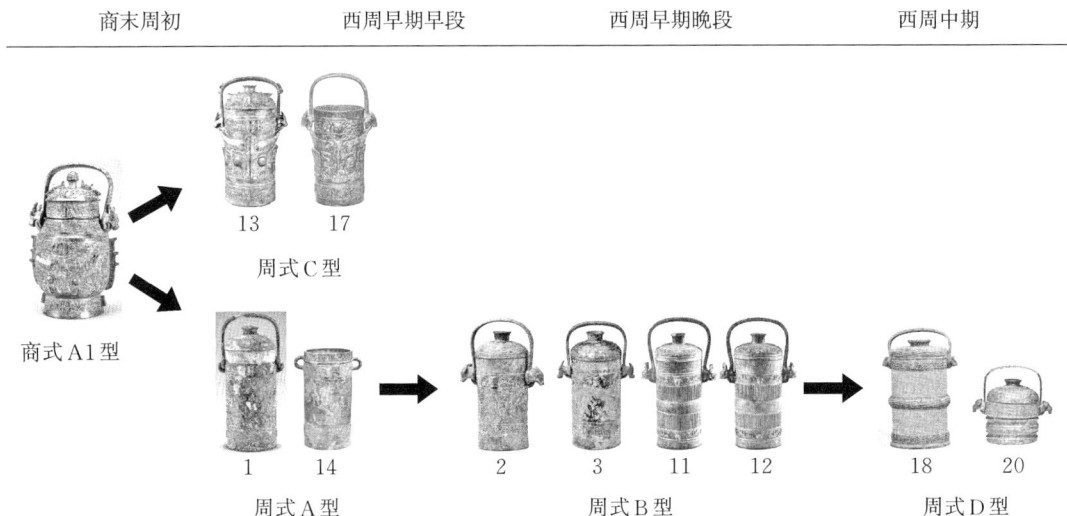

图3

最后,我们根据考古出土“周式筒形卣”的地理分布情况,对“亚方”卣的出土地点及商末周初时期“方”方的地望进行初步探讨。目前我们搜集到的“周式筒形卣”标本一共有如下5组9件:1.举父丁卣(1件,山东滕州前掌大商周墓地M119出土,A型);2.无铭筒形提梁卣(2件,陕西宝鸡竹园沟西周墓地BZM13出土,B型);3.㵺伯卣(2件,甘肃灵台白草坡西周墓地M1出土,B型);4.䧹伯卣(2件,甘肃灵台白草坡西周墓地M2出土,B型);5.盟㹖卣(2件,山西绛县横水西周墓地M3250出土,D型)等。虽其标本数量并不多,但我们可以知道:除了山东滕州出土的一件标本以外,其余八件标本的出土地点都分布于从晋南至渭河、泾河流域。因此,我们初步推测:“亚方卣”的出土地点(也就是“方”方的活动地域)也很有可能是分布于这一地带。而这一推论恰好是与殷墟卜辞和传世文献中出现的有关“方”方的记载完全相合的。学界一般认为,商周时期晋南地区以及渭河、泾河流域一带是“鬼方”“獫狁”等戎狄族群的主要活动地域[㉞]。因此,如果将“方”方地望确实可以考定为这一带,那么我们似乎可以将“方”方理解为一种具有戎狄文化认同的族群。

四　结论

本文通过对川崎长春阁旧藏"亚方卣"及其相关材料的出土、流传、收藏情况、器物形制、铭文及其内容的整理研究,结合甲骨卜辞以及传世文献材料中的相关记载,对该器物的制作年代以及"方"方的地望、历史、文化认同等问题进行了初步探讨。本文所取得的结论可归纳为如下3条:

(1)此器铭文可隶定为"亚方父癸"。"方"字应是国族名。此铭在《集成》《总集》《铭图》中研院"资料库"等以往金文资料汇编中未见著录。

(2)从器形、纹饰、铭文角度看,此器制作年代应是商末周初时期。

(3)根据甲骨卜辞和传世文献中的记载,结合考古出土"周式筒形卣"地理分布,我们似乎可以将"方"方的地望推定为晋南至渭河、泾河流域一带。若此,"方"方有可能是"戎狄"族群的一分支,大致活跃于晚商至西周早期。

附记:本文为古文字与中华文明传承发展工程规划项目"日本收藏殷墟甲骨实物材料的再统计和重新整理"(G3904)的阶段性成果。

(作者单位:吉林大学考古学院古籍研究所)

注:

① 阪口觉《长春阁藏品展观图录——神户川崎男爵家藏品入札目录》第一八七图"周铜饕餮纹父癸卣"(长春阁藏品图录刊行会1936年)。

② 该铭曾著录于《集成》5215,《铭图》13079等。器影曾经收录于陈佩芬《夏商周青铜器研究》西周篇(上)273号(上海古籍出版社2004年);中国青铜器全集编辑委员会编《中国青铜器全集》第6卷图190(文物出版社1997年)等。

③ 此外,此器的器影照片曾收录于川崎芳太郎编《长春阁鉴赏》第6集,第187器(国华社1914年);Voretzsce, E. A., *Altchinesische Bronzen*, p.129, pl.49, Springer－Verlag, 1924;梅原末治《河南安阳遗宝》第67页,图39(京都小林写真制版印刷所1940年)等书,但这三种论著均未提及该器铭文。

④ 川崎美术馆编《川崎美术馆开馆式列品目录》(川崎美术馆1890年),此书书影收录于《よみがえる川崎美术馆——川崎正藏が守り传えた美への招待》第128—129页(神户市立博物馆2022年)。

⑤ 三浦秀之助《神户川崎男爵家藏品入札目录》(春光美术社1928年)。

⑥ 参见何景成《商周青铜器族氏铭文研究》(齐鲁书社2009年)等。

⑦ 见于《合》6666的"旁"字(宾三类)写法较接近于此字形,但仔细观察可知,其竖笔似乎没有出头。

⑧ 参看林沄《释古玺中从"朿"的两个字》,《古文字研究》第19辑(中华书局1992年)。

⑨ 《合》20412为误缀。此片最新的缀合成果可参看蔡哲茂主编《甲骨缀合汇编》第817则,花木兰文化出版社2011年。

⑩ 参看李发《甲骨文所见方方考》,《考古学报》2015年第3期。

⑪ 如岛邦男《殷墟卜辞研究》第384页(弘前大学中国学研究会1958年);孙亚冰、林欢《商代地理与方国》(中国社会科学出版社2010年)等。

⑫ 陈梦家《殷虚卜辞综述》第270—272页(科学出版社1956年);罗琨《商代的战争与军制》(中国社会科学出版社2010年);朱凤瀚《由殷墟出土北方式青铜器看商人与北方族群的关系》,《考古学报》2013年第1期;李发(同注⑨)文章等。

⑬ 同注⑫朱凤瀚文。

⑭ 水野清一《殷周青铜器と玉》第45页,fig.46"殷周卣の变迁"(日本经济新闻社1959年);林巳奈夫《殷周时代青铜器の研究・殷周青铜器综览(一)》图版,第275页(吉川弘文馆1984年);朱凤瀚《中国青铜器综论》上册第203、207页(上海古籍出版社2009年);岳洪彬、苗霞《试论商周筒形卣》,《三代考古(三)》(科学出版社2009年);胡嘉麟《关于商晚期筒形卣的几点问题——从中国国家博物馆收藏的"马永盉"谈起》,《吉金元鸣・中国青铜器时代的考古学研究》(上海古籍出版社2020年)等。

⑮ 中国社会科学院考古研究所编著《滕州前掌大墓地》第291—292页,彩版四四—2(文物出版社2005年);《铭图》12849。

⑯ 甘肃省博物馆文物队《甘肃灵台白草坡西周墓》,《考古学报》1977年第2期;《中国青铜器全集》第6卷图192;甘肃省博物馆编,俄军主编《甘肃省博物馆文物精品图集》第102页(三秦出版社2006年);甘肃省文物局编《甘肃文物菁华》第88页(文物出版社2006年)等。

⑰ 《集成》4896;《铭图》12841。

⑱ 《铭图》13045;《近出》590;《流散》137。

⑲ 《集成》4999;《铭图》12862;《西清古鉴今访・宫外卷》第31器(Katherine and George Fan Foundation, 2020年)。

⑳ 《集成》5087;《铭图》12931。

㉑ 《集成》5292;《铭图》13151;Pope, Gettens, Cahill, and Barnard, *The Freer Chinese Bronzes*, p.289—303, pl.53, Freer Gallery of Art, 1967.

㉒ 《集成》5159;《铭图》13043;Bagley, Robert, *Shang ritual Bronzes in the Arthur M. Sackler Collections*, p.387, pl.67.1, Harvard University Press, 1987.

㉓ 《集成》5160;《铭图》13044;嘉纳治兵卫《白鹤吉金撰集》图24(白鹤美术馆1951年)。

㉔ 卢连生、胡智生《宝鸡㢴国墓地》第62—65页,彩版八—1(文物出版社1988年);《中国青铜器全集》第6卷图176;李伯谦主编《中国出土青铜器全集》第16卷图312、313(科学出版社2018年)。

㉕ 参看前注②。另参《中国青铜器全集》第6卷图190。

㉖ 《泉屋博古・中国青铜器编》图94(泉屋博古馆2002年)。

㉗ Loehr, Max, *Relics of Ancient China from the Collection of Dr. Paul Singer*, p.84, Asia Society, Inc. 1965; Stanford University Museum, *Arts of the Chou Dynasty*, p.84, Stanford University Museum, 1958.

㉘ 《集成》5294;《铭图》13150;出光美术馆编《中国の工艺》图74(出光美术馆1989年)。

㉙ 朱凤瀚《虡器与鲁国早期历史》图版八、九,图一,《新出金文与西周历史》(上海古籍出版社2011年);《铭图》13327、13328。

㉚ 山西省考古研究院等编著《倗金集萃:山西绛县横水西周墓地出土青铜器》下册第137、138器(上海古籍出版

社2021年）。

㉛ 同上注。原报告将该标本已腐朽的腹部复原成鼓腹形。但从整体器形看，该器原来的器形应该是"筒形卣"。

㉜ 该标本藏于上海博物馆，可参看陈佩芬《夏商周青铜器研究》西周篇（上）272号。

㉝ 同注 ⑭ 岳洪彬、苗霞论文图一之2；图三。

㉞ 同注 ⑫ 朱凤瀚文。另参段宏振《太行山脉东西两翼：中原与北方青铜文化互动的重要通道》，《三代考古（三）》等。

古文字研究（35）：246—251,2024

晚商成鼄鼎铭文小考

张惟捷

现藏中国国家博物馆的成鼄鼎是传世品，原藏李山农（罗表），腹内壁铸有铭文3行26字（合文一字，见图一），曾著录于罗振玉《三代吉金文存》、吴大澂《愙斋集古录》、刘体智《小校经阁金文拓本》等书，后归故宫博物院①。由于在殷商青铜器中属于铭文稍长的一件，历来已有不少学者对其展开过讨论，本文拟对其器铭中所谓的"隹（唯）"字提出问题并略作分析。这里先将释文列出如下：

  丁卯，王令宜子迨西方㫃（于）眚（省）△反。王裔（赏）成鼄贝二朋。用乍父乙鬶。亚印②

此鼎是亚印氏的"成鼄"因为受到王的赏赐，为资纪念而铸造的。对于铭文中"丁卯"之后至"反"为止的内容训释，以近年的研究成果而言，刘桓认为是"俎子一行人等在眚地会合西方诸方国首领后，返回大邑商向商王复命……"（页34）；吴雪飞认为"王命宜子与西方诸侯举行会礼，以对其方之叛逆进行征讨，成求返回王廷……"（页54—55）；陈絮认为"商王命令宜子在省地与'西方'会合，于返回驻地后……"（页151）。可以看出仍存在若干歧义值得讨论。

铭文"眚"下一字（暂以△志之），各家均释作"隹"，读为"唯"或"惟"，标志"反"此行为，作虚词用，未见不同的意见，仅有在属上下读的判断上有所差异，大多释作"王令宜子迨西方㫃（于）眚（省），隹（唯）反（返）"。高鹏飞有详细的总结③：

  关于"唯返"属上读还是下读，其主语是谁的问题，学者们意见不一。马承源先生以为"于省唯返"意为"往省察后返归"，属上读，主语为俎子。吴雪飞先生认为"'唯返'指'成求'返回王廷"，属下读，主语为"成求"。从铭文本身分析，"唯"在此处用作语气词，本身没有意义。"返"用作动词，为返回之义，铭文前句中言王令俎子会西方于省地，下句称俎子返回王廷当是合理。再有，从今日所见之商代铭文可知，若"唯"用作句首，后多加名词，且此名词常用作一句中的主语，如小臣俞尊铭文"唯王来征人

图一　成鼄鼎铭文

方”，遹鼎铭文“唯王征井方”等，与此处“唯”后加动词的形式不合。而当“唯”用于句尾时，多是和前所言的内容构成一句，不必后加名词作主语，且可以加动词形式，如小子逢卣铭文“贝唯蔑汝历”。故而，“唯返”应置于句尾，属上读，其主语为俎子。

此词是否该读作“唯返”，不仅须联系上下文意来看，还应对所谓“唯”字作正确释读。笔者认为，△字虽作“鸟／隹”形，但与习见正常型态不合，其鸟首扭转向后的模样十分明显，从现在的古文字学知识看来，应当以释作“雇*（¦顾¦）”较妥。以下略述因由④。

卜辞已有“雇”字，作以下诸形：

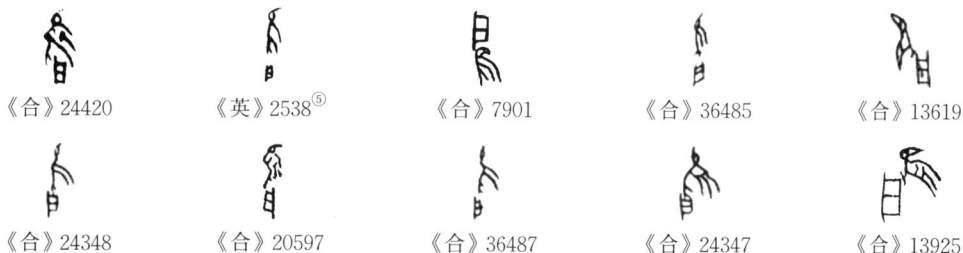

《合》24420　　《英》2538⑤　　《合》7901　　《合》36485　　《合》13619

《合》24348　　《合》20597　　《合》36487　　《合》24347　　《合》13925

由于偏旁关系清楚，此字早期罗振玉、王襄等学者早已认出，叶玉森、郭沫若、李学勤、饶宗颐等人从之，并非难识字。然而关于雇字，大徐本《说文》：“九雇。农桑候鸟，扈民不淫者也。从隹户声。”段玉裁指出：“皆为农桑鸟、户民不淫者。少昊之官督民农桑者取其名，亦户民不使淫逸者也。”将此字与候鸟之名连结起来，以声训之，此乃据后世规格化的形体说解“雇”从鸟／隹的原因，实不可据，前贤亦未对此字的构形组成作任何深入辨析。然若观察“雇”字所从的鸟形，可以发现绝大部分的鸟首都是朝向或扭向后方，与一般的“隹”迥然有异，这显然是基于甲骨文实际应用层面习见的权益性，如同表示辕、轴断裂的车字 〔图〕（《合》11446）、〔图〕（《合》10405）等形，以及变换手的前后位置（〔图〕、〔图〕）以象“保”“抱”词义等例⑥，往往随文改字，进行原始表意字的变体书写。近年来包括林宏佳、袁伦强等学者都分别指出此现象，林宏佳认为⑦：

> 仔细观察这些字形中的“隹”，即可看出“雇”字所从的“隹”都具有一共同而特殊的特征——即鸟头都向后旋转。罗振玉通过字形的比对，仅能得知由户、隹共同构成，至于此字是否即是后代的“雇（顾）”字，在缺乏具体辞例的情况下还难以确认。但以上这些字形既有共同的特征，而“向后看”也正是“顾”的核心语。

袁伦强也在其一篇未刊稿中提到相同的观点，做了详尽的分析，并特别指出《合》18326的 〔图〕鸟头朝向身后，当是“顾”字初文。从此字刻意书写的情形来看，袁说是可信的，〔图〕与戍𩵋鼎铭的 〔图〕一样，都是独体的雇*⑧。细观戍𩵋鼎铭的 〔图〕和卜辞雇字所从反首鸟形 〔图〕（《合》24420）、〔图〕（《英》2538），可以发现其构形、笔势确是如出一辙，照《说文》术语，其造字意念彼此“同意”自属毋庸置疑。

　　如果肯定戍𨿸鼎铭[图]是雇*而非"隹",对铭文的理解就应该另作思考,我们知道,在目前可见的晚商材料中,"雇"都是作为一个常见的地名用,几无例外:

丁巳卜,㢻贞:𢦔宫𡧝(𣂷)于雇。	《合》13619⑨
贞:乎取雇伯。	《合》13925
辛丑卜,行贞:王步自[图]于雇。无灾。	《合》24347
丙寅卜,行贞:翌丁卯父丁莫岁宰。在三月。在雇卜。	《合》24348
癸亥卜,黄贞:王旬亡畎(忧)。在九月征人方。在雇。	《合》36487

从这个角度看,笔者认为铭文"王令宜子迠西方�(于)𪊨(省)雇*反"便应理解为"商王命令宜子于省视雇*地返回后,与西方侯伯臣属会合",乃较为妥当,也就是将"𪊨雇*反"视作"王令宜子迠西方"的时间状语,如此释读亦文从字顺,同时解决了将"𪊨(省)"作为独立宾语以及所谓"唯反"的扞格语感。卜辞习见呼令某人代王省视外地之例,如"甲辰卜,贞:乞令[图]以多马省在南□"(《合》564)、"癸巳卜:令𪊬省𡨄"(《合》33236)、"庚子卜:令并省𡨄"(《合》33237)、"丙午卜,宾贞:乎省牛于多奠"(《合》11177)等,本铭所载当不例外,宜子可能受令省视雇*地的某些事物,并于回程中进行了"迠西方"一事,就在这时戍𨿸受赏,铭文称"王赏",实则宜子代赐⑩。类似结构的叙述可参臣卿鼎铭文"公违𪊨自东,在新邑,臣卿易金,用乍父乙宝彝"(西周早期,《集成》3948)。

　　应指出的是,卜辞中的地名"雇"绝大多数作从鸟户声的合体型态,而戍𨿸鼎之"雇*"之所以用独体写出,大概是事先为了配合整体字距的规整,而从行款上作如此安排。当然也不能排除从户与不从户的"雇"各自表达两个不同的地点,也就是异地同名,当时人在字上以异体略作区隔;不过这种可能性似乎较低,从殷商地名"[图]——[图]""[图]——[图]""舊——雈"等许多声符增减并存例来看,此"雇*"与卜辞习见的"雇"同属一地的可能性还是比较大的,以下便径释作"雇"。

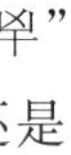

　　这里有两个问题可以进一步讨论,首先是"宜子"的身份。根据器铭,戍𨿸是在宜子受王命会合殷西方伯首领、边将之后,接着受到商王的赏赐。从文意来看,戍𨿸本身应即此"西方"之一,宜子在此次会见中代王赐下海贝二朋。"宜"是晚商偶见地/氏族名,卜辞有"贞:㞢于宜奠"(《合》2137)、"…宜奠"(《合》10084),并一路延续至周代,著名的宜侯夨簋铭文记载康王时期虞侯受命"迁侯于宜"的历史事实,此亦众所周知。可知戍𨿸鼎铭之宜子如同禽子(《合》13727)、㑵子(《合》137)、古子(《合》5906)一般,即晚商宜族(人地同名)之长,奉王命前往殷西。不过,此点并不表示"宜"地便一定位于安阳以西。

　　其次是雇的地望问题,王国维很早便指出:

　　　　雇字古书多作"扈",《诗·小雅·桑扈》,《左传》及《尔雅》之"九扈",皆借扈为雇。然则

《春秋》庄二十三年"盟扈"之扈殆本作雇,杜预云"荥阳卷县北有扈亭。(今怀庆府原武县)"这是借助文字通假,将雇地与文献中的扈连结起来看待。然而郭沫若指出:

> 今案此说不确(捷按:指王说)。上第五六九片及五七〇片屡言"征夷方在雇",又第五七三片言"在齐陈隹王来征夷方",则雇地当于山东求之。余谓此古雇国也。《商颂·长发》"韦顾既伐",王应麟云:"《郡县志》'顾城在濮州范县东二十八里,(《寰宇记》'在县东南')。夏之顾国。(《古今人表》'韦鼓,鼓即顾'。"(见《诗地理考》)《左传》哀公二十一年"公及齐侯邾子盟于顾",杜预云"齐地"者即此。今山东范县东南五十里有顾城,是也。

郭氏首先点出晚商雇地与征人方有关。李学勤认为:

> 雇和勧都是滨于黄河的地名。[11]

孙亚冰、林欢先引述王国维说法,更进一步指出[12]:

> 夏启与有扈曾战于甘,甘地一说即在今河南省原阳县原武镇西北。而《国语·郑语》谓:"己姓昆吾、苏、顾、温、董";……征人方卜辞中,雇地在"河邑"以南。《水经·河水注》曰:"河水又东北,径卷之扈亭北。"《竹书纪年》:"晋公出十二年,河水绝于扈。"

近来陈絜指出[13]:

> 凭藉十祀征人方九月行程可知,雇地邻近商(东平郚邑)与邾(邹城),大致应坐落在洙泗与汶水间。

笔者认为,从铭文"于省雇反"一语来看,有两种可能性值得考虑:其一是这次会合西方诸侯首领的活动,是宜子在结束省视雇地、返回大邑商述职的"路途中"所从事的;其二则是在结束省视雇地且"已返回"大邑商后所从事的。如果是前者,则"雇"必在安阳西侧;如果是后者,此材料就无法提供推知雇地确切方向的直接证据。诠衡文意,前者应该是较为符合实际的,以器主"戍眾"职务而言,戍守边地乃其职责,以地利之便一同参与这场大会乃自然之事;且召唤西方诸侯首领共同"入京",在西周以前的出土材料中似无佐证。最重要的是,如果将这些重要人物召至大邑商举行会盟,必定由商王直接主持,不应轮到可能是异姓臣属的宜子来举办。由此看来,"雇"位于安阳西侧(至少是广泛意义上的西面)显然是较为合理的推测。

由此更进一步,我们可以发现,旧说当中以王国维的说法似较具说服力,原武县即今之河南省原阳县,位置在大邑商西南偏南,与郑州商城直线距离约40公里,处于西进伊洛的交通要道上,宜子承担王命省视雇地,并于回程中举行了"遣西方",这安排在地理往来上十分顺畅,如果按照郭沫若的观点,其认同的顾城在濮州范县,即今河南濮阳东北,位当安阳正东方,这样一来铭文释读便将扞格难通。

当然,我们必须认识到一点,卜辞中的雇地除了独自出现的例子外,往往能与"征人方"事类进行系联,这藉由同版互见与卜问地点的时程可以清楚看到。而与征人方有关的方国地理目前学界一般都放在豫东鲁西、鲁中的框架下来看,近来陈絜更对此有专门论述,明确指出

"宜、西、省与甬（捷按：即鼎），其地望可考证者，基本都在东土"的看法⑭；这点与本文分析得出的看法有着一定的矛盾。

　　虽然笔者不完全同意陈氏对铭文释读的意见，例如释"雇"为"唯"、释"鼎"为"甬"，尤其是将铭文与部分卜辞的"西方"视作一具体方国／族名，此与古文字学界目前认识似有些微出入⑮。然而征人方确实以东向为主，这可说是比较明确的。由此看来，是否我们对帝乙、帝辛东征路线的理解还因材料欠缺而缺乏不够明晰，抑或本文对铭文本身的分析有误，尚待进一步研究与方家不吝指正。

　　附记：本文系"古文字与中华文明传承发展工程"规划项目"商代杂项文字的整理与研究"（G3462）的阶段性成果。

　　　　　　　　（作者单位：厦门大学中文系、"古文字与中华文明传承发展工程"协同攻关创新平台）

注：

① 苏强《中国国家博物馆藏小子父己鼎、戍鼎、作册般甗、利簋、禽簋、公簋》，《书画世界》总第218期第4页，2020年4月。
② 吴镇烽、马承源、曹锦炎、张桂光、吴雪飞、高鹏飞、陈絜等学者均有释文，分别见吴镇烽编著《商周青铜器铭文暨图像集成》第5卷，上海古籍出版社2012年；马承源主编《商周青铜器铭文选（三）》，文物出版社1988年；刘桓《殷代戍𦥑鼎铭文考释》，《黄盛璋先生八秩华诞纪念文集》，中国教育文化出版社2005年；吴雪飞《戍求鼎铭文与商代会礼》，《史学集刊》2017年第6期；张桂光主编《商周金文摹释总集》第2册，中华书局2010年；曹锦炎编《商周金文选》，西泠印社出版社2011年；陈絜《戍甬鼎铭中的地理问题及其意义》，《中国国家博物馆馆刊》2019年第9期第150—160页；谢明文《商代金文研究》，中西书局2022年。
③ 高鹏飞《戍甬鼎铭文考释》，《文物春秋》2019年第1期第19页。
④ 此字承载⸢顾⸣之词义，后附加"户"旁以表音，为后世"雇"之初文，本铭文中不从户，与习见稍异，姑且上标＊号与规范化的雇字进行区隔。
⑤ 即《合》41761，摹本误作"隹"。
⑥ 参谢明文《释甲骨文中的"抱"——兼论"包"字》，《中国书法》总第23期第131—135页，2015年11月。
⑦ 林宏佳《释"顾"——兼说"寡"》，"承继与拓新——汉语语言文字学国际研讨会"论文集第2页，香港中文大学中国语文学系，2012年12月17—18日。
⑧ 袁伦强《释"顾"》未刊稿，蒙作者赐阅，谨致谢忱。
⑨ 𦥑 即县字初文，参拙作《论殷卜辞中的县字》，《出土文献综合研究集刊》第6辑，巴蜀书社2017年。
⑩ 否则铭文专门提出"宜子合西方"便失去了必要性。
⑪ 上三说转引自于省吾主编《甲骨文字诂林》第2册第1717—1718页，中华书局1999年。
⑫ 孙亚冰、林欢《商代地理与方国》第134页，中国社会科学出版社2011年。
⑬ 陈絜《"伯或征卲"与晚商沚族——兼论卜辞地名地理研究在古文字考释中的辅助作用》，《故宫博物院院刊》

2021年第4期第11页(自注：窃以为实为地名"雇"字，也即文献所载之"扈"，其地近甘)。

⑭ 同注②陈絜文第150页。

⑮ 陈文所举一些卜辞辞例，说解上十分精当，如"《合集》6156有'燎于西邑'之占，是说在西邑行燎祭之礼，这里的'西'是邑落名"(页151)。不过许多则在分析上并不具高度说服力，如："《合集》8190有呼令某人'往西'之辞，其中的'西'字也应该理解为具体的地名。历组卜辞《合集》33093则记有族邦曰'西方'，为商王征讨之对象。"其实若无更多证据支持，则此二辞都不能排除是以方位词来明确位置或复数人群的可能性，而非一具体国族，因为《合》8190完整内容是："癸卯贞：乎[禽]往西，至于衣。"此处"衣"显然为地名(参《合》11274、《怀》961)，则"西"不可能是具体的地名。"西方"同样如此，很有可能属于被征讨的概括方位复数对象，又如《合》33094"隹西方害我"指的却是方位神。因此，若据之指出"戍甾鼎铭'西方'，其含义恐怕当与卜辞所记邦国名'西方'同，殆指居住于'西邑'的'西人'之邦"，则立论根据恐稍嫌薄弱。

古文字研究（35）：252—257,2024

释中山王方壶的鋿及相关诸字

汤志彪

战国中山王方壶（《集成》①9735）有如下一段文字（为行文方便，如无需要，铭文用通行文字，下同）：

贾渴（竭）志尽忠，以佐右氒（厥）辟，不臧（贰）其心，受赁（任）佐邦，夙夜篚（匪）解（懈），进贤措能，亡（无）又（有）▲息，以明辟光。

▲字拓片作：

《铭文选》②2.881　　《集成》9735

张守中摹本作：

《中山王𰯼器文字编》③页112

包括《集成》等在内的书籍和学者多从之。唯孙稚雏摹作：

④

对于▲字，过去学者众说纷纭。发掘者读作"缀"⑤。李学勤、李零认为▲字右上部从"商"字变体读作"舍"，"亡有舍息"意为无有止息；又隶作"闛"，读作"穷"训作"止"⑥。张政烺隶作"轋"，认为此字所从车、人、牛皆属形符，其基本声符是冋，读为逈，据《说文》训作"回避"，"息"训休止⑦。张守中从之⑧。何琳仪引《古文四声韵》作禺、商形的"商"字为证，将此字隶作"轋"读作"尚"或"常"，认为"无有轋（常）息"与《诗·小雅·菀柳》的"不尚息焉""辞例相近，适可互证"⑨。李娜认为此是"赶"字初文，读作"愆"⑩。蔡哲茂认为▲字右上部是"帝"字并读作"宁"，"宁息"是休息的意思⑪。薛培武将▲字右上部与《容成氏》简13作形的"啇"字对应起来，并谓董珊将单叔啇的读为"啇"，又引孟蓬生对清华简（伍）《封许之命》简3的"桓桓不，严将天命"的意见，认为金文多读为"弛"，将中山王方壶铭文读作"无有弛息""也很文从字顺"⑫。周波从之，并作了申述。

周先生说，"啇"字从"臼"多见，如，（郭店简《穷达以时》简2）、（上博简《容成氏》简40）、（清华简《殷高宗问于三寿》简15）、（叔夷钟，《集成》273）、（逨啇矛，《集成》11476）、（石经古文"啇"）、（梁十九年鼎，《集成》2746）、（十七年春平侯铍，《集成》

11689）、（宅阳令戟刺，《铭图》[13]17699）、（君子之弄鬲，《铭图》W006）、（清华简《保训》简1、4）、（司工马铍，《铭图》18074）等。他还认为，战国文字的"鬲"字下部已变作X形，并引秦文字为证，如，"鬻（鬻）"字所从（十五年上郡守寿戈，《集成》11405）、（咸阳巨鬲，《秦陶文编》1248）、"甗""䰝"字所从（《秦印文字汇编》第53页）、《说文》"彻（徹）"字古文、秦简的"䰝"（睡虎地秦简《日书》甲45背）等，而"商""帝"字不见此类变化。

最后，周先生释▲字右上部作"鬲"，是声符，而"车、牛"是意符，认为此字可释作"𫐐（𫐐）"，也即"輻""楅"。"𫐐"指车𫐐，多指大车（牛车）压牛领之曲木，故此字以"车""牛"为义符，此字"在铭文中应读为阻隔、隔蔽的'隔'，特指人为之阻隔、隔蔽，故又增缀'人'旁。铭文"进贤措能，无有𫐐（隔）息"是夸耀司马贾作为相邦在进贤使能方面，没有阻隔或停歇"[14]是夸耀司马贾作为相邦在进贤使能方面，没有阻隔或停歇。

按，要讨论▲字，须先审视其字形。前文所引拓片其实非常清楚，尤以《铭文选》最为清晰。近者有学者对中山王方壶重新拍照，▲字作：

（拓本）《中国书法报》2020年7月14日

从最新照片可看出，▲右上角内部所从并非X和口，而是Λ和口。可知，《铭文选》拓片最精，孙稚雏摹本最准确。所以，凡是据▲的错误摹本所作的论述，均无据。

其实，过去学者对字形的分析，均可商。首先，战国时期"商"字一般作[15]：

"帝"字一般作[16]：

这些形体与▲字确有区别。至于释作"鬲"的意见亦不妥。从周波所举字形来看，目前所见的晋系文字的"鬲"字上部，"臼"形中间的形体或作倒三角"▽"形，或作"冃"形，从未见作"丨"一竖的。其下部的构形或从"羊"形，或从"圭"声[17]，亦未见X或Λ形。需要注意的是，战国时期，秦晋两系文字是有差别的，周波文中"鬲"字形体就体现得非常明显。从文意角度看，将"𫐐（隔）息"解释作"阻隔或停歇"亦可商：第一，"阻隔"与"停歇"是两种不同的行为，非同义连用；第二，"或"字有增字解经之嫌，若省去"或"字，则"隔息"一词扞格不通，毕竟，这句铭文的主语是相邦，他是不可能"阻隔""停歇"自己"进贤措能"行为的。至于其他说法，或字形无据，或文意不协。不赘。

笔者认为，▲字除公认的从车、从牛结构，余下部分应是"铸"字。古文字"铸"字形体较多，其中甲骨文有作[18]：

金文"铸"字形体更多见,其中有作^⑲:

表一

字形	A	B	C	D	E	F	G	H
出处	王七祀壶盖	荣伯鬲	番匊生壶	师同鼎	簋	书也缶	楚王酓忎鼎	铸客鼎

春秋战国时期,晋系"铸"字也多见,其中有以下几类形体^⑳:

表二

字形	I	J	K	L	M	N	O	P
出处	子孔戈	宜铸戈	公朱左白鼎	鄟孝子鼎	九年郑令矛	十四年郑令戈	《侯马盟书》16:5	中山王方壶

"铸"本是会意字,早期甲骨文的"铸"字或从"皿"从"人"作,会意明显,最后一形已省去了人形,而直接以双手拿着坩埚倒下铁水表铸造义。从表一、表二来看,"铸"字异体甚多,都省了"人"旁,或省了"皿"旁,或省了"臼"旁。值得注意的是,有些"铸"字的"皿"换作了"口"形(表一D、E),而坩埚的柄部开始线条化,甚至只用一竖表示出来(表一B、F、G、H)。这种坩埚线条化的例子也见于晋系的"铸"字(表二M、N)。

苛訹匜有如下一字:

其铭文作:"蔡侯苛訹。"对于字,有"铸"^㉑、"儔"^㉒等意见。按,字形上看,字从人从臼从皿,坩埚柄亦已线条化。结合铭文,此字正是甲骨文"铸"字在战国的孑遗,只不过将甲骨文的人形变线条了。"人"形线条化,也见于"保"字。

根据以上所论,笔者认为,▲字除了车和牛之外的构件,就是古"铸"字。此"铸"字人形线条化,跟字一致;所从的坩埚柄也线条化,这与B、F、G、H、M、N一致;字从"口",与D、E一致。至于"口"上的形体,我认为是"火"字。

古文字"火"字形体很多,一般作(《玺汇》^㉓3364)。但作为偏旁,"火"有省去左右两点的形体。如"燅"字或作:

瓔燅盨,《集成》4411

"朕"字有作：

朕虎簋，《集成》3828

也有作：

朕虎簋盖，《集成》3830　　　朕侯戾戈，《集成》11123

朕虎簋器铭的"火"形不省两点，但盖铭则省去两点。由此，▲字"口"上的形体正是"燊、朕"等字所从的"火"省形。这就是说，▲字右部结构从牛从铸。"铸"当是声符。

　　需要说明的是，中山王方壶有"铸"字（表二 P）。不过，▲字所从声符源自古"铸"字，而字形 P 则是春秋战国时期所造的新形声字，两者并不矛盾。中山王方壶多见一字异体现象，如，"上"字或作上，或作回；表示"位"这个词，或以"立"字为之，或作🉂。此外，中山三器之间文字异体现象更普遍，如"信"字，中山王鼎（《集成》2840）作信，方壶则作详；"百"字，中山王鼎作百，舒蚉壶（《集成》9734）则作千。古文字"射"字就有会意和形声等形体。均可为证。

　　综上，▲可隶作"轊"，从音义两个角度考虑，此字当是"輈"字。《说文》："輈，辕也。从车、舟声。"上古音"铸"在章母幽部，"輈"在端母幽部，两字叠韵，声母均是舌音，典籍有"舟"声字与"寿"声字通假的例子㉔。"牛"有两个考虑，若循《说文》则视作意符；或视"牛"为追加的声符。上古音"牛"在之部。之部与幽部关系密切，古书每有通假例子㉕。

　　"輈息"有两个考虑。一是"息"如字读，"輈"则读作"寂"。"輈"本作"轊"。上古音"寿"在禅母幽部，"叔"在书母觉部，两者韵部阴入对转，声母均是舌上音，当可通假。"寿"字从"壽"声。《说文》："璹，玉器也。从玉、壽声，读若淑。"古书中"寿"声字与"叔"声字可通假㉖。"寂"在此训作"安""静"等㉗，古有"安息"一词。《诗·小雅·小明》："嗟尔君子，无恒安息。"《汉书·翟义传》："予承明诏，奉社稷之任，持大宗之重，养六尺之托，受天下之寄，战战兢兢，不敢安息。"

　　"輈"也可考虑读作"宿"。上古音"宿"在心母觉部，传世文献㉘与出土文献㉙中"叔"声字与"宿"声字通假的例子常见。铭文的"宿"与上文"静"同训"止"，"止""息"同义㉚。

　　现在来说第二个思路。

　　铭文的"輈"读作"侜"。"輈""侜"俱从"舟"声，故可通。《说文》："侜，有廱蔽也。从人、舟声。"段注："廱，今之壅字。"《广韵》尤韵："侜，壅蔽也。"

　　当然，"輈"也可读作"畴"。"轊（輈）""畴"的基本声符均是"寿"，故两字自可通。"畴"在此理解作雍或壅。《广韵》尤韵："畴，壅也。"《淮南子·俶真》"今夫树木者，灌以瀿水，畴以肥壤"，高诱注："畴，雍。"《晋书·阮种传》"前者对策，不足以畴塞圣诏"，"畴塞"就是壅塞。雍、壅均有塞、蔽义。

"息"读作"塞"。上古音"息""塞"皆在心母职部，两字双声叠韵，出土文献中"赛"字常与"息"字通假^⑨。《说文》："赛，从贝、塞省声。"然则"息"可读作"塞"。古书习见"壅塞"一词。《管子·明法解》："其法令逆，而赏罚之所立者不当，则群臣立私而壅塞之，朋党而劫杀之。"《韩非子·亡征》："大臣甚贵，偏党众强，壅塞主断而重擅国者，可亡也。"《吕氏春秋·骄恣》："无备召祸，专独位危，简士壅塞。欲无壅塞必礼士，欲位无危必得众，欲无召祸必完备。"《汉书·公孙弘列传》："擅杀生之柄，通壅塞之涂，权轻重之数，论得失之道，使远近情伪必见于上，谓之术。"均是其证。这个意思又作"雍塞"。《汉书·京房传》："愿以为刺史，试考功法，臣得通籍殿中，为奏事，以防雍塞。"又《诸葛丰传》："独恐未有云补，而为众邪所排，令谗夫得遂，正直之路雍塞，忠臣沮心，智士杜口，此愚臣之所惧也。"亦其例。

综上，中山王方壶铭文"进贤措能，无有斛息"大意是说，相邦进贤措能，无有安/止息或壅/雍塞。

下面一并说说与"斛"字所从"铸"写法相关的几个字。晋系玺印有如下文字：

表三

字形	Q	R	S	T	U
出处与释文	《玺汇》3460 罾造	《玺汇》3241 罾得	《玺汇》3896 公孙罾	《玺汇》1991 邮罿	《玺汇》1484 敀罾

笔者认为，表三中的古文字都是"铸"字。Q、R、S三字与中山王方壶的"斛"字所从声符基本同形，区别在于坩埚柄是否线条化，而R则多了饰笔"＝"。T、U从"臼"持坩埚倒铁水形，字下部里面所从的"火"形不省。Q、R当用作姓氏，古有"铸"姓。《姓解》卷二："铸，唐尧之后，以国为氏。"

最后顺便说说单叔鬲(《铭图》2957)中的■字。与此字相关的铭文作：

　　　单弔(叔)乍(作)孟祁尊■。

■是器物自名。上文提及，有学者以为此乃"鬲"字，或读作"弛"。均可疑。其实，很早的时候，陈剑已将■类字释作"彖"^⑫。甚是。笔者怀疑此处的"彖"读作"锜"。上古音"彖"是元部，"锜"是歌部，两字韵部阴入对转，当可通。

《说文》："鬲，鼎属……三足。"《方言》卷五："鍑，北燕朝鲜洌水之间或谓之錪，或谓之鉼。江淮陈楚之间谓之锜，或谓之镂。吴扬之间谓之鬲。"郭璞注："锜，三脚釜也。"《广雅·释器》："鬲，釜也。"据此，鬲可称作锜，则铭文的"彖"应读作"锜"。这与器形和铭文自名均吻合。

　　至于清华简(伍)《封许之命》简3的"桓桓不**旁**,严将天命"一句中的**旁**字,可能还是看作"彖"字比较好。此处可循陈剑释"彖"的思路读作"堕","桓桓不堕,严将天命"亦文从字顺。

　　附记:本文得到国家社科一般项目"楚系出土文献职官整理研究"(21BZS044)、古委会项目"先秦出土文献与传世古籍史事对比研究"(2056)、"上海市教委科创重大项目《古陶文编》"(2019—01—07—00—05—E00048)、国家社科重大项目"出土文献与上古文学关系研究"(20&ZD264)资助。文章草成后,蒙李惠平、曹爽君审阅,一并致谢!

(作者单位:华东师范大学中国文字研究与应用中心)

注:

① 中国社会科学院考古研究所编《殷周金文集成》,中华书局1984—1994年。本文简称《集成》。

② 上海博物馆商周青铜器铭文选编写组《商周青铜器铭文选(二)》第616页,文物出版社1987年。

③⑧ 张守中《中山王嚳器文字编》第112、78页,中华书局1981年。

④ 孙稚雏《中山王嚳鼎、壶的年代史实及其意义》,《古文字研究》第1辑第273—305页,中华书局1979年。

⑤ 河北省文物管理处《河北省平山县战国时期中山国墓葬发掘简报》,《文物》1979年第1期。

⑥ 李学勤、李零《平山三器与中山国史的若干问题》,《考古学报》1979年第2期。

⑦ 张政烺《中山王嚳壶及鼎铭考释》,《古文字研究》第1辑第208—232页。

⑨ 何琳仪《战国文字通论(订补)》第296页,江苏教育出版社2003年。

⑩ 李娜《〈中山王嚳方壶〉补释两则》,中国文字学会第九届年会论文,中国贵阳,2017年8月19日。

⑪ 蔡哲茂《中山王方壶"亡有镝息"考》,"第四届许慎文化国际研讨会——新时代许慎文化的传承与发展"会议论文,中国漯河,2018年10月28—29日。

⑫ 薛培武《中山王器读为"弛"之字悬想》,武汉大学简帛网2017年10月14日。

⑬ 吴镇烽编著《商周青铜器铭文暨图像集成》,上海古籍出版社2020年。本文简称《铭图》。

⑭ 周波《中山王嚳方壶铭文新释》,氏著《战国铭文分域研究》第233—239页,上海古籍出版社2019年。

⑮㉒ 徐在国、程燕、张振谦编著《战国文字字形表》第276、1153页,上海古籍出版社2017年。

⑯⑰⑳ 汤志彪编著《三晋文字编》第18、365—367、1860—1865页,作家出版社2013年。

⑱ 刘钊主编《新甲骨文编(增订本)》第777页,福建人民出版社2014年。

⑲ 董莲池编著《新金文编》第1927—1935页,作家出版社2011年。

㉑ 钟柏生等编《新收殷周青铜器铭文暨器影汇编》第913页,艺文印书馆2006年。

㉓ 罗福颐主编《古玺汇编》,文物出版社1981年。本文简称《玺汇》。

㉔㉖㉘ 高亨纂著,董治安整理《古字通假会典》第780—781、782、747—748页,齐鲁书社1989年。

㉕ 张儒、刘毓庆《汉字通用声素研究》第112—113页,山西古籍出版社2002年。

㉗㉚ 宗福邦、陈世铙、萧海波主编《故训汇纂》第581、582、1177页,商务印书馆2003年。

㉙㉛ 白于蓝编著《简帛古书通假字大系》第644、611页,福建人民出版社2017年。

㉜ 陈剑《金文"彖"字考释》,氏著《甲骨金文考释论集》第243—272页,线装书局2007年。

古文字研究(35):258—264,2024

陈纯釜铭文补释

孙　刚　　李　瑶

　　清咸丰七年(1857)在山东胶西灵山卫古城旁出土了三件战国时期的齐国量器,即子禾子釜、陈纯釜和左关匜。三器出土后,陈介祺曾嘱托张祖樾为己购得,后几经辗转,子禾子釜现藏中国国家博物馆,陈纯釜和左关匜现藏上海博物馆。三器中"陈纯釜"曾有"陈犹区"(《簠斋吉金录》《愙斋集古录》)、"陈猷釜"(《缀遗斋彝器考释》)、"左关釜"(《周金文存》)、"陈纯釜"(《两周金文辞大系图录考释》)等旧称,现在一般都称其为"陈纯釜"。该器外壁铸有铭文34字(见图一)。

<table>
<tr><td>《集成》10371</td><td>上海博物馆官网</td></tr>
</table>

图一　陈纯釜铭文拓本及照片

　　为方便讨论,现将铭文释文征引如下:

　　　　陸(陈)犹立事岁,龏月戊寅。於丝(兹)安陵▨,命左关币(师)▨敕宝左关之釜(釜),节于龏(廪)酓(釜)。龏(敦)者曰陸(陈)纯。

铭文首句"立事"者为"陈犹",这种"立事"格式是齐系题铭中较为常见的纪年方式[①]。"龏月"为齐国特有月名,"龏"原作▨,陈介祺释为"酐",同时认为上部"从雠,雠声"[②]。方浚益《缀遗斋彝器款识考释》卷二八·一七也释作"酎",认为上部为"丝":"按此上从丝当是酎之繁文。"③
吴闿生《吉金文录》金三·三十七释作"歠"④,张振谦从之并将其读作"歲",认为是与饮酒或酿
酒有关的月份⑤。刘钊引此器释文作"歠(?)月"⑥。程鹏万根据上海博物馆公布的铭文照片,
认为 上部所从为"兂",进而将铭文 月"释读为"蚕月"⑦,侯乃峰⑧、傅修才⑨从之。按,仔
细比较,该形体上部与"兂"形相比是否一定是同一形体难以确认。右上部形体作比较明显的
闭环型,似与"兂"所从不类,今暂从旧说释为"歠","歠月"含义有待进一步考察,"歲月"的释
读似可备一说。"於"本作 ,旧有释"如""始""取""各(格)""处"等意见⑩,都不可信。《缀
遗斋彝器款识考释》卷二八·一七释文作"於",今从之。 ,陈介祺《簠斋藏古册目并题记》释
作"宁",郭沫若认为是"亭"字异体:"当是亭字之异,从高省,丁声。"⑪陈邦怀认为是"丁"字别
体:"盖为古丁字之别体,命盖用为宁,'丁宁左关'者,反复丁宁左关为铸釜事也。"⑫林宏明、
黄德宽、禤健聪等认为是"公"字⑬,张俊成认为此字待考⑭。此外还有释"宛(县)"⑮"宫(馆)"⑯
等意见,该形体与之相比还是存在一些不小的差别,且从量器的角度来分析相关辞例,释读为
"宛(县)"或"宫(馆)"也未必合适。今暂从旧说释写为"市亭"之"亭"。本文着重讨论铭文
与"敕宝"的释读问题。

工师的名字 上引陈介祺《簠斋藏古册目并题记》释文、吴大澂《愙斋集古录》二四·四都
释为"发",后者认为该形体"从弓矢赴的形"。此说影响范围比较广,吴闿生《吉金文录》、杨
树达《积微居金文说》、张政烺《张政烺批注两周金文辞大系考释》、陈邦怀《嗣朴斋金文跋》等
都从其说。在词义理解上或认为是人名,或作他解,如陈邦怀就将其读为"范"。方浚益《缀
遗斋彝器款识考释》认为该形体上部所从为"带"字,分析该形体为"从册从弓矢,象弓矢悬于
带下之形,不审何意,当是师之名"。郭沫若《大系考释》从其说,释文也作"羃"。按,齐陈发
戈(《铭图》16640)铭文"发"作 ,上部明显从"癶",与战国文字中见于他系文字的"发"构形
相同, 释为"发"显然不可从。将 上部与"带"相联系,也不可信。战国文字中的"带"作
(《信阳》2.2繻)、 (《曾侯乙墓》简138)等形体,秦汉文字中的"带"上部仍与战国时期的写
法相近,与此不同。仔细分辨铭文拓本,不难发现该形体右下部作 , 即常见的合文符
号,在铭文照片上 也约略可见。上引吴大澂《愙斋集古录》已经指出 下部"从弓、矢",从
结构上看很明显就是《说文》"躲(射)"之异体。《说文》:"躲,弓矢发于身而中于远也。从矢、
从身。"甲骨文"射"作 (《合》19479),《说文》所谓"身"本是"弓"形之讹变,这已经成为文字
学者的基本常识。春秋晚期射戟(《铭图》16505)铭文中的"射"字作 已经出现了这种讹变
倾向。战国时期文字中有很多"射"字仍然从"弓",如 (《集成》12113B)、 (《郭店·穷达》简
8)、 (《古玺汇考》112页)、 (《清华三·祝辞》简3)等。前两形体从倒"矢"形,后两者除去
"夬"等部件后与 在结构上别无二致。 形上部所从 ,我们认为该形体很可能是"共冶"
二字的合文。战国文字中的"共"有一种常见形体作 (《包山》228)、 (《玺汇》5135),

典型特征是上部所从"収"写作"廾"形。此类形体在作为部件时下部往往省略，如玺印文中
▨（《玺汇》3658）、▨（《玺汇》5389）两形体，施谢捷将前者释为"恭"[17]，何琳仪《战国古文
字典》、汤余惠主编《战国文字编》将两者都释为"恭"[18]，与上列诸"共"形体相比较，其说当可
从。何琳仪在分析形体时已经指出"共旁或省収作▨"。网友"偃桐"（黄锦前）在《试说楚
文字中恭字的异体》一文中赞同其说，并且对"共"字的形体演变进行了分析，在该文中他还
指出陈纯釜▨"其上部构形抑或与此类字亦有一定关联，详细情况待考"[19]。我们认为其将▨
与▨形相联系很具有启发性。我们怀疑▨应看作▨和▨二字的合文，▨与▨、▨、
所从的▨、▨之类的形体无疑是非常接近的，▨当为齐国"冶"字▨、▨之省，二者构成
借笔关系。铭文"共冶"当读作复姓"公冶"。"公"上古音属见母东部，"共"属群母东部，二者
韵部相同，声母同属牙音，以"共"为声符的"恭、供"等也属见母东部，与"公"声韵皆同。《上
博六·平王与王子木》简3、4"鬵不盖"中的"鬵"分别作▨、▨，二者都以"共"为声符。陈剑在
《释上博竹书和春秋金文的"𩰫"字异体》一文中认为该形体"从'共'声从意符'皿'，当释读为
'瓮'或'甕'。两字古常通用无别，《说文》有'瓮'无'甕'"[20]。1979年河南淅川县仓房镇下寺春
秋墓M3出土一件鼎形器，器物自名▨。广濑薰雄将其摹写作▨，同时指出郭永秉将其与《上
博六·平王与王子木》▨、▨相联系并结合上引陈剑的意见，将该器物自名释读为"瓮"[21]。石小
力根据更加清晰的铭文照片将其摹写作▨，并进一步肯定了释"瓮"的意见，襦健聪也有相同
的看法[22]，此例正可以作为"共"与"公"声字相通假的有力证据。所以我们认为▨应看作"共
冶躬"三字合文，应读作"公冶躬（射）"[23]。孔子弟子有"公冶长"，汉印中有"公冶定"（《印典一》
194）、"公冶赤"（《印典三》2148）等。

　　"敕"本作▨，"宝"及其右侧拓本原作▨。前者《簠斋藏古册目并题记》认为"似敕字"，
《愙斋集古录》将二者释作"敕成"，并认为"敕成者，物勒工名、以考其成也"。此说影响比较大，
赞同者颇多。如《两周金文辞大系图录考释》《战国铭文选》等都将其释写作"敕成"，《战国铭
文选》同时将其训读为"制成"[24]。相同形体还见于秦公簋（《集成》4315.1），辞例作"万民是▨"。
张富海在《"敕"字补说》一文中，详细讨论了秦公簋及陈纯釜相关形体及文例用法，他认为[25]：

　　　　汤余惠先生解"敕成"为"制成"。按"敕"有告诫、谨慎、整饬、治理等义，并无具体实在
　　的制作义，故"敕成"大概不能简单理解为"制成"。何琳仪先生训此"敕"为"正"（引《小尔
　　雅·广言》）。按《礼记·月令》："调竽笙簧簧，饬钟磬柷敔。""饬"与"调"义近。古书"敕"与
　　"饬"通用无别（两字本是异体关系），铭文"敕成"之"敕"与此"饬"字用法相同。乐器要符合
　　音律，故须"饬"而成；量器要符合量制，故亦须"敕"而成。

在分析该字形体结构时，他认为应分析为从"束"：

　　　　秦公簋和陈纯釜铭文中的"敕"字所从的"束"都有两点（陈纯釜之"敕"，何琳仪《战国
　　古文字典》所摹无两点，盖将两点看作泐痕），应属于无意义的"乘隙加点"的饰笔。虽然这

样的"朿"旁已经混同于"柬",但没有必要分析为从"柬","柬"但训择(《尔雅·释诂》"柬,择也"),于义无所取。金文"刺"字,既作〔图〕,又作〔图〕、〔图〕,后两形也加两点为饰,情况与"敕"相同,第三形左旁同样混同于"柬"形。

也有学者提出了释"敕"的意见,如陈邦怀就隶定作"敕"读为"炼",他认为:"以字音言之,盖读为炼。'丕发敕成'者,言烧土为范,炼铜成左关之釜也。"张亚初《殷周金文集成释文》隶定作"敕"的同时也读为"敕"。

　　暂且不论秦公簋相关形体的释读问题(详文末"看校补记"),仅就陈纯釜而言,学者将"敕"释为"敕"的前提条件是认为该形体中间的两个圆点属于饰笔,是混同于"柬"的"朿",这一点在上引张富海文中已经表达的很明确了。我们认为,将该形体一定要看作加了饰笔的"朿",可能有些过于绝对。"朿"作为单独的部件很早就已出现,如西周早期的新邑鼎中〔图〕(《集成》2682)就已经作为地名使用,春秋晚期齐国铜器鲍子鼎铭文"勿或〔图〕已",研究者有读为"阑"或"简"等意见,但无论如何和"朿"是没有关系的。此外,令狐君孺子壶中的"柬柬(简简)"也和"朿"没有关系。由"朿"参与构形的形体就有"谏(谏)"(大盂鼎,《集成》2837)、"阑(简)"(王孙遗者钟,《集成》261)、"莱(兰)"(《上博八·兰赋》简2—4)等数字。《郭店简·五行》"柬之为言犹练也"之"练",马王堆帛书《五行》作"贺"或"衡"。《上博七·武王践阼》"……谏不远",复旦读书会读为"鉴",应可从。这些用法明确的例子一方面说明"朿"确实是可以作为部件参与构形的,而且还具有一定的能产性。另一方面,也说明从"朿"的形体我们不能一概而论都看作加了饰笔的"朿"。据此,我们认为与其将陈纯釜"敕"所从看作"朿",不如就将其看作是以"朿"为声符的形体。上引陈邦怀意见虽然在释字层面存在一定问题,但其将辞例文意理解为"炼铜成左关之釜也"大致是可信的,"敕"似可依陈邦怀的意见读为"炼"。

　　〔图〕(〔图〕)之所以会被释为"成",其实主要是受到最右部〔图〕线条的影响。有学者并不认为这些成分属于该字部件,如曹锦炎编的《商周金文选》就将其释写作"主"[26],吴振武《赵钹铭文"伐器"解》一文在称引陈纯釜铭文时明确将其释写作"宝(主)"[27]。《战国文字编》《战国文字字形表》等工具书也都放在"宝(主)"下。通过观察更为清楚的彩色照片可以发现,所谓的〔图〕实际上是一条纵贯整篇铭文的铸造痕迹,与文字形体无关。据此,程鹏万指出:"将其释为'主'已无疑问。"其说可从。"宝"在这里似可读作"铸","宝"上古音属于章母侯部,"铸"属于章母幽部,二者声母相同,韵部例属通转关系。从实际用例来看,从"主"声的形体与"铸"存在紧密的联系。如裘锡圭在《殷墟甲骨文字考释(七篇)·释"注"》一文中曾指出[28]:

　　"注"、"铸"二字古通用。《史记·魏世家》"(文侯)三十二年……败秦于注",《正义》:"注或作铸也。""注"音与"祝"相近。《周礼·天官·疡医》郑玄注:"祝当为注,读如注病之注,声之误也。""祝"、"铸"古亦通用。《礼记·乐记》"封帝尧之后于祝",郑玄注:"祝或为铸。"《淮南子·俶真训》"冶工之铸器",高诱注:"铸读如唾祝之祝。"这也是"注"、"铸"古音相近之证。

此外，在晋系文字中"铸"有一种异体从"肘"初文得声作🔲（中山王方壶，《集成》9735）、🔲（十三年上官鼎，《集成》2590）。同从"肘"初文得声的"守"除了常规写法外，往往添加"主"声作为迭加声符写作🔲（《侯马》一五六：一七）、🔲（《侯马》二○○：一六）。这也说明"铸"与"宔"二者在读音上是非常接近的。

"敕（炼）宔（铸）"一词可与学者多有讨论的"窒铸""命铸"等相联系。楚王酓忎鼎铭文中的"窒铸"一直以来没有很好的释读意见。《郭店·缁衣》引《吕刑》"非用🔲"之🔲可与今本相对读，张富海在《郭店楚简〈缁衣〉篇研究》中指出[29]：

> 今本作"苗民匪用命"，今《尚书·吕刑》作"苗民弗用灵"。上海博物馆藏《缁衣》亦有"苗民"。简文脱去"苗民"两字，遂使整句话缺少了主语。《墨子·尚同中》引《吕刑》此句作"苗民否用练"。皮锡瑞《今文尚书考证》引段玉裁说，谓《缁衣》之"命"为"令"字之歧误，"令"与"灵"古通，皆当训"善"。《墨子》之"练"与"灵"音近，以《墨子》上下文观之，亦当训"善"。其说甚是。郑注训"命"为"政令"，非（从上文看，政与刑一样是被否定的）。简文之"窒"字，亦见于寿县出土的铸客匜，朱德熙先生读为"驲"；此字《说文》大徐本注音人质切，与"日"、"驲"同音，与"令"亦音近。疑简文此字亦当读"灵"或"令"，训为"善"。熊悍鼎、熊悍盘铭有从宀窒声之字，朱德熙先生读为"𤋮"。按从简文"窒"对应于《墨子》之"练"来看，铭文此字也可能读为"炼"。

后来发表的《上博五·弟子问》"巧言窒（令）色"和《上博七·凡物流行》"窒（令）声好色"等用法，再一次验证了🔲与"令"之间的对应关系。今本《缁衣》"命"、《吕刑》"灵"相对应的文字《墨子》作"练"这一线索十分重要[30]，张富海将楚王鼎"窒铸"读为"炼铸"正可与陈纯釜铭文"敕（炼）宔（铸）"互为参证。在明确了"窒"与"令""命"之间的对应关系后，随之而来的问题就是"窒"的训读问题。是应该读作"令"抑或是"命"？相关词句该如何解释？学者间存在着一定分歧。如整理者张光裕就读为"令铸"[31]，理解为"善铸"。冯胜君、董珊都读为命令之"令"[32]，石小力从之，并引郜孝子鼎铭文中的"命铸"作为参证[33]。我们认为，"善铸"的说法从语义上看总感觉不够凿实妥帖，不如"命（令）铸"直接。但将"命（令）铸"理解为"命令"似乎也有不妥之处，因为陈纯釜铭文"命左关帀（师）共（公）冶躲（射）敕（炼）宔（铸）左关之�（釜）"辞例中已经出现了"命"字表命令，如果再将"敕"通假为"命（令）"理解为"命令"，语涉重复，实无必要。"窒铸""命铸""敕（炼）宔（铸）"三者相较，应以"敕（炼）"作为本字最为直接，其余二者都应是其通假字，"敕（炼）宔（铸）"就是冶炼铸造之意。

看校补记：文中所提及的秦公簋铭文"万民是敕"之"敕"，如果也从"柬"得声的角度进行考虑，疑可读为"赖"。《说文》认为"赖"本从"剌"声，有学者认为两周金文中的"剌"已经变作从"柬"得声（参程浩《释甲骨文中的"柬"字》，《出土文献研究》第18辑）。"赖"上古音属来母月部，"柬"虽然属见母元部，但从"柬"声的"練""鍊""菓"等字都属来母元部，与"赖"声母相同，韵部为严格的对转关系,在中古二者都属于开口韵。《后汉书·王丹传》"其嫜嬾者耻不致丹",李贤注:"嬾与懒同。"《说文》"嬾"字,《集韵》:"或从心,亦作悚、懒、孄、嬾。"《尚书》《左传》中多有"赖之"的说法,如《尚书·吕刑》:"一人有庆,兆民赖之。"《左传·昭公十一年》:"齐桓公城榖而寘管仲焉,至于今赖之。"有时也可以写作"是赖",如《左传·襄公二十五年》:"则我周之自出,至于今是赖。"上引秦公簋铭文"万民是敕(赖)",也应该属于"某某是赖"这种句式("是"作为代词,宾语前置),在内容上"万民"与《尚书·吕刑》"兆民"也可以相比较。铭文"剌剌(烈烈)桓桓,万民是敕(赖)",在于强调烈祖的功业显赫,万民都恃赖他们。

附记:本文为2022年度海南省哲学社会科学规划项目"东周齐系文字通假现象研究"[HNSK(YB)22—127]的阶段性成果。论文在写作过程中徐广才教授、孙超杰先生多有指正,特此致谢!

(作者单位:海南师范大学文学院)

注:

① 相关讨论参山东大学历史文化学院考古学系、山东博物馆、新泰市博物馆编著《新泰出土田齐陶文》第277—288页,文物出版社2014年。孙刚《东周齐系题铭研究》第42—62页,上海古籍出版社2019年。

② 陈介祺《簠斋藏古册目并题记》,广仓学窘铅字本1920年;又,刘庆柱、段志洪、冯时主编《金文文献集成》第18册第511页,线装书局2005年。

③ 方浚益《缀遗斋彝器款识考释》石印本,商务印书馆1935年;又,《金文文献集成》第14册第436页。

④ 吴闿生《吉金文录》,南宫邢氏刻本1932年。

⑤ 张振谦《齐月名初探》,《中国国家博物馆馆刊》2014年第9期。

⑥ 刘钊《齐国文字"主"字补证》,《出土文献与古文字研究》第3辑第137—151页,复旦大学出版社2010年。

⑦ 程鹏万《试说齐金文中的"蚕月"》,"纪念于省吾先生诞辰120周年、姚孝遂先生诞辰90周年学术研讨会"论文集第91页,吉林大学,2016年。

⑧ 侯乃峰《读金脞录》,《商周青铜器与先秦史研究青年论坛论文集》第193页,科学出版社2017年。

⑨ 傅修才《东周山东诸侯国金文整理与研究》第97页,复旦大学2017年。

⑩ 详参孙刚《东周齐系题铭研究》第440页,吉林大学2012年。

⑪ 郭沫若《两周金文辞大系图录考释》第223页,科学出版社2002年。

⑫ 陈邦怀《嗣朴斋金文跋》第112页,学海出版社1993年。

⑬ 林宏明意见参见黄圣松《东周齐国文字研究》第408页,台湾政治大学2002年。黄德宽意见参见夏大兆《释"公"》,复旦大学出土文献与古文字研究中心网2010年3月27日。又,夏大兆《"公"字补释及安陵地望》,《中国文字学报》第5辑第108—113页,商务印书馆2014年。禤健聪《东周金文释证三则》,《中国文字研究》第31辑第3页,华东师范大学出版社2020年。

⑭ 张俊成《齐系金文研究》第164页,上海古籍出版社2022年。

⑮ 赵平安《战国文字中的"宛"及其相关问题研究》,《第四届国际中国古文字研讨会论文集》第535页,香港中文大学中国语言及文学系2003年。

⑯ 李家浩《战国文字中的"宫"字》第247页,《出土文献与古文字研究》第6辑,上海古籍出版社2015年。

⑰　施谢捷《〈古玺汇编〉释文校订》,《容庚先生百年诞辰纪念文集》第650页,广东人民出版社1998年。

⑱　何琳仪《战国古文字典——战国文字声系》第417页,中华书局1998年。汤余惠主编《战国文字编》第704页,福建人民出版社2001年。

⑲　偬桐《试说楚文字中恭字的异体(修订稿)》,复旦大学出土文献与古文字研究中心网2008年5月27日。

⑳　陈剑《释上博竹书和春秋金文的"羹"字异体》,"2007中国简帛学国际论坛"论文集,台湾大学中国文学系,2007年;又,氏著《战国竹书论集》第251页,上海古籍出版社2013年。

㉑　广濑薰雄《淅川下寺3号墓出土的"瓮"》,《简帛》第7辑第319页,上海古籍出版社2012年。

㉒　石小力《东周金文与楚简合证》第111—112页,上海古籍出版社2017年。禤健聪《战国楚系简帛用字习惯研究》第337页,科学出版社2017年。

㉓　《玺汇》3658原作▩,徐俊刚根据上引施谢捷释前两字为"恭夜"的意见,怀疑"恭夜"即"公冶"。详徐俊刚《战国文字材料所见复姓订补》,《战国文字研究》第1辑第160页,安徽大学出版社2019年。如其说可从,"公冶"一词在不同系别中也存在着不同的书写形式。

㉔　汤余惠《战国铭文选》第15—16页,吉林大学出版社1993年。

㉕　张富海《"敕"字补说》,赵平安主编《讹字研究论集》第143页,中西书局2019年;又,氏著《古文字与上古音论稿》第164页,上海古籍出版社2021年。

㉖　曹锦炎编《商周金文选》第188页,西泠印社出版社1990年。

㉗　吴振武《赵钺铭文"伐器"解》,《训诂论丛》第3辑第801页,文史哲出版社1997年。

㉘　裘锡圭《殷墟甲骨文字考释(七篇)·释"注"》,《湖北大学学报(哲学社会科学版)》1990年1期;又,氏著《裘锡圭学术文集》第1卷第359页,复旦大学出版社2012年。

㉙　张富海《郭店楚简〈缁衣〉篇研究》第22页,北京大学2002年;又,《郭店楚简〈缁衣〉篇注释》,氏著《古文字与上古音论稿》第32—33页。

㉚　李守奎对"令"与"练"之间的关系也多有讨论,详《信阳简遣策分组编联与补释》,刘钊、李守奎主编《简牍学与出土文献研究》第2辑第91页,商务印书馆2023年。

㉛　马承源主编《上海博物馆藏战国楚竹书(五)》第282页,上海古籍出版社2005年。

㉜　冯胜君《郭店简与上博简对比研究》第149页,线装书局2008年。董珊说参见程鹏万《安徽寿县朱家集出土青铜器铭文集释》第83页,黑龙江人民出版社2009年。

㉝　石小力《东周金文与楚简合证》第33—34页,上海古籍出版社2017年。

古文字研究（35）：265—271，2024

释金文中的"带"字

李春桃

商代晚期金文中有如下形体：

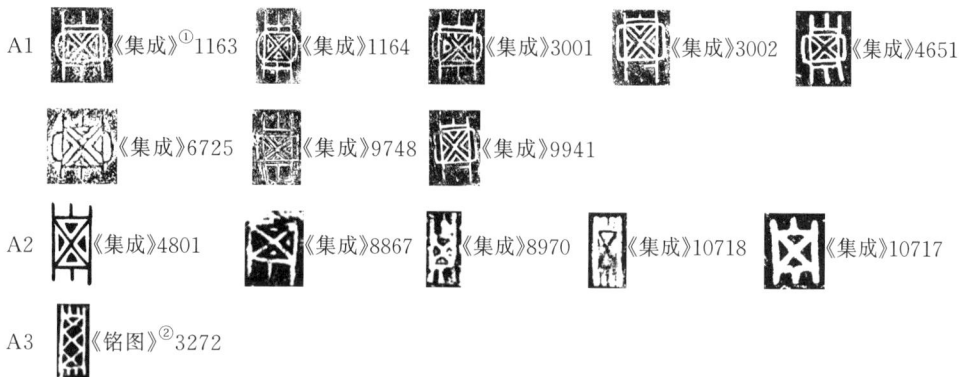

A1 《集成》①1163 《集成》1164 《集成》3001 《集成》3002 《集成》4651

《集成》6725 《集成》9748 《集成》9941

A2 《集成》4801 《集成》8867 《集成》8970 《集成》10718 《集成》10717

A3 《铭图》②3272

以上几类形体中，A1类出现较多，文中所列只是其中一部分；A2类相对较少，目前只见到数例；A3类则只出现一例。对比前两类形体，它们写法相近，只是前者较后者中间多一方框形□，所以过去多将它们当成同一个字。如《金文编》一书将两类形体放在同一编号下，把它们当作不识字收在附录当中③，从这种处理可以看出，编者将它们当成同一个字。后文会谈到，个别研究者把A1、A2两类形体都释作"橹"，也是将它们视作同一个字。本文认为，将前两类形体当作一字是可信的。《铭图》12599号著录了一件器物，器身与器盖上均铸有铭文。其中器铭作█，盖铭作█，前者中间有一方框，与A1类形体相同；后者中间没有此形，与A2类形体相同。而这件器物形制特别，作█状。器盖和器身形制、纹饰均十分统一，显然就是原配的一件器物，不存在后配之可能，所以此器的盖铭和器铭所代表的应该是同一个字，该器可证明A1、A2为同一字。而A3与前两类形体相比，只是中间交叉笔画更加繁复，它们应该是同一个字的不同异体。后文在不需要区分三者时，都用A来代表此类形体。

关于A的释读，以往多将其当成未释字，如上引《金文编》将其放入附录中。董莲池《新金文编》也是如此处理④。也有学者提出过考释意见，如李孝定在《金文诂林附录》为A1类形体作按语时云："疑'卤'字，象盾形，惟又从□不知何义。"⑤"卤"古可指大盾，这种用法是"橹"的通假字，此说应该是认为A象盾牌的形状。张亚初将A1、A2都释作"橹"⑥。吴镇烽《铭图》一书信从此说。按，《说文》："橹，大盾也。从木，鲁声。樐，或从卤。""樐"是"橹"的或体，可见释"橹"说也是将A1、A2当成盾的象形字。其实，此说并不可信。从字形上看，A与盾形并不相似，一般认为甲骨、金文中的"干"即盾之象形，其形体作█（《合》⑦9801）、█（《合》

4947）、▣（《合》7995）、▣（《合》9082）[8]，A1类形体上下各有三个竖画，与盾的象形写法并不近似。从出土实物来看，考古出土的盾已有学者进行介绍[9]，没有与A形似或相近者。再从用字习惯上看，十五年赵曹鼎铭文（《集成》2784）中用为"橹"的字作▣（▣），为"庐"字[10]。A与该形不存在形体演变关系，也看不出读音上的联系。所以，过去将A释成"橹"只是一种猜测，A形写法既然不象盾，那么此说就失去了根据。

关于A3，以往也存在考释意见。如《铭图》以及《陕西金文集成》将A3释作"韍"[11]。同时，A1或A2中个别形体偶尔也被释作"韍"[12]。此说在形体上有可取之处，但结论并不正确。

本文认为A形应释作"带"，是带的早期象形写法。《说文》："带，绅也。男子鞶带，妇人带丝，象系佩之形，佩必有巾。"又："鞶，大带也。《易》曰：'或锡之鞶带。'男子带鞶，女子带丝。"由于大带的材质主要是丝帛等物，不易保存，所以带的实物墓葬中比较鲜见，但带的形制在考古发现的石人所着衣装上有所体现。如1935年殷墟考古发掘的侯家庄1004号和1217号大墓翻藏坑出土的大理石残缺人像，该石像左面残缺，仅剩右部，"上身穿大领衣，衣长盖臀，右衽；腰束宽带。……衣之领口，襟缘，下缘，袖口缘有似刺绣之花边。腰带亦有刺绣之纹"[13]。下图左为石像的正面及侧面图，右为石像的复原图（见图一）。

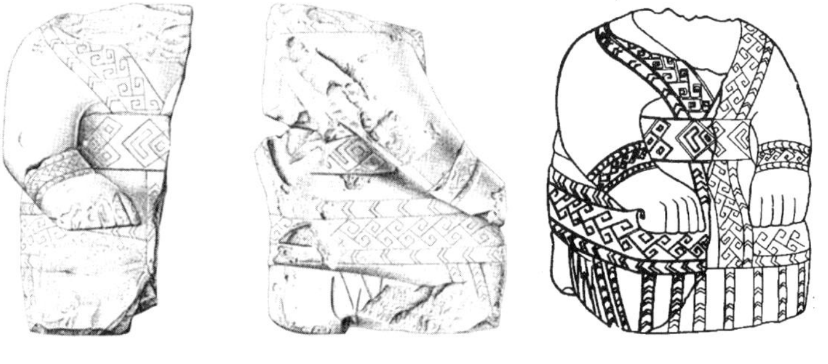

图一

屈万里曾经结合此图中衣服边缘的花纹来考证"韍"字，他认为石像衣领、衣之下边及袖口皆饰有互相钩连之"两己相背形"花纹，这正是"韍"字所象之形[14]。此说可从。古文字中"韍"字作▣、▣、▣、▣[15]，形体中间的钩连写法与石人的衣服边缘形状相合。我们知道古文字中"韍、带"二字过去常常被错认，有时"韍"字会被误释成"带"[16]，有时"带"字也会被误释成"韍"[17]。这是因为"韍、带"二字写法相近，同时它们所代表的物品形状也相近。"韍"字象衣服边缘所饰之花纹，而"带"字象饰有花纹的衣带。当然，两者因所象之物不同，写法也略存差异。"韍"字中间斜笔并不交叉而是呈卷曲状，卷曲的斜笔常常对称；而"带"字中间笔画却作斜十字交叉状。上录侯家庄出土石人衣袖边缘花纹作▣状，是"韍"字的象形写法。而石人腰部所束之带作▣状，呈斜十字交叉状，其形状正与A类形体写法接近。所以，本文

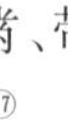

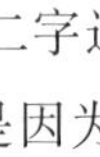

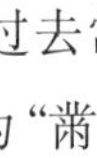

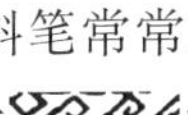

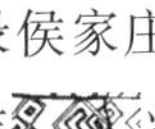

认为A形应释作"带"。从以往学者给出的关于A3形![图]的考释意见也可侧面说明这一点,该形中间作斜十字交叉,与"𩂖"字中间作平行对称不同,该形应即"带"字。而学界过去误释作"𩂖",也说明人们已经注意到该形与"𩂖"字形体相近,这与过去一些学者把"带"字误释作"𩂖"是相类似的。

无独有偶,商代殷墟妇好墓也出土了一件玉人,这件玉人"身着衣,交领垂于胸,长袖至腕,袖口较窄,腰束宽带",其形参图二A、B[18]。不仅商代如此,西周时期也存在相关资料,霸国墓地曾出土一件青铜顶盘,其铜人衣着包括"立领衣,有矩形垫肩,右衽,窄长袖,腰束菱格纹宽带",其形参图二C、D[19]。

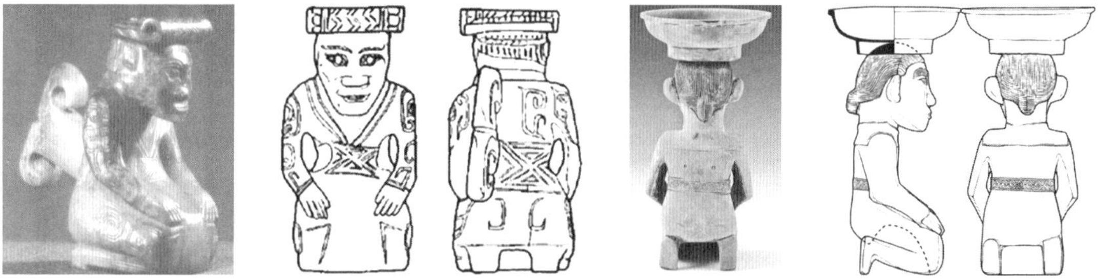

图二

商代玉人腰间所束之带的形状作![图]、![图],西周铜人所束之带形状作![图],这与![图]、![图]类形体极为近似,它们中间都呈斜十字交叉状,空隙间填以三角形。这种相似程度很难看作偶然,后者应该就是前者的象形写法。从该玉人所束之带来看,将A类形体释作"带"是有根据的。

下面来看A形与已被学界公认的"带"字之间的关系。下录子犯编钟铭文里的"带"字,最早由裘锡圭考释出来[20],后来徐宝贵又据以考释出了寰盘中的"带"字[21],相关形体如下:

![图]子犯编钟,《铭图》15203   ![图]大保戈,《集成》10954   ![图]寰盘,《集成》10172

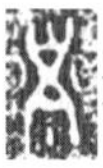

而甲骨文中的"带"字作:

![图]《合》20502   ![图]《合》35242   ![图]《合》28035   ![图]《合》28036

以上甲骨文形体为王卜辞中"带"字写法。花东卜辞中"带"字作,此形为姚萱所释,同时她还考释出了金文中另一早期写法的"带"字(《集成》7759)[23]。这些意见都是可信的,已被学界广泛接受。对比这些已被释出的"带"字,A类形体与其写法相似。![图]中间存在多重交叉,可与A3![图]形相互对应;![图]形中间作两重交叉,可与![图]类形体相互对应。当

然，它们之间也存在区别，A 形中间的两侧作两个竖画，并直接贯通上下；而 ⿱⿱、⿱ 两侧或作三角形，或作点画，这是它们的不同之处。如果 A 形确为"带"字，那"带"为什么会存在两类写法呢？我们认为这可能与不同的带的扎系方式和表现形式有关。我们知道商周时期的"带"可分为三种：一种是大带或称作绅带；一种是鞶带或称作革带；还有一种是绳带。关于这三种带的情况，朱德熙、裘锡圭在文章中曾有介绍[24]：

> 古代的带有三类。一是革带，以皮革制成，用以系鞸佩。《礼记·玉藻》："鞸下广二尺，上广一尺，长三尺，其颈五寸，肩，革带，博二寸。"郑注："颈，中央。肩，两角。皆上接革带以系之。肩与革带广同。凡佩系于革带。"二是大带，以素、练、锦、缟等物剪裁而成，用以束衣。《国语·鲁语下》："卿之内子为大带"，《玉藻》"大夫大带四寸"，又同篇："天子素带，朱里终辟"，郑注："谓大带也"。又同篇："大夫素带，辟垂。士练带，率，下辟。居士锦带，弟子缟带。并纽约用组。"三是绳带，编织而成。《后汉书·南匈奴传》："童子佩刀绲带各一"，注："绲，织成带也。"《说文》系部绲下云"织带"，段玉裁据《后汉书》及《文选·七启》注于"织"字下补"成"字，并云："凡不待翦裁者曰织成"。

这三种带中，绳带出现的较晚，传世文献对其记载较少，战国竹简中多有记录，李家浩对此曾有讨论[25]。而革带与大带出现的时间都比较早，古人所着外衣会束有革带，大带加在革带上。段玉裁在给"带"字作注时云："按古有大带，有革带。革带以系佩韨而后加之大带，则革带统于大带。"革带与大带两者因材质不同，扎系方式也存在差异。革带由皮革制成，质地较硬，不易缠绕，所以梁勉、田小娟认为"在带钩、带扣出现以前，革带两端大约多用窄绦带系结"[26]。

过去认为 ⿱ 类写法"象绅带交组之形"[27]。结合革带的情况来看，此类形体中间象革带两端的丝线交结之状。而本文讨论的 A1 形 ⿱，可能是大带系结之状的象形写法。安阳文化馆所藏商代孩童玉石像，身着长袖衣袍，腰束宽带（见图三）[28]。其中腰带前面有突出的方框形[29]，颇疑 A1 类形体中的方框形状 □ 便与此相关。至于 A2 ⿱、A3 ⿱ 类形体则是大带自然状态下的形状与花纹，殷墟妇好墓所出玉人腰中所束之带就是这种表现形式。

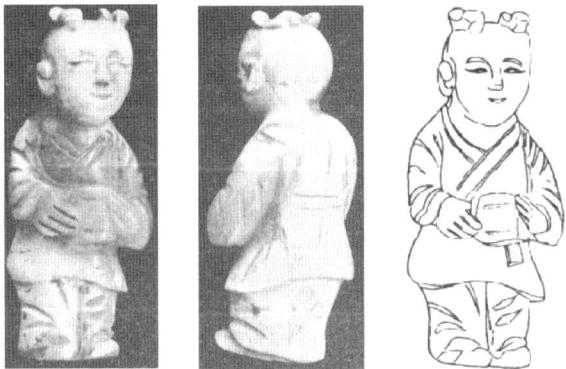

图三

上文以不同种类的带对比了"带"字的几种形体。当然，就形体演变而言，还有一种更为直接的可能，即 ⿱ 类形体是由 A 形中间竖画断裂演变而成，其序列大致如下：

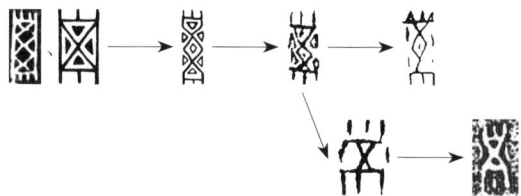

以上形体中，只要 A 形中间两侧的竖画断裂，就会变成▨类形体。我们知道，族徽铭文往往保存的形体较甲骨文更为古老，以此来看，▨形较▨出现得应该更早一些。而古文字中虚廓和点画往往无别，所以由三角形变至小点也是符合演变规律的，而且还有花东卜辞形体作为中间过渡环节。以往多不明白▨中间的三角形是如何而来，如果以上演变推测属实的话，这些三角形状就是 A 类形体笔画断裂后形成的。

以上 A 类形体所在的词例都十分简单，多数属于单字族徽铭文，有少数几例属于复合族徽铭文。而甲骨文中的"带"字，多用作地名或国族名，如：

惠（惠）成带，又（有）㗊。　　　　　　　　　　　　　　　《合》28036

成带弗雉（失）[㉚]王众。　　　　　　　　　　　　　　　　《合》26879[㉛]

以上"带"字在"成"字之后，用为地名或国族名。而 A 形多数都用作族徽铭文，将其释作"带"后，其与甲骨文中的"带"所指有可能是相同的。

下面顺便讨论一个可能为"带"的字。《保利藏金》曾公布一件青铜爵，爵上有铭文作▨，原书考释意见云："上面一字似藩篱状双扇鸟头门，中央的门柱上栖一鸟。"[㉜]吴镇烽《铭图》则释作"蕭"，而谢明文在其博士论文中收录此器，在"释文"一栏中录写原篆，并在后面括写"带？"，而在"注释"中云："▨，作器者私名。"[㉝]可见谢明文十分谨慎，在录写原篆的同时又怀疑该形可能为"带"字，但以"？"表示不确定。按，此形中间笔画作交叉状，与"蕭"字有别，吴镇烽将其释为"蕭"，虽不正确，但已经意识到此字的象形特征了。这与先前他将 A3 误释为"蕭"的情况是相同的。而谢明文怀疑是"带"字，是有道理的。此形与我们前文讨论的 A 形较为接近，颇疑上部中间的笔画原本应是竖画，但字口有破损，导致拓本失真，所以才象"门柱上栖一鸟"状。若此推测可信，则该形上下各有三竖画，形体中间作斜十字交叉状，又有菱形与之交错，与 A 形十分接近，只是交叉情况更为复杂一些，但表意情况是一致的。所以本文认为该形宜直接释作"带"。

附记：本文是国家社科基金项目"基于金文资料的中国先秦语言文化研究"（23VRC033）的阶段性成果，同时得到吉林大学青年师生交叉学科培育项目"基于人工智能的金文资料研究（2024—JCXK—04）的资助。

（作者单位：吉林大学考古学院古籍研究所）

注：

① 中国社会科学院考古研究所编《殷周金文集成》，中华书局1984—1994年，文中简称《集成》。

② 吴镇烽编著《商周青铜器铭文暨图像集成》，上海古籍出版社2012年，文中简称《铭图》。另，商代晚期的一件青铜觯上有形体作 ，与A2可能是一字异体，该觯著录参山西省公安厅、山西省文物局《国宝回家——2019山西公安机关打击文物犯罪成果精粹》第55页，文物出版社2019年。

③ 容庚编著，张振林、马国权摹补《金文编》第1118页，中华书局1984年。

④ 董莲池编著《新金文编》附录一第126—127页，作家出版社2011年。

⑤ 李孝定、周法高、张日升编著《金文诂林附录》第802页，香港中文大学出版社1977年。

⑥ 张亚初编著《殷周金文集成引得》第28、57、135页，中华书局2001年。

⑦ 郭沫若主编《甲骨文合集》，中华书局1978—1982年，本文简称《合》。

⑧ 前两个形体释"干"多无异说，后两个字历来有释"干"、释"盾"两种说法，从目前来看，释"干"的意见更为可信，相关讨论参苏建洲《西周金文"干"字再议》，复旦大学出土文献与古文字研究中心网2017年2月12日。沈之杰《干、盾补说》，《中国语言文学研究》总第27卷，社会科学文献出版社2020年。

⑨ 成东《先秦时期的盾》，《考古》1989年第1期。

⑩ 程鹏万《释十五年赵曹鼎铭中的"虏"》，《简帛》第19辑，上海古籍出版社2019年。

⑪ 陕西省古籍整理办公室、陕西省考古研究院编《陕西金文集成》第12册第112页，三秦出版社2016年。

⑫ 如《商代文字字形表》将A1、A2中个别形体收录在"㡀"下，参夏大兆编著《商代文字字形表》第333页，上海古籍出版社2017年。

⑬ 梁思永、高去寻《中国考古报告集之三·侯家庄第五本·第1004号大墓》第41—42页，图版三六，史语所1970年。

⑭ 屈万里《释㡀屯》，《史语所集刊》第37本，1967年。

⑮ 更多形体参看刘钊主编《新甲骨文编（增订本）》第471页，福建人民出版2014年；董莲池编著《新金文编》第1066—1068页。

⑯ 如金文中常见的"㡀屯"二字，宋代研究者多释作"束带"，而清代早期学者则多释作"带束"，这是误"㡀"为"带"的例子。

⑰ 如褢盘中的"带"字 ，李孝定云："余颇疑'㡀'之异构，未能定也。"而中国社会科学院考古研究所编《殷周金文集成释文》（第6卷第129页，香港中文大学出版社2001年）、张亚初编著《殷周金文集成引得》（第154页）皆误释作"㡀"。

⑱ 中国社会科学院考古研究所编辑《殷墟妇好墓》第152页，彩图参图版二二，文物出版社1980年。

⑲ 山西省考古研究院等编著《霸金集萃——山西翼城大河口西周墓地出土青铜器》第191—194页，文物出版社2021年。

⑳ 裘锡圭《也谈子犯编钟》，《故宫文物月刊》第13卷第5期，1995年。

㉑ 徐宝贵《金文考释两篇》，《考古与文物》2003年第5期。

㉒ 中国社会科学院考古研究所《殷墟花园庄东地甲骨》，云南人民出版社2003年。

㉓ 姚萱《殷墟花园庄东地甲骨卜辞的初步研究》第126—127页，线装书局2006年。

㉔ 朱德熙、裘锡圭《信阳楚简考释（五篇）》，《朱德熙古文字论集》第67页，中华书局1995年。

㉕ 李家浩《楚墓竹简中的"昆"字及从"昆"之字》，《中国文字》新25期，艺文印书馆1999年。

㉖　梁勉、田小娟《先秦时期的带》,《文博》2003年第6期。该文还提及江陵马山一号楚墓出土木俑所束的革带两端钻有小孔并以黄色锦带相连,以作为此说证据。

㉗　此语可参季旭升《说文新证》第622页,福建人民出版社2014年。

㉘　其中前两图采自胡厚宣《殷墟发掘》图版九九,学习生活出版社1955年;第三图摹本采自宋镇豪《中国风俗通史(夏商卷)》第358页,上海文艺出版社2001年。

㉙　颇疑此形即为扎系方式所致,但照片不够清晰,尚需观看原物以核实。

㉚　关于"雉"读为"失"的讨论参沈培《卜辞"雉众"补释》,《语言学论丛》第26辑第237—256页,商务印书馆2002年。

㉛　另,蔡哲茂曾对此片加以缀合:《合》26879+26880+26885+28035,参蔡哲茂《甲骨缀合集》第19页,乐学书局1999年。

㉜　保利艺术博物馆编《保利藏金》第28页,岭南美术出版社1999年。为此爵撰写介绍与考释意见的是孙华。

㉝　谢明文《商代金文的整理与研究》第463—464页,复旦大学2012年博士学位论文。

古文字研究（35）：272—277，2024

商周金文异文研究举隅（一）

谢明文

商周金文中，异文资料非常丰富，虽然之前有一些单篇文章和一些学位论文作过研究①，但所论并不全面，而且近些年商周金文呈井喷式面世，有很多异文值得玩味，商周金文的异文现象值得进一步整理与研究。商周金文中，狭义的异文是指盖、器铭文相同（或相关）或同一组器物的铭文相同（或相关）时，同一位置存在字、词、句使用不同的情况。异文关系大体可分为形近讹字关系、音近关系、义近关系等，下面选取部分异文略作探讨。

一　形近讹字关系

亚矣卣（《集成》②5271，《铭图》③13139，商代晚期）"𣏾（弧）"字，器铭作，系正常写法；盖铭异文作，其上部"瓜"形受"子"形类化亦变作"子"形，于是讹作了"𣏾（香）"。珊生尊（《铭图》11817，《陕集成》④530，西周晚期）"子孙永宝用世享"之"世"作，系正常写法的"世"字；同铭的珊生尊（《铭图》11816，《陕集成》531，西周晚期）相应位置的异文作，则讹作了形近的"止"字。十三年痶壶乙（《铭图》12437，《陕集成》194，西周中期后段）"徲父右痶"之"右"，同铭的十三年痶壶甲（《铭图》12436，《陕集成》193，西周中期后段）的器铭亦作"右"，而其盖铭相应处的异文，照片与拓本分别作、（同铭"又"作），则讹作了形近的"司"。2003年陕西眉县马家镇杨家村西周铜器窖藏出土了10件𠭲三年逨鼎，其中铭文"严在上，翼在下"之"下"，大都作正常写法，但𠭲三年逨鼎甲（《铭图》2503，《陕集成》646，西周晚期）相应处的异文，照片与拓本分别作、，与同铭"上"作、写法相同；𠭲三年逨鼎丙（《铭图》2505，《陕集成》648，西周晚期）相应处的异文，照片与拓本分别作、，与同铭"上"作、写法亦相同，它们皆是上横短于下横，讹作了形近的"上"字。曾公𣄰镈钟铭文"陟降上下"之"下"，其中镈钟M190:32的异文亦误作了"上"（《考古学报》2023年第1期第51—52页）；"白（伯）昏（括）"之"昏"，其中镈钟M190：34、M190：35的异文作、（《考古学报》2023年第1期第46—66页），讹作了"旨"。曾公𣄰镈钟M190：33、M190：34、M190：35"周之文武"之"武"，曾公𣄰甬钟M190：237、M190：245异文省讹作"戈"（《考古学报》2023年第1期第29—93页；《龢钟鸣凰：春秋曾国编钟》⑤第70—189页）。何次簋（《铭图》5953，春秋中期）器铭"初"，盖铭相应位置的异文作"衣"。2006年山西绛县横水墓地出土了两件西周中期的趞簋，铭末"子子孙扬尹氏休"之"休"，器铭皆作"休"，盖铭皆作"木"（盖、器区分暂据《佣金集萃》96、97,《山西珍贵文物档案·10》第57、71页与《佣金集萃》不同⑥),"木、休"构成异文。丰兮夷簋(《集成》4002,《铭图》4965,西周晚期)盖铭"隟簋",器铭作"酋簋","酋、隟"构成异文。

上述这些异文关系皆属于形近讹字关系,而"武"作"戈"、"初"作"衣"、"休"作"木"、"隟"作"酋"以及金文中多见的"孔"异文或作"子"等,是属于讹字中比较特殊的一类,即因部分省形造成的省讹字。通过部分形近讹字异文,有时还可略窥周人铸造铭文过程中如何应对误书的情况。

如1975年陕西岐山县京当乡董家村一号窖藏出土了八件此簋,其中七件此簋铭文中用作排行"叔"的"弔"皆作正常写法,但有一件此簋(《陕集成》67,西周晚期)⑦相应处的异文,盖铭作□,器铭作□,上部皆从"又",较同人所作的多件簋铭中相应位置的"弔"(《陕集成》第1册第130—166页)以及商周金文中的"弔"写法不同⑧。结合铭文来看,它们应该是分别受其下"右"字的影响而造成的误书。器铭"弔"左侧还明显有一"口"形,应是受其下□字的影响,先错成"右"字,然后将就此讹形,再改成"弔"字。盖铭"弔"也是受其下"右"作□的影响,在书写"又"形的过程中,及时发现了错误,因此没有书写口形,然后在此写法上再改成"弔"。如果静态地看,□、□实应看作误字"右"或"又"与正字"弔"的糅合形。

又如湖北枣树林墓地M190出土了两件圆壶(M190:104、103),其中M190:104铭文已公布(《考古学报》2023年第1期第39、42页),盖铭与器铭基本相同,只是前者标明作器者为嬭芈,后者标明作器者为曾公䵄。盖铭"用亯(享)□/□孝","孝"前之字,发表者释作"寿"(《考古学报》2023年第1期第40页),于字形、文例皆不合。器铭以及同出的曾公䵄诸器铭文中与之相当的位置作"㠯(以)"或"台(以)"。结合字形以及□的异文或作"㠯/台"来看,此形应是受其下"孝"字的影响先误书,发现错误后将就讹形,再改成"台"字。

又如曾公䵄钮钟M190:262"永用之"前的□,曾公䵄钮钟M190:249"吉金"前的□,据同出器物来看,前者与"丌/其"构成异文,后者与"其"构成异文,它们上部的写法应该是受同铭"白"字的影响,误书后将就讹形再添加"丌"形。

由上述异文现象,可知当时的铸铭者并没有用专门的修改符号将错字刮去,而是将就错字形并在其基础上再加以改造⑨。

二 音近关系

音近关系(这里所说的"音近",含"音同"而言)又可细分为异体(主要针对异构字)关系与通假关系。

邓尹疾鼎(《集成》2234,《铭图》1661,春秋晚期)盖铭"邓尹疾之洍盨",器铭作"邓尹疾之碅鼒","皿、鼎"作为表意偏旁时可通用,常可用作器名之字的意符,"盨"与其异文"鼒"是异体关系,"洍"与其异文"礗"是音近通假关系。

瘐钟(《集成》251,《铭图》15597,西周中期后段)"匈受万邦"之"匈",史墙盘(《集成》10175,《铭图》14541,西周中期前段)与之相应的异文作"迨","迨""匈"是音近通假关系。书钟(《文物》2023年第8期第22—26页,春秋晚期)"仇雠不合"之"合"(旧或破读作"答",实无必要,按其本字读即可),异文或作"卻"。"卻""合"是音近通假关系。鼄钟(《铭图》15351、15352、15355,春秋晚期后段)、鼄镈(《铭图》15799、15800、15802、15804,春秋晚期后段)"赢少则汤",鼄镈(《铭图》15797、15798,春秋晚期后段)与之相应的异文作"赢少戠膓","则"与"戠"、"汤"与"膓"皆是音近通假关系。

朋叔壶(《铭图》12401,西周中期前段)盖、器皆有铭,其中盖铭作"叔作田甫(父)壶"。"壶"前之字,或隶作"禀",或隶作"酒",或释作"隥(尊)",或释作"福"。关于其意义,研究者并没有很好的解释。联系周代金文资料,可知它应释作"禀(福)"字。从铭文看,朋叔壶盖铭应是器铭的节录,与盖铭"叔作田甫(父)禀(福)壶"相当的话语,器铭作"朋叔作田甫(父)宝尊壶",联系其他资料看(参看下文),盖铭"禀(福)"应与器铭"宝"对应而非与"尊"对应,两者应为异文关系。遭盅父盨(《铭续》⑩466)铭文中"其万年宝用"之"宝",作从"宀"从"皿""福"声之形。可知朋叔壶盖铭"禀(福)"实应读作"宝",它与器铭异文"宝"实系音近通假关系。

三 义近关系

五祀胡钟(《集成》358,《铭图》15583,西周晚期)"用申固先王受皇天大鲁命",同人所作的胡簋(《集成》4317,《铭图》5372,西周晚期)铭文中与之相关的一句话作"申固皇△大鲁命",其中"△",原作,下部残泐不清,从清晰彩照来看⑪,"△"字下部似经刮削,一般释作"帝"。商周文字中,"帝"上部常作两横的写法,且上横一般较下横短,"△"上部正与同铭(帝)"字上部相合。另古文字中,"天"上部有的也作两横的写法,那"△"是不是有可能应释作"天",簋铭"皇天"即钟铭"皇天"呢?从字形演变来看,"天"上面的头形演变作一横并在其上添加一短横饰笔演变作两横的现象应出现在春秋金文以后,又胡簋"用配皇天"之"天"作,上引五祀胡钟"皇天"之"天"作⑫,表示头部的部分皆作一填实扁圆形,还未演变为一横笔,因此"△"不可能释作"天"。结合字形与文义来看,旧释作"帝"应可从,宜看作是"帝"之残泐。也就是说,簋铭"皇帝"之"帝"与钟铭"皇天"之"天"构成异文。师訇簋(《集成》4342,《铭图》5402,西周中期后段)"肆皇帝亡戩,临保我有周"与毛公鼎(《集成》2841,《铭图》2518,西周晚期)"肆皇天亡戩,临保我有周"可合观,亦是"帝"与"天"相对。《国语·周语下》"克厌帝心",韦昭注:"帝,天也。"因此,金文"帝"与"天"构成异文,实是义近关系。

曾伯克父簋(《铭续》519,春秋早期)盖器同铭,盖铭"锡害眉寿,曾邦是保"的"眉寿",器铭相应位置的异文作"眉考"，吴镇烽、陈剑认为器铭"考"是误字⑬，张光裕认为作"眉考"意同"眉寿"，但未加论证⑭。"寿、考"声母不近，这处异文不会是音近通假关系，那究竟是讹字关系呢？还是义近关系呢？

公典盘（《铭图》14526，春秋中期）"丂终又（有）卒"，"终"前之字，陈剑释为"丂"，并认为⑮：

> 盘铭"丂"读为"考"，意为"老寿"。《尚书·洪范》"五福"之"五曰考终命"，"终命"只说"终"意义也差不多，金文常见的"霝（灵）终"，古书的"令终"，"终"亦即"终命"。"考"、"老"义近，后代文献还有"老终"一词。东汉末王粲《伤夭赋》（见《艺文类聚》卷三十四引）："惟皇天之赋命，实浩荡而不均。或老终以长世，或昏夭而夙泯。"

陈说可从。意为"老寿"的"考"，金文中又见于仲姜镈（《集成》271，《铭图》15828，春秋中期）"用求丂（考）命、弥生"。樊可忌敦（《铭三》⑯595，春秋晚期）"用享用孝，以祈丂寿"之"丂"，《铭三》（第2卷页222）释读作"丂（考、老）"，不妥，应释读作"丂（考）"，其用法与上引"丂"字相同。"丂寿"即蔡侯申尊（《集成》6010，《铭图》11815，春秋晚期）、蔡侯申盘（《集成》10171，《铭图》14535，春秋晚期）"不讳考寿"、叔夷钟（《集成》278，《铭图》15558，春秋晚期）、叔夷镈（《集成》285，《铭图》15829，春秋晚期）"汝考寿万年"等铭文中的"考寿"，古书中"考寿"见于《潜夫论·德化》"德政加于民，则多涤畅姣好坚强考寿"等。金文中又习见"寿考"一词，见于耳尊（《集成》6007，《铭图》11806，西周早期）"侯万年寿考黄耇"、牧簋（《集成》4343，《铭图》5403，西周中期）"牧其万年寿考"、召叔簋（《铭续》426，西周中期后段）、召叔鼎（《铭三》273，西周中期后段）"其万年寿考"、埶其簋（《铭图》4824，西周中期后段）"其万年寿考"、伯弘父盨（《铭图》5638，西周中期后段）"其万年寿考永宝"、向臅簋（《集成》4033、4034，《铭图》4992、4993，西周晚期）"臅其寿考万年"、彭生簋（《铭续》402，西周晚期）"彭生其寿考万年"、郘公敀父镈（《铭图》15815—15818，春秋晚期）"用祈寿考"等，古书中见于《诗经·秦风·终南》"寿考不亡"、《小雅·蓼萧》"寿考不忘"、《大雅·棫朴》"周王寿考"、《商颂·殷武》"寿考且宁"等。从用例来看，"寿考"较"考寿"出现得更早，并更为常见。由上述诸例可进一步确定"考"与"寿"意义相近，"寿考"是并列关系，因此亦可作"考寿"。金文中又见"寿老"，见于毛公旅鼎（《集成》2724，《铭图》2336，西周早期）"肆毋有弗顺，是用寿老"、晋侯僰马壶甲（《铭图》12430、12431，西周中期）"用享用考（孝），用祈寿老"、跳簋（《集成》3700、3701，《铭图》4546、4547，西周中期）"其寿老宝用"、免簋（《铭三》516，西周中期后段）"免其寿耆⑰（老）"、仲姜镈（《集成》271，《铭图》15828，春秋中期）"用祈寿老毋死"、夆叔盘（《集成》10163，《铭图》14522，春秋晚期）、夆叔匜（《集成》10282，《铭图》15001，春秋晚期）"寿老无期"等⑱。亦见"老寿"，见于荆公孙敦（《铭图》6069、6070，春秋晚期）"老寿用之"、齐侯子仲姜鬲（《铭续》261，春秋晚期）"老寿无期"等，古书中见于《左传》昭公二十年"其所以蕃祉老寿者"、《论衡·齐世篇》"坚强老寿"等。"寿老"较"老寿"出现得更早,并更为常见。其间关系犹如"寿考"之于"考寿"。"老、考、寿"义近。

金文中有"眉考"一语,见于叔家父簠(《集成》4615,《铭图》5955,春秋早期)"用祈眉考无疆"、杞伯每亡壶(《集成》9688,《铭图》12379,春秋早期)"其万年眉考",《铭图》(第13卷页258、第22卷页286)将这两处"考"皆括注"老",不妥。金文又有"眉老"一语,见于伯克壶(《集成》9725,《铭图》12440,西周中期后段)、伯克壶(《铭三》1067,西周中期后段)"克用匄眉老无疆"。

一般认为"老、考"是一字分化,它们关系密切。但"老、考"声母并不近,金文中"老、考"之间确定有交涉的例子并不多,只有少数几个例子。从与"孝"的关系来看,"考、孝"关系非常密切,金文中常见它们彼此相通,而"老、孝"并没有一例通假的例子。据此可知西周金文的"老、考"早应该分化完成。另仲姜镈(《集成》271,《铭图》15828,春秋中期)"用祈寿老毋死""用求匄(考)命、弥生"同见,叔夷镈(《集成》285,《铭图》15829,春秋晚期)"灵命难老""汝考寿万年"同见,公典盘(《铭图》14526,春秋中期)"用祈眉寿难老""匄(考)终又(有)卒"同见,这些皆是同一篇铭文中"老、考"皆表示"老、寿"义。因此,"寿考、考寿、眉考"之"考"与"寿老、老寿、眉老"之"老"不宜看作通假关系,而宜看作形义皆相近的两个词[19]。

由上所述,可知金文中意为"寿"之"考"多见,上述"眉考、眉老"与"眉寿"义近,皆表示长寿。因此曾伯克父簠铭文中"眉寿"与异文"眉考"实应看作义近关系[20]。

如果从词的角度讲,属于形近讹字关系、音近关系的异文表示的仍是同一个词,而属于义近关系的异文则是表示不同的词。从句子的角度而言,上述诸类异文关系皆保持了原来的句式,并未改变句子的内部结构。但金文中另有极少数的异文,彼此句式不同,如厝觯(《集成》6509,《铭图》10652,西周早期)与庶觯(《集成》6510,《铭图》10653,西周早期)同出于琉璃河西周早期燕国墓地的M251,它们铭文分别作"乙丑,厝赐贝于公仲,用作宝尊彝""乙丑,公仲赐庶贝十朋,庶用作宝尊彝",两者记日干支相同,内容几乎相同,可看作异文关系。"庶、厝"系音近通假关系,但"厝赐贝于公仲""公仲赐庶贝十朋"的异文关系则是句式的不同,前者用被动句,后者用主动句。

上文从字、词、句的角度对商周金文中的一些异文略作分析,类似的值得探讨的异文,商周金文中还有很多,由于篇幅的限制,我们在接下来的文章中再另行讨论。

附记:本文为国家社科基金冷门绝学研究专项学术团队项目"中国出土典籍的分类整理与综合研究"(20VJXT018)、国家社科基金一般项目"商周甲骨文、金文字词关系研究"(21BYY133)、教育部人文社会科学重点研究基地重大项目"基于先秦、秦、汉出土文献的汉语字词关系综合研究"

（22JJD740031）、上海市曙光计划项目"周代金文构形研究与疑难字词考释"（22SG03）的阶段性研究成果。

（作者单位：复旦大学出土文献与古文字研究中心、
"古文字与中华文明传承发展工程"协同攻关创新平台）

注：

① 参看周飞《西周金文异文研究》，北京师范大学2009年硕士学位论文。聂婷婷《商周同铭器铭文异文的整理与研究》，西南大学2016年硕士学位论文。卢路《西周金文异文整理》，复旦大学2022年硕士学位论文。

② 中国社会科学院考古研究所编《殷周金文集成》，中华书局1984—1994年。

③ 吴镇烽编著《商周青铜器铭文暨图像集成》，上海古籍出版社2012年。

④ 陕西省古籍整理办公室、陕西省考古研究院编，张天恩主编《陕西金文集成》，三秦出版社2016年。

⑤ 湖北省文物考古研究院等编著《龢钟鸣凰：春秋曾国编钟》，文物出版社2023年。

⑥ 山西省考古研究院等编著《俑金集萃——山西绛县横水西周墓地出土青铜器》，上海古籍出版社2021年。山西省文物局编《山西珍贵文物档案·10》，科学出版社2020年。

⑦ 《陕集成》著录的拓本与《集成》《铭图》著录的拓本不完全相合，《陕集成》67盖铭即《集成》4303、《铭图》5354之盖铭，《陕集成》67器铭即《集成》4309、《铭图》5360的铭文，此依照《陕集成》。

⑧ 参看董莲池编《新金文编》第1106—1115页，作家出版社2011年。

⑨ 金文中类似的现象还有一些，参看拙文《从两周金文看周人对误书的处理》（未刊稿）。

⑩ 吴镇烽编著《商周青铜器铭文暨图像集成续编》，上海古籍出版社2016年。

⑪ 同注④《陕西金文集成》第5卷第125页。

⑫ 李伯谦主编《中国出土青铜器全集》第17册第602页，科学出版社、龙门书局2018年。

⑬ 吴镇烽编著《商周青铜器铭文暨图像集成续编》第2卷第284页。陈剑《简谈清华简〈四告〉与金文的"祜福"——附：唐侯诸器的"佩（赗）"小考》，《出土文献综合研究集刊》第13辑第10页，巴蜀书社2021年。

⑭ 张光裕《新见〈曾伯克父甘娄簋〉简释》，《青铜器与金文》第1辑第22页，上海古籍出版社2017年。

⑮ 陈剑《金文字词零释（四则）》，张光裕、黄德宽主编《古文字学论稿》第143—146页，安徽大学出版社2008年。

⑯ 吴镇烽编著《商周青铜器铭文暨图像集成三编》，上海古籍出版社2020年。

⑰ 参看谢明文《谈谈近年新刊金文及其对金文文本研究的一些启示》，中山大学古文字研究所、中华传统文化研究中心举办的"第二届汉语字词关系学术研讨会"，2021年10月23—24日。

⑱ 井叔𫮃壶（《铭图》12375，西周中期后段）"匄寿"后之字，从拓本看，盖铭之字作，可释作"老"。器铭之字作，与"老、考"皆相近，结合盖铭看，器铭之字底部近似"卜"，它仍宜释作"老"。

⑲ 金文中多见"难老"一语，曾侯与钟（《铭续》1034，春秋晚期）"难"后之字，旧或摹作，释作"考（老）"（《铭续》第3卷页462）。据形应释作"考"，不必破读。不过由于拓本不清晰，此字摹写得是否准确难以确定，有待进一步研究。

⑳ 璋钟（《集成》113—117，《铭图》15324—15328）"用乐父兄"之"父"，同铭的璋钟（《集成》119，《铭图》15330）相应处的异文作，即"天"字。《诗经·邶风·柏舟》："母也天只！不谅人只！"毛传："天谓父也。"《仪礼·丧服礼》："故父者，子之天也。"据此，璋钟"父、天"异文，似可看作义近关系。不过异文作"天"的璋钟下落不明，又结合字形来看，铭文实可疑。

古文字研究（35）:278—281,2024

说金文中修饰车器、服饰的"䌛"

刘　云

西周金文中有一类"䌛"字常作为修饰语出现于车器、服饰等名称前,现略举几例:

䌛较	师克盨,《集成》4467.2
䌛帱较	录伯戎簋盖,《集成》4302
䌛髤较	毛公鼎,《集成》2841
䌛䡺	吴方彝盖,《集成》9898
䌛䡷	裘卫盉,《集成》9456
䌛朱衡	害簋,《集成》4260
䌛衬	王臣簋,《集成》4268.1

这类"䌛"字辞例相似,意思当亦相似。对这类"䌛"字的解释,有三种比较有代表性的意见。下面我们对这三种意见略作讨论。

学者多将这类"䌛"字读为"贲",训为饰①。姚孝遂针对这一意见云:"金文记赏赐舆马诸名物,皆详加描述,不得独此含混言之。"②姚先生所言很有道理。饰的意思过于抽象,而根据文意,这类"䌛"字应表示某种具体的意思,正如与这类"䌛"字语境极为相似的"驹车"之"驹"、"金踵"之"金"、"虎冟熏里"之"虎、熏"。

冀小军将这类"䌛"字读为"雕",训为饰画③。西周金文中有"雕"这个词,一般写作"琱"。"雕"所修饰的器物一般是戈上的威④,与"䌛"所修饰的器物很不相同,且西周金文中作修饰语的"䌛"与"雕"有出现于同一器铭的情况,如害簋(《集成》4260)既云"䌛朱衡",又云"戈雕威"。

孟蓬生将这类"䌛"字读为"髹",认为"髹"的意思是"用髹(髹髤)漆装饰过的"⑤。孟先生的意见有一定的合理性,但也不无疑问。战国文字中有一类多用为"仇"之字🔲(郭店简《缁衣》19),陈剑将其与西周金文中频见的🔲(何尊,《集成》6014)联系起来,认为它们的声旁相同,进而论证了西周金文中的这类字亦用为"仇",最后指出这两类字的声旁是"䌛"⑥。孟先生赞同陈先生的意见,并以此为定点讨论"䌛"的语音,进而将"䌛"读为"髹"。但据学者研究,陈先生的考证其实是有问题的,这类用为"仇"之字的声旁,并不能与"䌛"认同⑦。这样一来,孟先生的说法就失去了语音上的根据。

我们认为这类"䌛"应读为"幾"。

　　我们有小文指出，“䍠”是“根”的初文，“䍠”的上古音与“根”相同，为见母文部⑧。“幾”的上古音为见母微部。两者声母相同，韵部是严格的对转关系，语音很近。

　　我们还有小文指出，甲骨、金文中表祈求义的“䍠”应读为“祈”⑨。“祈”与“幾”古书中经常通用，“斤”及“斤”声字与“幾”及“幾”声字，古书中相通的例子更是比比皆是⑩。下面略举几例。《周礼·春官·肆师》“以岁时序其祭礼，及其祈珥”，郑玄注：“故书祈为幾。”《老子》第六十九章“轻敌幾丧吾宝”之“幾”，马王堆帛书《老子》甲本作“斤”，乙本作“近”⑪。《庄子·天道》“幾乎后言”，《经典释文》：“幾，司马本作顾。”

　　“幾”可以表示器物的“沂鄂”。《集韵》微韵：“幾，一曰器之沂鄂。”《礼记·郊特牲》“丹漆雕幾之美，素车之乘，尊其朴也”，郑玄注：“幾，谓漆饰沂鄂也。”孔颖达疏：“‘丹漆雕幾之美，素车之乘，尊其朴也’者，雕谓刻镂，幾谓沂鄂，言寻常车丹漆雕饰之以为沂鄂，而祭天以素车之乘者，尊其朴素。”又《少仪》“车不雕幾”，郑玄注：“幾，附缠为沂鄂也。”孔颖达疏：“‘车不雕幾’者，幾谓沂鄂，不雕画漆饰以为沂鄂。”又《哀公问》“车不雕幾”，郑玄注：“幾，附缠之也。”孔颖达疏：“‘车不雕幾’者，幾谓沂鄂也，谓不雕镂使有沂鄂也。”

　　那么“沂鄂”是什么意思呢？《说文》土部：“堂，殿也。”段玉裁注云⑫：

　　　　《释宫室》曰：“殿，有殿鄂也。”“殿鄂”即《礼记》注之“沂鄂”。沂，《说文》作“垠”，作“圻”。《释名·释形体》亦曰：“臀，殿也，高厚有殿鄂也。”古音“屍”声、“斤”声、“艮”声互通，合音作“幾”，作“畿”，是以《礼记》“彫幾”谓有沂鄂。堂之所以称“殿”者，正谓前有陛，四缘皆高起，沂鄂嶪然，故名之“殿”。

《周礼·春官·典瑞》“璩圭璋璧琮”，郑玄注引郑司农云：“璩，有沂⑬鄂璩起。”孙诒让注云⑭：

　　　　“沂鄂”者，界画隆起之谓。依《说文》，字当作“垠㖾”。此注及《辀人》《郊特牲》《少仪》注，皆作“沂鄂”。《淮南子·原道训》云：“出于无垠鄂之门。”《文选·张衡〈西京赋〉》“前后无有垠锷”，李注引许慎《淮南子》注云：“垠锷，端崖也。”又《甘泉赋》李注云：“鄂，垠鄂也。”“圻”即“垠”之或体。“圻”作“沂”，“㖾”作“鄂”，作“锷”，皆叚借字。此璩丰亦有刻文隆起，故云“有沂鄂璩起”也。

根据段玉裁和孙诒让的注解，结合我们的理解，下面我们分析一下“沂鄂”的含义。“沂鄂”是两个近义词连用，两者所代表的词都有凸起之义。“沂”或作“垠”，“垠”可以指凸起的土埂子，《集韵》恨韵：“土有起迹曰垠。”“沂、殿”音近可通，“沂鄂”亦作“殿鄂”。“殿”有宫殿义，宫殿凸起于地面。从“殿”声的“臀”，本义为臀部，臀部凸起于人体后部。“鄂”有额头义，《释名·释形体》：“额，鄂也，有垠鄂也。故幽州人谓之鄂也。”额头凸起于人的面部。与“鄂”同从“㖾”声的“崿”，有山崖义，《集韵》铎韵：“崿，崖也。”山崖凸起于平地。凸起之义与界限之义相通，因为凸起之处往往可以用作界限。这一点可参“垄”的词义。“垄”有土丘之义，土丘凸起于地面，所以引申有田界之义⑮。所以，“沂鄂”既可以表示凸起之义，又可以表示界限之义，而且先有凸起之义,后有界限之义。明白了这一点,在解释"沂鄂"时,就不必像孙诒让那样牵合凸起之义与界限之义,而说"界画隆起之谓"了。

"沂鄂"的意思弄明白了,这类"幾"的意思也就明白了——"幾"应该就是有凸起感的纹饰。"幾"的核心语义是凸起,这一核心语义在从"幾"声的"璣、磯"的词义中也可以得到印证。"璣"的本义是不圆的珠子[16],不圆的珠子相对于圆的珠子而言,其表面的某些地方是凸起的;"磯"的本义是露出水面的岩石或石滩[17],露出水面的岩石或石滩相对于水面而言是凸起的。

这种有凸起感的纹饰具体是怎么制成的,古人有不同的理解,郑玄认为是用缠束绳线的方式制成的,孔颖达认为是用涂饰漆料或雕镂的方式制成的(详上文)。根据常理,这几种方式都是有可能的。

上文我们列举了古人明确训为"沂鄂"的"幾"字,巧的是,这类"幾"字主要是修饰车的。其实古书中还有修饰其他器物的类似用法的"幾"字。《逸周书·器服》中有"幾玄茵"的记载。"茵"表示褥垫,"玄"表示颜色,"幾"显然也当是训为"沂鄂"之"幾"[18],表示有凸起感的纹饰。"茵"的表层一般由皮革或布帛制成,这种材质不适合缠束绳线,也不适合雕镂,所以"茵"有凸起感的纹饰,可能是用涂饰漆料的方式制成的[19]。不过考虑到皮革、布帛材质的特点,"茵"有凸起感的纹饰,也可能是用刺绣的方式制成的[20]。"幾玄茵"与上文提到的"𦥑(幾)朱衡"结构相同,都是"幾"与表示颜色的词("玄、朱")连用,共同修饰其后的中心语("茵、衡")。

"幾"的上述含义放到上揭金文的辞例中,是很合适的。上揭金文辞例涉及的器物大体可分为两类:一类是车舆上的铜或木质部件,如"较"[21];一类是皮革或布帛材质的器物,它们或为车舆上的附着物,或为服饰,如"帱、幭[22]、鞃[23]、𩍿[24]、衡[25]、衬[26]"等。"较"是铜或木质,它有凸起感的纹饰,可以用缠束绳线的方式制成,也可以用涂饰漆料的方式制成,还可以用雕镂的方式制成。"帱、幭、鞃、𩍿、衡、衬"是皮革或布帛材质,它们有凸起感的纹饰,可以用涂饰漆料的方式制成,也可以用刺绣的方式制成。

附记:本文为"古文字与中华文明传承发展工程"资助项目"河南古文字资源调查研究"(G1426)、国家社科基金重大项目"《汉语大字典》修订研究"(21&ZD300)、国家社科基金重大项目"'文字异形'理论构建与战国文字分域分期及考释研究"(22&ZD303)的阶段性成果。

　　　　　　　　　　　　　　　　　　　　　　　　　　　(作者单位:河南大学文学院)

注:

① 李圃主编《古文字诂林》第8册第878—885页,上海教育出版社2003年。

② 于省吾主编《甲骨文字诂林》第1477页,中华书局1996年。

③ 冀小军《说甲骨金文中表祈求义的㞷字——兼谈㞷字在金文车饰名称中的用法》,《湖北大学学报(哲学社会

科学版）》1991年第1期第42—43页。

④　参走马休盘（《集成》10170）、裘盘（《集成》10172）、弭伯师耤簋（《集成》4257）、旬簋（《集成》4321）等。

⑤　孟蓬生《释"夆"》，《古文字研究》第25辑第270—271页，中华书局2004年。

⑥　陈剑《据郭店简释读西周金文一例》，《甲骨金文考释论集》第20—38页，线装书局2007年。

⑦　董莲池《西周金文几个疑难字的再研究》，《古文字研究》第28辑第275—280页，中华书局2010年。

⑧　《说"夆、拜"之上古音及"夆"之本义》，待刊。

⑨　《甲骨、金文中表祈求义的"夆"应读为"祈"》，待刊。

⑩　参张儒、刘毓庆《汉字通用声素研究》第958—959页，山西古籍出版社2002年。

⑪　国家文物局古文献研究室编《马王堆汉墓帛书（壹）》第6、92页，文物出版社1980年。

⑫　〔清〕段玉裁《说文解字注》第685页，上海古籍出版社1981年。

⑬　沂，通行本作"圻"，此从闽本。

⑭　〔清〕孙诒让撰，王文锦、陈玉霞点校《周礼正义》第1583—1584页，中华书局1987年。

⑮　"垫"的土丘义和田界义，参宗福邦、陈世铙、萧海波主编《故训汇纂》第452页，商务印书馆2003年。

⑯　《说文》玉部："璣，珠不圜也。"段玉裁注："凡经传沂鄂谓之幾，门橛谓之機，故珠不圜之字从幾。"（〔清〕段玉裁《说文解字注》第18页）《楚辞·七谏·谬谏》"贯鱼眼与珠璣"，王逸注："圜泽为珠，廉隅为璣。"

⑰　《广雅·释水》："磯，碛也。"《玉篇》石部："碛，水渚石，水浅石见。"

⑱　参黄怀信、张懋镕、田旭东《逸周书汇校集注（修订本）》第1114—1115页，上海古籍出版社2007年。

⑲　古人可以在很多材质上涂饰漆料。参陈振裕《战国秦汉漆器群研究》第65—85页，文物出版社2007年。

⑳　刺绣的历史在中国源远流长，在商代即已出现，绵延至今。参马怡《说粉米》，《出土文献》第3辑第305—315页，中西书局2012年。

㉑　参汪少华《中国古车舆名物考辨》第122—147页，商务印书馆2005年。

㉒　"帱、幜"大概指裹覆在较上的皮革或布帛。参本文注③及⑤两文。

㉓　"鞎"的具体含义不清楚，据谢明文研究，应指皮革类制品。参谢明文《西周金文车器"鞎"补释——兼论〈诗经〉"鞹鞃"》，《汉字汉语研究》2019年第4期第69页。

㉔　"鞃"是皮蔽膝。参唐兰《陕西省岐山县董家村新出西周重要铜器铭辞的译文和注释》，《唐兰全集》第4册第1803页，上海古籍出版社2015年。

㉕　唐兰认为，"衡"是系韨之带，是皮革或布帛制作的。参唐兰《毛公鼎"朱韨、葱衡、玉环、玉璓"新解——驳汉人"葱珩佩玉"说》，《唐兰全集》第3册第1179—1185页。曾芬甜认为"衡"是古书中的"大带"，即束衣之带，不是皮革制作的，而是布帛制作的。参曾芬甜《金文"黄"名物再考——对唐兰之说的修正》，《出土文献》2023年第2期第84—91页。

㉖　"衬"原作"親"，吴镇烽、王东海将"親"读为"衬"。参吴镇烽、王东海《王臣簋的出土与相关铜器的时代》，《文物》1980年第5期第63页。但二位先生没有明言"衬"所指为何，大概是理解为衬垫。根据铭文语境来看，这里的"幾衬"可能指其前出现的"朱衡"（大红色的带子）有凸起感纹饰的衬垫。衬垫一般是用皮革或布帛制作的。

古文字研究（35）：282—285,2024

读金文习语札记二则

陶曲勇

习语，研究者或称"成语""成词"，又称"古语""常言"，是指文献中相沿习用的、表达完整意思的定型化词组或短语。使用习语是金文中的重要现象，无论是作器之因、赞颂之词，还是褒扬勉励之语、祈祷求福之辞，都存在大量程式化的习语，所以王国维称之为"古人颇用成语"（《观堂集林·与友人论诗书中成语书》）。

目前的铭文习语研究中，学者们更多关注的是习语的训诂考释，或者是同一个习语的不同表达形式，即一词异体。但笔者在研读铭文习语时发现，许多习语可以归属为同一语义场，通过同义类聚的方法，能够更清晰准确地理解习语含义。故草此短文，以就教于方家。

一

《商周青铜器铭文暨图像集成三编》第197号甲望鼎铭文作：

甲望作祖辛宝🏺彝

🏺字，编撰者吴镇烽释为"鄇"，括注为"祼"[1]。

胡智雄以为当改释为"配"，并分别从字形和用法两个方面加以论证，现迻录如下[2]：

《铭三》将此字左边隶定为"奠"，应是将"酉"形下的泐痕看作是"奠"形下部的横画和两短点。当然此处的泐痕与其上方的"酉"字合观，的确与"奠"字形体十分相似，所以也可以考虑理解为"奠"是"酉"的讹写。即使此字真的从"奠"，也无法与从圭瓒之形的"祼"字相联系。西周金文中的"祼"字多有从"卩"者，如🔲（《集成》2810）、🔲（《集成》2841），《释文》应是将鼎铭中的"🏺"字与这种写法不慎混淆了。

其次，从文义来看，此字若为"祼"字也是不合适的。该字位于"鼎"字[3]之前，系表用途。而祼器除了玉质的圭瓒之外，就是同、卣、觞等器物，学者多有论及。又鼎作为食器并不属于祼器，所以作器者铸造属祼器之鼎，与礼不合。

"宝配鼎"是金文中新见的文例，此处的"配"应作何解释，还有待进一步的研究。

按，胡智雄之说对释"祼"的批驳，有一定道理，此字左部与常见的"祼"字差别较大，而且在鼎类器物之前未见有用"祼"字修饰的。但胡氏将"酉"形下部的笔画看作泐痕，实不可从。谛审铭文照片，"酉"形下部尚有一短横、两小点，这正是"奠"字的常见写法。

此字当为"奠"字繁体。"奠"字，或说象酒器置于承器之形，或说"酉"下的短横、小点实为无意义的饰笔,但不管取哪种构意,皆是用以表示祭祀。甲望鼎此字增从卪,卪本象屈膝跽跪之形,正可补足字义。2012年6月陕西省宝鸡市渭滨区石鼓镇石嘴头村石鼓山西周墓(M3.81)出土一件中臣鼎,李学勤释鼎铭最后两字为"帝卸",读为:"中臣尊鼎,帝后。"是讲这件鼎系内小臣所司,供帝后祭事之用④。"卸"字从卪,正与"奠"字从卪同意。

《说文》丌部:"奠,置祭也。从酋。酋,酒也。下其丌也。《礼》有奠祭者。"段注曰:"置祭者,置酒食而祭也。"《周礼·地官·牛人》"丧事共其奠牛",郑玄注:"丧所荐馈曰奠。"这种置祭的方式,在古书中又多称之为"荐",如《广雅·释言》:"奠,荐也。"《玉篇》丌部与此同。《周礼·地官·川衡》"共川奠",孙诒让正义:"凡荐羞通谓之奠。"后世还形成"荐奠"一词,如唐元稹《祭亡妻韦氏文》:"具哀词,陈荐奠,皆生者之事也,于死者何有哉!"

而铭文中屡见"荐＋器名"的格式,如:

郑登伯鬲:郑登伯作叔嬬荐鬲。	《集成》⑤597
鄦公鼎:鄦公汤用其吉金,自作荐鼎。	《集成》2714
叔朕簠:叔朕择其吉金,自作荐簠。	《集成》4621
华母壶:唯正月初吉庚午,华母自作荐壶。	《集成》9638

"奠彝"大概与"荐鬲、荐鼎、荐簠、荐壶"同意,"奠"表示用途,铭文是说该器乃甲望为祖辛所作之荐奠礼器。

二

西周中期师訇鼎有"孔德"一词:

臣朕皇考穆穆王,用乃孔德逊纯,乃用心引正乃辟安德。　　　　　《集成》2830

于豪亮认为当训为"美德"⑥:

《说文·乚部》:"孔,通也。从乚从子。乚,请子之候鸟也。乚至而得子,嘉美之也。古人名嘉字子孔。"王引之《经义述闻·春秋名字解诂》云:"孔、好一声之转,空谓之孔,亦谓之好(原注:郑众注《考工记·玉人》曰:好,璧孔也。孙炎注《尔雅·释器》同);嘉美者谓之好,亦谓之孔,义相因也。《汉书·礼乐志》:'令闻在旧,孔容翼翼。'孔容,嘉美之容也。"此说甚确。《说文》以古人名嘉字子孔之例,说明孔有嘉美之意,按《左传·桓公二年》孔父,名嘉字孔父;《左传·文公十二年》楚"成嘉为令尹",字子孔;《左传·襄公九年》郑公子嘉字子孔。凡此皆孔与嘉名字相应之例。"孔德"亦见《老子》二十一章"孔德之容,唯道是从"。此孔德亦当训为美德。

按,于说可从,也得到了学术界的普遍采信,如马承源主编的《商周青铜器铭文选(三)》亦同此说⑦。孔训为嘉,确为古之常训;但值得注意的是,先秦古籍中也出现过"孔德"一词,注家多释为"大德",如于文中提到的《老子》二十一章"孔德之容,唯道是从"一句,河上公注曰:"孔,大也。有大德之人，无所不容，能受垢浊处谦卑也。唯，独也。大德之人，不随世俗所行，独从于道也。"高亨指出："'容'当借为'搈'，动也。《说文》曰：'搈，动搈也。''动搈'叠韵连语，古或以'动容'为之。《孟子·尽心篇》曰：'动容周旋中礼者，盛德之至也。'……'孔德之容，唯道是从'，言大德者之动惟从乎道也。"高明亦持此说[8]。旧题为西汉焦延寿的《易林·坤之比》有"孔德如玉，出于幽谷"，清翟云升注曰：《老子》上篇'孔德之容'注：'孔，大也。'"[9]又《易林·旅之鼎》"躬履孔德，以待束帛"，象解："坤为躬，震为履，为德，为孔。孔，大也。"[10]诸家皆解"孔德"为"大德"。

与"孔"训为"嘉"一样，"孔"训为"大"也是古之常训。如《书·皋陶谟》"何畏乎巧言令色孔壬"，蔡沈集传："孔，大也。"又《群经平议·尚书一》"九江孔殷"，俞樾按："孔，当训大。九江孔殷者，九江大定也。"于豪亮引用的王引之《经义述闻·春秋名字解诂》一文，在"孔容，嘉美之容也"后面接着说："嘉与孔俱有美意，亦俱有大意。《尔雅》：'假，大也。''假'、'嘉'古字通，其义同。《老子·道篇》'孔德之容，惟道是从'，河上公注曰：'孔，大也。'《太玄·羡》次五'孔道夷如'，范望注曰：'大道平易。'"[11]王念孙《读书杂志》也有类似的意见，《汉书·西域传》有"婼羌国辟在西南，不当孔道"一句，颜师古注曰："'辟'读曰'僻'。孔道者，穿山险而为道，犹今言'穴径'耳。"王念孙不同意颜师古的观点，提出："'孔道'犹言'大道'，谓其国僻在西南，不当大道也。《老子·道经》'孔德之容'，河上公注曰：'孔，大也。'《太玄·羡》次五曰：'孔道夷如，蹊路微如。''孔'字亦作'空'，《张骞传》'楼兰姑师小国当空道'是也。《说文》曰：'孔，通也。'故大道亦谓之'通道'，今俗语犹云'通衢大道'矣。"[12]所以"孔德"当理解为大德、盛德，引申即为美德；从文字构形来看，"美"字正从大作，也含有"大"的语义特征。

师𩵚鼎又有"猷德"一词："𩵚臣皇辟天子，亦弗忘公上父猷德。"于豪亮考证曰："《广雅·释诂一》：'胡，大也。'故猷德即大德。"[13]此说可从。一方面，唐兰已经论证金文中的"猷"字与典籍中的"胡"字密切相关[14]，而"胡"正可训为"大"，如上引《广雅·释诂》文，而刘洪涛也曾从语源学的角度详细论证了"上古汉语中存在一个声母属牙喉音，韵母属鱼、铎、阳等部，具有大、疾、惧等义的大词族"，其中就包括从古声的"胡"字，"大"正是这一词族的核心义[15]。另一方面，我们曾讨论过金文中的"猷考"当训为"大考"，"猷德"正与此同，两者可以对照[16]。

又，金文中还有"纯德"一词：

  承受纯德，祈无疆，至于万亿年。　　　　令狐君孺子壶，《铭图》12434、12435[17]

"纯德"一词也见于传世文献，《国语·郑语》"建九纪以立纯德，合十数以训百体"，韦昭注："纯，纯一不驳也。"《淮南子·原道训》"穆忞隐闵，纯德独存"，高诱注："纯，不杂糅也。"据此，纯德表示纯粹专一之德行。又《诗·周颂·维天之命》有"文王之德之纯"，毛传、郑笺皆释"纯"为"大"。《玉篇》系部："纯，大也。"《广雅·释诂》"醇，厚也"，王念孙疏证："凡厚与大，义相近。厚谓之敦，犹大谓之敦也；厚谓之醇，犹大谓之纯也。"[18]《国语·晋语》载范文子曰："吾闻之，惟厚德者能受多福。"又载赵襄子曰："吾闻之，德不纯而福禄并至，谓之幸；天幸非福。"上言厚德，下言德不纯，纯即厚也。总之，纯有大意、厚意，"纯德"即大德。"孔德、猷德、纯德"三词同义，形成了一个有关"大德"的语义场。

附记：本文为国家社科基金冷门绝学研究专项"两周金文的义化、声化及分化研究（20VJXG042）"阶段性成果。

（作者单位：中国人民大学文学院）

注：

① 吴镇烽编著《商周青铜器铭文暨图像集成三编》第1册第197页，上海古籍出版社2020年。为了排印方便，本文所引铭文除了需要讨论的字形，其他皆转写为通行字，下同。

② 胡智雄《〈商周青铜器铭文暨图像集成三编〉释文校订》第15—16页，首都师范大学2022年硕士学位论文。

③ 原文将"彝"字误作"鼎"字，下"宝配鼎"同。

④ 李学勤《石鼓山三号墓器铭选释》，《文物》2013年第4期第57页。

⑤ 中国社会科学院考古研究所编《殷周金文集成（修订增补本）》，中华书局2007年。本文简称《集成》。

⑥ 于豪亮《陕西省扶风县强家村出土虢季家族铜器铭文考释》，《古文字研究》第9辑第253页，中华书局1984年。

⑦ 马承源主编《商周青铜器铭文选（三）》第135页，文物出版社1988年。

⑧ 高明《帛书老子校注》第328页，中华书局1996年。

⑨ 〔旧题汉〕焦延寿撰，徐传武、胡真校点集注《易林汇校集注》第53页，上海古籍出版社2012年。

⑩ 同上注第2065页。

⑪ 〔清〕王引之撰，虞思征、马涛、徐炜君校点《经义述闻》第1298页，上海古籍出版社2018年。

⑫ 〔清〕王念孙撰，徐炜君等点校《读书杂志（全五册）》第984—985页，上海古籍出版社2014年。

⑬ 同注⑥第260页。

⑭ 唐兰《周王猷钟考》，《唐兰先生金文论集》第34—42页，紫禁城出版社1995年。

⑮ 刘洪涛《瞁之诸名考——兼论上古汉语"瞁"词族的词义关系》，《语言学论丛》第57辑第299—326页，商务印书馆2018年。

⑯ 陶曲勇《据金文习语校读诗书二则》，《语言科学》2023年第1期第97—99页。

⑰ 吴镇烽编著《商周青铜器铭文暨图像集成》第22册第379—382页，上海古籍出版社2012年。

⑱ 〔清〕王念孙著，张其昀点校《广雅疏证》第227页，中华书局2019年。

古文字研究(35):286—292,2024

哀成叔鼎"君既安叀 亦弗其盝获"句新解

鞠焕文

哀成叔鼎,1966年出土于河南洛阳玻璃厂439号墓,同墓还共出有青铜豆、卮①、勺各一件(位于棺椁之间),骨贝48枚(墓主左肩部),残玉器6件(墓主右腿部)②。哀成叔鼎腹内壁有铭文8行57字(重3字),铭文格式、内容都比较新颖,公布后引起了学界的重视,但因没有比较好的可供参照之文例,铭文还有不少问题没有解决。

一　旧释概述

我们先按大多数学者采用的断读意见,将释文录出,以便讨论③,铭曰:

> 正月庚午,嘉曰:"余郑邦之产,少去母父,作铸飤器黄镬A,君既安惠,亦弗其B获c。"嘉是唯哀=成=叔=之鼎,永用禋祀,尸于下土,以事康公,勿或能已。

铭文基本没有难识之字,但目前还没有一个统一的断读意见,这与B字不能确释有直接的关系。我们需要首先解决这个问题。

B字原拓作如下形:

"皿、水"两个部分很清楚,但剩下的部件(下文记作B₁)学界有争议。《简报》将之隶定为"盝"而无说,赵振华亦如是隶定,而将之释为"盝"之异体,训为瓢,认为是水器④。这种释字意见于形、义俱不相符,信从者少。彭裕商认为字不可识⑤。张政烺将字的上部与仲戠父盘(《金文总集》8.6753)(~梁敕麦)字相认同,而将之释为"黍",整字隶定为"盝"(学界也习惯隶定为"盝"),认为"BC"是联绵词,疑读为"専濩"(字又作"布擭"),训为分解⑥。"専濩"之解是与其前"安専"之训相照应的⑦。张氏对B字结构的分析影响很大,学者基本都朝着这个方向考虑,少有提出异议者。在此基础上,李学勤先后将该词组读为"顾护"和"助护"⑧,蔡运章从李先生前一种意见⑨,张亮从其后一种意见⑩;刘宗汉则认为字从"禾"得声,而将"BC"读为"跋扈"⑪;赵平安读为"黍臞",读"弗"为"福",训备、盈、富,"君既安,叀亦弗其盝臞"即君已安息了,(我)唯有大大地丰富他的黍臞⑫;黄庭颀读之为"固获",意指行为的不廉正、争取专固⑬。

近几年,受新材料的启发,学界对该字词有了较为不同的认识。

《诗·鄘风·柏舟》"髧彼两髦"之"髦",新近公布的安大简中有异文作,受材料和相关研究启发,董珊对"淋/沐"的形音义做出了重新解释,认为"字象禾生水中,应是水稻之'稻'字初文。在字音上,'稻'与'髦''湛'都是舌音,韵部是幽、侵对转,因此可以通假"。同时,他认为仲戲父盘"沐粱菽麦"恰是很好的文例证据,"沐"在盘铭中释为"稻"非常允洽。进一步,他对B字也进行了改释,谓[14]:

> "盁"字从"沐"声,据上述关沮简的例子(文按:即"沐槁本楝灰中"),"沐"既可以读为"湛",循"湛"声可读为"渐",在此铭"盁(湛)"自然可以读为同声系的"斩"。"斩"的词义是截断。铭文"君既安,惠亦弗其斩"句,谓语动词"斩"的逻辑宾语是前面的"惠",《左传》昭公十三年申亥说"吾父再奸王命,王弗诛,惠孰大焉?君不可忍,惠不可弃,吾其从王。""惠不可弃"与鼎铭"惠亦弗其斩"的句法结构大致相同。

董文也是建立在认定B₁为"禾"基础上的。

二　关键字词新识

考释古文字首先需要做的是确定字形各部分结构,如字形结构敲不准,接下来的考释工作不免失去了根基。

虽然哀成叔鼎铭通篇都保存良好,但恰在B字上有一些锈渺之处。以往学者对它的分析也绝非没有异议。如马承源就将该字隶定为"盁",认为字从沐得声,声假为坠,义为废坠[15]。

B₁现在看来并不是"豪、尤",但解为"禾"也并非没有疑问。其一是表示禾穗及其梃的笔画衔接得过于生硬,方折明显,这与整篇铭文笔画多圆转的风格不符。其二,穗梃与禾稿错位,接在了禾叶上,而与禾稿本身脱离。其三,表示禾叶的两笔圆转贯通,不似两个笔画。其四,禾穗与禾叶间似还有一楔形笔画。其五,表示根部的中间一笔并非笔直,有弧度,且非自上一贯而下,而是接于右边斜笔上。种种迹象表明,B₁绝非"禾"字。

下面,我们将拍摄到的清晰照片列出,以接近"目验"的方式,重新观察这个字:

通过照片可以很清楚地看到,所谓的"禾穗"下的楔形痕迹确实是笔画;另,字的右上角还有一弧画,只不过字口内有锈,不易被拓出,但通过颜色和痕迹状态还是能看出它是个笔画。整个字应摹作如下形:

摹本　　　　　　　　D　E

字的右上部很明显是"目","目"形左角漏铸,或被锈所蚀。我们认为整字当释为"蠲"。

上博简《鲍叔牙与隰朋之谏》简3"器必蠲愍"之"蠲"作如上D形,陈剑释为"蠲",将"蠲愍"读为"蠲洁"⑯,十分允洽。复旦大学出土文献与古文字研究中心学生读书会将上博简《天子建州》甲简8"凡天子歆气,邦君食蠲"之"蠲"(E)也释为"蠲"⑰,也是通的。B字去掉"水"形的部分与D、E几乎是一样的,两者可相互认同。B当是"蠲"比较繁复的一种形体。

在鼎铭中,B应读为"恚"。"蠲、恚"相通,范常喜有过很好的总结,我们转录于下⑱:

"蠲"上古音属见母锡部,恚属影母支部,二者在韵部上是严格的阴入对转关系,从声母上说,见母和影母关系密切。如从"圭"的"佳""街""桂"等字,上古音都是见母,而"娃""哇""蛙"等字则属于影母,所以二者从声音可以相通。"恚"从圭得声,在文献中,"圭"和"蠲"也有相通的例证。如《诗·小雅·天保》:"吉蠲为饎。"《周礼·秋官·司寇》:"蜡氏掌除髂。凡国之大祭祀,令州里除不蠲。"郑注:"'蠲'读如'吉圭惟饎'之'圭'。"又《吕氏春秋·尊师》:"临饮食,必蠲絜。"高注:"'蠲'读曰'圭'也。"

在哀成叔铭中,"恚"当训为怨。《说文》心部:"恚,恨也。"《墨子·杂守》"恚癗高愤",孙诒让间诂引《说文》注:"恨也。"《战国策·齐策·燕攻齐取七十余城章》"故去忿恚之心,而成终身之名",鲍彪注曰:"恚,恨也。""恚"所表之恨为深恨,徐锴《说文解字系传》:"恚,忿之深切也。"

C字学者多释读为"获",董珊在讨论A字时说:

此字从雀从又,其字形也见于"钟丽公銮(夺)徐人"戈,与西周金文中从"衣"而表示"脱衣"意的"夺"字(定母月部,《金文编》259页)所从相同,二者属同一声系,而与古文字中"隻(获)"(匣母铎部)的形、音皆不同。

"钦器"与"黄镬"是同位语,"黄镬"是这件鼎的名字。"黄"是鼎的颜色,"镬"也许可以读为"馈",《说文》云:"馈,祭爵也。"

……

或许还可以读为"觊夺","觊"与"惠"的词义都是给予,"斩"(文按:即B字的破读)与"夺"的词义是不与,这是意义相反的两组词,也是鼎铭中的话题焦点。

以上是从古音和用字习惯等方面做出的判断。实际上,从名、实角度来看,将A字释为"镬"也是不适合的。李零曰⑲:

镬,传统解释是一种无足的大鼎,如《淮南子·说山》高诱注、《汉书·刑法志》颜师古注都这样说,其实也就是煮肉的大锅……这件鼎(文按:即哀成叔鼎),其实只是一件高34、宽34、口径28.5厘米的小鼎,与镬无关。

哀成叔鼎是小鼎,而镬是一种大鼎之名,以镬命哀成叔鼎,名实不符。看来,将该鼎铭中的"雈"释为"蒦"是有问题的。此字应从释"夺"这个角度考虑。按音索词,我们认为它在鼎铭中应读为"祟"。

　　"夺、攺"相通是大家熟知的语言事实,自不必多言。但从用字习惯来看,先秦卜祷类文辞中,有以"祝、攺、繠"写{祟}者。如:

　　（1）有祝(祟),以其故攺之。　　　　　　　　　　　　　　　　　　新蔡简甲三96

　　（2）有繠(祟),太见琥,以其故攺之。　　　　　　　　　　　　　　　　包山简218

　　（3）有攺(祟)见于昭王、献惠[王]。　　　　　　　　　　　　　　　新蔡简甲一5

这些字记录的是鬼神为祸之{祟}[20]。既然"祝、攺、繠"这些字能够记录{祟}这个词,"夺"与"攺"又有密切的联系,那么哀成叔鼎中的这个"雀"读为"祟"就是很自然的事,毫无挂碍。

三　"君既安惠,亦弗其恚祟"句意新解

　　"君既安惠,亦弗其恚祟"中的"亦"为副词,又也。《公羊传·昭公十七年》注云:"亦者,两相须之意。""既……亦……"结构在《诗经》中有之,《诗·周颂·雝》:"既右烈考,亦右文母。"这种结构表达的意思即既已如何,又也如何。"弗"为否定副词,甲骨文中的"弗",裘锡圭认为往往是表示可能性和事实的,可以翻译为"不会"[21],户内俊介也有类似的认识,认为"不、弗"用在谓语中心词是表示占卜主体所不能控制的行为和变化的否定句里,可译为"不会、不能"[22]。可见"弗"否定的往往是人不可控制的。既然人不能控制,那么又如何能够去否定呢?只能说明"弗"是人的主观愿望,即"希望"不会、不要。这放在哀成叔铭文中也是合适的(详后文)。"其",其语法意义除了表示将然外,还有很浓重的期盼义,如金文中常见的"其永宝用""其日引勿替""其广启邦",都有期望、期盼的语气在里面。从这些虚词所表达的意思来看,该复句后一分句的内容是作器者不愿看到的,所否定的一定是不好的事情。

　　"安惠"是一个并列词组。安,宁也;惠,爱也。可用来形容人的品性。祁奚归老荐贤,推举自己的儿子,说他成年时就具有"和安而好敬,柔惠小物,而镇定大事"(《国语·晋语》)的品质。而鼎铭"君既安惠"说的也大概就是这个意思。"恚祟"是与"安惠"词义相反的词组,"恚"与"安"对,表示不安,有所忿恨;"祟"在该处为动词,义为作祟。《庄子·天道》"一心定而王天下,其鬼不祟,其魂不疲"、睡虎地秦简《日书》乙种206壹"明鬼祟之,其东受凶",其中的"祟"或受副词"不"修饰,或后带宾语,表明它们是动词,即作祟或危害。

　　鬼神有怨恨即会作祟、为害。《诗·大雅·云汉》:"旱既大甚,蕴勉畏去。胡宁瘨我以旱?憯不知其故。祈年孔夙,方社不莫。昊天上帝,则不我虞。敬恭明神,宜无悔怒。"讲旱灾严重,但祭祀已经很是周全,上天为什么还要降此灾殃?恭恭敬敬对待一切神灵了,应该于我没有什么恼怒。说明在古人的意识里,鬼神作祟与其有所怨怒是有很强烈的关联的。"君既安惠,亦弗其恚祟"意即君既已安宁且仁爱,将来也千万不要有所忿恨而作祟。

　　在古代,自己去世的祖先因祭祀不周或其他不满而为害于自己的后代或亲人,给时人作

祟降灾,这样的观念也早已有之。

甲骨文例中经常见"某蛊某"或"无蛊"之辞,裘锡圭将"蛊"释为"害"之本字^㉓,十分精当。下面我们略举几例以便讨论:

（4）父庚弗害王。父庚害王。 　　　　　　　　　　　　　　　　　　　　《合》2146＋2148

（5）贞,疾齿,唯父乙害。 　　　　　　　　　　　　　　　　　　　　　　《合》13649

（6）唯祖辛害王目。 　　　　　　　　　　　　　　　　　　　　　　　　　《合》1748

裘先生认为例中的"害"与"祟"意义相近。害王者乃王之祖考。

西周时期有一种特殊的用器,即遣器。这些遣器上往往铸有铭文,记载遣辞。最为典型和特殊的一套是西周早期的否叔器,计有尊1、卣1、觯1、觚2、爵2,共7件。除了一件爵没有铭文外,其他几件都有铭文:

尊、卣:否叔献彝,疾不已。为母宗彝则备,用遣母霝。

觚一:否用遣母霝。

觚二:用遣母霝。

爵:用遣

觯:遣

否叔器中的"遣"表示送、遣送之义,学者基本达成一致。而关于其中的"皿"字,学界有分歧。张光裕认为可读为"霝终"之"霝",训为善;陈英杰读之为"灵",解为神灵、灵魂,"遣母灵"即"遣送母亲的神灵";冯时释之为"晶",读为"精",训为精魂;李学勤释之为"星",读为"眚",李春桃踵武之,申论之,训为灾,"用遣母眚"意即"以遣送亡母所作之灾眚",同时否定了训释"霝"为神灵的意见,认为这与金文实际用例不符;严志斌举史墙盘"静幽高祖在微霝处"和曾侯与钟"复定楚王,曾侯之霝"之文例,来论证金文中是有以"霝"写灵魂的实际用例的,他同意陈英杰的训释意见^㉔。吴镇烽认为"该字的结构并不是并列的三个口,而是左右各为一个C形,方向相反,中间是一个方框",是一个族徽(或者复合族氏铭文)^㉕。

我们认为陈英杰、严志斌的意见是正确的。下面从字形方面再略作补充。否叔器中的"霝"基本都作"皿"形,而尊铭作 ▨,在三个方块上面明显有一道短横,应是该字的完整体,其他几形都应是简省体。这一点,李学勤、李春桃、吴镇烽大概都没有注意到。而"星"、族徽铭文 ▨ 都无此特征,所谓的两个C形当是铸造失误所致,字原当作"皿"。结合该字的整体特征来看,释"霝"是可靠的,其上的小短横应是"雨"字的简省。"用遣母灵"也更加自然,"遣"是送的意思,在遣辞中它的对象基本都是人或亡灵,而不见祟害。

否叔器铭很清楚地说明,古人在长病不已时,往往会想到是自己已故亲人亡灵不安而来作祟。这种观念绵延时间也很久,在战国时期的简帛文献中仍有反映。如:

楚系卜筮祭祷简^㉖:

（7）☐〔有〕敚（祟）见于昭王、文君、文夫人、子西君。是☐　　　　　新蔡乙一6

其中昭王是新蔡葛陵楚墓墓主人平夜君成的祖父，文君也就是平夜文君子良，是墓主成的父亲，文夫人是成的母亲，而子西君曾为令尹，是昭王之兄长，也是成的祖先㉗。简文中为祟之诸人都是墓主平夜君成的祖先，也就是说这些先人作祟导致了成的疾病。

睡虎地秦简《日书》甲种《病》篇㉘：

（8）甲乙有疾，父母为祟，得之于肉，从东方来，裹以漆器……　　　　　简68正贰

（9）丙丁有疾，王父为祟，得之赤肉、雄鸡、酒……　　　　　简70正贰

（10）戊己有疾，巫堪行，王母为祟，得之于黄色索鱼、堇酒……　　　　　简72正贰

记载的也是已故父母或祖父母为祟之事。

哀成叔鼎毫无疑问也是"遗器"，因为害怕亲人死去后作祟于自己，所以在送丧前事先嘱附亲人生前"既已安惠"，死后就不要有什么怨恨而作祟了。

附记：本文为国家社科基金一般项目"商周金文照片资料库建设与相关问题研究"（19BZS016）阶段性成果。

（作者单位：东北师范大学文学院）

注：

① 器物有自名，旧多释为"鉫"，李学勤改释为"鉯"，读为"厄"，今从其意见。参氏著《释东周器名厄及有关文字》，"第四届国际中国古文字学研讨会"论文集，香港中文大学中国语言文学系，2003年。

② 洛阳博物馆《洛阳哀成叔墓清理简报》，《文物》1981年第7期。下文简称《简报》。

③ 释文用宽式，需要讨论的字用英文字母代替或在其右下角进行标记。

④ 赵振华《哀成叔鼎的铭文与年代》，《文物》1981年第7期。

⑤ 彭裕商《嘉鼎铭文考释》，陕西省考古研究所主办《考古与文物》丛刊第2号《古文字论集（一）》，1983年。

⑥ 详张政烺《哀成叔鼎释文》，《古文字研究》第5辑第30页，中华书局1981年，又收入《张政烺文史论集》第581—586页，中华书局2004年。

⑦ 张政烺认为"专"通"抟"，训为聚。见上注。

⑧ 前一种意见见其《考古发现与东周王都》（先秦历史学年会第一届年会论文，1982年）一文，后一种意见见其《郑人金文两种对读》（原刊于《中华国学研究》创刊号，2008年；后收入《通向文明之路》，商务印书馆2010年）。

⑨ 蔡运章《哀成叔鼎铭考释》，《中原文物》1985年第4期。

⑩ 张亮《哀成叔鼎铭文补释》，《文博》2018年第1期。

⑪ 刘宗汉《〈哀成叔鼎〉"君既安叀，亦弗其镾虘"》，洛阳市文物工作队编《洛阳考古四十年——1992年洛阳考古学术研讨会论文集》，科学出版社1996年；又收入广东炎黄文化研究会、纪念容庚先生百年诞辰暨中国古文字学学术研讨会合编《容庚先生百年诞辰纪念文集（古文字研究专号）》第304—305页，广东人民出版社

1998年。

⑫ 赵平安《哀成叔鼎"慈蒦"解》,《中山大学学报(社会科学版)》1992年第3期;又收入氏著《金文释读与文明探索》第65—67页,上海古籍出版社2011年。

⑬ 黄庭颀《哀成叔鼎铭文新考》,《中国文学研究》第41期第41—66页,2016年。各家在释字基础上对文意的理解可参看曾宪通、陈伟武主编《出土战国文献字词集释》第2556—2557页,中华书局2018年。

⑭ 俱见董珊《释"沬"——兼说哀成叔鼎铭文》,清华大学出土文献研究与保护中心编《半部学术史,一位李先生:李学勤先生学术成就与学术思想国际研讨会论文集》第462页,清华大学出版社2021年。下文简称董文,以下所引董文皆出于此文,不再重复出注。

⑮ 马承源主编《商周青铜器铭文选(三)》第500页,文物出版社1990年。

⑯ 参陈剑《与清华简〈五纪〉相关的两个字词问题:"蠲"与"统"》,《中国文字》2002年夏季号。

⑰ 复旦大学出土文献与古文字研究中心学生《攻研杂志(一)——复旦大学出土文献与古文字研究中心学生读书会札记》,复旦大学出土文献与古文字研究中心网2008年1月9日。

⑱ 范常喜《上古汉语方言新证举隅》,复旦大学出土文献与古文字研究中心网2010年2月19日。

⑲ 李零《说楚系墓葬中的大鼎——兼谈楚系墓葬的用鼎制度》,《中国国家博物馆馆刊》2023年第1期。

⑳ 参见禤健聪《战国楚系简帛用字习惯研究》第312页,科学出版社2017年。

㉑ 裘锡圭《说"弜"》,原载《古文字研究》第1辑,中华书局1979年;后收入《裘锡圭学术文集》第1卷第15页,复旦大学出版社2012年。

㉒ 〔日〕户内俊介《再议甲骨文中的否定词"不"与"弗"的语义功能区别——兼论甲骨文的非宾格动词》,田炜主编《文字、文献与文明》第14页,上海古籍出版社2019年。

㉓ 裘锡圭《释虫》,原刊于《古文字学论集》初编,香港中文大学1983年;后收入《裘锡圭学术文集》第1卷第206—211页。

㉔ 以上意见俱见严志斌《遭器与遣册起源》,《故宫博物院院刊》2021年第10期。

㉕ 吴镇烽《释读山西黎城出土的季姒盘铭文——兼论否叔器》,复旦大学出土文献与古文字研究中心网2020年10月19日。

㉖ 河南省文物考古研究所编著《新蔡葛陵楚墓》第202页,大象出版社2003年。

㉗ 关于平夜君成的世系,参宋华强《平夜君成的世系及新蔡简年代下限的考订》,《简帛》第2辑第371—386页,上海古籍出版社2007年。

㉘ 睡虎地秦墓竹简整理小组编《睡虎地秦墓竹简》第193页,文物出版社1990年。

古文字研究（35）：293—297，2024

曾公畎钟"有成有庆"解

—— 兼谈"人福相成"之观念

蒋　文

曾公畎编钟2019年出土于湖北随州枣树林墓地M190，其铭可与曾侯与钟、嬭加钟对读，为研究曾国史提供了许多重要信息。该资料公布速度喜人[①]，公布后旋即引发学界极大关注。曾公畎钟全铭可分为三段[②]，前两段分别称叙高祖、皇祖之德行功事，回顾曾获封立国、主政南方的历史，最后是器主曾公畎的自述与作器用途之辞，其中有铭作：

> 頋天孔惠，文武之福，有成有庆，福禄日至，复我土疆。

关于这段文句，研究者讨论的焦点主要在隶为"頋"之字当释何字上，至于这整段铭文的含义和意图，此前并未得到充分、确切的揭示[③]，本文的写作目的亦正在此。

要真正理解上述铭文，关键在于准确把握"有成有庆"，而要讲清这句话的意思，就需先从古人"人福相成"的观念说起。

《诗经》中有福"成"人的说法：

> 南有樛木，葛藟萦之。乐只君子，福履成之。（《周南·樛木》）
>
> 凫鹥在泾，公尸来燕来宁。尔酒既清，尔殽既馨。公尸燕饮，福禄来成。（《大雅·凫鹥》）

"福履成之""福禄来成"中的"成"，一般解作"成就、成全"，也就是成语"相辅相成"之"成"，《樛木》毛传曰："成，就也。"具体而言，《周南·樛木》说的是用"福履"（即福禄[④]）来成就君子，使君子达到所谓"成人"的境界，即完满的境界。在《大雅·凫鹥》中，人奉祭神灵的酒水澄清洁净、肉肴馨香美好，这些都是正确的、值得嘉许的行为，故公尸享受祭品之后作出的回应是"福禄来成"，即给予献祭之人相应的福禄，用福禄来"成"献祭之人，使之达至圆满的境地。此外，《召南·鹊巢》"维鹊有巢，维鸠盈之。之子于归，百两成之"之"成"也是同样的用法，即用"百两"（百乘车）来"成"出嫁女子，使之完满。与上举两例相较，差别无非是《樛木》《凫鹥》两例是笼统的福禄"成"人，而《鹊巢》例是百乘车这种具体的福禄来"成"人。

除《诗经》所见福"成"人外，金文中还出现了人"成"福的表述，见于春秋晚期的承禄铍（《铭图》[⑤]17926）：

> 承禄休德，永成耆（嘏）[⑥]福。

在前一句中,"承"和"休"皆为动词,表"承受、接受"⑦,接受的东西就是"禄"及"德"这种抽象美物,"承禄"和"休德"意思接近,甚至可视作互文。"承禄休德"或是说器主已接受到禄与德,或是祈求器主将接受到禄与德。后一句"永成叚福"中的"叚"和"福"系义近名词连用,理解时将"叚福"替换成"福"或"福禄"亦无妨⑧。"永成叚福"是祈愿器主永远成就其已接受(或即将接受)的福,使其所受之福达到圆满、盛大的境地。

由此可知,在古人眼中,人与福之间存在相互成就、成全的双向关系,此即上文所说的"人福相成"。另一个与此关联的观念是"人福相宜"。《诗经·小雅·鸳鸯》既言"君子万年,宜其遐福",又言"君子万年,福禄宜之",前者谓君子适合福禄,后者谓福禄适合君子,也就是君子与福禄相互适宜、适配⑨。其双向性与"人福相成"中的双向性如出一辙,且"人与福相互成就、成全"正可被视作二者相宜相配所能达到的效果之一。

对"人福相成"观念有一定认识之后,就可以谈曾公畎钟铭"有成有庆"以及"頯天孔惠,文武之福,有成有庆,福禄日至,复我土疆"这整段铭文如何理解了。

首先要明确的是,钟铭"文武之福"的意思并不是"周文王、周武王的福"。这句话里的"福"应是动词,意为"赐福",用法同于《诗经·鲁颂·閟宫》"周公皇祖,亦其福女"之"福";"之"复指"文武","文武之福"就相当于说"福文武",意思是"赐福给周文王和周武王"。这种"宾+之+动"结构的句子在春秋时较常见,《诗经》中就有不少同类之例,如《邶风·新台》"鱼网之设"即"设鱼网",《秦风·车邻》"寺人之令"即"令寺人"。

那么,再将"文武之福"与其前的"頯天孔惠"连读,在语义上就很通顺了。"頯"之释读尚不能确定⑩,但可以肯定它是"天"的修饰语。"頯天孔惠,文武之福"的大意是"天很宽惠,赐福给周文王、武王"。天很宽惠与赐福文武是顺承关系,也可以说赐福文武是天很宽惠的具体表现形式。上天宽惠便会赐下福祉,其反面即《诗经·小雅·节南山》所谓"昊天不惠,降此大戾"——上天不宽惠便会降下祸乱。曾公畎之所以在这段自述之辞中提及上天赐福文武之事,是因为根据铭文第一段所述,曾国、曾人发迹的起点就是高祖伯括辅佐事奉周文王、周武王,换言之,曾公畎本人所拥有的福都可追本溯源至周之文武从上天那里所获的福祉。

接下来便是意思最不易把握的"有成有庆",先解释"有成"。"有成"最直接的理解自然是"有成就",如果联系其前的"頯天孔惠,文武之福"以及上文所述"人福相成"之观念,还可将钟铭所谓的"成"理解得更落实、确切。我认为,"成"实承上而言,指的是曾公畎能够成就、成全这些福(周之文武从上天那里获得的、传递给曾国的福),能够对得起、配得上这些福,能够使这些福达到圆满的境界。

解释"有庆"需多费一些笔墨。"有庆"既与"有成"并举,其意义宜与"有成"有所关联。我认为此"庆"即古书中被训为"善"的"庆"。此用法之"庆"最经典的例子出自《尚书·吕刑》,同时也广泛见引于其他先秦秦汉典籍:

　　一人有庆,兆民赖之,其宁惟永。

这几句话历来的理解基本无甚分歧,大意是:天子有善行(或行善事),广大人民就信赖、依靠他,就能长治久安。这种意思的"庆"在《诗》《书》中并不罕见,可再举如:

　　邦之杌陧,曰由一人;邦之荣怀,亦尚一人之庆。(《尚书·秦誓》)

　　祀事孔明,先祖是皇,神保是飨。孝孙有庆,报以介福,万寿无疆。(《诗经·小雅·楚茨》)

　　维此王季,因心则友,则友其兄,则笃其庆。载锡之光,受禄无丧,奄有四方。(《诗经·大雅·皇矣》)

《秦誓》大致是说国家的困厄不安与繁荣安宁皆取决于天子,所谓"一人之庆"即天子的善行。《楚茨》诗中,"孝孙有庆"是对"祀事孔明,先祖是皇,神保是飨"的总结,"庆"指的就是"祭祀之事办得漂亮"这种好的、值得嘉许的行为;孝孙既有此善行,享受了祭祀的祖先便以"介福、万寿无疆"回报孝孙⑪。《皇矣》"笃其庆"说的是王季笃厚、持守兄长太伯的"庆"即太伯的善行;人们通常称扬太伯的是他主动辞让王位的行为,但这里王季所"笃"的太伯之"庆"其内涵大概要宽泛一些,应是笼统指称以辞让为代表的各种美善之行。总之,曾公畎钟铭"有庆"之"庆"应同于上引诸例之"庆","有庆"意即"有善行"。

　　最后两句"福禄日至,复我土疆"相对好理解。"日"为"日日、每日"之意,"福禄日至"就是说福禄每日到来。所谓"复"字铸造不精,整理者疑为"复",当可信,不过,整理者将"复我土疆"与曾侯与钟"改复曾疆"联系,似可再考虑。我认为曾公畎钟铭所言者并非收复疆土之事,"复"宜读为覆盖、覆被之"覆"(用例如《孟子·离娄上》"而仁覆天下矣"),"覆我土疆"是说福禄覆被、笼罩曾国。除"覆"外,这类意思古书也会用"被"或"冒"等词,如《尚书·尧典》"光被四表"、《诗经·邶风·日月》"下上是冒",皆叫与"覆我土疆"相参看。

　　现在再去回顾"頠天孔惠,文武之福,有成有庆,福禄日至,复(覆)我土疆"这一整段话,其间的逻辑就比较清楚了——"有成"(有成就)与"有庆"(有善行)是曾公畎对自我的正面描述,"有成有庆"堪称整段文句的枢纽;"有成"上承"頠天孔惠,文武之福",言曾公畎能够成就、成全承袭自先人的福;"有庆"下启"福禄日至,复(覆)我土疆",言曾公畎有美善之行,故又获得新的福禄。这整段铭文可大致翻译为:"天很宽惠,赐福给周文王、周武王,(我曾公畎)有成就、有善行,(于是)福禄每日到来,覆被我的领土。"

　　最后,还有一点需作补充说明。或许有人会怀疑钟铭之"庆"是"福庆、喜事"义的"庆"⑫,从而认为"有成有庆"的意思是"笼统的有成就、有喜事"。其弊端在于,这样一来"有成有庆"和前后之句就无法建立逻辑上的联系,这整段铭文就是在反复说福,显得罗嗦而又平面,不似本文提出的理解这般文气流畅、逻辑通顺。当然，金文中确实有"福庆、喜事"义的"庆"，如六年琱生簋（《铭图》5341）"余告庆"、宋右师延敦（《铭图》6074）"永永有庆"等。此外，蔡侯申歌钟（《铭图》15533—15536）有铭曰"天命是将，定均庶邦，休有成庆"，其中的"成庆"表面上看与曾公畎"有成有庆"颇类，但这两个"庆"的含义其实不一样。"休有成庆"与"休有成事""休有成功"[13]形式相似，可推知"成庆"的结构应与"成事、成功"一致；"成事、成功"是偏正结构，表"完成之事"[14]，那么"成庆"也宜分析成"成"修饰"庆"。这个"庆"应理解为"福庆、喜事"义，"成庆"即"完成之庆"，也就是臻至完满的喜事。"休有XX"格式之句见于《诗经·周颂·载见》，诗言诸侯助祭于武王之庙，见成王而习车服法度，云"龙旗阳阳，和铃央央。鞗革有鸧，休有烈光"，一般认为"休有烈光"的意思是"休然壮盛而有显光"（孔疏）。若比照"休有烈光"，"休有成庆"就可解作"休然壮盛而有完成之福庆"。

附记：本文为国家社科基金重大项目"阜阳汉简整理与研究"（21&ZD305）、国家社科基金一般项目"出土文献所见汉人用《诗》研究"（23BYY009）的阶段性研究成果。我在思考"人福相成"有关语句时与任荷多有讨论，陈剑老师为本文初稿提供了修改意见，在此一并致谢。

（作者单位：复旦大学出土文献与古文字研究中心、
"古文字与中华文明传承发展工程"协同攻关创新平台）

注：

① 郭长江等《曾公畎编钟铭文初步释读》，《江汉考古》2020年第1期。
② 关于曾公畎钟铭整体结构的分析，参田成方《曾公畎钟铭初读》，《江汉考古》2020年第4期。
③ 相关讨论可集中参见付雨婷《曾国三件长篇编钟铭文集释》第168—170页，吉林大学2021年硕士学位论文。
④ "福履"一语亦见于井叔采钟，据辞例可确定"福履"犹福禄，参陈剑《金文字词零释（四则）》第二则，载张光裕、黄德宽主编《古文字学论稿》第136—138页，安徽大学出版社2008年。
⑤ 吴镇烽编著《商周青铜器铭文暨图像集成》，上海古籍出版社2012年。
⑥ 此字之释参谢明文《承禄钺铭文小考——兼谈上古汉语中"成"的一种用法》，《古汉语研究》2020年第4期。此外，谢文也对承禄钺全铭作了解释，但与本文的看法有较大区别。
⑦ 上古汉语常常施受同辞，作为综合性动词的"休"既可表"给予休"亦可表"接受休"，当"休"后面接宾语、作分析性动词时，就可表"接受"。
⑧ 陈剑认为"嘏福"本表"受福"或"予福"义，但在承禄钺等一些例子中，由于"嘏福"作动词的宾语，"嘏"之"受"义已不显，故"嘏福"宜视作两个义近名词连用，参陈剑《简谈清华简〈四告〉与金文的"祜福"——附释唐侯诸器的"佩（赗）"字》，《出土文献综合研究集刊》第13辑第1—21页，巴蜀书社2021年。
⑨ 关于"人福相宜"，参任荷、蒋文《清华简〈四告〉及金文中的及物状态动词"宜"》，《出土文献》2022年第1期。
⑩ 《集篆古文韵海》古文"旻"作𣋞，钟铭之字或与此形体有关。

⑪　可对比《小雅·信南山》"祀事孔明，先祖是皇。报以介福，万寿无疆"，此诗省略了"孝孙有庆"这类承上总结之语。

⑫　本质上，这种"福庆、喜事"义的"庆"和上文所说的被训为"善"的"庆"都是指美好之事，只不过前者是外部的美好之事，而后者是从人内部生发出的美好之事。

⑬　"休又(有)成事"见于史颂鼎(《铭图》2443—2444)、史颂簋、盖(《铭图》5259—5267)；"休又(有)成工(功)"见于中山王𧊷壶(《铭图》12455)。

⑭　"事"和"功"义近，皆为"事情、事业"之意。

古文字研究（35）：298—300,2024

王子午鼎"子孙是刻"考

马晓稳

　　1977年发现的淅川下寺楚墓共计出土有铭铜器一百余件,计四千余字,是春秋中期至春秋晚期重要的楚文字资料。自1991年《淅川下寺春秋楚墓》一书刊布以来①,学界研究成果丰硕,但个中不少文句释读仍有剩义可说,本文讨论的即是其中一例。

　　M2出土的王子午鼎一共7件,形制相同,大小相次。铭文最后一句云"万年无期,子孙是△"。所谓△字,原篆如下揭:

《铭图》②2473　　《铭图》2472　　《铭图》2471

该字赵世纲等释"制"③,认为是规则、制令之义,"子孙是制"即勉励子孙后代永远记住铭文中所说的话,作为行动准则④。伍仕谦改释作"利","子孙是利"是勉其子孙载义而行⑤。从字形上看,古文字"利"皆从"禾"作,与△左旁不同,故释"利"的说法应予排除。关于"制"字形体的来源,裘锡圭有过详细论述⑥:

　　甲骨文"折"字作等形(《甲骨文编》22页),金文多作(《金文编》38页)。其左旁有两种写法。象树木中断,也象木断形,也许就是的变体。如果把两种写法综合起来,就成为上举"制"字(即)的左旁了。这种"制"字显然反映了比较原始的写法。其左旁后来变而为"未",这跟"折"字左旁由变为(手)如出一辙。

裘先生认为"制()"左旁来源于与形体的糅合。虽然有学者提出"制"之本义为以刀断木⑦,但在目前所见古文字资料中,可以确定释为"制"的形体,没有一例左旁从"木",而皆与"未"形相类⑧。另外从用字习惯上看,楚文字多用"折"表示制作、制度之"制"⑨。因此将△释为"制",恐怕也不合适,需另求他解。

　　古文字中有如下两个字形,我们列出相关辞例(释文采用宽式):

　　降余多**福**,福余顺孙,参寿唯～,猷其万年,畯保四**国**。

猷钟,《铭图》15633,西周晚期

　　作寁为**极**,万年无疆,用享用**德**,畯保其孙子,三寿是～。

晋姜鼎,《铭图》2491,春秋早期

在判断该字释读前，首先应明确"三寿"的含义。"三寿"一词又见于传世文献《诗·鲁颂·閟宫》，旧有"三老、三卿、三等寿"等诸说[10]，近年由于清华简《殷高宗问于三寿》的刊布，可以肯定先秦确有"三等寿"之说。蒋文曾系统论述过先秦文献中的"三寿"，她说："'三寿'表长寿、多寿意，仍然与'上中下三等寿'有关，寿虽分三等，然三等皆寿，不论是哪个等级，皆为长寿。言'三寿'犹言各种各样的寿。"[11]

桊及㓤右旁所从旧多释"利"，显然也与字形不合。清人许瀚认为字像以刀刻木，为"刻"之初文，郭沫若据之读为"赅备"之"赅"[12]，"三寿是赅"即赅全上中下各种寿[13]。此外董珊认为当是割漆之"割"的表义初文，铭中读为"匄"[14]，"三寿是匄"即祈求长寿、多寿。仅从文意看，这两种说法似都能讲通。但𪔭钟、晋姜鼎相关文句是入韵的（上引释文韵脚已标粗），福、国、极、德上古归为职部，因此释作之部的"赅"要比月部的"匄"更为合理。

王子午鼎△字，从木从刀，但需要注意的是，右旁所从刀形上亦有两点[15]，与晋姜鼎同。△其实也就是上面所述"刻"之初文，在铭文中也应读为"赅"，置诸铭中，亦与前文"民之所亟""万年无期"相叶"之"韵，所以不管是字形，还是韵脚，释"刻"都比"制"妥洽得多。改释后其文字学意义亦得到进一步揭示：古文字中所谓从刀从木的"制"字便一例也不存在了。这对于厘清"制"字形体源流，无疑排除了一个干扰项[16]。

下面谈谈对"子孙是赅"的理解。金文中"子孙是X"还有如下表述：

以匄永命、眉寿，子孙是保。　　　　　　　　陈逆簠，《铭图》5066，战国早期

用祈眉寿，万年无疆，子孙是尚，子孙之宝，用孝用享。

丰伯车父簠，《铭图》5081，西周晚期

用征以迮，以御宾客，子孙是若。　　莒太史申鼎，《铭图》2350，春秋晚期

子孙是尚，当读为子孙是常，《诗·鲁颂·閟宫》有"鲁邦是常"，郑玄笺："常，守也。"子孙是若的"若"字，唐钰明也指出当训"保"义，"'子孙是若'就是'子孙保之'，'世世是若'就是'世代保之'"[17]。《庄子·齐物论》"百骸、九窍、六藏，赅而存焉"，成玄英疏："赅，备也。"即赅全、全备之义。王子午鼎"子孙是赅"较之"子孙是保"等表述，除了希冀永远保有这层意思外，更强调这套列鼎不要流散，要万年赅全之，这应是作为列鼎所特有的表述。东周时期，战争频仍，典籍中常有"庸器""掳器"的记载[18]，考古资料表明，淅川下寺二号墓墓主为蒍子冯[19]，可见王子午希望"子孙赅之"的梦想并未能够实现，这套列鼎很快便作为"庸器"埋进了他人的墓葬中。

最后对"三寿是赅""子孙是赅"的结构差异做些说明。"是"字宾语前置句，有以代词"是"充当前置宾语和以"是"为标记两种形式[20]。前者如"子孙是赅""子孙是保"，"是"为保、赅的前置宾语，具体指代铸有该铭的铜器；后者如"晋郑是依""家室是保""三寿是赅"，"是"仅作为宾语提前的标记而已。

　　附记:本文系古文字与中华文明传承发展工程规划项目G1932阶段性成果。

（作者单位：中国人民大学文学院）

注：

① 河南省文物研究所等主编《淅川下寺春秋楚墓》，文物出版社1991年。不过该书也漏收了个别铭文，如M3所出的楚叔之孙朋鼎盖便没有收入。

② 吴镇烽编著《商周青铜器铭文暨图像集成》，上海古籍出版社2012年。本文简称《铭图》。

③ 赵世纲、刘笑春《王子午鼎铭文试释》，《文物》1980年第10期第27—30页；赵世纲《淅川下寺春秋楚墓青铜器铭文考索》，收入《淅川下寺春秋楚墓》第350页。

④ 此外王辉认为"制"是约束、控制的意思，"子孙是制"即子孙要永远以先祖的告诫约束自己，与赵世纲理解近似。见王辉《商周金文》第290页，文物出版社2006年。

⑤ 伍仕谦《王子午鼎、王孙诰钟铭文考释》，《古文字研究》第9辑第275—294页，中华书局1984年。

⑥ 裘锡圭《说字小记》，《裘锡圭学术文集》第3卷第414页，复旦大学出版社2012年。

⑦ 刘钊《〈金文编〉附录存疑字考释（十则）》，《人文杂志》1995年第2期。

⑧ 《新甲骨文编》"制"下曾收录两例字形：𠛬（《合》21477）、𠛬（《合》7938），但在《新甲骨文编（增订本）》中取消了"制"字头，《合》21477字形归入"割"下，《合》7938另立为"刻"字头。见刘钊等编纂《新甲骨文编》第266页，福建人民出版社2009年；《新甲骨文编（增订本）》第273页，福建人民出版社2014年。

⑨ 周波《战国时代各系文字间的用字差异现象研究》第84页，线装书局2012年；禤健聪《战国楚系简帛用字习惯研究》第433页，科学出版社2017年。

⑩ 〔清〕马瑞辰撰，陈金生点校《毛诗传笺通释》第1147页，中华书局1989年。

⑪ 蒋文《先秦秦汉出土文献与〈诗经〉文本的校勘和解读》第60—69页，中西书局2019年。

⑫ 郭沫若《两周金文辞大系考释》第53页下，文求堂书店1935年。

⑬ 上引蒋文亦持此看法。

⑭ 董珊《吴越题铭研究》第40页，科学出版社2014年。

⑮ 木、刀之间的小点，应参与"刻"会意，故王子午鼎△右所从与一般"刀"形不同，如同铭"𪔲"所从"刀"旁便没有这种特征。

⑯ 一般古文字字编"制"下多收入从刀从木的△，与其他"制"字构形明显不同。古文字"制"形来源当以前引裘说为是，其本义恐非以刀制木。

⑰ 唐钰明《据甲、金文资料考索上古词义二则》，《语言研究》1988年第2期。

⑱ 相关讨论可参看董珊《从作册般铜鼋漫说"庸器"》，北京大学震旦古代文明研究中心编《古代文明研究通讯》总第24期，2005年；李春桃《自钟铭文补释——兼说搄器》，《古文字研究》第30辑第223—229页，中华书局2014年。

⑲ 参看李零《再论淅川下寺楚墓》，收入氏著《入山与出塞》第225页，文物出版社2004年。

⑳ 参看武振玉《殷周金文中的特殊句型》，收入氏著《汉语史论》第266页，现代出版社2014年。

古文字研究（35）：301—306，2024

金文异体字释读两则

马　超

一　释番君召盙中的"旂"字异体

传世有七件番君召盙铭文（《铭图》①5914—5919、《铭三》②567），各器出土信息均不详，年代为春秋晚期，其中《铭图》5915—5918四器铭文全同，可以释作（释文从宽）：

> 番君召乍（作）饎匤（盙）③，用亯（享）用孝，用△眉寿，子＝（子子）孙＝（孙孙）永宝用之。

《铭图》5914号器较上述四器末尾少一"之"字，《铭图》5919号器少"用△眉寿"四字，而《铭三》567号器末尾少"用之"二字，且子、孙二字未见有合文符号。此盙铭文有韵，孝、寿均为幽部字，《铭三》567号器末字为"宝"，同为幽部字，亦是韵脚。

上述释文中以"△"代替之字，在番君召盙诸器中共出现六次（《铭图》5919号器此字残去），分别作：

a.《铭图》5914	b.《铭图》5915	c.《铭图》5916	d.《铭图》5917	e.《铭图》5918	f.《铭三》567

△字清代学者阮元、吴式芬、方濬益、刘心源、刘体智等皆释为蕲④，蕲为草名，《说文》艸部："蕲，艸也。从艸，靳声。江夏有蕲春亭。""蕲"典籍中常可与"祈"通，以上诸位学者释△为"蕲"，是将其当作"祈"之通假字来看待的，段注即云"（蕲）古钟鼎款识多借为祈字"，王筠《说文释例》还曾认为"蕲"是由金文旂字讹变而来的⑤。与此不同的是，罗振玉《贞松堂集古遗文》⑥、徐乃昌《安徽通志金石古物考稿》将此字隶作旂⑦，此说直到今日仍为多数学者所赞同。《商周青铜器铭文选》⑧、《殷周金文集成引得》⑨、《金文引得》⑩、《集成》⑪、《商周金文摹释总集》⑫、《铭图》⑬、《春秋文字字形表》⑭等，均隶定作旂（旂），或又进一步括注为"祈"。

将△字隶定为旂的意见虽是学界主流、采信者众多，但亦不乏有质疑者。罗福颐《三代吉金文存释文》将其摹作 形，而缺释⑮。宗鸣安则隶作"旙"，认为"'旙'即'增'字变体，古文字义同形傍常任作变化。有释为'蕲'者，不确"⑯。此外，《古文字谱系疏证》又隶定为"旞"，并言："番君召匤—（引者按：指 ）字斤旁横书，言旁借用斤旁两笔为横画，旧或隶为旂，不确。"⑰以上几家均表达了对△字不同的看法,尤其是宗鸣安与《古文字谱系疏证》明确指出了隶定为旟(旝)的意见有误,值得重视。

由于两周金文中"用/以旝(祈)眉寿""用旟(祈)眉寿"之语习见,故而一些著作,如《殷周金文集成释文》⑱《湖湘档案图典(贰)》⑲《周代南土历史地理与文化》⑳等,在著录和引用番君召盨铭文时,径将△字释为了"祈",这也代表了学界对此字在铭文语意上的基本看法。总而言之,各家对△字形体的认识尚存有一定的分歧,对此字的隶定主要有旟(旝)、䗀、𥪐三种意见。

统观上文表格所列△字a—f六种形体,其下部从日、上部从放是可以肯定的,《古文字谱系疏证》认为放旁之外的部分是与横置之"斤"有借笔的"言"旁,此说恐有问题。△下部明为"日"形,并非"言"旁所从的"口/甘"旁,而且就△字的六种形体而言,只有d、e两形中间类似于横置的"斤"旁,其余四形均与"斤"旁迥异,因此无论是按照传统的意见隶定为旟(旝),抑或是按照《古文字谱系疏证》的意见隶定为𥪐,都是不能契合全部字形的。宗鸣安隶作"䗀",将放旁下部看作"曾"旁,更与字形相差较大,难以成立。

△字六种形体中,c形应是最完整和原始的,其除去放、日之外的部分作 ()形,最上部呈"M"形,下部竖笔之上有两重下垂笔画和一短横。其余五形上部的"M"形或有残缺,或减省作"V"形(其实像d形的写法或许也可以看作顶部V形与放旁有借笔的"M"形)。从c形所从的 旁来看,我们认为其应即古文字中常见的"祇(祗)"字,在古文字中祇和从祇之字一般作下列之形:

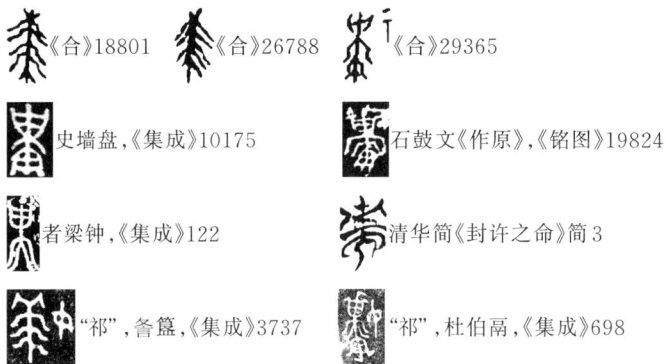

《合》18801　　《合》26788　　《合》29365

史墙盘,《集成》10175　　石鼓文《作原》,《铭图》19824

者梁钟,《集成》122　　清华简《封许之命》简3

"祁",詧簋,《集成》3737　　"祁",杜伯鬲,《集成》698

杜伯鬲铭文原作"杜伯作叔媜尊鬲……",郭沫若认为此乃杜伯嫁女所作媵器,叔媜之"媜",应为杜国之姓,而典籍记载杜为祁姓,故媜应读为"祁"。同时还指出三体石经"祇"字古文 与媜字声符"甶"为一字,前者字形象两甾相抵;后者象两甾之间更垫以它物,乃氏(底)之初文㉑。嗣后,在郭说基础上张亚初考释出卜辞中的"祇"字,指出在甲骨文中其形体最初作 ,然后在上部或上下同时增加声符"甾"作 ,金文中的祇,乃是由甲骨文中的写法省略中间的形而成。同时又说明，▨为树木枝叶茂盛、舒展状，所以它应是祁字的本字②。王蕴智也曾说过："恭敬曰祇，初文写作▨，象树木枝叶茂盛舒展状。字形上下或添加短横。金文讹作二屮相悖状，与三体石经古文祇字形近。从示、氏声之祇出现于秦汉，字或写作祇。"㉓经过几位先生的考证，古文字中的祇字及其演变脉络得以基本明晰。

昚簋"祁"字所从的▨旁，上部作"M"形，可能是由甲骨文▨（《合》26788）形演变而来，也可理解为由作▨（清华简《封许之命》简3）形的写法省略上部的竖笔（竖笔上有短横作饰笔）而来㉔。相似的变化可以参考古文字中的"索"字（旁），在卜辞中"索"字既作▨（《合》880），又作▨（《合》20088），上部"中"形与"V"形并存，这两类形体其后分别演变作▨（师克盨盖，《集成》4468）、▨（清华简《封许之命》简3）与▨（夹伯壶盖，《集成》9702）、▨（《包山简》简254）之形㉕。总之，▨字释祇当不误，番君召盨△字所从的▨旁与此形体相近，只不过是变最下部的垂笔为直笔（也可认为盨铭省略了一重垂笔，下部又增短横为饰），二者当为一字。

祇（祇）从氏声，《说文》示部："祇，敬也。从示、氏声。"又同部："祈，求福也。从示、斤声。"又邑部："祁，太原县。从邑、示声。"古音祇、祁与祈均音近可通，《左传·昭公十二年》"王是以获没于祇宫"，《竹书纪年》"祇"作"祈"；《成公八年》"以其田与祁奚"，《吕氏春秋·开春论》"祁奚"作"祈奚"；《闵公二年》"与石祁子玦"，《诗·鄘风·定之方中》孔颖达疏引作"石祈子"㉖。

因此，番君召盨中的△字从㫃、从日、祇声，完全可以读为祈求之"祈"。△字应是以日、㫃为意符，以祇为声符的旂之异体。旂以日为意符这一点还需略作补充说明，金文中常见"鋚旂五日"（彔伯师䣄簋，《集成》4257）、"旂五日"（师道簋，《铭图》5328）、"旂四日"（救簋盖，《集成》4243）等赏赐物品，乃是绘有四日或五日之旂，△字以日为意符可与此相印证。

一　释以"帽冕"之形为声的"樊"字异体

见于著录的樊君夒匜（《集成》10256）据传乃1949年以前湖南长沙市郊杨家山"长沙工后冢"出土，时代为春秋中期㉗，匜有盖，器、盖同铭，作："樊君夒用自作浃（浣）它（匜），子₌（子子）孙₌（孙孙），其永宝用宫（享）。"同人所作尚有一件铜盆（《集成》10329），1978年河南信阳市五星公社平西村南山嘴春秋墓葬（M1：10）出土，铭文为："㭊/樊君夒用其吉金，自作宝盆。"匜铭樊君之"樊"原拓作：

盖▨（▨）　器▨（▨）

此二字与一般的"樊"字写法有别，其在林旁与奴旁之间，分别有一▨形（盖）与"冖"形（器）部件。

古文字中的"樊"最初大致作▨（小臣氏樊尹鼎，《集成》2351）形，从林、奴声㉘。《商周古文字源流疏证》云:"樊,是藩篱的本字。林木是藩篱的义符。古今人都习惯用树木立桩,中间以树杈枝条交叉编成篱笆。从林为众木之意。西周晚期增加 × 作为木桩之间编条之象形义符。……"㉙樊字"林"旁中间象树枝编条的"×"形㉚,写法多变,或作▨(樊君盨,《集成》4487)、▨(樊君盆,《集成》10329)、▨(樊夫人龙嬴壶,《集成》9736)、▨(樊季氏孙鼎,《集成》2624)、▨(清华简《楚居》简10)等形。然而樊君夔匜中的▨和"冖"形部件与上述诸形均难以牵合,也难以寻觅出上述诸形间的嬗变关系,如此看来,这两个部件在"樊"字构形中的作用是一个非常值得思考的问题。

目前所见的著录书与研究著作中,大都是径释上述匜铭二形为樊的㉛。除去这种意见以外,铭文最初刊布者则是将其隶定为"夔"而无说。《商周古文字源流疏证》还曾认为匜器铭樊字所从的"冖"形是▨形的省变㉜,但并未解释具体的省变轨迹。《春秋文字字形表》将樊君夔匜盖铭、器铭与一般写法的"樊"字分开,并均隶定为"樊",已经注意到了其写法上的特殊之处,但是书中将其与樊君盨(《集成》4487)▨、樊季氏孙鼎(《集成》2624)▨等樊字视为同一形体㉝,显然也是有问题的。

古文字中与▨形最为近似的应属"尹"字(参《春秋文字字形表》页134"尹"字条),铭文刊布者隶定为"夔",认为其字从"尹",也是有着一定字形依据的㉞。但若采信释"尹"之说,不仅其在樊字构形中所起的作用难以明了,同时也无法解释器铭所从"冖"形的问题,此说亦难成立,仍需另寻别解。黄锡全曾指出:"冖或冃形作▨,形似尹,当是楚文字的特点。"并据此由楚文字中作▨形的冠字,追溯到了冠字作▨、▨、▨等较为原始的写法,并认为其象覆盖人首之冠形㉟。魏宜辉在黄说基础上也曾指出㊱:

> 古文字中的"冃"字写作"▨",象帽子之形,即"帽"之本字。后来又在"▨"形中间添加短横作为饰笔,到了楚简文字中,"▨"形中间这一短横向两边延长并与两边的竖笔接在一起,从而变作了"▨"形。

两位先生的论述揭示了古文字中象"帽子/冠冕"之形的冖,向▨、▨两形,以至▨形演变的全过程。樊君夔匜盖铭与器铭中的"樊"字分别叠加有▨、冖两形,适可分别与"冠"字不同写法▨、▨所从的"帽子/冠冕"之形相对应,当为同字。谢明文在考释陈喜壶(《集成》9700)▨字时,曾指出㊲:

> 从目前已经公布的资料看,古文字中的"▨""▨"应有明母元部一类读音,颇疑壶铭"謞"字把上部写作"▨"类形似有变形声化的因素。……《清华简(柒)·晋文公入于晋》简1"▨"字,王挺斌先生赞成释"冕"的意见,认为这个字就是人跪着而戴帽之形,上部帽冕之形还起到音符的作用。

综合以上意见来看,冖、▨、▨、▨可能是帽、冕、冠的共同初文,其在古文字中有明母元部的读音,应来源于其本即"冕"之初文。樊字读音为并母元部,与"冕"韵部相同,而陈喜壶中的"宾"字异体"誩",谢明文已考证其叠加有 声,而从宾得声的髌、膑、嫔、蠙等字上古音又为并母,与樊字声纽一致。总之,既然樊君夔匜中"樊"字所从的 、两形,一方面完全可以与古文字中确知的"帽冕"形相对应,另一方面又知冕、樊读音相近,那么樊君夔匜中的 、两字,就应是叠加了"冕"之初文为声符的樊字异体。

《铭续》[38]公布有一件樊孙伯渚鼎(编号197),铭文为:"樊孙白(伯)渚用其吉金,自作宝鼎,其眉寿子=(子子)孙=(孙孙),永用之亯(享)。"其中樊写作:

在林旁与廾旁之间又有一 旁,同样应理解为樊字叠加的声符"冕"之初文,可与樊君夔匜中间作 形的樊字写法合观,前者应是后者的进一步演变。包山楚简中有 (简19)字,旧或被释为虢,或被释为庑。苏建洲指出此字应是由下部作"尹"形的"庑"字,如 (清华简《楚居》简12)、(发孙庑鼎,《铭图》2239)等演变而来[39],苏说较为有据。庑字由 演变到 形,正与樊字由 演变到 相一致。

附记:本文是国家社科基金青年项目"金文所见两周古国爵姓及存灭史料整理与研究(19CZS014)"阶段性成果。

(作者单位:西南大学汉语言文献研究所、出土文献综合研究中心)

注:

① 吴镇烽编著《商周青铜器铭文暨图像集成》,上海古籍出版社2012年。简称《铭图》。

② 吴镇烽编著《商周青铜器铭文暨图像集成三编》,上海古籍出版社2020年。简称《铭三》。

③ 此类器物常被称为簠,本文采用释盙之说,参唐兰《略论西周微史家族窖藏铜器群的重要意义——陕西扶风新出墙盘铭文解释》,《文物》1978年第3期;高明《盨、簠考辨》,《文物》1982年第6期;李刚《盨、簠补释》,《古文字研究》第29辑第367—372页,中华书局2012年;赵平安《盨、铺再辨》,《古文字研究》第31辑第226—229页,中华书局2016年。

④ 阮元《积古斋钟鼎彝器款识》,刘庆柱、段志洪、冯时主编《金文文献集成》第24册第160页,线装书局2005年;吴式芬《攈古录金文》,《金文文献集成》第11册第267页;方濬益《缀遗斋彝器考释》,《金文文献集成》第14册第137页;刘心源《奇觚室吉金文述》,《金文文献集成》第13册第433页;刘体智主编《小校经阁金石文字》(引得本)第1633页,台湾大通书局1979年。

⑤ 丁福保编纂《说文解字诂林》第282页,中华书局1988年。

⑥ 罗振玉《贞松堂集古遗文》,《金文文献集成》第24册第131页。

⑦ 徐乃昌《安徽通志金石古物考稿》,《金文文献集成》第23册第522页。

⑧ 马承源主编《商周青铜器铭文选(四)》第411页,文物出版社1990年。

⑨ 张亚初编著《殷周金文集成引得》第97页,中华书局2001年。

⑩　华东师范大学中国文字研究与应用中心编《金文引得·春秋战国卷》第64页,广西教育出版社2002年。

⑪　中国社会科学院考古研究所编《殷周金文集成(修订增补本)》第4册第2950页,中华书局2007年。

⑫　张桂光主编《商周金文摹释总集》第3册第758页,中华书局2010年。

⑬　吴镇烽编著《商周青铜器铭文暨图像集成》第13卷第195页。

⑭　吴国升编著《春秋文字字形表》第310页,上海古籍出版社2017年。

⑮　罗福颐《三代吉金文存释文·文十·簠》第6页,问学社1983年。

⑯　宗鸣安《酩明楼金文考说》第113页,陕西人民美术出版社2001年。

⑰　黄德宽主编《古文字谱系疏证》第3643页,商务印书馆2007年。

⑱　中国社会科学院考古研究所编《殷周金文集成释文》第3卷第559页,香港中文大学中国文化研究所2001年。

⑲　湖南省档案局(馆)编《湖湘档案图典(贰)——湖南省档案馆馆藏铜器铭文拓片集录》第73页,湖南人民出版社2015年。

⑳　徐少华《周代南土历史地理与文化》第162页,中西书局2021年。

㉑　郭沫若《金文丛考·释媊》,《郭沫若全集·考古编》第5卷第205—210页,科学出版社2017年。

㉒　张亚初《甲骨金文零释》,《古文字研究》第6辑第167—170页,中华书局1981年。

㉓　王蕴智《商代文字结体例说》,《字学论集》第99页,河南美术出版社2004年。

㉔　安大简《诗经》中此类现象较多,参徐在国《谈安大简〈诗经〉中的一些文字现象》,《安大简〈诗经〉研究》第70—71页,中西书局2022年。

㉕　"索"字的释读参郭永秉、邬可晶《说"索""刺"》,《出土文献》第3辑第99—118页,中西书局2012年。

㉖　张儒、刘毓庆《汉字通用声素研究》第958页,太原古籍出版社2001年。

㉗　徐少华认为时代属两周之际或春秋初年,参注⑳第85页。

㉘　有学者将"樊"字形体追溯至甲骨文中的[图]、[图]、[图]诸字,似嫌证据不足。参付强《据清华简释甲骨金文中的"樊"字》,《"鼎甲"杯甲骨文有奖辨识大赛论文集》第37—39页,中州古籍出版社2015年;张惟捷《殷卜辞"樊"字构形与相关问题试论》,《中国文字研究》第30辑第8—14页,社会科学文献出版社2019年。

㉙㉜　张亚初《商周古文字源流疏证》第1365页,中华书局2014年。

㉚　或说"林"旁中间乃是"绳网"之形,参李守奎《〈楚居〉中的樊字及出土文献中与樊相关文例的释读》,《文物》2011年第3期。此亦可为一说,不影响本文论证。

㉛　《殷周金文集成引得》第157页;《殷周金文集成释文》第3卷第157页;《金文引得·春秋战国卷》第77页;《殷周金文集成(修订增补本)》第7册第5521页;刘彬徽、刘长武《楚系金文汇编》第59页,湖北教育出版社2009年;《商周金文摹释总集》第6册第1574页;《商周青铜器铭文暨图像集成》第26卷第340页。

㉝　同注⑭第120页。

㉞　湖南省博物馆《介绍几件馆藏周代铜器》,《考古》1963年第12期。

㉟　黄锡全《赵国方足布七考》,《华夏考古》1995年第2期;又《先秦货币研究》第92—93页,中华书局2001年。

㊱　魏宜辉《楚系简帛文字形体讹变分析》第94页,南京大学2003年博士学位论文。

㊲　谢明文《陈喜壶铭文补释》,《中国国家博物馆馆刊》2021年第9期。

㊳　吴镇烽编著《商周青铜器铭文暨图像集成续编》,上海古籍出版社2016年。简称《铭续》。

㊴　苏建洲《利用〈清华简(壹)〉字形考释楚简疑难字》,《楚文字论集》第404—405页,万卷楼图书股份有限公司2011年。

古文字研究(35):307—309,2024

战国阳狐戈铭补释

王　伟

陕西高陵米家崖秦墓出土一件戈(见图一、二),简报云[①]:

标本 M9:2,长胡三穿,有阑,阑下出齿,援部挺直,弧形三角锋,中有脊,双刃,长方形直内,内上有一长方形穿,并篆刻"阳仿"两字。通长 19、胡长 6、阑长 10.3、援长 11.6、援脊处厚 0.65、内长 17.8、内宽 3.25、内厚 0.45 厘米。

图一　　　　　　　　　　　　　图二

今按,简报对戈铭的释文不完全正确。戈铭首字为"阳"没有问题,但"仿"字楚简作 、 等形[②],故第二字并非"仿"字甚明;且"阳仿"作为戈的铸造或置用地名也难以解释。

戈铭 应释为"狐"字。秦文字"狐"作 、 、 等形[③],而楚简多写作 、 等形,三晋文字多作 、 等形[④]。可见,高陵米家崖秦墓出土戈铭第二字的写法 与三晋文字"狐"字的字形基本相同。又《殷周金文集成》10916 著录一件传世品"阳狐戈"(见图三),胡部铸铭,其"狐"字作 ,也与高陵米家崖秦墓出土戈铭的"狐"字写法相同。据以上字形比对,米家崖秦墓出土戈铭也应是"阳狐"。

图三

　　据战国兵器铭文通例，"阳狐"应是戈的铸造地或置用地。"阳狐"不见于《汉书·地理志》，但见于《史记》，如《魏世家》"（魏文侯）二十四年，秦伐我，至阳狐"，正义引《括地志》云："阳狐郭在魏州元城县东北三十里也。"⑤又《田敬仲完世家》"宣公四十三年，伐晋，毁黄城，围阳狐"，正义引《括地志》云："故黄城在魏州冠氏县南十里。阳狐郭在魏州元城县东北三十二里也。"⑥

　　今按，《括地志》所说的"魏州元城县"，即《汉书·地理志》魏郡（故秦河东郡）元城县，颜师古注："应劭曰：魏武侯公子元，食邑于此。因而遂氏焉。"王先谦补注："先谦曰：西有践土驿，晋作王宫于此。田齐、魏《世家》，秦齐伐魏阳狐，《括地志》以为县东北阳狐郭。"治今河北大名县东⑦。可见，汉唐以来的学者都将"阳狐郭"定位在今河北邯郸市大名县。

　　《括地志》所说的"故黄城在魏州冠氏县南十里"，其中的"冠氏"应该就是见于《左传》的"冠氏邑"，与秦汉时的"馆陶"县仅相隔黄河故道。王先谦《汉书地理志补注》"春秋晋冠氏邑，齐取之，见《左哀传》……冠县半入馆陶境"⑧，则《括地志》所说的"黄城"应在今河北邯郸市馆陶、山东聊城市冠县附近。可见，《括地志》所说的"黄城"应是秦汉"内黄"县，秦汉封泥均有"内黄丞印"⑨，即今河南安阳市内黄县；而《汉书·地理志》山阳郡黄县（治今河南民权县东南⑩）对应的应是秦汉的"外黄"县（治今河南兰考县东南⑪），或即汉封泥中的"黄丞""黄丞之印"⑫。

　　经以上梳理可知，《括地志》对"黄城""阳狐"的定位均在今邯郸市南、安阳市北的范围内。今查《中国历史地图集》35—36战国韩魏图幅，"黄城"与今"内黄"隔黄河故道而临近，与传统志书所载地望基本相符。查《中国历史地图集》第1册，其对"阳狐"的标注有两处，一在35—36图幅（战国韩魏），"阳狐"被标注在今垣曲和战国"垣"地的东南；另一处在39—40图幅（战国齐鲁宋），"阳狐"被标注在今河北大名县以北，这个地点应该就是汉唐以来学者认定的"阳狐郭"⑬。

　　《中国历史地图集》第1册所标注的"黄城"在临近齐国的西境，也与传世志书记载的地望大体相合；但其所标注的第一处"阳狐"更靠近秦国，第二处在今河北邯郸市大名县，距离秦国过于遥远。揆诸战国时期秦魏齐三国的形势和实际控制的地域范围，我们认为，秦所伐"阳狐"或即《中国历史地图集》标注的上述第一处地点。

　　最后需要指出的是，传世"阳狐"戈是铸款，而据简报所附戈铭线图、铭文拓本来看，简报所说"篆刻'阳仿'两字"，即米家崖秦墓所出戈铭应该也是铸款。

　　综上，目前所见的这两件戈铭都应释为"阳狐"，文字都是铸铭，字体风格与三晋文字一致，故这两件"阳狐"戈都应该是战国时期魏国器物。陕西高陵米家崖秦墓出土的这件铸铭"阳狐"戈或是见于《史记》记载的秦齐联合伐魏之役的战利品。

（陕西师范大学文学院）

注：

① 陕西省考古研究院《陕西高陵米家崖秦墓发掘简报》,《考古与文物》2021年第4期。

② 徐在国、程燕、张振谦编著《战国文字字形表》第1137页,上海古籍出版社2017年。

③ 单晓伟编著《秦文字字形表》第451页,上海古籍出版社2017年。

④ 同注②第1390页。

⑤ 按,此事《史记·六国年表》秦简公十四年记作:"伐魏,至阳狐。"

⑥ 〔汉〕司马迁撰《史记》(点校本二十四史修订本)第2211、2274页,中华书局2013年。

⑦ 周振鹤编著《〈汉书·地理志〉汇释》第174页,安徽教育出版社2006年。

⑧ 同注⑦第172页。

⑨ 任红雨编著《中国封泥大系》第172、704页,西泠印社出版社2018年。

⑩ 同注⑦第155页。

⑪ 同注⑦第106页。

⑫ 同注⑨第618—619页。

⑬ 谭其骧主编《中国历史地图集》第1册,地图出版社1982年。

古文字研究（35）：310—318,2024

《清华简》第十三辑字词释读丛札

黄德宽

　　《清华大学藏战国竹简》第十三辑收录《大夫食礼》《大夫食礼记》《五音图》《乐风》《畏天用身》等五篇竹书，其中《大夫食礼》《大夫食礼记》两篇是首次发现的先秦仪礼类文献，《五音图》《乐风》两篇是先秦音乐文献，《畏天用身》是一篇子类论说文。这些文献都是前所未见的先秦佚文，对先秦礼仪制度和思想文化史研究都有重要价值。字词的考释是出土文献整理的一项基础性工作，在第十三辑研究报告整理过程中，我们就有关字词释读撰写了若干条释读札记。有些字词的释读涉及近年来学术界较为关注但尚未最终解决的问题，本辑研究报告提供的新材料有助于相关问题的进一步讨论，故选刊札记一组，以就教于诸位同道。

一　释"迈""警"

　　（1）大夫迈警（速）之义（仪）。①【《大夫食礼》01】

　　按："迈"，从"辵""乃"声，从"辵"当有行走之义。该字见于《广韵》下平声十六"蒸"："迈，往也。"周祖谟《广韵校勘记》："迈，段氏改作迺，盖本《说文》。案《说文》卤下云：'或曰卤，往也。读若仍。'段氏注云：'玄应书三引《仓颉篇》：迺，往也。'"②《集韵》平声四第十六"蒸"："迈，及也，往也。"《乡射礼》"主人朝服乃速宾"，"乃"与"迈"相当，即"往也"。

　　"迈"也见于上博简《柬大王泊旱》17"大宰迈而胃（谓）之"句，原释文隶作"记（起）"，显然不对，学者有不少讨论，如：何有祖（2005.04.15）引何琳仪说释"迈"训"及也，往也"，周凤五（2006.10）读"仍"训"重复"，陈伟（2006.11.22）读"仍"训"仍而"、犹"因而"，王鑫（2012.05）读"乃"训"乃而""于是"，杨泽生（2016.10）读"迎"③。又见于上博简《郑子家丧》6—7号："'今晋人将救子家，君王必进币（师）以迈之！'王安还军以迈之，与之战于两棠，大败晋币（师）焉。"简文"迈"字两见，释读分歧与《柬大王泊旱》17相似，如：陈伟（2009.01.10）读"仍"，训"就""因"，疑就是往就、趋赴的意思；复旦（2008.12.31a）释"迈"，表示"迎击"一类意思，疑读"应"或"膺"；何有祖（2008.12.31a）释"迈"训"往"或"及"，即《说文》训"惊声"之"卤"；孟蓬生（2009.01.06）释"迈"读"应"，击；杨泽生（2009.01.14）疑"迈"可以直接读作"迎敌"的"迎"④。结合本篇简文来看，关于"迈"字各说，应以训"往"为是。

　　"警"，该字由"束、欠、言"构成，可分析为从"言""欶"声，见于清华简《邦家处位》，与《说文》"速"古文同。《尔雅·释言》："速，召也。"《乡射礼》"主人朝服乃速宾，宾朝服出迎再拜"，郑玄注："速，召也。"《乡饮酒义》"主人亲速宾及介，而众宾自从之"，郑玄注："速，谓即家召之。"简文"速"指"速宾"，谓主人登门邀请宾客。"大夫迓速之仪"，指大夫即家邀请宾客的仪节。

二 释"榐""𧮫"

（2）既榐，君子既𧮫（毕）入，主人乃出，立于主阶之东南，西南乡。【《大夫食礼》01】

按："榐"字作🦋，见于望山、包山简。《望山楚简》2·45"一牛榐，一豕榐，一羊榐，一尊榐"，注释八三："此简'榐'字四见，据文意当是盛放牛、羊、豕等体积较大的食物的木器。""此墓出大型'高足案'四，大小不等，疑即简文所记之'榐'。""'罢'、'延'音近，疑'榐'当读为'梴'"，《墨子·节葬》："又必多为屋幕鼎鼓几梴……寝而埋之。"该书补正又引毕沅《节葬》"梴同筵"之说，纠正注释，并怀疑"榐"读为"断木为四足"的"梡"⑤。这一意见后来李家浩又做了进一步的论证，并指出"梡"与"橛"音近义同，可能是同源词；包山简"橛"作"榐"，从"屈"声，与"完"声上古音也十分接近⑥。《礼记·明堂位》"俎，有虞氏以梡"，郑玄注："断木为四足而已。"望山楚墓出土实物可与简文互证，读"榐"为"梡"有据。何琳仪《战国古文字典》读望山简"榐"为"腜"，读包山简该字为"迁"。"榐"读为"梡"的意见目前较受肯定⑦。

简文"榐"字还出现在该篇7、8、21、29号简，这些材料中该字读"梡"还是读"筵"，颇可斟酌。简1"既筵"，指既已布席。《仪礼·士冠礼》"主人之赞者，筵于东序，少北西面"，郑玄注："筵，布席也。"简7"方榐西端"、简8"立于榐西北末"、简21"立榐西端"、简43"立于榐西端"，疑"榐"皆读"筵"，与简22"客立于席南末，主亦立于席北端"，可对比参看。"筵"，指垫席。如《仪礼·公食大夫礼》："司宫具几与蒲筵常，缁布纯加萑席寻。"《诗·行苇》："或肆之筵，或授之几。"《斯干》"下莞上簟"，孔疏："司几筵设席，皆粗者在下，美者在上。……竹苇曰簟者，以常铺在上，宜用坚物。""下莞"或即"榐"。黄节认为："司几筵有莞筵、蒲筵，设席皆粗者在下，美者在上，此下莞上簟，虽是与群臣燕乐之席，其室内寝卧祍席亦当然也。《士丧礼》云：下莞上簟，祍如初，则平常皆莞簟也。其寝外之席，自天子以下，宜莞簟同。"⑧基于简文新材料，楚简中出现的"榐"字可能有两种用法：一读作"梡"（橛/榐），指"案"一类器具，如信阳简、包山简；一读为"筵"，指垫席。

"𧮫"，多释"諮"字籀文，可从。楚文字"諮""脬"等所从二或三"或"，皆改倒为正。简文"君子既𧮫入，主人乃出"之"𧮫"，读为"毕"，训"尽""皆"。上博简《成王为城濮之行》用作"毕"者，与此"𧮫"形近而稍讹⑨。清华简《祭公》"用毕成大商"，用作"毕"者以"𧮫"（省讹形）为声符。注释："臧，清华简《金縢》作'臧'，用为'拔'字，在此读为'毕'。"对该字字形《金縢》注释分析说："臧，疑从𧮫（諮）声而有讹变，𧮫，并母物部。今本作'拔'，从友得声字多为唇音月部。月、物两部音多相近。"⑩可从。

三　释“遼”“畫”

（3）客者以主命遼（就）客：“某大夫寺（待）巳（矣），憀（就）某大夫畫＝（食。再）辞乃进，答拜。【《大夫食礼》04—05】

按：“遼”即“就”字，简文用作“就客”等，礼书或用借字“肃”。《礼记·曲礼上》：“客至于寝门，则主人请入为席，然后出迎客，客固辞，主人肃客而入。”郑玄注：“肃，进也。进客，谓道之。”郑注以“进”训“肃”，进而以“谓道之”随文说义。楚鄂君启车、舟节多用“就”字，以表达行进到某地。由“行进到”“行至”义，可引申出“趋向、靠近、亲近”等义。简文“就客”“就某大夫”，指使客或某大夫“就客位”“就某大夫位”。《礼记·檀弓上》：“文子退，反哭。子游趋而就诸臣之位。文子又辞曰：‘子辱与弥牟之弟游，又辱为之服，又辱临其丧，敢辞。’子游曰：‘固以请。’文子退，扶适子南面而立，曰：‘子辱与弥牟之弟游，又辱为之服，又辱临其丧，虎也敢不复位！’子游趋而就客位。”⑪简文“就”字用法，与《檀弓》“子游趋而就诸臣之位”“子游趋而就客位”两句中的“就”相近。郑玄训《曲礼》“肃客”之“肃”为“进”，正是“就”之“行进”义，“肃”当为借字，而简文“就”乃用本字。“就客”者必谦敬，《檀弓》子游“趋而就”也表达了就位时的恭敬态度。《礼记·学记》“就贤体远”之“就”，郑玄注：“就，谓躬下之。”“躬下”即谦恭。郭店简《五行》21：“不弁（变）不兑（悦），不兑（悦）不憙（就），不憙（就）不新（亲），不新（亲）不悉（爱），不悉（爱）不息（仁）。”这些“就”字字形或有省简变化，但用法则明确无疑。由“就客”等“就”字用法，知礼书以及其他文献中表示“进”“近”“亲”之义的“肃”“宿”“戚”等，皆为“就”的借字，故训大多随文而释义也。

“畫”字，与安大简《诗经·小戎》“畫寝畫兴”之“畫”同，《毛诗》作“载”。该字也见于《摄命》3号简，简文：“肆余畫猒卜乃身，休，卜吉。”注释：“‘畫’字不识，上半所从与金文‘麦’同，疑读为‘卦’。”今按：该字当读为“载”，从“食”为意符，但“聿（聿）”与“载”音却远隔，其构形颇难分析，疑所从“聿（聿）”为讹省之形。从《小戎》异文看，该字很有可能为《说文》“飤”字之讹变。该字《小戎》用作语辞“载”，《摄命》读“载”训“乃”。《大雅·旱麓》“清酒既载”，郑玄笺：“既载，谓已在尊中也。”《韩诗章句》：“载，设也。”马瑞辰：“‘载’与‘飤’音同。《说文》：‘飤，设也，饪也。（按：大徐本作“设饪也”。）从乱、食，才声，读若载。’此诗‘载’即‘飤’字之同音假借，故韩训‘设’。《商颂·烈祖》诗‘既载清酤’，义同。《广雅》亦云：‘飤，设也。’《石鼓文》‘载’皆作‘飤’。《士昏礼》：‘从设，北面载。’‘载’亦‘设’也。”⑫简文这个从“聿（聿）”从“食”的畫字，可能就是“飤”字的省讹之形。简文“就某大夫畫＝”之“飤”为合文，读为“就某大夫食。载（再）”。在上古文献中“载”有实、虚词两类用法，或为“设”义，其本字为“飤”，或读为“再”。简文该字多见，根据辞例，简15、42、43、46之“畫”字皆读为“再”，文献“载”与“再”或通用或异文之例多见。

四　释"觶"

（4）既歓（饮），执🔲以降，敀（属）之阶西。【《大夫食礼》32—33】

按："🔲"字作🔲形，上部可分析为从"臼"、从"尹"（楚文字"彐"也可作此形），下部分所从当与仰天湖🔲（31、32）、望山🔲（2·47、58）、信阳🔲（2·19）、包山🔲（253、254）相同，简文该字下部从"角"讹为"西"。仰天湖等简文所见该字释读意见颇不一致，有"卢（省皿）、觥、坛、觚、觳、卮"等诸说⑬。简文该字指手持之饮酒器具，可能为"觶"字异文。上博简《用曰》6"唇亡齿仓（寒）"之"唇"作"🔲（🔲）"，与简文该字构形颇相近，但所从"臼"下置。对此字的构形分析意见不一，或以为所从为"晨"省声，或以为从"迁"省，或以为是中山王鼎"振"上部讹变⑭。根据《用曰》🔲读为"唇"，可知该字可读舌音文部字。🔲与简文🔲都从"臼"，只是位置有上下之别而已，将该字看作仰天湖等简文从"虍（虎）"从"角"之字上增加声符"晨"（省声作"臼"）的可能性确实存在。与仰天湖等简文相比，简文该字所迭加的"尹"很可能是一个增繁的声符，"尹"也是舌音文部字。《说文》："觶，乡饮酒角也。"所收异体或从"辰"声，段注："'辰'声而读支义切，此如古'袛''振'多通用也。"从"辰"声的"觶"字异体，见于武威汉简《燕礼》18。西周中期万諆觶（见图一）铭文以"晨"（或隶定作"霢"）自名，表明《说文》从"辰"声的异体"觶"字渊源有自。郭店简《五行》"金声玉振"之"振"作"晨"（从"日""晨"声），中山王鼎"振"也作"晨"。这些材料表明，将上博简读作"唇"的这个字，与中山王鼎"晨（振）"联系起来，或以为从"晨"省声，字形分析的方向大概是正确的。结合万諆觶自名"晨"以及《说文》"觶"字或体从"辰"声等材料，上博简读作"唇"的字与简文该字应是同一个字，都是在仰天湖等简文所见从"虎"从"角"字之上增繁声符构成的异形，应释作"觶"及其异体。

本篇简49号："女（如）少（小）飤（食），宾主既歓（饮）于上，女（如）或（又）戠（就）🔲于下，以须伥（长）者之飤（食）亦可。"（48—49）🔲也指饮酒器具，其字形可分析为从"角"从"半"。战国文字中这类从"斗"从"八"的"半"，即《说文》"料"字，既可以用"斗"作意符，也可以用"升"作意符⑮。简文该字所从"料"的写法见于郭店楚简，《老子》甲25、30"畔"字上部所从与该字所从相同。甲25"畔"，王弼本作"泮"，整理者读"判"，或读"分"；甲30"畔"，帛书本异文作"贫"，或读"叛"⑯。上博简《容成氏》45"畔"写法相同，读"叛"。《柬大王泊旱》14有🔲字，原释文隶定作"迸"。按：该字释读有分歧，如陈剑（2005.02.15）补记：🔲疑为"退"字误写，属上读，与"进"相对。董珊（2005.02.20）：简13"侯"属下连读为"侯太宰逊"，"侯太宰"应即简10"太宰晋侯"。"逊"指太宰退后。🔲释读为"返"。"返进太宰"是王发出的动作，然后王询问太宰自己应该怎么做。周凤五（2006.10）：🔲释"遂"读"退"。"太宰逊退"后加句号。"逊退"为先秦贵族揖让应对之礼。陈伟（2010.03h）：释"返"属上读，指返回原地⑰。该字当以"料"为声符，释读为"返"的意见可从。《公食大夫礼》简文多次出现的"升降"之"升"所从"升"，与

楚简"料"所从之"斗"或"升"不分的情况相似,如:

(1)〔图〕(2)〔图〕(3)〔图〕(4)〔图〕(5)〔图〕(6)〔图〕(7)〔图〕

(1)(2)(3)形"升"字所从"升"楚文字中最为常见,(4)(5)形所从"升"严格地说是"斗"字,这与战国文字中"升""斗"(作字符)有时混而不别的现象是一致的。(6)(7)形所从声符则是"坣",楚简"升"字或从"升"声或从"坣"声[18]。从字形看,简文中的〔图〕可分析为从"角""料"声,"料"属帮纽元部字,"觯"的异文所从"单"或"岢"声也都是元部字,王国维讨论徐王义楚觯二器(见图二)之"觯"作"鍴"时,对《说文》"觯"及有关异体作了分析,可参[19]。"觯"字异体或以"单、旦、专、岢"等元部字为声符,与"料"只是声组有唇舌之别。因此,〔图〕与〔图〕字都可能是"觯"字的异体[20]。清华简第十三辑讨论时,也有一种直接了当的意见,即认为该字上部所从就是"虍(虎)"的讹形,录存以备参考。

图一　万諆觯器形与铭文(选自《铭图》19卷第493页)

图二　徐王义楚鍴二器器形与铭文(选自《铭图》19卷第420、472页)

五　释"脰""炙"

（5）凡敚（属）馈，堵（煮）亚席，尻（处）醢东，北脀（渣）。臕之与醢并以北，脀（渣）与脀（渣）相亚，堵（煮）与堵（煮）相亚，蠡（毕），膰（燔）亚之，胶亚之，炙亚之，熬亚之。（《大夫食礼记》13—14）

按："脀"字为"渣"的异体。张参《五经文字》卷下："渣、渣：上，从'泣'下'月（肉）'，大羹也；下，从'泣'下'日'，幽深也。今礼经'大羹'相承多作下字，或传写久讹，不敢便改。"《广雅》"膜谓之脀"，王念孙疏证："脀之言汁也，字亦作渣。《士昏礼》'大羹渣在爨'，郑注云：'大羹渣，煮肉汁也。今文渣作汁。'《少仪》云：'凡羞，有渣者不以齐。'"㉑《公食大夫礼》"大羹渣不和"，郑玄注："大羹渣，煮肉汁也。大古之羹不和，无盐菜。"简文"脀"字即"渣"字异体，从"月（肉）""立"声，礼经"渣"字张参已指出为"传写久讹"，甚是，简文提供了新证据。

"炙"，简文作 ，从火从 ，这是一个新见字形。《说文》籀文"炙"字作 ，从束。《说文》："，木垂华实。""，束也。从束韦声。"后一字见于甲骨、金文，裘锡圭有文考证㉒。简文这个字形应该是《说文》所收籀文的省简，束所从"木"省简，与"火"上部竖画借笔糅合，并省略意符"肉"。"束"有捆束之义，籀文"炙"以此为意符，表示捆束肉于木上炙烤之意。简文新见"炙"字字形，证明《说文》籀文字形有可信的来源。

六　释"茸（辄）"

《畏天用身》篇有一个形同"茸"的字，见于以下用例：

（6）事之可，又（有）与也，茸可；事之不可也，又（有）与，茸不可。事亡（无）不可，以善而善；事亡（无）不可，以败而败；善之茸善，失之茸败，事亡（无）恒将败。【10—11】

（7）凡事之几，非事是败，弗图茸败。【11—12】

（8）明者乍（作）必从中，以从中，茸能明于人。【15—16】

（9）明者亡（无）惕（易），衣（卒）廛（展）绅（申）童（重），绅（申）童（重）不倦，茸能明于人。【16—17】

按："茸"字分析为从"艸""耳"声，似无问题，这个字与《说文》"艸茸茸皃"之"茸"可能只是同形而已。该字在以上各例中用作虚词，或读作"用"，或读为"乃"。该字实际上已见于清华简第八辑《邦家处位》篇中，从"艸"从"耳"，其用例如下：

（10）人而不足用，告託（媚）必选（先）莪（卫），誎（守）道宬（探）厃（度），茻奠（奠）其答。【8】

（11）人用必内（纳）廛（贡），茻能又（有）厃（度）。【10—11】

《邦家处位》原注释如下：茻，疑为"茸"字异体，字在日母东部，疑读为清母侯部的"取"。

或读为从母东部的"丛",《说文》:"聚也。"第八辑整理研究报告发布后,对于这条注释有一些新的意见。王宁认为:"葺,释'茸'疑是,《订正六书通·一东》引《古文奇字》是'茸'字,段玉裁以为是籀文。在简文中疑读为'容',应也,'容'与'应'一声之转(解惠全、崔永琳、郑天一:《古书虚词通解》,中华书局,2008 年,第570页),盖亦可读为'应'。"罗小虎:"葺字从艸,茸声,在简文中出现两次,都可读为乃(迺)。'乃'在出土文献可读为'仍',见于睡虎地秦简《为吏之道》所附《魏户律》。'仍'为日母蒸部,而'茸'为日母东部,音近可通。出土材料中'迺'又可读为'娀',上博《子羔》简1'有迺是之女','有迺是'即读为'有娀氏'。'娀'为心母东部字,其声符戎为日母东部,与日母东部的'茸'当然可通。故从茸得声的字可通乃(迺)。所以简8应该读为'乃定其答',答,应理解为回答,指前面的'告诋'而言。"㉓现在看来,《邦家处位》注释疑"葺"为"茸"的异文大体无误,但读为"取"或"丛"则皆不可取。罗小虎读为"乃(迺)",比原注释显得合理。本篇简文"茸"读"乃"似乎也较通顺。

虽然"茸"读"乃"从文意理解看比较合适,但是"乃"是一个常用虚词,无论是《邦家处位》还是本篇中"乃"字都多次出现。本篇如:"人乃人也,天乃天也。才(在)身未可,天也;在天未可,身也。弃天以身,乃亡(无)天乎,非天不生。弃身以天,乃亡(无)身乎,非身不成。攸(修)身起天乃可必,弃身起天不可必。"(06—07)通篇简文多次出现"乃"字,这几例用"茸"舍弃常用的"乃"字,似乎有违常理。从用字习惯看,出土和传世文献中还没有以"茸"为"乃"的坚实证据。因此,这个看似"茸"的字,能否直接释作"茸"还需要讨论。

本篇简文"茸"字所从"耳",与一般"耳"的写法看来没有什么区别,但作为这个字的声符,我怀疑这个"耳"应读为"瓡"。《说文》卷十二上:"𦣻,耳垂也,从耳下垂,象形。《春秋传》曰:秦公子辄者,其耳下垂,故以为名。"《系传》"辄"作"瓡"。简文"茸"所从"耳",上部一横并不作垂曲形,只是写得长及简的边沿,似乎有意拉长,其竖画下部多向右屈曲,这些是否体现"从耳下垂"之意,还难以确定,因为"耳"单独出现也有上横拉长的写法(如《楚居》3、《包山》34 所见)。战国楚系、晋系和齐系文字都出现与篆文写法相近的"瓡"字㉔,但这些例子都还不能确认为"瓡"字。我们之所以怀疑"茸"所从"耳"可能读为"瓡",因为"瓡"本就是由"耳"派生的,用作声符的"耳"可能一字两读,这如同"卜"可读"外"、"女"可读"母"、"自"可读"鼻"、"主"可读"示"、"帚"可读"妇"、"立"可读"位"、"月"可读"夕"、"大"可读"太"之类相似,都是一字两读现象㉕。裘锡圭也指出:"在古代同一个字形表示两个差别很大的语音的现象是相当常见的。"㉖

按照这样的认识,"茸"所从"耳"可能读"瓡"声,简文各辞例中的"茸"所记录的词,皆相当于文献中的虚词"辄"字。"辄"用作副词,一是"用在动词或动词性词组前,表示在相同或相类似的情形下总是这样",相当于"每每""总是";二是"表明后一动作行为是紧接着前一行为发生的",相当于"就""立即"㉗。我们将简文各词例中的"茸"字读作"辄",皆文意通畅,颇为允当。如果以上看法成立,那么清华简中的用例"茸(辄)"就提供了有关副词"辄"字运用的新语料,值得汉语史研究的重视。

　　附记:2023年1月,笔者结合清华简第十三辑整理工作就有关字词撰写了若干札记,该札记3月曾提供给整理研究报告二读讨论时参考。本文选刊札记几则,所选各篇的基本观点,大多已收入第十三辑整理研究报告之中,通过本文可了解有关字的释读依据。

(作者单位:清华大学出土文献研究与保护中心、

"古文字与中华文明传承发展工程"协同攻关创新平台)

注:

① 本文引用各辞例一般采取宽式释文,如需了解原释文情况,请参看整理报告和有关著录。

② 周祖谟校《广韵校本》第758—759页,中华书局2017年。

③ 所引诸说及出处,均见俞绍宏、张青松编著《上海博物馆藏战国楚简集释》第4册第138页,社会科学文献出版社2019年。

④ 所引诸说见俞绍宏、张青松编著《上海博物馆藏战国楚简集释》第7册第80—82页。

⑤ 湖北省文物考古研究所、北京大学中文系编《望山楚简》第123、131页,中华书局1995年。

⑥ 参见李家浩《包山266号简所记木器研究》,《著名中年语言学家自选集·李家浩卷》第226—228页,安徽教育出版社2002年。

⑦ 曾宪通、陈伟武主编《出土战国文献字词集释》卷6第2940—2942页,中华书局2019年。

⑧ 黄节撰,刘尚荣、王秀梅点校《变雅》第547页,中华书局2008年。

⑨ 白于蓝编著《简帛古书通假字大系》"物"部第845页,福建人民出版社2017年。

⑩ 清华大学出土文献研究与保护中心编,李学勤主编《清华大学藏战国竹简(壹)》第161页,中西书局2010年。

⑪ 〔清〕孙希旦撰,沈啸寰、王星贤点校《礼记集解》第205页,中华书局1989年。

⑫ 〔清〕王先谦撰,吴格点校《诗三家义集疏》第847—848页,中华书局2018年。

⑬ 刘国胜《楚丧葬简牍集释》第121—122页,武汉大学出版社2011年。

⑭ 参见俞绍宏、张青松编著《上海博物馆藏战国楚简集释》第6册第255—256页。

⑮ 参见朱德熙《战国时代的"料"和秦汉时代的"半"》,《朱德熙古文字论集》第115—120页,中华书局1995年。

⑯ 陈伟主编《出土楚地战国简册合集(一)》第10—11页,文物出版社2011年。

⑰ 以上所引见俞绍宏、张青松编著《上海博物馆藏战国楚简集释》第4册第152页。

⑱ 参见徐在国等编著《战国文字字形表》第1976—1977页,上海古籍出版社2017年。

⑲ 参见王国维《释觯觛卮𤭯𪉷》,收入《观堂集林》卷6,《王国维全集》第8卷第191—192页,浙江教育出版社、高等教育出版社2010年。

⑳ 博士后李卿蔚有《聂崇义〈新定三礼图〉所载"觯"图研究》(待刊)一文,考察了礼书所见"觯"的性质和使用,清华简第十三辑第一次会读后,她将此文发我参考,对确定以上释读意见颇有帮助。

㉑ 〔清〕王念孙著,张其昀点校《广雅疏证》卷8上第586页,中华书局2019年。

㉒ 《裘锡圭学术文集》第3卷第18—20页,复旦大学出版社2015年。

㉓ 王、罗之说引自《清华简八〈邦家处位〉初读》,武汉大学简帛网2018年11月20日。

㉔ 同注⑱第1642页。

㉕ 参看林沄《古文字转注举例》,《林沄学术文集》第35—43页,中国大百科全书出版社1998年。

㉖ 同注㉒第19页。

㉗ 中国社会科学院语言研究所古代汉语研究室编《古代汉语虚词词典》第821页,商务印书馆2017年。

古文字研究（35）：319—324,2024

一粟居读简记（十五）

王　辉

一

清华楚简《四告》简9—10："㤀士弟男，𢼸（允）㡍（厥）元良，以缚（傅）槫（辅）王身。咸乍（作）左右叉（爪）齵，甬（用）经纬大邦周。"影本注："㤀，亦读为'效'，授官。《左传》昭公二十六年'宣王有志，而后效官'，杜注：'效，授也。'齵，《说文》：'爵之次第也。'所引《虞书》'平齵东作'，今本《书·尧典》作'平秩东作'。'秩'可以表示品级，官职，这里作动词。《资治通鉴·晋纪二十五》'又从而宠秩之'，胡三省注：'秩，官也。'"①

按㤀不见于字书，殆从不，尧声。尧与交皆上古音宵部字，声母疑、见皆牙音，通用无问题。简7—9"即服于天，㤀（效）命于周"即其例。效有授与义，但罕见。士有士大夫、官员等义。但"效士"一词未见。疑㤀可读为孝。孝与交声字通用。《周礼·秋官·大行人》"归脤以交诸侯之福"，《大戴礼记·朝事》"交"作"教"。士一般指青壮年男子，做官未做官皆可称之。孝，《说文》："善事父母。"事君亦然。《礼记·大学》："孝者，所以事君也。"《孝经·士章》："资于事父以事母而爱同，资于事父以事君而敬同。故母取其爱，而君取其敬，兼之者父也。故以孝事君则忠，以敬事长则顺。忠顺不失，以事其上，然后能保其禄位，而守其祭祀，盖士之孝也。""孝士"，"以孝事君"之士。

"平齵"之齵仅见于《说文》所引《虞书》，今本《尧典》作秩。但"平齵"《史记·五帝本纪》引作"便程"，程或解为程期。《说文》："齵，爵之次弟也。从豊、弟。"段玉裁注："直质切。按因《尧典》作'平秩'，故为此音耳。当是弟亦声也。"简文弟也可读为悌。《说文新附》："悌，善兄弟也。"《玉篇》心部："悌，孝悌。"孝弟、孝悌，孝顺父母，敬爱兄长。《论语·学而》："有子曰：其为人也孝弟，而好犯上者鲜矣。……孝弟也者，其为仁之本与！……子曰：弟子入则孝，出则弟，谨而信，泛爱众，而亲仁。"《孟子·梁惠王上》："谨庠序之教，申之以孝悌之义，颁白者不负戴于道路也。"孝悌之人，必为国之元良，能辅其君治国。《孝经·三才章》："子曰：夫孝，天之经也，地之义也，民之行也。天地之经，而民是则之。则天之明，因地之利，以顺天下，是以其教不肃而成，其政不严而治。"孝悌有教化功能，以孝悌之人为臣，国政必能"不严而治"。

弟常与男连用。《急就章》："求男弟。"此"男弟"为人名，但亦有深意。唐颜师古注："男者，以别女。弟者，有兄之称也。"宋王应麟补注："弟者，弟也，相次弟也。"汉有"郭爱君——

郭男弟"印、"韩安君——韩男弟"印,"男弟"之名反映出古人重男轻女、注重子嗣传承之观念"②。不过,值得注意的是,古人名、字意义相关,"男弟""安君""爱君",则简文"弟男"之臣能辅君治国,是很好理解的。

　　齧字书未见。字从齿,与声。与、牙声字通用。《史记·万石张叔列传》"其万石、建陵、张叔之谓邪",《汉书·万石卫直周张传》"邪"作"与"。郭店楚简《语丛三》简9—12:"牙为愆(义)者游,益。牙牂(庄)者尻(处),益。……与曼(慢)者尻(处),员(损),与不好教(学)者游,员(损)。""牙"与"与"用法同③。故齧即齖字异构。牙西周金文作𦥑、𥄉,本像上下齿之相错。《说文》:"牙,壮齿也。象上下相错之形。……𦥻,古文牙。"古文为战国文字。清华楚简《良臣》简4:"武王又(有)……君𦥑。"④古文下所从是齿而非臼,齖是牙的繁化。西周晚期师克盨盖:"则惟乃先且(祖)考,又启于周邦,干(捍)害(御)王身,乍(作)爪牙。"《敦煌变文集·韩擒虎话本》:"回睹此阵,虎无爪齖。""与"字战国文字作𦥔,秦文字作𦥒,上部中间𦥑后世或隶作"与",实即"牙"字,"牙"也作声符⑤。所以齧、齖、牙实为一字。

二

　　清华楚简《四告》简10—11:"箴告乳=(孺子)甬(诵),弗敢慫(纵)觅,先告受命天丁闢(辟)子司𣂏咎(皋)繇(繇),忢(忞)素成德。"⑥

　　影本注:"天丁,后世指天兵,这里指天人。"是。丁后世可指从事某种专门性劳动的人。《庄子·养生主》"庖丁为文惠君解牛",成玄英疏:"庖丁,谓掌厨丁役之人,今之供膳是也。"《说文》:"丁,夏时万物皆丁实。"段玉裁注:"'丁实'小徐本作'丁壮成实'。《律书》曰:'丁者,言万物之丁壮也。'《律历志》曰:'大盛于丁。'郑注《月令》曰:'时万物皆强大。'"《逸周书·谥法》"述义不克曰丁",朱右曾集训校释:"丁,强也。""天丁",天所生强有力之人。天人,可特指天子。《晋书·文苑列传·应贞》:"顺时贡职,入觐天人。备言锡命,羽盖朱轮。""天丁""天人"同。"受命天丁辟子",承受天命之天子、嗣王,亦即周成王姬诵。

三

　　清华楚简《参不韦》简2—3:"帝乃命参不韦㮁(揆)天之中,秉百神之几(机),敆(播)晢百堇(艰),竮(审)肢(义)㑹(阴)易(阳),不吴(虞)隹(唯)訫(信),以定帝之德。"又简46—47:"戉(启),乃宔(主)隹(惟)土,乃屌(尸)隹(惟)寷,弗叿(橐)弗匦,敆(播)晢乃化(过)而叓(黾)之。"又简61—62:"蕓(万)民隹(惟)自敆(播)自呇,以请(情)告。"影本注:"敆,《说文》'播'字古文,读为'布',训为遍。《墨子·天志中》:'播赋百事。'孙诒让间诂引毕沅云:'播,布。'晢,从言,蔷声,读为'简',辨别检阅;简六二作'呇',易'言'旁为'口'旁,与'晢'为一字异体。《周礼·大宗伯》'大田之礼,简众也',郑注:'古者因田习兵,简其车徒之数．'敿䇞，又见简四七'敿（播）䇞（简）乃过而黾之'，简六二有'自敿（播）自䇞（简）'．……朓，从攴，䀚省声，同'乂'，治理。"⑦

按䇞从言，苏声。苏即枾之讹，从竹从艸义近偏旁可互换也。枾，简也。战国中山王方壶"重（载）之枾筞（策），以戒嗣王。"枾从竹，外声。外，月部疑纽；间，元部见纽。月元阳入对转，见疑牙音旁纽，读音相近，故《说文》间之古文作䦒（大徐本作䦘，误），战国曾姬无邺壶作䦒，《古玺汇编》5559作䦒⑧。䇞可隶作調，䈤可隶作䕏，皆不见于字书，二字读简没有问题，但传世及出土文字未见"播简"一词，则影本注的看法仍可推敲。

我怀疑䇞、䈤可读为散。简元部见纽，散元部心纽，二字叠韵，应可通用。间与见声字通用。《诗·邶风·凯风》"睍睆黄鸟，载好其音"，"睍睆"韩诗作"简简"⑨。见与散声字通用。《说文》霰之或体作霓。《说文》："播，种也。从手，番声。一曰布也。"播的本义是撒种，引伸指布设。《墨子·备城门》"盖求齐铁夫，播以射衛（衝）及桄枞"，孙诒让间诂："谓分布，使众射之。"又引伸为分散。《尚书·禹贡》"又北播为九河"，孔氏传："北分为九河，以杀其溢。"《周礼·考工记·凫氏》"钟已厚则石，已薄则播"，郑玄注："大薄则声散。"《礼记·礼运》"播五行于四时"，孔颖达疏："播，谓播散。"播散，散布。《管子·弟子职》"堂上则播洒"，尹知章注："堂上宽，故播散而洒。"简文读为"播散"，似亦文从字顺。

按䀚字书未见。朓字作𣎴、𣎴、𣎴，疑左旁为月（𒁹）之倒文。攴旁与手旁在古文字中每可换用，疑朓即扔字异构。《古玺汇编》3185有人名"□扔"，扔字作𢸄。《说文》："扔，折也。从手，月声。"王筠释例："吾乡谓两人执艸木拗而折之曰扔。"章炳麟《新方言·释言》："今人谓以手折物曰扔。"《说文》："乂，芟艸也。"芟即割草，折与割义近，故扔、乂（刈）义近。乂后来引伸有"治理"义。

四

清华楚简《五纪》简3—4："文后乃仑（伦）鬲（历）天編（纪），初𢦏（载）于日，曰秩古之绾（纪），自一冟（始），一亦一，二亦二，三亦三，四亦四，五亦五。"影本注："狻，读为'繇'"，训为用、通过，字又见清华简《子产》简二〇'善君必繇昔前善王之法律'。或读为'遥'，遥古，即远古、上古。'自一始'或上属为句。《汉书·律历志》：'传曰"天六地五"，数之常也。天有六气，降生五味。'聿，读为律。"⑩

按《子产》之所谓"繇"字作𧉬，影本隶作狻，读为察⑪。《五纪》之"繇"字原作𧉬。二字右旁相同，左旁一为犬，一为豕，古文字犬、豕字形接近，易溷用，故二字乃一字之异。《五纪》的注释者大概以为此字为从豕、犬而䚻省声之字，或直接就是繇字，可读为遥。繇字西周金文作𧵒、𧵒、𧵒，战国文字作𧵒、𧵒，《说文》小篆作繇，又或省作䚻（䚻）⑫，与简文字差距皆较大，故隶定作繇，或读为繇、遥，皆不可取。

从字形看，简文应为豚字。豚字甲骨文作 ，西周金文作 （臣辰卣）、 （臣辰盉）、 （豚卣）⑭，《说文》篆文作 ，古文作 。大徐本《说文》："豚，小豕也。从彖省，象形，从又持肉以给祠祀也。 ，篆文从肉、豕。"段玉裁注本改"从彖省象形"5字为"从古文彖豕"。豕、彖一字分化。

豚、盾上古音文部定纽，二字双声叠韵，通用。盾字甲骨文作 、 、 ，商、西周金文作 、 、 、 ⑮。 、 、 为象形字，像方形盾牌。 为形声字，从 （盾），豚声。彧簋："俘戎兵戠（盾）矛戈弓。"《说文》："遯，逃也。从辵，豚声。"又云："遁，迁也。一曰逃也。从辵，盾声。"或说遁、遯音义同⑯。古文献每多遁、遯通用之例。《尚书·说命下》："既乃遯于荒野。"徐锴《说文系传》遁字条下云：《尚书》殷高宗曰：'既乃遁于荒野。'是迁于荒野也，当作此遁，今文《尚书》借遯字。"《诗·小雅·白驹》"勉尔遁思"，释文"遁"作"遯"，云："字又作遁。"《史记·萧相国世家》"汉王数失军遁去"，《汉书·萧何传》"遁"作"遯"⑰。

《子产》简"善者必狻（豚）昔前王之法律"，豚读为循。《说文》："循，行顺也。从彳，盾声。"引伸为依循、遵从。《淮南子·氾论》"大人作而弟子循"，高诱注："循，遵也。"前人每言循或不循法。《汉书·武帝纪》"其赦雁门、代郡军士不循法者"，颜师古注："循，从也，由也。"又《杜周传》："客有谓周曰：'君为天下决平，不循三尺法，专以人主意指为狱，狱者固如是乎？'"颜师古注："孟康曰：'以三尺竹简书法律也。'师古曰：'循，因也，顺也。'"简文是说"善君（好君王）必然遵循古昔善王制定的法律，求进忠诚之臣（求茝之贤）"。这样解释，文从字顺，影本原注读狻为察，无说，失之。

上古音"循"文部邪纽，"遂"物部邪纽，二字双声，物、文阳入对转，"循、遂"通用。《墨子·非儒下》："宗丧循哀，不可使慈民。"《史记·孔子世家》："晏婴进曰：'夫儒者滑稽，而不可轨法；倨傲自顺，不可以为下；崇丧遂哀、破产厚葬，不可以为俗……'"日人泷川资言对"崇丧遂哀"四字考证曰："《墨子》作'宗丧循哀'，《晏子》作'久丧道哀'，《史》义最长。崇，厚也。王念孙曰：'遂哀，谓哀而不止也。'《三年问》曰：'三年之丧，二十五月而毕。若驷之过隙。然而遂之，则是无穷也。'"⑱所引王念孙说见《读书杂志·晏子春秋一》"脩哀"条。王氏曰："《内篇谏下》：'今朽尸以留生，广爱以伤行，脩哀以害性。'按脩字于义无取，当是循字之误。循之言遂也，遂哀谓哀而不止也。"《墨子·非儒篇》曰：'宗丧循哀，不可使慈民。'《史记·孔子世家》及《孔丛子·诘墨篇》皆作'崇丧遂哀'，是'循哀'即'遂哀'也。"《五纪》简"豚古"读为遂古，亦文从字顺。《说文》："遂，亡也。"段玉裁注："《广韵》：达也、进也、成也、安也、止也、往也、从志也。按皆引伸之义也。""遂"引伸又有久义，《玉篇》辵部："遂，久也。"《诗·卫风·氓》"言既遂矣，至于暴矣"，郑玄笺："遂，犹久也。"遂古，往古、上古、远古。《楚辞·天问》："遂古之初，谁传道之？"《文选》王文考《鲁灵光殿赋》"上纪开辟，遂古之初"，张载注："更书上古开辟之时，帝王之君也。"又班孟坚《典引》"伊考自遂古，乃降戾爰兹"，蔡邕注："遂古，远古也。"宋张耒《道士矶》:"缅怀遂古初,巢居戒樵牧。"

关于遂古天地开辟的情形,古人多有推测。《楚辞·天问》:"曰遂古之初,谁传道之? 上下未形,何由考之? 冥昭瞢闇,谁能极之? 冯翼惟象,何以识之? 明明闇闇,惟时何为? 阴阳三合,何本何化? 圜则九重,孰营度之? 惟兹何功,孰初作之? 斡维焉系? 天极焉加? 八柱何当? 东南何亏?"《文选》曹子建《七启》"夫太极之初,浑沌未分。万物纷错,与道俱隆",李善注:"《汉书》曰:'太极元气,分三为一。'言元气初为一,后为天、地、人也。《春秋说题辞》曰:'元清气以为天,浑沌无形体。'宋均曰:'言元气之初如此也,浑沌未分也,言气在《易》为元,在《老子》为道,义不殊也。'"《老子》第四十二章:"道生一,一生二,二生三,三生万物。"《五纪》简云"殺(遂)古之纪,一亦一,二亦二,三亦三,四亦四,五亦五",所谓"一",疑即《七启》所说之"太极",《老子》所说的"道",它"有物涽成,先天地生。寂分寥分,独立而不改,周行而不殆。可以为天下母。吾不知其名,字之曰道,强名之曰大"(《老子》第二十五章),是浑沌状态的元气。"亦"与"易"通。《论语·学而》"五十以学《易》,可以无大过矣",释文:"鲁读易为亦。"易,变易,引伸指孳生。《周易·系辞上》"生生之谓易",孔颖达疏:"生生,不绝之辞。阴阳变转,后生次于前生,是万物恒生谓之易也。"《老子》所谓"一生二",谓由一元气中变化孳生出二(天、地)也。简文的"一、二、三、四、五"只是一种哲学观念,可以指称宇宙、天地、阴阳、历数、道德、山川、礼仪、方位、人事、五行、五色、人体,它们都是变勤不居、孳生不绝的。

《五纪》简19—20:"后曰:参聿(律)建神正向,悬(仁)为四正:东尤、南尤、西尤、北尤,豊(礼)、悉(爱)成。左:南唯(维)、北唯(维),东=竖=(东柱,东柱),义、中(忠)成。右:南唯(维)、北唯(维),西=竖=(西柱,西柱),成巨(矩)。"又简97:"天壄(地)、四亢(荒)、四尤、四查(柱)、四唯(维)。"其中提到了四维、四柱,维是系联天宇的大绳,柱是支撑天宇的柱子,而《天问》提到了维和八柱。

简42:"后曰:乍(作)又(有)卡=(上下),而昊=(昊昊)皇=(皇皇),方员(圆)光忿(裕),正之以四方。"《天问》:"上下未形。"句例同。

由上所述,可见简文说的是宇宙初始及天地开辟时人事万物的情形。

(作者单位:陕西省考古研究院)

注:

① 清华大学出土文献研究与保护中心编,黄德宽主编《清华大学藏战国竹简(拾)》下册第114页,中西书局2020年。
② 张传官《〈急就篇〉新证》第234页,中西书局2022年。
③ 王辉《古文字通假字典》第107页,中华书局2008年。
④ 李学勤主编,沈建华、贾连翔编《清华大学藏战国竹简(壹~叁)文字编》(修订本)第58页,中西书局2020年。

⑤　李学勤主编《字源》第205页,天津古籍出版社2012年。

⑥　同注①第110页。

⑦　清华大学出土文献研究与保护中心编,黄德宽主编《清华大学藏战国竹简(拾贰)》下册第111页,中西书局2020年。

⑧　汤余惠主编《战国文字编》第781页,福建人民出版社2001年。

⑨　〔清〕王先谦撰,吴格点校《诗三家义集疏》第158页,中华书局1987年。

⑩　清华大学出土文献研究与保护中心编,黄德宽主编《清华大学藏战国竹简(拾壹)》下册第92页,中西书局2021年。

⑪　清华大学出土文献研究与保护中心编,李学勤主编《清华大学藏战国竹简(陆)》下册第138页,中西书局2016年。

⑫　同注⑤第178、128页。

⑬　徐中舒主编《甲骨文字典》第1058页,四川辞书出版社1988年。

⑭　容庚编著,张振林、马国权摹补《金文编》第669页,中华书局1985年。

⑮　高明、涂白奎编著《古文字类编》第735页,上海古籍出版社2008年。

⑯　同注⑤第127页师玉梅按语。

⑰　高亨纂著,董治安整理《古字通假会典》第132页,齐鲁书社1989年。

⑱　〔汉〕司马迁撰,〔日〕泷川资言考证,水泽利忠校补《史记会注考证附校补》第1147页,上海古籍出版社1986年。

古文字研究（35）：325—328，2024

《清华九·成人》"狱之有难"段三则

季旭升

《清华九·成人》①是一篇很重要的文章，其中有一段典狱断案原则及过程的描述（用首句四字可以称为"狱之有难"段），由于对某些字词句的理解不同，影响了对断案原则及过程的理解；反过来说，由于对断案原则及过程的理解不同，也影响了对相关字词句的解释。

以下是我们理解的《成人》篇断案原则及过程段的释文（为节省篇幅，已普获大家同意的意见出处见待刊的读本，此从略）：

朕聿（盡）【一八】告女（汝）于狱之又（有）難（難）：司审（中）司悳（直），监（鑑）才（在）民吴（側）。毋非审（中）非戮（察），以俊（作）不厇（度）。各审（中）乃訐（信），隹（惟）殆（辜）【一九】隹（惟）灋（法）。狱坐（成）而逾（渝），典狱寺（持）惠。勿亞（惡）坐（成）刊（孚），以求賙（昧）青（情）。厚専（薄）惎（圖）罰，以求宜型（刑）。

凡民五争，【二〇】正之于五＝訽＝（五辭，五辭）亡（無）諨（屈），正之于五裳（常）；五裳（常）不逾，正之于五正；五正之詣（稽），隹（惟）爽、隹（惟）方（妨）、隹（惟）或（惑），咸條（訊）亓（其）【二一】又＝眾＝（有眾，有眾）無脂（示），则审（中）幾之于示所，争瓛（獵）入于公②，五争之訛（疵）隹（惟）交＝（殽，殽）隹（惟）伙＝（虞，虞）而訐（信），则比皋（罪）叟（稱）罰，【二二】隹（惟）并是貝（視）。（其后还有断案之后对一些特殊状况的补充说明，此从略。）

大意是：我（成人）详尽地告诉你们审判断案的艰难：要秉持中正、秉持正直，监看的人就在人民旁边。不要不中正、不明察，而产生各种不合法度的结果。每个案子都要合乎实情，审定罪刑都要依法。案子判好后（因为有新的事证）而要改变判决时，典狱要秉持宽惠之心。不要怕一再地求取孚信，以获得隐昧的实情。依照罪行的厚薄来判定处罚，以求得适当的刑度。

人民的五争，要以五辞（讼辞）来裁定；五辞（讼辞）没有理屈，要以五常来裁定；五常没有逾越，要由五正来裁定，五正考察的是审理过程有无差错？审理结果与其他事务或法条有无妨碍冲突？审理过程或引用法律规章有无疑义？这些都要讯问大众。大众没有表示意见而裁判合宜的案子就送到神明处，大众争议激烈难决的就送到公所（由公来裁决）。五争的问题在于殽乱，殽乱的问题在于欺诈，欺诈如果查明属实，就比照罪行裁定处罚，所有这类案子都要这么处理。

原文分成两段，第一段是断案的原则，要"司中""司直""明察""中信（合乎实情）""宜刑（刑罚轻重适当）"。第二段是断案过程，可以表示如下：

A 五争→B 五辞→C 五常→D 五正讯众 ⟨ E1 中几之于示所
E2 争猎入于公→F 交交虞虞→G 比罪称罚

以下对我们比较有点想法的句子做点疏解。

一　各中乃信

"各中乃信"，原考释解为："中，犹《吕刑》'罔中于信'之'中'。……此句意为对于定罪和用刑都要做到中诚信实。"案：这个解释似乎是受到俞樾《群经平议》的影响。俞樾《群经平议·尚书四》释"罔中于信"句云："于犹越也，越犹与也。《康诰篇》'告女德之说于罚之行'，《多方篇》'不克敬于和'，并用'于'为连及之词。说本王氏引之《经传释词》、孔氏广森《经学卮言》。然则'罔中于信'者，无中与信也。'中'与'忠'通，《周官·大司乐》职'中和祇庸孝友'，郑注曰：'中犹忠也。'此经'中'字亦当为'忠'，言三苗之民皆无忠信也，传义失之。"③

《吕刑》"罔中于信"的"中"孔疏训为"当"，释义非常合适，俞樾的改释，于义亦通，近世学者同意或不同意的都有④。但《吕刑》"罔中于信"是描述苗民无信（依俞说则为"无忠信"），《成人》的"各中乃信"是描述断案原则，二者描述的对象不同，四个字中有两个字不同，并不适合拿来类比。《成人》原考释把"中"解为"中诚"（依俞樾义似为"忠诚"），但衡诸《成人》全篇，对典狱断案的要求主要是"中（公正）""直（正直）""察（认真调查）""惠""齐（斋敬）"等，与"中诚""信实"比较没有关系。《成人》"各中乃信"的"乃"字，先秦典籍也罕见当连接词用。再说，把首句解为"各中与信"，也似乎少了动词。子居读"各"为"恪"，没有解释"中乃信"。依下文我们的解释，"各"不必读为"恪"。

衡诸上下文，我们以为"中"应为动词，可释为"当""得、合于"之意；"乃"为具有回指功能的指代词，回指前面的"狱"，即"狱情"，"信"当释为"信实"。"各中乃信"意思是"狱情都合于实情"，这是属于断案的原则，放在第一段十分合理。"乃"当称代词用时，一般多用为第二人称，可替换为"你""你的"，如本篇简4的"各扬乃声""勉献乃力"。但文献中也有一些"乃"可替换为"其"，回指前面出现过的对象，如《清华九·乃命一》简10—11"各勉乃身"⑤。

二　勿亚（恶）墬（成）㕚（孚）

原考释释"恶"为"谗诽"，其余诸字未作解释，难以明了其训义。子居："'恶'当训为嫌恶、反感，……'孚'当训为验查、复核，……。'勿恶成孚'即不要反感对已经审结的案件进行再次覆查。"释义较好，但所释文字中"再次覆查"的"再次"为简文中所未见。案："成"当释为"重、层"，《吕氏春秋·音初》"为之九成之台"，高诱注："成，犹重。""孚"释为"信"，已见本篇简4"孚于龟筮"原考释注，"孚"为动词，"勿恶成孚"，意谓"不要怕一再地求取孚信"。

五争之訛（疵）佳（惟）交=（殽，殽）佳（惟）㐜=（虞，虞）而訐（信），则比辠（罪）㥛（称）罚这几句话各家的解释出入很大。原考释隶为"五争之訿（疵）隹（惟）交＝（交，交）隹（惟）佪＝（过，过）而訐（信），则比辠（罪）曼（称）罚"，释云："交，错杂，此指犯数罪。佪，读为'过'，《吕刑》有'五过'。信，确实，包山简简一三七：'既盟，皆言曰："信！"'一说'訿'读为'赀'，'交'读为'缴'，句谓按确定的罪过缴纳罚金。"王宁云："此三句当读为'五争之訿（疵），惟交交（哓哓、嚣嚣）、惟嘩嘩（讙讙）而信。'⑥ 子居以为"'五争之訿'疑即对应《吕刑》的'五过之疵'"，因此这里的"交"疑当训为私下的往来，"五争之訿，惟交"当是指存在徇私舞弊的情况。原考释读为"过"的字当读为"纠"，在此可训为察，"交惟纠"即发现可能存在私下交往则要予以纠察，"纠而信"即察实确有其事⑦。刘信芳释"交"为交通、串通、勾结，释"佪（过）"为审判官员冤案之过，释"比辠称罚，惟并是视"为反坐⑧。

首先要讨论"灻"字。此字作𢓜，又见本篇简8，李守奎以为字从二"化"重迭，隶为"佪"，疑读音与"化"相同⑨。王挺斌从之⑩。陈剑以为此字从甲骨文旧读为"永"的𣲞、𣲠、𣲞、𣲣假借而来，读为"虞"；毛公鼎作𣲠，读为"哗"；战国楚简承之，多读为"哗""华"，依形隶定可作"灻"⑪。也许是从甲骨文到毛公鼎，此字字形的跨越幅度较大，所以解读《成人》篇的学者多未直接引陈文。在这种情况之下，文义的判读就显得非常重要了。

原考释之说应该是受了《吕刑》较多的影响，因此把"佪（过）"跟《吕刑》的"五过"联系起来考虑。但从《吕刑》的全文来看，《吕刑》的"五过"相当于《成人》断案过程的C—D阶段，而《成人》的"争猎入于公"已经到了断案过程的F阶段，二者是无法类比的。王宁改读为"五争之訿（疵），惟交交（哓哓、嚣嚣）、惟嘩嘩（讙讙）而信"，乍看似合情理，但放在断案过程就很容了解，"哓哓、嚣嚣、哗哗"是在断案过程的A阶段，双方对簿公堂，喧嚣争吵，各执一词，而"争猎入于公"已经进入断案过程的F阶段，类似现今的二审、终审，审判的重点不会是只有双方的"哓哓、嚣嚣、哗哗"。对比D阶段（正之于五正）已经着重"隹（惟）方（妨）、隹（惟）或（惑）"，则在其后的F阶段自应有更高、更精微的审察。

原考释谓"交，错杂，此指犯数罪"。很难理解"五争之疵"都是"犯数罪"。子居主张"交"是"舞弊"，刘信芳主张"交"是"串通勾结"，二说类似。其说乍看也颇合理，但深入想想，会进入"争猎"的高难度案子，都是难以公正审判的案子，可能会有种种不同的原因，不会都是"舞弊""串通勾结"。因此我们必需找出一个适合所有"五争之疵"的解释，我们认为"交"应该读为"殽"，句意是"案子难审是由于案情殽乱"；"案情殽乱"的原因是由于"灻（虞）"，"灻（虞）"当训为"诈欺"。《诗·鲁颂·閟宫》"无贰无虞，上帝临女"，毛传："虞，误也。"马瑞辰《毛诗传笺通释》："虞与误古同音通用……《广雅·释诂》：'虞，欺也。'误亦欺。"《左传·宣公十五年》："我无尔诈，尔无我虞。""虞"与"诈"同义。难以审判的案子，理亏方无论用什么手段，大体都会谎言诈欺，隐瞒真相。以上二句中的"隹"（或隶为"惟、维、唯"）训"由于"，《书·盘庚中》"亦惟女故，以丕从厥志"、《诗·魏风·葛屦》"维是褊心，是以为刺"、《老子》"夫唯不可识，故强为之容"皆其例。"虞而信",意思是"虞诈查明是真的";"则比皋(罪)叟(称)罚",意思是"比照犯罪的轻重决定处罪",刘信芳释为"反坐",推之太过⑫。全句可释为:五争案子的问题是由于案情殽乱不清,"案情殽乱不清"是由于"虞诈",虞诈查明是真的,就比照犯罪的轻重决定处罪。

附记:本文的集释是山东聊城大学文学院曾思梦硕士负责的,文中一些意见是由读书会的高中华老师、王作顺博士生提供参考,谨此致谢。

(作者单位:郑州大学汉字文明研究中心、
"古文字与中华文明传承发展工程"协同攻关创新平台)

注:

① 清华大学出土文献研究与保护中心编,黄德宽主编《清华大学藏战国竹简(玖)》,中西书局2019年(以下均简称《清华九》),《成人》为其中之第二篇,由贾连翔原考释。

② "宙(中)几之于示所,争蠟(猎)入于公"两句,各家意见较多,断读也不尽相同。"所"字或属下读,"蠟"字或以为右旁从"扁",无论释为何字,都很难通读本句。从前后文义来看,"中几之于示所"与"争蠟(猎)入于公"是相对的两句,意义是比较清楚的,经过五辞、五常、五正、有众的裁判后,没有问题(有众无示)的送到神明处盟证,这部分就是"中几之于示所";仍然难以解决(有众有意见,争执不下)的就送到公处,这部分就是"争猎入于公"。因此,不论如何断读,"蠟"字如何分析,本句的句意,原考释的理解应该是正确的。

③ 俞樾著,赵一生点校《群经平议》卷6,《俞樾全集》第1册第171页,浙江古籍出版社2020年。

④ 接受或部分接受俞说的,如曾运乾《尚书正读》(中华书局1964年)第279页释为"无忠与信"。周秉钧注译《尚书》(岳麓书社2001年)第239页译为"没有中和信"。李民、王健《尚书译注》(上海古籍出版社2004年)第403页译为"没有公平和信义"。不接受的,如屈万里《尚书集释》(收入《屈万里全集》第2册,联经出版事业公司1983年)第253页释"中"为"当"。顾颉刚、刘起釪《尚书校释译论》(中华书局2005年)第1946页以为俞说"可备一说,然无以释其与'以覆诅盟'之关系"。

⑤ 笔者在《中国文字》2022年冬季号(总八期)发表《清华玖〈乃命一〉简10—11"用各勉乃身"段释义——兼解句中"乃(酒)"字的回指用法》一文对此类回指用法已有相关探讨。

⑥ 王宁《读清华简〈成人〉散札》,复旦大学出土文献与古文字研究中心网2019年12月4日。

⑦ 子居,中国先秦史网2020年1月26日。

⑧ 刘信芳《清华(九)〈成人〉试说》,武汉大学简帛网2020年2月14日。

⑨ 李守奎《汉字倒写构形与古文字的识读》,《汉学研究》2015年第2期。

⑩ 王挺斌《谈古文字中从二化的字》,《出土文献》第10辑,中西书局2017年。

⑪ 文见《古文字与古代史》第5辑第261—286页,史语所2017年。

⑫ 不赞成释为"反坐",这是高中华老师的意见,我们认为是对的。

古文字研究(35):329—331,2024

郭店简《语丛四》"家事乃有瑕"段新解

冯胜君

郭店简《语丛四》26—27号简有如下一段简文:

豪(家)事乃又(有)賈:三鸠(雄)一鵰(雌),三鈧(瓶)一莄,一王母保三敗(婴)儿(娗)。

陈剑曾在文章中引裘锡圭对上述简文的考释意见如下:"裘锡圭先生认为,'賈'如分析为以'石'为基本声符,'豪事乃又賈'可读为'家事乃有度'。'三雄一雌,三鈧一莄,一王母保三婴娗'即'家事'之度的具体内容。'一王母保三婴娗'是说一个祖母可以抚养三个婴儿;'三雄一雌'大概是说一家之子女以三男一女的比例为度;'三鈧一莄'之义待考。"① 简文"賈"字原写作🔲形,此字在战国竹简文字中多见,所从"石"旁也有省去"口"形的,如:

🔲《容成氏》39　　🔲《包山》158　　🔲《邦人不称》12　　🔲《治政之道》37

"賈"字所从之声符"刬",尚见于上博简《吴命》7号简以及清华简《保训》8号简、《周公之琴舞》4号简、《系年》58号简等。除《吴命》篇外,其他简"刬"字辞例较为明确,均读为"假",故"刬"显然是写作🔲(上博《周易》54号简)形的"叚"字之省。上引清华简《治政之道》37号简形体,在与之同篇的《治邦之道》24号简中写作🔲形②,所从"又"旁不省,且两处简文辞例相关,都应该读为"假"。故"賈"字当从网友"飞虎"的意见释为"瑕",这一点是完全可以肯定的③。上引裘先生认为"賈"可能从"石"声,"叚""石"韵部较近(鱼、铎对转),但声纽有一定距离④。现在既然知道"賈"字从"叚"声,读为"度"就不太合适了。飞虎在上引文章中将本篇简文"瑕"从徐在国说读为"故",理解为成例。但在出土文献中,{故}这个词除了用本字来表示外,主要用"古"来表示,似乎未见有例外的情况。将"賈"读为"故",从用字习惯上看是不合适的。

上博简《容成氏》39号简"德惠而不瑕"句中之"瑕",前引飞虎文读为"瑕",似可信。我们认为本篇简文"家事乃有瑕"之"瑕"亦当从王志平说读为"瑕",即瑕疵、过失义⑤。《诗·豳风·狼跋》"德音不瑕",毛传:"瑕,过也。"《文选》扬子云《解嘲》"是以士颇得信其舌而奋其笔,窒隙蹈瑕而无所诎也",吕向注:"瑕,亦过也。"《后汉书·第五伦传》:"然诸出入贵戚者,类多瑕衅、禁锢之人,尤少守约安贫之节。"简文"家事乃有瑕(瑕)",即家事有过失、有瑕衅。《左传·昭公二十年》:"夫子之家事治;言于晋国,竭情无私。其祝、史祭祀,陈信不愧;其家事无猜,其祝、史不祈。""家事治"与"家事乃有瑕"义正相对。从这个角度来理解文义,则下文"三雄一雌"云云,皆当具有负面含义。

　　前引裘先生认为"'三雄一雌'大概是说一家之子女以三男一女的比例为度",李零则认为"(三雄一雌)大概是说一个女人可以顶三个男人"⑥。"雌雄"在古书中除了表示雌性和雄性之外,还往往特指配偶,如《管子·霸形》:"楚人攻宋、郑:烧焫爨焚郑地,使城坏者不得复筑也,屋之烧者不得复葺也,令其人有丧雌雄,居室如鸟鼠处穴。"尹知章注:"失男女之偶。"简文"三雄一雌"中的"雄"和"雌"也是指配偶中的男性和女性而言,意思就是家里三个男人(丈夫)匹配一个女人(妻子),这实际上反映了古代曾经存在的"兄弟共妻"现象,《焦氏易林·蒙》:"节:**三人共妻,莫适为雌**。子无名氏,公不可知。""三人共妻"即"三雄一雌",简文将妻子称为"雌",这种用法与"莫适为雌"恰可互相印证。

　　简文"甂"原篆作![字形],整理者释为"銙"。陈剑改释为"甂",即"瓶"字异体⑦。《方言》五:"甂,罂也。灵桂之郊谓之甂。"郭璞注:"今江东通名大瓮为甂。"《广雅·释器》:"甂,瓶也。"简文"蒩",张崇礼据《淮南子》文,认为指器物的底座⑧。《淮南子·泰族》:"蓼菜成行,甂瓯有蒩,称薪而爨,数米而炊,可以治小,而未可以治大也。"于省吾《淮南子新证》:"按:蒩、堤字通。《诠言》:'瓶瓯有堤',注:'堤,瓶瓯下安也。'"《说文》:"蒩,茅也。"张涌泉据敦煌本《切韵笺注》指出今本《说文》对"蒩"的解释有脱误,当作"蒩,茅栚也","'蒩'是'草案',大约就是承盘(有足)之属"⑨。"三甂一蒩",就是说三个瓮放在一个底座之上。

　　简文"一王母保三啟(婴)儿(婗)",王母即祖母,"婴婗"系"婴儿"之转语。《释名·释长幼》:"人始生曰婴儿……或曰婴婗。婴,是也,言是人也。婗,其啼声也。故因以名之也。"上引裘先生认为"'一王母保三婴婗'是说一个祖母可以抚养三个婴儿",这也是学术界多数学者的看法。古文字"保"字字形本象人背负小儿形,朱惠琦在《郭店〈语丛四〉集释》的"按语"中将这句话理解为"一位祖母背着三个婴儿,形容某种现象不合理、超出常规"⑩,我们认为这种理解对于整段文义而言非常正确。实际上"三雄一雌""三甂一蒩""一王母保三婴婗"都是"不合理、超出常规"的,因为正常而言,一雄(夫)一雌(妻)为配偶,一甂一蒩为一对相互配合的器物,一个祖母背着一个婴儿最为合理、轻松。现在的情况却是家中男女阴阳比例失调,多个器皿共用一个基座,一个老奶奶背上背着三个婴儿,这些正是家事不治、多有过失的具体表现。

(作者单位:吉林大学考古学院古籍研究所)

注:

① 陈剑《郭店简〈穷达以时〉、〈语丛四〉的几处简序调整》,艾兰、邢文编《新出简帛研究》,文物出版社2004年。

② 清华简第八辑所收之《治邦之道》与第九辑所收之《治政之道》本为同一篇简文,参看清华大学出土文献研究与保护中心编,黄德宽主编《清华大学藏战国竹简(玖)》"本辑说明",中西书局2019年。

③ 飞虎《试说〈容成氏〉的"德惠而不瑕"》，复旦网论坛2009年7月16日；转引自朱惠琦《郭店〈语丛四〉集释》第46页，吉林大学2015年硕士学位论文。清华简整理者也已经对《治邦之道》《治政之道》两处"瑕"字做出了正确考释。

④ 或认为"叚"从"石"声，恐不确。李零认为"叚"字象持刀磨于砺石，当是《说文》训为"厉（砺）石"的"碬"字本字，可信（李零《读清华简〈保训〉释文》，《中国文物报》2009年8月21日第7版）。

⑤ 王志平《语丛四集释》，《儒藏（精华编）》282，北京大学出版社2020年。

⑥ 李零《郭店楚简校读记》第50页，北京大学出版社2002年。

⑦ 陈剑《试说战国文字中写法特殊的"亢"和从"亢"诸字》，《出土文献与古文字研究》第3辑，复旦大学出版社2010年。

⑧ 张崇礼《郭店楚简〈语丛四〉解诂一则》，简帛网2007年4月7日。

⑨ 参看注⑥。

⑩ 朱惠琦《郭店〈语丛四〉集释》第56页。

古文字研究(35):332—335,2024

天回医简"发"字解

陈斯鹏

一

新近公布的天回医简中有《发理》一篇,记载"发""石"之法,内容多未见于传世医书,是一份珍贵的医史文献,值得重视。整理者对其篇意作了如下说明①:

> 从简文内容可知,其病应输,则以发法"发其输";其病脉盛,则以石法"石其脉"。故石法应是砭法,而发法或为灸法,"石""发"并论犹《仓公传》"砭灸"合称,两者同为西汉以前经脉医学所采用的主要治法。

按简文首章有云:

(1)发理。其一曰:心使刑(形),九读(窍)皆 仈;心不使刑(形),九读(窍)不通。心应输,则发其【输】;心不应输,则石其脉。 　　　　　　　　　　　　简1—2

这可以看作全篇的主旨。其中"发""石"相对举,"发"的对象是输(简文又作"俞"),即文献之输穴(或作"俞穴""腧穴"),"石"的对象是脉。篇中的许多具体论述也不断印证这一点,例如:

(2)肺息。……其在输,发输;其亡俞,石其脉。 　　　　　　　　　　　　简4—5

(3)胃痛。……徙痛而不应输,则石其脉;应则发其俞。 　　　　　　　　　　　　简8—9

(4)夏发夹渊,石大(太)阴,则求不肩北(背)痛。秋发六输,石大(太)阳则冬不筋骨痛,四支(肢)不困。 　　　　　　　　　　　　简26—27

(5)石其廮阴;廮阴不盛,发其俞;俞、脉不盛而宜歓(饮)药。 　　　　　　简39—40

整理者将其中的"石"同砭法联系起来,那是很自然的。文献中即常以"石"表砭石之意。但推测"发"为灸法之异称,则恐怕有问题。

首先,倘"发"指灸法,则与"石"之为砭法,其工具与手法均差别甚大,二者并列而称则可,但如果像上引简文首章那样以"发理"总括二者,即名义上说的是灸法,而事实上却兼指灸法与砭法,这是不大合理的。李家浩也曾根据整理者前期发布的简报中的有关介绍,认为"发"指灸法,其问题正同。而他将"发"读作"发",其实"发"是否可直接训作灸,可能也是有问题的②。

其次,在出土汉代医学文献(如马王堆帛书、张家山汉简等)之中,关于灸法的记述甚多,

一般都用"久"字来表示。天回医简本身也有不少"久(灸)",例如:

(6)遗弱(溺),久(灸)大(太)阴。 《脉书下经》简239

(7)寒中,内崩,舌干希,久(灸)少阴。 《脉书下经》简240

(8)颜、肩博(髆)痛,久(灸)辟(臂)阳。 《脉书下经》简242

(9)凡十一病,启郄,久(灸)⬚上踝三寸。 《经脉》简6

(10)凡十〈七〉病,启肘,久(灸)去掐(腕)三寸。 《经脉》简10

可见出土汉代医书中指称灸法之用词与用字的习惯,均相当稳定。同时又大量使用另一个词表灸义的可能性不是很大。

再次,设若"犮"为灸法之异称,其音、义两方面的理据均难以得到切实的解释。而整理者在这方面也未能提出具体的方案。

有了这些疑问,"犮"字的解释显然应该重新考虑。

<h1 style="text-align:center">二</h1>

由"犮理"可以涵括"犮""石"二法来看,"犮"应该与"石"为同类疗法。从此点认识出发,我认为将"犮"读"砭"是最直接的。

古音"犮"字属并母月部,"砭"属帮母谈部("砭"之声符"乏"则属并母叶部),它们声母近同,韵母主要元音也相同,差异只表现在韵尾有 -t 和 -m/-p 之别。其实,在古汉语中,这两类韵尾发生通转或交替的现象是颇为多见的,也受到古音学者的关注。较早集中讨论此类现象的有俞敏《论古韵合怗屑没曷五部之通转》[③],拙文《"舌"字古读考》也有较多涉及[④],近年张富海《上古汉语 -ps>-ts 音变在战国文字中的反映》也探讨了不少例子[⑤]。今从中略举数例,以作参证:舌(月部)——恬甜铦(谈部),埶(月部)——廉(谈部),偈(月部)——夹(叶部),世(月部)——枼葉(叶部),废(月部)——灋(叶部)。

具体到"犮""乏"二声系,也有相通的线索可寻。"犮"声常与"伐"声通,如《诗·秦风·小戎》"蒙伐有苑",《玉篇》引"伐"作"瞂";《楚辞·九辩》"左朱雀之茇茇兮",朱熹集注:"茇,一作茷。"而"伐"声又通"发"声,如《逸周书·官人》"防其所不足,发其所能,曰日损者也",《大戴礼记·文王官人》"发"作"伐";《老子》第三十章"果而勿伐,果而勿骄",郭店楚简甲本简7借"癹"为"伐"。而"发""乏"二声复可相通,如睡虎地秦简《秦律十八种》简115:"御中发征,乏弗行,赀二甲。"整理者注云:"乏,废。"[⑥]以"废"训"乏"。张儒、刘毓庆《汉字通用声素研究》则谓"古乏、废通用"[⑦]。当以后说为是。睡虎地秦简《秦律杂抄》简4:"为听命书,灋(废)弗行,耐为侯(候)。""废弗行"文例正同,"乏""灋"均为双唇音叶部字,俱可读为"废"。所以,从文献证据上也可以说"犮""乏"二声系是辗转可通的了。

总之,读"犮"为"砭"在音理上完全可行。然则《犮理》实应称《砭理》。

三

《说文》石部："砭，以石刺病也。从石、乏声。"段玉裁注云："以石刺病曰砭，因之名其石为砭石。""砭""石"之称，传世古书多见，或连用，或单用，或用名词义，或用动词义，历来一般认为二者为一事一物，未有区别。如《黄帝内经·素问·异法方宜论》"其病皆为痈疡，其治宜砭石"，王冰注："砭石，谓以石为针也。"《汉书·艺文志》"医经者，原人血脉经落骨髓阴阳表里，以起百病之本，死生之分，而用度箴石汤火所施"，颜师古注："石，谓砭石，即石箴也。古者攻病则有砭，今其术绝矣。"

然而，从天回医简所载来看，作为治病的手段，"发（砭）""石"是二法而非一法。这不但从上引《发（砭）理》简文可以清楚看出，在其他篇章中同样可以得到印证。例如：

（11）发（砭）者，去洫（溢）以平盈；石者，客有余（馀）以验钧（均）。

《逆顺五色脉臓验精神》简24

这里也是"发（砭）""石"相对而言的。其中"客"，整理者解释为邪气，谓"客有馀"即邪胜[⑧]。其说恐非。从语法上看，"客有馀"相当于前一分句之"去溢"，"客"应该同"去"一样是个动词，疑当读为"却"。古音"客""却"同为溪母铎部。《史记·司马相如列传》"射麋脚麟"，《汉书·司马相如传》"脚"作"格"，此"各""谷"二声系相通之证。"却"有去除之义。《老子》第四十六章"天下有道，却走马以粪"，《释文》云："却，除也。"《素问遗篇·刺法论》"如何预救生灵，可得却乎"，王冰注："却之言去也。"然则"却有馀"与前句之"去溢"意亦相近。其目的一以"验均"，一以"平盈"，其理亦相通。而"砭""石"之别，从上文所引《发（砭）理》（1）—（5）诸条看，"砭"对输穴而言，"石"对经脉而言，相当明确。又《逆顺五色脉臓验精神》简26云："发（砭）不当俞，胃（谓）之亡气。"也是强调用砭法必须当于输穴的。

尽管"砭""石"二法所施对象有所不同，但所用工具应该都是砭石，也即石针，所以自然可以归为一类。析言之有别，浑言之则可合称"砭石"或"石砭"，如《逆顺五色脉臓验精神》简45："气夺人精，不可不谨，以其美恶、少章相移，发（砭）石毕此。"又简44："石发（砭），参亓（其）人疾徐怒喜，有余（馀）不足，乃可以言此。"又可以"砭"该二者，如《发（砭）理》开篇之"发（砭）理"；还可称"砭之方"，如《逆顺五色脉臓验精神》简41："发（砭）之方，病浅石而发（砭）之，病深则发（砭）而石之。"

四

天回医简"砭""石"分别的论述，似为传世医书所未见，相当特别。《黄帝内经·灵枢·痈疽》云："其状痈也，色不变，数石其输，而止其寒热，不死。"于"输"而言"石"，显然不同于天回医简对"砭""石"的区分。这究竟意味着天回医简所代表的扁鹊学派在此方面的见解和方法特异于其他学派呢,还是说早期医学普遍固有此分别,而后世医家不传其法,遂致含混呢? 这个问题值得我们进一步思索。

另外,天回医简既明言"砭""石"所施有输穴和经脉的不同,那么,前者属点,后者属线,会不会因为对象形态的差异而造成具体手法也有所差别呢? 这也是一个值得思考的问题。一般对砭石使用手法的理解都是刺。刺的手法自然适用于点(输穴),按天回医简的分法,显然更适用于"砭"。《战国策·秦策二》"扁鹊怒而投其石",高诱注:"石,砭。所以砭弹人臃肿也。"解释使用石针的手法为"砭弹"。砭为刺,而弹的动作则与刺颇有不同,弹即弹拨,不太适用于点(输穴),而更适用于线(经脉)。弹拨经脉与弹拨琴弦相类似。所以,如果允许做一点猜测的话,我怀疑天回医简所说的"石"有可能即高注所言之"弹",指以石针弹拨经脉的手法。当然,是否如此,还有待将来进一步的研究验证。

(作者单位:中山大学中文系)

注:

① 天回医简整理组编著《天回医简》(下)第66页,文物出版社2022年。
② 李家浩《关于老关山医简发法的一点意见》,《出土文献》第14辑,中西书局2019年。
③ 俞敏《论古韵合怙屑没曷五部之通转》,《燕京学报》第34期,1948年。
④ 陈斯鹏《"舌"字古读考》,《文史》2014年第2辑。
⑤ 张富海《上古汉语-ps＞-ts音变在战国文字中的反映》,《出土文献与古文字研究》第8辑,上海古籍出版社2019年。
⑥ 睡虎地秦墓竹简整理小组编《睡虎地秦墓竹简》第47页注释〔三〕,文物出版社1990年。
⑦ 张儒、刘毓庆《汉字通用声素研究》第1024页,山西古籍出版社2002年。
⑧ 同注①第60页注释〔二〕。

古文字研究（35）：336—339，2024

帛书《老子》"木强则恒/兢"新诂

魏宜辉

王弼本《老子》第七十六章的内容为：

> 人之生也柔弱，其死也坚强。万物草木之生也柔脆，其死也枯槁。故坚强者死之徒，柔弱者生之徒。是以兵强则不胜，木强则兵。强大处下，柔弱处上。

其中"是以兵强则不胜，木强则兵"这两句话，河上公本作"是以兵强则不胜，木强则共"，严遵本作"故兵强不胜，木强则共"，傅奕本作"是以兵彊者则不胜，木彊则共"。"是以"与"故"同义，"强"与"彊"为异体字关系，差异体现在一作"木强则兵"，一作"木强则共"。但不管是"木强则兵"，还是"木强则共"，在文中似乎都不好解释。清代学者俞樾认为："《老子》原文作'木强则折'。因'折'字阙坏，止存右旁之'斤'，又涉上句'兵强则不胜'而误为'兵'耳。'共'字则又'兵'字之误也。《列子·黄帝篇》引《老聃》曰'兵强则灭，木强则折'，即此章之文，可据以订正。"①

马王堆帛书《老子》甲本第85列与此节相对应的部分作"兵强则不胜，木强则恒"，《老子》乙本第41下列对应部分作"〔是〕以兵强则不朕（胜），木强则兢（兢）"，北京大学藏汉简本《老子》简108作"是以兵强则不胜，木强则核"。马王堆帛书《老子》甲本注释："恒，疑读为椢。《说文》：'椢，竟也。'木强则椢，犹木强则折。"②帛书《老子》乙本原注："兢，甲本作恒，疑读为椢，兢是假借字。"③北大简《老子》整理者认为"核"（匣母职部）、"恒"（匣母蒸部）音近可通，"核"亦应读为"椢"。"兢（竟）""折"与"椢"义近，"兵"乃"折"之讹，"共"或为"兵"之讹④。简帛本中的"恒、兢、核"与通行诸本的"兵、共"及《列子》《淮南子》引《老子》作"折"都不一样，而简帛本整理者似乎都倾向于认为简帛本的"恒、兢、核"字表示的是一个与"折"义相近的词。

对于这个问题，裘锡圭在《长沙马王堆汉墓简帛集成·〈老子甲本〉释文注释》"按语"中作了很好的总结⑤：

> "椢"训"竟"（《说文》段注谓义近于"遍"），与"折"义相距颇远，原注谓"木强则椢，犹木强则折"，不知何据。
>
> 通行本作"木强则共"或"木强则兵"，义皆不可通。解《老》者多据《列子·黄帝》所引老子语"兵强则灭，木强则折"（其语亦见《淮南子·道应》），谓《老子》此句本作"木强则折"。但《列子》、《淮南子》之文以"灭"、"折"为韵（皆月部字），《老子》此文上句各本皆作"兵强则

不胜"（此句句首，乙本、北大本及一般传本皆有"是以"二字，严遵本有"故"字，甲本句首则无"是以"，亦无"故"字），帛书本的"恒"、"兢"皆蒸部字，正与"胜"字协韵（北大本"核"字亦为韵部对转之字，已见上），如作"折"就失韵了。可见上引旧说不可信（参看高明：《帛书老子校注》，中华书局，1996年，第201页）。但帛书本的"恒／兢"究竟代表古汉语的哪个词，尚待研究。

裘先生已经指出，"柜"训"竟"，与"折"义相距颇远。对于这个问题，高亨提出另外一种解释。他认为帛书《老子》甲本中，脱一"不"字，应为"兵强则不胜，木强则不恒"[⑥]。这种说法恐怕也不可信。因为在帛书《老子》乙本"兢"、北大简《老子》"核"字之前都没有"不"字，所以认为甲本"恒"字前脱"不"字并不可信。高先生的这种理解可能还是受到"木强则折"这类说法的影响所致，将"恒"理解为"恒常"之义。

《老子》此章的内容体现了老子"以柔弱为贵，以坚强为下"的思想，而这种思想在各句中都表现得很明显，"兵强则不胜，木强则恒／兢"两句亦是如此。从常理来看，两军对垒，兵强一方自然容易获胜，但《老子》"兵强则不胜"显然是针对特殊情况而言的。我们对于"兵强则不胜"是这么理解的：军队过于庞大强悍，则不易指挥调动，遭遇紧急战况反而难以取胜。我们认为"木强则恒／兢"这一句所反映的意思应该与"兵强则不胜"是相类似的，即树木如果过于高大强硬，则在特殊情况下容易产生不好的负面结果。"恒／兢"之于"木强"，"不胜"之于"兵强"，所出现的结果都是负面的，因此将二者放在一起进行陈说。

《列子》《淮南子》所引"兵强则灭，木强则折"，应该是古本《老子》"兵强则不胜，木强则恒／兢"的另外一种表述，后句句末由于协前句句末"灭"之韵而换用"折"字。古书中也有类似的例子，如《周易·归妹》："上六：女承筐，无实，士刲羊，无血，无攸利。"这段内容在《左传·僖公十五年》中则作"士刲羊，亦无盍也；女承筐，亦无贶也"。二者的表述虽有差异，但意思显然是差不多的。表述的差异应该是由于改字协韵造成的："女承筐，无实，士刲羊，无血，无攸利"中，"实、血、利"押质部韵；"士刲羊，亦无盍也；女承筐，亦无贶也"中，"盍、贶"押阳部韵。前句韵脚换"血"为"盍"，"盍"与"血"是同义词，而后句为了协"盍"字之韵，故而换作阳部的"贶"字。"贶"虽然与"实、利"的含义不同，但是在这段特定的文字中所表达的意思应该是类似或相近的。"木强则恒／兢"中的"恒／兢"字所表达的词义未必就是"木强则折"的"折"义，但一定与"折"义类似，当指一种不好的负面结果。

从这一认识出发，再结合文字读音来考虑，我们怀疑帛书《老子》"兵强则不胜，木强则恒／兢"一句中的"恒／兢"字当读作"陵"。"陵"字古音为来母蒸部，正与"胜"字协韵。而且，"陵"与"恒、兢"的读音关系非常密切。

《老子》此章首句，王弼本作"人之生也柔弱，其死也坚强"；马王堆帛书《老子》甲本第83—84列作"人之生也柔弱，亓（其）死也葿仞（韧）賢（贤—坚）强"，乙本第39下—40上列作

"人之生也柔弱，亓（其）死也𦢌信（韧）坚强"；北大汉简《老子》简107作"人之生也柔弱，其死也倰信（韧）坚强"。马王堆帛书《老子》甲本注释："蓓，乙本作𦢌，义为硬。"⑦乙本注释："𦢌，从骨，恒声，字书不见，疑其义与鲠近。"⑧北大汉简释文注释认为"倰"与"恒"古音相近可通；帛书甲本"蓓"字、简本"倰"皆为帛书乙本"𦢌"之借字，为"硬"义；"倰（鲠）信（韧）"应指人死后身体僵硬⑨。前人认为简帛诸本中的"蓓、𦢌、倰"表示的是同一个词，正确可从，但认为"𦢌"义与"鲠"近，只是根据文意推测，并没有训诂的依据。"蓓、𦢌、倰"互为异文的情况可以作为"恒"与"陵"字相通的旁证。

《诗经》中"战战兢兢"的"兢"，在汉简中作"淩"或"陵"。北大汉简《周驯》简16—17："贤主之心，如临深渊，其谁能极之？故《诗》曰：'战战淩淩，如临深渊，如履薄冰。'"整理者将"战战淩淩"读作"战战兢兢"⑩。天回医简《脉书下经》简4—5："瘅瘅陵陵，若临深水，若践薄冰。"其中的"瘅瘅陵陵"，整理者读作"战战兢兢"⑪。因此，从读音上看，将"恒／兢"读作"陵"是没有问题的。

"陵"有"压制"之义。《礼记·中庸》："在上位，不陵下；在下位，不援上。""木强则恒／兢（陵）"中，"陵"应该是被压制的意思。银雀山汉简《孙膑兵法·兵失》："备固，不能难�（敌）之器用，陵兵也。"整理者注释指出："陵兵，疑谓受欺陵之兵。"⑫"陵兵"，《汉语大词典》谓"被压制的军队"。我们在前文中已经提到，"恒／兢"所表示的词指的是不好的负面结果，而表示被压制的"陵"显然符合这一理解。马王堆帛书《老子》"兵强则不胜，木强则陵"这两句我们理解为："军队过于庞大强悍，则不易指挥调动，遭遇紧急战况反而难以取胜；树木过于高大强硬，遭遇风暴就会被压制而易折。"

附记：本文是古文字与中华文明传承发展工程项目"马王堆汉墓简帛数据库建设"（G1808）阶段性成果。

（作者单位：南京大学文学院）

注：

① 〔清〕俞樾《诸子平议》第160页，中华书局1954年。

②⑦ 国家文物局古文献研究室编《马王堆汉墓帛书（壹）》第6、9页，文物出版社1980年。

③⑧ 同上注第93、94页。

④⑨ 韩巍《〈老子〉释文注释》，北京大学出土文献研究所编《北京大学藏西汉竹书（贰）》第141页，上海古籍出版社2012年。

⑤ 湖南省博物馆、复旦大学出土文献与古文字研究中心编纂，裘锡圭主编《长沙马王堆汉墓简帛集成（肆）》第38页，中华书局2014年。

⑥ 高亨《老子注译》，《高亨著作集林》第5卷第404页，清华大学出版社2004年。

⑩　韩巍、阎步克《〈周驯〉释文注释》，北京大学出土文献研究所编《北京大学藏西汉竹书（叁）》第123页，上海古
籍出版社2015年。

⑪　天回医简整理组编著《天回医简》释文注释第19页，文物出版社2022年。

⑫　银雀山汉墓竹简整理小组编《银雀山汉墓竹简（贰）》第139页，文物出版社2010年。

古文字研究（35）：340—345，2024

岳麓简秦律令中"及"字的并列与分列结构用法探析

魏慈德

在睡虎地秦简的法律条文中见有用"及"字为连词者，如："盗及者（诸）它皋，同居所当坐。"（《法律答问》22）"其子新生而有怪物其身及不全而杀之，勿皋。"（《法律答问》69）"以乞鞫及为人乞鞫者，狱已断乃听，且未断犹听殹？"（《法律答问》115）其中带有"及"字的句子，据《睡虎地秦墓竹简·释文注释》[①]，意思分别为"盗窃和其他类似犯罪"（页98）[②]、"如小儿生下时身上长有异物，以及肢体不全，因而杀死"（页110）、"已要求重审及为他人要求重审的"（页121），在《释文注释》中分别用今语"和""（以）及"来对译。

也见有在一条律文的前后分句中，出现二个"及"字者，如："非岁红（功）及毋（无）命书，敢为它器，工师及丞赀各二甲。"（《秦律杂抄》18）前后两"及"字句，《释文注释》作"不是本年度应生产的产品，又没有朝廷的命书"，"工师和丞各罚两甲"（页84）。前以"又"、后以"和"对应。这里"又"是表示"加以"的意思，意指缺少某些必要条件，从文句上来看，岁功和命书都是可为它器的条件，即满足其中之一即可为它器。

再如："除吏、尉，已除之，乃令视事及遣之；所不当除而敢先见事，及相听以遣之，以律论之。"（《秦律十八种·置吏律》160）前后两"及"字句，《释文注释》作"才能令他行使职权和派往就任"，"如有不应任用而敢先行使职权，以及私相谋划而派往就任的"（页56），用"和""以及"对译。

从上文列举可以看出，《睡虎地秦墓竹简·释文注释》用现代汉语的"和""以及"来对译秦律文中的"及"。"和"单纯是连词，通常用于两个名词之间，表示两者都被包括在内；"以及"则为列举条件，用于涵摄在诸多条件的情形下，所列举的条件中，只要有其中之一，即被包括在内。

在岳麓简公布后，看到了更多带有"及"字的律令文，有时在短短一段文字中竟出现了数个"及"字，如下（以下用方框标注 及 字）：

1. 廿六年十二月戊寅以来，禁毋敢谓母之后夫叚父，不同父者，毋敢相仁（认）为兄、姊、弟。犯令者耐隶臣妾而毋得相为夫妻，相为夫妻 及 相与奸者，皆黥为城旦春。有子者，毋得以其前夫、前夫子之财嫁 及 入姨夫 及 予后夫、后夫子 及 予所与奸者，犯令 及 受者，皆与盗同灋。母更嫁，子敢以其财予母之后夫、后夫子者，弃市，其受者，与盗同灋。前令予 及 以嫁入姨夫而今有见存者环(还)之, 及相与同居共作务钱财者亟相与会计分异相去。令到盈六月而弗环(还) 及不分异相去者,皆与盗同灋。　　　　　　　　　　　　　　　　岳麓伍③1—5

2. 丞相、御史言:或有告劾闻陛下,陛下诏吏治之, 及请有覆治,制书报曰可者,此皆犯灋者殹。督治覆求之,吏事殹。吏征捕謥求之 及为论报,皆不当敢称制诏,此即拆(矫)制殹, 及傅制书于狱,不宜。请:自今以【来】,治狱者节(即)征捕求皋人 及为论报,皆毋敢下制书 及称制书 及毋敢编制书于狱 及曰诏狱。不【从】令者,以拆(矫)制不害律论之。狱有制书者,以它笥异盛制书,谨封臧(藏)之。勿令与其狱同笥。制曰:可。　　　　　　　　岳麓陆64—67

3.【●】狱校律曰:略妻 及奴骚悍,斩为城旦,当输者,谨将之,勿庸(用)傅箐(踊),到输所乃传之。迁者、迁者包 及诸皋当输者 及会狱治它县官而当传者,县官皆言狱断 及行年月日 及会狱治者行年月,其迁、输口会狱治,诣所县官属所执灋,即亟遣,为质日,署行日,日行六十里,留弗亟遣过五日 及留弗传过二日到十日,赀县令以下主者各二甲;其后弗遣复过五日,弗传过二日到十日,辄驾(加)赀二甲;留过二月,夺爵一级,毋爵者,以卒戍江东、江南四岁④。　　　　　　　　　　　　　　　　　　　　　　　　岳麓肆232—236

上面三则律令中,前二则是令,后一则是律⑤。第一则标明公布时间是廿六年十二月戊寅,内容主要针对再嫁妇女与前夫家的财产及人伦关系重新作界定。第二则因其中称命为制、令为诏,也可推测是始皇廿六年以后的令,为丞相、御史向皇帝请制的令文,要求今后治狱者征捕罪人及论狱,不能以制书之名行之。二则皆秦统一后之令文。第三则为狱校律,内容为迁输罪人的规定。这三则律令文中分别出现了8、7、6个"及"字,造成了阅读与理解的障碍,若仅仅将其对译作"和""以及",则律文拗口且未必能正确理解文意,试析之如下。

第一则令文中第一个"及",用于禁止与改嫁母亲后来所生子女,即有同母异父关系的半血缘亲属结为大妻以及通奸。结为夫妻为主要禁止之事,加"及"字则补充没有夫妻之名的通奸也在禁止之列。此禁令主语虽未写明,但不难看出是改嫁妇女与前夫所生之子,即令文中的"前夫子"。

令文中第二到第五个"及",出现在针对与前夫有子的改嫁妇女,不得以前夫或前夫子之财出嫁、入姨夫⑥、予后夫(含后夫子)或予所与奸者,若有以上事实,则犯令者与受者皆与盗同法。这段律文的前三个"及"用于针对与前夫有子的更嫁妇女作禁令,故此段文字的主语是有子的更嫁妇,令文简化为"有子者";而后半则言犯令者及受钱财者皆与盗同法,此时主语则已变成犯令者加上受钱财者。犯令者主要指前句主语更嫁妇,亦包含与前夫所生子(因后文有"母更嫁,子敢以其财予母之后夫、后夫子者,弃市"),令文为了表述周延,不用"妇"而易之以"犯令者"来指称;而受者可能是姨夫、后夫、后夫子或奸者。因为犯令者和受钱财者都被处以"与盗同法"之罪,故简文在罪名前加上"皆",表示两者都被包括在内。这种情形下可译为现代汉语的"和……都"。而根据"及"含括的多种情形,可将此段文字分行加注如下(犯令

者暂以"妇"为代表):

	（1）嫁	妇	
妇有子者，以前夫(子)之财	（2）入姨夫	妇及姨夫	与盗同法
	（3）予后夫(子)	妇及后夫(子)	
	（4）予奸者	妇及奸者	

若将四种犯行都分别单独列成一条禁令，则令文可重组成以下四条:

（1）妇有子者，以前夫、前夫子之财嫁。妇与盗同法。

（2）妇有子者，以前夫、前夫子之财入姨夫。妇及姨夫，与盗同法。

（3）妇有子者，以前夫、前夫子之财予后夫、后夫子。妇及后夫、后夫子，与盗同法。

（4）妇有子者，以前夫、前夫子之财予奸者。妇及奸者，与盗同法。

以上四条都可视为是叙述句加上判断句的组合，前叙述句为后判断句成立的条件，即两者有因果关系。而本当写成四条禁令，透过"及"字精减合并成为一段文字，虽然前句主语(有子的更嫁妇)与后句主语(犯令及受者)并不一致，但由于对象明确，罪行相及，所以虽不合语法，仍可以理解。这种将不同犯罪者的罪行合并在一条律令中陈述，即归并表述法，为秦律令特色之一。

利用连词"及"将前后内容相关的词、短语或句子加以并列统括，再与条文其他成分组合，构成更小的句子，形成一个多层次并列结构，也是秦律令的特色。如果将之展开，实质上类似于现代法律中条款下的项[⑦]。

试再举一例以说明秦律令的归并表述与多层次并列结构。《亡律》载:

子杀伤、殴詈牧杀父母，父母告子不孝；及奴婢杀伤、殴、牧杀主主子〈之〉父母；及告杀。其奴婢及子亡，已命而自出者，不得为自出。　　　　　　　　　　　　　　岳麓肆13—14

律文内容针对子杀伤、殴詈、谋杀父母以及奴婢杀伤、殴詈、谋杀父母，以及父对子和主人对奴婢的告杀，若子及奴婢逃亡，在定罪后才向官府自首，不得视为自首的规定。

律中将子对父母的犯行和奴婢对主人的犯行，合并在同一条法律叙述，即归并表述。整条律文可视为一句完整的判断句，在这个判断句中，主语乃"子杀伤、殴詈牧杀父母……已命而自出者"，系词为"为"，谓语为"自出"。主语又可细分成二大条件句，分别是"子杀伤、殴詈牧杀父母，父母告子不孝；及奴婢杀伤、殴、牧杀主主子〈之〉父母；及告杀"与"其奴婢及子亡，已命而自出者"。根据"及"的使用，可将律文离析重组成以下四条款，如下:

（1）子杀伤殴詈牧杀父母，父母告子不孝，子亡，已命而自出者，不得为自出。

（2）奴婢杀伤殴牧杀主、主之父母，奴婢亡，已命而自出者，不得为自出。

（3）父告杀子，子亡，已命而自出者，不得为自出。

（4）主告杀奴婢，奴婢亡，已命而自出者，不得为自出。

其中(1)的"父母告子不孝",或主张即下文(3)的"父告杀子",因此"及告杀"仅针对奴婢言,不包括子⑧。然而《岳麓伍》见有"黔首有子而更娶妻,其子非不孝殹,以其后妻故,告杀、迁其子。有如此者尽传其所以告"(简207,及《岳麓陆》185),知不孝罪可处"告杀"或"告迁"等刑。故"父母告子不孝"不全然等同后文的"告杀",律文的"及告杀"仍当包括告杀子与告杀奴婢。

"告杀"又名"谒杀",主要用于父母向官府请求杀子。秦律规定免老可因子不孝,向官府请求"谒杀"(《法律答问》102)。睡虎地秦简《封诊式·告子》简51:"爰书:某里士伍甲告曰:'甲亲子同里士伍丙不孝,谒杀,敢告。'"是告杀的一个实例。对于臣妾也适用,《封诊式·告臣》中有臣妾骄悍,主人缚其至官府请求谒卖,并斩趾以为城旦者。张家山汉简《二年律令·贼律》简44中已见:"其悍主而谒杀之,亦弃市;谒斩若刑,为斩、刑之。"知若奴婢骄悍,人主可向官府请求谒杀、谒斩或谒刑。

律文将"父告杀子"和"人主告杀奴婢"合并成"告杀"来表述,因此前条件句实包括四种情况;后条件句则为子或奴婢亡,在已命后自出。

再回到岳麓简"及"字的讨论来。第一则令文后的三个"及",乃针对公布此令以前的犯令行为作规范。在禁令公布后,妇曾以前夫、前夫子之财出嫁或予后夫、后夫子或入姨夫者,若仍留有余财,则返还给前夫或前夫子。妇女更嫁后,仍与前夫或前夫子同居共作,而共享钱财者,当立即核算分户而去。禁令颁行六个月,而没有返还,及没有分户别去者,皆与盗同法。前面二个"及",列出三种犯令情形;后一"及",则针对令下后六月,未能返还财物和不分户别居者,处以与盗同法之罪。主要仍是针对更嫁妇来立法。

第二则令文,可分为丞相、御史进言与请令二部分,进言部分以"及"来列举两件(告劾闻陛下,陛下诏吏治之与请有覆治,制书报口可者)或三件(吏征捕谰求之称制诏、吏为论报称制诏、制书于狱)不宜之事。"及"的用法主要为列举多种情况,只要有其中之一,皆属不宜。其中的"吏征捕谰求之及为论报,皆不当敢称制诏",由于属有"及……皆"的形式,所以吏征捕谰求之和吏为论报是为并列结构,两者都被包括在内。

而请令文书的部分,"及"亦有并列(征捕求辠人及为论报),与多项条件分列(下制书于狱、称制书于狱、编制书于狱、曰诏狱)两种用法。

第三则律文中的六个"及",分别出现在"略妻及奴"、"迁者、迁者包及诸辠当输者及会狱治它县官而当传者"、"县官皆言狱断及行年月日及会狱治者行年月"、"留弗亟遣过五日及留弗传过二日到十日"中。除"县官皆言狱断及行年月日及会狱治者行年月"句为并列条件关系外,余皆属多项分列条件者。

综上而言,秦律中的"及"可用于并列两条件,同时囊括两者;和用于连接数种条件,只要符合其中之一即成立的分列多项条件用法。前者有时会加上"皆",成为"及……皆"的句式。

如前文的"犯令及受者,皆与盗同灋"。《岳麓伍》"卒令丙卅四"令文中即包含两者:"●令曰:军人、漕卒及黔首、司寇、隶臣妾有县官事不幸死,死所令县将吏劾〈刻〉其郡名楬及署送书,可以毋误失道回留。"(简131—132,及《岳麓陆》224—225)前一"及"连接并列的军人、漕卒、黔首、司寇、隶臣,后一"及"连接刻了郡籍姓名的楬和与楬同时转送的文书(楬书);前者为多项分列,后者为并列条件用法。是以将并列条件用法的"及"译作今语"和"、将列举用法的"及"译作"以及"是比较恰当的。

下面以《岳麓肆》中带有"及"的律文为例,来看三个不同版本的译文。分别是日本秦代出土文字史料研究班(简称"京大研读班")、中国人民大学法学院法律史料研读班(简称"人大研读班")和朱红林的译文(简称"朱译")⑨。

1. 父母、子、同产、夫妻或有罪而舍匿之其室及蔽匿之于外,皆以舍匿罪人律论之。

《岳麓肆》6

京大研读班译作:父母、子、兄弟姊妹、夫或妻中有犯罪者,若有人将其隐匿于家中,或隐匿于家外,均以"舍匿罪人律"论处。(页98)

人大研读班译作:父母、子女、兄弟姊妹、夫妻犯罪,如果(某人)将其藏匿在家中及在家外某处遮蔽隐藏,都依据"舍匿罪人律"来裁断论罪。(页172)

朱译作:父母、子女、同产、夫妻如果有罪而被藏匿到其中一方的家里,或被隐藏到外面,都按照藏匿罪人的法律论处。(页14)

律文大意为父母、子女、兄弟姊妹、夫妻如果有罪,而将其舍匿于家中或家外,与犯罪者同罪。文中有虚词"或"与"及","或"在此可译作"如果"。三者中京大研读班译文把"或"放在"夫妻"一词间,易让人误解为"或"乃专指夫或妻;而且"或"在此当作"如果"义,而非"或是"义理解。人大研读班译文把"如果"置于犯罪主体前,强调"如果(某人)将其",理解为假如犯罪者作了……的行为,也不妥。朱译较中肯,而其用"或……都"来译"及……皆"。由于隐匿于家中和隐匿于家外两种情形通常不会重见,故译作"或"亦可。但由于秦律中的"或"与今语的"或"意义并不相同,故仍要避免混淆。

2. 典、老占数小男子年未盈十八岁及女子,县、道啬夫谇…　　　《岳麓肆》11—12

京大研读班作:若典、老不如实申报,如果是未满十八岁的小男子与女子,县道啬夫要受到谴责。(页109)

人大研读班作:里典、里老将未满十八岁的小男子和女子的名数申报登记,县、道啬夫受"谇"的惩罚。(页186)

朱译作:典、老如果把未满十八岁的小男子及女子也纳入登记范围者,县道啬夫要被斥责。(页22)

此律内容为里典、里老若将两类人的名数申报登记,则要被要"谇",这两类人为未满十八岁的小男子及女子。此律指的可能是与征发徭役有关的占数。京大研读班译作"未满十八岁的小男子与女子",易误解为小男子与女子皆未满十八岁。人大研读班以"和"译"及",朱译以"及"译之;前者用叙述句(典、老将……),后者用假设句(典、老如果把……)。就法律条文而言,以用叙述句为佳。

(作者单位:台湾东华大学中文系)

注:

① 睡虎地秦墓竹简整理小组编《睡虎地秦墓竹简·释文注释》,文物出版社1990年。

② 政法大学中国史料研读会作"盗窃及其他(类似)犯罪,同居应连坐"。见《睡虎地秦简法律文书集释(七):〈法律答问〉1—60简》,《中国古代法律文献研究》第12辑第82页,社会科学文献出版社2018年。

③ 本文所引岳麓肆、岳麓伍、岳麓陆分见于陈松长主编《岳麓书院藏秦简(肆)》(2015年)、《岳麓书院藏秦简(伍)》(2017年)、《岳麓书院藏秦简(陆)》(2020年),皆由上海辞书出版社出版。

④ 朱红林《岳麓书院藏秦简(肆)疏证》第267页,上海古籍出版社2021年。

⑤ 陈松长《岳麓秦简中的令文格式初论》,《上海师范大学学报(哲学社会科学版)》2017年第6期第47—48页。

⑥ 关于姨夫的身份,或以为指姐妹丈夫或赘婿等等,参王博凯《秦简牍所见秦代地方治理研究》第85—87页,湖南大学2020年博士学位论文。

⑦ 张建国《张家山汉简〈具律〉121简排序辨正——兼析相关各条律文》,《法学研究》2004年第6期;王三峡《二年律令中的并列结构》,《长江大学学报》2008年第2期。

⑧ 中国人民大学法学院法律史料研读班《岳麓书院藏秦律令简集注(一)》,《简帛研究》二〇二一春夏卷第189页,广西师范大学出版社2021年。

⑨ 日本秦代出土文字史料研究班(张奇玮译)《岳麓书院所藏简〈秦律令(壹)〉译注一(上)》,《简牍学研究》第9辑,甘肃人民出版社2020年。

古文字研究(35):346—350,2024

释张家山汉简《功令》和西北汉简的"㼜"字

宋华强

《张家山汉墓竹简〔三三六号墓〕》的《功令》有几个被整理者释为"将"读为"状"的字①,辞例如下:

诸上功劳皆上为汉以来功劳,放(仿)式以二尺牒各为将(状),以尺三行皆参(三)折好书,以功多者为右次编,上属所二千石官,二千石官谨以 庚3式案致,上御史、丞相,常会十月朔日。有物故不当迁者,辄言除功牒。4

左方功将(状)式 5

某官某吏某爵某功将(状) 6

整理者注释说②:

功将(状)式,记载功劳文书的范本。居延汉简有"功将"一词,如《居延新简》EPT50:10"居延甲渠候官第十隧长公乘徐谭功将"。多数学者认为,"功将"是"功劳墨将"的省称。唐兰认为,"将"是"状"之误(《"蔑历"新诂》)。北京大学历史系《论衡》注释小组有相同的看法(《论衡注释》,第七三一页)。李天虹认为"将"非误字,但以音近可读为"状",状况之意(《居延汉简簿籍分类研究》,第一四四页)。就简文看,"功将(状)"是某人功劳的分项和累计,是从政、从军的履历。

所引《论衡》之语见于《谢短篇》:"吏上功曰伐阅,名籍墨将,何指?"唐兰说除了见于《"蔑历"新诂》③,又见刘盼遂《论衡集解》引④。李天虹之外,陈直、徐复、裘锡圭、山田胜美等学者也不认为"墨将"之"将"是误字⑤。徐复认为"将"是"牂"字之省,即简牍,"墨将与名籍对文,皆用以记事之竹简"。山田胜美把"将"读为"壮"。陈直、裘锡圭对"墨将"未提出语文学的解释。

《功令》注释提到的居延汉简"功劳墨将""功将",见于下引辞例:

初元三年十月壬子朔辛巳,甲渠士吏强敢言之:谨移所自占书功劳墨将名籍一编。敢言之。(282.7)⑥

始建国元年九月庚午朔戊戌,富善燧长襃□□□书功劳墨将名籍一编。敢言之。(ESC:73)⑦

始建国五年九月丙午朔乙亥,第二十三燧长宏敢言之:谨移所自占书功劳墨将名籍一编。敢言之。(EPT5:1)⑧

☑自占书功劳墨将☑(227:7)⑨

☑功墨将名籍一编☑（430.5）⑩

功墨将名籍一编（EPT5:74）⑪

元康三年十月庚申朔庚申，肩水☑功墨将名籍一编，谒上都尉☑（EPT56:262）⑫

居延甲渠候官第十隧长公乘徐谭功将　能书会计、治官民，颇知律、令、文。中功一岁，劳二岁。（EPT50:10）⑬

☑□□功将　能书会计☑（EPT52:333）⑭

也见于肩水金关汉简：

☑敢言之，谨移功墨将名籍☑（73EJT26:235）⑮

学者对简牍内容多有讨论，但是"墨"下之字都释为"将"⑯。该字形体如下：

| 282.7 | ESC:73 | EPT5:1 | 227:7 | 430.5 |

| EPT5:74 | EPT56:262 | EPT50:10 | EPT52:333 | 73EJT26:235 |

贺昌群把282.7之字隶定为"捋"，但是仍然括注为"将"⑰。试将上揭诸字与居延、肩水汉简中确定的"将"字对照⑱：

居延汉简：

| EPT5:99 | EPT49:29 | EPT65:23A | EPF22:709 |

肩水金关汉简：

| 73EJT23:200 | 73EJT24:036 | 73EJT26:109 | 73EJT29:097 |

字形明显不同，前者左从"扌"，右从"寽"，应是"捋"字。有意选了几个左旁简略潦草、与"扌"相近的肩水金关汉简"将"字字形，两横都没有穿透竖笔，仍与"扌"不同。"寽"的写法可与汉简"坴"字比较：

北大汉简《仓颉篇》43⑲　　居延EPT6:91A⑳　　肩水金关73EJT29:98㉑

肩水金关一例"寽"上"爪"形竖写，与EPT56:262"捋"字所从相同。居延旧简264.32（甲

1383）有字作[22]：

《甲编》释为“将”[23]，《甲乙编》释为“持”[24]，《释文合校》改释为“捋”[25]，可从，右旁“寽”的写法与上引430.5相同，上部可能是竖写“爪”形之残。

　　再看张家山汉简《功令》三个释为“将（状）”的字形：

试与张家山三三六号墓汉简中确定的“将”字对照：

《功令》：

《汉律十六章》：

前者左侧偏旁不是“扌”，而是“扌”。右侧偏旁看似与“将”字右旁一样，实际上部的写法并不相同：前者作，后者作，不但外部轮廓的笔势不完全一样，而且前者内部是短直笔，后者则是点画。这个字应该也是“捋”字。战国晚期秦青川木牍有两个“捋”字[26]：

战国以后“寽”字的上部多写作“爫”下“一”或“丿”[27]，很容易形成类似“月”而开口向右的写法，如[28]。张家山汉简抄写时代在西汉早期，写法与青川木牍接近，右旁与“将”不同。北魏碑刻“埒”字或作[29]，“寽”的写法已经与“将”字右旁混同了。

　　据《功令》所言，“功捋”文书的格式如下：

　　·左方功捋式：

　　某官某吏某爵某功捋

　　军功劳若干

　　中功劳若干

　　·凡功若干

　　今为某官若干岁

　　　　能某物

格式、内容大致和居延汉简的"伐阅簿"相同,例如[30]:

　　　　张掖居延甲渠塞有秩候长公乘淳于湖,中功二,劳一岁四月十三日。能书会计、治官民,
　　　颇知律、令,文。(EPT50:14)

对照来看,似乎"功捋"就是"伐阅簿"。"捋"和"阅"的上古音很近。"捋"属来母月部,"阅"属以母月部,郑张尚芳拟音分别为rood、lod[31]。阅是记功文书,所以伐阅又称"功阅",如《文献通考》卷三十五《选举考八》"使长吏得荐其才者,第其功阅,书其岁月,使得出仕"。如果把"捋"直接读为"阅",那么《功令》5、6号简和居延汉简"功捋"就是"功阅"。

　　　但是里耶秦简已经有"伐阅"(8—269)[32],到了汉代应该已成为功劳簿的通用名称,有较为固定的用字习惯,为什么会用另外一个不同的字来记录呢? 很多学者指出,"墨捋"都出现在自占功劳上报的文书中,会不会是语言中同一种簿籍的名称因为在现实中的不同使用场合而有了分化,于是古人用了两个不同的字来区分,这种用字习惯在行政公文的特殊领域被保留了下来? 以上都是没有多少根据的推测罢了,而且与"捋"连言的"墨"的意思也还不清楚,所以"墨捋"具体"何指",我其实也和被王充质问的文吏一样"罔然",需要进一步的研究。

　　　学者多据汉简"墨将"之释,认为《论衡·谢短篇》"墨将"之"将"不是误字,实际情况恐怕是王充引用汉代上功文书上的原文,而抄手把简册上的"捋"字误认为"将",跟现代学者把汉简"捋"误释为"将"的情况相同。

　　　　　　　　　　　　　　　　　　　　　　　　(作者单位:德国海德堡大学汉学系)

注:

① 彭浩主编《张家山汉墓竹简〔三三六号墓〕》,文物出版社2022年。

② 同上注上册第97页5号简注释4。

③ 唐兰《"蔑历"新诂》,《唐兰全集》第3册第962—963页,上海古籍出版社2015年。

④ 黄晖《论衡校释(附刘盼遂集解)》第671页,中华书局1990年。

⑤ 陈直《文史考古论丛》第280页,天津古籍出版社1988年;徐复《后读书杂志》第106页,上海古籍出版社1996年;裘锡圭《考古发现的秦汉文字资料对于校读古籍的重要性》,《裘锡圭学术文集》第4卷第368—369页,复旦大学出版社2012年;〔日〕大庭脩著,徐世虹译《汉简研究》第116页引,广西师范大学出版社2001年;〔日〕冨谷至编,张西艳译《汉简语汇考证》第126页引,中西书局2018年。

⑥ 简牍整理小组编《居延汉简(叁)》第214页,史语所2016年。

⑦ 张德芳《居延新简集释(七)》第406页,甘肃文化出版社2016年。

⑧ 孙占宇《居延新简集释(一)》第144页,甘肃文化出版社2016年。

⑨ 同注⑥第50页。

⑩ 简牍整理小组编《居延汉简(肆)》第81页,史语所2017年。

⑪ 同注⑧第153页。

⑫ 马智全《居延新简集释(四)》第223页,甘肃文化出版社2016年。

⑬ 杨眉《居延新简集释(二)》第241页,甘肃文化出版社2016年。

⑭ 李迎春《居延新简集释(三)》第353页,甘肃文化出版社2016年。

⑮ 甘肃简牍博物馆等编《肩水金关汉简(叁)》第100页,中西书局2013年。

⑯ 陈直《文史考古论丛》第280页;饶宗颐、李均明《新莽简辑证》第191页,新文丰出版公司1995年;〔日〕大庭脩著,徐世虹译《汉简研究》第115—119页;李天虹《居延汉简簿籍分类研究》第143—145页,科学出版社2003年;凌云《"墨将名籍"谜题新解》,简帛网2007年3月7日;邢义田《治国安邦:法制、行政与军事》第557—560页,中华书局2011年;裘锡圭《考古发现的秦汉文字资料对于校读古籍的重要性》;胡平生《居延汉简中的"功"与"劳"》,《胡平生简牍文物论稿》第164—170页,中西书局2012年;赵宠亮《行役戍备:河西汉塞吏卒的屯戍生活》第125—128页,科学出版社2012年;〔日〕冨谷至编,张西艳译《汉简语汇考证》第125—127页。

⑰ 贺昌群《汉简释文初稿》第39页,北京图书馆出版社2005年。

⑱ 更多字形参看李瑶《居延旧简文字编》第215—216页,吉林大学2014年博士学位论文;白海燕《"居延新简"文字编》第227—229页,吉林大学2014年博士学位论文;黄艳萍、张再兴《肩水金关汉简字形编》第564—566页,学苑出版社2018年。

⑲ 北京大学出土文献研究所编《北京大学藏西汉竹书[壹]》第50页,上海古籍出版社2015年。

⑳ 同注⑧第178页。

㉑ 张德芳、王立翔主编《肩水金关汉简书法》第2册第68页,上海书画出版社2018年。

㉒ 同注⑥第159页。

㉓ 中国社会科学院考古研究所编《居延汉简甲编》释文第58页,科学出版社1959年。

㉔ 中国社会科学院考古研究所编《居延汉简乙编》下册第188页,中华书局1980年。

㉕ 谢桂华、李均明、朱国照《居延汉简释文合校》第441页,文物出版社1987年。

㉖ 原字形采自陈伟主编《秦简牍合集.贰》第349页,武汉大学出版社2014年,图片有校正。摹本采自黄德宽主编《古文字谱系疏证》第2467页,商务印书馆2007年;方勇《秦简牍文字编》第342页,福建人民出版社2012年。

㉗ 参看黄德宽主编《古文字谱系疏证》第2466—2467页;徐在国、程燕、张振谦编著《战国文字字形表》第541—542页,上海古籍出版社2017年。上揭居延汉简282.7和EPT56:262两"捊"字的"孚"旁犹存"爫"下一笔。

㉘ 吴良宝编纂《先秦货币文字编》第54页,福建人民出版社2006年。

㉙ 毛远明《汉魏六朝碑刻异体字典》第539页,中华书局2014年。

㉚ 李天虹《居延汉简簿籍分类研究》第148页。

㉛ 郑张尚芳《上古音系》第308、413页,上海教育出版社2013年。

㉜ 陈伟主编《里耶秦简牍校释(第一卷)》第125—126页,武汉大学出版社2012年。

古文字研究（35）：351—355，2024

《上博五·三德》"方芋"补议

范常喜

一　引言

　　先秦典籍中多用比喻以说理，使其抽象的道理能够"假物以彰"。其所用的喻体应该都是当时十分常见熟识的具体事物，然而由于时过境迁，有些比况之物则变得不易理解，其与本体之间的关系同样也就不好解释了。出土战国楚简资料多为先秦古书，同样也多用比喻，有些比喻为传世典籍所未见，其所用比况之事物更为难晓。

　　《上海博物馆藏战国楚竹书（五）》所收《三德》一篇①，共计23枚简（含残简）。简文多言天地与刑德之关系，并告诫君主修身治政的一些注意事项，是一篇重要的先秦文献。《三德》所言事理多用比喻，有些比喻所用喻体多有难解之处，其中"方芋"便是其中之一。本文根据后来刊布的战国铜镜铭文，试对这则名物做一考析。

二　所在简文及旧释

　　《上博五·三德》简8：邦四蒜（益），是胃（谓）方芋（华），唯（虽）溫（盈）必虚■。宫室迣（过）厇（度）■，皇天之所亚（恶）■，唯（虽）成弗居■。衣备（服）迣（过）折（制），遊（失）于娍（美），是胃（谓）违章■，上帝弗京（谅）■。

　　上引释文是我们根据简文照片并结合相关考释成果重新整理而成，同时以"■"的形式保留转写了原简上的句读符号②。本段文字是讲为政者不要过度扩张领土、扩建宫室、美饰衣服，这些都不会长久，也是上天所厌恶的。其中的"方芋"用作"邦四益"的喻体，整理者李零认为"待考"③。何有祖则认为整理者释作"芋"颇不辞，疑释作"华"，并引《诗·小雅·采薇》"昔我往矣，黍稷方华"谓："'邦四益，是谓方华'大意指迅速开疆拓土，国势就像花儿刚开一样生机旺盛。'虽盈必虚'指较快充起来的盛势，如花儿凋谢一样，会变成虚无。"④其后，苏建洲进一步指出，"芋"与"华"的关系是声近通假，二者皆为匣纽鱼部，战国楚简及传世古书中皆有通假例证⑤。我们亦曾认为，"方"有广大、广博义；"芋"当读作"盂"；"方芋"似即"方盂"，义为大盂。简文大意似为国家四处开拓疆土，这正如大的食盂，虽然是满的，但必定是中空的⑥。黄儒宣怀疑"方芋"读为"潢汙"。《国语·周语下》"且绝民用以实王府，犹塞川原而为潢汙也，其竭也无日矣"，韦昭注："大曰潢，小曰汙。"简文"邦四益，是谓潢汙，虽盈必虚"，意即国家四处扩充疆土,就像潢汙一样,虽然很快盈满,也必定会虚竭⑦。连劭名认为:"芋,读为'吁'。《诗经·卷耳》云:'云何吁矣。'毛传:'吁,忧也。'"⑧孙飞燕认为,"方"当读为"旁",是四处、处处之义,正好与"邦四益"对应;"华"的意思是繁盛、荣华。整句简文的意思是:国家四处扩张,可以说是处处荣华,但是虽然充盈,最终一定会空虚⑨。

三　"芋"应读作"华"

后来陆续刊布的楚简材料中多见用"芋"字表示"华"之例,如《上博四·逸诗》简2:"[閟(间)廾(关)悬(谋)奇(思)],皆芋(华)皆英。"整理者注:"'芋'读作'华'。'芋',从艹,于声。……'华'、'芋'皆以于为声符,故'芋'可读作'华'。"⑩《上博八·李颂》简2:"丰芋(华)重光,民之所好兮。"整理者亦释"芋"为华,训为草木之荣⑪。《清华二·系年》简56:"宋右师芋(华)孙元欲劳楚师。"整理者注:"华孙元,即华元,出于宋戴公之后华氏。……华元为右师,见《左传》文公十六年。"⑫《诗经·周南·桃夭》"桃之夭夭,灼灼其华",《召南·何彼襛矣》"何彼襛矣,唐棣之华",两句中的"华"字,在安大简《诗经》简11、简39中均作"芋"⑬。《大戴礼记·曾子疾病》"夫华繁而实寡者,天也"句中的"华"字,在安大简《仲尼曰》简1中亦作"芋"⑭。

根据上述楚简中多用"芋"为华可知,《上博五·三德》中的"芋"也应当读作"华"。"华"本即花朵之"花"。《说文》艹部:"华,荣也。"段玉裁注:"艹部曰:'葩,华也。'舜部曰:'𦾓,华荣也。'按《释艹》曰:'蕍芛葟华荣。'浑言之也。又曰:'木谓之华,艹谓之荣。荣而实者谓之秀,荣而不实者谓之英。'析言之也。……俗作花,其字起于北朝。"又:"葩,华也。"段玉裁注:"古'光华'字与'花实'字同义同音,'葩'之训华者,艹木花也,亦华丽也,艹木花取丽,故凡物盛丽皆曰华。"《诗经·周南·桃夭》:"桃之夭夭,灼灼其华。"《论语·子罕》"唐棣之华",皇侃疏:"华,花也。"《诗经·小雅·皇皇者华》"皇皇者华",朱熹集传:"华,草木之华也。"汉蔡邕《释诲》:"夫华离蒂而萎,条去干而枯。"由此可知,《上博五·三德》中的"方芋"应即"方华",其中的"芋(华)"很可能指的是"花"。

四　"方芋"即"方华"

值得注意的是,战国铜镜铭文中有"方华"一语,所在前后铭文为"方华蘰(蔓)长,名此曰昌"(见附图一)⑮。李零认为,"方华"即方花,意思是标志四方的花。这个词又可读为"芳华",指芬芳的花,一语双关。"蔓"有蔓延义,"昌"是古代吉语,玺印、镜鉴、砖铭多有之,常与富、贵连言。富是有钱,贵是有势,昌训盛,常指多子多孙。如汉镜铭文"子孙蕃昌",就是指多子多孙。这两句铭文的意思是说,方花的蔓很长,绵延不绝,它象征着子孙蕃昌,故可呼之为"昌"。李先生还据此指出,这两件纹饰主题为大四瓣花的铜镜铭文可以证明战国到西汉这类纹饰的本来名称叫"方华",即"方花"。战国到汉代铜器、漆器、画像石、瓦当等各类器物上的类似纹饰[16],以往多称作"柿蒂纹",其实都可改叫"方华纹"或"方花纹"。这类纹饰的"四分法"构图模式,体现了古代中国四方八位的方图思想[17]。

我们认为,镜铭此处的"蔓"不应理解为名词"方花的蔓",当是动词"蔓延""滋长"之义。《诗经·郑风·野有蔓草》"野有蔓草,零露溥兮",毛传:"蔓,延也。"又《唐风·葛生》"葛生蒙楚,蔹蔓于野",朱熹集传:"蔓,延也。"《左传·隐公元年》"无使滋蔓,蔓,难图也",洪亮吉诂引服虔曰:"蔓,延也。""方花蔓长"指方花盛开,蔓延绵长。"昌"未必专指子孙蕃昌,应指普遍意义上的繁荣昌盛。整段镜铭"方华薐(蔓)长,名此曰昌"大意为:方花蔓延绵长,名此为繁昌。

虽然我们对镜铭中"蔓"字的训释与李先生有所不同,但对整段铭文大意的理解却基本一致。此外,李先生将"方华"解释为标志四方的花,完全可信,把战国秦汉器物上的"柿蒂纹"改称作"方华纹"或"方花纹"也非常可从[18]。据此可知,"方华"即标志四方的四瓣花,其具体形象在战国秦汉各类器物上多可见到,已然成为一种符号化的表达。这些器物上的"方花纹"大都是位于器物的中央,四个花瓣向四面伸展蔓延,其寓意为天下四方都繁荣昌盛。这与上博简《三德》所云"邦四蒜(益),是胃(谓)方芌(华)"恰相契合。邦国四处扩张,正如向四方盛开的方花一样,有开也有谢,故简文后文云"虽盈必虚"。可以看出,"方芌(花)"应当是当时人们比较常用的表示繁荣昌盛之物,故而简文中以之作喻。

邦国之"盈溢""华昌"本是好事,但为上者过度追求则会导致内外交困。清华简《叁不韦》述及天帝使者"参不韦"对夏代开国君主夏启的训诫中也包括了这类内容。如简67—69:"参不韦曰:'攺(启),剀(觊)浧(盈)、剀(觊)旻(得)、剀(觊)膈(富)、剀(觊)大、剀(觊)达而不宜,是胃(谓)内副(逼)。剀(觊)劇(戏)、剀(觊)溢、剀(觊)芌(华)、剀(觊)上、剀(觊)蜀(独),是胃(谓)外副(逼)。'"[19]此处"参不韦"明确表示,一味追求"盈、得、富、大、达"叫作"内逼",一味追求"戏、溢、华、上、独"叫作"外逼",都是统治者应该特别注意的事情。这与上博简《三德》"邦四蒜(益),是胃(谓)方芌(华),唯(虽)湓(盈)必虚"的说法颇为相近,可以对比参看。

附记:项目来源:国家社科基金重大项目"战国文字研究大数据云平台建设"(21&ZD307);国家社科基金重大项目"战国文字诂林及数据库建设"(17ZDA300)。

(作者单位:中山大学中文系、"古文字与中华文明传承发展工程"协同攻关创新平台)

附图：

图一　王趁意藏"方花"纹战国铜镜及镜铭（李零摹本）

注：

① 马承源主编《上海博物馆藏战国楚竹书(五)》第287—303页，上海古籍出版社2005年。

② 相关考释成果参见俞绍宏、张青松编著《上海博物馆藏战国楚简集释》第5册第304—306页，社会科学文献出版社2019年。

③ 同注①第294页。

④ 何有祖《上博五零释二则》，简帛网2006年3月3日；何有祖《读上博楚竹书(五)札记》，《出土文献研究》第8辑第16页，上海古籍出版社2007年。

⑤ 苏建洲《〈上博五〉补释五则》，简帛网2006年3月29日。

⑥ 范常喜《〈上博五·三德〉札记二则》，简帛网2006年3月4日。

⑦ 黄儒宣《上博楚简字词考释九则》，《古籍整理研究学刊》2012年第5期第25页。

⑧ 连劭名《楚竹书〈参德〉考述》，《文物春秋》2015年第1期第25—26页。

⑨ 孙飞燕《读上博简〈三德〉札记(七则)》，《出土文献》第15辑第151—152页，中西书局2019年。

⑩ 马承源主编《上海博物馆藏战国楚竹书(四)》第175页，上海古籍出版社2004年。

⑪ 马承源主编《上海博物馆藏战国楚竹书(八)》第243页，上海古籍出版社2011年。

⑫ 清华大学出土文献研究与保护中心编，李学勤主编《清华大学藏战国竹简(二)》第160—161页，中西书局2011年。

⑬ 安徽大学汉字发展与应用研究中心编，黄德宽、徐在国主编《安徽大学藏战国竹简(一)》第79、96页，中西书局2019年。

⑭ 徐在国、顾王乐《安徽大学藏战国竹简〈仲尼〉篇初探》，《文物》2022年第3期第77页；安徽大学汉字发展与应用研究中心编，黄德宽、徐在国主编《安徽大学藏战国竹简(二)》第43页，中西书局2022年。

⑮ 王趁意《中原藏镜聚英》第67—71、172—175页，中州古籍出版社2011年。

⑯ 具体的图例，参见李零《说云纹瓦当——兼论战国秦汉铜镜上的四瓣花》，《上海文博》2004年第4期第63—68页。

⑰ 李零《"方华蔓长，名此曰昌"——为"柿蒂纹"正名》，《中国国家博物馆馆刊》2012年第7期第35—41页。

⑱ 李先生这一观点也已得到考古界、汉画界不少学者的认同，参见宋玉彬《构图理念视角下的高句丽和渤海瓦当研究》，《考古》2020年第6期第99页；王煜《昆仑与阆阖、天门：长沙汉初漆棺图像整体考察》，《江汉考古》2021年第3期第78页；朱存明主编《方华与翼兽：汉画像的奇幻世界》第1—60页，文化艺术出版社2020年。

⑲ 整理者将本段简文中的"剀"皆括读为"恺"，训为"乐"；将"副"如字读，训为"裂"或"析"。整句意谓"贪得务奢，财物荣华最终会离析散失"。另有研究者指出，剀当读作"覬"或"冀"，训作希冀、希望；"副"当读作"逼"，训作"逼迫"。今从之。参见清华大学出土文献研究与保护中心编，黄德宽主编《清华大学藏战国竹简(十二)》第127—128页，中西书局2022年；《清华简〈参不韦〉初读》(2022年10月9日)第36楼网友"激流震川2.0"、第40楼网友"ee"跟帖，简帛网简帛论坛2022年12月2日。

古文字研究(35):356—360,2024

读《安大简(二)·仲尼曰》札记

侯乃峰

《安徽大学藏战国竹简(二)》收录有《仲尼曰》篇,共13支简,保存完整。原整理者已经对简文进行了高质量的整理注释工作,为学界深入研究文本内容奠定了坚实基础①。在阅读《仲尼曰》篇释文注释时,我们感觉其中部分字词文句似乎还留有一定的探讨空间,故以读书札记的形式写出来,供研究者参考。

一

简3:中(仲)尼曰:"死(伊)諯=(言聑),而壼(禹)豁=(言丝),昌(以)絧(治)天下,未宀(闻)多言而悥(仁)者。"

原整理者如上释读,以为前半句"言如聑""言如丝",都是形容说话的声音细小,出言缓慢谨慎。又引袁金平之说,以为"聑"读作"缉",与下文"丝"互文见义,谓古圣王出言之微,谨慎之至。李家浩认为"悥"字读为"信"。后又引《礼记·缁衣》"王言如丝,其出如纶;王言如纶,其出如綍"章,认为可为此条简文之参考(第43、46—47页)②。

今按:这句话后半部分没有疑问,关键是前半部分的理解。既然此章涉及"多言",原整理者将"諯""豁"分别看作"言聑""言丝"的合文,还是有一定道理的。然原整理者将这句简文前半部分与《礼记·缁衣》"王言如丝"联系起来,可能并不确切。《礼记·缁衣》"王言如丝,其出如纶"云云,是强调圣王出言应谨慎,即"慎言"之义,和本条简文"多言""悥(仁)"与否的旨意还是有差别的。

结合先秦儒学文献中论述"多言"的文句,很容易想到"言"和"行"可以联系起来。此条简文中,孔子之意或许是强调圣王"不言"或"少言"而要去"行"。若如此理解,则简文有可能应当释读作:死(伊)諯=(諿諿),而壼(禹)豁=(孳孳/孜孜),昌(以)絧(治)天下,未宀(闻)多言而悥(仁)者。

諿諿,即"聑聑""缉缉"。《说文》:"聑,聂语也。""聂,附耳私小语也。""聑聑""缉缉"即说话声音细小之义。"聑"声字与"咠"声字可以通假③。《说文》:"嘈,小声也。""聑"与"嘈"当有同源关系。"缉缉"又见于《诗·小雅·巷伯》:"缉缉翩翩,谋欲谮人。慎尔言也,谓尔不信。"毛传:"缉缉,口舌声。"传统训解或曰有条理貌④,这些训释皆当是其引申义。"孳孳""孜孜"即勤勉、不懈怠之貌。如此,简文之义大概是说:尧说话声音细小,禹孳孳不倦,勤勉不懈,努力作事(根本不多说话),他们以此方式来治理天下,没听说前代的圣王是通过多说话而成为仁者的。换句话说,孔子言外之意当是:前代的圣王仁者,没听说过有哪一位是整天光靠着嘴巴花言巧语不做什么事就达到仁人的境界的。这和孔子儒家重视实干、反对花言巧语的思想主张恰好吻合。如《论语·学而》:"子曰:'巧言令色,鲜矣仁。'"

二

简9:中(仲)尼曰:"㠯(以)同异戁(难),㠯(以)异易▆(易易)。"

原整理者如上释读(第44页),在注释中给出了两种理解思路:

> 此条简文在传世文献里尚未找到相应的文字。《国语·晋语五》"今阳子之貌济,其言匮,非其实也。若中不济而外强之,其卒将复,中以外易矣",韦昭注:"易,犹异也。"疑简文"以异易易"第一个"易"即此义。孔子曾说过,要"通乎物类之变"(《说苑·辨物》)、"通于物类之变"(《孔子家语·颜回》),疑此条简文即说"物类之变"。如此,简文意谓:把同类之物变成不同性质的很困难,把不同类之物变成不同性质的比较容易。或说简文应断作"以同异,难;以异易,易"。第一个"异"指区分、分别,《礼记·乐记》:"乐者为同,礼者为异。"郑玄注:"异谓别贵贱。"第二个"异"是"同"的反义词。第一个"易"指改变,第二个"易"是"难"的反义词。简文大意是:因为相同而区别起来困难,因为相异而改变起来容易。大概是谈礼乐之用(黄德宽)。(第50页)

今按:此句似乎还有第三种理解思路。即,采用注释中提到的第二种句读方式,简文读作:以同异,难;以异易,易。同时,采用第一种理解中对字义的训释,将第一个"易"解释为"异"。"同"看作动词的使动用法。这样的话,简文之意是说:将原本有差异的统一成为相同的,很困难;将原本有差异的分开区别对待,很容易。如此,孔子所说的就是具有普适性的话语了。比如,一伙人开会,讨论如何处理某件事情在实行过程中遇到的问题,每个人都有自己不同的意见。这时候,如果想要将每个人的意见都统一起来,成为一条意见,就很困难;如果区别对待,让每个人都按照各自的意见去实行,就很容易。

三

简10—11:中(仲)尼曰:"见善女(如)弗及,见不善女(如)遝(袭)。……"

原整理者如上释读,将"遝"读为"袭",训为"及";又引李家浩之说,认为此字可径读为"及"(第44、50页)。

今按:对比传世文献"见善如不及,见不善如探汤",此字释读为"袭",似可直接就字为训解释成"掩袭、袭击"。"见善如弗及,见不善如袭"意即:见到善良之事,努力学习,好像追不上;见到邪恶之事,如同遇到敌人突然袭击一般,唯恐避之不及。如此理解,似乎亦可讲通简文。

据传世文献所引,孔子此语也属于格言谚语式的文句。先秦时期的文献中,类似这种格言谚语式的文句,大都是谐韵的。原简文也是有韵的,"及""遝(袭)"上古音皆属缉部,故简文更有可能是这句话的原貌。后世传抄者大概觉得下半句文义不够显豁,故改为"探汤",虽然"见善如不及,见不善如探汤"文义容易理解,然造成失韵,其实反而不如简本。

再者,从文义上讲,孔子此语是类比下文的"避难静居"。传世文本"见不善如探汤","探汤"的动作一般是指把手伸到热水里,或者伸出手来试探沸水,而并非整个人的身体都进到沸水中。因此,"见不善如探汤"如果用在此句简文中,并不能类推得出下句"避难"若"避世"之义;而人若是遇见袭击,唯恐避之不及,自然就可以得出"避难""避世"之义。由此可以推知,传世本的文句当是脱离了简本下文的语境而产生的改编本。

四

简12:中(仲)尼曰:"遺(颠)于钩産,虗(吾)所不果爱(援)者,唯心弗智(知)而色为智(知)之者虗(乎)?"

原整理者如上释读。其中的"钩産"一词,注释中理解为指戎事用于攻城之器械和战马。对全句意思的理解,采用黄德宽之说,与"心性""表象"联系起来(第44、51页)。

今按:原整理者此种释读似可商榷。首先,所谓的"産"字,细审原简字形(第10、158页),下部明显是从"土"作,故此字恐不能直接释成"産"字,而当分析成从土、彦省声,可隶定作"産"。当然,释为"産"也是从"彦"省声,但据字形严格隶定并不能直接隶定为"産"字。此字既然从"土"作,或可提示我们"钩産"当从地理面貌的角度来释读。我们认为,"钩"当读为"沟",指水沟。"産"从"彦"得声,"彦"从"厂"得声,《说文》:"厂,山石之厓岩,人可居。象形。厈,籀文从干。""産"或当读为"厈(岸)",指厓岩,即悬崖。同时,原整理者将"産"释为"産",虽然不大精确,但如果从古文字形"成字化"的角度来看,也不能说是错误。"産"声字读为"厈/岸",在古文字材料中已出现过。如《清华简(柒)·子犯子余》第13简"受(纣)若大陸(岸)牂(将)具隉(崩)",原整理者正是将"陸"看作"岸"字异体⑤。两种出土文献的通假现象,正可相互印证。若是单从文义上看,"産"或许也可读为"泉",指泉水边。然因前面的"沟"已是指水沟,故此种释读意见相比之下似乎不如读为"厈(岸)"更为妥当。若取前说,"遺(颠)于钩産"当读为"颠于沟厈",意即:在水沟或者悬崖边跌倒。如此理解,则是将"沟厈"看作并列结构。当然,将"沟厈"看作偏正结构,理解为"沟之厈"(水沟的岸边),也可以讲通简文。在这种情况下,跌倒之人会有生命危险,所以下文提及"爱(援)"的问题。孔子说的这句话应该是打个比方,和《孟子·离娄上》"嫂溺叔援"的情景正可类比。整句简文,孔子的意思当是说:如果有人在水沟或者悬崖边跌倒,而我最终不能成功地救助他,那原因就在于此人原本内心不明白,而表面上却装作自己已经明白的缘故吧？举个不大恰当的例子来说：孔子教某个学生游泳，学生本来没有学会，表面上却装作自己已经学会了，那么，当这个学生掉到水里的时候，孔子就会认为这个学生已经学会游泳了，完全可以自救，从而不予救助，结果很有可能就造成学生溺水而亡。这种假设的场景，对于我们理解孔子这句话的含义当有所帮助。此章旨意，当是强调对待自己所学的知识(能力)是否已经真正掌握要实事求是的重要性。《论语·为政》："子曰：'由，诲女知之乎？知之为知之，不知为不知，是知也。'"可以参考。又如《荀子·子道》："孔子曰：'……色知而有能者，小人也。故君子知之曰知之，不知曰不知，言之要也；能之曰能之，不能曰不能，行之至也。……'"此章内容又见于《韩诗外传》卷三、《说苑·杂言》，文字稍有出入。其中的"色知"显然和简文"色为智(知)"类似，孔子语意也和简文旨意接近，亦可参考。

五

简13：中(仲)尼之耑誩(语)也。

原整理者如上释读，在注释中又给出了三种可能的理解思路：第一种，"耑"读如字，古"端"字，训为"正"，"耑(端)语"即"正语"。第二种，读为"论语"。第三种，读为"短语"(第44、52页)。

今按：据原简字形，我们怀疑所谓的"誩"字当释为"訐"，读为"谏"，指具有规谏性质的话语。《广雅·释诂》"谏，正也"，王念孙疏证："《周官·司谏》注云：'谏，犹正也，以道正人行。'"⑥"耑訐"读为"短谏"，意即简短的规谏之语。《仲尼曰》篇中包含的这些材料，大概就是后来《论语》的成书基础。今传本《论语》几乎没有很长的章节，多是孔子的只言片语，但所选章节大都属于孔子的嘉言隽语，正符合"短""谏"二字之义。

六

简13：仆(朴)快(慧)周恒(极)。

原整理者如上释读，注释中将此文句看作是对上一句"中(仲)尼之耑誩也"的评价或赞美；又引李家浩之说，读为"朴慧周恒"，并据此训解。又引黄德宽之说，认为此四字为书手抄写时对本篇所加的评语(第44、52页)。

今按：据首字字形从"臣"，为臣仆之专字，且四字与简文正文的文字明显有别，我们怀疑，此四字并非本篇简文的正文内容，也不是对本篇所加的评语，而当是抄写者之具名。"仆"当是此人之身份，或"仆快"是此人之身份，"周恒"为其人之名氏。

　　附记：本文系"古文字与中华文明传承发展工程"规划项目"楚简综合研究"（G3444）的阶段性
成果。

2022年8月18日初稿

2023年3月13日修订

（作者单位：山东大学文学院）

注：

① 安徽大学汉字发展与应用研究中心编，黄德宽、徐在国主编《安徽大学藏战国竹简（二）》，图版见第5—11页，释文注释见第43—52页，中西书局2022年。

② 为避免行文烦琐，所引《安徽大学藏战国竹简（二）》整理报告原书内容及原整理者意见，仅在其后标注相应的页码，不具注。

③ 侯乃峰《据安大简〈诗经〉用字谈楚简"畠祷"之义》，战国文字研究青年学者论坛论文，安徽大学主办，2022年11月19—20日。

④ 宗福邦、陈世铙、萧海波主编《故训汇纂》第1757页，商务印书馆2003年。

⑤ 清华大学出土文献研究与保护中心编，李学勤主编《清华大学藏战国竹简（柒）》第98页，中西书局2017年。

⑥〔清〕王念孙著，张其昀点校《广雅疏证》第19页，中华书局2019年。

清华简《五纪》表下肢之字补释

程少轩

2021年出版的清华简第11册《五纪》篇有一组新见字，作如下诸形①：

A形：简83

B形：简93

C形：简111

整理者将这三种形体分别隶定为"𧿹""𦙶"和"𦚢"。贾连翔曾撰专文讨论此字，对三种字形的关系作了准确分析②：

> ……下部所从的"足""肉"，应属意符，其中"肉"在表身体部位用字、"足"在表示身体下肢用字中，都是十分常见的意符，其例不烦举。"目"按本义实难讲通，揣其是"肉"之形讹的可能性较大。右上所从的"巳"属邪母之部，"子"属精母之部，二者音近可通，典型的例子就是甲骨卜辞和金文中干支纪日的"巳"字，屡写作"子"，据此可判断二者都应属此字的声符，这是一个十分关键的信息。左上所从的部分，从整字的构造看应是一个独立的构字部件……

综上，"𧿹""𦚢"分别以"足""肉"为意符且均以"巳"为声符；"𦙶"以可与"巳"相通的"子"为声符，所从之"日"当系"肉"之讹；"𧿹""𦙶"和"𦚢"都是在𢀉或𢀉（皆可隶定为"㠯"）的基础上增加相关的声符和意符成字。

在《五纪》中，这组字的相关文例如下③：

> 南尢右肩，东尢左肩；北尢左髀，西尢右髀；西壴右肱，东壴左肱；西壴右股，东壴左股；左南维左臂，右南维右臂；北维之右右𧿹，其左左𧿹。　　　　　　　　　简82—83
>
> 疾处四肢：𦚢、足、股、肱，是谓武疾……　　　　　　　　　简93—94
>
> 黄帝既杀蚩尤……以其𦙶为干侯股，以其臂为橐，以其肛（胸）为鼓，以其耳为邵妥……　　　　　　　　　简109—111

贾连翔分析说④：

> 根据第二处内容，此字应属"四肢"，若再将上述引文中与之同出的肱、臂、股、足排除

之后，它的词义只能是小腿骨（或小腿）。简文又将之归为十二"大骨"，占其二，即左右各计一支。虽然人体的小腿是由胫骨和腓骨两种构成，但这就如同将小臂的尺骨和桡骨统称为"臂"一样，小腿的两骨也习惯被统称为一。在第三处"飨蚩尤之身"一段中……"骴"被用为"干侯股"……"干侯股"是一个偏正结构，指这种特殊箭靶的支杆。

据《五纪》文义，这组从"冎"的字，意义与"下肢"密切相关。结合诸字声符为"巳""子"，贾连翔认为这组字是"骴"之异构，继而推测，𓃓、𓃓在"𩪡""𩩹"和"骴"中充当意符，来源于甲骨中的𓃓、𓃓等字，是"骴"字的表意初文，也可能是与"骴"同义或者是可以包含"骴"的人体部位的泛称⑤。

贾先生的大多数分析我们都很赞同。只是将这些字与"骴"直接联系，似有未安。在《五纪》的文例中，与"𩪡、𩩹、骴"并举的分别为：

简82—83：肩、髀、肱、股、臂、𩪡。

简93—94：骴、足、股、肱。

简109—111：𩩹、臂、肛（胸）、耳。

《五纪》中这些与"𩪡、𩩹、骴"并举的词，都是十分具体的身体部位，并没有直接指称骨骼的。而在文献中，"骴"的意义有"胫骨""尸骨""骨之总名"等⑥，并没有用作"下肢"或"小腿"的例证。而且，如果𓃓、𓃓以及相关甲骨字形确实是指事字，那么人腿部的示笔，更像是标识出腿部，而非标示出腿骨。把《五纪》中的"𩪡""𩩹"和"骴"径释读为"骴"，并不自然直接。

能否为这组从"冎"的字找到更为贴切的释读呢？周家寨汉简《五龙》篇为我们找到了更好的思路。

周家寨汉简于2014年出土于湖北省随州市曾都区周家寨墓地M8汉墓，全部简册为一卷，自题《日书》。其中《五龙》篇前所未见，内容完整，书写于8支竹简上，首简编绳上端写有小题"五龙"二字，内容如下⑦：

《五龙》：五龙好。

甲午、丙午、丙辰、戊辰、戊寅，五龙面也。……	简1
乙巳、癸巳、丁巳、丁卯，五龙头。……	简2
壬辰、戊午、丙寅、庚辰、甲辰，五龙颈。……	简3
辛亥、乙酉、己亥、癸酉、癸亥，五龙奎。……	简4
戊申、壬寅、丁亥、癸未、丙申、庚寅、庚申、乙亥、辛未，五龙夜（腋）。……	简5
丙子、壬午、丁酉、己丑、甲子、庚午、辛酉、癸丑、己酉、辛丑，五龙手。……	简6
辛巳、丁丑、乙未、卯、丁未、癸卯、己未、乙卯、乙丑、己巳，五龙胕。……	简7
甲申、丙戌、庚子、庚戌、戊戌、戊子、甲戌、壬申、壬子、戌，五龙忌。……	简8

在2018年召开的"湖北出土简帛日书国际学术研讨会"上，我们有机会阅读到该篇竹书，

并对五龙数术的内涵作了深入解析,论文于2022年发表。我们认为,简文以"五龙"为题,并分8段,罗列了"面""头""颈""奎""腋""手""胕""忌"等8个身体部位对应的干支。通过寻找干支和身体部位的对应规律,可以发现《五龙》这段文字其实是根据一幅绘有五条龙的数术图像转写而来的。五龙图像可复原如下⑧:

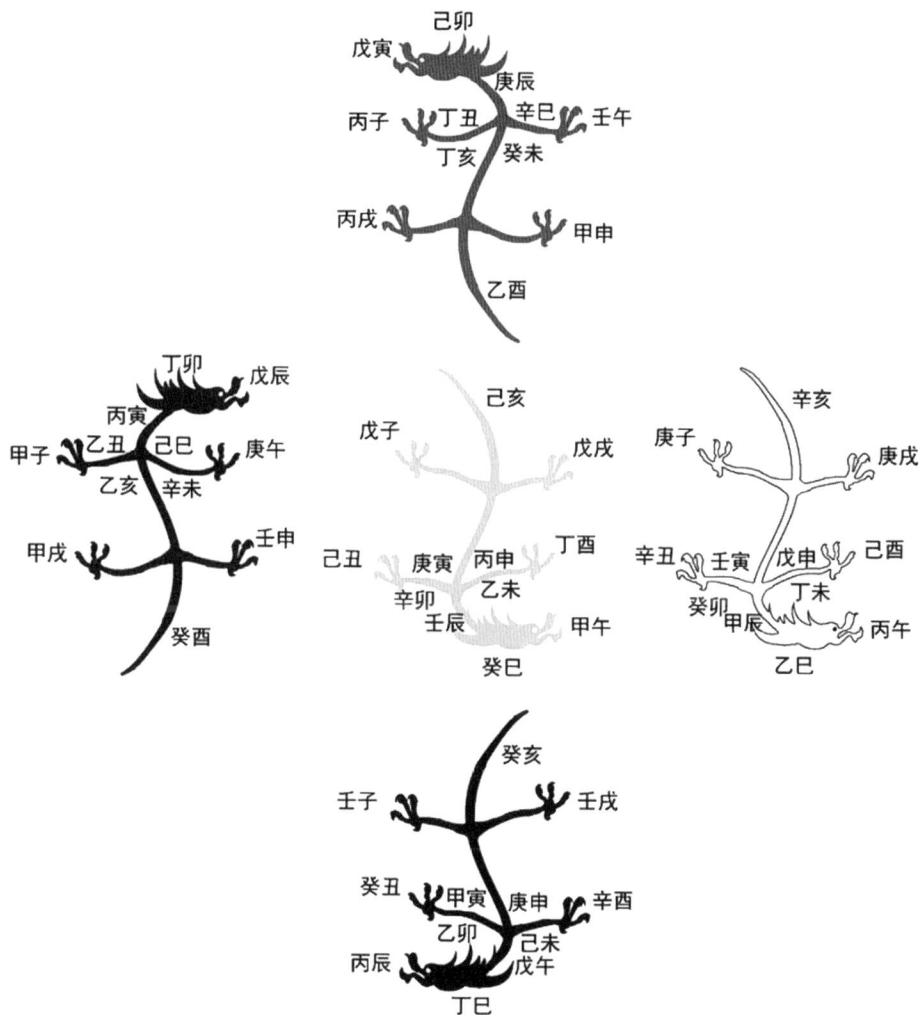

曾有学者怀疑"五龙忌"之"忌"是判断吉凶属性的。根据我们复原的图像可知,"忌"并非表示吉凶属性,而是表示身体部位的专名,"忌"位于"奎"两侧,显然与龙的后肢有关。"忌"当读为何词? 在未见到清华简《五纪》时,我们提出了两种可能。第一种可能,"忌"很有可能读为"跽",训为"足";第二种可能,"忌"读为"骸"或"胲"⑨:

"忌"很有可能读为"跽",训为"足"。《说文·足部》:"跽,长跪也。""跽"和"跪"同义互训。而"跪"可由动词义引申为名词。《荀子·劝学》:"蟹六跪而二螯。"杨倞注:"跪,足也。"既然"跪"可以训为"足",那么"跽"训为"足"也是合理的。当然,在较早的文献中,尚未见到"跽"可训为"足"的直接证据。如果"忌"不读为"跽",或许还有可能读为"骸"或"胲"。"忌"从"己"得声。从"己"得声之字,与从"亥"得声之字可以相通。《老子》"独立而不改",郭店楚简《老子》甲篇作"独立不亥"。《说文·骨部》:"骸,胫骨也。"以腿骨指代后腿,似可通。《庄子·庚桑楚》:"腊者之有膍胲,可散而不可散也。"成玄英疏:"胲……亦言是牛蹄也。""胲"或训为"蹄",似亦可通。无论如何,"五龙忌"之"忌",应该是一个指称龙后腿部位的名词。

周家寨汉简的"忌"表示的是龙的后肢,而清华简的"躆、胥、晵"表示的是人的下肢,都是与"手臂"相对的"足",意义一致。"忌"的声符"己"、"躆、胥"的声符"巳"和"晵"的声符"子",音韵关系也很密切。这些字,表示的是显然是同一个词。

虽然在此前的研究中,我们和贾连翔一样,都曾认为这个表示下肢的词有可能是"骸",但两种材料一经对比即可知,我们提出的第一种可能"跽"才是更合理的。"跽"具有动词和名词两重属性,与"跪"既可以作动词训为"跪坐"、也可以作名词训为"足",情况十分类似。我们此前觉得"跽"之说难以坐实,是因为在古文献中,尚未见到"跽"训为"足"的例子。现在看来,战国秦汉时期这个训为"足"的词"跽"应该是存在的,只是不巧古书中没有记录而已。

至于表示腿骨的名词"骸",与表示跪坐的动词"跽"、表示下肢的名词"跽"很可能是一组同源词。若然,则可对相关字词的关系作一番推测。指事字"晵"应该是表示人之下肢的"跽"的表意初文。在周家寨汉简中,"晵"用假借字"忌"来表示。"跽"是"晵"的后起形声字。"跽"这个词,由"人之下肢"发展出"动物后腿"的意思,又由"下肢"的意义,引申出下肢骨骼"胫骨"的意义。"胫骨"这个义项,后来专门用"骸"字来表示。又因"跽坐"这一动作是小腿着地受力,所以"跽"又从表示"小腿"的名词义发展出动词义"跽坐"。后来,"晵"这个字和表示"下肢"的"跽"这个词不再使用,文献中只留下了表示胫骨的"骸"和表示跪坐的"跽"。

本文虽然只是一则很小的考证,但研究过程却颇为有趣——先利用数术原理复原出图像,再根据图像锁定词义,继而与其他出土文献材料相互印证,最后考释字词。这一研究说明,对数术文献的深入解析,于古文字研究是有促进作用的。

附记:本文是国家社科基金冷门绝学项目"简帛数术文献图文转换及相关问题研究"(20VJXG043)、国家社科基金重大项目"简帛阴阳五行类文献集成及综合研究"(20&ZD272)和古文字与中华文明传承发展工程项目"阜阳汉简整理与研究"(G2407)的阶段性成果。

(作者单位:南京大学文学院)

注：

① 清华大学出土文献研究与保护中心编，黄德宽主编《清华大学藏战国竹简（拾壹）》第112—129页，中西书局2021年。

②④⑤ 贾连翔《清华简〈五纪〉的"骸"及相关字的再讨论》，《出土文献》2021年第4期第24—34页。

③ 同注①，释文用宽式。

⑥ "骸"的训诂可详参宗福邦、陈世铙、萧海波主编《故训汇纂》第2558页，商务印书馆2003年。

⑦ 《五龙》篇的全部竹简，曾于2015年参评"2014年度全国十大考古发现"时，在"中国考古网"等媒体发布。竹简释文正式发表于程少轩、凡国栋、罗运兵《周家寨汉简日书〈五龙〉研究》，《中山大学学报》2022年第6期第41—45页。本文引用时略去了占辞部分。

⑧⑨ 程少轩、凡国栋、罗运兵《周家寨汉简日书〈五龙〉研究》，《中山大学学报》2022年第6期第41—45页。

古文字研究(35):366—371,2024

清华简《四告》"處士"考释

苏建洲

清华简《四告》简3整理者释文作:"王所立大正、小子秉典,圣(听)任,處(处)士,乃丰(朋)泾〈淫〉晚(失)尻(居),弗明厥服……"①单育辰指出"失居"应改读为"佚居",言居处时放佚,典籍多"淫""佚"连言②。蔡一峰指出"丰""朋"韵部有冬蒸之别,以"丰"为"朋"于用字亦无据,"丰"如字解即可通。典籍"丰淫""丰佚(/逸)""淫佚(/泆/逸)"皆有见,简文此处"丰""泾〈淫〉""晚(佚/泆/逸)"连用,共同修饰居处的"尻"③。二说皆可从。对于"圣(听)任,處(处)士"一句,朱国雷认为"听任"一般作动词用,当和"处士"连读,并将释文重新标点如下:"颠覆厥典,咸替百成。王所立大政:小子秉典,听任处士。乃朋淫失居,弗明厥服,烦辞不正。"解释说:后半段讲的是先王创立的大政是:继承人要依靠明典,任用有才能的人,然而最后却恰恰相反——"朋淫失居,弗明厥服,烦辞不正"。"乃",此处表转折④。单育辰赞同朱氏的断句,但认为"處士"当读为"御事"。刘国忠断句作"王所立大正、小子,秉典听任,处士乃朋淫失居,弗明厥服",并指出"听任"指听凭、任凭、不作干涉。大司寇及其属官负责掌管国家的司法工作,他们本应秉公执法,但却对各种违法行为听之任之。处士本来是德行高尚之人,现在竟然都放纵自己的行为,举止失宜,不明白自己的职责所在。周公在这里指斥商朝末年司寇和处士们的种种行径,其实是由于当时的纣王无道使然⑤。

谨按:楚简有个从"虍/虎"从"木"的字形,除了《四告》之外,还见于下列文例:上博简《用曰》14"强君處政,扬武于外",清华简《皇门》1"蔑有耆耇處事屏朕位",清华简《封许之命》8"汝亦惟就章尔遽,祗敬尔猷,以永厚周邦……",《新蔡》甲三312、甲三325—1有地名"下肜蘆"。以上字形依次作:

《四告》	《用曰》	《皇门》	《封许》	《新蔡》	《新蔡》

《封许》整理者隶定作"遽"应该是对的,"彳"旁两斜笔与"虍"旁的起笔共用,否则难以解释"虍"旁起笔如此粗放的原因。"止"可省简为 ，如"登"既作 (《包山》2.44),又作 (《彭祖》3)、 (《景公疟》3)。清华简《参不韦》"蘆"作 60、 110等等⑥。"遽"的"止"旁作 ，上面斜笔与"木"的竖笔共笔。也不排除"止"简省只剩一横笔,由于偏旁制约,总体仍可看出是"辵"。

今本《皇门》作"克有耇老据屏位",黄怀信认为今本"克"字当误。"屏朕位"与"据(居)屏位"均可通[⑦]。谨按:"据"当相应于"橥","橥"字分析为从"虍/虎"声,用字习惯如同胡家草场汉简《诘咎》篇"是胃(谓)遽(遽)鬼执人以自伐〈代〉也"[⑧]。施谢捷根据"橥"与"据"的对应关系,认为"橥"字是"虡"的异构。《说文》:"樂,五声八音总名。象鼓鞞。木,虡也。"(唐写本木部残卷作:"象鼓鞞之形。木,其(虚)[虡]也。")[⑨]谨按:此说有理。上博简《景公疟》简1"梁丘橥"即"梁丘据"便是很好的证据。《说文》:"虡,钟鼓之柎也。饰为猛兽。从虍,異象其下足。鐻,虡或从金,豦声。虡,篆文虡省。""橥"是"虡"或"鐻"的异构,则"遽"是"遽"的异构。《信阳》2.18:"乐人【之】器:一肄坐栈钟,小大十又三,**条、漆画、金玏。"何琳仪、李家浩、程鹏万释**为"柧"读为"虡"[⑩]。谨按:"柧/瓜"是*Kʷ,"虡"是*K,谐声上Kʷ和K的界限分明,较少发生关系。**合于秦汉文字"瓜"的写法,但与战国楚文字形体不同,此字仍当从刘国胜等释为"枛"[⑪]。所以楚简表示{虡}的字形并不包含"柧"[⑫]。此外,也有学者认为"橥"跟《花东》**(虞)"是一字[⑬]。谨按:姚萱释**为"虞",并认为**(伯蔑父鼎)、**(史惠鼎)等从"虡"的字形可能也是"虞"[⑭]。《三德》简13"蘆为首""唯蘆是备(服)",张新俊根据"虡"旁,认为"蘆"与**是一字[⑮]。"虞"与"虍/虎"字无关,所以"橥"亦与**无关。最后,出二类卜辞、黄组卜辞及西周周原甲骨有"虡/橥"字,用为地名[⑯]。金文亦有"椃"用为人名[⑰]。《集韵》平声六豪"乎刀切"下将"椃""虢"归为一字[⑱]。学者多根据此说认为"虡/橥/椃""虢"为一字[⑲]。《说文》木部:"虢,木也。从木號省声。"此分析不确,当从高田宗周、马叙伦、李孝定等分析为从木唬声[⑳]。《说文》:"唬,虎声也。从口、虎。读若暠。"(依段注本)"虢"与"唬"同为宵部字。叔卣有地名作**,侯乃峰、董珊读为"阳桥"[㉑],可见《说文》"虢"字其来有自。甲金文的"虡/橥/椃"似难证明与"虢"确为一字,也不排除跟战国文字的"橥"一脉相承,同为鱼部字[㉒]。

"橥"字目前有"据""虑""御""处"等说法[㉓]。以声音通假来看,除了读为"虑"尚有争议外,其余诸说皆可成立。裘锡圭指出"虑"本从"虘"声[㉔],"虑"的通假范围如"肤、卢"皆从"虘"声,如《郭店·缁衣》32—33"故言则慮(虑)其所终"、上博简《容成氏》50"吾敝(勵)天威之"。同时"据"是*kas,恐怕也不能与"虑"*ras相通,古书亦未见过通假例证。{虑}用"橥"或"遽"来表示也比较特殊。长沙马王堆帛书《养生方》199—200行:"怒而不大者,据不至也;大而不坚者,筋不至也;坚而不热者,气不至也。据不至而用则腄(垂),筋不至而用则避,气不至而用则隋(惰),是以圣人必参(三)致之。"[㉕]马王堆竹简《天下至道谈》简4—5作"怒而{而}不大者,肌不至也;大而不坚者,筋不至也;坚而不热者,气不至也。肌不至而用则惰,气不至而用则避,三者皆至,此胃(谓)三脂(诣)。"其中与《养生方》"据"字对应的字均作"肌",那么《养生方》整理者将"据"读为"肤"似乎可行[㉖],进而证明"据"与"虑"可通。不过邬可晶提示笔者可能肌肤在当时有"据"之别名,取皮肤为血肉筋脉之所依据之意[㉗]。此外,《封许》整理者认为

《古玺汇编》3159三晋玺"虡丘"应读作"闾丘",进而认为"虡"读为"虑"㉘。不过,前者地名通读的说法并无确证。

　　冯胜君根据今本《皇门》的内容将简本的"虡"括读为"据",并认为今本"据屏位",朱右曾:"据,依据。"典籍中"据"的常见用法即依靠、凭据义,简文"据事",即据以治事的简省说法,意思是凭借、依靠"耆耇"治理政事㉙,但对《封许之命》的"遽"则没有括读㉚,此说以《皇门》异文为释读的依据有其道理,不过文献未见"据事"的说法,何况"据事"能否理解为"据以治事"的简省说法也有待证明。笔者认为诸说中当以读为"处"为是。"处"中古是昌母,但上古当为喉牙音。张富海指出"处"从"虍"声,"虎"的上古声母是 *qhl-,而且"处"与"居 *ka"应是一对同源词,所以"处"本是 *khl-㉛。其说可从。上博简《有皇将起》简4"鹿(丽、俪)尻(居)而同俗今兮";上博简《周易》咸卦"六二:咸其腓,凶。尻(居)吉",颐卦"六五:拂经,尻(居)贞吉,不可涉大川";清华简《五纪》"止波(跛)蹈(蹲)尻(踞)【八九】偞(肆)",这些都是"尻"除读为"处"外又可读为"居"的例证。《淮南子·齐俗》:"(乱世)为行者相揭以高,为礼者相矜以伪,车舆极于雕琢,器用逐于刻镂,求货者争难得以为宝,诋〈调〉文者处烦挠以为慧,争为佹辩,久积〈稽〉而不决,无益于治。"边田钢认为"处烦挠以为慧"的处应读为"遽",表示"竞逐"之义㉜。这也是"处"与群母的"遽"通读的例证㉝。更重要的是,古书有"处"与"豦"相通的例证。《礼记·投壶》注"晏子时以罚梁丘据",陆德明《释文》云:"(据)本又作处,同音据。"《乌程汉简》牍333《王客人簿》所载遣册有"霜袍豦(裾)一"㉞。《张家山汉墓竹简(三三六号墓)》盗跖42"据轼低头"即今本的"据轼低头"㉟。上博简《弟子问》20亦有"子虡(据)乎轼而……"的记载。《史记·司马相如列传》"栎蜚虡",《汉书·司马相如传》作"栎蜚遽",海昏侯墓出土的孔子衣镜,其镜框盖板亦记有"蜚豦"之名㊱。可见"虡""豦"与"居""处"皆可相通。"处"有"据有"义,如《论语·里仁》:"富与贵,是人之所欲也,不以其道得之,不处也。"古人又有训"据"为"处"者,如《战国策·齐策三》"猿猴猴错木据水,则不若鱼鳖",高诱注:据,处也。"据"、"处"在"据有"、"处于"这一义位上很可能是音义皆近的同族词㊲。

　　从文意来看,上述两种"处士"的断读均不能成立。董珊指出:"西周册命金文中,受册命的畿内臣工泛称其职事或职位为'服'。"㊳处士是没有任官居于家中的士人,所以读为"处士……弗明厥服"并不合理。另外,处士的舆论评价多偏向正面,如《韩非子·喻老》:"处半年,乃自听政,所废者十,所起者九,诛大臣五,举处士六,而邦大治。"《潜夫论·贤难》:"处士不得直其行,朝臣不得直其言,此俗化之所以败,闇君之所以孤也。"刘国忠将《皇门》读为"蔑有耆耇、处士屏朕位",并解释说:"我们的国家很小,没有阅历丰富的长者和德才兼备的处士来辅佐我。"也是这样的理解。但是"听任"的对象多为负面人物,如《汉书·薛宣传》:"卖买听任富吏,贾数不可知。"《后汉书·冯鲂传》:"永平四年,坐考陇西太守邓融,听任奸吏,策免,削爵土。"《全辽文·卷一·立石敬瑭为大晋皇帝册天显十一年》:"离间忠良,听任矫诳,威虐黎献。"所以读为"听任处士"或"听任御事",理解为"任用有才能的人",皆不可从。同时《四告》若读为"听任桌士"则与《皇门》读为"蔑有耆耇、桌士屏朕位"的"桌士"是正面形象冲突。为避免这个矛盾,两处的"桌士"当训解为动词词组。《皇门》读为"蔑有耆耇处事屏朕位"⑨,古书有"处事"的说法,《左传·文公十八年》:"先君周公制周礼,曰:'则以观德,德以处事。'"杜预注:"处,犹制也。"孔颖达疏:"既有善德,乃能制断事宜。"《国语·鲁语下》:"朝夕处事,犹恐忘先人之业。"王辉最早提出"处事"的读法,他解释《皇门》"耆耇处事,屏朕位"云:"年高德劭者决断国家事务,屏藩保护君位。"《用曰》的"处政"即办理政务⑩。其说可从。至于《四告》简文当断读作:"王所立大正、小子秉典,听任桌(处)士(事),乃丰淫佚尻,弗明厥服……"比照刘国忠对简文的解释,那么此处意思是说商王所立的大正、小子职责是秉持典法,但商王听凭、任凭他们决断事务不作干涉,于是他们就丰淫佚尻,不明白自己的职责,这是纣王无道使然。

《封许之命》8:"汝亦惟就章尔遽,祗敬尔猷,以永厚周邦……"整理者读"遽"为"虑",学者多赞同此说,认为"虑"与"猷"文意对应⑪。笔者过去亦信从此说,并举《四告》21:"毋迷于猷,毋愆于图。""猷"与"图"对文犹"猷"与"虑"对文为证。但是"就章"是成就、彰显之意⑫,与"祗敬"表"抑戒、敬戒"之意相反,因此"遽"也未必与"猷"文意相应。根据上面的讨论,简文当读为"就章尔居"。《尚书·多士》"今尔惟时宅尔邑,继尔居",江声《音疏》:"今女惟是宅居于女邑,继尔所居之业。……继尔所居之业者,谓所执以谋生之常业,……'宅尔邑'既谓安其居处,则'继尔居'不得复为居处,故以为所居之业。《易·文言·象》云:'修辞立其诚,所以居业也。'是业可言'居'也。《蟋蟀》诗云:'职思其居。'亦谓所为之事为'居'也。"⑬清华简《耆夜》所引《蟋蟀》诗相应于今本"无已大康,职思其居"者作"毋已大康,则终以祚",曹建国认为"祚"当解为"君位""国统","则终以祚"即为永享国祚⑭。"君位""国统"跟所居之业相关,曹说可从,可以比对《逸周书·芮良夫解》:"惟尔执政朋友小子,其惟洗尔心,改尔行,克忧往愆,以保尔居。"《论衡·初禀》:"弃事尧为司马,居稷官。"《诗·閟宫》郑笺云:"弃长大,尧登用之,使居稷官。""居"的宾语可以是"事业""官职"等。这类"居"的用法与《逸周书·作雒》"士居国家,得以诸公大夫"(孔晁注:"居,治也。")有关。周成王期盼吕丁"就章尔居",即成就、彰显所居之业,亦即希望他治理好许国,这样才能作为周邦的屏障,才能"永厚周邦"。

附记:拙文承蒙邬可晶惠赐高见,笔者十分感谢!本文为"清华简《摄命》、《四告》研究"的研究成果之一,获得"国科会"的资助(计划编号MOST110-2410-H-018-027-MY2),特此致谢。

(作者单位:彰化师大国文系)

注:

① 清华大学出土文献研究与保护中心编,黄德宽主编《清华大学藏战国竹简(拾)》第110页,中西书局2020年。

② 单育辰《清华拾〈四告〉释文商榷》,《简帛》第24辑第35页,上海古籍出版社2022年。以下所引单先生意见皆见此文。

③ 蔡一峰《清华简〈四告〉字词考释七则》,《出土文献综合研究集刊》待刊稿。

④ 朱国雷《清华简〈四告〉札记(一)》,简帛网2020年11月24日。

⑤ 刘国忠《清华简〈皇门〉"宁事"解》,《中国文字》2021年冬季号第49—53页。以下所引刘先生意见皆见此文。

⑥ 参见拙文《清华简〈四告〉考释三则——"罋"、"盍"、"卽"》,《中国文字》2022年夏季号(总第7期)第97页,万卷楼图书股份有限公司2022年。

⑦ 黄怀信《清华简〈皇门〉校读》,简帛网2011年3月14日。

⑧ 李天虹、华楠、李志芳《胡家草场汉简〈诘咎〉篇与睡虎地秦简〈日书·诘〉对读》,《文物》2020年第8期第57页。

⑨ 复旦大学出土文献与古文字研究中心研究生读书会《清华简〈皇门〉研读札记》(复旦大学出土文献与古文字研究中心网2011年1月5日)一文下评论,2011年1月8日。

⑩ 何琳仪《信阳楚简选释》,《文物研究》第8辑第175页,黄山书社1993年;李家浩《信阳楚简"乐人之器"研究》,《简帛研究》第3辑第1—3页,广西教育出版社1998年;程鹏万《说信阳楚简"乐人之器"中的"柧条"》,《中国文字研究》第22辑第61—65页,上海书店2015年;程鹏万《试论吴王光钟铭文"条虡既设"的连读》,《古文字研究》第29辑第399页,中华书局2012年。

⑪ 参见拙文《〈清华五·封许之命〉简6"匿"字考》,《出土文献》第14辑第116—126页,中西书局2019年。

⑫ 范常喜指出《信阳》2.03"一威盟之柜"的"柜"也当读为"虡"。参见氏著《从信阳遣策简谈"虎座鸟架鼓"鼓架的定名》,"中国简牍学学术研讨会"会议论文集第8页,山东博物馆,2017年9月25—26日。

⑬ 参见高佑仁《〈清华伍〉书类文献研究》第523—525页,万卷楼图书股份有限公司2018年。

⑭ 姚萱《殷墟花园庄东地甲骨卜辞的初步研究》第213—224页,线装书局2006年。

⑮ 张新俊《释上博楚简〈三德〉中的"虡"》,《古文字研究》第27辑第464—466页,中华书局2008年。有学者将"蘆"释为"怒",认为"怒"可从"虍"声,或是在楚文字的{怒}写作"蕊、恋、芝"的基础上再加上"虍"声,成为双声字,并以上博简《民之父母》11"无服之丧,内虡(恕)巽悲"为证。参见范常喜《上博五〈三德〉札记六则》,简帛网2006年5月18日(按:同作者后来出版的《简帛探微》已删掉此则,并将题目改为《〈三德〉札记四则》,见该书第34—42页,中西书局2016年);杨泽生《释怒》,《中山大学学报》2010年第6期第47页;单育辰《近出金文词语考释两则》,《考古与文物》2014年第5期第114—115页。谨按:"虍"(*qʰ)与"怒"(*n)声母不是一类,不能相通。目前看到的表示{怒}的字形均无"虍"旁,"蘆"不能释为"怒"。《民之父母》的"虡"亦不能比对今本读为"恕",待考。李零认为 、 等字象虎啸林莽,示其怒也,加女,女只是声符,并非以虎为声符。参见李零《史惠鼎补释》,《青铜器与金文》第9辑第5页,上海古籍出版社2022年。谨按:"虡"能否拆分为形声结构并无确证,但认为{怒}不以虎为声符则是对的。

⑯ 刘钊主编《新甲骨文编(增订本)》第303页,福建人民出版社2014年;马盼盼《殷墟甲骨文所见地名的整理与研究》第313、662页,吉林大学2022年博士学位论文;许子潇《西周甲骨材料整理及相关问题研究》第103—104页,吉林大学2017年硕士学位论文。

⑰ 董莲池编著《新金文编》第742页,作家出版社2011年。

⑱ 赵振铎校《集韵校本》第400页,上海辞书出版社2012年。

⑲ 参见《古文字诂林》第5册第758—759页"虦"字下引阮元、刘心源、柯昌济、商承祚、强运开等之说。陈年福《殷墟甲骨文辞类编》(四川辞书出版社2021年)第4册第4634页将"虓"收在"hao"读音下,也是认为"虓"

"虩"为一字。《金文编》第403页0960号"梘"字下注云："《说文》有虩无梘。《集韵》：木名。"

⑳ 参见《古文字诂林》第5册第758—759页"虩"字条引。亦可参陈剑《据出土文献表"虐""傲"等词的用字情况说古书中几处相关校读问题》，《出土文献与古文字研究》第8辑第301页，上海古籍出版社2019年。

㉑ 董珊《新见鲁叔四器铭文考释》，《古文字研究》第29辑第304页。

㉒ 笔者在《清华二〈系年〉集解》（万卷楼图书股份有限公司2013年）第413—414页认为"虩""梘"可分析为从"虎"声，实不可信。

㉓ 参见曹雨杨《〈清华大学藏战国竹简（壹）—（叁）〉疑难字词集释及释文校注》第254—257页，吉林大学2020年硕士学位论文。

㉔ 裘锡圭《战国货币考》，载《裘锡圭学术文集》第3卷第218页，复旦大学出版社2012年。

㉕ 参见裘锡圭主编，湖南省博物馆、复旦大学出土文献与古文字研究中心编纂《长沙马王堆汉墓简帛集成》第6册第61—62页，中华书局2014年。

㉖ 同上注第164页。此外，施瑞峰《上古汉语声母谐声类型在古文字数据释读中的效用》（香港中文大学2022年博士学位论文）第79页曾对"据"与"肤"的通假关系做过讨论，请读者参看。

㉗ 2023年8月5日通讯内容。

㉘ 清华大学出土文献研究与保护中心编，李学勤主编《清华大学藏战国竹简（伍）》第123页注54，中西书局2015年。

㉙ 冯胜君《清华简〈尚书〉类文献笺释》第180页注5，上海古籍出版社2022年。

㉚ 同上注第296页。

㉛ 张富海《上古汉语 *kl-、*kr- 类声母的舌齿音演变》，《汉字汉语研究》2020年第2期第119页；又载氏著《古文字与上古音论稿》第314页，上海古籍出版社2021年。

㉜ 边田钢《读〈淮南子〉杂志》，未刊稿。

㉝ 郭店简、上博简《缁衣》"日暑雨"之"暑"皆作"层"，学者或分析为从"尻（处）"声，但是"暑"字声旁"者"的上古声母是t，读音不合。表示{暑}的"层"字也许可以理解为会意字，与日同居处自然暑热。

㉞ 曹锦炎等主编，中国美术学院汉字文化研究所编《乌程汉简》第352页，上海书画出版社2022年。

㉟ 彭浩主编《张家山汉墓竹简〔三三六号墓〕》上册第146页，文物出版社2022年。

㊱ 王意乐等《海昏侯刘贺墓出土孔子衣镜》，《南方文物》2016年第3期第64页。

㊲ 此为邬可晶提出的意见，2023年8月5日通讯内容。

㊳ 董珊《谈士山盘铭文的"服"字义》，《故宫博物院院刊》2004年第1期第82页。

㊴ 宗福邦等主编《故训汇纂》第820页，商务印书馆2003年。

㊵ 王辉《一粟居读简记（二）》，载罗运环主编《楚简楚文化与先秦历史文化国际学术研讨会论文集》第474—475页，湖北教育出版社2013年；后收入王辉《视月集——王辉文存三》第185页，商务印书馆2020年。

㊶ 比如宁镇疆《由它簋盖铭文说清华简〈周公之琴舞〉"差寺王聪明"句的解读——兼申"成王作"中确有非成王语气〈诗〉》，《出土文献》2020年第4期第57页。

㊷ "就"训为"成就"是子居的意见。参见子居《清华简〈封许之命〉解析》，清华大学出土文献研究与保护中心网2015年7月16日。

㊸ 参见顾颉刚、刘起釪著《尚书校释译论》第3册第1522页，中华书局2005年。

㊹ 曹建国《论清华简中的〈蟋蟀〉》，《江汉考古》2011年第2期第110页。

古文字研究(35):372—383,2024

楚卜筮祭祷简中的"说"及其相关问题再论

朱晓雪

楚国卜筮祭祷简辞例中有"畀××之说""逴××之说"和"以其故说之",学者对其中的"说"多有讨论,但说法纷纭,意见不统一。我们在诸家研究的基础上对"说"的解释及相关问题提出一些新的解读意见。

一 "畀××之说""逴××之说"和"以其故说之"

楚国卜筮祭祷简中"畀××之祝"和"逴××之祝"的"祝"又可以写作"繁"或"敚",其中"畀××之祝"见于以下简文:

(1)畀(舆一举)石裛(被)常之繁(说),罷禂(祷)于邵(昭)王戠(特)牛,馈之,罷禂(祷)于龙(文)坪(平)柰(舆)君、邨公子苫(春)、司马子音、都(蔡)公子豪(家),各戠(特)瓃(豢),酉(酒)飤,夫人,戠(特)猏(狙),酉(酒)飤。 《包山》203—204

(2)畀(舆一举)郙(巩)膡(朕)之敚(说)。屈宜(宜)占之曰:吉。 《包山》223

(3)畀(舆一举)輲(盬)吉之繁(说),宦祭筥之高坒(丘)、下坒(丘),各一全猍(豢)。墜(陈)乙占之曰:吉。 《包山》241

(4)畀(舆一举)罐(盬)吉之繁(说),壆(举)禂(祷)袄(太)一牺(牷一牂),戻(侯一后)土、司命各一牂;壆(举)禂(祷)大水,一牺(牷一牂);二天子,各一牂,危山一牂(羚),壆(举)禂(祷)邵(昭)王戠(特)牛,馈(馈)之,壆(举)禂(祷)东陵连嚣(敖)狂=(狂一家豕),酉(酒)飤,蒿之,赞(赣一贡)之衣裳各三叟(称),壆(举)禂(祷)晋(巫)一全猏(狙),虔(且)桓(树)保,窇(逾)之。矖(观)绉(绷)占之曰:吉。 《包山》243—244

(5)畀(舆一举)璺(魏)韵(豹)之侎(说),遝(举)☐ 望山1号墓63号简

关于"畀××之祝"的释读,包山楚简整理者认为"畀"是"擧"字异体,借作"举","繁"读如"祝",祈也[1]。彭浩认为"畀"读为"犟"[2]。刘钊认为应释为"舆"[3]。李零认为"畀"是"舆"的省体,同"逴"字古音非常接近,应是通假字,"繁"或"祝"是"敚之"的名词性表达[4]。曾宪通认为"畀"字乃"舆"字之省,《广雅·释诂》:"舆,举也。"[5]李家浩认为把简文"舆"读为"举"或"与",都是可取的,因为"举、与"二字都可以训为"用"。"举(与)某人之说"是"用某人之说"的意思。"与"字除了上面所说的"用"义之外,还有"从"义。似乎把"舆"读为"与"、训为"从",更符合简文文义[6]。邴尚白认为"逴敚"和"舆敚"的"敚",似应如"以其故敚之"的"敚",

也读为"说"⑦。于成龙认为在"晕××之敓"或"移××之敓"中,此"敓"字意为禳夺,而非祝
祷之义。"晕××之敓"(或"移××之敓")应即沿用前次某贞人卜筮中针对祟而指出的禳
夺的方式与方法⑧。沈培认为按照《说文》,"擧"从舆声,"舆"从舁声,而"舁"则"读若余"。由
此,很容易联想到"晕"当读为"除","晕某人之祝"就是"除某人之祟"的意思。只是战国简一
般用"叙"表示"除",这里用"晕"表示"除",情况比较特殊⑨。陈伟主编的《楚地出土战国简册
[十四种]》认为这里的"敓"与"以其故敓之"的"敓"作同一理解比较合理⑩。

　　"逶××之祝"见于以下简文:

　　(1)逶(遂)鄄(应)会之祝(说),赛禬(祷)东陵连嚣(敖)狅(豭)豕,酉(酒)飤,蒿之,囟
(使)攻解于累(盟)虞(诅),虞(且)叙(除)于宫室。五生占之曰:吉。　　　《包山》210—211

　　(2)逶(遂)鄄(应)飤(会)之祝(说),赛禬(祷)宫厭(侯一后)土一姞(羖)。逶(遂)石被
(被)常之祝(说),至眯(秋)三月,赛禬(祷)邵(昭)王戠(特)牛,馈之,赛禬(祷)文坪(平)夜
(舆)君、邵公子萅(春)、司马子音、鄝(蔡)公子豪(家),各戠(特)豵(豢),馈之,赛禬(祷)新
(亲)母戠(特)貒(狙),馈之。轠(盬)吉占之曰:吉。　　　　　　　　　　　《包山》214—215

　　(3)遞(遂)盬(盬)悍(狂)之祭(说),罦(择)良日赛禬(祷)惠公戠(特)豵(豢),馈之。史
丑占之:吉。　　　　　　　　　　　　　　　　　　　　　　　　　　　　天星观30号简

　　(4)逶(遂)史丑之敓(说),塁(举)禬(祷)惠公☒　　　　　　　　　　　天星观68号简

　　(5)逶(遂)盬(盬)丁之祭(说),罦(择)良日臭(爨)月,塁(举)禬(祷)衻(太)一精,司
命、司[禬(祸)各]一精,谧志☒　　　　　　　　　　　　　　　　　　　　天星观78号简

　　(6)逶(遂)聱(许)糫之祭(说),毋出启(几)中,赛禬(祷)太(太)一羊,厭(侯一后)土、司
命各一翔(羖),大水一羊。占之:吉,赛禬(祷)犙(集)戚(庄)君戠(特)貒(狙)、酉(酒)飤,勜
(解)潹(溺)人。　　　　　　　　　　　　　　　　　　　　彭家湾183号墓11号简

　　(7)逶(遂)彭定之祝(说),于北方一静,先之☒　　　　　《新蔡》乙二2+乙二30

　　(8)逶(遂)盬(盬)岩之敓(说),馈祭邵(昭)王大牢,脡(栈)钟乐之。郑☒
　　　　　　　　　　　　　　　　　　　　　　　　　　《新蔡》甲三212+199-3

　　(9)逶(遂)吝(文)君之祝(说)☒　　　　　　　　　　　　　　《新蔡》甲三99

　　关于"逶××之祝"的释读,王明钦认为"逶"作沿用、沿袭之意⑪。彭浩释为"移祝",认为
即在某次贞问时沿用以前贞问中的贞人之祝,祭祷同一祖先和神灵,祈求福佑。"移祝"所说
的先后两次进行贞卜的贞人均不相同。所涉及的两次贞卜的时间,有的在同一年中,也有在
相邻两年中的⑫。曾宪通认为"逶"今通作"移",引申之而有移用之义,"某某之祝"者,乃贞人
祭祷之祝辞⑬。陈伟怀疑"逶"借作"施",指施行⑭。孔仲温认为"逶"通"移",或可解释为移转。
"逶××之祝"如同"晕××之祝",在巫祝进行一次卜筮祭祷之后,即又随着举行以前所曾经
进行过的卜筮祭祷事宜,不过"逶××之祝"都是进行赛祷以报神福,"祝"字是指"所曾进行

除殃祟的事宜"⑮。何琳仪认为"祝"或作"䛒",读"说"⑯。沈培认为"迻"当解释为"移去""移除","迻某人之祝"就是"移某人之祟"⑰。

按:在诸家观点中,将"𢍅××之祝"和"迻××之祝"中的"祝"读为"说"的意见是可取的。彭家湾183号墓5号简记载:

占之:吉,又(有)䛒(祟)见(现)于新(亲)咎(舅)与新(亲)故(姑),㠯(以)亓(其)古(故)蘲(迻)亓(其)祷。占之:吉。

简文直接用"以其故迻其祷"代替常见的"以其故说之,迻××之说",这说明"祷"和"说"相当,或者说"祷"是"说"的具体内容,"迻××之祝"就是要"迻××之祷",所以将"祝"读为"夺"或"祟"皆不可取。既然"祝"不宜读为"祟",那么与之对应,将"𢍅"读为"除"、将"迻"解释为"移去、移除"也是有问题的。"𢍅"、"迻"仍以解释为"举用"、"移用"为宜。

至于"𢍅××之说"和"迻××之说"中"说"的解释,应如李零所说,是"以其故说之"中"说"的名词性表达。所以,"𢍅××之说"和"迻××之说"中的"说"如何解释,要看"以其故说之"中"说"的释读。

"以其故说之"中的"说"有"祝、敚、䛒"等写法,李学勤指出,"说、攻"均见《周礼·大祝》的"六祈","五曰攻,六曰说",郑注:"攻、说,则以辞责之。"他认为"说"是告神的祝词,只"陈论其事",没有责让的意思,郑玄把"说"和"攻"混为一谈,是不妥的⑱。包山楚简整理者认为"敚"借为"说",是为了解除忧患而进行的祭祷⑲。彭浩认为"说"是为了解除忧患而进行的祭祷,是有关各种祭祀的统称,并不是专指某一种祭祀,"说"既有举行祭祷之意,同时还含有祈求鬼神、祖先之意⑳。李零认为"说"本来并非解脱义,而是来自夺取、夺去之义,早期写法是作"敚"。简文"敚"读为"夺",是禳夺之义㉑。汤余惠认为"敚"通"挩",今通作脱。《说文》:"挩,解挩也。"简文指祭祀祖先神灵,祛病免灾㉒。曾宪通认为"敚之"之"敚"为"夺"之古文,在此读为"挩","以其故敚之"引出的一系列活动,便是求得解脱的具体办法㉓。孔仲温认为"祝、敚、䛒"三字,其实"祝"是本字,而"祝"即"祟"字。其为名词的性质,指殃祟。"敚"的本字疑是"䛒","䛒"指"除殃祟",作动词,就是"斀",从攴从又在古文字里是相通的㉔。李家浩认为"以其故说之""某人之说"的"说",只能读为《周礼·春官·大祝》所说的"六祈"之一的"说",不能读为禳夺的"夺"。"以其故说之"的意思是把前面占辞所说的那种将会发生的灾祸之事向鬼神祈说,其下讲的祭祷文字即"说"的内容㉕。望山简整理者将"以其故敚之"解释为"应将其事向鬼神陈说以求解脱"㉖。于成龙认为"以其故敚之"的"之"当指"祟"。"以其故敚之"是因为有祟而存在,是针对祟而言的,即禳夺作祟之鬼神㉗。工藤元男认为"敚"是针对第一次占卜中占断的忧患,为移除忧患而拟议举行的祭祀的总称㉘。罗新慧认为陈论事情并以言辞责神是"敚(说)"祭的主要内容,而其对待神灵的态度是蛮横的、逼迫式的。此外"敚"祭中还有另一方面的重要内容,即向神灵供奉祭品以行祷告。"敚(说)"祭为禳灾去患之祭,"敚"祭的主要内容之一为以强取的方式迫使神灵听顺人意,向神灵陈论事实并以言辞相责让,另一方面则又以珪、璧、币、帛或牺牲等祭品陈列于神前,以礼顺迎神灵[29]。但后来罗新慧又认为"以其古敓之"后,通常都接以各种祷类活动,或者"攻解"的举动,很容易予人以"祷"或"攻解"是"敓"之一部分的印象。但"祷"或"攻解"是否为"敓"的具体操作方式?值得商榷。首先,尽管简文中常常可见"敓""祷"相随的记载,但竹简中也不乏只用"祷"而不用"敓"、或只用"敓"而无"祷"的记载。另外,简文中也出现只有"敓"而无"祷"的情况。其二,"敓"与"祷"的对象不同。"祷"的对象多为祖先神或山川之神,"敓"的对象是"祟"。其三,"敓"与攻、解性质或可相近,但"攻解"也不是"敓"的一部分。若以攻、解是"敓"的具体操作方式,则本身与《周礼·春官·大祝》中的记载相抵牾。"敓"是人用强力、强取以达成己愿的方法。它虽然与祭祷活动有密切的关联,但"敓"本身是一项独立的活动[30]。沈培赞同"以其故敓之"引出的一系列活动便是求得解脱的具体办法的观点,他认为把"以其故敓之"的"敓"看成是《周礼》"六祈"之一的"说",把它后面有关祭祷内容的话看成是将要进行的具体的祭祀行动,这应该是没有问题的[31]。董珊认为楚简中读为"祟"的字或者写作"祟、敓、祱"等形。在楚简中,同样写法的字又常常读为《周礼》"六祈"之一的"说"。但在楚简中读为"说"的这个字都是动词,意思是"攻除""说解",而"祟"则是名词。二者语法地位不同,容易分辨[32]。

按:学者对"以其故说之"的解释颇相歧异,在诸家观点中,李学勤认为"说"是告神的祝词,只陈论其事,没有责让的意思,这个意见比较接近事实,但他对"说"的具体所指则并未深入论述。其他学者提出的意见有的有可取之处,但又不完全正确,在此我们提一些不同的看法。

学者多赞同第一次贞问的目的在于求祟,第二次贞问的目的在于除祟。第一次贞问的目的在于求祟,也可以在新蔡楚简中得到证明,《新蔡》甲三110号简记载:

　　或㠯(以)肓(颠)蘁(绎)求丌(其)祟(祟),又(有)祱(祟)于大(太)、北☒

于成龙认为"以其故说之"的"之"指"祟"的意见是没问题的,新蔡楚简则直言说"祟",例如:

　　(1)既为贞,而敓(说)亓(其)祱(祟),自顝(夏)☒　　　　　　　《新蔡》甲三219

　　(2)既为贞,而敓(说)丌(其)[祟]☒　　　　　　　　　　　　《新蔡》甲二35

　　(3)敓(说)氏(是)祱(祟)☒　　　　　　　　　　　　　　　　《新蔡》零295

但他认为"以其故说之"是禳夺作祟之鬼神,这个说法我们并不赞同。第二次贞问的目的在于除祟,这应该是学者将"敓其祟"解释为禳夺作祟之鬼神或者移除鬼神所作之祟的主要原因。但是需要注意的是有些"祟",也会作为祭祷的对象出现,例如"太"。我们认为"说之"或者"说其祟"是指向作祟的神或祖先祝告,之后会提出具体的祭祷方案。但对其进行祝告的"祟"并不包括采用"攻"的方式来对待的"祟",如"人禹""不辜""水上"等对象。

向作祟的神或祖先祝告的内容,上文李家浩认为是把前面占辞所说的那种将会发生的灾祸之事向鬼神祈说。事实上,祝告的内容应该是向神或祖先等祭祀对象承诺,自己期望的事实现之后(也包括"祟"被解除),对它们采用的具体的祭祀方法。

而"以其故说之"之"说"的内容,不能够笼统地理解为"以其故说之"后面的文字都属于"说"的内容。首先,"以其故说之"之后的简文是可以进行划分的,目前学者的意见基本一致,即如曾宪通所说贞人为贞问者解脱忧患或灾祸主要靠两种手段:一是向祖宗神明举行祭祷,以求其赐福去灾;二是向作祟的鬼神举行攻解之祭,以求解祟。二者互相配合使用,相辅而相成㉝。但这种说法是存在问题的,因为除了各种祭祷和攻之外,"以其故说之"后面的简文内容还包括其他的手段,例如:

(1)吕(以)丌(其)古(故)祭(说)之,壁(避)琥,睪(择)良月良日逯(归)之,虞(且)为晋(巫)緾(绷)璠(佩),速晋(巫)之,厌一豖(豭一豭)于埅(地)宔(主),赛禱(祷)祈(行)一白犬,逯(归)冠、綿(带)于二天子。甲寅之日逗于邸(枝)昜(阳)。 《包山》218—219

(2)吕(以)亓(其)古(故)敓(说)之,遐(举)禱(祷)犬(太)一牗(牂),厌(侯一后)土、司命各一牂,遐(举)禱(祷)大水,一牗(牂一牂),二天子,各一牂,佹山一羜(羖),遐(举)禱(祷)楚先老僮(童)、祝(祝)韓(融)、媸(毓一鬻)畲(熊),各两羜(羖),亯祭管之高丠(丘)、下丠(丘),各一全豨〈豨一豢〉。囟(使)左尹旄遂(践)復(复)凥(处)。囟(使)攻解于戢(岁)。䜣(盬)吉占之曰:吉。 《包山》236—238

例(1)中采用了"甲寅之日逗于枝阳"的方法,例(2)中采用了"使左尹旄践复处"的方法,此类逗留或迁徙的方法既不属于祭祷,也不属于攻。因此,我们认为"以其故说之"后的文字可以划分为祭祷、攻和其他手段三种方式,其中又以祭祷和攻两种方式较为常见。

划分完"以其故说之"后面的简文后,需要讨论的问题是:"以其故说之"后的文字是全部属于"说",还是只有某一部分属于"说"。上文所引学者意见中大多赞同"说"后的文字全部属于"说"的内容,而罗新慧后来的意见则认为"祷"或"攻解"不是"说"的一部分。我们认为,从目前的材料看,在祭祷、攻和其他手段这三种方法中,属于"说"的只有祭祷。

上文已经提到彭家湾183号墓5号简用"迻其祷"代替"迻××之说",这说明"祷"与"说"相当。除此之外,还有几条简文可以说明"说"和"祷"的这种关系:

(1)吕(以)亓(其)古(故)遐(举)禱(祷)吝(文)☐ 《新蔡》乙三8

(2)占之:吉,不伆(死),疾脜(将)或(又)复(作),又(有)祡(祟)见(现)于三褋(世)王父,训(顺)及新(亲)父。吕(以)亓(其)古(故)罷禀(祷)各犕=(戠一特牛),西(酒)飤。占之:吉。 彭家湾183号墓3—4号简

(3)又(有)祭(祟)见(现),吕(以)亓(其)未可吕(以)禱(祷),蔽(蔽),备(佩)玉一环,脜(将)至秋三月,𦮔(择)良日而赛之。 唐维寺126号墓7号简

简文本应该用"以其故说之"的部分,例(1)直接用了"以其故举祷",例(2)直接用了"以

其故罷祷",这也说明"说"的具体方法指的就是和"祷"有关的内容。例(3)"有祟现"之后紧接"以其未可以祷",但卜筮祭祷简中通过占卜求祟后,多数情况下只说"有祟"或"有祟现",也有明言作祟鬼神的"有祟现于××",但无论哪种情况,其后多紧接"以其故说之",我们略举几例:

义怿习之呂(以)新长剌。占之:哲(恒)贞吉,又(有)祟(祟)。呂(以)亓(其)古(故)敓(说)之,塈(举)褶(祷)番先輩=(盐一特牛),馈之,赛褶(祷)宫陛(地)宝(主)一羽(殺)。占之曰:吉。　　　　　　　　　　　　　天星观35号简

又(有)祟(祟),忕(太)见(现)琥。呂(以)亓(其)古(故)祟(说)之,壁(避)琥,罩(择)良月良日逼(归)之。　　　　　　　　　　　　　　　　《包山》218

又(有)祟(祟)见(现)于二天子。因呂(以)亓(其)古(故)敓(说)之,句(苟)思(使)媲之疾速瘥(瘥),罩(择)良日盲于二天子各备(佩)……备(佩)、夬(玦)。占之:吉。　　　　　　　　　　　　　　　　熊家湾43号墓1—2号简

占卜得知有鬼神作祟后,例(3)唐维寺126号墓7号简说"以其未可以祷",那么与之对应,应该存在"以其可以祷"的情况。如果是"以其可以祷",那么简文应该就会说"以其故说之"或者"以其故×祷",这也从侧面说明"以其故说之"的"说"指的应该就是和"祷"有关的内容。

再来看"以其故说之"和"攻"关系,在卜筮祭祷简中,"以其故说之"多紧跟和祭祷有关的内容,以下几条简文则属于例外:

(1)呂(以)亓(其)古(故)敓(说)之。思(使)攻解于人愚(禹)。占之:甚吉,呂(几)审(中)又(有)悳(喜)。　　　　　　　　　　　　　　《包山》198

(2)迡(迟)瘥(瘥),又(有)祟(祟)。呂(以)亓(其)古(故)祟(说)之。祕志,囟(使)攻☑　　　　　　　　　　　　　　　　　　　天星观80号简

(3)呂(以)亓(其)古(故)祟(说)之,解于二天子与云君以瑞(佩玉)、珥。迣(过)占之:吉,戊申　　　　　　　　　　　　　　　　　天星观3号简

例(1)中"以其故说之"后面虽然紧跟着"使攻解于人禹",但两部分简文之间是留有空白的,这和"以其故说之"紧接祭祷类文字还是有区别的。例(2)中"以其故说之"和"使攻"之间加了"祕志",天星观楚简中有三条"祕志"的简文,除了例(2),另外两条简文"以其故说之"后面都有祭祷的内容,例(2)"以其故说之"后面的祭祷内容有可能被省略。这似乎也说明"攻"和"以其故说之"的关系并不紧密,应该不属于"以其故说之"。至于例(3)中的"解",很容易被理解为"攻解",例如与之类似的彭家湾184号墓7号简的"解于溺者",在卜筮祭祷简中对待"溺者""溺人"的方法通常也是"攻"。但是,在新蔡楚简中有两条简文:

劓(荆)王、文王以逾至文君。巳(已)解之☑　　　　　　《新蔡》零301、150

解于大(太),邆(迻)其疋祝(说)。肯=(八月),壬午訇=(之日)鷹(荐)大(太)☑
　　　　　　　　　　　　　　　　　　　　　　《新蔡》甲三300、307

这两条简文中也只说"解",是指荆王、文王以逾至文君所作的祟已经解除,太所作的祟已经解除。例(3)天星观3号简中"解"不应解释为"攻解",而是指通过使用玉饰的方法解除二天子与云君所作之祟。在对待二天子、云君时,应和荆王、文王、文君、太一样,一般不会采用"攻"的方法。从以上几条例子来看,"以其故说之"和"攻"关系并不密切,"攻"应该不属于"以其故说之"。

综上,根据现有的卜筮祭祷简材料,我们认为"以其故说之"是指向作祟的神或祖先祝告(以此来解除他们带来的祸患),"说"的具体内容则是其后的祭祷方法,并不包括"攻"和其他手段。

二　"彗××之说"和"迻××之说"的区别

关于"彗××之说"和"迻××之说"的区别,彭浩认为"彗祝"一般出现在同属一组的二、三次贞问中,在后来的贞问中与前某次的贞问对举。它与"移"的不同在于,"彗祝"的设祭对象只是部分与相对应的祭祀对象相同[34]。曾宪通认为罷祷、垦祷都是向祖宗神明求福去祸,凡因得福消灾而回报神明者则称为赛祷,简文对这类回报性质的赛祷则一律称"迻"而不称"彗"[35]。李家浩认为"迻某人之说"与"舆某人之说"的意思是有区别的。前者"迻"的"说"与被"迻"的"说",属于不同时的不同贞人卜筮的简;后者"舆"的"说"与被"舆"的"说",属于同时的不同贞人卜筮的简[36]。邴尚白认为关于"迻敓"与"舆敓",彭氏的分析大致正确。更明确一点地说,"迻敓"是用过去贞事中不同贞人之"敓";"舆敓"则是用同日贞事中不同贞人之"敓"[37]。工藤元男认为"迻祝"也好、"彗祝"也好,都几乎是原封不动地援用先前提出的祭祷方案。在这个意义上,"迻祝"与"彗祝"相比,并不存在本质上的差异。不过二者还是存在基本的区别。其一,岁贞的迻祝或者彗祝,是在岁贞中进行的;疾病贞则是在疾病贞中进行的。如果二者属于不同的体系,这应该是理所当然的。其二,"迻祝"是针对前一年提出的祭祀方案,"彗祝"则是针对同日提出的祭祀方案。两者真正的区别在于援用的范围,即是先前提出的祭祀方案的全部,抑或是其一部分。其三,上引迻祝、彗祝的对应关系,从祭祷名称的角度进行再考察,在"迻祝"的场合,"獙祷"则改写成"赛祷",而在"彗祝"的场合并不存在这样前后不同的表述[38]。

按:工藤元男所言"彗××之说"和"迻××之说"区别的第三点,说在"迻祝"的场合"獙祷"则改写成"赛祷",而在"彗祝"的场合并不存在这样前后不同的表述。沈培也说对"迻某人之祝"与被迻之辞来说,则有一个明显的不同,就是被"迻"的祭祀大都是"举祷",偶有"罷祷","迻"后却都是"赛祷","迻"之前与"迻"之后分明是不同的祭祀[39]。这样的说法并不完全准确,例如:

　(1)㠯(以)亓(其)古(故)敓(说)之,迻史丑之敓(说),垦(举)禈(祷)惠公☒

天星观68号简

（2）亓（其）古（故）敓（说）之，迻盬（盐）丁之燋（说），睪（择）良日臭（觑）月，罂（举）禧（祷）衼（太）一精，司命、司［禤（祸）各］一精，谧志☒　　　　　　天星观78号简

这两条简文在"迻××之说"之后均用"举祷"，而非"赛祷"，就是反例。

李家浩认为"迻某人之说"属于不同时的不同贞人卜筮的简；"曑××之说"属于同时的不同贞人卜筮的简，这个观点是可信的。"曑××之说"和"迻××之说"的主要差别在于所用之说的时间上的差异。"曑××之说"见于包山楚简和望山楚简，"迻××之说"见于包山楚简、新蔡楚简、天星观楚简、彭家湾楚简。但目前所见的材料只有包山楚简辞例完整，我们以包山楚简的相关内容为例，详细剖析"曑××之说"和"迻××之说"的区别以及二者的具体操作。

包山楚简中"曑××之说"共出现三次。

1.简200记载了宋客盛公边聘于楚之岁荆夷之月乙未之日，贞人石被裳之说：

　　　目（以）亓（其）古（故）敓（说）之，罷禧（祷）于邵（昭）王戠（特）牛，馈之，罷禧（祷）文坪（平）夜（夜）君、邸公子萅（春）、司马子音、郘（蔡）公子家（家），各戠（特）豩（豭），酉（酒）飤，罷禧（祷）于夫人戠（特）貒（狙），志事速旻（得），皆速赛之。占之：吉，賔=（宫月）、頙（夏）柰（夕）又（有）悬（喜）。

在同一年同一天应会的占卜记录中，简203—204记录了"曑石被裳之说"的内容：

　　　曑（夜一举）石裳（被）常之燋（说），罷禧（祷）于邵（昭）王戠（特）牛，馈之，罷禧（祷）于夋（文）坪（平）柰（夜）君、邸公子芚（春）、司马子音、郘（蔡）公子家（家），各戠（特）豴（豭），酉（酒）飤，夫人，戠（特）貒（狙），酉（酒）飤。

简203—204中的"曑石被裳之说"和简200"石被裳之说"的内容完全一致。

2.简236—238记载了大司马悼滑将楚邦之师徒以救巴之岁荆夷之月己卯之日，贞人盬吉之说：

　　　目（以）亓（其）古（故）敓（说）之，睪（举）禧（祷）夨（太）一牂（牂），厌（候一后）土、司命各一牂，睪（举）禧（祷）大水，一牶（牂一牂），二天子，各一牂，佹山一牂（羖），睪（举）禧（祷）楚先老僮（童）、际（祝）韎（融）、娸（毓一鬻）酓（熊），各两牂（羖），宫祭筲之高竾（丘）、下竾（丘），各一全豵〈豵一羖〉，囟（使）左尹㐌遂（践）遉（复）尻（处），囟（使）攻解于戠（岁）。軞（盐）吉占之曰：吉。

而此条的"盬吉之说"则是在同一年同一天，分了两次被"曑"，一次见于简241：

　　　曑（夜一举）軞（盐）吉之燋（说），宫祭筲之高竾（丘）、下竾（丘），各一全豵（羖）。墬（陈）乙占之曰：吉。

另一次见于简243：

　　　曑（夜一举）盬（盐）吉之燋（说），睪（举）禧（祷）衼（太）一牶（牂一牂），厌（候一后）土、司

命各一牂；壆（举）禧（祷）大水，一犝（牺一祷）；二天子，各一牂，危山一牂（羖）。

简236—238的"鹽吉之说"中，"举祷楚先老僮、祝融、鬻熊各两羖"的内容没有见到被"靁"的记录。

3.简222记载了东周之客许綎归胙于蔵郢之岁爨月己酉之日，贞人郍膡之说：

　　昌（以）　亓（其）　古（故）敓（说）之，壆（举）　禧（祷）　軰＝（牯一特　牛），　馈之，殇（殇）因亓（其）棠（常）生（牲）。郍（巩）膡（朕）占之曰：吉。

在简223屈宜习卜的记录中，有"靁郍膡之说"：

　　靁（舆一举）郍（巩）膡（朕）之敓（说）。屈屌（宜）占之曰：吉。

以上三次"靁××之说"中，简223没有记录时间，"靁郍膡之说"的内容也被省略，可能是和"习卜"有关。其他两条"靁××之说"的时间和"××之说"均为同一年的同一天。

再来看包山楚简中有关"逐××之说"的内容。

简202—203记载了宋客盛公边聘于楚之岁荆夷之月乙未之日的"应会之说"：

　　昌（以）亓（其）古（故）敓（说）之，舆（举）禧（祷）于宫堅（地）宝（主），一羖（羖），裕于新（亲）父都（蔡）公子豪（家），軰（特）貓（狙），酉（酒）飤，馈之，裕【于】新（亲）母，肥狅（冢），酉（酒）飤，舆（举）禧（祷）东陵连嚣（敖）肥狅（冢），酉（酒）食。

简202—203的"应会之说"在下一年东周之客许綎归胙于蔵郢之岁夏夷之月乙丑之日，分别被简210—211和简214所"逐"：

　　逐（逐）郿（应）会之祝（说），赛禧（祷）东陵连嚣（敖）狅（冢）豕，酉（酒）飤，蒿之。

210—211号简

　　逐（逐）郿（应）舎（会）之祝（说），赛禧（祷）宫厌（侯一后）土一羖（羖）。　214号简

简210—211的"逐应会之说"移用了简202—203"应会之说"中"东陵连敖"的部分；简214的"逐应会之说"则移用了简202—203"应会之说"中"宫后土"⑩的部分。简202—203"应会之说"中"裕于亲父蔡公子家，特猫，酒飤，馈之，裕于亲母，肥冢，酒飤"没有被"逐"，应该是因为对亲父和亲母的祭祷已经完成，不需要再逐，也就是简202反面记载的"亲父既成，亲母既成"。

简213—215记载的东周之客许綎归胙于蔵郢之岁夏夷之月乙丑之日的"逐××之说"还有两条：

（1）逐（逐）古（故）箬（箴），赛禧（祷）大（太），备（佩）玉一环，厌（侯一后）土、司命、司褐（祸），各一少（小）环，大水，备（佩）玉一环，二天子，各一少（小）环，峗山，一狃。

213—214号简

（2）逐（逐）石厥（被）常之祝（说），至呄（秋）三月，赛禧（祷）邵（昭）王歆（特）牛，馈之，赛禧（祷）文坪（平）夜（舆）君、郍公子瞢（春）、司马子音、都（蔡）公子豪（家），各歆（特）矮（豢），

馈之,赛禮(祷)新(亲)母戠(特)豬(狙),馈之。　　　　　　　　　　214—215号简

简214—215的"迻石被常之说"即移用简200前一年宋客盛公边聘于楚之岁荆夷之月乙未之日的"石被裳之说":

　　曰(以)亓(其)古(故)敚(说)之,罷禮(祷)于邵(昭)王戠(特)牛,馈之,罷禮(祷)文坪(平)夜(夜)君、邵公子萅(春)、司马子音、鄩(蔡)公子豪(家),各戠(特)豬(豢),酉(酒)飤,罷禮(祷)于夫人戠(特)豬(狙),志事速夏(得),皆速赛之。

　　简214—215的"迻石被常之说"与简200的"石被裳之说"完全一致,但是简200的"石被裳之说"此前还被简203—204所"冓",而且简203—204的简文还有补充说明:"凡此箸(箴)也,既隶(尽)迻(迻)"[40],所以简214—215的"迻石被常之说"也可能是指将简203—204所"冓"的"石被裳之说"再"迻"一次,无论是哪一种情况,其来源都是简200的"石被裳之说"。

　　简213—214的太、后土、司命、司祸、大水、峗山等祭祀对象此前并没有出现,因此,其时间有可能要早于宋客盛公边聘于楚之岁荆夷之月乙未之日,所以简文记载"迻故箴",即移用了以前的某组简文上的"说",而没有直接说移用某位贞人的"说"。

　　以上材料中的"迻××之说"与所移用的"××之说",没有见到是同一年的情况,这也符合李家浩所说的"属于不同时的不同贞人卜筮的简"。

　　综上,我们认为"冓"和"迻"应理解为举用和移用,采用同一年(或者具体到同一年同一日)的贞人之说称为"冓",采用之前年份的贞人之说称为"迻"。"迻××之说""冓××之说"可以采用"××之说"的全部内容,也可以只采用其中的一部分内容。

　　无论是采用同一年的"说",还是采用之前年份的"说",所用之"说"都要早于"冓××之说"和"迻××之说"。因此,我们认为早于"冓××之说"和"迻××之说"的"说",相当于唐维寺126号墓楚简中的"前祷",其具体简文如下:

　　(1)曰(以)亓(其)古(故)敚(说)之,曰(以)亓(其)又(有)炈(前)禮(祷),因亓(其)酓(禽),而罷禮(祷)安(焉),忟(太)一豜,墬(地)宔(主)、司命各一牂(羧),北方歮玉一环,至冬二月敫(择)良日赛之。遙(失)占之:大吉,疾速瘥(瘥)。　　　　唐维寺126号墓2号简

　　(2)曰(以)亓(其)古(故)敚(说)之,曰(以)亓(其)又(有)炈(前)禮(祷),因亓(其)酓(禽),而罷禮(祷)安(焉),忟(太)一豜,墬(地)宔(主)、司命各一牂(羧),北方歮玉一环,句(苟)思(使)产速瘥(瘥),遙☑　　　　唐维寺126号墓3号简

　　按照卜筮祭祷简的常见说法,"以其故说之"之后一般会直接说"罷祷太一豜",但唐维寺126号墓楚简中用了"以其有前祷,因其禽,而罷祷焉"。这是因为之前已经有祭祷方案,因袭之前祭祷方案中使用的祭品,就相当于采用了之前的"说",即相当于"冓××之说""迻××之说"或"迻其祷"。而因袭之前祭祷方案中所使用的祭品,在包山楚简、望山楚简中也有类似的记载:

（1）旨（以）亓（其）古（故）敚（说）之，嬰（举）禩（祷）辈＝（牲－特牛），馈之，殇（殇）因亓（其）祟（常）生（牲）。郳（巩）腈（脱）占之曰：吉。　　　　　　　　　　　《包山》222

（2）之，速因亓（其）育（禽），槖（祷）之，速瘥（瘥），赛之，藿（观）☒
　　　　　　　　　　　　　　　　　　　　　　　望山1号墓52＋175号简

（3）坛（社）若其古（故）育（禽）。　　　　　　　　望山1号墓125号简

"因其常牲""因其禽"以及"若其故禽"都是因为已经有"前祷"，所以要因袭"前祷"所用的"禽"。

　　　　附记：本文为2023年度教育部人文社会科学研究规划基金项目"楚国卜筮祭祷简集成"（23YJA770019）的成果之一。

（作者单位：华侨大学文学院）

注：

① 湖北省荆沙铁路考古队《包山楚简》第54页，文物出版社1991年。

②⑳㉞ 彭浩《包山二号墓卜筮和祭祷竹简的初步研究》，《包山楚墓》附录二十三第560页，文物出版社1991年。

③ 刘钊《包山楚简文字考释》，《东方文化》1998年第1、2期第65页。

④ 李零《古文字杂识（二则）》，《第三届国际中国古文字学研讨会论文集》第761页，香港中文大学中国语言及文学系1997年。

⑤ 曾宪通《包山卜筮简考释（七篇）》，《第二届国际中国古文字学研讨会论文集》第409页，香港中文大学中国语言及文学系1993年。

⑥ 李家浩《包山楚简"蔽"字及其相关之字》，《第三届国际中国古文字学研讨会论文集》第570页。

⑦㉟ 邴尚白《楚国卜筮祭祷简研究》第75—76页，台湾暨南国际大学1999年硕士学位论文。

⑧ 于成龙《包山二号楚墓卜筮简中若干问题的探讨》，《出土文献研究》第5集第167页，科学出版社1999年。

⑨ 沈培《从战国楚简看古人占卜的"蔽志"——兼论"移祟"说》，《古文字与古代史》第1辑第38页，史语所2007年。

⑩ 陈伟主编《楚地出土战国简册［十四种］》第104页，经济科学出版社2009年。

⑪ 王明钦《湖北江陵天星观楚简的初步研究》第43页，北京大学1989年硕士学位论文。

⑫ 同注②第559页。

⑬ 同注⑤第409—410页。

⑭ 陈伟《包山楚简初探》第6页，武汉大学出版社1996年。

⑮ 孔仲温《楚简中有关祭祷的几个固定字词试释》，《第三届国际中国古文字学研讨会论文集》第591页。

⑯ 何琳仪《战国古文字典——战国文字声系》第1033页，中华书局1998年。

⑰ 同注⑨第39页。

⑱ 李学勤《竹简卜辞与商周甲骨》，《郑州大学学报（哲学社会科学版）》1989年第2期第81页。

⑲ 同注①第53页。

㉑　李零《包山楚简研究(占卜类)》,《中国典籍与文化论丛》第1辑第435页,中华书局1993年。

㉒　汤余惠《战国铭文选》第153页,吉林大学出版社1993年。

㉓　同注⑤第407—408页。

㉔　同注⑮第589—590页。

㉕　同注⑥第566—567页。

㉖　湖北省文物考古所、北京大学中文系编《望山楚简》第93—95页,中华书局1995年。

㉗　同注⑧第165页。

㉘　工藤元男《包山楚简〈卜筮祭祷简〉的结构与体系》,《人文论丛》(2001年卷)第80页,武汉大学出版社2002年。

㉙　罗新慧《从上博简〈鲁邦大旱〉之"敓"看古代的神灵观念》,《学术月刊》2004年第10期第86—89页。

㉚　罗新慧《战国竹简中的"敓"及其信仰观念》,《北京师范大学学报(社会科学版)》2011年第2期第87—88页。

㉛　同注⑨第27页。

㉜　董珊《楚简中从"大"声之字的读法(二)》,简帛网2007年7月8日。

㉝　同注⑤第408页。

㉟　同注⑤第410页。

㊱　同注⑥第569页。

㊳　同注㉘第83—85页。

㊴　同注⑨第32页。

㊵　"宫地主"应即"宫后土"。

㊶　"凡此筶(籤)也,既聿(尽)逺(逡)"是指此简的"说"已全都被移用。

古文字研究（35）：384—388，2024

郭店简《语丛四》"叔鲔"考释

张新俊

郭店简《语丛四》第10号简有如下的一段文字（释文采用宽式，下同）：

车辙之AB，不见江湖之水。匹夫愚妇，不知其乡之小人君子。

A B二字的原篆如下：

自1998年郭店简公布以来，至今已逾二十五年，学者们曾经对 A B 二字提出过多种释读意见，迄今尚无定论。林清源《郭店楚简〈语丛四〉"AB"考释》一文汇集了2008年以前的多种释读意见并加以分类。为减免学者翻检之劳，不妨把诸说撮要抄录于此。颜世铉读作"闭宥"或"密宥"，训作"拘宥"。林素清读作"密阂"，训作"封闭阻隔"。白于蓝读作"蔽晦"，训作"蒙蔽"。刘钊读作"蔽翳"或"蔽晦"，训作"遮蔽"。李零读作"醢醢"，训作"肉羹"。陈伟曾读作"蜉蝣"或"浮游"，指一种水生昆虫；后改读作"鲋、鳅"，训作"小鱼、泥鳅"。邹濬智读作"鲋鱼"，指娃娃鱼、虾蟆、蛙之类的两栖动物。季旭升曾读作"闭鳛"，训作"闭塞的泥鳅"；后改读作"鲋、鳅"，训作"虾蟆、泥鳅"。刘信芳读作"鯋、鲔"，意犹《庄子·外物》所记载的"鲋鱼"。顾史考读作"鲵、鳅"，指同一类的两种小鱼。林清源对以上诸说加以检讨之后，提出 A B 二字可以有两种释读方案：其一读作"鼃鳛"，"鼃"是鼋鼃，"鳛"是泥鳅；其二是把 A B 读作蜉蝣①。林文之外，《楚地出土战国简册合集（一）·郭店楚墓竹简》《郭店竹简文本研究综论》二书对以往的说法也都有收录，可以参看②。刘传宾在吸收了林文的研究成果之后说③：

我们尚不能确定AB的释读，但是可以肯定的是，这两个字所指代的应该是同于《庄子·外物》篇"鲋鱼"一类的"体型细小的亲水性动物"。

平心而论，到目前为止，如果没有新的线索出现，对 A B 两个字的释读已经很难得出令人信服的答案。A B 二字之所以至今没有得到满意的释读，现在看来是因为 A 字的构形没有得到正确的分析。学界对 A 字的构形分析至为关键。按照过去的理解，A 字从艹、必、土，整理者隶定作"莖"，以往的各种观点也都是在此基础之上立说，从来没有人提出过异议。直到2012年清华简《赤鹄之集汤之屋》的公布，才为这两个字的释读带来转机。我们先把《赤鹄之集汤之屋》第13—14号简相关的文字援引如下：

后如彻屋，杀黄蛇与白兔，坐地斩菱，后之疾其瘳。夏后乃从小臣之言，撤屋，杀二黄蛇与一白兔；乃坒地，有二菱麃，乃斩之。

简文中隶定作的"坒"的字，原篆如下：

C坒 简13　坒 简14

清华简的整理者认为④：

> 坒，字从必声，帮母质部，可读为帮母月部的"發"，韵部旁转。或疑本从弋，义为掘，裘锡圭《释弋》云："甲骨文'叔'字或于'弋'下加土，以弋掘地之意更为明显。"

刘乐贤敏锐地注意到，所谓的"坒"字上部比楚文字"必"字的通常写法要多一笔，故不宜释作"坒"，进而认为⑤：

> 实际上，该字上部是"叔"的左边（其写法与秦汉文字中"叔"字的左边已较为接近）即"朱"。根据《说文解字》，"叔"字从"朱"得声，在古文字材料中，从"叔"得声的"叔"也偶有作"朱"之例。因此，简文中这个从"土"从"朱"声的字，实际上就是见于《说文解字》的"埱"字的异体，可以释为"埱"。……这两处"埱"字，都是"挖掘"的意思。

刘先生的这个意见是正确可信的。楚文字中的"必"以及从"必"的字已经极为常见，几乎没有写作朱形的。如下面的例字：

必：七《芮良夫》简11　　　毖：《说命下》简7

柲：《琴舞》简2　　　閟：《芮良夫》简22

宓：《耆夜》简7　　　瑟：《包山》简260

蜜：《孔子诗论》简28　　　咇：《摄命》简1

馳：《郭店《缁衣》42　　　蓗：《包山》签牌

伲：《语丛四》简10

如果比较一下与A出现在同一枚简上、读作"匹夫"的"伲"字，二者的区别明显，这足以证明过去把A字隶定作"坒"是有问题的。现在我们可以知道，A其实应当隶定作"埱"，是一个从"朱"得声的字。这也是二十多年来ＡＢ一词无法得到合理解释的主要原因。既然Ａ字不是从"必"得声,以往学者读作"闭、密、蔽、醯、蚹、鮅、鲵、尾"等意见,恐怕都无法成立了。

B字在出土的楚、秦、汉代文献中已经多次出现过。楚文字如《包山》简255作、郭店《穷达以时》简9作 [6],秦文字如马王堆帛书《十六经·正乱》第28行作 [7],汉文字如武威汉简《仪礼·有司》简20作、简21作 [8],北大简《仓颉篇》简8作、简72作 [9],北大简是在"酳"下再加上形符"皿",当分析作从"酉"、"盍"声,即《说文》训为"肉酱也。从酉、盍声"的"醯"字 [10]。"酳"在包山楚简、北大汉简、武威汉简中都读作"醯" [11]。郭店简《穷达以时》简9的"酳"字虽然还没有一致的释读意见 [12],但学者把它看作是从"酉""有"声则是毫无疑问的。另外,清华简《越公其事》简31—32中还有一个从"皿""酳"声的字,简文说"王闻之,乃以熟食脂醯脯羹多从"。整理者把"醯"读作"醯" [13],正确可从。由此可见,B是一个从"有"得声的字,过去学者或把"酉"视为声符,读作"鲉、蝣、鰍"等,都是不可信的。

在肯定A是一个从"术"得声的字之后,现在可以讨论A B在《语丛四》中的用法。我们认为,A可以读作"叔"。刘信芳曾经把A读作"鮵",把B读作"鲔",认为"鮵""鲔"犹《庄子·外物》车辙之鲋鱼 [14]。刘文对A的释读虽然有误,但对B的考释则是可信的。林清源在对诸家释读的检讨中,对释"鲔"说提出了质疑 [15]:

> 《尔雅》郭璞《注》:"鲔,鳣属也。"陆德明《经典释文》:"鲔,或曰'即鳣鱼也',似鳣而长鼻,体无鳞子。"所以鲔大概是一种鳣鱼或鳣鱼。这些鱼种的体型都有一定分量,绝不能算是迷你型。譬如,陆玑《毛诗草木鸟兽虫鱼疏》云:"鲔鱼,似鳣而色青黑,……大者不过七八尺,益州人谓之鳣鲔。"这种体型的鱼类,在狭促平浅的车辙中,势必难以长期存活。

林说提出的质疑可谓有理。不过如果仔细考察一下陆玑的注解,就会发现释"鲔"说合理的一面。《说文》:"鲔,鮥也。"段注云:

> 《毛诗·卫风》传曰:"鲔,鮥也。"许本之。陆玑疏曰:"鲔鱼形似鳣而青黑,头小而尖,似铁兜鍪,口亦在颔下,其甲可以摩姜,大者不过七八尺,益州人谓之鮆鳣,大者为王鲔,小者为鮛鲔。一名鮥,肉色白,味不如鳣也。"郭氏《山海经》传曰:"鲔即鳣也,似鳣而长鼻,体无鳞甲。"按:即今之鲟鱼也。《周礼》:"春献王鲔。"《天官·鱉人》文。注曰"王鲔,鲔之大者",引《月令》"季春荐鲔于寝庙"。

段氏又于"鮥,叔鲔也"下注曰:

> 此见《释鱼》,许本之。叔鲔者,鲔之小者也,对王鲔为辞。《江赋》亦以叔鲔、王鳣俪句。叔,《字林》作"鮛",俗字也。郭注《尔雅》曰:"鲔,鳣属也。今宜都郡自京门以上江中通出鳣鳣之鱼,有一鱼状似鳣,建平人呼鮥子,即《尔雅》之鮥也。"按:今川江中尚有鮥子鱼,昔在南溪县、巫山县食之。叔鲔名鮥,则王鲔不名鮥,而以鮥注鲔者,何也?浑言析言不同,故互注而又别其大小也。

据陆疏及段注可知,"鲔"有大小两种,体型大者名王鲔,小者则曰鮥或叔鲔。郭璞《江赋》

说"鱼则江豚海狶，叔鲔王鳣"，从郭店简《语丛四》"车辙之叔鲔"可以知道，"叔鲔"一词是渊源有自的。再者，从语源学来看，"叔"本身也有"小"或"少"的意思。如《礼记·曲礼下》"天子同姓谓之叔父，异姓谓之叔舅"，孔颖达疏："叔，小也。"[16]《广雅·释诂三》："叔，少也。"《论语·微子》"周有八士：伯达、伯适、仲突、仲忽、叔夜、叔夏、季随、季骗"，刘宝楠《论语正义》引《白虎通·姓名篇》："伯者，长也。伯者子最长，迫近父也。仲者，中也。叔者，少也。季者，幼也。"[17]《释名·释亲》："叔，少也，幼者称也。"西周金文"叔"字下从"小"[18]，很可能兼有表音、表义的作用。可见，把简文ＡＢ读作"叔鲔"，不但合乎古音，还于传世文献有征。"叔鲔"既然是一种体型与"王鲔"不同的小鱼，那么上段简文可以解释作：生活在车辙之水的小鲔鱼，见不到江河湖海这样的大水。居住在乡村的匹夫愚妇，也不知道乡里的小人君子。如此一来，林文所提出的质疑也就不再成为简文释读的障碍。

最后附带提及包山楚简中一个过去被认为是"必"的字：

《包山》127　口连嚣阳～

《包山》139 大厨尹公宿～ （《包山楚墓文字全编》第40页）

从郭店简、上博简、清华简等工具书"必"下收录的形体来看[19]，皆与上面的字形有别。现在看来，包山楚简中所谓的"必"字，也应该读作"朮"。这种形体，应是由甲骨文、金文"朮"形演变而来，在楚文字中象征"弋"的部分被讹作"戈"形[20]，因与楚文字中真正的"必"形体接近，遂被误认作"必"。

追记：小文写完之后，呈请刘传宾先生审阅，蒙刘先生告知，早在2013年1月12日，简帛网"简帛研读"栏目《清华（叁）〈赤鹄之集汤之屋〉初读》第35楼有网友溜达溜达已经根据刘乐贤先生的意见，提出郭店简《语丛四》一字即《尔雅》之"鮛鲔"的观点[21]。惜乎未能见到溜达溜达有进一步的论述。小文非敢掠美，特记于此。

又：刘洪涛、李芳梅编著《郭店楚简字形合编》（上海古籍出版社2023年）第15页已经把本文所讨论的字释为"堇"。

本文为国家社科基金重大项目"出土文献与上古文学关系研究"（20&ZD264）成果。

（作者单位：中国海洋大学文学与新闻传播学院）

注：

① 林清源《郭店楚简〈语丛四〉""考释》，《古文字研究》第27辑第411—417页，中华书局2008年。

② 武汉大学简帛研究中心、荆门市博物馆编著《楚地出土战国简册合集(一)·郭店楚墓竹简》第171页,文物出版社2011年;刘传宾《郭店竹简文本研究综论》第441—443页,上海古籍出版社2017年。

③ 刘传宾《郭店竹简文本研究综论》第443页。

④ 清华大学出土文献研究与保护中心编,李学勤主编《清华大学藏战国竹简(三)》第170页,中西书局2012年。

⑤ 刘乐贤《释〈赤鹄之集汤之屋〉的"叔"字》,清华大学出土文献研究与保护中心网2013年1月5日。

⑥ 李守奎编著《楚文字编》第860页,华东师范大学出版社2003年。

⑦ 刘钊主编《马王堆汉墓简帛文字全编》第1581页,中华书局2020年;湖南省博物馆、复旦大学出土文献与古文字研究中心编,裘锡圭主编《长沙马王堆汉墓简帛集成》第1册第133页,中华书局2014年。

⑧ 田河《武威汉简集释》第71、403—404页,甘肃文化出版社2020年;张德芳、王立翔主编《武威汉简书法(三)》第19—20页,上海书画出版社2023年;徐富昌编撰《武威仪礼汉简文字编》第369页,台北,2006年。

⑨ 北京大学出土文献研究所编《北京大学藏西汉竹书(一)》第77、139页,上海古籍出版社2015年。

⑩ 大徐本和小徐本《说文》对"醯"字的说解,所持意见不一。大徐本认为"醯"是"从酉、盉"的会意字。"盉,瓯器也,所以盛醯。"小徐本则认为"醯"是"从酉、盉声"的形声字。后世学者对大徐本的说法多有批评,当以小徐本说为是。

⑪ 白于蓝编著《简帛古书通假字大系》第126—127页,福建人民出版社2017年。禤健聪《战国楚系简帛用字习惯研究》第130—131页,科学出版社2017年。

⑫ 武汉大学简帛研究中心、荆门市博物馆编著《楚地出土战国简册合集(一)·郭店楚墓竹简》第45页。

⑬ 清华大学出土文献研究与保护中心编,李学勤主编《清华大学藏战国竹简(七)》第131页,中西书局2017年。

⑭ 刘信芳《郭店简〈语丛〉文字试解(七则)》,《简帛研究二〇〇一》第203—206页,广西师范大学出版社2001年。

⑮ 林清源《郭店楚简〈语丛四〉"𦵡𦱡"考释》,《古文字研究》第27辑第411—417页。

⑯ 〔汉〕郑玄注,〔唐〕孔颖达疏,龚抗云整理《礼记正义》第158页,北京大学出版社2000年。

⑰ 〔清〕刘宝楠撰,高流水点校《论语正义》第735页,中华书局1990年。

⑱ 董莲池编著《新金文编》第341—342页,作家出版社2011年。

⑲ 李守奎编著《楚文字编》第55—56页。徐在国《上博楚简文字声系》第2158—2166页,安徽大学出版社2013年。李学勤主编,沈建华、贾连翔编《清华大学藏战国竹简【一—三】文字编(修订本)》第26页,中西书局2020年。李学勤主编,贾连翔、沈建华编《清华大学藏战国竹简【四—六】文字编》第20页,中西书局2017年;《清华大学藏战国竹简【七—九】文字编》第24—25页,中西书局2020年。

⑳ 楚文字中偶尔有"必""戈"二形发生混讹的例子。如郭店简《老子》甲27"闭其兑"的"闭"字,讹作𦥑形。上博简《民之父母》8"夙夜基命有密",读作"密"的字作𣄘;《季庚子问于孔子》19"疏言而密守之"之"密"作𢆶。清华简《系年》39"围商密"之"密"作𡩻。参看禤健聪《战国楚系简帛用字习惯研究》第216—217页。

㉑ 网友溜达溜达的观点,可以参看简帛网"简帛论坛"《清华(三)〈赤鹄之集汤之屋〉初读》(2013年1月9日)第35楼(2013年1月12日)。

古文字研究（35）：389—394，2024

《乌程汉简》所收两封徐赦卿书信新考

单育辰　　　张荣琴

　　近年出版的《乌程汉简》公布了2009年3月浙江省湖州市发现的341枚有字木简牍，该书图版精良，整理者释读精审，为进一步研究这批汉简打下了非常好的基础。其中有两封涉及徐赦卿的书信，分别是牍175和牍176，保存完好，对于汉代书信的研究具有一定的价值。但两封信札内容不好索解，文句仍有待疏通。这两封信牍的高清照片亦载于《书法》2022年第12期和《中国书法》2023年第1期，前者收录了牍175的高清彩照和红外照片以及牍176的高清彩照，后者收录了牍176高清彩照，以下对这两封信札的考释，多参考这两个刊物所载的图版①。

一　牍175释文校正

　　1. 徐赦卿再拜，多谢＝（多谢，多谢），自厚。息谢。

　　徐赦卿是致信人自称，但这封书信并没有提到收信人的名字，为方便起见，我们暂用A来代指收信人。从信件内容看，徐赦卿所提到的多是家庭琐事，并且在信中用"汝"来指称收信人，而未称收信人之字，也未用"卿""君"之类的敬称②，可以猜想，收信人A与徐赦卿应该是非常亲近的亲属关系。

　　"多谢"合文下略左有两个小字，整理者未录入释文，第一个字作 ，《书法》本作 ，我们新作摹本为 ，当释为"自"，如本书牍180 ，居延肆448.4 ；第二个字作 ，《书法》本作 ，应是"厚"字，但有所讹变。"自厚"应该是要收信人自己厚待自己，犹居延汉简中常见的"自爱"（如居延新简EPT26.12"湌食，厚自爱，进所安"）。

　　整理者在"息谢"后未断，应不确。"息"应是指子息的"息"，父可称自己的儿子为息，如《战国策·赵策四》"老臣贱息舒祺，最少，不肖"、《洛阳伽蓝记》卷三"畅曰：'有息子涵，年十五而死'"，"息谢"即徐赦卿的子息也致谢。

　　2. 卑（俾）续南来，卷＝（惓惓）。

　　"南来"整理者释为"躬□"，不确。按，"南"字作 ，《书法》本作 ，该字所处位置牍面抽丝，遮盖了原本的字迹走向，我们作了复原摹本，为 ，中间的横笔明显有贯通之势，当为"南"，如居延肆430.9（1）；整理者未释之字作 ，我们的摹本为 ，为"来"字，参本书牍176 ，此将"来"字的两点贯通书写而略有差异。

整理者在"卑（俾）续"后断，现在看，"卑（俾）续"当与"南来"连读。结合牍176"续母"来看，续为人名，意为让续来到南边，续所南来之处，很可能就是徐赦卿所在的乌程。在"卑（俾）续南来"前，书信未提到主语，在牍176中也有"卑（俾）赦卿以十一日到乌程"，"俾"前也缺少主语，正是因为收信人对谁"俾"很清楚（我们猜测"俾"的主语可能是家中长辈、官府等），所以在信里省略不提。

"卷"字据我们新作摹本为🖼，整理者所释正确可从。"卷＝（倦倦）"单独成句，表达思念。"倦倦"常见于出土文献，如本书牍189"千万卷＝（倦倦）"，牍234"下久倦＝（倦倦）"，东牌楼简43"所□倦倦"。

3. 孙公妪受赐，惭＝（惭惭），卒（猝）去，不得决（诀）谢，有艮＝（有恨，有恨）。

"卒"整理者如字读，按当读为"猝"，如马王堆帛书《战国纵横家书》320行"彼非卒（猝）然之应也"；银雀山汉简贰《陈忌问垒》简3"所以应卒（猝）窘处隘塞死地之中也"。又如本书牍203"仓卒"即读为"仓猝"。猝，仓猝、匆忙。"决"整理者如字读，按应破读为"诀"，"诀谢"，因诀别而致送感谢。

"孙公妪受赐"后整理者未断读，当断。这句的主语应该是徐赦卿，他受赐于孙公妪，十分惭愧，但仓猝离去，诀别而不能致谢，怀有遗憾。

4. 史邵卷＝（倦倦）。

这几个字是小字，整理者未释出，此三字作🖼、🖼、🖼，《书法》本作🖼、🖼、🖼，我们作了摹本，分别为🖼、🖼、🖼，当释为"史邵卷"。"卷"字常用作重文，读为"倦倦"，本牍字下有两短竖，作🖼，不似寻常重文符号，盖因空间有限而紧凑书写。"史邵"应为人名，此句是表达对史邵的想念，他应该是徐赦卿与收信人A共知的亲友。徐赦卿在写完一些话后，发现还有要补充的地方，又在反面第1、2行之间的空白处补充了这四个小字。这些补充文字的归属难以确定，今依小字所处位置及文意置于此处。

5. 二、三月中当还归，以室无人，累＝（累累）。

这句话的主语也应当是徐赦卿。"累"字作🖼，上从"白"形，陈梦兮认为是增繁笔画造成的讹误，类似"日"旁讹为"白"旁，可从。"累累"，乌程汉简中常见，如本书牍187"□□莫不面惭累＝（累累）"，牍203"自知累＝（累累）无已"，牍241"贵贱听随左右，以累＝（累累）"等，受累、劳烦之意，这里可能是要麻烦收信人A照看家中③。

6. 赦卿丁宁女＝（汝，汝）室长陵，卑（俾）至延陵，千万卷＝（倦倦），可安，不自以意。

"丁宁"，当为嘱咐、告诫之意，如《汉书·谷永传》"二者同日俱发，以丁宁陛下，厥咎不远，宜厚求诸身"，颜师古注："丁宁，谓再三告示也。"汉简亦有用例，如居延叁231.92"恭亲面见受教，丁宁"。信中的"汝"是指收信人A。

长陵、延陵皆地名，汉高祖葬长陵，汉成帝葬延陵，《汉书》载"长陵在长安北四十里"，"延陵在扶风,去长安六十二里",皆在长安附近,两者相距四十余里。

这句话中"俾"的主语不明确,当与上文相同。"不自以意"是"自以意"的否定,参牍176"贵贱自以意","不自以意"意为不能听凭自己的心意,即徐赦卿劝慰收信人A,对于其被派遣的事情不能全听任自己的心意。

二　牍176释文校正

1.周公妈多问。卑(俾)赦卿以十一日到乌程,无可处者,意欲止留,主奇(寄)钱。

此牍与上牍字迹出自一人,详见下文讨论,所以此牍的"赦卿"即牍175的徐赦卿,这封信的寄信人亦为徐赦卿。乍看起来"周公妈"似乎是收信人,由"妈"字可知,她是徐赦卿的长辈。但信中提到收信人时用"汝",长辈一般不用"汝"来指称。信中多提家中琐碎之事,这也是周公妈所不具备的条件。但这封书信也没有提到收信人的名字,为了方便起见,我们暂用B来代指这封信的收信人。"周公妈多问"即"多问周公妈",徐赦卿在信的开头,让收信人B来多多问候周公妈。

"主奇钱"三字作█、█、█,《中国书法》本分别作█、█、█,原居于"者、意、欲"三字左下,此三字整理者未能识别。"奇"读为"寄",如马王堆帛书《战国纵横家书》209—210行"奇(寄)质于齐"。"钱"字的写法汉简亦见,如本书牍202█、居延肆495.4A█,此处概受限于空间而尾部简写。此句是徐赦卿诉说自己十一日到乌程后,面临无所居住的处境,意愿在乌程停止留宿。因而写信,主要的意思是希望家中寄钱。

2.卖者、车者,贵贱自以意。月死

"月"之后小字作█,整理者未能释出,细察字形当释为"死",如居延壹67.40█。以上诸字是小字,插入本牍正面第1、2行之间,是对大字的补充说明。从文义看,此句意义接续正面行2。上文已言牍175反面的小字"史卻卷＝"插入的位置应为信牍正面第二行末尾,正与此小字插入的位置相类,似表明其插入位置有比较固定的习惯。

3.豕钱未有去时,女(汝)且毋忘之。

正面行2整理者误释为"家"之字作█,《中国书法》本作█。牍176正面大字都有圆点间隔,此字上部的圆点与其他圆点大致平行,不是正常"家"字所从"宀"旁的点,且没有"宀"形的折笔,故该字不应释为"家",当为"豕"。此句要和上行的小字连读,作:"卖者、车者,贵贱自以意。月死豕钱未有去时,女(汝)且毋忘之。"④主要讲了两件事,第一件事是说所卖的东西和车,价格贵贱凭你们自己之意;第二件事中的"月死豕"是说某月死的一头猪,"去"是离去的意思,在信中相当于使用的意思。此句是徐赦卿提示收信人B,某月死的一头猪,所卖得的钱还没有使用,你不要忘记这件事。这里反复提到家中钱物的处理,是和信中上句说"希望家中寄钱"密切相关的。

4. 续日向作治,躬未宁已。

整理者将"续"属上读,有误,当属下读。续为人名,也就是牍 175"卑(俾)续南来"的续,后文提及续母也可为证。信中说续每日劳作,身体不得安宁。由徐赦卿对续的生活状态比较了解看,续确实就如上文所说,应与徐赦卿同在乌程。

5. 出门未谢张妈,䄄头,千万卷 =(惓惓)。

这句的主语应该是徐赦卿。整理者释为"礓"之字作 ,《中国书法》本作 ,察字形当为从"多"从"亶",隶定为"䄄"。"亶"下部"旦"的"日"与长横因笔画偶有连接而衍生为竖笔,如敦煌简 2325 (擅)。另,"亶"字中上部有"回、畐、凹、田"等多种形态,此处盖取"凹"形,又受限于空间而只余"口"形。此字左边所从不是整理者所释的"石",其上部没有折笔痕迹,下部类似口形的中间仍有笔画,上部的撇笔与下部的弧笔合于汉简所见的"多"字,如本书牍 175 、东牌楼简 34 等,知此字所从为"多"。"䄄"应该是一个双声字,"亶"声和"多"声语音相近,如《史记·司马相如列传》"亶以陆离",《汉书·司马相如列传》"亶"作"疼"。《乌程汉简》中"叩头"常见,如本书牍 188"鄙贱吾腾叩头再拜言"、牍 190"请侠公唯言禹,叩头叩头"、牍 207"葛翁尊叩头言",从文例看,"䄄头"与"叩头"的位置相当,有可能"䄄"即读为"叩"[5]。

"卷"字作 ,《中国书法》本作 ,不是很清晰,我们做的摹本为 ,可见整理者所释为是。"卷"整理者认为有重文符而读为"惓惓",亦确。但整理者认为"卷 ="下有缺字,按《乌程汉简》中"惓"下重文符有的略小,不占后文空间,如牍 175 ;有的重文符则要占据半字或一字的位置,如牍 175 、牍 189 等,此处重文号当写于字下,其剩余空间似不能容纳一字,或以为"卷"字后只有重文符号,并无其他文字,则下文"母"前无字。

6. 母丁宁,卑(俾)赦卿来言:长已(以)来无有亲人,已有女(汝)与续母,当自往,且以累女(汝)二人。自遟可。

信中又提到"母",应是"徐赦卿"之母,"丁宁",意同牍 175,即母亲叮嘱我。"来言"很明显是寄信来言,而不是当面相告。整理者于"累女(汝)"后断句,不确,当于"二人"后断读。累,意同牍 175"累",劳烦。"二人"与上面的"汝与续母"相合,意为劳烦你(收信人 B)和续母二人。

整理者释为"还"之字作 ,与本书其他的"还"字形差别很大,如 (牍 175)、 (牍196)、 (牍 206)等,疑是"遟"字。"自遟可"的意思尚待推究。

值得注意的是,牍 176 正面的字大且有点,如此密集地用墨点着重强调十分少见。唐强猜测"信牍正面大字之下的墨点,应该是为了与中间的小字进行区分"[6]。我们怀疑这些墨点说明它们表示的是信牍的正面,当然也有可能这些墨点是起强调的作用。

牍175与牍176可以合而观之，理由有二：一方面，出现了"赦卿""续""续母"等相关人物；另一方面，两牍字迹也同出一人。首先，从书写上说，两牍运笔较平稳，笔画较为均匀，横笔起收笔处不明显，竖笔和弧笔收笔略出锋；其次，牍文有独特的笔法，即将本不应连笔的笔画贯通书写，如"去（去）"字上下贯通书写；再次，"有"字起笔的顿笔、"累"字上部撇形饰笔、"续"字右边中部部件的省写、"以"字形成的竖笔与折笔的组合、"赦"字形成的广形与三竖点的"赤"字写法等，具有明显的个人风格，如下表所示。以上论之，则两牍字迹同出一人无疑。

运笔特征对比	牍175				特殊笔法对比		
	牍176						
特殊单字对比	牍175						
	牍176						

牍文中还出现了孙公妈、周公妈、张妈等人物。姚磊提出乌程汉简是"妈"作为母亲义出现的最早材料，陈梦兮猜测这里的"妈"可能是有亲属关系的女性[⑦]，我们认为同版中"母""妈"的称谓并存，可能有别，察其关系，徐赦卿与续或为同族，则续母为徐赦卿的族中长辈，孙公妈、周公妈、张妈可能是非亲缘的女性长辈。

两牍显然为家书，字迹同出一人，则可推两封信牍都由徐赦卿执笔，徐赦卿为寄信者，由家中非常亲近的A与B收信（收信人A与收信人B也有是同一人的可能）。在信中，徐赦卿除对家人邻里的问候，牍175谈及让续南来、回谢了长辈、托人照看家中、叮嘱家人到延陵几件事，牍176涉及徐赦卿在乌程逗留、卖家资等事。私信一般语焉不详，常常只是双方当事人才能明了，加之字迹草率，人物关系复杂，还有一些问题暂时无法解决，希望能得到大家的指正。

附记：在小文识读诸字之后，为了更好地验证我们的释读，曾参考了出版时所使用的更清晰的底版，感谢段凯、石连坤先生惠赐图版。小文还蒙李松儒、曹磊指正，朴奕璇帮助制作摹本，谨致谢忱。本文为2021年国家社科基金重点项目"清华简佚书类文献整理与研究"（21AYY017）、"古文字与中华文明传承发展工程"资助项目（G1935）的阶段性研究成果。

（作者单位：吉林大学考古学院、"古文字与中华文明传承发展工程"协同攻关创新平台）

注:

① 《乌程汉简书法选》,《书法》2022年第12期第1—48页;《乌程汉简信牍简选》,《中国书法》第1期第115—137页,上海书画出版社2023年。

② 可参杨芬《出土秦汉书信汇校集注》第203—205页,武汉大学2010年博士学位论文;张蕊《出土汉代简帛私人书信研究》第7页,首都师范大学2011年硕士学位论文。

③ 参陈梦兮《乌程汉简新见文字词汇现象举例》第279—292页,"第二届古文字与出土文献青年学者西湖论坛"会议论文,2023年。

④ 唐强把正面的这行小字放到"二人自还可"之后,参唐强《〈乌程汉简〉读札记》,简帛网2022年12月12日。我们认为补充的小字当在补充文字的左右,不会相隔这么远直接接续到反面信的结尾,唐强说不可从。

⑤ 张荣琴认为:"孅"可读为"叩"。孅,亶声,亶,端母元部,叩,溪母侯部,声母有牙舌之分,韵母有侯元之别,语音差别似乎很大,实则叩声与元部有相通之例。孟跃龙多有举例,如:区区(叩叩)和款款(拳拳)相通,如《后汉书·马融传》"小臣蝼蚁,不胜区区",郭在贻《读书识小录》:"凡此区区,均为款诚、忠爱之义。字又或作拳、作叩、作款,均一声之转";扣(叩敏)和款相通,如《史记·商君列传》"由余闻之,款关请见",裴骃集解引韦昭曰:"款,叩也"等(详细可参看孟跃龙《〈清华大学藏战国竹简〉(壹—伍)音韵研究》第110—115页,北京师范大学2017年博士学位论文)。值得注意的是,本书牍217的"款告"亦可能要读为"叩告"。今再补扣(叩)和牵相通的例证。《左传·襄公十八年》"大子与郭荣扣马",洪亮吉诂引《说文》:"扣,牵马也。"王念孙疏证:"扣者,牵持也。"《史记·赵世家》"大戊午扣马曰",集解引吕忱曰:"扣,牵马也。"《淮南子·泛论》"梁由靡扣穆公之骖",高诱注:"扣犹牵也。"扣为牵义时,亦与叩通用,如《史记·伯夷列传》"伯夷、叔齐叩马而谏"。声母上,端系字和见系字谐声多有相通之例,如赪(溪母)、滇颠(端母)同从真声,倜(溪母)、凋(端母)皆从周声,窟堀(溪母)、咄柮(端母)都从出声,唐(定母)从庚(见母)声,颉(定母)从贡(见母)声,贪(透母)从今(见母)声等。通假异文如《荀子·正论》"坎井之蛙不可与语东海之乐",杨注:"坎井或作壈井。"李方桂、梅祖麟等普遍认为这部分照三系、端系字和见系字的声母应该有一个共同的上古来源(可参李方桂《几个上古声母问题》,《上古音研究》第93—101页,商务印书馆2015年;梅祖麟《跟见系字谐声的照三系字》,《中国语言学报》第1期第114—126页,商务印书馆1983年)。陈初生进一步指出,一部分照三系字是由上古见系经由端系发展而来。这种现象比较集中在止、臻、山等摄上(陈初生《上古见系声母发展中一些值得注意的线索》,《三余斋丛稿》第116—126页,岭南美术出版社2019年),"亶"恰为山摄,孅、叩声母可通。

⑥ 同注④唐强文。

⑦ 参姚磊《读〈乌程汉简〉札记(一)》,简帛网2022年10月25日;同注③陈梦兮文。

古文字研究（35）：395—399,2024

《张家山汉墓竹简〔三三六号墓〕》释文订补

李松儒

2023年出版的《张家山汉墓竹简〔三三六号墓〕》收录有《功令》《彻谷食气》《盗跖》《祠马禖》《汉律十六章》《七年质日》与遣册七种文献^①，其中《彻谷食气》部分内容可与马王堆汉墓《却谷食气》对读，《盗跖》可与传世文献《庄子·盗跖》的前半篇对读，《汉律十六章》可与张家山二四七号汉墓竹简《二年律令》的相应律令对读，这些材料极为珍贵。该书还附有放大两倍的竹简图版，字迹清晰，释文和注释也非常精审，为攻读这些文献打下了很好的基础。我们在研习该书的过程中，发现有几处也可略作商讨，今按该书所收的篇章顺序加以订正补充。

一 《功令》释文订补

1. 简51：吏廉絜、平端者，吾甚欲得而异迁及有以赏禄之。

简文所谓的"禄"作![字形]形，该字明显从"彖"，"祿"是"禄"的习惯性讹字，应改释作"祿〈禄〉"。

2. 简69：将转输粟、刍稾，奠（真）吏不足及军屯不用此令。

整理者于"奠"下用"（真）"括注，查凡例，凡加括号者为异体字或假借字，整理者盖读"奠"为"真"，在典籍中，确实有"奠"与"真"相通之例^②。不过从字形上看，此简"奠"作![字形]形，而"真"作![字形]、![字形]形（如《功令》简31、简68），二字的区别主要在上部，在字形上更容易讹混，"奠（真）"的括号最好按错字例加改尖括号为"奠〈真〉"。另，在本书中，还出现"奠""真"二字被误释的情况，如《汉律十六章·朝律》简360、362的"奠"作![字形]、![字形]，皆被整理者误释为"真"^③。

3. 简105：晁（跳）戏、爰（猨）戏员吏各一人。

整理者说："晁，读作'跳'。跳戏，用手抛弄各种对象的技巧表演，汉代流行的有跳丸、跳剑等，参看萧亢达《汉代乐舞百戏艺术研究》。"汉代典籍从未见"跳戏"一词，查所谓的"晁"作![字形]，应改释为"鼎"，其下所谓的"兆"形实即鼎足形之变。鼎戏，典籍及出土文物数据甚多，如《史记·秦本纪》："武王有力好戏，力士任鄙、乌获、孟说皆至大官。王与孟说举鼎，绝膑。"^④

4. 简157：它官属长信詹事者有毋乘车，请移频阳有秩功劳及乘车缺内史。

所谓的"詹"查图版作![字形]，左有"人"旁，相应字应改释作"儋（詹）"。

二 《彻谷食气》释文订补

1. 简21：令人厥，即急□股，搽胅（髀）、足。

整理者不识之字作 形，上应从“秌”，但最左边的弧笔未写好，变成一小横，所以乍看难识；下则从“牛”⑤。网友“小丸子”提示下面也有从“手”的可能⑥。方勇则据该字所从的“矛”读之为“踩”或“揉”⑦，其读法似可信。

2. 简38：禁美酒、荤、豲肉。

所谓“豲肉”的“豲”作 ，中间很明显从“彖”，其下不从“矢”。该字与常见的“彖”不同者，但加了两足而已。这个“彖”应读为“豚”。“彖”和“豚”古音很近，在典籍中经常通用⑧。

3. 简39：食少则气安，气安而易通也。

所谓的“易”作 ，很明显是“昜”，是“易”的习惯性讹字，相应字应释写成“昜〈易〉”。

4. 简51+52：其味甘，其刑（形）轻，其志乐，其心平，其膿（体）利，其眽（脉）流，其群【51】华神膿（体）与（举）和若新（亲）。

“新”整理者读为“亲”，但无进一步的注解，似理解为亲近之意。按，“新”如字读即可，是新鲜的意思，参简50“能令腹中日新”，这个“新”与简52的“新”可相参证。

5. 简79：阎光者，日始出臮（窅）然者也。

整理者把“臮”读为“窅”，注：“窅然，深远状。《庄子·知北游》：‘夫道，窅然难言哉！’”整理者释“臮”为“窅”的依据不清楚，但此字作 形，应改释为“艮”。楚文字的“艮”作 、（《上博三·周易》简48），西汉早期文字的“艮”作 （马王堆帛书《相马经》行36）、（《银雀山汉简二·相狗方》简2150），和此字一脉相承。“艮然”疑读为“混然”，“艮”见纽文部，“混”匣纽文部，二字古音相近，典籍中也有相通的例子⑨。“混然”混沌之貌，《广韵》混韵：“混沌，阴阳未分也。”《庄子·缮性》“古之人在混芒之中”、《文选·典引》“同于草昧玄混之中”，正与简文的“日始出”照应。

三　《盗跖》释文订补

1. 简10+11：不耕而食，不织而衣，摇唇舌古（鼓），是物以惑天下之【10】主。

整理者注：“舌古（鼓），应是‘鼓舌’误倒。传本作‘鼓舌’，其下‘擅生是非’，不见于简本。”按，今本《庄子·盗跖》相应句作：“不耕而食，不织而衣，摇唇鼓舌，擅生是非，以迷天下之主。”整理者应是牵合今本而作的断句。但若如此断句，“是物”上无动词，是不通的。所以此处不可强与传本对应，应改断读为：“摇唇舌，古（鼓）是物以惑天下之主。”鼓是鼓动的意思。“是物”指上文所言的“多辞缪（谬）说，辩于无验（验）”。

2. 简20：丘唯〈虽〉毋吾誉。

查凡例，错字例加改尖括号，所以整理者认为此句的“唯”是“虽”之误字。不过直接理解为二字通假即可，应释为“唯（虽）”。“虽”即是从“唯”从“虫”的一个字，“唯”“虽”相通古文字常见。

3. 简33：施桥木而死。

所谓"桥"作，其上实有"艹"头，整理者未能隶定出。

4. 简35＋36：无（无）异于磔夫流死操蒯（瓢）而气（乞），丽名轻死，不含（念）本生【35】养寿命者也。

"磔夫流死操蒯（瓢）而气（乞）"，今本《庄子·盗跖》相应句作"无异于磔犬流豕操瓢而乞者"，"豕"简本作"死"，成玄英疏已云："豕字有作死字者。"可知今本的"豕"应是"死"字传抄之误，由"死"字可看出简本说的是两件事，应在"流死"下加逗号。其下所谓的"含"，今本《庄子·盗跖》作"念"，此为整理者释读依据。但从字形上看作，应释为"舍"，这个"舍"应是安置的意思。

5. 简38：尽百体之安。

所谓的"体"作，应隶定为"軆"，再括注为"体"⑩。

四　《汉律十六章》释文订补

1.《贼律》简48＋49：失火延燔烧宫周卫、中殿、屋及亶（擅）观休臺（台）者，皆赎死，责（债）所燔；直（值）其行在所宫也，耐之；官啬夫、吏【49】主者皆免，戍各二岁。

"中殿、屋"应即"中殿、中屋"之省。整理者把"亶"破读为"擅"，然而这条律文都是说失火之事，与擅观无关。如是擅观，简文后面的量刑也明显过重。所以所谓的"亶观休台"，应断读为"亶（坛）、观、休台"⑪，坛，指祭坛之类的建筑。观，亦是一种建筑，如汉白虎观之观。休台，应指供休息之台。"责"没必要读为"债"，责，责求，责求被火烧之建筑的损失。

2.《贼律》简52：它畜产相杀伤，共与之。

所谓的"与"字从图版上看是，即"兴"字，参简59之"与"作，与此不同。此处的"兴"是"与"的讹字，可释为"兴〈与〉"。

3.《捕律》简222：捕罪人弗当，以得购赏而移予它人，及詐（诈）伪，皆以取购赏者坐臧（赃）为盗。

其中的缺字整理者据《二年律令》简155补，断句整理者亦从《二年律令》⑫。但"当"下有逗号不通，相应句应断为"捕罪人弗当以得购赏而移予它人，及诈伪"。"弗当以得购赏而移予它人"和"诈伪"是两件并列的事。《二年律令》简155中的相应句，陈伟已经断读为"捕罪人弗当以得购赏而移予它人，及诈伪"⑬。其断句与对文义的理解已与小文相同，本书的整理者未能采用。

4.《捕律》简223：而能颇捕其与。

整理者注："颇，《二年律令》整理者：少部分。《广雅·释诂》：'颇，少也。'"近来对"颇"词义的研究成果有不少，其中以徐朝华、刘钊对"颇"字意义的说解最为准确，比如徐朝华指出

"颇"的一个义项为:"表示具有难以弄清或不需要具体说明的某种范围、数量。"刘钊承徐朝华说指出简帛中的一些"颇":"表示的正是难以弄清或不需具体说明的某种数量。"⑭其说明显比整理者说法好。

又如《捕律》226的"若偏告吏",整理者把"偏"读为"徧",也忽略了如近年学者对"偏"字义的研究⑮。如陈伟说:"偏"指"共犯(或连坐者)中的任何一方",其说解也要比整理者把"偏"读为"徧"好。

5.《杂律》简301:博戏相夺钱财,若为平者,夺爵各一级,戍二岁。

此处的"若"是及的意思。"博戏相夺钱财者"及"为平者"二种行为要各"夺爵一级,戍二岁"。"若为平者"整理者前加顿号,容易造成理解上的歧义,可能会引导读者误训"若"为假如的意思,如这样理解则简文文义变成了只处罚"平者",很难和后面"夺爵各一级"的"各"相照应了。最好改句读为"博戏相夺钱财若为平者"。

6.《关市律》简328+329:啬夫吏部主者弗【328】得罚金各二两。

"得"后原释文漏标逗号,应标点为"啬夫吏部主者弗得,罚金各二两"。

7.《朝律》简374+375:当朝而再溜下,毋朝。其已在立(位),而再便休。侍(待)诏先朝肄丞相府。

若按整理者释读,句义很不明白。网友"赝行"把所谓的"再"改释为"雨",非常可信,不过他相应句断读为:"当朝而雨溜下,毋朝。其已在立(位)而雨,便休,侍(待)诏。"并解释说:"将要行朝仪而下雨,雨大到屋檐流水,则不行朝仪。(朝拜者)已经在位而开始下雨,就暂时避雨,等待诏命。"⑯仍不通顺。应断读为:"当朝而雨,溜下毋朝。其已在立(位)而雨,便休,侍(待)诏。"可翻译成:当朝见时下雨,在屋檐下(的人)不要朝见。其已经在朝位(的人)遇到下雨,便停止,等待诏命。由此可见汉初朝见皆在无屋顶的庭前。

五 《七年质日》释文订补

遣册简56第二栏,整理者释为"庚午",查原简,相应于"午"字竹简其实已残损,依凡例中的规定,应释为"庚【午】"。其右简57第二栏"辛未"的"未"相应竹简虽然也已残损,但"未"字仍存留一小笔画,所以可以不补。

附记:本文受到2023年国家社科基金一般项目"基于现代笔迹学原理的甲骨文字迹研究"(23BYY002)的资助。

（作者单位:吉林大学文学院）

注：

① 荆州博物馆编,彭浩主编《张家山汉墓竹简〔三三六号墓〕》,文物出版社2022年。

② 参看高亨纂著,董治安整理《古字通假会典》第88页"奠与填""奠与真""奠与稹",齐鲁书社1997年。

③ 参"圈圈"《张家山汉墓竹简(336号墓)〈汉律十六章〉初读》第18楼"东潮"2023年3月16日发言,简帛网"简帛论坛";王挺斌《张家山三三六号汉墓竹简文字小识》,简帛网2023年3月28日。

④ 拙见最初发表于"小丸子"《张家山汉墓竹简(336号墓)〈功令〉初读》第21楼"崧高"2023年3月19日发言,简帛网"简帛论坛"。后见田子方亦释"晃"为"鼎",见小丸子《张家山汉墓竹简(336号墓)〈功令〉初读》第40楼田子方2023年3月25日发言。

⑤ 拙见最初发表于"shanshan"《张家山汉墓竹简(336号墓)〈彻谷食气〉初读》第4楼"崧高"2023年3月19日发言,简帛网"简帛论坛"。

⑥ "shanshan"《张家山汉墓竹简(336号墓)〈彻谷食气〉初读》第7楼"小丸子"2023年3月21日发言,简帛网"简帛论坛"。

⑦ 方勇《读张家山汉简〈彻谷食气〉札记一则》,简帛网2023年3月31日。

⑧ 同注②第133页"豚与豚""遯与遂""遯与掾"。

⑨ 同注②第119—120页"眼与辊""硯与硯"。

⑩ 拙见最初发表于"东潮"《张家山汉墓竹简(336号墓)〈盗跖〉初读》第8楼"崧高"2023年3月16日发言,简帛网"简帛论坛"。后见孟蓬生《张家山汉简〈盗跖〉释文订补》亦有相同意见,西南大学汉语言文献研究所网2023年3月25日。

⑪ 拙见最初发表于"圈圈"《张家山汉墓竹简(336号墓)〈汉律十六章〉初读》第34楼"崧高"2023年3月17日发言,简帛网"简帛论坛"。后见王勇《张家山336号墓〈盗跖〉"避坛反走"之"坛"与〈贼律〉"亶观休台"之"亶"试析》亦有相类意见,简帛网2023年4月20日。

⑫ 张家山二四七号汉墓竹简整理小组编《张家山汉墓竹简〔二四七号墓〕》第154页,文物出版社2001年。

⑬ 陈伟《〈二年律令〉、〈奏谳书〉校读》,《简帛》第1辑第346页,上海古籍出版社2006年。

⑭ 徐朝华《汉代的副词"颇"》,《纪念马汉麟先生学术论文集》第55—75页,南开大学出版社1998年。刘钊《说张家山汉简〈二年律令〉中的"颇"》,《简帛》第3辑第229—234页,上海古籍出版社2008年。

⑮ 参陈伟《〈二年律令〉"偏(颇)捕(告)"新诠》,简帛网2009年2月10日;又收入《燕说集》第345—352页,商务印书馆2011年。单育辰《也谈张家山汉简中的"偏捕"、"偏告"》,简帛网2009年10月6日;单育辰《也谈张家山汉简中的"偏捕"、"偏告"》,《甘肃省第二届简牍学国际学术研讨会论文集》第331—334页,上海古籍出版社2012年。施谢捷《马王堆帛书〈阴阳脉死候〉考释札记(五则)》,《纪念马王堆汉墓发掘四十周年国际学术研讨会论文集》第232—233页,岳麓书社2016年。冀小军《说〈二年律令〉的"偏"字——兼谈与之相关的几个问题》,《中国文字学报》第7辑第149—168页,商务印书馆2017年。

⑯ "圈圈"《张家山汉墓竹简(336号墓)〈汉律十六章〉初读》第61楼"膪行"2023年3月30日发言,简帛网"简帛论坛"。

古文字研究(35):400—404,2024

上博竹简《凡物流形》"敔"字解

刘洪涛

上海博物馆藏战国竹简《凡物流形》甲本10—11号简、乙本8号简有一段跟《列子·汤问》"两小儿辩日"有关的文字作(不需要讨论的字释文用宽式)①:

日之始出,何故大而不炎? 其人中,奚故小隹(唯)暲(彰)敔?

我曾经撰文释出其中的"隹"字,把它读为转折连词"唯"。在串讲文意时,我说:"'彰敔'的意思虽然不清楚,但应该与《列子·汤问》的'热'相近。杨泽生先生读为'彰著',可备一说。"②按杨先生把"敔"读为"著"的意见③,已得到一些学者的认同④。不过,上古音"敔"属端母或定母侯部,"著"属端母或定母鱼部,二字声母虽近,但毕竟韵部有别。所以我在上文中只说"可备一说",尚存疑问。所以后来小文收入我的一部专著时,就把"杨泽生先生读为'彰著',可备一说"这句话删掉了⑤。现在,出土战国文献中有关"敔"字和表示"著"词的资料已经比较丰富,重新探讨这个问题的时机已经成熟。

首先来看表示"著"词的资料。出土战国文献中虽未见"著"字,但有"著"词。禤健聪曾总结楚系简帛文献中显著之"著"一共有五种写法:一是用"箸",如上博简《季庚子问于孔子》6—7号简"夫箸(书)者,以箸(著)君子之德也;夫寺(诗)也者,以等(志)君子之志"⑥;二是用"覒",如上博简《缁衣》22—23号简"子曰:轻绝贫贱而重绝富贵,则好仁不坚而恶恶不覒(著)也"⑦;三是用"紙",如郭店简《缁衣》44号简与"覒"对应的字作"紙"⑧;四是用"悳",如郭店简《成之闻之》1—2号简"行不信则命不从,信不悳(著)则言不乐",31—32号简"天格大常,以理人伦,制为君臣之义,悳(著)为父子之亲,分为夫妇之辨"⑨;五是用"敔",如上揭上博简《凡物流形》"暲(彰)敔(著)"⑩。第二、三两种写法由于有传本《缁衣》作"著"的对照,可以信从。其中"覒"字从"見(视)","视思明",应即显著之"著"异体。而"紙"字从"糸",可能是假借字。第四种写法"悳"字,在楚系简帛文献中一般用作"图",是为引申义图谋而造的分化字⑪。此用作"著",应是假借用法。《淮南子·主术》"文王周〈公〉观得失⑫,遍览是非,尧舜所以昌、桀纣所以亡者皆著于明堂",高诱注:"著,犹图也。"实即假"著"为"图"。前一个"悳(著)"是形容词,后一个"悳(著)"是动词,都是显明之义,《礼记·大传》"名著而男女有别"(郑玄注"著,明也。母妇之名不明则人伦乱也"),《汉书·韦贤传》"明王制礼,立亲庙四,祖宗之庙万世不毁,所以明尊祖敬宗、著亲亲也"(颜师古注"著,亦明也")。第一种写法"箸"字,在楚系简帛文献中基本上是当作"书"字来用的,应是书籍之"书"的本字⑬。因"书"的本义是书写,是一个动词，引申表示书籍，变为名词，遂造一个从"竹""者"声的换形形声字来记录这一义项。不过，这个字也可以表示动词书写义，如包山2号简"凡君子二夫，敫是其箸（书）之"、8号简"喜之子庚一夫，处郢里，司马徒箸（书）之"等[14]。因此，上博简《季庚子问于孔子》的第二个"箸"字，还是以读为"书"为是，是书写、记录之义，后面处在同一位置的"等（志）"字也是书写、记录之义，可证。退一步讲，即使读为"著"，也是著述之"著"，非显著之"著"。《文选》汉武帝《贤良诏》"著之于篇"，李周翰注："著，述也。"

除上面所述外，上博简《凡物流形》甲14＋16号简、乙10上＋11上号简"察道，坐不下席；揣文，箸不举事"，"箸"与"坐"对文，或读为"伫"，或读为"处"，训居处[15]。按"箸"即后世"著"字，本身就有居处之义。《礼记·乐记》"乐著大始，而礼居成物。著不息者天也，著不动者地也"，"著""居"对言，故郑玄注第一个"著"曰"处也"，但却注后两个"著"为"犹明白也"。《史记·乐书》收录上揭一段话，张守节正义则把三个"著"都训为"处也"。张说是。此言乐处于始，礼处于成，处于不停息的是天，处于不变动的是地。《货殖列传》"废著鬻财于曹鲁之间"，裴骃集解引徐广曰："《子赣传》云'废居'。著，犹居也。"因此，此"箸"读为"著"即可。

又清华简《祷辞》5—6号简"苟使四方群明迁者于邑之于处，余敢献啚与龟"，21—22号简"[苟]使四方之民人迁者于邑之于处，吾使君啚食，且献乘黄马与二有婴女"，23号简"苟使四方之民人迁者于邑之于处，吾使君啚食，且献龟于君之侧"[16]，简帛网简帛论坛上有学者提出"者"应读为"著"，是登录名籍之义。按读"著"是，但应训为居止。"迁著"犹言"迁居"。《书·多士》："猷告尔多士，予惟时其迁居西尔。""迁"是迁居动作之始，从原居地出发；"著"则是迁居动作之终，居止于目的地。《战国策·楚策四》"庄辛去之赵"，"去"是离开楚国，"之"是到往赵国，"去之"与"迁著"结构相类，亦可为证。

又上博简《平王与王子木》1、3号简有"睹"字，文例为"睹食于鼪宿"，整理者认为是寒暑之"暑"字[17]。陈剑认为是《说文》训为"旦明"的"睹"字，读为"舍"，训宿、止，此句犹言"舍止于鼪宿""食于鼪宿"或者"舍止而食于鼪宿"[18]。陈先生对文意的理解正确可从。不过，楚系简帛文献习惯用"豫"表舍止之"舍"[19]，用"睹"表"舍"有些奇怪。战国文字表示光明义或彰显义的"彰"字或从"玉"旁作"璋"，如清华简《邦家之政》8号简"其文璋縟"、11—12号简"邦家之政，何厚何薄，何灭何璋，而邦家得长"[20]。"玉"有光洁、明亮之特点，故可以作"彰"字意符，跟圭璋之"璋"可以看作是同形字关系[21]。"日"也有光明之特点，因此上揭《凡物流形》用作"彰"的从"日""章"声之"暲"也应是"彰"字异体。这个字也习见于晋系玺印文字[22]，皆用作人名，汉印即有人名"项彰"[23]。《玉篇》日部收录此字，训"明也。与章（彰）同"，应是一字。以此例之，这个从"日""者"声之"睹"，应该就是显著之"著"的异体。《广雅·释诂四》"曙、著，明也"，王念孙疏证："曙者，《说文》：'睹，旦明也。'《文选·魏都赋》注引《说文》作'曙'。《管子·势》篇云：'曙戒勿怠。''曙'之言明著也。昭十一年《左传》'朝有著定'，杜预注云：'著定，朝内列位常处谓之表著。'《鲁语》云：'署，位之表也。''曙、署、著'三字声相近，皆明著之意也。"㉔ "睹"之从"日"，犹"曙"之从"日"。"著"有居处一类意思，跟舍止意思相近，因此此"著"如字读即可，不必假为"舍"。

又上博简《三德》17号简"敬天之敓，绳地之矩，极道必呈"㉕，所谓"呈"字写得比较奇怪，而且此段文字句句押韵，它正在句末的韵脚位置，必须押韵。结合字形和押韵两方面来考虑，顾史考、苏建洲等指出，其字应该就是见于清华简《楚居》《系年》等文献的堵敖之"堵"，顾先生同时读为"著"㉖。按此说可从。不过"著"虽然可能是显明之义，但更可能同样是舍止之义。此言如果敬循天地之敓矩，极道必定会舍止，即拥有极道之义。

综上，表示"著"词的字有"者、煮、箸、睹、堵、甂、紵"等㉗，前五字以"者"为声符，后二字以"庀（宅）"字异体为声符㉘，都是鱼铎部字，确实没有用侯屋部字表示的。

再来看跟"敊"字有关的资料。在出土战国文献中，"敊"字可以代表不同的词：一是作"诛"字异体，如郭店简《五行》35号简"有大罪而大敊（诛）之，行也"、38号简"有大罪而大敊（诛）之，简也"、38—39号简"有大罪而弗敊（诛）之，不行也"㉙；二是作"属"字异体，如清华简《系年》45—46号简"秦人舍戍于郑，郑人敊（属）北门之管于秦之戍人"㉚，清华简《治政之道》22—23号简"譬之若金，刚之即毁，柔之即鈍。鈍犹可复，毁则不可敊（属）"㉛；三是作"注"字异体，如上博简《容成氏》25—27号简"东敊（注）之海""东敊（注）之河""北敊（注）之河"㉜；四是作"树"字异体，如上博简《命》10—11号简"焉敊（树）坐友三人、立友三人"㉝，九店简《相宅》45号简"凡植埠、敊（树）邦、作邑之道"㉞。四者彼此可以看作同形字关系。上古音"诛、属、注、树"的韵母都属侯部或屋部，没有用作鱼铎部者。因此，我们可以放心得出一个结论，属侯部之"敊"不能读为属鱼部之"著"。

上博简《凡物流形》之"暲敊"，整理者读为"障树"，解为遮蔽。读为"树"，符合上述"敊"字的用法习惯。不过，前面已经指出，"暲"为"彰"字异体，显明之义，则"敊"字的理解也应往这方面考虑。我认为应读为"属"㉟。"属"之义为连接、接续、缀联。《汉书·郊祀志上》"权火举而祠，若光辉然属天焉"，颜师古注："属，联也。"《论衡·吉验》"比到，见光若火，正赤，在旧庐道南，光耀憧憧上属天，有顷，不见"，张宗祥校注："憧憧，往来不绝兒。见《易·咸》释文引王肃注。"㊱往来不绝与接连不断义同，故可用"憧憧"来修饰"属"。往来不绝、接续不断即为大，为显明。《后汉书·光武帝纪论》有相似记载，跟"憧憧"对应的文字作"赫然"，"赫然"义为显明貌、盛炽貌，可证接续与明盛意思有关。字亦作"祝"。《诗·鄘风·干旄》"素丝祝之"，郑玄笺："祝，当为属。属，著也。"《白虎通义·号》："祝者属也，融者续也，言能属续三皇之道而行之，故谓祝融也。"此为属续之"属"。《史记·楚世家》"重黎为帝喾高辛居火正，甚有功，能光融天下，帝喾命曰祝融"，裴骃集解引虞翻曰："祝，大；融，明也。"《左传·昭公二十九年》"火正曰祝融"，杜预注："祝融，明貌。"《太玄·玄数》"神祝融"，范望注："祝，犹章（彰）也。"此为大义、明义、彰义之"属"。祝融是火神,上揭《汉书·郊祀志上》《论衡·吉验》和《后汉书·光武帝纪论》都用"属天"来形容火光,可证"祝"即是"属"。以本义解之则为属续,以引申义解之则为大、为明、为彰,二说并不矛盾。"融"也是由接续不断之义引申为显明之义,二者可以互证。陈立《白虎通疏证》:"《诗·干旄》云'素丝祝之',郑笺:'祝当为属。属,著也。'郑氏《痬医》注云:'祝当为注。'《函人》注云:'属读如灌注之注。'祝、属、注三字义通。融为续者,古文'续'作'赓',赓从庚得声,故庚亦训续。《毛诗·大东》'西有长庚'是也。庚亦得训明,故曰既入之明星谓长庚,以融亦训明也。又融亦训长,与续义相近,故《路史注》引《钩命决》云:'祝融氏乐有《祝续》也。'"[37]"融"当明讲,不是一般的明,而是大明。《左传·昭公五年》"明夷之谦,明而未融,其当旦乎",杜预注:"融,朗也。"孔颖达正义:"明而未融,则融是大明,故为朗也。"《诗·大雅·既醉》"昭明有融",朱熹集注:"融,明之盛也。"《凡物流形》是讲太阳及其光辉的,跟上揭诸文献有相似之处,可证其"弢"字应读为"属",当显著、光耀讲。"其人中,奚故小唯彰属",言中午之时太阳虽已变小,但它的光辉为什么却如此显耀。

2023 年 8 月

附记:本文为江苏省第六期"333人才"培养支持资助项目(2022)、国家社会科学基金重大项目"上古汉语字词关系史研究"(22&ZD300)、"古文字与中华文明传承发展工程"规划项目"楚简综合研究"(G3444)成果。

(作者单位:江苏师范大学语言科学与艺术学院暨语言能力协同创新中心;山东大学文学院)

注:

① 马承源主编《上海博物馆藏战国楚竹书(七)》第87—88、118、243—245页,上海古籍出版社2008年。
② 刘洪涛《卜博竹简〈凡物流形〉释字二则》,《简帛》第6辑第291—296页,上海古籍出版社2011年。
③ 杨泽生《楚竹书〈问日〉章新释》,《古文字研究》第28辑第459页,中华书局2010年。
④ 禤健聪《战国楚系简帛用字习惯研究》第448—449页,社会科学出版社2017年。白于蓝编著《简帛古书通假字大系》第233页,福建人民出版社2017年。
⑤ 刘洪涛《形体特点对古文字考释重要性研究》第257页,商务印书馆2019年。
⑥ 马承源主编《上海博物馆藏战国楚竹书(五)》第48—49、211—212页,上海古籍出版社2005年。
⑦ 马承源主编《上海博物馆藏战国楚竹书(一)》第66—67、197—198页,上海古籍出版社2001年。
⑧ 荆门市博物馆编《郭店楚墓竹简》第20、131页,文物出版社1998年。
⑨ 同上注第49、51、167—168页。
⑩ 禤健聪《战国楚系简帛用字习惯研究》第448—449页。
⑪ 同上注第321页。

⑫ “公”字为衍文,看何宁《淮南子集释》第695页,中华书局1998年。

⑬ 同注⑩第295—296页。

⑭ 湖北省荆沙铁路考古队《包山楚简》图版一、四,释文第17页,文物出版社1991年。

⑮ 马承源主编《上海博物馆藏战国楚竹书(七)》第91、93、120—121、249—255页。俞绍宏、张青松编著《上海博物馆藏战国楚简集释》第7册第196—197页,社会科学文献出版社2019年。

⑯ 清华大学出土文献研究与保护中心编,黄德宽主编《清华大学藏战国竹简(玖)》第111—122、181—189页,中西书局2019年。

⑰ 马承源主编《上海博物馆藏战国楚竹书(六)》第87、89、268—270页,上海古籍出版社2007年。

⑱ 陈剑《释上博竹书和春秋金文的“羹”字异体》,“2007中国简帛学国际论坛”论文集第324—326页,台湾大学中国文学系,2011年;《战国竹书论集》第252—254页,上海古籍出版社2019年。

⑲ 同注⑩第275—276页。

⑳ 清华大学出土文献研究与保护中心编,李学勤主编《清华大学藏战国竹简(捌)》第55、123页,中西书局2018年。

㉑ 刘学怡《战国文字意符通用研究》第139—140页,江苏师范大学2022年硕士学位论文。

㉒ 徐在国、程燕、张振谦编著《战国文字字形表》第949页,上海古籍出版社2017年。

㉓ 赵平安、李婧、石小力编纂《秦汉印章封泥文字编》第785页,中西书局2019年。

㉔ 〔魏〕张揖著,〔清〕王念孙疏证,钟宇讯点校《广雅疏证》第112页,中华书局1983年。

㉕ 同注⑥第143、300页。

㉖ 俞绍宏、张青松编著《上海博物馆藏战国楚简集释》第5册第292—294页。

㉗ 楚文字“暑”或作从“凥(处)”声(徐在国、程燕、张振谦编著《战国文字字形表》第945页),“著”之异体“宽”又以“庀(宅)”为声符,说明表居处义之“著”应该跟“宅”“处”同源。

㉘ 楚文字“广”旁往往写作“厂”,“厇”即“庀”字,亦即“宅”字。清华简《楚居》1号简“厇”字作 ,“厂”下加二横画羡笔,整理者以为是“石”之省,释写作“乇”(清华大学出土文献研究与保护中心,李学勤主编《清华大学藏战国竹简(壹)》第117、181页,中西书局2010年),是不正确的。

㉙ 同注⑧第33—34、150页。

㉚ 清华大学出土文献研究与保护中心编,李学勤主编《清华大学藏战国竹简(贰)》第61—62、155页,中西书局2011年。

㉛ 同注⑯第50—51、128页。按此例可能跟郭店简《性自命出》8号简“刚之椏(树)也,刚取之也”、《语丛三》46号简“刚之尌(树)也,刚取之也”有关(荆门市博物馆编《郭店楚墓竹简》第61、100、179、211页),则此“敁”也可能应读为“树”。

㉜ 马承源主编《上海博物馆藏战国楚竹书(二)》第117—119、269—271页,上海古籍出版社2002年。

㉝ 马承源主编《上海博物馆藏战国楚竹书(八)》第66—67、200—201页,上海古籍出版社2011年。整理者读为“诔”,此从复旦吉大说,看俞绍宏、张青松编著《上海博物馆藏战国楚简集释》第8册第97页。

㉞ 武汉大学简帛研究中心、湖北省文物考古研究所编,李家浩、白于蓝著《楚地出土战国简册合集(五)九店楚墓竹书》图版第17页,释文第51页,文物出版社2021年。

㉟ 廖名春也读为“属”,训为连续,但他把“属”属下读,本质上跟我的意见完全不同。看俞绍宏、张青松编著《上海博物馆藏战国楚简集释》第7册第186页。

㊱ 〔汉〕王充著,张宗祥校注,郑绍昌标点《论衡校注》第48页,上海古籍出版社2010年。

㊲ 〔清〕陈立撰,吴则虞点校《白虎通疏证》第52页,中华书局1994年。

古文字研究（35）：405—408,2024

读岳麓秦简札记一则

方　勇

《岳麓书院藏秦简（柒）》简487正/69正有如下内容①：

　·参（三）川言：破荆军罢，移军人当罚戍，后成病痹者，曰有瘳遣之署。今或战痍及病膒（躯）挛、痘、盱廿人，度……

简374正/94正有如下内容②：

　·清河叚（假）守上信都言：阳山罢瘅（癃）綦赀一盾。病两手及腓腨，皆癖痫，癯（躯）蛮（挛）不展，恃人起居，……

按，通过比较即可发现，这两条简文均出现了"躯挛"一语，其中的"膒"及"癯"整理者认为是"躯"字的通假字。我们认为整理者的意见值得商榷。

我们考虑简文中的"癯""膒"可通假且不必读为"躯"字。"癯"本同"伛"，指曲背。《集韵》噳韵："伛，《说文》：'偻也。'或作癯。"《说文》人部："伛，偻也。"《吕氏春秋·尽数》"苦水所多尪与伛人"，高诱注："伛，脊疾也。"《礼记·问丧》"伛者不袒"，郑玄注："伛，曲背也。"③《中医大辞典》曰："曲背、驼背。《素问·刺禁论》：'刺脊间，中髓为伛。'刺脊骨间隙，深伤脊髓，可造成伛偻曲背。"④其实"偻"和"伛"意义相近，指背脊弯曲。《说文》人部："偻，尪也。……周公韈偻，或言背偻。"段注："盖尪是曲胫之名，引申为曲脊之名。"《广韵》麌韵："偻，偻伛，疾也。"《集韵》遇韵："偻，痀偻，身曲病。"《汉书·蔡义传》"义为丞相时年八十余……行步俛偻，常两吏扶夹乃能行"，颜师古注："偻，曲背也。"

简文中的"挛"，《说文》手部："系也。"指拘系，牵系。又可指手足蜷曲之病。《集韵》线韵："挛，手足曲病。"《史记·范睢蔡泽列传》"先生曷鼻，巨肩，魋颜，蹙齃，膝挛"，裴骃集解："挛，两膝曲也。"《三国志·魏志·文帝纪》"授杨彪光禄大夫"，裴松之注引《续汉书》："彪见汉祚将终，自以累世为三公，耻为魏臣，遂称足挛，不复行。"唐柳宗元《捕蛇者说》："可以已大风，挛踠、瘘、疠。"皆是其例。此外，对于"挛"病的发病原因，《中医大辞典》认为⑤：

　挛，症名。出《素问·异法方宜论》。挛为曲而不伸之状，常与拘、急并称，如拘挛、挛急，多属筋病。可分为虚实寒热四证。《证治准绳·杂病》："《内经》言挛皆属肝，肝主身之筋故也。……有热，有寒，有虚，有实。"

由以上引证可见，"癯（伛）"可指脊背弯曲的疾病；"挛"是手足曲病，这二者有别。退一步讲，"挛"为手足弯曲之病，同"躯"连用似乎也不合理。我们搜索专业网络资源，也未查到传世文献中有"躯挛"一语,这着实让人费解。故整理者读"瘟""膒"为"躯"的意见似难成立。

从第一条简文来看,"瘟(伛)""挛""痟""盱"应是并列的疾病名,指战士或戍边人员所患疾病(多为后天战争及环境等因素造成的)。从第二条简文来看,"罢癃(癃)"为古代常见的疾病,此名也见于同篇岳麓简682正/28正、481正/72正及448-1+448-2正/73正、411正/74正中。据研究,此病一说为背疾,腰曲而背隆高;一说为躄,足不能行之疾[⑥]。《说文》疒部:"癃,罢病也,从疒,隆声。瘙,籀文癃省。"余云岫认为[⑦]:

> 徐锴《系传》云:"《史记·平原君传》躄者曰:'臣不幸有癃病。'谓形穹隆然也。"司马贞《史记索引》云:"罢癃,背疾,言腰曲而背隆高也。"小徐说或本此。岩按:《平原君传》躄者"盘散行汲",恐非背疾,小司马有误,而小徐从之,非也。王念孙《读书杂志》三"罢癃之病"条云:"躄非背疾,则罢癃之病非谓腰曲而背隆高也。罢癃即指躄而言。《说文》:'癃,罢病也。'《广雅》:'躄,瘙也。'是躄为罢癃之病也。故《淮南地形篇》'林气多癃'。《天官书》正义引作'林气多躄。'癃、瘙、躄、躄,字异而义同。《广雅·释言》:'躄,瘙也。'"王念孙《疏证》卷第五下云:"《说文》:'躄,人不能行也。''癃,躄病也。'足不能行,故谓之癃病。"岩按:王说是。癃本足不能行,引申之,废疾亦谓之癃。《周礼·地官》"小司徒之职":"亦辨其贵、贱、老、幼、废疾",注引郑司农云:"废疾,谓癃病也"是也。《说文》训"癃"为"罢病",亦谓废疾也,段氏注云:"罢者,废置之意……凡废疾皆得谓之罢癃也"是也。又引申为病困笃,《淮南子·览冥训》:"平公癃病",高诱注云"癃病,笃疾"是也。

我们认为,余先生所引的观点及其按语皆正确可从,"废疾"均可称为罢癃。睡虎地秦简《秦律杂抄》简32、33有如下内容:

> 匿敖童,及占癃(癃)不审,典、老赎耐。·百姓不当老,至老时不用请,敢为酢(诈)伪者,赀32二甲;典、老弗告,赀各一甲;伍人,户一盾,皆罨(迁)之。·傅律33

其中的"癃",《秦简牍合集》编著者解释说[⑧]:

> 癃,整理者:即罢癃,意为废疾,参看《说文》"癃"字段注。高恒(1980B):根据汉律,达到傅籍年龄,但身高不够"六尺二寸"的也称为罢癃的规定来看,《傅律》中的罢癃,当也包括已达到傅籍年龄,但身高不够的情况。按秦律的规定,罢癃并不一律免除劳役,如《法律答问》简133:"罢癃(癃)守官府,亡而得,得比公癃(癃)不得?得比焉。"栗劲(1985年,211页):须要免除徭役的残废。今按:罢癃分"可事"与"不可事"两类。《周礼·地官·大司徒》郑玄注:"宽疾,若今癃不可事,不算卒;可事者,半之也。"贾公彦疏:"汉时癃病不可给事,不算计以为士卒。""'可事者半之也'者,谓不为重役,轻处使之,取其半功而已。"《二年律令》简408:"金痍、有□病,皆以为罢癃(癃),可事如睆老。"可与《法律答问》简133对应。

按,《秦简牍合集》编著者所引诸家意见是正确可从的,这也可以印证上引余云岫的论述。故上列岳麓简中的"罢癃(癃)"也是指废疾之意。随后的简文陈述患者的手及小腿生病,尤其是"恃人起居",似乎也可以印证"罢癃"为废疾的说法。《汉书·陈汤传》:"汤击郅支时中寒病,两臂不诎申。……汤辞谢,曰:'将相九卿皆贤材通明,小臣罢癃,不足以策大事。'"其中的"罢癃",《辞源》解释为废疾⑨。《古代汉语词典》解释为"久治不愈的顽疾"⑩。当以《辞源》的解释为上。此外,《岳麓七》简450正/125正中有"父母后瘇(癃)病及"的内容,其中的"瘇(癃)"也是废疾之意。另外,天水放马滩秦简《日书》乙中简22贰有"必瘇(癃)"一语,《秦简牍合集》编著者引王辉的意见认为是废疾病,足不能行⑪。这应该是正确的。

顺便说一下《秦简牍合集》引到的张家山汉简《二年律令》简408中的释字问题,即辞例"有□病"中阙释的字,该字形作〔图〕,张家山汉简整理者指出该字形左侧为金旁,但整个字没有隶定出来⑫。我们认为此字从金从白,即"铂"字。从金旁可能是受其前文"金痍"字样的影响所致。因典籍中从"白"之字与从"皮"之字可通假⑬,故"铂"字可读为"疲"。《说文》:"疲,劳也。"段注:"经传多假'罢'为之。"故"疲"又可读为"罢"。按照上引余云岫论述中所引段注的意见,"罢"有废置之意。如此说,简文"金痍、有铂(疲)病,皆以为罢瘇(癃),可事如睆老",应该说是能够讲得通的。

我们回头再看岳麓简的简文,似乎论述及此文意又与前文论述的"膒(伛)""瘟(伛)"表示曲背之意有点南辕北辙,背道而驰。故简文的"膒(伛)""瘟(伛)"不应表示曲背之义。

综上我们认为,简文中的"膒挛""瘟蛮(挛)"可读为"拘挛"。因为典籍中从"区"得声字与"句"及从"句"得声之字通假字例很多⑭,故"膒""瘟"读为"拘"是可以的。"拘挛"为中医典籍中常见的证名,据《中医大辞典》载⑮:

> 出《素问·缪刺论》。一作"疴挛"。多因阴血本亏,复由风寒湿热之邪侵袭筋脉,或瘀血留滞所致。以四肢多见。其状牵引拘急,活动不能自如。

《中医词释》曰:"属筋病。表现为四肢牵引拘急,活动不能自如。实即拘急。"该书在"拘急"条下则说:"出自《素问·六元正纪大论》。指四肢拘挛,难以屈伸,以至影响活动的证候。多由风邪所致。"⑯故"拘挛""拘急"义近。我们回头验之简文,第一条简文指出"破荆军罢,移军人当罚戍",说明士兵在荆楚之地或者戍边之所可能受到风邪侵袭而致病,这是很合情理的事情,故发生"膒(拘)挛"之疾也属正常。简文中的"瘖",整理者引《玉篇》的解释,认为指"多睡"。我们怀疑其为"瘖"字误字(言、音二者形近而误),指哑巴,不能言。《吕氏春秋·本生》:"有味于此,口食之必慊,已食之则使人瘖,必弗食。"即为其例。"盯",整理者指目病。我们认为此说似乎失之笼统,且从上下文的文意推测,似指眼瞎之意。第二条简文的"瘟(拘)蛮(挛)不展"与"拘挛"及"拘急"的"四肢拘挛,难以屈伸"的症候正合。简文中的"癖",《玉篇》疒部:"癖,食不消。"《广韵》昔韵:"癖,腹病。""瘚",《集韵》琰韵:"伤也。"此处是说患者腹部有痞块且有伤(或者可能还是在讲手足生有痞块及有伤)。

总结来看,"膒""瘟"不应表示背曲之意,而应通假为"拘"或"疴",与"挛"组成一语,即

"拘挛",其常见于医学典籍,为常见的手足类筋病。这也是造成病人"罢瘁(癃)"的一个病因。岳麓秦简相关简文的发现为我们深入了解秦代及先秦时期的医学发展状况提供了详实的研究证明材料。

附记:本文为国家社科基金项目"出土秦简牍疑难字词整理与研究"(23BYY006)阶段性成果。

(作者单位:吉林外国语大学国际传媒学院)

注:

① 陈松长主编《岳麓书院藏秦简(柒)》第84页,上海辞书出版社2022年。

② 同上注第92页。

③ 汉语大字典编辑委员会编纂《汉语大字典》第209—210页,四川辞书出版社、湖北辞书出版社1988年。

④ 李经纬、邓铁涛等主编《中医大辞典》第562页,人民卫生出版社1995年。

⑤ 同上注第1281页。

⑥ 何九盈、王宁、董琨主编《辞源》第1714页,商务印书馆2015年。

⑦ 余云岫《古代疾病名候疏义》第159页,学苑出版社2012年。

⑧ 陈伟主编《秦简牍合集(一)》第183—185页,武汉大学出版社2014年。

⑨ 同注⑥第3282页。

⑩ 《古代汉语词典》编写组编《古代汉语词典》第29页,商务印书馆1998年。

⑪ 陈伟主编《秦简牍合集(四)》第44页,武汉大学出版社2014年。

⑫ 张家山二四七号汉墓竹简整理小组编《张家山汉墓竹简(二四七号墓)》图版第41页,释文注解第188页,文物出版社2001年。

⑬ 高亨纂著,董治安整理《古字通假会典》第689页,齐鲁书社1997年。

⑭ 张儒、刘毓庆《汉字通用声素研究》第290页,山西古籍出版社2001年。

⑮ 同注④第894页。

⑯ 徐元贞等《中医词释》第334页,河南科学技术出版社1983年。

古文字研究(35):409—414,2024

《银雀山汉墓竹简(贰)》校读

牛新房

《银雀山汉墓竹简(贰)》①出版有年,学界研究成果丰富,笔者在研读过程中,发现仍有值得商榷补充之处,分条列出,以就正于方家。

一

《五名五共》篇有下面一段话:

> 兵有五共(恭)五暴。何胃(谓)五共(恭)? 入竟(境)而共(恭),军失其常。再举而共(恭),军毋(无)所粱(粮)。三举而共(恭),军失其事。四举而【简1167】共(恭),军无食。五举而共(恭),军不及事。入竟(境)而暴,胃(谓)之客。再举而暴,胃(谓)之华。三举而暴,主人惧。四举【简1168】而暴,卒士见诈。五举而暴,兵必大耗(耗)。故五共(恭)、五暴,必使相错也。·五共(恭)二百五十六【简1169】

其中的"粱"字,整理者读为"粮","军毋(无)所粱(粮)"即"军队无从得到粮草"解②。银雀山汉简中确实有"粱"读为"粮"的用例,如《十问》篇简1556"粱(粮)食钧(均)足"、简1569"粱(粮)食不属"等。但此处下文又云"军无食",显然与"军毋(无)所粱(粮)"文意重复,整理者未作解释,张震泽认为③:

> 粱字似有专义,《礼记·曲礼》:"大夫不食粱",注:"粱,加食也。"疏云;"以其公食大夫礼设正馔之后,乃设稻粱,以其是加也。"本文下云:"军无食。"食是常食,粱指稻粱,是加食,二语有别也。

其意"粱"字不必破读,即稻粱,是加食,而"军无食"的"食"是常食。张震泽引用《礼记》注疏中的说法来解释此处兵书中的用例,显然是不合适的,杨安指出"秦汉军制中未见'加食'之说",认为"此处所说的粮大概就是指口粮,而后文之'食'则指粮和副食的合称"④。杨安的说法也是猜测之词,典籍并没有这样的用例。此篇主要是讲侵入他国境内的军队,应避免单纯的"恭"或"暴",因为这样都会导致失误,造成自身损丧,而应该二者交错使用。前半段讲"五恭"所导致的后果,从"入竟(境)而共(恭)"到"五举而共(恭)",是层层递进的,从这点来看,"军毋(无)所粱"与"军无食"应该是两种因"恭"而造成的失误,而不应都是指粮食之类的。

翻检银雀山汉简可知,"粱"除了可以读为"粮"外,还可以读为"梁",如《三十时》篇简1806"为道粱(梁)"、简1828"可发粱(梁)通水,不可雍(壅)名川",乃关梁、津梁之梁。考虑到古代行军,特别是侵入他国境内时关梁津梁的重要性,故此处的"军毋(无)所梁"之"梁"也应读为"梁"。征诸典籍,《六韬·虎韬·绝道》:

　　　　武王问太公曰:"引兵深入诸侯之地,与敌相守。敌人绝我粮道,又越我前后,吾欲战则不可胜,欲守则不可久,为之奈何?"

　　　　太公曰:"凡深入敌人之境,必察地之形势,务求便利,依山林险阻、水泉林木而为之固,谨守关梁,又知城邑、丘墓地形之利。如是,则我军坚固,敌人不能绝我粮道,又不能越我前后。"

太公所论与本篇所讲极为相似,都是讲侵入他国境内时应注意之事,只不过是一正一反的论述而已。太公讲"深入敌人之境",必须要"察地之形势""谨守关梁",才能避免敌人"绝我粮道",本篇讲军队进入他国之境,如果"再举而共(恭)",则"军毋(无)所梁(梁)",即军队无从占据关键的关梁津梁,致使粮道不通,进而导致"军无食"等情况。凡此都可见,侵入他国境内时,占据关键关梁津梁的重要性。同样,防备他国入侵时,也需要疏通、守住关梁津梁等要地,《越绝书·计倪内经》:"野无积庾,廪粮则不属,无所安取,恐津梁之不通,劳军纡吾粮道。"《礼记·月令》:"脩键闭,慎管籥,固封疆,备边境,完要塞,谨关梁,塞徯径。"可见,将"军毋(无)所梁"之"梁"读为"梁",是非常合适的。另外,银雀山汉简《五度九夺》篇简1223讲用兵的一段话,提到"一曰取粮,二曰取水,三曰取津,四曰取涂(途),五曰取险,六曰取易……",将"取粮"与"取津"并列,亦可参。

二

《将过》篇有下面一段话:

　　　　適(敌)将之过有十:将有勇而主〈至(轻)〉死者,有急而心诞者,有贪而好货者,有仁而信【人者,有仁而慈众】【简1209】者,有知(智)而心祛(怯)者,有知(智)而精絫(洁)者,有知(智)而心缓者,有刚頪(毅)自用者,有耎(懦)而……【简1210】勇而主〈至(轻)〉死者可秀(诱),急而心诞者可久,贪而好货者可洛(赂),仁而信人者可诈,仁而慈众者可先,知(智)而【简1211】心怯者可战,知(智)而精絫(洁)者可后,知(智)而心缓者可牧(谋),刚頪(毅)自……【简1212】

简1209下端残缺,整理者据简1211将其补充完整,显然是可信的,整理者还指出,与此段话类似的内容见于《六韬·龙韬·论将》,亦见于《北堂书钞》卷115"将有十过"条引《黄帝出军诀》,文字与《论将》篇相合。为了便于对比,将《六韬·龙韬·论将》篇相关内容引述如下:

　　　　所谓十过者:有勇而轻死者,有急而心速者,有贪而好利者,有仁而不忍人者,有智而心怯者,有信而喜信人者,有廉洁而不爱人者,有智而心缓者,有刚毅而自用者,有懦而喜任人者。勇而轻死者,可暴也。急而心速者,可久也。贪而好利者,可遗也。仁而不忍人者,可劳也。智而心怯者，可窘也。信而喜信人者，可诳也。廉洁而不爱人者，可侮也。智而心缓者，可袭也。刚毅而自用者，可事也。懦而喜任人者，可欺也。

对比可知，二者内容基本一致，只是个别词语、语句顺序略有差异，整理者已对二者的差异作了说明。此处值得注意的是，《将过》中的"有仁而信人者""仁而信人者可诈"，在《论将》中则为"有信而喜信人者""信而喜信人者，可诳也"，对于其中的两处"仁"与"信"的异文，整理者并未给出注释说明。同时，《将过》中的"有仁而慈众者""仁而慈众者可先"，在《论将》中作"有仁而不忍人者""仁而不忍人者，可劳也"，其中的"仁"字，二者文意是一致的。对比来看，"有仁而慈众者"显然比"有仁而信人者"更合乎逻辑，"有仁而信人者"则颇为费解，而《论将》中的"有信而喜信人者"则文从字顺，整理者提到《吴子·论将》中有"其将愚而信人可诈而诱"，意思也讲得通。可见《将过》中的"有仁而信人者""仁而信人者可诈"中的"仁"不能当本字读，从秦汉出土文字资料的用字习惯来看，此处的"仁"应读为"信"。

李家浩指出，出土古文字资料中有借"仁"为"信"的例子，玺印文字资料中的"忠仁""中仁"，"似亦应当读为'忠信'"[⑤]。陈剑指出在秦汉简帛资料中也有借"仁"为"信"的例子，如睡虎地秦简《秦律十八种·行书律》简184、185"隶臣妾老弱及不可诚仁者勿令"中的"仁"当读为"信"[⑥]。刘钊在李家浩、陈剑研究的基础上，系统地梳理分析了秦文字中以"仁"为"信"的例子，除了见于玺印文字之外，也见于秦简文字，如北京大学藏秦简《公子从军》中多个"仁"字都应读为"信"，并且指出这种现象一直持续到汉初，如马王堆汉墓帛书《战国纵横家书》"苏秦谓燕王章"有一段话：

"廉如伯夷，乃不窃，不足以益国。臣以信不与仁俱彻，义不与王皆立。"王曰："然则仁义不可为与？"对曰："胡为不可。人无信则不彻，国无义则不立。仁义所以自为也，非所以为人也。"

原整理者已指出这段文字中的两个"仁义"都应当读为"信义"，刘钊认为"不知道是偶尔写误，还是因为《战国纵横家书》是汉初作品，因而难免受到秦代用字习惯的影响所致"[⑦]。以上几位学者的论述是充分的，可见借"仁"为"信"，在秦汉出土文字资料中是大量存在的。

马王堆汉墓帛书出土于马王堆三号墓，其下葬年代为汉文帝十二年（公元前168年）[⑧]，银雀山汉简《将过》出土于银雀山一号墓，其下葬年代在汉武帝初年[⑨]，墓葬出土书籍的抄写年代一般早于下葬年代，至迟不会晚于下葬年代，故这两批资料可视为汉代早期作品，其中保留相同的用字习惯也是可能的。再回头来看《将过》中的"有仁而信人者""仁而信人者可诈"，将其中的"仁"字读为"信"，既符合文意，也符合时代的用字习惯，且与《六韬·龙韬·论将》中相关的文句一致。《论将》作"有信而喜信人者""信而喜信人者，可诳也"，很可能是后世已不再借"仁"为"信"，而据文意把"仁"改为"信"了。

此外还有一个值得注意的问题，在《将过》中"仁"与"信"并存，且"有仁而慈众者""仁而慈众者可先"中的"仁"读本字,这样就会出现同一篇文献中"仁""信""仁{信}"三者并存的现象,马王堆汉墓帛书《战国纵横家书》"苏秦谓燕王章"中也是同样的情况,考虑到秦到汉初用字习惯的复杂多变且不固定,这种现象也是可以理解的。《将过》中借"仁"为"信"的例子,是对上述几位学者论述的补充,也说明这种现象在汉代文字资料中可能延续了很长的时间。

三

《曹氏阴阳》篇有下面一段话:

　　……动天壤,正(政)出阴阳,权动诸侯,义动君子,利动小人。【简1681】夫物古(固)从其乡(向)动其类矣。【简1682】

其中的"阴阳、诸侯、君子、小人"等词都是常见词语,比较好理解,而"天壤"一词却颇为费解,不见于典籍,整理者也没有注释说明。杨安在《〈银雀山汉墓竹简·佚书丛残〉集释》中,只是照抄了原整理者的释文,未作解释⑩。麗壮城在《银雀山汉简数术类文献整理与研究》一书中,有专门一节研究《曹氏阴阳》,综合了各家的研究成果,对此篇的编联、字词等作了很好的梳理,其对"天壤"一词,也是照抄了原整理者的释文,将上引一段话语译为:"……动天壤,政出自阴阳,权力动摇诸侯,义理动摇君子,利益动摇小人。事物皆从其所趋向,动摇其同类。"⑪

　　所谓的"天壤"之"壤"在《银雀山汉墓竹简(贰)》的图版中基本上是清晰的,其字形为(以下用A代替):

细审字形,右边所从并不是"襄",《银雀山汉墓竹简(贰)》中有"襄"及从"襄"之字,如简997的"懷",简1615的"襄(懷)",字形分别为:

　

二者"襄"中的"目"皆竖写,马王堆汉墓帛书中有"懷""壤",其右旁写法与此类似,可见这类写法是汉初常见写法⑫。A字右旁中间部分其实是两个小口形,笔画有稍许粘连,可能被误认作了横目形。A字右边所从其实是"襄"字,《银雀山汉墓竹简(贰)》有不少"襄"及从"襄"的字,比较完整清晰的如下:

简1218　简1320　简1926　简1930

对比可知,A字应释为"壤","天壤"一词典籍常见,如《墨子·辞过》:"凡回于天地之间,包于四海之内,天壤之情,阴阳之和,莫不有也,虽至圣不能更也,何以知其然?""天壤"与"阴阳"

并举。"天壤"指"天地",而"天地"与"阴阳"并举更是常见,如《管子·势》:"修阴阳之从,而道天地之常。"《白虎通义·三正》:"王者,必一质一文者何?以承天地,顺阴阳。"《春秋繁露·人副天数》:"天地之符,阴阳之副,常设于身,身犹天也,数与之相参,故命与之相连也。"在《银雀山汉墓竹简(贰)》所附的摹本中,A字被摹写为:

笔画基本准确,其中的两个小口形清晰,与常见的"壤"字无别,《银雀山汉墓竹简(贰)》的释文将其释为"壤",很可能是排版时的误置。

其实在《银雀山汉墓竹简(贰)》出版之前,吴九龙所作的《银雀山汉简释文》一书中,已正确地释出了此字[13]。连劭名《银雀山汉简〈曹氏阴阳〉研究》一文依据吴九龙的释文和竹简编号,对《曹氏阴阳》篇做了很好的研究,"天壤"之释亦无误[14]。

附记:白于蓝师看过小文后,提示第一则的"梁"也有可能读为"量",即计量、度量之意,古代行军作战过程中,"量"是非常重要的,如《孙子·军形篇》:"一曰度,二曰量,三曰数,四曰称,五曰胜。"《吴越春秋·夫差内传》:"孤少失前人,内不自量,与吴人战,军败身辱,遁逃上栖会稽,下守海滨,唯鱼鳖见矣。"《东观汉记·世祖光武皇帝》:"兵事方略,量敌校胜。""无所量"与前后文的"失其常""失其事""无食""不及事"是层层递进的关系。附此备考。

(作者单位:华南师范大学历史文化学院)

注:

① 银雀山汉墓竹简整理小组编《银雀山汉墓竹简(贰)》,文物出版社2010年。
② 同上注第153页。
③ 张震泽《孙膑兵法校理》第169页,中华书局1984年。
④ 杨安《〈银雀山汉墓竹简·佚书丛残〉集释》第88页,吉林大学2013年硕士学位论文。
⑤ 李家浩《从战国"忠信"印谈古文字中的异读现象》,《北京大学学报(哲学社会科学版)》1987年第2期第12页。
⑥ 陈剑《马王堆帛书〈五十二病方〉、〈养生方〉释文校读札记》,《出土文献与古文字研究》第5辑第483页,上海古籍出版社2013年。
⑦ 刘钊《从秦"交仁"等印谈秦文字以"仁"为"信"的用字习惯》,《出土文献与古文字研究》第8辑第242页,上海古籍出版社2019年。
⑧ 湖南省博物馆、复旦大学出土文献与古文字研究中心编纂,裘锡圭主编《长沙马王堆汉墓简帛集成》第1册《长沙马王堆汉墓简帛出土与整理情况回顾》第1页,中华书局2014年。
⑨ 山东省博物馆、临沂文物组《山东临沂西汉墓发现〈孙子兵法〉和〈孙膑兵法〉等竹简的简报》,《文物》1974年

　　第2期第19—20页。

⑩　同注④第233页。

⑪　厖壮城《银雀山汉简数术类文献整理与研究》第40页,万卷楼图书股份有限公司2022年。

⑫　参见《马王堆汉墓简帛文字全编》(刘钊主编,郑健飞、李霜洁、程少轩协编,中华书局2020年)第1127页"懷"字、第1410页"壤"字。

⑬　吴九龙《银雀山汉简释文》第31页,文物出版社1985年。

⑭　连劭名《银雀山汉简〈曹氏阴阳〉研究》,《中原文物》2007年第2期第70页。

古文字研究（35）：415—422，2024

安大简《诗经·周南》与《毛诗》异文选释

张　峰

安徽大学藏战国竹简《诗经》自2019年发表后，引起了学术界的广泛关注。其中关注较多的是简本与《毛诗》的用字差异问题，安大简整理者多将简本读从《毛诗》，也即将二者"趋同"。也有学者从简本本身出发进行解读，得出了与《毛诗》用字不同的结论，可以看成"立异"①。安大简是用楚文字抄写的抄本，其用字虽可能存古，但很多应该符合楚文字的用字习惯和规律。基于此，本文对安大简《周南》部分诗篇中与《毛诗》的异文进行了研读，得出了安大简《诗经》用字与《毛诗》不同的结论。下分别论述。

1. 安大简1—2《关雎》"悟（寤）帰（寝）求之"，《毛诗》作"寤寐求之"。下句"悟（寤）帰（寝）思怀（服）"，《毛诗》作"寤寐思服"。诸家对"帰""寐"关系的争论颇多，有如下几种看法。

（1）简本作"帰"是，《毛诗》"寐"属于形讹。整理者徐在国撰文认为当以简本作"帰（寝）"为是，"寝"训为"寐"，"《诗经》早期的版本作'寝'，简本就是如此。因为'寝''寐'义同互训，秦朝焚书坑儒，典籍失传，至汉代口耳相授；再加上'寐'字有一种形体作 [字形]，又从'宽'（寝），汉代学者可能见到了'寐'字从'宽'的写法，误认为是'寐'了，于是'寤寝'就变成了'寤寐'"②。在整理报告中，保留了这一意见，并加"或说"认为简本"帰（寝）"为"帰（寐）"之误③。

（2）《毛诗》作"寐"是，又可细分为几种意见。第一，子居指出安大简虽是目前见到的最早版本，但很难称为善本。安大简编写者将他所看到的"寐"都改书为"帰"，可能是因为避讳之类的原因④。第二，郭理远认为整理者"或说""帰（寝）"为"寐"字之误可从⑤。第三，季旭升则认为"帰"可读为"寐"（"帰"有寝、寐两读），不必看成错字⑥。第四，段伊晴对网络上各家说法进行了详细总结，认为简本"帰"从苜声，读为"寐"；而楚简中读为"寝"的"帰"，从宽省声，两个"帰"属于同形字⑦。

按，简本"帰"字作 [字形]（中间未穿透笔画），下"帰"作 [字形]，释为"寝"当无疑问。字又见于简47《小戎》"载帰载兴"、简73《陟岵》"行役夙夜无帰"，对应《毛诗》分别作"寝""寐"。可以看出，凡是《毛诗》作"寐"者，简本皆作"帰"；而《毛诗》作"寝"者，简本也作"帰"。似能够推出，简本《诗经》凡是涉及《毛诗》"寐"字的，可能皆作"帰"。

《毛诗》中"寤""寐""寝"等字出现在以下诗篇中（见表一）：

表一 《毛诗》中"寤""寐""寝"字的使用情况

寤寐／寐寤	寤	寐	寝
寤寐求之（《周南·关雎》）	忾我寤叹（《曹风·下泉》）	耿耿不寐（《邶风·柏舟》）	载寝载兴（《秦风·小戎》）
寤寐思服（《关雎》）	契契寤叹（《小雅·大东》）	夙兴夜寐（《卫风·氓》《小雅·小宛》《大雅·抑》）	乃安斯寝（《小雅·斯干》）
寤寐无为（《陈风·泽陂》）		尚寐无吪（《王风·兔爰》）	乃寝乃兴（《斯干》）
寤言不寐（《邶风·终风》）		尚寐无觉（《兔爰》）	载寝之床（《斯干》）
独寐寤言（《卫风·考槃》）		尚寐无聪（《兔爰》）	载寝之地（《斯干》）
独寐寤歌（《考槃》）		行役夙夜无寐（《魏风·陟岵》）	或寝或讹（《小雅·无羊》）
独寐寤宿（《考槃》）		明发不寐（《小雅·小宛》）	
		假寐永叹（《小雅·小弁》）	
		不遑假寐（《小弁》）	

《毛诗》只有"寤寐"，并无"寤寝"，但是从"夙兴夜寐""载寝载兴"看，"兴"与"寐"、"兴"与"寝"两两对举。"尚寐无吪"，毛传："吪，动也。""或寝或讹"，毛传："讹，动也。""寐"与"吪"、"寝"与"讹"亦对举。这些皆说明诗中时而用"寐"，时而用"寝"，完全无别。"寤寐"可以说成"寤寝"⑧，"寐""寝"同义。从整理者所引形体𡧪看，楚文字"寐"不排除未来出现作𡧪形体者。𡧪、𡧪字形虽近，但不至于简本《关雎》《陟岵》几处"𡧪"均为"寐"字讹误，而《小戎》则无误。最合理的解释是，简本"𡧪（寝）"可能较古，不误。战国时期一本已经有作同义的"寐"字，《毛诗》承之。《陟岵》篇"𡧪"字情况与《关雎》同，作同义的"寐"正可押韵，而简本则不韵。程浩曾指出"𡧪"与"寐"无论字形还是读音，皆存在距离，二者当看成同义换用⑨。是比较中肯的说法。

2. 简2《关雎》"㦥＝才＝（㦥哉㦥哉）"，《毛诗》作"悠哉悠哉"。"㦥"，整理者读为《毛诗》的"悠"，引毛传"悠，思也"、郑笺"思之哉！思之哉！言己诚思之"。简55《渭阳》"㦥＝我思"的"㦥㦥"，整理者读同《毛诗》"悠悠"；简115《鸨羽》"滔＝仓（苍）天"，整理者也读同《毛诗》"悠悠"。姚道林将简本《关雎》"㦥"改读为"陶"，训为郁陶⑩。梁鹤读为"慆"，训为忧；将简本《鸨羽》"滔＝仓天"的"滔滔"如字读⑪。

按，《诗经》中"㦥"声字与"悠"确实存在异文，如《豳风·东山》"慆慆不归"，毛传："慆慆，言久也。"王先谦《诗三家义集疏》指出："三家'慆'作'滔'，亦作'悠'。""'慆作滔'者，《御览》三十二引《诗》作'滔滔不归'。《说文》'慆'下云：'说也。''滔'下云：'水漫漫大貌。'《诗·江汉》笺：'顺流而下滔滔然，水久流不返，以喻人之久出不归。'作'慆'借字，'滔'正字。《楚词·七谏》'年滔滔而日远兮'，义亦为久也。'亦作悠'者，魏武帝诗：'悲彼《东山》诗，悠悠使我哀。'魏文帝诗：'岂如《东山》诗，悠悠多忧伤。'是三家'滔'作'悠'之证。'滔'、'悠'古同声通用。《论语》'滔滔者天下皆是也'，《史记·孔子世家》及郑本《论语》亦作'悠悠'，'悠悠'亦久也。"⑫"慆慆不归"，"慆慆"当作"滔滔"，作"悠悠"训为久也通。"滔滔者天下皆是也"，"滔滔"似不通，当作"悠悠"，训为忧⑬。以此来看安大简中的"舀"及"舀舀"声字，与《毛诗》"悠"及"悠悠"可能属于音同义近(或义同)之异文，似不必转读为"悠悠"⑭。试一一论述。

《毛诗·关雎》的"悠"，林义光《诗经通解》曰："悠，忧貌。《说文》：悠，忧也。《方言》：郁攸，思也。《广雅·释言》：陶，忧也。悠、攸、陶，古并同音。凡单言悠，叠言悠悠，与双声之郁攸、郁陶，皆忧思之义。《终风》《雄雉》《子衿》《渭阳》'悠悠我思'，《泉水》'我心悠悠'，《子衿》'悠悠我心'，悠悠亦皆训为忧思。"⑮林说可从。我们可以将《毛诗》涉及"悠悠"的全部诗句及相关解释罗列出来，进行对比(见表二)。

表二　《毛诗》中"悠悠"一词的使用情况(附安大简异文)及相关释义

《毛诗》"悠悠"	安大简	毛传	郑笺	《诗集传》
悠悠我思(《邶风·终风》)			我思其如是，心悠悠然。	悠悠，思之长也。
悠悠我思(《邶风·雄雉》)			我心悠悠然思之。	
我心悠悠(《邶风·泉水》)				
悠悠我心(《郑风·子衿》)			思之耳。	
悠悠我思(《子衿》)				
悠悠我思(《秦风·渭阳》)	舀＝我思			
悠悠我里(《小雅·十月之交》)		悠悠，忧也。	悠悠乎，我居今之世。	
驱马悠悠(《鄘风·载驰》)		悠悠，远貌。	夫人愿御者驱马悠悠乎。	悠悠，远而未至之貌。
悠悠苍天(《王风·黍离》)		悠悠，远意。	远乎苍天。	
悠悠苍天(《唐风·鸨羽》)	滔＝仓天			
悠悠昊天(《小雅·巧言》)			悠悠，思也。我忧思乎昊天。	悠悠，远大之貌。
悠悠南行(《小雅·黍苗》)		悠悠，行貌。	将徒役南行，众多悠悠然。	悠悠，远行之意。
悠悠斾旌(《小雅·车攻》)				悠悠，闲暇之貌。

其中《泉水》："思须与漕，我心悠悠。驾言出游，以写我忧。""思"则"心悠悠"，需要"出游"，"以写我忧"。将"悠悠"训为"忧"非常合适。《十月之交》"悠悠我里"，毛传训"悠悠"为"忧"，马瑞辰《毛诗传笺通释》："朱彬曰：'悠悠我里犹言悠悠我思。'是也。"⑯所以，上表《毛诗》中涉及的部分"悠悠"以及《关雎》"悠"皆应如林义光所说，训为"忧"，而不是整理者引毛传和郑笺，训为"思念"之"思"。古音"舀"与"悠"确实可通，但楚简"舀"多读为"陶""慆"，所以《关雎》"舀"应从姚道林读为"陶"，从林义光所引《广雅》训为"忧"。训为郁陶，其义一也。而"慆"并无忧思义，故读为"慆"似不可从。简本《渭阳》"舀＝我思"，疑可读为"陶陶我思"。

上文林义光引《广雅》"陶"有忧义，疑叠言"陶陶"亦有忧义⑰。或读为"滔滔我思"，表示我思之久长。

简本《鸨羽》"滔滔"一词也多见于《毛诗》（见表三）。

表三　《毛诗》中"滔滔"一词的使用情况及相关释义

《毛诗》"滔滔"	毛传	《诗集传》
汶水滔滔（《齐风·载驱》）	滔滔，流貌。	
滔滔江汉（《小雅·四月》）	滔滔，大水貌。	
武夫滔滔（《大雅·江汉》）	滔滔，广大貌。	滔滔，顺流貌。

"滔滔"可训为"广大貌"，所以简本《鸨羽》"滔₌仓天"确可从梁鹤读为"滔滔苍天"，犹如《小雅·雨无正》"浩浩昊天"，朱熹集传："浩浩，广大也。"

3. 简3《关雎》"左右敎（教）之"，《毛诗》作"左右芼之"。整理者云："上古音'教'属见纽宵部，'芼'属明纽宵部。二字韵部相同，声纽有关，当为通假关系。毛传：'芼，择也。'"子居认为将"教"读为"芼"可商，因为"安大简《关雎》用'教'而非'芼'很可能关系到安大简编写者认为'教'才是本字，也即安大简编写者理解为这句诗涉及到对淑女进行与新环境相关的各种教导，则此处将安大简《关雎》按今传本来读就会失去先秦时很可能存在的另外的解诗观念"⑱。华学诚则明确指出"教"与"芼"古音不通，"教"训为"教化"。安大简和《毛诗》的不同，反映出处于经典化早期的《诗》与完成经典化的《毛诗》之间的不同⑲。邓佩玲赞成华学诚的观点⑳。邬可晶认为简本"教"可能是有的传《诗》者误读假借为"芼/覒"的"貌"为"教"而来㉑。

按，见母、明母声母距离较远，但古文字材料中偶有二母相通的例证，如《上博三·周易》简27："九五，钦其拇，无悔。"其中的"拇"马王堆汉墓帛书《周易》作"股"，今本作"脢"㉒。"拇"和"脢"，明母之部；"股"，见母鱼部。即便如此，诚如上引子居、华学诚等所说，"教"无法通假为"芼"。我们认为，"教""芼"很可能是义同关系，"教"似可读为同属见母宵部的"挢"。虽然楚简中未见二者相通例证，导致这一说法疑点颇多。但"教"从爻声，"挢"从高声，传世文献中以二者为声符的字可通㉓。《毛诗·关雎》"流""采""芼"，王念孙、马瑞辰皆认为"流"读为"撩"，三字皆训为取㉔，姚道林、陈伟武等赞成其说㉕。"挢"见于《说文》，文献中用例也很多。《广雅·释诂》："采、掇、搴、芼、挢，取也。"㉖《淮南子·要略》："乃始揽物引类，览取挢掇。"高诱注："挢，取也。"㉗

4. 简10《螽斯》"䁝₌可（兮）"，《毛诗》作"振振兮"。整理者将"䁝"读为"振"，引马瑞辰《毛诗传笺通释》："振振，谓众盛也。振振与下章绳绳、蛰蛰，皆为众盛，故《序》但以'子孙众多'统之……《传》训为仁厚，失之。"赵海丽亦读为"振振"，但训为"兴旺""强盛"㉘。陈民镇引《毛诗·秦风·车邻》"有车邻邻"，毛传训"邻邻"为"众车声也"，认为简本的"䁝₌"当是与"邻邻"同一系列的叠音词㉙。子居读为"邻邻",认为与"振振""隐隐""殷殷"音近义同,原为拟声词,表众声义,引申为众多貌、盛貌㉚。陶旭露虽未直接明言,但似也倾向于读为"邻邻"㉛。段伊晴从刘洪涛说,认为"箐"是"闵凶"之"闵"的异体,"闵闵"训为"多"㉜。

按,马瑞辰训《毛诗》"振振"为"众盛",可从。朱熹《诗集传》已有此说,训为"盛貌"。简文作"箐₌","箐"所从的"芟"楚简常读为"邻""吝""隐"㉝,文献中"隐隐"可表示"盛貌",如《文选》司马长卿《上林赋》"沈沈隐隐,砰磅訇礚",李善注:"隐隐,盛貌也。"潘安仁《闲居赋》"煌煌乎,隐隐乎,兹礼容之壮观,而王制之巨丽也",李善注:"隐隐,盛也。又曰:沈沈隐隐。一作殷殷,音义同。"也可表示"众多貌",如《文选》张平子《东京赋》"隐隐辚辚",薛综注:"隐隐,众多貌。""隐"音同"殷",文献常通,义有时亦同。文献中"殷殷"也有众多的意思,如《文选》左太冲《魏都赋》:"殷殷寰内,绳绳八区,锋镝纵横,化为战场,故麋鹿寓城也。""殷殷""绳绳"同见,李善注引《郑风·溱洧》毛传"殷,众也",又引《螽斯》"子孙绳绳兮",是"殷殷""绳绳"皆众也。《吕氏春秋·慎人》"丈夫女子,振振殷殷,无不戴说",高诱注:"振振殷殷,众友之盛。"《汉书·扬雄传》"徽车轻武,鸿絧緁猎,殷殷轸轸,被陵缘阪,穷冥极远者,相与逾虖高原之上",颜师古注:"殷轸,盛也。……殷读曰隐。"从简本用"箐₌"来看,读为"隐隐"比"振振"更合适。

5. 简11《桃夭》"又(有)焚亓(其)实",《毛诗》作"有蕡其实"。整理者云:"'焚',当从《毛诗》读为'蕡',毛传:'实貌。'《诗集传》:'实之盛也。'"子居则将"蕡"训为"美",认为与上章形容桃花的"卲卲"为"美"义相应㉞。

按,《毛诗》中与"有蕡其实"相似的句子多见,如(1)《小雅·杕杜》"有睆其实",毛传:"睆,实貌。"陈奂《诗毛氏传疏》认为"有睆其实"比喻"子孙多"㉟,"睆"准确地说,当训为实之盛㊱。(2)《小雅·湛露》"其实离离",毛传:"离离,垂也。"高亨《诗经今注》:"离离,茂盛繁多。"㊲"离离"又见于《王风·黍离》"彼黍离离","离离"亦或训"垂",亦或训"茂盛"㊳。似"盛貌"更优。(3)《桧风·隰有苌楚》"猗傩其枝""猗傩其华""猗傩其实",毛传:"猗傩,柔顺也。"王引之《经义述闻》曰:"华与实不得言柔顺,而亦云'猗傩',则'猗傩'乃美盛之貌矣。"通过这些句子的对比,"有蕡其实"的"蕡"当训为盛多。楚简中"焚"常与"纷"相通,如《上博三·恒先》简4—5"业业天地,焚₌(纷纷)而多彩物"、《清华三·芮良夫毖》简21"年谷焚(纷)成,风雨时至"㊴。疑简本"焚"当读为"纷"㊵,文献中常训为"盛貌""盛多貌""多也""众貌"等㊶,如《楚辞·离骚》"纷吾既有此内美兮",王逸注:"纷,盛貌。"简文中具体指果实盛多。

6. 简13—15《芣苢》中的"茁目",《毛诗》皆作"芣苢"。整理者云:"'茁',从'艸','缶'声,疑是'芣'字异体。上古音'不'属帮纽之部,'缶'属帮纽幽部,二字声纽相同,韵部旁转。故从'不'声的'芣',可以写作从'缶'声的'茁',属于声符互换。'目'从'以'声。毛传:'芣苢,马舄。马舄,车前也,宜怀任焉。'"

按,之部与幽部在古文字中确有相通之例⑫,但并非所有之部与幽部皆可通,且楚简中似未见"缶"声与"不"声相通之例,故整理者的意见似可商。《说文》艸部:"苢,芣苢。一名马舄。其实如李,令人宜子。从艸㠯声。《周书》所说。"《逸周书·王会解》:"康民以秠(一本作'桴'——引者注)苢者,其实如李,食之宜子。"⑬历代治《说文》《逸周书》《毛诗》的学者,对"芣苢""秠(桴)苢"是一物(即车前草)还是两物(即前者指车前草,后者指木名)有争论。段玉裁《说文解字注》"苢"下曰:"《王会篇》曰:'康民以桴苢。桴苢者,其实如李,食之宜子。'《诗音义》云:'《山海经》及《周书》皆云:芣苢,木也。'今《山海经》无'芣苢'之文⑭,若《周书》正文,未尝言桴苢为木。陶隐居又云:'《韩诗》言芣苢是木,食其实宜子孙。'此盖误以说《周书》者语系之《韩诗》。德明引《韩诗》:'直曰车前,瞿曰芣苢。'李善引薛君曰:'芣苢,泽泻也。'《韩诗》何尝说是木哉。窃谓古者殊方之贡献,自出其珍异以将其诚,不必知中国所无而后献之。然则'芣苢'无二,不必致疑于许称《周书》也。"胡承珙《毛诗后笺》也说:"今《山海经》无'芣苢'之文;《周书·王会篇》'康民以桴苢',亦未尝明言其为木。今车前草,所在多有,亦易认识。……诸家以为木者,皆因其'实似李'而误。"⑮潘振《周书解义》曰:"桴苢即芣苢,车前也。"⑯据此可知,"秠(桴)苢"和"芣苢"可能是一物,即车前草。简本"芣"字作"莔",二者可能并非异体,"莔"似读为同是幽部的"秠(桴)"更合适⑰。《清华一·皇门》简2"乞(迄)又(有)寁",《逸周书·皇门》作"迄亦有孚","寁(宝)"从缶声,读为"孚";传世文献中也有"缶"声与"孚"声相通的例证⑱。至汉代,"秠(桴)苢"转读为"芣苢",成为叠韵联绵词。犹如简本《关雎》"要翟",汉代读成"窈窕",成为叠韵联绵词一样。另外,简本"莔"从艸,可能也有提示"秠(桴)苢"或"芣苢"是艸名的功用。

以上,我们对安大简《周南》中与《毛诗》的几处异文进行了研读,认为简本当从其自身用字进行解释,似不必将简本与《毛诗》"趋同"。安大简《关雎》"帰(寝)"不误,与《毛诗》"寐"义同。安大简《关雎》"舀"疑读为"陶",与《毛诗》"悠"义同;《鸨羽》"滔="如字读,与《毛诗》"悠悠"义同;《渭阳》"舀=",疑可读为"陶陶",或读为"滔滔",与《毛诗》"悠悠"义近同。安大简《关雎》"教"疑读为"挢",与《毛诗》"芼"义同。安大简《螽斯》"訇="疑读为"隐隐",与《毛诗》"振振"义同。安大简《桃夭》"焚",疑读为"纷",与《毛诗》"蕡"义同(当然《毛诗》的"蕡"也不排除读为"纷")。安大简《芣苢》中的"莔㠯",疑读为"秠(桴)苢",汉代转读成"芣苢"。

附记:本文为2022年度国家社会科学基金冷门绝学研究专项个人项目"出土楚文字疑难字整理、研究及数据库建设"(22VJXG058)阶段性成果。

(作者单位:重庆大学新闻学院)

注：

① 如夏含夷《读如字：从安大简〈诗经〉谈简帛学的"趋同"与"立异"现象（六则）》，《战国文字研究》第3辑第4—13页，安徽大学出版社2021年；蔡一峰《安大简〈诗经〉异文考辨丛札》，《中山大学学报（社会科学版）》2021年第5期第52—56页；邬可晶《出土〈诗经〉文献所见异文选释》，《出土文献与古文字研究》第10辑第137—158页，上海古籍出版社2022年。

② 徐在国《谈安大简〈诗经〉的一个异文》，《湖南大学学报（社会科学版）》2019年第2期第103—104页。

③ 安徽大学汉字发展与应用研究中心编，黄德宽、徐在国主编《安徽大学藏战国竹简（一）》第71页，中西书局2019年。下引整理者的意见皆出自此，不再出注。

④⑱ 子居《安大简〈邦风·周南·关雎〉解析》，中国先秦史网2019年9月26日。

⑤ 郭理远《谈安大简〈诗经〉文本的错讹现象》，简帛网2019年10月10日；后刊于《中国文字》2021年冬季号（总第6期）第209—211页，万卷楼图书股份有限公司2021年。

⑥ 季旭升《谈安大简〈诗经〉"痞寐求之"、"痞寐思服"、"为絺为绤"》，《中国文字》2019年冬季号（总第2期）第2—4页，万卷楼图书股份有限公司2019年。俞绍宏反对"帰"读为"寐"，认为"帰"还应从整理者读为"寐"，参俞绍宏《据安大简考辨〈诗经〉韵读一例》，《汉字汉语研究》2020年第1期第12—17页。

⑦ 段伊晴《〈安徽大学藏战国竹简（一）〉集释》第367—371页，吉林大学2021年硕士学位论文。

⑧ 先秦传世文献中，据我们查找，似乎"痞寐"一词仅见于《毛诗》。汉代文献"痞寐"偶见，如《汉书·外戚传》："每痞寐而絫息兮，申佩离以自思。"马王堆汉墓帛书《五行》行340引《关雎》作"唔（痞）眛（寐）"。

⑨ 程浩《安大简〈诗经〉"同义换用"现象与"窗"字释读》，《文献语言学》第14辑第114页，中华书局2022年。

⑩ 姚道林《出土文献与〈毛传〉训诂研究》第111—113页，安徽大学2020年博士学位论文。

⑪ 梁鹤《安大简〈诗经〉所见"舀""滔"义解》，"战国文字研究青年学者论坛"论文集第152—156页，安徽大学，2022年11月19—20日。

⑫ 〔清〕王先谦撰，吴格点校《诗三家义集疏》第532—533页，中华书局1987年。

⑬ 黄怀信《论语汇校集释》第1627页，上海古籍出版社2008年。

⑭ 安大简103《蟋蟀》"日月其滔"之"滔"，对应《毛诗》作"慆"，"滔"也是读"舀"声字，而不是"攸"声字。《清华三·周公之琴舞》简1"享惟滔（慆）帀"也是"滔"读为"舀"声字，而不是"攸"声字。

⑮ 林义光《诗经通解》第2页，中西书局2012年。

⑯ 〔清〕马瑞辰撰，陈金生点校《毛诗传笺通释》第610页，中华书局1989年。

⑰ "陶陶"见于《毛诗》，如《王风·君子阳阳》"君子陶陶"，毛传："陶陶，和乐貌。"郑笺："陶陶，犹阳阳也。"《郑风·清人》"驷介陶陶"，毛传："陶陶，驱驰之貌。"朱熹集传："陶陶，乐而自适之貌。"义与简文不同。

⑲ 华学诚《浅议异文、通假与经典化——以毛诗〈关雎〉"芼"安大简作"教"为例》，《语文研究》2020年第3期第1—5页。

⑳ 邓佩玲《〈关雎〉主题诠释：安大简"左右教之"的启示》，"简帛国际学术研讨会"（《诗》类文献专题）论文集第10—21页，西南大学，2021年11月27—28日。

㉑ 邬可晶《出土〈诗经〉文献所见异文选释》，《出土文献与古文字研究》第10辑第157页。

㉒ 参马承源主编《上海博物馆藏战国楚竹书（三）》第173—174页，上海古籍出版社2003年。

㉓ 张儒、刘毓庆《汉字通用声素研究》第235—236页，山西古籍出版社2002年。

㉔ 〔清〕王念孙著，钟宇讯点校《广雅疏证》第147页，中华书局1983年；〔清〕马瑞辰撰，陈金生点校《毛诗传笺通

释》第32页。

㉕　姚道林《〈周南·关雎〉"左右流之"试析》,《战国文字研究》第2辑第45—50页,安徽大学出版社2020年;陈伟武《安大简〈诗经〉"流木"补说》,《古文字研究》第33辑第392—396页,中华书局2020年。

㉖　王念孙《广雅疏证》第19页。马瑞辰《毛诗传笺通释》第32页:"《尔雅》:'芼,搴也。'搴亦取也。《传》训芼为择,盖谓择而取之。""挋"亦有"择"义,《广雅·释诂》:"挋,择也。"(王念孙《广雅疏证》第36页)

㉗　何宁《淮南子集释》第1443页,中华书局1998年。

㉘　赵海丽《安大简本〈螽斯〉章次探赜》,《聊城大学学报(社会科学版)》2020年第1期第47、50页。

㉙　陈民镇《从安大简看〈诗经〉的叠音词》,西南大学文献所网2019年10月16日。

㉚㉞　子居《安大简〈邦风·周南·螽斯〉解析》,中国先秦史网2019年10月19日。

㉛　陶旭露《安大简〈周南·螽斯〉异文探析》,《汉字文化》2023年第1期第84—85页。

㉜　同注⑦第59页。

㉝　参禤健聪《战国楚系简帛用字习惯研究》第201—202、389页,科学出版社2017年。

㉟　〔清〕陈奂撰,王承略、陈锦春校点《诗毛氏传疏》,《儒藏》精华编第33册第422页,北京大学出版社2009年。

㊱　参程俊英、蒋见元《诗经注析》第475页,中华书局1999年;袁梅《诗经译注》第440—441页,齐鲁书社1985年。

㊲　高亨注《诗经今注》第242页,上海古籍出版社1980年。

㊳　屈万里《诗经诠释》第82页,上海辞书出版社2016年。

㊴　更多例子参白于蓝编著《简帛古书通假字大系》第1317页,福建人民出版社2017年。

㊵　《毛诗》的"黂"也可能读为"纷",通假例证如《墨子·天志下》"是黂我者,则岂有以异是黂黑白甘苦之辩者哉",孙诒让间诂:"顾云:'黂,读若治丝而棼之棼。''我'当为'义'。'案:顾说是也,棼亦与纷同。《尚同中》篇云'本无有敢纷天子之教者',与此文例略同。《急就篇》云'芬熏脂粉膏泽箭',芬,皇象本作'黂'。此以'黂'为'棼',与彼相类。"参〔清〕孙诒让撰,孙启治点校《墨子间诂》第219页,中华书局2001年。

㊶　参宗福邦、陈世铙、萧海波主编《故训汇纂》第1721页,商务印书馆2003年。

㊷　参王兆鹏《上古出土文献韵部亲疏关系》第4—5、51—52页,中华书局2021年。

㊸㊻　参黄怀信、张懋镕、田旭东《逸周书汇校集注(修订本)》第868页,上海古籍出版社2007年。

㊹　按,"《山海经·西山经》:'崇吾之山有木焉,员叶而白柎,赤华而黑理,其实如枳,食之宜子孙。'说与《周书》相似,然未明言是茉苢"(参陈逢衡《逸周书补注》,转引自黄怀信、张懋镕、田旭东《逸周书汇校集注(修订本)》第868页)。

㊺　〔清〕胡承珙撰,郭全芝校点《毛诗后笺》第47页,黄山书社1999年。

㊼　子居已有此说,参子居《安大简〈邦风·周南·茉苢〉解析》,中国先秦史网2019年11月4日。

㊽　参注㉓第97页。

古文字研究(35):423—429,2024

从《皇门》的一处异文谈到
《容成氏》的"慎戎氏"

邬 可 晶

说明： 本文于2023年9月4日交稿。9月底，在新出版的《出土文献》2023年第3辑上读到了蔡伟先生的《清华简〈皇门〉与传世本〈逸周书〉异文辨析一则》(第64—67页)。蔡文读清华简《皇门》"戎兵以能兴"的"兴"为"绳"，谓"绳"与《逸周书》本"慎"义近，引《诗·大雅·下武》"绳其祖武"或作"慎其祖武"为证，又举出《尚书·立政》"其克诘尔戎兵"以为比照。可以说，本文前半部分的主要观点和论据，蔡文皆已得之在先(只有对"绳"的词义的理解，彼此稍有不同)。但因文已定稿，无法推倒大改，只能先在文首揭出蔡文，以示不敢掠美，并为能与蔡伟先生不谋而合而感到欣喜。

《清华大学藏战国竹简(壹)》所收《皇门》，又见于传世《逸周书》。清华简本6号简有如下一段文字[①]：

> 王邦用宁，小民用段(格)，能家(稼)啬(穑)，戋(咸)祀天神，戎兵以能兴，军用多实。

释文凡与整理者不同之处，悉用复旦读书会《清华简〈皇门〉研读札记》说[②]，限于篇幅，不一一注明。

上引"戎兵以能兴，军用多实"二句，《逸周书·皇门》作[③]：

> 戎兵克慎，军用克多。

整理者对简本"军用多实"的"实"提出两种解释：一训为"满"；一训为"军实"，"车徒、器械及所获也"[④]。冯胜君认为"从文义来看，当以后说为是。'军用多实'，即部队有充足的军实(车徒、器械等)"[⑤]。但"军用"即指军中所用之物(整理者引潘振注"军用，桢榦刍茭之类")，"车徒、器械"云云本可包括在内，取"军实"之说，其语反嫌冗赘不通(除非他们认为"军用多实"的"用"即上文"王邦用宁""小民用格"的"用"。但清华简整理者和冯胜君都未明说，且《逸周书》本"军用克多"的"用"决不能这样讲。从上一句的"戎兵"来看，"军用"亦应是一词)。如训"实"为"满"，"军用多实"的"多""实"二词平列，与上一句"戎兵以能兴"的"能""兴"和《逸周书》本"军用克多"的"克""多"结构均不相同，恐亦有问题。窃疑简本"多""实"二字误抄倒，此句当作"军用实多"，"实多"与上一句"能兴"以及《逸周书》本"克多"文例一致。

《国语·楚语下》"重寔上天，黎寔下地"，韦昭注"言重能举上天，黎能抑下地"。徐仁甫《广释词》谓"寔"同"是",据韦注认为"'是'犹'能'也"⑥。"寔/是""实"可算是一对"骈词"。萧旭《古书虚词旁释》举出《国语·楚语下》《周书》所谓重、黎实使天地不通者,何也"、同书《晋语三》"民实戴之",认为此二例"实"也相当于"能"⑦。今按,这些"实"应该仍是意为"确实"的表肯定语气的副词,只是在某些语境中可以认为带有"能""得以"之类的意味。如"重、黎实使天地不通"的字面意思是"重、黎确实使天地不通",但是肯定了重、黎造成天地不通,当然意味着重、黎能够使天地不通。同理,"军用实多"的字面意思是"军用确实多了"、"军用确有增多的情况",这也等于说军用得以增多,其义与《逸周书》本"军用克多"实同。不过,我们的怀疑尚乏确凿的版本依据,只能聊备一说。

简本"戎兵以能兴"一句,整理者注云⑧:

兴,《说文》:"起也。"此指兴兵。此句今本作"戎兵克慎"。

各家率从之而未见引起讨论。其实,简本的"兴"如指"兴兵"而言,"戎兵以能兴"与《逸周书》本"戎兵克慎"文义相违,其间异文关系无法作出合理的说明⑨。

我们认为"戎兵以能兴"的"兴"当读为"绳"。清华简所见"绳"字皆作从"糸"、"兴"声⑩,《皇门》11号简"是糡(扬)是绳"的"绳"即其例。《上博(六)·天子建州》乙本6号简"行以兴"的"兴"读为准绳之"绳"⑪,更是"兴"通"绳"的直接例证。记录"绳"的"兴"未尝不可以视为从"糸"、"兴"声的"绳"的简俗省体。本篇11号简"是扬是绳"的"绳"是"称誉"的意思,《左传·庄公十四年》"绳息妫以语楚子",杜预注:"绳,誉也。"⑫《左传》此"绳"字,《释文》引《说文》作"譝";《广雅·释诂四》也有"譝,誉也"⑬。"譝"是此义之"绳"的后起本字。而6号简"戎兵以能兴(绳)"的"绳"显然不能训为"称誉",二者用字有所差别,不为无因。

"绳"本指准绳,用为动词表示"受法绳"、按准绳行事,便可谓之"戒慎"⑭。《管子·宙合》"是以圣人明乎物之性者必以其类来也,故君子绳绳乎慎其所先",尹知章注:"绳绳,戒慎也。"《尔雅·释训》:"兢兢、憴憴,戒也。""憴"当是"戒慎"义的"绳"的后起本字。《诗·大雅·下武》"昭兹来许,绳其祖武",毛传:"许,进。绳,戒。武,迹也。"郑笺:"兹,此。来,勤也。武王能明此勤行,进于善道,戒慎其祖考所践履之迹。""绳其祖武"之"绳",三家诗作"慎"⑮。毛诗之"绳"本即"以其祖考所践履之迹为准绳"、"受其'祖武'之法绳"之意,故与三家诗所用戒慎之"慎"义通。简本《皇门》"戎兵以能兴(绳)",《逸周书》本作"戎兵克慎",正与此同例。"戎兵以能绳"的意思就是武备因此能"受法绳"、遵循准绳而用,亦即得以戒慎戎兵。这一段话是周公说"昔在二有国之哲王"的,以他们为周之时政的榜样、参照。说夏商之哲王"戎兵以能绳""戎兵克慎",也比说他们"戎兵以能兴"要合适得多,能兴戎兵不免流于穷兵黩武,恐怕不是周人所提倡的。《尚书·立政》记周公告诫成王曰:

今文子文孙,孺子王矣。……其克诘尔戎兵,以陟禹之迹,方行天下,至于海表,罔有不服。……

孙星衍疏引郑玄《周礼》注"诘，谨也"（见《秋官·大司寇》"诘四方"、《秋官·布宪》"以诘四方邦国"等），"言能谨汝戎兵，以升禹之迹，溥行天下，至于海外，无有不服"[16]。由此可知，"谨慎戎兵"、以文德服天下而不滥用武力，才是周代的主流价值观。《立政》"其克诘尔戎兵"与《皇门》"戎兵以能绳""戎兵克慎"同意。

《上海博物馆藏战国楚竹书（二）》所收《容成氏》，开篇说上古"皆不授其子而授贤"，列举了大批古帝王名号（1号简），位于"仓颉氏、轩辕氏"之后者，简文原作：

　　　　斳戎是（氏）

整理者读为"神农氏"[17]，学者多遵从之。"戎"读为"农"当然没有问题；"斳"即"慎"字，上古声母属 *T-，"神"的上古声母属 *L-，二系之字在先秦时代一般不能相通，所以读"慎"为"神"语音上恐难成立[18]。

大西克也取"慎"为舌根音之说，与我们的看法不同，但他因此怀疑"'神农'最初应为'慎农'，因'治农'而得名"；又引《尔雅·释诂下》"神，治也"，郝懿行《义疏》所录洪颐煊说"神农皆谓治农"，认为"'慎农'即谨农、治农"，后"慎"声母颚化，"读音与'神'相近，最后被'神'字取代"[19]。撇开对"慎"的声母的分歧不论，仅就词义而言，"慎"只有"谨戒"义，并无"治理"义，"慎农"断不可能解释为"治农"。他对"神农"之"神"与"慎"的关系的认识也有问题，详后文。虽然如此，大西克也指出《容成氏》"慎戎氏"的"慎"不当破读为"神"，还是十分正确的。施瑞峰在他的博士论文里虽也同意《容成氏》的"慎戎氏"对应于古书中的"神农氏"，但对以此作为上古 *T- 系、*L- 系声母交涉的例证则持保留态度。他指出"毕竟'慎戎'如字理解似亦可通"，"慎戎氏"与"神农氏"两种写法之间"是否各有成词的理据"，需要进一步研究[20]。其说甚为有理。现在结合上文讨论的《皇门》"戎兵以能绳""戎兵克慎"和《立政》"克诘尔戎兵"来看，《容成氏》所记的这一古帝王名很可能确应如字读作"慎戎氏"，取"克慎戎兵"之意。肯定这一点，对于研究神农传说的演变是有意义的。

"神农"的名号似始见于战国中期以后的传世文献。从"神农作，树五谷淇山之阳，九州之民，乃知谷食"（《管子·轻重戊》）、"神农教耕生谷，以致民利"（《管子·形势解》）、"包牺氏没，神农氏作，斫木为耜，揉木为耒，耒耨之利，以教天下"（《周易·系辞下》）以及当时有"神农之言"（《孟子·滕文公上》）、"神农之数"（《管子·揆度》）、"神农之教"（《吕氏春秋·爱类》）、"神农之禁"（《六韬·虎韬》）等来看，神农大概本是远古时代农业方面的一位文化英雄。《诗·小雅·甫田》"琴瑟击鼓，以御田祖"，《大田》"田祖有神，秉畀炎火"，毛传："田祖，先啬也。"《礼记·郊特牲》"蜡之祭，主先啬而祭司啬也"，郑玄注："先啬，若神农者。"《周礼·春官·龠章》"凡国祈年于田祖，吹《豳雅》，击土鼓，以乐田畯"，郑注："田祖，始耕田者，谓神农也。"可知古人奉神农为"田祖"。神农的古帝王身份应是由其文化英雄的形象发展而来的。在《庄子·胠箧》、《六韬》佚文《大明篇》中，"神农氏"还只是作为"古之王者"之一与容成氏、大庭氏、伯皇氏、栗陆氏、轩辕氏、赫胥氏、尊卢氏、祝融氏、伏羲氏等等并列，其例与《容成氏》同㉑。这应该是神农氏成为古帝王之后的较早形态（文献撰成的时代与其所载内容的时代不能简单画等号）。此后，神农氏的地位迅速提升，至战国晚期文献中已屡见与黄帝并称。

　　"神农"之名很可与"后稷"类比。周之先祖弃曾教民稼穑、"辟土殖谷"，"时维后稷"。《尚书·尧典》："帝曰：弃，黎民阻饥，汝后稷，播时百谷。"这里的"后稷"显然是"主管农事"之义㉒。当"主管农事者"者讲的"后稷"则是农官名（见《国语·周语上》"及籍，后稷监之"、"其后稷省功，太史监之"、"徇：农师一之，农正再之，后稷三之，司空四之……"）。"神农"亦可指农官。《礼记·月令》载"季夏之月"，"不可以兴土功，不可以合诸侯，不可以起兵动众，毋举大事以摇养气，毋发令而待，以妨神农之事也。水潦盛昌，神农将持功，举大事则有天殃"。此文又见于《吕氏春秋·季夏纪》，"神农将持功"一句作"命神农，将巡功"，高诱注："昔炎帝神农，能殖嘉谷，神而化之，号为神农，后世因名其官为神农。"陈奇猷说："上文云'妨神农之事'，此云'命神农，将巡功'，则神农显系官名。"㉓高注将神农与炎帝相牵合，殊不知以神农附会炎帝乃后起之说㉔。不过高、陈以这里的"神农"为官名则极是。上引《龠章》"以乐田畯"句郑注引郑司农云："田畯，古之先教田者。"前人或以为此"田畯"即《郊特牲》之"司啬"，指后稷㉕。"田畯"既可以是"田啬夫"之官，又可以指任田官的后稷之类的农神，情况也与神农、后稷相似。

　　陈奇猷对"神农"之名有不错的解释㉖：

　　　　《晏子春秋·谏上》云"为田野之不辟，仓库之不实，则申田存焉"，《管子·立政》云"相高下，视肥墝，观地宜，明诏期前后，农夫以时均修焉，使五谷桑麻皆安其处，由（当作"申"，形近而误）田之事也"，是申田即司农事之官。"申田"，亦称"治田"，《荀子·王制》云"相高下，视肥墝，需五种，省农工，谨蓄藏，以时顺修，使农夫朴力而寡能，治田之事也"，是其证。古文"神""申"同，详《诬徒》"注四三"；"农"字古恒以"田"为之，如《说文》"畋，田民也"即农民也，"大农"本书《勿躬》作"大田"；故"神农"即"申田"。……然则"申田""治田""神农""司农"均同，乃一名之转化耳。

陈氏认为"申田""神农"所以相当于"治田""司农"，乃是由于"'申''司'字通""'司''治'同义"的缘故。按"申""司"韵不近，其字通之说非是，我们上面略去未引。但他的基本结论应可信从（前引大西克也对"神农"的解释与陈说大致相同）。《尔雅·释诂下》有"神，治也"条，前人已指出《诗·小雅·信南山》"信彼南山，维禹甸之"之"甸"，毛传训"治也"（按《尚书·多士》"乃命尔先祖成汤革夏，俊民、甸四方"之"甸"，伪孔传亦训"治"），韩诗"甸"作"敶（陈）"，"甸、陈、神"并音近，故"神"可训"治"㉗。据此，"申田""神农"实即"甸/陈田""甸/陈农"，"神农"犹"治理农事"之谓。"神农、后稷、田畯"本皆官名，任后稷之著者为弃，所以后稷又成为弃之别名。神农之"神"可能最初就写作"申"，后因尊其为田祖、"先啬"，乃加"示"旁以神之。但不知作为文化英雄的"神农"与烈山氏之子柱（《国语·鲁语上》）、后稷（弃）等农神是否存在同源分化的关系㉘。

就在神农氏由农神升级为古帝王之后，文献中出现了有关神农氏功绩的新的表述，值得注意。《商君书·画策》云：

> 神农之世，男耕而食，妇织而衣，刑政不用而治，甲兵不起而王。神农既没，以强胜弱，以众暴寡。故黄帝作为君臣上下之义，父子兄弟之礼，夫妇妃匹之合；内行刀锯，外用甲兵，故时变也。由此观之，神农非高于黄帝也，然其名尊者，以适于时也。

神农氏不但有教耕之功，且能不用刑政而治、不起甲兵而王，这显然就是“戎兵克慎”的意思。同书《更法》云“伏羲、神农教而不诛，黄帝、尧、舜诛而不怒”，也把神农氏归于“慎戎”之列（古代“兵刑同源”，“诛”当兼指“兵”“刑”而言。周初既倡“戎兵克慎”，又倡“慎刑罚”，皆缘于“明德”）。据学者研究，《画策》乃是战国晚期商君后学的作品；《更法》记商鞅与秦孝公、甘龙、杜挚等人论辩，与《战国策·赵策中》“赵武灵王平昼闲居”章行文十分相似（上引“教而不诛”“诛而不怒”之句亦见于《赵策》，但人物不同），大概是商鞅传人根据有关记载和传说，增益推衍而成的，从其所述上古帝王世系来看，可能也写定于战国晚期㉙。但是，关于神农氏“慎戎”的说法当久有流传，否则《商君书》的撰作者也不会引来作为自己的论说素材。《吕氏春秋·用民》：“夙沙之民，自攻其君，而归神农。密须之民，自缚其主，而与文王。”（《说苑·政理》载尹逸对成王问“吾何德之行而民亲其上”，也有“夙沙之民，自攻其主而归神农氏”之语。《逸周书·史记解》作“质沙”，记其事较详，然未言及神农）这似乎也是神农氏“戎兵克慎”、以文德服天下的表现。

战国中期之前写成的《容成氏》里已径称神农氏为“慎戎氏”，可证古帝王神农氏“克慎戎兵”的事迹确是战国时代流播已久的一种传说，虽然这种传说在神农故事中并非主流，文献中也只有上述蛛丝马迹可资钩沉，估计很快就被人遗忘了。类似的例子又如：《史记·建元以来侯者年表》录田千秋上书谏汉武帝曰：“子弄父兵，罪当笞。父子之怒，自古有之。蚩尤畔父，黄帝涉江。”以蚩尤为黄帝之子，历来鲜有人采信。《清华大学藏战国竹书（拾壹）》所收《五纪》明谓“黄帝有子曰蚩尤”（简98），可为汉代尚有流传的说法提供佐证㉚，尽管这种黄帝与蚩尤关系的传说在历史上也并非主流。要是没有《容成氏》《五纪》等文献的出土，传世文献中那些不引人注目的古史传说的价值，或许很难被发掘出来。

前文指出“戎兵以能绳”“戎兵克慎”“克诘尔戎兵”是很古就有的思想，战国时人把这种思想赋加到古帝王神农氏身上，当然也有时代思潮的影响（如老子就说“兵者不祥之器也，不得已而用之”，战国时代不少哲人都反对滥用戎兵），以此寄托他们的理想。此外还有语文方面的因素。战国文字中“农”常假借“戎”字为之。马王堆帛书《周易·系辞》“神农氏”写作“神戎是”（33下），银雀山汉简《孙膑兵法·见威王》也作“神戎”（简255），当存用字之古法。以戎兵之“戎”为神农之“农”跟人们为“神农”增添“慎戎”的内容，这两件事情之间想必是有联系的。大西克也曾引《尔雅·释诂下》"神，慎也"，认为"这是楚简将'神农'写作'慎农'的有力注脚"[31]。这一材料给人以启发。过去解《尔雅》者多据"愼""愍"古训"慎"，字又作"祕"，《诗·鲁颂·閟宫》笺云"閟，神也"，《说文》示部"祕，神也"，"愼、閟、祕"音义同，谓"愼训慎，神亦训慎"，"神者，祕之愼也"[32]。这是说在"神秘"这个意义上，"神"与"慎密"之"慎"可能有关。郝懿行《义疏》在表达了上述之意后，还说："神训申，上文云'治也'，自治理与自申束皆所以为慎也。"[33]盖以为训"慎"之"神"与申束之"申"有关。此亦颇有可能。"申束"之"申"与"慎"义相涵，犹"受法绳"之"绳"与"慎"义相涵。上文推测当"治理农事"讲的"神农"之"神"本写作"申"，若此，"申戎（农）"被人如字解作"申束戎兵"，进而有意改读为"慎戎"（"神／申"与"慎"上古声母虽远隔，但韵则相近），就是很自然的事了。

（作者单位：复旦大学出土文献与古文字研究中心、
"古文字与中华文明传承发展工程"协同攻关创新平台）

注：

① 清华大学出土文献研究与保护中心编，李学勤主编《清华大学藏战国竹简（壹）》第164页，中西书局2010年。

② 复旦大学出土文献与古文字研究中心研究生读书会《清华简〈皇门〉研读札记》，复旦大学出土文献与古文字研究中心网2011年1月5日。

③ 黄怀信、张懋镕、田旭东《逸周书汇校集注（修订本）》上册第550页，上海古籍出版社2007年。

④⑧ 同注①第168页。

⑤ 冯胜君《清华简〈尚书〉类文献笺释》第195页，上海古籍出版社2022年。

⑥ 徐仁甫《广释词》第433页，中华书局2014年。

⑦ 萧旭《古书虚词旁释》第365页，广陵书社2007年。

⑨ 章宁《〈逸周书〉疏证》认为"'兴'字或讹为'真'，又转读为'慎'"（第342页，三秦出版社2023年）。其说牵强不可信。出土与传世文献中亦未见有"兴"讹为"真"之例。

⑩ 参看白于蓝编著《简帛古书通假字大系》第952页，福建人民出版社2017年；禤健聪《战国楚系简帛用字习惯研究》第282页，科学出版社2017年。

⑪ 单育辰《占毕随录之二》，简帛网2007年7月28日。

⑫ 参看注③上册第557页所录朱右曾引丁嘉葆说。

⑬ 参看〔清〕王念孙撰，张靖伟等校点《读书杂志》第674页，上海古籍出版社2016年。

⑭ 朱祖延主编《尔雅诂林》第1405页引尹桐阳《尔雅义证》说，湖北教育出版社1996年。

⑮ 〔清〕王先谦撰，吴格点校《诗三家义集疏》第868页，中华书局1987年。

⑯ 〔清〕孙星衍撰，陈抗、盛冬铃点校《尚书今古文注疏》第478页，中华书局1986年。

⑰ 马承源主编《上海博物馆藏战国楚竹书（二）》释文考释第250页，上海古籍出版社2002年。

⑱ 蔡伟《释"愿圣"》据上博简《容成氏》此例，读曾伯霎簠"慎圣元武"的"慎圣"为"神圣"（复旦大学出土文献与古文字研究中心网2009年5月23日）。"llaogui"（网名）在文后的评论中已指出"慎"如字读即可，"未必与文献的'神圣'有关"（2009年5月26日，第2楼），其说可从。"慎"是古人很看重的一种德行，以之与"圣"连言并无不

妥。所以这也不是"慎"用为"神"之证。

⑲　大西克也《战国楚简文字中读作舌根音的几个章组字》,《古文字研究》第27辑第515—516页,中华书局 2008年。

⑳　施瑞峰《上古汉语声母谐声类型在古文字资料释读中的效用》第325页,香港中文大学2022年博士学位论文。

㉑　参看马承源主编《上海博物馆藏战国楚竹书(二)》释文考释第250页。

㉒　顾颉刚、刘起釪《尚书校释译论》第223页,中华书局2005年。

㉓㉖　　陈奇猷《吕氏春秋新校释》第323页,上海古籍出版社2002年。

㉔　参看顾颉刚《五德终始说下的政治和历史》,《顾颉刚全集·顾颉刚古史论文集》卷二第396—399页,中华书局 2010年;王宁《古帝王名号的"拉郎配"——简说〈世经〉对古史系统的改造》,"群玉册府"微信公众号2023年 6月3日。

㉕　参看〔清〕孙诒让撰,汪少华整理《周礼正义》第2303页,中华书局2015年。

㉗　朱祖延主编《尔雅诂林》第745—748页。按训"治"之"甸/陈",疑源自"陈"之"列陈"义,使其井井有条地布 列出来,即"治理"之。《广雅·释诂二》:"神,陈也。"列陈之"陈"似亦可写作"神"。

㉘　参看丁山《古代神话与民族》第267—269、271—273、284—292等页,商务印书馆2005年。

㉙　张祥林《〈商君书〉的成书与思想研究》第67—72、89—91页,人民出版社2008年。

㉚　清华大学出土文献研究与保护中心编,黄德宽主编《清华大学藏战国竹简(拾壹)》第124—125页,中西书局 2021年。

㉛　同注⑲第516页。

㉜　朱祖延主编《尔雅诂林》第759—760页。

㉝　同上注第759页。

古文字研究(35):430—433,2024

帛书《要》篇"前羊而至者,弗羊而巧也"试诂

王　辉

　　马王堆帛书《要》篇中的"夫子老而好《易》"段,内容是孔子面对子贡的质问,解释自己为何在年老之时喜读《周易》。这段话中有"前羊而至者,弗羊而巧也"一句,颇难索解,学者异说亦多。以下拟对此重作探讨,以期文从字顺。为方便讨论,先将相关文句列出:

　　夫子老而好《易》,居则在席,行则在橐。

　　子贡曰:"夫子它日教此弟子曰:'德行亡者,神灵之趋;智谋远者,卜筮之繁。'赐以此为然矣。以此言取之,赐缗佪之为也。夫子何以老而好之乎?"

　　夫子曰:"君子言以矩方也。前羊而至者,弗羊而巧也。察其要者,不趋其辞。《尚书》多於矣,《周易》未失也,且有古之遗言焉。予非安其用也,予乐[其]辞也。汝何尤于此乎?"

"羊"作手、羊,旧有"屰""羊"两种释法。张政烺较早将此字释为"屰",并括注"逆"[①]。于豪亮释为"羊"[②]。裘锡圭认为字可能是"羊",也可能是"屰"读为"逆"[③]。廖名春、连劭名、刘彬赞同"屰(逆)"[④]。

　　按,马王堆帛书中确定的"羊"字或作手、羊,"逆"字或作𨒪、𨒪[⑤]。因此从字形看此处手、羊确实有"屰""羊"两种可能。不过秦汉简帛中并未见到独立使用的"屰"字,顺逆之"逆"皆用从辵屰声之字表示。帛书《衷》篇35下、40上之"羊"与此同形,张政烺亦释为"屰"[⑥],《长沙马王堆汉墓简帛集成》注释曰:"似以释'羊'为长。其形与'羊'形亦全合,而当时'屰'字恐已罕见单用者。"[⑦]可见从用字角度看,释"屰"已不可从。且读"逆"亦难以疏通文意[⑧](详下),因此应以"羊"字为准。《集成》即从"羊"字[⑨],是正确的。

　　陈松长、廖名春首先将此字释作"羊",并读为"祥"[⑩]。学者多从之。具体到"前羊而至者,弗羊而巧也"的句意,学者说法多有不同:廖名春认为"前"通"剪",剪灭之意,"祥"意为善,"前羊"即剪祥、剪善,"弗羊"即不祥;"巧"即虚浮不实。句意为:指责别人不能太随便,践踏了善,而得到的是不祥而浮华[⑪]。邓球柏译文作:前面的吉祥出现了,不吉祥也能避免[⑫]。赵建伟读"巧"为考,意为考察;译文作:前面有吉祥显现,则后面不祥的东西便可考察得知[⑬]。郭沂认为"巧"通"考",探究之义;译文作:先前时运吉祥(没有认真读《易》),以至于说出那些话。现在命运多舛,不得已才认真探究《易》[⑭]。或只解释其中疑难词,未对全句意思进行疏通:丁四新认为"羊"通"祥","巧"通"考";考,成也[⑮]。连劭名读"巧"为"考",意为稽考[⑯]。刘彬读"至"为"致",指招致;"巧"意为善[⑰]。

　　上述意见虽然看似各有道理,但是在译文过程中好像都没有注意到与这句话意思十分相

关的两个语法问题：一是否定词"弗"的用法，二是"者，也"句式的内部逻辑关系。

先说第一个问题。关于否定词"弗"的用法，丁声树有过著名论断，他说："形容词和副词可以统称为'状词'。'弗''不'在这里的分别就是：'弗'字决不与状词连用；状词之上只用'不'字，而不用'弗'字。这条通则很严。""凡状词之上绝不用'弗'字。这种例证随在皆是，举不胜举。"⑱文中所举之例如：

> 善人在患，弗救，不祥；恶人在位，弗去，亦不祥。（《国语·晋语八》）
>
> 以是为不恭，故弗却也。（《孟子·万章下》）
>
> 哀公迎孔子，席不端，弗坐。（《墨子·非儒下》）

即"弗"不能够用来否定形容词或副词。在此之后，讨论"弗"字用法的论文很多，也陆续有学者举出先秦两汉文献中"弗＋形容词／副词"的例子⑲，但从数量上看仍然是微乎其微。张玉金在普查出土战国文献之后也认为，形容词或以形容词为中心语的短语之前用"不"而不用"弗"，只有当形容词活用为或兼作及物动词（使动用法、意动用法）时，才能用"弗"否定⑳。

前述意见均将帛书中的"羊"读为"祥"解释为善或吉祥，在这种前提下的"前祥而至者，弗祥而巧也"，如果"巧"是形容词，势必会成为"弗"否定形容词词组"祥而巧"这样的极少数情况；如果"巧"读为"考"指考察、稽考，又会使得句意无法疏通。因此读"羊"为"祥"若不是句意上唯一可能的解释，那么这种说法就非常让人怀疑。

基于以上考虑，帛书"羊"应当读为"详"。就马王堆帛书而言，《战国纵横家书·苏秦献书赵王章》236"臣愿王兵［与］下吏羊（详）计某言而笃虑之也"，《周易经传·衷》35下"此《乾》之羊（详）说也"、40上"此《坤》之羊（详）说也"，均是"羊"读为"详"之例。《说文》言部："详，审议也。"王筠《句读》曰："许君以字从言，故曰议。"即词义偏重在"审"。且故训作"审"者甚多㉑，即详审之义。帛书用作动词，类似如《书·蔡仲之命》："详乃视听，罔以侧言改厥度。"伪孔传："详审汝视听，非礼义勿视听。无以邪巧之言易其常度，必断之以义。"《诗·鄘风·墙有茨》："中冓之言，不可详也。"（毛传：详，审也。）《后汉书·张湛传》："及在乡党，详言正色，三辅以为仪表。"（李贤注：详，审也。）

"详而至"的"至"即周至。《晏子春秋·内篇谏上第八》载晏子进谏之后，"遂鞭马而出"，齐景公"使韩子休追之"，曰："孤不仁，不能顺教，以至此极，夫子休国焉而往，寡人将从而后。"晏子"遂鞭马而返"。其仆曰："向之去何速？今之返又何速？"晏子曰："非子之所知也，公之言至矣。"《淮南子·本经训》："今背其本而求其末，释其要而索之于详，未可与言至也。""弗详而巧"之"巧"，当如廖名春最初所言，意为虚浮不实。《集韵》效韵："巧，伪也。"《诗·小雅·巧言》"巧言如簧，颜之厚矣"，郑玄笺："颜之厚者，出言虚伪而不知惭于人。"这个意思与前之"详而至"正好相对。

下面说两个分句的语义逻辑。"前羊而至者，弗羊而巧也"从表面看，很容易会被认为是两个并列结构的分句，即"前羊而至"与"弗羊而巧"并列。但是嵌入"者，也"之后，从语法角度看，整个句子就是一个主谓结构，如：

> 南冥者，天池也。(《庄子·逍遥游》)
>
> 陈胜者，阳城人也。(《史记·陈涉世家》)
>
> 过而能改者，民之上也。(《国语·鲁语上》)

"者，也"结构相当于系词"是"，整个句子就是一个判断句。这类句子中也有像"前羊而至者，弗羊而巧也"那样，主语、谓语都由复杂结构充当的，如：

> 退而不可追者，速而不可及也。(《孙子兵法·虚实篇》)
>
> 夫错法而民无邪者，法明而民利之也。(《商君书·错法》)
>
> 今晋人鸩卫侯不死、亦不讨其使者，讳而恶杀之也。(《国语·鲁语上》)

这三例中的后一分句是前一分句的原因，这种语法意义也是由"者，也"结构表达。《虚实篇》意为：撤退时敌方无法追击，是因为行动迅速而不会被赶上；《错法》意为：建立法度民众就没有邪恶行为，是因为法度严明而对民众有利；《鲁语上》意为：如今晋人用鸩酒没有把卫侯毒死，又不处置送鸩酒那个使臣，是因为忌讳，怕背负了谋杀卫侯的名声。由此可见，虽然"前羊而至者，弗羊而巧也"的两个分句格式相似，但并不是并列结构，而是主谓结构。用这个标准来衡量，前述的译文都不合适。

"前详而至者，弗详而巧也"可以译作：之前详审而周至，是因为不详审就会浮华不实。或是：之前详审就会周至的话，不详审就会浮华不实。"而"字意思相当于"则"，清人王引之举例颇多[22]，如：《国语·楚语下》："若防大川焉，溃而所犯必大矣。"《礼记·丧服小记》："士妾有子而为之缌，无子则已。"《墨子·明鬼下》："非父则母，非兄而姒也。"两种译法意思相当。

前句"君子言以矩方也"，诸家释义基本相同，即君子说话要有准则。《玉篇》矢部："矩，圆曰规，方曰矩。"《集韵》阳韵："方，矩也。""矩"是画方形所用的曲尺，与"方"可以互训，又均有准则之义。后句"察其要者，不趏其辞"，诸家多以为"要"指《周易》之要旨。但孔子的回答一开始是在讲一般的道理，并未引出《易》，这里的"要"应该是泛指事情的关键。"趏"张政烺读为"恑"或"诡"，《说文》心部："恑，变也。"[23]其说可从。这句话意思是，知悉这个关键点（即"君子言以矩方也。前详而至者，弗详而巧也"），就不会言辞前后不一。

综上，"君子言以矩方也。前详而至者，弗详而巧也。察其要者，不恑其辞"，是孔子在说审慎言辞的重要性。这样就引出下文《周易》"有古之遗言焉""予乐[其]辞也"，道出自己好《易》的原因，是喜爱其中的言辞。

（作者单位：山东大学文学院、"古文字与中华文明传承发展工程"协同攻关创新平台）

注：

① ㉓ 参看张政烺《马王堆帛书〈周易〉经传校读》第166页,中华书局2008年。据该书"整理说明",张先生整理马王堆帛书的稿子主要写于1974—1975年。

② 于豪亮《马王堆帛书〈周易〉释文校注》第186页,上海古籍出版社2013年。

③ 裴锡圭《帛书〈要〉篇释文校记》,收入《裴锡圭学术文集》第2卷第251页,复旦大学出版社2012年;原载《道家文化研究》第18辑,三联书店2000年。

④ 廖名春《帛书〈要〉篇补释》,《周易研究》2012年第5期。连劭名《帛书〈周易〉疏证》第405页,中华书局2012年。刘彬、孙航、宋立林《帛书〈易传〉新释暨孔子易学思想研究》第244页,中国社会科学出版社2016年。

⑤ 参看刘钊主编《马王堆汉墓简帛文字全编》第194、416页,中华书局2020年。

⑥ 参看注①第142页。

⑦ 湖南省博物馆、复旦大学出土文献与古文字研究中心编纂,裴锡圭主编《长沙马王堆汉墓简帛集成》第3册第103页,中华书局2014年。

⑧ 廖名春(《帛书〈要〉篇补释》)认为"前"通"剪",剪灭之意;"巧"当训为美妙、美好;"弗逆而巧也"是说孔子不但不以"剪逆"为逆,反而以"剪逆"为巧,以修正错误为美。刘彬认为"逆"意思是违反平常,并解释"前逆"指子贡认为孔子喜欢读《周易》的做法违反了他原来教导弟子的宗旨,"弗逆"指孔子认为自己并没有违背(《帛书〈要〉篇校释》第31页,光明日报出版社2009年)。

⑨ 同注⑦第3册第117页。

⑩ 陈松长、廖名春《帛书〈二三子问〉〈易之义〉〈要〉释文》,《道家文化研究》第3辑第434页,上海古籍出版社1993年。

⑪ 廖名春《帛书〈要〉试释》,《帛书〈周易〉论集》第99—100页,上海古籍出版社2008年;原载《中国文化》第10期,中国文化杂志社1994年。

⑫ 邓球柏《帛书周易校释(增订本)》第481—482页,湖南出版社1996年。

⑬ 赵建伟《出土简帛〈周易〉疏证》第270页,万卷楼图书有限公司2000年。

⑭ 郭沂《帛书〈要〉篇考释》,《周易研究》2004年第4期第47页。

⑮ 丁四新《马王堆帛书〈周易〉》,收入《儒藏》精华编第281册第288页,北京大学出版社2007年。

⑯ 连劭名《帛书〈周易〉疏证》第405—407页。

⑰ 刘彬、孙航、宋立林《帛书〈易传〉新释暨孔子易学思想研究》第244页。刘彬对义意有疏通,但是建立在释"逆"的基础之上,详前。

⑱ 丁声树《释否定词"弗""不"》,收入《丁声树文集》上卷第44—48页,商务印书馆2020年;原载《历史语言研究所集刊——庆祝蔡元培先生六十五岁文集》下册,1935年。

⑲ 参看何乐士《"弗"的历史演变》,收入《〈左传〉虚词研究(修订本)》第524—578页,商务印书馆2004年。

⑳ 张玉金《出土战国文献中"不"和"弗"的区别》,《中国语文》2014年第3期。

㉑ 参看宗福邦等《故训汇纂》第2119—2220页,商务印书馆2003年。

㉒ 〔清〕王引之《经传释词》第64—65页,江苏古籍出版社2000年。

古文字研究（35）：434—444，2024

"丐"字补说

——从北大简《苍颉篇》"眄"字说起

许文献

在北大简《苍颉篇》中，或见"眄"字，其形为：

$$\text{简7彩色图版}^{①}$$

$$\text{简7红外图版}^{②}$$

辞例为："逋逃隐匿，往来△睐。"（宽式释文，所引字例在释文中以△代替，下同）

但在简37，又另见一从丐之例[③]，其形为：

$$\text{简37}^{④}$$

$$\text{简37}^{⑤}$$

辞例为："△梗柊棘，条箒栾樗。"

简7之字原整理者隶作"盱"，并释其为"眄"字，云[⑥]：

盱，即"眄"字。《玉篇》曰"眄"字"秦语俗作盱"。《说文》："眄，目偏合也。一曰邪视也。秦语。从目，丐声。"《方言》卷二："自关而西秦晋之间曰眄。"《史记·邹阳列传》："按剑相眄。"

刘婉玲则将此字与下文"睐"字连用，认为[⑦]：

睐字本义为眼睛的瞳仁不正，引申侧视、斜视（刘婉玲自述所引李学勤《字源》之说），与眄同义。二字亦可连用，如《文选·古诗十九首》："眄睐以适意，引领遥相睎。"

至于简37之字，原整理者隶作"樗"，释作"樗"，并引《说文》，将其训作可作锄柄之"大木"[⑧]；刘婉玲云此句乃"植物的罗列"，基本上仍从原整理者之说[⑨]；谢明文将其改释从万（丐）。

另在他本异文部分，居延简此字之形为：

 9.1B

朱凤瀚在2014年《居延汉简》出版前，即据北大本释其为"眄"⑩，确为卓识，其后，中研院《居延汉简》也已将此字径隶作"眄"⑪。简文此字与北大本字形几乎是相同的，此字释作"眄"，当无疑义。

　　而英藏简又以编号2879、3118最值得注意，其相关字形为：

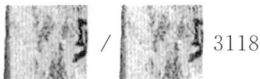 2879

3118

胡平生与汪涛将前者隶释从目，后者则未作隶定⑫；白军鹏据朱凤瀚说与北大本内容，将2879例释从目，并将3118例之残笔释为"丂"⑬。

　　木牍本亦见"眄"字，其形为：

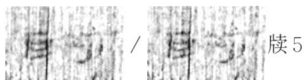 牍5

其辞例与北大本同。刘桓引《华严经音义》，训作"旁视"⑭。至于与北大简37相同位置之"楢"字，木牍本字形残泐不清，几乎无法辨识，该位置之图版为：

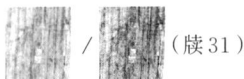（牍31）

其辞例亦同于北大本。刘桓仅隶其从木，右旁则未作隶定⑮。

　　故大抵而言，北大简《苍颉篇》此类字例受到学界之关注虽然较少，且英藏简异文因字形残泐，论者尤为少见，不过，北大本之异文，明显对居延简与英藏简之释读产生了影响。而从上引诸家之说而言，多数看法可信，惟或有几个问题尚待确认，包括："眄"字至少在魏晋南北朝以前，似有正俗之异，正字作"眄"，俗体则为"盯"，且有地域之别，只是"丂、丂"二字形源不同，古音关系亦远⑯，其与简文此字之关系为何，值得做进一步厘清，尤其简37例原整理者隶释从丂或兮，更是加深了问题之难度；今所见甲金文、战国文字与简文此"丂"字，彼此间之字形差异甚巨，此中之关系，也值得做进一步之探讨。

　　谢明文在其文章中已通盘整理了古文字中所见从丂之字，极为详尽。今在其基础上，复列举主要代表字例，并增补其他类例如下（见表一）：

表一　先秦文字中所见"丏"及从"丏"之字

字形分期	字形	辞例
殷商甲骨文	1. 《合》10935 正	1. 己丑卜，宾贞："△屮（有）子。"
	2. 《合》10935 正	2. 贞："△亡其子。"
	3. 《合》14672	3. 贞："于△东燎。"
	4. 《合》15182	4. 丙申卜，彀鼎（贞）："叀（惠）△为。"
	5. 《合》27086	5. 癸亥卜，贾贞："王△示癸……"
	6. 《合》31025	6. □□卜："王其呼△奏……"
	7. 《合》30293	7. 从丁△门，又正。
	8. 《合补》9011	8. 于北方△南飨。
商代金文	1. 商代晚期，大丏簋，《集成》3457.1	1. 大△作母彝。
	2. 商代晚期，亚羲方彝，《集成》9852	2. ［亚羲］。（族徽）
西周金文	1. 西周早期，佣作羲万妘鬲，《集成》586	1. 佣作义△妘宝尊彝。
	2. 西周早期，丏亚父丁甗，《集成》841	2. ［丏亚］（族徽）父丁。
	3. 西周中期，《集成》3833	3. 伯△父作宝簋。
	4. 西周中期，史墙盘，《集成》10175	4. 渊哲康王，△尹亿彊。
	5. 西周晚期，南宫柳鼎，《集成》2805	5. 司△夷场佃事。
	6. 西周晚期，师望鼎，《集成》2812	6. 太师小子师望曰：丕显皇考宫公，穆穆克明厥心，慎厥德，用辟于先王，得纯无愍，望肇帅型皇考，虔夙夜出入王命，不敢不△不夒，王用弗忘圣人之后。
春秋金文	1. 春秋早期，曾伯旖壶，《集成》9712	1. 用飨△客。
	2. 春秋晚期，鼢于盉，《集成》4636.1	2. △于敔之行盉。

字形分期	字形	辞例
战国文字	1. ⚊战国早期，单矖讨戈，《集成》11267	1. 单矖讨作用戈。三△。
	2. ⚊令之造戈，NB2295[17]	2. △之造。
	3. ⚊枸戈，《集成》11430	3. △。
	4. ⚊曾侯乙简178	4. △公之騜为右服。
	5. ⚊包山简164	5. △敿之州加公许胜。
	6. ⚊郭店《唐虞之道》简27	6. 大明不出，△物皆訇。
	7. ⚊郭店《语丛·一》简35	7. 礼妻（齐）乐灵则戚，乐繁礼灵则△。
	8. ⚊上博《容成氏》简13	8. 陶于河△。
	9. ⚊清华《子产》简5	9. △政、利政、固政有事。
	10. ⚊清华《子产》简5	10. 整政在身，文理、形体、惮△，恭俭整齐。
	11. ⚊清华《子产》简9	11. 君人莅民有道，情以△，得位命固。臣人畏君有道，知畏无罪。
	12. ⚊清华《成人》简8	12. 今民多不秉德，以浮干不△，是劳厥制政，反乱先刑。
	13. ⚊《玺汇》3648	13. 百△。

　　殷商甲骨文从丐诸例，多以专名或特定名称为主，且字形多变，在"丐"上方往往还有其他形构；而商代、西周与春秋金文除了作专名者外，则或读为"宾"（含"宾"字）、"勉"；至于战国"丐"字，也是除了专名外，或可读为"萬"、"滨"（"宾"字）、"勉"、"宾"[18]。因此，此等从丐之用例，基本上仍是一脉相承。惟须留意的是，谢明文在其文中指出，战国"万"字或在其上繁絸一小饰笔，但其实从上列字表来看，此饰笔从殷商甲骨文时期即可见其例，如《合》27086例，似非至战国时期才添加上去的。

　　而在既有学界之说方面，又以林义光之看法影响力最大，其将西周金文此类字例释作"丏"，并云^⑲：

　　　　按，古作𠫓（虢钟"宁"字偏旁），象人头上有物蔽之之形。"丏"双声旁转为"萬"，故隶或以"万"为"萬"字（建平郫县碑"贾二万五千"。）篆作丏者，从"𠂆"即"人"之变，一、乚象有物在其上及前拥蔽之。

　　其后，关于甲金文"丏"字之讨论，亦有一些学者提出看法，例如：李孝定仍释"兀"，并借作"萬"^⑳；姚孝遂将殷商甲骨文此类字例隶作"万"，并从林义光之说，亦释作"丏"，且认为"万"在卜辞中，可解作人名或地名，乃"司乐舞之职"^㉑；裘锡圭将殷商甲骨文此等字例隶释作"万"，并引林义光释形之说，列举甲金文与战国文字类例，表示赞同其说法，即"万"乃"丏"之古体，同时，也将殷商甲骨文此类字例字读为"萬"，即"古书常见的萬舞之'萬'。称万的人当因从事万舞一类工作而得名"^㉒；季旭升亦认为甲金文此等字例可释作"万"，并云^㉓：

　　　　释"万"可从，字应从"人"，以"一"示蔽之意。商周甲骨文、金文"宁（宾）"字"宀"下本或从"兀（元）"、"人"会意，或声化为从"万"。

可知若就甲金文"丏"字而言，学界多从林义光之说，亦即将"丏、万"释为同一字；至于释"兀"说，季旭升已述其非，可参^㉔。因此，或可初步肯定的是，"万"字乃学者论述之中心，但将其与"丏"作联结，大抵仍是根据林义光之说，惟学者对此联结关系之讨论，除了指出"宾"字或其他可能从丏类例作"万"形外，其相关论证是相对较少的，毕竟如"宾"字之从丏，也不能排除是后起秦汉以后声化之可能性。

　　又今所见战国"丏"字之形，除了多与甲金文"万"字或异外，与简文此字更是完全不同。关于战国"丏"字之讨论，集中在郭店《唐虞之道》简例，学界之看法为^㉕：郭店简原整理者引《汗简》所引王存乂《切韵》"完"字之形（𡠗），将《唐虞之道》简此例隶释作"完"，认为其乃"完"之本字^㉖；裘锡圭认为"或疑此字本应作'万'（即《说文》'丏'字），读为'萬'"^㉗；李零径释读作"萬"^㉘；刘钊将此字隶作"兮"，认为"'兮'本为'丏'字，在战国文字中多借为'萬'，即为'万'字的本字"^㉙。基本上，楚简所见从丏例，在裘锡圭将其正确释出后，其后之清华简或其他战国文字，大抵皆从裘锡圭之说，相关诸家之说可复参谢明文之文章，不再赘举。

　　综上诸家之说，除了释"兀、完"等说因形、音因素实不易解释，或可不论外，可知"丏"字与"万、萬"关系密切，只是此中惟有"萬"有较确定之形源，"丏、万"二字之关系仍是扑朔迷离，也许或可先确认的是，"丏、万"二字与"萬"应是通假之关系，其与"萬"在字形上实无太大关联。而上引林义光虽然以"人"为释形中心，点出"丏"即"万"字，且其说在学界存在一定影响力，但此中有一项推论关键，即此二字在小篆以前是否有互为异体之实证，毕竟其所释之例为《说文》小篆，而所引"万"字则为西周金文，在字形上难与"丏"字作对应，尤其"万"字在殷商甲骨文中多为专名，更难以推知其初形本义。因此，林义光之说虽然颇具见地，却仍有续作讨论之空间。另外，战国"丏"之字形特殊，几乎找不到其与上下时代之联结，若未有合理且圆满之解释，则"丏"字之字形来源与发展仍是难解，更甭论其与"万"字以及汉简《苍颉篇》类例之关系了。

　　近年在新出资料之佐证下，使释"丏"之工作有了更多新依据。较具代表性者，除了北大本《苍颉篇》此字外，在其他汉简中亦可见相关字例㉚，已有学者对此提出看法：张家山汉简研读班最早将其改释为"眄"㉛，周波亦从之，并补了居延简与北大简《苍颉篇》"眄"之形证，且将张家山简与悬泉简例俱训作"目盲"㉜。张家山汉简研读班与周波之释读可从，而周波之新训对"眄"字训诂研究而言，有其意义与价值，也一定程度上解决了《说文》"眄"字义训缺少书证的问题。不过，《苍颉篇》为字书，其体例以类相从，在简文中能否亦训同张家山汉简之用例，或犹可商。

　　又东潮（王挺斌）据上引北大简例与部分汉魏六朝碑刻例，将张家山汉简例释作"眄"，仍训作"目偏合（一目病）"，其云㉝：

　　　　简21未识字又见于张家山汉简《二年律令》27，整理者引旧注疑为"眇"，恐非是。按，此字连同《二年律令》之字皆当释为"眄"，相关字形可参北大汉简《苍颉篇》7以及汉魏六朝碑刻等。《说文·目部》："眄，目偏合也。"桂馥《义证》："目偏合也者，一目病也。"……

　　大抵而言，此类字形基本上仍是古文字"万"字之笔画变化，其形沿承自"万"字，此应无疑义，惟此仍难与篆书或汉魏六朝碑刻"丏"字之形作对应，此乃解释上之最大难点。

　　不过，如上所述，谢明文曾发表一篇有关"丏"字字源与其发展之专论，兹据本文上述相关重点，复节录其要点如下：

　　　　结合相关资料看，我们认为A下部应是"万"亦即"丏"（"丏"即是由"万"演变而来）。商代文字中单独的"万／丏"字，写法比较稳定，皆作"𠂤"类形，见于师组、出组、何组、无名组等卜辞以及商代族名金文等，它仅与C1写法的"亥"字相同，两者似乎没有密切关系。但从作为偏旁的"万／丏"形来看，"万／丏""亥"最初应系　形分化。……D1—D4四类"万／丏"形的写法与C1—C4四类"亥"形的写法是完全一一对应的，又结合殷墟甲骨文中同一字形可用为语音没有关系的几个词即一形多用现象多见来看，我们认为"万／丏""亥"应系一形分化而来，即最初"万／丏""亥"应该是共用同一形，但其中缘由则有待进一步研究。不过从殷墟甲骨文中作"𠂤"类形的"亥"主要见于典宾类而几乎不见于其后的甲骨文以及作为单字的"亥""万／丏"基本不溷来看，"万／丏""亥"在殷墟甲骨文时代已基本分化完成，只是在偏旁中仍保留两者是一字分化的遗迹。根据上文的论述，作为偏旁的"万／丏"形亦有"𠂤""𠂤""𠂤""𠂤"等写法，这与A所从偏旁亦相合。据字形，A可以看作从"亥"，也可以看作从"万／丏"。考虑到A4、A5属于无名类，A6属于何一类，从A4的"𥎢"属于黄类，而这些组类的卜辞的"亥"形一般已不作"𠂤"类写法，因此我们认为A下部所从宜看作"万／

丏"而非"亥"。……A1—A3上面的"叩"演变为A4以及黄组"𦵩"下部"𠔽"中的两小点(类似演变现象参看上文),两小点又可演变为"八"形,"𦵩"字"𠔽"形中的两小点后来即演变为"八"形(参看下文所引"羲"字字形),同样的演变现象如"乎"字由"𠂎"演变为"𠔃""𠔉"形),由"𠔃"演变为"𠔏""𠔞"亦即其例。因此,从字形演变来看,A可看作周代文字中多见的"分/旮"字初文。……"宁"是"宔/宬"字异体,而A即"分/旮"与"宬(宔)"同从"万/丏"声,"宁""A(分/旮)"自然音近。因此,我们认为同有"好""若""吉""善"一类意思的"A(分/旮)"与主要见于出二类的上述"宁"表示的很可能是同一个词。……据上所论,可知"A"与"宾"以及"宾"的异体"宁"在词例上皆关系密切,这从语音方面可反证将A看作是周代文字中"分/旮"的初文是非常合适的。……北大《仓颉篇》简37"㮦"作"㮦",研究者或隶作"㮦"。这不准确,因为右下那一长撇笔显然是与其上部的那一长横笔相接,该字右下部显非"万"形,它应该是由类似F1的第二形将其"万/丏"形左侧短竖笔与右边竖笔相连演变而来,即北大《仓颉篇》简37"㮦"字实从"万/丏",北大《仓颉篇》简7"畮"作"畮"亦可证。

谢明文此说有一定理据,尤其该说联结了甲金文至战国"丏"字之发展环节,对战国"丏"字形源作出了合理解释。不过,此中仍有几项疑义,或可再作讨论,包括:

释"亥"之说,上引裘锡圭已否定此看法,虽然其未在文中提到反对之理由[34],但谢明文在文中明确指出"亥、丏"二字是属于"同一字形可用为语音没有关系的几个词即一形多用现象",且以偏旁为限,不及于单字,此等性质应未违背裘锡圭之初衷,也可解释前辈学者将"亥、丏"二字作字形联结之情况。不过,既然共用同一形,又为何仅见于典宾类,而未见于其他殷商甲骨文,尤其是典宾类字形较为整齐美观,在字体使用上也应该更讲究才是,但现在字形相溷者却反而出现在此类之中,此是否有书写条件上之限制,颇耐人寻味。

而关于周代"分/旮"字上方"八"形之解释,谢明文将之解释为殷商甲骨文"叩"字之变化,且在文中列举了不少"丏"与"叩"音近之证据。其说未尝不可,但既然将"丏"归在元部,又大费周章地寻求二字之关系,却为何不考虑两个可能之方案:"丏"在部分学者之古音系统中归在明母真部,"畮"字亦同[35],则"丏"与"叩"(谢明文中标示为来母真部)二字自然音近,此其一;又张世超曾认为"分/旮"所从八形乃为了避免文字溷淆之声符[36],"八"字上古音属帮母质部,质部为真部之入声韵,且帮母与明母同属唇音,其与"丏"之古音关系似乎更胜"丏"与"叩"二字,此其二也。故在考量"叩"字在战国文字中仍作二口形之前提下,颇疑西周以至战国此类"八"形恐怕仍应从张世超之说,解释为声符为宜,且其应沿承自殷商甲骨文,换言之,殷商甲骨文此类从丏之例应有两种声符系统,即"叩"与"八",战国时仅保留了"八"系统传承下来。另外,此亦可能代表不管是从叩或从八等形者,其都应只是"万(丏)"字之异体字而已。

又谢明文文中曾引陈剑释"宁"之说,颇值得留意。此类字例见于商代晚期与西周早期金文之中,例如:

商代晚期,宾亡爵,《集成》8277[37]　　西周早期,亡宾作父癸鼎,《集成》2132

西周早期,亡宾乃孙鼎,《集成》2431

关于此类字例,陈剑将前二例释作"宁"或"方",即"宾"字异体,其云[38]:

> 跟"＊安"为同字的"宁"字,应该就是"宾"字异体。这一点虽然从甲骨文中的用例看还难以确定,但殷代金文中有确证。殷代金文亡宾鼎铭(《商周金文录遗》六四、《集成》4.2132)云:"亡。乍(作)父癸彝。""亡"下一字即我们所讨论的"宁"。"亡宾"辞例还见于殷代金文乃孙作祖己鼎铭(《集成》4.2431),字作,就是卜辞常见的"方"字异体,于省吾先生据此释亡宾鼎(宁)字为"宾",正确可从。释"＊安"和"宁"为"宾",则它们与确定的"宾"字异体"窒"和"寉"是从"止"与不从"止"的繁简体关系,跟确定的"宾"字异体"方"和"窟"的关系正相类似平行。

陈剑点出了此类字例与"万"之关系,只是绝大多数"宾"字所从万下方二笔几乎都是作分书二笔之形,而非跪坐之象,故陈剑此所释之例与"万"甚至是与"丏"之关系为何,因目前所见稍晚字形尚未有作此形者,似仍有待确认。不过,今《说文》小篆之"丏"字,上引林义光曾云:"篆作丏者,从'少'即'人'之变,━、乀象有物在其上及前拥蔽之。"如此看来,其形源也或许可从陈剑所释"宁"形之"方"字中寻得,换言之,篆、楷书所见"丏"形应源自商代或西周早期金文之"宁"字。

另外,谢明文已注意到汉简《苍颉篇》几则从丏字例之字形特征,确为卓识。汉简《苍颉篇》从丏类例,其形源目前可考者,大抵是上文表格所引春秋赗于盏例,又战国玺文与今之造戈之"分/旬"字亦当此字形演变之关键环节。前二者所从万(丏)旁,其下方"人"形二笔,一短一长,短笔稍往内折回,长笔则往右下撇出,与汉简《苍颉篇》"丏"字之形差别仅在于玺文短笔并未如汉简例再折回(或裂解为二笔)以连接长笔,且方向左右相反;令之造戈则是短笔直接连接长笔,方向与汉简字例相同。因此,大抵而言,此三例已有汉简此类字形笔势雏形,应是其字形来源。另外,倘据此以推,战国秦系文字之秦骃玉牍与诅楚文,此类秦系"万(丏)"字之"人"形短笔也几与长笔相连,只是缺少转折之笔势而已,故仍可谓与汉简《苍颉篇》从丏类例时代最为相近、字形最为相类之实证。其形为:

秦骃玉牍　　　　　　诅楚文

北大简《苍颉篇》字体结构本就较为扁平,简37例所从丏受到上方形构之压缩自然不易辨识,但其"丏"旁之左下短笔折回连接右长笔之势,仍是清晰可辨的。关于此现象,谢明文在其文中早已明确指出，甚是，此也可证成《苍颉篇》本即秦文献且沿用秦系文字之既有认知。换言之，倘从谢明文之说，北大简 37 例应可改隶作"樆"，将更为准确。值得留意的是，北大简此等从丏之例，"丏"旁左下短笔折回之势似已有裂解为"竖、横"二笔之势，只是还不很明显，但此或可为英藏简 3118 例形源之所本，且为演进成篆、楷字形之过渡形构。而居延简之左下短笔似无裂解之势，可能又较英藏简早些，甚至更近于战国文字之写法。如此看来，若排除书手习惯之因素，则除了属秦本系统之北大本在一定程度上继承了秦系文字外，闾里书师在重新为《苍颉篇》断章时，可能也一定程度上保留了秦文字特征。惟木牍本"眄"字似在右侧多了一笔，原因不明，目前也较少见到此写法者，待考。

至于从丏之异构，则又是更晚之笔势变化了，这基本都是有迹可寻的。

最后，再谈谈北大简《苍颉篇》从丏诸例之释读。简文云"逋逃隐匿，往来眄睐"（简 7），"逋逃、隐匿、眄睐"等词几乎都是同义复词结构，仅"往来"似为反义复词，若全释作罗列句，此恐有疑；再者，"往来"倘径释作"往返"或"反覆"，其与"眄、睐"之单字义"斜视"便无法作适当之联结。当然，在文献中，"眄睐"若作单一词汇解，几乎都未解作"斜视"之相关义，甚至简72"翳（瞖）"字已有"斜视"义，因此，或可考虑将"眄睐"另作解释，以避免语义重复。窃疑"隐匿"既是"逋逃"之描述现象，则此句有可能为陈述式句式结构，等比类之，"往来眄睐"也应属此句式类型，即"眄睐"乃描述"往来"之情况。"往来"可训作"交往"，其犹《老子》云："邻国相望，鸡犬之声相闻，民至老死不相往来。"《魏书·刘廞传》："高肇之盛及清河王怿为宰辅，廞皆与其子侄交游往来。"而"眄睐"则可径解作文献常见之"眷顾"义，如任昉《到大司马记室笺》云："况昉受教君子，将二十年，咳唾为恩，眄睐成饰。"《魏书·恩幸传序》："夫令色巧言，矫情饰貌，邀眄睐之利，射咳唾之私，此盖苟进之常也。""往来眄睐"即"彼此交往，都能得到眷顾"之意。如此一来，"逋逃隐匿，往来眄睐"句之上下语例，可对应完整，语义亦臻顺畅。须再附论者，即朱凤瀚曾提及居延简《苍颉篇》此处有作"睐眄"之可能性[39]，而白军鹏则据此推论闾里书师本在断章时所作之改动，可能是相当大的[40]。二家之说皆有其道理，只是"睐眄"一词古籍罕见其例，且若依据本文上文对此句句式之初步推论，则"睐眄"此近于罗列式之句式，恐怕较难与上文相应。再者，《苍颉篇》考证也须考量用韵因素，此白军鹏已有所论。因此，《苍颉篇》此处原文实仍应以"眄睐"为是，其后之居延本或其他闾里书师本，又将此二字对调。

至于北大《苍颉篇》简 37 例"樆梗柀棘，条箠栾樆"，"樆"字在此仍可读为"樆"，训同原整理者所云，只是所从旬与丏可能都是声符，主因《说文》原释从分，"分"旁在此形构之旨不明，今改释从丏后，"旬、丏"与"樆"古音或谓相近，可为声符[41]。甚至"㝅"字也可能是一个双声符字，而非《说文》所释之"从旬兮声"。惟值得注意的是，"樆"字在此虽可读为"樆"，但其真正为何物却犹不知,如段注即云"不详",因此,在考量声韵条件与相关用例之情况下,窃疑其在此可读为"枸"⑫,训作"树木之枝干",又可作为重要礼器之负重木,犹《山海经·北山经》云:"又北百里,曰绣山,其上有玉、青碧,其木多枸。"又《诗经·大雅·灵台》"虡业维枞"孔颖达疏引郭璞曰:"然则悬钟磬者,两端有植木,其上有横木。谓直立者为虡,谓横牵者为枸。"此与简文上文所谓草木专名仍是相应的,只可惜目前尚少见到"枸"作锄柄之直接证据,待考。

综上,经本文初步讨论,在学界研究之基础上对"丏"字提出几项补说,谨供学界参考,包括:

一、据学者之考证,"丏"字可上溯至殷商甲骨文,其发展至秦汉篆隶,可谓一脉相承,已基本解决旧释无法找到其古文字来源之问题。

二、殷商甲骨文中所从吅或两小点(八)、从万者,"吅""八"应是其声符,且与"丏"为一字之异构。

三、战国文字"丏"旁横笔上之小饰笔,应沿承自殷商甲骨文。

四、篆楷中所见"丏"形,或源自商代与西周早期金文之"宁"字。

五、北大简《苍颉篇》从丏例之形,应沿承自秦系文字,并可远溯至春秋金文;而据各本"丏"字字形,可知闾里书师在为《苍颉篇》重新断章时,也可能保留了部分秦系文字特征。

六、北大简《苍颉篇》简7"眄睐"当作一词解,训作"眷顾"。

七、北大简《苍颉篇》简37之"栒"或可读为"枸",训作"树木之枝干"。

(作者单位:台北教育大学语文与创作学系)

注:

① 北京大学出土文献研究所编《北京大学藏西汉竹书[壹]》第15页,上海古籍出版社2015年。

② 同上注第41页。

③ 此从谢明文之说。谢明文《释甲骨文中的"匄"及相关诸字——兼论丏、亥系一形分化》,《出土文献与古文字研究》第10辑第42—67页,上海古籍出版社2022年。以下所引谢明文意见均出此文,不一一出注。

④ 同注①第25页。

⑤ 同注①第49页。

⑥ 同注①第71、77页,2021年版同。

⑦ 刘婉玲《出土〈苍颉篇〉文本整理及字表》第20页,吉林大学2018年硕士学位论文。

⑧ 同注①第102、105页。

⑨ 同注⑦第76页。

⑩㊴ 朱凤瀚《北大汉简〈苍颉篇〉概述》,《文物》2011年第6期第57—63页。

⑪ 简牍整理小组编《居延汉简(壹)》第29页,史语所2014年。

⑫ 胡平生、汪涛《英国国家图书馆藏斯坦因所获未刊汉文简牍释文》,收入汪涛、胡平生、吴芳思编著《英国国家图书馆藏斯坦因所获未刊简牍》第1—53页,上海辞书出版社2007年。

⑬⑳ 白军鹏《敦煌汉简校释》第151—154页,上海古籍出版社2018年。

⑭ 刘桓编著《新见汉牍〈苍颉篇〉〈史篇〉校释》第5、27页,中华书局2019年。

⑮ 同上注第10页。

⑯ "丂"字上古音属明母真部,"丂"字则为溪母幽部,二字声韵远隔。

⑰ 本文所使用之金文断代分期、拓片与相关编码("NA""NB"),乃依据史语所"殷周金文暨青铜器资料库"之内容。

⑱ 此可参考谢明文所作之集释内容。

⑲ 林义光原著、林志强标点《文源(标点本)》第84页,上海古籍出版社2017年。

⑳ 李孝定编述,史语所编辑《甲骨文字集释》第9—12页,史语所1991年。

㉑ 于省吾主编,姚孝遂按语编撰《甲骨文字诂林》第3146页,中华书局1996年。

㉒㉞ 裘锡圭《甲骨文中的几种乐器名称——释"庸""丰""鞀"》,后收入氏著《古文字论集》第196—209页,中华书局1992年。

㉓㉔ 季旭升《说文新证》第701页,艺文印书馆2014年。

㉕ 季旭升亦将郭店《唐虞之道》简例列在"丂"字下,惟仅引郭店简原整理者与裘锡圭之看法,无说,兹列备参(季旭升《说文新证》第701页)。

㉖ 荆门市博物馆编《郭店楚墓竹简》第160页,文物出版社1998年。

㉗ 同上注第160页裘锡圭按语。

㉘ 李零《郭店楚简校读记》第95页,北京大学出版社2002年。

㉙ 刘钊《郭店楚简校释》第150、159页,福建人民出版社2003年。

㉚ 例如: / (张家山汉简《二年律令》27)。

㉛ 张家山汉简研读班《张家山汉简〈二年律令〉校读记》,收入李学勤、谢桂华编《简帛研究2002、2003》第177—195页,广西师范大学出版社2005年。

㉜ 周波《楚地出土文献与〈说文〉合证(三题)》,原刊载于《汉字研究》2020年第1期,后收入《出土文献与中国古代史》第1辑第281—291页,中西书局2021年。

㉝ 简帛论坛"张家山汉墓竹简(336号墓)《汉律十六章》初读"(2023年3月13日)6楼东潮(王挺斌)之发言,武汉大学简帛网2023年3月15日;王挺斌《张家山三三六号汉墓竹简文字小识》,武汉大学简帛网2023年3月28日。

㉟ 郭锡良《汉字古音手册》第214页,北京大学出版社1986年。

㊱ 张世超《金文考释二题》,收入吉林大学古文字研究室编《于省吾教授百年诞辰纪念文集》第129—133页,吉林大学出版社1996年。

㊲ 原《集成》拓片不清。谢明文将此例释为"丂/宁"。

㊳ 陈剑《说"安"字》,收入氏著《甲骨金文考释论集》第107—123页,线装书局2007年。

㊶ "旬"字上古音为邪母真部,"丂"字属明母真部,"栒"则为邪母文部,前二者与"栒"字或属脂、微韵系,具有作声符之可能性。

㊷ "栒"字属心母真部,与"栒"字之声韵关系,可如上注。

古文字研究(35):445—450,2024

释"马识物"与"物之不能相易者"

李洪财

一 "马识物"解析

1. □、御史请:诸出入津关者,诣入传书郡、囻、里、年、长、物色、疵瑕见外者及**马识、物**关舍入占者,津关谨阅出入之。县官马勿**识物**(498)

2. 十二、相国议,关外郡买计献马者,守各以匹数告买所内史、郡守,内史、郡守谨籍**马识物**、齿、高,移其守,及为致告津关,津关案阅,(502)

3. 十五、相国、御史请:郎骑家在关外,骑马即死,得买马关中人一匹以补。郎中为致告买所县道。县道官听,为质〈致〉告居县,受数而籍书(513)**马识物**、齿、高,上郎中。即归休、缛使,郎中为传出津关。马死,死所县道官诊上。其诈贸易马及伪诊,皆以诈伪出马令论。其(514)

以上是张家山汉墓出土《二年律令》中涉及"马识物"的几条材料①。其中的"识物",498简原整理小组说:"识物,标记。"张家山汉简《奏谳书》58—59简:"蜀守谳:大夫犬乘私马一匹,毋传,谋令大夫武裔发上造熊马传,著其**马识物**,弗身更,疑罪。·廷报:犬与武共为伪书也。"原整理者解释说:"识物,指马的特征。"王三峡认为:"马身上加的火印,即所谓'马职(识)物',出入津关要予以登记查验,是否符合马之'传籍'。"②陈伟认为物也有标记之义,"识物"或者是先天的毛色,或者是后天的烙印和外伤,作为马的标记,最为合适③。这些解释主要还是把"识物"作为一个双音节词考察,将两字都向标记义靠拢,有可待商榷之处。邢义田曾在文章注释中对陈伟的解释提出怀疑,他说:"我怀疑马识是马识,物为其它,应分读。……疑'物'指马、牛或人的某些足以辨识的特征。"④本文非常赞同邢义田的分读意见,认为"识物"当作两个单音节词看待。识是标识的意思,文献中例证很多,较易明白,无需多说。下面重点解释"物"。

上举材料2、3中出现"马识、物、齿、高",与出土汉简马籍中的描述内容可以对应,例如:

4. 私财务马一匹,騬,牡,左剽,齿九岁,白背,高六尺一寸,小鞍。补悬泉置传马缺。厶卩(释粹V 1610:11)⑤

5. 传马一匹,騬,乘,白鼻,左剽,齿八岁,高六尺,驾,翟圣,名曰全厩。厶卩(释粹V 1610:12)

6. 传马一匹，駔，乘，左剽，决右鼻，齿八岁，高五尺九寸半寸，骖，名曰黄雀。厶卩（释粹 V 1610：14）

7. 传马一匹，骓，乘，左剽，八岁，高五尺八寸，中，名曰苍波，柱。（V 1610：15）

8. 传马一匹，骝，乘，左剽，决两鼻，白背，齿九岁，高五尺八寸，中，名曰佳□，柱，驾。（悬 V 1610：16）

9. 传马一匹，赤骝，牡，左剽，齿八岁，高五尺八寸，驾，名曰铁柱。（悬 V 1610：17）

10. 传马一匹，驿駒，乘，左剽，齿九岁，高五尺八寸，骖，吕戟，名曰完幸。厶卩（悬 V 1610：18）

11. 私财务马一匹，骓，牡，左剽，齿七岁，高五尺八寸，补悬泉置传马缺。（悬 V 1610：19）

以上八枚简是悬泉汉简中的传马名籍内容。将这八枚简的描述与"马识、物、齿、高"对应归纳就会更加一目了然，如下表：

表一　传马名籍行文与"马识、物、齿、高"等内容对照表

	识	物					齿	高
		毛色	性别	用途	等级	其他特征		
4	左剽	骓、白背	牡			小鞍	九岁	六尺一寸
5	左剽	骓、白鼻	乘	驾			八岁	六尺
6	左剽	駔	乘	骖		决右鼻	八岁	五尺九寸半寸
7	左剽	骓	乘	柱	中		八岁	五尺八寸
8	左剽	骝、白背	乘	柱、驾	中	决两鼻	九岁	五尺八寸
9	左剽	赤骝	牡	驾			八岁	五尺八寸
10	左剽	驿駒	乘	骖			九岁	五尺八寸
11	左剽	骓	牡				七岁	五尺八寸

首先要对上表中的几个词略加说明。其中"乘"，高荣曾经指出当读作"騬"，指去势的马，甚是[6]。所以简文中的"乘"属性别上的分类。骖，指驾车时位于外侧的马。柱是柱马，指驾车时的辕马[7]。中，指马的等级是中等，《居延新简》EPC：1中还可见等级上等的马。小鞍，或作小胺，悬泉简中又有大胺，张俊民以为是"指马生病，某一部位肉烂"[8]。不过悬泉简中可见"驿马一匹，<u>伤胺</u>，不可用"[9]，简文出现了"伤胺"，若作动宾结构理解，这个"胺"也可能指马身体的某个部位，或者就是指马鞍所放的位置。作为传马，长时间骑行，马鞍部位容易磨伤。决右鼻，陈伟认为指身体外伤描述[10]，但不排除也是标识的描述。《唐会要》记："骨利干马，本俗无印，惟割耳、鼻为记。"即割鼻也是标记的一种方式。

从表格的归纳可以清楚的看出，简文中的"左剽"对应的是"识"的描述，七岁、八岁、九岁

对应的是"齿"的描述,高某尺某寸对应的是"高"的描述。在这些对应中识、高、齿都可一一对应,但唯独"物"并不能简单的一对一。剩下的内容是不同角度的分类描述。騮、骊、魋、骝等是从毛色的角度分类描述。牡、牝、乘是从性别角度的分类描述。驾、骖、柱是从用途上分类描述。上、中是等级分类。至于表格中的其他特征,是为了更精确地描述马的特殊情况,也应该属于"物"的范围。

物,有形色或物类的意思。《周礼·春官·保章氏》"以五云之物,辨吉凶水旱降丰荒之祲象",郑玄注:"物,色也。视日旁云气之色……知水旱所下之国。"孙诒让正义:"凡物各有形色,故天之云色,地之土色,牲之毛色,通谓之物。"孙诒让所说"牲之毛色"即上举马籍中的魋、騮、骝、驿、駒等描述马之毛色的词语。陈伟也推测说这些词语"可能即是对马'物'的记载"。周家台秦简《日书》中有很多"占物,黄、白",如其中简188、190、192已有学者作过解析,也可作为"物"训释为形色的例证⑪。物还可指牲畜的类别、品级。《周礼·夏官·校人》:"辨六马之属。种马一物,戎马一物,齐马一物,道马一物,田马一物,驽马一物。"这里的"物"为类别之义。《六书故·动物一》:"凡畜牲皆以毛物别。"《诗·小雅·六月》"比物四骊,闲之维则",毛传:"物,毛物也。"《周礼·地官·牧人》"牧人掌牧六牲,而阜蕃其物,以共祭祀之牲牷",孙诒让正义:"物犹言种类也……凡牲畜,区别毛色,各为种类,通谓之物。"故从马籍与传世文献对比可知,"物"有形色、物类、类别之义,它应该包括毛色、种类、品级等,而不包括标识。

"物"的描述目的在于更精准地确定目标信息。"物"的形色义后来演变出"物色"一词。"物色"也可以作为描述马的词语,例如:

12. 甘露二年四月庚申朔丁丑,乐官令充敢言之。诏书以骑马助传马,送破羌将军穿渠校尉使者冯夫人。军吏远者至敦煌郡,军吏晨夜行,吏御逐马前后不相及,马罢驱,或道弃,逐索未得。谨遣骑士张世等以**物色**逐,各如牒。唯府告部、县、官、旁郡,有得此马者以与世等。敢言之。(释粹Ⅴ1311④:82)

13. 建平三年正月癸未朔……□夫假佐恭敢言之:善居里男子庄⑫湮自言取传,乘马三匹,

☑ ……张掖、酒泉……年、长、马齿、**物色**各如牒,过所津关,毋苛留,如律令。

☑过所如律令。／掾承、守令史就。(73EJT37:806＋816＋1207⑬)

这两枚简中"物色"的描述不一定单指某一项,一切可以反映形体的特征都属于描述范围,这样才能准确地锁定目标。同样"马识、物"的"物"也不是单一的描述,所有能反映目标特点的信息,都是要描述的对象。标识的目的是标明所属,但标识是人为的特征,且有独立的内容、位置、形式,应与"物"区别。而且并不是每匹马都有标识,但每匹马都有各自的类别特点。因此,识、物各有所指,"识"指的是标识,"物"指形色类别。上举张家山汉简中标点也应统一将"识"与"物"断开。

二 睡虎地秦简中的"物之不能相易"解

解决了上面"物"的问题，睡虎地秦简《效律》中如下的律文解读问题也可以得到解决，原整理者释文如下：

　　14. 马牛误识耳，及物之不能相易者，赀官啬夫一盾。（简44）

这条简文原整理者翻译作："牛马及不能调换的器物标错了次第，罚该官府的啬夫一盾。"[⑭]王三峡对此提出了不同意见，认为耳当读如字，"物之不能相易者"，亦即器物上不可替换的特殊部位，这是牛马之耳的引申说法。在器物不可替换的部位加上标记，就是所谓的"器职（识）耳"[⑮]。朱红林将这条简文翻译为："马牛相互加错了标记，以及类似不能互相代替的官有器物加错了标记，都要处罚官啬夫一盾。"[⑯]陈伟将这条简文与睡虎地秦简中如下三条简文联系在一起来解释。

　　15. 皮革蠹突，久刻识物，仓库禾粟，兵甲工用。（《为吏之道》18—21第三栏）

　　16. 器识耳不当籍者，大者赀官啬夫一盾，小者除。（简43）

　　17. 殳、戟、弩，漆彤相易也，勿以为赢、不备，以识耳不当之律论之。（简45）

陈伟认为材料15所说的"识物"大概就是14、16所说的"识耳"之"识"与"物之"之"物"的合称。材料17所说的"漆彤相易也"，大致是指红、黑二色相混乱，材料14的"相易"也可能具有类似含义[⑰]。

材料14，中国政法大学中国法制史基础史料研读会认为："'耳'字难定其义，但'职（识）耳'的意思是对官有器物作标记，当可确定。"并举例秦俑坑兵器有各种编号例子说明"耳"之次第义。认为材料14的"物"可指标记，亦可指同一类型[⑱]。

材料14解读的关键是耳、物的解释。"耳"字原整理者的释义很顺，但在秦汉文献中用作"次第"义的情况很少。而且从所见文献记载和实物考察来看，标识更多是考虑内容、位置、形式，鲜有次第的规定。如睡虎地秦简《工律》中规定"公甲兵各以其官名刻久之"，即是规定官府甲兵须以官名为标识内容，以刀刻和烙印的方式做标识，并未说明次序。出土实物上的标识主要为物主标记和制造者标记[⑲]，标记次第的情况也比较少。比如四川荥经曾家沟M21出土战国中后期双耳长盒底部靠左边标"番阳脂"（见下图一）[⑳]；如江苏仪征张集团山一号墓出土西汉初耳杯的两耳下标有"王""中厨"，底部有"东阳"（见下图二）[㉑]。而且各类器物的标记位置应有约定，不能随意标记。比如漆器上标记的位置大多在器物边缘、两侧或底部。马牛的标记位置更不能随意。材料显示马牛的烙印标记多在臀部或耳部，比如：IVT0617③：18"久左脾"、IT0114：48"久左脾尻"[㉒]，都明确说在臀部。如敦煌汉简1166"牛一，黑犗，牸，**耳左剺**，齿八岁，絜八尺☒"[㉓]，明确说标记在耳部。秦汉简中大量出现的马牛标识术语"剺"，就是一种在耳部的标识方式[㉔]。因此"识耳"可不破读。《周礼·考工记》："量之以为鬴，深尺，内方尺而圜其外，其实一觳。其臂一寸，其实一豆；其耳三寸，其实一升。重一钧，其声中黄钟之宫。"郑玄注："耳在旁，可举也。"这里的"耳"指的就是觳两旁之耳。耳分左右，以此引申为两边、两侧。因此，"识耳"不一定狭义地理解为标识次第，也可理解为标识位置。"误识耳"，就是弄错标识位置。材料16的"识耳不当之律"应该就是对标识位置不当的处罚规定。

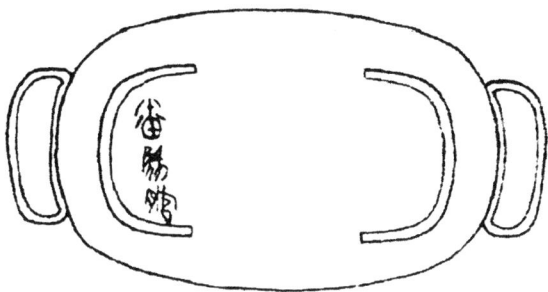

图一　四川荥经曾家沟M21出土
战国中后期双耳长盒底部

　　材料14"物之不能相易"中的"物"，应如上文"马识、物"的解读，解作形色类别之义。相易，就是相混乱，如材料17中的"纍彤相易"是黑红两色相混乱。材料14"不能相易"指不能混乱马牛的标识位置、类别等内容，也就是上表一中"识、物"的内容。"不能相易"之后还有个"者"，所以这条律文最后要惩罚的是弄混了其中不能相混的内容。也就是说除了不能弄错标识位置外，马牛的性别、毛色、种类等不能相混的物类，也不能搞错[25]。简单地说，不能混乱的，搞乱了就要罚。照此理解，材料14应翻译作："马牛弄错标识位置，及弄错了类别中不能混乱的内容，罚该官府的啬夫一盾。"另外，这条律文中将"识"与"物"分别说明，也可证上文的释义和解读。

图二　江苏仪征张集团山一号墓出土
西汉初耳杯底部

　　按照上文梳理，材料15《为吏之道》"久刻识物"中的"物"不是指"器物"，整句当理解为"以久刻方式标识物类"。材料16原整理者翻译是："器物标记编号与簿籍不合的，如为大的器物，罚该官府的啬夫一盾，小的器物则可免罪。"中国政法大学研读会已经指出应以价值大小来论罪[26]，而不能以器物大小为标准论罪。这种处理方式比原整理者以器物大小定罪更合理。此外还有一种解读，是以错误的程度来论罪。若此，整条简文的意思可理解作："器物标识位置与簿籍规定不一致者，差别大的情况要处罚该官啬夫一盾，差别小的情况可以免罪。"

　　附记：本文曾先后得到石洋、周琦、白军鹏、袁开慧、李玥凝等先生的建议。尤其石洋先生在"物之不能相易"的解读上提供了很有启发的建议，使小文避免了错误。在此向以上诸位先生表示诚挚感谢。

　　（作者单位：湖南大学岳麓书院、"古文字与中华文明传承发展工程"协同攻关创新平台）

注：

① 张家山二四七号汉墓竹简整理小组编《张家山汉墓竹简〔二四七号墓〕》，文物出版社2001年。本文所示简文皆以原书加简号标示书中位置，不单独出注。

② 王三峡《秦简"久刻职物"相关文字的解读》，《长江大学学报（社会科学版）》2007年第2期第83页。

③⑩⑰ 陈伟《张家山汉简〈津关令〉涉马诸令研究》，《考古学报》2003年第1期第5页。

④ 邢义田、高震寰《"当乘"与"丈齿"——读岳麓书院藏秦简札记之二》，邢义田《今尘集：秦汉时代的简牍、画像与文化流播》第340页，中西书局2019年。

⑤ 胡平生、张德芳《敦煌悬泉汉简释粹》，上海古籍出版社2001年。文中简作"释粹"。

⑥⑦ 高荣《汉代"传驿马名籍"简若干问题考述》，《鲁东大学学报（哲学社会科学版）》2008年第6期。

⑧ 张俊民《敦煌悬泉置出土文书研究》第307页，甘肃教育出版社2015年。

⑨ 同上注第347页。

⑪ 曾磊《荆州周家台〈日书〉"占物"臆解》，《四川文物》2013年第2期。

⑫ 按：此字原简图作 𢼒，或当释作"枉"，用作人名。

⑬ 按：此简姚磊缀合，见姚磊《肩水金关汉简缀合》第286页，天津古籍出版社2021年。

⑭ 睡虎地秦墓竹简整理小组编《睡虎地秦墓竹简》第74页，文物出版社1990年。

⑮ 同注②第84页。

⑯ 朱红林《再论睡虎地秦简中的"赍律"》，"中国法律史学会成立30周年纪念大会暨2009年会"学术论文集第914页，长春，2009年7月。

⑱ 中国政法大学中国法制史基础史料研读会《睡虎地秦简法律文书集释（五）》，《中国古代法律文献研究》第10辑第98、100页，社会科学文献出版社2016年。

⑲ 参洪石《战国秦汉漆器研究》第145—159页，文物出版社2006年。

⑳ 按：图片源自《文物》1989年第5期第25页，图九：2。

㉑ 按：图片源自《考古学报》1992年第4期第489页，图一二：2（1：15）。

㉒ 同注⑧第322、325、327页。

㉓ 按：此简文邬文玲作过校改和重新标点解读，我们核对图版后非常赞同这种改释和断句，并在其基础上，根据残留墨迹和相同文例，末尾补释一个"尺"字。参见邬文玲《居延汉简释文补遗》，《金塔居延遗址与丝绸之路历史文化研究》第95—96页，甘肃教育出版社2014年。

㉔ 按：拙著《秦汉简中标识术语"剽"之新证》（《中国农史》2021年第5期）有详细讨论。

㉕ 按：这里还可能有另一种解法，即把"物"看作动词，作观察、查看之义。《左传·昭公三十二年》"物土方，议远迩"，杜预注："物，相也，相取土之方面远近之宜。"《仪礼·既夕礼》"筮宅，冢人物土"，郑玄注："物犹相也，相其地可葬者，乃营之。"《周礼·地官·载师》"掌任土之法，以物地事，授地职，而待其政令"，郑玄注："物，物色之，以知所宜之事而授农牧衡虞。"之是代词，代"误识"的情况。物之，就是察看误识的情况。整句话可翻译为：在马牛的耳部做了错误的标志，察看误作的标志的情况，如果无法改变的，就要处罚该官府的啬夫一盾。虽然"物"的解法不同，但最后表达的简文意思基本一致，就是处罚是要看错误的程度，不能一概而论。

㉖ 同注⑱第99页。

古文字研究（35）：451—454，2024

对"韦编三绝"的一种可能理解

杨　博

　　大家都很熟悉的"韦编三绝"的典故，出自《史记·孔子世家》。这里司马迁对孔子修治"六经"的情况作了比较系统的阐述，其中提到"易"的部分："孔子晚而喜《易》，序《彖》《系》《象》《说卦》《文言》。读《易》，韦编三绝。曰：'假我数年，若是，我于《易》则彬彬矣。'"①

　　"韦编三绝"，三家注都没有说解。日本学者泷川资言在《史记会注考证》里说："古者用韦编简，故曰韦编。三绝，言披览之勤也。"②泷川资言并没有说明"韦"为何物。注家却以《周礼·考工记》"攻皮之工，函、鲍、韗、韦、裘"、《说文》韦部"韦，相背也。从舛，口声。兽皮之韦可以束枉戾相韦背，故借以为皮韦。凡韦之属皆从韦"等为据，认为"韦"即皮韦、熟牛皮条，即经过去毛加工制成的柔皮。由于古代书籍是书写在竹、木简牍上的，简牍用熟牛皮条穿起来就是"韦编"。"韦编三绝"典故的意思是说孔子读《易》勤奋，反复研读，竟然把编联竹简的坚韧牛皮绳都翻断了多次。

　　随着简牍典籍出土数量的剧增，上述说法日益受到挑战。因为目前见到的战国秦汉简牍典籍的实物编绳，无一材质是所谓的"熟牛皮条"。早在几十年前，商承祚、陈梦家、李学勤等就对牛皮绳编联简策的说法提出怀疑，这是以大量的出土简策实物为根据的③。"韦"字的新解释，目前主要有两种看法：

　　其一是上引林小安文中提到的"纬编即编联简策的纬绳"，因为"今之形声字古每书作假借字"，"汉人（司马迁）写的韦编读作纬编是合乎汉人用字常理的"。将纺织用词经、纬用在简牍上，是其形似类比的引申义。简策上纵向的竹简就如同织机上的经线，而横向编联的丝绳就像织机的纬线。"韦编"，即"纬编"，是指简策上横向的编纶④。

　　其二是考虑到"韦"字从围城演变为经纬之纬，虽然白川静曾有解释："韦的口为城墙之形，上为足向左之形，下为足向右之形。如此左来右往之形，类似于纺织时的编织纬线的动作，故而纬指纬线、纬纱。竖线称为经，合称经纬。"⑤也有观点认为，"韦"字可用围城原意。"围编三绝"指的就是环绕竹简的编绳断了多次。韦编可以读作围编，《汉书·成帝纪》"是日大风，拔甘泉畤中大木十韦以上"，颜师古注："韦与围同。"⑥"围编"表示的是编绳的形状，指贯穿环绕竹简的编绳⑦。

　　上述两种看法均有各自依据，笔者目前虽然倾向于前一种⑧，但是后一种也并不是不可能。清人李惇曾经认识到："简狭而长，编简者当于简头为孔，按其次第以韦贯之，夫子读《易》

韦编三绝是也。"⑨当然,出土简牍实物的简头或有契口而非圆孔,但北大秦简编绳复原所见,确是有可能使用一根书绳将简策编联的⑩。

"韦"字已引起不少学者的关注⑪,这里还要谈谈"绝"字。《说文》系部:"绝,断丝也。"段注解释说:"断之则为二,是曰绝。"清人于鬯在《香草校书·尔雅一》中提到:"《史记·孔子世家》云:'读《易》,韦编三绝。'三绝者,一部《周易》三分编之也,犹三篇三卷云尔。""'越绝'之名书亦犹是也。越绝者,犹越篇、越卷云尔。"⑫在《香草续校书·商君书》中续言:"绝即《尔雅·释器》'革中绝'之绝,亦即'韦编三绝'之绝。盖编者联之,而绝者分之。三绝,谓分作三编耳。"⑬在《香草校书·尔雅一》的"革中绝谓之辨·革中辨谓之韏"中,于鬯对此问题有更进一步的解释:"此革盖谓韦编也,中绝者中分之也,一书而中分之则谓之辨,辨读为辬。""辬即篇也,木简为辬,故字从片;竹简为篇,故字从竹。""今则篇行而辬废矣。韏即书卷之卷。""从韦即取韦编之义,今则卷行而韏废矣,一卷即一篇也。篇与卷无异,故曰革中绝谓之辨,革中辨谓之韏。"⑭

简言之,于鬯的意思就是把"三绝"理解为孔子曾把"易"分作三编,也就是三卷。就目前所见出土简帛的情况来看,亦不是不可能的。首先,关于孔子曾经对以"六经"为代表的古代文献进行过比较系统的编纂整理这一看法,学界基本持肯定态度。即便是认为孔子对"易"无一字改动的学者,也承认孔子曾"修"《诗》《书》《礼》《乐》⑮。退一步讲,《论语·述而》中提到孔子"五十以学《易》",马王堆帛书《要》中说孔子"老而好《易》"⑯,此外文献中还有孔子"五十究《易》"的说法,这说明孔子对"易"是熟稔的。《汉书·艺文志》中记述孔子曾经对"易"有详细的阐释和解读。《论语·子路》中孔子引用《易》"恒"卦九三爻辞"不恒其德,或承之羞",但"不占而已矣"。引用《易》中的爻辞,但并非用来占卜,而是表明某种价值取向,这本身即是对《易》的全新诠释。只是这种价值诠释未必像"删诗"那样明显。

其次,清华简《周公之琴舞》的发现,不仅为"十分去九"的删诗幅度提供了文本范例,也说明所谓"去其重"不仅是去除重复者,还会删掉同一版本中内容相近、主旨相类的不同篇目⑰。而依据某种价值取向,将《易》分编,原本的一卷转为一篇的,或者一篇转为一卷的,新出简帛文献类似的例证有不少。清华简用简背序号保证简策编联的情况,大家已很熟悉。如果把上博简《灵王遂申》《平王问郑寿》等十四篇楚"语"连缀在一起,每卷也就变成楚"语"的一篇⑱。而张家山336号墓汉简《功令》数字和干支两种编号系统,数字编号书写在天头,为"一"至"百二"。特别是地支编号"子",即"廿六议"章(简82—84),在简84的地脚书写"置吏子",说明"置吏"是该章令文原来所属的律名,"子"是原律文整理编入《功令》之前的序号⑲。原来单篇别行的文献可能会被汇集整理,在整理过程中或是将所有相关文献汇成一卷,这样原来的卷名就会降为篇名。

最后,由王家台秦简《归藏》,可见三易"其经卦皆八、其别卦皆六十四",《连山》《归藏》

《周易》古同出一源,为《易》之三大派别[20]。李学勤亦曾指出,就卦名、次序、写法等内容而言,清华简《筮法》《别卦》也与《归藏》密切相关[21]。《归藏》之外,《连山》在商代甲骨文筮占材料中可见其踪迹。两者均有本自远古传说及夏商周三代的筮占材料[22]。学界早已注意到,《左传》襄公九年、《国语·晋语四》的两个占例,说明春秋时期三易并用[23]。特别是孔子似乎得到过《归藏》。《礼记·礼运》记孔子语曰:"我欲观夏道,是故之杞,而不足征也。……吾得坤乾焉。坤乾之义,夏时之等,吾以是观之。"郑玄注"吾得乾坤焉"云:"得殷阴阳之书也。其书存者有《归藏》。"在汉人的知识中,其所见之《归藏》即《周礼》所述三易之一的《归藏》,亦即孔子所得之殷商易书[24]。如此说不谬,似乎可以猜想,所谓"韦编三绝",有没有一种可能是孔子按照自己的价值取向,曾将"易"分作《连山》《归藏》《周易》三篇[25]。当然,这一假说期待未来能够得到更多出土材料的检验。

附记:小文系国家社科基金重大项目"出土简帛文献与古书形成问题研究"(19ZDA250)、国家社科基金冷门绝学研究专项学者个人项目"出土文物与文献视野下的六博传统游戏研究"(22VJXG006)的阶段性成果;得到教育部哲学社会科学研究重大专项项目"中国上古基因谱系、族群谱系和文化谱系的对证研究"(2022JZDZ023)的资助。

(作者单位:中国社会科学院古代史研究所、"古文字与中华文明传承发展工程"协同攻关创新平台)

注:

① 〔汉〕司马迁《史记》第1937—1938页,中华书局1959年点校本。

② 〔日〕泷川资言《史记会注考证》第6册第75页,文学古籍刊行社1955年影印本。

③ 参见林小安《"韦编三绝"正读》,《中国文物报》1991年11月3日第3版。

④ 参见朱彦民《"韦编三绝"新说——兼及古籍称经的由来》,《社会科学研究》2019年第2期。

⑤ 〔日〕白川静著,苏冰译《常用字解》第10页,九州出版社2010年。

⑥ 〔汉〕班固著,〔唐〕颜师古注《汉书》第304页,中华书局1962年点校本。

⑦ 参见刘鸿雁《"韦编三绝"别释》,《江海学刊》2006年第1期。

⑧ 据居延汉简所见,简札常与书绳一起发放,如"雕喜燧两行册,札百,绳十丈,橄三,八月己酉输"(7.8)等。参见中国社会科学院考古研究所编《居延汉简甲乙编》下册第4页,中华书局1980年。

⑨ 〔清〕李惇《群经识小》第16页,《皇清经解》第722卷,清道光年间广东学海堂刊本。

⑩ 参见北京大学出土文献研究所《北京大学藏秦简牍室内发掘清理简报》,《文物》2012年第6期。

⑪ 另可参赵成杰《"韦编三绝"新释》,《沈阳大学学报(社会科学版)》2012年第5期。

⑫ 〔清〕于鬯《香草校书》第1121页,中华书局1984年。

⑬ 〔清〕于鬯《香草续校书》第452页,中华书局1963年。

⑭ 同注⑫第1120—1121页。

⑮ 陈坚《"韦编三绝":孔子晚年的宗教诉求——孔子与〈易经〉关系新论》,《周易研究》2007年第1期。

⑯ 湖南省博物馆、复旦大学出土文献与古文字研究中心编,裴锡圭主编《长沙马王堆汉墓简帛集成》第3册第116页,中华书局2014年。

⑰ 徐正英《清华简〈周公之琴舞〉与孔子删〈诗〉相关问题》,《文学遗产》2014年第5期。

⑱ 参见杨博《战国秦汉简帛所见的文献校理与典籍文明》,《中国社会科学》2022年第9期。

⑲ 荆州博物馆编,彭浩主编《张家山汉墓竹简:三三六号墓》第95页,文物出版社2022年。

⑳ 王明钦《试论归藏的几个问题》,古方、徐良高等编《一剑集》第101—112页,中国妇女出版社1996年。

㉑ 李学勤《〈归藏〉与清华简〈筮法〉〈别卦〉》,《吉林大学社会科学学报》2014年第1期。

㉒ 宋镇豪《谈谈〈连山〉和〈归藏〉》,《文物》2010年第2期。

㉓ 廖名春《王家台秦简〈归藏〉管窥》,《周易研究》2001年第2期。

㉔ 梁韦弦《〈归藏〉考》,《古籍整理研究学刊》2011年第3期。

㉕ 学者曾认为《汉志》中未著录《连山》《归藏》,是由于当时并无"夏、商、周三代之易"的说法,三书被《汉志》统视为"周易",此显示出三易或在价值取向等层面应存在一致的情况。参见程水金《中国早期文化意识的嬗变》第101—102页,武汉大学出版社2003年。

古文字研究(35):455—459,2024

《安大二·曹沫之陈》札记两则

高佑仁

　　《曹沫之陈》是一篇亡佚已久的鲁国文献,也是中国现存时代最早的兵书。开头与结尾论政,中段论兵,透过鲁庄公与曹沫的问答,寄托曹沫对于天道、政治、兴亡以及各种阵法战术的观点,价值不言可喻。

　　该文在2004年出版的《上海博物馆藏战国楚竹书(四)》中首次收录,十八年后,于《安徽大学藏战国竹简(二)》又再度出现。《安大二·曹沫之陈》廓清了过去难解的编联问题,为该文迎来了新一波的研究热潮。上博简与安大简都收录《曹沫之陈》,可见它在先秦时期的普遍性与重要性。

　　本文以《安大二·曹沫之陈》为本,提出两则考释意见。

一　简8:脅(贰/二)

　　1.上博简:食不贰羹

　　2.安大简:食不脅羹

"贰"字安大简作𩛿(简8),上博简作𩛿(简11),安大简原整理者隶定作"胾",并指出①:

　　　　"胾",从"弋"声,古文字多用为"贰"。《墨子·节用中》:"古者圣王制为饮食之法……黍稷不二,羹胾不重,饭于土塯,啜于土形。"简文"食不贰羹"之"贰"与此"黍稷不二"之"二"同义。

潘灯则认为②:

　　　　相对应的两个"贰"字,上博简作"上弋下肉"之形,安大简作"上弋下肉"之形。显然,二形均从"肉",而非"贝"。换言之,所谓的"贰",当是一个以"肉"为义符的字,"肉"正与饮食有关。"弋"或"弍"盖也为义符,可互换,"弋"或兼表声。我们认为,辞中的"贰",或当释为"腻",油腻也。古音中,"弋"与"腻"音近。"居不衮文,食不腻羹",抑或是指不穿带花纹的衣服,不吃太油腻的菜羹。

细审字形,安大简字形作𩛿,书后字形表则作𩛿,安大简原整理者所隶定的"胾"明显与原篆不合,该字左半犹有一道竖笔,字形表的写法尤为清楚。而"肉"旁上半的写法也只有一道横笔,而非从"二"(两道横笔),隶定作"胾"并不精确。

　　潘灯认为𩛿字从"弋"或兼表声,"弋"与"腻"音近。我们知道"弋、弍"分别是《说文》

"一"与"二"的古文。一、二是数目之始,也是日常频繁使用的单字,很难想象"贰"竟然以"弍"为声符,如果二字可以音近通假,将对生活造成多大的不便。"一"属影纽质部,"二"则为泥纽脂部,二字应不具有通假空间。更重要的是,如前所述,安大简原篆左边尚有一笔,字并不从"弍"。其将字读成"腻"、认为简文"食不腻羹"是指"不吃太油腻的菜羹",亦不可信。

笔者认为将 字理解为从"弋"或弍均不允当,此字应当是从"戉"从"肉",以下是古文字中读成"贰"的字形(见表一):

表一

1. 西周中, 曶鼎,《集成》2838③	2. 西周晚, 五年琱生尊,《新收》744④	3. 西周晚, 五年召伯虎簋,《集成》4292	4. 西周晚, 五年召伯虎簋,《集成》4292	5. 西周晚, 五年琱生尊,《新收》743
6. 春秋, 邵大叔斧,《集成》11788	7. 春秋, 邵大叔斧,《集成》11786	8. 春秋晚, 蹶镈,《新收》489	9. 春秋晚, 蹶镈,《新收》490	10. 春秋晚, 蹶镈,《新收》493
11. 春秋晚, 蹶镈,《新收》495	12. 春秋晚, 蹶镈,《新收》491	13. 战国, 中山王方壶,《集成》9735	14. 战国, 秦骃玉版乙背	15. 战国, 秦骃玉版乙背
16. 郭店《五行》48	17.《上博四·曹沫之陈》11	18.《安大二·曹沫之陈》8	19. 战国, 襄安君扁壶,《集成》9606	20.《里耶》8.163 正
21.《里耶》8.163 正	22. 马王堆《春》61.6	23. 马王堆《战》169.19	24. 马王堆《春》10.9	25. 马王堆《谈》16.1
26. 马王堆《周》63.8	27. 马王堆《周》63.30			

数目"二"的大写{贰},最早见于西周中期的曶鼎△1,字从戉、二声,可能指以斧钺将物品砍成两半,西周后期添"贝"旁,△2—4从戉从贝、二声,△5则省略"二"声。贝币是中国最

早的货币，商代晚期就可以看到许多"赐贝"的铭文⑤，以"贝"作为意符，突显"贰(二)"已代表数目使用。

就现有材料来看，春秋时代的"贰"尚未出现从"戌"的写法，构形可分成两类：从"贝"从"戈"，如△6、9、10、11；或从"贝"从"弋"，如△7、8、12。"弋、戈"均为兵器，于偏旁中常可替换，例如齱镈既有从"弋"（△12）也有从"戈"（△11）的构形。春秋所见诸形均省略"二"声。另外，春秋时代"贰"跟"貣"有相当严重的混淆情况，关于此点，后文会再进一步论述。

战国时代的"贰"，有不少字形保留从"贝"从"戌"的古体写法，例如△14、15；而△13、17则是从肉从戈、二声，又或可理解成从肉、弌声，即"腻"之初文；独体的"弍"见于△19；△15的 可以理解为从戌、二声⑥，"戌、戈"均是兵器，故可偏旁替换。

秦汉简牍中，△20、21等秦文字都是继承战国时代从贝从戌的写法的。马王堆帛书写法可分成两系，△22、23从贝从戌，关于"戌"的构形可参考《马王堆汉墓简帛文字全编》⑦，△24—27则是从贝从戈、二声。

综上所述，安大简《曹沫之陈》的 当理解为从肉从戌，这种从"戌"的写法早在金文就出现，一脉相承至于秦汉篆隶。

接着讨论"贰(二)"和"貣(忒)"的问题，从春秋时期开始，⌈贰⌋与常读作⌈忒⌋的"貣"产生混淆，"貣"字构形如下（见表二）：

表二

春秋晚期，蔡侯申钟，《集成》218	春秋晚期，竞孙不服器，《新收》1701	春秋晚期，竞孙不服器，《新收》2321	清华简《汤处于汤丘》12
清华简《殷高宗问于三寿》11	战国早，越王者旨于赐钟，《集成》144	北大汉简《周驯》134	北大汉简《周驯》199

《说文》有"貣"（他得切）也有"贰"（而至切），依据《说文》，"貣、贰"是两个形、音、义不同的字，"貣"古音透纽职部，"贰"泥纽脂部，声纽都是舌音，但韵部则有脂、职的差异。然而"貣"和"贰"在古籍与出土文献中却有着十分密切的关系⑧，例如《礼记·缁衣》"民情不贰"，《释文》作"忒"。《周礼·秋官·大行人》"殷眺以除邦国之慝"，此语又见《大戴礼记·朝事》，"慝"写作"贰"⑨。《诗经·卫风·氓》"女也不爽，士贰其行"，王引之《经义述闻》："'贰'音它得切，即'忒'之借字。"⑩又如齱镈的 与蔡侯申钟的 （）写法几乎没有差别，但前者读"贰"

后者读"弎"。马王堆帛书的 与北大《周驯》的 写法完全一样，但前者读"贰"，后者读"弎"。由于"貣"与"贰"的读音不同，可见二字当理解为形近讹误的关系⑪。

二　简37：迵

　　1. 上博简：毋冒以迶
　　2. 安大简：毋目以迵

安大简原整理者指出："'毋目目進'，《上博四·曹沫》简六〇下作'母冒目迶'。'迶'不见于字书，疑是'遹'字异体。'迶'从'臽'声，上古音属匣母谈部；'遹'从'繇'声，上古音属余母幽部。古代匣、余二母和谈、幽二部字音有关。例如：'炎'属匣母，从'炎'声的'剡''淡'等属余母；从'臽'声的'啗''谄'与'道'通（参《古字通假会典》第二五二页），'道'即属幽部。《玉篇·辵部》：'遹，疾行也。'于此可见'進''迶（遹）'义近。'毋目目進'应该读为'毋冒以進'，意谓：不要盲目贸然行进。"⑫

　　所谓的"進"字，上博简作"迶"（简60下），原整理者读"陷"⑬；安大简作 （简37），原整理者则隶定作"進"，训为"行进"⑭。此字释"進"并不可信，先将安大简《曹沫之陈》里与"隹"旁有关之字罗列如下（见表三）：

表三

待考字	"進"字	从"隹"之字	
简37	简25	简18，嘒	简20，鄹
	简33	简37，嘒	简43，唯

就构形来看，字右半与该书手所写的"隹"不同，且古文字的"進"也没有在"隹"旁下添加"口"旁的习惯。笔者认为此字当释作"迵"。该书手笔下的"同"字作：

简14　简16　简18　简45

而从辵、同声的"迵"在古文字中也颇为常见：

郭店《六德》45　《上博二·容成氏》32　《清华陆·子仪》20　《清华玖·治政》15

相对位置上博简作"陷"，"陷、迵"如何联系，还有待进一步研究。

（作者单位：成功大学中文系）

注：

① 安徽大学汉字发展与应用研究中心编，黄德宽、徐在国主编《安徽大学藏战国竹简（二）》第59页，中西书局2019年。

② 简帛网"简帛论坛"《安大简〈曹沫之陈〉初读》（潘灯2022年3月31日发帖）第30楼潘灯发言（2022年8月27日）。

③ 本处所谓的"集成"系《殷周金文集成》的简称，参中国社会科学院考古研究所编《殷周金文集成（修订增补本）》（中华书局2007年）。此字为董珊所释出，参董珊《"弋日"解》，《文物》2007年第3期第58—59页。

④ 本处的"新收"系《新收殷周青铜器铭文暨器影汇编》的简称（钟柏生等主编，艺文印书馆2006年）。

⑤ 例如四祀𠤕其卣（《集成》5413）"𠤕其赐贝"，交鼎（2459）"王赐贝"。关于"贝"当货币使用可参考郑家相《中国古代货币发展史》（三联书店1958年）第9—20页；王毓铨《中国古代货币的起源和发展》（中国社会科学出版社1990年）第14—28页。

⑥ 还可以有一种分析方式，即理解为从"戌"、"二"声，而二者共享笔画。参林清源《北大汉简〈周驯〉讹字考释四则》，《汉学研究》第40卷第4期（2022.12）第289—295页。

⑦ 刘钊主编《马王堆汉墓简帛文字全编》第1583—1584页，中华书局2020年。

⑧ 赵培《"贰"的古今字形及其关系考论》，《出土文献综合研究集刊》第5辑第121—139页，巴蜀书社2017年。赵培《"贰"、"忒"同形及其影响考论》，"第十三届全国古代汉语学术研讨会"论文集第463—474页，河北师范大学，2016年8月；又见《中国语文》2019年第3期第359页。颜世铉《〈论语〉"子所雅言"章及"不贰过"句校读——兼论早期开放性文本的用字现象》，"出土文献与写本文化工作坊"会议论文，台湾大学中国文学系，2020年11月29日。

⑨ 黄怀信主撰，孔德立、周海生参撰《大戴礼记汇校集注》第1304页，三秦出版社2004年。

⑩ 〔清〕王引之撰，虞思征、马涛、徐炜君校点《经义述闻》第817页，上海古籍出版社2018年。

⑪ 陈剑对于《周驯》的释文以"贰〈贷（敕）〉"表示，可见他是把"贰"当成"贷"错字。陈剑《〈周训〉"岁终享贺之日章"的编连问题》，复旦网2015年11月13日。亦可参考蒋文《先秦秦汉出土文献与〈诗经〉文本的校勘和解读》第49—50页，复旦大学2016年博士学位论文。

⑫ 同注①72—73页。

⑬ 马承源主编《上海博物馆藏战国楚竹书（四）》第282页，上海古籍出版社2004年。

⑭ 同注①73页。

古文字研究（35）：460—463，2024

试说汉简"縶"字的一种异体

白军鹏

　　汉牍本《苍颉篇》整理者原定序号第廿四板有"锴键縶緦"一句①。其中的"緦"字北大简作"總"，字为 ，与秦及汉初"總"字相合，因此该字为"總"应无可疑。而汉牍本此字作 ，左侧"糸"形可识，右侧则仅存部分笔画，若与北大简"總"字相较，其写法显然不同，不过"總"在西汉后期写法开始发生变化，如肩水金关汉简73ECC：3"總"作 ，与汉牍本该字相近。而"思"上部大多为"田"形，与汉牍本存在差异②。张传官对比了《史篇》中相关文字后提出："可以明显看出此抄手书写'恖'和'思'的主要区别是上部的不同，前者'口'形内作'×'形，而后者作'十'形；而此字右上'口'形内作'×'而不是'十'，应该是'總'字。"③

　　值得指出的是，"緦"与"總"之间的形体纠缠在传世文献中已有体现。《广雅·释诂》"緦，聚也"，王念孙疏证："诸书无训緦为聚者，緦当作總。《说文》：'總，聚束也。'緦本作總，与總字相似，故總讹作緦。曹宪音思，失之也。"汉牍本的误释"總"为"緦"正可为王说提供有力的证明。曹宪音思，说明此字至迟在隋朝已经被误识了。

　　第三字"縶"比较常见。汉牍本整理者由于将第四字误认作"緦"（布名），因此据《说文》"縠，白蒿也"对两字的关系进行联系。由前面的论述已知，"緦"当为"總"，因此是否应据《说文》对此字进行解释就值得重新考虑了。在秦汉简牍中"繁"经常写作"縶"，如里耶秦简8-307及8-466、肩水金关汉简73EJT6：150及73EJT23：933之"縶阳"显然就是"繁阳"④。银雀山汉简《孙膑兵法·五教法》"然而陈（阵）暨（既）利而陈（阵）实縶"，《六韬》"上劳刑縶"，两"縶"字显然皆用为"繁"，后者且有传世本对应作"繁"。《说文》："總，聚束也。"《广雅·释诂》："繁，多也。""繁，众也。""众、多"与"聚"义近。《九歌·东皇太一》"五音纷兮繁会"，《广雅·释诂》："会，聚也。""繁会"连言，亦可说明其语义关系。因此"縶總"应即"繁總"⑤。

　　汉牍本此句北大简本作"锴键鱳總"。第三字作 ，从字形上看，释写没有问题。整理者谓："'鱳'即'縶'字，此字从'泉'，'縶'声，故亦即《说文》中的'鱳'字。'鱳'为泉水，有'聚束'义。"⑥"泉水"与"聚束"义并不相关，此说似乎并不可信。汉牍本该字从"糸"作。"鱳總"亦即"縶（繁）總"。不过由上面的分析似乎可以得出汉牍本使用了本字（符合当时的用字习惯）而北大简本使用了通假字的结论。但是我们认为两种版本中"鱳"与"縶"应为一个字的不同写法。如果站在"縶"的角度来看，"鱳"应是它的一种异体。

　　我们统计过两汉简牍本《苍颉篇》的异文情况，就北大简本与汉牍本的对比来看，前者更倾向于使用本字，而后者则更多使用通假字。例如：1.北大简4“长缓肆延”，汉牍本“缓”作“援”。北大简整理者已经指出：“本句此四字皆有于空间、时间伸展之意。”⑦从此四字来看，其说可信。而“援”字，《说文》谓其本义为“引”，因此，汉牍本此处用“援”当视为通假字。2.北大简8“海内并厕”，汉牍本“并”作“屏”。《急就篇》“分别部居不杂厕”，显然“并厕”与“杂厕”义近。《玉篇》：“并，杂也。”而“屏”的本义为“蔽”，即“藩屏”之义。《急就篇》“屏厕清溷粪土壤”，前四字为同义连用。而在秦汉简牍中，“屏”亦多作为此义出现。因此“屏”显然为通假字。3.北大简9“男女蕃殖”，汉牍本“蕃”作“潘”。《说文》：“蕃，草茂也。”古书常见之“蕃息”义当与此有引申关系。因此，北大简所用之“蕃”当为本用。《说文》：“潘，淅米汁也。一曰水名，在河南荥阳。”显然与“蕃息”义无关，在此亦为通假用法。4.北大简55“囷窖廪仓”，汉牍本“囷”作“菌”，显然使用了通假字。5.北大简59“星辰纪纲”，汉牍本“纲”作“刚”。《说文》：“纲，维紘绳也。”“刚，彊断也。”显然，本句中作“刚”为通假字。不过需要指出的是，汉初简帛文献中常以“刚”表“纲”，如张家山汉简《盖卢》简6“叁辰为刚，列星为纪”⑧、银雀山汉简《孙膑兵法·地葆》“直者为刚，术者为纪”⑨，均以“刚”表“纲”；而在西汉晚期以后，则更多以本字“纲”表“纲”，如居延汉简332.16“纲纪人伦”等。

由于《苍颉篇》词义研究尚存一定难度，而在词义明确的情况下尚未发现相反之例，因此将“蘩”与“緐”视为通假字与本字的关系就与两本间异文的字用不合。两句中还有另外一处异文，即“鏟”与“錯”，从秦汉时期文字的使用来看，前者更符合早期的用字习惯，而且根据《说文》及使用来看，“鏟”大概已经成为当时人心中的本字⑩。这当然也是有利于我们的判断的。

“糸”在位于文字下部时常与“泉”形接近，这在秦汉印文中有所体现，如“綦”字有作如下之形者⑪：

此外，众所周知的“樂”字构件“白”与“幺”之间的类化显然也与两形接近有关，而“白”与“幺”的趋同又与“泉”与“糸”的形近相关。

肩水金关汉简73EJH1:3A：“神爵三年六月己巳朔乙亥，司空佐安世敢言之：复作大男吕昊⑫人，故魏郡繁阳明里。”其中的“繁”作，下部即从“泉”。此外肩水金关汉简中“繁阳”之“繁”还常作如下形体：

73EJT31:93　73EJC:157　73EJC:391　73EJC:424　73EJC:575

如果将以上从"泉"之字均释为"灥"字，则存在两个问题：一是"灥"字从不见于传世文献，而多次出现于出土文献；二是作为常见地名的"繁"为何要使用一个不常见的通假字，也显然是很难理解的。因此我们认为，这些都应该视为"繁（灥）"之异体。在此基础上，北大简中的 字显然也应是"灥"之异体，而非通假用法。于淼曾提到"汉隶表{繁}或用{灥}"[13]。不过从此表述中我们无法确知她是否亦认为两者是异体关系。

银雀山汉简《孙膑兵法·官一》简11有"禪祮灥避"一句，其中的"灥"作 ，与北大简结构全同，不过在篇中对应何义尚无确证[14]。《晏子·外篇第八》有"声乐繁充"与"繁饰邪术以营世君"两句，其中的两个"繁"字银雀山汉简分别作 、 ，整理者谓"简文'灥'字当即《说文》'灥'字异体，借为'繁'"[15]。由上面的分析来看，这种说法也就存在问题了，应以异体视之而径释为"繁"。

《说文》："灥，泉水也。"然而此字不见于历代文献，如钱大昕已经提到"灥字不见于它书"[16]。段玉裁注则谓："《淮南书》云'莫鉴于流瀿，而鉴于澄水'，许注云：'楚人谓水暴溢为瀿。'瀿即灥字，泉水暴溢曰灥也。"然而此说并无确证，且"瀿"亦不见于它书。因此，《说文》所收的"灥"字也不能不令人生疑。如果前面的分析可靠，这个"灥"应即许慎不识"繁"与"灥"的关系而误收的。

定县八角廊汉简《儒家者言》简610、2340："子恶言不出于口，薸言不反于己。"相关内容又见于传世文献《礼记》及《大戴礼记》。《礼记·祭义》作"是故恶言不出于口，忿言不反于身"；《大戴礼记·曾子大孝》作"是故恶言不出于口，忿言不及于己"，同书《曾子本孝》作"故恶言不出于口，烦言不及于己"。刘娇认为传世本"烦言"不如"忿言""于意为长"，并怀疑《儒家者言》之"薸"字形或有误。邬可晶进一步认为简文中的"薸"应"繁"字之误，或本作"灥"而被整理者误释为"薸"。从整理者提供的摹本来看，字作 ，确实为"薸"，对此，邬文亦怀疑"有可能因误释而误摹"[17]。邬先生将"薸"与"灥"联系起来是十分精当的。考虑到上揭肩水金关汉简中几个从"吅"的"繁（灥）"字异体，我们认为整理者所作摹本也许不误，不过将其释为"薸"则有问题，"如"形应该就是从"敏"形到"吅"形的过渡写法之一[18]。因此《儒家者言》的这个字仍应是"灥"的异体。

北大简《妄稽》简38有 ，整理者释写为"繁"[19]；《周驯》简206有 ，整理者则释写为"灥"，并认为"通繁"[20]。显然，两者应为同一字，且与《苍颉篇》中的"灥"为一字。从"糸"到"幺"，再到"吕"，而"吕"若再进一步省简即为"口"。也许《周驯》中的 又是《儒家者言》中从"如"之字写法的来源。

附记：本文是"古文字与中华文明传承发展工程"实施计划研究项目（2021—2025）"秦汉简帛古书异文整理与研究"（G3912）以及"《苍颉篇》新研"（G2435）的阶段性成果。

（作者单位：东北师范大学文学院、"古文字与中华文明传承发展工程"协同攻关创新平台）

注：

① 此为整理者所定章序（整理者称板序），然而其所定序号有问题，真正的第廿四章应为整理者原定的失序号第一。

② 东汉碑刻中"思"形上部有将"田"形倾斜者，而与"緫"形近。

③ 张传官《谈谈新见木牍〈苍颉篇〉的学术价值》，《出土文献与古文字研究》第9辑第349—350页，上海古籍出版社2020年。

④ 肩水金关汉简73EJT6:150整理者最初径释为"繁阳"。传世文献则更多以"繁"为"蘩"，如《大戴礼记·夏小正》传："繁，旁勃也。"孔广森谓："繁，古通以为蘩字。"《诗经·召南·采蘩》"于以采蘩"，陆德明谓："蘩，本亦作繁。"于淼认为"蘩"或为繁字异体，参氏著《汉代隶书异体字表》第60页，中西书局2021年。

⑤ 汉印中"繁"姓极少见，而"蘩"姓则相对较多，我们怀疑汉印中的"蘩"姓应即传世之繁姓。这种用字习惯与秦汉简牍中的情况正相合。

⑥ 北京大学出土文献研究所编《北京大学藏西汉竹书（壹）》第89页，上海古籍出版社2015年。

⑦ 同上注第74页。

⑧ 张家山二四七号汉墓竹简整理小组编著《张家山汉墓竹简〔二四七号墓〕（释文修订本）》第161页，文物出版社2006年。

⑨ 银雀山汉墓竹简整理小组编《银雀山汉墓竹简（壹）》第61页，文物出版社1985年。

⑩ "銮"即"鎣"右侧所从之异体，详参裘锡圭《释蚩》，《裘锡圭学术文集》第1卷第206—211页，复旦大学出版社2012年。

⑪ 参赵平安、李婧、石小力编纂《秦汉印章封泥文字编》第1140页，中西书局2019年。

⑫ "吴"原作"异"，我们将其改释为"吴"，参拙文《西北汉简人名考释（十五则）》，《出土文献综合研究集刊》第16辑第136页，巴蜀书社2022年。

⑬ 于淼编著《汉代隶书异体字表》第998页。

⑭ 洪德荣认为当读为"奔"，比较可信。参山东博物馆、中国文化遗产研究院编，张海波整理《银雀山汉墓简牍集成（贰）》"注释"第41页，文物出版社2021年。

⑮ 同注⑨"释文"第104页。

⑯ 〔清〕钱大昕《十驾斋养新录》第70页，上海书店出版社1983年影印版。

⑰ 邬可晶《出土与传世古书对读札记（四则）》，《中国典籍与文化》2011年第3期；收入《战国秦汉文字与文献论稿》第373页，上海古籍出版社2020年。

⑱ 秦汉文字中"繫"字所从之"每"常有作"女"者。

⑲ 北京大学出土文献研究所编《北京大学藏西汉竹书（肆）》第28、66页，上海古籍出版社2015年。

⑳ 北京大学出土文献研究所编《北京大学藏西汉竹书（叁）》第144页，上海古籍出版社2015年。

古文字研究（35）：464—472，2024

里耶秦简札记五则

李玥凝

一　释字三则

（一）

里耶秦简8-973是一枚残简，《里耶秦简牍校释（一）》（以下简称《校释（一）》）与8-686上下缀合（见附图A），可知该简内容是"库作徒簿"，具体为秦始皇二十九年八月二十四日库接受刑徒并安排劳务工作的记录。简文内容如下：

廿九年八月乙酉，库守悍作徒薄（簿）：（8-686）受司空城旦四人，丈城旦一人，春五人；受仓隶臣一人。·凡十一人。（8-973）

城旦二人缮甲：□、□。（8-686）

城旦一人治输□□（8-686）

城旦一人约车：登。（8-686）第一栏

丈城旦一人约车：缶。（8-973）

隶臣一人门：负△。（8-973）

春三人级：婼、□、娃。（8-973）第二栏

八月乙酉，库守悍敢言之：（8-686背）疏书作徒薄（簿）牒北（背）上，敢言之。/逐手。（8-973背）

乙酉旦，隶臣负解行廷。（8-686背）①

其中8-973第二栏△，整理者未释，《校释（一）》释作"劇"。该字较为模糊，略作处理放大（见图一），右侧似不从"刂"。而"剧"（"勮"）见于8-1514（见图二），与本字字形轮廓有异。我们认为△可释为"解"。本简后文有"隶臣负解行廷"（8-686背第二行），"负解"图版见图三，其中"解"字比较清晰，二字结构相似。辞例清晰的"解"字在里耶秦简中有如下几例（见表一），则8-686释作"解"无异议，8-973也可释为"解"。"负解"是人名，在同一简中重复出现，于文例亦合。此人身份是隶臣，分配的事务是"门"，库的日常事务多与车辆、武器的制作和修缮相关，这里的"门"应该指守门，由守门的徒隶担任文书传递工作也是合理的。所以，此字当释作"解"。

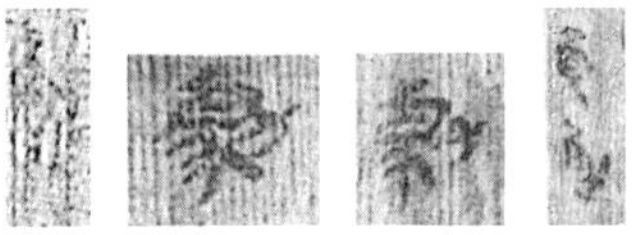

图一　　图二　　图三

表一

简号	8－43	8－380	8－874	8－1792	8－1753＋8－2223	9－386
辞例	何解	毋它解	何解	何解	解曰	（毋它）解
字形						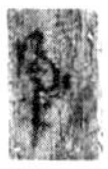
简号	9－989	9－1852	9－3232			
辞例	何解	它解辞	解辞			
字形						

本简是"作徒日簿"，当日即送往县廷；文书传递时间是"乙酉旦"，可见库在接受刑徒并分配工作后立即上报簿给县廷。作徒簿类簿籍简的书写似无定规，有的簿籍正文与公文呈送过程共同书写于简正面（如8－2034少内作徒簿），有的则分别写于正、背两面。本简的正、背是整理者刊布时所定，《校释（一）》继之；侯旭东据"疏书作徒薄（簿）牒北（背）上"认为此简正、背颠倒，原本的阅读顺序应该是背面在先，正面在后②。刘自稳认为发送公文部分皆位于簿籍正文之后，考虑文书格式，收发文书的记录一般位于简背面，这里的"牒背"指的是书写内容的另外一面，而非简的正背③。我们认同刘说，不调整简的正背。

（二）

简8－1452上下完整（见附图B），是仓提交出粟"中辨券"的上行文书。简文内容如下：

【廿六】年十二月癸丑朔己卯，仓守敬敢言之：出西廥稻五十□石六斗少半斗输；桼粟二石，以稟乘城卒夷陵士五（伍）阳□□□□。今上出中辨券廿九。敢言之。（8－1452）

庚申水十一刻刻下三④，令走屈行。　操手。（8－1452背）

其中正面最后有墨迹，原释文、《校释（一）》在"敢言之"后皆释"□手"。墨迹极淡，且仅见一字墨迹，可能不是简文字迹（见图四）。

此处墨迹位置尽管与常见书手署名处接近，但这里是文书正面，此处署名不符合文书格式。此处所见仅一封仓→县廷的文书，背面最末"操手"即署名。背面上部是发文记录，没有收文记录和回复。此处恐不当释字。

图四

（三）

里耶秦简8－1554（见附图C）是一份赠予财产的券书。简文内容如下：

卅五年七月戊子朔己酉，都乡守沈爰书：高里士五（伍）广自言：谒以大奴良、完，小奴畴、饶，大婢阑、愿、多、□，禾稼、衣器、钱六万，尽以予子大女子阳里胡，凡十一物，同券齿。

典弘占。（8－1554）

　　七月戊子朔己酉,都乡守沈敢言之:上。敢言之。ノ□手。

　　【七】月己酉日入,沈以来。ノ□△。沈手。(8－1554背)

其中正面爰书梗概是士伍广赠予女儿奴婢、禾稼、衣器、钱等物,都乡守作爰书,里典占;背面是爰书的书手署名、上报迁陵县廷的记录及迁陵县廷的收文记录。

　　背面第二行的收文记录部分最末二字,原释文作"□手";《校释(一)》作"□□",且未释分隔符"ノ"。何有祖释作"ノ择□",并指出后一字不可识,从文例看当作"半"。据文书格式,此处是文书到达并拆封的记录,应该有分隔符,"来"字右下的"ノ"即是分隔符(见图五,"ノ"与"来"比较紧凑)。后二字的前一字为人名,何有祖释"择",结构相近,但难确证,暂仍阙释。后一字从文例看"半"或"發"皆有可能,而此文书时间在始皇卅五年,此时启封的常用语是"發"⑤。看残存字形(见图六),与"半"字形不类,却与汉简的"發"的草书有近似之处(见表二),我们怀疑此字当释作"發"。

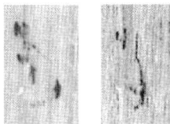

图五　　图六

表二

半(秦汉简字形)	𢆶	𢆶	𢆶	𢆶
發(居延汉简草书字形)				

二　补释二则

(一)

　　里耶秦简第九层可见以下几支内容相近的简:

　　　　☑朔戊寅司空守义受少内守平

　　　　☑沈手(9－562,见图七)

　　　　☑守义

　　　　☑沈手(9－998,见图八)

　　　　☑守平付司空守义

　　　　☑沈手(9－1545,见图九)

9－998原注释:上部残断,右侧刻齿为"十"。据文字内容与刻齿,可知这三支简应当是一组三辨券,内容可对应。检索已刊布的里耶秦简,尚无可补缀者。不过,根据9-562简文内容可补全9-998、9-1545简文如下:

☑【朔戊寅,少内守平付司空】守义

☑沈手。(9-998)

☑【朔戊寅,少内】守平付司空守义。

☑沈手。(9-1545)

☑朔戊寅,司空守义受少内守平。

☑沈手。(9-562)

其中9-998右侧有刻齿,则可能是左券;9-998与9-1545文字相同,9-1545应当是中券;9-562是右券。据简8-888+8-936+8-2202"钱二千一百五十二。卅五年六月戊午朔丙子,少内沈受市工用段(假)少内唐"、8-811+8-1572"钱三百五十。卅五年八月丁巳朔癸亥,少内沈出以购吏养城父士五(伍)得"、8-1214"钱百六十。卅五年八月丁巳朔戊寅,少内沈出以[稟]",可知"沈"曾于秦始皇三十五年六月、八月任少内啬夫。此券书是少内守与司空守之间的交接凭证,则这里的书手"沈"可能就是上引三段简文提到的少内啬夫"沈"。少内守平、司空守义则未明确出现于他处。

(二)

里耶秦简5-1刊布较早,相关研究成果丰富,但仍有未尽之处。我们认为有三处仍可讨论。兹录全简内容如下:

元年七月庚子朔丁未,仓守阳敢言之:狱佐辨、平、土吏贺**具狱**县官,食尽甲寅,谒告过所县乡,以次续食。**雨留、不能投宿、赍**。来复传。零阳田能自食。当腾,期卅日。敢言之。ノ七月戊申,零阳觛移过所县乡。ノ觭手。ノ

七月庚子朔癸亥,迁陵守丞固告仓啬夫,以

图八

图九

图七

律令从事。ノ嘉手。(5－1)

迁陵食辨、平尽己巳旦,□□□守迁陵。

七月癸亥旦,士五(伍)臂以来。ノ嘉發。(5－1背)

1.“具狱”

关于“具狱”的含义,张春龙、龙京沙指出“具狱”指案件审结后记录呈报⑥;马怡认为指定案或据以定罪的全部案卷⑦;《校释(一)》认为指完成狱案文书⑧。随着更多里耶秦简的刊布和其他秦汉简材料的出现,近年有部分新的看法:党翊翀认为“具狱”有完成文书、办理案件的含义,但不局限于此,而是包括审讯、侦查等一系列活动,是与办理案件相关的多种行为的统称⑨;陈松长讨论走马楼西汉简中的“具狱”“具狱史”,认为“具狱”是办理案件,并且要撰写“爱书”来报告案情、陈述案情经过⑩。我们基本赞同党翊翀、陈松长的解释,不过在里耶秦简中还可见“具事”“具署”“具问”等词,我们认为这些“具”的意义与用法相近,可与“具狱”共同讨论。

具,《广韵》解释为“备也,办也”。在秦简文书中出现的“具”都可训为“备”:用作动词,是“使完备”或“已完备、完成”之义;用作副词,是“完备地、全面地”;用作形容词,指“全部的、所有的”。具体如下:

(1)动词

①使完备。里耶秦简9－1862“秋矣,谒令乡官各具其官当计者”,“具”即可解释为使完备。

“具事”,使事务完备、完成事务。岳麓秦简《卅四年质日》中有“丙辰,腾之益阳具事”,整理者解释为事情的详细经过。“具事”还见于里耶秦简9－2138“□具事迁陵”,此简上下残断,难以详知整体文书,但“具事迁陵”应该与《卅四年质日》的“之益阳具事”含义相同,都是去往某地公办。岳麓简整理者的解释是将“具”解为“具体”。若考虑“具狱”的“具”字用法,这里的“具”也可解释为使完备、使完成之义。“具事”,即完成事务。

“具论”,使判决完备,亦即完成判决。如9－2283“县亟以律令具论当坐者,言名、夬(决)泰守府”,9－3300“律令具论,当☑”。

②已完成、完备。8－627“卒岁未具者冣☑”,9－269“☑吏□□有具殹,传□☑”,是此义。

(2)副词

指完备地、全面地、详尽地。《史记·项羽本纪》“项伯乃夜驰之沛公军,私见张良,具告以事”,即此义。9－348“丞昌史义治逐等狱薄☑廿九年正辛亥初治,即具已☑”,“即具已”意为至此已经全部完成。此义可组成文书简常见的若干词汇:

“具为报”,全面、完整地汇报。8－140“迁陵曰:赵不到,具为报”;9－30“令史与其不当问不当状,皆具为报。署主户发。敢言之”。

"具署""具写",完备、详尽地说明。8－769"廷下令书曰：取鲛鱼与山今庐（鲈）鱼献之。问津吏徒,莫智。·问智此鱼者,具署物色,以书言";8－746＋8－1588"☒书谒告迁陵,具署居反瀍为非,日为报";9－472＋9－1416"迁陵书到,亟日夜具写其……舍适等治所,毋有所脱";9－2200"☒廷下秭归狱史旗书……罪者具写☐☐报……主"。

"具问",全面、详尽地询问。9－1770"书卅一年十一月己卯到,庚辰起,留一日,具问☒",指询问文书停留的原因和情况。

"具此中",指全部在此。这一语汇常见于楬,如8－94"群志式具此中,已";8－777"从人论报,择免归,致书具此中☜";8－1200"卅五年当计券出入笥具此中";9－1125"廿六年十月以来尽后九月往来书具此中",等等。

（3）形容词

"具"用作形容词,指全面的、详尽的。9－549"之有律令,律令甚具。今☒","律令甚具指律令非常完整、全面。

亦可延伸为所有的、全部的。8－487＋8－2004"卅四年八月癸巳朔癸卯,户曹令史雒疏书廿八年以尽卅三年见户数牍北（背）,移狱具集上,如请史书",《校释（一）》云"狱具集,似是具狱案卷的汇集",其实即所有已完成狱案的汇集;9－982"具志已前上,遣佐壬操副诣廷","具志"当指"所有的《志》";另,8－1440"☒及药具薄求之＝状（正）☒下司空（背）",《校释（一）》断读为"及药,具簿求之之状",我们怀疑"药具簿"和"狱具集"类似,可能是"所有药品的总集簿册"。但此处简文残断,难以确证。

回到里耶简的"具狱",该词在传世文献中见于《汉书·于定国传》："吏验治,孝妇自诬服。具狱上府,于公以为此妇养姑十余年,以孝闻,必不杀也。太守不听,于公争之,弗能得,乃抱其具狱,哭于府上,因辞疾去。"颜师古注："具狱者,狱案已成,其文备具也。"又《杜缓传》："每冬月封具狱日,常去酒省食。"颜师古注："狱案已具,当论决之,故封上。"尽管《汉书》中的"具狱"都是名词,指已完结的狱案文书,但颜注已指出"具狱"包括完成案件所有事项。类似用法还可见于以下简文：

迁陵廷辨、平具狱有期,期几尽矣。（9－462＋9－483正）

男世人与吏☐具狱……男世人与史谢具狱（10－1170）[11]

劾得及固、固母皆系临湘,今使狱史俊〈后〉具狱临湘,书到,主可令毋害吏听与俊〈后〉,杂以午辞,讯固、固母,听展其辞。（走马楼西汉简516）[12]

这些都是用作动词的"具狱"。联系前文讨论的"具","具狱"即使狱完备。

简牍中还可见"具狱史"：

廿七年八月甲戌朔壬辰,酉阳具狱狱史启敢☐☒（8－133正）

酉阳具狱史治所（9－1704）

　　三年七月乙丑,具狱史钉爰书(走马楼西汉简399)

"具狱史"当是专门负责完成狱案文书的史。走马楼西汉简还出现了"具狱亭长"(简10)和"具狱计丞"(简273),陈松长指出"计丞"与"狱史""亭长"等相类,当为县廷属吏,负责县廷的计簿档案文书管理工作[13]。而"具狱亭长""具狱计丞"材料不多,尚不明确,也许是专门职位,亦有可能是临时负责狱案事务的官职。

　　2."雨留、不能投宿,赍"

　　此处断句有若干不同意见。《校释(一)》未断读,指出全句意为因故不能投宿时提供资粮钱财;陈垠昶读作"雨,留;不能投宿,赍",解释为续食的两种具体情况,遇雨时则"留",不能投宿(即不能留)时则"赍"[14];邬文玲读作"雨留不能,投宿、赍",意为因雨滞留超过法定期限,所过县乡不能提供膳食,则提供住宿和相应物资[15];青木俊介未断读,认为指不能投宿、不能领取衣食[16];余津铭读作"雨留,不能投宿,赍",意为因雨失期,便不能投宿,但各县仍要提供粮食物资[17]。我们认为或可断读为"雨留、不能投宿,赍","雨留"和"不能投宿"是并列关系,是需要提供"赍"的两种情况。因雨滞留或其他原因不能投宿时,所过县乡要提供粮食物资。

　　后文接续"来复传"和零阳田能自食",应该与"雨留"一句有关。"来复传"存在争议,《校释(一)》等认为指往返双程的传;青木俊介认为"复"为覆核之意,"来复传"指到达后须核对传文书;郭伟涛提出"来复传"意为返程时再次使用传信[18]。郭说似更合理。若如此理解"来复传",这段话的意思应该是:遇到雨留、不能投宿的情况,继续使用这个传信,过所县乡要提供粮食物资;在零阳境内,可使用公田的粮食。

　　3.文书笔迹

　　本简双面书写,可见多次书写痕迹。邬文玲已指出阅读顺序,但我们对笔迹的认识与邬先生有所不同。阅读顺序如下:(1)段1,文书A－1"零阳仓守→零阳长"(七月丁未,即八日所写);文书A"零阳长移过所县乡",七月戊申(九日)发出,书手齮;(2)段4,文书C,收文记录:文书A于七月癸亥(二十四日)到达迁陵,开启者嘉;(3)段2,文书B"迁陵守丞→迁陵仓啬夫",七月癸亥发出,书手嘉。(4)段3,文书D,"迁陵食辨、平尽己巳旦……迁陵",是仓啬夫为辨、平提供廪食的记录。其中(1)(2)(3)为同一人所写,零阳发来的原件可能留存于迁陵丞处,抄录后转发给仓;(4)为另一人所写,是仓的办事记录。

　　邬文玲认为有三种笔迹,正面为第一种,背面第一行为第二种,背面第二行为第三种。我们认为,背面第一行的时间要早于正面的文书B,收文记录是"嘉发",文书B是"嘉手",可能都由嘉所写,二者笔迹也相似。而文书A、A－1与文书B并非同时所写,但笔迹一致,是由于本简是迁陵县廷所誊抄的文书副本,文书原件可能已"以次"传至其他县乡。

　　　　　　　　　　　　　　　　　　　(作者单位:吉林大学考古学院古籍研究所)

附图：

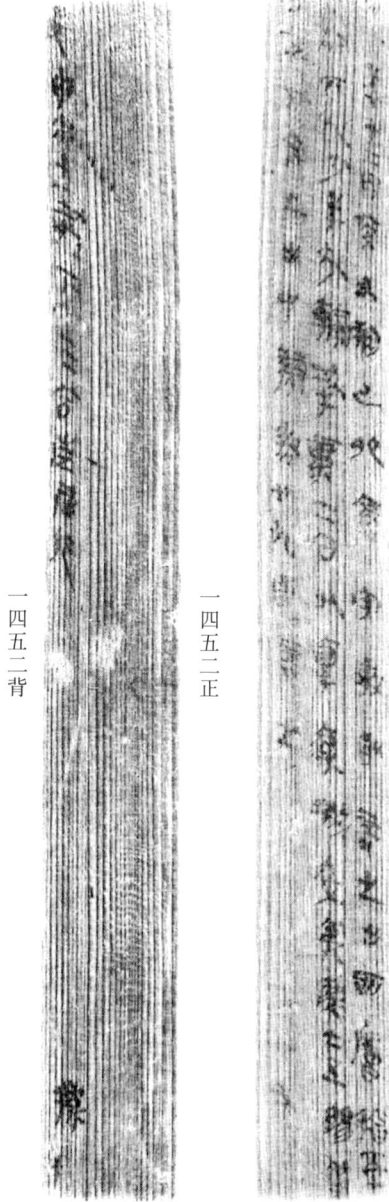

A   B   C

注：

① 8—973简下部残断，但内容应该完整。该简正面下部还可见"廿廿年上之"几字，字体、大小、墨迹与其他字迹差异明显，应该并非同时书写。此处不列。

② 侯旭东《西北所出汉代簿籍册书简的排列与复原——从东汉永元兵物簿说起》，《史学集刊》2014年第1期。

③ 刘自稳《里耶秦简牍正、背面的判定问题——兼谈"牍北（背）"的含义》，《出土文献研究》第20辑，中西书局2022年。

④ "庚"字释文见谢坤《读里耶秦简（壹）札记（三）》，简帛网2016年12月28日。

⑤ 参考邢义田《"手、半"、"曰曰荆"与"迁陵公"——里耶秦简初读之一》，《今尘集》第358页，中西书局2019年。

⑥ 张春龙、龙京沙《湘西里耶秦代简牍选释》，《中国历史文物》2003年第1期。

⑦ 马怡《里耶秦简选校》，《中国社会科学院历史研究所学刊》第4集，商务印书馆2007年。

⑧ 陈伟主编《里耶秦简牍校释（第1卷）》第2页，武汉大学出版社2012年。

⑨ 党翊翀《读秦简札记二则》，简帛网2021年3月17日。

⑩⑫⑬ 陈松长、陈湘圆《走马楼西汉简所见长沙国职官建置论考》，《社会科学战线》2022年第4期。

⑪ 郑曙斌等编著《湖南出土简牍选编》第117页，岳麓书社2013年。

⑭ 陈垠昶《里耶秦简8—1523编连和5—1句读问题》，简帛网2013年1月8日。

⑮ 邬文玲《里耶秦简所见"续食"简牍及其文书构成》，《简牍学研究》第5辑，甘肃人民出版社2014年。

⑯ 〔日〕青木俊介《里耶秦簡の「続食文書」について》，《明大アジア史論集》第18号，2014年。

⑰ 余津铭《里耶秦简"续食简"研究》，《简帛》2018年第1期。

⑱ 郭伟涛《秦汉简牍所见"来复传"含义辨析——兼论里耶秦简"续食文书"即秦代传信》，"中国秦汉史研究会第16届国际学术研讨会"会议论文。

古文字研究（35）：473—477，2024

清华简外"交"与"虞"官专字试释

杨蒙生

自2008年入藏算起，清华大学藏战国竹简（简称"清华简"）与公众见面已有十五个年头；若自2010年底《清华大学藏战国竹简》整理报告第一辑出版计算，则已过去十三年光景。在这过去的十几年间，学界对清华简给予了持续而热烈的关注。究其原因，除了它的新材料属性之外，更多在于简文所包含的重要历史文化信息，本文所论之问题即可视为清华简此方面价值的两个具体体现。

一 《子仪》篇中的大"交"

《清华六·子仪》篇以殽之战后秦晋、秦楚关系的转向为背景，描述了晋文公去世后，秦人偷越国境，晋襄公攻秦不备，致使秦军覆灭，秦国因此与晋交恶，转而冀望于通过礼遇楚俘子仪实现与楚交好，谋求与楚联合对晋的诸多细节；又因其间涉及外交之事，多有赋歌言志之举，且歌诗之中多含有"隐语"①，故而多得学界关注。本文以为，除了歌诗之外，简文中的一个特殊名词——大交——也直接表明了简文所述活动的外交属性。

《子仪》篇记述秦穆公②：

> 既败于殽，恐民之大病，移易故职。欲民所安，其旦不平。公益及，三谋辅之，靡土不饬，耄幼【1】谋，庆而赏之。乃券（简）册秦邦之贤余，自蚕月至于秋令备焉。骤及七年，车逸于旧数三百，【2】徒逸于旧典六百，以见楚子仪于杏会。公曰："仪父！不谷绻左，右絚；绻右，左絚，如权之【3】有加翱也。君及不谷专心戮力以左右诸侯，则何为而不可？"乃张大 干东奇之外，礼【4】子仪〈以〉亡（舞），礼随货以赣。公命穷韦、升琴、奏镛，歌曰："迟迟兮，委委兮，徒佥所游又步里谗【5】宴也。"和歌曰："沛水兮远望，逆见达（挞）化（祸）。汧兮沸沸，渭兮滔滔，杨柳兮依依，其下之溟溟。此愠之伤僮（恸），【6】是（寔）不忮（忓）而犹僮（撞）。是尚求蹙惕之作（胙），处吾以休，赖子是救。"

对于其中的 字，李学勤始终认为它是从交得声③。虽然此意见未被整理报告吸纳，但在整理报告将之释为"侯"、解作宾射礼所用之"的"以后，苏建洲、范常喜等认为此字从交、不从矢的意见则与先生之说暗合④。范常喜还将此字读为校，把"大校"解作古书所见之"大蒐""校阅"，将简文"乃张大校于东奇之外"断读为"乃张（帐），大校于东奇之外"，解句意作："于是张设帐幕，举行盛大的军事校阅活动于东奇之外"，认为秦穆公此举意在通过大规模校阅武力，向子仪炫耀武力,从而达到威慑楚国之目的⑤。

本文认为,将字分析为从厂、交声是合乎字形实际的,但是否可以将之破读为校则需再做斟酌。毕竟,既然秦穆公有求于子仪,其言行举止理应相对温和才是,如果通过校阅军队来炫耀武力,结果可能只会事与愿违,因此,对从交得声之字的解释还需另寻他途。

考虑到简文所述是外交场合,其间所述自然也要与此相合才对。由此出发,我们怀疑简文字可读为"交",它可能与传世文献所见主管外交的"掌交"之官有关。《周礼·秋官·司寇》:"掌交,掌以节与币巡邦国之诸侯及其万民之所聚者,道王之德意志虑,使咸知王之好恶,辟行之。使和诸侯之好,达万民之说。掌邦国之通事而结其交好。以谕九税之利,九礼之亲,九牧之维,九禁之难,九戎之威。"⑥此官在楚国被称作"戢(勤)交",见于楚国官印⑦:

东国职交: 《古玺汇编》310

其中的"交"字有时也写作从厂:

□交[鉨]: 《大风堂藏印》2

后者残存首字写法与本文所论字完全一致,所缺之字则可能是"戢(勤)"字。这种玺印多半用于外交场合及行李往来的书信封缄。

《子仪》篇中多有外交相关的内容。秦穆公为了表明自己同楚国盟好的真诚之心,先是给子仪看其登记国内情况的简册簿记,再是以不同礼仪区别对待楚人子仪和晋人随会并同子仪应和不绝,最后还将身份仍是俘虏的子仪升格为楚国外交人员,并为其张开标示外交场合的大交之旗。这恰与《周礼》"掌交"之官所"掌邦国之通事而结其交好"的职事相合。

要之,《子仪》篇中的字可分析为从厂、交声,它可能是外交之"交"的专字,在传世文献中被写作"交"。简文"张大交于东奇之外"的大意是:在东奇以外张开标识重大外交事件之布幕(即大交)。这里的"东奇",多半是秦穆公与子仪会面之地的专称;之所以使用"大交",可能与当时的礼制、习俗有关。由于文献缺失,先秦的很多礼制已经不为今人所知,本篇"交"字的释读为人们了解当时的外交活动及其细节提供了机会。

二　《四告》篇中的"虞"字

《清华十·四告》也是一篇先秦古佚书,它由四组简文组成,其中第四组简文是召伯虎围绕望鸥来集的异象对北方尸所作的告辞。这段告辞中存有如下一句残辞:

……觅,兹隹(唯)窓,亡(无)爽曑(振)嬴(赢)。【40】

整理报告将简文"窓"字分析为从心、空声,指为"恐"字异体;把它后面的字隶定作

"篕",分析为从臣、昔省声,破读为惧;训"爽"为差错;解"振赢"为振弱[8]。此后,有学者从下引周忠兵的意见出发,将简文🔲字释为僬臣之"僬"而无说[9];薛培武则结合"昔"字形体,指其为庶民之"庶"的异写[10]。

与简文🔲写法一致的形体还见于2010年山西翼城县隆化镇大河口西周墓地M1所出西周早期晚段铜盉铭文[11]和2009—2010年间大河口西周墓地M1017所出西周中期铜甗铭文[12]。两个字形所在辞例相同,分别为[13]:

（1）盉铭:🔲🔲🔲贝,用乍(作)母己隩(尊)彝。

（2）甗铭:🔲🔲🔲贝,[用]乍(作)母己隩(尊)彝。

铭文中的从臣之字🔲和🔲,吴镇烽分别隶定作"篕"[14]和"辜臣"[15];陈晓宇则隶定作"篕"[16];周忠兵释之为僬臣之"僬",认为字形上部的波折形态是其所释"嬗(台)"字🔲(奚方鼎)所从索旁之省,下部是其所释声符"眙"省去一个臣字之形[17]。

本文认为,从辞例推测,整理报告对🔲字的破读意见可信,各家对🔲及同形金文🔲、🔲的释读则值得怀疑。因为:其一,出土文献中的"昔"字虽然存在讹写形态,但是罕有如此简省者,更罕见将"索"字省写成双波折形态者;其二,从古音角度看,"昔"字古音心纽铎部,中古开口三等,而"惧"字古音群纽鱼部,中古合口三等[18],二者在音理上相隔较远。

基于字形、音理和传世文献三方面的证据,我们认为清华简🔲字所从声符可能是"虞"字古文。"虞"字的传抄古文形体屡见,其形态作:🔲(《海》1·9)、🔲 🔲(《四》1·24尚)、🔲(《汗》2·26尚)[19],与简文🔲字上部所从如出一辙。其次,"虞"字古音疑纽鱼部,中古合口三等,同古音群纽鱼部、中古合口三等的"惧"字声、韵皆同[20],二者完全具备音理通假条件。再者,《史记·晋世家》在记述晋唐叔虞的得名经过时曾说:"晋唐叔虞者,周武王子而成王弟。初,武工与叔虞母会时,梦天谓武工曰:'余命女生了,名虞,余与之唐。'及生了,文在其手曰'虞',故遂因命之曰虞。"《索隐》对此事的解释是:"太叔以梦及手文而名曰虞,至成王诛唐之后,因戏削桐而封之。"[21]依常理论之,唐叔掌中之文(纹)多半是和前引"虞"字传抄古文形体相合的,故而可以由此得名。

综上所述,可以将简文🔲字分析为从臣、从虞字古文得声。参考《清华十·四告》简9从臣、甬、繇双声的"佣"字形体🔲[22];《清华五·治邦之道》简25从心、直声的台臣之"台"的形体🔲[23];出土文献多见的"仆"字形体🔲(《上博三·周易》简53)、🔲(《清华五·治邦之道》简26),颇疑它是先秦职官虞人之"虞"[24]的专字,在简文中读为恐惧之"惧";前引两件铜器可以确定是一个名为"🔲篕(虞)"的人制作的。

虽然如此,先秦文献中尚有一个国名用字"虞",其字形与虞人之"虞"的形体迥异,写作:🔲(恒簋盖)、🔲🔲(散氏盘)、🔲(虞司寇壶)、🔲(虞侯政壶)等形。这又该如何解释呢?

事实上,类似情况在文献中是存在的,如:原本表示修饰意义的"彫"字后来被"雕"字取代；出土文献中一般训作"信也"的 （幽公盨）即"卬"后来被"孚"字取代[25]；原本表示卜兆意义的 （《铁》2.7.3）字后来被"兆"字取代[26]；原本用作国名的"吴"字不仅可以被直接训为"虞"[27]，更可以被径写作"虞"（宜侯夨簋）字，等等。由此出发，本文认为职官虞人之"虞"的专字同国名虞国之"虞"汇流、且前者最终被后者统合这种情况的出现，多半是字用发展过程的自然结果。

从《四告》篇中保存的一系列合于甲骨、金文的文字形体判断，该篇的确具有较为古老的文本来源[28]，如若结合前引山西翼城大河口西周墓地所出铜器的时代推测，我们似乎还可以将其时代上限前推至西周中期之前。

附记：（1）本文得到国家社会科学基金项目"清华大学藏战国竹简所见东周人物人名用字及其族系诸问题研究"（22BYY105）资助，同时也是北京语言大学一流学科团队支持计划和"古文字与中华文明传承发展工程"规划项目"清华简与儒家经典的形成发展研究"（G3458）的阶段性成果。（2）本文第二则在写作过程中曾得李鹏辉、王强、薛培武诸兄襄助，谨致谢意。

（作者单位：北京语言大学文学院、
"古文字与中华文明传承发展工程"清华大学协同攻关创新平台）

注：

① 清华大学出土文献研究与保护中心编，李学勤主编《清华大学藏战国竹简（陆）》，中西书局2016年。

② 引文为笔者校读意见，详参拙作《清华六〈子仪〉篇简文校读记》《读清华六〈子仪〉篇笔记五则》，清华大学出土文献研究与保护中心网2016年4月16日；《读清华简第六册〈子仪〉篇丛札》，《战国文字研究》第4辑第123—131页，安徽大学出版社2021年。由于地名杏会之会字形可疑，待另文说明，此从略。

③ 在指导笔者撰写博士论文的过程中，先生还曾建议结合当时礼制讨论此问题。

④ 苏建洲《〈清华六〉文字补释》，武汉大学简帛网2016年4月20日；范常喜《清华简〈子仪〉所记"大蒐"事考析》，《出土文献》2020年第4期第68—71页。

⑤ 范常喜《清华〈子仪〉所记"大蒐"事考析》，《出土文献》2020年第4期第68—71页。

⑥ 〔清〕孙诒让撰，王文锦、陈玉霞点校《周礼正义》第3095—3096页，中华书局2013年。

⑦ 此从李春桃隶定意见，然李春桃将之读为"谨"，认为印文"戳交"是与司法有关的官吏，与拙说不同。李说参李春桃《古玺文字考释四篇》，《印学研究》第17辑第102—108页，文物出版社2021年。

⑧ 清华大学出土文献研究与保护中心编，黄德宽主编《清华大学藏战国竹简（拾）》第109、124页，中西书局2020年。

⑨ 武汉大学简帛网"简帛论坛"《清华十〈四告〉初读》（2020年9月30日）第182楼"我来也"（网名）发言，2022年8月6日。

⑩ 此说是薛培武在2023年4月15—16日召开的"全国古陶文高端研讨会"（山东新泰）结束之后提出并告知笔者的。

⑪ 山西省考古研究院等《山西翼城大河口西周墓地一号墓发掘》,《考古学报》2020年第2期第177—290页。

⑫ 卫康叔《大河口西周墓地小国的"霸"气》,《中华遗产》2011年第3期第100—115页;吴镇烽编著《商周青铜器铭文暨图像集成续编》第1卷第372页,上海古籍出版社2016年。

⑬ 虽然铭文存在阙字及难识字,但因其文句异于常见格式,故而值得注意。

⑭ 吴镇烽编著《商周青铜器铭文暨图像集成续编》第3卷第335页。

⑮ 同上注第1卷第372页。

⑯ 陈晓宇《大河口墓地青铜礼器墓葬研究》第25页,山西大学2021年硕士学位论文。

⑰ 周忠兵《出土文献所见"仆臣台"之"台"考》,《史语所集刊》第90本第3分第367—398页,史语所2019年。

⑱ 郭锡良编著《汉字古音手册(增订本)》第119、186页,商务印书馆2010年。

⑲ 徐在国编《传抄古文字编》第490页,线装书局2006年。

⑳ 同注⑱第178页。

㉑ 〔汉〕司马迁撰,〔南朝宋〕裴骃集解,〔唐〕司马贞索隐,〔唐〕张守节正义《史记》第1635页,中华书局1959年。

㉒ "汗天山"认为字形中的"臣"可能是意符,中间形体可能是"甫"字,字形整体可能是"佣"字,它在简文中可读为"敿";"心包"也释此字为"佣",但读之为拥或庸,训为拥戴或任用、酬赏。参见武汉大学简帛网"简帛论坛"《清华十〈四告〉初读》53楼发言,2020年11月24日;143楼发言,2020年12月12日。

㉓ 清华大学出土文献研究与保护中心编,李学勤主编《清华大学藏战国竹简(捌)》第146页,中西书局2018年。

㉔ 《周礼》有职官"虞衡",其下有"山虞""泽虞",又有"中冬教大阅"时"莱所田之野"的"虞人"。以所处地位论之,似宜以"虞人"当之,故有此说。诸官情形详参注⑥孙诒让《周礼正义》。

㉕ 《说文》云:"孚,卵孚也。从爪从子。一曰信也。"这表明许慎将俘获之"俘"的表意初文"孚"视为孵化用字,似乎也暗示"孵"字形体在当时并未出现。翻检《类篇》,知"孵"下有一从孚得声的"㝆"字形体,颇疑其左侧所从乃出土文献屡见的"卯"字右侧所从之讹省楷化写法,其字实为双声之字。其次,对于"卯"字相关材料,有学者做过系统整理,详参邬可晶《说"卯"》,《战国文字研究》第6辑第22—78页,安徽大学出版社2022年。

㉖ 赵平安《说文小篆研究(修订本)》第83—84页,上海古籍出版社2022年。

㉗ 《释名·释州国》:"吴,虞也。太伯让位而不就,归,封之于此,虞其志也。"

㉘ 赵平安《清华简〈四告〉的文本形态及其意义》,《文物》2020年第9期第72—76页。

古文字研究(35):478—483,2024

清华简《摄命》校读拾遗

黄　杰

笔者在开展"清华简《摄命》校注与研究"项目的过程中,对《摄命》中几处字词的释读有些浅见,草成此文,以就教于方家。

一　简5"毋闭于乃唯冲子小子"

先列出简文的严式释文①:

王曰:【4】奭(摄),敬哉! 母(毋)閞(闭)于乃隹(唯)湡(冲)子少(小)子,毋遬(遬)才(在)服,難(勤)胥(祗)乃事。

这一段文字的大意是清楚的,即王让摄恭敬其职事,不要懈怠,不过其中的"闭"不易理解。整理报告注:"《大诰》'予不敢闭于天降威','闭'训为闭塞。"有人赞同此说②。冯胜君认为,整理者引《大诰》"予不敢闭于天降威"句解释简文"毋闭于乃唯冲子小子",并将"闭"训为"闭塞",均可信,只是所引《大诰》文如何理解,历来有很多争议。金兆梓解为"我对上天所降下的困难,不敢掩藏,也不敢回避",仍未达一间,"不敢掩藏"的意思是蒙蔽成王、不向他报告情况,"不敢回避"则是周公面对挑战当仁不让,这两种解释不能并存。后一种解释是正确的。周秉钧解为"言于三监等叛变之时,我不敢闭藏而不用也"。简文"毋闭于乃唯冲子小子"意思是,不要以自己还是小孩子为借口而自我壅闭——不敢(或不愿)承担责任③。

笔者曾怀疑"闭于"后有脱文④,现在看来这是不必要的。这句话的结构很清晰,"闭"是动词,介词"于"引入动作对象,"乃唯冲子小子"是宾语。

"毋闭于乃唯冲子小子"和《尚书·大诰》"予不敢闭于天降威"看起来有关,实际上并不是一回事。正如冯先生所说,《大诰》"予不敢闭于天降威"如何理解,历来有很多争议。新近讨论这个问题的有薛培武《〈大诰〉"予不敢闭于天降威"献疑》一文,文中提出了两类、三种解释方案:第一类是"闭"本作"閞",读为"狎",具体又分为两种解释,一是解"狎"为轻视、轻侮,"不敢狎于天降威"意为"不敢轻视于天所降之威",二是训"狎"为"习",句意即"不敢狎习于天所降之威";第二类是"闭"本作"閞",读为"闲(娴)",训为"习"⑤。薛氏此文包含不少很有道理的成分,如他引到传世文献中"闭"与"閞"的异文:《墨子·备城门》"令各可以自闭",道藏本和吴钞本"闭"作"閞";"行栈内閞",孙诒让认为"閞"即"闭"字;《左传》襄公三十一年"高其閞闳",《释文》引沈云"閞,闭也";等等。又详列古文字形体,指出楚简中的"闭"本从"必"

得声（），偶写作从"戈"（如郭店简《老子甲》简27）；"戈"与"干"易混，如上博简《慎子曰恭俭》简2"干"就很容易误认为"戈"，《成王为城濮之行》甲本简1字左下所从之"戈"（本"戈柲"形）即讹作"干"形。"闭"与"闬"的异文可由此得到解释。指出清华简《汤处于汤丘》简11"女（如）幸余闬（闻）于天畏（威）"与《大诰》"闭于天降威"的相似性，由此认为《大诰》该句原来或当作"予不敢闬于天降威"，正可与《汤处于汤丘》之"闬于天威"直接认同。这都很有道理。不过，他最后提出的三种解释恐怕都有一定的偏差，没能解决问题。这里不能详论其得失，只对《大诰》该句进行解释，然后讨论《摄命》"毋闭于乃唯冲子小子"的意思。

我们认为，将《大诰》"闭"看成"闬"之误是可信的，传世文献中"闭"与"闬"互为异文的材料以及薛先生从古文字学角度对"闭""闬"可能讹混的解释足以证明这一点，不过"闬"应当读为"间／闲"，解为窥探。中山王鼎（《集成》2840）"闬于天下之勿（物）矣"，"闬"，朱德熙、裘锡圭读为"闲"、训为"习"⑥，汤余惠读为"娴"、解为娴习⑦，这两种说法其实是相通的，也得到了学界的普遍认可。"娴"即"嫺"。同时，文献中还有不少"闬"与"干"声之字通用的例子⑧。那么，从"干"声的"闬"自然可以读为"闲"。众所周知，"闲"的早期古文字形体（默钟，《集成》260，西周晚期）象月光从门缝中照射进来，本义是两扇门之间的空隙，由此可以自然而然地引申出"通过门缝窥探"之义。《韩非子·外储说右上》："内间主之情以告外。"其中的"间"就是窥探之义。"予不敢闭〈闬—间／闲〉于天降威"是谦虚的话，字面直译是"我不敢窥探上天所降之威"。清华简《汤处于汤丘》简11的"女（如）幸余闬（闻）于天畏（威），朕佳（惟）逆训（顺）是悥（图）"⑨，笔者曾经提出，"闬（闻）"似可理解为本字，解为窥伺。汤在这里是谦逊的说法，是说"如果有幸我能窥伺到天威，那么……"⑩。总而言之，《大诰》的"闭〈闬—间／闲〉于天降威"与《汤处于汤丘》"闬（闻）于天威"是同类表述，而与《摄命》之"毋闟（闭）于乃唯冲子小子"不同，不宜牵扯到一起。

王向前将"闟"读为"比"⑪，我们认为可信。"闟"下部的"北"在楚简中常用作"必"⑫，古"必"声、"比"声之字常常通用，如《周礼·冬官·轮人》"弓长八尺谓之庇轵，五尺谓之庇轮，四尺谓之庇軹"，郑玄注"故书庇作秘"；《仪礼·既夕礼》"有秘"，郑玄注"古文秘作柴"。此外，《大诰》"予不敢闭于天降威"，王莽《大诰》对应文字作"予岂敢自比于前人乎！天降威明"（见《汉书·翟方进传》），"闭""比"是音近异文，亦可证。不过，王向前将"毋比于乃佳冲子小子"解为"不要将自己比于年幼小子"，则可商榷。"比"即《盘庚下》"协比谗言予一人"之"比"，意为勾结。"冲子""小子"是指其他年轻人。"毋闟（比）于乃唯冲子小子"意为"你不要和诸位冲子小子勾结"，亦即不要和同龄的诸位贵族青年相互勾结。这样理解，此句的文义较顺畅，也符合情理，因为统治阶层成员之间因利益关系相互勾结是常见之事。简16"女（汝）母（毋）敢倗（朋）、沇（酖）于酉（酒）"、"母（毋）倗（朋）"，也是告诫摄不要结党的，可与此相参看。

二　简10"敬学眷明"

简10—11:

女(汝)亦母(毋)敢彖(惰)才(在)乃ⅡⅡ(伊—尸)服,敬学眷明,勿繇之庶不训(顺),女(汝)亦母(毋)不妽(凤)夕巠(经)悳(德),【10】甬(用)事朕命。

这里要讨论的是"敬学眷明"之"学"的释读和理解。在讨论之前,需要对一些文字的释读略作交代。"彖"原作🐗,整理者释作"豕",认为是"彖"字之讹,读为"惰",后来有学者指出此字当直接隶作"彖"⑬。ⅡⅡ,整理报告释读为"死(尸)",笔者指出应当释为"伊"⑭,段凯释为伊,读为尸⑮。"眷"原作🔤,又见于简4、22、23,金文亦多见,有多位学者作过讨论。李学勤释读为"叠(廉)明"⑯;陈剑将"眷明"读为"崇明",高明⑰;陈斯鹏读为"潜明",认为"潜明"与金文"幽明""渊哲"义涵类似⑱;王宁读作"聪明"⑲;刘信芳读为"惛"或"曙",解为思⑳;子居读为"钦明"㉑;赵平安认为此字即《说文》的"叠",与"明"连用构成词组时读为东部清母的"聪"㉒。笔者赞同赵先生的看法。

确定了眷的释读,再来看"学"的意思。子居认为"学"即受教㉓;龚伟认为"敬学"是要求伯摄认真领会时王的教导㉔。笔者认为,"敬学聪明"不辞,"学"当读为"效",献纳之义。《史记·张释之冯唐列传》"岂斅此啬夫谍谍利口捷给哉",斅,《汉书·张冯汲郑传》作"效"。《韩非子·五蠹》:"献图则地削,效玺则名卑。"《史记·淮阴侯列传》:"愿效愚忠。""效"均为献纳之义。"敬效聪明"意为恭敬地献纳其聪明供王役使。

三　简12"乃隹(唯)諲亡(罔)毅"

简12+14㉕:

弜(弗)綝(祥)㉖,女(汝)有退进于朕命,乃隹(唯)諲亡(罔)毅,则或(又)即命㉗,【12】乃亦隹(唯)肇愳(谋),亦则🔤(冬—终)逆于朕㉘,是隹(唯)君子秉心,是女(汝)则隹(唯)肇悽(济)㉙。

这里讨论"乃隹(唯)諲亡(罔)毅"的释读。整理报告读为"乃隹(唯)諲(望)亡毅(逢)",解释道:"望,希望。《孟子·梁惠王上》:'无望民之多于邻国也。'逢,逢迎。《孟子·告子下》:'逢君之恶。'唯望汝无逢迎我意。"㉚王宁认为,"逢"当即"逢殃"或"逢灾"之省语,《楚辞·天问》问王亥被杀之事言:"有扈牧竖,云何而逢?""逢"即谓逢殃。此二句当是说你执行我的命令犹豫不定是不好的,就只能希望不要遇到灾殃㉛。萧旭认为"毅"读为夆,《说文》:"夆,悟也。"违逆、抵悟之意。字亦作逢,《尔雅》:"逢,遻也。"简文谓汝可以退进于朕命,但不要有所违逆㉜。刘信芳云,望,《说文》:"出亡在外,望其还也。"㉝子居说,"逢"训遇,引申为迎合,"乃唯望亡逢"即不符合你的期望㉞。胡宁认为"諲"字从"言",在此处当释为"妄",意为虚诳,《广韵》："妄，虚妄，又乱也、诬也。"逢，《说文》人部"值"字段玉裁注："凡彼此相遇、相当曰值。"此处指与"朕命"相值㉟。冯胜君云，"毃"亦见于19号简，辞例为"是亦尚弗毃乃彝"，二"毃"字应统一考虑。"毃"或可读为"奉"，训为奉行。"乃唯誙无毃"似可读为"乃唯妄无奉"，即不循法度不奉行王命㊱。

今按："誙"字读为"望"难以讲通此句。胡宁、冯胜君读为"妄"，从文义上看更优。不过，笔者认为"誙"读为"荒"与前文"有退进于朕命"（对我的命令有所减损增益）更为契合。《书·盘庚中》"无荒失朕命"，可参。"毃"当读为"奉"。"奉"与"逢"古通用，如上博简《孔子诗论》简25"不奉（逢）时"㊲、清华简《芮良夫毖》简21"不奉（逢）庶戁（难）"㊳。"逢"从"夆"声㊴。那么，同样从"夆"声的"毃"自然可以读为"奉"。下文简19"毃"字亦读为"奉"㊵。"毃（奉）"与前文"朕命"相照应。先秦秦汉文献中有"奉命"之说，如《管子·君臣上》："君据法而出令，有司奉命而行事。"此句直译为"荒废不奉命"。

附记：本文是"古文字与中华文明传承发展工程"规划项目"楚简综合研究"（G3444）、国家社科基金后期资助项目"清华简《摄命》校注与研究"（20FZSB056）的阶段性成果。

（作者单位：山东大学儒家文明省部共建协同创新中心、儒学高等研究院）

注：

① 清华大学出土文献研究与保护中心编，李学勤主编《清华大学藏战国竹简（捌）》第110页，中西书局2018年。

② 高佳敏《清华简〈摄命〉集释》第37页，西南大学2020年硕士学位论文。

③ 冯胜君《清华简〈尚书〉类文献笺释》第349—350页，上海古籍出版社2022年。

④ 此为李纪言所引述的笔者意见，见李纪言《清华简〈摄命〉补议——以虚词为中心的讨论》，《中国文字》二〇一九年冬季号（总第2期）第237页，万卷楼图书股份有限公司2019年。

⑤ 薛培武《〈大诰〉"予不敢闭于天降威"献疑》，武汉大学简帛网2016年2月4日。

⑥ 朱德熙、裘锡圭《平山中山王墓铜器铭文的初步研究》，《文物》1979年第1期。

⑦ 汤余惠《战国铭文选》第33页，吉林大学出版社1993年。

⑧ 张儒、刘毓庆《汉字通用声素研究》第727页，山西古籍出版社2002年。

⑨ 清华大学出土文献研究与保护中心编，李学勤主编《清华大学藏战国竹简（伍）》第66页（图版）、135页（释文），中西书局2015年。

⑩ 武汉大学简帛网简帛论坛"清华五《汤处于汤丘》初读"下第12楼"暮四郎"的意见，2015年4月11日。

⑪ 王向前《清华简〈摄命〉研究》第27页，吉林大学2023年硕士学位论文。

⑫ 白于蓝编著《简帛古书通假字大系》第498页，福建人民出版社2017年。

⑬ 武汉大学简帛网简帛论坛"清华简八《摄命》初读"下第18楼"ee"的评论，2018年11月19日；单育辰《清华简八〈摄命〉释文商榷》，《出土文献综合研究集刊》第13辑第43—51页，巴蜀书社2021年。石小力《清华简〈摄命〉与西周金文合证》，"清华简《摄命》研究高端论坛"论文，上海大学，2019年5月31日—6月2日；《中国文

字》二〇二〇冬季号（总第4期）第201—218页，万卷楼图书股份有限公司2020年。

⑭ 武汉大学简帛网简帛论坛"清华简八《摄命》初读"下第62楼"暮四郎"评论，2018年11月30日。

⑮ 段凯《清华简第八册校释两则》，《中国文字研究》第31辑第83—86页，华东师范大学出版社2020年。

⑯ 李学勤《清华简〈摄命〉篇"牚"字质疑》，《文物》2018年第9期。

⑰ 陈剑《试为西周金文和清华简〈摄命〉所谓"牚"字进一解》，《出土文献》第13辑第29—39页，中西书局2018年。

⑱ 陈斯鹏《旧释"牚"字及相关问题检讨》，"纪念清华简入藏暨清华大学出土文献研究与保护中心成立十周年国际学术研讨会"论文集第53—63页，清华大学，2018年11月17—18日；《旧释"牚"字及相关问题新解》，《文史》2019年第4辑。

⑲ 武汉大学简帛网简帛论坛"清华简八《摄命》初读"下第29楼"王宁"评论，2018年11月22日；王宁《清华简〈摄命〉读札》，复旦大学出土文献与古文字研究中心网2018年11月27日。

⑳㉝ 刘信芳《清华藏竹书〈摄命〉章句（三）》，简帛网2018年12月28日；刘信芳《清华藏竹书〈摄命〉释读》，复旦大学出土文献与古文字研究中心网2019年2月2日。

㉑㉓㉞ 子居《清华简八〈摄命〉中段解析》，中国先秦史网2019年1月8日。

㉒ 赵平安《古文字中的"酓"及其用法》，"第五届文献语言学国际学术论坛"论文，2019年6月28—30日；《中国文字》二〇一九年夏季号（总第1期）第129—134页，万卷楼图书股份有限公司2019年。

㉔ 龚伟《清华简（八）〈摄命〉"王教王学"释论及相关问题》，《重庆师范大学学报（社会科学版）》2021年第5期。

㉕ 王宁将简序调整为简11＋简13＋简12＋简14（简帛网简帛论坛"清华简八《摄命》初读"下第11楼王宁的意见，2018年11月18日；王宁《清华简〈摄命〉读札》，复旦大学出土文献与古文字研究中心网2018年11月27日），多数学者都认可这种排序，我们也采用其说。

㉖ 弜羕，整理报告原连上读为"亦若之颂（庸）弜羕"。兹依单育辰读为"弗祥"（简帛网简帛论坛"清华简八《摄命》初读"下第30楼"ee"的评论，2018年11月22日），并作为一个小节的开头。下文简14的"弜羕"、简18的"嚣差"都应当这样处理，参看黄杰《清华简〈摄命〉简17—21的断句、释读与结构探析》，"古文字与出土文献"青年学者论坛论文集第214—225页，吉林大学，2019年9月21—23日。

㉗ "或"读为"又"是笔者的看法。

㉘ ，整理报告释读为"勾（遏）"。我们认为此字实当释读为"冬（终）"（简帛网简帛论坛"清华简八《摄命》初读"下第68楼"暮四郎"评论，2018年11月30日）。

㉙ 悽，笔者指出当读为"济"（简帛网简帛论坛"清华简八《摄命》初读"下第111楼评论，2019年1月6日）。

㉚ 同注①第116页注释〔二六〕。

㉛ 王宁《清华简〈摄命〉读札》，复旦大学出土文献与古文字研究中心网2018年11月27日。

㉜ 萧旭《清华简（八）〈摄命〉校补》，复旦大学出土文献与古文字研究中心网2018年12月7日。

㉟ 胡宁《论清华简〈摄命〉中"摄"的职位与职责——以传世文献、金文文献为参照》，"清华简《摄命》研究高端论坛"论文，上海大学，2019年5月31日—6月2日；《简帛研究》二〇二〇秋冬卷第25—42页，广西师范大学出版社2021年。

㊱ 同注③第358页。

㊲ 马承源主编《上海博物馆藏战国楚竹书（一）》第37页（图版）、155页（释文），上海古籍出版社2001年。"奉"原简作，该书释写为"圭"。今改释。

㊳ 清华大学出土文献研究与保护中心编，李学勤主编《清华大学藏战国竹简（叁）》第81页（图版）、146页（释文），中西书局2012年。

㊴ 李学勤主编《字源》第120页，天津古籍出版社、辽宁人民出版社2012年。

㊵ 参看黄杰《清华简〈摄命〉简17—21的断句、释读与结构探析》，"古文字与出土文献"青年学者论坛论文集第222页，吉林大学古籍研究所、吉林大学中国古文字研究中心，2019年9月21—23日。

古文字研究（35）：484—488，2024

周家台秦简与银雀山汉简读札二则

高一致

一

学界对周家台秦简《病方及其他》"马心"篇中部分文字释读以及"马心"表示马的何种疾病有一些分歧。兹在整理者释文与学者考释基础上，誊录简文于下：

·马心：禹步三，乡（向）马祝曰："高山高丝〈慈（兹）〉^①，某马心天（膜），某为我已之，并企侍之。"即午画345地，而最（撮）其土，以靡（摩）其鼻中。346

整理者以为本篇是使马疾行的方术，注云"某马心天"之"心"或读为"骎"，《说文》："马行疾也。"^②而未就"天"字多作阐释。陈斯鹏将"某马心天"与后一句断读作"某马心，天某，为我已之"，疑"天"读为颠仆之"颠"，并理解此句作马因病疯把主人摔倒，所以主人要祷祝为其"已之"^③。方勇疑"天"读"瘨"，"瘨"应即"癫"。"心天（癫）"可能反映马心烦癫狂，不能适应长驱的情况^④。《秦简牍合集》从整理者断句，读"天"为"颠"，指出"颠"通"瘨"，疯、狂义。《急就篇》卷四"疝瘕颠疾狂失响"，颜师古注："颠疾，性理颠倒失常，亦谓之狂獝，妄动作也。"^⑤张雷则认为本篇是一条治疗心脏疾病的祝由方^⑥。以上是研究者基于以往材料对"马心"提出的不同看法。不难看出，简文"天"和"马心"这种病症是直接相关联的，对其训释也应以正确理解"马心"为前提。

我们注意到，天回医简《疗马书》中的"马瘤"为解释"马心"提供了新的思路^⑦：

马瘤四物：一曰瘤∟，一曰心∟，一曰和∟，一曰绕肠。20

☐瘤，腹盈，不☐，多弱（溺）☐☐21

马禾（和）者，腹盈庚汗，其行左右顾视☐22+120^⑧

☐☐绕肠者，不能☐23

简20阐述"马瘤"这类马病的四种情况——"瘤""心""和""绕肠"。关于"瘤"和"绕肠"的含义及症状，我们已有简要考释^⑨，可参。简22"马禾（和）"的症状，经学者缀合简22+120后，也较明晰。目前因介绍马"心"的简文不存，其症状尚不明。大体可知，"马瘤"是包括"瘤"（疑指马匹肌体的肿瘤，有"腹盈"症状）、"和"（具有"腹盈"、多汗症状）、"绕肠"（马匹肠扭转导致肠阻梗、腹胀大）及"心"在内的一类疾病。这四种病情有其共性，以"马瘤"来统辖。《说文》："瘤，肿也。"《释名·释疾病》："瘤，流也，血流聚所生瘤肿也。"从马"瘤""和""绕肠"三者来看,腹部肿胀(即"腹盈")似乎就是"马瘤"这类病的共同症状。颇疑马"心"应也具有此症状,指马匹身体上某种原因导致的腹部肿胀。

将周家台秦简病方与天回医简《疗马书》相应内容合观,"马瘤四物"之一的"心"似即指周家台秦简中的"马心"。"马心"篇简345"某马心天"之"天",可读作"膜"[10],取肉胀起、肿大义。《说文》肉部:"膜,起也。"《素问·阴阳应象大论》:"浊气在上,则生膜胀。"《太玄·争》"股脚膜如,维身之疾",范望注:"膜,大也。"《广韵》真韵:"膜,肉胀起也。""某马心天(膜)"就是说某马心肿胀。结合文意,周家台简和天回医简分别以"马心""心"作病名,大概都是取马心肿胀之症的省称。而所谓"心肿胀"则可能指胃腹肿胀,盖因古代医学观念中心、腹关系密切。

我国早期医学对脏器中一些病症的认识较模糊。有学者指出,"唐宋以前文献多称胃脘痛为心痛"[11]。《灵枢·邪气脏腑病形》"胃病者,腹膜胀,胃脘当心而痛"[12],《素问·六元正纪大论》"民病胃脘当心而痛"[13],均将胃脘病痛描述为心痛。又,胡家草场汉简医方简935"心腹病者如盈状而出不化",学者考证"此处'心腹病'疑即胃腹疾病",简文"大概是描述心腹病患者腹部胀满,腹内食物未消化而'出'"[14]。北大汉简"医经"简2978有"曰:死病及心痛、心痹。此皆在腹心肺肝之间,不可别名也,人猥谓之心腹病∟□"[15]。皆可参。此外,《说文》疒部:"瘨,腹张。"段玉裁注:"瘨,与膜、瞋字意略同。"《集韵》真韵:"瘨,腹胀病。"瘨与膜义近,本就有腹胀病之义项。

综上,周家台秦简病方"马心"篇中"某马心天(膜)"或许并非像学者所说指马心烦癫狂或病疯颠仆人,而应该属于《疗马书》中"马瘤四物"之一,是一种表现为胃腹胀大特征的心腹疾病。

<h2 style="text-align:center">二</h2>

银雀山汉简《相狗方》简2145—2146整理者释文有:

　　犳长三寸,及大禽,犳下欲生毛。

这句是描述良犬"犳"的特征。整理者疑"犳"读作"涿"(豕)或"州",《尔雅·释畜》"白州,骟",郭注:"州,窍。"[16]杨安则以《诗·小雅·鸳鸯》"摧之秣之"之"摧"(摧以崔为声符,崔则从隹声),《说文》食部、《系传》皆引作"㐰"为证,读"犳"作"脽"。并将"犳(脽)"解释为尾椎骨(《说文》肉部:"脽,尻也。"),谓"犳下欲生毛"指狗有大尾[17]。相较而言,这两种意见恐以整理者说为胜。

《诗·小雅·鸳鸯》"摧之秣之",毛传:"摧,挫也。"郑玄笺:"摧,今'莝'字也。古者明王所乘之马系于厩,无事则委之以莝,有事乃予之谷。"陆德明《释文》、王应麟《诗考》皆从之[18]。"摧之秣之"之"摧"上古音从纽微部,"莝"清纽歌部,声韵皆近。而"㐰"乃出纽鱼部,与从纽微部的"摧"，韵部不近。"脽"从肉佳声、禅纽微部，"骀"从马刍声、庄纽侯部，二字韵部也不近，相通似理据不足。从全篇来看，《相狗方》相的是猎犬，猎犬之尾不宜大[19]。晋傅玄《走狗赋》谓良犬"尾如腾蛇"，是要求狗尾细长又高翘灵活。杨文以"骀下欲生毛"指狗有大尾，或不合适。我们认为，《诗·小雅·鸳鸯》"摧之秣之"，《说文》食部、《系传》皆引作"刍"，这里"摧"与"刍"恐非通假，而属异文关系。简文"骀"当如整理者读作"州"，更切合文意。

州为章纽幽部，庄、章二纽密切，侯、幽旁转，骀、州二字音近。州，如整理者引《尔雅·释畜》"白州，骟"，郭注："州，窍。"此条邢昺疏："谓马之白尻者名骟。"《广雅·释亲》"州，臀也"，王念孙疏证："《内则》'鳖去醜'，郑注云：'醜谓鳖窍也。'醜与州声近而义同。"[20]古人用"州"来表示肛门，还可引申表示肛门附近的部位，甚至臀部。如《尔雅·释畜》"白州，骟"，并不是说马的肛门是白色，而是如邢昺之说代指马之白尻，即马的白臀。简文"骀（州）"可同理表示狗的臀部，"骀（州）长三寸"即指狗的臀部为三寸。简2144"骹（肩）四寸"[21]、简2145"权（颧）间四寸"反映"及大禽"良犬的肩宽、两颧间距，都是汉尺四寸。臀部为三寸，也合于狗肩略宽于狗臀的体型常例。

"骀（州）下欲生毛"则应指臀部肛门之下欲多生毛。《礼记·内则》"狗赤股而躁，臊"，郑玄注："赤股，股里无毛也。"可见汉时人早已知晓狗的臀部以下、后腿内侧无毛是病态特征。简文"骀（州）下"应该大致相当于《礼记·内则》中论及的区域。这一区域毛发茂盛是狗健康的表现，也是良犬的基本特征，与简文主旨相合。

简2147整理者释文有：

喙欲如竽箭（筒），次鴗同，次服翼。

喙指动物的嘴部。简文是描述狗之嘴形，而从"次"的语意看，应是表示狗嘴的某种特征依次减弱。整理者已分别正确解释"竽箭""服翼"作竽筒、蝙蝠，指出"鴗同"义不详[22]。杨安谓，《后汉书·礼仪志》载："司徒跪曰'请进赠'，侍中奉持鸿洞……"又："皇帝进跪，临羡道房户，西向，手下赠，投鸿洞中……"《通典》引皆同，此处的"鸿洞"不同于其他，是丧礼中侍中所持之物，且为一容器，简文"鴗同"或与此有关[23]。我们曾补充一说，亦读"鴗"作"鸿"，将"同"理解作禽兽之聚。《诗·小雅·吉日》"兽之所同，麀鹿麌麌"，郑玄笺："同，犹聚也。"汉张衡《东京赋》"兽之所同"，薛综注："同，亦聚也。"疑"鴗（鸿）同"指鸿雁在空中聚集时的形态，类似于"雁行"。大雁、天鹅等候鸟常在天空按"人"形飞行，这种常见的物候可比拟狗喙之形态[24]。现在看来，竽筒、蝙蝠皆是有形实物，杨安视"鴗同"为器物的思路恐怕更妥帖。

"同"本身就是一种器名。《尚书·顾命》载："上宗奉同瑁……（王）乃受同瑁，王三宿、三祭、三诧。……太保受同，降，盥，以异同秉璋以酢，授宗人同，拜。王答拜。太保受同，祭，嚌，宅，授宗人同，拜。王答拜。太保降，收。诸侯出庙门俟。"这似乎是关于"同"作为一种器物不多的传世文献记载。自汉以降，学者对《尚书·顾命》"同瑁"的解释莫衷一是，"同"为何物俨然成为学术疑案。2009年西安现世的内史毫同即是一件自名为"同"的青铜酒器（见图一），其作为实物证据冰释了疑案，吴镇烽、王占奎撰文论之甚详[25]，兹不赘述。从器型来看，内史毫同就是自宋代以来被称为"觚"的酒器，其为喇叭口，长颈，腹部略粗，喇叭形高圈足，颈部饰小鸟纹，腹部和圈足饰站立的鸟纹，两两相对，均以云雷纹填地，两缕鸟尾下垂后又向前向上回旋。可以看出，这件同用来比喻狗喙之形是比较合适的。竽之筒直而长，

图一

蝙蝠之嘴尖而短，同之喇叭口向下收敛且颈细长，这种形态特征正处于竽筒和蝙蝠嘴之间。准此，简文"鴄同"似读作"鸿同"，表示饰有鸟类形象之同；亦或"鸿"取大义，指大的同器。如果此说成立，其可成为内史毫同之外"同"作为器名的又一证据。

　　　附记：本文得到国家社科基金后期资助一般项目"简帛农事资料分类汇释疏证"（21FZSB024）的资助。

（作者单位：湖北省文物考古研究院）

注：

① "某马心天"前一字，有释作"郭""丝""丝〈兹〉""综"等几说。陈剑疑其为"丝"形乃"兹"之误字，读为"孪"，今从之。陈说转引自方勇《读秦简札记（一）》，简帛网2015年8月15日。

② 湖北省荆州市周梁玉桥遗址博物馆编《关沮秦汉墓简牍》第132页，中华书局2001年。

③ 陈斯鹏《战国秦汉简帛中的祝祷文》，《简帛文献与文学考论》第119页，中山大学出版社2007年。

④ 方勇《读关沮秦简札记四则》，《中国国家博物馆馆刊》2012年第12期第73—76页。

⑤ 武汉大学简帛研究中心、荆州博物馆编，陈伟主编《秦简牍合集（叁）·周家台秦墓简牍》第66页，武汉大学出版社2014年。

⑥ 张雷《周家台秦简"马心"考》，《中国文字学报》第8辑第144—145页，商务印书馆2017年。

⑦ 天回医简整理组编著《天回医简》下册第133—134页，文物出版社2022年。

⑧ 此从谢明宏缀合。参看其著《〈天回医简〉读札（四）》，简帛网2023年3月13日。

⑨ 高一致《读天回医简〈疗马书〉笔记》，简帛网2023年3月24日。

⑩ 方勇已指出，天字上古音透母真部，颠字端母真部，二字韵部相同，声母同是舌音，读音相近。天、真古音亦

近。参看其著《读关沮秦简札记四则》。膜,《说文》谓从肉、真声,知"天"读作"膜"于古音无碍。

⑪ 参看周仲英主编《中医内科学》第2版第186页,中国中医药出版社2007年。

⑫ 郭霭春主编《灵枢经校释》上册第112页,人民卫生出版社1982年。

⑬ 郭霭春主编《黄帝内经素问校注》下册第1022—1023页,人民卫生出版社1992年。

⑭ 纪婷婷、李志芳《胡家草场汉简医方杂识两则》,《江汉考古》2020年第1期第118—123页。按,纪、李文中将里耶秦简8—1718+8—258缀合并补释简文作"心腹病痛者如盈状□ ̅然而出不化",该简文文意与胡家草场简935盖同,亦可参。

⑮ 北京大学出土文献研究所《北京大学藏西汉竹书概说》,《文物》2011年第6期第49—55页;李家浩、杨泽生《北京大学藏汉代医简简介》,《文物》2011年第6期第88—89页。

⑯ 银雀山汉墓竹简整理小组编《银雀山汉墓竹简(贰)》第253页,文物出版社2010年。

⑰㉓ 杨安《〈银雀山汉墓竹简·佚书丛残〉集释》第376页,吉林大学2013年硕士学位论文。

⑱ 参看〔清〕王先谦《诗三家义集疏》第776页,中华书局1987年。

⑲ 王世襄《锦灰堆——王世襄自选集》第644页,三联书店1999年。

⑳ 〔清〕王念孙《广雅疏证》第206页,中华书局1983年。

㉑ "豛(肩)"由拙文改释。参看《秦汉简所见牲畜资料补说三例》,《出土文献》第14辑第364—372页,中西书局2019年。

㉒ 同注 ⑯ 第253—254页。

㉔ 高一致《读银雀山汉简〈相狗方〉小札》,简帛网2015年8月10日。

㉕ 吴镇烽《内史毫丰同的初步研究》,《考古与文物》2010年第2期第30—33页;王占奎《读金随札——内史毫同》,《考古与文物》2010年第2期第34—39页。

古文字研究(35):489—494,2024

《安大简(二)·仲尼曰》"堇"字再读

高荣鸿

《仲尼曰》内容多数可与传世文献对读,亦有一些未见于典籍的言论佚文。原整理者的释文精确详实,已为接续的研究工作奠下基础,但此篇文献多为语句摘录,文字精炼简要,有时又缺乏传世文献的关键佐证,其中5号简、6号简与11号简共四处"堇"字,其字如何释读,学者意见分歧,希望透过本文的评析与论述,能对理解简文有更多的帮助,分述如次。

一 人不堇汝

4—5号简云:中(仲)尼曰:"韦(回),女(汝)幸,女(如)有佝(过),人不堇(谨)女=(汝,汝)能自改。赐,女(汝)不幸,女(如)又(有)佝(过),人弗疾也。"①

这段简文的讨论焦点集中在"堇"字的释读上,兹将相关说法胪列如下:原整理者读为"谨",谨敕,《左传·昭公二十年》"毋从诡随,以谨无良",杜预注:"谨,敕慎也。"孔颖达疏:"毋得从此诡随之人,以谨敕彼无善之人。"人们对待颜回之"过"虽不加谨敕,他也会改正②。单育辰读为"憾",训作"怨望","憾"后世多写作"恨",二字语音非常密切③。网友"tuonan"读为"靳",训作"嘲笑",强调其自我觉悟性很高,不待外界反应而能自察自改;或读为"欣",训作"喜悦",谓你有过错而人不喜悦你,于是你就纠正过错了④。史杰鹏读为"廛",训作"覆盖";或读为"隐",训作"隐藏"⑤。孟跃龙读作"间",训作"非议",意谓"别人也不会非议你"⑥。网友"予一古人"读为"隐",训作"隐瞒",意谓"别人不会隐瞒/掩盖你的过错"⑦。吴铭读为"矜",训作"饰"⑧。网友"潘灯"读为"懂",训作"烦恼",意谓"别人不烦你,你能自己悔改"⑨。刘嘉文读为"谨",训作"告诫",意谓"人们不劝戒你,你亦可以自己改正"⑩。

由后文文意可知"人弗疾也"与"人不堇汝"二句为前后对立之对照组,故"堇"字该如何释读,必须先确定"疾"的词义。原整理者训作"憎恨",并援引《大戴礼记·曾子立事》"君子好人之为善,而弗趣也;恶人之为不善,而弗疾也。疾其过而不补也,饰其美而不伐也。伐则不益,补则不改矣"为证,应当可信⑪。那么,此句意思是说子贡较为不幸运,假如有过错,人们不会因此憎恨你。换句话说,人们不会指出子贡犯错之处,导致他没有自省改过的机会,或是没有意识到自己犯了错,这是较为不幸的。作为对照组的颜回,人们应该会指出犯错之处,让颜回能够自我改正过错,这是较为幸运的地方。简文文意亦符合颜回有错必改之形象,例如《论语·雍也》:"有颜回者好学,不迁怒,不贰过。"其中"不贰过"并不是不会犯错,而是犯错时勇于改过，避免让过错到无可挽回的地步，如同《周易·系辞下》："颜氏之子，其殆庶几乎？有不善未尝不知，知之未尝复行也。"因此，"不堇"应该朝"人们会指出过错"的文意释读。

依据前述的推论，上述诸说或许都能读通文意，但仔细观察后，仍有些值得商榷之处，例如读"憾、隐、间、矜"诸说，"堇"为群纽文部，"憾"为匣纽侵部，"隐"为影纽文部，"间"为见纽元部，"矜"为见纽侵部，以音理来说，诸字或许皆有通假的可能性，但都缺乏"堇"及其声系字与"憾、隐、间、矜"或是"感、隐、间、今"等声系字实际通假的例证，就这个角度考虑，上述说法之说服力较为不足⑫。其次，就文意来说，人们会明白指出颜回过错之处，使其改正，那么"不怨望"与"不非议"等较为被动与含蓄的行为，不符合简文文意。至于读"隐"训"隐藏、隐瞒"之说，能够读通简文文意，亦得到学者的支持，撰文致力疏通"堇"读为"隐"的音理差距⑬。然而，二字的音理差距确实存在，并无实际通假例证，且目前楚简"隐"的词义多用"隐、陞、悪、翌"等字形记录⑭，未见用"堇"字，此点亦是值得商议之处。

再检视读"靳"训"嘲笑"与读"欣"训"喜悦"二说，"堇"字声系与"斤"字声系有通假例证，可知"堇"读为"靳"与"欣"并无问题，但就文意考虑，"不嘲笑"与"不喜悦"等行为意谓人们不会明白指出颜回之过错，并期待他自我改正，而读"谨"之"不谨敕"、读"懂"之"不烦恼"、读"谨"之"不告诫"诸说亦有相同疑虑，皆于简文文意不合。最后，读"廑"说援引以下证据：

《广雅·释言》："廑，荫也。"王念孙疏证："《玉篇》亦云：'廑，荫也。'""荫"与"覆"同义。

《说文》："殣，道中死人，人所覆也"，引《诗经·小弁》篇"行有死人，尚或殣之"，今本作"墐"，毛传云："墐，路冢也。""墐"与"廑"义相近。

由上引文献可知"廑"有"覆盖"义，置于简文似能疏通文意，但"廑"字于字书罕见，且其字指具体之"覆盖"，是否能形容抽象之过错，尚待斟酌。

笔者认为"堇"或可读为"欺"，"堇"为群纽文部，"欺"为溪纽之部，声近韵通转，"堇"字声系与"其"字声系有通假例证，例如《礼记·射义》"旄期称道不乱者"，郑玄注："旄期，或为旄勤。"《诗经·行苇》毛传引作"耄勤"。《荀子·性恶》"骅骝、骐骥、纤离、绿耳，此皆古之良马也"，杨倞注："骐，读为骐。"⑮"欺"可训作"欺骗"，《说文》："欺，诈欺也。"《论语·雍也》："君子可逝也，不可陷也；可欺也，不可罔也。"《说文》："諆，欺也。"徐锴《说文解字系传》："諆，谩言也。""谩言"意谓"说假话"。《史记·淮南衡山列传》："陛下以淮南民贫苦，遣使者赐长帛五千匹，以赐吏卒劳苦者。长不欲受赐，谩言曰：'无劳苦者。'"简文"如有过，人不欺汝，汝能自改"意谓人们看见你的过错并不会欺骗你，让你能自我改正过错。

二　吾不堇其仁；吾不堇其不仁

6号简云：中（仲）尼曰："惖（仁）而不惠于我，虞（吾）不堇（谨）亓（其）惖（仁）。不惖（仁）〔而〕不惠于我，虞（吾）不堇（谨）其不惖（仁）。"⑯

此段简文的讨论焦点亦落在"堇"字词义的理解上,兹将相关说法援引如次:原整理者读为"谨",恭敬。《论语·乡党》"其在宗庙朝廷,便便言,唯谨尔",何晏《集解》引郑玄曰:"便便,辩也。虽辩而谨敬。"[17]单育辰读为"憾",训作"怨望","憾"后世多写作"恨",二字语音非常密切[18]。网友"tuonan"读为"欣"训作"悦"[19]。史杰鹏读为"廑",训作"覆盖";或读为"隐",训作"隐藏"[20]。孟跃龙读作"间",训作"非议",意谓"我不会对他的仁爱持有异议(我不会认为他不仁爱);我不会对他的不仁爱持有异议(我不会认为他仁爱)"[21]。网友"予一古人"读为"隐",训作"隐瞒",意谓"夫子对'仁'非常推崇,不会因他人对自己的爱憎而执行双重标准"[22]。吴铭读为"矜",训作"掩饰"[23]。

确定"堇"字词义之前,必须先确定此段简文的句式。原整理者指出,"不仁不惠于我"之"仁"字后,有可能漏抄"而"字。然而,检视简文文意,前后语句应为排比句式,依照原整理者的补字,句式变为"仁而不惠于我"与"不仁而不惠于我",仅有"仁"与"不仁"对照,文意并不显豁。网友"汗天山"指出,简文"不仁不惠于我"的第二个"不"字当是"而"字的误写,应改正为"不仁而惠于我"[24]。以语句与文意来看,"仁而不惠于我"与"不仁而惠于我"中的"仁"与"不仁"、"不惠"与"惠"相互对照,文意清晰,当可信[25]。

确定简文句式之后,回头检讨上述诸说,读"憾"训"愿望"、"隐"训"隐藏"、"间"训"非议"、"矜"训"掩饰"诸说或能读通简文,但前文已论及"堇"通读为"憾、隐、间、矜"诸字于音韵上的缺点,以及"隐"之词义于楚简字形纪录情况,就这点考虑,上述说法说服力较为不足。其次,读"谨"训"恭敬"、"欣"训"悦"二说,置于简文意谓"仁者不施惠于我,我不恭敬其仁德"、"仁者不施惠于我,我不欣喜其仁德",但孔子不会因为别人对自己的喜恶而评价他人是否具备"仁"的道德,上述二说显然不符合孔子对于"仁"的诠释。至于读"廑"训"覆盖"似能读通简文,但不取此说的理由如同前述所论,"廑"字罕见,且其字指具体之"覆盖",是否能形容抽象之仁德,尚可斟酌。

笔者认为,此处"堇"字如同前述5号简之"堇"读为"欺",训作"欺骗",简文"仁而不惠于我,吾不欺其仁。不仁而惠于我,吾不欺其不仁"意谓:"仁者不施惠于我,我不会因此欺骗他人其仁德的一面;不仁者虽施惠于我,我不会因此欺骗他人其不仁德的作为。"

三 堇以避难

10—11号简云:中(仲)尼曰:"见善女(如)弗及,见不善女(如)遝(袭)。堇(仅)目(以)卑(避)戁(难)靑(静)凥(居),目(以)成丌(其)志。白(伯)屖(夷)、吊(叔)即(齐)死于首易(阳),手足不异,必夫人之胃(谓)虘(乎)?"[26]

此段简文讨论的字词焦点在于"遝""堇"二字,兹将相关说法胪列如下:原整理者读"遝"为"袭",训作"及",或径读为"及",而"堇"读为"仅",无详细训解[27]。单育辰将"堇"属上读,

"遝堇"读为"及艰",对文意并无详细说明㉘。侯乃峰赞同"遝"读为"袭",训解作"掩袭""袭击","见善如弗及,见不善如袭",意即"遇见善良之事,努力学习,好像追不上;遇见邪恶之事,如同遇到敌人突然袭击一般,唯恐逃避不开"㉙。"抱小"赞同"遝"读为"袭","堇"改读为"谨",训作"恭敬",《孔子家语·六本》"恭俭以避难"可与简文对照㉚。史杰鹏主张"遝堇"连读为"戢隐"㉛。刘信芳将"堇"属上读,"遝堇"读为"袭谨","袭"训作"重",援引《诗经·民劳》"以谨无良,式遏寇虐",毛传"以谨无良,慎小以惩大也",认为简文"不善"犹《诗经》"无良",而"袭谨者",慎之又慎也,句例大意为:见善如恐己之不及于善,见不善如谨无良,如探汤㉜。吴铭认为"遝堇"连读为"拭摬"或"饰矜"㉝。

　　原整理者指出此段简文可与《论语·季氏》对照,其文云:"孔子曰:'见善如不及,见不善如探汤。吾见其人矣,吾闻其语矣。隐居以求其志,行义以达其道。'"其中"见善如不及,见不善如探汤"之句式与简文有些出入,导致"遝"与"堇"断读有不同意见。主张"遝"与"堇"连读之说法,或许是受到《论语·季氏》的影响,但仔细观察简文,若将二字连读,简文句式为"见善如弗及,见不善如遝堇",其句式与字数无法彼此对应;且两句文意显然相互参见,那么应该于"遝"字后断句较为合理,其句式、字数、文意皆能彼此对应,而"遝"可从原整理者之说,读为"袭"训"及"或径读为"及"。简文"见善如弗及,见不善如及"如同原整理者所言:"看见善良,努力追求,好像追不上;看见邪恶,努力避开,好像避不开。"从这个角度来说,"遝堇"连读之"及艰、戢隐、袭谨、拭摬、饰矜"诸说之说服力稍嫌不足。此外,上述连读之说仍有其他可商榷之处,例如前述提及"堇"读为"隐、矜"于音韵通假之缺陷;"遝"读为"拭"也须实际例证支持;"袭谨"说之"袭"为"重复"义,"袭谨"可理解为"慎之又慎也",但文献中形容非常谨慎的态度时,亦罕见用"袭"字。

　　前述推论确定于"遝"字之后断读,"堇"属下读,那么简文句式变成"堇以避难,静居以成其志"㉞,前举"抱小"之说,该文援引《孔子家语·六本》"恭俭以避难"为据,认为简文可与之对照,故"堇"应读为"谨",训"恭敬"之义。然而,若依照该说,"堇"须对应的词语为"恭俭",只将"堇"对应"恭"不符合词语对应结构,尚贤亦指出㉟:

　　　　"避难"、"避患"、"避恶"等避免坏事的方法所在多有,古人说"隐伏逃窜,以避患害"(《列子·黄帝》)、"弃君以避患"(《春秋繁露·玉英》)、"违君以避难"(《国语·鲁语》)、"同男女之功,除民之害,以避天殃"(《国语·越语》)、"武仲在齐,齐将有祸,不受其田,以避其难"(《孔子家语·颜回》)、"逊辞以避咎"(《孔子家语·子贡问》)、"圣人深居以避患"(《文子·微明》)、"杀身以避难"(《新语·慎微》),各种方式不胜枚举,可见简文"以避难"前面并非一定是"恭俭"、"谨"一类的话。

此驳议相当精辟,应当可从。退一步设想,文意若理解为"恭敬的态度以避免灾难",看似能够疏通简文,但结合前文"见不善如及"的句意一并考虑,即使努力作为仍然无法避开不善之事,那么再严肃的恭敬态度,依然无法置身事外。因此,从前述诸多疑点考虑,读"谨"训"恭敬"之说仍待斟酌。

笔者认为此处"堇"或可读为"很","堇"为群纽文部,"很"为匣纽文部,声旁纽而韵同,"堇"字声系与"艮"字声系有通假例证[36]。其次,在简帛材料中,同篇同字记录不同的词并不少见,例如《上博二·容成氏》29号简"骄态始复"之"复"读为"作";同篇36号简"征复"读为"征籍"[37],故此处"堇"读为"很"仍有其合理性。最后,"很"可训作"违逆",简文"很以避难,静居以成其志",如上引尚贤文指出"避难""避患""避恶"等避免坏事的方法所在多有,如"隐伏逃窜,以避患害""弃君以避患""懃辞以避咎""圣人深居以避患""杀身以避难"等,其中符合简文情境的文献例证有"违君以避难"(《国语·鲁语》)、"武仲在齐,齐将有祸,不受其田,以避其难"(《孔子家语·颜回》),皆是违逆世俗赋予的价值取向而避难,以企求自身修养,简文意谓"违逆以避难,安静闲居以成就自己的志向"。

(作者单位:中兴大学文学院)

注:

① 安徽大学汉字发展与应用研究中心编,黄德宽、徐在国主编《安徽大学藏战国竹简(二)》第43页,中西书局2022年。

②⑪ 同上注第47页。

③⑱㉘ 单育辰《安大简〈仲尼曰〉札记三则》,安徽大学汉字发展与应用研究中心网2022年8月19日。

④ 简帛网"简帛论坛"《安大简〈仲尼曰〉初读》(2022年3月31日)第34楼,2022年8月21日。

⑤⑳㉛ 史杰鹏《安大简〈仲尼说〉中的四个"堇"字试释》,出自"梁惠王的云梦之泽"微信公众号,2022年8月24日。

⑥㉑ 孟跃龙《安大简〈仲尼曰〉简5、6"堇"字试释》,简帛网2022年8月25日。

⑦㉒ 简帛网"简帛论坛"《安大简〈仲尼曰〉初读》(2022年3月31日)第49楼,2022年8月26日。

⑧㉓㉝ 吴铭《安大简〈仲尼说〉"堇"字训诂之我见》,出自"吴铭训诂札记"微信公众号,2022年8月26日。

⑨ 简帛网"简帛论坛"《安大简〈仲尼曰〉初读》(2022年3月31日)第57楼,2022年8月30日。

⑩ 刘嘉文《〈安大简(二)·仲尼曰〉简5"堇"字释读》,简帛网2022年10月12日。

⑫⑮ 张儒、刘毓庆《汉字通用声素研究》第967页,山西古籍出版社2002年。

⑬ 陈民镇《安大简〈仲尼曰〉补说》,安徽大学汉字发展与应用研究中心网2022年9月5日。尚贤《据安大简〈仲尼曰〉用"堇"为"隐"说〈周易〉的"利艰贞"和〈老子〉的"勤能行之"》,复旦大学出土文献与古文字研究中心网2022年9月5日。

⑭ 禤健聪《战国楚系简帛用字习惯研究》第389页,科学出版社2017年。

⑯㉖ 同注①第44页。

⑰ 同注①第48页。

⑲ 简帛网"简帛论坛"《安大简〈仲尼曰〉初读》(2022年3月31日)第35楼,2022年8月21日。

㉔ 简帛网"简帛论坛"《安大简〈仲尼曰〉初读》(2022年3月31日)第24楼,2022年8月21日。

㉕ 尚贤补充古书"而""不"二字互讹的证据,读者可以参看,见注⑬所引尚贤文。

㉗ 同注①第50—51页。

㉙ 侯乃峰《读安大简(二)〈仲尼曰〉札记》,复旦大学出土文献与古文字研究中心网2022年8月20日。

㉚ 抱小《据安大简〈仲尼曰〉校〈论语〉一则》,复旦大学出土文献与古文字研究中心网2022年8月31日。

㉜ 刘信芳《安大简〈仲尼之端诉〉释读(五~八)》,复旦大学出土文献与古文字研究中心网2022年9月27日。

㉞ 此处断句采用网友"激流震川2.0"的意见,参简帛网"简帛论坛"《安大简〈仲尼曰〉初读》(2022年3月31日)第33楼,2022年8月21日。

㉟ 参见注⑬所引尚贤文。

㊱ 同注⑫第968页。

㊲ 马承源主编《上海博物馆藏战国楚竹书(二)》第278页,上海古籍出版社2002年。

古文字研究(35):495—498,2024

据竹书用字方法校读古书中"誉"义之"绳"

贾连翔

随着简帛古书的大量出土,前辈学者们不断指出它们对于认识和研究古文献的重要意义①。裘锡圭尤其强调,其中的用字方法是校读传世先秦秦汉古籍的重要根据。他说:"用字习惯从古到今有不少变化。有很多跟后代不同的古代用字方法,是后人所知道的,通常在字典里就有记载……这类古代用字方法,不会给阅读古书的人造成多大困难。但是如果某种已经被后人遗忘的古代用字方法,在某种或某些古书中(通常只是在古书的某一或某些篇章甚至语句中)还保存着,就会给读这些古书的人造成很难克服的困难。……简帛古籍的用字方法,在传世先秦秦汉古籍的校读方面,是具有很重要的作用的。它们能帮助我们解决古书中很多本来难以解决,甚至难以察觉的文字训诂方面的问题……所以在校读传世先秦秦汉古籍的工作中,对简帛古籍的用字方法必须给予充分的重视。"②本文所要讨论的"绳"字,在古文献中就存在这类训诂问题。

"绳"是形声字,《说文》:"索也。从糸,蝇省声。"其词义由名词"绳索""绳墨""准绳",逐步引申出名词"准则",形容词"正直",以及动词"约束""弹正"乃至"戒慎"等,都是容易理解的。较为特别的是,"绳"另有动词"誉"这一义项,尚无法琢磨出它从上述基本义群中衍生出来的路径,令人心存疑窦。

这一义项的主要出处,多引自《左传·庄公十四年》:

蔡哀侯为莘故,绳息妫以语楚子。

按"绳"的基本义群放诸这则材料中,自然是难以读通的,因此自汉以后,以杜预为代表的学者皆训"绳"为"誉"。《左传》所述这一史事,近来又见于清华简《系年》简26—28③:

文王为客于赛(息),邿(蔡)侯与从。赛(息)侯以文王歈₌(饮酒),邿(蔡)侯智(知)赛(息)侯之诱昌(己)也,亦告文王曰:"赛(息)侯之妻甚媺(美),君必命见之。"文王命见之,赛(息)侯訡(辞),王固命见之,既见之,还。

"绳息妫"即是对蔡侯谓"息侯之妻甚美,君必命见之"这一情节的概述,可见杜注等对文义的理解是准确的。

"绳"的这一用法在先秦古书中并非孤例。时代更早的《逸周书·皇门》有曰④:

乃维有奉狂夫,是阳是绳,是以为上,是授司事于正长。

晚一些的《吕氏春秋·古乐》亦载⑤:

　　　　周公旦乃作诗曰："文王在上，于昭于天。周虽旧邦，其命维新。"以绳文王之德。
高诱将后者训为"誉"，孔晁则进一步将前者训为"举"，都是契合文义的。

　　同时，《广雅》另收有"譝"字，《释诂》："偶、奖、譝、与、孝，誉也。"王念孙谓："譝，亦称也，
方俗语转耳。庄十四年《左传》'绳息妫以语楚子'，杜预注云：'绳，誉也。'《释文》：'绳，《说
文》作譝。'《逸周书·皇门解》云'是阳是绳'，《吕氏春秋·古乐》篇云'周公旦乃作诗''以绳文
王之德'，并与'譝'通。"这样，"绳"的这一特殊义项，就被归于对"譝"的假借。

　　可是，"譝"只出现于汉代以后的字书中，先秦时期是否存在"譝"字，是值得进一步怀疑
的。或说《说文》有"譝"字，但今本已不见。《小尔雅集释》对过去学者的相关讨论有梳理⑥。
就目前的认识来看，"譝"有可能是秦文字的遗留，也有可能是汉代人就他们所理解的"誉"义
之"绳"所专造之字。

　　实物所见出土战国楚竹书，则为我们呈现了另一种用字方法。所谓从"蝇省声"之字，屡
以晓母蒸部"兴"为声符。如《诗·青蝇》之"蝇"字，上博简《孔子诗论》写作"蠅"⑦，从虫、兴省
声。而"绳"字，则较为固定地写作从糸、兴声的"縄"。比如清华简《芮良夫毖》简19—22⑧：

　　　　约结縄（绳）剟（断），民之闿（关）阅（闭），女（如）闿（关）枝屋（扃）鋏（管），縄
　　（绳）剟（断）既政而五相（相）柔訨（比）……女（如）闿（关）枝不阅（闭），而縄（绳）剟（断）逢
　　（失）樑，五相（相）不疆（彊）。
清华简《管仲》简6、11⑨：

　　　　笮（管）中（仲）仓（答）：鑒（坚）礴（砥）不匡（枉），执即（节）琢（缘）縄（绳），可执（设）
　　于承。

　　　　执悳（直）女（如）縣，执正女（如）縄（绳）。
清华简《子犯子余》简8—9⑩：

　　　　才（在）上之人，上縄（绳）不逢（失），斤（近）亦不遭（僭）。
这些"縄"都是用了"绳"的"绳索""准绳"义。

　　清华简《皇门》与前文所引相对应的内容也写作⑪：

　　　　乃隹（惟）又（有）奉俟（疑）夫，是禓（扬）是縄，是以为上，是受（授）司事币（师）长。
整理者因循传本和古注，将"縄"字读为"绳"，训为"誉"。

　　值得注意的是，作为形声字的"縄（绳）"，有时也省掉形旁，直接用"兴"字。比如上博简
《天子建州》乙篇简6—7⑫：

　　　　天子坐以巨（矩），食以义（宜），立以縣，行以兴（绳）。
"兴"字从刘洪涛释⑬，单育辰则进一步指出"行以绳"即《大戴礼记·哀公问五义》之"行中矩
绳"，《孔子家语·五仪解》之"行中规绳"⑭。

　　讲到这里，我想大家已经容易想到，所谓"誉"义之"绳"，应与"兴"的通假相关。"兴"是

先秦文献中的常用字,"举"是其常用义。《周礼·地官·大司徒》"以乡三物教万民,而宾兴之",郑玄注:"兴,犹举也。"

"兴"后可直接接人作宾语。如清华简《治邦之道》简17[⑮]:

> 古(故)兴善人,必箮(熟)睧(闻)亓(其)行,女(焉)蘿(观)亓(其)貪(貌),女(焉)聖(听)亓(其)訇(辞)。

"兴善人"即推举善人,其词义和用法与"绳(兴)息妫"是一致的。

至于《皇门》传本的"是阳是绳"与简本的"是糃是繩",则应正读为"是扬是兴","兴"与"扬"是同义并用,皆训为"举"。《吕氏春秋·古乐》的"以绳文王之德",显然也是"颂扬文王之德"的意思,将"绳"读为"兴"也最为直接。

要补充说明的是,《礼记·表记》:

> 子曰:君子不以口誉人,则民作忠。

郑玄注:"誉,绳也。"孔颖达疏引《左传·庄公十四年》的材料,进一步以"誉"和"绳"互训,这就失之较远了。清人孙希旦作集解时已不用郑注,谓:"以口誉人,言徒誉之以口,而不根于实心也。君子不以口誉人,其言必本于心,忠之道也,故民化之而作忠。引《曹风·蜉蝣》之篇,言忧其人则欲其于我归说,不以口誉人之事也。"[⑯]这里的"誉"用的就是本义,与"绳"无关。

综上所述,从词汇发展的角度看,"誉"是很难从"绳"的基本义群中引申出来的。而根据出土楚简古书所呈现的用"繩"为"绳"和以"兴"通"绳"的实际情况,我们认为,传世古文献中所谓"誉"义之"绳",皆应以"兴"为本字。

附记:本文是国家社科基金重大项目"以定县简为代表的极端性状竹书的整理及其方法研究"(21&ZD306)阶段性研究成果。

(作者单位:清华大学出土文献研究与保护中心、"古文字与中华文明传承发展工程"协同攻关创新平台)

注:

① 参看李学勤《简帛佚籍与学术史》第28—33页,江西教育出版社2001年;裘锡圭《考古发现的秦汉文字资料对于校读古籍的重要性》,《裘锡圭学术文集》第4卷第347—377页,复旦大学出版社2012年。

② 裘锡圭《简帛古籍用字方法是校读传世先秦秦汉古籍的重要根据》,《裘锡圭学术文集》第4卷第464—468页。

③ 清华大学出土文献研究与保护中心编,李学勤主编《清华大学藏战国竹简(贰)》第147页,中西书局2012年。

④ 黄怀信、张懋镕、田旭东《逸周书汇校集注(修订本)》第557页,上海古籍出版社2007年。

⑤ 许维遹《吕氏春秋集释》第127页,中华书局2009年。

⑥ 迟铎集释《小尔雅集释》第213页,中华书局2008年。

⑦ 马承源主编《上海博物馆藏战国楚竹书(一)》第158页,上海古籍出版社2001年。

⑧ 清华大学出土文献研究与保护中心编,李学勤主编《清华大学藏战国竹简(叁)》第146页,中西书局2013年。

⑨ 清华大学出土文献研究与保护中心编,李学勤主编《清华大学藏战国竹简(陆)》第111页,中西书局2016年。

⑩ 清华大学出土文献研究与保护中心编,李学勤主编《清华大学藏战国竹简(柒)》第92页,中西书局2017年。

⑪ 清华大学出土文献研究与保护中心编,李学勤主编《清华大学藏战国竹简(壹)》第164页,中西书局2010年。

⑫ 马承源主编《上海博物馆藏战国楚竹书(六)》第336页,上海古籍出版社2007年。

⑬ 刘洪涛《读上博竹书〈天子建州〉札记》,简帛网2007年7月12日。

⑭ 单育辰《占毕随录之二》,简帛网2007年7月28日。

⑮ 清华大学出土文献研究与保护中心编,李学勤主编《清华大学藏战国竹简(捌)》第137页,中西书局2018年。

⑯〔清〕孙希旦撰,沈啸寰、王星贤点校《礼记集解》第1317页,中华书局1989年。

古文字研究（35）：499—505，2024

河西汉简校读札记（二则）

乐　游（刘　钊）

一　金关汉简73EJT6：74释文校订

　　肩水金关汉简73EJT6：74下半部分残失，简面剥蚀残渖严重，文字书写草率，彩色图版难以分辨字迹。借助红外图版虽可以看到一些文字，但辨识的难度依然较高（见附图一）[①]。据整理者已辨识部分，可知此简内容为官文书，且内容较为独特。简文的释读仍有未安之处，学者也多未深究[②]。我们不揣谫陋，尝试加以校订。这里先依原行款迻录整理者释文：

　　　　□□二年十月壬午朔庚寅□□尉史世使移郡大守属国都尉农
　　　　□□□□□□□□□□党及胡虏第□□
　　　　□出惊□昭武备迹候望□守摸□□集所主羌胡为务　　　　　　　金关73EJT6：74[③]

　　首行顶端缺损的两字依格式显然是年号，罗见今、胡永鹏等据月朔等信息推算应属汉成帝永始二年（前15年），其说可信[④]。首字尚余上方横画和右侧捺笔，与汉简"永"字最相合：

本简　　　居新EPT52：796　　　居延562·3　　　居新EPF22：805

从武帝末年以迄汉末，月朔相合的年份中，只有永始二年于字形无忤[⑤]。

　　文书发文者的官职原释为"尉史"，而其对二千石、比二千石秩级的郡太守、都尉发送文书时，用语则是平行义书或不同系统之间身份相近者所用的"移"，则不甚合乎情理。汉代尉史是县级单位中"尉"的属吏，《汉旧仪》："更令吏曰令史，丞吏曰丞史，尉吏为尉史，捕盗贼得捕格。"尉史在县内属于县尉属吏，如尹湾汉简所见东海郡各县共设80人[⑥]。边塞屯戍系统中，塞候地位大约相当于地方行政系统中的县级，其佐官塞尉下也设有尉史，西北汉简中多见。《汉书·匈奴传》注引汉律："近塞郡皆置尉，百里一人，士史、尉史各二人巡行徼塞也。"[⑦]尉史地位低于令长属下的令史，其秩应为佐史，为最基层的斗食小吏之一，不太可能以其名义同时对一众二千石长吏发出文书，且使用"移"的发送用语。即使猜测为"廷尉史"之误，也与简文字数和残画笔势不合。此字形体如下：

其左上应非"尸"形，右侧也非"寸"旁。汉简中所见"刺"字，工整者作 （敦2462）形，而其草写者可与此字比较如下：

居延317·3　居延190·21　金关73EJT6:135　居延159·9

此字右侧"刀"旁虽看起来有歧笔，但不影响整体笔势。从字形看此字应即"刺"字，连下文读为"刺史"。汉简中有以刺史名义发出的文书，可节引其开头部分格式如下：

九月乙亥，凉州刺史柳使下部郡大守、属国、农都尉……　　　　　　　　居新EPT54∶5

十月廿日丙子，凉州刺史超使告部汉阳从事史忠等，移郡国大（太）守、都尉

甘谷汉简20

十二月壬辰，凉州刺史柳使写移部郡大（太）守、属国、农都尉……

悬泉Ⅱ T0112③:105

从官文书格式角度，其"某州刺史某"格式之后皆有"使"字，发文对象包含太守和都尉，与本简若合符契。

"刺史"前两字依例为州名，其第二字只余右笔，近于竖画，补为"州"并无障碍。第一字的左上方尚存两点，右上方有点和横，下方有竖和点，可以与汉简"凉"字对照：

本简　居延483·24　金关73EJT8:64　居新EPT22:825

张掖郡在西汉十三州部中属凉州，理当承接凉州刺史的文书。由此看来，原释为"□□尉史"的发文者官职，应可改释为"凉州刺史"，无论简文字形、文书格式、出土地点诸方面皆畅通无碍。

刺史人名原释"世"，汉简中"世"字作（居新EPT56:119）、（居新EPT58:35）之形。此处字形作，左右无横画穿出的迹象，且两横中间似还有一道横画，与之不类。疑此字实应释"由"，汉简"由"字有作（居延95·6）、（居延264·1）、（敦347）的形体，此字与之形近，只是右下角墨迹有所缺损。

第二行"党"以上的文字难以确释，整理者以10个"□"表示，实则应有17个左右，其中第一行"寅"左侧似"不"，"史"左侧似"宜"，惜乏辞例验证。旧释"胡虏"之"虏"字作形，其上下并非"虍"头和"力"旁，恐不可信，汉简中"商"字或作（居新EPF22:22）、（居新EPF22:4）、（金关73EJT10:206）之形，可以类比，但终难确释。若果为"商"，则党、胡商似为人名。

第三行可以改释或新释的简文较多，文义也可以进一步读通。其第一字细看之下应无笔画缺损，或即"人"字，字形对比如下：

本简　居延156·49　居新EPT59:66　居新EPT52:53

"入出"犹言"出入",汉人两词并用,既能表人员的出入,也能表物资的出纳,这里看语境应指前者⑧。《汉书·佞幸传》:"以太后指使尚书劾贤帝病不亲医药,禁止贤不得入出宫殿司马中。"《三国志·吴书·陆逊传》:"权令左右以御盖覆逊,入出殿门。"金关汉简73EJT7:30谓:"橐他守候、守塞尉庆移肩水金关,遣候,入出如律令。"

第四字上部残画仍可看出是"戈"的顶端,参考上文语境,可连读为"惊(警)戒",字形可以对照:

 本简 居延206·26 居新EPF22:154 居延EPT50:1

如此,其下一字释"昭"则难以讲通文义,残画也不相合。细看此字,左侧笔画应当是"亻"旁,右下有斜向相交的残画,或即"便"字:

 本简 居新EPF22:79 居延495·4 敦75

《汉书·赵充国传》"便兵弩,饬斗具"注:"便,利也。"具体而言,应是准备兵器,使之处于随时可用的状态。汉简官文书中也有用例,多见于要求各单位加强戒备的文书中,节引相关部分如下:

 □明蓬(烽)火。尉、士吏、候长、候史惊(警)戒便兵,如诏书法律。 居延206·26

 ……檄到,循行部界中,严教吏卒,惊(警)蓬(烽)火,明天田,谨迹候=(候、候)望,禁止往来行者,定蓬(烽)火辈送,便兵战斗具,毋为虏所萃轪,已先闻知,失亡重事,毋忽,如律令。

              居延278·7

 ……诏书清塞下,谨候望,督蓬(烽)火,虏即入,料度可备中,毋远追为虏所诈。书已前下。檄到,卒人遣尉、丞、司马数循行,严兵,禁止行者,便战斗具,驱逐田牧畜产,毋令居部界中,警备,毋为虏所诖利。……

              居延12·1

以上三道文书虽然具体内容不同,但所要求的事项与本简多有可对应之处。"警烽火""警备"与"警戒"相近;"谨候望""谨迹候、候望"与"迹候望"显系同类要求的不同表达;"禁止往来行者""禁止行者"与"……入出"应都与控制交通有关;"便兵""便兵战斗具""便战斗具"与"便武备"亦属同类情况。

"望"下一字的左上部分残画与其左上的"臣"旁相近,右上有转折笔画,近于"又"形,其下有横竖交叉的笔画,似乎有三横。汉简所见"坚"字虽下部从"土"者多,但也有从"壬"的形体,故此字可能即这种写法的"坚"字。

 本简 居延10·5 居新EPT50:137 居新EPF22:238

"坚守"是常见用语,在简文中也文从字顺。《汉书·田叔传》:"孟舒不能坚守,无故士卒战死者数百人。"张家山247号墓《贼律》简1有:"不坚守而弃去之若降之。"

"守"下两字,第一字原释"摸",第二字未释,两字字形如下:

可以看出两字左侧皆从"手"旁,第一字右侧确实似"莫",但实际上应该是"真"的一种写法,邬文玲曾对这类字形加以辨析⑨。因此,该字可释为"摸"。第二字右侧细看与"無"笔画相合,当为"抚"字,"摸抚"应读为常见的"镇抚"。该词亦见于马圈湾汉简200号简,亦写作"摸抚"⑩。秦汉传世文献则写作"填抚",《汉书·西域传》:"于是汉遣司马一人、吏士四十人,田伊循以填抚之。"这些都是同一个词的不同写法。

"集"前一字原亦未释,细看其残画,与下文的"所"字笔画相近,或为同一个字:

若确实如此,则"所集""所主"为与内迁羌胡的两种不同关系。前者应是聚合招致而来,如归义、保塞等名义。《汉书·王莽传》载王莽始建国二年用兵西域失败后曾封何封为"集胡男",或用此义。后者应已纳入统辖,如属国都尉所管理的降附部族等。

综上,肩水金关汉简73EJT6:74的简文可改释如下:

[永始]二年十月壬午朔庚寅,凉州刺史由使移郡大(太)守、属国都尉、农☒

　☐☐☐☐☐☐☐☐不(?)☐☐☐宜(?)☐☐☐☐党及胡商(?)第☐☐☒

　入出,惊(警)戒,便武备,迹候望,坚守,摸(镇)抚所集所主羌胡为务。☒

二　木楬使用方式补说

汉简中保存了不少木楬(签牌),用于标识文书及物品,从功能方面一般被分为文书楬和实物楬。从形制看,楬的尺寸大小不一,顶部所修治的形状有半圆、方形、梯形、圭首形等,上端有涂黑者,有网格纹者,也有空白者,十分多样,但究其根本,则可分为楬面打孔和两侧契刻两种类型。关于楬的使用方式,一般默认为是通过打孔穿绳或契刻系绳,绑缚于所标识的文书或实物上。这自然是比较可信的,出土简牍也不乏绳子尚存的例子⑪。不过,有一些较为特殊的楬,似乎也有别的可能性。

河西屯戍汉简中有一类简文格式为"望某某"的木楬,尤其额济纳汉简中出土较为集中,其尺寸较大,网格细密,文字规整,有的甚至阳刻涂朱,在制作、书写普遍粗率的边塞烽燧汉简中,尤显精致醒目。"望"后接的内容都是各类烽火设施,如"☒望地表"(2000ES7SF1:4)、"☒望大积薪"(2000ES7S:1+2000ES7S:18)、"☒望坞上火"(2000ES7SH1:3)等。其他批次屯戍汉简也皆有同类木楬。我们曾撰文加以关注,并认为这些木楬是用来标识候望时观察烽火的固定方向的,可能与汉简中提到的"望火头"一类装置有关系。可称为"候望签牌"或"候望楬"[12]。

在文中我们还注意到,这类木楬基本上都是单面有字。个别两面有字的,正背面内容完全无关,且在功能上无法并存。关键证据如金关简73EJT2:82,正面为"▨望金关燧▨",背面是传信文书抄件的残存片段,文字方向相对于正面也是倒置的。因此该木楬正面显然为后书,是用抄写传信文书的木牍改制的。又如额济纳汉简2000ES7S:2,正面为"▨望坞上▨",背面为"封土一斗",全不相关,如果以绳子悬挂则容易混淆,难以准确标识。由此可见,候望木楬在其使用场景中只有正面发挥作用,背面并不外露,故背面不写文字,或即使有其他文字也不会产生影响。结合其使用环境,我们推测这类木楬可能是以木棍、木钉等穿过楬孔,固定在墙体上使用的。

另外有一些特征类似的实物木楬,如"转射""沙造(灶)""羊头石"等,其标识的物品不易系绳捆扎,我们曾疑都可能是这样的用法。1930年代的居延考察中,曾在殄北候官(A1)遗址发现白灰墙皮上画黑框,书写"羊头石五百",应是对墙上木楬的简化模拟。额济纳2000ES9SF4:25简是"木面衣"木楬,孔内塞有一根木棍。这些都是推测的出发点之一。拙文发表后,又有不少简牍陆续刊布,其中有些材料与候望木楬以及木楬与墙面结合的使用方式相关,这里试加补说。

肩水金关汉简第四册的73EJF1:89木楬顶部修治为半圆形,有网格纹,周边有墨画边框。木楬左半残去,简文为"▨望金关燧……",其第二行首字不排除"蓬(烽)"的可能性。该简看格式是一枚候望木楬,制作较为精良,尺寸也较大。其背面亦无文字,符合该类木楬的普遍情况[13]。居延汉简93·6木楬自《居延汉简(壹)》始见于正式著录,其字迹基本磨灭,仅第一字尚存一些残画,上半细看似有近于"臣""月"的部件,有可能即"望"字。楬上有四个钻孔,其中一个当中尚存木棍(见附图二)[14]。又地湾汉简86EDHT:10木楬形体较大,保存完整,顶部修治近似梯形,简文为"羊头石六百"(见附图三)[15]。其楬孔中也有木棍,与上文中我们对羊头石类木楬使用方式的推测,恰相印证。由此可知额济纳简"木面衣"木楬的木棍不为意外出现之孤证,而应是当时通行的做法。由此联想,居延汉简495·25为"羊头石二百五十",形制竖长,其钻孔在中部,如果缀绳则不太利于悬挂,反而更利于钉在墙上使用,这一形制特征似可留意。

上述三枚木楬,对我们之前的设想都是积极的证据。肩水金关汉简中还有值得注意的木楬材料,如金关北邻的橐佗塞莫当隧(T168)所出简牍中,73EJD:307木楬的正面是"▨枪五枚",73EJD:315下残,余网格纹和大半个"枪"字。两枚木楬网格纹和边框制作都比较精细,文字特意使用篆书笔势来书写,其背面则都是文书的残文。可见与前述73EJT2:82类似,都是由文书木牍改制的,且背面在使用场景下不易外露。73EJD:304和73EJD:311

背面均为倒书的私信残文,分别余左半"二石"和右半"木"字,也应是类似的情况⑯。其与73EJD:307都在中部钻孔,其使用方式也值得思考。

附记:本文是国家社科基金"冷门'绝学'和国别史等研究专项"项目"汉简所见官文书整理与研究"(2018VJX078)阶段性成果。

（作者单位:吉林大学考古学院古籍研究所、
"古文字与中华文明传承发展工程"协同攻关创新平台）

附图:

图一　金关73EJT6:74　　　　图二　居延93·6　　　　图三　地湾86EDHT:10

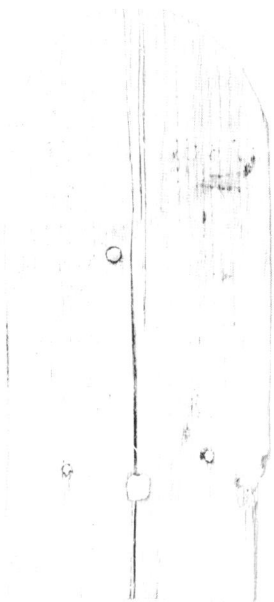

注：

① 甘肃简牍保护研究中心等编《肩水金关汉简(壹)》上册、中册第137页,中西书局2011年;李洪财《肩水金关汉简校释》第138页,中华书局2024年。

② 姚磊《肩水金关汉简释文合校》第70—71页,中国社会科学出版社2021年。

③ 本文所引字形和释文来源的简称,"居延"指《居延汉简》,"居新"指《居延新简集释》,"金关"指《肩水金关汉简》,"敦"指《敦煌汉简》,"悬泉"指《悬泉汉简》。

④ 罗见今、关守义《〈肩水金关汉简(壹)〉纪年简考释》,《敦煌研究》2013年第5期;胡永鹏《西北边塞汉简编年》第262页,福建人民出版社2017年。

⑤ 该时间段内,十月朔日为壬午的年份有初元三年、永始二年、建武二十四年、建初四年、熹平元年、建安八年,虽然该简的年数不完全排除"三"的可能,但"初元"二字与残存笔画无法相合,因此合适的年份只有永始二年。

⑥ 见尹湾汉简YM6D2《东海郡吏员簿》。连云港市博物馆等编《尹湾汉墓竹简》第14页,中华书局1997年。

⑦ 可参看李迎春《汉代的尉史》,《简帛》第5辑第467—479页,上海古籍出版社2010年。

⑧ "出入"使用范围更广,还可以用于法律语境,表示加重或减轻罪过,如"出入罪人"等,以及"差不多"一类的义项,如"出入五十余日不到"。可参看〔日〕冨谷至编,张西艳译《汉简语汇考证》第170—173页,中西书局2018年。"入出"用例相对较少,所见都用于人的入与出。

⑨ 邬文玲《简牍中的"真"字与"算"字——兼论简牍文书分类》,《简帛》第15辑第151—170页,上海古籍出版社2017年。

⑩ 张德芳《敦煌马圈湾汉简集释》第32、212、425页,甘肃文化出版社2013年。

⑪ 楬类简牍的相关问题可以参看李均明《秦汉简牍文书分类辑解》第456—465页,文物出版社2009年;李均明《汉简所见木楬与封检在物资管理中的作用》,《出土文献研究》第19辑第327—341页,中西书局2020年;〔日〕籾山明、佐藤信编《文献と遺物の境界Ⅱ——中国出土簡牘史料の生態的研究》第220页,東京外国語大学アジア・アフリカ言語文化研究所。

⑫ 乐游《河西汉简所见候望签牌探研——兼论签牌的一种使用方式》,《简帛研究二〇一四》第214—224页,广西师范大学出版社2014年。

⑬ 甘肃简牍博物馆等编《肩水金关汉简(肆)》上册、中册第288页,中西书局2015年。

⑭ 简牍整理小组编《居延汉简(壹)》第268页,史语所2014年。

⑮ 甘肃简牍博物馆等编《地湾汉简》第54、150页,中西书局2017年。

⑯ 甘肃简牍博物馆等编《肩水金关汉简(肆)》上册、中册第162—165页,中西书局2016年。汉简中莫当隧配备枪的数量为四十,五枚一组可能是存放的一种方式。73EJD：311"木"下残字或应补为"薪",汉简守御器常有木薪、芮薪,多以二石的体量存放。另有73EJD：305木楬,正面也是"二石",背面是其他内容,也类似。

古文字研究（35）：506—508，2024

清华简《病方》用药释名一则

程　浩

　　清华简第十辑整理报告公布的短篇竹书《病方》，是现存最早的简帛医药文献。该篇残存的两支竹简中，共录有三则医方。由于所涉药名用字的识读均有一定困难，出于审慎的态度，整理报告没有直接将它们与已知的药物名进行对应，但却在一定程度上影响了中医药学界对该篇的关注与利用。在此前的研究中，我们曾分别对第一则与第三则对应的药名进行过大胆的推测①。本文则拟就第二则医方的用药展开初步讨论，以期引起方家的注意。

　　兹录该方所在的简文于下②：

　　　　莔，渚（煮）之以酉（酒），酓（饮）之，以瘉（瘥）懃。

　　关于此方所针对的病症"懃"，《说文》解为"怖也"。"怖"即"怖"，是一种惊恐的状态。朱骏声《说文通训定声》认为，懃"与'慴'与'慑'略同"。马王堆帛书《十问》有"辟慑懹怯者"，应该指的就是这种表现出惊厥、惶恐一类症候的病人。

　　至于此方中通过煮酒炮制的药材"莔"，整理报告分析为"从艸，昔声，当为植物类药名"，并提示成稿过程中另有读"酢"的说法。此后又有学者读之为"苴"，认为是麻子之名③。而袁开惠等则认为"莔"为"昔邪"的省称，对应的是苔类植物"乌韭"④。以上这些说法，似乎都难以与古医书中有关惊恐之症的治疗方案建立直接的联系。因此，对于这一药名的释读，仍有重新考虑的必要。

　　在我们看来，简文中这个从艸、昔声的字，作为草药之名，或许读为"芐"更为妥帖。芐，《说文》"地黄也"，《本草纲目》亦记之为地黄的另名。《尔雅·释草》"芐，地黄"，郭璞注云："一名地髓，江东呼芐。"可知"芐"乃是江南地区称呼地黄的方言词汇。整理者曾猜测《病方》所用药名皆是马王堆帛书《五十二病方》中提到的"荆名"，即楚地专属的名称。若本文所论不误，则《病方》对地黄的记名，正可与郭璞之谓"江东呼芐"相合。

　　《病方》用"莔"字来记录"芐"这个词，应该是出于音近假借的缘由。"莔"从"昔"得声，古音在心母铎部，而"芐"则从"下"得声，为匣母鱼部字。二字韵部鱼铎对转，声母虽稍嫌远隔，但音韵学界一般也都承认晓匣母与心邪母之间有一定的联系⑤。我们知道，战国秦汉简帛中的"昔"字，常有假为同在心母铎部之"索"的用例。比如马王堆帛书《周易》"震"卦的上六爻辞，对应今本"震索索"的"索"字之处，就是写作"昔"的。而心母鱼部的"疋"，有的时候也可以假为"索"。郭店简《五行》篇中有"疋"字，马王堆帛书《五行》的异文即写作"索"。值得注意的是,在一些三晋玺印中,又有将心母鱼部的"疋"假为匣母鱼部的"下"的情况(《玺汇》45、3421)。这就说明"下""疋""索""昔"等字的音或许是比较近的,而心母与匣母也并非完全不能相通。

而我们之所以作这样的破读,最主要还是由于古医书中"芋"的药用与简文更为贴合。根据魏晋医书《名医别录》记载,地黄能"补五脏内伤不足,通血脉,益气力"。《本草纲目》也强调地黄最核心的功效乃是滋阴补血,故多被用于肝肾阴虚的治疗。金代张元素《珍珠囊》说:"地黄生则大寒而凉血,血热者须用之;熟则微温而补肾,血衰者须用之。又脐下痛属肾经,非熟地黄不能除,乃通肾之药也。"王硕《易简方》说:"男子多阴虚,宜用熟地黄,女子多血热,宜用生地黄。"可知熟地黄补益肝肾之血气的药效尤佳。而在传统的中医理论中,惊恐之症的产生正是由于肝、肾等内脏的气血不足[6]。如《灵枢·本神》云:"肝气虚则恐。"《素问·藏气法时论》:"肝虚则目䀮䀮无所见,耳无所闻,善恐。"《素问·调经论》也说:"虚者聂辟,气不足。"因此,对于气虚的表征"慇",最好的治本之法当然就是以地黄之类的药物弥补肝肾阴虚。

简文所载的这则方剂中,"芋"是"煮之以酒"后服用的。地黄作为玄参科植物的块根,以酒为辅料进行炮制是常见的方法。熟悉中药系统的学者都知道,地黄的品类有生熟之分,而补益效果更佳的熟地黄,其炮制方法就是加酒蒸煮。《汤液本草》:"(地黄)酒洒蒸如乌金,假酒力则微温大补,血衰者须用之。"这种借助酒的温性调理生地黄药效的方法在许多名方中都有实际应用,如《圣惠》卷七十九载有一方剂,是用生地黄汁半小盏、益母草汁半小盏,加酒一小盏相和,煎沸后服用可治疗"产后崩中,下血不止,心神烦乱"。而《圣济总录》卷五十三记录的一则治"骨髓虚冷痛"的酒剂,所用材料更是只有"生地黄一石"和"酒二斗",制法是将之"同于瓷石器中,煎熟为度",与简文所载之方略同。实际上,酒本就有舒缓惊恐之症的功效。《备急千金要方》载有"紫石酒",为"治久风虚冷,心气不足,或时惊怖方",也是一种用酒作为溶剂治疗惊怖的方剂。

我们知道,地黄作为一种常见的药材,在战国秦汉时期应该是广泛行用着的。除了传世医药典籍的记载,在居延新简(E.P.T40:191B)、肩水金关简(73EJF2:47A)与长沙尚德街简(2011CSCJ482②:20-3)等出土的汉代简牍中,也均有以地黄入药的记录。综观清华简《病方》所载的这三则医方,均属于单味药制剂。而每方所用之药,若果如我们所论分别为栝楼、地黄、决明子,其实都是随处可得的普通药材。有鉴于此,我们怀疑《病方》很可能是一种对当时最广为人知的临床常用经典方剂的摘抄,因而体现出很强的简便、实用性质。

附记:本文为国家社科基金重大项目"清华大学藏战国竹简的价值挖掘与传承传播研究"(20&ZD309)的阶段性研究成果。

(作者单位:清华大学出土文献研究与保护中心)

注：

① 程浩《说"帀"》，《汉字汉语研究》2023年第2期；程浩《谈谈楚文字中用为"规"的"夬"字异体——兼说篆隶"规"字的来源》，《古文字研究》第34辑，中华书局2022年。

② 清华大学出土文献研究与保护中心编，黄德宽主编《清华大学藏战国竹简（拾）》第155页，中西书局2020年。

③ 此为网友"汗天山"在简帛网简帛论坛"清华简《病方》初读"网帖（2020年11月21日）第12楼的发言中表达的意见（2020年12月29日）。

④ 袁开惠、赵怀舟《读〈清华大学藏战国竹简（拾）·病方〉札记》，第四届"古文字与出土文献语言研究"学术研讨会会议论文，长春：东北师范大学，2021年7月。

⑤ 黄易青《论上古喉牙音向齿头音的演变及古明母音质——兼与梅祖麟教授商榷》，《古汉语研究》2004年第1期；郑妞《从古代方语差异再论上古晓母和心母相通》，《长江学术》2021年第3期。

⑥ 袁开惠等在此前的研究中已经注意到这一点，见注④袁开惠、赵怀舟文。

古文字研究（35）：509—514，2024

释安大简《仲尼曰》中的"殴"字

段　凯

　　新近公布的《安徽大学藏战国竹简（二）》中收录了一篇整理者命名为《仲尼曰》的简文，这篇简文体裁与《论语》类似，是记载孔子言论的先秦出土文献。简文内容与今本《论语》不尽相同，也有一些不见于典籍的佚文，对研究先秦时期《论语》的面貌具有重要价值。整理者对这篇简文已经做了很好的注释，为我们阅读、研究这篇文献打下了坚实的基础，但个别地方还存有争议，本文拟就第3简中的 字提出一点看法，不对的地方还请方家批评指正。

　　本文拟讨论的疑难字（下面用△号表示）作以下之形：

（放大图版）　　　（字表）①

所在简文为②：

　　　中（仲）尼曰："△諆＝（言耳）而埀（禹）謐＝（言丝），目（以）綢（治）天下，未窗（闻）多言
　　而息（仁）者。"

整理者将△字释为"死"，读为"伊"，认为即上古贤王"尧"，并谓："据《成阳灵台碑》（见洪适《隶释》卷一），尧姓'伊'，所以又称'伊尧'（见《潜夫论·五德志》）。"③史杰鹏则将△字释为"盈"，但又在后面括注问号"？"，云："其中的'盈'，整理者释为'死'，但和普通的'死'写法不同，却和上博简《周易》的'盈'写法相似。"并认为简文此人到底指谁还有待研究，一般来说典籍中和"禹"并提的只有尧舜，"盈"和"舜"古音略近，简文△字可能就是指"舜"④。

　　史先生认为此字和"和普通的'死'写法不同"，今按，楚简中的"死"字一般作以下之形（见表一，每一种形体各取一个字形）：

表一

A	郭店《语丛四》简4	郭店《六德》简46	《上博二·容成氏》简44
	《上博四·曹沫之陈》简54	《清华三·祝辞》简3	《上博七·凡物流形（甲）》简25
	《上博七·凡物流形（甲）》简1	《清华二·系年》简90	《上博九·举治王天下》简34
	《上博四·昭王与龚之脾》简8	《上博八·子道饿》简1	《上博五·竞建内之》简3

B	《安大一·诗·山有枢》简108		《安大一·诗·山有枢》简107
	《上博六·竞公疟》简11		《包山》简241
C	郭店《忠信之道》简3		《上博一·缁衣》简19
D	《上博五·姑成家父》简7⑤		

　　"死"字是楚简中的常见字,构形也比较多样,主要区别在于"人"形和"歺"形的相对位置不同,"歺"形也有一些差异。一般写法是"歺"形在左,"人"形在右,如表一中的A类;也有"人"形在"歺"形左边的例子,如表一B类;还有"人"形在"歺"形下边的例子,如表一中的C类,这种写法与《说文》古文"死"字相同;此外还有在C类写法基础上再于右旁增加一"人"形的例子,如表一D类⑥。

　　《仲尼曰》中的△字,"人"形在左,与目前大多数"人"形在右的"死"字写法有些许差异,但楚简中确实也有"人"形在左旁的写法(见表一B类),所以整理者将△字释为"死"是有字形根据的。但读为"伊"指"尧"的观点,整理者所引书证似嫌稍晚,先秦时期未见有"尧"姓"伊"之说。周秦汉在新近发表的一篇文章中指出:"'尧为祁姓伊氏'说是汉晋后起附会之说。"⑦更值得注意的是,《仲尼曰》同篇简11有一个常见写法的"死"字作形,将其与△字对比,不但"人"形的位置左右有别,"歺"形也有不同。所以,综合字形和文义考虑,△字或许可以有其他的释法。

　　史杰鹏改释为"盈"的观点值得注意,虽然作者并不很确定这个释读意见,但是为我们考释此字提供了一个新的思路。史先生文中所提到的《周易》简9中,与今本、马王堆帛书本"盈缶"之"盈"相对应的字作,这个字一般隶定为"汓"。除此之外,楚简中还有几个从"汓"之字作以下几形:

1.《清华二·系年》简123　　 2.《清华六·郑武夫人规孺子》简3

3.《清华七·赵简子》简8　　 4.《安大一·诗·卷耳》简6

　　以上四字除第1例外,其余2、3、4三例都可确定用为"盈"⑧。这四个字形比"汓"字只多了一个"皿"旁,学者一般将这一类字形隶定为"溋",或直接释为"盈"。

对比△和"汌"以及从"汌"诸字，右旁所从相同，史杰鹏将△字与上博简《周易》"汌"字相联系是有道理的。上引"汌"及从"汌"之字基本都能确定用为"盈"，但△字能否据此释为"盈"，感觉仍有障碍。上古音"盈"为余母耕部字，"舜"为书母文部字，两字声母和韵部都有一定距离，难以通假。将△字释为"盈"后此字在简文中具体应指上古哪个贤王，一时间难以落实。其实，楚简中还有另外一批字所从的偏旁与△字偏旁相同（见表二）：

表二

丮	《清华十一·五纪》简82	《清华十一·五纪》简83
股	郭店《六德》简16	《清华九·治政之道》简4
	《清华十一·五纪》简93	《清华十一·五纪》简111
	《清华十·四告》简32	
翔（𧱶、羖）	望山 M1·125	

将△字与上表二"丮""股""翔（𧱶、羖）"三字对比，所从诸"丮"形显然相同。

郭店简《六德》中的"股"字是赵平安最早释出，并指出可与下字"忻"合读为"股肱"⑨。清华简公布后"股"字出现的次数越来越多，而且大部分都是以"股肱"成辞或"股""肱"并列的形式出现，如《清华九·治政之道》简4、《清华十·四告》简32、《清华十一·五纪》简93等。由此可见，赵先生释"股"之说确属远见卓识。而"翔（𧱶、羖）"字之释最早则是以楚地出土的卜筮祭祷简文例对刊的形式释出⑩。侯乃峰在几位先生正确考释的基础上指出，"股""翔"所从的共同偏旁即《说文》音"古乎切"之"丮"，所以可与"𧱶"相通假⑪。赵平安之后总结诸家说法撰文指出，所谓的"丮"乃"股"字的象形初文，早在甲骨文中便已出现⑫；何景成在赵文的基础上又作了进一步补证⑬，贾连翔也对甲骨文诸形有进一步的解释⑭，释"股"之说确不可移。

由此可知，表二中缀加"肉"旁的"股"字当如赵平安所说，初文"丮"乃"由于字形变化，原来的表意意图不显，便在旁边加形符月（肉）"⑮。所以，楚简中缀加"肉"旁的"股"可以看作初文"丮"的后起本字。甲骨文中的"股"作（《合》13670）、（《明义士》733）等形，象在人的股胫处加圈形以指示部位所在，因"股"与人体有关，所以可以缀加"肉"旁。而本文所讨论的△字则是缀加了"人"旁，应该也可看作是初文"丮"的另一个后起本字。在古文字中作为意符的"肉"旁与"人"旁常可互换,如"体"字异体从"肉"作🔲(郭店《穷达以时》简10)、🔲(《上博二·民之父母》简12)、🔲(《清华六·子产》简5),也可以从"人"作🔲、🔲(《上博一·缁衣》简5)、🔲(《清华十一·五纪》简94)、🔲(《清华十二·参不韦》简96);再,楚简中"倦怠"之"倦"字从"人"从"关"作🔲(《上博二·从政(甲篇)》简12),也从"肉"从"关"作🔲(郭店《唐虞之道》简26)⑯。可见,△字亦可直接视作"股"字异体。值得注意的是,《清华十·四告》简32的"股"字作🔲形,从"人"从"肉"从"乃",此形既可以看作在从"肉"之"股"的基础上缀加"人"旁,也可看作在从"人"之"股"的基础上缀加"肉"旁,或者说这样写法的"股"字可能就是从"人"(🔲)和从"肉"(🔲)两种"股"字写法的糅合。据此,安大简《仲尼曰》的🔲字可以释作"股"字的异体。

　　△字在简文中与"禹"并提,没有疑问可以确定是指上古的某个贤王。本篇简文的整理者将△字释为"死"通假为"伊"指"尧"之说,我们虽然不太认同,但这一思路却很有启发性。诚如史杰鹏所言:"一般来说和禹并提的只有尧舜。"⑰我们认为△(股)字在简文中可读为"虞",指"舜"。

　　上古音"股"为见母鱼部,"虞"为疑母鱼部,两字韵部相同,声母同为牙音,古音相近,具备一定的通假条件。陈剑曾指出"吴、虞"下部所从的声符"矢*"并非"倾矢"之"矢",而是来源于甲骨文中的🔲(《合》16846)、🔲(《山东省博物馆珍藏甲骨墨拓集》59),是古书《诗·豳风·狼跋》"狼跋其胡"之"胡"的表意初文⑱。"虞"以"胡"字初文为声符,而楚简中"股"字又可以通假为"粘"⑲;又,"乃"字《说文》引《诗》曰"我乃酌彼金罍",徐锴《说文解字系传》云:"今《诗》作姑。""胡、粘、姑"均从"古"声。所以,"虞、股"两字应该可以通假的。再,金文中的"猷"有时候亦以"矢*"为声符,如王孙诰钟中的"猷"作🔲,而金文中的"猷"又大多用为"胡"(详见唐兰《周王猷钟考》、刘钊《甲骨文"害"字及从"害"诸字考释》两文⑳),此亦可见"虞"与"古"声字的关系极为密切。"股"与"古"声字的关系已如前述,以"古"声字作为沟通,可以推知"虞、股"二字的关系应该是十分密切的。

　　典籍中"虞"可指"舜"。《论语·泰伯》"唐虞之际",何晏集解引孔曰:"唐者,尧号;虞者,舜号。"孔安国《尚书序》"唐虞之书",陆德明释文:"虞,帝舜也。"古代传说唐、虞、夏分别是上古贤王尧、舜、禹王天下之号,唐虞夏可分别代指尧舜禹。典籍中一般是唐虞夏或尧舜禹并称,但偶尔也会打乱这样的形式,用"尧""禹"和"虞"或者"唐""虞"与"禹"等形式并称,如下引几例:

　　　　《史记·殷本纪》:契兴于唐、虞、大禹之际,功业著于百姓,百姓以平。

　　　　《东观汉记》卷五:虞《韶》、禹《夏》、汤《护》、周《武》。

　　　　今本《竹书纪年》:十四年,卿云见,命禹代虞事。

　　以上几例"虞"指"舜"都没有问题,所以"虞""禹"并称用指"舜""禹"的形式虽然不是通常习惯的模式,但也并不罕见。本文所论若能成立,《仲尼曰》此例或是先秦出土文献中首见。

附记:本文为2020年浙江省哲学社会科学规划课题青年项目"《古文四声韵》注释及疑难字考释"(20NDQN253YB)、2021年国家社科基金艺术学重大项目"汉字传承与创新设计研究"(21ZD26)、国家八部委古文字与中华文明传承发展工程规划项目(2021—2025)"历代石刻古文整理与书法研究"(G3916)阶段性成果。

(作者单位:中国美术学院汉字文化研究所)

注:

① 安徽大学汉字发展与应用研究中心编,黄德宽、徐在国主编《安徽大学藏战国竹简(二)》第6、146页,中西书局2022年。

② 同上注第43页。

③ 同上注第46页。

④⑰ 史杰鹏《岳麓秦简〈为吏治官及黔首〉释读一则——兼谈〈仲尼曰〉相关的字》,微信公众号"梁惠王的云梦之泽"2022年8月27日。

⑤ 《上博五·姑成家父》中"死"字三见,除了表一D形外,还有两形作 (简10)、 (简5),简10的字形与D形相同,但简5比D形少一笔;《上博五·竞建内之》"死"字作 (简3)又比 形再少一笔, 形似是 和 形的中间形态。

⑥ 《说文》"伊"字条云:"古文伊从古文死。"古文"伊"作 形,与表一D类完全相同,古文"伊"当源于D类写法。

⑦ 周秦汉《陶唐氏后裔四系新考》,《古代文明》2022年第2期。

⑧ 第1例"溋门"整理者认为"疑即雍门"(清华大学出土文献研究与保护中心编,李学勤主编《清华大学藏战国竹简(贰)》第194页,中西书局2011年)。第2、3、4例所在简文则分别为"溋其志""六府溋""不溋顷筐",整理者将这三个"溋"都读作"盈",可信(详见《清华大学藏战国竹简(陆)》第104页,中西书局2016年;《清华大学藏战国竹简(柒)》第107页,中西书局2017年;《安徽大学藏战国竹简(一)》第74页,中西书局2019年)。

⑨ 赵平安《关于为的形义来源》,《中国文字学报》第2辑第18—19页,商务印书馆2008年。

⑩ 刘信芳《望山楚简校读记》,《简帛研究》第3辑第35页,广西教育出版社1998年。今按,望山简1号墓简55有个旧释为"翔"的字,研究者或摹写为 、 。此字湖北省文物考古研究所、北京大学中文系整理编撰的《望山楚简》(第30页,中华书局1995年)"图版"部分所附摹本作 ,苏建洲(《楚简文字考释两篇》,《承继与拓新:汉语语言文字学研究(上卷)》第359—366页,香港商务印书馆2014年)在仔细对比图版和摹本的基础上,将 改释为"殷",读为"殺",认为其相当于包山简中的"殆",并进一步指出有些研究者在讨论简55的时候所附字形 实际上是简125的字形。今按,苏建洲所指出的问题均正确可信。近年,由武汉大学简帛研究中心、湖北省文物考古研究所、黄冈市博物馆编著的《楚地出土战国简册合集(四)望山楚墓竹简·曹家岗楚墓竹简》("图版"第11页,文物出版社2019年)一书简55此字红外照片作 。对比红外照片与原整理者摹本,可知《望山楚简》整理者所附摹本是很准确的。从最新公布的红外照片来看, 左侧虽稍有残泐,但从剩余的大部分笔画判断,左旁与"羊"形不类,而跟楚简中的"肉"旁相同,苏建洲改释为"殷"确属卓识。

⑪　侯乃峰《说楚简"乃"字》,武汉大学简帛网 2006 年 11 月 29 日。

⑫　同注 ⑨ 第 17—22 页。

⑬　何景成《试释甲骨文的"股"》,《古文字研究》第 28 辑第 42—47 页,中华书局 2010 年。

⑭　贾连翔《清华简〈五纪〉的"骸"及相关字的再讨论》,《出土文献》2021 年第 4 期。

⑮　同注 ⑨ 第 21 页。

⑯　此条材料为陈梦兮提示,谨致谢忱。又陈梦兮《战国楚简"同用"现象研究》(第 59—60 页,花木兰文化事业有限公司 2023 年)一书第二章"'同用'中的异体关系"对古文字中"肉"旁和"人"旁换用的问题有集中讨论和举证,可参看。

⑱　陈剑《据〈清华简(伍)〉的"古文虞"字说毛公鼎和殷墟甲骨文的有关诸字》,《古文字与古代史》第 5 辑第 281—286 页,史语所 2017 年。

⑲　苏建洲(《楚简文字考释两篇》,《承继与拓新:汉语语言文字学研究(上卷)》第 359—366 页)指出秦家嘴 M99 简 11 和望山简 M1 简 55 中的"股"字均当读为"羖",即相当于包山简中的"羘"。

⑳　唐兰《周王默钟考》,《唐兰先生金文论集》第 34—42 页,紫禁城出版社 1995 年。刘钊《甲骨文"害"字及从"害"诸字考释》,复旦大学出土文献与古文字研究中心网 2013 年 8 月 11 日;又见于《甲骨文与殷商史》新 4 辑第 107—108 页,上海古籍出版社 2014 年。

古文字研究（35）：515—521，2024

夏家台楚简日书初读

王　强

　　2014年，荆州博物馆在荆州市郢城区郢城镇荆北村发掘了一座战国墓，出土一批竹简，内容包括《诗经·邶风》《尚书·吕刑》和《日书》等三篇。2021年《简帛》和《出土文献研究》分别刊载了田勇、蒋鲁敬、赵晓斌等介绍《日书》的文章，二文刊出后，赵先生又在简帛网上发文，对个别竹简的拼接进行了调整①。为行文方便，以下根据第一作者姓名分别简称为“田文A”、“田文B”和“赵文”。田文A侧重介绍简文的整体情况，并公布了全部释文，田文B则侧重字词和文意的疏解，两文各自公布了部分竹简照片。我们知道，以《日书》为代表的选择数术是出土战国秦汉数术文献的大宗，在这一研究领域中，楚秦日书的异同是学者关注的一个热点问题。在此之前，战国楚简日书仅有九店楚简和上博藏楚简两批②。夏家台楚简出土于楚国故地，虽然内容不如九店楚简丰富，但除制衣简文外，其他内容均属首见，无疑可以加深我们对楚系日书的认识。

　　据介绍，这批日书出土时仅有1枚简首尾相对完整，其余均残断、散乱，经缀合复原，原简为40支。简文内容上，田文A认为可分四部分：

　　　　第一部分：简1至4，总述“凡十月又二月之吉日辰”所利与“凶日辰”所不利之事。如出征、行旅、娶妻、嫁女、建后、立王、见君公、入货、畜马牛等。

　　　　第二部分：简4至37，按十二个楚月名的顺序，详细指明各月中的吉凶日辰（即干支）及其凶象。

　　　　第三部分，仅有简38，为“制裳”的日干支禁忌。

　　　　第四部分，有简39、40两简，为某些星宿运行的位置关系。
田文B则指出上述第一和第二部分为总述和分述的关系。我们同意后一种意见，也即本批日书大致包括三部分内容。第一部分据内容可暂称为《日辰吉凶》，分量最大，先将总述部分简文引述如下：

　　　　凡甪=（十月）又二月之吉日辱（辰），利出正（征）、行遝（旅），亓（其）夏（得）。日辱（辰）之勿名，以行日=辱=（日辰，日辰）乃吉，百志。取（娶）妻、1-1豪（嫁）女，唯吉是占。利建句（后）、立王、见君公、1-2请命为臣，吉。以内（入）货，畜马、牛，番（蕃）虞（且）穀（穀），又（有）疾不死▄。日辱（辰）虡（皆）吉，逃人不夏（得）。囗凶辱（辰）古，2-1利祭内禜（鬼），外禜（鬼）巳▄。凡甪=（十月）又二月之2-2凶日辱（辰），不利出延（征）、行【遝（旅）】3-1☑唯凶是占

——。不利建句〈后〉、立正〈王〉,死,不利见君公,请3-2命为臣,唯凶是3-3占——。不利内(入)
货。畜3-4马、牛,不番(蕃)虞(且)死——。生子,不𣪏(榖),死。逃人𦝥(得)——。日吉4-1☑
外祟(鬼)∟。唇(辰)凶日吉,4-2☑志③,凶——。

简文"吉日辰"和"凶日辰"指单独的天干、地支而言,"日辰皆吉""日凶辰吉"等则是指实际的
干支日。据辞例,简4-1"日吉"后应残"辰凶",与简2-1正相反。如此,则简4-2不当再有
"辰凶日吉",恐是"辰吉日凶"之误。本段文字中的占辞部分有个别地方存在理解障碍,下面
试在整理者释文和注释基础上略作补充。

　　简2-1:"以内(入)货,畜马、牛,番(蕃)虞(且)𣪏(榖),又(有)疾不死。"简文中的"𣪏"
字,田文A注释称:"《左传》宣公四年:'楚人谓乳榖。'杨伯峻注:'金泽文库本"榖"作"𣪏",盖
用本字。'此处指马、牛哺乳幼崽。"按此说似于文义未安,我们认为此处应当训作"生",理解
为存活。《尔雅·释言》:"榖,生也。"《诗·王风·大车》"榖则异室,死则同穴",孔颖达疏:"生
则异室而居,死则同穴而葬。"马王堆帛书《十六经》38B云:"富者则昌,贫者则榖。"皆是其
例。此外,清华简《命训》有如下一段话:

　　夫民生而乐生𣪏(榖),上以𣪏(榖)之,能母(毋)懽(劝)唐(乎)? 女(如)懽(劝)以忠信,
　　则厇(度)至于亟(极)。夫民生而痌(痛)死夷,上以䰨(畏)之,能母(毋)忎(恐)【4】唐(乎)?
　　女(如)忎(恐)而承孝(教),则厇(度)至于亟(极)。【5】

冯胜君指出整理者将"榖"训为"禄"不可信,认为"榖"有生养、养育义,由此引申为生存、活
着,表示一种状态,简文"生榖"同义连言,与"死丧"对文④。按其说确不可移。夏家台简文在
"榖"后又云"有疾不死",应是对"榖"的这一层含义的补充。后面简4-1"不番(蕃)虞(且)
死",对应前文的"蕃且榖",与《命训》一样使用了对文,表意更为明显。在"榖"字的理解基础
上,田文A认为简4-1的"生子"也是承接上文,"指马、牛繁殖幼崽",这恐怕也是不准确的。
"生子"前有一符号"——",简文出现多次,均用以标示一句话或某一占卜事项的结束。因此"生
子"与前面的畜养马牛无关,应指人生子,占辞"榖"显然也当理解为存活。根据年、月、日、
时、星宿等维度来占测新生儿的命运,是古代十分流行的一类方术⑤。在此前公布的相关出土
文字材料中,"榖"作为生子占辞是比较常见的,如睡虎地秦简日书甲乙种:

　　乙亥生子,𣪏(榖)而富。　　　　　　　　　　　　　　　　　　　　　　　　睡甲141正

　　壬午生子,𣪏(榖)而武。　　　　　　　　　　　　　　　　　　　　　　　　睡甲148正

　　乙酉生子,𣪏(榖),好乐。　　　　　　　　　　　　　　　　　　　　　　　睡甲141正

　　辛卯生子,吉及𣪏(榖)。　　　　　　　　　　　　　　　　　　　　　　　　睡甲147正

　　癸巳生子,𣪏(榖)。　　　　　　　　　　　　　　　　　　　　　　　　　　睡甲149正

　　己亥生子,𣪏(榖)。　　　　　　　　　　　　　　　　　　　　　　　　　　睡甲145正

　　甲辰生子,𣪏(榖)且武而利弟。　　　　　　　　　　　　　　　　　　　　　睡甲140正

己酉生子，穀（穀），有商。	睡甲 145 正
丁巳生子，穀（穀）而美，有啟。	睡甲 143 正
壬午生，穀于武，好货。	睡乙 241
乙酉生，穀，利乐。	睡乙 241
癸巳生，穀。	睡乙 242
甲辰生，穀。	睡乙 244
己〔酉〕生，穀。	睡乙 244
丁巳生，穀，媚人。	睡乙 246
己未生，穀。	睡乙 246

以上简文中的"穀"字，睡虎地秦简整理者注作："穀，《诗·黄鸟》传：'善也。'"⑥后来的研究者除晏昌贵训作"禄"外⑦，基本都信从整理者说⑧。由于种种原因，古代婴儿死亡率较高，占生子方术中有一类专门以"生子不死"为占卜目的的内容，如孔家坡汉简"生子篇"寅日条云："寅生子，五日、四月不死，卅五年以丁卯死。女，四日、七月、十月不死，三夫。六十七年以庚午死。[孔 381B]"⑨并且在六十甲子占生子简文中表示善良这一含义时使用的词语是"良"，如"庚申生子，良"。现在结合夏家台楚简，我们怀疑这些"穀"大概率也都应该理解为"存活"。

简 2—2"利祭内鬼（鬼），外鬼（鬼）巳"一句，田文 A、B 均断读为："利祭内鬼（鬼）、外鬼（鬼）巳〈也〉。"如此，简文似是说当日凶辰吉时，利以祭祀内鬼和外鬼。但这样理解存在一个明显问题，即楚文字中"巳""也"二字几乎从不相混。"巳"写作𢀖、𢀖等，"也"写作𠃊、𠃊、𠃊、𠃊等，下部虽然有相似性，但上部从口与否区别甚严。上博简和清华简过去都有写作"巳"形但被整理者释作"也"的例子，后来均得到研究者的订正⑩。可见"也"讹写为"巳"的可能性并不是很大。"外鬼"在睡虎地秦简日书中多次出现，在日书乙种"十二支占出入盗疾篇"里，除"外鬼"外还可见"中鬼"和"室鬼"，学者或认为它们就是与"外鬼"相对的"内鬼"。刘信芳指出"外鬼"又可省作"外"，如睡虎地秦简日书甲乙种"丛辰篇"害日占辞有"祠外"，孔家坡汉简日书相应位置写作"祠祀外"⑪。关于两种鬼的含义，学界有不同理解，可以再研究⑫。但观察这些材料，无论是说明作祟，还是对它们进行祠祀，二者从不同时出现，对立性表现得十分明显。楚文字以"巳"表"已"，"已"有停止义，古书习见。我们怀疑简文即用此义，可以语译为：利于祭祀内鬼，外鬼就罢了。

第一部分在总述之后按月份列举日辰的吉凶和宜忌，每个月份据内容又可分成三小部分。以翏屖之月为例：

■翏屖之甲、戊、壬，大兇（凶），丧；▂乙、己、4—3 癸，少（小）凶，兵；▂下甲、下乙，大吉；酉（丙）、庚，少（小）吉；丁、辛，大吉，▂夏（得）。▂

翏屖：月生六日，甲、戊、5—1【壬，□；】旬又二，火；▂旬又八日，疾言；▂二旬又四日，兵；▃三旬，5－2水。▃䶂屖：月生六日，乙、己、癸，兵；旬又二日，水；旬又八日，疾言；▃二旬又四日，丧；▃三旬，火 ┗。

　　䶂屖：子、唇（辰）、6－1申，大凶；丑、巳、酓（酉），少（小）凶；▃寅、午、戌，大6－2吉；▃卯、杏（未）、亥，少（小）吉。

第一段叙述天干之吉凶，第二段是对前一段的补充，第三段叙述地支之吉凶。田文A把各月占辞总结为"十二月日辰吉凶表"，为阅读简文提供了很大便利，只是其"续表"（对应第二段）排列混乱，还可进一步修正。第二段承接第一段，具体说明当天干为凶日（包括大凶、小凶）时，可能遭遇的不良结果。仍以上引䶂屖之月为例，据第一段，甲戊壬大凶，乙己癸小凶，简文先将一月分作五段（各六日），每段时间逢大凶、小凶两组天干时会得到不同的凶象。在抄写时，大概是为了行文简洁，在点明对应的天干日之后，后面往往省略天干日。比如简文"月生六日，甲、戊、【壬，□；】旬又二，火；▃旬又八日，疾言；▃二旬又四日，兵；▃三旬，水"，对应"大凶"，补足省略的天干后当作："月生六日甲戊【壬，□；】旬又二甲戊壬，火；▃旬又八日甲戊壬，疾言；▃二旬又四日甲戊壬，兵；▃三旬甲戊壬，水。"其他月份简文仿此。整理者没有注意到天干的省略情况，造成了绘制表格的混乱。我们吸收赵文的新拼缀意见，并依据补足天干之后的简文，重新制作"续表"如下（见表一）：

表一

	䶂屖		夏屖		享月		七月		八月		九月		十月		纕月		献马		冬夽		屈夽		远夽	
月生六日	甲戊壬	□	乙己癸	火	丙庚	丧	丁辛	□	甲戊壬	兵	乙己癸	火	丙庚	丧	丁辛	火	甲戊壬	丧	乙己癸	火	丙庚	丧	丁辛	□
	乙己癸	兵	丙庚	兵	丁辛	兵	甲戊壬	兵	乙己癸	水	丙庚	火	丁辛	兵	甲戊壬	兵	乙己癸	兵	丙庚	兵	丁辛	兵	甲戊壬	□
旬又二日	甲戊壬	火	乙己癸	兵	丙庚	火	丁辛	疾言	甲戊壬	疾言	乙己癸	兵	丙庚	火	丁辛	疾言	甲戊壬	火	乙己癸	兵	丙庚	火	丁辛	疾言
	乙己癸	水	丙庚	水	丁辛	水	甲戊壬	疾言	乙己癸	疾言	丙庚	疾言	丁辛	水	甲戊壬	疾言	乙己癸	水	丙庚	水	丁辛	水	甲戊壬	□
旬又八日	甲戊壬	疾言	乙己癸	疾言	丙庚	□	丁辛	兵	甲戊壬	火	乙己癸	兵	丙庚	火	丁辛	兵	甲戊壬	疾言	乙己癸	疾言	丙庚	疾言	丁辛	疾言
	乙己癸	疾言	丙庚	疾言	丁辛	疾言	甲戊壬	火	乙己癸	火	丙庚	兵	丁辛	疾言	甲戊壬	火	乙己癸	疾言	丙庚	□	丁辛	疾言	甲戊壬	□

续表

	酓屍		夏屍		享月		七月		八月		九月		十月		爨月		献马		冬栾		屈栾		远栾	
二旬又四日	甲戊壬	兵	乙己癸	丧	丙庚	兵	丁辛	□	甲戊壬	丧	乙己癸	水	丙庚	兵	丁辛	言水	甲戊壬	兵	乙己癸	水	丙庚	兵	丁辛	丧
	乙己癸	丧	丙庚	丧	丁辛	丧	甲戊壬	丧	乙己癸	丧	丙庚	丧	丁辛	丧	甲戊壬	丧	乙己癸	丧	丙庚	□	丁辛	丧	甲戊壬	丧
三旬	甲戊壬	水	乙己癸	□	丙庚	水	丁辛	丧	甲戊壬	水	乙己癸	丧	丙庚	水	丁辛	□	甲戊壬	水	乙己癸	丧	丙庚	水	丁辛	□
	乙己癸	火	丙庚	水	丁辛	火	甲戊壬	水	乙己癸	兵	丙庚	火	丁辛	火	甲戊壬	水	乙己癸	火	丙庚	火	丁辛	火	甲戊壬	水

第三部分多处提到"巫",内容较为特别,下面摘录其中与月朔星有关的简文:

■顕(夏)39-5屍,朔于奎,旮=(八日)至东冓(井),巫咊(咸)40-1無員□。40-2旮=(八月),朔于东40-3冓(井),旮=(八日)至角,巫焚無萰。臭(爨)月,朔于40-4角,旮=(八日)至斗(斗)⌐。40-5

"员"后一字作🔲,整理者缺释。细审上部从艸,下部从屍,同简有"屍"字作🔲,可资比对。上博简《兰赋》"兰"字写作"萰",同篇又有"黄"字,写作从艸巨声。综合这些情况,"蒝""萰"亦当分别视为"黄""兰"两字的异体。从上下文看,巫咸与巫焚应该都是古代的神巫之名。颇疑"無"字读作"舞",简文似是说二巫在进行巫术活动时挥舞"员黄"和"兰"[13]。

附带谈上博简《卜书》中的一个人名用字,该篇共提到四位古代占卜家:"肥叔""季曾""蔡公""△公"。其中"△"字共出现两次(字形见下图A、B),整理者原释"罙",程少轩改释为"渊"[14],学者多从之[15]。战国文字中"渊"字多见且写法多样,作C、D、E等形。"△"字与C形写法最接近,应是释"渊"的主要依据。但若仔细分辨,二形仍有明显区别,即"渊"字象相对封闭的环曲形区域内有积水,与《说文》"回水也"的训释相合。"△"字则外框作方形,笔画也明显由不完全相连的横竖四笔构成,与"渊"字的顺滑曲线有很大差异。我们认为这一形体与水井之井的专字"冓"更合,其字过去主要出现在清华简中(字形F、G、H、I),上引夏家台楚简东井字也作这一写法(字形J、K)。比较来看,J形与"△"字尤为接近,区别仅在于"冓"字外框多作交叉的井栏形,而"△"字则未能特别突出这一特征。

A: 🔲 《卜书》7　　　　B: 🔲 《卜书》8

C: 《君子为礼》3　　D: 《芮良夫毖》26　　E: 《参不韦》36

F: 《祭公》9　　G: 《四时》13　　H: 《四时》22　　I: 《四时》22

J: 40—1　　K: 40—4

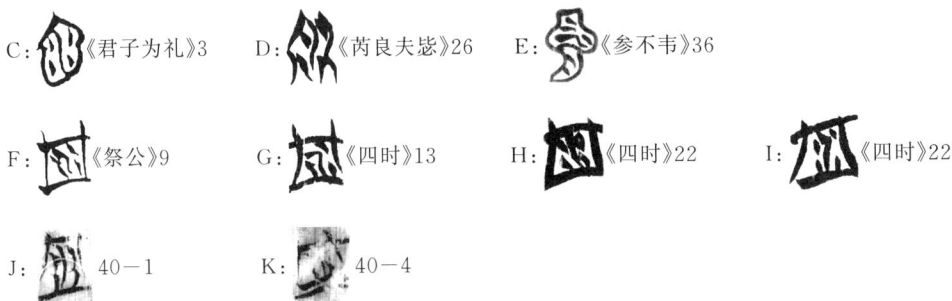

　　除字形外,释"丼"还有文例方面的有利因素。"△"字在简文中应为姓氏,而上引《祭公》字形正是这一用法,所在人名"井利"见于《穆天子传》。此外,井作为姓氏也常见于西周春秋金文[16]。反观"渊"字作为姓氏在历史上则十分少见。因此,《卜书》字形似宜改释为"丼",用作姓氏"井"。

　　　　附记:本文系国家社科基金重大项目"简帛阴阳五行类文献集成及综合研究"(20&ZD272)、"古文字与中华文明传承发展工程"规划项目"出土汉代日书类文献分类辑证"(G3933)的阶段性研究成果。

（作者单位:吉林大学考古学院古籍研究所、"古文字与中华文明传承发展工程"协同攻关创新平台）

注:

① 田勇、蒋鲁敬、赵晓斌《荆州夏家台106号楚墓出土战国简〈日书〉》,《简帛》第22辑,上海古籍出版社2021年。田勇、蒋鲁敬《荆州夏家台M106出土战国楚简〈日书〉概述》,《出土文献研究》第19辑,中西书局2021年。赵晓斌《夏家台战国简〈日书〉缀合订误》,简帛网2021年7月6日。

② 上博简日书尚未正式发表,从披露的部分释文来看有星宿、制衣等内容。【看校追记】:2023年发掘的秦家嘴M1093战国楚墓也出土了日书简,参荆州博物馆《湖北荆州秦家嘴M1093发掘简报》,《江汉考古》2024年第2期。

③ "志"字整理者缺释,对比简1"志"字写法可知当如此释。据后面"凶"字推测简文原意应为不得志之类。

④ 冯胜君《清华简〈命训〉释读掇琐(四则)》,《出土文献研究》第17辑第69—70页,中西书局2018年;又参《清华简〈尚书〉类文献笺释》第321—322页,上海古籍出版社2022年。

⑤ 《医心方》卷24集中收录了很多这方面的知识,刘乐贤对此亦有讨论,看看《谈〈产经〉的"生子"占文》,《简帛数术文献探论(增订版)》第275—282页,中国人民大学出版社2012年。

⑥ 睡虎地秦墓竹简整理小组编《睡虎地秦墓竹简》第205页,文物出版社1990年。

⑦ 晏昌贵《楚地出土日书三种分类集释》第320页,武汉大学出版社2020年。

⑧ 吴小强均译作"善良",参《秦简日书集释》第100—106页,岳麓书社2000年。王子今对这一义项有进一步补充,参《睡虎地秦简〈日书〉甲种疏证》第272页,湖北教育出版社2002年。张国艳归到"美好、良好"词义下,参

《简牍日书文献语言研究》第176页,中国社会科学出版社2018年。

⑨ 此类内容见于《医心方》所引《产经》。香港中文大学藏汉简日书、周家寨汉简日书均有此类内容。此外,《悬泉汉简(贰)》收录有这一内容的残简,见Ⅰ91DXT0309③∶83A和Ⅰ91DXT0309③∶290,复原后可确定为卯、酉两日的占文。

⑩ 高佑仁《〈上博九〉初读》,简帛网2013年1月8日。陈伟《读清华简〈系年〉札记(二)》,简帛网2011年12月21日。

⑪ 刘信芳《秦汉简日书补说十则》,《简帛》第19辑第171页,上海古籍出版社2019年。

⑫ 在出土文献中,两种鬼的表述较早见于新蔡楚简甲二40号"上下内外鬼神"。"鬼神"二字原释文有误,徐在国改释,参《新蔡葛陵楚简札记》,收入黄德宽、何琳仪、徐在国《新出楚简文字考》第248页,安徽大学出版社2007年。"上"字原简残缺,陈伟据文意补充,并对简文所指有讨论,参《葛陵楚简所见的卜筮与祷祠》,《出土文献研究》第6辑第39—40页,上海古籍出版社2004年。关于两者的含义,蒲慕州认为"外鬼也就是非自己家族的亡灵",参《睡虎地秦简〈日书〉的世界》,《史语所集刊》第62本第4分第646页。晏昌贵认为"外鬼"或指没有宗庙牌位以供奉的鬼神,参《楚地出土日书三种分类集释》第342页。杨华则认为人死在嫡室之外成为"外死"或"外丧",其死后之鬼称为"外鬼",反之则称为"中鬼"或"室鬼",也即内外的划分是从距离来说的,并非根据血缘关系远近来判断,说见《楚简中的"上下"与"内外"》,《古礼新研》第136—166页,商务印书馆2012年。

⑬ "员"可能是"黄"的修饰语,也可能是单独的一种花草,从读音角度考虑,可能读作"芸"。后世字书,如《玉篇》即以"蒷"为"芸"字异体。

⑭ 程少轩《小议上博九〈卜书〉的"三族"和"三末"》,原发表于复旦大学出土文献与古文字研究中心网2013年1月16日,后刊《中国文字》新39期第107—116页,艺文印书馆2014年。

⑮ 也有少数论著仍从整理者意见,如李敏《〈上海博物馆藏战国楚竹书(九)〉文字编》第91页,安徽大学2014年硕士学位论文。

⑯ 关于"井"的最新研究,可参看张富海《说"井"》,《出土文献与古文字研究》第10辑第126—136页,上海古籍出版社2022年。

古文字研究(35):522—527,2024

《上博六·用曰》札记三则

罗　涛

一

简1有这样一句话：

……□思民之初生，多隌(险)昌(以)難(难)成。视之台(以)康乐，噩(匿)之台(以)兇坙(刑)。

整理报告云①：

《大戴礼记·礼察》："导之以德教者，德教行而民康乐；驱之以法令者，法令极而民哀戚。"

刘钊认为"视"读为"示"；"噩"有"隐匿"义，读"匿"亦通；简文的意思是说，展示于民的是康乐，(但康乐背后却)隐藏着凶险②。顾史考认为"视"或可解为"治"义，或可读为"示"；"康乐"于典籍中亦多指淫荡之行而言；"噩"或可读"贷"，"施予"或"更代"之义③。白于蓝认为"噩"似可读作"忒"，训惧惕，《韩非子·八奸》："示之以利势，惧之以患害。"④李佳兴认为应读为"以康乐视之，以凶刑噩之"，意即以康乐来善待百姓；用刑法来使百姓不要犯错⑤。俞绍宏、张青松认为可参看整理者、刘钊说⑥。

简文"噩"的训释是个比较棘手的问题。刘钊认为"噩"有"隐匿"义，主要是考虑到前文有一"视(示)"字，"噩、示"反义对文。这种考虑有其合理性，但问题在于接下来整句文意的疏通会遇到困难。从"(但康乐背后却)隐藏着凶险"的解释来看，似乎是将"之"理解为康乐。我们认为"视之""噩之"中的两个"之"所指相同，都是指前面提到的"民"。不过刘钊也指出："'天'既然'哀民之初生'，却又为何'噩之以凶刑'？这个矛盾不好解释。"或以为"噩"依然理解为"隐匿"，"噩之以凶刑"的意思是说对人民隐匿凶刑，即对人民不实施严酷的刑罚，从而与前文"思民之初生，多险以难成"对应。就文意而言，这种理解有其合理性。但问题在于"噩(匿)＋名词(或"之")＋以……"的句式罕见，"匿之以凶刑"的表达于古无征。白于蓝读为"忒"，训为惧惕，从文意上看能够说通，但此解释的问题有二：一是"忒"字较为罕见，虽然这并非主要问题；二是"忒"训"惕"时后面接续宾语的用法罕见。如此，则后面无法接宾语"之"。"忒"在《说文》中作"伐"。《说文》人部："伐，惕也。从人，式声。《春秋国语》曰：'于其心伐然。'"《广雅·释言》"伐、慎，憒也"，王念孙疏证："《管子·弟子职篇》云：'颜色整齐，中心必式'，'式'与'忒'声韵相近。"传世字书或古书中"忒"字出现相对较晚。《玉篇》心部："忒，慎也。"《颜氏家训·杂艺》："反令忒忒。"所以说读"㥉"为"忒"，理解为惧惕，置于简文中在语法方面能否成立尚有疑问。李佳兴通过改换句式的方式，对简文整体的把握大致可从，但没有正面回答"㥉"字的释读问题。

我们认为"㥉"字可读为"饬"。"㥉、饬"都是透母职部字，二者上古音相同，通假在语音上毫无窒碍。从谐声偏旁来看，文献中的用字情况隐约地显示了二者的关系。首先，"㥉"与从"弋"之字可通⑦，如"㥉、忒"可通，《尚书·洪范》"民用僭忒"，《汉书·王嘉传》引"忒"作"㥉"；又"式、㥉"可通⑧，《诗经·小雅·宾之初筵》"式勿从谓"，郑笺："式，读曰㥉。"其次，从"弋"之字与"饰"字可通，《说文》："饰，读若式。""弑、饰"可通。《容成氏》："弑（饰）为瑶台。"⑨又如从"弋"之字与"敕"可通。北京大学藏西汉竹书《周驯》简1："周昭文公自身貳之，用兹念也。""貳"读为"敕"⑩。既然"㥉、饰、敕"都可与谐声偏旁为"弋"的字相通，从侧面说明"㥉、饬"关系密切。由于并未发现二者直接通假的例子，谐声偏旁的线索只是旁证。但最重要的是，"㥉、饬"上古音相同，从语音上来说二者通假完全可行。

饬，正也，整也。《诗经·小雅·六月》"戎车既饬"，毛传："饬，正也。"《汉书·高后纪》"匡饬天下"，颜师古注："饬，整也。"古书中有"敕民"的说法。《清华七·越公其事》简53："越邦多兵，王乃敕民，修令，审刑。""敕民"即饬民⑪。这个例子证明此处的释读在词语搭配上的合理性。"饬之以凶刑"，即"整之以凶刑""正之以凶刑"，用凶恶严峻的刑罚使人民整饬。古书中类似的表达比较常见，如：

（1）《论语·为政》："子曰：'道之以政，齐之以刑，民免而无耻。'"

（2）《礼记·缁衣》："教之以政，齐之以刑，则民有遁心。"

（3）《抱朴子·外篇·君道》："匠之以六艺，轨之以忠信，苴之以慈和，齐之以礼刑。"

（4）《抱朴子·外篇·诘鲍》："人主忧栗于庙堂之上，百姓煎扰乎困苦之中，闲之以礼度，整之以刑罚……"

简文中"饬之以凶刑"与古书中的"齐之以刑""齐之以礼刑""整之以刑罚"等意思近似。虽然《论语·为政》及《礼记·缁衣》中对"齐之以刑"相对而言持一种负面的态度，但是在其他学派的学说中，刑罚可作为一种约束百姓行为、使百姓不敢轻易犯法的手段，从而达到"以刑去刑""刑罚不用"的执政理想。古书中还有"纠之以刑罚""防之以刑辟"的说法，与"饬之以凶刑"等表达旨趣相同。如：

（5）《国语·齐语》："劝之以赏赐，纠之以刑罚，班序颠毛，以为民纪统。"

（6）《晏子春秋·内篇第十八》："明其教令，而先之以行义；养民不苛，而防之以刑辟。"

（7）《抱朴子·外篇·用刑》："若不齐之以威，纠之以刑，远羲羲、农之风，则乱不可振，其祸深大。"

在出土文献中也有类似的表述。《上博五·季庚子问于孔子》简20:"救民昌(以)辟(辟),大辠(罪)剆(则)夜(赦)之昌(以)型(刑),臧辠(罪)剆(则)夜(赦)之昌(以)罚,少(小)辠(罪)剆(则)訿(訾)之。""救民以辟",即通过刑罚以救民,和简文"饬之以凶刑"也较为近似。这样的解释,与简文开头"思民之初生,多险以难成"的主旨也是相承的。

二

简9有这样一句话:

内閖謫众,而焚丌(其)反吴(侧)。褐(祸)不降自天,亦不降自陞(地),隹(唯)心自懳(贼)。

整理报告云[12]:

"反吴(吴、侧)"《楚辞·天问》:"天命反侧,何罚何佑。"《荀子·儒效》:"作此好歌,以极反侧。"《荀子·王制》:"遁逃反侧之民。"《韩诗外传·卷五》:"反侧之民,上收而养之,材而事之,王覆无遗。"

何有祖认为"閖"读为"外","内外"正好相对[13]。李锐认为"謫"读"独"[14]。班图认为"謫"读"逐";"焚"读"偾",僵也;"其反侧"是说"内间"的"反者"和"侧"者[15]。王兰也将"謫"读"独"[16]。蒋文、程少轩则认为"閖"是"外"误抄[17]。刘信芳也将"謫"读"逐"[18]。顾史考猜测"謫"读"雠";"众"为形容词;"焚"姑读"忿"或"愤"[19]。晏昌贵认为"謫"读"逐"[20]。王辉认为"内间"即"纳奸",有藏污纳垢的意思,引《后汉书·梁统列传》"冀又起别第于城西,以纳奸亡"为证;"謫"读"逐";"纳奸逐众"犹言养奸姑息而逐众议;焚其反侧,焚烧那些有反抗情绪的人[21]。俞绍宏、张青松认为王辉的意见或可备一说;又认为"间"为"离间"义;"謫"读"嘀","嘀"即"逐",释为"咥";简文意为在国内离间、造谣毁谤众人,遭遇众人反侧(或使众人忿怒反侧)[22]。

关于"内閖謫众",总体上我们比较赞同王辉的看法。"閖"字在楚简中出现多次,如《上博二·容成氏》简6"昔尗(尧)处于丹府与藋陵之閖"、简51"至于公、滕之閖"等,都用为"间"。"间、奸"上古都是见母元部字,二者古书有通假用例。马王堆帛书《战国纵横家书》李园谓辛梧章:"姦赵入秦,以河间十城封秦相文信侯。"传世本"姦"作"间"。"姦、奸"可通[23]。"纳奸"从字面上可理解为收纳奸邪之人。收纳奸邪之人,意味着有可能听信其言,所以说"纳奸"似含有"纳奸邪之言"的意味。《晋书·吕光传》:"卿雅志忠贞,有史鱼之操,鉴察成败,远侔古人,岂宜听纳奸邪,以亏大美。"此句多了一个"听"字,这种意味就更明显[24]。"謫"读为"逐"的话,正好与"纳"字反义对文。"纳奸"与"逐众"意思相反。这句简文字面意思是说,收纳奸邪,驱逐众人,其实也暗指君主信纳奸邪之言,逐除众议。

"焚其反侧"歧解纷纭。"焚"读为"偾""忿"等字,从语法上得不出上揭诸说的解释。王辉不破读，用"焚烧"本义，将简文理解为"焚烧那些有反抗情绪的人"，俞绍宏、张青松认为可备一说。这个解释是有商榷之处的。"焚"字后如果接宾语，无需"其"字。《上博五·鬼神之明》简2："迅（及）桀、受（纣）、嚳（幽）、万（厉），焚圣人，杀谏者……"如果把"反侧"理解为"反侧之人"的话，应直接表述为"焚反侧"即可。古书中尚有"安反侧""赦反侧""诛反侧"诸说，如《旧唐书·李皋传》"驱疲甿，诛反侧，非所以奉圣朝事"，都不加"其"字。

简文中的"其"有实义，用为代词，意为"他的"。"其"可能指前文"纳奸逐众"的"奸"或者"众"。这种理解的问题在于，除非简文的"奸"与"众"所指相同，"其"字这种指称的可能性才能存在，而这又与我们对简文的理解不合。"其"还可能指"纳奸逐众"的主语，即君主。我们认为这种理解更接近文意。"纳奸逐众，焚其反侧"都是指君主而言的。"其反侧"指君主之反侧。"焚其反侧"指君主与反侧有关的某种行为。反侧，反复无常。《诗·小雅·何人斯》"作此好歌，以极反侧"，毛传："反侧，不正直也。"孔颖达疏："反侧者，翻覆之义。"《文选》卷五十七所载潘岳《马汧督诔》："猾哉部司，其心反侧。""焚"字所指何谓，暂且阙疑[25]。

整句简文大致可理解为，君主收纳奸邪之人，听信其言，驱逐众人，不听众议，反复无常。这样的解释和后文"祸不降自天，亦不降自地，唯心自贼"相应。

三

简16有这样一句话[26]：

……鳏之身，瀰（厉）吝（文）惠武，韶（恭）弔（淑）昌（以）成。茅（务）之台（以）元印，束亓（其）又（有）丞（恒）井（形）。

何有祖将整理报告隶定为"印"的字释为"色"[27]。顾史考认为"茅"读"蒙"，遮着，瞒骗，蒙蔽；"元色"犹言美色；或亦可读为"媛色"[28]。褚健聪认为字按字形可释"印"，按文意应释"色"[29]。俞绍宏、张青松认为"茅"读"务""蒙"或均可备一说；"元"可训善；"元色"或即善色[30]。

将简文原释为"印"的字读为"色"的意见可从。关于"茅"字，我们认为可读为"柔"。二字皆以"矛"为声符。茅，明母幽部；柔，日母幽部。明、日二母字有相通之例，如郭店简《老子》甲篇简8"必非溺玄达"，传世本作"必微妙玄达"，"溺"为日母字，"妙"为明母字；简30"而民尔畔"，传世本作"而民弥叛"，"尔"为日母字，"弥"为明母字[31]。出土文献中有"蕬""茅"相通的例子。马王堆帛书《老子》甲本卷后古佚书《明君》："先王之目非弗美也，已而周何故为蕬茨枯（楛）柱？""蕬茨"应读为"茅茨"。《逸周书·文传》："不为骄侈，不为泰靡，不淫于美，括柱茅茨，为民爱费。"[32]"蕬"以"柔"为声符，"蕬、茅"相通，则"柔、茅"亦可通。柔，安也，抚也。《国语·周语中》"以怀柔之"，韦昭注："柔，安也。"段玉裁《说文》木部"柔"字下注云：柔之引申为"凡抚安之称"。

"元"可读为"愿"，二字皆为疑母元部。古书中"元、原"有相通之例。《史记·司马相如列传》"非常之原,黎民惧焉",《汉书·司马相如传》"原"作"元"^㉝。中山王𰯼方壶:"天不臭(厌)其又(有)忥,……""忥"可读为"愿"。《上博一·孔子诗论》简19:"《木芇(瓜)》又(有)臧(藏)忥而未旱(得)达也。"^㉞"忥"亦读为"愿"。"忥"或为"愿"字楚系文字之异构。愿,愨也。《国语·楚语上》"吾有妾而愿",韦昭注:"愿,愨也。"古书中"愿"可用来形容容貌颜色。《尚书·皋陶谟》"愿而恭",孔颖达疏引郑注:"愿,谓容貌恭正。"《庄子·列御寇》:"有貌愿而益,有长若不肖。""茅之以元色"即"柔之以愿色",意思是说用愿愨的神色安抚柔化他(或他们)。

　　附记:本文为教育部人文社会科学重点研究基地重大项目"面向上古汉语知识库的出土文献词汇语法研究"(22JJD740003)阶段性成果。拙文承蒙胡敕瑞、墙斯、曹亚北等先生审阅,谨致谢忱。文中错误,皆由作者承担。

(作者单位:首都师范大学初等教育学院)

注:

① 马承源主编《上海博物馆藏战国楚竹书(六)》第286页,上海古籍出版社2007年。

② 刘钊《读〈上博六〉词语札记三则》,《中国文字研究》第10辑第3页,大象出版社2008年;又收录于氏著《书馨集——出土文献与古文字论丛》第144页,上海古籍出版社2019年。

③ 顾史考《上海博物馆藏战国楚简〈用曰〉章解》,收录于冯天瑜主编《人文论丛》(2008年卷)第723—724页,中国社会科学出版社2009年。

④ 白于蓝编著《简帛古书通假字大系》第606页,福建人民出版社2017年。

⑤ 李佳兴《〈用曰〉校释二则》,简帛网2009年11月27日。

⑥ 俞绍宏、张青松编著《上海博物馆藏战国楚简集释》第6册第233页,社会科学文献出版社2019年。

⑦ 关于"㒈"与从"弋"之字的关系,胡敕瑞有详细的讨论,所举例子精妙,可参看胡敕瑞《释清华简及金文中的"劓"——兼释"朋埶"之"埶"》,收录于杨荣祥、胡敕瑞主编《源远流长——汉字国际学术研讨会暨AEARU第三届汉字文化研讨会论文集》第98—99页,北京大学出版社2017年。

⑧ 高亨纂著,董治安整理《古字通假会典》第413、414页"忥与㒈"条、"式与㒈"条,齐鲁书社1989年。

⑨ 白于蓝编著《简牍帛书通假字字典》第163页"弋与饰"条、"紃与饰"条,福建人民出版社2008年。

⑩ 北京大学出土文献研究所编《北京大学藏西汉竹书(三)》第123页,上海古籍出版社2015年。

⑪ 整理报告云:"整,字从止,敕声,读为'敕',整治。《汉书·息夫躬传》:'可遣大将军行边兵,敕武备',颜师古注:'敕,整也。'清华大学出土文献研究与保护中心编,李学勤主编《清华大学藏战国竹简(七)》第141页,中西书局2017年。

⑫ 同注① 第295页。

⑬㉗ 何有祖《读〈上博六〉札记》,简帛网2007年7月9日。

⑭ 李锐《〈用曰〉新编(稿)》,简帛网2007年7月13日。

⑮ 班图《上博六〈用曰〉中的"内间诼众"试读》,简帛网2007年7月26日。

⑯ 王兰《上博六〈用曰〉编联》,简帛网2007年10月13日。

⑰ 蒋文、程少轩《〈用曰〉第4简与第19简试读》,复旦大学出土文献与古文字研究中心网2008年3月24日。

⑱ 刘信芳《竹书〈武王践阼〉"反戾"试说》,复旦大学出土文献与古文字研究中心网2009年1月1日。

⑲ 同注③第741—742页。

⑳ 晏昌贵《上博藏战国竹书〈用曰〉篇的编联与注解》,载《楚文化研究论集》第8辑,大象出版社2009年。

㉑ 王辉《上博藏简〈用曰〉篇新释六则》,《中国历史文物》第6期第81—82页,中国国家博物馆2010年。

㉒ 同注⑥第266页。

㉓ 王辉编著《古文字通假字典》第707页,中华书局2008年。

㉔ 《晋书·列传第二十》:"武帝纳奸谄之邪谋,怀绍终之远虑,遂乃君兹青土,作牧东藩。"《晋书·载记第十二》:"纳奸佞之言,赏罚失中。"这两个书证用"之"连接"邪谋""言",与简文"纳奸"不完全相同,似也不能否认"纳奸"带有听信奸邪之人意见这层意思。

㉕ "焚"或可读为"奋"。焚,並母文部;奋,帮母文部。並、帮皆为重唇,楚简中这两个声纽相通的用例很多(可参看赵彤《战国楚方言音系》附录二第153—154页"帮:並"条,中国戏剧出版社2006年)。奋,发也、起也。"奋其反侧",意思是说君主发起反复无常的性情。换言之,即君主恣意妄为,反复无常。从语法上看,"奋"字可接表贬义的名词,如《左传·定公九年》:"阳虎欲勤齐师也,齐师罢,大臣必多死亡,已于是乎奋其诈谋。"《汉书·王莽传》:"乃始恣睢,奋其威诈,滔天虐民,穷凶极恶。"这两个书证可证"奋其反侧"在表达习惯上可行。尤其是《汉书》的例证,在表达恣意专行的意思上与简文"奋其反侧"近似。

㉖ 同注①第302页。

㉘ 同注③第756页。

㉙ 禤健聪《释"坒"并论"印""卬""色"诸字》,《中山大学学报(社会科学版)》2014年第1期第77页。

㉚ 同注⑥第290页。

㉛ 可参看赵彤《战国楚方言音系》附录二第163页"明:日"条。

㉜ 同注㉓第224页。

㉝ 同注⑧第157页"元与原"条。

㉞ 同注㉓第714页。

古文字研究（35）：528—533,2024

曾侯乙墓漆箱E.61文字补释

周　波

　　在曾侯乙墓所出漆箱E.61箱盖上刻有"紫锦之衣"，箱盖的左方下角，有朱漆所书6行20字。这些文字与天文、神灵祭祀相关，是战国时代珍贵的史料，因而为学界所重视，相关研究论著不少。

　　但漆书文字由于书写材料的原因，字迹多有脱落或残泐，释读上多有分歧，莫衷一是，这也影响到学界更好地利用这批资料。我们在研读漆书文字及相关论著的过程中，在文字释读、文意理解等方面也有一些新的想法，提出来供大家参考。

　　以下先列出新释文，再作详细讨论。我们认为此二十字漆箱文字当断读如下：

　　民祀隹（惟）此：日辰抖（斗）维，与岁之四。辰尚若敊（穀一系），琴瑟尚（常）和。

"隹"后一字，图版如下：

　　此字（下称A）旧有释"坊（房）"①、"此"②、"忻"③、"北"④、"折"⑤等多种释读意见。A字右旁与战国文字"斤"差异较为明显。楚文字"忻"多见货币，均作两直笔，且横笔短、竖笔长，与此字左旁作"十"形两笔长短均等且横笔略有弧度也有区别。故释"忻"之说应可首先排除。A字黄锡全摹写作 ，并举同墓所出衣箱盖漆书二十八宿"此（觜）隹（巂）"之"此"作 为证。刘国胜将之摹写作 ，认为此字左旁笔画行笔走势若"止"字⑥。

　　按黄锡全、刘国胜将A字释为"此"，应可信从，我们再稍作补充。刘国胜所作摹本将"匕"形下部断开，看作"止"旁末笔，不一定对。我们认为从漆书二十八宿"此"字来看，A字可看作"止"旁末笔与"匕"旁下部共笔或借用，也可看作省略一笔。郭店简"此"或作 、 、 、 ，左旁末笔如与"匕"旁下部共笔或借用，或者同样的笔画省略掉一笔，就与A字左旁正合。郭店简《尊德义》简39"此"字作 ，左旁就是共笔或借用、省略笔画之例，可资佐证。漆书二十八宿"此（觜）隹（巂）"之"此"图版作 ，左部"止"旁仍作三笔书写，右部"匕"旁于下方加一饰笔，正与A字相合。

　　漆书二十八宿"翼"宿后一星宿名，图版作 。此字旧有多种说法，林焕泽指出从最新图版来看，当看作上"此"下"又"合文，对应于传世典籍的"张"宿。清华简《四时》简20有"孟穆〈秋〉，日才（在）此蚤，白洛（露）墬（降）"，"蚤"字见于楚文字，乃是一个从"虫""又"声的字，多读为"邮"或"尤"。《四时》孟秋日躔在"此蚕",《礼记·月令》《淮南子·时则》等传世典籍皆记载孟秋日躔在"翼",睡虎地秦简《日书甲·除》简1作"七月张",九店简《十二月宿位》七月处文字残泐,整理者据残笔认为也应是"张"。故《四时》整理者谓"此蚕"应与南方七宿张、翼星区有关。林焕泽认为漆书二十八宿"此又"在张宿位次,《四时》"此蚕"也应在张宿所属天区,"此又""此蚕"两者相同⑦。此从其说。漆书二十八宿"此又"之"此"作,左旁"止"下部可看作共笔或借用、省略笔画,右部"匕"旁下加饰笔,与A字写法可谓完全相同。

从上文所论来看,A字应释为"此"应可确定无疑。黄锡全谓"民祀隹此"即老百姓所祀在于此。刘国胜谓"隹此"若"惟兹",古文成语;"民祀隹此"作这段漆文标题句,指示下文所言为民所敬重。按"民祀",民人之祭祀。《礼记·表记》:"殷人尊神,率民以事神,先鬼而后礼。"《诗·大雅·生民》"厥初生民,时维姜嫄。生民如何,克禋克祀",朱熹集传:"民,人也。""隹此"即"惟此"。"惟此",有如下祭祀对象。"民祀隹(惟)此",提纲挈领,独为一句,引出下文,指民人之祭祀对象有以下诸方面,即日月、星辰、北斗等星宿、岁时(详参下文)。

上述祭祀对象均属日月、星辰等天上神灵类。漆箱箱盖上绘有两两相对的四木(四柱、四神)、太阳、后羿执弓射神鸟(日)及两条双首人面蛇反向互相缠绕之形(代表伏羲、女娲)的图案,铭文所述祭祀对象与漆箱所绘之图盖相呼应。

"日辰B维"一句,B多释为"於",此句解释则颇多分歧。饶宗颐引《国语·周语下》伶州鸠之语"星与日辰之位皆在北维",谓铭文"维"即北维之维,此句谓日和辰都居于同一方位即北维。王晖认为"辰"是"晨"的通假字,"维"是指天空中的区域方位,此句谓每日晨旦到达天空中的某一固定区域⑧。刘国胜认为"辰"指五星之一的辰星,"维"指的是天之四维,"日辰於维"是说五星之一的辰星正常出没于天之四维。武家璧指出"辰"是指日月合朔之所,"维"是指"天维",此句即指日月合辰于艮维⑨。钟守华认为此句的"日"是日期的意思,"辰"对应着建辰之月,"维"即"隅",表示角隅方位的意思,此句表示了"墓主卒于之日和月份的时节方位"的意思⑩。

按B字图版如下:

此字与"於"字写法差异甚大,上引诸家说皆非。清华简《五纪》简26、27"抖(斗)"字分别作、,B字写法与之相合,唯声符"主"笔画下部拉长贯穿而已。曾侯乙墓衣箱盖正中书有一个很大的"斗"字,象征北斗七星。其周边书写有二十八宿星名。其中漆书二十八宿"抖(斗)"字作,亦从"主"声,此形"主"笔画或因字空所限而有简省。

从上面的讨论来看,所谓"日辰於维"当改释为"日辰抖(斗)维"。"日辰"为一词,指日月星辰。《史记·历书》:"至今上即位,招致方士,唐都分其天部;而巴落下闳运算转历,然后日辰之度与夏正同。"漆箱铭文下文有"辰尚若敱(系),琴瑟管(常)和",这里的"辰"亦指星辰而言。

"抖(斗)维"应为一词,即"维斗"。典籍有"星斗""维斗"的说法。"星斗""维斗"既可特指北斗星,也可泛指天上诸星、星宿。《庄子·大宗师》"维斗得之,终古不忒",成玄英疏:"北斗为众星纲维,故曰维斗。"《韩非子·解老》:"天得之以高,地得之以藏,维斗得之以成其威,日月得之以恒其光。"铭文此处与日月星辰并称,当是泛指星宿或星斗。《穆天子传·周穆王盛姬死事》载周穆王以皇后之葬仪安葬盛姬,谓"大匠御棺,日月之旗,七星之文,鼓钟以葬"。"日月之旗,七星之文"即绘有日月和北斗七星图案的大旗,亦是日月、北斗等星宿并举。

秦汉时期常常祭祀日月、星辰、二十八宿等天上某位神灵,在雍就有百有余庙,西县也有数十个。《史记·封禅书》载:"而雍有日、月、参、辰、南北斗、荧惑、太白、岁星、填星、辰星、二十八宿、风伯、雨师、四海、九臣、十四臣、诸布、诸严、诸逐之属,百有余庙。……各以岁时奉祠。"礼县鸾亭山山顶的祭祀遗址是秦国"西畤"的一部分,该遗址不止祭"天(天帝)",同时也祭祀日、月、星、辰等神灵。在这种情况下,天帝为主祀,日、月、星、辰等为从祀[11]。漆箱文字列举祭祀对象有"日辰斗维",此与当时的祭祀传统、葬仪显然密切相关。

"与岁之四",首字或释为"兴",或释为"与"。饶宗颐认为"兴岁"是指岁星所在有福,"四"读作"驷","驷"是房所在大辰之次即天驷的简称[12]。黄锡全将"岁"上一字改释为"与"[13]。王晖认为"岁"并非"岁星","兴岁"是指一年的开始,即是指岁首[14]。刘国胜亦释为"与",认为"与"即操持之义,"与岁之四"即主理四时[15]。武家璧释为"兴"字,认为"兴岁"就是丰年[16]。钟守华也认为当释为"兴",是动的意思,"兴岁"意思是岁星运行;但他认为"四"不当释"驷",引《易纬·乾凿度》卷上"孔子曰:阳三阴四,位之正也"郑玄注:"四者,西方之数,西方日所入也",认为铭文"之四"即至于西方之位[17]。

按黄锡全指出,"岁"前一字应是"与",中间从**与**(牙省)而非从**囙**或**片**,故不可能是"兴"字。其说可信。"与岁之四",这里的"岁"恐非岁星。刘国胜认为"岁之四"应指一年四季春、夏、秋、冬,即四时,引楚帛书"四神相代,乃止以为岁"为证。饶宗颐曾指出:"四隅所绘树木当指四时之木,即指四时行火时所用之木。……四木绘于四隅者,疑配合天文上的四维观念。"刘国胜进一步指出,书有这段漆文的曾侯乙墓E.61号漆箱盖面上,恰绘有两两相对的四木,可资印证。其说颇有道理。

我们认为此处铭文或有简省,有可能"与岁之四"即"与岁之四时"。"时"字因四字为句而省。燕王职壶铭文云:"唯燕王职践阼承祀,度几卅(三十),东讨患国。""度几三十"即"度几三十年",指谋划将近30年。此例省数字后之"年",可供参考。也可能"岁之四"当读为"岁时四",即岁时四神。岁时既可指四季,也可指某一季。《尚书·尧典》:"期三百六十有六日,以闰月定四时,成岁。"《周礼·春官·占梦》"掌其岁时,观天地之会,辨阴阳之气",郑玄注:"其岁时,今岁四时也。"又《地官·州长》"若以岁时祭祀州社,则属其民而读法",贾公彦疏:"此云岁时,唯谓岁之二时春、秋耳。"

《史记·天官书》曾谈及北斗七星与四时的关系:"北斗七星,所谓'旋、玑、玉衡以齐七政'。……斗为帝车,运于中央,临制四乡。分阴阳,建四时,均五行,移节度,定诸纪,皆系于斗。"古人以北斗星来辨别方位,斗柄的方向还能区分四季,也就是我们所说的斗柄授时法。漆箱铭文"维斗"下紧接着说到"与岁之四",或与北斗星"建四时"相关。

长沙子弹库《楚帛书·甲篇》主要讲创世神话,其中谈及伏羲、女娲所生四神相代而成四时,炎帝命祝融率四神而定四极,其谓:"未有日月,四神相代,乃止以为岁,是唯四时。长曰青□幹、二曰朱四单、三曰□黄燃、四曰□黑幹。千又百岁,日月允生。……炎帝乃命祝融以四神降,奠三天维(?),使敦(复)奠四极。"郭店简《太一生水》简2—4:"阴阳复相辅也,是以成四时。四时复相辅也,是以成寒热。……成岁而止。"从楚帛书、《太一生水》及漆箱铭文上下文来看,"岁之四"应指岁时四神。楚帛书绘有青、赤、白、黑四木相隔,漆箱绘有伏羲、女娲及两两相对的四木,四木即代表四时之神。

与上文"日辰斗维"类同,岁时四神也属民祀之对象。秦代在琅琊郡立有四时主祠,"四时主"为秦"八神"之一。《史记·封禅书》:"八神,一曰天主,祠天齐。……六曰月主,祠之莱山。皆在齐北,并勃海。七曰日主,祠成山。成山斗入海,最居齐东北隅,以迎日出云。八曰四时主,祠琅邪。琅邪在齐东方,盖岁之所始。"从上述材料来看,先民祭祀岁时四神的传统应由来已久。

"辰尚若敄(毄—系),琴瑟嘗(常)和","若"后一字,旧多释为"陈"。李春桃改释为"敄(毄—系)",并对此八字有重新解释[18]:

> 当释为"毄",应读为"系","系"有连缀义,且古籍中"辰""系"常连用,如《大戴礼记·夏小正》:"辰系于日。"王聘珍解诂:"辰谓大辰……系,连缀也,九月辰与日俱出俱入,故云系也。"《礼记·中庸》:"今夫天,斯昭昭之多,及其无穷也,日月星辰系焉,万物覆焉。"《太白阴经·杂占》:"经曰:天有二十八宿,为十二次,在地为十二辰,配十二月,至于九州分野,各有攸系,上下相应,故可得而占识之。"漆箱文字中"尚"可能读为"当","若"训作顺,"辰尚若系,琴瑟常和"大概是说星辰应当合顺连缀,琴瑟常可和鸣。

按"敄(毄—系)"字释读可从。日月星辰,循天理而运行,恒久而不变。李文谓"星辰应当合顺连缀",这一理解与古人常识观念不符,恐不可信。

我们认为"尚"当如字读,义为仍然。此与后文"常"相应。"若"训为如。"辰尚若系"指日月星辰仍如珠玉般相互连缀,保持不变。"琴瑟常和"应为比喻,指日月星辰有常,如琴瑟合奏协调一致、和谐统一,运行循于天之理也。《尚书大传》卷一载"帝载"之歌云:"日月有常,星辰有行,四时顺经,万姓允诚。于之论乐,配天之灵,迁于圣贤,莫不咸听。"此歌谣与铭文有所关联,可与铭文相互参照、比较。从漆箱文字及"帝载"之歌来看,铭文"辰尚若系,琴瑟常和"当是强调宇宙中日月星辰等周而复始、永恒和谐这一特质。

关于漆箱文字的性质,旧多从饶宗颐说,以为与房星(天驷星)、岁星等相关,将之理解为与农事耕作有关,祈求风调雨顺的祈祷文字;或认为表述了墓主卒亡时日的星象和方位,并祭祷这些星象方位祥和[19];或以为与伶州鸠所述"武王伐纣"星象相关,墓主通过追忆先祖的开国历史,来寄托亡者对先祖的认同或归宗[20];或据漆箱图案"后羿弋射图",认为图版是对祈福巫术的描绘,漆箱铭文是行使巫术时祈吉纳福的祝语[21]。我们将文字改释后,可知以上诸说恐均有疑问。

根据新释文及漆箱纹饰、图案,我们认为漆箱文字当与天上神灵祭祀有关,体现了古人的宇宙结构理论与沟通天地人鬼的需求。《礼记·郊特牲》:"魂气归于天,形魄归于地,故祭求诸阴阳之义也。"从楚帛书、曾侯乙墓漆箱文字、纹饰及图案等来看,墓主人当是希望能置身于周而复始、永恒和谐的宇宙时空之中,以求得灵魂的永生不灭。

附记:本文为国家社科基金冷门"绝学"和国别史等研究专项"战国至秦汉时代杂项类铭文的整理与研究"(2018VJX006),"古文字与中华文明传承发展工程"资助项目"战国题铭分系分国编年整理与研究"(G3216)、"古文字与中华文明传承发展工程"资助项目"东周金文所见职官整理与研究"(G3908)、国家社科基金冷门"绝学"研究专项学术团队项目"中国出土典籍的分类整理与综合研究"(20VJXT018)阶段性成果。

(作者单位:复旦大学出土文献与古文字研究中心、
"古文字与中华文明传承发展工程"协同攻关创新平台)

注:

① 饶宗颐《曾侯乙墓匫器漆书文初释》,《古文字研究》第10辑第190—197页,中华书局1983年;又饶宗颐《曾侯乙墓漆器上二十文释——论古乐理与天文之关系》,饶宗颐、曾宪通《楚地出土文献三种研究》第78—86页,中华书局1993年。

②⑬ 黄锡全编著《湖北出土商周文字辑证》第108页,武汉大学出版社1992年;《湖北出土商周文字辑证(增补本)》第115—116页,武汉大学出版社2019年。

③ 陈伟武《旧释"折"及从"折"之字平议——兼论"慎终"和"悊终"问题》,其著《愈愚斋磨牙集》第82页,中西书局2014年。

④ 李守奎编著《楚文字编》第362页,华东师范大学出版社2003年。

⑤ 孙启灿《曾文字编》第23页,吉林大学2016年硕士学位论文。

⑥⑮ 刘国胜《曾侯乙墓E61号漆箱书文字研究——附"瑟"考》,张光裕等编《第三届国际中国古文字学研讨会论文集》第691—710页,(香港)问学社有限公司1997年。

⑦ 林焕泽《出土战国秦汉文献所见时空观念考论》第38—47页,中山大学2023年博士学位论文。

⑧⑭ 王晖《从曾侯乙墓箱盖漆文的星象释作为农历岁首标志的"农祥晨正"》,《考古与文物》1994年第2期第94—96页。

⑨⑯ 武家璧《曾侯乙墓漆书"日辰于维"天象考》,《江汉考古》2010年第3期第90—99页。

⑩⑰⑲ 钟守华《曾侯乙墓漆箱铭辞星象与方矩考》,《中国历史文物》2008年第1期第4—8页。

⑪ 梁云《对鸾亭山祭祀遗址的初步认识》,《中国历史文物》2005年第5期第22页。

⑫ 饶宗颐《曾侯乙墓漆器上二十文释——论古乐理与天文之关系》,饶宗颐、曾宪通《楚地出土文献三种研究》第78—86页。

⑱ 李春桃《释"绅""𦅪"——从楚帛书"绅"字考释谈起》,《简帛研究2015》春夏卷第20—21页,广西师范大学出版社2015年。

⑳ 钟守华《曾侯乙墓漆箱"武王伐殷"星象图考》,《江汉考古》2002年第2期第72—73页。

㉑ 刘芊《"巫射"文化语境中的曾侯乙墓漆箱"树木射鸟图"内涵再审视》,《装饰》2013年第12期第119—121页。

古文字研究（35）：534—540，2024

安大简《仲尼曰》解诂二则

龐壯城

一　前言

安大简《仲尼曰》收录于《安徽大学藏战国竹简（二）》，共13简，内容为孔子言论，故每则开头皆有"仲尼曰"三字，原整理者也将之命名为篇题。《仲尼曰》共计收录孔子言论26条，多可与《论语》《礼记》《大戴礼记》等传世文献对照，唯简本字词、文句略有不同，提供了有别于传世文献的先秦儒家思想文献①。

本文针对简1"芌（华）繋（繁）而实厚（厚）"与简1、2"于人，不信亓（其）所贵"之文字隶定、文句释读提出解释，以就教于方家。

二　"芌（华）繋（繁）而实厚（厚）"

安大简《仲尼曰》简1云：

中（仲）尼曰："芌（华）繋（繁）而实厚（厚），天；言多而行不足，人。"

不少学者都认为此句可与传世文献参看，但些微文字有不同，故据此改动简文。先将类似文句罗列如下：

曾子疾病，曾元抑首，曾华抱足。曾子曰："微乎！吾无夫颜氏之言，吾何以语汝哉？然而君子之务尽有之矣。夫华繁而实寡者天也，言多而行寡者人也，鹰鹯以山为卑而曾巢其上，鱼鳖鼋鼍以渊为浅而蹶穴其中，卒其所以得之者饵也；是故君子苟无以利害义，则辱何由至哉？"　　　　　　　　　　　　　　　　　　　　　《大戴礼记·曾子疾病》②

曾子有疾，曾元抱首，曾华抱足。曾子曰："吾无颜氏之才，何以告汝？虽无能，君子务益。夫华多实少者，天也；言多行少者，人也。夫飞鸟以山为卑，而层巢其巅；鱼鳖以渊为浅，而穿穴其中；然所以得者，饵也。君子苟能无以利害身，则辱安从至乎？官怠于宦成，病加于少愈，祸生于懈惰，孝衰于妻子：察此四者，慎终如始。《诗》曰：'靡不有初，鲜克有终。'"　　　　　　　　　　　　　　　　　《说苑·敬慎》③

简文"实厚"，《大戴礼记》作"实寡"，《说苑》作"实少"，词意完全相反。原整理者认为此句意谓："花开繁盛而果实多，是天变化的规律；话说得多而做得少，是人为造成的。"④"激流震川2.0"认为："从《大戴礼记》与《说苑》的相关句子来看，'天'的开花多而结果少，与'人'的夸夸其谈而少有实际行动，实际上是一种模拟的关系。即从自然现象中的'华而不实'模拟引申到人事上的'华而不实',二者是一致的而非相反的。如果安大简的'厚'字确实可信(此字值得存疑),那么安大简的书手很可能在抄写中漏抄了一个'不'字,原文很可能本作'芋(华)蘩(繁)而实【不】厚,天;言多而行不足,人'。"⑤"汗天山""王宁""子居""井鸣""forestall"从之,多认为此句是以自然界之现象模拟人之行为,且《仲尼曰》抄手粗率,讹误处颇多,更有改写之现象⑥。顾史考综合朱熹、王聘珍对《论语·子罕》的看法,认为《仲尼曰》此句:"固然,简文'厚'前漏写'不'字而意义实与传本相同,此种可能性亦存在(如此则恰可与其后句的'不足'相对),然另一种可能则是后人因为某种'人法天'的意识过重而改变原文,将'天'讲得圆满无缺。至于相反的情况,即由'华繁而实厚'故意改成'华繁而实寡',则相对难以说明。"⑦

相较于多数学者以传世文献为本,认为《仲尼曰》此句有误,魏逸暄则认为:"无论从字形还是用字习惯看,'厘'显然更有可能读作'厚'。作为战国写本的《仲尼曰》完全可能是另一种角度的论述,即'天'与'人'构成对比关系,而不一定要迁就传世文献的表述。"⑧

按:此句究竟是读如原简"芋(华)蘩(繁)而实厘(厚),天;言多而行不足,人",或是补为"芋(华)蘩(繁)而实【不】厘(厚),天;言多而行不足,人",关键在于传世文献之解读。《曾子疾病》与《敬慎》之文,实要表达君子不以利害义,故后文述及飞鸟、鱼鳖居住于高山之上、深渊之下,却因为"饵"(利),而为人所擒获。而人言多而行不足,无法行义,也是以利害义的举动;反观天则是"华繁而实厚",花朵盛开,自然果实繁多,并不会出现"花而不实"的现象。

在儒家思想中,天应该是要效法、学习之对象,虽然孔子云:"天何言哉?四时行焉,百物生焉,天何言哉?"但天之所以无言,是因四时之行、百姓之生本来就该顺应天道,何需多言。孟子亦云:"仁义礼智,非由外铄我也,我固有之也,弗思耳矣。故曰:'求则得之,舍则失之。'……《诗》曰:'天生蒸民,有物有则。民之秉夷,好是懿德。'"四端之心既是我固有之,而人又是天所生,此四端自然是天所予之。是知若"华而不实"是天之常态、天之禀赋,那么人在效法天的情况下,言多而行不足,也是可以理解的。但在传世文献中,华而不实乃是天象之例外,如《礼记·月令》:"(孟秋)行春令,则蝗虫为灾,暴风来格,秀草不实。"在秋季实施春季的禁令,所以产生秀草不实的结果。《吕氏春秋·审时》:"先时者,必长以蔓,浮叶疏节,小荚不实。后时者,短茎疏节,本虚不实。"⑨不依时节栽种,或先或晚,皆会产生不时。《淮南子·时则》:"十月失政,四月草木不实。"⑩十月实行错误的政令,便会使来年四月草木不实。《春秋繁露·五行五事》:"冬失政,则夏草木不实。霜。五谷疾枯。"⑪在冬季实施错误的禁令,夏季则会草木不实。诸如此类,可见"不实"不仅是特例,也多是人为施政等因素导致。

由此,各家所本《论语·子罕》所云:"苗而不秀者有矣夫!秀而不实者有矣夫!"系孔子以特例言之,而非天之常态,此特例自然不是人所应效法者。换言之,《仲尼曰》"芋(华)蘩(繁)而实厘(厚),天;言多而行不足,人"句才是真正反映了儒家观点中的天人关系,人既为天所生,其心性禀赋也当为天所给予,人本该效法天,"言多且行多",但却像飞鸟、鱼鳖般为"饵"

（利）引诱，以致"言多而行不足"，而自招辱。《论语》中有许多孔子反对"言行不一"，强调"慎言"之论述，如《学而》："巧言令色，鲜矣仁。"《里仁》："古者言之不出，耻躬之不逮也。""君子欲讷于言，而敏于行。"《颜渊》："为之难，言之得无讱乎？"等等，可见孔子以为言多行少是人之常态，故戒慎之，后人据《子罕》句强解《曾子疾病》《敬慎》之文句，将此常态与天之特例（华而不实）视为模拟关系，反而失其确诂。

简本此句当作"芋（华）繋（繁）而实厗（厚），天；言多而行不足，人"，"厚"字之前并无缺字，而传世文献中的"华繁而实寡者""华多实少者"很有可能是后人未明天、人之关系，而径以"秀而不实者有矣夫"改动，将对比关系置换为模拟关系。《仲尼曰》之文句反而呈现了合理的儒家思想。

三 "於人，不信亓（其）所贵"

安大简《仲尼曰》简1、2云：

中（仲）尼曰："於人，不信亓（其）所贵，而信其所戋（贱）。《寺（诗）》曰：'皮（彼）求我，若不我旻（得）。埶（执）我厩＝（仇仇），亦不我力。'"

此句亦可与传世、出土文献参看，如下：

子曰："大人不亲其所贤，而信其所贱，民是以亲失，而教是以烦。《诗》云：'彼求我则，如不我得。执我仇仇，亦不我力。'"
《礼记·缁衣》

子曰："大人不新（亲）亓（其）所臤（贤），而信亓（其）所戋（贱），教此以失，民此以烦。《寺（诗）》员（云）：'皮（彼）求我则，女（如）不我得。执我戴＝（仇仇），亦不我力。'"
郭店简《缁衣》简14—19[12]

子曰："大人不晕（亲）亓（其）所贤，而信亓（其）所贱，教此目（以）遾（失），民此目（以）綟（烦）。《岢（诗）》员（云）：'皮（彼）求我则，女（如）不我旻（得）。执我戈＝（仇仇），亦不我力。'"
上博简《缁衣》简10[13]

《仲尼曰》此句与传世、出土文献《缁衣》差别较小，唯后三者皆作"大人……"，《仲尼曰》则作"於人……"。潘灯认为[14]：

单从字形上来看，原简文为"今人"无疑。战国楚简中，"今"一般原文作右上包左下之形，或在其左下增饰"口"，隶定作"含"或"吟"。而类似"於"，本为乌鸦之"乌"，后由鸟身和翅膀形衍化而为"於"，一般作左右结构。虽说在辞中，今、於都可讲通，但显然仲尼所述针对时人，径言"今人"似更显妥当。

"子居""汗天山"从之。后者更认为传世本、出土本《缁衣》可能是字形讹误，又或者传抄者以意改之。代生认为本句暗含古、今对比。顾史考认为："'于人，不信其所贵，而信其所贱'本身并无多少深意可言，难以信为孔子之格言，且'于人'二字放在句首较怪，似无他例可寻。"[15]

按：简文䏦字当从原整理者说，隶为"於"字。盖安大简中"於"字多写作：

《诗经》简 59　　《诗经》简 59　　《诗经》简 111　　《诗经》简 112　　《仲尼曰》简 2

《仲尼曰》简 2　　《仲尼曰》简 2　　《仲尼曰》简 5　　《曹沫》简 2　　《曹沫》简 2

《曹沫》简 14　　《曹沫》简 42

"於"字与简文䏦字差别在于左方"乌"旁与上方"宀"旁是否分开。至于"今"字，安大简中则写作"今"或"含"：

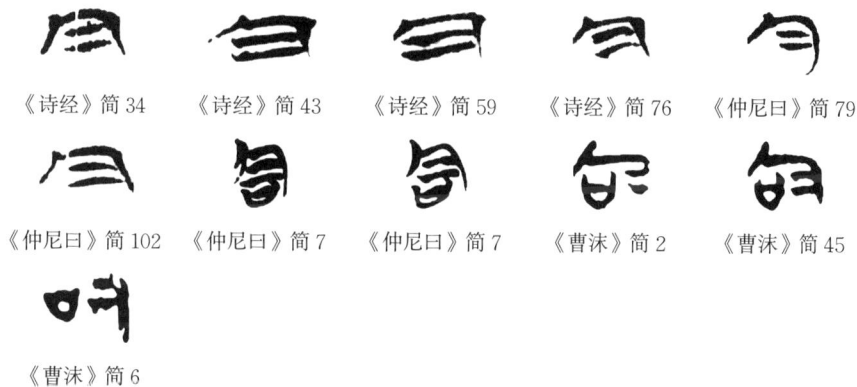

《诗经》简 34　　《诗经》简 43　　《诗经》简 59　　《诗经》简 76　　《仲尼曰》简 79

《仲尼曰》简 102　　《仲尼曰》简 7　　《仲尼曰》简 7　　《曹沫》简 2　　《曹沫》简 45

《曹沫》简 6

由例字可知，安大简"今"字之构形，泾渭分明，《诗经》诸"今"字虽近似"於"字，其左方则无"乌"旁；而《仲尼曰》《曹沫》则在"今"旁下迻加"口"旁（《曹沫》"含"字之结构则改上下为左右），以"含"假为"今"字，用法固定。可知《仲尼曰》此字隶为"於"字的可能性较高，䏦字上方或可视为"乌"旁与"宀"旁共享笔画。

不过，类似的字形在楚文字中或可隶为"於"，亦可隶为"今"，如郭店简《唐虞之道》简17"今之弋於直（德）者"，今字作䏦，於字作䏦；但《尊德义》简21"羕（养）心於子俍（谅）"，於字作䏦。据两处文意判断，其隶定皆无误，然《尊德义》"於"字形近于《唐虞之道》"今"字。考楚简"於"字例证较多，如：

郭店《缁衣》简 46　　郭店《成之》简 11　　郭店《鲁穆公》简 1　　郭店《唐虞》简 8　　郭店《语丛一》简 33

上博《孔子》简 21　　上博《昭王》简 2　　上博《容成氏》简 7　　上博《曹沫》简 22　　包山简 43

包山简 141　　包山简 7　　清华《楚居》简 11　　清华《系年》简 19　　清华《筮法》简 13

清华《命训》简 10　　清华《三寿》简 1　　清华《厚父》简 9　　清华《子仪》简 18　　清华《五纪》简 75

清华《五纪》简 77　　清华《参不韦》简 72

"於"即"乌"字,《说文》乌部云:"乌,孝鸟也。象形。孔子曰:'乌,盱呼也。'取其助气,故以为乌呼。凡乌之属皆从乌。𦏨,古文乌,象形。𦏨,象古文乌省。""乌"字,西周金文作𦏨(沈子也簋)、𦏨(毛公厝鼎),当其口部与头部脱离,而乌翼与乌身分离后,即成战国文字诸"於"形;乌身亦多讹为人形⑯。值得注意的是,"於"字上方的 Y 形笔画,实即鸟头不封口之造型,如𦏨(《成之》简 11)、𦏨(《昭王》简 2)、𦏨(《曹沫》简 22)、𦏨(《楚居》简 11)等;而当 Y 形笔画上端分离后,便成为"人"旁与"宀"旁,如𦏨(包山简 7)、𦏨(《命训》简 10)等(《厚父》简 9𦏨字,应是此字形的左右偏旁置换)。而当"於"字之"宀"旁进行简省时,如𦏨(《保训》简 7)、𦏨(《保训》简 9)、𦏨(《邦道》简 3)、𦏨(《邦道》简 12)等,就容易与左侧简化后的"乌"旁形成共笔,产生与"今"字极为相近之𦏨字。

　　由于"今""於"二字容易产生讹混之现象,故仍须就文意进行判断。此简之争议在"於人"或"今人"何者较贴近原文,而释读的关键则在所引诗句"皮(彼)求我,若不我旻(得)。𡎐(执)我𨁏=(仇仇),亦不我力"之诠释。此句出自《诗经·小雅·正月》,原作"彼求我则,如不我得。执我仇仇,亦不我力",郑笺云:"彼,彼王也。王之始征求我,如恐不得我。言其礼命之繁多。"然简文与三种《缁衣》《毛诗》不同,"我"后无"则"字⑰。

　　结合《毛诗》《缁衣》,可知此处表现了上位者不亲贤人、反而任用小人之意,马瑞辰《毛诗传笺通释》云:"'不我力'即不我用。《缁衣》引此诗,注云'亦不力用我',盖本《韩诗》,其说是也。《缁衣》又引《君陈》曰：'未见圣，若己弗克见；既见圣，亦不克由圣。'注：'由，用也。''亦不克由圣'正与引《诗》'亦不我力'同义，力即为用明矣。"⑱马说可从。孔颖达《礼记正义》云："既得贤人，执留我仇仇然不坚固，亦不于我上以力而用我。"孙希旦《礼记集解》云："(《缁衣》)引《正月》之诗及《君陈》之书，皆以为不亲贤臣之证也。"⑲是知《仲尼曰》此句欲表达之涵义，应与《缁衣》相同，皆表现上位者不任用贤臣，获得贤臣而又疏远之意。若将简文 ^今 隶为"今"字，则形成古今对照之概念，意味着今之上位者不亲贤臣，而古者则否。但此种对比无法成立，盖所引《正月》诗、《君陈》文，不正好表明古之上位者也有不亲贤臣之行为吗？否则何须以《诗》讽之、以《书》谏之。可见隶为"今人"，扞格难解，故《缁衣》但云"大人"。若隶为"於"字，则可读为"於人，不信亓(其)所贵，而信其所戈(贱)"，指上位者"对于人，不相信其所以为之贤能者，反而亲近其所以为之低贱者"。类似用法如《论语·公冶长》："始吾于人也，听其言而信其行；今吾于人也，听其言而观其行。"《卫灵公》："吾之于人也，谁毁谁誉？"《子张》："我之大贤与，于人何所不容？"等等，"于人"皆表示"对于某(类)人"之义。即此则简文之解读便同于传世、出土文献《缁衣》，亦符合古人创作《正月》《君陈》之立意，文从字顺。

四　结语

出土文献之解读，首先必须立足于文本型态之原貌，其次方能考虑可互证的传世、出土文献，提出较符合思想、语境之文献考释。无论是文字隶定、文句断读，甚至是增补字词，都必须符合上述要求。是以本文认为《仲尼曰》简1"芌(华)繁(繁)而实厚(厚)"句，虽与《大戴礼记·曾子疾病》《说苑·敬慎》接近，但相较之下，后两者之文本受《论语·子罕》影响，改为"华繁而实寡者""华多实少者"，反而脱离先秦儒家法天之思想。简1、2"於人不信亓(其)所贵，而信其所戈(贱)"句之 ^今 字，为形近"今"之"於"字，反映二字在战国文字中的讹混、类化现象，而隶为"於人"之解读，也较隶为"今人"更能反映古今儒家皆关心的"上位者不亲近贤能之人"的议题，也与传世、出土本《缁衣》反映的思维一致。

综上所述，隶定、释读出土文献之字形、文句时，不能单凭传世文献便定其是非对错，抑或是擅补文字，以为出土文献必须向传世文献看齐，强为之解，以致失其原貌。

（作者单位：福建师范大学文学院）

注：

① 参安徽大学汉字发展与应用研究中心编，黄德宽、徐在国主编《安徽大学藏战国竹简(二)》第43页，中西书局2022年。

② 〔清〕孔广森撰，王丰先点校《大戴礼记补注》第107页，中华书局2013年。

③ 〔西汉〕刘向辑录，左松超集证《说苑集证》第632页，编译馆2001年。

④　同注①第45页。

⑤　参简帛网"简帛论坛"《安大简〈仲尼曰〉初读》(2022年3月31日)评论区第6楼,2022年4月14日。

⑥　同上注第21、63、75、83楼。

⑦　参顾史考《安大战国竹简〈仲尼曰〉初探》,"第34届中国文字学国际学术研讨会"论文集,台中市,2023年6月3—4日。

⑧　参魏逸暄《安大简〈仲尼曰〉所见孔子言行观——兼与传世文献互证》,《北方论丛》2023年第2期第28—34页。

⑨　许维遹撰,梁运华整理《吕氏春秋集释》第699页,中华书局2009年。

⑩　刘文典撰,冯逸、乔华点校《淮南鸿烈集解》第188页,中华书局1989年。

⑪　苏舆撰,钟哲点校《春秋繁露义证》第393页,中华书局1992年。

⑫　武汉大学简帛研究中心等编著《楚地出土战国简册合集(一):郭店楚墓竹书》第27页,文物出版社2011年。

⑬　马承源主编《上海博物馆藏战国楚竹书(一)》第184—185页,上海古籍出版社2001年。

⑭　参注⑤第13、46楼。

⑮　参注⑤第45楼。代生《安大简〈仲尼曰〉文本、主题与性质研究》,《燕山大学学报(哲学社会科学版)》2023年第3期第33—39页。参注⑦顾史考文。

⑯　参黄德宽主编《古文字谱系疏证》第1248—1249页,商务印书馆2007年。季旭升《说文新证》第309—310页,艺文印书馆2014年。

⑰　子居认为编纂者明显漏抄"则"字。顾史考从之。沈培认为从《仲尼曰》与其他几种数据对比看,视"则"为实词肯定不能成立,"则"只能看成虚词。因为是虚词,《仲尼曰》将其省去,就是很自然的事情。而"彼求我则如不我得",按文义断读为"彼求我,则如不我得"更加合理。

⑱　〔清〕马瑞辰撰,陈金生点校《毛诗传笺通释》第606—607页,中华书局1989年。

⑲　〔清〕孙希旦撰,沈啸寰、王星贤点校《礼记集解》第1328页,中华书局1989年。

古文字研究(35):541—546,2024

篆隶之变与秦简文字偏旁研究

——以"又"符为例

林婧筠

战国末期至秦代,在中国历史上属于大变革时期。随着"六王毕,四海一",秦始皇建立了中国第一个统一的封建王朝,并施行了"书同文"政策,这一举措确立了秦文字的正统地位。从纵向比较的角度而言,秦系文字与西周、春秋文字有着直接的承袭关系;而从横向比较的角度而言,秦文字的构形相对于六国文字来说也更为稳定,演变也更为有序,加上秦国的政治影响,使秦文字成为了汉字发展的主线。秦简牍作为这条主线上的重要文献资料之大宗,其字多为古隶,上承商周以来的古文字和秦篆,下启汉隶,正是古文字向今文字转变的关键拐点,自然是研究汉字古今之变的十分珍贵的原始材料。曾宪通指出:"战国秦汉时期的简帛资料大量涌现,填补了汉字发展史上的许多缺环,为汉字源流的研究带来难得的机缘。特别是20世纪70年代以来发现的篆隶资料,是古今汉字发展的重要桥梁。汉字从古文字发展到今文字,中间经历过激烈的变化,文字学家称之为'隶变';但'隶变'的具体情况如何,过去无法讲得清楚。现在有了这批处于过渡阶段的篆隶资料,许多字形演变的来龙去脉便一目了然了。这可说是研究汉字源流的天赐良机。"①

通常来说,所谓秦简牍,大体指的是在战国晚期秦国至秦代埋藏于秦统治地区的简牍资料②。目前所见的出土秦简牍材料主要有睡虎地秦墓简牍、里耶秦简牍、岳麓书院藏秦简、北京大学藏秦简牍、关沮秦汉墓简牍、周家台秦墓简牍等十余批,均已受到了学界的关注,产生了丰富的研究成果。本文拟利用上述秦简牍资料中的"又"字及以"又"作为偏旁的例子(文中合称"'又'符"),来观察秦系简牍文字的写法如何有序地从古文字演变为今文字,从而体现汉字演变过程中承前启后的关键点及汉字的发展趋势和规律,并尝试通过这样的工作,来讨论秦文字偏旁谱在研究汉字演变中的必要性和重要作用。

一

"又"本为象形字,甲骨文作 (《合》30321)、(《合》33697)等,金文作 (小臣艅犀尊,《集成》5990)、(史颂鼎,《集成》2787)等,象张开三指的右手形③。因甲骨文为刻,金文为铸,相对而言,金文更为象形一些。《说文》:"又,手也。象形。三指者,手之列多,略不过三也。"以"又"作偏旁的字,字义多与手这一部位或手部的动作有关,如"父""支"为从手持杖或斧类工具，"叟"（叟）为从手持火把在屋中，"友"以两手相交表示友好，"夬"象一圆环状物体套在手指上，"史"为从"又"持"中"形物体等。在古文字阶段，虽然有为追求书写方便和快速而造成的简省情况，但总体来说，无论是作为单字还是偏旁部件，"又"的形体都没发生太大的变化，始终能够看出右手之象形，至隶变后"又"才失去了其象形意味。今文字"又"的写法是横撇、捺，秦简牍文字材料很好地呈现了"又"字形体由古文字演变为今文字的变化过程。

二

观察秦简文字中独立的"又"和作为偏旁的"又"，我们认为其形态变化可从以下三个角度讨论：一是首笔形态，二是末笔走向，三是特殊变体。以下逐一详细分析。

(一) 首笔形态

秦简文字"又"符从首笔形态的角度分类，可分为三种类型：一是首笔向左侧开口的圆弧状或半方框状，象指向左侧的两根弯曲手指形；二是首笔简化为折撇；三是进一步将两指拉平，形成单一撇笔。其中第一种，即象张开手指的形象，手指的朝向多向左上方，也见有平指向左或指向左下方的情况，主要是根据字势而进行的安排。如：

④里耶·8—102　　里耶·8—1517背　　睡虎地·为21

关沮·244　　睡虎地·日甲·65背　　睡虎地·日甲·36背

从汉字由象形向抽象符号发展趋势的角度考虑，通常认为这种形态是更具象形意义的早期写法。所谓"篆隶"，此偏属于"篆"形而兼有隶意。值得一提的是，在秦简文字中，当这种形态的"又"符位于整个字形上部或中部且有竖笔贯穿而过时，隶变倾向于保留其构作形作"彐"。如"聿"及从"聿"之字，属于"又"符在字形上部且有竖笔贯穿的情况；"事"作 ，"秉"作 等，则属于"又"符在字的中部且有竖笔贯穿的情况。

相对于上述第一种形态来说，"又"符的首笔呈现为折撇和撇笔的两种形态应该是较为简省的写法，且后者是前者的进一步简省，总体运笔都比第一种形态更快。此即由篆而隶，偏属于"篆隶"之"隶"而篆意已失。我们观察甲骨文中的"又"在作为单字和偏旁时，其首笔也基本都是呈现这两种形态的，这是由于刻写时直笔较曲笔更为方便快捷。如甲骨文独立的"又"，其首笔写成折撇的作 （《合》34268），进一步简化为撇笔的作 （《合》22605）；"又"作为偏旁时首笔写成折撇的作 （《屯》345），简化为撇笔的作 （《合》3481）。这说明，隶变是因为要求写快，曲笔容易变为直笔，这种变化在各类文字书写中都是存在的，只是在更早的古文字里还比较少见，不像秦简牍材料中有大规模的呈现。秦简中"又"符首笔写作折撇的如：

里耶·7—4a　　里耶·8—463　　里耶·8—459

进一步简省为撇笔的如：

里耶·16—5a　　里耶·8—1709　　里耶·9—23

　　因为求方便快捷而把"又"符的首笔写成折撇或撇笔，这正是隶变造成的结果。在这两类写法中，"又"符的首笔写作折撇或横撇，也正是后世隶书和楷书之"又"的首笔形态，可谓最得青睐，最具生命力。而首笔写作一撇的"又"，如果其末笔从向下变为横笔，则变为"ナ"，也是后世汉字较为常见的笔形，如"有""友"等字所从。另需注意的是，在隶变过程中"又"的首笔写作一撇的，可能存在与其他部件发生共笔粘连的情况，如"史"字从"又"持"中"，写作，在隶变楷化后"又"符的首笔与上部"中"的竖笔相连。

（二）末笔走向

　　秦简文字"又"符从末笔走向的角度分类，可以分为末笔向右下、向右偏平和向右偏上三种类型，其中向右下者数量最多。如：

里耶·8—2191背　　睡虎地·为21　　里耶·8—1622

　　如前文所述，"又"多表现为举起的右手形，手指开口指向左上方，故其末笔走向自然多由左上至右下。而这种末笔向右下的笔画走向，与隶变过程中首笔横折后的撇笔向左下也正好形成互相支撑的稳定之势和对称之美，因而成为最受欢迎的笔势，在演变中被固定下来。

　　向右偏平的笔势和向右偏上的笔势出现得都相对较少，究其原因可能是不太符合汉字书写的主要习惯。末笔写作向右偏平的字形：

睡虎地·日甲·65背　　里耶·7—4a

写作向右偏上的字形如：

睡虎地·日甲·36背　　里耶·8—682　　睡虎地·日甲·34

　　在这些例子中，有的字形可能是受到汉字结构的影响而改变了笔画走向，如"秉"字作，"又"居于"禾"字中部，末笔不方便向右下，反而向右上或持平都比较方便。但"支"字作，"友"字作，"及"字作，其"又"符的末笔本来都是可以向右下的，且秦简中也多见向右下的字例，而这些例子之所以变为向右偏上或偏平，大概与书手个人写字习惯有关，即字形整体都呈现向右上倾斜的趋势,也带动了"又"符末笔趋向右上。当然,从书法角度来说,这些不同寻常的笔势也体现了秦简文字在写法上的求变心理。

(三) 特殊变体

首笔形态与末笔走向的不同只是局限于"又"符内部笔画层面发生的变化,除此之外,秦简中作为偏旁的"又"还有与形近偏旁出现混同的情况。以下讨论两种混同情况,即"又"旁与"寸"旁混同,以及"又"旁与"丑"旁混同。

"又"象右手形,"寸"是在"又"的基础上加一短画指示右手之寸口处,二者形体相当接近,故在用作偏旁时容易出现本从"又"之字加笔变为从"寸"的现象,这在汉字演变过程中也是较为常见的。例如"得"字甲骨文作(《合》8907)、(《合》28094),本从"又",金文同,秦简则作(里耶5-17),从"寸",并固定下来。秦简本身也可以观察到有的字从"又"讹为"寸"的情况,如睡虎地秦简中所见的"曼"字从"又"作,而里耶秦简则变为从"寸",如:

里耶·8-1523背　　里耶·8-1995

此类情况的"又"变为"寸"形时,其形多见竖向,即原本朝左的手指形变为朝上,"又"的末笔垂直向下,竖笔较长,便于加点为饰。

"丑"甲骨文作(《合》10405正),象带指甲的手形,本义可能是"叉",即"爪",借为干支字,《说文》以为"纽也"。与"又"相比,"丑"只在手指形末端多加短竖以示指甲,二者形体接近,意义也都与手或手的动作有关,在作为偏旁时可能出现混同。秦简中可见"又"旁讹为"丑"旁的例子,如"史"字:

里耶·8-1516

目前秦简中所见的绝大多数"史"均从"又",这样从"丑"的只是个例。

三

前文从首笔形态、末笔走向以及特殊变体三个角度对秦简文字中常见的"又"符的形态变化进行了整理分类,归纳了"又"符在秦简文字中出现的几种主要形态及其特点,展现了其从象形的古文字形体到隶变楷化后失去象形意味的过程。根据前面的分析,我们可以把秦简文字"又"符的变化制成如下的"偏旁谱"(见下表一),以便观察。

表一　秦简文字"又"符偏旁谱

小篆写法	分类角度		例字及出处
又	首笔形态不同	圆弧或半方框形	里耶·8—102　　关沮·244 里耶·8—1517 背　　里耶·9—14 第三栏
		折撇	里耶·7—4a 里耶·8—463　　里耶·8—459
		撇	龙岗·204　　里耶·9—23 里耶·8—1709　　睡虎地·秦律·193
	末笔走向不同	向右下	里耶·8—2191 背 睡虎地·为 21　　里耶·8—1622
		向右偏平	睡虎地·日甲·65 背 里耶·7—4a
		向右偏上	睡虎地·日甲·36 背 里耶·8—682　　睡虎地·日甲·34
	特殊变体	变为"寸"	里耶·8—1523 背 里耶·8—1995
		变为"丑"	里耶·8—1516

　　这样的"偏旁谱"可以一目了然地观察秦简文字偏旁的变化情况。从上表可见,秦简文字"又"符的这些写法,有的成为后来文字的主流字形,如首笔作折撇、末笔作捺的"又";有的写法虽然少见,但在汉字系统中多少也有保留,如"又"变为"寸"。这展示了汉字演变的常态与非常态,也形成了汉字构形的多种样式。可见在秦简文字中,同一个偏旁的形态由于构形和书写习惯等原因,会产生不同的变体,使得同一个偏旁在不同的字中变化路径也有所差异。如果我们能对秦简文字和偏旁进行仔细观察,分类描写,归纳其特点,制作秦简文字偏旁谱,对于细化汉字源流演变的研究,既是必要的,也具有积极的意义。

（作者单位：复旦大学出土文献与古文字研究中心）

注：

① 参见曾宪通、林志强《汉字源流·前言》第1页,中山大学出版社2011年。

② 武汉大学简帛研究中心、湖北省博物馆、湖北省文物考古研究所编,陈伟主编《秦简牍合集(壹)·序言》,武汉大学出版社2014年。

③ 本文中的甲骨文字形,见刘钊主编《新甲骨文编(增订本)》,福建人民出版社2014年;金文字形,见董莲池编著《新金文编》,作家出版社2011年。

④ 本文对例字中需要进行讨论的偏旁做描廓填色处理,以便观察和描述。文中涉及的秦简字形截自原简,字形出处标注均与对应文字编标注一致。主要参考文献如下:黄德宽主编,徐在国副主编,单晓伟编著《秦文字字形表》,上海古籍出版社2017年;湖北省荆州市周梁玉桥遗址博物馆编《关沮秦汉墓简牍》,中华书局2001年;湖南省文物考古研究所编著《里耶秦简(壹)》,文物出版社2012年;湖南省文物考古研究所编著《里耶秦简(贰)》,文物出版社2017年;蒋伟男《里耶秦简文字编》,学苑出版社2018年;里耶秦简博物馆、出土文献与中国古代文明研究协同创新中心中国人民大学中心编著《里耶秦简博物馆藏秦简》,中西书局2016年;潘飞《〈关沮秦简〉文字编》,安徽大学2010年硕士学位论文;王辉主编《秦文字编》,中华书局2015年;张守中《睡虎地秦简文字编》,文物出版社1994年;中国文物研究所、湖北省文物考古研究所编《龙岗秦简》,中华书局2001年;朱璟依《〈里耶秦简(贰)〉文字编》,复旦大学2019年本科学位论文。

古文字研究（35）：547—553，2024

"丈"字新考

王志平

　　《说文》十部"丈"字："𠀉，十尺也。从又持十。"徐锴《说文解字系传》本作"从手持十"。元熊忠《古今韵会举要》卷十五引同《系传》。马叙伦《说文解字六书疏证》又谓："钮树玉曰：《韵会》'又'作'手'。田吴炤曰：小徐作'从手持十'。按：又，手也，自以大徐'从又持十'为是。章敦彝曰：从又，十声。……伦按：丈夫之'丈'借为大也。大音定纽，丈音澄纽，古读澄归定也。丈夫即大夫，亦即大人。丈从又，从十得声，十音禅纽，故丈音入澄纽，皆舌面前音。古读澄、禅皆归于定，是十、丈音同也。本义当为持也。《十二篇》：'据，持也。'《尔雅·释诂》：'据，杖也。'杖当为丈。据、丈为鱼阳对转转注字。丈音澄纽，据音群纽。澄群皆破裂浊音，亦转注字。当入又部。"①可谓得辗转相通之能事。

　　更有学者重新解释"丈"字的语源。元戴侗《六书故》卷一："丈，直两切，十尺也。人手中尺，故从十从又，长十尺以为度。老者、疾者之所扶象之，故亦曰丈。（别作杖。）老者然后丈尊之，故曰丈人。丈，所倚也。故凡所冯倚者皆曰丈。"明张自烈《正字通》卷一"丈"：《说文》'从又持十'，篆作𠀉。《正讹》：丈，'借为扶行之丈。别作杖，通'。又杖、丈、仗有上去二音。《正韵》丈、杖、仗载十七养韵，去声十七漾收仗、杖，阙丈。《韵会》丈载上声，仗载去声，引毛氏曰：'凡兵仗、器杖二声通用，惟凭仗之仗无上声。'旧注丈存上声，阙去声，并非。《同文举要》丈从十、尺，篆作𠀉，俗加点作丈，尤非。"

　　近代以来多发挥戴侗之说。奚世翰《说文校案》案曰："丈当是杖之本字。从又，象持杖形，非九、十之十字也。旧说手持十尺为丈，然文是从手持十，持十寸为尺，持十分为寸，孰必其为十尺哉！杖之制无考，陈氏乔枞《礼记郑读考》曰：'丧杖最短，兵杖最长，齿杖酌乎二者之间，当必以丈为度。'其说甚确。惟丈长十尺，故十尺即曰丈。后又制从木之'杖'字，而'丈'字遂为十尺之义所专。其本义晦矣。《小戴礼记·曲礼》'席间函丈'郑注本释为'容杖'，《论语·子路》所遇之'丈人'即杖者也。"②林义光《文源》按："持十无十尺之意。当即杖之古文。十古作丨，象杖形，手持之。"③鲁实先《文字释义》则批评说："案：又者，尺之所出，故尺从尸乚，以示肱下为尺，此丈之所以从十、又会意，以示十尺之义。……或曰丈，老者、疾者之所扶，别作杖（戴侗《六书故》）。后之说者亦曰当是杖之本字。从又，象持杖形（奚世翰《说文校案》）。是俱昧于丈所以从十之臆说。藉如所言，以十象丈形，则扶在又上，不在又中，岂为持杖之象？此皆不达象形之理，而恣为妄说者矣。"④近来俞绍宏、白雯雯又认为楚简中的丨是

"杖"字表意初文⑤，也是同一思路。

林沄指出："战国以前尚未见有从十从又之字（甲骨文十作┃，加又旁则与父及攴不可区别），先秦文字尚待探寻。"⑥甚是。目前所见确凿无疑的"丈"字最早见于战国楚简。郭店楚简《六德》27"疏斩布绖，杖"之"丈"作㞢，同篇45"十又二"之"十"作十。又上博简《周易》7"丈人"作㞢，16"失丈夫"作㞢，16"系丈夫"作㞢，《竞建内之》10作㞢。清华简《筮法》22"丈夫"之"丈"作㞢，同篇62"十七命"之"十"作十。楚简"丈"字所从上部笔画粗细均匀，而"十"字则为横宽竖窄之形，二者笔画长短、粗细均显然有别。

值得注意的是，清华简《祷辞》14"丈人"作㞢，则又与"攴"形近。李守奎认为："'丈'即杖之初文。甲骨文中的'攴'作┤、┤，即以手持杖形。用作动词为扑击，用作名词即杖。其所持杖作一竖形，亦即'老'字手下所扶持，后加饰画横而成丈形。……黄德宽先生指出'丈'字的演变过程应当是竖上加饰点，饰点拉长变成十形。"⑦但是如果认为"丈""攴"一字，又与文字的区别性特征不符。况且甲骨文中从"攴"之字颇多，无法释为"丈"字。再者，从文字学角度来说，"攴""扑"古本一字。元周伯琦《说文字原》："攴，小击也。从又意，卜声。普木切，隶作扑。"清段玉裁《说文解字注》卷三下："此字从又，卜声。又者，手也，经典隶变作扑。凡《尚书》、三《礼》鞭扑字皆作扑，又变为手，卜声不改。盖汉石经之体。此手部无扑之原也。唐石经初刻作朴从木者，唐玄度覆校正之从手是也。"清桂馥《说文解字义证》卷八："《广韵》：'攴，楚也。'字或作扑。《书·舜典》'扑作教刑'，传云：'扑，榎楚也。不勤道业则挞之。'《仪礼·乡射》'取扑''搢扑'，《月令》'司徒搢扑，北面誓之'。馥谓：扑必有杖，即名其杖为扑也。《列子》：'杨布衣素衣而出，衣缁衣而反，其狗迎而吠之。杨布怒将扑之。'《史记·刺客列传》：'高渐离举筑，扑秦皇帝。'《战国策》：'若扑一人，若挃一人。'"清王筠《说文释例》卷九《列文变例》："案《尚书》：'扑作教刑。'《说文》无'扑'字，'攴'即是也。又、手一物，卜有在上、在右之别耳。其器名攴，以器击之亦曰攴。故部中之字即从器义，不从击义。且或第从又取义，牧字亦不主于击，特其器不可少耳。惟字从又，故许君以击说之。"古汉语名动相因，因此"攴"的名词义并非"丈"或"杖"，仍然是"攴"或"扑"。

既然上述诸说均有未当，自应别寻字源。本文则认为"丈"所从纵横等长之"十"字，并非"针"字初文之"┃（十）"⑧，而是《说文》萑部"蒦"之本字："规蒦，商也。从又持萑。一曰视遽貌。一曰蒦，度也。彠，蒦或从寻，寻亦度也。《楚词》曰：'求矩彠之所同。'"《汉书·律历志上》："度者，分、寸、尺、丈、引也，所以度长短也。……寸者，忖也；尺者，蒦也；丈者，张也；引者，信也。夫度者别于分，忖于寸，蒦于尺，张于丈，信于引。"《楚辞·离骚》："曰勉升降以上下兮，求榘彠之所同。汤、禹俨而求合兮，挚、咎繇而能调。"王逸注："榘，法也。彠，度也。"《淮南子·泛论篇》："故通于礼乐之情者能作音，有本主于中，而以知榘彠之所周者也。"高诱注："榘，方也。彠，度法也。"清段玉裁《说文解字注》卷四上"蒦"字曰："度，徒故切。《汉志》曰：

'寸者,忖也;尺者,蒦也。'故蒦为五度之度。鸟飞起止多有中度者,故雉、蒦皆训度,度高广皆曰雉。……寸部曰:'度人之两臂为寻,八尺也。'"清王念孙《广雅疏证》卷一下"蒦,度也":"蒦者,《说文》:'规蒦,商也。一曰度也。或作彟。'引《离骚》'求榘彟之所同',今本作'矱'。《汉书·律历志》云:'寸者,忖也;尺者,蒦也。'蒦、矱、彟并同。"詹鄞鑫指出:"《汉书·律历志》解释长度单位的起源说:'尺者,蒦也。''蒦'字《说文》或体作'彟',古书中通常写作'矱'。《后汉书·崔骃传》注:'矱,尺也。''尺''矱'互训,其义相近,欲考'尺'义,可求诸'矱'。《说文》:'蒦,规蒦,商也。一曰:蒦,度也。''商也'者,'商'表示估量、量度。"(《广雅·释诂一》:"商,度也。"《汉书·沟洫志》:"皆明计算,能商功利。"颜师古注:"商,度也。")⑨甚是。"矱"所从之"矢"旁亦疑为"夬"字之讹变。

汉墓画像石多有伏羲、女娲手持矩矱之形,其手持之"十"或"×(五)"形工具即矩矱之"矱"⑩。

山东嘉祥汉武梁祠伏羲、女娲画像石　　四川崇州汉伏羲、女娲画像砖

丁山《数名古谊》以"五"为"筥(互)"之本字⑪:

Ｘ之本义当为"收绳器",引申之则曰"交午",《仪礼·大射仪》"若丹若墨,度尺而午",郑注:"一纵一横曰午,谓画物也。"《史记·项羽本纪》"楚蠭起之将",《集解》引如淳云:"众蠭飞起,文横若乇。"《索隐》亦曰:"凡物交横为午。"按:……象纵横相交者惟古文"五"字;然则《子华子》曰:"五居中宫,数之所由生,一从一横,数之所由成。"《周礼》故书云:"壶涿氏……若欲杀其神,则以牡橭午贯象齿而沈之",皆"五"之旧义矣。交横谓之五,交合亦谓之互,《周礼·鳌人》"以参互考日成",《释文》引干宝注:"互,对也";《汉书·刘向传》"宗族盘互",注:"字或作牙,谓若犬牙相交入之意也",又《谷永传》"百官盘互",注:"盘结而交互也";慧琳《一切经音义》亦三引《考声切韵》曰:"互,交互也",是五、互古义通也。五古音隶鱼模部,互亦隶鱼模韵;若以声纽言:五属喉音疑组,互属牙音匣纽,古音牙喉常相通转——亙声为桓,我声为羲,午声为许;是五互古音全同也。《说文》以互为筥省,云:"象形,中象人手所推握也"。段氏谓:"⇃象人手推之持之",愚则谓象纠缭形,《文选·鹏鸟赋》"何异纠缠",注引《字林》:"纠,两合绳",《长笛赋》注亦引张晏《汉书注》曰:"二股谓之纠",然则互

之从 ⿕，盖取两绳相交意，两绳相交谓之互，纵横相交谓之五，其所以相别者而意终无别，然则谓五、互形近音同义通，毋宁谓"𝕏，古文互"之为近矣。互《说文》云："可以收绳"，故并绳与器而象之；𝕏 则象器之尚未收绳也，故见其交横之辐；《周礼》"牛人，凡祭祀，共其牛牲之互"，郑大司农云："互谓楅衡之属"，正 𝕏 之形借。

平按：《说文》竹部："筁，可目收绳者也。从竹，象形。中象人手所推握也。互，筁或省。"《集韵》暮韵："筁、互、絚，《说文》：可以收绳也。从竹，象形。中象人手所推握也。或省。亦作糸、互。一曰差也。"也即《说文》竹部之"籆，所目收丝者也，从竹，蒦声"（据段注增"所目"二字）。"筁"为匣母鱼部，"籆"为云母（喻三）铎部，喻三归匣，鱼铎阴入对转，二者音义同源。

1979年江西贵溪崖墓（距今2595±75年）中发掘出一批春秋战国时期的纺织工具（见图一、二），其形制恰似"x""工"之形。形体为"x"者，中间交叉处用竹钉拴住，两头则用榫头嵌入，制作相当讲究，长度为36.7厘米，相关专家认定为当时的绕纱框[12]。按"框"即《说文》车部之"軖，纺车也。从车，㞷声。读若狂"。"軖"，亦作"軠"。《广雅·释器》"軖谓之筁"，王念孙疏证："軖，纺车也。纺车所以收丝，故亦谓之筁。"《集韵》阳韵："軖，繀（缲）轮也。"

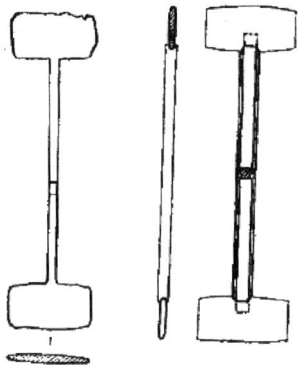

图一　贵溪崖墓出土H形绕纱板　　图二　贵溪崖墓出土X形绕纱框
　　　（江西博物馆提供）　　　　　　　　（江西博物馆提供）

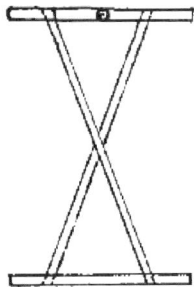

其为"x"者正与甲骨文"五"同，程邦雄认为即"籆"之本字[13]。"筁/互""籆"同源。清惠士奇《礼说》卷三《地官一》案曰："互三物一名，或曰纺车，或曰楅衡，或曰县肉格。《说文》互作筁，从竹，象形。互乃省文。人手推握，可以收绳。此纺车也。一名軖。《广雅》曰：'軖谓之互。'其说本于此。軖读若狂。或云一轮车。互状如椵，谓之枷。互设于牛角，以防触抵，此楅衡也。《诗》云：'或肆或将。'毛传云：'肆者，陈于互。将者，齐其肉。'《西京赋》所谓'置互摆牲'。此县肉格也。三物一名，或圆以转，或止不行，或象犬牙，一从一横。""一从一横"也即今之所谓"十字架"。

"篗"从"蒦"声,"篗""蒦"本系一字分化,同为"十"或"×"形工具而一物多用:用于度量,即为"蒦/矱";用于纺织,即为"筶/互"或"篗";用于市肆,即为"县肉格"之"互";用于障碍,即为"行马"之"互"或"枑"。徐锴《说文解字系传》认为"互"字:"此直象形。《周礼》有槌枑,盖以木作之,交互以为遮阑也。"王筠《说文解字句读》卷六上"枑"字亦谓:"互盖枑之古文。《周礼·脩闾氏》'掌比国中宿互柝者'注云:'故书互为巨。郑司农云:巨当为互,谓行马,所以障互禁止人也。'《高唐赋》:'睋互横牾。'"按:《说文》木部:"枑,行马也。从木,互声。《周礼》曰:'设梐枑,再重。'"徐锴《系传》:"此所以为卫也。汉魏三公门施行马,枑者,交互其木也。"《文选》潘岳《藉田赋》"于是乃使甸帅清畿,野庐扫路,封人墠宫,掌舍设枑",李善注引杜子春曰:"枑,梐枑,行马也。"其实即谓"×"形之木栏而已,亦称"拒(巨)马"。王筠《说文释例》卷一《六书总说·指事》指出:"《大射仪》'若丹若墨,度尺而午',郑注:'一纵一横曰午。'贾疏:'十字为之。'案一纵一横,正之则十字,邪之则×字。故知午为借字。"则纵横等长之"十"或"×(五)"虽有45°之差,而功用无别。"蒦/矱/矱""篗""筶/互""枑"皆为一物之异名,即"十"或"×(五)"形之交叉物也。

上博简《三德》17:"敬天之𢼊(破),兴地之胆。"整理者李零认为"破""胆"均含义待考⑭。范玉珠读"胆"为"矩",指法度、常规。《论语·为政》:"七十而从心所欲,不逾矩。"《汉书·叙传下》"濞之受吴,疆土逾矩",颜师古注:"矩,法制也。"隋王通《中说·事君》:"纵心败矩,吾不与也。"《韩诗外传》卷一:"行步中规,折旋中矩。"在此处"矩"与上文"破"相对,"敬天之破"与"兴地之矩"应是互文,指的是要遵守天地间的一切法制⑮。甚是。陈剑亦疑读为"矩",而不敢确定。但认为应将简17"破"与简10"毋改(改)破,毋兑(弁—变)事"之"破"的文意结合起来考虑,疑"破"当训为"禁",古书或作"圉""圂"和"御"等。马王堆帛书《老子》乙本卷前古佚书《十大经·正乱》"上帝以禁。帝曰毋乏(犯)吾禁……",简"敬天之破"的意思跟"犯帝之禁"相对⑯。平按:"破""破"两字均当读为"矱/矱"。简17读为"敬天之矱,兴地之矩","矱""矩"对文。简10读为"毋改矱"。《诗序》卷上:"《风雨》,思君子也。乱世则思君子,不改其度焉。"又《盐铁论·刺复》:"当世之工匠不能调其凿枘则改规矩,不能协声音则变旧律。""改矱"与"改度""改矩"同意。

王筠《说文解字句读》卷三"丈":"尺部说十寸为尺,与此十尺为丈,皆以十起数,纵黍尺也。尺部'咫'八寸,人部'仞'伸臂一寻八尺,皆以八起数,横黍尺也。夫部曰:人长八尺,故曰丈夫,通其名也。或不知周尺有两种,故说多支诎。"奚世榦《说文校案》又案曰:"《夫部》'夫'下曰:'周制:八寸为尺,十尺为丈。人长八尺,故曰丈夫。'然则丈之长实当汉之八尺,盖与人齐也。"⑰我们现在了澄清了"丈"字所从非数字之"十",乃纵横等长之"矱/矱",而寸部:"度人之两臂为寻,八尺也。"按:人体双手平伸,双臂距离一般与身高等长,因此八尺也即丈夫。而双手平伸的人体就是一个标准的一纵一横的"十"字,也即是作为尺度的"蒦",故"蒦"

字或从"寻"。而"丈"从"蒦","蒦／嬳"或从寻,则"丈"之度量最初亦当以八起数,十尺之进制乃后起之丈量。

　　以人体为尺度,是原始初民最基本的度量方法[18]。《大戴礼记·五帝德》谓禹"声为律,身为度",《史记·夏本纪》同。《集解》引王肃曰:"以身为法度。"《鹖冠子·度万》"稽从身始,五音六律。稽从身出,五五二十五,以理天下;六六三十六,以为岁式",宋陆佃注:"大禹以声为律,以身为度,所谓取稽于身者耶?"《荀子·儒效》:"礼者,人主之所以为群臣寸尺寻丈检式也。"《说文》"尺"字曰:"周制:寸尺咫寻常仞诸度量,皆以人之体为法。"清华简《五纪》:"标躳惟度。"《尸子·恕篇》:"恕者以身为度者也。"《楚辞·离骚》"羌内恕己以量人兮",王逸注:"以心揆心为恕。量,度也。"贾谊《新书·道术》:"以己量人谓之恕。""恕"即"如",谓以人如己也。仍是以自身为尺度。

　　综上所述,按照我们的看法,"丈"之造字本义当重新分析为"丈,八尺也。从又持蒦"。以手持蒦／嬳,会意"丈量"之义,也即"丈量"之"丈"本字。《大戴礼记·保傅》:"燕支地计众,不与齐均也。"桂馥《说文解字义证》:"支即丈,或读为章移切者,非也。"王筠《说文解字句读》:"支即丈字,犹依篆法书之。"均指出"支"为"丈"字之讹。《左传·襄公九年》"巡丈城",杜预注:"丈,度也。"《岳麓书院藏秦简(壹)·为吏治官及黔首》1584正／65正:"丈量斗甬(桶)。"[19]睡虎地秦简《法律答问》6:"甲盗牛,盗牛时高六尺,觳(系)一岁,复丈,高六尺七寸,问甲可(何)论?当完城旦。"[20]此皆"丈量"之"丈"。又《龙岗秦简》176:"□□租者不丈□。"[21]《岳麓书院藏秦简(肆)·金布律》1398正／130正:"马齿盈四以上当服輂车、䝙(垦)田、就(僦)载者,令厩啬夫丈齿令、丞前,久(灸)右肩,章曰:当乘。"[22]邢义田与高震寰认为"简文明明说丈齿,应仅和牙齿有关",而将"丈齿"解为"检查马齿,丈量齿长",还提出"有一个可能是丈、齿二字都是动词,丈指丈身高和齿长,齿则指由长度计年龄"。在文末附记中还提到"石升烜提醒我有居延和金关简材料可用,丈、齿或应分读,皆为动词"[23]。黄浩波认为"丈齿"或可断读为"丈、齿";整理者原有"丈量检测马的年齿身高"的说解或可细化为"丈量马的身高,检验马的年齿"[24]。其说可从。古汉语名动相因,故由"丈量"之动词义衍生出"丈尺"之名词义,进而由八尺发展为十尺了。

　　附记:本文获中国社会科学院学科建设"登峰战略"资助计划资助(DF2023YS09)。

(作者单位:中国社会科学院语言研究所)

注:

①　马叙伦《说文解字六书疏证》卷五第23—24页,上海书店1985年。

② ⑰　奚世幹《说文校案》，《上海国学杂志》1915年第1、2期。

③　林义光《文源》第235页，中西书局2012年。

④　鲁实先著，王永诚注《文字释义注》第345—346页，台湾商务印书馆股份有限公司2015年。

⑤　俞绍宏、白雯雯《楚简中的"丨"字补说》，《文献》2018年第3期。

⑥　林沄《先秦古文字中待探索的偏旁》，《古文字研究》第21辑第362页，中华书局2001年。

⑦　李守奎《释楚简中的"规"——兼说"攴"亦"规"之表意初文》，《复旦学报（社会科学版）》2016年第3期第83页。

⑧　裘锡圭《释郭店〈缁衣〉"出言有丨，黎民所言言丨"——兼说"丨"为"针"之初文》，《古墓新知》第1—8页，国际炎黄文化出版社2003年。

⑨　詹鄞鑫《近取诸身远取诸物——长度单位探源》，《华东师范大学学报（哲学社会科学版）》1994年第6期第40页。

⑩　或以为女娲所持为规，参见李守奎《释楚简中的"规"——兼说"攴"亦"规"之表意初文》；程燕《清华六〈郑武夫人规孺子〉"规"字补说》，《中国文字学报》第10辑，商务印书馆2020年；罗小华、贾连翔《"规"字补说》，《简帛研究二〇二一·秋冬卷》，广西师范大学出版社2022年。

⑪　丁山《数名古谊》，《史语所集刊》1928年第1本第1分第91—92页。

⑫　陈维稷主编《中国纺织科学技术史（古代部分）》第50页，科学出版社1984年。

⑬　程邦雄《释"五"》，《语言研究》2000年第4期。

⑭　马承源主编《上海博物馆藏战国楚竹书（五）》第300页，上海古籍出版社2005年。

⑮　范玉珠《上海博物馆藏战国楚竹书〈三德〉研究》第42—43页，东北师范大学2007年硕士学位论文。

⑯　陈剑《〈三德〉竹简编连的一处补正》，简帛网2006年4月1日。

⑱　汪宁生《从原始计量到度量衡制度的形成》，《考古学报》1987年第3期。

⑲　朱汉民、陈松长主编《岳麓书院藏秦简（壹）》第138页，上海辞书出版社2010年。

⑳　睡虎地秦墓竹简整理小组编《睡虎地秦墓竹简》释文注释第95页，文物出版社1990年。同页注释："丈，《左传》襄公九年注：'度也。'"

㉑　中国文物研究所、湖北省文物考古研究所编《龙岗秦简》第129页，中华书局2001年。同页注释："丈，丈量。"同页校证："应释为'丈量'之'丈'。睡虎地秦简《为吏之道·除害兴利》：'徒隶攻丈。'"

㉒　陈松长主编《岳麓书院藏秦简（肆）》第110—111页，上海辞书出版社2015年。

㉓　邢义田、高震寰《"当乘"与"丈齿"——读岳麓书院藏秦简札记之三》，简帛网2016年4月8日；又邢义田《今尘集——秦汉时代的简牍、画像与文化流播》下册第339—353页，中西书局2019年。

㉔　黄浩波《读秦简札记二则》，《珞珈史苑·2017年卷》第5—12页，武汉大学出版社2018年。

古文字研究（35）：554—559，2024

从文字与文物角度说"衝"

周忠兵

古代有一种攻城战车，其名为"衝"，文献用例如：

《诗经·大雅·皇矣》："以尔钩援，与尔临衝，以伐崇墉。"毛传："衝，衝车也。"

《左传·定公八年》："主人焚衝。"杜预注："衝，战车。"

《淮南子·览冥》："大衝车，高重京。"高诱注："衝车，大铁著其辕端，马被甲，车被兵，所以衝于敌城也。"

《吕氏春秋·召类》："孔子闻之曰：'夫修之于庙堂之上，而折衝乎千里之外者，其司城子罕之谓乎？'"高诱注："衝车所以衝突敌之军，能陷破之也。"

此义的"衝"《说文》本字作"轈"，杨树达《释轈》一文对其含义作了详细研究[①]：

《说文》四篇上车部云："轈，陷阵车也，从车，童声。"经传多假衝字为轈。……按轈之为言撞也。《后汉书·光武纪》云："衝輣撞城。"是轈有撞之用。撞字亦或假衝字为之。《国策·齐策》云："使轻车锐骑衝雍门。"所谓轻车，轈车之类也。……按文云折衝、云隆衝、云衝车，皆谓轈也；注云衝突衝干者，皆谓撞也。……轈车有撞捣撞突之用，故谓之轈矣。"

一 已有文字方面的研究简评

此类攻城战车在文字、文物中的反映已有学者做过很好的讨论。先来看文字方面的研究。甲骨文有如下一字：

《乙》7795＜《合》6834 正[②]   《合》11451＋13190[③]   《联邓》21＝《合补》6285＝《香港》6

相关辞例为：

（1）癸丑卜，[争*]贞：自今至于丁巳，我翦田。王占曰：丁巳我毋其翦，于来甲子翦。旬又一日癸亥翦弗翦。之夕向甲子允翦。　　　　　　　　　　　　　　　　《合》6834

（2）……日□亥翦……允……　　　《合》11451＋（与《合》6834同文，辞残）

（3）……今日……隹翦克……　　　《合补》6285

金赫认为此字字形"可能是象车上有大撞木之形。'翦'字中间的'翦'形即能够打破敌城的一种锐利的器具,具体象形的实物就是古代'衝车'"。并引用刘钊的观点将之直接释为"衝",还引《武经总要前集》中的撞车图(见图一)来比较。他认为第1辞的意思是说"过十一天后的癸亥日衝击了敌方,没有翦灭"④,将其中的衝理解为以衝车攻城。

图一　《武经总要前集》中的撞车

金先生引传世文献中记载的撞车形制来与甲骨文字 𝄢 的字形类比,两者的确存在高度的吻合,都包括车及用来撞击的锐器,所以这样的类比有一定的合理性。若第1辞的 𝄢 如其所说(第2辞与之同文,第3辞残,暂不讨论),就是以衝车攻城,则此字的释读可信度很高。

不过第1辞中的 𝄢 是否即用其本义,并不是毫无疑问。此辞占辞与验辞"丁巳我毋其翦,于来甲子翦。旬有一日癸亥 𝄢 弗翦。之夕向甲子允翦",其焦点是对何时"翦"进行判断和记录,其结构皆为"时间词＋翦",所以"旬有一日癸亥 𝄢 弗翦"亦不应例外,也就是说"旬有一日癸亥 𝄢"整个表示的是时间。𝄢 应该是表示"癸亥"日的某种状态。

所以,失去 𝄢 字用作本义的语境支持,将之释为"衝"就仅仅是从形体类比得到的结论,还缺乏强有力的证据支撑。

此外,在甲骨文中还有以下两个与 𝄢 关系较为密切的字,其一的字形与辞例如下:

(4)辛丑卜,㲉贞:今日子商其敢(掩)⑤真方缶,翦。五月。

(5)辛丑卜,㲉贞:今日子商其敢(掩)真方缶,弗其翦。

(6)壬寅卜,㲉贞:尊雀叀啚敢(掩)真方缶,翦。

(7)壬寅卜,㲉贞:子商不歬(缓)翦真方。

(8)壬寅卜,㲉贞:自今至于甲辰子商弗其翦真方。

(9)壬寅卜,㲉贞:自今至于甲辰子商翦真方。

(10)贞:自今壬寅至于甲辰子商翦真方。

(11)壬寅卜,㲉贞:曰子商癸敦。五月。

(12)曰甲敦。

(13)曰子商于乙敦。

(14)贞:曰子商至于屮城,作山,翦。

(15)勿曰子商至于屮城,作山,翦。

(16)甲辰卜,㲉贞:翌乙巳曰子商敦,至于丁未翦。　　　　《合》6571正

黄天树认为:"'𝄢'字,其结构从'𝄢'从'𝄢'。'𝄢'是装在衝车前的锐器,……下面的偏旁'𝄢(两)',也以车上重要部分缚双轭于衡之形代表车。所以,'𝄢'就是……'𝄢(衝)'字的

异体。”[⑥]方稚松新近亦对□字作了考释，认为其上方与□所从相同，下方为“丙”，乃此字的声符，在卜辞中读为“逢”[⑦]。

将□字拆分为□、丙两部分来理解合适与否值得怀疑，上方的□也不必一定与□所从视为同一物。类似的尖锐状形体在“畀”字中亦可看到。可见它可以是不同来源、不同功用的尖锐器物的象形。而甲骨文中的丙形构件往往在文字构形中并不表声，如“置”“巂”等字中的丙形构件。所以□字大概不能与□看作同一字，且将其中的“丙”看作声符亦有问题。

□字宜视为一整体象形字，方先生在文中提到谢明文怀疑此字可释为“矞”，此观点可信。此字与矞的形体系联方先生文章已提及：“□与金文中‘遹’（□、□）所从的‘矞’（□、□）在构形上极为相似。对比字形可知，将□与□等字形系联在一起的意见无疑是非常合理的。‘矞’字形上从矛，下所从丙一般看作是矛之柲尾端的镈形。甲骨文中未见单独的‘矛’字，但□上面的□看作是矛头也未尝不可，故□与‘矞’为一字的可能性似也不能排除。”[⑧]此字形系联亦可信，且从最早的甲骨文□（矞）的字形看，矞字上部本非“矛”字（矛乃字形演变后的讹变体），矞字本身象某类器首为尖锐形、尾部有镈的器物。

与□有关的卜辞，其占卜焦点是问子商在何时敦伐𢀛方，从而能取得胜利，如“于乙”“翌乙巳”等。所以上述卜辞中“矞癸”“矞甲”应该也是表示时间的，其中的矞可读为“遹”，乃虚词，“遹癸”“遹甲”大致相当于“惠癸”“惠甲”，与辞中的“于乙”相对。

另一与□形体相关者，其字形辞例如下：

（17）戊午卜，㱿贞：我其呼□□，翦。

（18）戊午卜，㱿：我□□，翦。 《合》1027正

□字黄天树认为“象以兵车‘轒辒’攻城，应是‘衝’字初文”[⑨]。从字形解释看，这样的说法未尝不可。但从相关文例看，此字似为“敦”之异体。《合》33077（师历间B类）上有“癸亥卜：今夕敦□，翦”，其中□与□为同一方国的不同写法，戊午、癸亥只相差几日，两者似为同一事所卜。所以，□可能为敦字的一种异体，字形以衝车的锐器攻城会敦伐之意。

二 已有文物方面的研究简介

以上就是目前学界讨论过的涉及与衝相关的古文字材料[⑩]。除了从文字角度来讨论衝的问题，还有从出土文物角度来讨论者，其一为史党社、田静（2010）文，文章认为汉景帝阳陵南区丛葬坑出土的被发表者称为“攻城破门器”的器物（见图二）乃古代之衝。

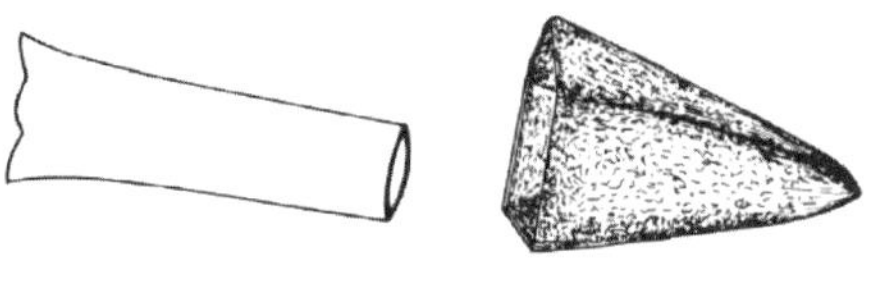

图二 汉代实物“衝”

“此物前锋部分共有五侧面，整体呈尖锥形，中空，长23.2、最宽15.2、高13.1厘米；镦尾部作鱼尾形，长33、外径宽7、尾部宽11.8厘米。推测在二者

之间,必有木身……这两件器物所组成的器具,已可构成冲之主体即冲槌,与《武经总要》所载撞车的冲槌酷似,所以应该就是古代之冲。"⑪

其一为胡洪琼(2018)文,文章认为在殷墟宫殿区以南的刘家庄北地的所谓"铜异形器"为破门器,它与"衝"的功能相同。

此器形制如图三:1所示,总长约59厘米,最粗口径25厘米,重约17公斤。胡文指出形制相同的器物在《邺中片羽初集(二册下)》中也著录了一件(见图三:2)⑫,并系联甲骨文中的"衝"字,认为:"'冲'字前端之锐器应是真实器具的象形,与本文所论之破门器也基本吻合。甲骨文献与相应器具的发现充分说明,殷墟时期使用冲车攻城已成为基本的战术方法。"⑬

上述两种从文物角度讨论"衝"的文章皆注意到衝为一种锐首器物,特别是胡文还将其讨论的对象与甲骨文 🔨 字中的尖锐部分对应,应该说很有说服力。若甲骨文 🔨 释"衝"可信,则古代战车"衝"在古文字与古文物两方面能得到相互印证,可看作文字资料与文物资料二重互证的佳例。

图三　商代实物"衝"

1. 刘家庄北地出土
2. 《邺中片羽初集》著录出土传世商代实物"衝"

三　"衝"字考释的定点

不过上文我们谈及 🔨 在卜辞中并不用作"衝"之本义,其读音又不详,所以学者将之释为"衝"是否可信还需证明。在金文资料中恰有一例可证明此字释"衝"可信。其例见于黄夫人鼎铭,相关字形和辞例如下:

⑭　　⑮

(19)黄子作黄甫(夫)人孟姬器,则永祜,霝(令)🔨。　　　　　　　《铭图》2038

🔨字的释读情况如下:

1.隶定为"窜",括注为冬、终⑯。隶定为"𥧐",认为是輂或蹂⑰。或解释为"似为輂字异体,字从宀从车矛声,读为终。永宝灵终,金文惯用语"⑱。

2.隶定为"宔","末一字拓本不太清晰,疑从'重'声,属东部,仍可认为'终'的通假字。由此看来,当地语音东、冬两部可能是混同不分的"⑲。

3.认为此字"从宀矛东声","与终字古韵同部,是可以通假的"⑳。

黄夫人鼎乃1983年4月河南光山县宝相寺上官岗砖瓦厂春秋时期的黄君孟夫妇合葬墓所出,其中属于黄夫人的铜器共22件,它们的铭文多大同小异,如:

（20）黄子作黄甫（夫）人行器,则永葆（祜）葆（福）,霝（令）终霝（令）夋（后）。

黄夫人鼎,《铭图》2087

（21）黄子作黄甫（夫）人行器,则永葆（祜）葆（福）,霝（令）终霝（令）夋（后）。

黄夫人豆,《铭图》6148

（22）黄子作黄甫（夫）人行器,则永葆（祜）葆（福）,霝（令）终霝（令）夋（后）。

黄夫人鬲,《铭图》2945

（23）黄子作黄父（夫）人行器,则永祜葆（福）,霝（令）终霝（令）复〈后〉。

黄夫人壶,《铭图》12338

对比这些铭文,不难得出例19中的"永祜"为"永祜福"之省,"霝（令）"为"霝（令）终霝（令）夋（后）"之省。也就是说与对应的词为"终"。所以在上述对字的研究中,多位学者将之破读为"终",应该就是对比这些相似铭文得到的结果。不过,具体对此字结构的分析有不同的观点,或认为从矛得声可读为"终",或认为此字从"重"或"东"得声,因此可与"终"通假。

从的字形看,它由宀、矛、车三个部件构成,所以认为其从"重"或"东"得声的观点并不可信。由于矛（明母幽部）与终（章母冬部）的古音并不相近,故认为此字从矛得声破读为终的观点亦有问题。

除去宀以外的部件其实就是甲骨文的一种变体,上方尖锐物变为矛形,与裔由（德）变为相似。下方横置的车变为直立车之简体,与旅由变为相似。所以可视为字异体。在字中作为声符,且与"终"读音接近。由更为象形的甲骨文字形体象衝车之形,结合其可确定的读音,可知以往学者将释为"衝"是可信的。"终"与"衝"声通假的例子如,《史记·伍子胥列传》"拔其鍾离、居巢而归",司马贞索隐:鍾离,《系本》谓之'终犂'"[21]。另黄夫人盘（《铭图》14455）铭中的"终"作审,从"中"声,而衝车之"衝"亦可作"冲"。这些皆很好地说明了从衝得声的字可与终通假。

综上可知,从甲骨文字形及殷墟出土实物看,商代已有攻城的衝车这点可以肯下来。当然,前文已论及甲骨文中的"衝"并不用作本义,它在"癸丑卜,［争*］贞:自今至于丁巳,我翦。王占曰:丁巳我毋其翦,于来甲子翦。旬又一日癸亥衝弗翦。之夕向甲子允翦"一辞中可读为"终","癸亥终"表示的是癸亥结束。整条卜辞卜问商对作战,取得胜利的时间点在何时。根据卜兆商王判断此时间点不在丁巳日,而在下一个甲子日。结果在占卜日癸丑之后的癸亥（白天）结束仍未取得胜利,此胜利发生在癸亥夜间即将结束甲子日即将开始的时段,与商王的占断基本吻合。

附记：本文为国家社科基金项目"甲骨文字形考辨及全编编纂研究"（23BYY001）、吉林大学基地重大项目（2020XXJD07）的阶段性成果。

（作者单位：吉林大学考古学院古籍研究所、
"古文字与中华文明传承发展工程"协同攻关创新平台）

注：

① 杨树达《积微居小学述林》第18页，科学出版社1953年。

② 此字形在较晚拓片上作█，中间竖笔上多一斜笔，故据之所作摹本亦多误。参看蒋玉斌《"匹"字源流补说——兼释甲骨文中有关车马的几个字词》，"源远流长：汉字国际学术研讨会暨AEARU第三届汉字文化研讨会"论文第8—9页，北京大学，2015年4月11—12日。

③ 李爱辉缀合，见黄天树主编《甲骨拼合四集》第160页第950则，学苑出版社2016年。

④ 金赫、苗丰《释甲骨文中的"█（衝）"》，《汉字研究》2012年第7辑。

⑤ 敢为掩捕之掩的表意初文，参看陈剑《"寻'词'推'字'"之一例：试说殷墟甲骨文中"犯""围"两读之字》，"中国古文字研究会第二十三届年会"论文集第4页，河南大学，2020年10月31日—11月1日。

⑥⑨ 黄天树《甲骨卜辞中关于商代城邑的史料》，《古文字与古代史》第4辑第173—174页，史语所2015年；又载于《黄天树甲骨金文论集》第237—238页，学苑出版社2014年。

⑦ 方稚松《释〈合集〉6571中的█》，《古文字研究》第32辑，中华书局2018年。

⑧ 同上注第80页。

⑩ 此外，方稚松还提及见于小臣墙骨版刻辞的█字亦从█（第81页），乃方国名。另陶文中亦有从此类字形者，作█（参看王珍仁、孙慧珍《旅顺博物馆藏古陶文介绍》第131号，《考古与文物》2000年第1期），乃地名。

⑪ 史党社、田静《中国古代之"冲"小考——兼论汉景帝阳陵出土"攻城破门器"的命名》，《考古与文物》2010年第4期。图二亦采自此文。另陆敬严、田淑荣《中国古代攻坚战与攻守器械》一文还提及在合肥出土过三国时期的撞车铁头，整体为铁（《科学》1987年第4期），应与此器物前锋类似。

⑫ 在唐兰《中国古代社会使用青铜农具问题的初步研究》（《故宫博物院院刊》1960年总2期）一义图44录有一件形制近似的青铜器（长26.6厘米，刃部最宽处11.1厘米），亦可能为"衝"。

⑬ 胡洪琼《殷墟出土"铜异形器"功用蠡测》，《中原文物》2018年第5期。

⑭ 此图采自花原《信阳出土商周青铜器铭文介绍》，《中原文物》1991年第2期。

⑮ 此图采自李伯谦主编《中国出土青铜器全集》（河南下）第10册第332页第354号，龙门书局2018年。

⑯ 河南信阳地区文管会、光山县文管会《春秋早期黄君孟夫妇墓发掘报告》，《考古》1984年第4期。

⑰ 张亚初编著《殷周金文集成引得》第41页，中华书局2001年；中国社会科学院考古研究所编《殷周金文集成（修订增补本）》第2册第1293页，中华书局2007年；吴镇烽编著《殷周青铜器铭文暨图像集成》第4卷第204页，上海古籍出版社2012年。

⑱ 詹金明《豫南地区出土商周方国铜器铭文研究》第36页，安徽大学2012年硕士学位论文。

⑲ 李学勤《光山黄国墓的几个问题》，《考古与文物》1985年第2期。

⑳ 刘翔《论黄君孟铜器群》，《江汉考古》1988年第4期。

㉑ 参看张儒、刘毓庆《汉字通用声素研究》第202页，山西古籍出版社2002年。

古文字研究（35）：560—563，2024

孔子"直躬"章"直"字新说

李　锐

《论语·子路》载："叶公语孔子曰：'吾党有直躬者，其父攘羊，而子证之。'孔子曰：'吾党之直者异于是。父为子隐，子为父隐，直在其中矣。'"有关这一段话中孔子之语，近些年成了一个热点问题。原武汉大学刘清平发表《美德还是腐败——析〈孟子〉中有关舜的两个案例》一文，讨论舜父瞽瞍杀人舜窃负而逃和舜封弟二事，认为孟子公开肯定徇情枉法和任人唯亲的腐败行为。武大郭齐勇同年发表《也谈"子为父隐"与孟子论舜——兼与刘清平先生商榷》，并结集相关文章为《儒家伦理争鸣集——以"亲亲互隐"为中心》①，表明论辩的核心已经转向《论语》中孔子的亲亲互隐问题。武大邓晓芒教授评议该书，有《儒家伦理新批判》议论相关问题，赞同"亲亲互隐"导向腐败，与郭齐勇为同系操戈，论战遂由武大弟子门人渐至整个学界，涉的内容也由孟子而至孔子，再至古希腊的柏拉图《游绪弗伦》中苏格拉底对类似问题的意见，有《〈儒家伦理新批判〉之批判》②。此后，因上博简《内豊》中出现了"**君子事父母，亡私乐，亡私忧。父母所乐乐之，父母所忧忧之。善则从之，不善则止之；止之而不可，隐而任之，如从己起**"，故又有了新的理解。此后仍有相关的讨论，至今不息。

不少人集中于"隐"字而论，有缄口论——将"隐"理解为隐默不言或微谏；檃栝论——主张"隐"有矫正之意；隐匿论——认为"隐"指隐瞒、隐蔽、包庇③；隐任论——即《内豊》中的"**隐而任之**"④；隐痛论——即孟子的"恻隐之心"⑤。

也有学者讨论"直"，如梁涛认为直有公正、正直义，也有率真、率直义，"直在其中矣"的"直"是率真、率直义⑥。后来程能的总结古今讨论，指出"直躬"之"直"是对行为事实的描述，而后面"直在其中矣"之"直"，作为行为者的依据，有三种理解：一是情感论，即内在情感与外在行为的一贯性；二是理—分论，将每个人行为准则的根据归之于其身份与位置；三是情—理融贯论，即"直"是寓情于理之"直"。而程氏批评了上述解释，自己补充了第四种理解：情—理—事三者的统一⑦。

鄙意对于"父子互隐"，首先我们可以确定的是，"直"在孔子的思想中并不是一个特别核心的词汇。孔子虽然说过"直哉史鱼"（《论语·卫灵公》）、"益者三友，损者三友：友直，友谅，友多闻，益矣"（《季氏》）、"古之愚也直，今之愚也诈而已矣"（《阳货》）等，以及将直和枉对举，还讲过"人之生也直"（《雍也》），特别是"夫达也者，质直而好义"（《颜渊》），这些大概是对"直"的正面评价。但是《论语·泰伯》则记载孔子说"直而无礼则绞"，"好直不好学，其蔽也绞"（《阳货》），可见仅仅直是不够的，还需要有礼、好学。所以直躬的举动，显然是违背了孔子所看重的礼。

可是，孔子所说的"父为子隐，子为父隐"，这虽然照顾了父子之间的"礼"，却很难说是"直"。即便说这是"质直而好义"，也存在问题。因为叶公说的是"其父攘羊，而子证之"，那么"父为子隐，子为父隐"的前提是父或子犯了错误，这如何是"质直而好义"呢？

还存在的问题是，就叶公所说而言，孔子承之应该是"子为父隐"，然而孔子却先说"父为子隐"，再说"子为父隐"，而且也没有提攘羊，显然是将"其父攘羊，而子证之"的举动，扩大化为不论是父或子攘羊乃至犯错误，父、子该有的举动都是隐。所以，孔子的言语，显然是要将叶公的问题提升为人犯错后父、子该有的举动，将之普遍化。

在孔子看来，子有过，是父之错，所谓"养不教，父之过"。而父有错，则是子之过。《孝经》中就记载：曾子问："子从父之令，可谓孝乎？"子曰："是何言与！是何言与！昔者天子有争臣七人，虽无道，不失天下；诸侯有争臣五人，虽无道，不失其国；大夫有争臣三人，虽无道，不失其家；士有争友，则身不离于令名；父有争子，则身不陷于不义。故当不义，则子不可以不争于父，臣不可以不争于君。故当不义则争之，从父之令，又焉得为孝乎？"所以当父行不义的时候，子要争于父。上述关于"隐"的几种意义里，隐匿论中，有些学者强调了微谏，有学者据《内豊》强调"隐而任之"，都不如《孝经》里的孔子对于谏诤（争）的强调。试想微谏如果父不从，隐而任之，结果恐怕都免不了要从父之令，而这在孔子看来，是不孝。

所以"父为子隐"，是子犯错后，父亲自觉有过，要为子隐。显然为子隐的结果是自己（父）承担过错。而"子为父隐"，是父犯错后，子自觉有过，要为父隐，其结果同样是自己（子）承担过错。是故隐就是隐匿，是当下的直接行为，而不是事后的罢栝，也不是因为恻隐、隐痛而隐匿。

解释了"隐"字，但要说"父为子隐，子为父隐"这种行为是"直"，其实有些勉强。

因为一是这种行为其实并不能说是直，情和理，或者情—理—事在这里无法融贯。从礼义上来讲，攘羊如果还能合情合理，那么大家都可以这么干，于是只能天下无羊了。而且我们试看《论语》中孔子说话的方式，如："子张学干禄。子曰：'多闻阙疑，慎言其余，则寡尤；多见阙殆，慎行其余，则寡悔。言寡尤，行寡悔，禄在其中矣。'"（《为政》）"子曰：'饭疏食、饮水，曲肱而枕之，乐亦在其中矣！不义而富且贵，于我如浮云。'"（《述而》）"子曰：'君子谋道不谋食。耕也，馁在其中矣；学也，禄在其中矣。君子忧道不忧贫。'"（《卫灵公》）以及子夏的"博学而笃志，切问而近思，仁在其中矣。"（《子张》）所谓"X在其中矣"，是说某种行为中潜藏了X，但是并不直接就是X。所以"父为子隐，子为父隐"，这种行为中含有"直"，但并不直接就是"直"。

二是即便是回应叶公的"直"，或者真有所谓情理或情理事的融贯，可是"直"并不是孔子很看重者。孔子看重的显然是仁义道德这些内容，而直却有可能无礼、不孝，显然和仁义道德不能直接相通。

三是孔子已经将这一问题提升为人犯错后父或子该有的行为上来了,所以这里也不是理—分论可以解释的,而是一个普适性的问题。

这里我们不经想到孔子常用的"正名"这种重新解说文义的逻辑,此处孔子显然是重新给"直"进行了解释,赋予了它不同于通常情况下不被孔子看重之"直"的新意义。《论语》中,与正名相关的论述,公认有《雍也》篇的"子曰:'觚不觚,觚哉!觚哉!'"和《颜渊》篇的"齐景公问政于孔子,孔子对曰:'君君、臣臣、父父、子子。'公曰:'善哉!信如君不君,臣不臣、父不父、子不子,虽有粟,吾得而食诸?'"而最能体现孔子"正名"逻辑的,还有《为政》的:"子游问孝。子曰:'今之孝者,是谓能养。至于犬马,皆能有养;不敬,何以别乎?'"与其说孔子在这里是按照属加种差的方式来区别孝和养,不如说孔子在这里就是为"孝"正名:孝更重要的是敬,而不是养。还有《为政》篇的:"或谓孔子曰:'子奚不为政?'子曰:'《书》云:孝乎!惟孝友于兄弟,施于有政。是亦为政,奚其为为政?'"孔子根据《尚书》之言,表明在家讲求孝友也是"为政",而不必一定要参与朝堂之事才算得上为政。

所以孔子说:"礼云礼云!玉帛云乎哉?乐云乐云!钟鼓云乎哉?"(《阳货》)孔子讲求的是"名"之实质,而不是形式上的玉帛钟鼓。孝的实质是敬,而不是养;为政的实质是使人孝友,而不是在朝。因此"直"不应该是形式上的以子证父的直,而是实质上的在"父为子隐,子为父隐"中,体现出的父、子承担自身做得不到、不够的"直",这种"直"是隐含的,不是直接的"直"。

但是问题并不是在此就可以解决了。直终究不是孔子的核心价值。如果直这么重要,如此难能可贵,孔子何必还谈仁义道德?"直"又怎么会"无礼","不好学"呢?所以,如若以为上述解释即便能体现孔子擢拔出人有错后父子的正当行为的话,似乎还不够。就像孝一样,一般人认为能养亲就是孝,这已经很不容易了;可是孔子认为不敬还是不能成为孝。所以"直"即便是父、子为人承担过错的责任,也还不够。因为存在过错的行为毕竟已经发生了,有没有能够不使过失、过错不出现的可能呢?

其实,"德"字古代或作"悳",从直声,直与德在古代是通假字。近年出土的战国竹简中,常见以"直"为"德"者。如阜阳汉简《诗经·邶风·谷风》"既阻我直","直"当读作"德";上博简《天子建州》乙本"文直治,武直伐",有甲本可对照,"直"当读为"德"(甲本下"德"字作"悳");放马滩秦简《日书》乙种中,"刑德"之"德"或作"直";清华简《子产》中也有以"直"为"德"者,特别是"政直""政悳"同出。而像郭店简《唐虞之道》中,"世亡忕直","今之弋于直者,未年不弋","上直则天下又君而世明"等,学界皆同意"直"当读为"德"。所以战国秦汉简牍中,以"直"为"德"很是常见,至少有13例⑧。

因此,孔子虽然在这里说的是"直",我们虽不敢说他直接通假为"德",但他很可能指向的正是"德";或者说此处是语带双关,而重点在德。"直"并不是孔子思想中的核心观念,但是"德"却是的。像孔子所谓"道之以德,齐之以礼"(《为政》),"德之不修,学之不讲,闻义不能徙,不善不能改,是吾忧也"(《述而》),"志于道,据于德,依于仁,游于艺"(《述而》),"吾未见好德如好色者也"(《子罕》)等等,皆可以体现这一点。而且孔门四科中,以"德行"为首。

是故孔子针对"其父攘羊,而子证之",不仅用"父为子隐,子为父隐",提升为人有错后父子的正当行为;而且把"直"提升到"德"的层面上来。所以"父为子隐,子为父隐"虽然不一定直,但是却体现了对德的追求,德在其中。不管是事前还是事后,只要一直存在对德的追求,那么攘羊之事终究可以不发生。"其父攘羊,而子证之",这在刑罚上来说是一种公正的行为,但是刑罚公正不是孔子的需求,而正是他反对的。孔子说:"道之以政,齐之以刑,民免而无耻;道之以德,齐之以礼,有耻且格。"(《为政》)孔子是要教民以德,而不是去追求刑罚公正。德和礼能够让攘羊这种"耻"的行为不发生,比之子证父这种"免而无耻"的行为,要强过千百倍。

所以孔子虽然说的是"直",但指向的其实是德。类似的改变字义或者说"指鹿为马"、重新定义,还有一些例子。除了上述"孝友于兄弟"外,《论语·颜渊》中记:"季康子问政于孔子。孔子对曰:'政者,正也。子帅以正,孰敢不正?'"孔子用政的通假字"正",来解说如何为政。此外如《中庸》:"子路问强。子曰:'南方之强与?北方之强与?抑而强与?宽柔以教,不报无道,南方之强也,君子居之。衽金革,死而不厌,北方之强也,而强者居之。故君子和而不流,强哉矫!中立而不倚,强哉矫!国有道,不变塞焉,强哉矫!国无道,至死不变,强哉矫!'"这里孔子不仅自己提出了一种强,而且有所谓南方之强:"宽柔以教,不报无道",然而这在一般人看来,其实是柔,并不是强,但是孔子称之为强,为之"正名"。也就是孔子说它为强,但是实际上指向的是柔。

附记:本文写作得到2023年度北京师范大学中央高校基本科研业务费科研创新人才培育项目"新出土文献与经典文献新研"(123320009)、北京师范大学"学术思想专题研究"(201904)科研基金的资助。

(作者单位:北京师范大学历史学院史学研究所)

注:

① 郭齐勇主编《儒家伦理争鸣集——以"亲亲互隐"为中心》,湖北教育出版社2004年。

② 郭齐勇主编《〈儒家伦理新批判〉之批判》,武汉大学出版社2011年。

③ 参见程能的《论"亲亲相隐"之辨及"隐"的三种层次》,《浙江学刊》2017年第2期;赵蔚《"亲亲相隐"之"隐"字探微》,《文教资料》2021年第14期。

④⑥ 梁涛《"亲亲相隐"与"隐而任之"》,《哲学研究》2012年第10期。

⑤ 王庆节《亲亲相隐,正义与儒家伦理中的道德两难》,《中国文哲研究集刊》2017年第51期。

⑦ 程能的《论"亲亲相隐"之辨及"隐"的三种层次》,《浙江学刊》2017年第2期。

⑧ 白于蓝编著《简帛古书通假字大系》第598页,福建人民出版社2017年。

古文字研究(35)：564—568,2024

论安大简《诗经》"疋鵤"之"疋"的上古声母

叶玉英

毛诗《关雎》中的"雎鸠"，在安大简《诗经》中对应的异文是"疋鵤"。"鸠"与"鵤"是一字异体，"鵤"的声旁"㐰"从"九"声，故"鸠"与"鵤"的读音应该相同，没有进一步讨论的必要。不过"疋"与"雎"这对异文则是值得关注的。《上博一·孔子诗论》第10、11号简中"闇疋"即"关雎"。"疋"与"雎"构成异文。小屯南地甲骨有字作 （703），裘锡圭认为字当隶作"罜"。"罜"是个从网、疋声的形声字，乃"置"字异体①。甚六钟"中鸣婕好"之"婕"，何琳仪认为当读为"且"②。《上博三·周易》第38、40—41简出现两处相同的简文"臀无肤，其行緀疋"，"緀疋"，马王堆帛书《周易》作"鄝胥"（58上），《易》夬卦作"次且"，典籍或又作"趑趄""趦趄""越趄"。《上博四·昭王毁室》第1号简文："昭王为室于死沮（沮）之浒。""沮"假借为"沮"。《广雅·释诂一》："沮，湿也。"《清华六·子仪》："公及（15）三方诸任君不瞻彼沮（沮）漳之川开而不阖也。（16）""沮"假借为"沮水"之"沮"。北大汉简四《妄稽》第55号简文："疏齿钳错，疾齰噬之。"白于蓝认为"疏"疑当读为"咀"③。如此看来，"疋"声系与"且"声系的上古音非常密切。从《广韵》来看，"疋"有"五下切""山吕切""山於切""所葅切""譬吉切"五种音读。《说文》云："疋，古文以为《诗·大疋》字。"那么，"疋"的上古音与疑母有关吗？以下我们将作进一步讨论。

一 《广韵》《说文》所收"疋"字

《广韵》马韵"五下切"下收"疋"字，云："正也，待也。《说文》：'所葅切，足也。古文以为《诗·大雅》字。'又山吕切。"语韵"踈举切"下还有一个"疋"字，云："记也。又山於切。"鱼韵"所葅切"下云："疋，足也。古为雅字。"又质韵"譬吉切"下谓："匹，俗作疋。"《说文》："疋，足也。上象腓肠，下从止。《弟子职》曰：'问疋何止。'古文以为《诗·大疋》字。亦以为足字。或曰胥字。一曰：'疋，记也。'"《说文》和《广韵》提供的信息表明，典籍中的"疋"包含6个同形字。"疋₁"记录的义项是"正也"，与"雅"是古今字，五下切，又山吕切；"疋₂"记录的义项是"待也"，五下切，又山吕切；"疋₃"记录的义项是"足也"，所葅切；"疋₄"记录的义项是"记也"，与"疏₁"是古今字，踈举切，又山於切；"疋₅"记录的义项是"小吏"，与"胥₁"④是古今字；"疋₆"为"匹"之俗字，譬吉切。"疋₆"的古音显然与其他5个同形字无关，因此不在拙文讨论之列。"疋₁""疋₂""疋₃""疋₄""疋₅"都是上古鱼部字，它们的上古声母有无联系？安大简《诗经》

中与"雎"对应的"疋"显然是个假借字,其上古音又该如何构拟呢?

二 《广韵》"五下切"之"疋₁"

(一)"疋₁"与"雅"、"夏"与"雅"以及"疋₁"与"夏"的关系

《说文》以为"雅"之古文的"疋"显然应该是"疋₁"。关于"雅"与"疋₁"的关系,学界有两种意见,一是段玉裁、承培元等指出的"疋"通"雅",二者是通假关系;二是李守奎、董莲池、冀小军、禤健聪等的意见⑤,认为表示"大雅"的"疋"是"夏"的省体与"疋"讹混,即"疋"与"雅"没有通假关系。出土简牍中《诗经》"大雅""小雅"之"雅"皆作"夏"⑥。甚六钟"我以夏(雅)以南",与《诗经·小雅·鼓钟》"以雅以南"可对读。西周金文"夏"字作 🔣(伯夏父鬲)、🔣(仲夏父鬲),春秋金文作 🔣(叔夷镈),楚简作 🔣(《上博四·柬大王泊旱》1)、🔣(《上博一·缁衣》18)、🔣(《上博二·民之父母》9)、🔣(《上博二·容成氏》22)等形。魏三体石经古文"大雅"之"雅"作 🔣,可知"夏"可省去"页"旁。春秋战国文字中的"夏"字省去"页"旁,再将 🔣 省作 🔣,即与战国文字中的"疋"作 🔣 完全同形。如此看来,《说文》把"疋"当作"大雅"之"雅"的古文似乎不可信。

(二)"疋""邨""疏""胥₂"与"蘇"

河南商水县出土战国陶文:

即"夫疋司工",李学勤指出"夫疋"即"扶蘇"⑦。《乐业钱志》卷四有"於疋""於邨"两种方足布。李家浩认为"於疋""於邨"应读"乌蘇"⑧;《说文》:"疏,通也。从㐬、从疋,疋亦声。"马王堆帛书《周易》震卦六三:"辰疏疏,辰行嬛省。(31行)"通行本《易》"疏疏"作"蘇蘇"。北大汉简三《赵正书》:"王死而胡亥立,杀其(16)兄夫(扶)胥(蘇)、中尉恬。(17)""秦王胡亥弗听,遂行其意,杀其兄夫(扶)(26)胥(蘇)、中尉恬,立高为郎中令,出游天下。(27)""夫胥₂"即"扶蘇"。"蘇"从"艸""穌"声,而"穌"又从"魚"声,"魚"为疑母字。"蘇"的上古声母当为 $*s\eta$-。由此看来,"疋"与疑母有关,那么"大雅"之"雅"作"疋"也可能是通假。

(三)"疋₁""夏""雅"的上古声母

从出土文献来看,《广韵》"五下切"下所收的"疋₁"与"雅"同音,其上古声母皆当构拟为 $*\eta^r$-。"夏"的上古声母则当构拟为 $*\eta g^r$-,与"雅"音近,故可假借为"雅"。北大汉简四《反淫》:"乘軨猎车,驾诱骋之马,摄下(夏)服之笶,载乌号之弓。(9)"整理者注曰:"夏服,良箭名。

《文选》司马相如《子虚赋》：'左乌号之雕弓，右夏服之劲箭。'"⑨《反淫》："于是处闲静之宫，冠弁以听朝，族天下博彻闲夏（雅）之士。（43）""夏"在西汉早期仍读为*ŋgaaʔ，与"下"的声母*gʳaaʔ音近。

四　"疋₂"

《广韵》马韵"五下切"下"疋"还有一个义项是"待也"。又山吕切。我们认为"山吕切"记录的是"疋₂"的读音，表"等待"义。《管子·枢言》"进退劳佚，与人相胥，如此者不能制人，人亦不能制也"，王念孙《杂志》："胥，待也。言与人相待也。"《孟子·万章上》"帝将胥天下而迁之焉"，赵岐注："胥，须也。尧须天下悉治将迁位而禅之。"《史记·赵世家》"左师触龙言愿见太后，太后盛气而胥之"，裴骃《集解》："胥犹须也。"胥₃"和"须"表"等待"义皆为假借义。"山吕切"的"疋₂"上古声母当为*sqhr-。以下出土文献可资为证。

郭店楚简《五行》："疋肤＝（懥懥）达诸君子道，为之贤。（43）"马王堆帛书《五行》"疋"作"索"（207）、作"衡"（311、312）。郭店《五行》中的"疋"当"疋₂"，其上古声母*sqhr-与"索"相同，与"衡"*gʳ-音近。潘悟云构拟"所"的上古音为*skʳaʔ⑩。

《管子·弟子职》"问所何趾"，《说文》"疋"字下引作"问疋何止"。此"疋"亦当为"疋₂"，与"所"的上古音相同。

春秋金文曹右厎戈铭中"厎"字作 （《集成》11070），亳厎戈铭中"厎"字作 （《集成》11085）。刘钊把曹右厎戈和亳厎戈中的"厎"字皆释为"库"⑪。《清华九·治政之道》有字作 （简35），可隶作"疋"。简文曰："府疋仓禀，是以不实。"整理者释"疋"为"库"⑫。这表明"库"确实可从"疋"声。此"疋"当为"疋₂"。其上古声母*sqhr-与"库"的声母*kʰ-音近。徐锴《说文解字系传》收"居"字或体 ，谓"俗从足"。所从亦当为"疋₂"，而非"足"。

五　"疋₃""疋₄"及"疋₅"

（一）"疋₃"与"足"

甲骨文有字作 （《合》13693）、（《合》22236）、（《合》190正）、（《合》4584）、（《合》19956），李孝定释为"疋"⑬。《新甲骨文编（增订本）》从之⑭。西周金文"疋"字作 （免簋）、（三年师兑簋）、（善鼎），就是由甲骨文 加以规整化后变来的。金文"疋"皆假借为"胥₁"。裘锡圭认为"疋""足"本由一语分化⑮。但上古音"疋₃"与"足"声韵皆不近。从字形来看，战国早期金文中"疋"字作 （之乘辰钟），而"足"字作 （春成侯盉）。楚简里"足"与"疋"的区别非常严格，"足"字作 （包山楚简112）、（郭店楚简·老甲6）、（《上博一·性情论》39），"疋"字作 （包山楚简70）、（郭店楚简·老甲28）、（《上博一·孔子诗论》10）、（曾侯乙墓竹简175）。因此我们认为"疋₃"与"足"是时代有别的同义词，语音上没有联系。《合》775号卜辞中"疾疋","疋"相当于战国时期的"足",指人的下肢。

(二)"疋₃"和"疋₅"的上古音构拟

根据《广韵》"疋₃"是"所菹切"。《集韵》"写与切"下收"胥,什长也,有才知者。或从人",与《广韵》"相吕切"下所收"胥,相也",皆当为"胥₁",与"疋₅"对应。从金文来看,"疋₃"与"疋₅"是同一个字,与"胥₁"同音,故可假借。"疋₃""疋₅"和"胥₁"的上古声母皆为 $*s\eta$-,中古变成心母字。

郭店楚简《老子》甲本:"故不可得而亲,亦不可得而疋(疏)。(28)"马王堆帛书《老子》甲本、乙本以及王弼本"疋"皆作"疏"。"亲疏"之"疏"与表"记也"之"疏"乃同形字。上文我们把表"记也"之"疏"标记为"疏₁",这里我们把表"亲疏"之"疏"标记为"疏₂"。《说文》:"疏,通也。"徐铉注音"所菹切"。"疏通"义与"亲疏"义有引申关系,故郭店《老子》甲本此例中的"疋"当为"疋₃","疏₂"的上古音当构拟为 $*s\eta^{r}a$。

(三)"疋₄"的上古音构拟

《广韵》"疋,记也"有"踈举切"和"山於切"两个反切,又:"疏,记也。亦作'踈'。所去切。""踈"乃"疏"的异体字。包山楚简84反简文"疋狱",整理者认为"疋"即"狱讼记录"[16],"疋"即《说文》"疋,记也"之"疋"。即"疋₄"。从上文(二)来看,"疋₄"和"疏₁"的上古声母当构拟为 $*s\eta r$-,中古变成生母字。

六　安大简《诗经》"疋鸠"之"疋"的上古音

安大简《诗经》"疋"对应今本《诗经》"雎"字。上文我们已经指出,在出土文献中"疋"声系与"且"声系关系十分密切。那么,想要构拟这些与"且"声系关系密切的"疋"及"疋"声系字,就得先讨论"且"声系的上古音。

"且"声系字中除了"挋"以外,中古都是精庄组字。"挋"字见于《说文》新附字。《说文》:"挋,挹也。从手,且声。读若槚梨之槚。"徐铉注音"侧加切"。段注云:《方言》曰:'挋、摣,取也。南楚之间,凡取物沟泥中谓之挋,亦谓之摣。'从手,且声。读若槚梨之槚。侧加切。古音在五部。按:《方言》挋、摣实一字也,故许有挋无摣。"《广韵》麻韵"女加切"下:"摣,取也。"马韵"兹野切"下:"挋,取也。又才也切。"

上文我们提到,甲骨文"置"字有个异体作"罤",这个字又出现在楚简中。《上博五·三德》第22号简文"之罤"、《上博八·成王既邦》第11号简文"少罤(疏)于身"、《上博八·李颂》第1号简文"㯪外罤(疏)中","罤"皆用作疏。上文我们提到战国文字中的"疋、疏、胥"皆与典籍中的"蘇"构成异文。同时,"疋"声系字又常常与"且"声系字构成异文。《广韵》"女加切"的"摣",潘悟云构拟为 $*m\eta ra$。"关雎"的"雎",潘先生构拟为 $*sk^ha$。我们认为可信。安大简《诗经》与"雎"对应的"疋"的上古音则当构拟为 $*sqhra$,即"疋₂"。

七 汉代"疋"声系字已发生音变

马王堆帛书《周易》需卦:"有不楚(速)之客三人来。""楚"假借为"速"。"速"为心母字。汉初"楚"的声母已经发生 sŋ̊r- > *sqhr- > *sh- 音变,故"楚"可假借为"速"。"疏"在汉代文字里也变形音化从"束"声,作"疎"[17]。居延汉简41.20"疎"假借为"梳"。可证汉代"疏""梳"的声母皆已发生 *sŋr- > *sr- 音变。

附记:本文是古文字与中华文明传承发展工程项目"出土文献及传世典籍《诗经》异文数据库建设及上古音的分期分域研究"(G3922)的成果之一。

（作者单位:厦门大学中文系,厦门大学古籍研究所）

①⑮ 裘锡圭《殷墟甲骨文字考释(七篇)》,《湖北大学学报》1990年第1期。

② 何琳仪《吴越徐舒金文选释》,《中国文字》新19期第145页,艺文印书馆1994年。

③ 白于蓝编著《简帛古书通假字大系》第322页,福建人民出版社2017年。

④ 《说文》:"胥,蟹醢也。从肉,疋声。"可见"胥"的本义指蟹酱。本文论证的"胥₁"表"小吏"义,"胥₂"表人名,"胥₃"表"等待"义,皆为假借义。

⑤ 参看冀小军《〈汤誓〉"舍我穑事而割正夏"辨正》,《语言论集》第4辑第291—294页,中央民族大学出版社1999年;董莲池《〈说文解字〉考正》第82页,作家出版社2004年;李守奎说见张静《〈说文〉"古文以为"考》第20—21页,吉林大学2007年硕士学位论文;禤健聪《战国楚系简帛用字习惯研究》第367—368页,科学出版社2017年。

⑥ 参看注③第391页。

⑦ 商水县文物管理委员会《河南商水县战国城址调查记》,《考古》1983年第9期。

⑧ 李家浩《战国於疋布考》,《中国钱币》1986年第4期。

⑨ 北京大学出土文献研究所编《北京大学藏西汉竹书(肆)》第123页注[三],上海古籍出版社2015年。

⑩ 潘悟云《汉语古音手册》第88页,中西书局2023年。

⑪ 刘钊《库》,《辞书研究》2023年第4期。

⑫ 参看清华大学出土文献研究与保护中心编,黄德宽主编《清华大学藏战国竹简(玖)》第142页注[126],中西书局2019年。

⑬ 李孝定编述《甲骨文字集释》第640页,史语所1970年。

⑭ 刘钊主编《新甲骨文编(增订本)》第121—122页,福建人民出版社2014年。

⑯ 参看湖北省荆沙铁路考古队《包山楚简》考释第44页第123条注释,文物出版社1991年。

⑰ 刘钊《古文字构形学(修订本)》第144页,福建人民出版社2011年。

古文字研究（35）：569—573，2024

同体会意表音字钩沉

俞绍宏　　刘　迎

我们曾对楚简中的𭏕字与汉字"比"字结构类型进行过探讨，指出他们由两个相同偏旁构成，相同的偏旁不仅可表音，且共同参与构成字意[①]。今拟指称这种结构类型的字为同体会意表音字。查阅《说文》，依据其对字义的训解、字形的分析，我们又发现了多例此类字形[②]。

《说文》："瓞，本不胜末，微弱也。从二瓜。读若庚。"段注："本者蔓也，末者瓜也。蔓一而瓜多，则本微弱矣。""瓞"古音属余纽鱼部，从二"瓜"；"瓜"古音属见纽鱼部[③]。见纽鱼部的"蛊"与喻（余）纽之"目""予"可通[④]；《说文》"举"从"与"声，古音属于见纽，"与"属余纽。可见古音见纽、余（喻）纽或可以相通，因此"瓞"有可能是从"瓜"得声的。

《说文》："友，同志为友。从二又，相交友也。"一般以为"友"为会意字。甲骨文中多从二"又"形，事实上"又"还兼表音，二者古音均属匣纽之部。

《说文》："皕，二百也。""百"古音属帮纽铎部，"皕"古音属帮纽职部，二者声纽相同，文献中铎、职部二部有相通之例[⑤]。则"皕"也是从"百"得声。

《说文》："丝，微也。从二幺。""幺，小也。象子初生之形。凡幺之属皆从幺。"段注引《通俗文》"不长曰幺"。"丝"义为小上加小，即特别微小之义。古音"丝"属影纽幽部，"幺"属影纽宵部，幽、宵可通转，则"丝"从"幺"得声。

需要补充说明的是，与"丝"类似的还有"兹"。《说文》："兹，黑也。从二玄。《春秋传》曰：'何故使吾水兹？'"《经典释文》："兹音玄。"段注："今本子之切。非也……释文曰：'兹音玄。'此相传古音。"学者对此或有异说，但我们以为《经典释文》之说当有所本。"玄"可训黑，若"兹音玄"之说可靠，"兹"也是一个同体会意表音字，从二"玄"叵表黑上加黑、很黑、十分黑之类的含义。当然，从古文字材料来看，《说文》对"幺"字析形有误，"丝""兹""兹""兹"存在字形纠葛，或以为"丝""兹""幺""玄"为一字分化[⑥]。但"丝""兹""兹"的字形分化过程在《说文》字形体系中已经完成，因此就《说文》体系而言，说"丝""兹"是同体会意表音字当不为过。

《说文》："甡，众生并立之貌。""屾，二山也。"古音"甡""屾"二字均为山纽真部，"生"属山纽耕部，"山"属山纽元部。古音真部与耕部、元部相通字例较多[⑦]。因此"甡""屾"分别可从"生""山"得声。

《说文》："沝，二水也。"古音"沝"属于章纽微部，"水"属于书纽微部，书、章同属舌音，且在古音十九纽系统中,知、章归端纽,徹、昌、书归透纽^⑧,则"水""林"音可通。

《说文》:"㳤,进也。从二先。"古音"㳤"属于山纽真部,"先"属于心纽文部。真、文二部音近可通;在古音十九纽系统中,邪、生(山)归入心纽,则"㳤""先"二者古音可通。

《说文》:"赫,火赤皃。从二赤。"段注以为当作"大赤皃","音郝"。而"郝"《说文》以为从"赤"得声。若段注可信,则"赫"也可视为从"赤"声。"赫"意即赤上加赤,非常赤。

《说文》:"鱻,二鱼也。""鱼""鱻"古音均属疑纽鱼部,"鱼"可作"鱻"表音偏旁。

《说文》:"所,二斤也。从二斤。"古音"斤"属于见纽文部,"所"属于疑纽文部,二者同为文部,见、疑二纽均为牙音^⑨,则"斤""所"古音可通,"所"可从"斤"得声。

《说文》:"臸,到也。从二至。"段注以为"至亦声"。张舜徽以为:"臸从二至,有盛大之义。凡云至尊、至人、至美、至善,当用此字。"^⑩若此则"臸"也是一个同体会意表音字。

《说文》:"皕,两自之间也。从二自。凡皕之属皆从皕。"古音"自"属并纽幽部,"皕"属并纽觉部,二者音可通,则"皕"也是一个同体会意表音字。

此外,《说文》:"夫夫,并行也。从二夫。輦字从此。读若伴侣之伴。"而《字汇补》《韵会补》又以字形"夫夫"为"扶"字异体,则"扶"字异体"夫夫"从二"夫",从"夫"得声。"孖"见录于《广韵》等中古辞书,《广韵》训解为"双生子也",现在音为"zī"。宋本《玉篇》也收录此字:"亦作滋,蕃长也。"此解当为假借用法,"滋"为此种用法通用字形。甲骨文有从二"子"之字形,用法不明^⑪。郑州大学汉字文明研究中心博士生陈俊安告诉我长沙东牌楼东汉简牍157号也有"孖"字。查核该简,为人名用字^⑫,其与甲骨文"孖"含义均无法考证,因而不明其构形理据。他们与《广韵》之"孖"或为同形字关系,《广韵》之"孖"可能为中古新产生的一个字。其从二"子",中古时"孖""子"均属于精纽、之韵,则"孖"中的"子"也可表"孖"音。

出土古文字材料中也存在此类结构的文字。如"不"常训作"大",这个用法后来用其分化字"丕"。西周金文中有一个用两个"不"组合为"㡠"的字形,学者以前一般以为该字在金文中仍然读"丕",是用并立的两个"不"来强调"大"之义,意思即大上加大、非常大,则其当为从"不/丕"得声,这种现象与现在人们写文章时连用两个"最"以及连用两个感叹号类似。徐在国根据安大简材料,以为该字从二"不","不"亦声,安大简中用作"副",青铜器铭文中读作"福"^⑬。"副"有"贰副"之意,"副"又训"析",析物为二也就有了"二"义。"㡠"从二"不"会意,当为表此类含义的"副"字异体。二"不"同时也均可表字音。

再如《清华三·说命(下)》简6𣓀、《周公之琴舞》简5之𣓀为重文,即"糵"字,整理者释作"業業"^⑭。"業業"有高大貌、危惧貌两种含义,这两种含义实际上是统一的:危惧源自高大,高则危。"業業"这两种含义可能来源于字形"糵"。"業"为悬挂钟磬的大板,"糵"则为業上加業,因此有高义,而高又产生了危义。也即"糵"是从二"業","業"也可表音的同体会意表音字。《清华七·越公其事》简10、73之𠬞、𠬞,整理者释"仍",《说文》:"仍,因也。从人,乃声。"重复,再一次,疑小篆字形"人"旁为"乃"之讹⑮。我们以为,此字形以二"乃"会重复、再一次即因仍之义,同时"乃"也兼表字音,因此也是同体会意表音字。

汉字构形有象形、指事、会意、形声、双声、变体等等⑯,同体表音会意字在构形上与我们已知的这些构形方式均有别。其显然不属于象形字、指事字、变体字这三类;一般的形声字的两个偏旁一表义、一表音,一般的会意字偏旁均与字义有关;只有会意兼形声字的偏旁均参与构意,一般又用其中的一个偏旁表音;双声字虽然两个偏旁均可表音,但偏旁一般不表义。同体会意表音这种结构类型重复同一个偏旁以构意,同时这个重复的偏旁又表音,因此字形中的两个偏旁均参与构意,又均可表音,即重叠的偏旁既是意符,又是声符,或者说既是形旁,又是声旁,与一般的会意字、形声字、会意兼形声字以及双声字均不同。

《说文》对同体会意表音这种结构类型的汉字偶尔也有所揭示,如"穴":"分也。从重八。八,别也,亦声。"尽管《说文》中"亦声"今人一般以为指的是会意兼形声这一结构类型,但上述说解说明许慎已经意识到了该字形中的两个"八"既表意又表音,只是他还没有提出"同体会意表音"之类的术语。

《说文》之外,也有学者对我们所论的上述部分同体会意表音字字形进行过分析、阐释。如《说文句读》"沝"字条下以为"水""沝"为一字之异体,指出:"凡叠二成文者,如㸚、焱、从、棘、㸚、㗊、屾、豩、鱻、所等字,皆当与本字无异,惟沝之即水有据,故于此发之。"⑰所谓"皆当与本字无异",是指上述重复偏旁之字与构成它的偏旁在独立成字时为同一个字。《说文释例》卷八之"迭文同异"条中也进行了讨论,称之为"迭文",举出了"沝、㸚、焱、所"等所谓音义与本字同者11例,即其以为这些迭文与构成迭文的偏旁(字)为异体关系⑱。

杨树达提出"复文会意"字一说,如"焋、所、皕、赫、瓜、丝"等字⑲。

陈伟武全面考察、研究了同符合体字,以为"沝""水"一字、"屾""山"一字、"㸚""余"一字,指出这些同符合体字繁简无别⑳。与王筠所论同。

我们所论的同体会意表音字,上述学者或将其视为会意字而忽视了其偏旁的表音功能,或将其与构成它的偏旁在独立成字时视为同一个字。汉字的发展演化过程极其复杂,如相同的字形有的有不同的来源,不同的字形有的有共同的来源,等等。因此相同的字形未必是同一个字,不同的人对相同的字形、字义的分析、解释存在差异,这是正常现象,正如前文所述的字形"茐",在《说文》与在《字汇补》《韵会补》中的说解就有别。陈伟武(1997)以为"沝""水"一字、"屾""山"一字、"㸚""余"一字,从其所做的分析来看,是有道理的,《玉篇》等字书就视"㸚""余"为一字。而我们依据《说文》对"沝""屾"字形、字义的分析,将《说文》文字系统中的"沝"与"水"、"屾"与"山"不视为一字也具有合理性。

这里需要对"㸚"字形进行说明。《说文》卷二"八"部"余"字条下录有字形"㸚":"二余也。读与余同。""余"排在"八"部最末一条,"八"部末有"文十二,重一"之语,而"八"部所录十二条目中,其他条目下都没有收录重文字形,只有"余"条目下录有"众",可见《说文》是将"众""余"视为一字之异体。《殷周金文集成》[21]10261号畀甫人匜有 ,或释为"众",或分开视为两个"余"字,查核该器拓片, 显然是占据了两个字的位置,当分为两个字形,只是两个字形黏连成一体,这类现象古文字中并不乏见。而2841号毛公鼎、4326号番生簋又有从"众"之字,由此可见,将"余""众"视为一字的可能性的确存在,朱骏声以为"众"为"余"字籀文[22],不无道理。然而《说文》中包括古文、籀文、或体等重文异体字形,一般会用文字来说明其古文、籀文、或体关系,而"众"字形下没有相关的说明性文字。同时,某条下重文读音自然与该条目字头字是相同的,因此条目下的重文字形是不用再另行注明读音的,只有"余"字条下重文"众"下有"读与余同"的注语;"众"后"二余也"的训解也与"余"后"语之舒也"的训解有别。可见"余"字条下重文"众"与其他条目下收录的古文、籀文、或体等重文字形注解体例不同。段注就将"余""众"分列为二条。可能是《说文》在传抄过程中误合二条为一条,若此则"众"也是一个同体会意表音字。当然,我们也不能排除"众"字形下漏掉了相关的说明性文字这种可能。究竟属于什么情况还有待进一步研究。

《说文》揭示出"穴"这一例同体会意表音字后,笔者未见有其他学者论及这类现象,学者对"穴"的构形分析也与《说文》不同,可见长期以来人们无视汉字中这种结构方式的存在。这类字重叠同一个偏旁,或表数量增多,如"所""孖"等;或表程度加重,如"赫""丝"等。以上我们分析了同体会意表音字若干例,随着研究的不断深入、新材料的不断公布,相信应当还会有这类结构的字被发现或揭示出来。

补记:《殷周金文集成》9735号中山王方壶铭文中的"易"作 。"易"常见更易意,此形显然是用一正一倒的"易"会意,同时"易"也表音。新蔡葛陵楚墓零472号竹简中有一个由两个"尤"构成的字形,作 ,或以为简文中用作"尤"(武汉大学简帛研究中心、河南省文物考古研究所编著《楚地出土战国简册合集(二)》释文第4页、图版第2页,文物出版社2013年)。《说文》:"尤,异也。"用两个"尤"构形,应该是表示尤上加尤、特别尤的意思。这二形也可以看作是同体会意表音字。

附记:本文为国家社科基金项目"楚系简帛文字职用研究与字词合编"(20&ZD310)阶段性成果。

(作者单位:集美大学文法学院)

注:

① 可参俞绍宏、张大英《楚简"藕"字补释——兼谈一种特殊的汉字结构》,《上古汉语研究》第4辑第168—176页,商务印书馆2022年。

② 本文所引《说文》及段注均出自:〔汉〕许慎撰《说文解字》,中华书局1963年影印本;〔清〕段玉裁《说文解字

注》，上海古籍出版社1988年。

③ 本文有关汉字古音声纽、韵部均参考了郭锡良《汉字古音手册》，北京大学出版社1986年。

④ 可参张儒、刘毓庆《汉字通用声素研究》第382、38页，山西古籍出版社2002年。

⑤ 通假文例可参张儒、刘毓庆《汉字通用声素研究》第58、60、61、67页“貣通叒”条、“直通叒”条、“弋通叒”条、“羿通罫”条。

⑥ 可参黄德宽主编《古文字谱系疏证》第217、413页，商务印书馆2007年。

⑦ 可参张儒、刘毓庆《汉字通用声素研究》第827—863页所录相关通假材料。

⑧ 章、书二组相通可参吴泽顺《汉语音转研究》第158页，岳麓书社2005年。

⑨ 见、疑二组相通可参吴泽顺《汉语音转研究》第165页。

⑩ 张舜徽《说文解字约注》第2893页，华中师范大学出版社2009年。

⑪ 可参徐中舒主编《甲骨文字典》第1575页，四川辞书出版社2006年。

⑫ 可参长沙市文物考古研究所、中国文物研究所编《长沙东牌楼东汉简牍》图版62页，文物出版社2006年。

⑬ 徐在国《据安大简考释铜器铭文一则》，《战国文字研究》第1辑第62—65页，安徽大学出版社2019年。

⑭ 清华大学出土文献研究与保护中心编，李学勤主编《清华大学藏战国竹简(叁)》第128、133页，中西书局2012年。

⑮ 清华大学出土文献研究与保护中心编，李学勤主编《清华大学藏战国竹简(柒)》第120页，中西书局2017年。

⑯ 这里所列只是一般常被称引的几种。汉字结构方式有多种，可参李运富《汉字学新论》第六章，北京师范大学出版社2012年。

⑰〔清〕王筠《说文句读》第3册第503页，北京市中国书店1983年。

⑱〔清〕王筠《说文释例》，董莲池主编《说文解字研究文献集成(古代卷)》第3册第30—31页，作家出版社2007年。

⑲ 杨树达《中国文字学概要 文字形义学》第202—206页，上海古籍出版社2006年。

⑳ 陈伟武《同符合体字探微》，《中山大学学报(社会科学版)》1997年第4期第106—118页。

㉑ 中国社会科学院考古研究所编《殷周金文集成(修订增补本)》，中华书局2007年。

㉒〔清〕朱骏声《说文通训定声》第450页上，中华书局2016年。

古文字研究(35):574—578,2024

说"奥"

——兼谈岳麓秦简《为吏治官及黔首》的"窞"

陈美兰

一 "奥"的字与词

现代汉语保留诸多上古词语的痕迹,例如"登堂入室""一窥堂奥",其中"堂、室、奥"都与先秦宫室专名相关,本文讨论的是"奥"。"奥"字古籍多见,尤其礼书,常用意义是表示室内"西南隅",如《仪礼·少牢馈食礼》"司宫筵于奥"、《士丧礼》"设于奥"、《礼记·曲礼》"居不主奥"、《楚辞·招魂》"经堂入奥"等,此类文例取义同于《尔雅·释宫》"西南隅谓之奥"、《说文》"室之西南隅",《说文》奥篆段注:"室之西南隅,宛然深藏,室之尊处也。"①故而"奥"引申有深奥义,"堂奥"字面是指堂上室内西南隅或室中隐深之处,进而象征深奥或幽深的境界。以上是古汉语读者熟悉的"奥"义。

至于"奥"字何以有深奥义,许慎《说文》释云:"㝇,宛也。室之西南隅。从宀、㸚声。"奥篆所从声符"㸚"有些疑义,《说文》云:"㸚,抟饭也。从廾、釆声。釆,古文办字。读若书卷。""㸚"字仅见于《说文》,"抟饭"之义未见相关文例。"㸚"实即战国文字的弉/类旁②,亦即卷字所从声符,《说文》从㸚之字如齺、眷、㭫、饙、登、辇、䅑、希、卷、㢱、㢱等,皆属元部,但是奥及从奥诸字(墺、隩、澳、燠、祅、薁等)俱为幽部,莫怪乎徐铉认为:"㸚非声,未详。"③段玉裁也指出:"㸚,读若书卷,则奥宜读若怨,而古音不尒者,取双声为声也。"④"奥宜读若怨",始合于许慎以"宛"释奥的声训之例。近世学者承旧说,对于"奥"字形义别有分析,如林义光指出:"㸚非声,奥、深也,从宋(审)从廾,廾、探索之象。"⑤此亦缺少确切的论据。除了《说文》小篆,目前先秦出土文献似乎尚未发现较早字源,唯秦汉之际有少数字例:如湖北荆州黄山秦墓M576:⑥,原释文作"䈚",雷海龙认为应释"䈛"⑦,简文字形有点漫漶模糊,粗看的确颇似"䈚"字;又如西汉初年阜阳汉简《诗经·豳风·七月》"六月食□与薁","薁"字作:(S134照片)、(S134摹本),照片只能约略见其轮廓,摹本上部似从竹,下部从奥。此二例即使都不算清晰分明,从照片看都近于后来的"奥"字⑧,与许慎收录的小篆仍有距离。今日"奥"字写法的来历,张玉金认为:"字的形符'宀'后来变成'冂',跟'向'类似;声符'㸚'中的双手形,到隶书中被合并为一长横和两点,到楷书中则变形为'大'。"⑨在更早的字源尚未出现之前,此分析可备一说。

其实东汉以后典型的"奥"字并不罕见，我们引用于淼《汉代隶书异体字表》、董宪臣《东汉碑刻异体字研究》所收录的几种异写[10]：

【奥】 礼器碑 唐扶颂 辨4.60 *杨著碑 *成阳灵台碑

*校官碑

【隩】 熹平石经20 柳敏碑 辨4.61 武斑碑 辨4.61

*谯敏碑

到了曹魏时期，一仍其旧，如河南洛阳曹魏大墓石楬 M1:266 "炊奥一柳自副"，字作[11]，与上引礼器碑、杨著碑、柳敏碑（右旁）等如出一辙，这种"囷"上有宀、艹、兰形的写法，清人顾蔼吉认为都是奥字所从宀的变形，"或变作，亦作"[12]，由于"奥"的字源尚不明朗，就现有材料观之，顾氏之说是较为可信的。

接着要谈谈出土文献中{奥}这个词及记录这个词的字形。目前为止，至少有三种出土文献记录{奥}一词，分别写作窔、窨、隔[13]：

1. 窔　河北定县汉简《论语·八佾》简48："王孙贾问曰：'与其媚于窔（奥），宁媚于灶'，何谓也？"[14]
2. 　北大汉简《妄稽》简61："与女（汝）徵（微／媚）于窨（奥），宁徵（微／媚）于竃（灶）。"[15]
3. 　武威汉简《仪礼·少牢》简12—13背文："司宫延（筵）于隔（奥），祝设几于延（筵），右之。"[16]

这三条资料都见于汉代，例1是汉简本《论语》，例2典出《论语》，二例皆出《八佾》，传世本《八佾》相关内容如下："王孙贾问曰：'与其媚于奥，宁媚于灶。'何谓也？子曰：'不然！获罪于天，无所祷也。'"自来学者对于"奥、灶"的指涉对象有诸多讨论，基本上都同意"奥"为尊者所居处，"灶"则饮食所由之寻常处，两者有尊卑之别[17]。例3可与传世本《仪礼·少牢馈食礼》对读，"奥"即谓室之西南隅。例1出自西汉后期中山王刘修（？—前55）墓；例2为北京大学收藏汉简，非出于科学发掘，学者推论其抄写年代在汉武帝后期与宣帝之间；例3出于武威磨咀子6号汉墓，据墓中木简纪年"河平□年四月四日"，学者推论："宣帝以后的西汉晚期，应该是墓主经师活动的年代。"[18]西汉中后期所见这三例表示{奥}之异文，其声韵关系为：

奥：影母觉部

　　　窖：见母觉部

　　　窖：群母幽部

　　　隖：溪母侯部

奥、窖、窖都是喉音幽部字，隖字也是喉音，韵母侯部、幽部可通[19]。

　　自目前有限的资料看来，西汉中后期汉简的窖、窖、隖三字像横空而出的异形，它们与⎱奥⎰的关系，若从同源词的角度分析，亦可体现室内一隅、隐深处之义，殷寄明认为燠、澳、墺、隩、腴等从奥声诸词有"内中义"，亦即"声符字奥所记录语词谓室内西南隅，本有内中、深之衍义"[20]。隖字从区声，也有"隐义"[21]。窖字本义即"藏也"（《说文》），由此观之，窖不独义符从穴有表意功能，声符告所表示的意义也可能与⎱奥⎰同源，如此更加能说明窖藏之"窖"何以从告得声。至于窖字，虽然无法从同声符看出上述语义，不过其义符从穴，与角落、隐深义相呼应，则不烦赘述。实际上，这几个表示⎱奥⎰的异写，除了通假关系，不妨以同源词的概念视之，即裘锡圭所谓："为在意义上有明显联系的同源词而造的形声字，也不见得都从同一个声旁。"[22]

二　岳麓秦简《为吏治官及黔首》的"窖"

　　有鉴于上文例2的出现，启发我们重新思考另一处出现"窖"字的释读。《岳麓书院藏秦简（壹）·为吏治官及黔首》简75壹："窖内直（置）繴"[23]，"窖"字简文作𡧗，隶定正确可信。整理者针对"繴"字注释："车网，一种能自动覆盖的捕获鸟兽的网。"[24]但此句句意仍然不明。学者或释"窖"为窖，解为陷阱，并采整理者对"繴"的解释[25]，但若将"繴"释为车网，无法解释所谓陷阱内何以放车网？退一步说，即使不拘泥于整理者所谓"车网"，则在陷阱中放置捕鸟兽网，与"为吏治官与黔首"有何关系，也不太好联想。

　　在解读简文之前，我们不妨先掌握此类官箴的特点，其内容既关乎官吏的职责、操守，也记载官吏失职之事，如本篇与睡虎地秦简《为吏之道》、北大秦简《从政之经》一样[26]，记"吏有五善"（简27叁）、"吏有五失"（简34叁）、"吏有五过"（简41叁）等，例如"五失"中有"二曰不安其朝"（简36叁）、"三曰居官善取"（简37叁）、"五曰安其家忘官府"（简39叁），显然是以私忘公之失。除了明文记载"失""过"者，其他地方也有相关文字，从简59起，第壹栏内容多是为官之失的记载，例如"水渎不通"（简59）、"赀责（债）不收"（简69）、"臧（藏）盍（盖）不瀗（法）"（简72）等，对照简83叁"臧（藏）盍（盖）必法"尤其明显。此外还有个人生活不检的情形，如"衣联弗补"（简63）[27]、"不洗沐浴"（简64）。

　　承上所论，我们认为简74壹"官中多草"、简75壹"窖内直（置）繴"也是指为官之失。"官中多草"之"官"指官舍[28]，官舍之内多草，表示官吏疏于督导整顿。根据上节例2的用法，"窖"或可读为"奥"，不过也不必特指室内西南隅，泛指内室即可，用法近似孔融《荐祢衡表》："初涉艺文，升堂睹奥。"[29]"升堂睹奥"犹登堂入室，当然孔融是藉以譬喻学习艺文渐入佳境。简文此句意思是在室内隐密处放置捕鸟兽网,或指官吏好捕狩,耽于田游,是为官之失。

后记:拙作于2023年9月奉寄大会,年底方得拜读邬可晶先生大作《释"奥"》(《中国文字》2023年冬季号,2023年12月出版),邬先生对于"奥"字字源推阐精审,论证绵密,拙作匆匆草就,难以望其项背,惭愧之余,亟思抽回稿件,后来斟酌再三,拙作第二小节对于岳麓秦简《为吏治官及黔首》之诠释,或可备一说,姑且存参。

(作者单位:台湾暨南国际大学中国语文学系)

注:

① ④ 〔清〕段玉裁注《说文解字注》第1365页,国家图书馆出版社2022年影印本。

② 李家浩《信阳楚简"浍"字及从"关"之字》,《著名中年语言学家自选集·李家浩卷》第194—211页,安徽教育出版社2002年。

③ 〔汉〕许慎撰《宋本说文解字》第102页,国家图书馆出版社2017年。

⑤ 林义光《文源》第375页,中西书局2012年。

⑥ 谢春明、陈程《湖北荆州黄山M576出土竹简和木觚》,《江汉考古》2023年第2期第53—54页。

⑦ 雷海龙《荆州黄山M576遣册名物考证二例》,简帛网2023年5月23日。雷先生在文中提到,西朱村曹魏大墓石楬M1:226的"炊奥",即《方言》的"炊篧",是一种淘米的炊具,可参。《急就篇》有"笔篱篅筥箅算籌"一句,颜师古注"箅":"炊之漉米箕也。或谓之缩,或谓之篗,或谓之区。"详参张传官《急就篇校理》第208页,中华书局2017年。

⑧ 参臧克和主编《汉魏六朝隋唐五代字形表》第269页,南方日报出版社2011年;臧克和、郭瑞主编《秦汉六朝字形谱·第七卷》第3391页,华东师范大学出版社2019年。于淼编著《汉代隶书异体字表》第543页(奥)、第1101页(隩),中西书局2021年。

⑨ 李学勤主编《字源》第655页,天津古籍出版社、辽宁人民出版社2013年。

⑩ 于淼编著《汉代隶书异体字表》第543页(奥)、第1101页(隩)。董宪臣《东汉碑刻异体字研究》第244页,九州出版社2017年。字形后加*号者,表示引自董书。

⑪ 中国美术学院汉字文化研究所、洛阳市文物考古研究院《流眄洛川:洛阳曹魏大墓出土石楬》第66页(照片、拓片)、第307—308页(释文、注释),上海书画出版社2021年。

⑫ 〔清〕顾蔼吉《隶辨》第6卷第45页,康熙五十七年(1718)项絪玉渊堂刻本。

⑬ 今本《老子》第六十二章:"道者,万物之奥。""奥",马王堆帛书甲、乙本作"注",整理者读为主,北大汉简本作 ![字形],整理者释为"桾"、读为奥,陈剑改释"楢",正确可从,并提出几种可能释读:注 / 主、端 / 楢,详参湖南省博物馆、复旦大学出土文献与古文字研究中心编纂,裘锡圭主编《长沙马王堆汉墓简帛集成(肆)》第20页注67、第32页注124,中华书局2014年;北京大学出土文献研究所编《北京大学藏西汉竹书(贰)》第54、134页,上海古籍出版社2012年;陈剑《汉简帛〈老子〉异文零札(四则)》,北京大学出土文献研究所编《古简新知:西汉竹书〈老子〉与道家思想研究》第14—15页,上海古籍出版社2017年。依诸家释读,奥与注、楢之间的关系

也是同义换读。

⑭ 河北省文物研究所定州汉墓竹简整理小组《定州汉墓竹简：论语》第17页，文物出版社1997年。定州八角廊40号汉墓竹简目前只公布若干简的摹本，本文所引内容未见摹本，兹据释文引作"窖"。

⑮ 北京大学出土文献研究所编《北京大学藏西汉竹书（肆）》第36、71页，上海古籍出版社2015年。

⑯ 甘肃省博物馆、中国科学院考古研究所编《武威汉简》第101页，又参摹本六、图版陆，中华书局2005年。田河《武威汉简集释》第370页，甘肃文化出版社2020年。

⑰ 黄怀信等《论语汇校集释》第242—246页，上海古籍出版社2008年。

⑱ 甘肃省博物馆、中国科学院考古研究所编《武威汉简》第9页。

⑲ 武威汉简面世已久，学者多有讨论，或以为简本作隔乃声近而误，或以为奥、隔可通假，参田河《武威汉简集释》第370页。古幽部之"噢"与侯部之"𠹢"可通用，参张儒、刘毓庆《汉字通用声素研究》第175页，山西古籍出版社2002年。

⑳ 殷寄明《汉语同源词大典》第1530—1531页，复旦大学出版社2018年。

㉑ 同上注第1352—1353页。

㉒ 裘锡圭《文字学概要（修订本）》第173页，商务印书馆2013年。

㉓ 朱汉民、陈松长主编《岳麓书院藏秦简（壹）》第36页，上海辞书出版社2010年。

㉔ 同上注第142页。

㉕㉘ 张军威《岳麓秦简〈为吏治官及黔首〉研究》第30页，郑州大学2013年硕士学位论文。

㉖ 北大秦简未见"吏有五善／失／过"这种标目式的简文，但记载了分项内容，文字十分相近，参北京大学出土文献与古代文明研究所编《北京大学藏秦简牍》第56—57页（"三种'为吏之道'题材简文对照表"），上海古籍出版社2023年。《北京大学藏秦简牍》于2023年8月甫上市，拙文草成时尚未睹此书，徐州工程学院王森老师即时协助我查询，特此致谢。

㉗ "联"字，王辉读为"裂"，合理可信。参王辉《岳麓秦简〈为吏治官及黔首〉字词补释》第76页，《考古与文物》2014年第3期。

㉙ 〔梁〕萧统编，〔唐〕李善等注《六臣注文选》第684页，中华书局1987年。

古文字研究（35）：579—583，2024

齐、燕铭文"豫"地考

张振谦

　　目前见到的齐陶文最北端出土地点是天津静海，陶文戳印在一件陶量残片上，拓片收入《陶录》，编号2·17·1。韩嘉谷对此陶文及相关问题有详细说明①：

　　　　还有两处也可以肯定是战国城址的地方。一处是齐国的西北边城平舒，即今静海县古城洼遗址，……出土遗物中一件陶量残片，印有圆形戳记"陈和忐左廪"五字，"陈"字作"墜"，表明是齐国之物。另外在一件陶豆的把上戳印一"舒"字，大港区沙井子出土一件铜戈，有铭文"平舒散戈"四字。扬雄《方言》云："散，杀也。东齐曰杀。"也表明是齐国之物。平舒是齐国西北边地重镇，亦作舒州。《史记·田敬仲完世家》记齐简公四年（公元前481年）："简公出奔，田氏之徒追执简公于徐州。"《史记索隐》曰："徐音舒。徐州齐邑，薛县是也，非九州之徐。"《史记正义》曰："齐之西北界上地名，在渤海郡东平舒县也。"《春秋》记此为"齐陈恒执其君，置于舒州"。表明徐州、平舒、舒州是一地。西汉时期的东平舒县古城也正基本坐落在遗址上，此地为齐之舒州无疑。

文中所说的陶量残片陶文、陶豆把戳印陶文、铜戈铭文如下所示：

《寻绎》62陶量残片

《寻绎》62陶豆把戳印

《寻绎》63铜戈

徐在国将陶量残片陶文改释为"墜柏志左敕",读为"陈枝上左廪","陈枝上"为人名[②]。董珊将原释"舒""平舒"改释为"豫""平豫",读为"舒""平舒"[③]。"豫""舒"皆从"予"声,自可通读。"舒"从"舍"声,"舍""徐"皆从"余"声,"舒""徐"也可通读。韩嘉谷虽然将"豫"字错识,但将出土地静海判定为战国时期齐之舒州(平舒、徐州),是正确的。

陶文"陈枝上左廪"、兵器"平豫散钺"为典型格式、典型字体的齐系铭文,不赘述。"豫"字陶文也具有典型的齐系文字地域性特征,齐系文字"豫"字或写作:

《玺汇》2218　　《玺汇》3752[④]

字体特点是将本在"予"旁上部的"八"形放置于"吕""象"之上。齐系文字常有这种本来只覆盖一侧偏旁的上部"八"形,也将另一侧偏旁覆盖在内的特殊构形,即将位于一侧的"八"形放置在整字之上。如"悠"字写作:

《陶录》3·293·5

最能体现这一构形特点的是齐玺文字"公孙"合文。在合文字形中,"八"本应在"厶"(或"子")之上,但却被置于"孙"上。《齐鲁文字编》收录21例"公孙"齐玺合文字形[⑤],至少有20例(最后1例字形不清晰)体现出这一地域性构形特点。如:

《玺汇》3912　《玺汇》3914　《玺汇》3918　《玺考》308

《玺汇》3921　《玺汇》3922　《玺汇》3923　《玺汇》3925

《玺考》311　《玺考》312　《玺考》312　《玺考》312

《玺汇》5687　《玺汇》3896　《玺考》311　《玺汇》3726

《玺汇》3915　《玺考》308　《玺考》312　《玺汇》3924

可证。

燕系文字也有"豫"字,或写作:

《集成》11339 十三年戈　　《玺汇》2822

字体特点是其"予"旁的"八"形只覆于"吕"形之上,与齐系文字写法有别。此外,还有一方出土于河北易县燕下都遗址的单字陶文,符合"豫"字构形特点,也应释为"豫"字。字形写作:

《燕陶》605

其中,十三年戈1970年11月出土于易县北沈村,出土地位于燕下都遗址之内,铭文辞例为:"十三年正月,豫全(全)兓(乘)为大夫=子娄(御)贺。"何琳仪释"豫"⑥,李学勤、郑绍宗认为其为地名⑦。我们认为"豫全乘"为地名"豫"加官职名"全乘"的辞例格式⑧,《燕陶》605"豫"字也应为地名。

由此知,燕国也有"豫"地,我们认为其即为齐之"豫"地,也就是韩嘉谷所说的静海之"平舒"。按照一般的推论,其地理位置最可能是在出土地,但作为燕国都城,燕下都古称"易"或"易都",燕玺多见,有《玺汇》10"郢(易)都司徒"、159"郢(易)瞾(铸)巾(师)鉽(玺)"、1679"郢(易)生(甥)豕"、《玺考》76"郢(易)都吴(虞)"等印文可证,故"易""豫"为两地。燕之"豫"地虽不在易县,但必去其不远。静海距离燕下都遗址虽说有些距离,但比起辽东、朝鲜等燕之故土,还是邻近的。燕之"豫"地与齐之"豫(舒)""平豫(平舒)"为同一地,是完全有可能的。

韩嘉谷在上文中列举了大量文献证明徐州、平舒、舒州是同一地名,是齐国西北边地重镇,但他也认为舒州的部分周边地区或属燕国。他在上段引文中说完第一处战国城址"平舒"之后,接着又说:

> 另外还有一批大型村落遗址,有武清区兰城、宁河县田庄坨、蓟县后楼等,面积均达20万平方米上下。其中尤以兰城的出土文物引人注目,……许多豆或罐上印有戳记,有"二十五年陶□""二十一年将军□……行""二十七年兴□生仓"等,这类陶文过去只在燕下都见到,表明此遗址和燕国政权关系密切。

文中所说的后两陶文拓片为:

兰城"二十一年陶文"　　兰城"二十七年"陶文

这两陶文拓片实际都是由两方印文组成,前者释文应为"廿一年,䣋(将)军臣,吴都。""行",后者释文应为"廿七年""生高"。从铭文格式和字形特点看,其显然是燕国陶文。燕陶文的出土至少可以证明现在天津市武清区兰城、宁河县田庄坨、蓟县后楼一带战国时期曾一度属燕。

武清区西面为廊坊市安次区、静海区西面为廊坊市文安县,两地在战国时期曾属燕,有三方燕玺为证:

《玺汇》3453　　　　《玺汇》12　　　　《玺考》77

三方燕玺释文分别为:"安即(次)生(甥)晨(辰)"(《玺汇》3453)、"文安都司徒"(《玺汇》12)、"文安都炅(遽)坦(驲)"(《玺考》77),为典型燕系文字。所以,从上述出土文献看,静海为齐之边境,其西北的安次、北面的武清、东北的宁河、西面的文安为燕之边境。战国时期齐、燕之间发生过多次战争,都曾几乎让对方亡国,所以两国边境线并不固定,静海的齐国之"豫(平豫)"被燕国占领而成为燕之"豫"是很有可能的。就是说,"豫"在战国不同时期曾分别属于齐、燕两国。燕下都遗址距离静海市区直线距离为120公里,出土十三年戈和"豫"字陶文,是比较容易理解的。

河北省任丘市博物馆藏有"陈夏立"陶文,据说是在任丘市境内出土。这种格式的陶文2002年集中出土于山东新泰,我们称之为新泰陶文[9]。如下所示:

任丘"陈夏立"陶文

新泰距离任丘有近千里之遥,"陈夏立"陶文可以说是出土地离制造地最远的新泰陶文。"陈夏立"陶文在任丘的出土,说明有两种可能性:一是新泰陶文流传到了齐国境外的燕故地任丘,一是任丘也有可能一度被齐国占领。任丘市与天津静海区地理位置相近,两地边界的直线距离不足30公里,齐国占领任丘也不是不可能的。

附记:本文是2022年国家社科基金重大招标项目"'文字异形'理论构建与战国文字分域分期及考释研究"(22&ZD303)、2020年河北大学燕赵文化高等研究院重大项目"燕国出土文献的整理与燕国史研究(2020Z02)"的阶段性研究成果。

(作者单位:河北大学文学院、河北大学燕赵文化高等研究院、河北大学传世字书与出土文字研究中心、"古文字与中华文明传承发展工程"协同攻关创新平台)

引书简称表:

《陶录》——王恩田编著《陶文图录》,齐鲁书社2006年。

《玺汇》——故宫博物院编,罗福颐主编《古玺汇编》,文物出版社1981年。

《集成》——中国社会科学院考古研究所编《殷周金文集成(修订增补本)》,中华书局2007年。

《燕陶》——杨烁《燕陶文的整理与研究》,安徽大学2021年博士学位论文。

《玺考》——施谢捷《古玺汇考》,安徽大学2006年博士学位论文。

注:

① 韩嘉谷《天津古史寻绎》第62—63页,天津古籍出版社2006年。下文简称《寻绎》。

② 徐在国释,文章待发。

③ 董珊《战国题铭与工官制度》第五章"齐国题铭"第199页,北京大学2002年博士学位论文。

④ 此两齐玺字形及上陶豆字形见张振谦编著《齐鲁文字编》第1253页,学苑出版社2014年。

⑤ 同上注第1883—1885页。

⑥ 何琳仪《战国古文字典——战国文字声系》第568页,中华书局1998年。

⑦ 李学勤、郑绍宗《论河北近年出土的战国有铭青铜器》,《古文字研究》第7辑第129页,中华书局1982年。

⑧ 张振谦《燕国纪时兵器铭文格式考》,《战国文字研究》第6辑第170页,安徽大学出版社2022年。

⑨ 张振谦《齐系文字研究》第383页,科学出版社2019年。

古文字研究(35):584—590,2024

汉字古今关系说略续

—— 以楷书"旅"字及其异体字形来源为例

商艳涛

古今文字之间关系密切,很多后出字形(包括异体字形)与先秦古文字之间存在着千丝万缕的联系,这种关系作者曾在《汉字古今关系说略——以"其、箕"楷书异体来源为例》(《古文字研究》第34辑)中予以揭示,今再以楷书"旅"字及其异体字形来源为例进一步加以说明。

一 "旅"字形演变

《说文》队部:"旅,军之五百人为旅。从队从从,从,俱也。""旅"字属于古今常用字,商代即已出现,一直沿用至今。"旅"字商代晚期金文作🔲[①](1369夆旅鼎)、🔲(《近出二》633旅觚)、🔲(《陕西金文集成》14·1616旅祖乙爵)、🔲(6535旅觚),其字"像聚众人于旂下形"(《金文编》"旅"字条)。旂下或作二人形,如🔲(7426旅爵)、🔲(6536旅觚)、🔲(8179 🔲旅爵)。旂下作三人、二人,其意一也。商代金文中的"旅"一般用作族氏铭文。

商代甲骨文"旅"字多作旂下二人面向旗杆之形,如🔲(《合》5821)、🔲(《合》36426),亦有背向旗杆者,如🔲(《合》28096)。李宗焜《甲骨文字编》0162号字头下还收有🔲(《合》32294)、🔲(《屯》148),作队下三人之形。甲骨文"旅"字多用作祭名、人名、方国名及军旅义等。

西周时期"旅"字形体变化较多,流行于商代晚期的族氏铭文"旅"在西周早期仍有遗留,如🔲(7245夆旅父辛觚),西周早期以后这类形体基本未再出现。除此之外,西周早期"旅"字出现了一种繁复的形体,基本形态为"旅"+"车"形,在"旅"字基础之上复加完整的车形。"旅"与"车"二者位置关系并不固定,或作"旅"上"车"下形,如🔲(888寡史𫚉甗,周早),或作左右结构,如🔲(5923父丁亞𡕝尊,周早);或作旂下一人形,如🔲(2155董伯鼎,周早)。"旅"字中人形位置以在旂下居多,亦有变化,如🔲(3377中作旅簋,周中);或作车队形,人形省略,如🔲(5121作旅宝彝卣,周早)。这种复杂的形体较为完整、形象地反映了当时车战作战形式,或以为"旅"字初文(《古文字谱系疏证》第1572页)。不过这种形体由于书写繁复,因此使用时间并不长,只限于西周早期、中期。

由于使用的需要,西周时期还出现了由这种繁复的形体简省的字形。一种是全车简省作车轮之形,如🔲(2724毛公旅方鼎,周早),此类字形亦有不同变化,"旅"与车轮位置亦不固定，如▢（5763伯作旅彝尊，周早）、▢（5759作母旅彝尊，周早）、▢（3481絭伯簋，周中），二人或省作一人，如▢（5432作册魃卣，周早）。这类字形主要流行于西周早期，西周中期出现次数已大为减少，至春秋时期仅有个别用例。西周时期"旅"还有一种由㫃与车轮组合而成的字形，此当是由"旅"复加全车形简省而成。此字形仅见数例，也只限于西周早中期，如▢（5042酉作旅卣，周早）、▢（2187叔旅鼎，周早或中）。"旅"亦偶有以全车形为之者，如▢（5119犾作旅彝卣，周早）。这种带有车形的"旅"字，在金文中常作为修饰语使用。西周时期"旅"字最常见的形体是㫃下作二人形。这类字形出现次数多，使用时间长，从西周早期一直延续到春秋晚期，而且也存在多种变体②。较为常见字形作旗下二人面向旗杆之形，如▢（3352伯作旅簋，周早）。这类字形变体主要是人形与旗形的变化。人形变化有朝向的不同，多作面向旗杆形，亦有背向旗杆者，如▢（10540伯作旅彝器，周早）、▢（4418遣弔吉父盨，周中）；旗下或作单人形，如▢（2816伯晨鼎，周早）、▢（1915伯作旅鼎，周中）。另外一种变体就是旗形的改变，主要表现在旗杆与旗头的变化。或旗杆由竖直形变为弧形，如▢（《近出二》455达盨盖一，周中）、▢（4352吴女盨盖，周晚）；或省略旗杆形，如▢（4399仲爯父盨，周中）、▢（2818攸比鼎，周晚）；或省略旗头，如▢（2728旅鼎，周早）、▢（10544.2宵作旅彝器，周早）、▢（5912屚季尊，周早），偶或旗杆旗头全部省略，如▢（2781庚季鼎，周中）③。

春秋时期"旅"字继续沿用西周以来的主流字形和部分变体，如▢（4424单子白盨，春早）、▢（4428滕侯苏盨，春早）、▢（4546薛子仲安簠，春早）。其中省略旗杆保留旗头的写法为这一时期字形的一个显著特点。"旅"字石经古文字形▢（石经·立政）以及传抄古文▢（海3.9）、▢（海3.9）皆当源于此类省略旗杆的字形④。除此之外，春秋时期还出现了"旅"字下部加辵的新字形，如▢（4581伯其父簠，春早）、▢（4632曾伯橐簠，春早），此当为旅行之旅专字。这是春秋时期"旅"字形体的另一个新变化。

战国时期"旅"字形体有着明显的地域差别。秦系文字作▢（《睡·效律》41）、▢（关沮210），㫃分成旗杆与旗旒两部分，旗杆左增加饰笔，旒作人形，旒下原来独立的二人形连写在一起作Ｍ状，其与㫃字右部组合在一起与"衣"字形近⑤，秦文字中亦以▢作"旅衣"合文。"旅"《说文》小篆作▢，"㫃"旁写法与秦系非常接近，应是在秦系文字写法之上演变而来⑥，"旅"字小篆㫃下作双人形，则又是参照其他古文字形体而来。楚系文字继续沿用春秋以来从辵的形体，作▢（《上博三·周易》53）、▢（《清华二·系年》134）、▢（《玺考》179）。包山简中"旅"字作▢（包山4），㫃已讹作了"止"⑦。包山简另有一"旅"字作▢（包山116），上部作"止"，下作三人形，"止"亦为㫃之讹。战国陶文有"旅"字作▢（《簠斋》5.18，《古陶文字征》页116引），下亦作三人形。包山简中"旅"借为"鲁"。晋系文字之"旅"则沿用西周以来旗下复加车轮形的写法，如▢（《玺汇》3439）、▢（《玺汇》2335）。燕系文字中则沿用"旅"字省略旗杆的写法，"从"字二人形写法连写作Ｍ形，与秦文字相近，如▢（11634郾王职剑，战晚），此当由"旅"字省略旗杆 ![字形]（4546薛子仲安簠，春早）类的字形演化而来⑧。"旅"字《说文》古文 ![字形] 以及传抄古文 ![字形]（海3.9）皆承此而来，只是旗头形讹作了"止"。

西汉初期古隶书"旅"字继续沿用秦文字写法，如马王堆帛书作 ![字形]（春89.14）、![字形]（气5.40）；也有些字形中"认"字左部旗杆部分写法出现了变异，或形近"才"，如 ![字形]（气5.55），或形近"方"，如 ![字形]（气5.111）、![字形]（气4.73）；还有些"认"左部讹作了"木"，如马王堆帛书"施"字或作 ![字形]（二6.46）、游（斿）字或作 ![字形]（阴乙刑德10.15）。西汉中晚期的隶书中"旅"亦多见"认"左旁如"方"形者，如北大汉简作 ![字形]（仓颉48），武威汉简作 ![字形]（特牲51）、![字形]（泰射27），后者写法基本与楷书同形。东汉时期，"旅"字继续沿用已有写法，如碑刻文字中旅（武荣碑）、![字形]（杨叔恭残碑）、![字形]（熹平石经·易·）。碑刻中"旅"字左部亦有似"才"者，如 ![字形]（严诉碑，《隶辨》3.18）。三国时期走马楼吴简"旅"字作 ![字形]（陆3441），字左部写法更接近秦系文字。两晋及南北朝时期，"旅"字出现了多样的楷体字形，既有对前代文字形体的继承，同时在使用过程中又有新的变化。这一时期已出现了与后世楷书通用字同形的写法，如 ![字形]（北齐窦泰墓志），这是对汉隶的直接继承；![字形]（北魏元贿墓志）则是《说文》小篆的楷定字形。除此之外，"旅"字还出现了多种形体，字的左右构件都有不同程度的变异。隋唐时期，"旅"字楷书写法已基本定型，唐代《干禄字书》中已将"旅"归为正体，"![字形]"归为俗体。此后"旅"作为通用字形，一直沿用至今。

二　"旅"字楷书异体字形考源

"旅"字除去通用字形外，尚有多种异体。本文所考察的"旅"字异体字形主要来源于《汉语大字典》《汉语异体字大字典》以及《异体字字典》三种大型字书。《汉语大字典》第一版《异体字表》收录"旅"字异体计有"䣊、炏、衮、挵、挡、挡、旘、旅、袯、穭、鲁"共11个字形，《汉语异体字大字典》共收录"䣊、炏、衮、挵、挡、挡、旘、旅、袯、挓、启"共11个异体字形，台湾《异体字字典》（正式第六版）"A01763"号"旅"字条收录有"㫃、农、挓（当作"袯"）、挓、挵、挓、挼、挓、挡、挡、旅、旅、旐、旐、旅、旅、旐、旅、衮、衮、袯、炏"21个异体字形。以上三种字书所收录的"旅"字异体字中，有些不能看作"旅"字异体，如"䣊"当为"旐"字异体，"旐"则为"旅"之后起分化字，西周金文中"旅弓、旅矢"之"旅"，典籍用"旐""卢""矑"为之。《金文编》以"旐"为"旅"之讹字（见"旅"字下）；"穭、鲁"与"旅"为同音假借关系；有的字形有误，如《异体字字典》中"㫃"字云出《金石文字辨异》引北魏杨大眼造像记，该书收录字形有误，据原拓当作"㫃"；《异体字字典》中收录了两个同形之"挓"，据出处核查，前者出《隶辨》引《严诉碑》，据原书字当作"袯"。另外，"挡"与"挡"属于新旧字形之别，本为一字；"启"为"旅"字俗体，出《正字通》，此说不可信，杨宝忠已指出此乃属后人妄补⑨。除去上述非异体字关系的字形及字形重复者，以上三种字书共收录"旅"字异体字形21个，即"炏、衮、袯、农、旘、旐、旅、旅、

旅、旅、旅、袄、扰、抜、抜、抜、袯、㑺、袯、捐、招"。此外，另补充袠(《敦煌文献语言大词典》)、"袯""捩"(俱见《可洪音义》)、"㳿"(《中华字海》)、"裇"(《汉字海》)等4个字形，下面分组对此25个异体字形来源进行考察。

1. "㟙"(《集韵》《类篇》《篇海》《字汇》《正字通》)、"农"(《玉篇》《类篇》《篇海》《字汇》《正字通》)、"㞃"(《重订直音篇》)、"农"(《古文四声韵》)。"㟙"字书中有两说，一为"旅"字古体(《集韵》《篇海》《字汇》《正字通》)，一为"鲁"字古体(《集韵》《类篇》《篇海》)。"㟙"作"鲁"属于假借用法。作为"旅"字古体之"㟙"当为传抄古文𢾅(石经·立政)、𢾅(海3.9)、𢾅(海3.9)等楷定字形，源于先秦古文字𢾅(4548薛子仲安簠，春早)之类"旅"字省略旗杆的写法；"农"为《说文》"旅"古文𢾅以及传抄古文𢾅(海3.9)一类写法的楷定字形，应源自战国时期"旅"字𢾅(11634燕王职剑，战晚)；"㞃"仅见于《重订直音篇》，应是"农"之讹，止下丿画应属误增；"农"见于《古文四声韵》农(四3.9杂)，为"农"上部"止"讹变作山所致(传抄古文中"止"又有讹作"上"者，如足利本、上影本《尚书·梓材》"旅"分别作袠、袠)。"农"又见于敦煌文字，斯2074《古文尚书·多方》、伯2549《古文尚书·泰誓》中"旅"字分别作农、农(《敦煌文献语言大词典》第1296页)。"农"又讹变为"袠"，伯799《古文尚书·牧誓》"旅"即作袠(《敦煌俗字典》2版第505页)。

2. "旅"(《玉篇》《篇海》《字汇》《正字通》)、"㳿"(《敦煌俗字谱》《重订直音篇》)、"旅"(《中华字海》)。"旅""㳿"笔形小异，皆为"旅"字《说文》小篆𢾅楷定字形，较早见于六朝时期，如旅(北魏长孙子泽墓志)、旅(北魏元贿墓志)、旅(北魏元晖墓志)。"㳿"又见于敦煌文字，如㳿(潘重规《敦煌俗字谱》870号"旅"字条引)。"旅"多见于历代字书。"旅"则为"旅"与"㳿"两种字形杂糅而成，亦见于六朝石刻，如北魏元端墓志"旅"即作袯，隋卢文构墓志"旅"亦作㳿⑩。

3. "旅"(《汉隶字源》《隶辨》)、"旅"(《金石文字辨异》)、"旅"(《龙龛手镜》《碑别字新编》)、"旅"(《佛教难字字典》)。"旅"源于汉隶，"旅"字武荣碑作旅、孔宙碑作旅，此类字形直接继承了秦系文字旅(睡虎地·效律41)、旅(关沮210)、旅(北大·仓颉48)写法，"旅"见于六朝石刻旅(北魏元诠墓志)。"旅"为"旅""旅"二形之杂糅，见于六朝时期，如传世三国魏钟繇《荐季直表》"旅"即作旅，又见于北魏元寿安墓志之旅、北魏元恭墓志旅及唐李术墓志之旅。"旅"为"旅"之变体，"旅"字右部衣字点画简省即为"旅"，见于《龙龛》方部旅，唐新使院石幢记"旅"亦作旅。《可洪音义》"旅"字有作旅者，字右部与"旅"同。"旅"亦为"旅"字变体，右下部之"衣"字部件"𠄌"笔画连写即作"旅"，见于《佛教难字字典》旅。由于汉字部件尖口、方口形体常通用无别，故"旅"又可作旅(隋孔神通墓志)，右部与"哀"字同形。

4. "袄"(《隶辨》)、"扰"(《篇海》)、"扰"(《干禄字书》《重订直音篇》)、"抜"(《广韵》）、"扻"（《可洪音义》）、"㧪"（《中华字海》）、"拫"（《可洪音义》）。"㧪"见于东汉严䜣碑**拻**（《隶辨》），字形源于秦系文字**㧪**（睡虎地·效律41）、**㧪**（关沮210）、**㧪**（马王堆·春89.14）。"㧪"为"㧪"左旁"才"进一步演变为"扌"所致，见于北魏元珍墓志之**振**、敦煌文字之**振**、**拫**（《敦煌俗字典》2版第505页）。"㧪"右旁之衣上部"亠"变为"宀"（隶楷阶段"亠"常作"宀"）即为"㧪""㧪"。"㧪"见于唐卫景武公碑之**㧪**、唐张涣墓志之**㧪**，《干禄字书》将其列为"旅"字俗体，《重订直音篇》亦作为"旅"异体收录。"㧪"见于《广韵》语韵："旅，俗作㧪。""拫"见于《可洪音义》："**振**，音吕，正作旅也。"（A1051c12）此当为偏旁成字化所致，加笔画使得"宀"下部成为衣字，见于六朝石刻**㧪**（西魏元钦墓志）及敦煌文字**拫**、**振**（《敦煌俗字典》2版第505页）。由于"才""扌"与"衤"形近，"㧪"又可作"㧪"，如北魏王绍墓志之**㧪**，北宋郭朝威墓志之**振**左旁亦作"扌"。"㧪"中"衣"字上部笔画连写即为**振**，字见于《可洪音义》："**振**，音吕，正旅。"（B68a11）**㧪**右部又可作"哀"，如敦煌文字中"旅"字有作**㧪**、**㧪**（俱见《敦煌俗字研究》2版第602页）、**㧪**（《敦煌俗字典》2版第505页）。此外，日藏唐代汉字抄本中"旅"字亦有作**㧪**、**㧪**者（《日藏唐代汉字抄本字形表》第8册第1090页）。

　　5．"袆"（《可洪音义》）、"袆"[11]（《龙龛》）、"祵""禠"（《金石文字辨异》）、"祦"（《玉篇》《广韵》）。"袆"见于《可洪音义》："**袆**，力与反，正作旅、㧪二形。"（A898c4）由于这一时期"方""扌""木"等部件区别度降低，常常混用，"袆"当是由"㧪""旅"演变而来，见于六朝石刻**禠**（北魏奚真墓志）、**袆**（北魏元弼墓志）。由于"衤""礻"旁形近相乱，"袆"又变作"袆"，《龙龛》衣部："袆，俗音吕，祭名也。"（《龙龛》释为"祭名"之"袆"或是"袆"之讹俗）字见于六朝石刻**袆**（北魏于景墓志）、**祦**（北魏高湛墓志）。"袆"字进一步类化成"祵"，如六朝石刻**袆**（北魏张卢墓志）、**袆**（北魏内司杨氏墓志）。"祵"又进一步繁化出"禠"，见于北魏杨大眼造像记**禠**。"祦"见于《玉篇》示部："祦，祭名。《论语》作旅。"《广韵》语韵："祦，祭山川名。""祦"当是"祵"字进一步规范化之后出现的字形，后世多用于祭祀名。

　　6．"㧒、招"（《龙龛》《重订直音篇》）。"㧒、招"《龙龛》《重订直音篇》中皆为"旅"字异体。二字所从之"扌"旁由"㐅"之左部演化而来，形体源于秦系文字（见前文5中所论），因"旅、吕"同音，故俗写可作"㧒、招"，此可以看做是一种变形声化。另，《龙龛》示部："祒，音吕。"《中华字海》收录此字言义未详。"祒"亦为"袆"之换旁俗字[12]。

　　通过以上对"旅"字楷书异体字形来源的考察，可以看出，先秦古文字与后世隶楷阶段的汉字关系密切，后世楷书文字多承秦文字而来又有所变化（如"㫐、旅、㫏、旂、㧪、㧪"等），秦系文字以外的文字在隶楷文字中亦有所遗留（如《玉篇》之**㫐**、《集韵》之**㫏**）。

　　　　　　　　　　　　　　　　　　　　　　　（作者单位：华南师范大学国际文化学院）

附图:

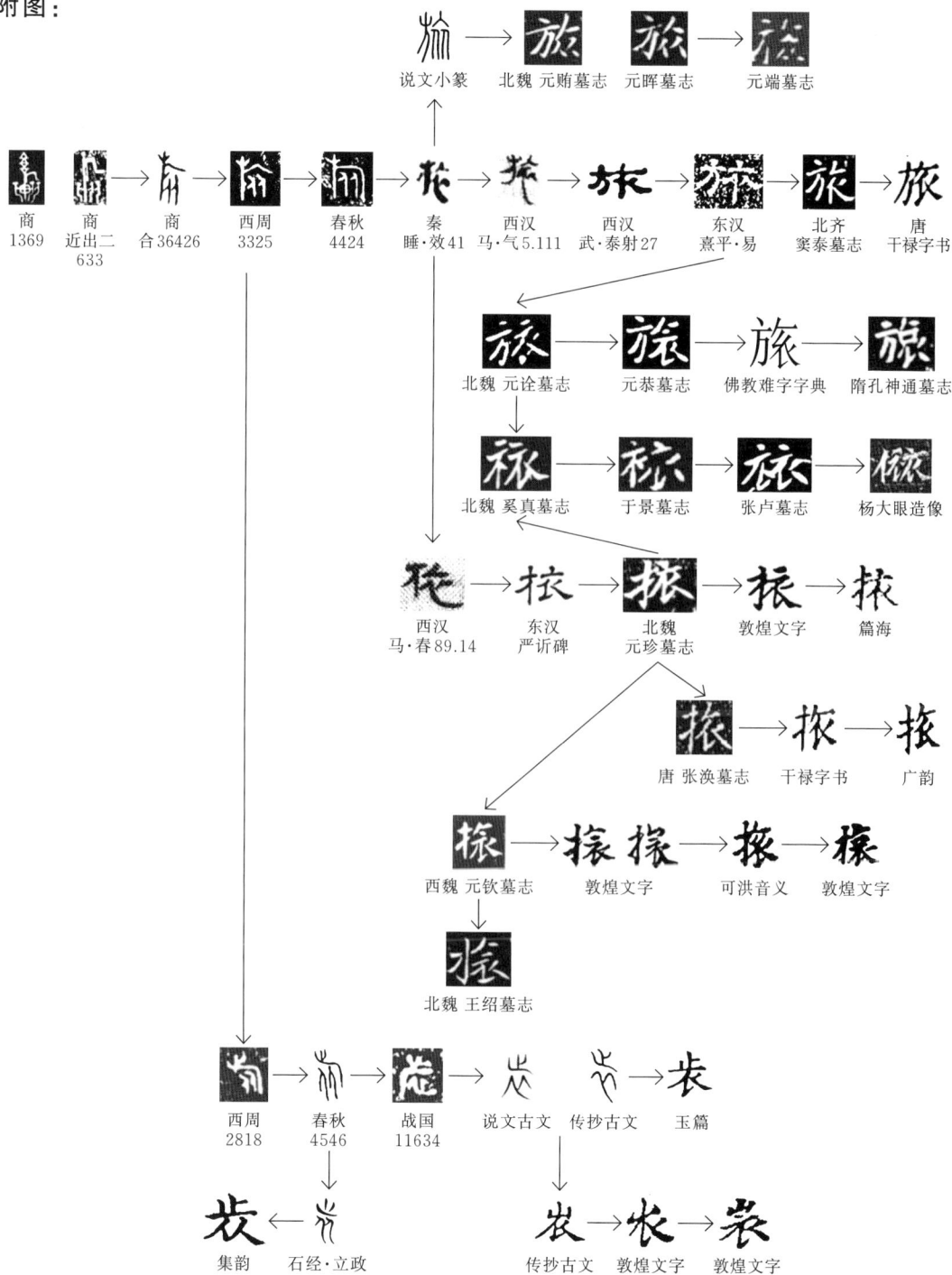

图一　"旅"字形体演变示意图

注：

① 此类字形多见于商代晚期及西周早期金文，诸家原释"旅"，后有学者提出为"牵旅"复合族氏名说，参朱凤瀚《商周青铜器铭文中的复合氏名》，《南开学报》1983年第3期；张亚初《古文字分类考释论稿》，《古文字研究》第17辑，中华书局1989年。后何景成、毕秀洁、严志斌等从之，参何景成《商周青铜器族氏铭文研究》第578页，齐鲁书社2009年；毕秀洁《商代金文全编》第1007—1009页，作家出版社2012年；严志斌《商金文编》第467页，中国社会科学出版社2016年。另，文中所引金文字形出处中的数字，如未加说明，则均为《殷周金文集成》编号。

② 陈英杰曾将这类形体分为16大类、34种异体，参《金文与青铜器研究论集》第244—255页，上海古籍出版社2020年。

③ 西周金文中"旅""旂"字形近有相混的情况，如庚季鼎{图}（2781，中期）、此簋{图}（4910，晚期）中"銮旂"之"旂"均误作"旅"。

④ 《隶续·卷四·魏三体石经左传遗字》录石经古文"旅"字作{图}，黄锡全认为字当作{图}，上部多出的笔画为渝痕（《汗简注释》第47—48页，台湾古籍出版有限公司2005年）。《说文》白部"者"字条中收录"旅"字古文{图}（段注本），论者或以此为据，认为魏三体古文《左传·僖公二十九年》之{图}为"旅"字，文中假借为"诸"（参孙海波《魏三体石经古文辑释·古文》，考古学社专辑第17种，1937年）。按，此说非是，《说文》{图}及石经古文{图}均非"旅"字，前者为"者"字表意形符，后者为古文"者"字，参赵立伟《魏三体石经古文辑证》第280—282页，社会科学文献出版社2007年。

⑤ 参刘钊《古文字构形学（修订本）》第100—101页，福建人民出版社2011年。

⑥ 参张富海《汉人所谓古文之研究》第106—107页，线装书局2007年。

⑦ 战国楚系文字中有一类作{图}（《包山》1·142）、{图}（《郭店·老子乙6》）、{图}（《清华·说命上》1）、{图}（《上博·曹沫之陈》10）的字形，旧隶作"遊"，后赵平安释为"失"（参赵平安《战国文字的"遊"与甲骨文"牵"为一字说》，《古文字研究》第22辑第275—277页，中华书局2000年；又载赵平安《新出简帛与古文字古文献研究》第42—46页，商务印书馆2009年）。上揭楚简中释"失"之形与楚系文字中从辵之"旅"形近，传世文献中二者有混用的情况（参陈剑《结合出土文献校读古书举隅》，载贾晋华等编《新语文学与早期中国学研究》第293—296页，上海人民出版社2018年）。

⑧ 在战国晚期另一郾王职剑（《集成》11643）中"旅"字从金作{图}，此当是受其下字"剑"{图}影响类化而成。

⑨ 参杨宝忠《疑难字考释与研究》第551页，中华书局2005年。

⑩ 敦煌文字中有{图}（伯2381《法句经》）字（亦见于北周梁嗣鼎墓志{图}），《汉字海》收有"旅"字，《敦煌文献语言学大词典》（第1295页）楷定为"旅"，并云金文中已有三人共扶一旗的写法，或为"旅"字远源。说非是，金文中旗下作三人形之{图}、{图}只是流行于殷商晚期至西周早期的一种族氏铭文，使用范围非常有限，西周早期以后则未在使用，"旅"则是在《说文》小篆{图}楷定字形"旐、旒"基础之上衍生出的新字形（或曰讹字），大约出现于六朝时期，二者时间相距久远，并无渊源关系，至多只能看作一种古今同形关系。

⑪ "祑"又见于《随函录》卷22《法句喻经》卷4："祑案，上力与反，正作旅。"（60/248b）韩小荆将其归入"旅"字异体（《〈可洪音义〉研究——以文字为中心》第571页，巴蜀书社2009年）。据郑贤章研究，此处祑应为"依"之讹字，"祑案"当为"依按"，依据或考察之意，佛经多见，参其《〈新集藏经音义随函录〉研究（增订本）》第292页，上海教育出版社2023年。

⑫ 参张涌泉《汉语俗字丛考》第701页，中华书局2000年。

古文字研究（35）：591—596，2024

"莽"字本义考

张富海

《说文》十下本部："莽，疾也。从本卉声。拜从此。"《玉篇》呼物、呼贵二切，《篆隶万象名义》只有呼贵反一读，《广韵》许勿切（同呼物切），《说文》大徐音呼骨切，小徐音呼兀反。大小徐音即读如"忽"，应来源于"莽"的疾速义，即读同义词"忽"的音。许勿切则是读同"欨"（xū），"欨"也有疾速义。呼贵反即声旁"卉"的读音，见于《篆隶万象名义》，应是更早的读法。"莽"字传世文献不见用例，《说文》的疾速义来源不明，因此读如"忽"或"欨"恐怕都是不可靠的人为制造的后起读音。至于读如"卉"，虽然比其他两个读音要早，但因为是根据《说文》的错误谐声分析而来，当然也是靠不住的。探求"莽"的文字构造及其本义本音，只能依据出土古文字材料。

商代甲骨卜辞中"莽"字很常见，字形作⮱、⮱、⮱、⮱、⮱、⮱、⮱、⮱等[①]，所在辞例如："莽年""莽雨""莽生""莽年／雨／生于某神""莽于某神""莽某人于某神"。冀小军据"莽"字既是祭名，又有祈求之义，读"莽"为"祷"[②]，可谓文从字顺，如卜辞"莽帚（妇）好于父乙"（《合》2634）与《论语·述而》"祷尔于上下神祇"句式完全相同（冀文已指出）。旧说读为"求"或"祓"都难以讲通所有卜辞。虽然古书中没有"祷年""祷雨"这类说法，但此点并不足以构成反证[③]。

西周金文中"莽"字也比较常见，其字形多变，用法不一。下面按照用法分类举出字形和辞例（人名除外）。

第一类，如：献侯鼎（《集成》2626，西周早期）："唯成王大莽（⮱）才（在）宗周。"盂爵（《集成》9104，西周早期）："佳（唯）王初莽（⮱）于成周。"伯椃簋（《集成》4073，西周中期）："唯用濑（祈）莽（⮱）徸（万）年。"杜伯盨（《集成》4451，西周晚期）："用莽（⮱）寿，匃永令（命）。"前两例为祭名，后两例为祈求义，与甲骨卜辞中的用法一致，无疑亦应从冀小军文读为"祷"。这些"莽"的形体和甲骨文字形很接近。季盆尊（《集成》5940，西周早期）："季盆乍（作）宝障（尊）彝，用莽（⮱）畐（福）。"加卣（《铭图》13302，西周中期）："加乍（作）父戊宝障（尊）彝，用匄莽（⮱）。"此二例"莽（祷）"也是祈求义，而字形稍有变异。

第二类：乖伯簋（《集成》4331，西周中期）："乃且（祖）克莽（⮱）先王。"字形与前读为"祷"的最后两例相同。施瑞峰从此字可以读为"祷"的语音出发，读为与"祷"音近的"俦"。按此字陈剑读为"述／仇"，正如施瑞峰所说，读"述／仇"与"祷"的读音不合（声母分别可确定为K-

类和 T- 类），而金文中确实读"述 / 仇"的▨一类字形并不从"莽"④。此"莽"字不妨读为与"述 / 仇"同义的"雠"。《尔雅·释诂》："仇、雠，匹也。""雠"与"仇"同训为"匹"，所以既可以说"克仇文王"（何尊，《集成》6014），也可以说"克雠先王"。

第三类，如：吴方彝盖（《集成》9898，西周中期）："莽（▨）卣。"又："莽（▨）较（较）。"录伯戒簋盖（《集成》4302，西周中期）："莽（▨）鬲（帱）较（较）、莽（▨）卣。"毛公鼎（《集成》2841，西周晚期）："莽（▨）緟较（较）。"裘卫盉（《集成》9456，西周中期）："廘莽（▨）两⑤，莽（▨）鞃一。"甸盉（《铭图》14791，西周中期）："廘莽（▨）韦（帏）两。"王臣簋（《集成》4268，西周中期）："易（赐）女（汝）朱黄（衡）莽（▨）亲（衬）、玄衣黹屯（纯）。"害簋（《集成》4258，西周晚期）："易（赐）女（汝）莽（▨）朱黄（衡）、玄衣黹屯（纯）。"这类"莽"字旧多读为训"饰"的"黂"，文义上可通。上引冀小军文改读修饰车器的"莽"为"雕"，义为饰画，但金文已有确定的雕饰字作"琱"（习见"戈琱䡇"语中），难以解释这类辞例中为何从来不用"琱"字。何况据"莽"有"帱"的读音而读为"雕"，严格来说在语音上也是不够密合的（其上古音分属*Tu 类音节和*Tiw 类音节）。这类"莽"字的形体与前两类不同，大多增加了"艸"形（仅王臣簋未加），其中最常见的▨类字形与篆文的"莽"最接近，是"莽"字的直接来源⑥。

第四类：幾父壶甲（《集成》9721，西周中期）："易（赐）幾父下（开—笄）莽（▨）六。"幾父壶乙（《集成》9722，西周中期）："易（赐）幾父下（开）莽（▨）六。"幾父壶铭文中的"莽"增从二口，很特殊，但从幾父壶乙"拜"作▨来看，是"莽"字无疑。下，裘锡圭释"笄"⑦，可从。陈梦家说："'下莽六' 当是物，下 或是示字，莽即黂，假为羠豶。"⑧羠和豶分别是阉割过的羊和猪。"下"非"示"字，陈说不可信。吴镇烽《商周青铜器铭文暨图像集成》"莽"字括读为"被"⑨。按金文中"被"写作"市"，此字读"被"的可能性很小。

第五类：老簋（《铭图》5178，西周中期）："老莽（▨）頴（稽）首。"依据辞例，此"莽"字无疑应读为"拜"。如承认"拜"是从"莽"得声（这一点从汉字的一般构造规律来看本无疑问），则此字不必视为"拜"之省形，而为"拜"之假借。

第六类：伯幾父簋（《集成》3765，西周中期）："白（伯）幾父乍（作）莽（▨）段（簋）。"伯幾父簋（《集成》3766）同铭，"莽"字作▨。秦簋（《铭图续》30407，西周中期）："秦乍（作）朕考甫（父）乙莽（▨）段（簋）。"从辞例上可以很容易地确定这两例"莽"字假借读为金文常见的器名前的限定词"馪"，其意义近于"食"。《说文》："馪，滫饭也。从食莽声。"虽然所释词义与金文用法不相合，但字形分析符合汉字构造的一般规律；《说文》又有重文作"饙"和"餴"，属于声符替换。金文"莽"可以假借为"馪"，也证明《说文》的字形分析正确。伯幾父簋的"莽"形体比较特殊，秦簋的"莽"与第三类旧读为"黂"的"莽"的常见形体相同。

西周金文"莽"字的形体虽然多变，但最常见的是▨和▨两类，前者近甲骨文，是较古的写法，后者是晚起的繁体。这两类形体的用法并不相同，应该是有意的异体分工。西周金文"拜"字基本上从前一类"芚",从后一类"芚"的极罕见,似仅见于逆钟(《集成》63,西周晚期)^⑩。这是因为"拜"有手旁的限制,不需要用繁体的"芚"来区别字形。"饙"字的情况相同,从繁体"芚"的写法少见,且时代比较晚^⑪。前人据"拜"和"饙"的字形证明**类形体也是"芚",将上举的各类字形都释为"芚",这是完全正确的。值得注意的是,西周金文"拜"字和"饙"字罕见从繁体的"芚",但老簋读为"拜"的"芚"以及秦簋读为"饙"的"芚"却都用繁体,表明繁体的"芚"所表示的读音与"拜"和"饙"相近,"芚"字的简繁异体分工可能就是为了区别两种读音。很显然,上举"芚"字用法的第一类"祷"和第二类"雓"是一种读音,上举第三类"贲"、第五类"拜"和第六类"饙"是另一种读音。

"祷"*tuuʔ和"雓"*du都是上古幽部字,声母为舌尖塞音,即属于*Tu类音节。"饙"字《广韵》府文切,上古音*pun。《说文》:"贲,饰也。"训为"饰"的"贲"《广韵》彼义切,对应上古的歌部或支部,与"贲"声字都属文部不合。《周易·贲》释文:"贲,彼伪反,徐甫寄反,李轨府毖反,……王肃符文反,云:有文饰,黄白色。"《尚书·汤诰》"贲若草木",释文:"贲,彼义反,徐扶云反,饰也。"李轨府毖反、王肃符文反、徐邈扶云反对应上古文部,符合"贲"的谐声表现,应是可靠的。若据王肃符文反和徐邈扶云反,"贲"的上古音可构拟为*bun。接下来讨论"拜"字的上古音。传统据《诗·召南·甘棠》"勿翦勿拜,召伯所说"句中"拜"与"说"押韵,将"拜"归入上古月部,但这只是一个孤证,而且安大简《诗经》对应的字作"掇",今本的"拜"当系误字。所以,"拜"非月部字。从"拜"与文部的"饙"同谐声来看,"拜"应属上古物部。李豪将"拜"归入上古物部,举出的证据有:银雀山汉简《唐勒赋》的"瞥"和马王堆帛书《十六经·正乱》的"誖"皆作"拜",从"拜"声,而"瞥"和"誖"都是物部字^⑫。因此,"拜"的上古音可以构拟为*pruuts,与"饙"*pun在韵部上有对转关系,读音相近。

通过上面的讨论,可以确定古文字材料中"芚"字所记录的词有差别很大的两种读音,分别是舌尖塞音幽部和双唇塞音物义部,即*Tu和*Put/n两类音节。正如陈剑在为上引冀小军文所作提要中所说:"面对这种情况,我们只能承认,除了'祷'类音,'芚'字确有另一类截然不同的读音(引者按:指'拜'、'饙'类音)。"^⑬

陈剑在紧接上引这句话后面说:"至于'芚'为何会有两类读音,以及其字之构形解释或者说造字意图为何,此则皆尚待研究。"这正是本文所要尝试回答的问题。

林义光《文源》谓:"(芚)即贲之古文,象华饰之形。"^⑭是林氏以"芚"的本义为饰,即"芚"为贲饰之贲的本字,字形象装饰。按装饰是抽象的概念,无形可象,林氏迁就"芚"的饰义,没有落实具体形象,让人难以捉摸。后来的学者多指实"芚"象草木之形,如何琳仪说:"(芚)象艸木茂美之形,贲之初文。"^⑮以"芚"为贲饰之贲的本字,只能解释*Put/n类音,不能解释*Tu类音。龙宇纯谓"芚"是"茇"的象形初文,义为草根^⑯。草根义的"茇",《广韵》蒲拨切,又北末切,属于上古月部字,则"茇"的上古音与*Put/n类音有一定距离,当然也不能解释*Tu类音。

郭沫若在考释幾父壺铭文时，提出"莽"象茅形、为"茅"字初文的看法，并说："此字一般写定为莽，或假为祓（祭名），或假为贲（华饰），音俱相近。后起字之茅既已出现，故本字本义俱废。"⑰按"茅"*mruu 与"祓""贲"的读音并不相近，郭沫若此说也是完全不可信的。

"莽"象草木形似乎是前人的共识，但实际上甲骨文中的字形特别是 🌿、🌿 之类的写法很难说一定象草木形，完全可能是某种一头扎束起来的羽状物的形象（可对比甲骨文"凤"🦅）。"奏"字从廾从莽，象双手持莽之形，甲骨文作🌿、🌿、🌿 等⑱。上引龙宇纯文谓"奏"象奉献根食（义为百谷）⑲，实属穿凿附会，双手持草根不可能看出进献百谷的意思。这也暴露了以"莽"为草木形的不合理。李孝定《甲骨文字集释》考释"奏"字时说："🌿，契文求字，（奏）象两手奉求奏进之意也。契文奏舞每连文，字又作🌿，从🌿，与舞字作🌿所从之🌿同，疑象舞时所用之道具，两手奉之以献神，故有进义也。二说未知孰是。"⑳李孝定误信旧说，以"莽"字为"求"，他对"奏"字的第一种解释当然是错误的，但他将"奏"字所从的🌿与"舞"字所从联系起来，认为是舞时所用之道具，这一说法应该是可信的。如果确认🌿形是舞具，那么"奏"字所从其他写法的"莽"当然也只能是舞具，即"莽"的本义是舞具。《说文》："奏，进也。"以"进"为"奏"的本义，但从字形看，"奏"的本义应是演奏音乐舞蹈，卜辞"奏舞""奏庸"等正用其本义，一般意义的奏进乃其引申义㉑。

既然"莽"的本义为舞具，那么循此义并依据前文所确定的两个音节类，即可找到具体的词。上古汉语中舞具义的词正好有"翇"和"翿"两个。《说文》四上羽部："翇，乐舞持全羽以祀社稷也。"《周礼》作"帗"。《周礼·地官·鼓人》"凡祭祀百物之神，鼓兵舞帗舞者"，郑玄注："兵谓干戚也。帗，列五采缯为之，有秉。皆舞者所执。"又《春官·乐师》"凡舞，有帗舞，有羽舞，有皇舞，有旄舞，有干舞，有人舞"，郑注："郑司农云：帗舞者，全羽，……社稷以帗。玄谓：帗，析五采缯，今灵星舞子持之是也。"《说文》用郑众说，以"翇"为全羽制作的舞具，但郑玄认为"帗"是五彩缯帛制作的舞具，两说不同。或许这种舞具本来就有两种材质，所以文字上也有从羽从巾之异。也可能郑玄说并不可靠。《说文》四上羽部："翿（翿），翳也，所以舞也。《诗》曰：'左执翿。'"""翿"字紧接在"翇"字之下。《诗·王风·君子阳阳》"君子陶陶，左执翿，右招我由敖"，毛传："翿，纛也，翳也。"郑笺："翳，舞者所持，谓羽舞也。"纛"是"翿"的异体，《说文》所无。《尔雅·释言》："纛，翳也。"郭璞注："舞者所以自蔽翳。"又《陈风·宛丘》"坎其击鼓，宛丘之下。无冬无夏，值其鹭羽。坎其击缶，宛丘之道。无冬无夏，值其鹭翿"，毛传："值，持也。鹭鸟之羽，可以为翳。""鹭羽"同"鹭翿"，指用白鹭羽毛制作的舞具。

"翇（帗）"，《广韵》分勿切，上古音 *put。"翿"，《广韵》徒刀切，又徒到切，即平去两读，从《君子阳阳》与"陶"押韵来看，可能上古就归平声（《宛丘》与"道"字平上异调相押），去声是后起的异读，则其上古音可以构拟为 *duu。"翇（帗）"和"翿"的读音正好分别属于上古 *Put/n 和 *Tu 类音节，与前文对"莽"字的语音分析若合符节，绝非偶然的巧合，说明推断"莽"的本义是"癹(岥)"和"翿"符合事实。

"莽"字既可以记录"翿"*duu这个词,又可以记录"癹(岥)"*put这个词,属于早期表意字比较常见的一形多用现象。大家熟知的"鄭"字既读"郭",又读"墉",也是两个语音毫不相干而词义相同的词共用一个字形。

由陈剑释出的西周春秋金文"毒"字作、、等形,陈剑分析为"象女子头部或颈部斜插羽旄类装饰物",看作一个整体的表意字[12]。按金文"毒"字除去女旁的部分与甲骨文"莽"的类字形只有正倒之别,不能说没有关系。"毒"*duuk与"翿"*duu读音相近(韵部对转),那么"毒"字分析为形声字的可能性也不能排除。

甲骨金文中"莽"读为"祷、拜、贲"等,皆用其假借义。是否有用本义的例子呢?上文提到的幾父壶铭文中的"开莽六",旧无善解。如读此"莽"字为"癹",似乎不失为一种合理的解释。当然,"开癹"是一种赏赐物品,而非"竿"和"癹"两种物品,否则应该分别计数。"开癹"可能是指某种特别珍贵的鸟羽制作的癹,故值得作为赏赐品赐给器主,供祭祀乐舞使用。

附记:本文为"古文字与中华文明传承发展工程"规划项目"汉语上古音构拟——以古文字为中心"(G3906)的阶段性研究成果。

(作者单位:复旦大学出土文献与古文字研究中心)

注:

① 参刘钊主编《新甲骨文编(增订本)》第608—610页,福建人民出版社2014年。
② 冀小军《说甲骨金文中表祈求义的莽字——兼谈莽字在金文车饰名称中的用法》,《湖北大学学报(哲学社会科学版)》1991年第1期。
③ 参陈剑为冀小军文所作的提要,见刘钊主编、陈剑副主编《传承中华文化基因——甲骨文发现一百二十年来甲骨文论文精选及提要》第2785页,商务印书馆2021年。
④ 施瑞峰《上古汉语声母谐声类型在古文字数据释读中的效用》第370—376页,香港中文大学2022年博士学位论文。关于读"述/仇"的一类字形并不从"莽"这一点,其他学者已指出,参施文第374页所引。
⑤ 据下例甸盉铭文,此铭似脱"韦"字。
⑥ 甲骨文中的"莽"和金文中未加"艸"形的"莽"严格来说不能隶定为"莽"。参陶安、陈剑《〈奏谳书〉校读札记》,《出土文献与古文字研究》第4辑第410页,上海古籍出版社2011年。
⑦ 裘锡圭《史墙盘铭解释》,收入《裘锡圭学术文集》第3卷第7页注13,复旦大学出版社2012年。
⑧ 陈梦家《西周铜器断代》第243页,中华书局2004年。
⑨ 吴镇烽编著《商周青铜器铭文暨图像集成》第22卷第389、391页,上海古籍出版社2012年。
⑩ 参董莲池编著《新金文编》第1595—1601页,作家出版社2011年。
⑪ 同上注第643—645页。
⑫ 李豪《古文字的谐声系统及相关问题研究》第161—162页,复旦大学2022年博士学位论文。

⑬　同注③第2786页。

⑭　林义光《文源》第142—143页,中西书局2012年。

⑮　何琳仪《战国古文字典——战国文字声系》第1295页,中华书局1998年。

⑯　龙宇纯《甲骨文金文𥻗字及其相关问题》,《史语所集刊》第34本下册,1963年;收入氏著《丝竹轩小学论集》第59页,中华书局2009年。

⑰　郭沫若《扶风齐家村器群铭文汇释》,陕西省博物馆、陕西省文物管理委员会编《扶风齐家村青铜器群》第2页,文物出版社1963年。

⑱　参注①第610—611页。

⑲　同注⑯《丝竹轩小学论集》第61页。

⑳　李孝定编述《甲骨文字集释》第3241页,史语所1970年。

㉑　参季旭升《说文新证》第778页,艺文印书馆2014年。

㉒　陈剑《释金文"毒"字》,《中国文字》2020年夏季号(总第3期)第214—215页。

古文字研究（35）：597—600，2024

临淄刘家村出土"夹宫乡郏里"铜量
铭文新释

吴毅强

　　1992年山东临淄永流乡刘家村灰坑出土两件铜量，一大一小（行文简称大量、小量），器形、铭文皆同，现藏山东省文物考古研究院。器形作带柄圆斗状，敞口、平沿、斜腹、平底、一侧有圆柱形长柄，素面，外腹部阴刻铭文，两件同铭，各五字。从器形、铭文判断，这两件器物是战国晚期齐国的量器。大量全长24.2、高10.1、口径13.9、底径10.2厘米，容量1025毫升；小量全长14.8、高6.1、口径8.1、底径5.7厘米，容量205毫升。《考古》1996年第4期首次公布这两件器，称"刘家铜量"，释文作"羍宫乡郏里"，并指出"羍、郏"二字虽不识，但均应是乡里名称[①]。其后，多种金文著录及研究论著均有收录，如：

　　《近出殷周金文集录》1051、1052号著录，释作"齐宫乡，郏里"，称"齐宫乡量"[②]。

　　《新收殷周青铜器铭文暨器影汇编》1171、1172号著录，释作"齐宫乡鄗里"，称"齐宫量"[③]。

　　《山东金文集成》释作："亝宫乡隙里"[④]。

　　《齐文字编》释作"□□（宛？）□□里"，并定名为"齐（？）宛（？）铜量"[⑤]。后作者又改释为"齐（？）宛（？）乡□里"[⑥]。

　　《商周青铜器铭文暨图像集成》18811、18812号著录，释文作"莽宫乡郏里"，称"莽宫乡奉里量"[⑦]。

　　《齐系金文集成·齐莒甲卷》"齐国杂器"5、6号著录，释文作"𠦪宫巷𦌵里"，定名为"齐宫量"[⑧]。

　　《齐系金文研究》释作"莽宫襄（乡）降里"，定名为"莽宫襄（乡）降里量"[⑨]。

　　由上述研究成果可看出，对这两件量铭文的释读，意见分歧很大。此前，因公布的器物照片、拓本皆不够清晰，影响了文字的释读。2021年，《山东省文物考古研究院藏文物精粹·铜器卷》公布了这两件量清晰的器物和拓本照片（187、188号），该书所作释文，大量为："羍宫乡郏里"（图一），小量作："羍宫乡𫝶里"（图二）[⑩]。

图一　　　　　　　　　　　　　　　　　图二

综上,铭文五字中,除"里"字外,其余四字的释读仍存在争议,故有必要讨论一番。

第一字,原作 、 ,从齐陶文格式来看,应是名词。该字除按原形隶定外,《近出》《新收》释"齐",《齐文字编》疑为"齐"字[11],《铭图》释为"牵"。我认为现有释读均不确,该字应释为"夹"。战国文字中的"夹",如齐陶文作 (《陶文图录》3.391.3)、 (《陶文图录》3.391.6);楚文字作 (上博简《容成氏》简25)、 (清华简《筮法》48);秦文字作 (睡虎地秦简《日书》甲151)[12];此外,齐文字中,从"夹"的字还见于陶文、玺印,如陶文"悐"作 (《陶文图录》3.390.3),该陶文《战国文字字形表》已正确释为"悐"[13];又,齐系玺印"毕侠左敀"之"侠"作 (《古玺汇编》195)[14]。尤其是"毕侠左敀"之"侠"所从,与本量第一字形完全相同。上引齐、楚、秦各系文字的夹,与小量第四字 右边完全相同,可确定小量这个字从邑、从夹。小量这个字形很重要,因为大量与小量中同一个字的写法不完全一致,大量作 、小量作 ,从铭文本身来看,当是同一字无疑。大量的 ,右侧部分就是该量第一字 ,这样的话, 就是"夹"的一种特殊写法。这种字形的变化,何琳仪曾归纳为"延伸笔画",指出"系指把文字的圆点、竖笔、斜笔以及弧笔等有意识地延长和扩展",举了笔画"八"—"个"的变化,并列出古文字中的实际例证,如大(—)、央(—)、臾(—)、异(—)[15],读者可参看。地名中有以"夹"为名者,如齐地有"夹谷",见于《春秋·定公十年》。

第二字,原作 、 ,这种构形的文字,常见于齐、楚系文字,在楚文字中,常作为行政机构名称使用。学界或释"邑""宫""宦",或释"苑",读"馆"[16],或疑释"宛"[17],莫衷一是。释"宫"与字形不符,本文暂按原形隶定。此字在这里应与第一字组成名词,"夹宦"是乡的名称(乡字释读详下文)。齐陶文中乡名有二字者,如吉林大学藏陶文有"□里巷(乡)□里贞""楚郭巷(乡)苴里□""楚郭巷(乡)□里腊"[18],"□里""楚郭"皆是乡名。

第三字,原作 、 ,这种字形,《齐文字编》列入附录(编号101)[19],李学勤早已正确指出是"巷"字[20]。近年《战国文字字形表》亦持这种意见[21]。这种构形是典型的齐文字写法,多见于齐国陶文。该字其实是从共、从邑、从行[22]，过去有多种不同的释读，如郚、迁(县)、鄙、乡、州、聚、衢(廛)、贾、襄、鄩、巷等[23]。释读的关键在于该字最上面部分，该偏旁其实是"共"字，只是形体略有变化，变得像"畕""铸"的上部形体。该字中，共、行皆表声，邑为意符。学者多指出其是表示行政或居民组织的单位，应是里的上级单位。我同意"巷"读为"乡"的观点。首先，上古音方面，巷是见母东部，乡是晓母阳部，声韵都很近，通假当无问题。其次，乡、里是古代常见的基层行政组织。《管子·小匡》桓公曰："参国奈何?"管子对曰："制国以为二十一乡，商工之乡六，士农之乡十五。……制五家为轨，轨有长。十轨为里，里有司。四里为连，连有长。十连为乡，乡有良人。"[24]后面紧接着，桓公问："五鄙奈何?"管子对曰："制五家为轨，轨有长。六轨为邑，邑有司。十邑为率，率有长。十率为乡，乡有良人。"[25]虽然《管子》可能是战国时人的托名之作，但其对齐国都鄙基本组织结构的记载，多少应有其史实素地，似可说明战国时代齐国都城及其附近基层组织曾施行过"乡里"制度。附带说明一下，从出土文献来看，用"鄉"表示{乡}是秦文字的习惯，用"巷"表示{乡}是齐文字的习惯。

第四字，大量作 、小量作 ，通过上文分析可知，该字应是在本器铭第一字基础上增加"邑"旁。通过对大小量第一字的分析，可知该字从邑、从夹，故该字可释为"郏"，《说文》邑部："郏，颍川县。从邑，夹声。"此外，还有地名"郏鄏"，见《左传·宣公三年》"成王定鼎于郏鄏"。"郏"在这里是"里"名。

通过上述分析，该铜量铭文应释作"夹訇巷(乡)郏里"，"夹訇"为乡名，"郏"为里名。铭文的正确释读，对研究战国时期齐国都城临淄及周围的基层组织结构与区划构成有着重要意义。

附记：本文得到2021年度国家社科基金一般项目"清代民国学者商周金文拓本题跋研究"(21BZS045)资助，特此致谢!

(作者单位：四川大学历史文化学院)

注：

① 魏成敏、朱玉德《山东临淄新发现的战国齐量》,《考古》1996年第4期。

② 刘雨、卢岩编著《近出殷周金文集录》第4册第74—75页，中华书局2002年。(简称《近出》)

③ 钟柏生等编《新收殷周青铜器铭文暨器影汇编》第818页，艺文印书馆2006年。(简称《新收》)

④ 山东省博物馆编《山东金文集成》第741页，齐鲁书社2007年。

⑤⑪ 孙刚编纂《齐文字编》第418页，福建人民出版社2010年。

⑥ 孙刚《东周齐系题铭研究》第353页，上海古籍出版社2019年。

⑦ 吴镇烽编著《商周青铜器铭文暨图像集成》第34册第262—263页，上海古籍出版社2012年。(简称《铭图》)

⑧ 张振谦编著《齐系金文集成·齐莒甲卷》(一)第365—366页，学苑出版社2017年。

⑨　张俊成《齐系金文研究》第172页，上海古籍出版社2022年。

⑩　山东省文物考古研究院编著《山东省文物考古研究院藏文物精粹·铜器卷》第224—225页，文物出版社2021年。

⑫　徐在国、程燕、张振谦编著《战国文字字形表》第1422页，上海古籍出版社2017年。

⑬　同上注第1492页。

⑭　曹锦炎释为"倕"，认为毕是地名，倕当是工匠管理机构名。参曹锦炎《释战国陶文中的"敢"》，《考古》1984年第1期；曹锦炎《古玺通论（修订本）》第168页，浙江大学出版社2017年。我认为该字应释"侠"，"毕侠"当是地名。

⑮　何琳仪《战国文字通论（订补）》第294—295页，上海古籍出版社2017年。何先生观点，承陈梦兮博士提示，谨表谢意。

⑯　李家浩《战国文字中的"宦"字》，《出土文献与古文字研究》第6辑第245—276页，上海古籍出版社2015年。徐在国、程燕、张振谦编著《战国文字字形表》第1051—1053页。

⑰　同注⑤第418、426—427页。

⑱　吴振武、于闰仪、刘爽《吉林大学文物室藏古陶文》，《史学集刊》2004年第4期。

⑲　同注⑤第420页。

⑳　李学勤《秦封泥与齐陶文中的"巷"字》，《陕西历史博物馆馆刊》第8辑第24—26页，三秦出版社2001年。

㉑　同注⑫第935页。

㉒　巷字构形，秦、楚、晋、齐各系文字其实大同小异。参注⑫第935—936页。

㉓　参徐在国《山东新出土古玺印考释（九则）》，《中国文字研究》第2辑，广西教育出版社2001年；收入氏著《安徽大学汉语言文字研究丛书·徐在国卷》第43—48页，安徽大学出版社2013年。孙刚《东周齐系题铭研究》第352—366页。张俊成《齐系金文研究》第172—173页。

㉔　黎翔凤撰，梁运华整理《管子校注》第441页，中华书局2018年。

㉕　同上注第441—442页。

古文字研究（35）：601—607，2024

据古文字补正《汉语大词典》三则

武振玉　　孙　越

一　休

《汉语大词典》（1·1168—1169）所列"休"之义项如下：

（1）休息。《诗·大雅·民劳》："民亦劳止，汔可小休。"

（2）休假，休沐。《后汉书·蔡邕传》："臣属吏张宛长休百日。"李贤注："休，假也。"

（3）用于制止对方议论或做某事。带有不耐烦的语气。《战国策·齐策四》："孟尝君不说曰：'诺，先生休矣！'"

（4）停止；罢休。三国魏曹丕《典论·论文》："武仲以能属文，为兰台令史，下笔不能自休。"

（5）离开；诀别。《晏子春秋·谏上八》："景公曰：'孤不仁，不能顺教，以至此极。夫子休国焉而往，寡人将从而后。'"

（6）辞去（官职）。唐杜甫《旅夜书怀》诗："名岂文章著，官应老病休。"

（7）旧时指丈夫离弃妻子。《敦煌曲子词·菩萨蛮》："枕前发尽千般愿，要休且待青山烂。"

（8）喜庆；美善；福禄。《诗·小雅·菁菁者莪》："既见君子，我心则休。"郑玄笺："休者，休休然。"王引之《经义述闻·毛诗上》"我心则休"："家大人曰：《菁菁者莪》篇：'我心则喜'、'我心则休'。休亦喜也，语之转耳。《笺》曰：'休者，休休然。'休休犹欣欣，亦语之转也。"

（9）称赞，赞美。汉蔡邕《郭有道碑文序》："群公休之，遂辟司徒掾。"

（10）树荫。《汉书·外戚传下·班婕妤》："愿归骨于山足兮，依松柏之余休。"颜师古注："休，荫也。"引申为荫庇。《周书·静帝纪》："藉祖考之休，凭宰辅之力。"

（11）犹完蛋。《敦煌曲子词·定风波》："更遇盲依（医）与宣谢（泻），休也，头面大汗永分离。"

（12）莫，不要。唐杜甫《诸将》诗之三："洛阳宫殿化为烽，休道秦关百二重。"

（一）关于"休"的本义1

《说文》木部载："休，息止也。从人依木。庥，休或从广。"《尔雅》："庇、庥，荫也。"唐张参《五经文字》中延用上述说法："休，象人息木阴。"

裴锡圭《文字学概要》谓："休"的本意应该是人在树荫下休息。《诗·周南·汉广》"南有乔木,不可休思",“休”字正用本义。《淮南子·精神》:“今夫繇(徭)者揭钁臿,负笼土,盐汗交流,喘息薄喉。当此之时,得茠越下,则脱然而喜矣。”高注:“茠,荫也。三辅人谓休华树下为茠也。楚人树上大本小如车盖状为越,言多荫也。”这个“茠”字是表示“休”字本义的分化字①。据此,义项1应该是“人在树荫下休息”,引例应当用《诗·周南·汉广》:“南有乔木,不可休思。”

(二) 与“休息”义相关的引申义

据调查,上古汉语中表“休息”义的“休”凡136例,是出现频次最多的一个义项;由“休息”义引申出的“休止”义凡71例,分布广泛(可见于14部文献中),且组合形式多样。则《汉语大词典》所列义项4“停止、罢休”应提前为义项2;同时,所引曹丕《典论·论文》例过晚,上古汉语中即有此义用例,如《诗·大雅·瞻卬》:“妇无公事,休其蚕织。”其他义项均为“休止”义或近或远的引申义。

(三) 关于“休”的本义2

甲骨文“休”字或作 𣇃,除有“人在树下休息”义外,还有“(树荫)遮蔽”义。李学勤《字源》谓:“有些休字木旁的上部向人旁弯曲,正像树荫。我们认为理解为“(树荫)遮蔽”更好。”②抽象化引申指(一般的)庇荫,由此分别引申出名词“树荫”义、动词“佑护”义,再引申出动词“赐予”义和名词“福禄”“吉庆”等义(义项8),以及形容词“美善”义(由“美善”义再引申出“喜悦”和“称美”义),《字源》概括为:“从荫庇义又引申指美好,又指喜悦。”

据上可知,“休”义项情况大致如下:

（1）休息,上古汉语最多见,是字本义的近引申,由此引申出核心义“休止”。

（2）休假、休沐,是“休息”义的特定引申义。

（3）用于制止对方议论或做某事,是“休止”义的近引申,上古汉语已见。

（4）停止、罢休,是“休息”义的近引申。

（5）离开、诀别,上古汉语很少见,为“休止”义的近引申。

（6）辞去(官职),为“休止”义的远引申:休止→弃除→辞去(官职)。

（7）旧时指丈夫离弃妻子,为“休止”义的远引申,即休止→弃除→离弃(妻子)。

（8）喜庆;美善;福禄:“美善”义是核心,此义金文常见;“福禄”“吉庆”为“美善”的引申义。

（9）称赞、赞美,为“美善”义的动词用法。

（10）树荫,由动词“荫庇”义引申而来。

“休”的词义引申可图示如下:

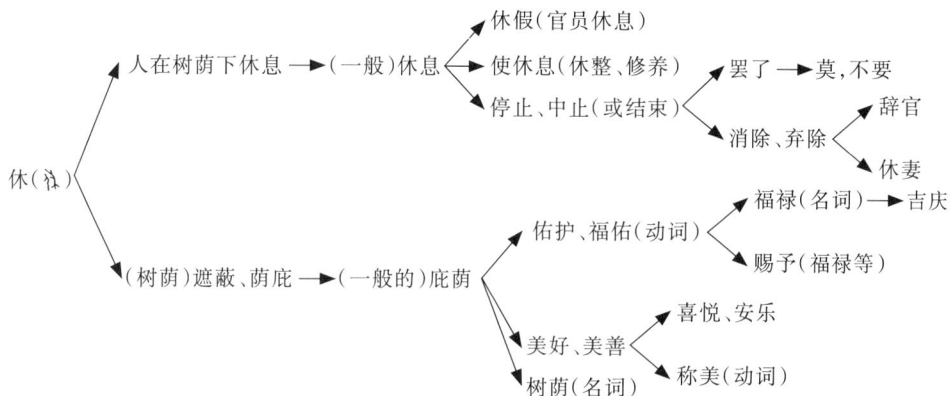

概括而言，"休"属"一字二义"，即"休"的字形显示其同时有两个意思：一是从人从木会人在树下休息义；二是树荫遮蔽人会荫庇义。前者引申出"休息""休止""停止""罢了""消除"等引申义；后者引申出庇护、护佑等动词义，同时又引申出形容词"美善"义和名词"树荫"义。

二 比

《汉语大词典》(5·258—259)所列"比₁"之动词义项如下：

（1）亲近；和睦。《诗·大雅·皇矣》："王此大邦，克顺克比。"

（2）勾结。《论语·为政》："君子周而不比，小人比而不周。"朱熹集注："比，偏党也。"

（3）顺从；附从。《荀子·儒效》："先王之道，仁人隆也，比中而行之。"王念孙《读书杂志·荀子二》："比，顺也，从也。"

（4）辅助。《易·比》："比，辅也。"孔颖达疏："比者，人来相辅助也。"

（5）配合；适合。《逸周书·大武》："男女比。"朱右曾校释："比，合也。使无鳏旷。"

（6）紧密；细密。《诗·周颂·良耜》："其崇如墉，其比如栉。"

（8）周遍。《墨子·节葬下》："诸侯死者，虚车府，然后金玉珠玑比乎身，纶组节约，车马藏乎圹。"孙诒让间诂："比乎身，犹言周乎身。"

（9）并列；排列。《书·牧誓》："称尔戈，比尔干。"孔传："干，楯也。"

（10）齐同，等同。《荀子·不苟》："山渊平，天地比。"杨倞注："比，谓齐等也。"

（11）近；靠近。《书·召诰》："王先服殷御事，比介于我有周御事。"

（12）相连接。汉王充《论衡·物势》："亦或辩口利舌，辞喻横出为胜；或讪弱缀跲，踸踔不比者为负。"

（13）编次，排比。《礼记·乐记》："律小大之称，比终始之序，以象事行。"孔颖达疏："比五声终始，使有次序也。"

《汉语大词典》(5·259)所列"比₂"之动词义项如下:

　　(1)比较;考校。《周礼·天官·内宰》:"比其大小与其粗良,而赏罚之。"

　　(2)比方;比拟;比喻。《诗·邶风·谷风》:"既生既育,比予于毒。"

　　(4)类似;相类。《史记·天官书》:"太白白,比狼;赤,比心。"

　　(5)仿效。《左传·昭公二十八年》:"慈和遍服曰顺,择善而从之曰比。"

　　(6)用手势比画。《红楼梦》第二十九回:"因宝姐姐要看呆雁,我比给他看,不想失了手。"

　　(7)比照;按照。《书·吕刑》:"上下比罪,无僭乱辞。"

(一) 比₁及其引申义

　　甲骨文"比"(𠤎𠤎)所会之义,其中之一是"近、接近"(义项11);由"近"义,"比"向一个方向引申出"合"义(联合、配合、匹配等,义项5);在"合"义的基础上,"比"引申出"辅助"义(义项4)。表"近"义的"比"向另一个方向引申又产生了"亲近、亲附"义(义项1);"亲近"义进一步引申,词义色彩偏向贬的方向,就产生了"勾结"义(义项2)。由"近"义,"比"又引申出形容词"密"(义项6)和"顺"义。

　　据上可知"比₁"各义项大致如下:

　　(1)近,靠近。(本义)

　　(2)亲近;和睦。

　　(3)勾结。(含有贬义色彩)

　　(4)顺从;附从。(上古汉语很少见)

　　(5)辅助。

　　(6)配合;适合。

　　(7)紧密;细密。(形容词)

　　(8)周遍。

　　(9)并列;排列。(应归入"比₂")

　　(10)齐同、等同。(应归入"比₂")

(二) 比₂及其引申义

　　甲骨文"比"(𠤎𠤎)还有"并排、并列"义("比₁"下义项9);由此引申出"齐同、等同"义(比₁下义项10);由"齐同"义,"比"又引申出"比拟、比作"义(侧重同的方面)(义项2);由"比拟"义又引申出"比较、与……相比"义(侧重不同)(义项1);由"比较"义,"比"还引申出"考校、考核"义(义项1)和"检查、查对"义。

　　"比"的词义引申可图示如下:

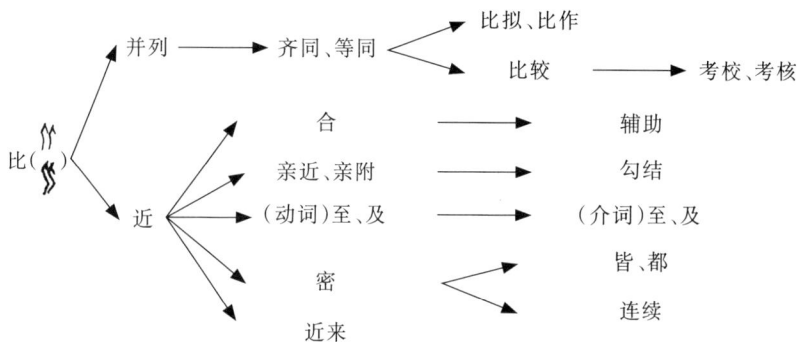

三　咸

《汉语大词典》（5·216）所列"咸₁"主要义项如下：

（1）皆，都。《易·乾》："首出庶物，万国咸宁。"

（2）同，共。《诗·鲁颂·閟宫》："敦商之旅，克咸厥功。"郑玄笺："咸，同也……能同其功于先祖也。"孔颖达疏："谓先祖欲成王业，武王卒能成之，是合同其功。"

（3）和睦；同心。《左传·僖公二十四年》："昔周公吊二叔之不咸，故封建亲戚，以蕃屏周。"杜预注："咸，同也。"

（4）普遍；全面。《国语·鲁语上》："小赐不咸。"韦昭注："咸，遍也。"《庄子·知北游》："周、遍、咸，三者异名同实，其指一也。"

（5）毕；终结。汉扬雄《法言·重黎》："或问：六国并其已久矣，一病一瘳，迄始皇三载而咸，时、激、地、保，人事乎？"于省吾《双剑誃诸子新证·法言新证》："咸谓毕也……言至始皇三载而毕也。"

《汉语大词典》（5·216）所列"咸₃"义项为：

（1）通"减"。剪除、灭绝。（无引例）

（2）姓。《汉书·酷吏传·咸宣》："咸宣，杨人也。"

（一）"咸₁"补正

1.关于义项2：《诗·鲁颂·閟宫》"无贰无虞，上帝临女。敦商之旅，克咸厥功"，郑玄笺："咸，同也。"马瑞辰通释："《方言》：'备、该，咸也。'……《广雅》：'备，成也。'"陈奂传疏引《书述闻》云："咸者，灭绝之名。"杨树达《积微居小学述林·诗·敦商之旅克咸厥功解》云："咸，终也。"向熹《诗经词典》引马瑞辰、杨树达说，释为"成、完成"③。据此，义项2释为"同、共"不确，应释为"完成"义，"咸""克"同义连用，用例如《尚书·君奭》："我咸成文王功于不怠，丕冒海隅出日，罔不率俾。"

2.关于义项3：《左传·僖公二十四年》"昔周公吊二叔之不咸，故封建亲戚以蕃屏周"，杜预注："咸,同也。"《经义述闻·左传上·吊二叔之不咸》谓"与諴同"④。《左传详解词典》释"不咸"为："不和。一说不终(二叔之不咸)。"⑤又释"咸"为："动词,善终。"⑥可知,义项3"和睦,同心",应改为"善终"义,更为妥当。

(二)"咸₃"补正

《汉语大词典》在此项下没有引例,补充如下:

例1:《尚书·君奭》："后暨武王,诞将天威,咸刘厥敌。"陈奂传疏引《书述闻》："咸者,灭绝之名。"孙星衍《尚书今古文注疏》："咸,与减通。"王引之《经义述闻》："咸、刘,皆灭也。"

例2:《逸周书·世俘》："则咸刘商王纣,执矢恶臣百人。"朱右曾《逸周书集训校释》："咸,读为戗,绝也。"

于省吾《甲骨文字诂林》按语引吴其昌谓："咸为一戈一砧相连之形……故咸之本义为杀。"⑦陈直《读金日札》亦认为："'咸'字在甲骨文金文,皆从戉,从口。《逸周·世俘篇》云'咸刘商王纣',是用其本义,训为杀也。"⑧可知,"咸₃"应释为"杀",为本义。

综上,"咸"的义项排列应为:

(1)杀(本义)。《尚书·君奭》："后暨武王,诞将天威,咸刘厥敌。"

(2)(行为)结束、完毕。(金文有用例)

(3)(事件)完成。(金文和传世文献均有用例)

(4)(时间)终了。

(5)尽。《礼记·月令》："水泉咸竭,民多疥疠。"朱彬《礼记训纂》："咸,与减通。"

(6)周遍。(由"尽"义引申而来)

(7)时间副词。

(8)范围副词。(传世文献主要见于《尚书》和汉代的仿古文献中)

"咸"的词义引申可图示如下:

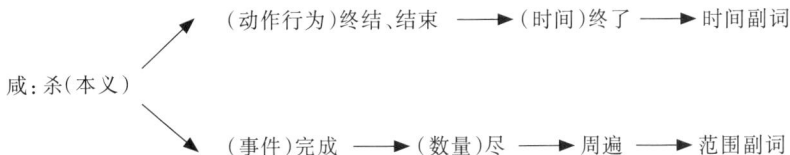

附记:本文为吉林省社会科学基金项目"基于语义场的《仪礼》《礼记》动词比较研究"(2023B114)和国家社会科学基金重大项目"出土两汉器物铭文整理与研究"(16ZDA201)子课题"出土两汉器物铭文语言研究"的阶段性成果。

(作者单位:吉林大学文学院)

注：

① 裘锡圭《文字学概要》第143页，商务印书馆1988年。

② 李学勤主编《字源》第538页，天津古籍出版社2012年。

③ 向熹编著《诗经词典（修订本）》第563页，商务印书馆2016年。

④ 宗福邦、陈世铙、萧海波主编《故训汇纂》第347页，商务印书馆2003年。

⑤ 陈克炯《左传详解词典》第21页，中州古籍出版社2004年。

⑥ 同上注第261页。

⑦ 于省吾主编《甲骨文字诂林》第2420页，中华书局1996年。但关于字形，《诂林》认为"吴其昌以'口'为砧形，非是。'咸'乃'戌'之孳乳分化字，增'口'以示区别，与'鲁'、'唐'诸字同"。

⑧ 陈直《读金日札》第196页，西北大学出版社2000年。

古文字研究(35):608—612,2024

河北蔚县大德庄墓地出土战国铜印考释

马保春　　蔺　媛

2005年,河北省蔚县大德庄西汉中晚期墓M1—2出土了一方铜质印章(见图一),据2022年发掘报告称:该印位于棺内墓主人的头部右侧。印体呈四棱台形,上部有圆形穿孔,印面边长1、印高1.3厘米。印文 从淀 为铸造阳文,报告编写者释为右读的"从淀"①。"从淀"即"從淀",从字形和书体来看,这可能是有问题的,本文将对该印文重新考释,不当之处,敬请方家指正。

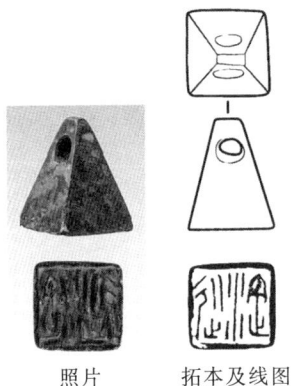

图一　铜印(M1—2:147)照片、印文拓本及印体线图

从该印字形及印章形制来看,很可能是一方战国古玺。首先,被报告编写者释为"从(從)"字所从的"辵"旁,其写法呈现出战国燕赵文字的特征,不像从辵旁的"近、逐"等字的汉印字体分别作 、 ②。据前人研究,战国燕系玺印文字"辵"旁作 、 等形,晋系作 、 等形③,如下举诸例皆是。

《玺汇》④850,燕系　　《玺汇》2883,燕系　　《玺汇》511,燕系

《玺汇》2350,晋系　　《玺汇》505,晋系　　《玺汇》806,晋系

很显然,所讨论印章的印文风格为燕系文字。再者,从印体形制大小来看,战国时期各国

方形官玺的边长多在2.0厘米左右,三晋的较小,也在1.5厘米上下⑤,边长1、高1.3厘米的四棱台形印章不可能是官印,应该是私玺。从印体的外形及纽式来看,似乎与罗福颐所说的柱纽⑥、叶其峰所说的橛纽⑦相近。柱纽和橛纽实为同一类型,是一种出现在战国至汉代的印章纽式,典型的实例是罗福颐《古玺印概论》第21页战国"競喑"私玺(图二a)、叶其峰《古玺印与古玺印鉴定》第191页汉代"马秋"私玺(图二b)和《长沙楚墓》M712:1出土的战国"张女"私玺⑧(图二c)。虽然"马秋"私玺为长方,但与大德庄墓出土印章更为接近,"马秋"私玺可以看作是大德庄墓出土印章的拉伸版,这也印证了这种私玺印体确实从战国时期一直延续到了汉代。

图二　柱纽(橛纽)私玺图例

报告释🔲为"淀",但"淀"字《说文》所无,也不见于秦汉及其以前的字书,不太可能出现在先秦古玺中。传世文献中较早出现"淀"的是西晋左思所撰的《魏都赋》,其云:"掘鲤之淀,盖节之渊。"⑨张载注:"淀者,如渊而浅也。"与"淀"音义相近的是见于《说文》的"澱",云:"滓滋也。从水殿声。"《尔雅·释器》"澱谓之垽",《广雅·释器》"澱谓之滓",王力以为"澱"有河底淤泥之义,可引申为污泥沉积⑩。但印文🔲与"澱"在字形上是完全不同的两个字。

细查🔲字右旁🔲,发现其下部"止"的中间竖笔向上穿过了上面的横画,所以它并不是从"宀"从"正"的"定","定"西周金文作🔲(《集成》9400伯定盉)、🔲(《集成》9456裘卫盉),春秋金文作🔲(《集成》37秦王钟),秦简作🔲(睡虎地秦简·法121),它们所从"正"的中部竖笔均不穿过上面的横画。另外,印文🔲右旁🔲的上部🔲和下面的"止"是连为一体的,这与有些上下分开的"定"字结构也明显不同。

甲骨文中有一个过去释为"途"读为"屠"⑪、除⑫或舍⑬的字,作🔲(《合》32229)、🔲(《合》6051)、🔲(《合》32911)、🔲(《合》6037)、🔲(《合》6040)、🔲(《屯南》134)等形,或可隶定为"夻",一般作"挞伐"或让某人来到某处讲的"致"之义。赵平安在李家浩九店楚简释文⑭的基础上，将九店楚简、郭店楚简及睡虎地秦简《日书》等所见的"達"与此甲骨文联系，指出楚文字"達"就是在甲骨文所谓"途"字的基础上演变而来的，甲骨文所谓"途"应释为"達"⑮。印文▨的右旁▨正与上列诸甲骨文字形相合，似亦应释为"達"，从水旁则构成"澾"。但考虑到燕国玺印文字中已有"達"字，作▨（《玺汇》511）、▨（《玺汇》1340）、▨（《玺汇》2819）、▨（《玺汇》3948）等形。这一形体显然是继承自西周金文，如▨（《集成》4313师衰簋）、▨（《集成》3787保子達簋）、▨（達盨盖甲⑯）等形。因此释印文▨为"澾"并不至塙。

甲骨文"坴"从"止"从▨或▨之类者，后者与可表示方向的箭头（如甲骨文"射"作▨《合》698）或进攻武器的尖刺部（如从"斤"的甲骨文"斫"作▨《合》6947、▨《合》1823）有关。"坴"可能有"前去某地猛攻重创敌方并执获战俘而归"之义，金文增加意符"羊（羊）"分化出"達"字，突出了进攻、攻打的动作。甲骨文"羊"有进攻之义，如作"敦伐"讲的▨（《合》6354）就是从"羊"从▨，▨应是城邑之象形，可见甲骨文"敦"应当是会"攻打城邑"之义，后引申为敦伐字。"羊"有"猛烈进攻"义可能与羊这种动物惯用其头部发力猛顶敌方的动作有关。"坴"字"猛力进攻"之义被西周金文的"達"分化出去后，就只剩下由"从某地执获战俘而归"引申出来的"致"义了，即让某人自他处途经一定的路程而来。由于作偏旁的辵与彳、止可通用，"坴"后来可能演变为"途"，这正符合赵平安"達"字两系说的观点，可见在燕系文字中"坴""達"两系都保留了下来。由此，我们认为印文▨可解析为从水从坴（途）的澾，可读为"涂"。涂可作为姓氏，或与上古涂山氏有关。

印文第二字▨看似从"辵"从稍倾斜的两竖笔\\\\，释"從"不可信，首先"從"字从"两人相从"的"从"，不从\\\\形。如：▨（《合》902）、▨（《集成》9105宰椃角）、▨（《集成》4264格伯簋）、▨（《集成》4341班簋）、▨（《集成》5027作从彝卣）、▨（《集成》10174分甲盘）、▨（《集成》94髣孙钟）、▨（包山楚简132反）、▨（睡虎地秦简·法116）、▨（《说文》八上从部）。此外，先秦古玺中的"从"如▨（《玺汇》996）、▨（《玺汇》1299）、▨（《玺汇》877）等亦均不从\\\\形。

战国古玺所见的▨（《玺汇》1430，图三a）、▨（《玺汇》4139，图三b）与大德庄墓地出土印章中的▨应该是同一个字。罗福颐未识，吴振武释"近"⑰，何琳仪释"巡"⑱。很显然，战国文字中的"近"，其所从的"斤"是有折笔的，如▨（《上博二·从甲》13）；秦简中亦同，如▨（睡虎地秦简·秦2）。其他以"斤"作偏旁的字亦然，如清华简六所见从彳、心、斤的▨（《子产》8），卅二年坪安君鼎（《集成》2764·2）刻铭所见的"邤"作▨，"釿"作▨、▨、▨等，都不从印文所见的\\\\形。各类古文字资料中"巡"所从的"巛"多是弯曲或转折的三笔，绝无两笔且直者，如甲骨文"巡"作▨（《合》21526，戊子卜，贞：东克巡㠯）、▨（《合》21739，丙子卜：我有巡）等形，金文有十五年首相杜波铍（《集成》11701·1A）所见的▨（巡），战国玺印文字有▨（《玺汇》4083"马适巡"，图三c）、▨（《玺汇》997"肖巡"，图三d）、▨（《玺汇》4022"鲜于巡"，图三 e）等。另外，《玺汇》1430、4139 和大德庄墓出土印章已三见 ⿰彳巛 字，不大可能是"巡"的误写。或言从巛与从《可通用，即便如此，所从的《也应该是曲笔或折笔，而非直笔。因此，释"近"、释"巡"均不妥。

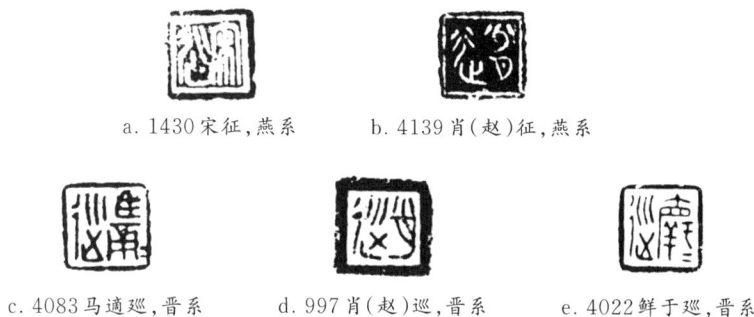

a. 1430 宋征，燕系　　　　　b. 4139 肖（赵）征，燕系

c. 4083 马适巡，晋系　　d. 997 肖（赵）巡，晋系　　e. 4022 鲜于巡，晋系

图三　《古玺汇编》所见有"征""巡"字的私玺

甲骨文"征"字作 ⿰（《合》31791），从彳、口、止。金文作 ⿰（《集成》2706 麦方鼎）、⿰（《集成》4162 孟簋）、⿰（《集成》2715 庚儿鼎）、⿰（《集成》161 麤羌钟）、⿰（《集成》2840 中山王鼎）、⿰（《集成》9734 㚔盗壶）等，其"口"旁在金文中先变为填实状，进而演变为一横画，春秋金文在横画之上再增一横画，则形成上短下长或等长的两横画。在只有两个字的战国方形私玺中，"征"字所占空间为减掉一半的长方形，在其右边下部的"止"不便于拉长的情况下，为了填充"止"旁上部较大的印面空间，将原两横画"二"倾斜拉长作"\\"，从而形成了 ⿰ 形，因此，印文第二字当释为"征"，"征"字作为人名也较常见。由此来看，《玺汇》1430 当释"宋征"，4139 当释"赵征"。大德庄汉墓出土的那方古印也应释为左读的"涂征"，是一方私玺。

再从大德庄墓地的地理方位来看，该墓地所在的今河北蔚县属于燕国和三晋赵国的交界地带。我们知道战国时期燕国私玺阳文、阴文共存且多有边框，晋系私玺多为宽边细文的方形阳文印[19]。因此，我们认为大德庄汉墓出土的战国印章应该是　方印体形制为晋系赵国特征、但文字为燕系风格的私玺，这可能是由于其处于燕赵交界一带受两国文化交流影响的结果。大德庄墓私玺之所以发现于西汉墓中，应该是墓主人生前拥有的传世品。

（作者单位：首都师范大学历史学院）

注：

① 河北省文物考古研究院等《河北蔚县大德庄 M1 的发掘》，《考古》2022 年第 9 期第 51—54 页。本文图一采自报告图六五·12、图六六，第 56、57 页，报告印文拓本反转，今正之。

② 罗福颐编《汉印文字征》卷 2 第 14 页"近""逐"条，文物出版社 1980 年。

③ 庄新兴《战国玺印分域编》第 7、8 页燕系，第 35 页晋系，又其"战国玺文常用特色部首和字分域表"之 19 页"辵"

部，上海书店出版社2001年。陈田光《战国玺印分域研究》第29页，岳麓书社2009年。刘建峰《战国玺印文字构形分域研究》第40页图表4—1—2"辵"部，山东大学2012年博士学位论文。

④ 故宫博物院编《古玺汇编》第105页，文物出版社1981年。简称《玺汇》。

⑤ 叶其峰《战国官玺的国别及有关问题》，《故宫博物院院刊》1981年第3期第86—92页。陈田光《战国玺印分域研究》第19—21页。

⑥ 罗福颐编《古玺印概论》第21页，文物出版社1981年。

⑦ 叶其峰《古玺印与古玺印鉴定》第191页图版四"历代私印纽式·橛纽"，文物出版社1997年。

⑧ 湖南省博物馆等编著《长沙楚墓》上册第418页，下册图版一五九·5，文物出版社2000年。

⑨〔梁〕萧统编《文选》卷六，《景印文渊阁四库全书》第1329册第31页，台湾商务印书馆1986年。

⑩ 王力主编《王力古汉语字典》第635页，中华书局2000年。

⑪ 于省吾主编《甲骨文字诂林》第859—861页，中华书局1996年。

⑫ 饶宗颐《殷代贞卜人物通考》上册第83—84页，中华书局2015年。

⑬ 林小安《殷武丁臣属征伐与行祭考》，《甲骨文与殷商史》第2辑，上海古籍出版社1986年；又林小安《殷墟卜辞癸字考辨》，《第三届国际中国古文字学研讨会论文集》第147—154页，香港中文大学1997年。

⑭ 李家浩《江陵九店五十六号墓竹简释文》，见湖北省文物考古研究所编《江陵九店东周墓》第507页，科学出版社1995年。

⑮ 赵平安《"達"字两系说——兼释甲骨文所谓"途"和齐金文中所谓"造"字》，《文字·文献·古史 赵平安自选集》第27—37页，中西书局2017年。该文原载《中国文字》新27期第51—64页，艺文印书馆2001年；又收入曾宪通主编《古文字与汉语史论集》第218—225页，中山大学出版社2002年。

⑯ 中国社会科学院考古研究所编著《张家坡西周墓地》图版第312页图234.1，中国大百科全书出版社1999年。

⑰ 吴振武《〈古玺汇编〉释文订补及分类修订》，《古文字学论集（初编）》第485—535页，香港中文大学中国文化研究所、吴多泰中国语文研究中心1983年；亦见吴振武《〈古玺文编〉校订》第354页，人民美术出版社2011年。

⑱ 何琳仪《战国古文字典——战国文字声系》第1331页，中华书局1998年。

⑲ 庄新兴编著《战国玺印分域编》第12、41页，上海书店出版社2001年。

古文字研究(35)613—620,2024

《孔子家语·颜回》篇"莫之御也"新诠

—— 兼释海昏侯汉墓出土《论语·知道》简文

张俊成

《孔子家语·颜回》篇载:

> 颜回问子路曰:"力猛于德而得其死者,鲜矣,盍慎诸焉。"孔子谓颜回曰:"人莫不知此道之美,而莫之御也,莫之为也,何居? 为闻者盍日思也夫。"

"莫之御也"之御,《孔子家语通解》注释为:"御,使用、应用,王肃注'御犹待也',有误。"①并把此章翻译如下:

> 颜回问子路说:"力气比德行猛健而死得其所的人很少,为什么不在这点上慎重些?"孔子对颜回说:"人人都知道这个道理的正确,却没有人去应用,没有人照着去做,这是为什么呢? 听到这个道理的人为什么不天天认真思考一下呢?"

此段翻译整体语意晓畅、简洁。值得进一步讨论的是对"莫之御也,莫之为也"的翻译。该段把"御"译作"应用",问题是如果把"御"字理解为"使用、应用"的话,这和后面的"莫之为也"的"为"字语意则稍显重复,因为"为"本身就有"使用、应用"之意。清王引之《经传释词》卷二"为"字条②:

> 为,犹"用"也,桓六年《左传》曰:"在我而已,大国何为。"言大国何用也。《吴语》曰:"危事不可以为安,死事不可以为生,则无为贵智矣。"言无用贵智也。成七年《谷梁传》曰:"雩不月而时,非之也,冬无为雩也。"言无用雩也。

王国轩、王秀梅译注的《孔子家语》则把此段翻译如下③:

> 颜回问子路说:"一个人勇猛有力胜过他的德行,而能死得其所的很少,何不谨慎地对待这件事呢?"孔子对颜回说:"人们没有不知道谨慎是美德的,但不能很好地对待这件事,没有人认真去这样做。为什么只做一个听众呢? 何不每天都好好想一想呢?"

此处"御"字翻译的依据显然是王肃"御犹待也"的注解。遍检文献,除了王肃注此条文献训"御"为"待"之外,找不到其他可训为"待"字的文献用例。而且训为"待"在《孔子家语》中语意也不甚明晰,"待"为何意? 在王国轩、王秀梅的译文中翻译为"对待"。还有其他学者采用王肃注而解为"等待"④:

> 《孔子家语》中将"莫之御也"与"莫之为也"相并列,"御""为"二字当有所联系。王肃

注"御"字为"御,犹待也",待""为"二字在《孔子家语》中曾并列出现,如"爱其死以有待也,养其身以有为也"。笔者据此认为,"御"当释为"待",为等待之意。

如果训为"等待"的话,则"莫之御也,莫之为也"则译为"没有人想再等待,也没有人有所作为",这样翻译也扞格难通,语意模糊不清。所以,《孔子家语·颜回》中的"莫之御也"在理解上还存在较大分歧,有进一步讨论的空间和必要。

《考古》2016年第7期的《南昌市西汉海昏侯墓》公布了《论语·知道》篇的部分内容,这为我们讨论《孔子家语·颜回》中此段话提供了新的材料。

西汉海昏侯刘贺墓出土《论语·知道》简,该简反面所书"智道",是《汉书·艺文志》所载《齐论语》第二十二篇的篇题"知道",背面书写24字简文:

　　孔子智(知)道之易(易)也。易(易)易(易)云者三日。子曰:"此道之美也,莫之御也。"
简中的"此道之美也,莫之御也"与《孔子家语·颜回》中"人莫不知此道之美,而莫之御也,莫之为也"有相同的语句,语意上可相联系。我们先对简文做一些讨论。

完整的《论语·知道》简文不见于传世文献,内容大致相同的简文在肩水金关汉简中曾有发现,肩水金关简73EJT22:6简文为:

　　孔子知道之易(易)也,易(易)易(易)云者三日。子曰:"此道之美也。"

该简将"智道"写作"知道",与《汉书·艺文志》篇题"知道"一致;但居延汉简仅出土数支相关简牍,且未见篇名简,故还不能确知为《齐论》。有学者曾认为因金关汉简中有"戍边吏卒习字简",且"西北边塞有数量不少的来自齐地的戍边吏卒","此简文或即《论语·知道》佚文"[⑤]。海昏侯汉墓《论语·知道》简的披露也证实了居延汉简的相关简牍确为《齐论》内容。

肩水金关《论语·知道》简文"易易"作"易_","="为重文符号;"此道之美也"后不见"莫之御也"等语。有学者据"易_云者"之语,怀疑肩水金关汉简《论语·知道》简文"孔子知道之易也"本作"孔子知道之易_也",简文漏书了重文号[⑥]。通过对读海昏侯墓《论语·知道》简文可知此说并不成立。

海昏侯墓《论语·知道》简文准确理解的关键在于对"易"的理解以及简文对话语境的把握。此段简文的对话语境可以从传世文献中找到一些端倪。《礼记·乡饮酒义》《孔子家语·观乡射》《荀子·乐论》中都有"孔子曰:'吾观于乡,而知王道之易易也'"的语句。

刘恭冕《论语正义补》"知道"条引汪宗沂语:

　　"至《知道》佚文,全无可考。窃谓《戴记·乡饮酒义》云:'孔子曰:吾观于乡,而知王道之易易也。'此即《知道》。"

简文"孔子知道之易也"与儒家倡导的王道思想有密切联系。结合《礼记·乡饮酒义》与《孔子家语·颜回》中的有关文字,很明显可以看出《论语·知道》篇首章记录的是孔子观看乡饮酒礼之后对颜回所发的感慨之词。《礼记·乡饮酒义》此段话也告诉我们孔子所"智(知)"之

"道"实为王道。

那么，乡饮酒礼中所体现的王道思想到底是什么？我们先看《礼记·乡饮酒义》中有关文本：

> 贵贱明，隆杀辨，和乐而不流，弟长而无遗，安燕而不乱，此五行者，足以正身安国矣。彼国安而天下安。故曰："吾观于乡，而知王道之易易也。"

《孔子家语·观乡射》有类似的记载：

> 贵贱既明，隆杀既辨，和乐而不流，悌长而无遗，安燕而不乱。此五者，足以正身安国矣，彼国安而天下安矣。故曰："吾观于乡，而知王道之易易也。"

孔颖达指出乡饮酒礼中所体现的王道思想之本即"尊贤尚齿"。从《礼记·乡饮酒义》《孔子家语·观乡射》中可以看出王道的推行主要体现在"贵贱既明，隆杀既辨，和乐而不流，弟长而无遗，安燕而不乱"五个方面。这可以归结到两点：长幼尊卑秩序的构建和礼制对情感的有效节制。而最后的落脚点是礼制的构建，以达到所谓"和"的境界，即"礼之用，和为贵。先王之道，斯为美"（《论语·学而》），只要礼制得以有效建立，在礼崩乐坏的时代，王道的推行就会变得易行。《韩诗外传》中对此有精要的概括：

> 故圣王之教其民也，必因其情而节之以礼，必从其欲而制之以义。义简而备，礼易而法，去情不远，故民之从命也速。孔子知道之易行也。《诗》云："诱民孔易。"非虚辞也。

我们回到海昏侯墓《论语·知道》简文文本上来，学界对此文本的研究已经有较好的讨论[7]，但在一些语句的理解上还有待进一步探究。

首先看简文"孔子智（知）道之易（易）也"。"智"即"知"，意为知道。"道"，上已言及指的是王道。该简文的关键问题是对"易"字的理解。曹景年指出："根据通假字的规则，'易'字可能是阳、荡等，但汉人将'易'与'易'也经常写混，但无论如何，它都是形容和修饰'道'的。"[8]易字同"阳"，《说文》勿部："易，开也。"段玉裁注："此阴阳正字也。"《汉书·地理志》"（交趾郡）曲易"，颜师古注："易，古阳字。"由于"易"和"易"字形非常接近，在传抄和使用过程中，可能会因形近而发生一些混用。汉代典籍中有时候将"易"与"易"写混，如《逸周书·度邑解》"自洛汭延于伊汭，居阳无固，其有夏之居"，《史记·周本纪》中阳则作易，易乃易之误。有学者也指出"易"即"易"字，肩水金关汉简多作"易"形，如肩水金关汉简T23：161、1058等记载的"赵国易阳"即《汉书·地理志》所载赵国的"易阳"[9]。此处的"易"即为"易"字误写。需要指出的是，"孔子知道之易也"之"易"并非完全"容易"的意思，行仁政并非容易之事，国君必须把百姓的疾苦放在首位，把自己的享乐放在后面，要"乐以天下，忧以天下"（《孟子·梁惠王下》）。所谓"易"是指要抓住行仁政之本才会变得简易、简省。

> 王欲行之，则盍**反其本矣**。五亩之宅，树之以桑，五十者可以衣帛矣；鸡豚狗彘之畜，无失其时，七十者可以食肉矣；百亩之田，勿夺其时，八口之家可以无饥矣；谨庠序之教，申

之以孝悌之义,颁白者不负戴于道路矣。老者衣帛食肉,黎民不饥不寒,然而不王者,未之有也。"(《孟子·梁惠王上》)

王道仁政思想在《孟子》中有阐述,集中体现在生民和尊贤两方面。

首先是"生民":"保民而王,莫之能御也。"(《孟子·梁惠王上》)"民之为道也,有恒产者有恒心,无恒产者无恒心。苟无恒心,放僻邪侈,无不为已。"(《孟子·滕文公上》)所谓"养生丧死无憾,王道之始也"。这就要求君王能够做到"五亩之宅,树之以桑,五十者可以衣帛矣;鸡豚狗彘之畜,无失其时,七十者可以食肉矣;百亩之田,勿夺其时,八口之家可以无饥矣"(《孟子·梁惠王上》)。这是施行仁政的根本措施。在此基础上更要做到"谨庠序之教,申之以孝悌之义,颁白者不负戴于道路矣"(《孟子·梁惠王上》)。

其次是"尊贤":"尊贤使能,俊杰在位,则天下之士皆悦而愿立于其朝矣。"(《孟子·公孙丑上》)但是怎样做才是真正的尊重贤者呢?"盖自是台无馈也。悦贤不能举,又不能养也,可谓悦贤乎?曰:'敢问国君欲养君子,如何斯可谓养矣?'曰:'以君命将之,再拜稽首而受。其后廪人继粟,庖人继肉,不以君命将之。子思以为鼎肉使己仆仆尔亟拜也,非养君子之道也。尧之于舜也,使其子九男事之,二女女焉,百官牛羊仓廪备,以养舜于畎亩之中,后举而加诸上位,故曰,王公之尊贤者也。'"(《孟子·万章下》)显然尊贤要举之为上,养之为次,也要以礼待之。

另外就当时的社会环境而言,如果有人施行仁政也会变的易行,"当今之时,万乘之国行仁政,民之悦之,犹解倒悬也。故事半古之人,功必倍之,惟此时为然"(《孟子·公孙丑上》)。

所以,我们认为简文中的"易"并非完全是"容易"的意思,应含有简易、简省之意。《广韵》寘韵:"易,简易也。"《左传·襄公二十六年》"栾、范易行以诱之",杜预注:"易行,谓简易兵备。"《公羊传·宣公六年》"吾入子之大门,则无人焉;入子之闺,则无人焉;上子之堂,则无人焉。是子之易也。子为晋国重卿而食鱼飧,是子之俭",何休注:"易,犹省也。"制礼仪之要不在于繁缛,而在于实行的简易和有效,宋王安石《礼乐论》:"是故大礼之极,简而无文;大乐之极,易而希声。简易者,先王建礼乐之本意。"所以简文"孔子知道之易也"意思是孔子知道王道的实行是简易的。

有学者认为,《知道》篇"王道之易易",可对应传世本《礼记》"王道易易"。

经学者考证,今本《礼记》"易易"应是"易易"形近而讹,当以"易易"为古本,"易易"读为"荡荡"[10]。该文还援引肩水金关简73EJT22:6简文证明其观点。需要指出的是该文对肩水金关简的引用是有问题的,该简原文为"孔子知道之易也。易易云者三日。子曰,此道之美也",该文作者误引作"孔子知道之易易也"。海昏侯汉墓和肩水金关简该句都作"孔子知道之易也",只是"知"和"智"文字稍异。另外通过上面的讨论我们知道孔子此处并不是强调"王道荡荡"、王道的广远平坦,而是强调王道其实是简便易行的,但可惜的是没有人去运用施行,凸显出道之"易行"却"莫之为也"的强烈反差。另外上面征引的《礼记·乡饮酒义》《孔子家语·观乡射》的"吾观于乡,而知王道之易易也"有关文本也不能读作"荡荡","此五行者,足以正身安国矣。彼国安而天下安",该段文字显然也并不是强调的"王道荡荡"。正如杨家刚所指出的:"在孔子那里,治国、御天下之道其实并不神秘,而有着切要钩玄、以小见大之效。所谓'道之易',其实与孔子一贯主张的'一日克己复礼,天下归仁焉'是相合的,即假如人人回归礼的内涵,那么天下人自然都成为仁人,社会也就太平了。对于君王来说,只要从最细微处把握好尊贤敬老的伦理规范,那么治理天下就易如反掌了。"⑪

《礼记·乡饮酒义》"吾观于乡,而知王道之易易也",引郑玄注:"乡,乡饮酒也。易易,谓教化之本,尊贤尚齿而已。"孔颖达疏:"谓孔子先观乡饮酒之礼,而称'知王道之易易',故记者引之,结成乡饮酒之义。'吾观于乡'者,乡谓乡饮酒,言我观看乡饮酒之礼有尊贤尚齿之法,则知王者教化之道其事甚易,以尊贤尚齿为教化之本故也。不直云'易'而云'易易'者,取其简易之义,故重言'易易',犹若《尚书》'王道荡荡'、'王道平平',皆重言,取其语顺故也。"⑫

简文"易(易)易(易)云者三日",萧从礼、赵兰香认为"易易"即易行之义,指王道易于施行,"'易易'云者"的用法同"云'易易'者";"三日"即是对"易易"的具体阐释,并怀疑"三日"后尚有文句漏写⑬。

"易易云者三日"这种语句类型还见于其他文献,《礼记·檀弓》:"故君子之执亲之丧也,水浆不入于口者三日,杖而后能起。"《战国策·赵策》:"平原君欲封鲁仲连,鲁仲连辞让者三,终不肯受。""易易云者三日"是一种特殊句式,意同"云三日易易","三日"本是"云"的状语,表示行为数量,为了强调"三日"而把它放在谓语位置上,而另加"者"字。"易易"实际上是孔子知道王道易行,反复感叹王道的施行简易啊简易啊,希望有为政者赶快来施行的感叹之词。因此,怀疑简文"三日"后尚有文句漏写的说法也就不成立了。

还需要提及的是"易易云者三日"的"三日",有学者指出"三日"为约数⑭,我们认为很有可能并非虚指,而为实指。数词三在很多情况下都为约数,如"冰冻三尺非一日之寒""韦编三绝"等。但是这里为了强调"三日"而把它放在谓语位置上,而另加"者"字,很有可能是实指。实际上文献中有一些被认为是虚指的"三"还需要仔细考量。我们曾对《论语·公冶长》"季文子三思而后行"中"三思"进行过讨论,认为本章中"三"当为实指,"三思"应训为思考三次⑮。上文所引"水浆不入于口者三日"的三日也应该是实指。

我们再看"子曰:'此道之美也,莫之御也'"的简文,《孔子家语通解》把"人莫不知此道之美"的"美"译为"正确";王国轩、王秀梅译注《孔子家语》译为"美德";或认为是美善⑯。和此处的"美"字含义最接近的应该是"礼之用,和为贵。先王之道,斯为美"的"美"。《周礼·大司徒》注:"美,善也。"杨伯峻《论语译注》译为"宝贵"⑰;美字从羊从大,羊为羊角或羽饰类装饰物,大为人正面站立之形,所以美之本义为美好、美善,此处应当用其本义。

"莫之御也",《论语·宪问》中有"莫之知也",朱熹注为"人不知也"。"莫"此处为无定代词,表示没有谁。《国语·周语》:"国人莫敢言,道路以目。"

"莫之御也"在《孟子》中为常用语句,见下揭数例:

> 齐宣王问曰:"齐桓、晋文之事可得闻乎?"孟子对曰:"仲尼之徒无道桓、文之事者,是以后世无传焉。臣未之闻也。无以,则王乎?"曰:"德何如,则可以王矣?"曰:"保民而王,**莫之能御也**。"(《孟子·梁惠王上》)

> 夏后、殷、周之盛,地未有过千里者也,而齐有其地矣;鸡鸣狗吠相闻,而达乎四境,而齐有其民矣。地不改辟矣,民不改聚矣,行仁政而王,**莫之能御也**。(《孟子·公孙丑上》)

> 孔子曰:'里仁为美。择不处仁,焉得智?'夫仁,天之尊爵也,人之安宅也。**莫之御而不仁**,是不智也。(《孟子·公孙丑上》)

> 孟子曰:"舜之居深山之中,与木石居,与鹿豕游,其所以异于深山之野人者几希。及其闻一善言,见一善行,若决江河,沛然**莫之能御也**。"(《孟子·尽心上》)

"保民而王,莫之能御也",赵岐注:"御,止也。言安民则惠,黎民怀之,若此以王,无能止也。"御在上述《孟子》引文中都是"阻挡、阻止"的意思。《左传·襄公四年》"匠庆用蒲圃之檟,季孙不御",杜预注:"御,止也。"孔颖达疏:"御即禦也,故训为止。"《睡虎地秦简·田律》:"百姓居田舍者毋敢酤酒,田啬夫、部佐谨禁御之,有不从令者有辠。"

为政者若能行仁政,必然会得民心,百姓必然诚心归顺,必然会天下大治,这是没人能够阻挡的。诚如《孟子》中所载:

> 王知夫苗乎?七八月之间旱,则苗槁矣。天油然作云,沛然下雨,则苗浡然兴之矣!其如是,孰能御之?今夫天下之人牧,未有不嗜杀人者也。如有不嗜杀人者,则天下之民皆引领而望之矣。诚如是也,民归之,由水之就下,沛然谁能御之?"(《孟子·梁惠王上》)

"此道之美也",即王道之美善,那么王道之美在于什么?通过上引《孟子》的语句我们可以看出,施行王道就可以得民心、得天下,这种趋势和力量就如同水之就下,是没有人可以阻挡的。仁政一旦实施不仅可以使百姓安居乐业,民心归附,对国君也大有裨益,仁政能使国君事半功倍,"莫可御也"从国君的角度讲实际上也就是可以达到"仁政无敌"的效果。海昏侯《论语·知道》简文就是围绕王道之业而展开的,重点强调了王道施行之简易及其美善所在。《文献通考》引晁氏曰:

> 魏何晏集解。其序自云:据《鲁论》包咸、周氏、孔安国、马融、郑康成、陈群、王肃、周生烈八家之说,与孙邕、郑冲、曹羲、荀顗集诸家训解为之。按汉时《论语》凡有三,而《齐论》有《问王》《知道》两篇,详其名,当是必论内圣之道、外王之业。

讨论了海昏侯汉墓《论语·知道》简文,我们再回到《孔子家语·颜回》篇"人莫不知此道之美,而莫之御也,莫可为也"的理解上来。古书中有时会在并列的两句或两个词组之间加"而"字,此"而"字虽无实义,却具有一定的语法意义。"而"作为连词,其主要语法作用就是"连接形容词、动词或动词性的词组,表示两种性质或两种行为的联系"⑱,在不同的文献版本中有时候可以省略,看以下数例:

> 下之事上也,不从亓所以命,而从亓所行。(上博简《缁衣》)
>
> 下之事上也,不从其所令,从其所行。(今本《缁衣》)
>
> 正之不行,教之不成也,则型罚不足耻,而雀不足懀也。(郭店简《缁衣》)
>
> 政之不行也,教之不成也,爵禄不足劝也,刑罚不足耻也。(今本《缁衣》)
>
> 道恒亡为也,侯王能守之,而万勿将自化。(郭店简《老子》甲)
>
> 常无为而无不为,侯王若能守之,万物将自化。(王弼本《老子》)
>
> 成事述功,而百眚曰我自然也。(郭店简《老子》丙)
>
> 功成事遂,百姓皆谓我自然。(王弼本《老子》)

我们认为《孔子家语·颜回》篇的"而"也可省略,此处的"而"并不是表示转折关系,而是表示两种性质或两种行为的联系。《孔子家语·颜回》这段话的含义强调的也是人人都知道行王道的美善(得民心、得天下)是任何人也不能阻止的,可惜的是"莫可为也",即没有人真正愿意去做。这样理解既强调了施行王道的美善所在是"莫之御也",又避免了"御"字和"为"字的诠释上的纠葛。

附记:本文为国家社科基金项目"东周五系金文比较研究"(22BZS008)阶段性成果。

(作者单位:曲阜师范大学历史文化学院)

注:

① 杨朝明、宋立林主编《孔子家语通解》第229页,齐鲁书社2009年。

② 王引之《经传释词》第56页,中华书局1956年。

③ 王国轩、王秀梅译注《孔子家语》第239页,中华书局2011年。

④⑭ 杨军、王楚宁、徐长青《西汉海昏侯刘贺墓出土〈论语·知道〉简初探》,《文物》2016年第12期。

⑤⑥⑨⑬⑯ 萧从礼、赵兰香《金关汉简"孔子知道之易"为〈齐论·知道〉佚文蠡测》,《简帛研究二〇一三》,广西师范大学出版社2014年。

⑦ 相关论文主要有王楚宁《海昏侯墓出土〈论语·知道〉篇小考》,复旦大学出土文献与古文字研究中心网2016年8月29日;曹景年《新公布海昏侯墓出土〈论语·知道〉简文释读》,简帛网2016年11月4日;杨军、王楚宁、徐长青《西汉海昏侯刘贺墓出土〈论语·知道〉简初探》,《文物》2016年第12期。

⑧ 曹景年《新公布海昏侯墓出土〈论语·知道〉简文释读》,简帛网2016年11月4日。

⑩ 庞光华、周飏、吴珺《西汉海昏侯刘贺墓出土〈论语·知道〉简初探》,《管子学刊》2019年第1期。

⑪ 杨家刚《海昏侯墓汉简〈论语·知道〉篇首章释义》,《中国社会科学报》2019年5月14日第2版。

⑫ 李学勤主编《礼记正义》第1633页,北京大学出版社1999年。

⑮ 张俊成《〈论语译注〉商榷三则》,《孔子研究》2011年第4期。

⑰ 杨伯峻《论语译注》第8页,中华书局1990年。

⑱ 王力主编《古代汉语》第2册第447页,中华书局1999年。

古文字研究（35）：621—626，2024

古文字"糅合"现象补论

刘传宾

在文字发展演变过程中，有一种特殊的构形现象，是将两个或多个文字形体糅合在一个字形中，从而形成新的形体，这个新产生的形体同参与糅合的文字之间往往是异体字的关系，这种构形现象一般被称为"糅合"，或称作"揉合"①"捏合""杂糅"等。从时间上来看，文字糅合现象不仅发生在古文字阶段，又历经隶楷阶段，一直延续到近代。很早就有学者注意到这种现象，如清代刘心源读克鼎中的"𨑊"字为"畯"，指出"𨑊"从山"盖合'峻'字为之"②。裘锡圭最早提出"揉合"这一概念，指出"鞏"字是揉合"萬"及其变体"愛"这两种写法而成③。江学旺总结了这种现象，提出了"异体糅合"的概念，即"将两个或几个（大多为两个）异体字的不同部件揉合在一个构形单位（即字）之中，从而构成一个新的异体字"④。"异体糅合"古文字多见，如郭店《六德》简16"𢥒（劳）"字，应是"袈"和"愁"二形的糅合体⑤；上博《民之父母》简10和《从政》甲篇简9的"燹（气）"字，概糅合"燹""慦"二体而成⑥。吴振武最先正式提出"通假糅合"现象，指出侯马盟书67∶45片上的从"羊"的"猷"字可能是糅合了经常通假的"猷""鲜"二字而成⑦；上博《孔子诗论》简7"𦱠"字是糅合音、义皆近的"萬""害"二字而成⑧。此类现象再如上博《曹沫之阵》简42"𩢲"字，糅合"御""驭（駿）"二字而成⑨。孙伟龙较早注意到意义相同的两个字可能发生糅合，认为郭店《太一生水》简4𡱈字是将"仓（沧／滄）""寒"这两个存在"义同换读"关系的字糅合为一体⑩，这种现象何家兴称之为"义同糅合"⑪。此类现象再如"丧"字，甲骨写作𣥄（《合》28997），从"桑"声，西周之后或糅合"亡""死"二字写作𣥄（郭店《语丛一》简98）、𣥄（郭店《老子丙》简8）、𣥄（上博《三德》简16）等形⑫。

总之，文字糅合越来越受到学界的关注，同时也取得了丰硕的研究成果。近年来，随着新资料的陆续公布，古文字糅合例证也不断出现，可以进一步丰富我们对这一特殊构形现象的认识。下面简单举几个例子。

例1：寒

"寒"字较早写作�（大克鼎，《集成》2836）、𡩒（寒戍匜，《集成》10213）等形。《说文》："寒，从人在宀下，以茻荐覆之，下有仌。"前者与《说文》描述基本相符，只不过"仌"形写作两横笔"＝"；后者下部无"＝"形。到了战国，"寒"字发生了讹变，常见的形体作如下诸形：

| 上博《周易》
简 45 | 清华《四时》
简 35 | 清华《四时》
简 33 | 清华《邦道》
简 12 | 清华《五纪》
简 5 | 清华《五纪》
简 30 |

与早期写法相比，最大的不同在于战国时期常见的"寒"字人形左右两侧的"茻"被两短横"＝"代替[13]。清华简《四时》篇"寒"字多次出现，按形体差异可分为如下四组：

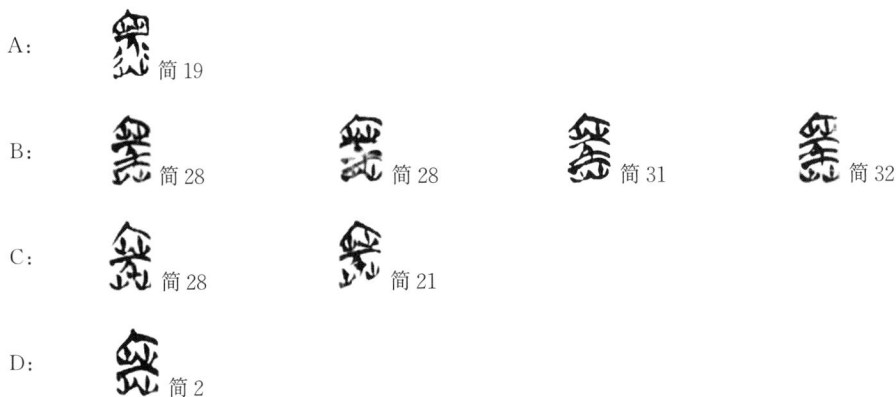

A: 简 19

B: 简 28 简 28 简 31 简 32

C: 简 28 简 21

D: 简 2

与战国文字常见的"寒"字相比，《四时》篇"寒"字最明显的特征是重新增加了"茻"形[14]。这种写法有一定的存古倾向[15]，实际上是将"寒"字的早期写法和战国文字写法糅合为一体。上博《缁衣》简6有"寒"字作，也是这种糅合写法的体现，可与《四时》篇B组"寒"字比较，只不过省略了"宀"旁。在"异体糅合"现象中，参与糅合的两个字可能存在古、今之别[16]，"寒"字的这种写法正是古、今糅合的体现。

例2：殷

西周金文"殷"字一般写作（虢弔作弔殷毂匜盖，《集成》4498）、（吊矢方鼎，《文物》2001年第8期）、（殷簋甲，《考古与文物》1986年第4期）、（史墙盘，《集成》10175）等形，从身从支作。到了战国文字，"身"讹变为"户"形。清华简《四告》篇"殷"字共出现5次，作如下诸形：

简 2 简 5 简 5 简 17 简 27

其中简27"殷"字写法特殊，与其他4例不类，整理者认为是"字形抄讹"[17]。黄一村认为该字从"支"从"衣"声，"衣""殷"相通，简文糅合"衣""殷"二字而成[18]。朱国雷认为该字有"存古"痕迹，"这种写法应当是沿袭了西周金文的'殷'字形体"[19]；又认为该字左旁中间的竖笔或可与金文中▢字左旁中的指示符（即“身”形中的点画）建立对应关系，楚文字中常见从“户”形写法的殷字应当视为▢这类殷字的讹变[20]。

我们认为将▢与西周金文▢这类形体直接建立关系并不合适，认为楚文字中从“户”形的殷由▢这类形体讹变而来也恐怕还需要讨论。▢字的左半作▢，朱国雷将其与清华简《五纪》篇和上博简《缁衣》篇中的“身”字进行对比：

清华简《五纪》				上博简《缁衣》
▢ 简29	▢ 简35	▢ 简109	▢ 简111	▢ 简19

从字形上看，特别是上博《缁衣》简19▢字，似乎与▢形相近，但二者实际并不相同。▢可以分解为▢和▢两部分，▢为人的躯干，而▢却并非腹部之象，而是楚文字“身”讹变为“户”形后的▢形，只不过省略了一撇笔罢了。这样看来，▢字当是糅合了“殷”字西周金文和战国文字的写法而成，也可以看作古、今糅合的一个例证。从文字形体发展演变的角度来看，楚文字中常见的从“户”形写法的“殷”字不仅不是由▢这类形体讹变而来，相反的，▢或当为从“户”形的“殷”字的省写。这种写法的“殷”字并非孤例，清华简《五纪》篇“殷”字两见，一例为楚文字常见的从“户”之形作▢（简68），另一例作▢（简41），与▢同，可资为证。

例3：馈

在已公布的荆州王家嘴M798楚简《孔子曰》第843＋852号简中有这样一段话：

孔子在陈蔡，公夏乘▢一橐锦。孔子曰：“无食。”已▢，曰：“守也久843不得见矣。请宿。”852

▢、▢二字，赵晓斌隶定为“遉”，即“归”字，读为“馈”[21]。杜安然将该字隶定为“逯”，释为“遗”，认为与楚文字常见的“遗”字相比，少了一个“爪”形，训为赠送[22]。

从字形上来看，该字隶定为“逯”是正确的，不当隶定为“遉”，同篇第190号简有“遉”字（见下）。“遉”与“逯”“遗”二字都有部分相似的地方，可与如下相关字形对比：

遉		遗	
▢ 包山43	▢ 《孔子曰》190	▢ 郭店《老子》甲38	▢ 清华《皇门》12

因此释为“逯”或“遗”都有一定的根据，也都有明显的局限。从词语使用习惯上看，表赠送之义时，先秦文献更多地借用“归”字为之，如《左传·闵公二年》：“归公乘马。”《诗·邶风·静女》：

"自牧归荑。"《论语》中此类用法亦有两见,如《阳货》"归孔子豚",《微子》"齐人归女乐",未见使用"遗"字。这样看来,将这段简文中的"遝"字释为"遝(归)"读为"馈"更为合理。关键是字形上该如何解释。我们认为"遝"字当是糅合了"遝""遗"二字而成,"遝"即"归"字异体,"归""遗"二字经常通假,具备了"通假糅合"的条件。

在讨论文字糅合现象时,还需要考虑与其他文字现象的区别,这项工作并不容易。清华简《四告》篇简18有"𤲹"字,辞例为:"乃建侯设卫、𤲹,出分子。""𤲹"字赵平安释为"甸",字形分析存在两种可能:一是分析为从丰、从甸,丰为邦的通假字,作甸的形符;二是分析为从古文邦(从丰从田),从甸,田为二字共用部分,邦为累增形符[23]。这种分析意见是很有道理的,但除了将"𤲹"看作累增字外,也很容易让人与文字糅合现象联系起来,认为该字是糅合邦、甸二字而成。邦、甸二字虽非同义,但二者皆为区域概念,语义相关,存在发生糅合的可能性。此外,理论上也存在"类化"的可能。邦、甸二字常在一句话中出现,如《尚书·周书·康王之诰》:"庶邦侯、甸、男、卫!"也可以二者相连成为一词,如《周礼·天官·大宰》:"三曰邦甸之赋。"文字有受上下文影响而发生类化的现象(或称为"随文类化")[24],"𤲹"或为此例。但毕竟此处简文未见"邦"字,可能并非类化现象,综合比较,还是将"𤲹"字的形成归因于文字"糅合"似乎更合适一些。何家兴曾对三种不同类型糅合现象中参与糅合的文字间的关系做了界定:"异体糅合"是同一个字不同异体之间的糅合;"通假糅合"是经常通假的、形体上有共同部分的两个字在形体上的糅合;"义同糅合"是意义相同、形体相近的不同的两个字发生的形体糅合[25]。如果我们对"𤲹"字的构形分析不误,那么或许可以对"义同糅合"现象进行补充,即参与糅合的几个字[26]并不一定要求意义相同,意义相近或相关也是可以的。

再举一个例子。"罿"字见于上博《东大王泊旱》简12(2例)、清华《五纪》简70(1例)等材料,从网从型,以往基本上都释读为"型(刑)"。清华简《参不韦》篇有"𦋺"字,共计27例,其中有多例与"刑"字连用,石小力据此认为"罿、𦋺"皆当为"罚"字的异体[27],可信。"罚"字为何写作从型或刑,需要加以分析。刑、罚二者义近,我们可以将"罿、𦋺"二形看作"罚"字分别与"型、刑"二字糅合而成,似可归入"义同糅合"一类。当然,也存在其他的解释。陈剑曾对"罿"字构形有过讨论[28]:

> "刑罚"也常构成双音词,楚简"型(刑)"字之变为"罿",与此(引者按:即"凤皇"变为"凤凰")甚为相近。如单就独立使用的"罿"字而言,也可以认为是据"罚"字类推而新造的刑罚之"刑"的专字(型范、典型之"型"应不会用此字)。由此可见,意义相近或有关的常连言、对举或构成双音词之字(可以说是词语/文字的"聚合关系"),在文字创制或使用中常相影响,可以使用、添加或改为相同的偏旁。

虽然将"罿"释为"型(刑)"现在看来并不可信,但其对"罿"字构形的分析很有启发性,"罚"字写作"罿"很有可能是文字类化的结果。

张涌泉在讨论文字类化现象时曾有过这样的论述㉙：

> 类化增旁或改旁，主要涉及到意符的增加或改换，原字的基本构成一般不会有什么大的变化。但也有一些字是形旁被另一字的声旁所类化，或者是声旁被另一字的形旁所类化，这种不平等的交换，就彻底破坏了原字的结构，容易造成字形上的混乱……

"罚"字，《说文》分析为"从刀从詈"，恐并不可信，"其构字理据尚难以讲清楚"㉚。"罚"字写作"罜、荆"，应该就是上引文所说的因不平等的交换而破坏了原字结构的类化现象。

附记：本文为国家社科基金冷门绝学研究专项"出土简牍编联与拼缀研究及数据库建设"（2018VJX079）、全国高校古委会项目"郭店简文字全编"(1871)阶段性成果。

（作者单位：天津师范大学文学院）

注：

① 按："揉合""糅合"二词《汉语大词典》皆有收录，从词义来看，"揉"本指用手来回擦或搓、团弄等，而"糅"有混杂、混合等义，似与这种特殊的文字构形现象更加匹配，学界也多采用"糅合"一词。参阅卞幼平《"揉合"应为"糅合"》，《语文月刊》1997年第3期第16页。

② 〔清〕刘心源《奇觚室吉金文述》卷2第34页，清光绪二十八年（1902）石印本。

③ 裘锡圭《释"虫"》，《古文字论集》第13页，中华书局1992年。

④ 江学旺《浅谈古文字异体糅合》，《古汉语研究》2004年第1期第77页。

⑤ 禤健聪《战国楚简字词研究》第8页，中山大学2006年博士学位论文。

⑥ 陈斯鹏《楚系简帛中字形与音义关系研究》第260页，中国社会科学出版社2011年。

⑦ 按：金俊秀认为这种写法的"献"也可以看成是"自体类化"，西周金文以下"鬲"字内部早已类化成近似"羊"形，侯马盟书此处"献"字左上方从"羊"，应该是被下面"羊"形的影响而产生之讹。参阅金俊秀《〈上海博物馆藏战国楚竹书(四)〉疑难字研究》第104页，花木兰文化出版社2008年。

⑧ 吴振武《古玺姓氏考（复姓丨五篇）》，《出土文献研究》第3辑第84页，中华书局1998年；《战国文字中一种值得注意的构形方式》，《汉语史学报》第3辑第92页，上海教育出版社2003年。按：关于"菁""薵""害"三字之间的关系，参冯胜君《读上博简〈孔子诗论〉札记》，《古籍整理研究学刊》2002年第2期第12—13页。再按：禤健聪认为"菁"字除了文字糅合因素外，还受音近的"爱"字的影响，促使"菁"上所从的"止"旁与"爱"所从的"旡"旁趋向混同。参禤健聪《说上博〈吴命〉"先人"之言并论楚简"害"字》，《古文字研究》第28辑第468页，中华书局2010年。

⑨ 金俊秀《〈上海博物馆藏战国楚竹书(四)〉疑难字研究》第107—109页。禤健聪《说上博〈吴命〉"先人"之言并论楚简"害"字》，《古文字研究》第28辑第470页注20。

⑩ 孙伟龙《也谈"文字杂糅"现象——从楚文字的仓、寒等字说起》，《古文字研究》第29辑第669—670页，中华书局2012年。按：关于"仓（沧/沧）"和"寒"之间的关系，学界还有"形近混用""转写误释"等不同的意见。参李零《郭店楚简校读记（增订本）》第23页，北京大学出版社2002年。郭永秉《从战国文字所见的类"仓"形"寒"字论古文献中表"寒"义的"沧/沧"是转写误释的产物》，《出土文献与古文字研究》第6辑第379—398

页，上海古籍出版社2014年。

⑪㉕ 何家兴《"通假糅合"补说——兼释〈郭店楚简〉中的"傃"》，《中国文字研究》第23辑第43页，上海书店出版
社2016年。

⑫ 按：丧、亡、死三者义同，丧、亡二者音近，"桑"字下半"木"旁变写作"亡"，或出于表音和表意两方面考虑；从
死的"丧"理论上也可以看作累增字，但综合考虑还是看作"糅合"较好。

⑬ 按：人形左右两侧的短横偶有增删，如清华《治邦之道》简12、《四时》简33、《五纪》简5和30中的"寒"字。

⑭ 按：同时"人"形上又增加一横笔。

⑮ 刘芸迪《〈清华大学藏战国竹简〉(六)—(十)新见字形举例研究》第88页，天津师范大学2023年硕士学位
论文。

⑯ 董宪臣、郑邦宏《论字形糅合——汉字的一种特殊变易现象》，《语言研究集刊》第28辑第352页，上海辞书出
版社2021年。

⑰ 清华大学出土文献研究与保护中心编，李学勤主编《清华大学藏战国竹简(拾)》第121页注5，中西书局
2020年。

⑱ 清华大学出土文献读书会《清华简(拾)整理报告补正(之一)》，清华大学出土文献研究与保护中心网2020年
11月27日。

⑲ 朱国雷《清华简〈四告〉简27"殷"字补说》，简帛网2020年12月19日。

⑳ 朱国雷《〈清华大学藏战国竹简(拾)〉集释及相关问题研究》第138页，武汉大学2022年硕士学位论文。

㉑ 赵晓斌《湖北荆州王家嘴M798出土战国楚简〈孔子曰〉概述》，《江汉考古》2023年第2期第47页。

㉒ 杜安然《湖北荆州王家咀楚简〈孔子曰〉考释一则》，"战国文字研究青年学者论坛"论文集第43—44页，安徽
大学，2022年。

㉓ 赵平安《"掏"字形体结构的意蕴及其影响》，《汉字汉语研究》2021年第2期第6—7页。

㉔ 参张静《郭店楚简文字研究》第53—54页，安徽大学2002年博士学位论文。黄文杰《秦至汉初简帛文字研究》
第115—118页，商务印书馆2008年。张涌泉《汉语俗字研究》第64—68页，商务印书馆2010年。

㉖ 按："义同糅合"并不限于两个字，前文所举"丧"字糅合的例子中，上博《三德》简16的"丧"字糅合了丧、亡、死
三字而成。

㉗ 石小力《说战国文字中"罚"字的一种异体》，"中国文字学会第十一届学术年会"论文集第684—688页，南通
大学，2022年。

㉘ 陈剑《说"规"等字并论一些特别的形声字意符》，《源远流长：汉字国际学术研讨会暨AEARU第三届汉字文
化研讨会论文集》第3页，北京大学出版社2017年。

㉙ 张涌泉《汉语俗字研究》第67页，商务印书馆2010年。

㉚ 同注㉘第2页。

古文字研究(35):627—632,2024

"戎曆日"语源辨考

赵　岩

周家台秦简132号简载:"此所谓戎磨(曆)日殹。""曆"字严格隶定应作"磨",整理者怀疑即"曆"字①,可从。秦汉文字中,"厂"与"广"两个构件在构字时经常互用无别,因此"磨"就是"曆"。"此所谓……"在上古汉语中常用作解释某个词语或某句话,如:

(1)争地以战,杀人盈野;争城以战,杀人盈城。此所谓率土地而食人肉,罪不容于死。(《孟子·离娄上》)

(2)孔子曰:"聪明圣知,守之以愚;功被天下,守之以让;勇力抚世,守之以怯;富有四海,守之以谦。此所谓挹而损之之道也。"(《荀子·宥坐》)

在出土日书文献中则或被用作命名一些图像,如睡虎地秦墓竹简《日书》甲种47号简所载"此所谓艮山"是命名"艮山"图的,类似的用于命名图像的语言还有"此……""是谓……"等。

周家台秦简"此所谓戎磨(曆)日殹"命名的是一种日书图像,见图一。该图的具体使用方法及相关占辞在简文中记载如下:

从朔日始数之,画当(132叁)一日。直一者,大觱(彻)。直周者,小觱(彻)。直周中三(133叁)画者,窮(穷)。入月一日、七日、十三日、十九日、廿五日,大(134叁)觱(彻)。入月二日、六日、八日、十二日、十四日、十八日、廿日、廿(135叁)四日、廿六日、卅日,小觱(彻)。入月三日、四日、五日、九日、(136叁)十日、十一日、十五日、十六日、十七日、廿一日、廿二日、廿(137贰)三日、廿七日、廿八日、廿九日,窮(穷)日。(138贰)

凡大觱(彻)之日,利以远行,绝边竟(境),攻馘(击)。亡(139贰)人不得。利以举大事。(140贰)

凡小觱(彻)之日,利以行作,为好事,取(娶)妇、嫁(141贰)女,吉。氏(是)谓小觱(彻),利以羁(羁)谋。(142贰)

凡窮(穷)日,不利有为殹。亡人得。是谓三(143贰)闭。(144贰)

将图像中的笔画分为三种,五个单独的横笔为"一",封闭式图形中间的三笔为"周中三画",封闭式图形外围为"周"②,从朔日开始数数,每一横笔(或横向的曲笔)对应一日,对应

图一　周家台131叁

"一"的称为"大彻",对应"周中三画"的称为"穷",对应封闭式图形外围的上下两个曲笔的称为"小彻",再根据所占日期属于"大彻""穷""小彻"中的哪一种来占卜吉凶③。

与这种图像类似的还有周家台秦简261号简(见图二)、孔家坡汉墓竹简残简26号简(见图三)、周家寨M8汉墓竹简(见图四):

图二　周家台261　　　　　图三　孔家坡残26　　　　　图四　周家寨350

这三种图形大体一致,但与周家台131号简中的图形略有差异。而且周家台261号简所载图像对应的计日方法与131号简所载图像对应的计日方法也有一定的不同,主要表现在不区分"大彻""小彻",彻日、周日、穷日的出现频次均等,具体记载如下:

　　☐【日:数】从朔日始,曰彠(彻)、周、窮(穷)、窮(穷)、周、彠(彻),彠(彻)、周、窮(穷)、窮(穷)(262A)

　　☐【日】直窮(穷),得。直周,复环(还)之。直彠(彻),不得。·已。(262B)

此外,周家台263—264号简的内容与262号简在计日方式上有一定的相似之处,也是将一个月每六日作为一个部分,不过具体占测方式有所不同,具体如下:

　　入月,数朔日以到六日,倍(背)之。七日以到十二日,左之。十三日以到十八日,乡(向)之。十九日以到廿四日,右之。廿五日(263)以到卅日,复倍(背)之。(264)

整理者读"戎曆日"中的"曆"为"历"(繁体字对应"曆")④,学者们都无异议。龙永芳认为⑤:

　　(笔者按:两种"戎曆日")是当时针对不同事情或用不同方法制定的实用历本,如可作为证据之一,则是文献中有关"历日"一词的最早记载。至于"戎曆日"的"戎"作何解释,从内容上看似乎与军事无关,"戎"或作"大"讲,《汉书·艺文志》中有"天历""大历",至于"天历""大历"是一种什么样的历日,目前尚不清楚。

这一观点中至少有两处还需要进一步考虑,一是"戎磿日"中的"磿日"与早期其他文献中的"历日"是否性质相同? 二是"戎磿"是否等同于"大历"? 我们先看第一个问题。文献中"历""日"连文出现较晚,目前较早的记载见于西汉中晚期简牍,如:

(3)御史守属太原王官,元凤元年九月己巳,假一封传信,行磿(磿—历)日诏书。亡传信。外二百七十九。(悬泉汉简 I0112④:1)

(4)元始六年磿(磿—历)日⑥。(居延新简 73EJT23:317)

(5)甘露二年磿(磿—历)日⑦。(居延新简 73EJT27:71)

(6)及竹札磿(磿—历)日。(居延新简 EPTS4T2:128A)

这些辞例中的历日都是专名,是一种文献名称。其中"元始六年历日"经程少轩、杨小亮、何茂活等的复原⑧,可较为完整地了解其内容。总体来看,"历日"主体部分记载的都是一年的月数、每月的朔日与日数等情况,并可在具体日期下注春分、夏至、伏腊等节气名称以及建除、反支等日忌类神煞⑨。传世文献中"历""日"连文出现得更晚,最早见于《论衡·是应》所载:"夫起视堂下之荚,孰与悬历日于扆坐,傍顾辄见之也?"性质与上述"历日"相同。不过类书中该句有异文或作"日历",或作"日磿",且同篇中前文作"日历",故黄晖等认为该句中的"历日"当作"日历"⑩。《汉语大词典》所引历书义的"磿日"首见书证为《周礼·春官·冯相氏》郑玄注,历书义的"歷日"首见书证为南朝陈徐陵的《杂曲》。而"戎磿日"是对一类日书图像的命名,该类图像中并无一年的月份、每月朔日与日数情况。虽然简文在讲解图像使用方法时罗列了一个月中的三十日,但这是依据一定的数术原理对一个月中各个日期的重新整理分类,属于择日术的范畴,与用表格等形式系统而连续地谱排出特定时段内的年月日的"历日"相去甚远,如何能称为"历日"呢? 刘乐贤指出马王堆汉墓帛书中的《出行占》与"戎磿日"联系密切⑪,《出行占》的择日文献性质也从侧面证明"戎磿日"属于择日术,并非历谱类文献。

再来看第二个问题。《汉书·艺文志》所见《天历大历》是书名,共18卷,性质属于历谱。姚振宗怀疑天历与大历分别是张苍所修的历法与武帝时所改的太初历⑫,恐有误。"天历"义为历法⑬,类似的用例还见于《史记·太史公自序》所载:"五年而当太初元年,十一月甲子朔旦冬至,天历始改,建于明堂,诸神受纪。"大历即大数,义为大略之数,类似的用例见于《管子·海王》载:"十口之家十人食盐,百口之家百人食盐。终月,大男食盐五升少半,大女食盐三升少半,吾子食盐二升少半,此其大历也。"尹知章注:"历,数也。"所谓《天历大历》的得名大概取意历法之大略、大要⑭。"戎"用为大义,使用时间较早,主要见于《尚书》《诗经》等文献,秦汉数术文献中未见义为大的"戎"。且将"戎磿"解释为"大略之数",与"日"组合后也讲不通。因此,"戎磿"不应等同于"大历"。

李零怀疑"戎历"指神农历⑮。"戎"在出土文献中确有通"农"的情况,如:

(7)神戎(农)是(氏)没,黄帝、尧、舜是(氏)作,迵(通)亓(其)变,使民不乳(乱),神而化

之,使民宜之。(马王堆汉墓帛书《周易·系辞》34上、下)

　　(8)昔者,神戎(农)战斧(补)遂……(银雀山汉墓竹简《孙膑兵法·见威王》255)

然而,出土战国至汉代文献中未见"神农"简称为"农"者。传世文献中虽有见,但一般用于与其他上古神王的简称并称,如:

　　(9)是故世主诚能使六合之内、举世之人咸怀方厚之情,而无浅薄之恶,各奉公政之心,而无奸险之虑,则羲、农之俗复见于兹,麟龙鸾凤复畜于郊矣。(《潜夫论·德化》)

　　(10)方今大汉洒埽群秽,夷险芟荒,廓帝纮,恢皇纲,基隆于羲、农,规广于黄、唐;其君天下也,炎之如日,威之如神,函之如海,养之如春。(《汉书·叙传上》)

　　因此,将"戎"读为农,理解为神农,是颇为可疑的。此外,孔庆典提出"戎磿日"最早由军事占卜而来,"戎"很可能是指兵车,两个单独的横笔和所夹封闭式图形就是一个车身的简化图形⑯。此说也有可疑之处,没有证据表明"戎磿日"最早是军事占卜。

　　总之,将"戎磿日"读为"戎/历(磿)日""戎历(磿)/日"或"戎(农)历(磿)/日",将"历"解释为历法或数,都不能准确揭示"戎磿日"的内部构成及语源义。由于材料限制,"戎"的语义还无法确定,只能阙如。不过,"磿日"所指还可进一步讨论。

　　"磿"或可读为"历"(繁体字对应"歷"),义为计算。从上文所述周家台秦简132—138号简所载内容看,131号简所载图像起到了占卜运算工具的作用。借助图像,我们可以从朔日数数,并确定每一日对应"大彻""穷""小彻"中的哪一种。所谓"历日"就是计算"入月某日"属于"大彻""穷""小彻"中的哪一种,正与所谓"从朔日始数之"相应。"磿"的类似用法也见于其他秦汉简牍,如:

　　(11)数日,磨(磿—历)月,计岁,以当日月之行。(马王堆汉墓帛书《十六经·立命》2上/79上)

　　(12)皇后屯磨(磿—历)吉凶之常,以辩(辨)雌雄之节,乃分祸福之乡(向)。(马王堆汉墓帛书《十六经·雌雄节》35上/112上)

　　例(11)中的"磨",整理者读为"历",释为"数也、次也"⑰,可从。"数""历""计"三个词都有计算义,在语境中分别与日、月、年搭配,以此匹配日月的运行。几个同义词在一句中换用,起到了一定的修辞效果。以此观之,"戎磿(历)日"中的"历日"与例(11)中的"数日"完全可以是同义的。例(12)中的"屯磨(历)",整理者怀疑即"洞历",并进一步引用《论衡·超奇》所载"上通下达,故曰洞历"解释⑱。颇疑"屯历"中的"历"也是计算义。黄帝从若干现象入手总结出吉凶的准则,离不开计算。传世文献也有类似的用法,如:

　　(13)灵氛既告余以吉占兮,历吉日乎吾将行。(《楚辞·离骚》)

　　(14)于是历吉日以斋戒,袭朝服,乘法驾,建华旗,鸣玉鸾,游于六艺之囿,驰骛乎仁义之涂,览观《春秋》之林,射《狸首》,兼《驺虞》,弋玄鹤,舞干戚,载云罕,�群雅,悲《伐檀》,乐乐

胥,修容乎《礼》园,翱翔乎《书》圃,述《易》道,放怪兽,登明堂,坐清庙,次群臣,奏得失,四海之内,靡不受获。(《文选》司马相如《上林赋》)

(15)命宰历卿、大夫至于庶民土田之数,而赋牺牲,以共山林名川之祀。(《礼记·月令》)

例(13)中的"历",李周翰注:"历,选也。"承此说者很多。洪兴祖注引张揖注《上林赋》"于是历吉日以斋戒":"历,筹也。"朱熹注:"历,遍数而实选也。"强调计算之后有所选择,试图弥合计算义与选择义。结合例(11)与例(12),我们认为例(13)中的"历"释为"算"更准确,选择义是"历"在"历吉日"这一搭配中所凸显的结构义,并非"历"的基本义。例(14)中的"历"以往也有算、选择等不同的释读意见,我们同样认为释为"算"更准确。"戎磨日"中的"磨日",字面义是计算日,其实语境义也包含计算而选择之义。例(15)中的"历",郑玄注"历,次也",以往一般没有异议。其实释为计算更适宜,宰计算卿、大夫、庶民等不同阶层的土田数量,在此基础上征收牺牲供给祭祀之用,而不仅仅是排次数量。郑玄释"历"为"次",是受该句上文"乃命太史次诸侯之列,赋之牺牲,以共皇天上帝、社稷之享"的影响,随文释义而已。

以上我们梳理了关于"戎磨日"这一术语的若干解释,从"戎磨日"的图像及相关占文的内容、战国至汉初时"戎"与"磨"的记词等视角,提出"戎磨日"中的"磨日",即"历(对应的繁体字为"歷")日","历日"取意"计算、选择日"。数术文献中有大量的数术术语,分析这些术语的语源,是一项很有意义同时又极具挑战性的工作。我们对"戎磨日"语源的探求,受限于材料,还只是初步的尝试。期望随着出土文献材料的不断公布,能进一步明晰对相关问题的认识。

附记:本文为国家社科基金重大招标项目"东汉至唐朝出土文献汉语用字研究"(21&ZD295)的阶段性成果。

(作者单位:东北师范大学文学院)

注:

①④ 湖北省荆州市周梁玉桥遗址博物馆编《关沮秦汉墓简牍》第120页,中华书局2001年。

② 或将"周"理解为半周(龙永芳《周家台秦简〈日书〉之"戎历日"图符说》,《出土文献研究》第7辑第176页,上海古籍出版社2005年;孔庆典《10世纪前中国纪历文化源流:以简帛为中心》第307页,上海人民出版社2011年),不确。

③ 湖北省荆州市周梁玉桥遗址博物馆编《关沮秦汉墓简牍》第120页;胡平生、李天虹《长江流域出土简牍与研究》第302页,湖北教育出版社2004年;〔美〕夏德安《周家台的数术简》,《简帛》第2辑第402—404页,上海古籍出版社2007年;黄儒宣《日书图像研究》第112页,中西书局2013年。

⑤ 龙永芳《周家台秦简〈日书〉之"戎历日"图符说》,《出土文献研究》第7辑第181页。

⑥ 整理者释"磨"字为"磨"(甘肃简牍保护研究中心等编《肩水金关汉简(贰)》第157页,中西书局2012年),此

从张再兴释(张再兴《秦汉简帛中的"曆"和"磿"》,《简帛研究·二〇一八》春夏卷第132页,广西师范大学出版社2018年)。

⑦ "磿"字从整理者释(甘肃简牍保护研究中心等编《肩水金关汉简(叁)》第117页,中西书局2013年)。图版较模糊,或为"磿"。

⑧ 程少轩《肩水金关汉简"元始六年(居摄元年)历日"复原》,《出土文献》第5辑第274—284页,中西书局2014年;杨小亮《西汉〈居摄元年历日〉缀合复原研究》,《文物》2015年第3期第70—77页;何茂活《肩水金关出土〈汉居摄元年历谱〉缀合与考释》,《考古与文物》2015年第2期第61—68页;晏昌贵《读〈肩水金关汉简(贰)〉札记二则》,《楚地简帛思想研究》第6辑第404—410页,岳麓书社2015年;程少轩《肩水金关汉简"元始六年(居摄元年)磿日"的最终复原》,复旦大学出土文献与古文字研究中心网2016年8月27日。

⑨ 孙占宇、赵丹丹《〈悬泉汉简(壹)〉历表类残册复原——兼谈"历日"与"质日"》,《敦煌研究》2021年第6期第133页;唐强《出土秦至汉初〈质日〉类文书检讨》,《出土文献》2023年第1期第93页。

⑩ 黄晖《论衡校释》第884页,中华书局2017年。

⑪ 刘乐贤《简帛数术文献探论(增订版)》第92—93页,中国人民大学出版社2012年。

⑫ 〔清〕姚振宗《〈汉书·艺文志〉条理》第388页,清华大学出版社2011年。

⑬ 来新夏《〈太史公自序〉讲义》,《中国典籍与文化论丛》第15辑第156页,凤凰出版社2013年。

⑭ 赵益怀疑《汉书·艺文志》中的"大历"为上宿奥典、期运大数之谓(赵益《汉志数术略考释补证(上)》,《古典文献研究》第7辑第62页,凤凰出版社2004年),可备一说。

⑮ 李零《说数术革命——从龟卜筮占到式法选择》,《中国文化》2017年总第45期第73页。

⑯ 孔庆典《10世纪前中国纪历文化源流:以简帛为中心》第315—316页。

⑰ 国家文物局古文献研究室编《马王堆汉墓帛书(壹)》第61页,文物出版社1980年。

⑱ 同上注第70页。

古文字研究(35):633—635,2024

秦"弭氏"鼎铭补考及相关问题

徐世权

2017年冬,陕西省考古研究院在西咸新区秦汉新城坡刘村古墓葬发掘中,清理了2座并穴合葬形式的竖穴土圹墓[①]。其中M2出土的铜鼎耳部上方刻有铭文二字,资料发表者释为"张氏"(见图一)。

图一

同期,许卫红、张杨力铮对鼎铭续有考释并附有较为准确的摹本(见图二),提出"张氏即为与制器有关的人,属于物勒工名"[②]。此鼎铭文又收入王伟、孟宪斌《秦出土文献编年续补》中,命名为"张氏铜鼎"[③]。其后未见有异议。从"氏"字的写法看[④],当是秦刻铭。

图二

秦文字中"张"字从弓长声,作、等[⑤],未见有省作形者。鼎铭当是"弭"字,"弭"字从弓耳声,秦文字中此类写法的"耳"字及从"耳"之字作如下形体[⑥]:

| "今央(决)耳"《睡虎地·答问》80 | "断人鼻若耳若指"《睡虎地·答问》83 | "十耳当一目"《睡虎地·为吏》39 | "不当听"《睡虎地·答问》107 | "祈募学俉"《秦风》159 | "耿佗"《秦风》114 |

　　将□字所从之□与上述"耳"字比较,应是"弭"字无疑。秦文字的□形承自西周金文□（《集成》4253）,与楚简文字□（新蔡简·零207）及小篆□字一脉相承。弭氏国族,还见于西周金文,如"弭伯师耤""弭叔师察"等,吴镇烽指出他们分别作为弭国族的首领和公族,担任周王朝的师职[7]。秦弭氏是否与之有关,待考。汉代亦有弭姓,如"弭明私印""弭袁""弭佗"等[8],《后汉书》有持节中郎将弭彊。

　　秦文字"弭"字的释出,不但为相关文字编的撰写提供了秦文字的字形,也为陕西西咸新区坡刘村秦墓M2的墓主人提供了线索。整理者提出:

　　　　两座墓葬中杂糅了多种文化因素。填土层中所见多处动物牲肉和陶器说明下葬过程中曾举行了数次祭祀活动。随葬品除秦器外,还有"外来型青铜礼器"、铜鍪、山字纹镜、玻璃棋子和玻璃珠,具有巴蜀、楚等多种文化特色。结合M2:21鼎耳有"张氏"以及M3:46铜鉴腹部"蜀守斯离"铭文,初步推测或许墓主和《史记》所载昭襄王时期参与乐毅伐齐之战的秦将斯离、蜀地的主要管理者张若有关。十九年是目前所见秦设蜀守最早的时间。

　　我们已将所谓的"张氏"铜鼎铭文改释为"弭氏",整理者提出的墓主与张若的联系也就不存在了,M2的墓主人很可能与"弭氏"有关[9]。据发掘简报称,与"弭氏"铜鼎伴出的还有一枚"共"字玉印章作□形,认为是吉语印。此种写法的"共"字与典型的秦印文字作□（都共）、□（西共丞印）等不同[10],具有楚文字的特点,如□（《上博五·三德》1）、□（《上博七·吴命》9）等。不仅如此,M3还出土了一枚作"□印"的玉印章,发表者以原篆给出释文较为审慎,许卫红、张杨力铮对比秦简文字的"爰"字后,发现有所不同,亦谨慎地指出"初厘为爰"。按此印文亦是具有楚文字风格的"爰"字[11],如□、□（《上博一·孔子》15）等可资比较。还有命名为玉柱状帽,也是刻有楚文字风格的"□（君）"字。考虑到墓葬是两位男性并穴合葬,应该存在血缘或依附关系,如是血缘关系（父子或兄弟）,"弭氏"是否与"共""爰""君"等有关系,有待进一步研究。

　　值得一提的是,"弭"字的释出还可以解决一个传世字书中长期存在的讹字。资料发表者将□释为"张",可能与将□误释为"巨"字有关,秦文字中"巨"有作□（龙岗96）形,与"耳"近似。"弶"字见于传世字书,清吴任臣《字汇补》曰"又古张字《考古图》有弶仲医",《康熙字典》"弶"字曰"又《字汇补》古文张字",《汉语大字典》"弶"下曰"同张",遂得到了广泛认同。吴任臣《字汇补》明言其依据为宋吕大临《考古图》收录的"弶仲医",其中所谓的"弶"字形体作□。宋代学者释为"张"或"弶",王应麟《困学纪闻》曰:"簠铭'中'上一字,欧阳公（引案即欧阳修,见《集古录跋尾》）以为'张',曰'宣王时张仲'也。而与叔（引案即吕大临）以为'弶'。"[12]显然吴任臣弥合了宋人的看法。明张自烈《正字通》已指出"弶,讹字。溯原以弶为古张字亦非",未被吴氏所采信。此字直到孙诒让《古籀馀论》改释为"弭",其曰"字书无弶字,以字形审之,疑当为弭。右从□即耳也。凡金文从耳之字,多作巨"[13],其后学界多从其说。高中正指出孙氏"此说证据并不坚强",并从字形上指出 🐾 当是"耳"形摹写不够准确,并引春秋早期的子商盘、匜铭文之"取"字作 🔲、🔲 形,所从"耳"形与 🐾 所从接近,指出此字是"弭"字无疑[14]。从上文我们已经举出西周金文的"弭"字和秦文字中"耳""巨"形体近似的例子看,孙诒让、高中正的考释意见信而有据。所以,传世字书中并无所谓"古张字"的"弡",乃是"弭"字的误认。《汉语大字典》再版当据此删除这一义项。

有意思的是本文所释的"弭"字形体 🐾 也被误释为"张",九百余年后的又一次巧合,文字考释的魅力可见一斑。

附记:本文为国家社科基金一般项目"出土秦文献用字的综合整理与秦始皇'书同文字'政策的内涵及相关文本的断代研究"(19BYY152)、国家社科基金重大项目"'文字异形'理论构建与战国文字分域分期及考释研究(22&ZD303)"、国家社科基金冷门绝学专项"学术团队"项目"历代大型字书疑难字考释与字典编纂"(21VJXT008)的阶段性成果。

2023年3月23日

(作者单位:河北大学文学院)

注:

① 陕西考古研究院《陕西西咸新区坡刘村秦墓发掘简报》,《考古与文物》2020年第4期。
② 许卫红、张杨力铮《"十九年蜀守斯离"考》,《考古与文物》2020年第4期第59页。本文所引两位先生的观点皆出此文,不再出注。
③ 王伟、孟宪斌编著《秦出土文献编年续补》第43页,商务印书馆2023年。
④ 关于战国时期各系文字"氏"字的写法,参徐在国等编著《战国文字字形表》第1697页,上海古籍出版社2017年。
⑤ 王辉主编《秦文字编》第1830—1833页,中华书局2015年。单晓伟编著《秦文字字形表》第574页,上海古籍出版社2017年。徐在国等编著《战国文字字形表》第1730页。
⑥ 同注⑤第1739—1740页;第531—532页;第1641—1645页。
⑦ 吴镇烽编撰《金文人名汇编(修订本)》第243页,中华书局2006年。
⑧ 赵平安等编纂《秦汉印章封泥文字编》第1109页,中西书局2019年。
⑨ 许卫红、张杨力铮亦指出:"虽然在赗赙制度的情况下,难判墓主是否就是张氏,但其应与张姓存在密切关系。"按这里的"张氏"亦当改为弭氏。
⑩ 同注⑧第255页。
⑪ 王伟、孟宪斌亦有类似意见,但未出考释意见,亦未说明其具有楚文字风格。参注③第47—48页。
⑫ 〔宋〕王应麟著,〔清〕翁元圻等注,栾保群等校点《困学纪闻》第1051页,上海古籍出版社2008年。
⑬ 〔清〕孙诒让《古籀馀论》第23页,中华书局1989年。
⑭ 高中正《弭仲簠考释》,《文史》2021年第3期第52页。

古文字研究(35):636—641,2024

"休"字形义分析及"对扬王休"解

雷缙碚

甲金文"休"字存在两种形体。一种从人从木作𠤏，一种从人从禾作𠤏，二者应为异体关系。结合甲金文等出土文献及上古汉语传世文献用例来分析，"休"字的本义不是后世的常用义休息，而应为荫庇，引申有赏赐、恩惠等义。金文习语"对扬王休"中的"扬"不当读如字，而是假作"当"，与"对"为同义关系。"对扬王休"即是说报答王的赏赐、恩惠。

一 "休"字形义分析

"休"字，现代人多理解为象人背靠树木休息之形，本义为休息。这种解释与甲金文及上古汉语传世文献里的用例并不相符。对"休"字的本义及其形义关系的解说，我们需要结合甲金文等出土文献材料及上古汉语传世文献用例给以重新考证。

(一)"休"字字形

"休"字见于甲骨文和金文，其形体可分为两类(见表一)：

表一 甲金文"休"字形表

休₁				休₂			
甲骨文		金文		甲骨文		金文	
《英》353	《合》8162	《集成》4330 沈子它簋盖	《集成》2678 小臣鼎	《花东》53	《花东》409	《集成》2719 公贸鼎	《集成》2841B 毛公鼎

第一类，从人从木，我们记作"休₁"。这一类字形一直延用到《说文》小篆，现在使用的"休"字就来源于此类字形的隶定。第二类，从人从禾，即从所之"木"上端向字符"人"一侧弯曲，我们记作"休₂"。这类字形延用到战国时代，如中山王𰯝鼎写作(《集成》2840)。又，所从之"禾"受上端曲笔的影响下端变作反向曲笔，如《毛公鼎》的。

再说"休₂"所从的"禾"。《说文》："禾，木之曲头。止不能上也。""木之曲头"是解释"禾"的字形，"止不能上"是说字义。独立使用的"禾"字见于甲骨文，作(《花东》146)、(《花东》146)、(《花东》146)等形，为王子杨所释，并进一步解释"休₂"说："写作禾的偏旁可能就是极力表现树荫之形,树荫之形不好表现,就用树冠斜向一侧来表示树荫之意。"①

(二)"休"字本义

"休"的字义保留在后世典籍里的用例主要有三项,第一表休息、停止。《说文》木部:"𤼵,息止也。从人依木。𣏌,休或从广。"由于《说文》仅保留了"休₁"的字形,所以后世学者对甲金文"休"的解释多从《说文》。这种解释对"休₁"应该说是合适的。如,商承祚:"象人倚木而息。"②徐中舒:"从木从人,象人依树而息之形。"③姚孝遂:"休字从人依木,正象息止之形。甲骨文、金文、小篆全同。"④

第二表示美好义。这一意义与"休"的字形,无论是休₁还是休₂,都没有直接的联系。前人虽注意到了"休₁"与"休₂"在字形上的区别,但对"休₂"字形的分析多不可信。如:

林义光将其分析为"从人,'求'省声"⑤。

高田忠周:"休训喜也、美也者,即喜字叚借,固当然矣。但其字元有二,一为息义,从木人,'休'字是也,假为'喜'而训善美之义;又一元为善美义,从人禾,'𥝩'字是也。《说文》有'休'无'𥝩',汉时失其传也。今据金文'𥝩''休'分别明显,而其义相同,因谓'𥝩'从人禾会意。禾即龢也,禾龢通用字。龢是调美之意也。然初借'休'为'喜',此为'喜'字转义转音,后别制'𥝩'字以为善美训之专字,亦所以孳乳益多也。"⑥高田忠周分金文"休"为"休""𥝩"二形是正确的(姑且不论"𥝩"所从之曲头木是否为"禾"),然分析"𥝩"为从人禾会喜美之意,则甚为牵强,故亦不为现今学界所采用。

高鸿缙:"休之本义应为美好,从人得禾会意,并列,状词,亦用为名词。后人借作休息义,许以之为本义,又以变形说为人依木。"⑦此说"休₂"与高田忠周相似,以人形"休₁"为"休₂"的变形,则无根据。由于"休₁""休₂"同见于商代甲骨文,所以不便分析其何者为原形,何者为变形。

第三表示荫庇义。裘锡圭对"休"字有很好的研究,他说:"金文'休'字往往写作𤼵,把'人息木荫'的意思表示得更为明白。所以'休'的本义应该是人在树荫下休息。《诗·周南·汉广》'南有乔木,不可休思','休'字正用本义。"⑧

裘先生将树荫与"休"字字形相联系无疑是很正确的,不过我们认为"休"的本义或许不是"人在树荫下休息",很可能是"树木给人提供树荫",进而引申有荫庇之义。"树木提供荫庇"与"人在树荫下休息"这两个意思虽然相通,但毕竟还是有所不同。前者是指树荫提供了保护而无须暴露在艰苦的环境下,语义重心在荫庇;后者是指因身心疲敝而借着树荫暂时停止劳作以恢复心力,语义重心在休息。我们现在需要判断的是何者为源,何者为流的问题。现在比较可行的方法就是查阅上古汉语"休"的用例。

由于甲骨文里"休"或用作地名,或用义不是十分明确,我们暂不讨论。现在先看金文"休"的使用情况。金文"休"除去用作感叹词和人名以外,多见"对扬王休"这一习语,这里

"休"表赏赐、恩惠的意思,明显是"荫庇"的引申义。另外还有表示"美善"的意思。如:"王令员执犬,休善"(员方鼎,西周早期或中期,《集成》2695)、"休又(有)成事"(史颂鼎,西周晚期,《集成》2787)、"休厥成事"(师害簋,西周晚期,《集成》4116)、"休有成庆"(蔡侯纽钟,春秋晚期,《集成》210)、"休又(有)成功"(中山王𰁮鼎,战国晚期,《集成》9735)。总之,金文"休"字没有用作"休息""停止"的用例。

我们再来看《诗经》《左传》《史记》里"休"字的使用情况。先看《诗经》的用例。裘先生引《诗经》"南有乔木,不可休思",其主语是"乔木"而不是人,意思是说这乔木不能提供树荫。纵观《诗经》里的"休"字,除去表示休美、人名等义外,多数用作与荫庇相关的意义,少有用作与劳作相对的休息的意义。如《商颂·长发》"何天之休",义为承受上天的荫庇;《大雅·江汉》"对扬王休","休"表示王的荫庇,即王的恩惠;《小雅·雨无正》"俾躬处休","休"指受到荫庇之处,即舒适之位。由承受荫庇,引申又有心安的意思,如《小雅·菁菁者莪》"既见君子,我心则休"。另外,《小雅·十月之交》:"悠悠我里,亦孔之痗。四方有羡,我独居忧。民莫不逸,我独不敢休。天命不彻,我不敢效我友自逸。"其中"我独不敢休"之"休",仍然不是因疲劳而需要休息的意思,而是指内心忧虑而不敢放松的意思。

"休"可用作停止、废弃的意思,虽与"休息"义近,但仍有一定差异。如《唐风·蟋蟀》"役车其休",指役车暂停工作。《大雅·瞻卬》"休其蚕织",指废弃其蚕织工作。

《诗经》里只有《大雅·民劳》第二章"汔可小休"的"休"可以解释为休息的意思。不过,该诗首章"汔可小康"、第三章"汔可小息"、第四章"汔可小愒"、第五章"汔可小安",其中"息、愒"是休息的意思,"康、安"是安定的意思。第二章的"休"如果解释为蒙受荫庇,免遭辛劳,其实也是说得通的。

再来看《史记》"休"的使用情况。《秦始皇本纪》:"乃遂上泰山,立石,封,祠祀。下,风雨暴至,休于树下,因封其树为五大夫。"《封禅书》:"始皇之上泰山,中阪遇暴风雨,休于大树下。"此两条乃记同一事,"休于树下""休于大树下"都是指在大树下避雨,语义的重心仍在接收荫庇,而不是因疲劳而休息。

《史记·滑稽列传》里的一段文字也是将"休"用作荫庇之义。现将原文摘录如下:

　　优旃者,秦倡侏儒也。善为笑言,然合于大道。秦始皇时,置酒而天雨,陛楯者皆沾寒。优旃见而哀之,谓之曰:"汝欲休乎?"陛楯者皆曰:"幸甚。"优旃曰:"我即呼汝,汝疾应曰诺。"居有顷,殿上上寿呼万岁。优旃临槛大呼曰:"陛楯郎!"郎曰:"诺。"优旃曰:"汝虽长,何益,幸雨立。我虽短也,幸休居。"于是始皇使陛楯者得半相代。

这段文字是说秦始皇殿陛下面的武士在雨中站立,很寒冷,优旃设法让他们可以适当减免此苦。其中"休"字出现两次,我们先说"幸休居"的"休"。"幸休居"一句,现在的《史记》选本或者无注,或者注释不太准确。如由人民文学出版社出版,收入"世界文学名著文库"的《史记选》就将"休居"解说为"休息"⑨。这是不恰当的。先说这个"幸"字，关于"幸"字在上古汉语里的意思，王力解释说："所谓幸，是指一种偶然的因素，使应得祸的人免祸。"⑩"幸休居"的"幸"，正是用的这个意思。由于词义的发展，或者在具体语境的灵活用法，不论是免祸得福，还是免福得祸，只要是与常态不合的偶然结果，都可以叫"幸"，所以前文的"幸雨立"这种不好的结果也可以称作"幸"。再来看"休居"当如何解释。这里"休居"与"雨立"相对，"休居"应该不是一般意义的休息居住。"休"显然是指受到荫庇，即在房屋下，不受雨淋。"居"也与"立"相对，是指坐着。如《论语·阳货》"居，吾语女"、《左传·哀公元年》"昔阖庐食不二味，居不重席"之"居"。总之，优旃最后两句话是说："你们这些武士，虽然长得高大，有何好处，却在雨中辛苦站立。我虽然矮小，却在房屋下舒适坐着。"

现在知道了"休居"是指在房屋下坐着的意思，再来看前面出现的"汝欲休乎"。我们有理由怀疑这里的"休"也不是休息的意思，仍然表示接受荫庇。优旃同情武士的原因是他们受雨沾寒，并不是他们劳动强度大需要休息。"汝欲休乎"应该理解为"你们想要遮蔽吗"。

《史记》里的"休"除了用作荫庇外，还用作休止、休养等义。如《游侠列传》："以躯借交报仇，藏命作奸，剽攻不休，及铸钱掘冢。"这里的"休"是停止的意思。《秦楚之际月表》："秦既称帝，患兵革不休，以有诸侯也。"《留侯世家》："休马华山之阳，示以无所为。今陛下能休马无所用乎？"《淮阴侯列传》："秦已破，计功割地，分土而王之，以休士卒。"《白起王翦列传》："秦兵劳，请许韩、赵之割地以和，且休士卒。"《春申君列传》："王休甲息众，二年而后复之。"《高祖本纪》："令荥阳成皋间且得休。"以上诸例"休"字表休养的意思。

《史记》"休息"二字连用共5例。《曹相国世家》："然百姓离秦之酷后，参与休息无为，故天下俱称其美矣。"《吕太后本纪》："黎民得离战国之苦，君臣俱欲休息乎无为。"此二例的"休息"是休养生息的意思，也就是不要瞎折腾，不是现代汉语的休息。《秦始皇本纪》："天下之事无小大皆决于上，上至以衡石量书，日夜有呈，不中呈不得休息。"《屈原贾生列传》："万物变化兮，固无休息。"《司马相如列传》："顺天道以杀伐，时休息于此。"此三例的"休息"是停止的意思，与现代汉语的休息仍然有别。

另有一条值得注意的信息是，《说文》虽然训"休"为"止息"，然将"休"字收在木部而不是人部，这种编排与其训释略有冲突。按编排来讲，说明"休"字其义主木而非主人。对比"集"（《说文》字头为"雧"，"集"为重文）字，其义主雥而不主木，故《说文》编入雥部而非木部。

总之，"休₂"象树木荫庇人之形，小篆与"休₁"合并，其本义为荫庇，引申有恩惠、安心之义，且有大量的上古汉语用例，而用作休息的意思上古汉语比较少见。所以我们认为"休₁"与"休₂"很可能是异体字关系，都是表示树木荫庇人之义，只是"休₁"表义不似"休₂"明显。

二　说"对扬王休"

"对扬王休"为金文习语。传世文献又见于《诗经·大雅·江汉》，郑玄训"休"为"美"，今注家多从郑玄之说。近人杨树达已辨其非，谓"休"当读如"好"，乃赐与之义[⑪]。杨树达释义是正确的，只是不必看作通假字，当如上文所说，"休"的本义为提供荫庇，因而有赏赐、恩惠之义。

我们要重点讨论的是"扬"字。现学术界也多将金文"对扬王休"的"扬"作如字读，如陈初生便将其解释为"称扬、颂扬"之义[⑫]。这是不对的。"对扬……休"，在金文里既可作"对……休"，亦可作"扬……休"，可见"对""扬"用法相同，意义相当。如：

（1）亳敢对公仲休。　　　　　　　　　　　　　　　　　　　亳鼎，《集成》2654

（2）用对王休。　　　　　　　　　　　　　　　　　　　　　旟鼎，《集成》2704

（3）对王休。　　　　　　　　　　　　　　　　　　　　　　庚嬴鼎，《集成》2748

（4）对王休。　　　　　　　　　　　　　　　　　　　　　　寓鼎，《集成》2756

（5）盂用对王休。　　　　　　　　　　　　　　　　　　　　大盂鼎，《集成》2837A

以上单用"对"例。

（6）扬辛宫休。　　　　　　　　　　　　　　　　　　　　　舍父鼎，《集成》2629

（7）嗣扬公休。　　　　　　　　　　　　　　　　　　　　　嗣鼎，《集成》2659

（8）敢扬王休。　　　　　　　　　　　　　　　　　　　　　不㫎方鼎，《集成》2735

（9）扬侯休。　　　　　　　　　　　　　　　　　　　　　　宝鼎，《集成》2749

（10）扬公伯休。　　　　　　　　　　　　　　　　　　　　小臣宅簋，《集成》4201

以上单用"扬"例。

我们认为，"扬"应读如"当"，义如"答"。"对扬"乃同义联合结构。"扬"属余母阳部字，"当"属端母阳部字，二者韵部相同，声类相近（喻四归定），在语音上可通。再验之故训，《诗经·小雅·鱼丽》"鳣鲨"，毛传："鳣，杨也。"《汉书·扬雄传》"为人简易佚荡"，颜师古注引张晏云："佚音铁，荡音惕。"是"易"声、"尚"声相通之明证。《说文》艸部："莣，艸。枝枝相值，叶叶相当。"许慎以"叶叶相当"作"莣"之声训，是又"易"声、"当"声相通之旁证。

"对扬"即"对当"，犹今语"对答"。金文惯例，首言王赐命或封赏物品于臣下，继言受赐者拜手稽首，再言受赐者对扬王休，则是讲受赐者以拜手稽首之方式答谢王之赏赐。具体的赏赐可引申泛指恩赐，如：

（11）效不敢不万年夙夜奔走扬公休。　　　　　　　　　　效卣，《集成》5433.1

则是说："效不敢不万年早晚奔走以报答公的恩惠。"若将此语理解为"效不敢不万年早晚奔走以颂扬公的美善"，则何诿谀之甚。

《礼记·祭统》:"'叔舅!予女铭,若纂乃考服。'悝拜稽首,曰:'对扬以辟之勤大命。'施于烝彝鼎。"郑玄注:"对,遂也。辟,明也。言遂扬君命,以明我先祖之德也。"郑训"对"为"遂","辟"为"明","扬"读如字,即显扬之义,皆不可据。于省吾读"以"为"台",谓"台辟犹言我君"⑬,至确。此段文字即言鲁庄公赐命孔悝继承其父的职务,孔悝行拜稽首之礼,然后说"报偿我君的勤大命"。

典籍又有"奉扬"一词,其中的"扬"亦当解作"答谢"之"答","奉"有表敬之意。《左传·僖公二十八年》:"重耳敢再拜稽首,奉扬天子之丕显休命。"《尚书·洛诰》:"公称丕显德,以予小子扬文武烈,奉答天命,和恒四方民,居师。"《左传》之"奉扬"义同《尚书》之"奉答"。

要之,典籍及金文"对扬"之"扬"不应读如字,而应读为"当",义如"答"。

附记:本文是2022年度湖南省哲学社会科学基金一般项目《西周金文字符系统研究》(22YBA184)的阶段性成果。

（作者单位:衡阳师范学院文学院）

注:

① 王子杨《释花东卜辞中的"禾"》,《古文字研究》第31辑第76页,中华书局2016年。
② 商承祚《甲骨文字研究》第240页,天津古籍出版社2018年。
③ 徐中舒主编《甲骨文字典》第652页,四川辞书出版社1989年。
④ 于省吾主编《甲骨文字诂林》第176页,中华书局1996年。
⑤ 林义光原著,林志强标点《文源(标点本)》第240页,上海古籍出版社2017年。
⑥ 高田忠周《古籀编》第951页,大通书局1982年。
⑦ 高鸿缙《中国字例》第504页,三民书局1976年。
⑧ 裘锡圭《文字学概要(修订本)》第141页,商务印书馆2013年。
⑨ 《史记选》第511页,人民文学出版社1997年。
⑩ 王力《汉语史稿》第625页,中华书局2004年。
⑪ 杨树达《积微居小学述林全编》第346—348页,上海古籍出版社2007年。
⑫ 陈初生编纂《金文常用字典》第1012页,陕西人民出版社2004年。
⑬ 于省吾《泽螺居诗经新证》第172页,中华书局2009年。

古文字研究（35）：642—646，2024

西周陶文考释一则

孙合肥

　　旅顺博物馆现藏西周陶范一件，为罗振玉旧藏[①]。陶范照片及陶文拓片如下（见图一）[②]。此陶范或称"陶卣盖内范"[③]，或称"交字范"，释文或作"交乍(作)父乙宝隝(尊)彝"[④]。

　　此陶范文字反书，陶文共7字，后6字容易辨识，首字为疑难字。将陶范文字水平翻转处理后如下（见图二）。

图一　陶范照片及陶文拓片

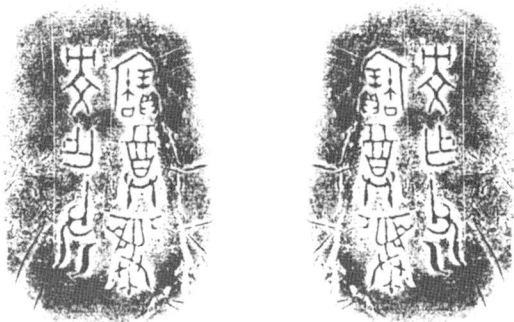

图二　陶文拓片水平翻转

　　首字作形，诸家未释。古文字中有三个字与此字的形体比较接近，其一是"央"，其二是"夌"，其三是"文"。

　　商代文字"央"字仅见于甲骨文，形体如：（《合》[⑥]3026）、（《合》17555正）、（《合》3015）、（《合》3006）、（《合》10067）、（《合》3010反）。西周文字"央"字不多见，目前确释的仅两见：（《集成》[⑥]3370）、（《集成》10173）。

　　由目前所见商周文字来看，"央"字形体上部或有变化，其上部或与上部写法相同，但其形体从"大"的写法则比较固定，与区别明显，因而此字应该不是"央"字。

　　"夌"字商代甲骨文作（《合》1094正）、（《合》1095）、（《合》16047正）等形，形体下部为不对称的人形，与形下部区别明显。西周金文作（《集成》6453）、（《集成》3437）、（《集成》527）、（《集成》6449）等形，形体下部人形渐趋对称，但在其下部人形相对对称的形体中皆有声符"夊"。可见字释"夌"也不成立。

　　我们认为字应当释"文"。其之所以难以确释，是因为其形体与常见西周文字中"文"

的写法不太一样。西周文字中的"文"字写法多样,具体如下:

Ⅰ—A1:⬚(《集成》2670)、⬚(《集成》9817)、⬚(《集成》2473)、⬚(《集成》5984)

Ⅰ—A2:⬚(《集成》3826)、⬚(《集成》5968)、⬚(《集成》2804)、⬚(《集成》2662)

Ⅰ—A3:⬚(《集成》4052.1)

Ⅰ—A4:⬚(《集成》4117.2)、⬚(《集成》3917)、⬚(《集成》4414)

Ⅰ—B:⬚(《集成》5733)、⬚(《集成》5415.2)、⬚(《集成》4156)

Ⅰ—C:⬚(《集成》4194.2)

Ⅰ—D:⬚(《集成》4139)

Ⅱ:⬚(《集成》5407.2)、⬚(《集成》5931)、⬚(《铭图》1738)

Ⅲ:⬚(《集成》5393.2)、⬚(《集成》4169)、⬚(《集成》2824)

Ⅳ:⬚(《集成》5318.1)

Ⅴ:⬚(《集成》745)、⬚(《集成》4317)

Ⅵ:⬚(《集成》5406.2)、⬚(《集成》2636)、⬚(《集成》2730)

Ⅶ:⬚(《集成》4321)、⬚(《集成》190)

Ⅷ:⬚(《集成》5426.2)

Ⅸ:⬚(《近出二》[⑦]307)、⬚(《集成》2723)

Ⅹ:⬚(《集成》2635)、⬚(《集成》4089.1)、⬚(《集成》736)、⬚(《集成》5988)

Ⅺ:⬚(《集成》3996)

Ⅻ:⬚(《集成》2837)

关于"文"的形体,朱芳圃指出:"文即文身之文,象人正立形,胸前之╱、Ⅹ、◡、♈、♉,即刻画之文饰也。《礼记·王制》:'东方曰夷,被发文身,有不火食者矣。'孔疏:'文身者,谓以丹青文饰其身。'《谷梁传·哀公十三年》:'吴,夷狄之国也,祝发文身。'范注:'义身,刻画其身以为文也。'考文身为初民普遍之习俗。"[⑧]于省吾主编《甲骨文字诂林》"文"字条后姚孝遂按语谓:"朱芳圃以'文'之本义为'文身'之文,其说可信。"[⑨]

以上形体中Ⅰ式形体比较多见,形体中胸前刻画纹饰似心形,同时心形写法不一。A形中的心形为常态写法,B形中的心形为A形中的心形之省,C形中的心形讹似"山"形,D形中的心形讹似"口"形。A的外部形体也有不同变化,A1为常态写法,A2将原本交叉的两斜笔上部连写,A3将原本交叉的两斜笔连写成一封闭形,A4在下部或上下部增加饰笔。A的外部形体或上下离析。Ⅱ式形体胸前刻画纹饰作"○"形。Ⅲ式形体胸前刻画纹饰作"+"形。Ⅳ式形体胸前刻画纹饰作"∧"形。Ⅴ式形体胸前刻画文饰作点。Ⅵ式上部竖笔穿透至形体内部。Ⅶ式在Ⅵ式基础上,下部增竖笔,或上下竖笔穿透连接为一竖笔。Ⅷ式上部竖笔处增短横画。Ⅸ式上部竖笔左右增斜画。Ⅹ式为简省写法,省去形体胸前刻画纹饰。Ⅺ式两斜笔下部增点画饰笔。XII式增形符"王",为"文王"之"文"的专造字。

以上西周所见"文"的形体中的 I、VIII、IX、X式见于商代文字。如:

I 式:⊠(《集成》5362)、⊠(《集成》9820)

VIII式:⊠(《合》609)⑩

IX式:⊠(《天理大学附属天理参考馆甲骨文字》2406)⑪

X式:⊠(《集成》2318)

VI式当是承袭商代文字⊠(《合》1091)⑫类形体而来。

陶文⊠与以上"文"字的形体皆不相同。不过,通过与以上常见形体相比,我们认为⊠与"文"字形体联系紧密,应当为西周"文"字的一种异体。

首先,陶文⊠与⊠相比,形体上部多出了 ⊢⊣ 形。以上"文"字的形体有增点、横笔或斜笔等饰笔的现象, ⊢⊣ 应当也是增加的饰笔。甲骨文中有增 ⊢⊣ 形饰笔的现象⑬。此种现象在西周文字中依然存在,如"索"字作⊠(《集成》9702)、⊠(《集成》4286),又作⊠(《集成》4468)、⊠(《集成》4467.1);"黔"字作⊠(《集成》2830),又作⊠(《集成》4317);"韠"字作⊠(《集成》188.1),又作⊠(《近出》⑭32);"湿"字作⊠(《集成》2791),又作⊠(《集成》9714)。⊠形乃"文"字,商周古文字或在形体中或增 ⊢⊣ 形饰笔,那么⊠字的构形也就容易理解了。⊠形可以看作是西周文字中"文"增 ⊢⊣ 形饰笔的繁化写法。

其次,西周金文中或有在横笔两端增竖笔的现象,如以下西周金文中的"方"与"再"。

方:⊠(《集成》2810)、⊠(《集成》944),⊠(《集成》4329)、⊠(《集成》4326)

旁:⊠(《集成》2009),⊠(《集成》9768)

莽:⊠(《集成》566),⊠(《集成》4293)

再:⊠(《集成》9456),⊠、⊠(《近出》485)

⊠也可能是在"文"作⊠、⊠形的基础上在饰笔横画的两端增竖笔形成的一种异体。

以上两种情况看似不同,实际上是相同的,即在"文"字常见形体的基础上增饰笔 ⊢⊣ 形。所增 ⊢⊣ 形可能是一次增加,不过这种一次增加 ⊢⊣ 形的情况多见于"糸"形构件中。⊠更大可能是先增加横笔作⊠、⊠等形,再在此类形体横笔两端增竖笔而成。这种现象不仅存在于"文"字的异体中,其他如"绅"字作⊠(《集成》5400.2)、⊠(《集成》3443),或增横画饰笔作⊠(《集成》9395.2)、⊠(《集成》9418),或增 ⊢⊣ 形饰笔作⊠(《集成》10175)。

此外,我们发现西周文字"庚"字形体的一字异形现象与"文"字或作⊠、⊠、⊠等形有形体变化上的平行关系,可资比较⑮。

文				
庚	(《集成》637)	(《集成》2128) (《集成》2127)	(《集成》60) (《集成》64)	(《集成》6123) (《集成》1627)

"文"在陶范铭文中用作人名。"文"用作人名,见于甲骨文。如:

文由王事。　　　　　　　　　　　　　　　　　　　《合》946正

文入十。　　　　　　　　　　　　　　　　　　　　《合》4611反

贞:令鼒以文取大任、亚。　　　　　　　　　　　　《合》4889

亦见于西周金文。如:

……王命文曰:"遝道于小南。"……⑯

综上,此陶范释文当作"文乍(作)父乙宝尊(尊)彝"。

巧合的是,西周金文见三件"文簋"铭文为"文乍(作)宝障(尊)彝"⑰,与此陶范文字内容相同。不过"文簋"铭文中的"文"字作✕、✕、✕形,与陶文形体不同,与Ⅰ－A1类写法近同。另外"文簋"铭文中的"尊"字作✕、✕、✕形,与陶范文字相比增加了"阜"旁。

闻喜酒务头商代墓地出土铜爵六件,其上各有铭文一字,铭文形体相同,分别作✕、✕、✕、✕、✕、✕⑱,铭文缺释。此形见于商代金文,如✕(《集成》3312)、✕(《集成》5155)等,以往或未识。严志斌将其暂录于"文"下,并指出其多作族名出现,可能并非"文"字⑲。或释"文",认为是商代族徽铭文⑳。我们认为将以上形体释作"文"是可取的。其应该是商周古文字中"文"字的另一种增加饰笔的异体,即在字形上部的"∧"形笔画上复增"∧"形饰笔。这种形体应当是在✕(《合》4611反)类形体的基础上增"∧"形饰笔而来。

从以上"文"字的形体面貌我们可以发现,"文"字在商周时期形体多样,这也从一个侧面反映了商周古文字形体与法尚未完全定型、一字异体众多的特点。

附记:本文得到国家社科基金后期资助一般项目"安徽出土金文辑证"(22FYYB061)的资助。

(作者单位:烟台大学文学与新闻传播学院)

注:

① 罗振玉《雪堂所藏古器物图》,《罗雪堂先生全集续编》第6册第2345—2346页,大通书局1989年。林巳奈夫《殷周青铜器銘文铸造法に関する若干の問題》,《东方学报》1979年第51册第30—31页。严一萍编《金文总集》第4640页,艺文印书馆1983年。郭富纯主编《旅顺博物馆馆藏文物选粹·陶瓷卷》第7页,文物出版社

2009年。吴镇烽编著《商周青铜器铭文暨图像集成》第35卷第521页,上海古籍出版社2012年(本文字形来源处简称为《铭图》)。徐在国编著《新出古陶文图录》第55页,安徽大学出版社2018年。〔澳〕巴纳,张光裕编《中日欧美澳纽所见所拓所摹金文汇编》第561页,中国画报出版社2019年。

② 罗振玉《雪堂所藏古器物图》,《罗雪堂先生全集续编》第6册第2345—2346页。

③ 郭富纯主编《旅顺博物馆馆藏文物选粹·陶瓷卷》第7页。

④ 吴镇烽编著《商周青铜器铭文暨图像集成》第35卷第521页。

⑤ 郭沫若主编《甲骨文合集》,中华书局1978—1982年。本文简称《合》。

⑥ 中国社会科学院考古研究所编《殷周金文集成(修订增补本)》,中华书局2007年。本文简称《集成》。

⑦ 刘雨、严志斌编著《近出殷周金文集录二编》,中华书局2010年。本文简称《近出二》。

⑧ 朱芳圃《殷周文字释丛》第67页,中华书局1962年。

⑨ 于省吾主编《甲骨文字诂林》第3266页,中华书局1999年。

⑩⑪ 李宗焜编著《甲骨文字编》第1292页,中华书局2012年。

⑫ 刘钊主编《新甲骨文编(增订本)》第525页,福建人民出版社2014年。

⑬ 刘钊《古文字构形学(修订本)》第26页,福建人民出版社2011年。

⑭ 刘雨、卢岩编著《近出殷周金文集录》,中华书局2002年。本文简称《近出》。

⑮ "庚"字此几类异体在商代文字中亦见。详见严志斌编著《商金文编》第407—411页,中国社会科学出版社2016年。

⑯ 黄锡全《西周"文盉"补释》,张光裕、黄德宽主编《古文字学论稿》第25页,安徽大学出版社2008年。

⑰ 中国社会科学院考古研究所编《殷周金文集成(修订增补本)》第1855、1856页。刘雨、卢岩编著《近出殷周金文集录》第2册第296页。

⑱ 高振华、白曙璋、马升主编《山右吉金:闻喜酒务头商代墓地出土青铜器精粹》第48、50、52、54、56、58页,山西人民出版社2020年。

⑲ 严志斌编著《商金文编》第215页。

⑳ 王长丰《殷周金文族徽研究》第143页,上海古籍出版社2015年。

古文字研究(35):647—652,2024

也说"敦剑"与"辜刃"

—— 兼说《论衡·知实》之"投刃"

肖晓晖　　谷家龙

一

《庄子·说剑》是一篇寓言故事性质的短文,情节生动,辞藻华美,好用夸张、比喻以增强感染力。其中有的字词不太好理解,例如:"王曰:'今日试使士敦剑。'"何谓"敦剑"? 自来众说纷纭。崔大华《庄子歧解》总结了四个观点[①]:(1)"敦"为"断"义,"敦剑"即"断剑"。司马彪、朱骏声持此说。(2)"敦"为"治"义,"敦剑"意谓"治剑"。持此说者有陆西星、宣颖、俞樾等。(3)"敦"为"对"之借字,"敦剑"即"对剑"。马叙伦、钟泰持此说。又或曰,"敦"为"斗"之音近借字,"敦剑"即"斗剑"。此为胡怀琛说。(4)"敦"为"教"之误字,而"教"与"校"相通,是"考校比试"之义。此为奚侗说。除此之外,郭庆藩《庄子集释》引郭嵩焘之说,据《说文》"敦,怒也,诋也,一曰谁何也"之训,认为"敦"本身有"两相比较"之意[②]。高亨《庄子新笺》则举"敦比"为例,认为"敦"有"比,较"义,其文云[③]:

> 敦者,比也,较也。《淮南子·兵略》:"敦六博。投高壶。"敦字与此同义。盖六簙之戏二人相较,故曰"敦六博"。王念孙训敦为投,失其旨矣。督较亦谓之敦。《孟子·公孙丑篇下》:"使虞敦匠事。"是也。计较则谓之敦比。《荀子·荣辱》篇:"以敦比其事业,而不敢怠傲。"《荣辱》篇(引按:应为《强国》篇):"凡人好傲慢小事,大事至,然后兴之务之,如是则常不胜夫敦比于小事者矣。"是也。

以上诸说,多难以令人信服。"断剑"说、"治剑"说、郭嵩焘之说,钟泰《庄子发微》已斥其非[④]。所谓"教之误字"说,王叔岷《庄子校诠》指其迂曲[⑤]。至于高亨之说,亦难取信。"敦比"固然是同义连用,但"比"实为"庀"之通假字,是"治"义,而非"比较"义。"敦比其事业""敦比于小事"谓"(认真)从事其事业""(认真)从事于小事",若训"敦比"为"计较",文意反为不谐。"敦六博"之"敦",当以王念孙训"投"为是。古书言及六博,所用之行为动词,一般为"投掷"类词,汉代用"投",唐时用"掷",如《史记·范睢蔡泽列传》:"君独不观夫博者乎? 或欲大投,或欲分功,此皆君之所明知也。"李白《猛虎行》诗:"有时六博快壮心,绕床三匝呼一掷。"把"敦六博"之"敦"理解成"比",与语言事实不符。

可以说，"敦剑"一语，至今无确诂。目前"治剑"说似为主流，这是因为"敦，治也"为古书常训，而"治"义又较为宽泛，语义和语境契合的宽容度较高，故易被人接受。所谓"治剑"，大体上是指做与剑有关的事情，其具体意涵则各有不同，一般理解为"比剑""击剑"之类的意思。

可喜的是，近年来新见的出土文献材料为重新讨论此问题提供了新线索。《清华七·越公其事》有两处文字，"𠦪（敦）"后接宾语"刃""兵刃"：

（1）今雩（越）公厾（其）故（胡）又（有）繃（带）甲八千以𠦪（敦）刃皆（偕）死？

简10—11

（2）罗甲缨冑，𠦪（敦）齐兵刃以攼（捍）御寡人。

简20—21

整理者敏锐地注意到，简11的"敦刃"⑥可与《庄子·说剑》的"敦剑"联系起来，故于注释中引《庄子·说剑》文，又同时点出简20的"敦齐兵刃"，虽然在"敦刃"的注文中没有解释其具体含义，但是在注释"敦齐兵刃"时明确指出："敦齐，犹敦比，治理。"⑦可见，整理者将这两处的"敦"都理解为"治"。亦由此可推知，整理者大概也赞成将《庄子·说剑》之"敦剑"解为"治剑"。

学者对这两处"敦"的含义多有讨论。关于"敦刃"，王宁读作"推刃"；萧旭读为"顿刃"，犹折刃，指殊死决斗⑧；张新俊读为"蹈刃"⑨；杜锋读为"扽刃"，意同引刃⑩。关于"敦齐兵刃"，王宁读"敦齐"为"推挤"⑪；萧旭认为"敦"读为"端"，"端齐"犹言整齐⑫；张新俊认为"敦"本身就有"收拾，整理"之义，与"齐"同义连用⑬；王化平、滕胜霖认为"齐"训为利，"敦齐兵刃"意思是修治兵器，使兵器锋利⑭。

先来看对"敦齐兵刃"的理解。我们认为，就文意而言，王化平、滕胜霖把"敦齐兵刃"解释为"使兵器锋利"的看法可能是最为合理的。这是因为，我们所见古书中表示动员武装的"×甲×兵"格式语句里，"兵"类宾语之前，往往是"使锋利"之类意思的动词。例如：

魏王身被甲底剑，挑赵索战。（鲍彪注：底、砥同，砺也。）

《战国策·齐策五·苏秦说齐闵王》

今天下锻甲砥剑，桥箭累弦，转输运粮，未见休时，此天下之所共忧也。

《史记·主父偃传》

晋人已胜智氏，归而缮甲砥兵。　　　　　　　　　　《说苑·权谋》

已而之细柳军，军士吏被甲，锐兵刃，彀弓弩，持满。　　《汉书·周亚夫传》

不过，滕胜霖仍取旧训，解"敦"为"治"，我们对此有不同看法。我们认为，"敦齐"为同义并列结构，"敦"与"齐"都是"使锋利"的意思，"敦"为"砥"之音转。以下略申己见。

敦有文部、微部等异读。砥为端纽脂部，敦为端纽微部，声纽相同，韵部旁转。"𠦪"声字与"氐"声字有相通的例子。《诗经·大雅·行苇》"敦弓既坚，四鍭既钧"，毛传："敦弓，画弓也。""敦弓"之"敦",专字作"弴",《说文》弓部:"弴,画弓也。从弓,享声。"画弓又或称为"弤"。《孟子·万章上》:"琴,朕;弤,朕。"焦循《孟子正义》引孙奭《孟子音义》:"(弤)义与弴同。"《类篇》弓部:"弤,画弓也。"又,《汗简》"敦"字古文作㦯,郑珍以为"低"字,《古文四声韵》魂韵释为"惇",黄锡全认为是借"低"为"敦"或"惇"[15]。李春桃则认为该传抄古文即"弤",人旁应是弓旁之讹[16]。

我们知道,传抄古文字际关系复杂,所记同一字的不同形体之间,既可能是异体关系,也可能是音近通假关系,还可能是同义换读关系。"敦"与其传抄古文"弤"之间,以及表示"画弓"义的"弴"和"弤"之间,是单纯的同义关系还是音近相通关系?章太炎《新方言·释器》讨论"祗裯"一词时认为:"氏声、周声皆近敦……氏、周、敦声义相通。"[17]我们同意这个看法。还可以补充几条材料。《清华一·金縢》简9"周鹗"即今本《诗经》之"鸱鹗","鸱"与"周"相通。《玉篇》车部:"輖,前顿曰輖,后顿曰轩。輊,同輖。""轩輖"或作"轩輖"。《仪礼·既夕礼》:"志矢一乘,轩輖中,亦短衡。"《广雅·释诂上》"輖,低也",王念孙《广雅疏证》:"輖即輊之转也。"至声与氏声相通,参看《汉字通用声素研究》端母脂部氏字声系"氏通至"条[18]。又,"輊"与"軝"或为异体。朱骏声《说文通训定声》孚部"輖"字下引《埤苍》:"輊,车辕两尾。"《集韵》脂韵:"軝,车两尾。"以上说明氏声与周声相通。而周声与敦声的关系更为人所熟知,例如"雕琢"之异文作"敦琢"(《诗经·周颂·有客》),"雕"之异名为"鵰"(《说文》鸟部"鵰,雕也")。由此可见,氏声、周声、敦声三者关系密切,是可以肯定的。

因此,我们认为,从辞例和文意来看,"敦齐兵刃"是"使兵刃锋利"的意思。从词语内部结构来看,"敦齐"是同义并列结构。从词语理据和语源来看,"敦"实为"砥"声之转。

至于简11的"敦刃",似可读为"抵刃"。"抵刃"一语,古书用例虽然较晚且少[19],但与"抵刃"同义的"冒刃",文献却多见,如《六韬·犬韬》:"军中有大勇、敢死、乐伤者,聚为一卒,名曰冒刃之士。"《后汉书·黄琬传》:"昔白公作乱于楚,屈庐冒刃而前。""抵刃""冒刃"谓直面刀锋而不顾。依简文原意,申胥劝说吴干斩草除根,认为越人为残败之军,已无足为虑,怎么可能像越公说的那样,还有八千甲兵敢于直面刀锋、一同赴死呢?将"抵刃"代入简文中,文意允惬。

由清华简"敦齐兵刃""敦刃"回过头来看《庄子·说剑》之"敦剑",给了我们新的启发。我们认为,《庄子·说剑》"敦剑"之"敦"或许也可以读为"砥",理解为"砥砺,使锋利"。"今日试使士敦剑"一句的意思是:"今日比试,就让这些剑士来磨砺您的宝剑(成为您手中宝剑的砥石)吧。"理由如次:

首先,"今日试使士敦剑"一句里的"试",本身就是"比较,比试"的意思。《孟子·滕文公上》:"吾他日未尝学问,好驰马试剑。""试剑"即比剑、斗剑。《说剑》前文说"愿得试之","试"正是"比试"之义,与此句"今日试"前后呼应。如此,全句实应读断为:"今日试,使士敦剑。"

既已云"试",可知"使士敦剑"之"敦"不大可能仍是"比试,考校"之义,否则语意明显重复累赘。大概是意识到这一点,有的版本删去了"试"字。刘文典《庄子补正》:"《御览》三百四十四引无'试'字。"⑳考虑到多数版本有"试"字,而且从文气的贯通和前后的照应来讲,有"试"字为优,我们认为原本当有"试"字。

其次,刀剑新铸发硎,需加砥砺磨拭才能锋利,古书对此多有表述。如《荀子·强国》:"刑范正,金锡美,工冶巧,火齐得,剖刑而莫邪已。然而不剥脱,不砥厉,则不可以断绳。剥脱之,砥厉之,则劙盘盂,刎牛马,忽然耳。"《荀子·性恶》:"……阖闾之干将、莫邪、钜阙、辟闾,此皆古之良剑也;然而不加砥厉则不能利,不得人力则不能断。"《尸子·劝学》:"昆吾之金,而铢父之锡,使干越之工铸之以为剑,而弗加砥砺,则以刺不入,以击不断,磨之以奢砺,加之以黄砥,则其刺也无前,其击也无下。"《淮南子·修务》:"夫纯钩、鱼肠之始下型,击则不能断,刺则不能入,及加之砥砺,摩其锋锷,则水断龙舟,陆剸犀甲。"《新语·术事》:"故良马非独骐骥,利剑非惟干将……今有马而无王良之御,有剑而无砥砺之功……"

从《说剑》篇的细节描写来看,如果把"敦剑"理解成"砥砺剑锋""磨砺宝剑",这应该是赵文王对庄周表达尊崇的一种比喻的说法。庄周与赵文王初见面,故意用夸张的言辞说:"臣之剑,十步一人,千里不留行。"痴迷于剑的赵文王信以为真,"大说(悦)",忍不住夸赞:"天下无敌矣!"庄子提出比试的要求,赵文王则要先挑选出最高明的剑士。可见,赵文王是真把庄周放在"天下无敌"的地位上,才会说出"今日比剑,让这些剑士磨砺您的宝剑(成为您手中宝剑的砥石)"这样的话。这种比喻式的表达,也非常符合《说剑》全文的语言风格。

以上是我们根据清华简"敦齐兵刃""敦刃"对《庄子·说剑》"敦剑"的一个新的解释,未必妥当,请批评指正。

二

《论衡·知实》:"途有狂夫,投刃而候;泽有猛虎,厉牙而望。知见之者,不敢前进。如不知见,则遭狂夫之刃,犯猛虎之牙矣。"其中"投刃"一语,字面普通,似无烦说解,故前人多无注释。但细思之,恐不能照字面意思来理解。古书所见"投刃"常见义有以下二义:

一是"以刃刺击"义,"投"是击刺义。晋孙绰《天台山赋》:"投刃皆虚,目牛无全。"按,《庄子·养生主》"彼节者有间,而刀刃者无厚;以无厚入有间,恢恢乎其于游刃必有余地矣",《太平御览》卷八九九引作"而恢恢乎其投刃必有余地"。"投掷"义与"击刺"义相因。或不明乎此,则多有曲解。例如《汉语大词典》"投兵"条释义为:"向人投掷兵刃。谓诛杀。"引书证为《后汉书·张奂传论》:"自鄎乡之封,中官世盛,暴恣数十年间;四海之内,莫不切齿愤盈,愿投兵于其族。"今按,"投兵"即"以兵刃刺击"之义,"投"是"击刺"义,不宜简单理解为"投掷"。

二是"丢弃兵器"义,"投"是丢弃义。如《北史·王纮传》:"帝投刃于地曰:'王师罗不得杀。'遂舍之。"

以上二义,置于"途有狂夫,投刃而候"一句中,意皆不谐。

孙玉文曾注意到这里的"投刃"不能按照字面意思来理解。他专就此词进行了讨论,认为:"'投',置也;'投刃'即置刀于手。"[21]

我们认为,这里的"投"应解释为"挥动"。古有"投袂"一词,"投"即"挥动"义,"投袂"犹今言"甩袖"。《左传·宣公四年》:"楚子闻之,投袂而起。"表示"挥动"义的"投"实为"揄"之借字。《庄子·渔父》"有渔父者,下船而来,须眉交白,被发揄袂",陆德明《释文》:"揄,李音投。投,挥也。""揄"后接的宾语常常是兵刃。如《韩非子·内储说下》:"御因揄刀而劓美人。"《韩非子·外储说右下》:"俄而王已睡矣,吏尽揄刀削其押券升石之计。"《淮南子·泛论训》:"柯之盟,揄三尺之刃,造桓公之胸。"把"投刃而候"解释为"(狂夫)挥动兵刃而候(于道中)",意思很合适。

又,"揄"的本义是"引",即"抽出,拔出"之意。大概抽拔、挥动这两类动作非常相似,故语义密切相关。"投刃而候"之"投",理解为"抽出,拔出",亦可通。

附记:本文获中国社会科学院学科建设"登峰战略"资助计划资助(DF2023YS09)。

(作者单位:中国社会科学院大学文学院)

注:

① 崔大华《庄子歧解》第790—791页,中华书局2012年。

② 〔清〕郭庆藩《庄子集释》第895页,中华书局2014年。

③ 高亨《诸子新笺 庄子今笺》(《高亨著作集林》第6卷)第117页,清华大学出版社2004年。

④ 钟泰《庄子发微》第719页,上海古籍出版社2002年。

⑤ 王叔岷《庄子校诠》第1220页,中华书局2007年。

⑥ 因不涉及字形的讨论,为便于行文和阅读,此处直接用"敦"表示简文中的"𣪊",后文同。

⑦ 清华大学出土文献研究与保护中心编,李学勤主编《清华大学藏战国竹简(柒)》第120、124页,中西书局2017年。

⑧ 王宁、萧旭说见滕胜霖编著《清华大学藏战国竹简(柒)集释》第202页,西南师范大学出版社2021年。

⑨ 张新俊《清华简〈越公其事〉释词》,《中华文化论坛》2020年第1期第22—23页。

⑩ 杜锋《简帛文献考证三则(提要)》,"中国古文字研究会第二十四届年会"现场论文集第28页,西南大学,2022年。

⑪ 王宁《清华七〈越公其事〉初读》,简帛网2017年4月29日。

⑫ 萧旭《清华简(七)校补(二)》,复旦大学出土文献与古文字研究中心网2017年6月5日。

⑬ 同注⑨第24页。

⑭ 王化平说见注⑨张新俊文第25页引述。滕胜霖说见注⑧氏著第234页。

⑮ 黄锡全《汗简注释》第293页,武汉大学出版社1990年。

⑯ 李春桃《古文异体关系整理与研究》第119—120页,中华书局2016年。

⑰ 章太炎《章太炎全集》第7卷第122页,上海人民出版社2014年。

⑱ 张儒、刘毓庆《汉字通用声素研究》第765页,山西古籍出版社2002年。

⑲ 《新唐书·李憕传》:"(李)憕约义同列,守位自如,抵刃就终,臣节之光由憕始。"

⑳ 刘文典《庄子补正》第824页,中华书局2015年。

㉑ 孙玉文《训诂札记十则》,"章黄之学与《说文解字》——纪念章太炎先生诞辰150周年学术研讨会"论文集第81页,北京师范大学,2019年8月29日。

古文字研究（35）：653—662,2024

甲、金文介词以及介词结构内部成分、功能的变化

郑继娥

人类在表达所认知的对象或事件时，总是以动词为中心进行。但动词对于相关句法语义成分的制约力或制约程度是不均衡的，有的是直接的、必须的，如动作的发出者、承受者等，常出现在动词的前面或后面，而动作发生的时间、处所、原因、目的、使用的工具等成分是可有可无的。这些可有成分常常跟另一些词结合起来，放在动词的前面或后面呈现这些信息，这种词就是介词[①]。

介词最早叫介字，是马建忠在《马氏文通》中提出的[②]。介词是引进与谓语中心语相关成分的词。介词介引的词通常是名词性的，有时也有谓词性的，二者组成介词结构（短语或词组）。介词的作用就是把主、宾语以外的论元引入句法结构，组成介词结构共同担任某种句法功能，一般是修饰和限制或补充谓语中心语，表示处所、时间、对象、原因、施事、受事、工具等语义角色。因此，介词及其介词结构在汉语语法体系中起着非常重要的作用，对"扩大句子表义容量、表明句法成分之间的语法、语义关系至为重要"[③]。

介词的语法特点就是附着在其他实词的前面，共同起某种句法作用。介词一般来源于动词，在先秦文献中，尤其是甲骨文、金文等上古出土文献，动词和介词的分界比较模糊，如何判定介词呢？杨逢彬提出判定殷墟甲骨刻辞介词的6条标准，其中前3条是从介词的位置、语法意义、语法功能来限定，这是介词最基本的特征。第4条提到频率，第5条指要有同时代材料作介词的旁证，第6条是需要该词在偏后时代的文献材料中也为常用介词的用例[④]。以此标准，杨文认为甲骨文只有"于、自"是典型介词，但他并没有进行论证。实际上，"于"在甲骨文、金文中也有不少辞例是单独作谓语的，是否可以说"于"在第一条就不太符合。而且介词一般来源于动词，虚化现象有早晚之分，切不可以后证先。有的虚化发生在甲骨文中，如"于"等；有的虚化发生得晚，如"用""以"是在西周金文，"方""当"在战国简牍文中，等等。有的很复杂，如"在"，不但在甲骨文、金文中都有动词、介词的兼类现象，到现代汉语中依然如此。这充分说明动词与介词的密切相关性、复杂性。因此，如何判断出土上古文献中的介词，我们认为最重要的就是只要符合前3条，基本就可以确定是介词了。

一 甲文、金文中的介词数量

(一) 甲骨文中的介词数量

对于甲骨文中介词的定性和定量,由于没有明确的标准,各家认定的介词及其数量都有不同。对以往的观点进行梳理,我们总结为下表(见表一)⑤:

表一 学术界对甲骨文介词的研究情况

	介词	总计
管燮初(1953)	于、在、自、从、自……至于、及、母、曰、乎、之、隹、惠	12
陈梦家(1956)	于、在、自、从、至于、隹、惠	7
吴浩坤、潘悠(1985)	于、在、自、从、至、乎、隹	7
赵诚(1986)	于、自、从、至、以、气	6
高明(1987)	于、在、自、从、至于	5
姜宝昌(1987)	于、在、自、从、至、至于、以、乎、隹、惠	10
沈培(1992)	于、在、自、从、由、自……至于……、自……于……	7
张玉金(2001)	于、在、自、从、由、至、至于、及、即、终、先、后、暨、必、羍、卒、若、哉	18
杨逢彬(2003)	于、自	2
李曦(2004)	于、在、自、从、至、至于、及	7
向熹(2010)	于、在、自、从、由、至、至于、及、以、曰、乎、暨、自……至于……、自……于……、自……至……	15

从表一可知,"于、在、自、从"是大家基本公认的介词;"至、至于"两个词都有的有4家、"及、乎、隹(唯)"有4家、"以、由、惠、自……至于……"有3家、"曰、暨、自……于……"有2家认同;"母⑥、之"由管燮初提出,"即、终、先、后、必、羍、卒、若、哉"由张玉金提出,目前还只是一家之言。

现在已经认定:"隹、惠"是副词⑦,"之"为代词,"乎、至"为动词,"至于"为动词"至"+介词"于"的组合⑧,"自……(至)于……"为"自"和"于"介词的组合。"曰、暨"有介词用法⑨,其他目前还保留一家之言。

经过考察分析,并参考已有论证成果,本文中主要研究的是"于、在、自、从、及、暨"6个介词,而"自……至于……""自……至……""自……于……"属于介词的联合使用,也是我们探讨的范围。

(二) 金文中的介词数量

金文中的介词及其数量,由于各家研究的范围不同,得出的结论也有差异。我们整理如下表(见表二):

	时代	介词	总计
管燮初(1981)	西周	于、雩、自、用、以、暨、及、隹、惠、雩若、为、……⑪	14
陈永正(1986)	西周、春秋	于、雩、自、於、用、以、暨、及、与、因	10
潘玉坤(2005)	西周	于、雩、自、用、以、暨、及、安、在、戉、至于、自……至于……	12
武振玉(2010)	两周	于、雩、自、於、用、以、暨、及、与、在、从、庸、为	13
张玉金(2011)	战国	于、於、自、用、以、暨、及、与、至、从、为、……	18

上述成果考察的金文范围是从西周到战国,大家基本公认的是"于、雩、於、用、以、暨、及、自";"在、从"有2家认同,"为、与"有3家,其他皆为一家认同。

综上,对甲骨文、金文中介词体系的构成,不同专家观点不同。本文主要是想考察甲骨文到金文介词的异同,为能形成充分对比,我们选择了"于、在、自、从、及、暨"作为研究对象。至于甲骨文还有介词"曰"⑫,金文时期才产生的介词"於、雩、用、为、与、因"等,我们暂不讨论。本文着重研究甲、金文共有的介词,探讨这些共有介词及其宾语,介宾结构修饰、限定或补充的谓语中心语,以及介词结构在句中功能从甲骨文到金文的发展。

二　甲、金文介词宾语的发展和演变

介词一般不能单用,必须与其宾语组成介词结构才能在句中充当成分。介词的宾语大多是名词、代词,或者由名词性词组充当,少量宾语也有由动词、动宾词组、主谓词组充当的。下面从种类、结构和语义三方面总结一下"于、自、在、从、暨、及"在甲、金文的宾语。

(一) 甲、金文介词结构中宾语的种类

甲、金文介词宾语的构成情况,我们总结为下表(见表三):

表三　甲、金文共有介词的宾语的构成情况

		体词		名词性短语			谓词		谓词性短语		
		名词	代词	联合	偏正	同位	动词	形容词	偏正短语	动宾短语	主谓短语
于	甲	+	+	+	+	+	+		+	+	+
	金	+	+	+	+	+		+			
自	甲	+	+		+		+		+		
	金	+	+		+		+				
在	甲	+	+		+	+					
	金	+	+	+	+	+					
从	甲	+			+						
	金	+									
暨	甲	+									
	金	+			+						
及	甲	+			+						
	金	+			+						

从表三可知，不同介词的宾语在甲金文中的构成情况同中有异。从纵向看，"于、自、在、从、暨、及"都可以名词为宾语，绝大多数都可以名词性短语为宾语，这是共性。"于、自、在"大都有代词、同位短语和动词为宾语，而"从、及、暨"没有。横向看，最明显的差异在于"于"字，无论是甲骨文还是金文，其宾语构成种类最多，其次是"自"，第三是"在"。

从甲骨文到金文，介词宾语的类别大体是在减少，不过，有的介词类别没有变化，如"及"；而"暨"的宾语则是金文比甲骨文增加了一类。

总之，甲骨文到金文，介词的宾语类别以名词、名词性偏正短语为常态，一直到现代汉语。"于"的宾语类别最多。

(二) 甲、金文介词结构中宾语的构成

首先从音节结构上看，甲、金文介词宾语都以单个音节为主，双音节的名词不多。其次，从语法结构来看，名词最多，代词较少；短语结构以偏正性短语为主，联合短语、同位短语较少，动宾短语、主谓短语更少。

从总体上看，甲、金文介词的宾语特点大致是相同的；但从个体上看，这6个介词宾语的结构构成很不相同。"于"比较复杂，名词、代词、形容词、动词，名词性偏正短语、同位短语、联合短语，动宾短语、谓词性偏正短语等，均能充当其宾语；"在、从、及、暨"均没有谓词及谓词性短语充当的宾语。

从甲骨文到金文，介词宾语主要保持了一种名词、名词性短语的传承，"于、自"宾语的谓词宾语、谓词性短语宾语呈现出从多到少、从少到无的现象。后者发生的原因可能可以说明语言的发展方向是更明确化，而不是相对抽象化。

(三) 甲、金文介词结构中宾语的语义

从语义层面来看，介词的语义功能主要是标记，标记其后词语的语义成分，显示出该语义成分在句中语义结构中的地位和价值。因此介词的宾语十分重要。陈昌来《介词与介引功能》主张介词的语义功能应根据引介什么语义成分来进行分类，把介词分为主事、客事、与事、凭事、境事、因事、关事、比事 8 类，每类下面分小类[13]。张玉金根据该分类对出土战国文献中介词的语法、语义和语用都做了细致研究[14]。由于甲、金文不少词的解释还不定，介词结构在句中语义的辨别非常困难，我们在研究中主要分大类，如按处所、对象和时间、原因、材料、范围等进行归类，有时也会根据动词谓语中心语的意思进行细分，如表示处所的可以再分为表所在、所到、范围等；表示对象的可以再细分为施事、受事、涉事等。

甲、金文介词的宾语语义主要是地名、人名、时间名，但具体语义有很大的不同。比如，甲骨文介词宾语表示的人名大多是商王的祖先、祖妣等先人，而金文大多是王、天子、X 公等活着的王公大臣，祖先名比较少。另外，甲骨文表示的人物名还有帝、日、岳、土、河等神名。

再比如，甲骨文介词宾语表示的处所名，多为邦、宫、室、厅门、西仓等具体处所名，而金文的则是宗、成周、殷宫、献宫等具体的宫殿名，且已经出现了四方、上下等抽象空间的概括名。

从表四可知，甲、金文介词宾语的类别主要有三大类，但具体情况很不相同。介词"于"字宾语在甲、金文中的语义类别最多，而且在处所、人物、时间上基本对应。"在、白"的甲、金宾语在处所和时间 2 类也能基本对应，但在人物类上，只有甲骨文有用例。甲、金文介词"从"的宾语只在处所类上基本对应，甲骨文有表时间类宾语，金文没有此类用法。"及"字宾语甲、金文只在时间类上有对应，此外，金文"及"有表人物宾语，甲骨文没有。"暨"字宾语虽然在表人物大类上能对应，但甲骨文宾语表示的是祖先、神名，而金文宾语表示的是活着的王公大臣和朋友。

表四　甲、金文介词宾语语义类型

		处所和方位					人物					时间						工具
		专名		普通⑮		事物范围	祖先	神名	族名	王公贵族	其他⑯	月相	甲子或天	月份	季节	年	相对⑰	动物
		国名	地名	方位	场所													
于	甲		+	+	+		+	+	+	+	+		+	+	+		+	+
	金	+	+	+		+	+	+			+		+	+		+		
在	甲		+	+	+		+						+	+	+			
	金	+	+	+	+							+	+	+				
自	甲		+	+	+	+	+			+			+	+			+	
	金	+	+	+	+	+⑱							+	+				
从	甲		+	+	+								+				+	
	金		+		+													
及	甲														+		+	
	金									+	+⑲						+⑳	
暨	甲					+	+	+										
	金									+	+㉑							

三　甲、金文介词结构修饰的谓语中心语

介词结构主要的作用就是限定、补充说明句子谓语中心语，谓语中心语的语义对介词的选用以及介词词组的位置有决定作用。我们对介词"于、在、自、从、及、罙"所在句子的谓语中心语进行整理，分为动词、形容词，并对其语义进行归纳。

从表五可知以下三点：第一，甲、金文中介词修饰的谓语中心语主要是动词，其中军事和出行类动词是最多的，军事类动词主要是征、伐、敦等，出行类动词主要的意义类别为入、至、归、还等。第二，甲、金不同载体中，介词与谓语中心语的搭配类别不同，如甲骨文介词除了"及"，余下5个介词都可以修饰祭祀动词，金文中介词只有"于"有祭祀动词中心语；气象类动词只出现在甲骨文中，赏赐类动词只出现在金文中。形容词谓语主要表示"顺利、喜乐"等，带有褒义色彩，主要与介词"于"搭配。第三，每个介词的甲、金文谓语中心语类别的对应不同。"于"字的甲骨文、金文用法是对应最整齐的，"自"在军事、田猎、出行类上对应，"在"在生活、

生产类上基本对应,"从"在出行类上对应。

表五　甲、金文介词词组修饰的谓语中心语的语义表

		祭祀动词	非祭祀动词										形容词
			军事	田猎	生产	出行	气象	生活	言说	赏赐	降祸福	其他	顺利保佑
于	甲	+	+	+	+	+	+	+	+		+	+ 情感V	+ 若鲁利
	金	+	+	+	+渔	+		+	+	+	+陷涵	+见跋 海	+乐休淑臧惠
在	甲	+	+	+	+作	+						卜	
	金				+	+还归		+居寝		+		+务	+严翼
自	甲	+	+	+		+步	+		+告		+	来乞	
	金		+	+		+返				+		+忘扰乂	
从	甲	+	+	+	+	+							
	金					+涉入							
及	甲		+			+至	+	+用				+婐	
	金										+施		
暨	甲	+				+归							
	金							+厚用	+出(传达)			+保	

三　甲、金介词结构内部及其功能的变化

表六　甲、金文介词结构的语法功能比例[22]

	补语		状语		定语		主语		总计
	甲	金	甲	金	甲	金	甲	金	甲：金
于字结构	5175	348	1454	3	0	11	0	0	6629：362
自字结构	338	16	117	10	85	4	0	0	540：30
在字结构	95	6	237	68	112	0	0	0	444：74
从字结构[23]	65[24]	1	15	0	0	0	0	6	80：7
及字结构	0	1	33	4	0	0	0	0	33：5
暨字结构	0	0	5	9	0	0	0	0	5：9
共　计	5673	372	1861	94	197	15	0	6	7731：487

从表六可以看出,在语法功能方面,甲骨文"于、在、自、从"4个词作补语的使用总量为5673次,其中"于"占91.2%,"自"占6%,"在"占1.7%,"从"1.1%。金文介词词组作补语总量为372,其中"于"占93.5%,"自"占4.3%,"在"占1.6%,"从""及"各有1例,占0.3%。以此可知,"于"在甲骨文、金文作补语占总量均在91%以上,是两种载体最主要的补语表达词,在金文的使用比例有点降低。从甲骨、金文补语总量各自占同期介词结构的功能的比例看,甲骨文介词结构作补语占5673/7731=73.4%,金文占372/487=76.4%,这可以说明甲骨文中介词结构作补语的数量高,是其最普遍功能;金文相对较少,但也是主要功能。

介词结构作状语上,甲骨文总量1861,其中"于"占78.1%,"在"占12.7%,"自"占6.3%,"从"占0.8%,"及"占1.8%等。在金文中介词结构作状语的总量为94,其中"于"仅仅有3例,占3.2%,这说明"于"在金文中极少位于谓语前;而"在"有68例,占72.3%,说明"在"在6个介词中,其位置主要是在谓语前。从状语的总量占同期介词结构的功能的比例看,甲骨文状语占1861/7731=24.1%,金文占94/487=19.3%,从这两个比例看,甲骨文介词结构作状语的总体数量与金文相差不大,均未到四分之一,因此并不是主要功能。

介词结构还能作谓语宾语的定语。能作定语的主要是"自""在"和"于"。其中"自"在甲骨文和金文中都可以作定语,分别占各自总量的85/197=43.1%和4/15=26.7%,金文比例较低,说明使用比例也少。"于"在甲骨文中不作定语,在金文中有11例,占金文介词结构作定语总量的11/15=73.3%。"在"字结构在甲骨文中作定语的比例高,占总量的112/197=56.9%,但在金文中未发现定语例。从定语的总量占同期介词结构的功能的比例看,甲骨文定语占197/7731=2.55%,金文占15/487=3.08%,这可以说明介词结构作定语数量非常少,是非普遍功能,且仅仅限于"于、自、在"三个介词。

另外,"从"字介词结构在金文中有6例作句子主语,是战国晚期的中山王兆域图(《集成》10478)中的一段铭文,属于特例。

从表六也可以看出,甲骨文、金文中只能作状语的是"暨","及"在甲骨文、金文中绝大多数作状语,这可以说明"暨""及"作介词主要在金文中使用,在甲骨文中主要是作动词谓语。

四　结语

综上所述,我们在概括介绍前人有关介词定义、标准的基础上,选定甲骨文、金文中共有的6个介词"于、在、自、从、及、暨"为研究对象,发现甲骨文、金文介词结构主要在句中作补语、状语,以补充或限定谓语;"在、自、于"介词结构还可以作句子定语。但介词结构主要位于谓语后,作补语是其最主要的功能。在共有的6个介词中,"于"的使用数量最多、频率最高,是作补语、状语的绝对主力;其次是"自、在"。

介词的宾语构成类别上,从甲骨文到金文,以名词、名词性偏正短语为常态,一直延续到现代汉语。宾语的音节结构上，甲、金文介词宾语都以单个音节为主。语法结构，以名词最多，代词较少；短语结构以偏正性短语为主。语义结构上，甲、金文介词宾语的类别主要表处所、人物、时间，但功能类别、数量在个体介词上表现不同，总体上宾语语义类别是在减少，其中"于"最齐全，甲、金文的三大类用法都有，数量最多；甲骨文还能表示工具。"自"的甲、金文介词宾语用例也表示三大类，但"从、在"只有表处所和表时间，"及""暨"只能表示人物。

甲、金文介词结构修饰、限定、补充的谓语中心语以动词为主，也有形容词，而且甲、金文相承接，彼此对应的较多，但甲骨文出现的谓语中心语类别更丰富。甲、金文中介词结构修饰的谓语中心语主要是军事和出行动词；甲、金文的不同介词与谓语中心语的搭配类别不同，甲骨文介词除了"及"的另外5个都可以修饰祭祀动词，但金文中介词只有"于"可以接祭祀动词；甲骨文独有的谓语动词是气象类，金文独有的谓语动词是赏赐类。形容词谓语主要表示"顺利、喜乐"等，带有褒义色彩，主要与介词"于"搭配。介词所补充、限定的谓语中心语类别与介词特性有很大关系，其中"于"字的甲、金文用法是对应最整齐的，"自"在军事、田猎、出行上对应，"在"在生活、生产上基本对应，"从"在出行类上对应。

总之，甲、金文6个共有介词及其所带宾语、所修饰的谓语中心语的对比，其一贯的共性用法体现了语言的承继，其不同之处也反映出载体、文体所带来的差异。总体上"于"是殷商、周代时期出土文献的主要介词，数量多，几乎涵盖了所有的语义功能、语法功能。其他介词各有侧重，起辅助、精细化表达语言的作用。

附记：本文系教育部人文社会科学研究规划基金项目"出土上古汉语文献虚词于、以的来源及其发展研究"（19YJA740086）阶段性成果。

（作者单位：山西大学国际教育交流学院、东帝汶商学院）

注：

① 陈昌来《介词与介引功能》，安徽教育出版社2002年。

② 马建忠《马氏文通》第246页，商务印书馆1983年。

③ 杨逢彬《殷墟甲骨刻辞词类研究》第278页，花城出版社2003年。

④ 同上注第282页。

⑤ 管燮初《殷墟甲骨刻辞的语法研究》第48页，中国科学院1953年。高明《中国古文字学通论》第293页，文物出版社1987年。陈梦家《殷虚卜辞综述》第123—125页，中华书局1988年。姜宝昌《卜辞虚词试析》，《先秦汉语研究》第31—37页，山东教育出版社1992年。赵诚《甲骨文虚词探索》，《古文字研究》第15辑第169—172页，中华书局1986年。吴浩坤、潘悠《中国甲骨学史》第151页，上海人民出版社1985年。沈培《殷墟甲骨卜辞语序研究》第126页，文津出版社1992年。杨逢彬《殷墟甲骨刻辞词类研究》。张玉金《甲骨文语法学》第65页，学林出版社2001年。李曦《殷墟卜辞语法》陕西师范大学出版社2004年。向熹《简明汉语史（修订版）》

下册第20页,商务印书馆2010年。

⑥ 向熹在1993版《简明汉语史》(高等教育出版社)中也列出"母",在2010年修订版中未见。

⑦ 张玉金《甲骨卜辞中"唯"和"惠"的研究》,《古汉语研究》1988年第1期。

⑧ 喻遂生《甲骨文的"至于"》,"中国语言学会第十一届年会"论文,2011年。

⑨ 喻遂生《甲骨文语法札记二则》,《甲金语言文字研究论集》第54—57页,巴蜀书社2002年。李发《甲骨文"曰"的介词用法补说》,《上古汉语》第4辑第60—72页,商务印书馆2022年。

⑩ 管燮初《西周金文语法研究》第184页,商务印书馆1981年。陈永正《西周春秋铜器铭文中的联结词》,《古文字研究》第15辑,中华书局1986年。武振玉《两周金文虚词研究》第131—182页,线装书局2010年。潘玉坤《西周金文语序研究》,华东师范大学出版社2005年。张玉金《出土战国文献虚词研究》,人民出版社2011年。

⑪ 管燮初称作次动词,一共14个。

⑫ 参喻遂生《甲骨文语法札记二则》,《甲金语言文字研究论集》第54—57页。

⑬ 陈昌来《介词与介引功能》,安徽教育出版社2002年。

⑭ 张玉金《出土战国文献虚词研究》第59—60页。

⑮ 表处所的词语分专名和普通处所。这里的普通处所词语分方位词和处所词,比如"西"为方位词,而"西邑"(《合》6156正)表示与"东邑""南邑"等相对的处所。

⑯ 人物中的"其他"类主要指抽象的表示概括意义的短语,如"下上",如"若于下上"(《合》808);"上",如"公告厥事于上"(《集成》4341);"上下",如"项于上下"(《集成》2836)等。

⑰ 介词宾语表示时间,"相对"类指一天中不同阶段的时间词语,如"日出""日中""入日"等。

⑱ 这里的宾语为"天",如"……福自天"(《集成》6014)。

⑲ 这里的宾语为"子孙",如"以施及子孙"(《集成》9735)。

⑳ "及"的宾语表示时间,只有1例,如"及参世亡不若"(《集成》2840)。

㉑ "暨"的宾语为"我友""朋友""子子孙孙"等,如"我用钘厚暨我友"(《集成》2724)。

㉒ 为能看出每种介词结构语法功能的差异,我们根据齐航福《殷墟甲骨文宾语语序研究》(中西书局2015年,第280—282、284页)列表和武振玉《两周金文虚词研究》中有关数据统计,结合自己的考察,换算出各自占介词总数的百分比而列出此表。

㉓ "从/從"字构成的框架结构"從……(以)至……"还可以作主语,例为:"从丘坎以至内宫六步,从丘坎至内宫廿四步,……从内宫至中宫廿五步,从内宫以至中宫卅步,从内宫至中宫卅六步"(《集成》10478中山王兆域图,战晚)。

㉔ 齐航福《殷墟甲骨文宾语语序研究》(第284页)认为"从"没有表人物、时间的补语例,我们找到3例表时间用例,即:a."乙卯卜:燎岳,今延舞从丙辰……"(《合》21109);b."辛丑卜:奏晋从甲辰,卩小雨四月"(《小屯》4513+4518);c."妣庚岁从夙"(《怀》1567)。

古文字研究（35）：663—667，2024

释汉隶中从旨之字（二则）

于　淼

　　《说文》："旨，美也。从甘，匕声。"汉隶中旨形上部所从多作"人"形，或讹变为"亠"，其下部所从"甘"形或作"曰"或作"日"。

银一400　　白石神君碑

　　但在一些从旨之字中，旨形写法多变，或与"自"同形，或讹变为"目"形，而"甘"形中的横笔也是多寡不一（详见表一）。

表一

	从旨		讹作自	讹作目
尝	张·奏谳书216	北大伍·荆决33	马·五行26	张·奏谳书225
耆	马·相马经51	北大壹·苍颉篇44	王杖诏书9	

　　汉隶中"甘"字一般有三种写法（详见表二），第一类与"曰"形近，区别在于"曰"字口形中的横笔与口形左右笔画相接，而"甘"字基本不相接，但在书写中很容易将其连在一起，因此有与"曰"讹混的趋势。第二类写法与凵（自）同形。凵是《说文》部首，是"皆、鲁、者"等字所从。《说文》："凵，此亦自字也。"仅比"自"少一横笔，而汉隶中在封闭的口形笔画内，横画或多或少，往往是彼此的异体写法。第三类写法与现行写法一致，这应该是隶书成熟后，由于其与"曰、凵"多讹混而形成的写法。

表二

	第一类		第二类		第三类
甘	北大贰·老子119		北大贰·老子210		五瑞图摩崖
邯	张·奏谳书24	礼器碑阴	北大叁·赵正书49	居延346.5	
绀	马·牌三	居延349.7B	马·遣一270	北大肆·妄稽36	

西汉早期汉隶中的"甘"字上部横画与口形皆不相交。张家山汉简《奏谳书》219整理者曾将 ■ 误释为"绀",就是将阴影部分误视作笔画,这确实与现行的"甘"形一致,但不是早期汉隶"甘"形应有的写法。而《二年律令与奏谳书》中的红外图版作 ■,并改释为"紬(抽)",是非常正确的①。从旨之字在汉隶中易于被误认,我们将对以下两则从旨的疑难字展开分析。

一 释旨

凤凰山M8简119有:

" ■ 、浆瓶。"②

■ 在释写上曾存在争议,上部从艹,下部或有释写为齿、首、百、昔、目等不同说法③。刘国胜释写为旨,从艹从旨,字形上最合理。 ■ 所从较一般写法的旨形多了一横,上表一中《北大壹·苍颉篇》44中的耆字也是作三横。但他认为该字读为"脂",似指面脂一类的化妆品,"脂、浆瓶"即盛脂、浆的小瓦瓶④。尚可商榷。

凤凰山汉简遣册中关于浆的陪葬物还见于:

M169简24:"□盌(盌)一,盛泽(醳);又一,盛□;又一,盛将{浆}。"⑤

M9简37:"将(浆)罂一。"⑥

M167简40:"浆罂二枚。"⑦

《说文》皿部:"盌,小盂也。"盂本是饮器,《三国志·吴志·甘宁传》:"(孙)权特赐米酒众殽……宁先以银盌酌酒,自饮两盌。"⑧瓶和罂也都是盛放液体的容器。《周礼·天官·酒正》"辨四饮之物:一曰清,二曰医,三曰浆,四曰酏",郑玄注:"浆,今之酨浆也。"孙诒让正义:"浆酨同物,絫言之则曰酨浆,盖亦酿糟为之,但味微酢耳。"⑨浆是饮品,若旨指面脂,二者大概不会并列。因此旨瓶内盛放与浆类似的液体饮品的可能性较大。

张家山汉简遣册简23中也有"浆部娄"⑩,此外简24、40还有两个部娄,分别作:

简24:"著(籍)部娄一。"⑪

简40:"沐部娄一。"⑫

部娄,整理者读为"杯落",指小笼⑬。刘钊指出应读作"瓿甄",指小罂。《方言》:"瓿甄,罂也。自关而西,晋之旧都、河汾之间,其大者谓之甄,其中者谓之瓿甄。""沐"即米汁,古人常用来洗发。沐瓿甄就是装米汁的罐子⑭。所谓"著",图版作 ■,整理者认为是"蔗",指甘蔗⑮;何有祖改释为"菁",认为指菁草⑯。字形是正确的。刘国胜读为"脂",菁、脂古音相近,指面脂一类的化妆品。他同时认为马王堆遣册中木质的"付篓"所盛物品大都属化妆、发饰之类。瓦质"瓿甄"的用途大概也是用来盛化妆、洗涤类物品⑰。

我们认为木质付篓与瓦质"瓿甂"所盛放物品不一定是相同品类。王念孙《广雅疏证》:"小阜谓之部娄,犹小罂谓之瓿甂也。"⑱因此马王堆木制"付篓"指放在大漆奁中的像小山丘一样的小漆盒。从张家山汉简中的"浆部娄""沐部娄"所盛物品上看,"部娄"大概与瓶、罂相对,应该是盛放液体的小容器。因此,我们认为▨应该与凤凰山遣册中的▨所指相同的物品,大概是一种液体。帛书《五十二病方》288有黄▨,整理者将其释写为耆,读为黄耆。该病方的具体操作是将其煮水饮用,我们认为"耆瓶""耆部娄"皆指盛装煮黄耆水的小容器。

五十二病方:"雎(疽),以白蔹、黄耆(耆)、芍药、甘草四物【□】者(煮),筀(桂)、薑(姜)、蜀焦(椒)、树(茱)臾(萸)四物而当一物,其一骨□疟□三[288]【□□】以酒一桮(杯)【□】□□□筋者絛=(絛絛)翟=(翟翟)【□】□之,其□【□□】□□=∟。日四饮。一欲溃之,□【□】[289]⑲

二　释稽

王弼本《老子》六十五章:"知此两者亦稽式。常知稽式,是谓玄德。"其中"稽式"一词,严遵本、河上公本作"楷式"。马王堆帛书甲乙本皆作"稽式"。北大简作"▨式",整理者直接释为楷,而魏宜辉认为该字是稽,并将该字分析为从木,从尤(近大形),从旨,可释写为楷⑳。该字确与"楷"形近,楷字声旁"皆"下部从凼,在汉隶中凼与旨就差一个横笔(详见表三),而早期汉隶中稽字也往往可以写作从日。

表三

稽	北大贰·老子80
楷	(摹)银二1552 王舍人碑

楷形或许可以看作是稽讹变为楷的过渡字形。正因为二字有形近的可能,因此典籍中还有其他稽用为楷的例子,如《荀子·儒效》:"千举万变,其道一也,是大儒之稽也。"㉑帛书《经法·道法》4:"无私者知(智),至知(智)者为天下稽。"㉒稽皆表示楷,这种用法大约都是在隶变的过程中二字形近而产生的误认、误抄。

稽,《说文》分析为从禾,从尤,旨声。早期汉隶稽或从来,或从禾,或从禾。右部从支,或将支形拆为两部分,省写为从又或从人。从尤的写法大概在成熟隶书中才固定下来,其右下部或为旨,或省写作甘或曰,或讹变为自、目等形(详见表四)。

表四

	从攴	省从又或省从人	从尤
稽	马·老子甲61 马·十六经19上、24下 北大壹·苍颉篇44 北大肆·妄稽6	马·十六经45下 洛阳刑徒114"秸"	武·士相见13 熹平石经445 孔龢碑

　　《南越木简》简22："党可合今人视之在即入楯（植）延与左室。"（图版四〇）整理者将楯释读为槛杆。并将延字下读，将延与读为延于，为引进之义㉓。释文又如下："党可，合分人视之，在即入稽延与左□。"㉔除加了标点之外，还将"楯"释为"稽"，所谓楯，图版作，从木，从又，从旨，与形右部类似，释为"稽"是正确的。稽延，即迟延，拖延。《水经注》："愿陛下特出臣表，敕大司农府给人工，勿使稽延，以赞时要。"我们认为上述南越简当断作："党可合，今人视之在，即入。稽延，与左室。"

　　另外，《南越木简》10："浦頵（顿）第十二木实三百六十枚。"（图版二八）所谓頵，摹本作，整理者认为是树名，未确释㉕。该书将该简分类为"树籍"类简，并释写为："浦头第十二木，实三百六十枚。"㉖我们从图版及摹本上看，字形从自比从豆更合理可信，自形很可能是旨形之讹，则该字当隶定为頔，即稽首之稽。按照上文所述，隶书中稽与楷在字形上或讹混，该字或许可以通楷。《说文》木部："楷，木也。孔子冢盖树之者。"楷木即黄连木。

　　附记：本文是国家社科基金"两汉隶书用字研究"（19CYY028）阶段性成果。

（作者单位：扬州大学文学院）

注：

① 彭浩、陈伟、〔日〕工藤元男主编《二年律令与奏谳书》第382页，上海古籍出版社2007年。

② 湖北省文物考古研究所编《江陵凤凰山西汉简牍》第44页，中华书局2012年。

③ 中山大学古文字研究室手写释文释写作"蘦"，彭浩隶定为"昔"，见注②第44页。李均明、何双全隶定为"昔"，见李均明、何双全编《散见简牍合辑》第60页，文物出版社1990年。金立隶定为"昔"，见金立《江陵凤凰山八号汉墓竹简试释》，《文物》1976年第6期第73页。吴哲夫、吴昌廉释为昔，见吴哲夫、吴昌廉编辑《中华五千年文物集刊·简牍篇（一）》第153页，1983年。田河认为是昔，见田河《张家山二四七号汉墓遣册补正》，《社会科学

战线》2010年第11期第88页。毛静疑为"苜",指苜蓿,见毛静《汉墓遣策校注》第60页,西南大学2011年硕士学位论文。

④⑰　刘国胜《读西汉丧葬文书札记》,《江汉考古》2011年第3期第118页。

⑤　同注②第213页。

⑥　同注②第70页。

⑦　同注②第166页。

⑧　〔晋〕陈寿撰,〔宋〕裴松之注《三国志》第1294页,中华书局2013年。

⑨　〔清〕孙诒让著,汪少华整理《周礼正义》第427页,中华书局2015年。

⑩　张家山二四七号汉墓竹简整理小组编《张家山汉墓竹简[二四七号墓]》第303页,文物出版社2001年。

⑪⑫　同上注第304页。

⑬⑮　同注⑩第304—305页。

⑭　刘钊《〈张家山汉墓竹简〉释文注释商榷(一)》,《古籍整理研究学刊》2003年第5期第4页。

⑯　何有祖《张家山汉简释文与注释商补》,简帛研究网2004年12月26日。

⑱　〔清〕王念孙著,张其昀点校《广雅疏证(点校本)》第523页,中华书局2019年。

⑲　湖南省博物馆、复旦大学出土文献与古文字研究中心编纂,裴锡圭主编《长沙马王堆汉墓简帛集成》第5册第267页,中华书局2014年。

⑳　魏宜辉《简帛〈老子〉校读札记》,简帛研究网2013年1月3日。

㉑　〔清〕王先谦撰,沈啸寰、王星贤点校《荀子集解》第163页,中华书局2013年。

㉒　同注⑲第4册第127页。

㉓　广州市文物考古研究院、中国社会科学院考古研究所、南越王博物馆编著《南越木简》第55页,文物出版社2022年。

㉔　同上注第131页。

㉕　同注㉓第51页。

㉖　同注㉓第123页。

古文字研究(35):668—673,2024

公布几方新见韩国陶文

刘秋瑞

河南省文物考古研究院新郑工作站藏有大量陶文,这些陶文是历年新郑基建工地发掘出来的。最近,蒙蔡全法先生指导,我们对其中未著录的一批古陶文进行了整理,整理工作包括清淤、捶拓、核对著录、考释等。

这批古陶文共11方,都是战国三晋韩国陶文,皆未经著录。从文字上看,有与旧著录同文的,但大多数是过去未见过的。有鉴于此,我们撰写本文予以介绍,或有裨于学者作进一步研究。

一 叹(攻)穆

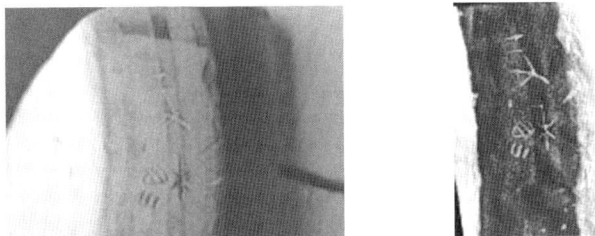

图一

1997年出土于中国银行新郑支行基建工地,标本编号为T568H1778:6,泥质灰陶,陶文刻画于陶盆口沿(见图一)。旧未见著录,释文为:叹穆。系陶工姓名。

陶文中“叹”,从又,工声,应是“攻”,其写法与上博简“攻”作 (《上博一·孔》3)相同。黄德宽、徐在国认为:“‘叹’字简文作 ,从‘又’‘工’声,攻字或体。龢镈‘攻’字作 ,攻吾臧孙钟‘攻’字作 ,又作 (《金文编219页》)可证。”① 目前,已经公布的晋系文字中,“攻”都是左右结构,作:

 大功尹铍,《集成》11577   七年相邦铍,《集成》11712

陶文中上下结构的“叹”,姓氏,《万姓统谱》东韵:“攻,汉攻生单。”②

新郑出土陶文中,有一方陶文为“吕穆”:

 《陶录》5·9·1③

其中“穆”的写法与新出“叹(攻)穆”陶文相同。

二 厲墨

图二

　　1997年出土于中国银行新郑支行基建工地T644,编号为97:T644J415:1,泥质红陶,残片系陶瓮肩部(见图二),旧未见著录。

　　陶片上刻有两个相同的人名,但右侧陶文下一字刻为"凶",我们怀疑是由于某种原因未刻完整。陶瓮残片上左右两侧的文字都应释为:厲墨,是陶工私名。右边不完整的陶文也应释为"厲墨"。三晋文字习见"厲"④,在新郑出土的陶文中,"厲"姓人名也极为常见。如"厲句""厲忘"⑤"厲申""厲兑"⑥"厲拡"⑦"厲倍"⑧等等。

　　新郑博物馆馆藏的一方陶文,作:

牛济普认为:"为战国陶文,拓片上部不甚清晰,原释为从父从 夫 从土,未能识别。我细辨原拓片上的文字,发现上部残存笔画应是 ⊗,中部字形为 夫,下从土,我把不清晰的部分用虚线标出,应是墨字,为陶工名。"⑨这方陶文清晰拓片后收录于《陶录》中,作:

《陶录》5·110·6

　　《说文》:"𡎆,书墨也。从土、从黑,黑亦声"。"厲墨"和《陶录》中的"墨"都是陶工名字。

三 奈

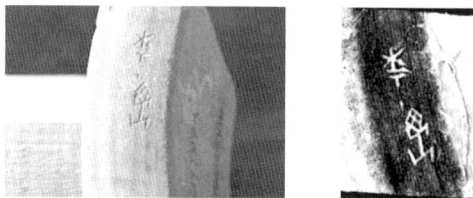

图三

1997年出土于中国银行新郑支行基建工地，标本编号为97:T569J384:3，泥质灰陶，残片系陶盆口沿（见图三），旧未见著录。"柰"，《说文》："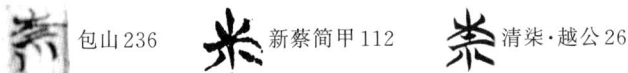，果也。从木，示声。"目前发表的战国文字材料中，楚系、秦系文字中都有"柰"：

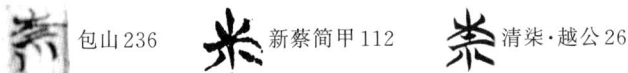包山236　　新蔡简甲112　　清柒·越公26

关于"柰"，林沄认为："（包山）236、239、243、245诸简均有柰字，所从之木，除236简作木外，皆作火。其辞均为'母又（有）柰'。释文认为'读作祟'，甚确。今略加补充论证。木旁省作火，马王堆帛书《春秋事语》李字作李，正与此同。《说文》：'柰，果也。从木示声。'柰即后世之奈字。汉石经'奈何'之奈仍作柰。但马王堆帛书中'奈何'之奈已作柰或奈，故隶书多作奈，楷书因之。奈字'从木示声'之说，绝不可信。……甲骨文中已有柰字，……估计是会意法的表意字。"⑩

秦陶文中的"柰"，施谢捷认为："检秦汉文字中'柰'及'隶'所从'柰'与上揭陶文柰形近……显然陶文柰字也应该释为'柰'字，其上半所从实是'木'之讹省形，犹'李'字在秦汉文字中可作下列诸形：李 李虎，《珍秦》54……同'柰'字形变情形相似，亦为释柰为'柰'之佐证。至于释'祟'，亦误。陶文中'柰'用为里名。"⑪

新郑出土陶文"柰"，从木从示，其中示作示，这种写法的"示"在甲骨文中习见，"佑"作示（《合》25030）、示（《合》22220），"祐"作示（《合》327），"祀"作示（《合》15489），"祝"作示（《合》30439）；姚孝遂认为："许慎以为示字是'从上，三垂，日月星也'，乃据小篆形体立说，无一是处……其基本形体作示或示，变形甚多。……在偏旁中，示或示多加小点作示、示、示、示、示、示，本象神主之形，其旁所加之小点，盖象祭祀拜祷时灌酒之状。"⑫

陶文中"柰柰"，是陶工私名。"柰"姓，《正字通》木部："柰，姓。明宣德进士柰亨。"⑬ "柰"为战国晋系文字中新见字。陶文中后一字不识，"柰柰"为陶工私名。

四　君（尹）蔵

图四

1997年出土于中国银行新郑支行基建工地，标本编号97:中行T569H1777:10，残片系陶盆口沿(见图四),陶文刻划,阴文,旧未见著录,疑隶定为:君戠。

　　在目前公开发表的战国新郑陶文中,习见"君(尹)"姓陶文,樊温泉、张新俊提出:"很可能在当时的韩国首都,这一支尹姓家族是从事陶器制造而著名的"⑭,应该是合理的。

　　陶文中后一字不见于以往公布的战国文字材料中,从"亯"从"戈",疑隶定为"戠",是新见战国文字。

　　晋系文字中"亯"作🄰(《陶录》5·51·3)⑮。

五　君(尹)歆

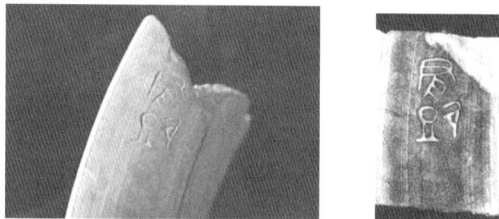

图五

　　1997年出土于中国银行新郑支行基建工地,标本编号为T523H1880:10,泥质灰陶,陶文刻画于陶盆口沿(见图五)。旧未见著录,释文为:君(尹)歆。系陶工姓名。

　　君姓常见于出土晋系陶文中。陶文中第二字是"歆",金文作:🄱(陈乐君歆瓶,《铭像》3343)。传抄古文有此字,作:🄲(海4·47)⑯。

　　《说文解字》卷五"丶"部:"啻(丕[啻]),相与语,唾而不受也。从丶、从否,否亦声。🄳(歆),啻或从豆、从欠。"《说文解字注》:"啻或从豆欠。欠者,口气也。豆者,声也。"

　　目前发表的战国文字中的"啻",仅见于秦系文字,作🄴(《云梦·封诊》91)⑰,并未见到"啻"之或体"歆"。陶文中的"歆"为战国文字新见字。

六　君(尹)虏(虢)

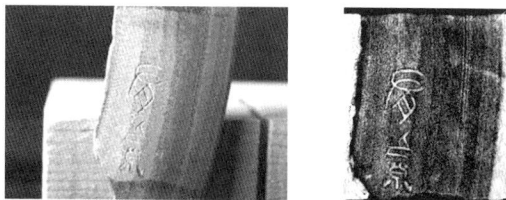

图六

1999年出土于新郑供销社基建工地,标本编号T230H891:127,泥质灰陶,残片系陶盆口沿(见图六),旧未见著录。尹虩即尹虢,是陶工私名。新郑出土晋系陶文中,屡见"尹"姓陶工。"虩(虢)"在目前战国文字材料中,仅出现在楚系文字中,作:

包山简整理者认为:包山简中"登虩"是人名[19]。陈伟武认为:"郭简以'虩'为'赫'(3·16),《字典》录有'虢'字,见于毛公鼎、秦公簋等,楚简'虩'为'虢'省。"[20]

新郑陶文中的"尹虩"是人名,"虩"字首次出现在晋系文字中,是"虢"的省写。

七　骩黯

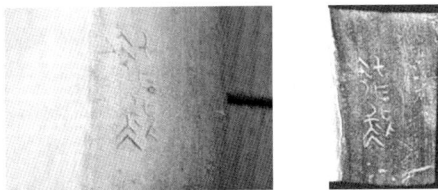

图七

1994年出土于新郑城市信用社94:T409H1331:5,泥质灰陶,陶文刻于陶盆口沿(见图七),旧未见著录。隶定为:骩黯。是陶工名字。

首字左旁从骨。右旁所从,与下图所示三晋玺印中第二字"活"所从的"舌"写法相同[21]:

陶文后一字残,疑从黑,"骨"声,其"黑"写法不同于常见的晋系文字,🔲(六年冢子戟刺,《铭像》17350),而与《清华简》中"黑"作🔲(《清华四·筮法》50)写法相同。

新郑出土陶文中有"骩脽""骩兑"[22],都是陶工名字。

附记:本文是2023年河南省兴文化工程文化研究专项项目(2023XWH291)、2023年国家语委基地项目(ZDI145-88)的阶段性成果。小文在写作过程中得到蔡全法、徐在国、施谢捷、张新俊、王凯博诸位先生的帮助,特此感谢!

(作者单位:广东技术师范大学文学与传媒学院)

注：

① 黄德宽、徐在国《上海博物馆藏战国楚竹书（一）·〈孔子诗论〉释文补正》，《安徽大学学报（哲学社会科学版）》2002年第2期。

② 〔明〕凌迪知《万姓统谱》第113页下，上海古籍出版社1994年。

③ 王恩田编著《陶文图录》第1741页，齐鲁书社2006年。

④ 汤志彪编著《三晋文字编》第1391页，作家出版社2013年。

⑤ 同注③第1733—1735页。

⑥⑮ 徐在国编著《新出古陶文图录》第442—445页，安徽大学出版社2018年。

⑦ 刘刚《新郑出土陶文考释二则》，《中国文字学报》第6辑第110—112页，商务印书馆2015年。

⑧⑭ 樊温泉、张新俊《新郑出土陶文撷英》，《战国文字研究》第3辑第98—108页，安徽大学出版社2021年。

⑨ 牛济普《新郑馆藏东周陶文试析》，《中原文物》1989年第2期。

⑩ 林沄《读包山楚简札记七则》，《江汉考古》1992年第4期。

⑪ 施谢捷《陕西出土秦陶文字丛释》，《考古与文物》1998年第2期。

⑫ 于省吾主编《甲骨文字诂林》第1063页，中华书局1999年。

⑬ 〔明〕张自烈撰，〔清〕廖文英编，董琨整理《正字通》第496页，中国工人出版社1996年。

⑯ 徐在国编《传抄古文字编》第502页，线装书局2006年。

⑰ 同注⑥第677页。

⑱ 徐在国、张振谦、程燕编著《战国文字字形表》第664页，上海古籍出版社2017年。

⑲ 湖北省荆沙铁路考古队编《包山楚简》第41页，文物出版社1991年。

⑳ 陈伟武《郭店楚简中〈汉语大字典〉所无之字》，《中国文字研究》第3辑第126页，广西教育出版社2002年。

㉑ 黄锦前、樊温泉《河南桐柏月河墓地出土玺印文字考释》，《古文字研究》第29辑第466—467页，中华书局2012年。

㉒ 河南省文物考古研究所编著《新郑郑国祭祀遗址》第583页，大象出版社2006年。刘刚《新郑出土陶文考释二则》，《中国文学学报》第6辑第110—111页，商务印书馆2015年。

古文字研究(35):674—678,2024

汉印文字考释二则

郑邦宏

一 释"榦"

《故宫博物院藏古玺选》(编号519)收录有如下一枚私印①:

目录所作释文为:贱臣臣章旒周民。《印典》收录了此印,释文则作:贱臣臣章－旒周囗②。"旒"(下用"△"代替)为字形隶定,末字或释为"民",或未释。季禾子则将末字释为"氏",释文补全作:贱臣臣章－△周氏,并有简要说明:"'△周','△'字不识,可能是复姓。"③季先生将末字释"氏",为是。

"△"字,《故宫博物院藏古玺选》《印典》以及季先生将其隶定为从㫃从禾,是十分准确的。不过,所从"㫃"左上方受右上方类化影响,两边上方都写成了"人"形,形体较为特殊,与一般的"㫃"写法不同。但是,这种写法的"㫃"在汉代文字中有见:

 礼器碑"族" 《汉铜印原》第128页"游"

字形相较,"族、游"所从"㫃"与"△"相同。

汉简中"榦"字草书有如下写法④:

 F01:026 F01:036

显然,草书中的"榦"所从"倝"形体有所省减,写成了"㫃"形。草书"倝"的这种省减,在"朝、乾"二字中也可见⑤:

 东143"朝" 武医60"乾"

我们将草书中"𦮴"的形体与"△"相比较,二者仅右下方从"木"与从"禾"之别。"木"与"禾"混用,汉代文字常见,如:

橘⑥：古封2068·封　　古封2070·封

秩⑦：T1:3　　T1:81

因此,我们认为"△"或当释为"𦮴",是印文对草书的直接转写。

敦煌汉简中原释作"幹偂"二字,裘锡圭改释为"𦮴偂",并指出⑧：

> 从简文文义看,"𦮴偂"显然是人名。"𦮴"是居延简和敦煌简中常见的姓氏。上引《敦煌汉简》1143、1144的"𦮴"字就是用作姓氏的。一般认为这种"𦮴"字应读为"韩",可信。

林岚、张再兴对秦汉出土文献记{韩}的用字作过考察,发现西汉中晚期至东汉简牍文献中,"𦮴"的使用频次最高,集中出现在文书类文献,且在表示姓氏{韩}中更多地用"𦮴"⑨。李洪财则认为,这种像"𦮴"的"韩",是汉代"韩"字的特殊写法⑩。从字形和用字习惯考虑,我们更倾向裘先生的意见。其字当释为"𦮴",而用作姓氏读为"韩"。

这样,若我们的释读可信,"𦮴周"则当如季禾子所言,应是复姓,"𦮴"读为"韩","𦮴周"即"𦮴(韩)周"⑪。关于汉印中的复姓问题,赵平安、吴良宝、石继承先后都作过考辨与统计⑫,但未见"𦮴(韩)周",可补复姓又一例。此私印,释文当作：贱臣臣章𦮴(韩)周氏。

北魏墓志有如下一字(下用"▲"代替)：

郭定兴墓志

辞例为：其根既深,其▲亦茂。就字形结构而言,"▲"与"△"相同,显然也当分析为从𣏟从禾。而事实上对"▲"的释读,诸家意见不一,且皆为直接释读,未有考证⑬。毛远明《汉魏六朝碑刻异体字典》则将"▲"置于"𦮴"字下⑭。段凯在梳理各家之说后,认为"▲"右下所从"禾"实为"木"之讹混,将"▲"隶定为"𣏟",并将其与李家浩所考释的战国货币文字、相联系⑮：

> 当即"𣏟"形之源。李家浩对此曾有精辟考释,认为此二形"显然应该隶定作'𣏟',从'木'从'𣏟',我们认为即'幹'(引者按：即'𦮴')字的简体。……因为'𣏟'从'𣏟'声,所以从'𣏟'之字可以写作从'𣏟'。"其说甚见卓识,此中古石刻字例即为其左证,正可呼应。"𣏟"即"𦮴"之古文简体,《异体字典》虽未解字形源流,但将其收入"𦮴"字之下则是很正确的。

若将"▲"释为"榦",参之辞例,"其根既深,其▲亦茂"即形容志主高门贵胄,流裔兴旺[16]。"▲"表{榦},文从字顺,应是不易之说,但段凯将"▲"与战国货币文字"榦"之简体相联系,则似乎不必。我们知道,战国文字"榦"所从"倝"省简写作"𠦟"形,并非常用字形,这种非常用字形为后世文字所继承,可能性应是较低的。因此,我们认为,"▲"应也是"榦"字草书形体的直接转写。

二 释"槽"

《十钟山房印举》(15b·55)收录有如下一枚私印[17]:

《印典》录有此印,释文作:朱棼[18]。李芸烨认为释"棼"(下用"〇"代替)之字为"菜"之误释,下部所从与汉隶中的"柔"相似[19]。

其实,"〇"字下部所从与"柔"并不相似,区别明显[20]:

 马·系辞3上　　 北大贰·老子19　　 西狭颂

因此,将"〇"释为"菜"也是可疑的,并不可信。

汉代文字中"槽"有一种特殊写法,裘锡圭对此曾有揭示[21]:

此简(宏仔按:《居甲》1399)"椟"上一字本作𦱂,实即见于上引《高帝纪》的"槽"字的简体。《急就篇》皇象章草本"槽"字作𦱂,马王堆帛书《五十二病方》"婴儿瘛"方"彗星"作"篲星"(《五十二病方》42页。《论集》编按:见《马王堆汉墓帛书〔肆〕》五十二病方图版53行,字作𦱂),可证。对"槽"字所从的"彗"稍加简化,并将"木"旁移至下方(《急就篇》草书槽字"木"旁省横画),即成此体。

刘乐贤也曾指出[22]:

"彗"作为偏旁使用时,其"又"形以上的部分即所谓"蛙"形往往可以写得较为简略。简略的途径主要是在上述常见写法(宏仔按:𦳢、𦳢)的基础上再省去下面的那两短横,因而所谓"蛙"形会演变为接近"竹"或"艹"的形状。

据此,刘先生解决了汉简中从"彗"省减之"雪"的字形问题[23]。于淼将这种现象称之为"合并同形构件"[24]。"槽"字这种现象也正可与"慧"字类比:

慧㉕：星13.12　问97.6

其实,这种将"彗"稍加简化的"槽",汉代文字中多见㉖：

星39.22　　T06:014B　　E.P.T59:23

悬泉汉简I91DXT0309③：237有一字作：

整理者依字形隶定作"槷"㉗。显然,其字也是将"彗"稍加简化的"槽",当释为"槽"。

"从上引资料看,在西汉时代,'槽'字'木'旁置于下方的写法显然是占统治地位的。"㉘唐写本《说文》木部残卷"槽"字也是将"木"置于下方㉙,正与汉代出土文字资料相同。"甚至连晚于《说文》传三国时期吴人皇象章草松江本《急就章》第廿四章的'槽',也写作'槷'。"㉚这种将所从"彗"稍加简化的"槽",与"○"相较,应是一字无疑,因此,"○"当释为"槽"。汉印应是对汉隶的直接转写。这样,此私印释文当作：朱槽。

汉印文字多有对隶书甚至草书、楷书的直接转写㉛。我们所释"榦"就是汉印摹写者对草书的直接转写,"槽"则是直接转写形体有所省减的隶书。因此,对这类文字的释读需更关注秦汉文字的特殊字形。

附记：本文为2023年国家社会科学基金西部项目"汉代砖铭整理与研究"（23XYY008）的阶段性成果。文章蒙魏宜辉、石小力、刘大雄等师友审阅,惠赐相关资料并提出修改意见,谨致谢忱!

看校补记：魏宜辉先生提示我,"贱臣臣章榦（韩）周氏"中的"章榦（韩）"可能是地名。附记于此。

（作者单位：西南大学文学院）

注：

① 罗福颐主编,故宫博物院古玺印编选组编《故宫博物院藏古玺选》第93页,文物出版社1982年。
② 康殷、任兆凤主辑《印典》第525页,中国友谊出版社2002年。
③ 季禾子《〈印典（一）〉秦汉玺印释文校释》第71页,南京大学2020年硕士学位论文。
④ 黄艳萍、张再兴编著《肩水金关汉简字形编》第866—867页,学苑出版社2018年。
⑤ 李洪财《汉代简牍草书整理与研究（下）》第345、758页,中国社会科学出版社2022年。
⑥ 赵平安、李婧、石小力编纂《秦汉印章封泥文字编》第448页,中西书局2019年。

⑦　同注⑤第363页。

⑧　裘锡圭《汉简中所见韩朋故事的新资料》,《裘锡圭学术文集》第2卷第322页,复旦大学出版社2012年。

⑨　林岚、张再兴统计的"䚔"包括"䚔、䶞、幹"三种异体。林岚、张再兴《秦汉出土文献记{韩}用字考察》,《中国文字研究》第34辑第75页,华东师范大学出版社2022年。

⑩　李洪财《汉简整理中有关音形相近字混用现象的处理问题》,《简帛》第24辑第158页,上海古籍出版社2022年。

⑪　学者或将"䚔"直接释为"韩"。如黄艳萍、张再兴编著《肩水金关汉简字形编》第866—867页;李洪财《汉代简牍草书整理与研究(下)》第277页。

⑫　赵平安《汉印复姓的考辨与统计》,《文史》1999年第3辑;又载氏著《秦西汉印章研究》第133—144页,上海古籍出版社2012年。吴良宝《〈汉印复姓的考辨与统计〉补正》,《文史》2002年第1辑;又载氏著《出土文献史地论集》第180—185页,中西书局2020年。石继承《〈汉印复姓的考辨与统计〉三补》,《文史》2015年第4辑。

⑬⑮⑯　段凯《北朝碑刻隶定古文两札》,《西泠艺丛》2022年第8期(总第92期)。

⑭　毛远明《汉魏六朝碑刻异体字典》第255页,中华书局2014年。

⑰　〔清〕陈介祺编《十钟山房印举》,北京市中国书店1985年。

⑱　同注②第1076页。

⑲　李芸烨《〈印典(二)〉(秦汉玺印)释文校释》第77页,南京大学2021年硕士学位论文。

⑳　于淼编著《汉代隶书异体字表》第423页,中西书局2021年。

㉑㉘　裘锡圭《汉简零拾》,《裘锡圭学术文集》第2卷第53页。

㉒　刘乐贤《谈汉简中的"雪"字》,《古文字研究》第32辑第524页,中华书局2018年。

㉓　同上注第525页。

㉔　于淼《汉代隶书异体字表与相关问题研究(下编)》第58页,吉林大学2015年博士学位论文。

㉕　刘钊主编《马王堆汉墓简帛文字全编》第1127页,中华书局2020年。

㉖　第一字形取自刘钊主编《马王堆汉墓简帛文字全编》第657页;第二字形取自黄艳萍、张再兴编著《肩水金关汉简字形编》第923页;第三字形取自白海燕《居延新简文字编》第402页,吉林大学2014年博士学位论文。

㉗　甘肃简牍博物馆等编《悬泉汉简(贰)》第394页,中西书局2020年。

㉙　裘锡圭《汉简零拾》,《裘锡圭学术文集》第2卷第53页;李家浩《唐写本〈说文〉木部残卷真伪研究》,《古文字与古代史》第5辑第468页,史语所2017年。

㉚　李家浩《唐写本〈说文〉木部残卷真伪研究》,《古文字与古代史》第5辑第468页。

㉛　石继承《汉印文字研究》第47页,上海古籍出版社2021年。

古文字研究(35):679—683,2024

古文字中与头发有关的几组"疑难字"

肖　攀

古文字中有一些基础常见字,构形并不复杂,记录的音义也很明确。但在分析这些字的构形和理据时,似乎总有一些不够全面、不够透彻之处。严格来讲,这些形音义明确、但理据分析不够朗切的字形,也属于古文字中的"疑难字"。面对这些简明的疑难字,应该如何对其加以分析和阐释,以得到较为"科学可信"的认识,是一个避不开的问题。

古文字中的构字部件,有些并不包含在《说文》部首之中;有些虽与《说文》部首看上去类似或相同,但其来源和理据完全不同;有些则是《说文》对部首的分析和说解有误。林沄指出:"先秦古文字中实际存在过的偏旁,在发展到小篆阶段时,已有不少被淘汰掉了。因此,研究古文字字形时,还会遇到很多《说文》里找不出来的偏旁。"① 我们在使用"偏旁分析法"分析和考释古文字时,往往习惯依赖《说文》540部首,对《说文》部首以外的"非标准化部件"有时缺乏足够的重视,对相关古文字构形的理解不透彻,导致"疑难字"的产生。

古文字构形有其独特的自洽性、一致性和系统性。着眼古文字构形的系统性,把握构字部件构字功能的一致性,在古文字构形系统的自洽体系中对一些"非标准化部件"展开全面调查和细致分析,有助于解决一些疑难字和疑难问题。以下,我们对古文字中与"头发"相关的几组字再作梳理,分析其字形中包含的非标准化的疑难部件,尝试锁定个别疑难部件的构形功能或缩小一些疑难问题讨论的范围,不足之处,请大家指正。

一　"若、妻、鬥、老"等字中的"蓬乱头发"

古文字"若、妻、老、鬥"等字中皆包含"屮"形,该"屮"形表意"头发蓬乱",与《说文》象草木的"屮"来源不同。以下略举字例加以分析②。

"若"字初文作 (《合》③21128)、(《合》818)、(《集成》④2837大盂鼎)、(《集成》2838智鼎),学者或以为"象人跪跽,披头散发,双手上举,顺服之状"⑤,或认为"像人跪跽用双手理发使顺形"⑥。《说文》:"若(),择菜也。从艸、右。右,手也。一曰杜若,香艸。"《说文》小篆 形与出土秦文字 (《睡虎地》24·27)⑦写法一致,上部艸形应是"屮"的繁构,楚文字中可以看到这种繁构产生的过程:(《信》1·05)、(《包山》70)⑧;"又"旁大概由上举的双手等形省略而来。也有学者怀疑"秦汉文字的'若'和甲骨文、金文、战国文字是不同的来源"⑨。《说文》据小篆分析字形,认为若字从艸,与"若"字初文情况不符。古文字涉及"被逮捕"或"使顺服"类文字的构形,往往包含一只外加的手形——"又"旁,表示为外来的强力所捕获或屈服,如"奚、及、报、妻"等,大家十分熟悉,例多不举。"若"字在文献中记录的词语大多是较美好柔和的词义,其构形还以分析为"跪踞用双手理发使顺形"较宜。

"妻"字初文作 (《合》686)、 (《集成》9811冉父丁罍)等形,学者或以为"象妇女以手束发,可为人妻"⑩,或以为"从又,持女发,会夺女(抢亲)为妻之意"⑪。《说文》:"妻( ),妇与夫齐者也。从女,从屮,从又。又,持事,妻职也。"将"妻"字上部像头发的"屮"形误解为像草木齐整。如前所述,"妻"字构形与古文字"奚、及、报"等可相参照,应与战争劫掠或抢亲等暴力行为有关,不宜简单分析为"以手束发,可为人妻"。

"鬥"字初文作 (《合》14584)、 (《合》152正),《说文》:"鬥( ),两士相对,兵杖在后,象鬥之形。"罗振玉指出:"卜辞诸字,皆象二人相搏,无兵杖也,盖许君误以人形之 为兵杖欤?"⑫字形中二人相搏,其上"屮"形显然象征搏斗时头发蓬乱的状态。

"老"字初文作 (《合》21054),像佝背老者倚杖之形,其上部"屮"形应该也是头发蓬乱的样子。"老"字上部"屮"形或写作"毛" (《合》19412)、 (《新收》⑬NA1958夹簋),表意功能一致,《说文》小篆 即本自此形。《说文》:"老( ),七十曰老。从人、毛、匕。言须发变白也。""匕"是老者所持之杖的变形,《说文》据形将其释为卷八变化之匕,训为须发变白,与实际不符。"老"字上部发形还有更加杂乱的写法,如 (《合》23708)、 (《合》23715),旨在突出老者头发的犒乱。

《说文》"屮"部:" ,艸木初生也。象丨出形,有枝茎也。古文或以为艸字。读若彻。""木"部:" ,冒也,冒地而生。东方之行。从屮,下象其根。"《说文》对于屮、木两个部首的构形分析主要依据小篆形体,认为屮( )是木( )的上半部分,丨形象主干,U形象向上生长的枝茎,木下部倒写的"屮"形则象草木之根。草木之蓬生与头发之蓬乱,抽象在线条化的表意形体上,具有很强的相似性。甲骨文"艸"字或"艸"旁作 (《合》15396反)、 (《合》6708)、 (《合》6543)、 (《合》25371),其上部"屮"旁与表"头发蓬乱"的"屮"形几无差别,但来源完全不同。

二　"母、姬、奸"等字中"被梳理好的头发";　　　　"髟"字中"被风吹起的头发"

古文字中还有一类形体,可能与上述"若、妻、老、鬥"等字"屮"形表意"头发蓬乱"相反,表示头发已被梳理好或头发的状态较为飘顺。

"母"字上部除从"屮"作 (《合》33394)外,还有 (《合》19971)、 (《合》27925)类写法,与"姬"字的情况较为类似。"姬"一般写作 (《合》33291)、 (《合》38725)类形体,女形上部与"屮"形有别或不从"屮"形。叶玉森在分析相关形体时认为："Ⴑ象发蓬乱,故须手理使顺,⊼象发分披,上且加笄形饰物,如丅为已顺之象,当含顺意。"⑭"姬"字所从"臣"旁,于省吾"以古文字古器物证之,知臣本象梳比之形"⑮。大概"母、姬"无须表意头发蓬乱,甚至意在表达头发被梳理好的成年女性,故多不从"屮"形,或将"屮"形加以变化,以与构意相符。古文字"妍"字作 (《合》32168)、 (《合》28273)、 (《合》30459)、 (《合》3274)等,"象簪在人头形"⑯,"女"形上部用一竖笔或束圈状代表梳理好的头发,然后以簪固定并装饰,大致可与"母、姬"字形相互印证。

甲骨文"髟"字作 (《合》4559反)、 (《合》766正),过去在讨论甲骨文南方风名 (《合》14294)等字时或将其释为"長"或"微",林沄将其改释为"髟"⑰,读为"飘",并引《诗经》"飘风自南"和"南山烈烈,飘风发发"等为证,认为甲骨辞例可读为"南风谓之飘风"。林先生的改释方案音义密合,且有大量古书例证,得到学界认同。林先生指出其字形象"披长发的人形",但对其前伸的手形未做说解。今按,林先生已指出飘风可"泛指一切骤起的大风"⑱:

> "飘风据古注有三义。一为狂风,如《诗经·何人斯》'其为飘风',毛传:'飘风,暴起之风。'《老子》'飘风不终朝'注:'飘风,疾风也。'二为旋风……三为自下而上之风……这三方面的特征并不互相排斥,龙卷风就三者兼备……飘风并非单指龙卷风,可泛指一切骤起的大风。这类风在中原地区常集中发生于夏季,故用以配南方,是合宜的。"

遇到骤起的大风时,头发被猛烈吹起,我们会下意识地抬手护眼遮挡风尘,这是大家常有的生活体验。"髟"字初文置手形于身体前方,正是表示风大抬手遮挡之意,字形刻画得十分传神。"妻"字有作 (《怀》808)、 (《合》34085)形者,上部写法与前述"屮"形有所不同,与"髟"字上部写法较为类似,可能是对女性被捕掠时奋力奔逃导致头发飘散的一种强调。

三 "長"字中的"长发"

《说文》:"長( ),久远也。从兀、从匕。兀者,高远意也,久则变化。亡声,𠤎者,倒亡也。 ,古文長。 ,亦古文長。"

"長"字甲骨文作 (《合》27641)、 (《合》28195),字形下部写法与"老"字下部全同,上部作两折笔。金文"長"字在西周以前的写法和甲文基本一致,偶尔省略下部老人所持"杖"形: (《集成》1968寰长方鼎)、 (《集成》2348作长鼎)、 (《集成》4237臣谏簋)、 (《集成》10175史墙盘)。 形下部之"杖"近似"卜"形,这种写法到春秋战国时期变得更加多见,如: (《集成》4625长子口臣簠)、 (《集成》11061车大夫长画戈),最终变为《说文》小篆( )中的"匕"。

战国简帛"長"字主要有两点变化:(1)下部老人手持杖形省简为人形: (《包山》54)、

兵（《信阳》2·019）、兵（《上博一·孔》26）；（2）字形上部折画变形或累增为三折：兵（《包山》216）、兵（《郭店·老甲》37）、兵（《包山》271）、兵（《包山》273）。秦文字中能够看到"長"字隶变的完整过程：長（十二年上郡守寿戈）、長（□□年上郡守戈）、長（《天简》33·乙）、長（《天简》26·乙）、長（《睡虎地·答问》208）。

分析"長"字构形，难点在于上部折笔的解释。《说文》所说"倒亡"是据小篆及战国古文曲解，显然不确。目前学界主流观点，还是怀疑其上部折笔为"长发"的变形："象人发长兒，引申为长久之义。長部隶或从髟，即长为发长之明证。"[19]董莲池总结其象"人披发扶杖，颇似年长之人，故亦可能是以此表示年长之'長'，引申而为长久之'長'"[20]。不过，从字形上看，"長"上部折笔的确不太像头发，与古文字中表头发的常见形体差异也较大。因此，有学者明确质疑"長"字上部"并不象头发，待考"[21]。

"長"字上部写法与古文字"斤"字变体写法斤（《集成》4020天君簋）、斤（《集成》11049仕斤徒戈）、斤（《货系》4184）较为类似，容易引人遐想。可惜的是这种相似仅限于形体，于构字理据和读音上联系都不大。"斤"字初文作斤（《合》21954）和"新"字所从如斤（《集成》2595臣卿簋）、斤（《集成》5987臣卫父辛尊）、斤（《集成》10885新邑戈）等形，象"斧斤"之形，而"長"上部写法与此有显著区别，从无类似者。因此，将"長"字上部折笔与"斤"联系起来并不合适。

"長"与"老"构形相似，义场相近，古人造字"远取诸物、近取诸身"，不致于太过迂曲复杂。"長"与"老"可能确为一形分化，年老德高望重者即"長老"，年老者年岁"悠长"，在"老"的基础上稍作变形突出其"长发"分化出"長"，与古人生活实际、思想观念和语言情况等皆密合，是符合一般逻辑的。

"長"字上部用折笔线条表示"长发"类物象的方式，在古文字中的确少见，但并非毫无旁例。古文字"中"作中（《合》5804）、中（《合》7369）、中（《怀》1384）、中（《合》29791），"祇"作祇（《合》18801）、祇（《合》18801）、祇（《合》29365），金文"事"字有作事（《集成》3904小子𨙹簋）、事（《集成》2612𤼈方鼎）、事（《集成》4313师㝨簋）形，象征随风飘动的细长旗帜飘带皆用折笔线条写就。长发修长可随风飘摇，与旗帜飘带随风飘动意象一致。在古音方面，"中"古音端母冬部，"長（年长）"端母阳部，二字同声、韵可转通。"長"字又有作長（《集成》9455長凶盂）者，似于下部人形借笔增加音符"中"（也可能仅是饰笔）？这些信息似乎都在暗示"長"字上部折笔与古文字中象旗帜飘带的折笔之间的密切关系。

前举战国秦文字長（《天简》33·乙）、楚文字兵（《包山》271）类写法，将字形上部两折累增为三折，也许透露出一种重要信息：战国时人们尚知其理据本象长发，故将其增繁写成与"髟"上部发形近似；但出于字形间相互区别的需要，又不能写得完全相同，仍要一定程度上保持旧有的区别特征。

附记：本文是国家社科基金项目"楚文字构形分析与疑难字考释"（18CYY034）的阶段性成果，也是吉林省教育厅社科项目"基于系统释字法的古文字疑难字选释"（JJKH20241234SK）的成果之一。

（作者单位：吉林大学文学院）

注：

① 林沄《古文字学简论》第75页，中华书局2012年。

② 本文所引甲骨文和金文字例，若无特殊说明，均出自刘钊主编《新甲骨文编（增订本）》，福建人民出版社2014年；董莲池编著《新金文编》，作家出版社2011年。

③ 郭沫若主编，中国社会科学院历史研究所编《甲骨文合集》，中华书局1982年。后略不注。

④ 中国社会科学院考古研究所编《殷周金文集成（修订增补本）》，中华书局2007年。后略不注。

⑤⑨　季旭升《说文新证》第67页，福建人民出版社2010年。

⑥ 董莲池《说文解字考正》第32页，作家出版社2005年。

⑦ 本文所引秦文字字例，均出自王辉主编《秦文字编》，中华书局2015年。

⑧ 本文所引楚文字字例，均出自李守奎编著《楚文字编》，东北师范大学出版社2003年。

⑩ 李孝定编述《甲骨文字集释》第3601页，史语所专刊1965年。

⑪ 何琳仪《战国古文字典——战国文字声系》第1266页，中华书局1998年。

⑫ 罗振玉《增订殷墟书契考释·中》第62页下，朝华出版社2018年。

⑬ 钟柏生等编《新收殷周青铜器铭文暨器影汇编》，艺文印书馆2006年。

⑭ 于省吾主编《甲骨文字诂林》第457页，中华书局1996年。

⑮ 于省吾《甲骨文字释林》第66—67页，商务印书馆2010年。

⑯ 同注⑭第460页。

⑰ 林沄《说飘风》，载《于省吾教授百年诞辰纪念文集》，吉林大学出版社1996年；后收入《林沄学术文集（一）》第30—34页，中国大百科全书出版社1998年。

⑱ 同注⑰第32页。

⑲ 同注⑩第2967页。

⑳ 同注⑥第376页。

㉑ 同注⑤第757页。

古文字研究（35）：684—689,2024

齐陶文所见人名"墮不鸁"及相关问题考述

徐俊刚

《新出齐陶文图录》著录了一批山东新泰出土的战国时期齐国陶文,其中出现如下一例人名(见图一、图二)①:

图一 《新出》208　　　　　图二 《新出》209　　　　　图三 《新出》291

卫松涛将该陶文释为"墮鸁,亳"②。所谓"亳"字,张振谦指出应是"不",该人名当释为"墮不鸁",齐系文字中的人名带有"不"字的习见③。该人名又见于同书"沂水陶文3"(见图三),第二字正作"不"④,可证 𡥂 字释"不"可信,人名释作"墮不鸁"可从。从文例上看,虽然上述几件陶文仅记人名,但应该也属于齐陶文常见的"立事者"的范畴。目前古文字材料所见齐国"立事者",除"国差""公孙竈"外,都为陈氏,据统计已有二十余人⑤,部分已经学界考辨,如董珊认为见于陈章壶和齐陶文的"陈得"就是孟尝君田文⑥;张振谦认为"陈怛""陈中山"就是田单⑦;徐在国认为"陈贺"就是田齐太公田和、"陈宴""陈安"就是靖郭君田婴,等等⑧。人名"墮不鸁"尚不见于其他齐系文字材料,为研究齐国"立事者"及相关问题提供了新素材。

徐在国将"墮不鸁"读为"陈无宇",他认为,不、无二字古通,鸁是一个二声字,虍、鱼均是声旁,上古音宇属匣纽鱼部,虍属晓纽鱼部,鱼属疑纽鱼部,音同声近,鸁可读为宇,并怀疑这就是见于《左传》《史记》等古书的田桓子陈无宇。虽然陈无宇生活年代处于春秋晚期,与齐陶文年代不甚相合,但战国时代的陶文中存在春秋晚期的陶文也不是没有可能⑨。这一观点极具启发,但仍有继续讨论的余地,"不鸁"读为"无宇"还可商榷。

首先,"不"与"无"相通有障碍。查检上古音,"不"是帮纽之部字,"无"是明纽鱼部字,之部字与鱼部字确实有相通的情况,然而问题在于声纽——帮、明虽然都是唇音,但实际上一是塞音,一是鼻音,相通假的情况并不多⑩。从战国文字材料所见通假字的总体状况来看,也确实如此,至今未见到"不"与"无"相通假的实例⑪,而有"母"与"无"相通假,如:

　　【晋】温县盟书(WT1·K2:159):俾母(无)有胄后⑫

　　【秦】新郪虎符(《集成》12108):燔燧事,虽母(无)会符,行殴

这里"母"是明纽之部字,后来分化出"毋"(明纽鱼部),专门表示否定、没有之义。事实上,从战国文字的用字习惯来看,通常是以"亡"通假为"无",广泛见于秦之外的六国文字,如:

　　【赵】《货系》2460:亡(无)终

　　【魏】二十七年大梁司寇鼎(《集成》2609、2610):大梁司寇赵亡(无)智铸

　　【中山】中山王方壶(《集成》9735):曾亡(无)一夫之救

　　【齐】无盐戈(《集成》10975):亡(无)盐右

　　【楚】《郭店》老子甲11:是以圣人亡(无)为故亡(无)败;亡(无)执故亡(无)失

　　【越】越王诸稽於赐钟(《集成》144):顺余子孙,万世亡(无)疆,用之勿丧

尤为值得注意的是,作为人名用字,六国文字中"无"也往往作"亡",除上引魏大梁司寇鼎"赵亡(无)智"外,还有:

　　【晋】《玺汇》855:张亡(无)忌

　　　　《玺汇》1064:赵亡(无)斁

　　　　《玺汇》1628:郑亡(无)畏

　　【齐】《玺汇》615:王亡(无)戚

　　　　《玺汇》3666:尚亡(无)斁

"亡"是明纽阳部字,与"无"声纽相同,韵部阳、鱼对转。可见,在表示否定、没有这一意义上,与"无"相通诸字都是明纽。与之相呼应的,虽然秦汉之后全都作"无"或"毋",但传世古书中仍存留有人名用字"无"作"亡"的情况,如《左传》昭公七年的"申无宇"、昭公十五年的"费无极",《汉书·古今人表》分别作"申亡宇""费亡极",可知《古今人表》所据的资料来源一定有六国文本。战国私玺中也有大量"不"作为人名用字的情况,这些"不"与"无"并不混用,如:

　　【晋】《玺汇》2040:郵不忤

　　　　《玺汇》2791:尹不逊

　　　　《玺汇》4005:丌母不敬

　　【燕】《玺汇》864:张不敬

　　【齐】《玺汇》243:繶不虑鈢

　　　　《玺汇》266:公石不夏鈢

　　通过上述例子可以确认，在战国文字的通假用字习惯中，"亡"与"无"是惯常通用的一组通假字，而"不"与"无"则不是。虽然《古字通假会典》汇集了大量传世古书中"不、无"互为异文的情况⑬，但这类通用可能属于在否定、没有意义上的同义换读，有文献传抄转写的因素在内，而非音近通假。

　　其次，"虗"与"宇"虽有相通之可能，但并不绝对。"虗"是从虍从鱼的双声字，战国文字中主要用作表示第一人称代词的"吾"⑭，目前尚不见"虗"直接读为"宇"或其他于声字的情况。"宇"字最早见于西周文字材料，如：

　　　　史墙盘(《集成》10175)：井帅宇诲

　　　　胡簋(《集成》4317)：宇慕远猷

这里"宇"均读为"訏"，《诗经·大雅·抑》"訏谟定命"，毛传："訏，大。"而"宇"字另有从"禹"声的写法，与其《说文》籀文一致，如：

　　　　五祀卫鼎(《集成》2832)：迺舍寓(宇)于乓邑

　　　　癲钟(《集成》252)：武王则令周公舍寓(宇)以五十颂处

　　　　史墙盘(《集成》10175)：武王则令周公舍圓(宇)于周

在战国文字中则径以"于"声字通假，如：

　　　　中山胤嗣𤣠盗壶(《集成》9734)：率师征郾，大启邦洿(宇)

"洿"原形作𣴘，疑即"汙"字异体而增"口"为繁饰，读为"宇"。综上可见，从用字习惯来看，"宇"更可能写作一个禹声字或于声字，而未必会以"虗"来通假。

　　再次，从新泰陶文的年代来看，也较难与陈无宇密合。孙敬明将齐陶文划分为四期⑮：

　　第一期：春秋晚期，齐灵公元年(前581年)——齐平公五年(前476年)。这一期陶文印面布局力求和协、匀称；铭辞格式方面，官营陶文多为"王卒左(右)轨某里某"，私营陶文则为"某(邑)某里曰某"，或省却"曰"字，有的还作"某邑某""某里某"或"某"。

　　第二期：战国早期，齐平公六年(前475年)——齐康公元年(前404年)。这一期陶文印面布局形式多样，约有方、长方、圆、椭圆、凸、凹、△等7种。铭辞较简洁，一期之"某(邑)某里曰某"的句式多省简了"曰"字，而"某(邑)某里人某"则是此期新出现的形式。

　　第三期：战国中期，田齐太公元年(前404年)——田齐宣王十九年(前301年)。这一期陶文印面布局与二期相似，印文均较清晰；铭辞格式与二期相似，有的更为简洁。

　　第四期：战国晚期，田齐闵王元年(前300年)——田齐王建末年(秦统一·前221年)。这一期陶文印面布局规整，尤其官营作坊的陶器上文印多作长方形，周有边栏，内之字行间亦加界划，文字多纵行，读序由上而下、自右及左。铭辞简洁，"立事岁"等纪年铭文常有简省。

　　张振谦认为新泰陶文应属于第四期⑯。总体来看，新泰陶文符合第四期齐陶文的特征，张说应可信。第四期相当于战国晚期，然而这一时期距离陈无宇生活的时代已相隔两百余年，陈无宇"立事"的陶文不与战国前期的陶文同出，而与战国后期的陶文同出，是颇有疑问的。陈无宇历仕齐灵公、齐庄公、齐景公三代齐侯，深受齐庄公的宠信。齐景公时，他施惠于民，使民归陈氏，并联合栾、高、鲍三家攻伐庆氏。但其"立事"的陶文所见极少，目前仅仅四件[17]，特别是不见于数量最多的临淄陶文，与其身份地位及影响力并不相当，反观"陈得"等"立事"的陶文则大量存在。齐文字资料所见"立事者"并不一定都是如"国差""公孙竈"这样见于史书的"名人"。董珊指出，齐国"立事"者，有的地位甚高，有的则是作具体临视事务的中层官吏[18]。"墜不𤈭"虽亦是陈氏，但未必一定是载诸史册的身份显赫之人。

　　鉴于以上缘由，将"墜不𤈭"等同于田桓子陈无宇还需要谨慎。从战国文字的用字习惯出发，"不"不必破读为"无"，而"𤈭"或可读作"虞"，"墜不𤈭"可读作"陈不虞"。

　　"𤈭"字从虍、鱼双声，"虞"字则从虍、吴双声，吴字亦是疑纽鱼部，与鱼字同音，故"𤈭""虞"两字古音实同，且有通假的例证，如旧释为"泸州"的上海博物馆所藏的楚国二合玺，刘洪涛指出印文不是二字，而只有一字，应释为"𤈭"，读为"虞"，是掌管山泽之官[19]。战国文字中"吾、吴、虞"诸字常互通[20]，亦可作"𤈭、虞"关系的旁证。战国秦汉有以"不虞"为名的实例，如：

　　【秦】《盛续贰》102：龙不虞

　　《史记·卫将军骠骑列传》：校尉李朔，校尉赵不虞，校尉公孙戎奴，各三从大将军获王，以千三百户封朔为涉轵侯，以千三百户封不虞为随成侯，以千三百户封戎奴为从平侯。

可见，"不虞"可径作为人名使用，不必破读。"不虞"为古之成语，数见于古书中，且含义不一。或训为"意料不到"或"意料不到的事"，如《诗经·大雅·抑》："质尔人民，谨尔侯度，用戒不虞。"《孟子·离娄上》："有不虞之誉，有求全之毁。"《国语·周语中》："昔我先王之有天下也，规方千里，以为甸服，以供上帝山川百神之祀，以备百姓兆民之用，以待不庭、不虞之患。"或训为"不忧虑"，如《仪礼·士昏礼》："惟是三族之不虞，使某也请吉日。"《大戴礼记·文王官人》："营之以物而不虞，犯之以卒而不惧，置义而不可迁，临之以货色而不可营，曰絜廉而果敢者也。"人名"不虞"疑当取义自"不忧虑"。"不虞"即"不忧""无忧"，王引之《经义述闻·仪礼·二族之不虞》说："不，无也；虞，忧也。"忧与虞亦常连言，如《左传·哀公五年》："二三子间于忧虞，则有疾疢。"

　　战国秦汉人名常有与"忧"相关者，如施谢捷《虚无有斋摹辑汉印》中收有樊亡忧（594）、冯解忧（678）、梁毋忧（1397）、朱泽忧（3595）等[21]，其中"亡忧""毋忧"即与"不虞"同义，"泽忧"疑当读为"释忧"[22]，与"解忧"同义，都表达了古人没有忧烦、解除忧烦的希冀。

　　田桓子陈无宇之"无宇"是否有读为"无虞"、取"无忧"寓意的可能，也是值得思考的问题。从目前所见通假资料来看，古文字材料中有"于"读为"虞"的例子，如：

　　朼氏壶（《集成》9715）：朼氏福及，岁贤鲜于（虞）

"鲜于"即"鲜虞",《左传·昭公十二年》:"晋荀吴伪会齐师者,假道于鲜虞,遂入昔阳。"《国语·郑语》"北有卫、燕、翟、鲜虞、路、洛、泉、徐、蒲",韦昭注:"鲜虞,姬姓在翟者。"反过来,"虞"也有与于声字相通的可能,如《诅楚文》中"淫失甚乱,宣奓竞虞"一句,所谓"虞"字作,初不识,李守奎指出该字当读为"华",陈剑指出该字是"虞"之古文㉓,战国文字"华"即从"于"声。因此,"无宇"读为"无虞"也有理论上的可能。不过,先秦名"无宇"者,非止陈无宇一人,《左传》中尚有楚芋尹申无宇(《古今人表》作"申亡宇"),《战国策·楚语》有范无宇,可见"无宇"在先秦也是一个常被使用的名字,应有其自己的含义。

今按,《说文》宀部:"宇,屋边也。"段玉裁注:"凡边谓之宇。天地四方为宇,四方上下为宇。"《诗经·豳风·七月》"八月在宇",陆德明释文:"屋四垂为宇。"《左传·昭公四年》"失其守宇",杜预注:"于国则四垂为宇。"可知"宇"之本义是房屋的四边,后引申为所有事物的边际。由此,"无宇"应该就是"无边"之义。古时多见以"无边"为寓意的人名,如《史记·越王勾践列传》有越王无疆、《左传》有费无极(《古今人表》作"费亡极"),等等。这里"疆""极"与"宇"相同,均有边际、终极、尽头之义。由此,"无宇"本义即"无边",与"不虞"不是一回事,"宇"也不能读为"虞"。此外,林氏壶铭文中还有"虞(吾)以为弄壶""虞(吾)以宴饮"诸语,是"于"与"虞"同出,亦可证明二者不会通假混用。

综上所述,齐陶文"墜不虞"读"陈不虞"较读"陈无宇"为优。"不虞"取"无忧"之寓意,"无宇"则可能取"无边"之寓意,二者恐非一事。从战国通假字的用字习惯上看,"虞"与"虞"可以看作一组惯用的通假字。三晋方足小布有币文"虞阳"(《货系》1958—1978),于省吾读为渔阳㉔,吴荣曾读为虞阳,即虞城㉕,何琳仪读为鲁阳㉖。吴良宝认为从该布币的出土地来看,集中于魏国领土的山西西南部,因此"虞城说"可靠性较大㉗。今已知"虞"与"虞"是一组惯用的通假字,或可为"虞阳"读为"虞阳"增添一个证据。

附记:本文是教育部人文社会科学研究青年基金项目"中国东周时期青铜兵器铭文整理与研究"(22YJC770027)的阶段性成果;同时得到中山大学高校基本科研业务费青年教师团队项目"日藏古写经《大般涅槃经集解》七十一卷本的文献学研究"(2023qntd69)的资助,谨此致谢。

引书简称:《集成》——中国社会科学院考古研究所编《殷周金文集成(修订增补本)》,中华书局2007年;《玺汇》——故宫博物院编,罗福颐主编《古玺汇编》,文物出版社1981年;《货系》——汪庆正主编,马承源审校《中国历代货币大系·先秦货币》,上海人民出版社1988年;《盛续贰》——吴砚君主编《盛世玺印录·续贰》,文化艺术出版社2017年;《郭店》——武汉大学简帛研究中心、荆门市博物馆编《楚地出土战国简册合集(一):郭店楚墓竹书》,文物出版社2011年。

(作者单位:中山大学中国语言文学系[珠海])

注：

① 徐在国编著《新出齐陶文图录》第 2 册第 259—260 页，学苑出版社 2014 年。本文简称《新出》。

② 卫松涛《新泰出土陶文及相关问题研究》第 21 页，山东大学 2006 年硕士学位论文。

③ 张振谦《新泰陶文考》，《河北大学学报（哲学社会科学版）》2010 年第 4 期第 17—18 页。

④ 同注 ① 第 365 页。

⑤ 孙刚《读〈夕惕藏陶〉〈步黟堂藏战国陶文遗珍〉所录战国齐陶文札记》第 269—275 页，《古文字研究》第 31 辑，中华书局 2016 年。

⑥ 董珊《战国题铭与工官制度》第 174—175 页，北京大学 2002 年博士学位论文。

⑦ 张振谦《新泰陶文陈恒考》，《中国文字学报》第 3 辑 120—121 页，商务印书馆 2010 年。

⑧ 徐在国《谈齐陶文中的"陈贺"》，《安徽大学学报（哲学社会科学版）》2013 年第 1 期 63—67 页。

⑨ 同上注第 65—66 页。

⑩ 国一姝《基于通假字的上古声母研究》第 15—16、166 页，首都师范大学 2007 年博士学位论文。

⑪ 参见白于蓝编著《简帛古书通假字大系》，福建人民出版社 2017 年；徐俊刚《非简帛类战国文字通假材料的整理与研究》，吉林大学 2018 年博士学位论文。

⑫ 为行文方便，本文援引释文除对与"无"字相关的字括注外，其他通假字、异体字均直接释以正字。

⑬ 高亨纂著，董治安整理《古字通假会典》第 433 页，齐鲁书社 1989 年。

⑭ 参见徐俊刚《非简帛类战国文字通假材料的整理与研究》第 137 页。

⑮ 孙敬明《齐陶文分期刍议》，《古文字研究》第 19 辑第 322—349 页，中华书局 1992 年；收入孙敬明《考古发现与齐史类征》第 19—35 页，齐鲁书社 2006 年。

⑯ 同注 ③ 第 19 页。

⑰ 《新出齐陶文图录》所录记有"墬不盧"的陶文，除本文前引三件外，还有一件"陈□盧"（编号 228），第二字残缺，从辞例看很可能也是"墬不盧"。见《新出齐陶文图录》第 2 册第 279 页。

⑱ 同注 ⑥ 第 174—175 页。

⑲ 刘洪涛《上海博物馆藏楚二合"虞"官印考释》，《文史》2016 年第 2 辑第 269—272 页。

⑳ 参见徐俊刚《非简帛类战国文字通假材料的整理与研究》第 139—140 页。

㉑ 施谢捷《虚无有斋摹辑汉印》，艺文书院 2014 年。

㉒ 《玺汇》1858 有人名"事翠痛"，"翠"当读为"释"，"痛"或读为"忧"。若此说不误，则"释忧"之名自先秦已有之。

㉓ 李守奎最先据《清华五·汤处于汤丘》简 16"服不[字]文"，[字]当读为"华"，提出诅楚文中[字]亦应改释为"华"。陈剑认为该字即"虞"之古文。参见陈剑《据〈清华简（伍）〉的"古文虞"字说毛公鼎和殷墟甲骨文的有关诸字》，《古文字与古代史》第 5 辑第 261—286 页，史语所 2017 年。

㉔ 于省吾《双剑誃古文杂释》，《双剑誃殷契骈枝 双剑誃殷契骈枝续编 双剑誃殷契骈枝三编附古文杂释》第 339 页，中华书局 2009 年。

㉕ 曾庸《若干战国布钱地名之辨释》，《考古》1980 年第 1 期第 85—86 页。

㉖ 何琳仪《三晋方足布汇释》，《古币丛考（增订本）》第 212 页，安徽大学出版社 2002 年。

㉗ 吴良宝《中国东周时期金属货币研究》第 189 页，社会科学文献出版社 2005 年。

古文字研究(35):690—694,2024

河南省胡集战国墓出土文字考

董　越　　焦华中

2022年11月中旬河南省周口市文物考古所在郸城县胡集战国墓里出土了两件有字文物:M40墓出土了一枚玉印(图一),M13墓出土了一个陶罐(图二)。玉印的材质为和田玉,带有血沁;形如覆斗,桥形钮,正方体印台;边长2、厚1.5厘米。印面有三个字的阴刻印文,印文有界格,从文字风格看,为战国古玺印。陶罐体型较大,圆腹短颈,口沿外折,腹部有刻文,底部内凹,胎体厚薄适中,造型古朴端庄,做工精细,线条流畅。陶罐的唯一缺憾是口沿有缺口损伤。

这次发掘的墓葬群位于郸城县胡集乡胡集村西北200米处,地理坐标为(33°N,115°E)。墓葬群西边500米处是谷堆寨遗址,谷堆寨遗址是属于仰韶文化、大汶口文化、龙山文化时期的一个遗址;东北900米处是胡集遗址,胡集遗址是属于龙山至商周汉时期的一个遗址,面积近40万平方米。本次共发掘各类墓葬共40余座,其中战国至西汉的土坑墓葬约30座、东汉早期砖室墓约13座、东汉中期土坑墓2座。胡集墓葬群夹在了谷堆寨遗址和胡集遗址之间,是一个较大规模的古墓群。

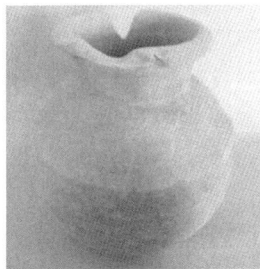

图一

图二

一　玉印文字确定墓主私名

郸城县胡集战国墓出土的玉印和陶罐上的文字清晰可见。由于玺印文字初刻时反写印文,如此,加盖印泥钤印时文字才呈现正态。为了不破坏出土玉印文物原貌,根据镜像翻转技术制作出钤印印文(见图三):

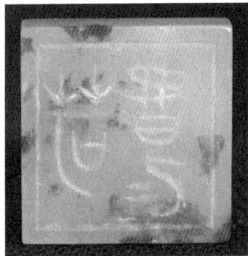

印文中的"苟""仁"字易识,为"苟"字毋庸置疑;"寿(壽)"字的考释有一定的

图三　印面文字(钤印文字)

难度,为此有必要重点解释阐述如下:"寿(壽)"字最早出现于西周早期,据统计,从西周早期到战国早期出现的金文就有128种之多。其常见写法如:（沈子它簋）、（余卑盘）、

（姬鼎）、（杞伯壶）、（静弔鼎）、（蔡大师鼎），这些字形都从老省，𠷎声①。到了战国时代"寿（壽）"字出现了两种减省形式②：（1）上面从老省的偏旁即形旁进一步简化。比如秦国竹简文字里面有（关沮148）、（里耶8—1580）、（云梦·日乙245），秦国的寿字虽然形符简化，但是声旁却增加了"寸"进一步繁化。（2）声旁𠷎进一步简化。比如三晋文字中的（《玺汇》2518），齐国陶文中有（《陶录》3·66·6）。"寿（壽）"字形的简化在楚国文字中比较典型③，它最早出现在寿春鼎中（《集成》2397），楚简中出现了更多的简化字形，如（包山117）、（《上博六·平》4）、（《清华一·耆夜》9）、（《清华五·三寿》4），甚至出现了形符消失、声符进一步简化和符号化的字形，如（包山94）、（包山26）、（《清华二·系年》109）。楚系玺印文字中有（《玺汇》3517）、（《玺汇》4688）、（《玺汇》4685）。楚国文字中的竹简文字（包山26）和玺印文字（《玺汇》3517）与本玉印中的字形基本吻合，即为"寿（壽）"字。所以本玉印的印文为"苟寿仁"，为私印，是墓主人的名字。

二　出土陶罐刻文考证当时地名

陶罐上面的文字（见图四）字形比较模糊，带有很强的图画性。三字刻文由右向左行书，第二字"之"和第三字"子"很容易考释，第一字字形最复杂，最难考释。此字形有三个构件：隹、土、邑。构件土、邑字藏在"隹"字腹中，我们可以把这个字拟作郪或者表述为"（堆＋邑）"字。

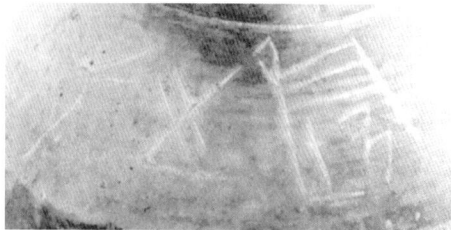

图四

据考证，此陶文中的象形字"隹"和"土"构成的"堆"字最早出现于望山楚简2.13，字形为，是个形声字，从土，隹声。本义是土堆，指积聚成小山的东西。在此陶文中"邑"是作为一个表示"城市"义的偏旁存在的。此类字很多，比如"郑、邓"等城市名。

巧合的是，胡集战国古墓群发掘地点的附近村庄就叫谷堆寨，我们据"（堆＋邑）之子"可以考证出今大的谷堆寨在战国时代就已经以"（堆＋邑）"为名，可见，此名称是从战国延续而来，名称非常古老和久远。

根据以上考释的玉印印文的字形特点，我们断定其为楚文字。所以，从古文字的角度判定这座墓葬的时间上限当在楚灭陈后。史载公元前478年陈湣公被楚惠王所杀，陈为楚所灭。

三　M40墓主身份蠡测

判定一个墓葬的时代主要根据墓葬的形制、规模、墓室结构、出土文物、层位关系等因素。郸城县胡集乡谷堆寨战国墓葬群中的战国墓皆为土坑墓，共30座，无坟堆。

图五　发现玉印的M40号墓葬图

M40墓葬(见图五)长3.8、宽1.8米,墓室深1.6米。葬具为一棺一椁。出土四件陪葬品:陶鼎、陶壶、陶盒和玉印。值得一提的是,玉印是在墓主口中发现的。墓葬填土有夯打的痕迹,墓壁光滑平直,墓底也有夯打现象。我们据此推断墓葬为中型贵族墓。M40墓葬东侧有一座较小的墓葬,此墓出土的陪葬品稍多,主要有鼎、壶、盒、匜、盘、高柄壶等共九件陶器,在头部发现有一滑石璧,推断应为其夫人墓。

这处墓葬群是战国时期典型的土坑墓,整个墓葬群的陪葬品都十分少,一般平民的陪葬品以一件居多,最多四件,全是陶器,很少有铜器。而在河南省项城市南顿附近发现的战国楚墓一般墓葬都出土了十几件陪葬品,最少的也有七八件,还出土有青铜兵器[④],南顿是楚国为顿国建的都城,灭顿国后成为楚国的大城。

通过对比,反映出此地在战国时期经济发展水平较低。这里距淮阳约26公里,中间没有楚国的大城,说明这里当时比较偏僻,生产力比较低下,可能是楚国的一个基层治理单位。据此判断墓主"苟寿仁"有可能是楚国一个下层官吏。

根据考古实际:玉印为40号墓葬出土,陶罐为同一墓葬群的13号墓出土,这些墓主是不是同一家族不得而知,但是可以肯定的是他们应该是同一个地方的。我们据此进一步大胆推论,"苟寿仁"应为名为"(堆＋邑)"的此地的官吏。

四　价值和意义

玉印的发现和印文的释读除了对确定墓主及其身份具有重要的意义外,还对研究战国时代"苟"氏家族的发展史具有一定的价值。

包山楚简中有苟誠[⑤]、苟辰、苟胖、苟鼺、苟镭、苟腠等苟氏人名30个之多:

(1)八月……壬辰之日不徝苟辰以廷,阩门又(有)败。

(2)八月丙申之日,需里子州加公文壬、里公苟誠受期,九月戊戌之日不謹公孙虔之徝之死,阩门又(有)败。

(3)荆尻之月辛巳之日,銋缶公德讼宋歝、宋庚、……苟胖、霻(雷)宋、阳辰、都敢以亓

(其)受鋍缶人而逃。

(4)八月乙酉之日,远乙讼司衣之州人苛鐷,胃(谓)取亓(其)妾嬿。

(5)九月戊申之日,郙陈午之里人蓝讼登(鄧)賒尹之里人苛飌,以亓(其)丧亓(其)子丹,而导(得)之于飌之室。

(6)九月己酉之日,苛賸讼圣冢之大夫軋竖以贅田。

(7)所又责于寝戱五帀(师),而不交于新客者,豕玫苛畋利之金一益☐益。秀几、戱繕为李。

(8)让(上)蕭之客苛昒内之。

(9)郊(鄢)宦大夫命少宰尹郡詃,謹癖(闻)大梁之戠(職)舊之客苛坦,苛坦言胃(谓):……

(10)鄅令之州加公苛䀹……

(11)苛善、陈圣。九月戊戌,軋傻;辛丑,舟贅公豕、舟斨公劵、司舟公免;壬寅,夜基之里人鄓墜;乙巳,刕戱某郊;丙午,罯善之人苛勁;……

(12)十月戊寅,敄郢司悳郻、苛矍、湛母邑人屈就,……

(13)乙巳,鄰郢攻尹之人登(鄧)膂,大佫让繇迿,攻府苛忿;辛亥,郐快,……

(14)戊午,……莪沤君之人苛�,新大厰(既)屈为人;辛酉,阳只之人纍,默(胡)襄、石苍。十月己丑,阳君之人郦怿,宵官司败若、☐鹽墒、苛狗子,卲勋之人舒亡愢。

(15)……壬辰,大厰(既)黄罘,大戱登(鄧)余善、苛㕣。

(16)笑邑人苛佗、五子嫥鄰,郢人酓(熊)霬适;……甲辰,君夫人之劵阩周;迟乙巳,苛緐;丙午,邸昜(阳)君之某敚;己酉,佫让咢甬。

(17)夏层甲寅,登(鄧)人苛揨;戊午,娄产;己未,妾妇壬女。……

(18)……祁競之州加公郎秦,鄅令之州加公苛䀹;……

(19)……辛巳,宣王䆌市客苛矍、陈人舁彀;……

(20)九月戊午之日,宣王之䆌州人苛瞿、登(鄧)公鶈之州人苛臞、苛題以受宣王之䆌市之客苛适。……

(21)执事人諨郄人佢䏌、苛冒、舒逸、舒勁、舒庆之狱于郄之正。

(22)东周之客譻緹归复(胙)于莪郢之岁,远柰之月癸卯之日,苛光以长恻为右尹卲贞:……

(23)东周之客譻緹归復(胙)于莪郢之岁,夏层之月乙丑之日,苛嘉以长萷为左尹尨贞:……

(24)苛郙受:一簹,豰(豹)㱾之冒;二十銖;……

《古玺印图典》收录古玺、秦印精品九千四百七十例,是研究印学和古文字的第一手资料,其中收录有楚系玺印私印 4 方(见表一),分别是四个苟氏人名:苟□、苟训、苟脀、苟庆⑥。

表一 "苟＋"战国楚系古玺印图汇总表

《图典》编号	古玺印图	印面印文	印文性质	印文所属系别	出处
2811		苟□	私印	楚系玺印	鲁
2812		苟训	私印	楚系玺印	杭
2813		苟脀	私印	楚系玺印	学
2814		苟庆	私印	楚系玺印	安

"苟"为战国时代楚国的一个姓氏。M40号墓主"苟寿仁"为战国时代楚国(堆＋邑)的一个基层官吏。其文字释读具有重要的意义和价值,为进一步研究苟氏一族的消长及历史变迁提供了重要材料。

附记:本文为"古文字与中华文明传承发展工程"规划项目"河南古文字资源调查研究"(G1426)的阶段性研究成果。初稿承蒙陈双新、吴良宝、李运富、王蕴智、周建山诸位先生审阅或惠示宝贵意见,作者深表感谢。

(作者单位:周口师范学院;周口市文物考古所)

注:

① 容庚编著《金文编》,中华书局2016年。文中金文字形,如不注明,皆出自该书。

② 黄德宽主编《古文字谱系疏证》第566页,商务印书馆2007年。

③ 滕壬生《楚系简帛文字编(增订本)》,湖北教育出版社2008年;陈伟等《楚地出土战国简册[十四种]》,武汉大学出版社2016年。

④ 韩严振、梁伟《河南项城战国蚌壳墓》,《大众考古》2021年第4期。所下结论还另外参考了其他有关文章。

⑤ 湖北省荆沙铁路考古队《包山楚简》,文物出版社1991年。本文引包山楚简释文,如不注明,皆出自该书。

⑥ 徐畅编著《古玺印图典》,天津人民美术出版社2016年。

古文字研究（35）：695—700，2024

西汉海昏侯墓出土寿虇漆承盘铭文考辨

李鹏辉

　　《文物》2018年第11期《江西南昌西汉海昏侯刘贺墓出土漆木器》（以下简称《漆木器》）一文，介绍说海昏侯刘贺墓出土漆盘有159件，其中御酒盘有3件。该文指出M1：139—19—③号盘是夹纻胎，表髹黑漆，里髹朱漆，内底和唇部口沿均髹黑漆。宽折沿，敞口，浅腹，折壁，平底，矮圈足。直径25、高5厘米，重670克。内底中部刻划有云气纹、三角点纹，器表折壁处有一圈凸弦纹。外底上刻有"名曰寿虇，御酒承盘此㝮完，日乐无患"，共15字。内底铭文曰"御酒槃、慎毋言"六字①。此文不仅公布了漆盘内底照片（见图一，采自该文第33页图一二），还指出该御酒漆盘铭文内容是表达祝福或规诫之意的。另外，2022年12月文物出版社出版的《南昌汉代海昏侯国遗址博物馆》一书的第79页却将内底铭文改释为"御酒乐慎毋言"，我们核查比对二者图版字形后认为，内底释文当以《漆木器》所释为确。

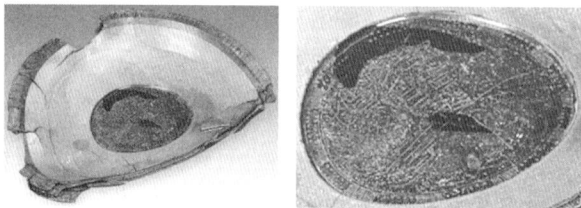

图一

　　我们根据《文物》和《南昌汉代海昏侯国遗址博物馆》第79页所公布的该漆盘内外底铭文信息，通读漆盘内、外底部所存的二十一字铭文后，笔者发现漆盘的两段铭文都是韵文。下面依内、外底铭文的行款重新释写出来（△表示韵脚）：

内底铭：

　　御酒槃△。

　　慎毋言△。

外底铭：

　　名曰寿虇（欢）△。

　　御酒承槃△此㝮完△。

　　日乐无患△。

　　古代漆器铭文是韵文的情况不多见。这两段韵文韵脚分别为"槃、言""驩、槃、完、患",都属元部韵,且内、外底铭文之间没有换韵。在句读上刊布者依行款没有对"御酒承盘此聚完"进行断读,这也是一种理解。在字形上此盘铭除"无⬛"字写法既见于东周时期又见于秦汉时期②,其他文字皆较容易辨识。下面我们根据上面的释文,对漆盘铭文进行考辨。盘内、外底铭文的"御酒盘""御酒承盘"应是该漆盘的自名之语,而内底铭文"慎毋言"则是告诫人们要谨慎少言,少生事端。典籍中常有类似表达,如《意林》卷一引《太公金匮》:"故金人三缄其口,慎言语也。"③又《太平御览》卷三九〇引《金人铭》:"周太庙右阶之前有金人焉,三缄其口。而铭其背曰:我古之慎言人也,戒之哉。无多言,无多事。多言多败,多事多害。"④战国时期的箴言玺中常见"慎言"一语,如《玺汇》4284—4291号所录"慎言"玺,盘铭的意思与之一脉相承。如果要探讨漆盘外底铭文的意义,我们还需要对外底盘铭中的"名曰""寿驩""御酒""承盘""宖完"几个词语作一些辨析,具体如下。

　　"名曰"之"名",《说文》口部:"名,自命也。"这里的"名曰"有可能是战国铜镜铭文中的"名此曰"之省,可看看王趁意所收藏"方华蔓长,名此曰昌"铜镜⑤。"名曰"即"名此曰",名此盘曰。在出土文献中还有不少这样的用法,如《睡虎地秦墓竹简·日甲》81背、82背:"甲盗名曰䄼郑壬蠜强当良。乙名曰舍徐可不咏亡悳(忧)。丙名曰轓可癸上。丁名曰浮妾荣辨仆上。戊名曰匦为胜妖。己名曰宜食成怪目。庚名曰甲郚相卫鱼。辛名曰秦桃乙忌慧。壬名曰黑疾齐誰。癸名曰阳生先智丙。"⑥正可与之互证。

　　"寿驩"的"驩"字,秦汉印中多用作人名,汉简和汉镜铭文里亦多见。《说文》马部:"马名。从马雚声。"段注谓:"古假为欢字。"此处的"寿驩"可读为"酬驩",应即"酬欢"。"酬"因"州"得声,"州、寿"二字在传世典籍和出土材料中通假的例子有见⑦。酒盘的用途与"酬欢、饮乐"之意正相合。

　　"御酒",进献、侍奉的美酒。御字原篆作⬛形,声旁"午"讹作"土"形,汉代文字多见,如⬛(敦煌汉简1962B)、⬛(马王堆帛书《老子》乙56上)、⬛(汉孔彪碑)等。《礼记·曲礼上》"御食于君,君赐馀器之溉者,不写,其馀皆写",郑玄注:"劝侑曰御。"《礼记·月令》"反执爵于大寝,三公九卿诸侯大夫皆御,命曰劳酒",郑玄注:"御,侍也。"又《诗经·大雅·行苇》"肆筵设席,授几有缉御",郑玄笺:"御,侍也。"另外,"御酒"一词还见于较晚典籍中,如曹植《魏陈思王鼙舞歌·大魏篇》:"乐饮过三爵,朱颜暴已形。式宴不违礼,君臣歌《鹿鸣》。乐人舞鼙鼓,百官雷抃赞若惊。储礼如江海,积善若陵山。皇嗣繁且炽,孙子列曾玄。群臣咸称万岁,陛下长寿乐年。御酒停未饮,贵戚跪东厢。"所以我们觉得诗中"御酒"与盘铭"御酒"所指或有关,可能是指进献侍奉帝王饮用的美酒。其中"东厢"也可与《汉书·礼乐志》中"房中乐"之"皇帝就酒东厢"相参。

　　"承槃"的"槃"字,《说文》木部:"承盘也。⬛,古文从金。⬛,籀文从皿。"古文和籀文应是其异体，《说文》小篆作 𣁒 ，与盘铭的"槃"字同形，当是《说文》篆文所本。"承盘"一词，是该漆盘的自名，典籍中有见，如《周礼·春官·司尊彝》"皆有舟"，郑玄注引郑司农："舟，尊下台，若今时承盘。"又何琳仪曾指出："早期的'盘'是可称为'舟'的，如西周铜器晋韦父盘就自名为'舟'。"⑧然而今天考古发现的"承盘"大多为铜质，其形制也多为圆形周边起矮缘，下承三足。或称为圆案。盘内一般置耳杯、盘和酒樽等饮食具⑨。根据《漆木器》一文描述说此漆盘残缺，直径25、高5厘米，重670克。其直径约合汉代的一尺一寸，高为5厘米浅腹，宽折沿、敞口、折壁、平底、矮圈足。如果用来装酒饮用，一则尺寸太大，二则酒也很容易洒出来。所以我们认为此承盘应当不是饮酒器，而是用来放置耳杯的器具。海昏侯墓中与漆承盘同出的还有御酒杯（M1:139－19－⑥），其内、外底有铭文，分别作"食官慎口""御酒栖"⑩，一个表规诫，一个是自名。目前考古发掘出土汉代漆盘主要有：马王堆1号汉墓遣策所记"漆画平般（盘），径尺六寸、二尺、二尺五寸各一枚"（简205—207）、"漆画食般（盘），径一尺二寸，廿枚"（简188）、"漆画大般（盘），径三尺一寸，一枚"（简189）⑪；乐浪古墓所出的漆盘，整理者称之为"果盘"⑫。相较之下此承盘和马王堆汉墓所出的漆画食盘的尺寸相当。早期的盘是水器，盛盥洗弃水。如《仪礼·公食大夫礼》"小臣具盘匜，在东堂下"，郑玄注："为公盥也。"《仪礼·少牢馈食礼》"小祝设盘匜与簞巾于西阶东"，郑玄注："为尸将盥。"《仪礼·特牲馈食礼》："尸盥，匜水实于盘中。"《左传·僖公二十三年》："怀嬴奉匜沃盥。""奉匜沃盥"是一种沃盥之礼，匜在当时也是一种礼器。《周礼·春官·郁人》"凡裸事沃盥"，孙诒让正义："沃盥者，谓行礼时必澡手，使人奉匜盛水以浇沃之，而下以盘承其弃水也。"根据学者们研究表明，汉代席间以盘承樽，用勺酌酒，是当时的风尚⑬。从海昏侯墓所出的漆樽和漆耳杯的尺寸来看，该承盘当不是用来承樽的，而有可能是用来承放御酒杯的。所以依据文物的定名原则，此御酒盘或许可以称为"寿驔漆承槃"。

此"冣完"应即"最完"。██字在《漆木器》中没有严格隶定，径直释作"聚"，很有可能是受到《说文解字》段注中"冣、聚音义皆同，与冃部之'最'音义皆别"说法的影响⑭；但其也有可能是受到《左传·郑伯克段于鄢》中"大叔完聚"的影响，"聚完"或即"完聚"之倒语。再者，"宀""冖"二旁在汉代文字中通用的情况也非常常见⑮，所以最早刊布者释"聚"也是有其依据的，只是跳跃性较大有些让人不易理解。《南昌汉代海昏侯国遗址博物馆》一书已将此字改释作"冣"。今按该字从宀、取，可释写作冣，仅从文字形体上来看，既可能是"冣"字也可能是"最"字，在这里我们认为应该是"最"字，具体理由如下。

首先，如果依刊布者所说是"冣（聚）完"，那么盘铭就可以这样来理解。《说文》宀部："冣，积也。从宀从取，取亦声。"完，《说文》宀部："完，全也。""完"，匣纽元部。"全"，从纽元部。二者韵部相同，音近相通。此用法还见于出土文献，如《睡地虎秦墓竹简·日甲》81正壹："东辟（壁），不可行。百事凶。以生子，不完。不可为它事。"简文中的"不完"，刘乐贤认为：

"不完即不全,指人的肢体不全。睡虎地秦简《法律答问》:'其子新生而有怪物其身及不全而杀之,勿罪','今生子,子身全殴(也)'。"⑯其说可信。故"冣完"可训作"聚(积)全"。所以,盘铭"此冣完,日乐无患"可作"此积全,日乐无患"解。意思是这些都聚集全了,就日日享乐没有忧患。但与前面"名曰寿骍,御酒承盘"的意思不能完全贯通。

其次,我们释"冣完",在字形上也是有依据的。秦汉简帛中"冣、取"二字上面多从"宀"。据赵团员研究,以汉武帝为界,此前"冣"与"聚"为异体字,此后"冣"与"最"逐渐成为异体字⑰。漆盘时代在武帝之后,应即"最"字,正可与之相合。冣、宷、最三字在西汉时期曾互为异体。甚至在秦印中也有这种情况,如▨(十钟山房印举367·4,温冣)、▨(十钟山房印举400·1,王宷)、▨(十钟山房印举430·5,畀宷)、▨(珍秦斋藏印60,桥宷)、▨(风过耳堂秦印辑录188,张冣)、▨(风过耳堂秦印辑录4,陈宷)、▨(文雅堂辑秦印190,宷印)、▨(文雅堂辑秦印45,郭宷)、▨(盛世玺印录续三176,张宷)、▨(戎壹轩藏秦印汇16,大夫宷)、▨(七砣平房藏印151,宷)、▨(秦代印风143,毕最)、▨(秦代印风179,董最)、▨(秦代印风206,杨最)等。马王堆汉墓帛书中有将"最"字的形体讹写为"宷"形的例子,如▨(养34.17)⑱。帛书中"最"字之讹误应该是由于汉代"宀"旁和"曰"旁形体差一横笔非常相近而产生的,所以盘铭也应是讹写的"最"字。"最完"一词在文献中也有见,我们如果把"最完"当成一个成词来看,盘铭则又可以作别解了。据文献记载,"最完"一词出现在两段意思近同的话中。一个是《新书·藩强》:"长沙乃才二万五千户耳,力不足以行逆,则少功而最完,执(势)疏而最忠。全骨肉时长沙无故者,非独性异人也,其形势然矣。"旧无注解⑲。另一个是《汉书·贾谊传》:"长沙乃在二万五千户耳,功少而最完,势疏而最忠,非独性异人也,亦形势然也。"亦未见诸注家对其有注解⑳。结合上举二书中这两段话的上下文意,我们可以看出"最完"和"最忠"二词是意义相近的表达,二者可参互成文以说明其皆为当时的形势所致。盘铭"最完"与此二"最完"也许可以作同解。其中"完"字可训为"顺"。传世典籍中有见,如《孟子·告子上》曰:"子能顺杞柳之性而以为桮棬乎?"赵岐注:"子能顺完杞柳,不伤其性,而成桮棬乎。""完"匣纽元部,从"元"得声;"顺"船纽文部,从"川"得声。匣纽为舌根音,船纽属舌面音,其发音部位相距不远,元部和文部韵部相近可以旁转。故"完、顺"音近可通。对于文、元二部旁转相通的情况,文献中还有一些例子可为其旁证。如《水经注·江水》:"自非亭午夜分,不见曦月。""分",文部帮纽;"半",元部帮纽,二字旁转相通。再如,《左传·昭公十七年》"遂灭陆浑",《吕氏春秋·精论》作"袭聊阮梁蛮氏灭三国焉",疑聊阮即陆浑也㉑。所以,"最完"或即"最顺"。那么在《汉书》和《新书》中以"最忠"与"最顺"相互为文来理解文意,则文从字顺。其中"最完"的"最",极也。"最"为副词,表示其某种属性超过所有同类的人或事物。如此一来"此最完"就可以解释为"此最(极)顺"了,但也是与盘铭整体文意仍有些抵牾。但"最"字在字形和释义上应该是可以讲通的。

　　我们将"最"字的释读确定之后,再来谈谈关于"完"字的训释。蒙李家浩先生告知,此"完"在此或当训为"坚",即有坚固之义。我们检诸典籍有证,如《荀子·劝学》:"巢非不完也,所系者然也。""完"为完好、坚固之义。又《荀子·王制》"论百工,审时事,辨功苦,尚完利,便备用,使雕琢文采不敢专造于家,工师之事也",杨倞注:"完,坚也。"又为睆,即寏。又《汉书·晁错传》:"兵不完利,与空手同;甲不坚密,与袒裼同。"②"坚、完"同义为文。凡此,盘铭中的"最完"也许是指漆盘的质量好、最坚固。类似的表达在出土漆器铭文中是很常见的,如1925年,日本东京大学在朝鲜平壤发掘的东汉乐浪郡王盱墓,出土的画像漆盘底部有朱书铭文"永平十二年,蜀郡西工,夹紵,行三丸,治千二百,卢氏作,宜子孙,牢"㉓。又马鞍山三国东吴朱然墓出土的漆盘铭文作"蜀郡作牢"㉔。余国江认为:"古代制作漆器者要确保漆器质量,'牢''真'铭文是对漆器质量的标示,'牢'指坚固耐用,'真'指真材实货。'牢''上牢'不是漆器自名,更与祭祀容器无关。"㉕其说可从。漆盘铭文中"最完"所表达的意思与上举出土漆器铭文"牢、真"意思相近,是可以讲通的。此解释又为我们理解盘铭总体意思提供了一种可能。所以,我们姑且是二说并存。

　　最后,我们来总体谈一谈漆盘铭所蕴含的信息。盘内底铭文"御酒盘,慎毋言"是省略式自名和告诫自己要谨慎言语的内容。盘外底铭"名曰寿雕,御酒承盘此寚(最)完,日乐无患",可能是"名此盘曰'寿(酬)雕',是盛放进奉美酒的承盘,此盘最坚固,一切都很顺利美好,日日享乐而没有忧患"的意思。盘铭内容一语双关,既有告诫又有美好愿景。从盘铭的内容、押韵、句式来看,与当时的乐府诗相近。以上是我们对漆丞盘铭文的说解,不妥之处,还请方家批评指正。

　　附记:本文得到2019年国家社科基金青年项目"汉印文字整理与研究"(19CYY027)和安徽省高校科学研究计划"两汉魏晋南北朝玺印封泥大系"项目的支持。小文草成先后蒙徐在国帅、李家浩先生、杨蒙生先生、袁金平先生、吴良宝先生、马超先生审阅并指正,谨致谢忱! 文中疏漏和错误由本人承担。

(作者单位:安徽大学汉字发展与应用研究中心、
"古文字与中华文明传承发展工程"协同攻关创新平台)

注:

① 江西省文物考古研究院、北京师范大学《江西南昌西汉海昏侯刘贺墓出土漆木器》第28、31、33页,《文物》2018年第11期。

② 杨泽生《燕国文字中的"无"字》,《中国文字》新21期第185—200页,艺文印书馆1996年;徐在国、程燕、张振谦编著《战国文字字形表》第808页,上海古籍出版社2017年。

③ 王天海、王韧《意林校释(全二册)》第5页,中华书局2014年。

④ 〔宋〕李昉等《太平御览》第1804页,中华书局1960年。

⑤ 王趁意《中原藏镜聚英》第173、175页,中州古籍出版社2011年。李零《"方华蔓长,名此曰昌"——为"柿蒂纹"正名》第35—41页,《中国国家博物馆馆刊》2017年第7期(总第108期)。

⑥ 睡虎地秦墓竹简整理小组编《睡虎地秦墓竹简》第220页,文物出版社1990年。

⑦ 高亨纂著,董治安整理《古字通假会典》第781页,齐鲁书社1989年;白于蓝编著《简帛古书通假字大系》第174—175页,福建人民出版社2017年。

⑧ 何琳仪《说"盘"》,《中国历史文物》2004年第5期第30—32页。

⑨ 蒋廷瑜《汉代錾刻花纹铜器研究》,《考古学报》2002年第3期第280页。

⑩ 同注①第28页。

⑪ 湖南省博物馆、复旦大学出土文献与古文字研究中心编纂,裘锡圭主编《长沙马王堆汉墓简帛集成》第6册第200、203页,中华书局2014年。

⑫ 朝鲜古迹研究会编《乐浪王光墓》第36页,图版第四五、四六,朝鲜古迹研究会1935年。

⑬ 江西省文物工作队、南昌市博物馆《南昌市京家山汉墓》,《考古》1989年第8期第697页。

⑭ 同注①第29、37页。

⑮ 徐正考、肖攀编著《汉代文字编》第1075、1111页,作家出版社2016年。

⑯ 刘乐贤《睡虎地秦简日书研究》第112—113页,文津出版社1994年。

⑰ 赵团员《"冣""最"形音义考》,《语言学论丛》2020年总第61辑第163页。

⑱ 刘钊主编,郑健飞、李霜洁、程少轩协编《马王堆汉墓简帛文字全编》第871页,中华书局2020年。

⑲ 〔汉〕贾谊撰,阎振益、锺夏校注《新书校注》第41页,中华书局2000年。

⑳ 〔汉〕班固撰,〔唐〕颜师古注《汉书》第2237页,中华书局1962年;〔清〕王先谦《汉书补注》第1057页,中华书局1983年;杨树达《汉书管窥》第283—291页,科学出版社1955年。

㉑ 高亨纂著,董治安整理《古字通假会典》第115页。

㉒ 〔汉〕班固撰,〔唐〕颜师古注《汉书》第2280页。

㉓ 白云翔《汉代"蜀郡西工造"的考古学论述》,《四川文物》2014年第6期。

㉔ 安徽省文物考古研究所等《安徽马鞍山东吴朱然墓发掘简报》,《文物》1986年第3期。

㉕ 余国江《漆器"牢"、"真"铭文考辨》,《考古》2021年第8期第107页。

古文字研究（35）：701—704，2024

上古汉语"就"的"造访"义考察

岳晓峰

朱德熙指出甲骨文已有"亯（就）"字，用为地名①。何琳仪认为甲骨文"（亯）会高处（京）祭享（亯）之意。引申为即，典籍作就"②。《说文》京部云："就，就高也。从京、从尤。尤，异于凡也。"徐锴曰："尤，异也。尤高，人所就之处也。语曰'就之如日'，日高人就之。会意。"③《说文》释"就"为"就高"义，可见"就"包含一个由下往上的位移动作过程。马贝加云："先秦时期，动词'就'有'至、趋'义，近似今之'前往（某处）'义。"④王云路、王诚进一步指出："'就'的核心义是趋向并到达目标。"⑤"就"的这种带趋向的"往到"义一般与处所名词连用。

不过，上古汉语中还有一类"就"后接人物名词或代词"之"的现象，其用法与常见的"就"后连用处所名词表动作位移的情况不同。因受人物之间尊卑长幼、人际交往等社会属性的影响，除能表示人物之间的位移趋向外，当对话人物之间不在同一场所或空间距离较远时，若训作"靠近""接近"义则语义表达显得不够准确，需同时补充出"就"的人际交往目的"往见某人"，相当于表"往见"义的"见"，因此可训作"造访""拜见"义。如：

（1）竟坪（平）王就郑寿，讯之于层庙曰："祸败因童于楚邦，惧鬼神……"（《上博简·平王问郑寿》简1）

（2）七十杖于朝，君问则席。八十不俟朝，君问则就之，而弟达乎朝廷矣。（《礼记·祭义》）

（3）天子巡守，诸侯待于竟。天子先见百年者。……欲言政者，君就之可也。（《礼记·祭义》）

（4）主人就先生而谋宾介。（《仪礼·乡饮酒礼》）

（5）匐匍就君，今君非王室不平安是忧，亿负晋众庶，不式诸戎、狄、楚、秦，将不长弟以力征一二兄弟之国。（《国语·吴语》）

（6）匐匍就君。（《清华简·越公其事》简21）

（7）先生既息，各就其友。（《管子·弟子职》）

（8）故君子居必择乡，游必就士，所以防邪僻而近中正也。（《荀子·劝学》）

（9）济沅湘以南征兮，就重华而陈词⑥。（《楚辞·离骚》）

上述各例中的"就"，其后接宾语均为人物名词，不能简单地理解为靠近或接近，而有拜见、造访某人之义。如，例（1）"之"代指郑寿。整理者训"就"为"从"⑦。郭永秉云："景平王到郑寿那儿去，在层庙中问他说……"⑧董珊即认为"'就'训为'造'，造访"⑨。董珊训"就"为"

造访"的观点交代了"就"的目的是往见郑寿。例（2）郑玄注："就之，就其家也。"郑注所云恐不确。欲见其人，虽必先前往其家，但见到其人才是"就"的最终目的。因此，"之"所指代不当是"家"，而是文中所云八十老者这一具体对象。例（3）"天子先见百年者"，郑注云："问其国君以百年者所在，而往见之。""见"为"往见""拜见"义，而后文则云"君就之"。一用"见"，一用"就"，则知"就"和"见"语义相近，可证"就"也有"往见""造访"之义。上引例（1）至例（9）中的"就"都是直接和人物名词或代词"之"连用，与"就"后接处所名词的用法不同，"就"均有"往见""造访"义⑩。

　　"就"的基本义为"往""到"，之所以会引申出"造访""拜见"义⑪，或因其在具体语境中往往突出往到某处的目的为见到他人的缘故。而"见"本身也有"往见""拜见"义，如《左传·昭公二十三年》："为叔孙故，申丰以货如晋。叔孙曰：'见我，吾告女所行货。'见，而不出。"杨伯峻注："申丰往见叔孙，叔孙不令外出，不欲以贿免。"杨注即以"往见"训第二处"见"⑫。又如，《国语·晋语二》"骊姬见申生而哭之"，韦昭注云："就曲沃哭之也。"⑬"见申生"即"往见申生"，骊姬在晋都绛，须前往曲沃方能见到申生。又，上文所举例（3）"天子先见百年者。……欲言政者，君就之可也"，孔颖达《正义》云"必往就见之"，即认为"就见"可以连用，"往就见"表示"前往拜访"义。

　　在先秦文献中，确有人物名词或代词与"就见"连用的情况，如：

　　（10）（天子）问百年者就见之。（《礼记·王制》）

　　（11）孟子将朝王，王使人来曰："寡人如就见者也，有寒疾，不可以风，朝将视朝，不识可使寡人得见乎？"（《孟子·公孙丑下》）

　　（12）孟子致为臣而归。王就见孟子曰："前日愿见而不可得，得侍同朝，甚喜，今又弃寡人而归，不识可以继此而得见乎？"（《孟子·公孙丑下》）

　　以上三例，"就""见"两个动词即同时出现，若单云"就"或"见"，均不影响其文义。尤其例（10）《礼记·王制》云"问百年者就见之"，例（2）《礼记·祭义》亦云"八十不俟朝，君问则就之"，例（3）《祭义》又有"天子先见百年者"，"就见"与"就""见"的意思应该是相近的，都是"造访"义。

　　另外，上博简《平王问郑寿》也有"就""见"同现的例子，简1先云"（楚）竞坪（平）王就郑寿，讯之于层庙"，而简4又云："明岁，（竞平）王复见郑寿。郑寿出，据路以须。"⑭简文在陈述平王两次往见郑寿之事时，先用"就"，后用"见"，而且还特意强调是"复见"，即之前已去见过郑寿，第二年又再次去见他，更可说明简1"就"也当为"造访"义，简文"就""见"二词当属同义换用。而这也刚好证明上引例（10）至例（12）三例中的"就见"，"就""见"均属同义连言，共同表示"造访"义，而非连动结构表"前往相见"之义⑮。

　　同时，"就"和人物名词连用表"造访"义时，后面也可补充交代具体处所，即"就某人于某处",如：

（13）武王即位，观周德，则王使叔旦就胶鬲于次四内，而与之盟曰……又使保召公就微子开于共头之下。（《吕氏春秋·季冬纪·诚廉》）

（14）公仪仲子之丧，檀弓免焉。仲子舍其孙而立其子。檀弓曰："何居？我未之前闻也。"趋而就子服伯子于门右。（《礼记·檀弓上》）

例（13）"四内""共头之下"，皆为表处所之名称。例（14）"门右"也是具体的处所名词。檀弓原处于宾位，与子服伯子所处门右可看作两处不同的场所。郑玄注："去宾位，就主人兄弟之贤者而问之。"由此可见，"就"训"造访"或"拜见"义时，其语义指向为人物对象，也可将被造访之人所在处所补充完整。"就某人于某处"，即"见某人于某地"之义。同时，上引例（1）至例（12）中人物名词后的具体处所也可再补出，不过文中均已被省略了而已[16]。

蒋绍愚认为："词的语言义和言语义是不同的。但词的言语义如果经常使用，也可以成为词的语言义。"[17]结合诸多传世与出土文献例证，我们认为上古汉语中"就"后接人物名词或代词"之"时产生的"造访"义[18]，虽词典中暂未收录此义位，但因其文献用例并不少见且使用也较为频繁，因此也可被认为是语言义，并由辞书补充收录。

附记：本文为国家社科基金冷门"绝学"和国别史等研究专项"楚系简帛文献词义研究及词典编撰"（19VJX107）阶段性成果。

（作者单位：浙江大学艺术与考古学院）

注：

① 见朱德熙《朱德熙古文字论集》第1页，中华书局1995年。为行文方便，本文一般采用宽式释文。

② 何琳仪《战国古文字典——战国文字声系》第232页，中华书局1998年。

③ 〔南唐〕徐锴《说文解字系传》第101页，中华书局1987年。

④ 马贝加《介词"就"的产生及其意义》，《语文研究》1997年第4期第32页。

⑤ 王云路、工诚《汉语词汇核心义研究》第95页，北京大学出版社2014年。

⑥ 另，《楚辞》中还有几处此类例证，所属时代虽为西汉末和后汉，也可一并参看：刘向《九叹·离世》："就灵怀之皇祖兮，愬灵怀之鬼神。"《远游》："就颛顼而陈词兮，考玄冥于空桑。"《远游》："济杨舟于会稽兮，就申胥于五湖。"王逸《九思·疾世》："志欣乐兮反征，就周文兮邠岐。"《伤时》："就祝融兮稽疑，嘉己行兮无为。"

⑦ 见马承源主编《上海博物馆藏战国楚竹书（六）》第257页，上海古籍出版社2007年。

⑧ 郭永秉《释上博楚简〈平王问郑寿〉的"讯"字》，《古文字与古文献论集》第180页，上海古籍出版社2011年。

⑨ 董珊《读〈上博藏战国楚竹书（六）〉杂记》，《简帛文献考释论丛》第70页，上海古籍出版社2014年。

⑩ 有时"就"后虽为人物名词，但因受语境的限制，"就"的具体意义难以确定。这种分歧一般出现在"接近"义和"造访"义之间，如，"尧乃就禹曰……"（《上博九·举治王天下（五篇）》简30，见马承源主编《上海博物馆藏战国楚竹书（九）》第227页，上海古籍出版社2012年）、"庄王就大夫而与之言"（《上博七·郑子家丧（甲本、

乙本)》简1,见马承源主编《上海博物馆藏战国楚竹书(七)》第173、180页,上海古籍出版社2008年),此两例"就"训"接近""靠近"或"造访""往见",于义皆通。究其原因,当是"就"后没有交代具体处所,导致不论说话对象所处场所是否相同,空间范围远近如何,均能讲通。陈伟则认为:"(《郑子家丧》)后文称'大夫皆进曰',可见这里的'大夫'是复数。'就'有会、集之意。……这里的'就大夫',是说召集大夫。"(见陈伟《新出楚简研读》第306页,武汉大学出版社2010年)陈文还讨论了"就"与"集"的音义关系,需引起重视。不过,一方面上古汉语中"就"后接人物名词时,有训为"造访""往见"的用法;另一方面若简1"大夫"为复数,"就"训为"往见",于义亦通。因此,此处"就"是否可训为"召集"义,还可进一步探讨。另外,马楠认为楚简中"就"字有使动用法,可以训为敦请,大致对应传世礼书之"肃"或"宿"(详见马楠《从清华简〈大夫食礼〉再论礼经礼记关系及成篇先后问题》,《出土文献》2023年第4期第9—10页)。

⑪ 《说文》辵部云:"造,就也。"

⑫ 见杨伯峻《春秋左传注(修订本)》第1604页,中华书局2016年。第一处"见",也当为"往见""造访"义。《左传·桓公十三年》"(斗伯比)遂见楚子","见",杨伯峻等即训为"谒见,进见"之义(见杨伯峻、徐提编《春秋左传词典》第337页,中华书局1985年)。

⑬ 徐元诰撰,王树民、沈长云点校《国语集解(修订本)》第280页,中华书局2002年。

⑭ 释文参俞绍宏《上海博物馆藏楚简校注》第493页,中国社会科学出版社2016年。

⑮ 《孟子·公孙丑下》两例"就见",杨伯峻、杨逢彬即认为"就"是"去往(孟子家中)"义,"见"是"相见"义(参见杨伯峻编著,兰州大学中文系孟子译注小组修订《孟子译注》第89、104页,中华书局1960年;杨逢彬《孟子新注新译》第110、133页,北京大学出版社2017年)。不过"就"若训"去往",后面需同时补出表具体处所的宾语"孟子家中",文义才是完整的。

⑯ 如上文提到的例(2)"八十不俟朝,君问则就之","之"指代对象当为"八十老者",其后又可补表具体处所的介宾短语"于其家",因此"就之(于其家)"即"造访八十老者(于其家)"之义。

⑰ 蒋绍愚《汉语历史词汇学概要》第167页,商务印书馆2015年。

⑱ 同时,上古汉语中"就"与人物名词或代词"之"连用时,还有"接近""归附"两类语义可作进一步分析:前者例如"(子朱)抚剑就之(叔向)"(《国语·晋语八》),后者例如"(伊尹)其自任以天下之重如此,故就汤而说之以伐夏救民"(《孟子·万章上》)。另外,"就"还可由空间上的趋向,引申出时间上的"及至"趋向义,其作为时间介词的用法带有明显的战国楚方言特色。此种用法,可参看沈培《从清华简和上博简看"就"字的早期用法》,《源远流长:汉字国际学术研讨会暨AEARU第三届汉字文化研讨会论文集》第203—211页,北京大学出版社2017年。

古文字研究(35):705—710,2024

"夬"与"史"

——从古文字角度谈《系辞》的训诂一则

马明宗

《系辞》言：

上古结绳而治,后世圣人易之以书契,百官以治,万民以察,盖取诸夬。

关于夬卦的卦义,《彖》言："夬,决也,刚决柔也。"《序卦传》言："夬者,决也。"《杂卦传》言："夬,决也,刚决柔也。"《说文解字》言："夬,分决也。"段玉裁注"决"字曰："决水之义,引申为决断。"总体上来看,无论是《易传》还是《说文》,都是以"决断"解释"夬"。

对于《系辞》所言"易之以书契……取诸夬"的问题,王弼注："夬,决也。书契所以决断万事也。"孔颖达疏："夬者,决也。造立书契,所以决断万事,故取诸夬也。"王弼注、孔颖达疏皆是从书契可以"决断万事"而能"百官以治,万民以察"的思路来解释,因为"决断",所以"百官以治,万民以察"。仔细分析,"决断"和"治""察"之间似乎没有紧密的联系,"治""察"只是"决断"的一个引申结果。另一方面,如果只是强调"百官以治,万民以察",则可以从"夬"字"决断"的涵义直入主题,没有必要提到从"上古结绳而治"到"易之以书契"的转变。非但如此,就《系辞》中原文的整体文意来看,从"结绳而治"到"易以书契"是"百官以治,万民以察"的原因,"易之以书契"才应该是讨论的重点。但"书契"与夬的卦义似乎缺乏联系,因此王弼也只能将"夬"的"决断"义与"百官以治,万民以察"联系起来了。整体来看,王注和孔疏皆是避重而就轻,未得其要领。

高亨注解《系辞》,已经认识到这句话的重点不在于"百官以治,万民以察",而在于"书契",因此他着重从"书契"入手,进行解说。他认为古代当有"兑为小木,为竹"之说[①],进而认为前文中的"弦木为弧,剡木为矢,盖取诸《睽》䷥,就是因为睽卦之下体为兑卦,因此曰"剡木"。至于夬卦,他也认为《说卦》中"乾为金",刀为金属之物,夬卦的上体兑卦为木,下体乾卦为刀,因此夬卦的卦象是竹与刀,也就是契刻书契[②]。高亨的解说参用了《说卦传》中的卦象。但众所周知,《说卦传》的来源是复杂的,其中掺杂有古代《周易》以外其他易学系统的理论,"乾为金"的卦象从来不见于《周易》中的卦象应用,"兑为木"的卦象解说也颇为牵强。因此不能以所谓的"兑木乾金"的理论而引申出夬卦在卦象上有契刻竹木之象的结论。

笔者认为"夬"与"书契"的关联,应当从文字的角度入手。"夬"之造字本义象拇指上"夬"

的形状,夬为射箭引弦时所用,也就是类似于我们后来所言的扳指③,"夬"字在战国秦汉古文字中作如下形:

（1）[字形]（《上博三·周易》简38）

（2）[字形]（《上博四·采风曲目》简3）

（3）[字形]（郭店简《老子》乙本简14）

（4）[字形]（包山楚简简260）

（5）[字形]（睡虎地秦简《法律答问》简80）

（6）[字形]（马王堆帛书《战国纵横家书》简186）

我们看到,在先秦古文中,"夬"字字形中手掌与圆圈并未分离;而在秦系文字中,手掌与手指和圆圈分离开来。另外,随着文字隶书化的发展,圆圈"○"逐渐扁平化,逐渐形成了"口"的形状,"夬"字在字形上也就演变成了"又"执"中"的模样。当然,我们并不是说"夬"字的造字本义如此,而是说"夬"字在后来的文字演变中形成了这种字形,而解《易》者会根据这种晚出字形而进行阐释。其字形与"史"等字极为相似④。"史"字在先秦秦汉文字中如下:

（1）[字形]（《集成》4316师虎簋）

（2）[字形]（《集成》10175史墙盘）

（3）[字形]（睡虎地秦简《法律答问》简94）

（4）[字形]（睡虎地秦简《秦律十八种》简175）

史,即与书契有关,《说文解字》言:"史,记事者也。"故字书有《史籀篇》,文献中更以"史篇"为字书之通名⑤。"夬"的卦名,很可能就因为"夬"字与"史"等字字形上的相似性,而被解释成"书写"一类的涵义,这也就是《系辞》"易之以书契"的涵义来源。

这一点不仅仅是我们的推测,更能在文献中找到大量"夬""史"互讹的例证。

从秦系文字来看,"夬"与"史"字写法相似,但仍有些许区别。"夬"字上部的"中"由手指和圆圈逐渐演化而来,因此其两端较为圆滑,这是对其早期字形的沿袭。而"史"字的上端本作[字形],在秦系文字中,此部分的两端仍然是出头的,或者是方折的,"夬"和"史"还是能区分开的⑥。当然,这是一般的规律,并不是说两者截然不相混淆。在秦汉时期的文字材料中,"夬""史"互相混讹的情况也常有存在。

譬如,睡虎地秦简《为吏之道》中,简9有"审民能,以任吏,非以官禄夬助治;不任其人,及官之瞥岂可悔"一句,"夬"字作[字形],上部的"中"两端圆滑,为"夬"字无疑,整理者释作"夬",认为是"史"字之误,读作"使"⑦,根据文意,其说可从。这是"史"讹作"夬"的例子。

又譬如,老官山汉墓中出土的髹漆经脉人像中,在人体两侧锁骨处有两处"夬盆"穴,在漆人中被刻出(见图一)。"夬盆"穴,即今《素问》《灵枢》等医经之"缺盆"穴。第1处夬盆穴的文字作[字形],还是较为规整的早期写法的"夬"字,但文字中圆圈、手指与手掌已经开始脱离。

第2处，"夬"字上部的圆圈已经和下部比较明显地脱离开了，圆圈也变为了方框，写作 。

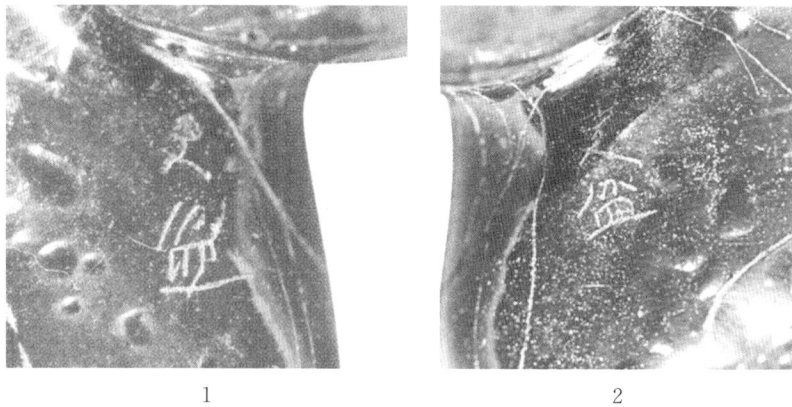

图一　髹漆经脉人像中的夬盆穴[⑧]

这两处"夬"字还是较好辨认的，在同墓出土的《天回医简·脉书·下经》中"夬盆"凡四见，其中简229中"夬盆"之"夬"字较为清晰，写作 ，笔画上下联通，与后世"史"字几无分别。这是"夬"字讹作"史"字的例子。

从《天回医简》的文字书法和医学理论来看，其抄写应当在西汉早期，这也说明在西汉早期，"夬"字的确常讹作"史"字。

顺便一提，"夬""史"两字的讹误似乎贯穿了整个西汉。直到两汉之交的文字资料中，两者的写法才逐渐区分开来。更确切地说是"夬"字的写法发生了变化。"夬"字上部是由"○"演化而来，在西汉时期基本是由冂、乚两个笔画写成。随着书法的演进，尤其是在日常实用书法中，两个笔画不再完全合拢，就基本形成了左侧开口的形式。与之形成对比，"史"字的上部则是由 演变而来，虽然与"夬"字的上部在字形上表现出相似形态，但仔细分析，并不是由两笔写成，一般是由乚、一、丨三笔写成，也自然不会演进成左侧开口的形态。可以这么说，在西汉时期虽然"史""夬"常有相混，两者在形态上表现出相似，但因为来源不同，其笔画的多寡、笔顺也并不相同。

目前，我们在西北汉简中发现的"决"字，其所从的"夬"已经与"史"字有较大的区分了。仅举几例：

（1） （居延新简EPT4:1　并妻业债已决）

（2） （居延新简EPF22:16　市穀决石四千）

（3） （居延新简EPF22:20　已决）

（4） （居延新简EPF22:27　市穀决石四千）

（5）（居延新简EPF22:28　决）

（6）（居延新简EPF22:30　治决言）

简EPT4:1有"天凤"年号⑨；与简EPF22:16、简EPF22：20同属一批（字迹相同，内容相同）的简EPF22:1上有"建武三年十二月"的纪年；与简EPF22:27、简EPF22:28同属一批（字迹相同，内容相同）的简EPF22:21，以及与简EPF22:30同属一批（字迹相同，内容相同）的简EPF22:29上也有"建武三年十二月"的纪年⑩。因此，我们较为确切地知道这些与"史"字写法已经区分开的"决"字，其时代为两汉之交。

通过分析"夬""史"二字的趋同和分化，让我们认识到汉代文字书写的草书化、行书化本身也推动了文字的演进，改变了某些偏旁和文字的同化或者分化过程，有时也放大了隶书时期蕴含在相似性和统一性背后的多样性。

另外，先秦文字之中，"吏""事"不分，至秦始皇书同文字时，二字方分离开⑪，"吏（事）"字与"夬"字的字形也非常相似，先秦文字"事"作：

（1）（《集成》2829颂鼎）

（2）（《集成》4186公臣簋）

（3）（睡虎地秦简《效律》简21）

（4）（睡虎地秦简《编年纪》简53）

（5）（睡虎地秦简《秦律十八种》简108）

而"事""吏"本身有"治"的意思。《淮南子·原道训》"万物固以自然，圣人又何事焉"，高诱注曰："事，治也。"⑫也或许是因为"夬"与"（吏）事"文字上的相似性，才引申出了"百官以治，万民以察"取诸夬的说法。其中的"百官"更多的来自于"吏"，"治""察"更多的是来自于"事"⑬。

总体来看，《系辞》所言"上古结绳而治，后世圣人易之以书契，百官以治，万民以察，盖取诸夬"的说法，很可能是来源于"夬"的形近字"史、事、吏"等字，因为文字字形的相近，说《易》者就进行了一定程度上的发挥解说。"史"一类的字形提供了"书契"的义象，而"事、吏"等字形，提供了"治""察"的义象。

基于以上推断，我们也可以重新思考《系辞》一书的成书年代，既然"上古结绳而治，后世圣人易之以书契，百官以治，万民以察，盖取诸夬"的说法是来源于秦系文字中常见的"夬、史"互讹的情况，那么《系辞》中部分内容的成书，至少是《系辞》中此处讲圣人依象制器的篇章，应当是成书于秦汉时期的。秦人不尚六经，虽秦火之时《易》为卜筮之书传习不绝，但《系辞》作为具有浓厚儒家风格的《易》传，当不是出自秦人。因此，《系辞》中的部分内容，大概率上还是汉初学者的作品。

另外，值得注意的是，帛书《系辞》有与今本《系辞》不同的地方："后世圣人易之以书契，百官以治，万民以察，盖取诸大有。"⑭与今本《系辞》"盖取诸夬"的说法有所差别。张政烺也

注意到了这一点,他说⑮:

> 据《说卦》,乾为金,离于木为科上槁,是契刻竹木之象,此所谓"易之以书契也";《大有》之《象》曰:"柔得位大中,而上下应之,曰大有。"此所谓"百官以治,万民以察"也,似以帛书作"大有"为是。

张政烺的解卦思路与前文中提到的高亨的解卦思路是相似的。正如前文所言,《说卦传》存在多种易学系统的理论并且存在重新编辑的问题,"乾为金,离于木为科上槁"的卦象从来不见于《周易》的卦象应用,应当属于其他易学体系的理论,因此不能就此而说明大有卦有契刻竹木之象。大有卦的卦象与"书契"的关系还应当审慎考虑。李学勤认为大有卦是乾下离上,就帛书《系辞》的这段文字来看,从卦象上是难以说通的。他认为很有可能是在抄写的过程中,原本的"夬"字不清而误认为是"大"字,于是就连类而及,写成"大有"了⑯。李先生的观点是非常有道理的,《汉书·艺文志》《说文解字·叙》对此句的征引都作"夬"。笔者赞同李先生的说法,此处的"大有"很可能是误抄⑰,也有可能是因为传抄者难以理解夬卦和"书契"之间的联系,由此而进行的修改。

附记:本文部分内容来自于博士学位论文《出土文献与易学研究》(浙江大学2022年),文章的写作和部分观点得到博士学位论文导师曹锦炎先生和博士联合培养导师夏含夷(Edward L. Shaughessy)的指导,谨致感谢!

（作者单位：四川大学古籍整理研究所）

注：

① 虞翻解释此处文句,就曾提到"兑为契"。参〔唐〕李鼎祚撰,王丰先点校《周易集解》第458页,中华书局2016年。

② 高亨《周易大传今注》第567页,齐鲁书社1979年。

③ 赵平安《夬的形义和它在楚简中的用法——兼释其它古文字材料中的夬字》,"第三届国际中国古文字学研讨会"论文集第711页,吉林大学1997年。

④ 《说文解字》言,"史,从又持中",王国维认为"中"实为简策之象形,见《释史》,载《观堂集林》卷六。秦汉文字中,"夬"与"史"的字形极相似,这也是《系辞》"夬"之字形会意与"书契"发生联系的证据。"史"和"夬"在秦汉文字中字形相近,早有学者关注到,如董珊就在《乐从堂藏铜马式考》中提到"隶书'夬''史'常常同形,容易混淆",因此认为帛书《相马经》中的"夬"当为"史",见董珊《乐从堂藏铜马式考》,《出土文献与古文字研究》第7辑第248页,上海古籍出版社2018年。

⑤ 如《汉书·平帝纪》:"征天下通知逸经、古记、天文、历算、钟律、小学、史篇、方术、本草,及以五经、《论语》、《孝经》、《尔雅》教授者。"《汉书·王莽传》:"征天下通一艺、教授十一人以上,及有逸《礼》、古《书》、《毛诗》、《周官》、《尔雅》、天文、图谶、钟律、月令、兵法、史篇文字,通知其意者,皆诣公车。"后世学者或以《史籀篇》中的"史籀"为人名,可商,关于"史"及字书关系的辨析,王国维早有论述,见《〈史籀篇证〉序》,载《观堂集林》卷五艺林五。

⑥ 王锦城也曾经论述秦汉文献中的"夬"与"史",认为二字中间的"中","史"字两侧呈方角状或者出头,"夬"字呈圆圈状。见王锦城《秦简中的"夬"和"史"辨正》,《邢台学院学报》2014年第2期。参考广濑薰雄《秦简文字夬史辨——兼论里耶秦简中所见的"言夬"》,"中国文字学会第七届学术年会"会议论文集第361页,吉林大学2013年。

⑦ 睡虎地秦墓竹简整理小组编《睡虎地秦墓竹简》第173页,文物出版社1978年。

⑧ 天回医简整理组编著《天回医简》下册第180页,文物出版社2022年。

⑨ 甘肃省文物考古研究院等编《居延新简》上册第3页,中华书局1994年。

⑩ 同上注第210—211页。

⑪ 里耶秦方中有统一文字的内容,记载了秦始皇书同文字的具体规范,其中有"史如故,更事"的记载。

⑫ 刘文典撰,冯逸、乔华点校《淮南鸿烈集解》第19页,中华书局2013年。

⑬ 当然,秦汉时期,"夬"常用作"决",为"决断"之义,也有可能是"百官以治""万民以察"说法的来源之一。

⑭ 湖南省博物馆、复旦大学出土文献与古文字研究中心编纂,裘锡圭主编《长沙马王堆汉墓简帛集成》第3册第75页,中华书局2014年。

⑮ 张政烺《论易丛稿》第204页,中华书局2012年。于豪亮、侯乃峰亦认为帛书"大有"为佳。见于豪亮《马王堆帛书〈周易〉释文校注》第148页,上海古籍出版社2013年;侯乃峰《读〈马王堆帛书周易经传校读〉杂志》,《古籍研究》总第65卷第210页,凤凰出版社2017年。

⑯ 李学勤《帛书〈系辞〉上篇析论》,《江汉考古》1993年第1期。

⑰ 马王堆帛书《易传》的抄写常有错讹,如《衷》篇有一处的泰卦就误抄为益卦。

古文字研究（35）：711—716，2024

传抄古文特例浅说（二）

林志强

传抄"古文"是以一种特殊的方式体现汉字的传承及其职用，特殊方式必有特殊现象，需要深入研究。本人在《传抄古文特例浅说（一）》中对"壹""天""帝""礼""祖"等字的特殊之处进行了粗浅的探讨，现就"王""瓒""祈""祷""禁"诸字的一些特殊现象续作阐述，以就正于大方之家。

一　王

"王"和"玉"本是两个不同的字，"王"象斧钺之形，"玉"为串玉之象，但在演变过程中，由于线条化和简化的作用，两字都变成三横一竖，虽然小篆以"中画近上"为"王"，以"三横等距"为"玉"，但区别度太小，历史上还是非常容易相混。

"王"和"玉"的相混，在传抄古文里的特殊表现，是以"玉"的古文为"王"。《汗简》录华岳碑作玉，《集篆古文韵海》作玉，《六书统》作玉，《订正六书通》作玉，《六书通摭遗》也抄录《汗简》作玉，与《说文》"玉"的古文同。这种情况在汉碑材料中有10余见，顾蔼吉认为"诸碑玉或作玉，无作玉者，惟王字作玉"，说明在使用者的意识里，玉的职用就是"王"，与"玉"没有关系。在汉晋时期的玺印、墓志材料中也都有表现，可以互相印证。所以以"玉"的古文为"王"，应是中古时期"王、玉"相混的一个特例，也是传抄古文"王"字的一个特殊之处。我们曾在《汉字演变视域下的"王"和"玉"》①一文中对此有较为详细的论述，此不赘。

传抄古文"王"字的另一个特殊之处是以"天"为"王"，《集篆古文韵海》作天，《古老子文字编》作天，《增广钟鼎篆韵》作天，《八书分类》作天。在传统思想里，"天"是至高无上的，"王"也是至高无上的，两者的内涵有相似的地方。《尔雅·释诂上》："天，君也。"《诗·大雅·荡》"天降滔德，女兴是力"，毛传："天，君。"《尔雅·释诂上》："王，君也。"《文选》张衡《东京赋》"历载三六，偷安天位"，李善注引薛综曰："天位，帝位也。""帝位"即"王位"。《六书故·疑》曰："王，有天下曰王。帝与王一也。"以上可见，"天、君、帝、王"都同义。另从"王"的字形解释来说，古人多以为"王"字三横表示天地人，李阳冰曰："中画近上，王者则天之义。"《六书精蕴》中的《音释举要》解释"王"字说："一贯三为义。三者天地人也。中画近上者，王者法天也。皇字从此。"可见"王"与"天"有内在的意义关联。《同文集》录天形，下注曰："王即天。"《正字通·午集》玉部"王"下曰："《同文举要》……别作天，与天地之天相似，并非。"按，

《正字通》虽然批评《同文举要》"别作**天**"为"非",但把**天**形也看作"天"字却是对的。与此类似的,"王"字隶楷古文还有作**君**(见于《古俗字略》《字汇补》《康熙字典》)者,从字形看,应是以"君"字上加一横为之,大概是"君"的别体。以"君"为"王",意义也是相关的,也是同义换用。《字汇补》注云:"与'王'同,出《西江赋》。"

传抄古文中多有同义替换之例,如以"殃"为"祸",以"追"为"随",以"巫"为"觋",以"若"为"顺",以"穆"为"敬",以"醜"为"魄",以"疢"为"炭",以"艰"为"难"等等②。以"天""君"为"王",亦属此类,但更侧重于从文化观念的角度来理解,与我们在《传抄古文特例浅说(一)》中所举的以"气"为"天",以"上"为"帝",以"匕(妣)"为"祖"等类似,更能体现传抄古文的特殊之处。

二　**瓊**(瓊)

《说文》:"琼,赤玉也。从玉,夐声。璚,琼或从矞。瓗,琼或从巂。琁,琼或从旋省。"据《说文》,"琼"字异体颇多,在传抄古文资料里,也把璚、瓗等视为"古文"收录,但《古文四声韵》录"琼"的隶楷古文作**瓊**,是其特殊之例。

按,"琼"的正体作"瓊",俗书多有讹变作**瓊**者③。**瓊**的右边与"賨"近似,径作"賨"可以看成义化现象。**瓊**字可以分析为从玉从賨,賨亦声,与"琼"在意义上都与美玉相关。这样看起来,**瓊**作为"琼"字的隶楷"古文",是从"琼"字的俗写**瓊**转变义化而来的,形成一个可以分析的有理据的新字④。这个新字,从有关材料看,不仅仅作为"琼"的隶楷古文,它还一身而兼有两职。

据《龙龛手鉴》,"瑱"或作**瓊**、**瓊**等形。《康熙字典·午集备考》有**瓊**字,曰:"《龙龛》音田,又音佃。"《汉语大字典》据之以为**瓊**同"瑱"。**瓊**、**瓊**都是"瑱"的俗体,**瓊**是"瑱"的繁化,**瓊**是"瑱"的义化,同时也与**瓊**有类化关系。这个例子中的**瓊**和**瓊**,与"琼"字俗体**瓊**义化为**瓊**属于同类现象⑤。

另按,**瓊**从形义关系上讲,应与"瓊"相同,只是后者"玉"旁加点而已。关于"瓊"字,张涌泉说:"北魏《淳于俭暨妻孟氏墓志》:'瓊根与九泉争远,兰条共四方竞振。'吴士鉴《九钟精舍金石跋甲编》云:'瓊字唐以前字书所无,盖任意加以偏旁。'按:'賨'《说文》作'賨',本已有'玉'('玉'字古本无点)在其中,但由于这表义的偏旁是在字的中间,于义不显,俗书因增一'玉'旁作瓊,使表义的偏旁突出出来。"可见张氏认为"瓊"字就是"賨"的增繁。张氏又注云:"《龙龛手镜·玉部》别有'**瓊**'字,田、佃二音,当别是一字。"⑥此即上述"瑱"字俗体。

按,李春桃、谢国剑先后就张氏所涉"瓊根"之"瓊"进行分析,认为"瓊"字应该就是"琼"字,在有关材料里,"琼根"与"兰条"、"琼根"与"玉叶"皆对文,从文意方面考虑,释"賨"虽然也可通,但释"琼"比释"賨"更好,李、谢之说可从⑦。

以上"琼"之俗体和"瑱"之俗体,虽然它们产生的途径有所不同,但形义相关,殊途同归。徐在国根据张涌泉说,认为"璚乃寶字繁体,非琼字古文"[8],还不够准确。《汉语大字典》据《龙龛》,认为同"瑱",也不够全面。根据上述情况,既是"琼"的"古文",也是"瑱"的俗体。

三 祈

《说文》:"祈,求福也。从示,斤声。"按"祈"形后起,早期都借"旂(旜、旂)"为之。甲骨文有(《合》7912)、(《合》7914),从单,斤声,前者上下结构,后者左右结构,可隶定为旂。金文增"队",作(皇旜卣,《集成》5100.2)、(追簋,《集成》4224)、(颂鼎,《集成》2829)等,春秋晚期省作(乔君钲钺,《集成》423),即常见之"旂"字。从这些材料看,旂、旜、旂是一系的字形演变,先增繁,后减省,最后形成"旂"。《说文》:"旂,旗有众铃,以令众也。从队,斤声。"至于"祈"字,大概始见于战国。楚简作(包山266)、(《上博七·武》12),小篆作,为后世所承。

"祈"字传抄古文作、、等形,都与上述字形相关,渊源有自。又有一种特殊写法作,收录于《汗简》《古文四声韵》[9]《集篆古文韵海》《六书统》《集钟鼎古文韵选》《广金石韵府》《六书分类》《订正六书通》等字书。据诸书记载,该字或来源于碧落碑,或来源于《存义切韵》,或标注"古文""奇字"[10],但未见于先秦出土古文字材料。其字左从古文"示"(或省上部横画作,象"水"或"川"形),与"祈"字所从同;右边所从,则比较费解。《六书统》注云:",渠希切,古文祈字。从示从孚省,从亏。致孚信,亏神示也。"说得也很勉强,不可信。黄锡全以"祈"字古文为证,认为右边为"斤"形讹误[11]。李春桃则认为二者并不接近,有待进一步研究[12]。徐海东认为右上角为"丌"旁写讹,右下角为"斤"旁变体,"斤上加丌,属于传抄古文的增加声符现象"[13]。林清源认为右上角不似"丌"旁,而是赘加的"爪",战国楚系文字如"家、室、卒"等也有此种现象,而右下角应是"斤"旁的变体。她在论证过程中,根据字书从"其"得声之字的声符又作"异""孚"的情况,如《集韵》"稘"古作"秿",《类篇》"稘"古作"秹",将《汗简》《古文四声韵》所录字形与之进行比较,认为、可对应"丌",可对应"孚"[14]。按,从《古文四声韵》之切分出的以对应"孚",颇为合理,如果确实如此,说明字当隶定为"祺"而不是"祈";从《汗简》之和《古文四声韵》"期"字下的切分出来的和,其左边的一笔其实是"爪"形左边笔画的下延,可见这是一种错误的切分,也难以说明它是"丌"或"斤"的变体。这样看起来,此系列的构形还值得进一步研究。

其实从、、几个字形来看,左边为"示"的古文及其变体是没有问题的,右边可切分为和,、两形中的、,应该都是形的变写,其中形中的左下之点,可能只是印刷污点,不是笔画。在传抄古文中,"丌""爪(示)"混同是有可能的,如《汗简》"箐"字作,从丌，从月，"月"符首笔上透，如把上透之笔看成"丌"的一部分，其上部就变为"兀"，"兀"变写又成"爪"，这样看起来，祷形右上角为"丌"旁写讹的看法可能是合理的。祷形右下角为"斤"旁变体的看法，目前还没有很确切的实证，但还符合字理，所以只能说，这种近乎"亐"或"亏"的"斤"旁变体，显得更为特殊罢了。

四　祷

《说文》："祷，告事求福也。从示，寿声。祀，祷或省。𩑾，籀文祷。"按，"祷"字未见于甲骨文和金文材料，战国简帛文字多见之，秦系作𥚃（睡虎地秦简·日甲101）、𥘫（关沮352），楚系作𥙿（包山202）、𥚪（包山248）、𥚸（新蔡乙四140）等。《说文》小篆当来自秦系文字，《说文》所列的省体祀，与楚系的𥚸结构相同。至于《说文》的籀文𩑾，目前还没有看到出土的字形可以印证。王国维在《史籀篇疏证》中认为𩑾形中的夒字是一个已经讹变的形体，其原形应是"上首下止，实象人形"。他说："《说文解字·示部》：'斋，戒洁也。从示，齐声。𥜨，籀文斋，从㲋省。'又'㲋'下云：'籀文祷。''祟'下云：'籀文祟，从㲋省。'案此三字，齐、㝵、出皆声，则疑从褭，意古当有褭字，而褭从示从夒，是又当有夒字。褭，古文字中未之见，夒则项肆簋之𤕯，番生敦之𤕪，《考古图》所载秦盄龢钟之𤕱，其所从之𤕪若𤕯，与篆文𤕪字均为近之。其字上首下止（夊亦止也），实象人形。古之《史篇》，与后之《说文》，屡经传写，遂讹为夒矣。褭字象人事神之形，疑古祷字，后世复加㝵为声。"[15]从古文字演变的基本规律来看，这应该是最合理的一种解释。徐在国亦以为其说可从[16]。当然，"上首下止"变为"上眞下夊"的过程，还有待具体的材料来印证。后世的"祷"字正体，则是沿袭小篆结构而隶变楷化。

"祷"字传抄古文的特例作喟，从字形上看，显然是"鸣"字。徐在国认为是误"鸣"为"祷"，"可能与辗转传抄发生讹错有关，也可能与传抄者误释某些古文有关"[17]。林圣峯认为此字应是《说文》训作"谁也"的"𢦒"的讹变。"𢦒"字篆文作𢦒，"'口'形改置左侧，余则讹为鸟形。此形应是假'𢦒'为'祷'，因严重形误而与'鸣'字同形"[18]。林清源认为𢦒字除"口"形以外的形体与"鸟"的形体明显有别，林圣峯之说证据不足。她认为喟字当分析为从口，鸟声。"鸟"声常与"寿"声互作，意符"口"旁常与"言"旁互作，所以喟字疑即"嚋""诪"二字之异体，《韵海》将喟字列于"祷"字条下，当属音近借用[19]。但我们从隶楷古文的资料来看，《集韵》《五音集韵》《古俗字略》都收录"噤"字作为"祷"的异体。"噤"字见于《说文》，从口㲋声，与"祷"从寿声相近。《集韵》"噤""祷"皆"覩老切"。《四声篇海》口部："噤，又都皓切。请也，求福也。"段注："《周礼·大祝》注：'祈，噤也。谓为有灾变，号呼告神以求福。'"可知噤与祷音义相关。由此推断，喟很可能是"噤"字以隶作古，又脱落"木"旁而形成的，结果与"鸣"字同形了。林清源另说亦以为喟字很可能是传抄者根据《集韵》"祷"字或体"噤"形之省体改隶作篆而成，较其疑喟字为"嚋""诪"二字之异体而借为"祷"字之说更为合理[20]。

五 禁

《说文》:"禁,吉凶之忌也。从示,林声。""禁"字见于战国出土材料,睡虎地秦简作,里耶秦简作,均与小篆结构一致。后世隶楷结构没有变化。

"禁"字传抄古文作![图],从爪,从入,从土,多注出古《老子》和古《孝经》,从宋至清皆有传抄,字形大同小异,主要有左右结构之![图]和上下结构之![图]的不同,《古文四声韵》或变写作![图],"爪"形作![图],是特殊且唯一的一个变体。徐在国、黄德宽指出:"禁,《古文四声韵》下平二六(三三页)引古《老子》作![图]。'![图]'即'坙'字,与楚玺'淫'字所从的形体相近,应有所本。典籍'禁'或从'禁'声的字与'金'或从'金'声的字相通。《战国策·赵策一》:'韩乃西师以禁秦国。'马王堆汉墓帛书本'禁'作'唫'。《荀子·正论》:'金舌敝口。'杨注:'金或读为噤。'《说文》:'捦或作擒。'从'金'声的字又与'淫'字相通。《周礼·天官·司裘》:'大丧,廞裘饰皮车。'郑注:'故书廞为淫。'《周礼·考工记·匠人》:'善防者,水淫之。'郑注:'郑司农云:淫读为廞。'因此,'坙'可假为'禁'。"[21]李春桃引其说并证以上博简《孔子见季桓子》17号之![图]形,说明古文与战国文字用法相合[22],渊源有自,其说甚是。就真正的古文![图]形来观察,其变写是通过在部件'壬'的右上角增加一饰笔而形成的,后世传抄,把'壬'的第一笔与饰笔连写,变成'入'形,故字形显得有些怪异。《六书统》就其形体分析曰:"或从爪从土从入,谓以手约之,俾母(毋)入此土也。"显然是望形释义,不可信。

古文不断传抄,也在不断演变,情况十分复杂,特殊现象常见。上述五则札记,"王"字特在以"玉"的古文为之而积非成是,又有侧重于文化观念的同义替换现象;"璿"字一身而兼两职,字词关系特殊,不宜是此而非彼;"祈"字作![图],特在偏旁变异;"祷"字作"鸣",特在偏旁脱落;"禁"字作![图],特在饰笔混入偏旁。所论粗陋不足观,聊供同道参考而已。

附记:本文为国家社科基金冷门"绝学"和国别史等重大研究专项项目(2018VJX081)、全国高等院校古籍整理研究工作委员会资助项目(2021)、福建省文化名家项目(2020)和"古文字与中华文明传承发展工程"的研究成果。

(作者单位:福建师范大学文学院)

注：

① 林志强、潘晓丽《汉字演变视域下的"王"和"玉"》,《出土文献综合研究集刊》第18辑,巴蜀书社2023年。

② 参见徐在国《隶定古文疏证》第5—6页,安徽大学出版社2002年。

③ 参见毛远明《汉魏六朝碑刻异体字典》第725页,中华书局2014年。

④ 李春桃认为"瓗"的构形为"宝玉"的合文,未从"琼"的俗体来论证"瓗"字的来源;谢国剑详细论证了"琼"字俗体讹变为"瓗"字的过程,但未对"瓗"的构形进行文字学的分析。参见李春桃《古文形体三考》,载《出土文献与古文字研究》第5辑,上海古籍出版社2013年;谢国剑《说"瓗"及相关诸字》,《中国语文》2017年第1期。

⑤ 谢国剑据郑贤章说"瓗"在佛教文献中为国名于阗之"阗"的讹字,但认为"瓗"为"瑱"字的说法阙疑待考。按,"瓗"从字形上看,首先是"瑱"的讹字,又因"瑱""阗"都从"真"声,佛教文献遂借于阗之"阗"。参见谢国剑《说"瓗"及相关诸字》,《中国语文》2017年第1期。

⑥ 张涌泉《汉语俗字研究(增订本)》第48页,商务印书馆2010年。按,以"瓗"为"賨"字增繁之体,尚见毛远明《汉魏六朝碑刻校注》《汉魏六朝碑刻异体字研究》、韩理洲等《全北齐北周文补遗》等。详参谢国剑《说"瓗"及相关诸字》,《中国语文》2017年第1期。

⑦ 参见李春桃《古文形体三考》,载《出土文献与古文字研究》第5辑;谢国剑《说"瓗"及相关诸字》,《中国语文》2017年第1期。按,张氏原文作"瓗","玉"旁有点;李春桃录为"瓗","玉"旁无点。在有关石刻文字里,有点、无点两者都有,是一字异体。

⑧ 同注② 第20页。

⑨ 《古文四声韵》1.19"期"字下又录有𥄂形,注出"碧落文",与1.21"祈"字下、注出"王存乂切韵"的𥄂应是同一形体。按《碧落碑》云:"痛缠过隙,感切风枝,泣血攀号,自𥄂颠陨。"唐郑承规将此字读为"期",此当假"祈"为"期"(参见林清源《传抄古文"示"部疏证十九则》,《成大中文学报》第64期)。李春桃认为,从文意上说,读"祈""期"均通(参见李春桃《古文异体关系整理与研究》第21页,中华书局2016年)。

⑩ 《集钟鼎古文韵选》《订正六书通》标为"稚古文","稚"字不识,刘建民《传抄古文新编字编》以为"雜"字,林清源亦标注"雜文"。据《汗简》,有徐邈《集古文》(见黄锡全《汗简注释》第50页,武汉大学出版社1990年)。该字或为"集"字讹体,待考。

⑪ 黄锡全《汗简注释》第68页。

⑫ 李春桃《古文异体关系整理与研究》第21页。

⑬ 徐海东《〈古文四声韵〉疏证(一二三卷)》,西南大学2013年博士学位论文。

⑭⑲⑳ 参见林清源《传抄古文"示"部疏证十九则》,《成大中文学报》第64期。

⑮ 王国维《王国维遗书·史籀篇疏证》第2165—2166页"籑"字条,上海古籍书店1983年。

⑯ 参见注② 第18—19页。

⑰ 徐在国编《传抄古文字编》前言XIV页,线装书局2006年。

⑱ 参见林圣峯《传抄古文构形研究》第121页,花木兰文化出版社2015年。

㉑ 参见徐在国、黄德宽《传抄〈老子〉古文辑说》,《古老子文字编》附录一第436—437页,安徽大学出版社2007年。

㉒ 参见李春桃《古文异体关系整理与研究》第383页。另按,李著𡉏形注出"四2·26"(《传抄古文综合研究》第351页同,中华书局2021年),𡉏形注出"四4·39",出处有误。据《古文四声韵》,𡉏形当出"四2·26",𡉏形当出"四4·39"。

古文字研究(35):717—720,2024

汕头南塘天后宫古文题匾"古"字小考

刘伟浠

　　广东省汕头市澄海区莲华镇南塘乡村口有一座明清时期的天后宫,其题匾四字用古文奇字书写,结体精严,行笔流畅,具有很高的艺术价值。但字形奇诡,不易辨识。拓本如下所示:

其中第二、四字容易辨识,即"后""庙",与小篆写法一致,而第一、三字则不易辨识。据黄光武《南塘天后宫的古文奇字》一文介绍,汕头电视台曾对此有过报道,称无人能识,第一字虽可以从文例判断为"天",但亦不知其所以然①。黄文把此四字释作"天后司(祠)庙",并指出古文"天"作"莫",见于碧落碑和《汗简》,其说是,碧落碑"大道天尊"的"天"作，《汗简》卷一引碧落碑作，《古文四声韵》卷二引古《老子》和碧落碑分别作、②,此字的隶定形式还转录于历代多种字书中,如《玉篇》艹部、《四声篇海》艹部:"莫,古文天字。"但该文将第三字释作"司",读作"祠",则可商。现在我们将其论述过程移录至下:

　　　　战国的竹简书中,祠写作裪。从字形可看出裪从示,旬声。而裪还是一双声旁字,后世换成单声旁司,作祠。湖北江陵九店第56号墓出土的第26号简中的祠字与祷字组合成一个词——"祷祠",意为祭神祈祷。旬旁可省口,作勹。金文乙未鼎铭（娿）字和湖北荆门郭店出土竹简书《唐虞之道》篇的（绐）字声旁就作勹。如果书写时略移动偏旁的笔画,可作刁,字形就与南塘匾第三字之形相合。由此,南塘匾之字可隶定为"莫后司庙",即"司"假为"祠",读作"天后祠庙"。司字写得诡异,其中司字的笔画，实为已传写之变,隶为"厶"。后世有的用口做部件的字,"口"可写作"厶",如"员"作"贠"、"强"作"強"、"單"作"単",绝非巧合。

按,窃以为"刁"释作"司"虽可以从出土古文字材料得以验证(参下文),但书写者并非是当作"司(祠)"来使用的,而是用同"古"。此字多见于明清古文印章中,李春桃在《古文印章校释例举》中就曾列举几方古文印章,如下所示:

A   B

李春桃对之有过详细的考释,他说③:

清代李世倬虎图轴上钤有一方玺印,印文见图六(引者按,即A图),其中第一、四二字是古文形体。《中国书画家印鉴款识》所附释文为"司燕研农",此释影响较大,后来一些篆刻书籍、网站多信从此说。与此相关的,王学浩山水散页上钤有一印,见图七(引者按,即B图),印文是典型的古文写法。《中国书画家印鉴款识》也著录了该印,所附释文为"古水道人"。对比不难发现,两方印文第一字写法基本相同,但释文却差异明显,两者当有一误。

考诸辞例,"司燕"不词,再结合古文形体,可以发现释"司"并不正确。笔者认为当依后者释为"古"。《订正六书通》中收"古"字古文作:

出自伯映彝

其与图六、图七印文第一字写法相同,治印时选字当取于此。同时,古文印章内部也可提供相关证明,《试篆存稿》(七·18)收录一方古文印,印文为"竟(镜)照神"。其中形与图六、图七两印首字写法一致,它们应该是同一个字。从辞例上看,将释成"古"后,印章释文为"古镜照神"。我们知道,古文印章中很多内容取自典籍,司空图《诗品二十四则·洗炼》:"空潭泻春,古镜照神。"印文内容即出于此处。由此可见释"古"说可从。

李说至确。我们还可以列举以下几例清代的古文印章:

C   D   E

C印文为"寸心千司(古)",出自杜甫《偶题》:"文章千古事,得失寸心知。"D印文为"别有无躬(穷)待司(古)今",出自王世贞《题潘中丞留余堂》:"长将不尽还天地,别有无穷待古今。"E印文为"恨司(古)人不见我",出自《南史·张融传》:"不恨我不见古人,所恨古人又不见我。"④此外,该字在多种明清字书中均有收录,除李氏所举的《订正六书通》之外,还见于明代朱云《金石韵府》姥韵和清代傅世垚《六书分类》口部,分别作、,皆释作"古"⑤。这类书是古代艺术家在书法篆刻创作过程中的重要参考书,以"司"表"古"正是他们从中选取的一个用例,从以上所列印章来看,这一用字在当时应该颇为流行。因此,这座建于明清时期的天后宫题匾四字当释作"天后古庙"。现在闽、粤、台等沿海地区的天后宫常以"天后古庙"四字来书写题匾,清代地方志亦有所载,如《广州府志·舆地略》:"今废佛堂门,北曰北佛堂,南曰南佛堂,并有天后古庙。"[6]而"祠""庙"连文的题匾极为罕见。

先秦文字"古"字常见,但为何可以写作"ᄀ"?下面谈谈这个问题。上揭《订正六书通》《金石韵府》《六书分类》"ᄀ"皆注出"伯映彝",检宋拓本薛尚功《历代钟鼎彝器款识法帖》卷十二录有周器"伯映彝",同一字作:

薛氏释作"古"[7],明代朱谋垔刻本《历代钟鼎彝器款识法帖》摹作 ,亦释作"古"[8],这当是明清古文印章"ᄀ"用作"古"所本,也被后来的工具书所收录。但西周金文"古"作 (史墙盘,《集成》10175),与此形差距大,明显非一字。"古"又是一个简单的常见字,宋人不致于释错[9]。再检缪荃孙本《历代钟鼎彝器款识法帖》,此字摹作 ,释作"右"[10],王俅《啸堂集古录》摹作 ,释作"右"[11],杨钧《增广钟鼎篆韵》宥韵作 ,也释作"右"[12]。因此,我们推测宋人可能原本是释作"右"的,西周金文"右"作 (免卣,《集成》5418),与"ᄀ"形近,故视作"右"之变体。又由于楷体"古""右"形近[13],在刊刻过程中"右"误作"古"。不过,从当今古文字的考释水平来看,宋人释"右"当然是有问题的,毕竟"右""ᄀ"字形上仍有差别。伯映彝现收录于《殷周金文集成》3719号,命名为"ᄀ伯簋",释文则作"ᄀ"[14],可从,其写法与黄文所举的乙未鼎"ᄀ"字 (《集成》2425)所从之 形同。

综上,天后宫题匾四字按照书写者的本意,当释作"天后古庙",而非"天后司(祠)庙"。此匾当是在天后宫创立之后由后人所立,书写者大抵是从《金石韵府》《订正六书通》等一类的工具书选取古文奇字来书写,至于书写者为何许人,由于未落款,已无从考证了。从以上讨论的题匾和印章来看,明清时期的艺术家以古文奇字来创作,已蔚然成风。

附记:本文的撰写得到2022年度教育部人文社会科学研究青年基金项目"传抄古文疑难字集释汇考"(22YJC740048)的资助。天后宫题匾原拓本承黄光武先生惠示,特表谢忱!

(作者单位:福建师范大学文学院)

注:

① 黄光武《南塘天后宫的古文奇字》,载氏著《秀华集:黄光武文史研究丛稿》第28—30页,中山大学出版社2021年;原载于潮州市地方志编纂委员会《潮州》2012年第1期。

② 徐在国编《传抄古文字编》第3页,线装书局2006年。

③ 李春桃《古文印章校释例举——兼谈古文考释应注意的问题》,《出土文献》第12辑第195—196页,中西书局

2018年。

④ 以上三例引自李飞《明清以来古文奇字印章(中篇)》第235、257、314页,吉林大学2022年博士学位论文。

⑤ 〔明〕朱云《金石韵府》,明崇祯十三年(1640)漳龙溪林树声刊朱墨套印本;〔清〕傅世垚《六书分类》,清康熙四十四年(1705)听松阁刊本。

⑥ 〔清〕戴肇辰、史澄纂《广州府志》卷十四《舆地略六》,清光绪五年(1879)刻本。

⑦ 〔宋〕薛尚功《宋刻宋拓〈历代钟鼎彝器款识法帖〉辑存》第113页,中华书局2021年。

⑧ 中华书局编《宋人著录金文丛刊初编》第379页,中华书局2005年。

⑨ 宋人已能准确辨别“古”字,这一点可参刘秋瑞《宋人著录商周青铜器铭文文字编》第39页,社会科学文献出版社2020年。

⑩ 〔南宋〕薛尚功《历代钟鼎彝器款识》第225页,辽沈书社1985年。

⑪ 〔宋〕王俅《宋刊啸堂集古录》第63页,中国书店2021年。

⑫ 〔清〕阮元辑《宛委别藏》第383页,江苏古籍出版社1988年。

⑬ 古书中“右”“古”常混,如《山海经·中山经》“又东二百里曰姑媱之山”,郭璞注:“今俗本《博物志》讹古为右詹。”

⑭ 中国社会科学院考古研究所编《殷周金文集成(修订增补本)》第3册第1971页,中华书局2007年。

古文字研究（35）：721—722,2024

试说《尚书》中的"绥"

黄泽钧

《说文》中有"绥"字，而无"妥"字。徐锴谓："当从爪，从安省。"[①] 钮树玉《说文解字校录》认为"妥"即"委"字[②]。《尔雅》中"妥"字二见，《释诂》："讫、徽、妥、怀、安、按、替、戻、底、废、尼、定、曷、遏，止也。"又《释诂》："妥，安坐也。"一处训为"止"，一处训为"安坐"。依照字形从爪从女，应表示手安抚或压制一人之形，构形理据与"印""抑"相近。古文字中"印"与"卬"为一字分化，分别取"下压"与"上抬"两种意象。古文字"印"为卩上有爪形，"妥"为女上有爪形。"妥"，李孝定《甲骨文字集释》："从女从爪，《说文》所无。段氏言从爪女，会意是也。盖以手抚女，有安抚之义。"赵诚《甲骨文简明词典》："甲骨文偏旁中从爪从又（手）常常相通无别。此字从爪从女会意（从爪即从手，有安抚之意），当为绥之本字。"[③]

至于"绥"字，《说文》云："车中把也。从糸、从妥。"徐锴因此解释："执绥所以安也。"[④] 意图结合"车中把手"与"安"二义。然《尔雅·释诂》："豫、宁、绥、康、柔，安也。"亦训作安。陈剑《释甲骨金文的"彻"字异体——据卜辞类组差异释字之又一例》将《合》36181＋36523（《合补》11242）的"妥"括注读为"绥"，也是将"绥"以"安"为训解[⑤]。因此在《尚书》各篇中，也多以"安"训释为佳。

《盘庚上》："绍复先王之大业，厎绥四方。"蔡沈集传："以继复先王之大业，而致安四方乎？"[⑥] 江声《尚书集注音疏》："继复先王之大业，以安四方乎？"[⑦] 牟庭《同文尚书》："使我继复先王之大功，而定安四方乎？"[⑧] 孙星衍《尚书今古文注疏》："继复先王之大业，待安四方。"此谓继承先王之宏伟功业，安定四方[⑨]。

《盘庚下》："盘庚既迁，奠厥攸居，乃正厥位，绥爱有众。"伪孔《传》："安于有众，戒无戏怠，勉立大教。"王鸣盛《尚书后案》据《三国志》引郑玄曰："爱，于也，安隐于其众也。"[⑩] 盘庚迁殷，过程中有许多反对者，怀疑者，即便迁殷后仍是如此。因此盘庚便再度安抚告诫这些人。

《文侯之命》："呜呼！有绩予一人永绥在位。"伪孔《传》："则我一人长安在王位。"孙星衍《尚书今古文注疏》："叹言予遭叔带，出奔失位，有继令予一人久安在位者，文公之功也。"意谓凭借其功绩，可以长久安于其位。

《大诰》："天休于宁王，兴我小邦周，宁王惟卜用，克绥受兹命。"谓能够安受天命。

《大诰》："义尔邦君越尔多士、尹氏、御事，绥予曰：'无毖于恤，不可不成乃宁考图功！'"

伪孔《传》:"汝众国君臣,当安勉我曰。"蔡沈集传谓"当安我曰",江声《尚书集注音疏》亦谓"当安我曰",牟庭《同文尚书》作"绥定我心"。因此,"绥予曰"便是"安抚我说"之义。

《尚书》有数处"绥"都是安抚劝戒的内容,在句中的位置与"告"或"曰"相近,容易导致混淆,如前引《盘庚下》"绥爱有众",仍是安抚其有众,而非"告爱有众"。《大诰》"绥予曰","绥"表示"安","曰"表示"说",应不至混淆。还有《盘庚中》易相混的情况。

《盘庚中》:"我先后绥乃祖乃父,乃祖乃父乃断弃汝,不救乃死。"牟庭《同文尚书》读"绥"为"堕"。江声《尚书集注音疏》:"绥,古文妥字。妥,止也,断绝也。我先后降罚于女,且止女之祖。"王先谦《尚书孔传参正》:"《释诂》:'绥,安也。'言我先王当日安汝祖汝父,亦有迁居之事,皆以为是安,非虐也。"杨树达《积微居读书记》、曾运乾《尚书正读》训为"告"。

目前几家说法中,看来仍是以江声之说最佳。"绥"和"妥"通用,除可以训作"安"外,亦可以训作"止"。此处则谓盘庚警告不愿意协助迁都之人,在降下罪罚之时,盘庚会阻止这些人的先祖来拯救。警告那些不配合迁都、四处谣言之人,应该要加以配合。

由此可见,"妥(绥)"的构字理据,与"印""抑"相近。"妥(绥)"字为从爪从女,同时包含有安抚义、压抑阻止义。目前在《尚书》中,两种用法皆保存。因为安抚的语境时常与说话相近,因此会误以为"妥(绥)"有"告"义,根据上文来看,这应该是误解。

(作者单位:辅仁大学中国文学系)

注:

①④〔南唐〕徐锴《说文解字通释》卷25第81页,《中华汉语工具书书库》景印道光年间刊本,安徽教育出版社2002年。

②〔清〕钮树玉《说文解字校录》卷13上第22页,《续修四库全书》景印光绪十一年(1885)江苏书局刻本,上海古籍出版社2002年。

③赵诚编著《甲骨文简明词典》第48页,中华书局2009年。

⑤陈剑《释甲骨金文的"彻"字异体——据卜辞类组差异释字之又一例》,《出土文献与古文字研究》第7辑第1—19页,上海古籍出版社2018年。后增订版刊于复旦大学出土文献与古文字研究中心网2019年2月5日。引文用增订版。

⑥〔宋〕蔡沈撰,王丰先点校《书集传》第119页,中华书局2018年。

⑦〔清〕江声《尚书集注音疏》卷4第20页,名古屋大学附属图书馆神宫皇学馆文库藏清乾隆五十八年(1793)近市居刻本。

⑧〔清〕牟庭《同文尚书》第277页,《续修四库全书》景印山东省图书馆藏清抄本。

⑨〔清〕孙星衍撰,陈抗、盛冬铃点校《尚书今古文注疏》第227页,中华书局1986年。

⑩〔清〕王鸣盛著,顾宝田、刘连朋校点《尚书后案》第377页,北京大学出版社2009年。